Herausgegeben
von Roland Borgards
und Harald Neumeyer

Büchner-Handbuch

Leben – Werk – Wirkung

Sonderausgabe

Verlag J. B. Metzler
Stuttgart · Weimar

Die Herausgeber
Roland Borgards (geb. 1968) ist Professor
für Neuere deutsche Literaturgeschichte
an der Universität Würzburg.
Harald Neumeyer (geb. 1962) ist Professor
für Neuere deutsche Literaturgeschichte
an der Universität Erlangen-Nürnberg.

Bibliografische Information der Deutschen Nationalbibliothek
Die Deutsche Nationalbibliothek verzeichnet diese
Publikation in der Deutschen Nationalbibliografie;
detaillierte bibliografische Daten sind im Internet über
<http://dnb.d-nb.de> abrufbar.

ISBN 978-3-476-02569-2
ISBN 978-3-476-05219-3 (eBook)
DOI 10.1007/978-3-476-05219-3

© 2015 Springer-Verlag GmbH Deutschland
Ursprünglich erschienen bei J.B. Metzler'sche
Verlagsbuchhandlung und Carl Ernst Poeschel
Verlag GmbH in Stuttgart 2015

www.metzlerverlag.de
info@metzlerverlag.de

Inhaltsverzeichnis

Vorwort

»Büchner wieder lesen, heißt die eigene Lage schärfer sehn.« So umschreibt Christa Wolf die ungebrochene Aktualität Georg Büchners, dessen vielschichtiges Œuvre bis heute immer wieder zum Nachdenken auffordert. Das *Büchner-Handbuch* möchte dieser Vielschichtigkeit nachgehen und sie in ihrem Facettenreichtum darstellen. Es versucht dabei, Grundlagen für eine Auseinandersetzung mit Büchners Leben und Werk zu legen, die heterogene und zum Teil widersprüchliche Forschungslage zu dokumentieren und neue Analyseperspektiven zu eröffnen. Darin wendet sich das *Büchner-Handbuch* an Lehrer wie Schüler, Hochschuldozenten wie Studierende und natürlich auch an alle Leserinnen und Leser, die sich für Büchners Texte interessieren.

Das Kapitel I. stellt die einzelnen Werke vor. Dabei werden Quellen und Einflüsse ebenso berücksichtigt wie die Entstehungsgeschichte und Textüberlieferung. Ferner liefern die Werkanalysen neben einer Kurzcharakteristik des Inhalts einen Einblick in die zentralen Themen und Techniken des jeweiligen Textes sowie einen Überblick zu den gängigen Interpretationsansätzen. Hinsichtlich der literarischen Texte Büchners werden die Einzelanalysen zudem durch Exkurse zum Geschichtsdrama, zur Novelle, zur Komödie und zum sozialen Drama ergänzt, in denen die Position des Büchner'schen Textes innerhalb der Geschichte der jeweiligen Gattung sichtbar gemacht wird.

Das Kapitel II. bietet eine kulturwissenschaftliche Fokussierung von Büchners Gesamtwerk. In interpretatorischen Querschnitten werden hierbei kulturelle Problemkomplexe und Themenfelder erörtert. Dadurch soll die Vernetzung der Texte Büchners mit den zeitgenössischen Wissenschaften von der Medizin über die Psychologie bis hin zur Jurisprudenz herausgearbeitet werden. Ziel ist es, nachzuweisen, inwiefern Büchners Werk von gesamtkulturellen Fragestellungen geprägt ist und diese selbst mit prägt.

Das Kapitel III. wendet sich den poetischen und ästhetischen Verfahrensweisen von Büchners Texten zu. Auch diese werden querschnittartig dargestellt und in ihrer literaturgeschichtlichen Stellung zwischen Klassik, Romantik, Vormärz und Realismus diskutiert.

Das Kapitel IV. widmet sich der wissenschaftlichen, künstlerischen und institutionellen Rezeption von Büchners Leben wie Werk, die mit der zeitgenössischen Diskussion im Jungen Deutschland anhebt und bis in die Gegenwart reicht. Ein besonderes Augenmerk richtet sich dabei auf die Büchner-Preis-Reden von prominenten Autoren wie Christa Wolf, Heiner Müller, Durs Grünbein und Elfriede Jelinek. Vorangestellt ist diesem Kapitel ein ausführlicher Beitrag zur Editionsgeschichte, der in einem historischen wie systematischen Aufriss die im Falle Büchners höchst komplexe Problematik der Werkedition entfaltet.

Ein Anhang mit einer Chronik zu Leben und Werk Büchners, einer ausführlichen Auswahlbibliographie und einem Verzeichnis der Autorinnen wie Autoren schließt den Band ab.

Unser Dank gilt dem Lektorat des Metzler-Verlags, vor allem Frau Ute Hechtfischer. Darüber hinaus möchten wir den Bayreuther Hilfskräften – Christoph Müller, Josefine Peller, Heidi Sandner-Schettler und Klaus Wiehl – für ihre Mühe um die Manuskripte danken.

Roland Borgards / Harald Neumeyer

Siglen und Hinweise

Das *Büchner-Handbuch* verzichtet auf Fußnoten und arbeitet stattdessen mit Kurzverweisen in Klammern im Text (Name des Verfassers bzw. Herausgebers, Jahr, ggf. Seitenzahl), die in dem jeden Beitrag angefügten Literaturverzeichnis aufgeschlüsselt werden. Im Anhang findet sich zudem eine ausführliche Auswahlbibliographie, die die zentrale Forschungsliteratur alphabetisch zusammenstellt.

Drei seiner Texte hat Büchner ohne einen Titel hinterlassen. Die Titel, die sich für diese Texte mittlerweile etabliert haben, werden deshalb in Anführungszeichen gesetzt. Grundsätzlich werden die eigenständig publizierten bzw. überlieferten Werke kursiv gesetzt. Daraus ergeben sich folgende Markierungen: *Der Hessische Landbote, Danton's Tod,* »Lenz«, *Leonce und Lena,* »Woyzeck«, *Mémoire sur le système nerveux du barbeau,* »Probevorlesung« bzw. »Über Schädelnerven«.

Büchners Werke werden nach folgenden beiden Ausgaben zitiert:

DKV   Büchner, Georg: Sämtliche Werke, Briefe und Dokumente in zwei Bänden. Hg. von Henri Poschmann unter Mitarbeit von Rosemarie Poschmann. Frankfurt a. M. 1992 u. 1999.

MBA   Büchner, Georg: Sämtliche Werke und Schriften. Historisch-kritische Ausgabe mit Quellendokumentation und Kommentar (Marburger Ausgabe). Hg. von Burghard Dedner. Darmstadt 2000 ff.

Soweit dies mit Blick auf den Stand der Marburger Ausgabe möglich ist, werden alle Zitate doppelt belegt. Dabei ist zu beachten, dass die jeweils zuerst genannte Sigle die Ausgabe angibt, nach der zitiert wird, während die danach angeführte Sigle auf die entsprechende Stelle in der anderen Ausgabe verweist. Die Entscheidung hierüber wurde den Autoren der jeweiligen Beiträge anheim gestellt.

Ferner werden die im Folgenden genannten Büchner-Ausgaben berücksichtigt, um die Editionsgeschichte zu dokumentieren:

B   Georg Büchners Sämtliche Werke und Briefe. Hg. von Fritz Bergemann. Leipzig 1922; bzw. Georg Büchners Werke und Briefe. Hg. von Fritz Bergemann. Dritte,

abermals durchgesehene und vermehrte Auflage, Leipzig (1940); bzw. Georg Büchner: Werke und Briefe. Gesamtausgabe. Hg. von Fritz Bergemann. Neue, durchgesehene Ausgabe. Wiesbaden 1958.

F   Georg Büchner's Sämmtliche Werke und handschriftlicher Nachlaß. Erste kritische Gesammt-Ausgabe. Eingel. u. hg. von Karl Emil Franzos. Frankfurt a. M. 1879.

GW   Georg Büchner: Gesammelte Werke. Erstdrucke und Erstausgaben in Faksimiles. 10 Bändchen in Kassette. Hg. von Thomas Michael Mayer. Frankfurt a. M. 1987.

L   Georg Büchner: Sämtliche Werke und Briefe. Historisch-kritische Ausgabe mit Kommentar (Hamburger bzw. Hanser-Ausgabe). Hg. von Werner R. Lehmann. Bd. 1: Dichtungen und Übersetzungen. Mit Dokumentationen zur Stoffgeschichte. Hamburg 1967, München ²1974. Bd. 2: Vermischte Schriften und Briefe. Hamburg 1971, München ²1974.

MA   Georg Büchner: Werke und Briefe. Münchner Ausgabe. Hg. von Karl Pörnbacher, Gerhard Schaub, Hans-Joachim Simm und Edda Ziegler. München, Wien 1988.

N   Nachgelassene Schriften von Georg Büchner. (Hg. von Ludwig Büchner). Frankfurt a. M. 1850.

Darüber hinaus werden die folgenden Fachzeitschriften und Jahrbücher mit Siglen wiedergegeben:

DVjs   Deutsche Vierteljahrsschrift für Literaturwissenschaft und Geistesgeschichte

EG   Etudes Germaniques

Euphorion   Euphorion. Zeitschrift für Literaturgeschichte

GBJb   Georg Büchner Jahrbuch

GRM   Germanisch-Romanische Monatsschrift

WB   Weimarer Beiträge

ZfdPh   Zeitschrift für deutsche Philologie

ZfG   Zeitschrift für Germanistik

I. Werk

1. Schriften aus der Schulzeit

1.1 Textcorpus und -überlieferung

Der handschriftliche Nachlass des Schülers Georg Büchner umfasst rund 700 Seiten, die den Fächern Griechisch, Lateinisch, Deutsch, Geschichte, Geographie, Naturgeschichte, Mathematik, Encyklopädie der Wissenschaften und Literärgeschichte sowie dem Konfirmandenunterricht zuzuordnen sind. Dass dieser einzigartig umfangreiche, zusammen mit dem größten Teil von Büchners Handschriften seit 1924 im Goethe- und Schiller-Archiv Weimar aufbewahrte Jugendnachlass erhalten ist (zum Nachlass vgl. Schmid 1990; S. Lehmann 1990), lässt sich auch auf Büchners frühen Tod zurückführen: dieser veranlasste die Familie, das noch Vorhandene aufzubewahren.

Von den 24 im oder für den Schulunterricht zwischen ca. 1824 und 1831 entstandenen (teils losen, teils gebundenen) Heften stammen zwei aus der Darmstädter Vorschule des Karl Weitershausen: eines über einheimische Gartenpflanzen, eines zur ebenen Geometrie (1824[?]/1825). Aus Büchners Zeit auf dem Gymnasium, dem Darmstädter Pädagog, sind erhalten: ein Geographieheft (Italien, Schweiz, Asien; 1825); Übungssätze zur lateinischen Syntax (1825/26); ein Deutschheft (Grundlagen der Syntax, Gedichte von Friedrich Schiller, »Aufsätze«, darunter »Über die Freundschaft«, vermutlich 1825–27); ins Lateinische übersetzte Übungsstücke über griechische Mythologie (1826/27[?]); eine kurze Mitschrift über römische Geschichte am Ende des Weströmischen Reiches (1826[?]); wenige Zeilen zur »Prosodik« (1826[?]); Übersetzungen aus Homer: *Odyssee* (1827) und *Ilias* (1829), von Ciceros 1. Rede gegen Catilina (vermutlich 1827) und aus dessen Rede für Marcus Marcellus (vermutlich 1828), aus Sophokles: *Aias* (1827/28), aus Thukydides: *Der Peloponnesische Krieg* (1828); ein Heft zur Sittenlehre aus dem Konfirmandenunterricht (1827/28); eine umfangreiche »Geschichte Roms« (1828/29); eine Mitschrift »Von der lyrischen Poesie der Griechen« (1829/30); die Rede *Helden-Tod der vierhundert Pforzheimer* (1829/30); das Aufsatzfragment »Ueber den Traum eines Arcadiers« (1829/30); vier Mitschriften aus dem Encyklopädieunterricht über antike Bildhauerei (1829/30), antike Kleinplastik und Münzkunde (1830), Malerei und Farbenlehre (1830/31), Techniken des Holzschnitts, des Kupferstichs, der Lithographie und des Mosaiks sowie über die Archäologie der Literatur (1830/31); die Rede zur Rechtfertigung des Selbstmords des Cato von Utica (1830) und die Rezension eines Mitschüleraufsatzes über den Selbstmord (1830/31).

Neben diesen Schulschriften sind vier frühe Gelegenheitsdichtungen überliefert, von denen Büchner mindestens drei als Geschenk zu feierlichen familiären Anlässen verfasst hat.

1.2 Drucke und Editionen

Der überwiegende Teil der Schülerschriften ist nur handschriftlich überliefert. Die frühen Herausgeber von Büchners Schriften, Karl Emil Franzos und Fritz Bergemann, beschränkten sich auf die von ihnen als eigenständig qualifizierten Reden und Aufsätze sowie die Gedichte: Franzos edierte 1879 die Rede »Cato Uticensis« sowie drei »Jugendgedichte« und versah seine biographische Einleitung mit einigen (in Büchners Nachlass nicht auffindbaren) ›Zitaten‹ aus verschiedenen Heften. Bergemann druckte 1922 die Cato- und die *Helden-Tod*-Rede, das Aufsatzfragment »Ueber den Traum eines Arcadiers«, die »Recension«, den vermutlich nicht eigenständigen Aufsatz »Ueber die Freundschaft« sowie Büchners »Poetische Ansätze«. Außerdem gab er eine knappe Inhaltsübersicht aller überlieferten Hefte (Bergemann in B 1922, 760f., Anm. 2) und zitierte einige literarische Zitate, »Gekritzel« und »Stoßseufzer« des gelangweilten Schülers aus dem vorletzten und letzten Encyklopädieheft im Anhang (Bergemann in B 1922, 761–764). Werner R. Lehmann schließlich edierte in seiner historisch-kritischen Ausgabe die *Helden-Tod*- und die Cato-Rede, die Mitschüler-Rezension und »Ueber den Traum eines Arcadiers« (vgl. W.R. Lehmann 1963, 197) sowie alle außerschulischen Dichtungen. Seit 1989 steht an der Marburger Forschungsstelle Georg Büchner das gesamte Textcorpus der *Schülerschriften* in einer differenzierten Umschrift zur Verfügung. Eine vollständige Edition erscheint 2011 als Bd. 1 der MBA.

1.3 Charakter der Schülerschriften

Bei den meisten Schülerschriften handelt es sich tatsächlich nicht um eigenständige Arbeiten, sondern vor allem um Übersetzungen, um ›gebundene Aufsätze‹ (vgl. ebd., 195 f.) sowie um Mitschriften nach diktatähnlichen Vorträgen. Der an eine Vorlage ›gebundene Aufsatz‹ diente vor allem den jüngeren Schülern, sich im »historischen und didaktischen Styl« zu üben, indem »z. B. Auszüge aus gelesenen Schriften, […] Biographien, […] Erzählungen aus der Geschichte« (Dilthey 1827, 15) schriftlich nachformuliert wurden. Die vielen umfangreichen und ausgeprägt quellenabhängigen Diktatmitschriften belegen anschaulich, wie der Unterricht mit vermutlich nur wenigen Ausnahmen verlief: Die Lehrer hielten Vorträge, die sie anhand von Lehrbüchern u. ä. vollständig ausformuliert hatten. Die Schüler mussten diese wörtlich mitschreiben und als Grundlage für das häusliche Lernen sowie für Ausarbeitungen benutzen, d. h. schriftliche Aufsätze, Reden und Vorträge, die vor allem von den Schülern der oberen Klassen (Prima und Selecta) regelmäßig gefordert wurden (vgl. S. Lehmann 2005, 301 ff.).

Besonders gelungene Abhandlungen und Reden wurden während des öffentlichen Redeactus vorgetragen, der den Hauptteil der jedes Semester beschließenden Schulfeierlichkeiten bildete. Von den Ausarbeitungen des Selectaners Büchner wurden zwei für den öffentlichen Vortrag während eines Redeactus ausgewählt: die im Sommersemester 1830 entstandene Cato-Rede sowie eine verschollene, bereits im Wintersemester 1829/30 ausgearbeitete »Rede des Menenius Agrippa an das römische Volk auf dem heiligen Berge« (Lektionenverzeichnis Ostern 1830, im Folgenden OP = Osterprogramm), die Büchner jedoch erst bei seiner eigenen Abschiedsfeier vortrug (vgl. OP 1831). Sein Vortrag führte vermutlich den Appell aus, von dem die antike Quelle Titus Livius (*Ab urbe condita*/*Römische Geschichte* II,32) lediglich das zentrale Magen-und-Glieder-Gleichnis überliefert, in dem die gegen den untätigen Magen rebellierenden Körperteile mit der gegen den Senat aufständischen römischen Plebs verglichen werden. Mit dem Argument, dass dieser Aufruhr den gesamten Körper (Staat) schwäche, somit auch der scheinbar nur genießende Magen eine wichtige, nährende Funktion habe, konnte Mene-nius Agrippa die römischen Bürger zum Einlenken bewegen.

1.4 Hauptschriften

Helden-Tod der vierhundert Pforzheimer

Bei dem 28-seitigen, eigenhändig betitelten Manuskript in einem nachträglich gebundenen, unpaginierten Heft mit Pappeinband im üblichen Quartformat (199 x 165 mm) handelt es sich um eine Reinschrift mit charakteristischen Abschreibfehlern. Der Aufsatz hat die Form einer Gedenkrede. Den Stoff lieferte der legendäre (historisch so nicht belegte) heldenhafte Opfertod von 400 Pforzheimer Bürgern in der Schlacht bei Wimpfen am 6. Mai 1622, die den Rückzug des protestantischen Markgrafen Georg Friedrich von Baden gegen die katholischen kaiserlichen Truppen unter General Tilly deckten. Zentrale Themen sind – neben der Bereitschaft zum Opfertod – der Aufruf zu nationaler Besinnung und zum Widerstand gegen religiöse, kulturelle oder politische Fremdbestimmung.

Die Ausarbeitung entstand im Wintersemester 1829/30 im Deutschunterricht der Selecta bei Karl Baur (1788–1877), wo u. a. »Aufsätze in poetischer und prosaischer Form« (OP 1830) geschrieben und deren kunstgerechter Vortrag geübt wurden. Der parallele Geschichtsunterricht bei Georg Lauteschläger (1792–1864) behandelte u. a. den Dreißigjährigen Krieg (»von dem Ende des 15. bis in die Mitte des 17. Jahrhunderts«, OP 1830) und lieferte damit das historische Hintergrundwissen.

Als Muster diente Büchner eine Gedenkrede des Historikers Ernst Ludwig Posselt (vgl. Schaub 1980, I, 119–123): »Dem Vaterlandstod der Vierhundert Bürger von Pforzheim/eine Rede den 29. Januar 1788 […] gehalten«, die bis 1830 in mehreren Drucken vorlag, u. a. auch gekürzt in dem *Lehrbuch der teutschen prosaischen und rednerischen Schreibart* von K.H.L. Pölitz (1827; vgl. Schaub 1980, I, 120), das die Pädagogschüler vermutlich besaßen und nach dem der Deutschlehrer im selben Semester die »fortgesetzte Erklärung der Theorie der Stylgattungen« (OP 1830) vornahm.

Maßgebliche Quelle für das letzte Drittel der Rede sind Johann Gottlieb Fichtes *Reden an die deutsche Nation* von 1808, 2. Aufl. 1824 (vgl. W.R. Lehmann 1963, 198–206). Aus der 8. Rede übernahm Büchner u. a. eine durchgehende Passage von über 1½ Heftseiten, aus der 14. Rede etwas weniger. Fichte könnte ihm durch den jungen Karl Wagner (1802–1879), Lehrer für Griechisch, Lateinisch und Geschichte, nahegebracht worden sein, der seinen Geschichtsunterricht zwecks »Belebung eines vaterländischen Gefühls« mit patriotischen Gedichten veranschaulichte, wie seine 1831 publizierte Anthologie *Teutsche Geschichten aus dem Munde teutscher Dichter* mitteilt (S. IV). Fichtes *Reden* erwähnt Wagner in seinem Lehrbuch als bewundernswürdiges Beispiel freimütiger und mutiger Vaterlandsliebe (ebd., 385). Durch Wagner, bei dem er schon im Sommersemester 1827 das 17. Jahrhundert behandelt hatte, lernte Büchner vermutlich auch Gottfried August Bürgers Gedicht »Die Tode« kennen, dessen erste Strophe er als Motto für seine *Helden-Tod*-Rede wählte (ebd., 267). Die Schlacht bei Wimpfen ist in Wagners Anthologie repräsentiert durch ein Gedicht von Adolf Bube: »Die teutschen Spartaner bei Wimpfen, den 6. Mai 1622« (ebd., 262–264), das Büchner vermutlich ebenfalls kannte.

Possels im Auftrag des Markgrafen von Baden verfasste Gedenkrede von 1788 stellte die für ihre Überzeugung (und für ihren Fürsten) gegen eine große Übermacht kämpfenden und sterbenden Pforzheimer Bürger auf eine Stufe mit der legendären heroischen Selbstaufopferung der dreihundert Spartaner unter Leonidas bei den Thermopylen 480 v. Chr. sowie der vierhundert Römer auf Sizilien im Ersten Punischen Krieg 258 v. Chr. Er schuf mit diesem Vergleich ein identitätsstiftendes Symbol nationalen Selbstbewusstseins: auch die Deutschen hatten ihre Spartaner. Dies noch überbietend, erhob Büchner den patriotischen Opfertod der Pforzheimer zur größten aller vergleichbaren Heldentaten, weil jene Bürger sich zum einen (anders als griechische oder römische Krieger) dem Kampf hätten entziehen können, zum andern weil sie nicht allein für die Freiheit ihres Glaubens, sondern darüber hinaus für die Freiheit ihrer noch ungeborenen Nachkommen gestorben seien, also für eine bessere Zukunft.

Possels Darstellung des Heldentods der Pforzheimer beruhte auf der handschriftlichen, später gedruckten Dramatisierung Ernst Ludwig Deimlings, eines Nachkommen des damaligen ›Bürgermeisters‹ (DKV II, 23). Doch seine Rede verschaffte der fast vergessenen Legende nicht nur allgemeine Bekanntheit, sondern außerdem für viele Jahre den Status einer wahren Begebenheit. Obwohl man anlässlich eines für 1822 geplanten Erinnerungsfestes archivalische oder sonstige schriftliche Zeugnisse vergeblich suchte, wurde sie noch über Büchners Schulzeit hinaus als authentisches Ereignis rezipiert.

Mit der *Helden-Tod*-Rede bearbeitete der 16-jährige Schüler eine rhetorische Stilübungsaufgabe, die nicht unbedingt seine Meinung zu der erzählten Episode während einer der blutigsten Schlachten des Dreißigjährigen Krieges wiedergibt. Sie hält sich eng an vorgegebene Muster (Posselt), schreibt Vorlagen sogar ausgiebig ab (Fichte) und erfüllt die an diese Redeform gerichteten Erwartungen. Dennoch zeigt die Eindringlichkeit, mit der der freiwillige Opfertod als letzte Option im Kampf um freie Selbstbestimmung dargestellt wird, dass Büchner hier ein Hauptthema gefunden hatte.

Die rhetorischen Übungen der philologischen Fächer veranlassten die Schüler, kontinuierlich verschiedenartige, vor allem historiographische und literarische Musterstellen, Belege u. ä. zu sammeln und in ihren Ausarbeitungen zu verwerten (vgl. zur »Helden-Tod«-Rede zusammenfassend Simm in MA, 420–425; Poschmann in DKV, 765–774). Diese Arbeitsweise blieb ein bestimmendes Merkmal nicht nur der anderen eigenständigen Aufsätze Büchners, sondern auch seiner späteren Dichtungen und Schriften.

»Ueber den Traum eines Arcadiers«

Der knapp zweieinhalbseitige, eigenhändig betitelte Aufsatzentwurf steht hinter der *Helden-Tod*-Rede im selben Heft. Trotz mehrerer folgender Leerseiten wurde der Entwurf, der zahlreiche Korrekturen bzw. Überarbeitungsspuren aufweist, aufgegeben. An eine kurze Einleitung, in der Büchner ankündigt, die Existenz von übernatürlichen Phänomenen (Wundern) zu »beurtheilen«, schließt sich als Beispiel die eigenhändige Übersetzung eines zuerst bei Marcus Tullius Cicero (*De divinatione*/*Über die Wahrsagung* I,57; 44 v. Chr.) belegten, in der Antike bekannten prophetischen Traums an, die aber ohne erkennbaren Grund nach wenigen Zeilen bzw. kurz vor dessen Ende abbricht.

Der Aufsatzentwurf entstand wie die *Helden-Tod*-Rede im Wintersemester 1829/30 in Selecta, allerdings im Lateinunterricht bei Dr. Karl Dilthey (1797–1857), dem Direktor des Pädagogs: »Zu lateinischen Ausarbeitungen wurden folgende Themata aufgegeben und bearbeitet: […] über den Traum eines Arkadiers (Cic. de Divin. I, 27.)« (OP 1830). Dass die Ausarbeitung am Ende des Semesters im Lektionsverzeichnis erwähnt wurde, macht es sehr wahrscheinlich, dass Büchner die abgebrochene Übersetzung und die daran anschließende Erörterung in einem anderen, verschollenen Heft zu Ende geführt hat.

Ciceros Schrift *Über die Wahrsagung* versteht sich als Ergänzung zu der Schrift *De natura deorum/Vom Wesen der Götter* und versammelt die Argumente für (1. Buch) und wider (2. Buch) die Auffassung der Stoiker, die Fürsorge der Götter äußere sich u. a. darin, dass den Menschen die Gabe verliehen sei, in die Zukunft zu blicken. Cicero beschließt die Erzählung des ›berühmten‹, ›häufig von den Stoikern erwähnten‹ Wahrtraums des Arkadiers mit der Feststellung: »Was könnte man eher als von Gott gesandt betrachten als diesen Traum?« (I,57)

In Büchners kurzer Einleitung deutet sich an, dass er in seiner Erörterung – darin den Stoikern folgend – die Frage nach der göttlichen Prophetie von einer religiösen zu einer philosophischen Angelegenheit machen wollte: Zweimal tilgte er den zunächst geschriebenen Begriff »Gott« bzw. »schaffende Gottheit« und ersetzte ihn durch »Urprinzip«, »Inbegriff alles Bestehenden« bzw. »die Natur« (DKV II, 29).

Cato-Rede

Bei dem von Büchner nicht betitelten 11-seitigen Vortragsmanuskript handelt es sich um eine Reinschrift in einem großformatigen, unpaginierten Heft (ca. 260 x 225 mm) mit wenigen charakteristischen Abschreibfehlern sowie zahlreichen (wenn auch zum Teil nicht eigenhändigen) Unterstreichungen als Nachdruckszeichen. In Form einer Verteidigungs- oder Rechtfertigungsrede werden verschiedene Einwände und Vorwürfe gegen die Selbsttötung des Marcus Porcius Cato (95–46 v. Chr.), der sich der Macht des Usurpators und damit seines großen Widersachers Julius Cäsar nicht beugen wollte, vorgestellt und argumentativ widerlegt. Büchner greift ein Thema der *Helden-Tod*-Rede wieder auf, wenn er hier den freiwilligen (Opfer-)Tod als Entscheidung des freien Willens gegen die Unterdrückung rechtfertigt.

Die Rede entstand vermutlich im Sommersemester 1830 im Lateinunterricht der Selecta bei Dilthey und wurde von diesem zum Vortrag während des feierlichen Redeactus am Ende des Semesters ausgewählt: »Mittwoch den 29 September Morgens von 8 Uhr an wird der öffentliche Redeactus […] in folgender Ordnung gehalten werden: […] 2) Carl Georg Büchner wird in einer teutschen Rede den Cato von Utica zu rechtfertigen suchen.« (Lektionenverzeichnis Herbst 1830, 37, im folgenden HP = Herbstprogramm.) Erste Vorarbeiten könnten bereits in Dr. Carl Friedrich Webers (1794–1861) Lateinunterricht des Sommersemesters 1828 in Prima entstanden

sein: »zwei Aufsätze wurden geliefert: über Cato und Beschreibung einer Gegend« (HP 1828).

Die Veranlassung zu der Ausarbeitung sowie zwei wichtige Quellen werden im Lektionenverzeichnis für das Sommersemester 1830 genannt: »Lateinisch, 9 St. Dilthey: Vellejus Paterculus mit einigen Auslassungen vom Anfang bis gegen das Ende. […] Zu Ausarbeitungen wurden folgende Themata gegeben: […] Leben und Charakter des […] Cato, […] (nach Plutarch)« (HP 1830 Selecta). Die berühmten ausführlichen *Vitae parallelae/Parallelen Lebensbeschreibungen* des Plutarchos von Chaironeia sind ein wichtiges Zeugnis für die Geschichte, Persönlichkeiten und Helden der griechischen und römischen Antike und dienten am Pädagog häufig als Schul- und Privatlektüre sowie als Grundlage für Ausarbeitungen. Drei weitere Quellen nannte Büchner in seiner Rede namentlich: Velleius Paterculus, Johann Gottfried Herder und Heinrich Luden. Den römischen Geschichtsschreiber Velleius Paterculus zitierte Büchner mit einem lateinischen Satz aus der *Historia Romana* II,35, Herder mit 1½ Versen aus dem Gedicht *Der Schiffbruch* und den Historiker Luden mit mehreren, teils nicht gekennzeichneten Stellen aus der *Allgemeinen Geschichte der Völker und Staaten des Alterthumes*, 1814, Teil I (vgl. zusammenfassend Simm in MA, 426–434; S. Lehmann 2005, 115–121).

Weitere, weder von Büchner noch im Lektionenverzeichnis genannte Quellen sind Sallusts *Coniuratio Catilinae/Die Verschwörung des Catilina*, Kap. 54 (vgl. Schaub 1980, I, 186), der Artikel »Stoa« in der *Allgemeinen deutschen Real-Encyklopädie für die gebildeten Stände* (Hinweis von Th. M. Mayer), Marcus Tullius Ciceros *Abhandlung über die menschlichen Pflichten (De officiis)* […] aus dem Lateinischen von Christian Garve, 1787, sowie Christian Garves *Philosophische Anmerkungen und Abhandlungen zu Cicero's Büchern von den Pflichten*, Bd. 1, 1787 (vgl. S. Lehmann 2005, 131–154). Daneben finden sich Anklänge z. B. an Christian Friedrich Daniel Schubarts Gedicht »Der ewige Jude« (vgl. Pabst 1990, 266) oder an Goethes *Werther* und *Faust* I (vgl. S. Lehmann 2005, 128 f.).

Unbeirrbare Tugendhaftigkeit und Grundsatztreue, Charakterfestigkeit, Ehre und Pflicht, Patriotismus und Freiheitsliebe stehen im Vordergrund der eigenständigen und eindringlich vorgetragenen Argumentation. Mit den auffallend häufig (13- bzw. 12-mal) verwendeten Schlüsselbegriffen »Charakter« und »Grundsätze« übernahm Büchner die zentralen Argumente der zugrundeliegenden Cicero-Stelle, nach der Catos Berechtigung zur Selbsttötung (die anderen nicht erlaubt gewesen sei) allein mit seinem »Stoischen«, »ernsten und festen Charakter« und seinen »strengen Grundsätzen« begründet wird (Cicero 1787, IX, 96). Gegenargumente von Seiten der ›neueren Moral‹ (Garve 1787, X, 214 u. 219) bzw. das christliche Selbstmord-Verbot erwähnt Büchner zwar, diskutiert diese Einwände aber nicht, da er nur eine konsequent historische Betrachtungsweise zulässt: »Es ist ja doch ein ganz eigner Gedanke, einen alten Römer nach dem Katechismus kritisieren zu wollen!« (DKV II, 31)

Vermutlich wurden stets alle zum Vortrag während des Redeactus ausgewählten Ausarbeitungen nach Rücksprache mit dem Direktor von den Schülern noch einmal gründlich überarbeitet. Insbesondere aber beim Herbstactus 1830, der unter dem starken Eindruck der französischen Julirevolution stand, war – zumal im Hinblick auf die anwesenden Vertreter des großherzoglichen Hofes – politische Zurückhaltung geboten. In dieser Situation verzichtete Büchner (auf Diltheys Wunsch?) in der Einleitung, die er ansonsten nahezu vollständig und mit nur geringfügigen Abweichungen aus der älteren *Helden-Tod*-Rede abschrieb, auf den besonders brisanten und aktuellen Satz über die »Männer«, »die ganze Nationen in ihrem Fluge mit sich fortrissen und aus ihrem Schlafe rüttelten, zu deren Füßen die Welt zitterte, vor welchen die Tyrannen bebten« (DKV II, 18). Denn die im Gefolge der Julirevolution überall in Deutschland ausgebrochenen sozialen Unruhen erreichten im Großherzogtum Hessen in den letzten Septembertagen ihren Höhepunkt.

Unter den überlieferten Schülerschriften stellt die Cato-Rede das ausgereifteste Zeugnis von Büchners rednerischem bzw. schriftstellerischem Talent dar. Auch im Familiengedächtnis nahm der offenbar außergewöhnliche und aufsehenerregende Rede-Auftritt des ältesten Bruders eine besondere Stellung ein, wie die Fehldatierungen Ludwigs und Luise Büchners belegen: Beide Geschwister bezeichneten diesen Vortrag (und nicht die Menenius-Agrippa-Rede) als krönenden Abschluss von Büchners Schulzeit (vgl. S. Lehmann 2005, 113).

»Recension« eines Mitschüleraufsatzes über den Selbstmord

Der Aufsatz in einem 10-seitigen unpaginierten Heft im üblichen Quartformat (ca. 202 x 164 mm) mit Umschlagbogen aus festerem Papier war vermutlich zum Vortrag vor der Klasse bestimmt, denn Büchner hat hier – ähnlich wie in der Cato-Rede – nicht nur die Namen, sondern viele weitere Wörter und Sätze mit Unterstreichungen als Betonungszeichen versehen. Die Ausarbeitung entstand vermutlich im (bzw. nicht vor dem) Wintersemester 1830/31 (vgl. Hauschild 1993, 99, siehe unten) in Selecta im Fach Deutsch bei Karl Baur (vgl. S. Lehmann 2005, 167 f.).

Büchner rezensierte in dieser Ausarbeitung den Aufsatz eines unbekannten Mitschülers (vgl. Schaub 1981, 225; Schaub 1980, I, 164 f.) über Ursachen sowie Für und Wider der Selbsttötung. Das vermutlich in Büchners Deutschunterricht verwendete *Hülfsbuch der deutschen Stylübungen* von Falkmann (1822) z. B. erläutert ausführlich das Verfassen von Mitschüler-Rezensionen. Der Mitschüleraufsatz entstand möglicherweise im Wintersemester 1828/29, für das eine Ausarbeitung über die »Ursachen des Selbstmordes« im Lateinunterricht der Selecta bei Dilthey belegt ist (vgl. Hauschild 1993, 99). Büchner verwendete die Hausaufgabe dazu, auch eigene Gedanken und Einsichten zu diesem »schwierigen« (DKV II, 43) Thema mitzuteilen, obwohl »dies eigentlich in die Form einer Rezension nicht paßt« (DKV II, 42), und stimmte dem rezensierten Aufsatz darin zu, dass »von einem durchgängig anwendbaren Urteil die Rede nicht sein könne« (DKV II, 38). Büchners Stellungnahmen zu den Argumenten des Mitschülers weisen darauf hin, dass er mit manchen der von diesem verwendeten Quellen (vgl. S. Lehmann 2005, 169–182) bereits gut vertraut war, so mit der von beiden Schülern scharf kritisierten Untersuchung *über den Selbstmord* von Friedrich Benjamin Osiander (vgl. Schaub 1981, 224 f.), der aus dem Unterricht der unteren Klassen bekannten Fabel »Der Schwan und die Krähen« sowie Goethes *Faust* I. Darüber hinaus zitierte Büchner aus einer zuerst in den *Frankfurter Gelehrten Anzeigen* 1772 erschienenen frühen Rezension Goethes, die seit August 1830 leichter zugänglich war in Goethe's *Werken*, Vollständige Ausgabe letzter Hand, Bd. 33 (vgl. Bergemann in B 1958, 619; Hauschild 1993, 99). Seine Vertrautheit mit Goethes *Werther*, die auch in der Cato-Rede anklingt, zeigt sich in der Paraphrase von dessen Standpunkt, Sterben am Fieber und Selbstmord aus Verzweiflung seien das Gleiche und man dürfe deshalb einen melancholischen Menschen, den unermessliche Leiden zum Selbstmord treiben, nicht verurteilen (Goethe: *Werther*, Brief vom 12. Aug.; DKV II, 42 f.; vgl. S. Lehmann 2005, 181 f.). In dem abschließenden und mit dem rezensierten Mitschüler übereinstimmenden Resümee, »der Selbstmörder« sei »nur *Verirrter* nicht *Verbrecher*« (DKV II, 43), zeigt sich Büchners von Empathie geprägte Haltung.

Auch wenn angesichts der großen Zahl von *nicht* überlieferten Ausarbeitungen Büchners eine Überbewertung unangebracht ist, belegen doch die auffallende Häufung der Behandlung des freiwilligen (Opfer-)Tods in den eigenständigen Schulaufsätzen sowie die Emphase, mit der er Vorwürfe gegen die freiwillige Selbsttötung abwehrt, eine intensive und engagierte Beschäftigung des Schülers mit diesem Thema.

Außerschulische (Gelegenheits-)Dichtungen

Von einer für den Vater zum Geburtstag am 3. August 1825 oder 1826, spätestens 1828 niedergeschriebenen Schiffbruch-Erzählung mit anschließender Zueignung ist der Anfangsteil verschollen. Der im Dienst der Britischen Ostindien-Kompanie stehende Ich-Erzähler berichtet hier über einen Schiffbruch vor der chinesischen Küste einige Tagesreisen von Kanton entfernt (wo die Kompanie 1711 eine Handelsniederlassung errichtet hatte), bei dem er sich mit einigen wenigen Mitreisenden, Offizieren, Matrosen sowie dem Kapitän auf ein Beiboot und an Land retten konnte, während fast 400 Menschen mit dem Schiff untergingen. Vermutlich handelt es sich um eine Nacherzählung. Ein inhaltlicher Bezug zu dem Beschenkten ist nicht ersichtlich; möglicherweise hat Büchner dem anspruchsvollen Vater – als Zeugnis seiner Leistung – eine aktuelle, für den Deutschunterricht absolvierte Aufgabe gewidmet.

Ein unbetiteltes Geburtstagsgedicht »Gebadet in des Meeres blauer Flut« für »die beste aller Mütter« (am 19. August 1828[?]) ist nur in einer Abschrift von der Hand Luise Büchners überliefert. Das Gedicht »Die Nacht« verfasste Büchner als »kleines Weihnachtsgeschenk [...] für seine guten Eltern« 1828. Ein unbetiteltes Gedicht »Leise hinter düstrem Nachtgewölke« (1829[?]) »im Matthissonschen Stil« (Luise Büchner) über eine verfallene Burg (das Heidelberger Schloss) bzw. den ›Zahn der Zeit‹ gefiel der Schwester besonders gut (vgl. Bergemann in B 1922, 766).

Ludwig Büchner schrieb in den *Nachgelassenen Schriften* seines ältesten Bruders (Büchner in N, 1): »In späterem Alter machte er nie mehr Gedichte.« Auch Luise Büchner konnte Franzos gegenüber nur von drei Jugendgedichten berichten (vgl. Bergemann in B 1922, 766). Der Einfluss seines Deutschlehrers Baur, eines großen Schiller-Verehrers und selbst Verfassers zahlreicher Gedichte, der im Unterricht sehr häufig Gedichte behandelte, oder die Tatsache, dass bis 1829 »poetische Arbeiten« (HP

1827, 20) von Schülern in den Halbjahresprogrammen des Pädagogs abgedruckt wurden, reichten nicht aus, um bei Büchner ein Interesse am Versemachen zu wecken, das über die allgemein üblichen, »familiären Anlässen geschuldeten frühen poetischen Pflichtübungen« (Poschmann in DKV II, 758) hinausging. (Vgl. Bergemann in B 1922, 765 f.; Simm in MA, 412–416; Poschmann in DKV II, 759–764.)

Literatur

Allgemeine deutsche Real-Encyklopädie für die gebildeten Stände. (Conversations-Lexikon.) In zwölf Bänden. [...] Siebente Originalauflage. (Zweiter durchgesehener Abdruck). [...] Leipzig 1830. Bd. X.

Cicero, Marcus Tullius: Abhandlung über die menschlichen Pflichten in drey Büchern aus dem Lateinischen übersetzt von Christian Garve. Neue verbesserte und mit einigen Anmerkungen vermehrte Ausgabe. Breslau 1787 (Photomechanischer Nachdruck in Christian Garve: Gesammelte Werke. Hg. von Kurt Wölfel. Dritte Abteilung: Die kommentierten Übersetzungen. Band IX: Abhandlung über die menschlichen Pflichten, aus dem Lateinischen des Marcus Tullius Cicero. Teil 1. Hildesheim/Zürich/New York 1987).

[Dilthey, Julius Friedrich Karl:] Instruction für den Unterricht in dem Grosherzoglichen Gymnasium zu Darmstadt 1827 [Darmstadt 1827].

Falkmann, Christian Ferdinand: Hülfsbuch der deutschen Stylübungen für die Schüler der mittlern und höhern Klassen bei dem öffentlichen und beim Privat-Unterrichte. Hannover 1822.

Garve, Christian: Philosophische Anmerkungen und Abhandlungen zu Cicero's Büchern von den Pflichten. Anmerkungen zu dem Ersten Buche. Neue verbesserte und mit einigen Anmerkungen vermehrte Ausgabe. Breslau 1787 (Photomechanischer Nachdruck: [s. o. Cicero] Band X: Abhandlung über die menschlichen Pflichten, aus dem Lateinischen des Marcus Tullius Cicero. Teil 2. Hildesheim/Zürich/New York 1986).

Hauschild, Jan-Christoph: Georg Büchner. Biographie. Stuttgart/Weimar 1993.

Lehmann, Susanne: Der Brand im Haus der Büchners 1851. Zur Überlieferung des Darmstädter Büchner-Nachlasses. In: GBJb 6 (1986/87) 1990, 303–313.

– : Georg Büchners Schulzeit. Ausgewählte Schülerschriften und ihre Quellen. Tübingen 2005.

Lehmann, Werner R.: Prolegomena zu einer historisch-kritischen Büchner-Ausgabe. In: Gratulatio. Festschrift für Christian Wegner zum 70. Geburtstag am 9. September 1963. Hamburg 1963, 190–225.

Pabst, Reinhard: Zwei Miszellen zu den Quellen von Dantons Tod. In: GBJb 6 (1986/87) 1990, 261–268.

Posselt, Ernst Ludwig: Dem Vaterlandstod der Vierhundert Bürger von Pforzheim / eine Rede den 29. Januar 1788. in Gegenwart des Hochfürstlichen Hauses gehalten. Karlsruh 1788.

Schaub, Gerhard: Georg Büchner und die Schulrhetorik. Untersuchungen und Quellen zu seinen Schülerarbeiten. Bern/Frankfurt a. M. 1975.

– : Die schriftstellerischen Anfänge Georg Büchners unter dem Einfluß der Schulrhetorik. 2 Teile. Trier 1980 [unveröffentlichtes Typoskript].

– : Büchners Rezension eines Schulaufsatzes *Über den Selbstmord*. In: GBJb 1 (1981), 224–232.

Schmid, Gerhard: Der Nachlaß Georg Büchners im Goethe- und Schiller-Archiv Weimar. Überlegungen zur Bedeutung von Dichterhandschriften für Textedition und literaturwissenschaftliche Forschung. In: GBJb 6 (1986/87) 1990, 159–172.

Wagner, Karl (Hg.): Teutsche Geschichten aus dem Munde teutscher Dichter. Geordnet, mit Bemerkungen begleitet und besonders für den Unterricht in der teutschen Sprache und Geschichte […]. Darmstadt 1831.

Susanne Lehmann

2. *Der Hessische Landbote*

Die von Georg Büchner und von Friedrich Ludwig Weidig verfasste Flugschrift stellt den in der deutschen Literaturgeschichte recht einmaligen Fall dar, dass ein herausragender Literat und Schriftsteller gleichzeitig der Autor einer politischen Kampfschrift war, die anonym und illegal erschien und die ihrem Urheber die Androhung einer schweren Gefängnisstrafe (und dem Koautor den Tod in Polizeihaft) einbrachte. Wenn für die deutsche Literatur spätestens seit der Weimarer Klassik gewissermaßen apriori die Abkehr vom politischen Tagesgeschäft als Voraussetzung für die Erlangung literarischer und künstlerischer Autonomie angesehen wurde, wenn Literatur der Moderne von Schiller bis Adorno nur in der Abkehr von den entfremdeten gesellschaftlichen Verhältnissen ihren Zweck erfüllen können sollte, so musste Georg Büchner als Provokation wirken: Ein Autor, der sich der protestantischen Zwei-Reiche-Lehre und ihrer literarischen Säkularisierung widersetzte und politisches Engagement selbstverständlich mit Agitation und Propaganda verband, widersprach der etwa auch von Thomas Mann in seinem Frühwerk propagierten, im Exil dann aber explizit beklagten Trennung von Literatur und Gesellschaft, von Kunst und Leben, die den deutschen ›Dichter‹ in typisierender Betrachtung vom französischen ›Schriftsteller‹ und Intellektuellen unterschied. Politische und biographische Einflüsse aus Frankreich haben Georg Büchner dementsprechend auch entscheidend geprägt, und sie spielen eine wichtige Rolle bei der Entstehung der Landboten-Flugschrift. Wenn dieser Befund Büchner durchaus als eine fast einmalige Gestalt in der deutschen Literaturgeschichte erscheinen lässt, so sind mit dieser Stellung auch problematische Rezeptionstendenzen verbunden. In der anti-klassizistischen Stimmung der »nach-1968er« Jahre, die traditionelle Kanones und Klassikerverehrung als Ausdruck reaktionärer Gesinnung geißelte, lag es nahe, Büchner nur noch als politischen Schriftsteller zu sehen, die spezifischen literarischen Vorzüge seines Werkes zu unterschätzen und den *Landboten* gewissermaßen zu seinem Hauptwerk und zum ›authentischen‹ Ausdruck von Büchners politischer Gesinnung zu erklären. Gegenüber dieser einseitigen Position ist aus heutiger Sicht Skepsis angebracht. Büchners Text ist in die Geschichte der Flugschrift einzuordnen, wodurch die besondere Bedeutung des Adressatenbezugs und damit auch die taktisch-strategische Dimension mancher Formulierung evident werden. Gleichzeitig sind Spuren von Büchners Sprachgewalt und Bildlichkeit in dem politischen Gebrauchstext zu erkennen und dieser insofern an das literarische Gesamtwerk anzubinden.

In der Folge dieser Überlegungen stehen zunächst die Textüberlieferung, die Entstehung und der Erstdruck sowie die Quellen und Prätexte ebenso wie gattungsgeschichtliche Überlegungen im Vordergrund. Erst danach ist eine Textanalyse angebracht, die den Gehalt der Flugschrift, deren historische und politische Bedeutung und ihre Position in Büchners Gesamtwerk beleuchtet.

2.1 Textüberlieferung

Textgrundlage der heutigen Beschäftigung mit Georg Büchners erster Publikation ist die Druckfassung der Flugschrift von Ende Juli 1834. Es handelt sich dabei um eine Bearbeitung von Büchners nicht überliefertem ursprünglichem Manuskript durch Friedrich Ludwig Weidig (1791–1837). Die Frage nach den Textanteilen der beiden Autoren gehört zu den beliebtesten der Büchner-Forschung; sie kann aber nicht definitiv geklärt werden, auch wenn es Ansatzpunkte gibt, die sich vor allem auf die Aussagen August Beckers anlässlich des Darmstädter Hochverratsprozesses stützen. Grundlage für die ersten Textausgaben war ein »ramponiertes« Exemplar des Erstdrucks aus dem Nachlass Ludwig Büchners (aufbewahrt im Goethe- und Schiller-Archiv); Funde aus Kabinetts- und Gerichtsakten brachten mehrere besser erhaltene Druckexemplare zu Tage. Eine zweite Auflage der Flugschrift erschien im November 1834 mit weiteren Veränderungen, auf die Büchner aber keinerlei Einfluss hatte und die deshalb für die Büchner-Forschung ohne größeres Interesse sind. Die Flugschrift bestand aus acht bedruckten Seiten; es ist keine definitive Aufteilung des Textes nach Partien Büchners und Weidigs möglich (auch wenn es an einzelnen Stellen Anhaltspunkte gibt).

Büchners Grundüberzeugung lässt sich als sozialrevolutionär einstufen. Ihm ging es nicht primär um eine Veränderung der im engeren Sinne politischen Verhältnisse (als die etwa die Einführung einer echten konstitutionellen Monarchie angesehen werden könnte), sondern um eine Aufhebung der sozialen Ungleichheit und der ökonomischen Ausbeutung vor allem der armen Landbevölkerung. Die Liberalen kritisierte er als gesellschaftlich Begünstigte, die

gegenüber den Armen keinerlei Engagement zeigten. Büchner erklärte in einem Brief an Gutzkow im März 1835: »das Verhältnis zwischen Arm und Reich ist das einzige revolutionäre Element in der Welt« (DKV II, 400). Weidig wiederum war mit Büchners Polemik gegen die Liberalen nicht einverstanden; für ihn ging es um eine breite anti-feudalistische Bewegung, in der alle oppositionellen Kräfte gegen das System des Hofes stehen sollten.

Becker erklärte in seiner Darmstädter Aussage vom 4. Juli 1837, Weidig habe gesagt, »daß bei solchen Grundsätzen ›wie Büchner sie proklamierte‹ kein ehrlicher Mann mehr bei uns aushalten werde. (Er meinte damit die Liberalen.)« (DKV II, 662) Büchner habe sich gegen diese Haltung Weidigs gewehrt, indem er erklärt habe, »es sei keine Kunst, ein ehrlicher Mann zu sein, wenn man täglich Suppe, Gemüse und Fleisch zu essen habe.« (ebd.) Aus diesen Meinungsverschiedenheiten ist die Grundtendenz zu erklären, welche die Veränderungen bestimmte, die Weidig an Büchners Text vornahm:

behielt er sie [die Flugschrift, M.H.] zurück *und gab ihr die Gestalt, in welcher sie später im Druck erschienen ist.* Sie unterscheidet sich von dem Originale namentlich dadurch, daß an die Stelle der *Reichen,* die *Vornehmen* gesetzt sind und daß das, was gegen die s.g. *liberale* Partei gesagt war, weggelassen und mit Anderem, was sich bloß auf die Wirksamkeit der konstitutionellen Verfassung bezieht, ersetzt worden ist. (ebd.)

Über Büchners Reaktion auf die Bearbeitung Weidigs schreibt Becker:

Büchner war über die Veränderungen, welche *Weidig* mit der Schrift vorgenommen hatte, außerordentlich aufgebracht, er wollte sie nicht mehr als die seinige anerkennen und sagte, daß er ihm gerade das, worauf er das meiste Gewicht gelegt habe und wodurch alles andere gleichsam legitimirt werde, durchgestrichen habe etc. (DKV II, 663)

Die Interpretationen des *Hessischen Landboten,* die sich – und das sind zweifellos die meisten – vor allem für Büchners Anteil an dem Text interessieren, stehen also vor einer schwierigen Aufgabe, denn sie müssen versuchen, aus den Andeutungen Beckers und aus brieflichen Äußerungen Büchners Kriterien abzuleiten, die es ermöglichen, gewissermaßen unter der Oberfläche spezifische Intentionen Büchners herauszuarbeiten. Dabei hat August Becker die Intentionen Büchners sicherlich zutreffend charakterisiert, wenn er formuliert: »Die Tendenz der Flugschrift läßt sich hiernach vielleicht dahin aussprechen: sie hatte den *Zweck,* die *materiellen Interessen* des *Volks* mit denen der ›politischen‹ *Revolution* zu vereinigen, als dem einzig möglichen Weg, die letztere zu bewerkstelligen.« (DKV II, 661) Resümierend lässt sich also feststellen: Büchner und Weidig waren Revolutionäre, die das Ziel hatten, die bäuerlichen Untertanen des Herzogtums Hessen-Darmstadt für eine Umwälzung der bestehenden Verhältnisse zu gewinnen. Dabei ging es Weidig primär darum, eben diese Bauern zu Anhängern der bürgerlichen Revolution und damit einer konstitutionellen Verfassung zu machen. Für Büchner dagegen hatte insbesondere aufgrund seiner Erfahrungen mit der aus der französischen Julirevolution hervorgegangenen konstitutionellen Monarchie – und damit dem »Geldaristokratismus [...] in Frankreich« (DKV II, 665) – die Frage der parlamentarischen Vertretung der Bürger keine Priorität, sondern ihm ging es um eine radikale Veränderung der sozialen Verhältnisse. Auf der anderen Seite ist es wichtig zu unterstreichen, dass Büchner keineswegs eine Darlegung seiner eigenen politischen Meinung intendierte und dass er auch keineswegs zu einer romantischen Verklärung des politischen Potentials der hessischen Bauern neigte. Laut Becker soll Büchner vielmehr von den Adressaten seiner Flugschrift gesagt haben,

daß sie eine ziemlich *niederträchtige Gesinnung* angenommen haben; und daß sie, es ist traurig genug, fast an keiner Seite mehr zugänglich sind, als gerade am *Geldsack*. Dieß muß man benutzen, wenn man sie aus ihrer Erniedrigung hervorziehen will; man muß ihnen zeigen und vorrechnen, daß sie einem Staate angehören, dessen Lasten sie größtentheils tragen müssen, während andere den Vortheil davon beziehen (DKV II, 660).

2.2 Entstehung, Erstdruck

Im Januar 1834 ist Georg Büchner in Gießen und nimmt Kontakt mit dem bekannten Oppositionspolitiker und Butzbacher Rektor Friederich Ludwig Weidig auf. Im März 1834 kommt es zur Gründung der Gießener »Gesellschaft der Menschenrechte«, an der Büchner maßgeblich beteiligt ist. Der genaue Abfassungszeitraum der Flugschrift und die Entstehungsumstände sind nicht belegt. Wahrscheinlich arbeitete Büchner an der Flugschrift parallel zur Gründung der Gesellschaft. Ein Aufsatz Büchners über die Grundsätze der »Gesellschaft der Menschenrechte« ist verschollen (nach dem Bericht von Adam Koch). Die Kenntnis dieses Textes wäre für die Büchnerforschung von elementarem Interesse, weil sie einen Einblick in Büchners persönliche politische Überzeugungen vermittelt hätte. Diese waren radikaler als die Weidigs und der meisten seiner Mit-

streiter, was sich am 3. Juli 1834 bei einem Treffen auf der Badenburg bei Lollar zwischen Oppositionellen aus Gießen und Marburg zeigte. Büchners radikale Position fand keine Mehrheit. Die Einsicht in die Tatsache, dass seine Vorstellungen im praktischen politischen Kampf nicht durchsetzbar waren, muss Büchner dazu bewogen haben, auch die von Weidig veränderte Fassung der Flugschrift als Grundlage einer illegalen politischen Aktion zu akzeptieren, denn Anfang Juli 1834 brachte Büchner zusammen mit dem Jurastudenten Jakob Friedrich Schütz (1813–1877) das Manuskript nach Offenbach in die Druckerei von Karl Preller. Im August 1834 erfolgt die Verhaftung von Karl Minnigerode, der 150 Exemplare der Flugschrift nach Gießen bringen wollte. Viel später, 1845, bezeichnet August Becker Büchners »Gesellschaft der Menschenrechte« nachträglich als kommunistisch. Eine kommunistische Tendenz der Flugschrift ist aber (unabhängig von Büchners tatsächlicher oder vermeintlicher wahrer Gesinnung) wegen der verheerenden Wirkung des Wortes »Gütergemeinschaft« auf die angesprochenen Kleinbauern auszuschließen, »die um nichts mehr als um ihr kleines Eigentum besorgt waren.« (Poschmann in DKV II, 825)

2.3 Einflüsse, Quellen und Prätexte

Prägend für Büchners politisches Bewusstsein war der Aufenthalt in Straßburg 1831 bis 1833. Nach der Julirevolution herrschte in Frankreich mehr politische Freiheit als in Deutschland, auch mehr politische Bewegung, die sich auch in radikaler Agitation *gegen* die aus der Revolution hervorgegangene kapitalismusfreundliche Regierung artikulierte. Straßburg erwies sich gerade in dieser Zeit (und mehr als etwa während der Anwesenheit Goethes in den 1770er Jahren) als Kreuzungspunkt französischer *Politik* und deutscher *Kultur*. Die radikalen Bewegungen während der Julimonarchie einte eine grundsätzliche Kritik der französischen Verfassungswirklichkeit und der bürgerlichen Konstitution sowie der Regierung des Bürgerkönigs. Die bürgerliche Freiheit, so argumentierten die Radikalen und so erfuhr es Büchner, nutzte vor allem den Kapitalbesitzern. Soziale Unruhen manifestierten sich etwa im Generalstreik und Aufstand der Lyoner Seidenweber Ende November/Anfang Dezember 1831. In Straßburg wie in ganz Frankreich agierten und agitierten Volksvereine im Untergrund, deren bevorzugtes Kommunikationsmittel Flugschriften waren.

Prägend für Büchner wurden die verschiedenen Gruppen und Zirkel der ›Linken‹. Radikale Opposition manifestierte sich in Frankreich vor allem unter Berufung auf François Noël (»Grachus«) Babeuf (1760–1797). In dem »Manifest der Gleichen« (1796) der Strömung Babeufs, das von Sylvain Maréchal (1750–1803) verfasst wurde, finden sich Forderungen, die auf kommunistische Bestrebungen hindeuten. So heißt es etwa: »Der Grund und Boden darf kein persönliches Eigentum mehr sein – die Erde gehört niemandem. Wir fordern, wir verlangen, daß die Früchte der Erde Gemeineigentum werden – die Früchte gehören allen.« (Maréchal zit. n. DKV II, 830) Radikale Opponenten gegen das herrschende System beriefen sich auch auf die Lehren des Frühsozialisten Claude Henri Saint-Simon (1760–1825). Allerdings zeigte sich ein Versagen der Modelle des Saint-Simonismus und eine allgemeine Trivialisierung dieser Bewegung unter Prosper Enfantin (1796–1864), wie eine parodistische briefliche Bezugnahme Büchners auf einen Anhänger Saint-Simons beweist, der in Deutschland die Frauen befreien wollte (vgl. Büchners Brief aus Straßburg an die Familie, Ende Mai 1833; DKV II, 367f.). Von besonderer, wenn auch vielleicht bisweilen etwas überschätzter Bedeutung für Georg Büchner war der Neo-Babouvismus, das heißt die modifizierte Fortführung der Lehren Babeufs. Philippe Buonarotti (1783–1837), der Träger dieser Bewegung, war Teilnehmer am Aufstand von 1796 und Autor eines Buchs über Babeuf und seine Ideen (1828/30). Im Zentrum seiner Überlegungen stand die Beseitigung des Systems des Egoismus und Verwirklichung eines »Systems der Gleichheit«. Als wichtigste praktische politische Aktivität der Neo-Babouvisten erscheint die Gründung der »Société des Droits de l'Homme« im Oktober 1833, die als Vorbild für Büchners »Gesellschaft der Menschenrechte« in Gießen anzusehen ist. Ausgangspunkt des Programms dieser Gesellschaft, die ihre Prinzipien in einem »Exposé des principes républicains« niederlegte, ist die Erklärung der Menschen- und Bürgerrechte in der Fassung Robespierres von 1793, die im Hinblick auf die Betonung der Gleichheit und einen relativ geringen Stellenwert des Privateigentums interpretiert wurde. Von Bedeutung für Büchner war wohl auch, dass die Neo-Babouvisten unter Einfluss des Saint-Simonismus die asketischen Züge der Lehren Babeufs aufgaben und die Kritik von Ungleichheit und Eigentum mit sensualistischen Grundsätzen verbanden. Diese ideologische Mischung übte nachweislich eine große Wirkung auf deutsche Exilanten und wandernde Handwerksburschen aus.

Eine wichtige Anregung für den Text des *Hessischen Landboten* ergab sich aus der Verteidigungsrede Auguste Blanquis, die dieser am 12. Januar 1832 im Prozess gegen 15 Mitglieder der »Société des Amis du Peuple« gehalten hat. Auch diese im Namen auf Jean-Paul Marat hinweisende Gesellschaft ist als Vorläuferin der Gießener »Gesellschaft der Menschenrechte« anzusehen. Der konzeptionelle Einfluss dieser Rede auf Büchner wurde schon von Hans Mayer hervorgehoben. Büchner war in Straßburg häufig Gast der auch politisch interessierten theologischen Studentenverbindung Eugenia, wodurch seine politische Sozialisation weitergehend gefördert wurde.

Kurz erwähnt seien revolutionäre Ereignisse in Hessen, in deren Kontext Büchners und Weidigs Agitationsschrift zu sehen ist. Soziale Unruhen gab es in Oberhessen im Herbst 1830: Mehr als 6000 verelendete Bauern hatten sich auf einen Marsch gemacht; ihr Ziel war, sich von »›ungebührenden Abgaben und Erpressungen‹ durch den Staat und die Standesherrschaft zu befreien« (Poschmann in DKV II, 834). Dieser Aufstand wurde in Södel blutig niedergeschlagen. Am 3. April 1833 kam es zu dem Frankfurter Waschensturm und damit zu einem putschartigen Versuch, die Herrschaft des Deutschen Bundes zu zerstören. In einem Brief vom (ca.) 6. April 1833 äußert sich Büchner differenziert zu diesem Ereignis:

Wenn ich an dem, was geschehen, keinen Teil genommen und an dem, was vielleicht geschieht, *keinen Teil* nehmen werde, so geschieht es weder aus Mißbilligung, noch aus Furcht, sondern nur weil ich im gegenwärtigen Zeitpunkt jede revolutionäre Bewegung als eine vergebliche Unternehmung betrachte und nicht die Verblendung Derer teile, welche in den Deutschen ein zum Kampf für sein Recht bereites Volk sehen. Diese tolle Meinung führte die Frankfurter Vorfälle herbei, und der Irrtum büßte sich schwer. Irren ist übrigens keine Sünde, und die deutsche Indifferenz ist wirklich von der Art, daß sie alle Berechnung zu Schanden macht. Ich bedaure die Unglücklichen von Herzen. Sollte keiner von meinen Freunden in die Sache verwickelt sein? (DKV II, 367)

Büchner ist also davon überzeugt, dass eine radikale Umwälzung der bestehenden Verhältnisse notwendig sei; er erkennt aber gleichzeitig, dass die Basis für eine echte Umwälzung eine wirkliche Volksbewegung sein müsse, die nicht durch putschartige Aktionen in Gang gesetzt werden kann. »Soll jemals die Revolution auf eine durchgreifende Art ausgeführt werden«, so gibt August Becker Büchners Auffassung wieder, »so kann und darf das bloß durch die große Masse des Volkes geschehen, durch deren Ueberzahl und Gewicht die Soldaten gleichsam erdrückt werden müssen.« (DKV II, 659)

Die Grundidee der Flugschrift liegt in der Verbindung genauer statistischer Angaben über die finanziellen Verhältnisse des Herzogtums Hessen-Darmstadt mit einem an Texten der Bibel orientierten Duktus, der den Rezipienten aus den Gottesdiensten vertraut war. Die statistischen Angaben entnahm Büchner einem 1831 in Darmstadt publizierten Werk von Georg Wilhelm Justin Wagner mit dem Titel: *Statistisch-topographisch-historische Beschreibung des Großherzogtums Hessen, 4. Band: Statistik des Ganzen* (vgl. Poschmann in DKV II, 835). Die zweite wesentliche Quelle ist *Die Bibel, oder die ganze heilige Schrift des alten und neuen Testaments, nach der deutschen Übersetzung Martin Luthers*, etwa in der 1831 in Halle publizierten Ausgabe. Neben der bereits erwähnten Verteidigungsrede Blanquis, die 1832 in deutscher Übersetzung vorlag, sind Reden von Friedrich Schüler (1791–1873) und von Jakob Siebenpfeiffer (1789–1845) im bayrischen Landtag vom 6. Mai 1832 heranzuziehen. Die wahrscheinlich Weidig zuzuschreibende Schlusspassage der Flugschrift findet in Johann Gottlieb Fichtes Reden an die deutsche Nation ein Vorbild. Die Technik einer drastischen ›Verwörtlichung‹ von Metaphern in sozialkritischer Absicht findet sich in einer literarischen Quelle Büchners, in Jean Pauls Roman *Hesperus* aus dem Jahr 1819, in dem es etwa heißt: »Die Herren vom Hof haben eure Häute an« (zit. n. DKV II, 840 f.).

2.4 Gattungsgeschichtliche Perspektiven: die Textsorte Flugschrift

Der *Hessische Landbote* gehört zu den berühmtesten deutschen Flugschriften. Der Text ist in der Tradition dieser Textsorte zu verstehen. Wir gehen zunächst von einer breit akzeptierten Gattungsdefinition aus und ziehen anschließend in aller Kürze historische Linien, wobei die Blüte der Flugschrift in der Reformationszeit in mehr als einer Hinsicht für das Verständnis des Textes von überragender Bedeutung ist.

Folgende Definition und ihre einzelnen Bestimmungen dienen uns als Ausgangspunkt: Eine Flugschrift ist eine *aus mehr als einem Blatt* bestehende, *selbständige*, *nicht periodische* und *nicht gebundene* *Druck*schrift, die sich mit dem *Ziel* der *Agitation* (d. h. der Beeinflussung des Handelns) und/oder der *Propaganda* (d. h. der Beeinflussung der Überzeu-

gung an die *gesamte Öffentlichkeit* wendet (Köhler 1976, zit. n. Schwitalla 1999, 5). Betrachtet man die einzelnen Elemente dieser Definition, so sieht man, dass sie im Wesentlichen für den *Hessischen Landboten* zutreffen, dass es aber auch Momente gibt, die einer problematisierenden Reflexion zu unterziehen sind. Zunächst ist zu bemerken, dass Büchners und Weidigs Schrift sich vom einfachen Flugblatt durch den Umfang unterscheidet. Die Flugschrift ermöglicht eine relativ ausführliche und komplexe Argumentation, die sich im Sinne der Eindringlichkeit auf anschauliche Beispiele stützen und durchaus eine gewisse Ausführlichkeit aufweisen kann. Als Flugschrift ist auch der *Hessische Landbote* »selbständig«, d. h. es handelt sich um eine in sich geschlossene Einzelpublikation, die nicht Teil oder Beilage einer größeren ist und die dadurch eine klare Eigenständigkeit gewinnt. Etwas komplexer ist die Bestimmung »nicht periodisch«. Der Titel der Flugschrift knüpft durchaus an eine Tradition periodischer Publikationen für die Landbevölkerung an: »Weidigs Titelfassung lehnt sich an übliche, an sich unverfängliche Formen von Zeitungs- und Zeitschriftentiteln an.« (Poschmann in DKV II, 859) Dass bei der Konzeption dieser Flugschrift eine notwendigerweise vage Absicht bestanden haben könnte, weitere Flugschriften für andere deutsche Regionen zu erstellen, ist zu vermuten. So erklärte August Becker im Verhör vom 1. November 1837, »daß *Büchner* und seine Freunde in Gießen die Absicht hatten, wenn der *Versuch* mit dieser ersten Flugschrift *gelinge*, dahin zu wirken, daß *auch in anderen Ländern* ähnliche Schriften verfasst würden. Dieß ist aber nicht geschehen, da der Versuch so ungünstig ausgefallen war.« (zit. n. ebd.) Der Untertitel »Erste Botschaft« eröffnet durchaus die Erwartung einer Fortsetzung, und Leopold Eichelberg hatte in der Tat die Absicht, im Herbst 1834 eine »Zweite Botschaft« »unter dem offenbar bewährten Titel ›Der Hessische Landbote‹ herauszugeben, was an der Ablehnung der Textvorlage durch Büchners Gießener Freunde scheiterte.« (ebd.) So erschien statt einer »Zweiten Botschaft« die überarbeitete Auflage der ersten Schrift im November 1834. Dass die Druckschrift nicht gebunden ist, macht sie handlich, leicht zu gebrauchen und eben auch leicht zu verstecken.

Wesentlich erscheinen die Bestimmungen zur *Wirkungsintention* der Textsorte Flugschrift. In ihr geht es darum, bei den Rezipienten eine Änderung des Verhaltens (Agitation) und/oder des Bewusstseins (Propaganda) zu bewirken. Die sprachliche Gestaltung, die Struktur und der gedankliche Aufbau der Flugschrift folgen also nicht den Gesetzen eines autonomen literarischen Kunstwerks, nicht den Gesetzen der Schönheit und der ausgewogenen Konzeption, sondern dem Gesetz der intendierten Wirkung. So spielen die *Rhetorik* und allgemein der *Adressatenbezug* bei der Flugschrift eine zentrale Rolle. Der Inhalt einer Flugschrift ist somit sehr stark von strategischen und taktischen Überlegungen bestimmt: Welche Grundüberzeugungen und welche mentalen Strukturen kennzeichnen die Adressaten, und wie muss der Text formuliert sein, damit die intendierte Wirkung erzielt werden kann? Das sind zentrale Fragen, die sich die Autoren von Flugschriften stellen mussten. Es erscheint insofern problematisch, wenn man den Text von Büchners und Weidigs Flugschrift benutzt, um die politische Überzeugung Büchners auszuloten. Abgesehen davon, dass Textpartien vorhanden sind, deren Autorschaft Weidig zuzuordnen ist, steht außer Frage, dass es Büchner nicht darum ging, seine eigene Meinung systematisch zu artikulieren und zu beschreiben, sondern darum, eine Wirkung auf eine bestimmte Personengruppe auszuüben.

Etwas fraglich im Blick auf den *Hessischen Landboten* erscheint in diesem Kontext die Bestimmung der Definition, dass sich die Flugschriften immer an die »gesamte Öffentlichkeit« wenden. Dies gilt sicherlich prinzipiell insofern, als davon auszugehen ist, dass die Flugschriften historisch einen wichtigen Anteil an der Herausbildung einer kritischen Öffentlichkeit hatten und sie insofern global in den Kontext der Aufklärung und in deren Modell des kritischen und emanzipierten Subjekts einzuordnen sind. Im Falle des *Hessischen Landboten* ist aber deutlich, dass sich die Schrift an eine begrenzte Gruppe, nämlich an die hessische Landbevölkerung, wandte, die als einzige in Frage kam, wenn es darum ging, ein Kollektiv mit revolutionärem Potential zu bestimmen. Allerdings ist in diesem Kontext daran zu erinnern, dass Büchner keine sehr hohe Meinung von den Gesinnungen der hessischen Bauern hatte. Einerseits erschien es Büchner nachvollziehbar, dass die verarmte Landbevölkerung sich nicht für die politischen Themen der liberalen Opposition interessierte, sondern eher an materiellen Veränderungen interessiert sei. Andererseits habe – so Büchner nach Beckers Wiedergabe – das materielle Elend bewirkt, dass politische Agitation und Propaganda nur erfolgreich sein könne, wenn sie die egoistischen Interessen der Menschen anspreche, sodass Appelle an allgemein gültige Ideale nutzlos seien. August Becker erklärt, die Auffassung Büchners wiedergebend, hierzu in seinem Verhör:

Es handelt sich also darum, diese große Masse zu gewinnen, was vor der Hand nur durch *Flugschriften* geschehen kann. Die frühren Flugschriften, welche zu diesem Zweck etwa erschienen sind, entsprachen demselben nicht; es war darin die Rede vom Wiener Congreß, Preßfreiheit, Bundestagsordonnanzen u.dgl., lauter Dinge, um welche sich die *Bauern* (denn an diese, meinte *Büchner*, müsse man sich vorzüglich wenden) nicht kümmern, solange sie noch mit ihrer materiellen Noth beschäftigt sind; denn diese Leute haben aus sehr nahe liegenden Ursachen durchaus keinen Sinn für die Ehre und Freiheit der Nation, keinen Begriff von den Rechten des Menschen u.s.w., sie sind gegen all' das gleichgültig und in dieser *Gleichgültigkeit allein* beruht ihre angebliche *Treue* gegen die *Fürsten* und ihre Theilnamslosigkeit an dem liberalen Treiben der Zeit; gleichwohl scheinen sie unzufrieden zu sein und sie haben Ursache dazu, weil man den dürftigen Gewinn, welchen sie aus ihrer saueren Arbeit ziehen, und der ihnen zur Verbesserung ihrer Lage so nothwendig wäre, als Steuer von ihnen in Anspruch nimmt. So ist es gekommen, daß man bei aller parteilichen Vorliebe für sie doch sagen muß, daß sie eine ziemlich *niederträchtige Gesinnung* angenommen haben und daß sie, es ist traurig genug, fast an keiner Seite mehr zugänglich sind, als gerade am *Geldsack*. Dieß muß man benutzen, wenn man sie aus ihrer Erniedrigung hervorziehen will; man muß ihnen zeigen und vorrechnen, daß sie einem Staate angehören, dessen Lasten sie größtentheils tragen müssen, während andere den Vortheil davon ziehen (zit. n. DKV II, 659 f.).

Mit diesen Sätzen Beckers ist die Wirkungsstrategie Büchners bei der Abfassung des *Hessischen Landboten* sicherlich kongenial wiedergegeben. Die in der Forschung gern diskutierte Frage, ob Büchner kommunistische Überzeugungen hatte, lässt sich somit durch eine Analyse der Flugschrift nicht beantworten, denn es wäre im Sinne der Wirkungsstrategie fatal gewesen, den armen Bauern, die keine Proletarier im Sinne der späteren Konzeption von Marx und Engels waren, die Aufhebung des Privateigentums vorzuschlagen! Wenn man aber eine spätere Briefstelle Büchners zu der Aussage Beckers hinzufügt, nach der es zur Beeinflussung der Massen nur zwei »Hebel« gebe, »materielles Elend und *religiöser Fanatismus*« (an Gutzkow, Anfang Juni 1836, DKV II, 440), dann hat man die Wirkungsabsicht und die Gestaltungsweise des *Hessischen Landboten* in einer globalen Gesamtschau geklärt (mit der bedeutenden Differenz freilich, dass Büchner nicht auf religiöse Propaganda, sondern auf eine Verwendung religiöser Bilder in sozialkritischer Absicht setzte).

Mit diesen Überlegungen berühren wir bereits die Geschichte der deutschen Flugschrift. Diese erlebte nach der Erfindung des Buchdrucks einen ersten und kaum mehr erreichten Höhepunkt in der Reformationszeit. Sowohl die Anhänger Luthers und anderer Reformatoren als auch deren katholische

Gegner bedienten sich des Mediums der Flugschrift, und natürlich war die Berufung auf die Bibel ein vorherrschender Grundzug der Flugschriften der Reformationszeit. Im Bauernkrieg und allgemein bei den Radikalen der Reformation verbanden sich aber in besonders deutlicher Weise religiöse mit sozialen Themen und Forderungen. Thomas Müntzers Flugschriften sind ein herausragendes Beispiel dafür, wie die soziale Radikalisierung der Reformation biblische Sprache in sozialkritischer Absicht verwendet. In dieser Tradition ist der *Hessische Landbote* zu verorten. Indem die Reformatoren jeden einzelnen Gläubigen für kompetent erklärten, die Botschaften des Neuen und Alten Testaments zu verstehen, versuchten sie gleichzeitig, religiöse und soziale Botschaften in einem verständlichen Deutsch zu transportieren, was sich natürlich auch in Luthers Bibelübersetzung zeigt. So bildeten sich die sprachlichen Eigenschaften der Flugschriften, die für die Gattung bzw. die Textsorte insgesamt konstitutiv wurden: Die Autoren bemühten sich um Verständlichkeit, um volkstümliches Deutsch anstelle von Kanzleistil und Gelehrtenlatein. Sie verwendeten eine bildhafte Sprache, die sich eben an der Bibel orientierte. Sie benutzten besondere Wörter, die geeignet erschienen, Inhalte und Botschaften prägnant zusammenzufassen. So spricht die Forschung von Fahnen- und Stigmawörtern (vgl. Schwitalla 1999, 41). Dies sind bei den Radikalen der Reformation etwa: »der gemeine Mann«, die »Gottlosen«, die »Tyrannen« – und es ist deutlich, dass Büchner wie der Pfarrer Weidig sich in dem Repertoire dieser Tradition bedienten. Als sprachliche Funktionen der Flugschriften lassen sich hervorheben: die Aufklärung über Missstände, der Appellcharakter, die Anklage, die Schmähung sowie Ironie und Sarkasmus (vgl. ebd., 42 f.). Als Textsorten sind hervorzuheben der Brief, die Predigt und der Dialog (vgl. ebd., 43 f.). Im *Hessischen Landboten* ist der Predigtton vor allem bei den Textanteilen Weidigs hervorgehoben worden. Insgesamt ist aber deutlich, dass Büchner wie Weidig virtuos in der Gattungstradition schrieben und dass diese Beachtung der Gattungstradition in Verbindung mit dem sozialkritischen Impetus den *Hessischen Landboten* zu einem der herausragenden Vertreter der Gattung Flugschrift in Deutschland macht.

2.5 Inhalt und Argumentation des Textes

Der Text setzt ein, indem er die Aussagen des biblischen Schöpfungsberichts mit den realen Zuständen im Herzogtum Darmstadt-Hessen kontrastiert:

Im Jahr 1834 siehet es aus, als würde die Bibel Lügen gestraft. Es sieht aus, als hätte Gott die Bauern und Handwerker am 5ten Tage, und die Fürsten und Vornehmen am 6ten gemacht, und als hätte der Herr zu diesen gesagt: Herrschet über alles Getier, das auf Erden kriecht, und hätte die Bauern und Bürger zum Gewürm gezählt. Das Leben der Vornehmen ist ein langer Sonntag, sie wohnen in schönen Häusern, sie tragen zierliche Kleider, sie haben feiste Gesichter und reden eine eigne Sprache; das Volk aber liegt vor ihnen wie Dünger auf dem Acker. [...] Das Leben des Bauern ist ein langer Werktag; Fremde verzehren seine Äcker vor seinen Augen, sein Leib ist eine Schwiele, sein Schweiß ist das Salz auf dem Tische des Vornehmen. (DKV II, 53 f.)

Der Kontrast zwischen den Worten der Bibel und den faktischen sozialen Zuständen, aber auch und vor allem die Ungleichheit der Lebensverhältnisse zwischen Herrschern und Beherrschten werden anschaulich und drastisch verdeutlicht. Besonders signifikant erscheint die Steigerung, die sich im Übergang vom Vergleich zur Metapher vollzieht; denn während zunächst erklärt wird, das Volk sei *wie* »Dünger auf dem Acker«, heißt es anschließend, dass der Schweiß das Salz *ist* »auf dem Tische des Vornehmen«. Auch wenn der Text hier Muster der politischen Rhetorik der Jakobiner und des Vormärz insgesamt aufnimmt (vgl. Ruckhäberle 1975), so ist doch ein für Büchner typisches Vorgehen zu beobachten: Das Verhältnis zwischen dem sinnlich Anschaubarem und einer übertragen-abstrakten Dimension wird kritisch untersucht und radikal dekuvriert; die rhetorischen Muster werden kritisch ›beim Wort genommen‹ und sie entfalten jenseits ihrer konventionellen Verwendung eine intensive Wirkung, indem die Rezipienten ihrerseits die Bilder ›beim Wort nehmen‹ und sich der Verdinglichung ihrer eigenen Existenz bewusst werden.

Die konkreten Verhältnisse hinter den ideologischen Fassaden werden veranschaulicht, indem die finanziellen Verhältnisse des Herzogtums Hessen-Darmstadt nach der Vorlage der Statistik dargelegt werden. Die Gliederung der Flugschrift folgt mit einigen Hinzufügungen und Abschweifungen der Aufzählung der verschiedenen Haushaltsposten, womit die materiellen Grundlagen der Ausbeutung deutlich werden, unter denen die Landbevölkerung leidet. Die konkreten Zahlen, die sich auf die Ausgaben des Staates beziehen, sind zwar in gewissem Sinne genau so abstrakt wie die politischen Themen, von denen Büchner meinte, dass sie bei der Agitation der Landbevölkerung nicht sinnvoll einzusetzen seien. Indem aber die Bauern, die sich tagtäglich um das Zahlen der Steuern und Abgaben und um das auch finanzielle Überleben kümmern müssen, mit konkreten Geldbeträgen konfrontiert werden, deren Höhe ihr eigenes Vorstellungsvermögen klar übersteigt, wird ihnen die Unfreiheit und die Ungerechtigkeit verdeutlicht, welche die Ausbeutungsverhältnisse charakterisiert, unter denen sie leben müssen.

Eine wichtige Einfügung findet sich im dritten Abschnitt, der den ideologie- und sprachkritischen Impetus der Flugschrift verdeutlicht: Wenn nämlich vorher und im weiteren Fortgang der Schrift von den Ausgaben des Staates gehandelt wird, so ist es bedeutsam für den Verlauf der Argumentation, zwischen dem, was »der Staat« in der Empirie der Verhältnisse des frühen 19. Jahrhunderts ist, und dem, was er *eigentlich ist und in Wirklichkeit sein sollte*, zu unterscheiden: Im Sinne der naturrechtlichen Denkschule wird nämlich darauf verwiesen, dass der empirische Staatsapparat eigentlich eine Usurpation des »wahren Staates« darstellt, eine rechtswidrige Übernahme dessen, was allen gehören sollte, durch eine privilegierte Minderheit:

Was ist denn nun das für ein gewaltiges Ding: der Staat? Wohnt eine Anzahl Menschen in einem Land und es sind Verordnungen oder Gesetze vorhanden, nach denen jeder sich richten muß, so sagt man, sie bilden einen Staat. Der Staat also sind *Alle*; die Ordner im Staate sind die Gesetze, durch welche das Wohl *Aller*, und die aus dem ›Willen‹ *Aller* hervorgehen sollen. – Seht nun, was man in dem Großherzogtum aus dem Staat gemacht hat; seht was es heißt: die Ordnung im Staate erhalten! 700,000 Menschen bezahlen dafür 6 Millionen, d. h. sie werden zu Ackergäulen und Pflugstieren gemacht, damit sie in Ordnung leben. In Ordnung leben heißt hungern und geschunden werden. (DKV II, 54)

In diesem Sinne werden im Folgenden die verschiedenen Ministerien (als »Staatsorgane«) und ihre Haushaltsposten durchgenommen; der Widerspruch zwischen dem naturrechtlichen Anspruch, dass die Organe des Staates für alle sorgen und dass die Gesetze regieren sollen, und der alltäglichen Realität wird ebenso angeprangert wie die ökonomische Ausbeutung und die undemokratische Willkürherrscher des Fürsten und seiner Minister. Rhetorisch wird immer wieder nach dem skizzierten Muster die Diskrepanz zwischen Anspruch und Wirklichkeit aufgezeigt, die dazu führt, dass Werte wie ›Ordnung‹,

›Gerechtigkeit‹ *in der gesellschaftlichen Realität* ad absurdum geführt werden – und dieser Vorgang wird in der rhetorischen Rede in drastischer Sprache nachvollzogen. So heißt es im Blick auf das, was wir heute das Innen- und Justizministerium nennen würden:

Das Gesetz ist das Eigentum einer unbedeutenden Klasse von Vornehmen und Gelehrten, die sich durch ihr eignes Machwerk die Herrschaft zuspricht. Diese Gerechtigkeit ist nur ein Mittel, euch in Ordnung zu halten, damit man euch bequemer schinde; sie spricht nach Gesetzen, die ihr nicht versteht, nach Grundsätzen, von denen ihr nichts wißt, Urteile, von den ihr nichts begreift. (DKV II, 55)

Noch krasser ist die Kritik im Blick auf das Militär. Hier wird die Pervertierung der Verhältnisse noch drastischer verdeutlicht, indem nämlich die partikulare Stellung des Heeres unterstrichen wurde. Denn nicht im Namen »Aller« agiert das Militär, sondern es dient dem Ziel, die Unterdrückten mit körperlicher Gewalt zu unterdrücken und sogar zu vernichten:

Mit ihren Trommeln übertäuben sie eure Seufzer, mit ihren Kolben zerschmettern sie euch den Schädel, wenn ihr zu denken wagt, daß ihr freie Menschen seid. Sie sind die gesetzlichen Mörder, welche die gesetzlichen Räuber schützen, denkt an Södel [die gewaltsame Unterwerfung des Aufstandes 1830, M.H.]! Eure Brüder, eure Kinder waren dort Brüder- und Vatermörder. (DKV II, 57)

Hier zeigt sich die pervertierte Umkehrung des naturrechtlichen Postulats: Der Staat, das sind alle, und die Unterdrückten werden zu Agenten des Staates und töten und quälen die anderen Unterdrückten, also letztlich sich selbst.

Dass der Widerstand gegen die ungerechte Ordnung nicht nur ein frommer Wunsch ist, belegt der historische Exkurs der Flugschrift, der sich mit der Französischen Revolution befasst. Die Forderungen des Naturrechts, so wird argumentiert, wurden jenseits des Rheins durch die Auflehnung des Volkes zur Grundlage einer neuen, gerechten Staatsordnung:

›Keiner erbt vor dem andern mit der Geburt ein Recht oder einen Titel, keiner erwirbt mit dem Eigentum ein Recht vor dem anderen. Die höchste Gewalt ist in dem Willen Aller oder der Mehrzahl. Dieser Wille ist das Gesetz, er tut sich kund durch die Landstände oder die Vertreter der Volks, sie werden von Allen gewählt und jeder kann gewählt werden; diese Gewählten sprechen den Willen ihrer Wähler aus, und so entspricht der Wille der Mehrzahl unter ihnen dem Willen der Mehrzahl unter dem Volke; der König hat nur für die Ausübung der von ihnen erlassenen Gesetze zu sorgen.‹ Der König schwur dieser Verfassung treu zu sein, er wurde aber meineidig an dem Volke und das Volk richtete ihn, wie es einem Verräter geziemt. Dann schafften die Franzosen die erbliche Königswürde ab und wählten frei eine neue Obrigkeit, wozu jedes Volk nach der Vernunft und der heiligen Schrift [sic!] das Recht hat. (DKV II, 60)

Die Flugschrift vermeidet eine prinzipielle Absage an die konstitutionelle Monarchie und begründet die Absetzung und Hinrichtung des Königs mit dessen dem Naturrecht zuwiderlaufenden Verhalten. Sie behauptet die Übereinstimmung der demokratischen und sozialrevolutionären Forderungen mit den Grundüberzeugungen der christlichen Religion. Eine wahrscheinlich von Weidig stammende Passage schmäht den »bösen« König Ludwig von Bayern explizit als »Gotteslästerer« (DKV II, 64). Hier wird deutlich, dass sich die Flugschrift in die Tradition der radikalen Reformatoren stellt, die ihre sozialrevolutionären Forderungen mit einer entsprechenden Lektüre der Bibel zu legitimieren suchte. Die (sicher von Weidig stammende) Schlusspassage der Flugschrift beschwört die kommende Revolution in Bildern eines apokalyptischen Endkampfes, die in einem nicht zu verkennenden Widerspruch zu den nüchternen, auf die finanziellen Details der Ausbeutung bezogenen Argumenten der Flugschrift stehen:

Wer das Schwert erhebt gegen das Volk, der wird durch das Schwert des Volkes umkommen. Deutschland ist jetzt ein Leichenfeld, bald wird es ein Paradies sein. Das deutsche Volk ist Ein Leib ihr seid ein Glied dieses Leibes. Es ist einerlei, wo die Scheinleiche zu zucken anfängt. Wann der Herr euch sein Zeichen gibt durch die Männer, durch welche er die Völker aus der Dienstbarkeit zur Freiheit führt, dann erhebet euch und der ganze Leib wird mit euch aufstehen. [...] Und bis der Herr euch ruft durch seine Boten und Zeichen, wachet und rüstet euch im Geiste und betet selbst und lehrt eure Kinder beten: ›Herr, zerbrich den Stecken unserer Treiber und laß dein Reich zu uns kommen, das Reich der Gerechtigkeit. Amen.‹ (DKV II, 66)

Die Schlusspassage zeigt eindeutig die Differenz zwischen den Denk- und Argumentationsweisen der beiden Autoren: Während Büchner (etwa in der Eingangspassage der Flugschrift) die biblischen Bilder als Grundlage nimmt und sie kritisch verändert (so im Bezug auf die Schöpfungsgeschichte und die Untätigkeit der Reichen), geht Weidig von einer Einheit religiösen und politischen Bewusstseins aus und stellt die angestrebte Revolution als eine göttlich inspirierte kollektive Handlung dar, die sich gegen den Satan und Antichristen richtet.

2.6 Deutungsansätze der Forschung

Die traditionelle Germanistik tat sich schwer mit einem Text, der sich bewusst den Normen eines autonomen sprachlichen Kunstwerks entzieht und als Zweckform zu betrachten ist. Erst die Infragestellung klassizistischer Vorurteile und die Suche nach Traditionen demokratischen Bewusstseins in Deutschland, die einem Impetus der 1968er Bewegung entsprechen, konnten angemessene Deutungsperspektiven für den *Hessischen Landboten* entwickeln.

Hans-Joachim Ruckhäberle situierte 1975 Büchners und Weidigs Text in seinem historischen Kontext, arbeitete französische Einflüsse auf und bot ein Panorama oppositioneller Flugschriftenliteratur im Vormärz, wobei er sich besonders auf Tendenzen in Süddeutschland stützte (Ruckhäberle 1975). Er analysierte die Wirkungsstrategien der Flugschriftenautoren, die Distribution der Texte, den Gebrauch von Schlagworten und literarisch-rhetorische Strategien.

Volker Klotz befasste sich 1975 mit der Frage, ob sich bei Büchner (und Weidig?) ein spezifischer Gebrauch von Bildern zeigt, und er sah die Originalität Büchners darin, dass dieser nicht klischeehafte Bilder bemühe, deren Bedeutung den Rezipienten aus anderen Texten bereits bekannt sei. Büchners Bilder zeichneten sich vielmehr dadurch aus, dass sie ihre Bedeutung und damit auch ihre provozierende Anschaulichkeit gewissermaßen »ad hoc« entwickelten:

Keine überlieferten, handelsüblichen Sinnbilder [...], sondern Sinnbildnerei ad hoc, die, um Sinn zu gewinnen, prompte Zustimmung des eng umrissenen Publikums und nur bei ihm erheischt. Es allein kann aus seiner unverwechselbaren Klassenschicht als gültiges Faktum bestätigen, was zunächst nur bildlicher Vorschlag ist. [...] Kein abstrakter Begriff wird figürlich illustriert, sondern ein komplizierter Sachverhalt geht ein in einen sinnlichen Gegenstand, der durch einen anderen sinnlichen Gegenstand veranschaulicht wird: »sein Leib ist eine Schwiele, sein Schweiß ist das Salz auf dem Tische des Vornehmen« (Leib = Schwiele, Schweiß = Salz). Jeweils beide Partner des allegorisierenden Vorgangs sind sinnliche, keineswegs unmögliche Erscheinungen, und zwar auf beiden Ebenen des Veranschaulichungsakts. (Klotz 1975, 394 f.)

Es ist kein Zufall, dass im Umfeld von 1968 neue und kommentierte Ausgaben des *Hessischen Landboten* publiziert wurden. 1974 gab Hans Magnus Enzensberger eine solche kommentierte Ausgabe heraus. Das Hauptanliegen seines Kommentars war eine Ehrenrettung Weidigs gegenüber einer Büchner-Kritik, die Weidigs Rolle bei der Publikation der Flugschrift und vor allem seine Eingriffe in den Text sehr kri-

tisch bewertet hatte. An dieser Intervention Enzensbergers ist zu loben, dass mit ihr Wichtiges in das allgemeine Bewusstsein gerückt wurde: Weidig war ein
aufrechter Demokrat, ein energischer und geduldi-
ger Kämpfer für die Demokratie, der sein Engagement mit einem elenden Tod in einem hessischen
Gefängnis bezahlt hat. Seine Strategie lag darin,
möglichst viele Gegner der restaurativen Herrschaft
in Deutschland zusammenzuführen, wodurch auch
die berühmt-berüchtigte Veränderung des Textes
(»Vornehme« statt »Reiche«) zu erklären ist: Weidig
wollte die Liberalen und das aufbegehrende Volk in
einer breiten Oppositionsbewegung verbinden.
Büchner war damit verglichen ein sozialrevolutionärer junger Radikaler, dem allerdings politische Erfahrung fehlte und der die Notwendigkeit politischer
Kompromisse im revolutionären Kampf, nicht jedoch in der politischen Praxis einzusehen lernte. Ob
Büchner angesichts seiner skeptischen Haltung gegenüber den potentiellen revolutionären Subjekten,
den hessischen Bauern, wirklich an den Erfolg seines
politischen Engagements glaubte oder ob er schon
während seines politischen Engagements als »Revolutionär ohne Revolution« (Thorn-Prikker 1978)
eher einer skeptischen und melancholischen Haltung anhing, können wir angesichts der Quellenlage
nicht mehr entscheiden.

Dies gilt auch im Blick auf den ambitionierten,
gelehrten und engagierten Versuch von Thomas Michael Mayer, der 1979 in *Text und Kritik* als Ergebnis
seiner Dissertation eine umfangreiche Studie über
Büchners politische Haltung vorlegte (Mayer 1979).
Mayer hat mit großer Präzision die Strömungen und
Tendenzen der französischen radikalen Opposition
charakterisiert, mit denen Büchner nachweislich in
Berührung kam. Und er hat plausibel gemacht, dass
mit einiger Wahrscheinlichkeit Büchner am meisten
Sympathie für das Programm des Neo-Babouvismus
hatte, das in der Tradition der Jakobiner stand, das
aber die asketische und sinnenfeindliche Position
Babeufs (und Robespierres) unter dem Einfluss des
Saint-Simonismus aufgab. So plausibel diese politische Situierung Büchners vor allem mit Blick auf
Danton's Tod erscheint, sie bleibt angesichts der
Quellenlage spekulativ – und sie ist nicht besonders
relevant für die Flugschrift von Weidig und Büchner,
weil diese – wie mehrfach betont – eine Wirkungsstrategie entwickeln musste, die sich auf das Bewusstsein und die Interessenlage der potentiellen
Rezipienten bezog. Sicher ist aber, dass Büchner eine
sozialrevolutionäre Position innehatte, die eine Veränderung der politischen Lage vor allem durch eine

Umwälzung der *sozialen* Verhältnisse und weniger
durch eine Änderung der *politischen* Strukturen erwartete. Gleichwohl ist zu betonen, dass explizit so-
zialistische Forderungen in der Flugschrift nicht vorkommen (vgl. Schaub 1976, 151 f.).

Wichtige konkrete Überlegungen zur rhetorischen Analyse von Büchners und Weidigs Text, die
in der Forschung eigentlich zu wenig aufgegriffen
worden sind, stammen von Gerhard Schaub, der
auch eine rhetorische Analyse von Büchners Schulschriften vorgelegt hat (vgl. Schaub 1975). Zu der
Rhetorik der Schrift erklärt Schaub:

> Von den verschiedenen Stilprinzipien (*virtutes elocutionis*),
> die alle von den Autoren des HL sehr genau beachtet wor-
> den sind, sei hier nur kurz die Stilqualität der Angemessen-
> heit, das *aptum*, erwähnt, das eine zentrale Rolle in der
> rhetorischen Theorie und Praxis spielt. Wichtig ist hier vor
> allem das publikumsbezogene *aptum*, d. h. die Angemes-
> senheit des Stils im Hinblick auf das im HL angesprochene
> bäuerliche Publikum. Die sorgfältige Beobachtung und
> konsequente Anwendung dieses Stilprinzips läßt sich in al-
> len Bereichen der Sprach- und Stilgebung des HL nachwei-
> sen: in der Lexik in einer Tendenz zum Extremwortschatz,
> zu umgangssprachlichen, ›volkstümlichen‹ Redewendun-
> gen sowie in der Vermeidung von Fremdwörtern; in der
> Syntax in einer deutlichen Bevorzugung der Parataxe; in
> der Bildlichkeit in der Verwendung von Metaphern und
> Vergleichen hauptsächlich aus der bäuerlichen Sphäre; in
> der Töne-Rhetorik, d. h. der Stillagen-Rhetorik in der be-
> wußten Benutzung des Volks- und Bibeltons. (Schaub 1976,
> 156 f.)

Während also die Forschung der 70er Jahre die Flugschrift dezidiert als »literarische Zweckform« (Ruckhäberle 1975, 18) interpretierte und dabei Bezüge
zum literarischen Werk Büchners bewusst und programmatisch ausklammerte, gelang Daniel Müller
Nielaba 1994 ein Brückenschlag zu eben diesen Werken und damit zu einer Einordnung der Flugschrift
in Büchners Gesamtwerk. Müller Nielaba untersuchte erneut die Bildlichkeit des Textes und stellte
fest, dass dieser mit der überlieferten ideologischen
Vorstellung der zwei Körper des Königs (Kantorowicz 1957) spielt und damit eine Zustand der Entfremdung und Un-Ordnung aufzeigt, der als Thema
auch der im engeren Sinne literarischen Werke Büchners angesehen werden kann. Müller Nielaba erklärt:

> Es stehen sich damit [in der Flugschrift, M.H.] zwei Vor-
> stellungen des organischen Körpers gegenüber, deren In-
> kongruenz der Text im Folgenden zu belegen sucht. Die Se-
> zierung des einen Körpers, desjenigen des »Staats«, bringt
> rhetorisch den Nachweis, daß der andere, der Körper des
> »Volks« in diesem gar nicht enthalten ist. Vielmehr: Daß
> der ›Staatsleib‹ den ›Volksleib‹, mit dem er gemäß einer
> konstitutionellen Ideologie identisch zu sein hätte, regel-
> recht ›verzehrt‹ hat. (Müller Nielaba 1994, 128)

Folgende zentrale Passage der Flugschrift ist die Grundlage für diese Interpretation:

Im Namen des Großherzogs sagen sie, und der Mensch, den sie so nennen, heißt: unverletzlich, heilig, souverain, königliche Hoheit. Aber tretet zu dem Menschenkinde und blickt durch seinen Fürstenmantel. Es ißt, wenn es hungert, und schläft wenn sein Auge dunkel wird. Sehet, es kroch so nackt und weich in die Welt, wie ihr und wird so hart und steif hinausgetragen, wie ihr, und doch hat es seinen Fuß auf ‹eurem› Nacken [...]. Der Fürstenmantel ist der Teppich, auf dem sich die Herren und Damen vom Adel und Hofe in ihrer Geilheit übereinander wälzen – mit Orden und Bändern decken sie ihre Geschwüre und mit kostbaren Gewändern bekleiden sie ihre aussätzigen Leiber. (DKV II, 58)

Hierzu erklärt der Interpret:

Die Subversivität des *Hessischen Landboten* erweist sich im Umgang mit dem »zweiten« Körper des Fürsten erneut als das Resultat der Destruktion einer Metapher, die der Text zuvor hergestellt hat. Im Funktionszusammenhang herrschaftlicher Selbstaffirmation wirkt der metaphorische Fürstenkörper als Repräsentant der vollständigen Souveränität gerade dadurch, daß er auf sich die bruchlose Totalität schlechthin vereinigt. [...] Der Riß schlechthin wird, als ein totalisierenden Synekdoche diametral Konträres, selbst zur politischen Metapher für die Brüchigkeit des herrschaftlichen Repräsentationssystems. [...] Der Text stellt [...] die Negation gesellschaftlicher Machtausübung dadurch her, daß er das Bild, das die Macht von sich selber zeichnet, den alles umfassenden Fürstenmantel, durch ein Loch in eben diesem selbst verschwinden lässt. (Müller Nielaba 1994, 131 f.)

Die Bildlichkeit, die sich selbst konstituiert hat und ihre Geltung selbst zerstört, zeigt einerseits sehr anschaulich, dass die Theorie der zwei Körper des Fürsten in der Welt des frühen 19. Jahrhunderts ideologisch geworden ist: die beiden Körper des Fürsten bilden keine Einheit (mehr); der Staatskörper ist das Instrument einer Herrscherclique geworden, die ihre partiellen Interessen gegenüber der Mehrheit des Volkes durchzusetzen sucht und die traditionellen Legitimationsideologeme der Herrschaft weiter benutzt. Dieses Gedankenmodell transzendiert die Zweckform der Flugschrift und wird zu einer wichtigen Grundlage des literarischen Werks Büchners. Dieser geht von Ordnungsmodellen aus, die ihm legitim erscheinen (Naturrecht, avancierte naturwissenschaftliche Modelle), und er stellt fest, dass die Verhältnisse, in denen die Menschen des 19. Jahrhunderts leben, diesen Modellen freier Ordnung nicht entsprechen. So wie der Fürst des *Landboten* ein Loch im Mantel hat, so erfährt König Peter in *Leonce und Lena* in einer grotesk-komischen Szene die Diskrepanz zwischen seinem Körper und dessen Bedeckungen auf der einen und

den Kategorien der idealistischen Philosophie auf der anderen Seite. So erweisen sich der Doktor und der Hauptmann in »Woyzeck« als die Repräsentanten einer Ordnung, die auf der Unterdrückung und sogar der Instrumentalisierung der Körper der Armen aufgebaut ist. Und noch für Danton gilt, was der *Hessische Landbote* über die Nutznießer des Restaurationsregimes erklärt: »Die Töchter des Volks sind ihre Mägde und Huren, die Söhne des Volks ihre Laquaien und Soldaten.« (DKV II, 58 f.) Und das Kunstgespräch in der Novelle »Lenz« zieht eine Konsequenz, die mit der Rhetorik des *Landboten* übereinstimmt, wenn der Protagonist erklärt: »Man muß die Menschheit lieben, um in das eigentümliche Wesen jedes einzudringen, es darf einem keiner zu gering, keiner zu häßlich sein« (DKV I, 235; MBA 5, 38), und wenn er die »Geringsten« (DKV I, 234; MBA 5, 37) zu den privilegierten Bezugsfiguren des Dichters erklärt.

Der *Hessische Landbote* lässt aber auch bereits erahnen, dass Büchner niemals ein »Hau-Ruck-Revolutionär« sein wird, der immer und ohne Einschränkung an den Erfolg des politischen Engagements glaubt. Denn die rhetorischen Bilder vom Fürstenkörper reflektieren auch dessen politische Macht, und die Vision des apokalyptischen Befreiungskampfes hat etwas vom Pfeifen im Walde; sie kann die Zweifel an der revolutionären Energie der »niederträchtigen« Bauern kaum überspielen. Georg Büchner hat mit Friedrich Ludwig Weidig versucht, die skandalösen Zustände der Restaurationszeit zu überwinden; er wusste, dass die Opposition schwach, der Gegner stark war. Er war von der Legitimität seiner Ziele überzeugt. Ob er daran glaubte, dass die Errichtung einer gerechten Ordnung möglich war, wissen wir nicht. Er war für eine radikale Veränderung, und er war gleichzeitig voller Zweifel, aber das macht ihn zu unserem Zeitgenossen.

Literatur

Görisch, Reinhard/Mayer, Thomas Michael (Hg.): Untersuchungsberichte zur republikanischen Bewegung in Hessen 1831 bis 1834. Frankfurt a. M. 1982.

Grab, Werner: Georg Büchners »Hessischer Landbote« im Kontext deutscher Revolutionsaufrufe 1791–1848. In: Burghard Dedner/Günter Oesterle (Hg.): Zweites Internationales Georg Büchner Symposium 1987. Frankfurt a. M. 1990, 65–83.

Große, Wilhelm: Georg Büchner: *Der Hessische Landbote/ Woyzeck*. Interpretation. München ²1997.

Hauschild, Jan Christoph: Georg Büchner. Biographie. Vom Autor überarbeitete Ausgabe. Berlin 1997.

Holmes, Terence M.: Druckfehler und Leidensmetaphern

als Fingerzeige zur Autorschaft cincr »Landboten«-
Stelle. In: GBJb 5 (1985) 1986, 11–17.

Kantorowicz, Ernst Hartwig: The Kings's Two Bodies.
Princeton 1957.

Klotz, Volker: Agitationsvorgang und Wirkprozedur in
Büchners »Hessischem Landboten«. In: Helmut Arntzen
(Hg.): Literaturwissenschaft und Geschichtsphilosophie.
Festschrift für Wilhelm Emrich. Berlin/New York 1975,
388–405.

Mayer, Thomas Michael: Büchner und Weidig – Frühkommunismus und revolutionäre Demokratie. Zur Textverteilung des »Hessischen Landboten«. In: Text & Kritik I
(1979), 16–298.

Müller Nielaba, Daniel: Das Loch im Fürstenmantel. Überlegungen zu einer Rhetorik des Bildbruchs im »Hessischen Landboten«. In: Colloquia Germanica 27 (1994),
123–140.

Ruckhäberle, Hans-Joachim: Flugschriftenliteratur im historischen Umkreis Georg Büchners. Kronberg 1975.

Schaub, Gerhard: Georg Büchner und die Schulrhetorik.
Untersuchungen und Quellen zu seinen Schularbeiten.
Bern 1975.

– (Hg.): Georg Büchner/Ludwig Weidig: Der Hessische
Landbote. Texte, Materialien, Kommentar. München/
Wien 1976.

Schwitalla, Johannes: Flugschrift. Tübingen 1999.

Thorn-Prikker, Jan: Revolutionär ohne Revolution. Interpretationen der Werke Georg Büchners. Stuttgart 1978.

Michael Hofmann

3. *Danton's Tod*

3.1 Inhalt

Büchners erste eigenständige literarische Arbeit (vgl. Hauschild 1993, 424–426; MBA 3.2, 212), *Danton's Tod,* hat einen vom Wohlfahrtsausschuss geprägten Zeitabschnitt der Französischen Revolution im Frühjahr 1794 zum Gegenstand. Im Drama stehen sich in diesem Moment zwei Fraktionen der Revolutionsregierung gegenüber, die auf die Krise der von ihnen betriebenen Politik der Terreur (im zeitgenössischen Deutschland oft in kritischem Sinn als ›Schreckensherrschaft‹ übersetzt) gegensätzlich antworten. Robespierre und mit ihm St. Just vertreten im Drama die radikale, auf Umbruch der sozialen Verhältnisse zielende Fortsetzung der Revolution. Danton und besonders auch Camille Desmoulins setzen sich für die »Mäßigung« ein. Diese Position will die Durchsetzung der Revolution durch staatliche Gewalt im Innern beenden und sie in rechtsförmige, auf materielles Wohlergehen verpflichtete Institutionen überführen. Das Stück beginnt seinen historischen Bezügen nach mit einer Rede Robespierres im Jakobinerclub, in der er die »Mäßigung« als Verrat an der Revolution brandmarkt und endet mit der Hinrichtung der Dantonisten (Ende März bis 5.4.1794). Im Mittelpunkt stehen in öffentlichen und privaten Szenen der politische Kampf und der Prozess gegen die Dantonisten. In der Szene im Jakobinerclub im ersten Akt wird die unmittelbar vorangehende Niederschlagung einer radikal sozialrevolutionären Fraktion, der Anhänger Héberts, erwähnt (24. März). Die Hinrichtung der Dantonisten am Ende weist auf den Sturz Robespierres voraus (28. Juli). Diese außerhalb der Handlung liegenden, aber in ihr vergegenwärtigten Daten geben einen historischen Rahmen um die dramatische Handlung der Konfrontation zwischen Robespierre und Danton an.

Büchners Darstellung dieser Episode der Revolution ist bestimmt durch die Lage der Entstehungszeit des Dramas (1834/1835). Die Julirevolution von 1830 in Frankreich und ihre Auswirkungen auf die deutschen Staaten beeinflussten die Sicht Büchners und seiner Zeitgenossen auf die Revolution von 1789 nachhaltig. Zuspitzungen in den Positionen Robespierres und Dantons im Drama stammen aus der in den 1830er Jahren aktuellen Interpretation der Großen Revolution. Das betrifft Robespierres Wort von der »sociale[n] Revolution« (MBA 3.2, 24; DKV I, 32) ebenso wie Dantons und Camille Desmoulins' Utopie einer sich am Glück der Einzelnen ausrichtenden Demokratie (MBA 3.2, 7; DKV I, 15 f.). Trotz erhaltener brieflicher Äußerungen Büchners zum Stück (vor allem: an die Familie 28.7.1835, DKV II, 409–411) gibt es keinen Konsens darüber, welche Position im Drama die des Autors ist. Einigkeit besteht auch nicht, ob dem Stück eine solche Stellungnahme überhaupt zuzuschreiben ist. Bei Lesern, die die Frage verneinen, treten die Personen in den Vordergrund vor der historischen Erzählung. Damit können Figuren von Interesse werden, die nur am Rande zur geschichtlichen Erzählung gehören, wie die Bürger in den Straßenszenen und in den privaten Szenen die Frauen: Dantons Frau Julie, die Prostituierte Marion und Camille Demouslins' Frau Lucile. Vor allem aber hat man Danton, z. T. auch Robespierre als Charaktere einer Tragödie verstanden, die dann die Tragödie ihrer Ohnmacht gegenüber einem geschichtlichen Handeln ist, das sich eher durch sie vollzieht, als dass sie es prägen. So nahe diese Leseweise liegt, ist gegen sie aber zu bedenken, dass Büchner nicht von Tragödie, sondern von Drama gesprochen hat – das ist seine Bezeichnung im Manuskript und in den Briefen an seinen Verleger und den Redakteur Karl Gutzkow (an Sauerländer bzw. an Gutzkow, 21.2.1835, DKV II 391–393; vgl. im Drama MBA 3.2, 14 f.; DKV I, 23 und MBA 3.2, 36 f.; DKV I, 44 f.). Angesichts der Uneinigkeit der Interpreten nicht nur über die Deutung, sondern über Gattung und Art des Stücks bleibt im poetologischen und im politischen Sinn zu bestimmen, was das ›Drama‹ des Redens, Handelns und Handlungwerdens von Reden auf einer Bühne ist, die nicht mehr Personenkonflikte und die repräsentative Welt der Könige zeigt, sondern den Auftritt von politischen Rednern, den Auflauf auf der Straße, die zufälligen Begegnungen im Bordell und den massenhaften Tod unter der Guillotine.

3.2 Entstehungsgeschichte: Schreibprozess und Quellenbenutzung

Es hat immer nahe gelegen, von Zusammenhängen zwischen der Situation bei der Arbeit am Drama und seinem Gehalt auszugehen (zum Folgenden vgl. Hauschild 1993, 361–423; Dedner/Mayer in MBA 3.2, 223–237). Büchner hatte im September 1834 am Ende des Sommersemesters (vgl. Mayer 1981, 195, Anm. 7) seinen Studienort Gießen verlassen und war nach Darmstadt zu seiner Familie gegangen.

Anfang August war im Zusammenhang mit dem Druck und dem Versuch der Verbreitung des *Hessischen Landboten* der Mitverschworene Minnigerode verhaftet worden. Büchners Wohnung wurde durchsucht, und man hatte einen Haftbefehl gegen ihn erlassen. Durch geschicktes Vorgehen bei der Einvernahme konnte er die polizeiliche Untersuchung zunächst von sich abwenden. Das heißt nicht, dass er in Darmstadt, im Haus des Vaters, sich von politischen Aktionen fernhielt. Er arbeitete mit Nachdruck für die »Gesellschaft der Menschenrechte«, die er nach französischem Vorbild im Frühjahr 1834 in Darmstadt mit begründet hatte. Neben neuen Plänen, nun unabhängig von Weidig und seinen konstitutionalistischen Kompromissen zu erproben, ob die ländliche Bevölkerung sich als Subjekt revolutionären Handelns adressieren ließ – der Zweck, für den eine Handpresse gekauft wurde – betrieb die Gruppe in dieser Zeit vor allem die Befreiung Minnigerodes.

Für die Spanne vom 1. Oktober 1834 – zwei oder drei Wochen nach seiner Ankunft in Darmstadt – bis zum 12. Januar 1835 sind Ausleihen Büchners aus der Darmstädter Hofbibliothek nachgewiesen, die der Arbeit am *Danton* dienten (vgl. Jaspers 1918, 16–18). Da Büchner sein Manuskript schon am 21. Februar an den Verleger Sauerländer schickte, hat die Ausarbeitung des Dramentexts im engeren Sinne offenbar nur kurze Zeit gedauert. In dem Brief, in dem er sein Drama der Protektion des Schriftstellers und Redakteurs Karl Gutzkow empfiehlt, spricht Büchner von fünf Wochen (vgl. Brief an Gutzkow, 21. Februar 1835, DKV II, 393). Offenbar wollte er sich Geld und einen literarischen Namen verschaffen, um sein Leben entweder nach Niederschlagung der Vorwürfe gegen ihn oder nach einer Flucht ins Elsass vorzubereiten – ein Leben, das in jedem Fall einen Konflikt mit dem Vater bedeutete. Nachdem im Zuge weiterer Ermittlungen Büchner steckbrieflich gesucht wurde und sich seine Furcht vor der Gefangenschaft steigerte, floh er am 6. März nach Straßburg.

Unter diesen Umständen hat Büchner die ihm aus Familiengeschichten und durch Vorleseabende aus zeitgenössischen Darstellungen in der Jugend schon gut vertraute Geschichte der Französischen Revolution (vgl. Hauschild 1993, 1–31) noch einmal durchgearbeitet. Zusätzlich zu den populären Geschichtswerken in der Bibliothek des Vaters (*Die Geschichte Unserer Zeit* von Johann Konrad Friederich, 1826–1831) lieh er aus der Darmstädter Hofbibliothek in schneller Folge u. a. die zu seiner Zeit führende historische Darstellung von Louis-Adolphe Thiers (*His-

toire de la Révolution française, 1823 bzw. 1824–1827), die Philosophiegeschichte W. G. Tennemanns (1798–1819) und die *Œuvres politiques* von Jean-Jacques Rousseau sowie zeitgenössische Berichte und Biographien der Revolutionszeit aus (zum Beispiel zwei Bände aus Merciers *Tableaux de Paris* und die *Mémoires de Madame Roland*) (vgl. Jaspers 1918, 15 f.; MBA 3.2, 216). Für Lese- und Schreibverfahren im engeren Sinne ist man auf Rückschlüsse angewiesen. Es bleibt das Bild einer erstaunlichen Konzentration des Medizinstudenten auf ein literarisches Projekt, das er in den Ferienmonaten im Elternhaus verfolgt, während er einerseits in polizeiliche Untersuchungen zu einer halbwegs gescheiterten Aktion verstrickt ist und sich andererseits schon an neuen konspirativen Plänen beteiligt.

Schreibmotiv und Schreibprozess

Wie diese Geschichte der Entstehung des *Danton* erzählt wurde, ist immer ausschlaggebend für die Sicht auf den Schreibprozess von *Danton's Tod* und damit auf die erste Manifestation der literarischen Autorschaft Büchners gewesen. Ihre Bedeutung führt tief in die Rezeptionsgeschichte nicht nur des Dramas, sondern auch seines Autors. Meistens ging man von einem tiefen Bruch aus. Für Karl Viëtor zeigt die Entstehungsgeschichte den entscheidenden Riss zwischen dem glück- und letzten Endes instinktlosen Politiker und dem Dichter, der das Handeln hinter sich lässt; für Hans Mayer handelt es sich immerhin um eine Krise, die das dichterische Werk aus dem Bewusstsein der verfehlten politischen Analyse hervorbringt (Übersicht über die ältere Literatur: MBA 3.2, 204–206). Neuere Interpreten wie T.M. Mayer und H. Wender berufen sich auf durchgehend revolutions- und gewaltbejahende Briefstellen (vgl. besonders an die Familie aus Straßburg 6.4.1833, DKV II, 366, und Juni 1833, DKV II, 369) und gehen, mit unterschiedlicher Tendenz (jakobinisch oder neobabouvistisch), von der Fortdauer der politischen Haltung des agitierenden zum schreibenden Büchner aus. Für sie ist das Drama das Werk nicht des verzweifelten und vom Ziel abgekehrten, sondern des unverändert engagierten, aber enttäuschten Revolutionärs. Viel spricht für die Erklärung T. Holmes', wonach Büchners soziale Theorie der Revolution die Problematisierung des politischen Handelns einerseits und die Option auf das Experiment der Agitierung andererseits gleichzeitig plausibel macht (vgl. Holmes 1995). Entscheidend ist, dass in jedem Fall ein in der Literaturgeschichte der Zeit ungewöhnlicher Typus von Autorschaft angenommen wird. Man denkt nicht an die sonst geläufige Verbindung zwischen dem Leben eines Autors und dem Werk, an das Erlebnis. Das Erlebnis, das mit Bezug auf Büchners literarischen Orientierungspunkt, den jungen Goethe, zum Standard der Vermittlung zwischen Leben und Werk geworden ist, setzt eine wenn auch noch so dünne und dem Dichter eigentümliche Membran der Objektivierung voraus. Durch sie hindurch wird das Erlebte in das Werk hineingefiltert oder werden auf dem Schirm des Erlebens im Werk Schemen eines Erlebten erzeugt. In der Geschichte von Büchners Arbeit an *Danton's Tod* ist dagegen die Zeit zu knapp, die Gefahr zu drohend, und die Parallelen drängen sich zu unvermittelt auf. Das Werk erscheint eher selbst wie eine von Büchners Lebensentscheidungen und weniger als deren Reflexion oder Projektion.

Diese Sicht des Schreibmotivs hat grundlegende Züge der Rezeptionsgeschichte geprägt. Leser fragten und fragen nach einer Entscheidung Büchners in *Danton's Tod* – einer Entscheidung für Robespierre oder für Danton, für die politische Tat oder gegen sie. Das zeigt sich gerade bei den Lesern im 20. Jahrhundert. Die 1930er Jahre brachten mit Karl Viëtors und Georg Lukács' Essays eine erste Zuspitzung. Die Überwindung des Willens nicht nur zum revolutionären, sondern zu allem Handeln überhaupt stand bei Viëtor im Zeichen von Dantons Überdruss (vgl. Viëtor 1934, 199), während die Bejahung des politischen Engagements bei Lukács Robespierre in den Vordergrund stellte (vgl. Lukács 1937). Nach 1945 gab es beispielsweise die Kritik eines Handelns, das sich an Ideologien als Ersatzreligionen nach dem Tod Gottes ausrichte (vgl. Martens 1960); und in einem Kolloquium, das 1989 in der Ost-Berliner Akademie der Wissenschaften stattfand, erschienen in einem Referat Danton und Robespierre als Agenten eines ihnen gegenüber sich wie autonom abspielenden politischen Prozesses (vgl. Gille 1992). Die Stationen der *Danton*-Lektüren kommen einer kleinen Geschichte des Politischen in Deutschland des 20. Jahrhunderts gleich.

Der nicht durch das Erlebnis vermittelte, sondern pragmatische Zusammenhang zwischen Entstehung und literarischem Werk bleibt auch dann erhalten, wenn man sich wie Dedner und T.M. Mayer in der MBA diesen Zusammenhang weniger drastisch denkt. Sie weisen darauf hin, dass in Büchners Ortswechsel von Gießen nach Darmstadt am Semesterende nichts Ungewöhnliches liege und nur die letzten Wochen vor der Flucht von unmittelbarer Furcht vor der Verhaftung geprägt seien (Dedner/Mayer in MBA 3.2, 204, 223 f., 233 f.). Damit tritt neben der Vorstellung von einer unter dem Druck der Umstände eruptiv hervorquellenden Produktion die geduldige Arbeit an den Quellen als Teil des Schreibprozesses hervor. Als Schreibprozess erscheint jetzt nicht mehr nur die Erstellung des Dramentextes und die Niederschrift des an Sauerländer zu schickenden Manuskripts, sondern zumindest die Benutzung der Hofbibliothek von Oktober 1834 bis Januar 1835 (vgl. ebd., 204). Diese Umorientierung in der Erörterung des Zusammenhangs von Entstehungsumständen und Werk rückt den Nachweis der Bibliotheksausleihen von A. Jaspers (1918) erst voll ins Licht der Interpretation: Dedner hat daraus die These eines schrittweisen Schreibprozesses entwickelt. Analog vor allem zum Verfahren beim »*Woyzeck*«, wo Bearbeitungsstufen des Dramas vom vorliegenden dokumentarischen Material ausgehend in den Handschriften nachzuvollziehen sind, hat er auch für *Danton's Tod* Stufen der Verarbeitung angenommen: Vom zuerst übernommenen Erzählschema der Geschichtswerke (aus Thiers' *Histoire de la Révolution française*, in einem zweiten Schritt aus Friederichs *Geschichte Unserer Zeit*) ging Büchner danach weiter zur Einarbeitung von Szenen, die soziale und psychologische Umstände hinzufügen (u. a. aus Merciers *Tableaux Parisiens*) und schließlich zu einer letzten Einfügung von philosophischen Lektürefunden aus Heines *Geschichte der Religion und Philosophie in Deutschland* (vgl. Dedner 1990; Dedner/ Mayer in MBA 3.2, 216–223). Auch wenn die einzelnen Annahmen dieser These aus Mangel an Textzeugen nicht strikt nachzuweisen sind, bricht sie doch im Ganzen plausibel die Fixierung auf ein momenthaftes Schreibmotiv auf. Sie verlängert so den Schreibprozess im engeren Sinn in einen hinter das Manuskript der Druckvorlage zurückreichenden Prozess des Schreibens im weiteren Sinn. Das Erlebnis als Modell von Schreibmotiv und -prozess ist einerseits als objektivierende Vermittlung, andererseits momenthaft gedacht; für den Schreibprozess des *Danton* zeichnet sich dagegen ein in Schritten zerdehntes, aber pragmatisch bestimmtes Verfahren ab.

Quellenbenutzung

Als Teil des nach hinten erweiterten Schreibprozesses sind Quellen des *Danton* nicht nur Belege und Referenzstellen für die Texterstellung und -erklärung. Man kann in der Bibliotheks- und (erschließbaren)

Exzerpierarbeit Büchners von der konzeptuellen Phase des Schreibprozesses sprechen. Außer den erwähnten Revolutionsgeschichten von Thiers und *Unsere Zeit*, den Bänden politischer Philosophie Rousseaus, Tennemanns Philosophiegeschichte, Merciers *Tableaux de Paris* und den Memoiren der Madame Roland sind weitere Ausleihen zur Kulturgeschichte der Revolution nachgewiesen: zwei Bände der Werke André Cheniers, die *Galérie historique des Contemporains* und die Memoiren des Marquis de Ferrières. Weitere Lektüren hat die Forschung erschlossen: Charles Nodiers *Le dernier banquet des Girondins*, ein Lesedrama, das als Teil einer Geschichte der Rhetorik der Revolution den Vorabend der Hinrichtung der Girondisten darstellt, die *Mémoires d'un détenu* von Honoré Riouffe und Heinrich Heines *Geschichte der Religion und Philosophie in Deutschland* und vermutlich Stücke aus dessen *Französischen Malern* und *Französischen Zuständen*. Vieles spricht für weitergehende Kenntnisse zeitgenössischer Historiographie und Publizistik, die aber kaum in den Schreibprozesses einzuordnen sind (vgl. Dedner 1990 und 1993; Wender 1988; Hauschild 1992). Im Dreieck der ausgeliehenen Werke aus faktischer Geschichte, der ›sozialen Bedeutung‹ der Philosophie (Heine) und der Sittengeschichte der Revolution aktualisiert Büchner für sich die alte Revolution als Gegenwart und Möglichkeit der Revolution in konzeptioneller Hinsicht.

Büchner hat im Text des Dramas wörtlich und ausgiebig zitiert. Das geschieht am deutlichsten in den Reden, die die Revolutionäre in *Danton's Tod* halten. Größtenteils stammen sie aus Thiers und *Unsere Zeit*; die MBA hat sie im »Quellenbezogenen Text« optisch dargestellt (vgl. MBA 3.2, 83–154). Auch die Quellenbenutzung berührt wieder den Zusammenhang von Entstehungs- und Rezeptionsgeschichte: Die Eigentümlichkeit der wörtlichen Zitate fiel schon den Zuhörern auf, denen Gutzkow aus dem Manuskript vorlas und die das in den frühen 1830er Jahren führende Werk Thiers' ihrerseits gelesen hatten (vgl. Gutzkow 1837, *Frankfurter Telegraph* 42, 332). Das war vor allem bei den Reden der Revolutionsführer der Fall, die Höhepunkte im Drama und in den Geschichtserzählungen von Thiers und Mignet bilden. Hinter dem Einwand der Zuhörer, wo das Genie des Dichters bleibe, wird die mächtigere Faszination greifbar, den Worten der Revolution und ihrer zu Handlung und Geschichte werdenden Macht hier einerseits aus nächster Nähe, andererseits im fixierenden Zitat, d. h. wie einem Präparat unter dem Mikroskop, zu begegnen.

Aktualität und Aktualisierung

In der Forschung ist das Moment der Aktualität von Büchners *Danton* oftmals beschrieben und gelegentlich auch mit dem Terminus einer Aktualisierung der Revolutionsgeschichte bezeichnet worden (vgl. Hauschild 1993, 271; Holmes 1995; Dedner/Mayer in MBA 3.2, 175, 209). In der Aktualität und Aktualisierung der Quellenbenutzung kann man letztlich den Unterschied von Schreibmotiv und -prozess bei Büchners *Danton* gegenüber dem Erlebnis als Modell des Zusammenhangs von Entstehungsgeschichte und Werkgehalt ausmachen. Für die Aktualisierung ist dabei charakteristisch, dass sie von vornherein dazu tendiert, die Grenze zwischen Darstellung und Rezeption zu überspringen und beide Seiten hybrid zu kreuzen. Aktualisierung ist keine Vergegenwärtigung für unbeteiligte Zuschauer (vgl. Schneider 2006, 148): Wenn die Zuhörer bei Gutzkows Lesung die Dichte der Zitate dem Prinzip nach sofort erfassten, dann deshalb weil die Aktualisierung der Revolution von 1789 und der revolutionären Führungsgestalten von Mirabeau bis Napoleon bereits Teil des politischen Diskurses der Revolution von 1830 und der von ihr ausgelösten Debatte in Deutschland war. Aktualisierung in diesem Sinne war Teil der Schriften zum Beispiel Heinrich Heines, Ludwig Börnes, Karl Gutzkows und Heinrich Laubes und der hinter ihnen stehenden politisch-philosophischen Autoren von Blanqui bis zu den Saint-Simonisten. Revolutionen und besonders der Moment, in dem revolutionäre Worte zu Taten werden, leben in und zehren von der Aktualisierung von Zitaten anderer Revolutionen. Heine beispielsweise rief in seiner Stellungnahme zur Julirevolution von 1830 Danton und Robespierre, St. Just und Camille Desmoulins herauf; er verstand sogar schon die Hinrichtung Ludwigs XVI. in der Großen Revolution als bürgerliches Nachspielen des fundamentalen Regizids in Europa von 1649, als in England Karl I. geköpft wurde (vgl. Heine: *Französische Maler*, in: Heine 1973–1997, 12, 18 f. und 556; und *Französische Zustände*, in: ebd., 142–151).

Darum hat die Quellenkritik der Literaturhistoriker seit Viëtor und verstärkt seit Hinderer, T.M. Mayer und Wender, auch wenn sie das nicht immer so gesehen haben, zwei ineinander verschränkte Gegenstände bearbeitet: Je mehr man sich in die ›Quellen‹ des *Danton* und deren Traditionslinien vertiefte, desto mehr erforschte man auch die Aktualisierungsdiskurse, die Büchner seinerseits im *Danton* aufnahm. Das Zitat, das die Revolution und ihre Geschichte vergegenwärtigt, ist eines, das die nächste Revolution machen und ihr Geschichtewerden ermöglichen soll. Das Studium von Büchners Quellenbenutzung hält dazu an, einen Schreibprozess, der im weiteren Sinn die Quellenbenutzung einschließt, wieder als Teil eines davon unterschiedenen langfristigen diskursiven Aktualisierungsprozesses der Großen Revolution bei Büchner und letztlich bei seinen Zeitgenossen zu bestimmen. Ein Studium dieses Prozesses müsste – um bei Werken zu bleiben, die Büchner benutzt hat – mit Nodiers Studien zur Rhetorik der Revolution und Heines Analyse der Denkmotive und Ausdrucksweisen der Revolutionäre beginnen, und es müsste Karl Marx' *Der Achtzehnte Brumaire des Louis Bonaparte* einschließen. Büchners Schreibprozess läuft also noch einmal zurück in eine langfristige, diskursive Entstehungsgeschichte, die die Geschichte der Aktualisierung der Großen Revolution in den Revolutionen der 1830er Jahre ist. Der Schreibprozess, der seinerseits bereits aus der Fixierung an einen Moment und an die Textniederschrift gelöst ist, muss seinerseits wieder als Teil eines hinter dem Rücken des Autors verlaufenden diskursiven Prozesses der Aktualisierung der Revolution verstanden werden.

3.3   Text: Manuskript und Erstdrucke

Danton's Tod ist das einzige literarische Werk, das zu Lebzeiten des Autors im Druck erschienen ist. Trotzdem war der Autor auch hier nicht völlig Herr des Verfahrens. Die beiden ersten Drucke zu Lebzeiten, die einzigen Drucke eigener Werke, die Büchner gesehen hat, sind »nur eingeschränkt autorisiert« (Dedner/ Mayer in MBA 3.2, 256).

Büchner schickte eine eigenhändige Reinschrift am 21. Februar 1835 an den Verleger Johann David Sauerländer. Sauerländers Verlag war mit seiner Offenheit für Jungdeutsche Literatur und dem Schwerpunkt auf Zeitgeschichte eine naheliegende Wahl (vgl. ebd., 237–239). Dem Manuskript und dem Schreiben an Sauerländer beigelegt war ein Brief an dessen Verlagsredakteur, den namhaften, der radikal-liberalen Opposition verpflichteten Schriftsteller Karl Gutzkow. Wenn Büchner im Brief an Gutzkow auf die »unglückliche[n] Verhältnisse« der Schreibsituation hinweist, die ihn »zwangen«, das Drama »in höchstens fünf Wochen zu schreiben«, dann fügt er hinzu: »Ich sage dies, um Ihr Urteil über den Verfasser, nicht über das Drama an und für sich, zu motivieren« (an Gutzkow, 21.2.1835, DKV II, 393). Der

Satz erinnert an denjenigen, mit dem in Büchners Erzählung »*Lenz*«, der Quelle von Oberlins *Mémoire* folgend, der Dichter auf die Frage antwortet, ob er nicht der Autor gewisser Dramen sei: »Ja, aber belieben Sie mich nicht darnach zu beurtheilen.« (MBA 5, 32; DKV I, 227) Die Parallele legt nahe, den Satz im Brief an Gutzkow nicht nur für eine Floskel zu halten, mit der Büchner sich für Schwächen des Werkes oder Spuren der Eile im Manuskript entschuldigen wollte. Wörtlich genommen wird in beiden Fällen weder für den Text noch den Autor Schutz vor dem Urteil gesucht. Büchner und der Lenz seiner Erzählung erkennen das Urteil an, bestehen sogar auf ihm; aber sie bestehen auch auf einer Trennung zwischen Autor und Werk, die dem ›Genie‹-Kult, wie ihn schon Gutzkow in seinen Antworten auf Büchner anwenden wird, strikt entgegenläuft (vgl. Gutzkow an Büchner, 3.3.1835, DKV II, 395; sowie Dedner/ Mayer in MBA 3.2, 302–309). Eine eigentümliche Nichtzuständigkeit des Autors ist noch dem Text eingezeichnet, der Büchners Autorschaft am deutlichsten zur Geltung zu bringt.

Gutzkow antwortet umgehend und positiv. Er verwendet sich bei Sauerländer für eine Buchausgabe von *Danton's Tod* und druckt große Teile des Dramas, die Akte vier und fünf vollständig, vorab in der von ihm redigierten Literaturausgabe der bei Sauerländer erscheinenden Zeitschrift *Phönix* (vgl. Teraoka 2006, 146–154).

Das Manuskript

Das seit 1924 im Weimarer Goethe- und Schiller-Archiv aufbewahrte Manuskript (H), das Büchner an Sauerländer und Gutzkow übersendete, muss heute, wie Werner R. Lehmann (1967, 17–21) gezeigt hat, als wichtigste Grundlage für einen kritischen *Danton*-Text gelten (vgl. Dedner/Mayer in MBA 3.2, 255). Der Herausgeber der für die Textkritik grundlegenden Ausgabe von 1879/1880, Karl Emil Franzos, erwähnt »einige Blättchen des ersten Entwurfs« (zit. n. MBA 3.2, 257), die er der Orientierung am letzten Wortlaut wegen aber nicht berücksichtigt habe. Diese Blätter sind nicht erhalten. Geht man von ihrer Existenz als Vorstufe [H] aus (vgl. Dedner/Mayer in MBA 3.2, 257–259), dann ist eine Stütze für Dedners Annahme eines sich in Stufen vollziehenden Schreibprozesses gegeben. Das Manuskript trägt die Züge einer für »Fremdlektüre« bestimmten, eigenhändigen Abschrift (ebd., 65), zeigt aber sowohl Sofortkorrekturen wie nachträgliche Einfügungen und im Verlauf der Arbeit auszufüllende Lücken im Textverlauf. (H)

ist also wohl eine Abschrift und es ist die Druckvorlage, aber nur bedingt eine Reinschrift (vgl. ebd., 264–273).

Entwürfe oder Vorstufen zu *Danton's Tod* stehen für die Textkritik damit nicht zur Verfügung. Auf der anderen Seite entstanden der Text des Teildrucks im *Phönix* (j) und der Text der Buchausgabe (e) zumindest ohne durchgängige und nachhaltige Mitwirkung Büchners; damit kommt ihnen in der Kritik des *Danton*-Textes kein oder nur ein eingeschränkter unabhängiger Wert zu. Büchner hatte sich in Straßburg wohl bereits polizeilich gemeldet (12.3.1835), bevor von Ende März bis Anfang April die Folgen der Teilveröffentlichung im *Phönix* erschienen und bevor Anfang Juli die Buchfassung herauskam. Die wenigen erhaltenen Briefe Büchners und Gutzkows aus dieser Zeit legen nahe, dass Gutzkow zumindest Büchners Flucht wegen zu eingeschränktem Eingriff in den Text berechtigt war. Gutzkow hatte im Brief vom 3. März 1835, in dem er Büchner das mit Sauerländer ausgehandelte Angebot machte, *Danton's Tod* zu verlegen, zwei Bedingungen genannt: den Vorabdruck im *Phönix* und, »daß Sie sich bereitwillig finden lassen, die Quecksilberblumen Ihrer Phantasie […] halb und halb zu kastrieren« (Gutzkow an Büchner 3.3.1835, DKV II, 394). Das Angebot Gutzkows, in einem Treffen mit Büchner zuerst in Darmstadt (vgl. Gutzkow an Büchner 3.3.1835, DKV II, 395), dann, da diese Reise Sauerländer zu gefährlich erschien, in einem Gasthaus zwischen Frankfurt und Darmstadt (vgl. Gutzkow an Büchner 5.3.1835, DKV II, 395) die Obszönitäten im Text ›halb und halb‹ in einem gemeinsamen Durchgang zu bereinigen, wurde nicht realisiert. Büchners Bemerkung »Mein Manuskript wird unter der Hand seinen Kurs durchgemacht haben« aus dem März (Büchner an Gutzkow März 1835, DKV II, 397) legt nahe, dass Büchner diese Arbeit ganz oder weitgehend in Gutzkows Hand gab. Die Herausgeber der MBA schließen gelegentliche Hinweise oder Autorisierungen Büchners aber nicht aus (vgl. Dedner/Mayer in MBA 3.2, 256); damit haben die Bearbeitungen der Druckfassungen (j) und (e) dann doch eine Bedeutung für die Textkritik, die allerdings nur beschränkt ist und auf Interpretation angewiesen bleibt.

Die Erstdrucke

Für *Danton's Tod* stellt sich in eingeschränkter Weise die Frage, die der Büchner-Forschung vom *Hessischen Landboten* her so nachdrücklich vertraut ist: die nach der Verantwortung des Autors für den Text und seiner Herrschaft über ihn. Was bedeutet es, wenn der Autor im Zuge der Verhandlungen über den Druck einem andern überlässt, seinen Text zu verändern? In seinem Brief an Büchner hatte Gutzkow den Verleger als die Instanz genannt, die Bereinigungen des Textes verlange. Im Nachruf auf Büchner vereindeutigte er sowohl die Instanz – er nennt nun die staatliche Zensur – wie auch seine Absicht – die Prävention: »[…] um dem Censor nicht die Lust des Streichens zu gönnen«, habe er »selbst den Rothstift« ergriffen und »die wuchernde Demokratie der Dichtung mit der Scheere der Vorcensur« beschnitten (Gutzkow 1837, *Frankfurter Telegraph* 43, 338; vgl. MBA 3.2, 279). Die eindeutige Autorität der Handschrift (H) steht also im Kraftfeld einer Auseinandersetzung, in der einerseits die *Phönix*-Veröffentlichung (j) und der Text der Buchpublikation (e) und andererseits Büchners Korrekturen in Exemplaren der Buchpublikation, die er Freunden schenkte, stehen (Widmungsexemplare für Wilhelm Baum (e^B) und für August [und/oder Adolph] Stoeber (e^S)). Genauer noch sprechen den Herausgebern der MBA zufolge auf der Seite der Bereinigungsvorgänge kritische Befunde dafür, von einem Manuskript Gutzkows auszugehen, in dem nach der Handschrift (H) Bereinigungen enthalten sind [h] – in (H) gibt es keine Eingriffe aus dieser Zeit und zu diesem Zweck – und das dem *Phönix*-Druck (j) zu Grunde gelegen hat; entweder (j) oder [h] oder beide zusammen waren danach zusammen mit einer erneuten Einsicht des Manuskripts (H) Vorlage des Buchtextes (j) (vgl. Dedner/Mayer in MBA 3.2, 287).

Eindeutig ist der Befund für die wichtigste Einzeländerung im Buchdruck (j): Wie Gutzkow später berichtete, hatte E. Duller, Hauptredakteur des *Phönix* und Verfasser der bei Sauerländer verlegten historischen Fortsetzungsreihe mit dem Titel *Phantasiegemälde* (zuerst von G. Döring), bewirkt, dass Büchners Titel geändert wurde in: »Danton's Tod. Dramatische Bilder aus Frankreichs Schreckensherrschaft« (Gutzkow 1837, *Frankfurter Telegraph* 43, 338; vgl. MBA 3.2, 283 f.). »Der Titel ist abgeschmackt«, kommentierte Büchner in dem Brief, den er anlässlich des Erscheinens des Buches an die Familie schrieb (an die Familie 28.7.1835, DKV II, 409). Die Empörung über die Titelgebung ist bemerkenswert, weil Büchner in demselben Brief gerade den historischen Charakter seines Stückes hervorhebt. »Ein Drama«, die Angabe in Büchners Manuskript (H), die im *Phönix* (j) noch erschienen war, wahrt eine Aura der Abstraktheit. Sowenig die Gattungsangabe das Drama als Tragödie spezifiziert, so-

wenig ordnet es die dramatische Form seinem historischen und epischen Inhalt unter. Im selben Brief äußert sich Büchner zu den Bereinigungen. Er bestätigt seine »Erlaubnis, einige Änderungen machen zu dürfen«, setzt aber hinzu, sie sei »allzusehr benutzt worden« (ebd.). Die präventiven Eingriffe, die Büchner als zu weitgehend sieht, betreffen typischer Weise sexuelle Anspielungen oder blasphemische Äußerungen oder, oftmals, eine Verbindung von beidem. In der Handschrift (H) sagt Lacroix: »Die Mädel guckten aus den Fenstern, man sollte vorsichtig seyn und sie nicht einmal in die Sonne sitzen lassen, die Mücken treiben's ihnen sonst auf den Händen […].« In der Fassung des Buchs (e) lautet der letzte Teil: »[…]. Die unmoralischen Mücken erwecken ihnen sonst allerhand erbauliche Gedanken.« (I/5, MBA 3.2, 20; DKV I, 28 f.) In beiden Exemplaren, die Büchner als Widmungsexemplare verschenkte ((e^B) und (e^S)), stellte er den Text der Handschrift (H), mit etwas unterschiedlicher Konsequenz, wieder her. Lacroix fährt fort: »Legendre und ich sind fast durch alle Zellen gelaufen, die Nönnlein von der Offenbarung durch das Fleisch hingen uns an den Rockschößen und wollten den Segen. Legendre giebt einer die Disciplin, aber er wird einen Monat dafür zu fasten bekommen. Da bringe ich zwei von den Priesterinnen mit dem Leib.« In der gereinigten Buchfassung (e) steht: »[…] mehr als eine apokalyptische Dame hing uns an den Rockschößen und wollte den Segen. Legendre gibt einer die Disciplin, aber er wird dafür einen Monat zu fasten bekommen. Da bringe ich zwei von ihnen.« (I/5, MBA 3.2, 20; DKV I, 29) Wieder restituierte Büchner in den Widmungsexemplaren den Wortlaut von (H). Außer sexuellen Anspielungen und Blasphemien bilden Vulgarismen in Sprache oder Realien (»Schnaps« in (H) wird zu »Wein« in (e) und in (e^B) und (e^S) wieder zu »Schnaps«; I/2, MBA 3.2, 9; DKV I, 17) und dialektale bzw. umgangssprachliche Wortformen (»kahl Haupt« in (H) wird »kahles Haupt« in (e) und in (e^B) und (e^S) wieder zurückverwandelt (I/2, MBA 3.2, 9; DKV I, 17)) einen zweiten Bereich der Eingriffe und Wiederherstellungen (vgl. Dedner/Mayer in MBA 3.2, 285). Gutzkow (oder wer sonst die präventive Zensur mit durchgeführt hat) orientiert sich ausschließlich an den beiden Kriterien der sexuellen oder religiösen Anstößigkeiten und der sprachlichen oder sachlichen Vulgarismen, ohne Eingriffe anderer Art vorzunehmen. Ebenso konsequent handelt Büchner in der Restitution der Eingriffe in (e^B) und (e^S) im Blick auf beide Bereiche. Andererseits verfolgt Gutzkow keine konsequente Ausmerzung; Anstöße in dem einen und Verstöße in dem anderen Bereich bleiben sowohl in (j) wie in (e) stehen. Im Brief an die Familie nach Erscheinen des Buches klagt Büchner denn auch über das Ausmaß, nicht das Faktum der Eingriffe: Die Auseinandersetzungen um das Werk zwischen präventiver Vorzensur und rückverwandelndem Autor finden also auf einem umgrenzten Feld, dem »Abfall des Buches« (Gutzkow 1837, *Frankfurter Telegraph* 43, 338), und um eine Frage der Quantität statt.

›Die *Geschichte selbst*‹: Das Feld der Auseinandersetzung um den Text und die Poetologie des Dramas

Dieses Feld ist für Büchner eng verbunden mit dem Zusammenhang von Drama und Geschichte. In seinem Brief an die Familie vom 28. Juli trifft die Polemik gegen die Bereinigung seines Textes durch die präventive Vorzensur zusammen mit seiner vorgreifenden Verteidigung gegen die im Buchtext (e) erhalten gebliebenen Anstößigkeiten. Der »dramatische Dichter«, lautet das Argument, sei »nichts, als ein Geschichtsschreiber«. »Sein Buch« dürfe »weder *sittlicher* noch *unsittlicher* sein, als die *Geschichte selbst*« (an die Familie 28.7.1835, DKV II, 410). Zunächst lässt sich von hier aus erschließen, wie für Büchner und offenbar schon für Gutzkows Annahme über die Zensur, Obszönitäten und Blasphemien einerseits, Vulgarismen in Wörtern und Dingen andererseits zusammenhängen. Sie umschreiben das Feld eines nicht mehr nur niederen Stils, sondern eines Nullpunkts der Stilisierung. Die ›Unsittlichkeit‹ der Revolutionspolitiker – besonders der Dantonisten – kommt darin zusammen mit der ›Sittenlosigkeit‹ der Bürger in den Volksszenen. Sie sind beide Teil ›der *Geschichte selbst*‹, die der ›dramatische Dichter‹ darstellt (man kann dazu einen Titel wie *Der Tod Ludwigs XVI. Historische Szenen* [1834] des heute vergessenen Friedrich Seybold mit dem Untertitel *Nachstücke aus dem Drama der französischen Revolution* vergleichen; vgl. Hauschild 1993, 423 f.). Entscheidend für die Verbindung aus vorgreifender Entschuldigung für obszön-blasphemische Anstöße und Vulgarität in Worten und Dingen einerseits und Poetologie andererseits ist die Bedeutung, die dem Dramatischen zufällt. Damit ist auch Büchners Polemik gegen die Auswechslung der Gattungsbezeichnung »Drama« mit aufgegriffen: Die »höchste Aufgabe« des dramatischen Dichters sei es, schreibt Büchner, »der Geschichte, wie sie sich wirklich begeben, so nahe als möglich zu kommen« (an

die Familie 28.7.1835, DKV II, 410). Damit benutzt er die alte Formel der Poetik, den Vergleich der Dichtung mit der Geschichte. Der aristotelische Vergleich, den Büchner aus dem altsprachlichen Unterricht auf dem Gymnasium kannte (vgl. Schaub 1975), hatte damit Dichtung und Geschichtsschreibung ins Verhältnis gesetzt. Die Dichtung war philosophischer als Geschichte im Sinne der Geschichtsschreibung, weil sie der historisch wahren Rede allgemeinere Einsichten über die Gesetzmäßigkeiten des Handelns und der Geschichte hinzufügt. Wenn Büchner nun schreibt, der Dichter stehe über dem Historiker, weil »er uns die Geschichte zum zweiten Mal erschafft und uns gleich unmittelbar, statt eine trockne Erzählung zu geben, in das Leben einer Zeit hinein versetzt« (DKV II, 410), dann sagt er der Sache nach nichts anderes. Der radikale Unterschied liegt darin, dass Büchner seine Dichtung nicht mit der Geschichtsschreibung, sondern mit der Geschichte, ihrem Geschehen, vergleicht. Dieses Wirkliche ›der Geschichte selbst‹ ist der unverfälschte historische Wortlaut und die zweite, d. h. poetische, Schöpfung gleichzeitig. ›Drama‹ ist Büchners Begriff für den paradoxen Zusammenfall von künstlerischer Schöpfung und reiner Wiedergabe. Das Feld, auf dem die Obszönitäten und Blasphemien und die Vulgarismen verhandelt werden und das den Schauplatz der Interventionen Gutzkows und der Wiederherstellungen Büchners bildet, ist ein wichtiger Teil dieser paradoxen ›Geschichte selbst‹, der Anteil der Sprache an ihr (vgl. Silvain 2008).

3.4 Eine Frage der Gattung: Geschichtsdrama oder Tragödie

Die Interpretation von *Danton's Tod* im 20. Jahrhundert, die dem Drama seine Geltung in der Weltliteratur gesichert hat (wegweisend Landau 1909), begann mit zwei Fragen an Büchners Dramatik der Aktualität: Die erste ist die nach den dramatischen Figuren und den Positionen, die sie vertreten: Inwieweit kann man *Danton's Tod* als Konflikt zwischen Danton und Robespierre und zwischen den Positionen verstehen, die sie vertreten? Das ist die Lektüre des *Danton* als eines Geschichtsdramas. Die zweite Frage richtet sich auf die Beziehung zwischen den Charakteren und der Handlung: Inwieweit ist Danton entweder allein oder mit Robespierre zusammen die Hauptfigur eines Charakterdramas, das gerade die Unmöglichkeit zu handeln darstellt? Darin liegt die These von *Danton's Tod* als einer Tragödie.

Das Geschichtsdrama und der Konflikt der Positionen

Am unmittelbarsten erscheint die dramatische Aktualisierung der Revolutionsgeschichte in der Szene I/6, in der Danton Robespierre aufsucht, um ihn von der Politik der Terreur abzubringen (vgl. Lukács 1937, 208 f.; Mayer 1982, 116–119; Wender 1992, 124 f.): Robespierre und Danton gehen von demselben Gesetz aus und folgern das Entgegensetzte. Beide berufen sich in der klassischen Figur des dramatischen Dialogs, der Stichomythie, auf das Naturrecht der Selbsterhaltung (vgl. Vollhardt 1990) und der Notwehr (Alternativtitel von Weidigs illegaler Zeitschrift *Leuchter und Beleuchter für Hessen* war *Der Hessen Notwehr*; vgl. Hauschild 1993, 305) Robespierre: »[…] wer mich verhindert mich zu vertheidigen, tödtet mich so gut, als wenn er mich angriffe.« Danton: »Wo die Nothwehr aufhört fängt der Mord an, ich sehe keinen Grund, der uns länger zum Tödten zwänge.« (I/6, MBA 3.2, 24; DKV I, 32) Robespierre setzt dabei aber fraglos voraus, dass die Lage der Notwehr fortbesteht oder immer besteht. Danton dagegen sieht die Gründe für eine Annahme der Notwehrsituation nicht mehr gegeben; er besteht auf scharfer Trennung zwischen Notwehr und Mord, weist dabei aber auf die Subjektivität der Grenzziehung hin. Damit beginnt die Entgegensetzung der Positionen. Robespierres Argument ist die soziale Frage: »Die sociale Revolution ist noch nicht fertig« (I/6, MBA 3.2, 24; DKV I, 32). Solange der Gegensatz zwischen Arm und Reich fortbesteht, ist danach der Grundsatz der Notwehr in Kraft. Damit wird die Notwehr aus einem Prinzip des Überlebens zur Bestrafung des Lasters (des Luxus) durch die Tugend (der Armut). Danton kehrt die Argumentation um. Er geht von der Kritik der Moral aus. Laster und Tugend sind danach nur Äußerungen derselben, individuell verschieden ausgeprägten Suche nach Lust und Wohlergehen (vgl. I/6, MBA 3.2, 25; DKV I, 33). Für Danton kann die soziale Revolution, weil sie in moralischen Kategorien vorgeht, keine Rechtfertigung des Terrors sein. Danton und Robespierre vertreten hier nicht nur Positionen im Handlungsgeschehen, wie z. B. Brutus und Cassius in Shakespeares Tragödie *Julius Caesar* (I/2), auf das *Danton's Tod* immer wieder anspielt; sie geben nicht nur ideellen Positionen eine Stimme wie Königin Elisabeth und Maria Stuart in Schillers Tragödie (III/4), das Büchners anti-idealistischer Poetologie zum Trotz für die dialektische Erörterung des Gesetzes in dieser Szene als Vorbild gelten kann. In ihrer spiegelsymmetrischen Konfrontation besteht Robespierre auf der Reinheit seiner Absichten (»Mein Gewissen ist rein«), während es Dantons Pointe ist, den Körper hinter den moralischen Gründen bloßzustellen (»Das Gewissen ist ein Spiegel vor dem ein Affe sich quält«, I/6, MBA 3.2, 25; DKV I, 33). In der Konfrontation der Positionen streiten sie also auch darum, was es heißt, Positionen zu verkörpern. Auch in diesem Sinne steht in dieser Szene zuletzt die Aktualität des Geschichtsdramas und der politischen Positionen auf dem Spiel (vgl. Schneider 2006, 131).

Weil sich in dieser Szene die Argumente, die Äußerungen und sogar das Verhältnis der Person zu ihren Äußerungen spiegelsymmetrisch entsprechen, ist sie aber auch in dem Sinn theatralisch, dass sie einen Beobachter impliziert, dem sie sich als Aktualisierung zeigt. Das ist zunächst auf der Figurenebene so: Danton war bis hierher als Person, aber nicht als Vertreter seiner Sache zu sehen. In I/1 hatte Camille Desmoulins die Philosophie der Dantonisten vorgestellt und Danton gelangweilt den Raum verlassen. Umgekehrt hatte Robespierre in I/2 auf der Straße und in I/3 im Jakobinerclub schon Auftritte als Redner in seiner Sache. Dafür war hinter diesem Redner noch keine Person zu sehen gewesen. Schon die Akteure selbst sind in I/6 darum partielle und parteiliche Zuschauer ihres eigenen Redens und Handelns (vgl. Schneider 2006, 143). Der Handlung nach bringt der bisher besprochene Teil der Szene I/6, die Repräsentation der Positionen, denn auch gar nicht die Entscheidung: Danton zwingt sich vielmehr selbst in die Lage, für sich und seine Sache kämpfen zu müssen; und dass Robespierre Dantons Argumente ad hominem nicht von sich abhalten kann, führt erst in dem viel längeren Rest der Szene – zwei Monologen und einer Unterredung mit St. Just – zum Entschluss loszuschlagen. Die Szene aktualisiert also nicht nur die revolutionären Positionen; sie zeigt auch, wie die Revolutionäre ihre Positionen beziehen.

Damit ist aber nicht gesagt, von welcher Perspektive aus die Konfrontation zwischen Danton und Robespierre die Form der dialektisch aufeinander bezogenen Positionen annimmt. Dass es eine Begegnung zwischen den Führern der Fraktionen gab, bevor Robespierre der Verhaftung der Dantonisten zustimmte, hat Büchner in Thiers' *Histoire de la Révolution Française* und in *Unsere Zeit* lesen können (MBA 3.2, I/6, 103, »Quellenbezogener Text«); aber eine ausgeführte Darstellung des Gesprächs gibt es in seinen Quellen nicht. Deutlich ist, dass Büchner gerade in dieser Szene seinen Hauptfiguren Schärfungen ihrer Positionen beigelegt hat, die sich aus den historischen Quellen nicht herleiten lassen. Die wichtigsten hängen mit der spiegelverkehrten Entsprechung zwischen den Positionen und ihren Vertretern zusammen: Robespierres Forderung nach der sozialen Revolution (vgl. Wender 1992, 124) und Dantons epikureischer Hedonismus (vgl. Teraoka 2006, 96–128). Die im Drama vorgezeichnete, ihrer Begründung nach aber nicht ausgeführte Perspektive, unter der Dantons und Robespierres Positionen sich dialektisch gegenüberstehen, lässt sich nur indirekt aus Büchners philosophischen Studien erschließen.

Philosophie

Studien zur Geschichte der Philosophie waren Teil des Schreibprozesses in der konzeptuellen Aktualisierung der Revolution. Büchners Interesse gilt dabei philosophischen Aspekten der politischen Positionen und der ihnen entsprechenden Verhaltenstypen. Für Auskunft in solchen Fragen lieh er zwei Bände von Rousseaus *Œuvres politiques* und Tennemanns Philosophiegeschichte aus. Eine eigene Beschäftigung mit dem zeitgenössischen Idealismus von Kant bis Hegel ist im Zusammenhang des *Danton* und auch sonst nicht nachzuweisen (vgl. Glebke 1995). Das heißt nicht, dass es kein eigenständiges philosophisches Denken Büchners gibt. Im Kontext von *Danton's Tod* richtet es sich zunächst auf die Metakritik derjenigen Philosopheme, die politische Positionen und soziale Verhaltensweisen prägen oder ausdrücken können. Dahinter liegen noch einmal die Fragen der Theodizee und des Gesetzes.

Die Herkunft der im Drama selbst fehlenden Perspektive auf die Dialektik der Positionen von Danton und Robespierre liegt in Büchners Heine-Lektüre. Der wichtigste einzelne quellenkritische Fund über die Ausleihbelege der Darmstädter Hofbibliothek hinaus liegt im Nachweis (vgl. Mayer 1982, 123; Dedner 1990), dass Büchner für Héraults und Camille Desmoulins' Schilderungen einer künftigen Staats- und Gesellschaftsordnung im Sinne der Dantonisten in I/1 in einer nachträglichen Einfügung auf Heines *Geschichte der Religion und Philosophie in Deutschland* zurückgriff (vgl. Teraoka 2006, 96–128). Dabei handelt es sich um eine polemische Wendung Hérauts, die Robespierre als Rousseauist darstellt (I/1), und um Camilles Ausmalen einer sexuellen Demokratie, in der die Menschen zu Göttern werden (»Wir wollen nackte Götter, Bachantinnen, olympische Spiele und melodische Lippen: ach, die gliederlösende, böse Liebe!« I/1, MBA 3.2, 7; DKV I, 15 f.). Das sind Bestandteile der Geschichte, in der

Heine die ›soziale Bedeutung‹ der Philosophie konzipiert hatte. Danach bekämpfen sich in der Geschichte zwei Denkweisen, die Heine als Spiritualismus und Sensualismus bezeichnet. Sie treten bei der Gestaltung der gesellschaftlichen Verhältnisse als zwei Denkweisen gegeneinander, »wovon die eine [der Spiritualismus: in der neueren Philosophie verkörpert von Rousseau, RC] den Geist dadurch verherrlichen will, daß sie die Materie zu zerstören strebt, während die andere [der Sensualismus: von Voltaire vertreten, RC] die natürlichen Rechte der Materie gegen die Usurpazionen des Geistes zu vindiziren sucht« (Heine, *Religion und Philosophie in Deutschland*, in: Heine 1973–1997, 8/1, 29). Beide Philosopheme sind geschichtlich gleichermaßen wirksam. Ohne aufeinander rückführbar zu sein, treten sie in immer neuen Konfrontationen und Mischungen auf. So setzen sich Heine zufolge in Deutschland die Protestanten als Agenten eines radikalen Spiritualismus gegen einen Katholizismus durch, der seine Dominanz einer Scheinherrschaft des Geistes über den unter der Hand freigegebenen Sensualismus verdankt; während in Frankreich die Philosophie seit Descartes die scheinhafte Legalisierung des Sensualismus in der katholischen Ordnung der Dinge in eine anerkannte Dominanz des Materialismus verwandeln will. Die Demokratie, die die Menschen zu Göttern werden lässt, mit der Heine seine Lesart des Saint-Simonismus gibt, stellt schließlich eine Versöhnung dar: Der Sensualismus wird hier zur Religion und damit spirituell. In einer Beilage zu den *Französischen Zuständen* hat Heine diese Metamorphose der Gegensätze ausdrücklich auf Robespierre und Danton bezogen: In der Revolution von 1789 ist danach ein auf Rousseau zurückgehender Robespierre der Spiritualist, der die Kompromisse mit dem luxurierenden Sensualismus der besitzenden Klasse beiseite räumt; und Danton ist Sensualist in der Tradition Voltaires, der, politisch kompromisslerisch, umso radikaler das Recht des sinnlich erfahrbaren Glücks gegen den Terror der Tugend verteidigt (Heine, *Französische Zustände. Artikel VI*, in: Heine 1973–1997, 150 f.; dazu vgl. Teraoka 2006, 42–60). Die Szene I/6 und ihre zentrale Stellung für die Aktualität des *Danton* in den 1830er Jahren lässt sich also leicht verstehen, wenn man Heines Geschichtsphilosophie als Perspektive in sie einsetzt. Aber so ist es im Stück nicht. Camille Desmoulins Götterdemokratie in I/1 erscheint nicht wie bei Heine als Synthese, d. h. nicht als neue, sensualistische Religion, sondern als ein farbiges Ausmalen des materialistischen Sensualismus der dantonistischen Position. Umgekehrt erscheint der an Spinoza anklingende Monismus, den St. Just in II/7 formuliert, als die äußerste Begründung der Terreur, statt in Heines Sinn dem Spiritualismus eine sensualistische Konsequenz zu geben. Danton und Robespierre stellen sich zum Kampf für die sie leitenden und in ihnen sich verkörpernden Prinzipien, ohne dass die Perspektive ihrer Gegenüberstellung sichtbar gemacht ist. Die Vermittlungsmöglichkeiten, die in den Ausführungen ihrer Anhänger Camille Desmoulins und St. Just der synthetischen Perspektive Heines nach liegen, erscheinen gerade als Radikalisierung ihrer jeweiligen Position.

Die philosophischen Fragen in *Danton's Tod* reichen aber über die Konzeptualisierung der Positionen in die tiefer liegende Schicht des Dramas hinein, die man die konstitutive Aktualität der Revolution für Büchner nennen kann. Die Seite des hedonistischen Materialismus der Dantonisten ist dabei besonders beredt dargestellt, was zum luxurierend-geistreichen Sozialcharakter der Partei passt. Die Szene III/1 mit den im Gefängnis des Luxembourg festgesetzten Danton-Anhängern stellt das nach dem Modell von Nodiers *Le dernier banquet des Girondins* – das seinerseits an den Tod des Sokrates und das Letzte Abendmahl anknüpft – als Philosophenszene aus (vgl. Nodier 1998, 25–167). Neben der kurzen, aber markanten anti-idealistischen Kunsttheorie Camille Desmoulins' in II/3, die das ›Kunstgespräch‹ in »*Lenz*« vorbereitet, konzentriert sich der dantonistische ›Sensualismus‹ im anthropologischen Leitsatz, jeder tue, was ihm »wohl thut«, den Hérault in I/1, Marion in I/5, Danton in I/6 und Thomas Payne in III/1 wiederholen (MBA 3.2, 6, 19 f., 25, 50; DKV I, 15, 28, 33, 58). Hinzukommt in III/1 die von Thomas Payne virtuos durchgeführte Widerlegung der Gottesbeweise. Beide Themenreihen sind im Stück als Bestandteile epikureischer Philosophie markiert; in ihnen stößt Heines Sensualismus (und die besonders bei Marion in I/5 deutliche Sonderstellung Spinozas darin) zu der für Büchner grundlegenden Auseinandersetzung mit der christlichen Begründung sozialer Ordnung.

Auf der Seite Robespierres und St. Justs konzentrieren sich die philosophischen Argumente zum Begriff des Gesetzes. In seiner (von Büchner frei gestalteten) Rede vor dem Nationalkonvent erklärt St. Just, Vorkommnisse der moralischen Welt seien als Fall des allgemeinen Naturgesetzes zu betrachten (II/7, MBA 3.2, 45 f.; DKV I, 54); Robespierre ist mit der Figur des Gesetzes verknüpft, die nach Rousseau den Gesellschaftsvertrag begründet: des Gesetzes, in

dessen Namen der Führer der Revolution für die *volonté générale* spricht und handelt (I/2, MBA 3.2, 12; DKV I, 20; I/3, MBA 3.2, 14; DKV I, 22). Die Kritik an einer religiösen Begründung der Ordnung und die Orientierung am Gesetz, in dessen Namen zu sprechen ist, sind die beiden Fragen, die für Büchners Beschäftigung mit der Revolution und ihrer Aktualität konstitutiv waren.

Die Tragödie Dantons und das Verhältnis der Charaktere zur Handlung

Die Szene I/6 gibt auch Anlass, die Konfrontation der Positionen und ihre Verkörperung durch Danton und Robespierre nicht für das Zentrum des Dramas anzusehen. Wäre I/6 die Mitte der dramatischen Handlung, dann wären die beiden letzten Akte mit der Verteidigung Dantons vor der Nationalversammlung ein einziger in die Länge gezogener Abschluss des schon im ersten Teil beendeten Geschehens. Man kann mit Hinsicht auf I/6 von einer Scheinperipetie sprechen. Der Schiller'sche Kristall des Rededuells zerfällt, wenn man bedenkt, wie apathisch Danton bis zu diesem Zeitpunkt an seinem »Doch, sie werden's nicht wagen« (MBA 3.2, 22; DKV I, 31) festgehalten hat, und man sich gegenwärtig hält, wie Robespierre, der Rhetor der Volksauftritte, im anschließenden Monolog in haltlosen Neid verfällt. Die Szene fasert aus in die an Shakespeares *Macbeth* erinnernden Nachtgedanken Robespierres und Dantons. Die ihn ad hominem treffenden Worte Dantons wiederholend, sagt Robespierre im nächtlichen Monolog: »Warum kann ich den Gedanken nicht los werden? Er deutet mit blutigem Finger immer da, da hin!« (I/6, MBA 3.2, 26; DKV I, 35) Wie eine Fortsetzung sind Dantons Worte in seiner Nachtszene: »September! [...] Was das Wort nur will? [...] Was streckt es nach mir die blutigen Hände?« (II/5, MBA 3.2, 40 f.; DKV I, 48 f.) Lässt man sich auf die Verschleifung der großen Konfrontation in einen gleitenden Übergang der monologischen Projektionen und Reflexe zwischen den Akten 1 und 2 ein, dann stellt sich die Frage, was überhaupt eine Handlung des Stücks heißen kann und wie die Charaktere und die Handlung zusammenhängen.

Eine entschiedene Verfolgung dieser Infragestellung der dramatischen Struktur von *Danton's Tod* ist die Lektüre des Dramas als Tragödie (vgl. Viëtor 1934; Martens 1960; Szondi 1964; von Bormann 1990 verschiebt die Deutung *Dantons* zum barocken Trauerspiel im Sinne seiner Entgegensetzung zur Tragödie bei Benjamin). Die tragische Entzweiung liegt dabei nicht in der auf Gegensätze führenden Berufung auf dasselbe Gesetz, im Antagonismus zwischen Robespierres Spiritualismus und Dantons Sensualismus. Er liegt vielmehr in den Dispositionen der Protagonisten, vom Gesetz sprechen und nach ihm handeln zu können. In unterschiedlicher Weise sind sie traumverloren: »[…] ist nicht unser Handeln, wie das im Traum, nur deutlicher, bestimmter, durchgeführter?«, sagt Robespierre (I/6, MBA 3.2, 27; DKV I, 35); »ja ich träumte, doch das war anders.«, sagt Danton (II/5, MBA 3.2, 41; DKV I, 48). Robespierre spricht und handelt im Bewusstsein der Unterscheidung zwischen Traum und Wachen wie in diesem Traum weiter. Danton spricht und handelt unter dem Schock der im Erwachen erfahrenen Differenz zwischen Traum und Wachleben. Die Tragödie dieser Traumerfahrungen liegt nicht in der Handlung, sondern im Charakter (vgl. Viëtor 1934, 101 f.), der allerdings spezifisch als Charakter des Revolutionärs gedeutet sein kann (vgl. Szondi 1964, 254). Es ist die Tragödie des Bewusstseins, das sich als vom Handeln abgetrennt erfährt; nach romantischer Lesart: die Tragödie von Shakespeares Hamlet (Friedrich Schlegel). Robespierre und Danton haben an dieser Tragödie Teil (vgl. Martens 1960, 416–420), wenn auch mit gegensätzlicher Konsequenz. Der Vollstrecker der Maßnahme (ohne Hinweis auf Brecht: Lukács 1937, 210) und der Märtyrer des Gewissens (vgl. von Bormann 1990) erscheinen in ihnen auf der Bühne. Sie sind (mit der These von Bormanns vom Benjamin'schen Trauerspiel zu deutende) Typen der Nichtvermittelbarkeit von Charakter und Handlung: In der Maßnahme vollzieht die Handlung sich programmatisch apersonal, für den Märtyrer ist der Abgrund, der ihn vom Handeln trennt, konstitutiv. Der tragische Riss liegt in den Charakteren und ihrem Weltverhältnis. Mit dieser Einklammerung des politischen Inhalts und der weitgehenden Negation der dramatischen Handlung konnten allerdings erst die Deutungen im 20. Jahrhundert *Danton's Tod* zu verstehen versuchen. Sie gingen dabei von der Diagnose einer tragischen Weltverfassung der Moderne aus, die auf Georg Simmel zurückgeht. Der tragische, jetzt aber unvermittelbare Riss zwischen dem Gesetz der Subjekte und den Normen der Welt (Hegel; vgl. Szondi, 165–174) ist danach nur in utopischen Rück- oder Vorgriffen zu überwinden. Viëtor hat *Danton's Tod* 1934 so als die Tragödie Dantons gelesen, die eine namenlos bleibende bessere Zeit nur kommen sehen kann. Der Lukács von 1937 (der in den Jugendschriften dieselbe These von der tragischen Moderne vertreten

hatte) hat dieser Deutung faschistischen Utopismus vorgehalten und auf die Aktualität des Politischen im Namen Robespierres gesetzt.

Gegen die Deutung der zutreffenden Befunde im Text, von der die Tragödienthese ausgeht, bleibt der Einwand, dass eine Tragödie des modernen Bewusstseins über die politischen Inhalte des Stücks unplausibel hinweggeht und dass Büchner von Tragödie nicht gesprochen hat. Eine Deutung dessen, was Büchner mit dem ›Drama‹ formal durchgeführt hat, muss einerseits der Konkretion des Politischen im Stück gerechtwerden und andererseits der Problematisierung im Verhältnis der dramatischen Personen zu ihrem Reden und Handeln nachgehen, die die Tragödiendeutung betont hat (vgl. wegweisend Schneider 2006, der die Rede von einer Tragödie *Danton's Tod* von der inhaltlichen Ebene auf die der Konzeption der Bühne und der auf ihr möglichen Handlung verschiebt).

Fatalismusbrief

Für Interpreten, die von einer Tragödie Dantons sprechen, ist der Fatalismusbrief entscheidend (vgl. Viëtor 1934, 108; Szondi 1964, 255). Formulierungen aus diesem Brief Büchners kehren wörtlich am Ende der Nachtszene II/5 wieder als letzter Kommentar Dantons zu den Septemberereignissen. Im Mittelpunkt des Selbstzitats – ein Einzelfall im *Danton* – steht das »Muß« aus dem Bibelvers vom skandalon. Im Drama lautet es: »es muß ja Aergerniß kommen, doch wehe dem, durch welchen Aegerniß kommt« (II/5, MBA 3.2, 41; DKV I, 49). Wie später im Drama ist das Wort Jesu auch im Brief auf die Beziehung zwischen den in der Revolution Handelnden und ihren Handlungen bezogen. Büchner hatte den Brief Mitte Januar 1834 (zur Datierung vgl. Hauschild 1993, 270) an Wilhelmine Jaeglé geschickt. Er studiere »die Geschichte der Revolution«, schreibt er, und dieses Studium lasse ihn »wie zernichtet unter dem gräßlichen Fatalismus der Geschichte« zurück (an Wihelmine Jaeglé, Mitte/Ende Januar 1834, DKV II, 377). Die Forschung ist weitgehend einig, dass dieses Studium der Revolutionsgeschichte nicht den Beginn der Arbeit am *Danton* (vgl. Dedner/Mayer in MBA 3.2, 197–199, vgl. aber Holmes 1995, 11), wohl aber eine eigene, von Universitätskursen unabhängige Beschäftigung darstellt (vgl. Hauschild 1993, 270–275).

Teil des weiteren Schreibprozesses ist dieses Studium also nicht im Sinne der konzeptuellen Aktualisierung, die Büchner anhand der Ausleihen aus der

Darmstädter Hofbibliothek erarbeitete; es nimmt, soweit wir wissen, keine Hinsicht auf literarische Pläne (vgl. ebd., 271). Hauschild hat dieses Studium auf die Zeit zwischen November 1833 und Januar 1834 datiert (vgl. ebd.), als Büchner sich einer Gehirnhautentzündung wegen ins Elternhaus zurückgezogen hatte. Viëtor und andere (vgl. Viëtor 1934, 108–110) haben in dem Brief den Ausdruck desjenigen Bruchs mit der Politik gesehen, der für sie den Gehalt der späteren ›Tragödie‹ und die Wende zur literarischen Autorschaft ausmacht. Diese Deutung ist irreführend, denn Büchners politisches Engagement und seine Beteiligung am *Hessischen Landboten* folgen zeitlich erst noch auf den Brief (vgl. Holmes 1995, 66–69). Andererseits folgt sie einer wichtigen Spur, weil der Brief die Beziehung des Handelnden zu seiner Handlung in der Revolutionsgeschichte nachhaltig problematisiert: Sie kennzeichnet sie mit der Paradoxie schuldloser Schuld, wie sie für die Tragödie in der Tat charakteristisch ist. Man kann von einer konstitutiven Aktualisierung der Revolutionsgeschichte sprechen. Diese konstitutive Frage nach dem Verhältnis zwischen Handelndem und Handlung durchzieht dann von vornherein den Konflikt der Positionen, in dem später das Drama konzeptualisiert werden wird. Sie muss der literarischen Konzeptualisierung aber so vorausgehen (vgl. ebd., 66–91), dass sie auch das politische Engagement in der Phase des *Hessischen Landboten* noch mit motivieren kann.

Was hat Büchner Ende 1833 bis Anfang 1834 gelesen? T.M. Mayer hat den ›Fatalismus der Geschichte‹ im Brief auf Thiers' und Mignets Geschichten der Revolution bezogen (vgl. Mayer 1982, 86 f.). Nach seinem überzeugenden Hinweis wurden Thiers und Mignet einer ›école fataliste‹ der Geschichtsschreibung der Französischen Revolution zugerechnet, die sich an der Vorstellung eines unabwendbaren Scheiterns der bürgerlichen Gewaltpolitik ausrichteten. Welche Position Büchner seinerseits mit dem Wort ›Fatalismus‹ verband – nach T.M. Mayer, Holmes u. a. interpretiert er den *fatalisme* der liberalen Historiker im Sinne von Blanquis sozialrevolutionärer Auffassung um (vgl. ebd.; Holmes 1995, 70 f.) – und ob er überhaupt eine politische Position damit verband, ist weder im Brief noch im Drama nachzuweisen. Umgekehrt sind aber mit dem Wort vom Fatalismus eine literarisierende und eine religiöse bzw. religionskritische Thematisierung der Revolution verknüpft, die im Brief zunächst aus der Adressierung an Wilhelmine Jaeglé heraus verständlich sind: Die Metaphorik von den menschlichen Puppen, de-

ren Hand und Handeln von Geistern geführt werden, findet man so bei Ludwig Tieck, vor allem in seiner Gothic Novel *William Lovell* (MBA 3.4, 141, Kommentar zu Replik 339). Tieck wie E.T.A. Hoffmann, bei dem sich ähnliche Visionen enteigneter menschlicher Handlungsfähigkeit finden, waren Autoren, die Büchner und Wilhelmine Jaeglé beide und manchmal gemeinsam lasen (vgl. Hauschild 1993, 146 f., 395; Dedner 1992). Auch das Christuswort passt in den Brief an die Tochter des Straßburger Pfarrers. Das Wort vom Ärgernis, das kommen muss, aber dem, durch den es kommt, doch angerechnet wird, ist bei Matthäus 18, 1–10, Markus 9, 42–49, und Lukas 17, 1–4, bezeugt. Das christliche Paradox der unschuldigen Schuld ist auflösbar, weil das Böse Mittel der Heilsgeschichte ist, aber auf den Täter bezogen zur Sündennatur gehört.

Im Brief gibt Büchner zwei weitere, aber unlösbare Variationen des Paradoxons. Die eine ist die des Lesers der Revolutionsgeschichte, der die Gewalt entweder faktisch akzeptiert oder politisch bejaht, sie aber in jedem einzelnen Fall als Schrecken erfährt. Die andere ist anthropologisch. Sie stellt »in der Menschennatur eine entsetzliche Gleichheit« (DKV II, 377) fest und fragt nach überindividuellen Ursachen der einzelnen bösen Handlung. Die Sichten ergänzen sich: Die revolutionsgeschichtliche Version geht von der Akzeptanz der Gewalt in der Revolution aus und kommt auf das Leiden des Einzelnen zurück. Die anthropologische geht vom Vergehen oder Verbrechen des Einzelnen aus und kommt zur Annahme kollektiver Instanzen im individuellen Handeln. Büchner ist also statt an der Lösung oder dem rechten Verständnis des Paradoxons an seiner Entfaltung interessiert. Danton im Drama fügt eine dritte Version aus der Innensicht des Handelnden hinzu (vgl. Holmes 1995, 75), die nun nach der Zumutung des Paradoxons fragt: Christus bürdet Danton zufolge mit seinem Erlösungstod, mit dem er es sich leicht mache, den Menschen die Unausweichlichkeit des (›tragischen‹) Paradoxons schuldloser Schuld erst auf. Holmes hat Recht, wenn er betont, dass Büchner zur politischen Agitation durchaus auf Grund der These des Fatalismus in der Lage gewesen sei, weil der *Hessische Landbote* in Büchners Verständnis erproben sollte, ob ein von den bürgerlichen Revolutionären verschiedenes Subjekt des politischen Handelns, das Volk, vorhanden sei. Aber mit diesem agitatorischen Probehandeln war für Büchner das Paradox der Zurechenbarkeit des Handelns nicht im Sinne eines erst von Marx postulierten Klassenbegriffs vorentschieden.

Bedenkt man, dass Zurechnung in psychiatrischer und kriminalistischer Bedeutung am Rande schon in *Danton's Tod* – in einer *idée fixe* Luciles (IV/5, MBA 3.2, 74 f.; DKV I, 83) – auftaucht, in massiverer Weise dann in der Idee Lenz' vom Mord an Friederike von Brion und schließlich zentral im »*Woyzeck*«, dann überrascht die Konzentration auf die Entfaltung der Paradoxien von Verantwortung und Zurechnung im Kontext der Geschichte und der Revolution nicht. Büchner hat aber darum mit *Danton's Tod* nicht eine Tragödie geschrieben, die im Paradox ihren Sinn hat, sondern ein Drama, das es entfaltet, d. h. das das Paradox in der Handlung und als Handlung beobachtbar macht.

3.5 Das Drama: Handlung und Form, Sprechen und Handeln

Wo und wie überkreuzen sich die Strategien der Politik und das Verhältnis der Personen zu den Positionen, für die sie stehen? Wie werden die Worte, die sie auf der Bühne sprechen, zum Handeln, das das historische Geschehen ausmacht? Diese Fragen sind immer Gegenstand der Interpretationen gewesen; ihre formbildende Bedeutung für das Drama machen aber erst der Nachweis der durch Heine vermittelten Modellierung der Positionen Dantons und Robespierres (vgl. Mayer 1982, 123; Teraoka 2006, der allerdings Büchner Heines Saint-Simonismus unterschiebt) und die Klärung des Fatalismusbriefs klar, wonach nicht Abkehr vom Handeln oder Verzweiflung an ihm gemeint sind, sondern eine nun erst politisch und dramatisch zu nennende Frage nach dem Subjekt politischen Handelns und dem Verhältnis des Handelnden zur Handlung (vgl. Holmes 1995, 17 f., der *Danton's Tod* aber ein Marx'sches Klassensubjekt unterschiebt).

Literarische Vorbilder

Zurecht stellt die MBA im ›Quellenbezogenen Text‹, wo Zitate und Anklänge in *Danton's Tod* optisch nachgewiesen sind, die Beziehung zu historischen, kulturgeschichtlichen und philosophischen Texten, die Büchner im Herbst 1834 benutzte, gesondert dar. Die nicht weniger dichte Bezugnahme auf literarische Vorbilder (die eine ähnliche Darstellung verdient) hat eine andere Bewandtnis: Sie stellt das Medium des Dramatischen bereit, in dem sich die Aktualisierung der Revolution auf ihrer konzeptuellen, teils aber schon ihrer konstitutiven Stufe vollzieht.

Mit der Bezeichnung ›Drama‹ hat Büchner wohl sein – vielleicht Victor Hugos *Préface de Cromwell* folgendes (vgl. Müller 1994, 178) – Verständnis der Skakespeare'schen Stücke als einer Dramatik jenseits der Einteilung in Tragödie und Komödie gekennzeichnet. Vorbild waren, wie es die Erwähnung Shakespeares im Brief an Gutzkow nahelegt (vgl. an Gutzkow 21.2.1835, DKV II, 393), konzeptuell die Historien- oder Königsdramen. In der Sprach- und Szenengestaltung spielen andere Stücke eine größere Rolle: *Julius Caesar* (Dantons Versuch in I/6, Robespierre seines wahren Wesens zu überführen, als Replik zu *Julius Caesar* I/2, wo Cassius sich Brutus als Spiegel anbietet; Anspielungen auf Brutus und den Tyrannenmord), *King Lear* (Luciles Wahnsinn), *Macbeth* (die Nachtszenen I/7 und II/5 mit Anklängen an *Macbeth* II/1 und III/4); *Hamlet* (markiert durch ein entstelltes Zitat des Souffleurs Simon, I/2, MBA 3.2, 13; DKV I, 21; Lucile in IV/8 und 9 mit Ophelia-Reminiszenzen) u. a. Zwei Komplexe heben sich heraus: Die Figur Dantons ist in ihrer ›tragischen‹ Zeichnung durchweg an der romantischen Hamlet-Deutung orientiert. Dann stehen die Volks- und Genreszenen (I/2, II/2, III/10, IV/4, IV/7) in Shakespeares Tradition teils unmittelbar (*Henry VI*, Part II, IV/2 und IV/8), teils durch Shakespeare-Nachfolge wie in Goethes *Egmont* (II/1, V/3) vermittelt (vgl. Fuhrmann 2002); damit zusammenhängend hat Büchner (anders als Goethe) die Technik der Vulgarismen, Obszönitäten und *puns* übernommen, die wie bei Shakespeare – und im *Danton* verstärkt – auch bei handlungstragenden Personen auftauchen. Es ist darum richtig, dass, wie Wilhelm Schulz sagte, kein Dramatiker in Deutschland Shakespeare so nahe kam wie Büchner. Aus diesem Grund kann aber keiner dieser shakespearisierenden Stränge über seine Aufgabe im Drama hinaus zum Wesen entweder des Tragischen (vgl. Viëtor 1934, im Sinne der tragischen Struktur der Moderne) oder eines Dramas der sozialen Klasse (vgl. Lukács 1937, 207 f., beim Versuch, Büchners Volksszenen im Sinne von *Geschichte und Klassenbewusstsein* [1923] zu deuten) essentialisiert werden.

Für Büchners Vorstellung vom Drama jenseits von Tragödie und Komödie, das Wörtlichkeit und Nachschöpfung einer ›Geschichte selbst‹ paradox vereint, ist an die eigenen Shakespeare-Lektüren zu denken (vgl. Hauschild 1993, 109 und 260), an die ihren Übersetzungen mitgegebenen Deutungen Tiecks und A.W. Schlegels und zumindest vermittelt an Lenz' gegen Aristoteles argumentierende Dramentheorie sowie an die weitere Shakespeare-Tradition im Sturm-und-Drang bei Goethe, Lenz, Klinger u. a. Die spezifische Orientierung Büchners ist durch das zeitgenössische Geschichtsdrama Grabbes (*Napoleon oder Die hundert Tage*, 1831) und Hugos (*Cromwell*, 1827), aber dann auch durch die romantische Komödie Tiecks und Mussets mit geprägt und gebrochen. Damit ist auf der einen Seite der Zug zum Epischen und zur Dokumentation der Geschichte gegeben; auf der anderen Seite das romantische Spiel der Parekbase und der Ausstellung des Schauspielers als Schauspieler, wie es in *Danton's Tod* in den Dialogen zwischen Danton und Camille Desmoulins (dem »Fanfaron der Revolution«, Heine, *Französische Maler*, in: Heine 1973–1997, Bd. 12, 19) erscheint, die oftmals Leonce und Valerio in der Komödie Büchners vorwegnehmen.

Handlung und Form des Dramas

Mit der Bezeichnung von *Danton's Tod* als ›Drama‹ stellt Büchner die den Gattungen Tragödie oder Komödie vorausgehende Frage in den Mittelpunkt, wie auf der Bühne Handlung Form annimmt und Reden Handeln wird. Wie, so kann man die Frage zunächst verstehen, definiert das Stück den Raum seiner Bühne und damit die Voraussetzung für dramatische Handlung, wenn es auf die Form der traditionellen Gattungen verzichtet (vgl. Schneider 2006, im Sinne einer die klassische Tragödie und ihren Bezug zur Repräsentation radikal durchkreuzenden Tragik; Müller 1994, mit der These einer unauflöslichen Mischung von Tragödie und Farce; H.T. Lehmann 1982, mit Hinweis auf elementare Theatralisierung der Revolution)? Büchner löscht in der ersten Szene im Sinne seines shakespearisierenden Begriffs vom Drama demonstrativ die Keimzelle der klassizistischen, Lenz' Dramentheorie zufolge aristotelischen Einheiten: die Einheit der Szene als Auftritt. Dass die Szene durch Auf- und Abtritt der Personen – mindestens aber eines davon – bestimmt ist, gibt ihr im klassizistischen wie im Diderot'schen Theater die Möglichkeit, Zelle des Theater- und Bühnengeschehens im Guckkasten zu sein. Die erste Szene des *Danton* führt das Gegenteil vor: Auf die Anfangsepisode, die aus einem Kartenspiel und seiner Beobachtung besteht, folgt der Auftritt Camille Desmoulins' und Philippeaus, die, von draußen hereinkommend, berichten, was in der Stadt vor sich geht. Die letzte Episode der Szene setzt damit ein, dass Danton mit einer Sentenz, die er »im Hinausgehen« (I/1, MBA 3.2, 7; DKV I, 16) spricht, abgeht. Die Hinzugekommenen bleiben für je eine Replik zurück, so dass der Abtritt der Hauptperson die Szene nicht beendet, sondern sich auf ihr ereignen kann. Die Bühne von *Danton's Tod* fällt also ihrer dramatischen Funktion nach nicht mit dem Guckkasten zusammen, der durch seinen Rahmen eine innere Spielfläche von der Welt draußen trennt. Drinnen und draußen sind im *Danton* relativ.

Statt Konventionen der dramatischen Gattungen und Bühne vorauszusetzen, beginnt und endet Büchner das Drama mit Episoden, die den Charakter des Theatralen und die Bühne als seinen Ort in scharf unterschiedlicher Weise zum Thema machen. Es beginnt in der ersten Episode von I/1 mit der doppelten Absorption eines Spiels und seiner Beobachtung (DKV I, Kommentar zu 13,5; vgl. Schneider 2006, 146): »Hérault-Séchelles, einige Damen (am Spieltisch) Danton, Julie. (etwas weiter weg, Danton auf einem Schemel zu den Füßen von Julie)«. (I/1, MBA 3.2, 4; DKV I, 13) So bürgerlich das Ehepaar – Danton zu Füßen seiner Frau – anmutet, so klar deutet der Spieltisch auf ein aristokratisches Ambiente. Unterhaltung durch das Glücksspiel verweist, wie viele Stiche und Schilderungen der Zeit zeigen, auf den *ennui* des Aristokraten, der von Arbeit im Sinne des dritten und vierten Standes befreit ist. Mit der Verschränkung von bürgerlichem Blick und aristokratischem Habitus ist sofort das Milieu der Dantonisten vorgeführt, wie es die Kritik der Robespierre-Partei brandmarkt und Camille Desmoulins es seiner Götterdemokratie zu Grunde legt (vgl. Grimm 1982). Das Spiel bringt aber auch die moderne Begründungsfigur des Ästhetischen auf die Bühne. »Der Mensch ist nur ganz Mensch, wo er spielt«, hatte Schiller in den *Briefen zur ästhetischen Erziehung der Menschheit* formuliert. Büchner aktiviert das Theoriemodell der neuen, ihm über die Rezeption der Romantiker vertrauten Ästhetik (auch die romantische Komödie *Leonce und Lena* beginnt mit einem Spiel, das Valerio mit sich selbst spielt) in eigener und wörtlich genommener Weise. Aus dem Spiel und seiner Beobachtung entfaltet sich nämlich, was man den sich selbst inszenierenden, seinen eigenen Rahmen erfindenden Dialog auf der Bühne nennen kann. In der wie in der Schnittfolge einer Filmerzählung hin und her springenden Fokussierung des Dramas zwischen dem sprechenden und dem spielenden Paar beziehen sich die Redenden auf das Spiel und finden in dessen regelhaften Zügen das Vorbild für den Rhythmus ihrer Kommunikation, während die Spielenden sich umgekehrt durch die *ars amatoria* ihrer Reden aus dem Spiel, in das sie vertieft waren, zu lösen beginnen. Aus der Beobachtung und

Selbstbeobachtung von Spiel und Falschspiel entwickelt sich die Bestimmung des Bühnendialogs und
der Kommunikation als eines sich selbst einspielenden Spiels jenseits von Wahrheit und Lüge. In der
kleinen Distanz zwischen der Regel des Spiels und
der Freiheit seiner Beobachtung spielt sich diejenige Oszillation zwischen Regel und Freiheit ein, die
den Dialog auf der Bühne, das Grundelement des
modernen Sprechdramas, ausmacht. Weitergehend
kann man sagen, dass die Etablierung eines Dialogs
als Spiel und die Einrichtung einer Bühne und ihres
Rahmen sich gegenseitig bedingen (vgl. Campe
2004b): Jedes Spiel setzt die Abtrennung eines Raumes, in dem seine Regeln gelten, von der umgebenden Welt voraus, in der es sie nicht gibt. Aber nur
wer Abstand genug vom Spiel und seinen Regeln hat,
diese Trennung mitzusehen, spielt; sonst wäre ihm
sein Spiel Ernst.

Das Ende des Dramas setzt der Selbstschöpfung
des Bühnendialogs aus dem Spiel eine andere Begründung von Theatralität entgegen. Nach der Hinrichtung Dantons und seiner Anhänger ist Lucile,
die Frau Camille Desmoulins', wahnsinnig geworden
(Luciles Wahnsinn ist Büchners Erfindung). Auf der
Bühne sieht man zwei Henker am Fallbeil beschäftigt. Lucile tritt auf und singt das Lied vom Schnitter
Tod. Eine minimale Einheit aus Auf- und Abtritt
schließt Szene und Drama: »Eine Patrouille tritt auf.
/ Ein Bürger. He werda? / Lucile. Es lebe der König! /
Bürger. Im Namen der Republik. / (sie wird von der
Wache umringt und weggeführt.)« (IV/9, MBA 3.2,
81; DKV I, 90) Dieser Wortwechsel ist das Gegenstück zur Selbsterfindung von dramatischem Dialog
und alltäglicher Kommunikation. Lakonisch sticht
er ab gegen die autopoetische Redseligkeit des Anfangs. Weder Regel eines Spiels noch Beobachtung,
vollzieht sich hier ein durch und durch auf Vorschrift
beruhender Austausch von Worten. Es sind Worte,
die durch ihren Bezug zur Institution des Staates einen Signalwert haben, indem sie einem vorgegebenen Protokoll folgen. Auf die Frage »werda« antwortet das Subjekt des Staates mit dem Ausweis seiner
Identität oder der vereinbarten Parole, die anzeigt,
dass es Teil der Bevölkerung ist. Lucile antwortet in
der Tat mit einer Parole, der Huldigung an den König. Damit begeht sie (wie sonst nur Kleists Penthesilea) einen Selbstmord im Akt ihres Sprechens, so
wie Julie, Dantons Frau, sich vorher mit Gift getötet
hat. Denn ihre Parole ist die falsche. »Im Namen der
Republik« antwortet einerseits mit der Gegenparole
des neuen Staates, zugleich ist die Formel aber auch
die Ellipse eines Urteils: ›Im Namen der Republik‹

verhaften die Bürger Lucile. Wie der letzte Auftritt
eine polizeiliche Drohung darstellt, so vollzieht der
letzte Abtritt eine Handlung des Staates: Lucile wird
»weggeführt«.

Büchners Drama beginnt mit dem Sicheinspielen
von Dialog und Kommunikation und endet in der
Befolgung eines ihnen vorausliegenden Protokolls.
Es sind zwei extreme Formen der Begründung des
Sprechens auf der Bühne: eine sich selbst hervorbringende und eine, die auf eine Setzung zurück-
weist; Form als Stabilisierung eines oszillierenden
Prozesses und Form als Vollzug eines vorgeschriebenen Protokolls. In diesen beiden Formen von Form
weist das Drama zunächst zurück auf die inhaltliche
Konfrontation der politischen Positionen und ihrer
Vertreter. Die Selbstproduktion des Gesprächs im
Spiel findet im bürgerlich-aristokratischen Milieu
der Dantonisten statt. Lucile und der Bürger sprechen die Sprache der staatlichen Institution und des
Gesetzes, auf die Robespierre und St. Just sich mit
ihrer Politik der Terreur stützen. Wichtiger ist aber
noch, dass die erste und die letzte Manifestation der
polaren Positionen eben nicht den Männern und ihren Programmen überlassen sind, sondern zwischen
Frauen und Männern, als Spiel der Erotik und als
Beweis der Liebe, zur Sprache kommen (vgl. Grimm
1982; Schmidt 1990).

Sprechen und Handeln auf der Bühne: das Element des Dramas

Die Sprache, die die Revolutionäre sowie ihre Frauen
und die die Bürger in den Volksszenen zwischen
dem Anfang des Spiels und dem Ende der Parolen
sprechen, liegt zwischen der Autopoiese der Kommunikation und dem nachgesprochenen Text des
vorgeschriebenen Protokolls. Dem Gehalt des Dramas und seinem Verfahren nach steht im Mittelpunkt, wie Sprechen Handeln wird. Es geht um die
Frage der Subjekte und der Institutionen der politischen Ereignisse und um die Politik der Verantwortung und Zurechenbarkeit für das, was mit Worten
getan wird.

Rhetorik und Zitat: Von Rhetorik ist in *Danton's
Tod* in zwei Bedeutungen zu sprechen. Die Revolutionäre, von denen viele aus juristischen, administra-
tiven und theologischen Berufen kamen, beherrschten die Rhetorik des französischen *Age classique*. Eines der literarischen Vorbilder, das Büchner benutzt
hat, Nodiers Drama *Le dernier banquet des Girondins*, hat als Anhang eine kritische Geschichte der
Rhetorik der Revolutionäre, nach Parteien und Sti-

len unterschieden (vgl. Nodier 1998, 227–342). Büchner, der auf dem Gymnasium einen traditionellen altsprachlichen Unterricht erhalten hatte (vgl. Schaub 1975), war fraglos in der Lage, Expertisen über die Reden der Revolution im rhetorisch-technischen Detail zu würdigen. Aber von einer Rhetorik der Revolution ist auch in einem anderen Sinn zu sprechen. Dabei geht es um die Überschreitung dieser klassischen Rhetorik: einerseits um das bewusste Zitat der römischen und griechischen Formen des Republikanismus und ihrer Rhetorik, wie es von Heines *Französischen Zuständen* bis zu Marx' *Der Achtzehnte Brumaire des Louis Bonaparte* analysiert worden ist, und andererseits um eine neue Rhetorik, die, statt innerhalb der herkömmlichen Institutionen des Staates zu wirken, die Instituierung des Staates im Namen des Volkes selbst zu vollziehen beansprucht.

Zum ersten Mal in der Geschichte des Dramas nutzt Büchner nicht nur rhetorische Formen für die Sprachgebung, sondern stellt die rhetorische Formung in ihren institutionellen Rahmen auf der Bühne aus: Jeder der vier Akte von *Danton's Tod* zeigt auf der Bühne nochmals eine Bühne rhetorischer Rede, eine Institution, in der Worte zu Handlungen werden: Im ersten Akt (I/3) hört man Legendre und Robespierre im Jakobinerclub; im zweiten Akt (II/7) Legendre, Robespierre und diesmal auch St. Just im Nationalkonvent. Das sind die Bühnen der politischen Rhetorik und der Fraktion Robespierres. Im dritten Akt ist die Institution der öffentlichen Rede das Revolutionstribunal, das als Gericht tagt (III/4 und III/9); und der vierte Akt läuft auf die letzten Worten zu, die vom Podest der Guillotine an die Zuschauer gerichtet werden (IV/7). Es sind Bühnen einer Rhetorik des Rechts und der Gerechtigkeit (vgl. Müller 1994, 171), auf ihr sind Danton und seine Anhänger die Redner. Von diesen vier Bühnen auf der Bühne aus (vgl. Campe 2004a; Schneider 2006, 137) ergibt sich die in sich gespiegelte Form eines zweiteiligen Aufbaus des Stücks: Von der dantonistischen Form der sich selbst einspielenden Kommunikation ausgehend (I/1), hören die beiden ersten Akte in ihrem Zentrum auf die Rhetorik der Politik, d.h. der Fraktion Robespierres. Die beiden letzten Akte, die mit den Parolen der von Robespierre vertretenen Gewalt der staatlichen Institution enden (IV/9), stellen die Rhetorik des Rechts, d.h. der Dantonisten, in den Mittelpunkt.

Eine innere Formgebung des Dramas, das keiner Gattungskonvention folgt, zeichnet sich ab: Die Orte der politischen und der rechtlichen Rhetorik, in die

es sich gliedert, sind Brennpunkte der Aktualisierung der Großen Revolution in Büchners Drama. In den Reden an diesen Orten folgt es am auffälligsten dem Wortlaut der historischen Darstellungen; sie markieren am deutlichsten den Lauf der Geschichte. Bühnen der Aktualisierung der Revolution sind sie aber nur, weil die Szenen, aus denen sie sich herausheben, sie wie ihr Medium umgeben. Wenn auf den vier Podien der historischen Aktualisierung Reden und Handeln in Szene gesetzt sind, dann zeigen die umgebenden Szenen die vorbereitende Inszenierung und die Verarbeitung der Wirkungen. Zum Beispiel: In der ersten großen Volksszene vor Robespierres Rede im Jakobinerclub sieht man ihn auf dem Weg zu seinem Auftritt (I/2); in der auf den Auftritt im Club folgenden Szene sieht man den anderen Redner, Legendre, von Lacroix, der ihn gehört hat, auf der Straße über die Wirkung seiner Worte zur Rede gestellt (I/4). In dieser, einer Filmerzählung ähnelnden, Abfolge von Straße, Club, und wieder Straße ist der narrative Fortlauf des Geschehens verbunden mit einer Relativierung des Unterschieds von Innen- und Außenraum, die beide auf der Bühne dargestellt werden. Mit dieser das Geschehen und seine Bühne betreffenden Abschattung der dramatischen Aktualität sind sprachliche Abschattungen verbunden. Lacroix diskutiert die Wirkung einer ironischen Äußerung Legendres als den Vollzug einer Tat (»Was hast du gemacht Legendre, weißt du auch, wem du mit deinen Büsten [damit zitiert Lacroix die Äußerung Legendres, RC] den Kopf herunter wirfst?« I/4, MBA 3.2, 17; DKV I, 25). In der der Club-Szene vorangehenden Volksszene wird die jakobinische, die römisch-republikanische Rhetorik zitierende Rhetorik Robespierres in parodierten und ernsten Proben vorweggenommen. Wenn Simon, der Bürger Souffleur, Namen aus der römischen Geschichte für seine sich prostituierende Tochter sucht (»[…] nur noch ein Name! oh der erstickt mich! Ich habe keinen Athem dafür.« I/2, MBA 3.2, 9; DKV I, 17), mehr oder minder fünfhebige Jamben und ein halbrichtiges Hamlet-Zitat zitiert, dann werden Elemente der Rhetorik und des Inszenierten auch von Robespierres Sprache vorgeführt. In der Tat kommt nun Robespierre auf dem Weg zu seiner Rede vorbei und improvisiert aus gegebenem Anlass eine Ansprache auf der Straße, die seine Rede im Club vorwegnimmt. Das Volk der Büchner'schen Volksszene ist das sprachliche und politische Medium, vor dem die auskristallisierte Form revolutionärer Rhetorik und Politik einerseits ihre historische Würde, die Wirksamkeit historischen Handelns, erhält und andererseits zum shakespearisierenden *pun*, zum Wortwitz, wird. Beides gehört im Zitatcharakter zusammen. Nur die Rede, deren Vokabular und Tonfall zitierbar, und das heißt schon im Voraus nachzuahmen und einzuüben ist, ist eine historische Rede. Was historisch wirksam sein kann, ist darum auch Gegenstand des *pun*. In dieser Doppelhinsicht des Zitierbaren und der Anspielung berühren sich das Historische und die obszön-blasphemischen Witze.

Ohne eine sie sozial zusammenfassende Identität auszubilden, ist das Volk in Büchners Volksszenen sprachlich und politisch Bezugspunkt und Gradmesser der Versuche, in seinem Namen zu sprechen und dadurch Sprache zu Handeln werden zu lassen (vgl. Lukács 1937, 207 f.). Das zeigt beispielhaft I/2, wenn Robespierre auf dem Weg zum Club rasch eine Rede im Stil der dort zu haltenden improvisiert. Noch bevor er das Volk ansprechen kann, um für es zu sprechen, sieht er sich beim Versuch, Ordnung auf der Straße herzustellen, in eine ernsthafte und parodistische Debatte über das Gesetz verstrickt, die auf den Wortlaut am Ende des Dramas vorgreift (»Robespierre. Im Namen des Gesetzes. / 1. Bürger. Was ist das Gesetz? / Robespierre. Der Wille des Volks. / 1. Bürger. Wir sind das Volk und wir wollen, daß kein Gesetz sey.« I/2, MBA 3.2, 12; DKV I, 20). In der Konsequenz des 1. Bürgers treffen die Worte Robespierres, der Heine folgend Rousseau im Munde führt, auf ihre absolute Begründung im Willen des Volkes, zerfallen darin aber auch wie von selbst. »Wir sind das Volk« lautet der paradoxe Versuch, die Worte, die Führer im Namen der *volonté générale* sprechen, sich als 1. Bürger – wieder – zu eigen zu machen. Diese Episode weist auf Robespierres Clubrede in ihrer geschichtemachenden Kraft und ihrer rhetorischen Wiederholbarkeit voraus. Diese beginnt, wo die Rede auf der Straße Wirkung zeigte und scheiterte: in der Selbstermächtigung der revolutionären Rhetorik als Rede im Namen des Volkes (»Robespierre. Wir warteten nur auf den Schrei des Unwillens, der von allen Seiten ertönt, um zu sprechen.« I/3, MBA 3.2, 14; DKV I, 22).

Die aktualisierten Reden aus der Geschichte der Revolution heben sich aus dem Medium ihrer rhetorischen und strategischen Inszenierungen heraus. In den beiden letzten Akten tritt an die Stelle der Mediatisierung der politischen Rede im Namen des Volkes die Mediatisierung der juristischen Rede im eigenen Namen an das Volk. Parodistisch ist in diesem Fall schon der Einsatz von Dantons ernsthafter Verteidigung vor dem Revolutionstribunal, weil der Leser oder Zuschauer von den ersten Akten her seine

Lethargie und Selbstzweifel kennt (vgl. Schneider 2006, 149 f.). Andererseits offenbaren die umgebenden Szenen, dass der Ablauf des Prozesses selbst der Inszenierung unterliegt. Für Dantons Gegner ist es rechtlich und politisch notwendig, ihn auf dem Podium der Rhetorik des Rechts erscheinen zu lassen und dabei gleichzeitig seine Redemöglichkeit zu manipulieren.

Schreien: In den beiden ersten und den beiden letzten Akten kann das Medium der Rhetorik und Inszenierung, das den Hintergrund der ausgeführten Reden und ihrer kristallinen Form und historischen Aktualität bietet, auch als Ebene des eigentlich dramatischen Geschehens verstanden werden. In diesem Geschehen, dem dramatischen Medium für die Aktualität der historischen Zitate, geht es um die Politik ihrer Aktualisierung. Büchner zeigt, wie Reden wirksames und darum zitierbares Handeln auf der Bühne wird. Man kann von einem Drama sprechen, das gleichzeitig die Tragödie und die Komödie des Schauspielers ist (vgl. Menke 2005, 127–133): Die Revolutionäre verhalten sich zur Rhetorik ihrer Reden aus dem vorgeschriebenen Text der Revolutionsgeschichte wie Schauspieler (vgl. Schneider 2006, 135). Ein tragischer und ein komischer Riss trennen ihren Körper und ihren Willen von der Instanz, in deren Namen sie sprechen.

Ein auffallendes Motiv des *Danton* in diesem Zusammenhang ist das Schreien, von dem im Drama immer wieder gesprochen wird und das zumindest einmal auch das Sprechen in ihm charakterisiert (vgl. Campe 2004a, 575–581). Dazu zwei schon angeführte Stellen: Die eine gehört Robespierre und steht am Beginn seiner Rede vor dem Jakobinerclub: »Wir warteten nur auf den Schrei des Unwillens, der von allen Seiten ertönt, um zu sprechen. [...] wir haben das Lärmzeichen nicht gegeben, wir ließen das Volk sich selbst bewachen [...].« (I/3, MBA 3.2, 14; DKV I, 22) Noch die Erklärung, auf das Signal des Volkes gewartet zu haben, ist Selbstermächtigung, im Namen des Volkes das Wort zu nehmen (»Ich verlange das Wort«, hatte Robespierre gesagt). Die andere Stelle findet sich bei Danton. Es ist eine Passage aus der Nachtszene mit ihren Erinnerungen an die Septembermorde: Julie ruft zunächst aus dem anstoßenden Zimmer und fragt, wonach Danton gerufen habe. Danton spricht von Gedanken, die »bey der Geburt gleich schreien, wie die Kinder«. »Schrie's nicht September?« fragt er. Julie spricht von einem Kind, das in der Nähe schreit. Danton wiederholt: »Wie ich an's Fenster kam – durch alle Gassen schrie und zetert es: September!« Zuletzt erzählt er einen

Traum, aus dem er mit einem Schrei erwacht sei, danach habe er am Fenster einen Schrei gehört (II/5, MBA 3.2, 40 f.; DKV I, 48 f.). Robespierre macht sich zum Sprecher der Rousseau'schen *volonté général*, indem er erklärt, auf den – metaphorischen – Schrei des Volkes hin zu reden. Danton spricht von einem wirklichen oder wirklich halluzinierten Schrei, der ein Datum aus dem Kalender der Revolution, den September 1792, nennt, als unter seiner Mitwirkung als Justizminister in den Pariser Gefängnissen Inhaftierte mit der Begründung der Notwehr gegen äußere Bedrohung ermordet wurden. Für sich sprechen, heißt für Büchners Danton, diesem Schrei der Revolutionsgeschichte zu antworten. Antwortet er in der Nachtszene dem Schrei der Ermordeten, so ist später im Prozess seine Verteidigung vor dem Volk aus der Verantwortung vor dem Schrei der Geschichte abgeleitet.

Robespierres und Dantons Stellungen im Drama zeigen sich also auch darin, wie sie auf einen Schrei hin sprechen oder ihm antworten. Beide Schreie sind auf den naturrechtlichen Grundsatz der Selbsterhaltung bzw. Notwehr bezogen (vgl. Vollhardt 1990), der Robespierres rousseauistischer Politik und Dantons hedonistischer Utopie gemeinsam ist. Der Rechtsbegriff durchdringt sich mit der anthropologischen Figur der Infantilität, die Fürsorge und Fürsprache erfordert: Wenn Robespierre sagt, er habe das Lärmzeichen des Volkes abgewartet, um für es das Wort zu ergreifen, liegt der Gedanke an die Mutter nahe, die auf ein Zeichen des Kindes wartet, um das Nötige zu tun. Danton spricht von Gedanken, die ›bei der Geburt gleich schrein, wie die Kinder‹. Damit ist auf eine Ebene angespielt, die in den Volksszenen Bühnenwirklichkeit ist: »Unsere Weiber und Kinder schreien nach Brod, wir wollen sie mit Aristocratenfleisch füttern«, sagt in I/2 (MBA 3.2, 11 f; DKV I, 20) der 1. Bürger, und ein »Weib mit Kindern« ruft in IV/7 vor der Hinrichtung der Dantonisten: »Platz! Platz! Die Kinder schreien, sie haben Hunger. Ich muß sie zusehen machen, daß sie still sind.« (MBA 3.2, 78; DKV I, 87) Diese und ähnliche Stellen markieren den zu Grunde liegenden Komplex aus Not und Infantilität, Selbsterhaltung und elterlicher Fürsprache (zum historischen Paradigma von Schrei und Artikulation vgl. Wilczek 2006). Schreien in diesem Sinne ist denn auch in einem Fall (»Legendre schrie man wolle Chalier's und Marat's Büsten zerschlagen«, MBA 3.2, 22; DKV I, 30) im Text der Buchausgabe als Teil der zu mildernden Obszönitäten und Vulgarismen zu ›rief‹ verändert.

Danton und Robespierre bezeichnen im Sprechen für und in der Antwort auf den Schrei eine neue Art von Rhetorik: nicht mehr die herkömmliche politische oder juridische Rhetorik im Rahmen gegebener Institutionen, sondern eine grundlegende Rhetorik der Institutionalisierung, des Sprechens für andere oder sich selbst. Diese Rhetorik betrifft das Verhältnis zwischen der Rede und ihrer Institutionalität und das Handlung-Werden der Rede im Ansatz. Demgegenüber scheint es zunächst wenig spektakulär, wenn Lacroix Danton auffordert: »Schreie über die Tyrannei der Decemvirn«, und der antwortet: »ich müßte schreien, das ist mir der Mühe zuviel, das Leben ist nicht die Arbeit werth, die man sich macht, es zu erhalten« (II/1, MBA 3.2, 30, 32; DKV I, 38, 40). Schreien meint hier, den ursprünglichen Laut der Infantilität in der Not, die der Instituierung der Sprache vorausgeht, in die Sprache der Institution wieder einzuführen. Im Schauprozess wird Danton dieser Schrei abgezwungen, um ihn dem Volk als infans vorzuführen: Im Wohlfahrtsausschuss entwickelt St. Just die Strategie, Danton durch Manipulation der Prozessordnung zu provozieren. »Sie können nicht schweigen, Danton muß schreien«, kommentiert Barrère (III/6, MBA 3.2, 61; DKV I, 69). Schon vorher hatte man einen Schwerhörigen zum Richter bestimmt: »Danton mag sich den Hals bey ihm rauh schreien.« (III/2, MBA 3.2, 52; DKV I, 61) Andererseits sagt Danton, als wolle er seine gegeninstitutionelle Wahrheit in der Institution nachstellen, wenn der Präsident des Tribunals ihn mit der Glocke unterbrechen will: »Die Stimme eines Menschen, welcher seine Ehre und sein Leben vertheidigt, muß deine Schelle überschreien.« (III/4, MBA 3.2, 55; DKV I, 64) Herkömmlich gerichtliche Rhetorik gewinnt ihre Wirkung aus der Anpassung an die institutionellen Regeln. Der Schrei steht der Institution fassungslos gegenüber. Dantons Schreien vor dem Tribunal ist nun ein Reden, das innerhalb der Institution und ihres Rahmens außerhalb der Regeln agiert. Es ist der unmögliche Versuch, in eigener und fremdbestimmter Manipulation der Formen innerhalb der Institution eine vorinstitutionelle Sprache zu führen; vor Gericht für sich zu sprechen.

Die Befragung des Verhältnisses der Rede zum institutionellen Rahmen, in dem sie Handeln werden kann, ist auf Dantons und Robespierres politische Positionen rückzubeziehen, aber nicht an ihre Charaktere gebunden. Die Schreie in Dantons Zimmer wandern zwischen innen und außen, Traum und Wachen. Der Schrei verbindet Robespierre und Danton, und er verbindet sie wieder mit den Kindern, von denen die Mütter sagen, dass sie nach Brot schreien, und den Politikern, die die Verfahren manipulieren, so dass Dantons Rede vor dem Volk einem Schreien gleicht. Im Schrei öffnet sich eine vorpersonale Ebene, die das Sprechen der Personen noch im Augenblick ihrer Artikulation und als die Politik ihres Wirksamwerdens durchzieht (vgl. Müller 1994, 178 f.). In diesem Zusammenhang ist an eine Briefstelle Büchners zu erinnern. Im Juni 1833 schreibt er, er habe »aber in *neuerer* Zeit gelernt, daß nur das notwendige Bedürfnis der großen Masse Umänderungen herbeiführen kann, daß alles Bewegen und Schreien der *Einzelnen* vergebliches Torenwerk ist« (an die Familie Juni 1833, DKV II, 369). Der Satz verbindet die Dichotomie der Subjekte – die große Masse vs. die Einzelnen – mit einem in sich zusammenhängenden Äußerungsgeschehen – dem Bedürfnis, das sich in Bewegen und Schreien kundgibt. Die Diagnose, wonach das politische Handeln seinen Subjekten nach zerrissen ist zwischen der Masse und den Einzelnen, geht in dieser Formel zusammen mit der Natur und Recht vereinenden Aktualisierung des Bedürfnisses im Ausdruck. Im Drama sind der Schrei und die Versuche, in seinem Namen zu sprechen oder auf ihn zu antworten, die Momente, die am Bedürfnis (der großen Masse) und am Bewegen und Schreien (der Einzelnen) teilhaben. Die Einheit der Aktualisierung des Bedürfnisses im Schrei ist aber unwiderruflich zerrissen zwischen der Masse und den Einzelnen; Schreien gehört keiner Person und keinen Personen auf der Bühne. Indem so die Aktualisierung des Bedürfnisses im Ausdruck in die Teilstücke ihres Konstruktionsprinzips zerlegt wird, entsteht die strikt vorpersonale – und darum im Sinne der Klassik gegendramatische – Dramatik und Politik von *Danton's Tod*. Die Ausnahme im Drama ist Marion (I/5); in ihren Worten, die vom Sex als einem Heine'schen und Saint-Simonistischen Spinozismus sprechen, gibt es weder die Frage der Beziehung zwischen Bedürfnis und Ausdruck, noch eine Spaltung der Subjektinstanz. Darum bleibt Marion aber außerhalb von Geschichte und Handlung (vgl. Weineck 2000, 354), vielleicht sogar, als Gegenfigur zum Spinozisten auf der Seite Robespierres, zu St. Just, außerhalb des Status einer dramatischen Person (vgl. Müller 1994, 176).

Den einzigen Schrei, der auf der Bühne zu hören ist, führt in der vorletzten Szene die wahnsinnige Lucile aus: »ich will mich auf den Boden setzen und schreien, daß erschrocken Alles stehn bleibt […].« Weiter heißt es: »(sie setzt sich nieder, verhüllt sich die Augen und stößt einen Schrei aus. Nach einer Pause erhebt sie sich.) Das hilft nichts […].« (IV/8, MBA 3.2, 80; DKV I, 88 f.) Dagegen bewirkt am Ende ihr Ruf »Es lebe der König!« zwar nicht, dass alles stehen bleibt, wohl aber eine Katastrophe nach den Regeln der Welt. Was Lucile vom Schrei erwartete, geschieht an seiner Stelle durch ein Wort, das nach den Regeln zitierfähiger Sprache gesprochen ist und wie von selbst Handlung wird. Man kann das mit Paul Celan, und in sprechakttheoretischer und dramengeschichtlicher Begründung (vgl. Campe 2004a, 579–581; Schneider 2006, 152–156), das Gegenwort nennen.

Literatur

Bormann, Alexander von: *Dantons Tod*. Zur Problematik der Trauerspiel-Form. In: Burghard Dedner/Günter Oesterle (Hg.): Zweites internationales Georg Büchner-Symposium 1987. Frankfurt a. M. 1990, 113–131.

Buckley, Matthew S.: Tragedy Walks the Streets. The French Revolution in the Making of Modern Drama. Baltimore 2006.

Campe, Rüdiger: ›Es lebe der König!‹ – ›Im Namen der Republik‹. Poetik des Sprechakts. In: Jürgen Fohrmann (Hg.): Rhetorik. Figuration und Performanz. Stuttgart/Weimar 2004a, 557–581.

– : Schau und Spiel. Einige Voraussetzungen des ästhetischen Spiels um 1800. In: Figurationen 5, 1 (2004b), 47–63.

Dedner, Burghard: Georg Büchner: ›Dantons Tod.‹ Zur Rekonstruktion der Entstehung an Hand der Quellenverarbeitung. In: GBJb 6 (1986/87) 1990, 106–131.

– : Verführungsdialog und Tyrannentragödie. Tieckspuren in »Dantons Tod«. In: Ders./Ulla Hofstaetter (Hg.): Romantik im Vormärz. Marburg 1992, 31–89.

– : Quellendokumentation und Kommentar zu Büchners Geschichtsdrama *Dantons Tod*. In: editio 7 (1993), 194–210.

Fuhrmann, Helmut: Goethe ›Egmont‹ und Büchners ›Dantons Tod‹: offenbare Gegensätze und geheime Verwandtschaften. In: Ders.: Sechs Studien zur Goethe-Rezeption. Würzburg 2002, 9–35.

Gille, Klaus F.: Büchners *Danton* als Ideologiekritik und Utopie. In: Henri Poschmann (Hg.): Wege zu Georg Büchner. Internationales Kolloquium der Akademie der Wissenschaften (Berlin-Ost). Berlin 1992, 100–116.

Glebke, Michael: Die Philosophie Georg Büchners. Marburg 1995.

Grimm, Reinhold: Cœur und Carreau. Über die Liebe bei Georg Büchner. In: Heinz Ludwig Arnold (Hg.): Georg Büchner I/II. Sonderband Text + Kritik. München ²1982, 299–326.

Gutzkow, Karl: Ein Kind der neuen Zeit, Frankfurter Telegraph, NF, 42, Juni 1837, Reprint in: GW IX: Nachrufe auf Georg Büchner.

Hauschild, Jan-Christoph: Neudatierung und Neubewertung von Georg Büchners ›Fatalismusbrief‹. In: ZfdPh 108 (1989), 511–529.

– : ›Danton's Tod.‹ Zur Werkgenese von Büchners Revolutionsdrama. In: Grabbe Jahrbuch 11 (1992), 90–135.

– : Georg Büchner. Biographie. Stuttgart/Weimar 1993.

Heine, Heinrich: Historisch-kritische Gesamtausgabe der Werke. 16 Bde. Hg. von Manfred Windfuhr. Hamburg 1973–1994.

Holmes, Terence M.: The Rehearsal of Revolution. Georg Büchner's Politics and his Drama *Dantons Tod*. A Reappraisal. Bern 1995.

Jaspers, Anna: Georg Büchners Trauerspiel »Dantons Tod«. Diss. Marburg 1918.

Landau, Paul: Dantons Tod (1909). In: Wolfgang Martens (Hg.): Georg Büchner. Darmstadt 1965, 16–31.

Lehmann, Werner R.: Textkritische Noten. Prolegomena zur Hamburger Büchner Ausgabe. Hamburg 1967.

Lehmann, Werner R.: »Geht einmal euren Phrasen nach …« Revolutionsideologie und Ideologiekritik bei Georg Büchner. Darmstadt 1969.

Lehmann, Hans-Thies: Dramatische Form und Revolution. Überlegungen zur Korrespondenz zweier Theatertexte: Georg Büchners ›Dantons Tod‹ und Heiner Müllers ›Der Auftrag‹. In: Peter von Becker (Hg.): Georg Büchner. Dantons Tod, Die Trauerarbeit im Schönen. Frankfurt a. M. ²1982, 106–121.

Lukács, Georg: Der faschistisch verfälschte und der wirkliche Georg Büchner [1937]. In: Wolfgang Martens (Hg.): Georg Büchner. Darmstadt 1965, 197–224.

Martens, Wolfgang: Ideologie und Verzweiflung. Religiöse Motive in Büchners Revolutionsdrama [1960]. In: Ders. (Hg.): Georg Büchner. Darmstadt 1965, 406–442.

Mayer, Thomas Michael: Bausteine und Marginalien. In: GBJb 1 (1981), 187–223.

– : Büchner und Weidig – Frühkommunismus und revolutionäre Demokratie. In: Heinz Ludwig Arnold (Hg.): Georg Büchner I/II. Sonderband Text + Kritik. München ²1982, 16–298.

– : Georg Büchners Situation im Elternhaus und der Anlaß seiner Flucht aus Darmstadt Anfang März 1835. In: GBJb 9 (1995–99) 2000, 33–92.

Menke, Christoph: Die Gegenwart der Tragödie. Versuch über Urteil und Spiel. Frankfurt a. M. 2005.

Müller, Harro: Theater als Geschichte – Geschichte als Theater. Büchners *Dantons Tod*. In: Ders.: Giftpfeile. Zur Theorie und Literatur der Moderne. Bielefeld 1994, 169–184.

Müller Nielaba, Daniel: Die Nerven lesen. Zur Leit-Funktion von Georg Büchners Schreiben. Würzburg 2001.

Niehoff, Reiner: Die Herrschaft des Textes. Zitattechnik als Sprachkritik in Georg Büchners Drama ›Dantons Tod‹ unter Berücksichtigung der ›Letzten Tage der Menschheit‹ von Karl Kraus. Tübingen 1991.

Nodier, Charles: Le dernier banquet des Girondins; étude historique suivie des Recherches sur l'éloquence révolutionnaire. In: Ders.: Œuvres complètes [1832–1837]. Bd. 7. Reprint Genf 1998.

Schaub, Gerhard: Georg Büchner und die Schulrhetorik. Untersuchungen und Quellen zu seinen Schülerarbeiten. Bern/Frankfurt a. M. 1975.

Schmidt, Henry J.: Frauen, Tod und Revolution in den Schlußszenen von Büchners *Dantons Tod*. In: Burghard Dedner/Günter Oesterle (Hg.): Zweites internationales Georg Büchner Symposium 1987. Frankfurt a. M. 1990, 286–305.

Schneider, Helmut J.: Tragödie und Guillotine. ›Dantons Tod‹: Büchners Schnitt durch den klassischen Bühnen-körper. In: Volker C. Dörr/Ders. (Hg.): Die deutsche Tragödie. Bielefeld 2006, 127–156.

Selge, Martin: Kaltblütig. Jean-Louis David aus der Sicht von Büchners Danton. In: Burghard Dedner/Günter Oesterle (Hg.): Zweites internationales Büchner-Symposium 1987. Frankfurt a. M. 1990, 245–264.

Silvain, Pierre: De l'obscénité dans ›La mort de Danton‹. In: Ders.: Georg Büchner, Roland Barthes. Paris 2008, 55–62.

Szondi, Peter: Versuch über das Tragische. (1964) In: Ders.: Schriften I. Hg. von Wolfgang Fietkau. Frankfurt a. M. 1961, 150–260.

Teraoka, Takanori: Spuren der Götterdemokratie. Georg Büchners Revolutionsdrama *Danton's Tod* im Umfeld von Heines Sensualismus. Bielefeld 2006.

Thieberger, Richard: George Büchner. La mort de Danton. Publiée avec le texte des sources et des corrections manuscrites de l'auteur. Paris 1953.

Thiers, Louis Adolphe: Histoire de la Révolution française (2 Bde 1824; 8 Bde. Paris 1824–1827). Paris 1854.

Viëtor, Karl: Die Tragödie des heldischen Pessimismus. Über Büchners Drama ›Dantons Tod‹ [1934]. In: Wolfgang Martens (Hg.): Georg Büchner. Darmstadt 1965. 98–137.

Vollhardt, Friedrich: Das Problem der ›Selbsterhaltung‹ im literarischen Werk und in den philosophischen Nachlaßschriften Georg Büchners. In: Burghard Dedner/Günter Oesterle (Hg.): Zweites internationales Georg Büchner-Symposium 1987. Frankfurt a. M. 1990, 17–36.

Weineck, Silke-Maria: Sex and History, or Is There an Erotic Utopia in *Danton's Tod*? In: German Quarterly 73 (2000), 351–365.

Wender, Herbert: Georg Büchners Bild der Großen Revolution. Zu den Quellen von ›Danton's Tod‹. Frankfurt 1988.

– : ›Die sociale Revolution ist noch nicht fertig.‹ Beurteilungen des Revolutionsverlaufs in *Dantons Tod*. In: Henri Poschmann (Hg.): Internationales Kolloquium der Akademie der Wissenschaften (Berlin-Ost). Berlin 1992, 117–132.

Werner, Hans-Georg: Büchners aufrührerischer Materialismus. Zur geistigen Struktur von *Dantons Tod*. In: Henri Poschmann (Hg.): Internationales Kolloquium der Akademie der Wissenschaften (Berlin-Ost). Berlin 1992, 85–99.

Wilczek, Markus: Das Artikulierte und das Inartikulierte. Zur Rekonfiguration des Paradigmas der Artikulation um 1800. Diss. Baltimore 2006.

Zeller, Rosmarie: Büchner und das Drama der französischen Romantik. In: GBJb 6 (1986/87) 1990, 73–105.

Rüdiger Campe

Exkurs: Geschichtsdrama

»Ich gebe mir die Ehre Ihnen mit diesen Zeilen ein Manuscript zu überschicken. Es ist ein dramatischer Versuch und behandelt einen Stoff der neueren Geschichte« (DKV II, 391), formulierte Georg Büchner am 21. Februar 1835 gegenüber Johann David Sauerländer im Begleitschreiben zum Manuskript von *Danton's Tod*. Das Stück gilt in der Forschung als historisches Drama oder Geschichtsdrama, doch hat Georg Büchner selbst keines seiner Werke so bezeichnet. *Danton's Tod* trägt im Untertitel die Bezeichnung »Drama« (bzw. in der ersten Buchausgabe »Dramatische Bilder aus der Französischen Revolution«), *Leonce und Lena* »Lustspiel«, und im Fragment »*Woyzeck*« ist keine Gattungsbezeichnung zu finden.

Wenn auch keine Titelsignale vorliegen, so erweist ein Blick auf das Œuvre eine Dominanz geschichtlicher Stoffe. Dies beginnt bei den Schülerreden zum *Helden-Tod der vierhundert Pforzheimer* und über »*Kato von Utika*«, die weitgehend den (rhetorischen) Konventionen folgen und denen selbst in der Themenwahl nur mit Einschränkungen eine individuelle Wahl unterstellt werden kann, was teilweise auch noch für seine Übersetzungen von zwei Geschichtsdramen Victor Hugos (*Lucretia Borgia* und *Maria Tudor*), eine durch Karl Gutzkow vermittelte Auftragsarbeit, gilt. Die frei gewählten literarischen Stoffe sind jedoch ebenso stark ›historisch‹ geprägt. Dies gilt neben *Danton's Tod* für den Plan zu einem *Aretino*-Drama, aber auch für seine übrigen Werke: Das »*Woyzeck*«-Drama basiert ebenso auf einer historischen Person wie die Erzählung »*Lenz*«; und selbst *Leonce und Lena* enthält einige ›historische‹ Anspielungen und Vorbilder. In der politischen Flugschrift *Hessischer Landbote* wimmelt es selbstverständlich von historischen Details. So ließe sich Johann Gottfried Herders Aussage über Shakespeares Werke – wenn auch aus anderen Gründen – vielleicht auch auf diejenigen Büchners übertragen: »Jedes Stück ist History im weitesten Verstande, die sich nun freilich bald in Tragedy, Comedy, usw. mehr oder weniger nuanciert« (Herder 1773/1971, 319).

Selbstbilder, Vorbilder, Fremdbilder

Verlässliche Aussagen Büchners zum Verhältnis von Geschichte und Literatur liegen leider nicht vor, da er zum Beispiel in seinen Briefen aufgrund der polizeilichen Überwachung oder aber auch aus Dezenz-

gründen nicht immer offen sprechen konnte oder wollte. Dies gilt auch für die regelmäßig im Kontext des Geschichtsdramas zitierten Briefe: An die Eltern schrieb er am 5. Mai 1835, dass *Danton's Tod* »wie ein geschichtliches Gemälde [...] seinem Original gleichen muß« (DKV II, 403) und am 28. Juli 1835: »[D]er dramatische Dichter ist in meinen Augen nichts, als ein Geschichtschreiber, steht aber *über* Letzterem dadurch, daß er uns die Geschichte zum zweiten Mal erschafft«; und da es seine Aufgabe sei, so schreibt er, »der Geschichte, wie sie sich wirklich begeben, so nahe als möglich zu kommen«, dürfe sein Werk »weder *sittlicher* noch *unsittlicher* sein, als die *Geschichte selbst*« (ebd., 410). Die Forderung nach höchster Authentizität dient gegenüber seinen Eltern nicht zuletzt dafür als Legitimation, dass er die »weltbekannte, obscöne Sprache der damaligen Zeit«, die »Liederlichkeit« und »Gottlosigkeit« dieser »Banditen der Revolution« habe darstellen müssen – wobei ihm der »Corrector« angeblich zusätzlich »einige Gemeinheiten in den Mund gelegt« habe (ebd., 409 f.).

Bei dieser ›Entschuldigung‹ obszöner Passagen gegenüber seinen Eltern spielt er mit dem ausgeprägten historischen Interesse der ganzen Familie, das auch einen wesentlichen Grund für seine Beschäftigung mit der Französischen Revolution gelegt hatte: Die Hauptquelle, das Periodikum *Unsere Zeit*, war Bestandteil der elterlichen Bibliothek und früherer gemeinsamer geselliger Lektüre (vgl. Hauschild 1993, 431–439). Daher überrascht es wenig, dass innerhalb des – wenn auch wenig umfangreichen – Œuvres ein deutliches Interesse an verbürgten bzw. als verbürgt angesehenen Geschichten aus der – oft auch näheren – Vergangenheit zu finden ist.

Selbst sein Brief an die Braut Wilhelmine Jaeglé, in dem er davon spricht, dass er sich »wie zernichtet unter dem gräßlichen Fatalismus der Geschichte« fühle, da »in der Menschennatur eine entsetzliche Gleichheit, in den menschlichen Verhältnissen eine unabwendbare Gewalt« vorherrsche (DKV II, 377), widerspricht dem nicht, da – anders als dies vor allem in der Germanistik der 1950er Jahre gedeutet wurde – nicht von einer nihilistischen oder absurdistischen Weltsicht die Rede ist, sondern von einer materialistischen. Gleichwohl signalisiert diese Aussage bereits, dass das Gegensatzpaar Freiheit vs. Notwendigkeit, das als dramatisches Movens im idealistischen Drama prägend wirkte, hier keine tragende Rolle mehr spielt. Entsprechend polemisiert er im Brief an die Eltern vom 28. Juli 1835 gegen »die sogenannten Idealdichter«, lobt dann »Goethe und

Shakespeare« und vermerkt eigens, dass er »sehr wenig auf Schiller« hält (ebd.). Hier handelt es sich also
um eine anti-idealistische Selbstpositionierung;
Büchner stellt sich explizit in die Tradition Shakespeares (und des Sturm und Drang), dessen Werke
auch in *Danton's Tod* als Quelle für zahlreiche Passagen gedient hatten. Seine Kenntnis der französischen
pièces historiques mit ihrer Orientierung an Shakespeare und dem deutschen Sturm und Drang ist nur
in wenigen Fällen (Alfred de Musset, ev. Victor
Hugo) philologisch genau nachweisbar, liegt jedoch
nahe; zudem verwendete der Verleger in der ersten
Buchausgabe den auf diese neuere französische Dramatik verweisenden Untertitel »Dramatische Bilder
aus der Französischen Revolution«, dessen »rezepti-
onslenkende Wirkung […] nicht unterschätzt werden« darf und der zumindest dafür sorgte, dass »die
dramatische Form […] kaum kritisiert wurde« (Zeller 1990, 157; vgl. Dedner/Mayer in MBA 3.2, 214 f.).
    Einige andere Vorbilder für *Danton's Tod* sind
deutlicher identifizierbar – so Johann Wolfgang von
Goethes *Egmont*, *Faust II* und *Götz von Berlichingen*
sowie Friedrich Schillers *Wallensteins Lager* und *Die
Räuber* (vgl. ebd., 213 f.) – und deuten bereits auf
zwei Konsequenzen voraus: erstens die Statik oder
Handlungsarmut des Stücks und vor allem zweitens
die (zumindest vorgebliche) Nähe zur Geschichte.
Letzteres hatte die Rezipienten dazu verführt,
Danton's Tod als ein »dramatisiertes Kapitel des
Thiers« aufzufassen, da Büchner, wie Karl Gutzkow
an ihn schrieb, »die Geschichte nicht betrogen« habe
(DKV II, 441). Gertrud Maria Rösch fasst die Lage
der Zeit folgendermaßen zusammen: »Shakespeares
Historien […] galten als die Vorbilder für die ange-
feindeten, weil unklassisch episierenden Geschichtsdramen in Deutschland; [Hermann] Hettner nennt
sie [in seinem Buch *Das moderne Drama* von 1852]
schlicht ›poetisch aufgeputzte Chroniken‹« (Rösch
1998, 383; vgl. auch Zeller 1990). Diese *Histories*
Shakespeare'scher Art stellen – neben der französischen Gegenwartsdramatik – auch für Büchner ein
wesentliches Vorbild dar; seinem Konzept des Geschichtsdramas dürfte es also nicht völlig widersprochen haben, dass sie als ›dramatisierte Chroniken‹
verstanden wurden. Während Friedrich Schiller wie
viele Dramatiker vor und nach ihm die Arbeitsberei-
che des Historikers und des Dichters strikt voneinander abgrenzte und dem Dichter eine sehr weitgehende poetische Freiheit zugestand, tritt Büchner in
seinem Gestus als historischer Dichter geradezu in
Konkurrenz zum Geschichtsschreiber und versucht,
ihn zu überbieten.

    Diese demonstrative ›historische Korrektheit‹ ist
de facto allerdings mehr Schein als Sein, da sich
Büchner sehr weitgehende Freiheiten in der Bearbeitung herausgenommen hat (vgl. Wender 1988;
Dedner/Mayer in MBA 3), die allerdings zunächst
nicht auffielen, da sie mit dem (offenbar in den betreffenden historischen Details meist geringen) Vor-
wissen der Rezipienten nicht kollidierte. Entsprechend ist vor allem *Danton's Tod* aufgrund dieses
Historizitätssurrogats und der scheinbar besonderen Nähe zu den historiographischen Quellen von
der literaturwissenschaftlichen Forschung immer
wieder als Geschichtsdrama oder sogar als dokumentarisches Drama aufgefasst worden: »*Danton's
Tod* bringt nicht nur einen historischen Stoff, sondern die historischen Quellen selbst auf die Bühne«,
schrieb unlängst Nicolas Pethes über Büchners »dokumentarische[ ] Poetik« (Pethes 2006, 518, 521; vgl.
auch Miller 1982, 29–33; dagegen bereits Barton
1987, 24).

Theorie und Praxis des Geschichtsdramas

Die Forschung zum Geschichtsdrama hat sich bis
gegen Ende des 20. Jahrhunderts weitgehend an der
Literatur um 1800 orientiert und in der Regel Johann
Wolfgang von Goethes *Götz von Berlichingen* als
Muster der Gattung deklariert (vgl. auch zum Folgenden die Forschungsüberblicke bei Breuer 2004,
1–88; Niefanger 2005, 7–56). Als wesentliches Kriterium zur Abgrenzung von früheren Dramen mit historischem Stoff diente dort die Durchsetzung des
›Kollektivsingular Geschichte‹ (Reinhart Koselleck),
also die Ablösung frühneuzeitlichen exemplarischen
Erzählens durch die Anerkennung und Darstellung
von Eigengesetzlichkeiten geschichtlicher Prozesse.
So entstanden in der Folge Theorien des Geschichtsdramas, die – aus unterschiedlichsten methodischen
und ideologischen Perspektiven – jeweils eine bestimmte Geschichtsphilosophie der Gattungsbestimmung zugrunde legten. So sah man die Notwendigkeit, Geschichte mal als nationale Sendung, mal
als Weiterwirkendes im Sinne des Klassenkampfs
oder auch als Absurdität gestaltet zu sehen (vgl. die
Sammelbände: Hinck 1981; Neubuhr 1980).
    Diese traditionellere Sicht bietet häufig eine an-
sonsten längst aufgegebene Fixierung am Geschichtsbild und ›Geist‹ des Autors bzw. Werks und
setzt zudem (eher implizit) die Existenz von Protagonisten und Helden ebenso häufig voraus wie eine
abgeschlossene Handlung und einen durchschauba-
ren Sinn der Geschichte. Die traditionelle Theorie

des Geschichtsdramas ist also weitgehend ›blind‹ gegenüber Dramen aus der Frühen Neuzeit, Moderne
und/oder Postmoderne, aber auch bereits gegenüber
Dramen um 1800, die Konsequenzen aus den Wahr-
nehmungs- und Erkenntniskrisen der Zeit zogen,
wie Heinrich von Kleists *Penthesilea* und *Prinz Friedrich von Homburg* oder Friedrich Schillers *Wallenstein* und Büchners *Danton's Tod*, in denen die klassischen Strukturen ihre Relevanz verloren haben und
die Helden untragische Tode sterben. Noch Michael
Voges bemerkte: »Als Geschichtsdrama kann *Dantons Tod* nur in einem spezifisch eingeschränkten
Sinn gelten«, da die »neue, eigenständige Deutung
der Geschichte der Französischen Revolution« die
»Prämisse« des Stücks darstelle, aber nicht direkt
präsentiert werde (Voges 1995, 12). Eine Transzendenz der Historie im Geschichtsdrama zu finden,
galt früher als Zwang der Gattungstheorie. Das Stück
bietet jedoch, wie Dorothee Kimmich anmerkt, »weniger die literarische Darstellung eines historischen
Ereignisses, als vielmehr die Demonstration der Unmöglichkeit, historisches Geschehen als sinnvolles,
motiviertes und verständliches zu repräsentieren«
(Kimmich 2002, 136). Versuche, aus einer dem Stück
zugrunde liegenden Geschichtsphilosophie eine
Gattungszugehörigkeit ableiten zu wollen, wird angesichts dessen zum aussichtslosen Unterfangen.

Die neuere Forschung von Blüher (1987), Breuer
(2004) und Niefanger (2005) hat sich weitgehend
von normativen Gattungsvorstellungen verabschiedet, die letztlich alle dem Vorstellungshorizont des
19. Jahrhunderts stark verhaftet waren, erkauft dies
jedoch mit einer sehr vagen Gattungsbestimmung,
die sich schon bei neueren Versuchen, die historische ›Überliefertheit‹ des dramatisch Dargebotenen
als Gattungskriterium zu nutzen, als unvermeidlich
erwies (vgl. zuletzt mit unterschiedlichen Perspektiven: Düsing 1998; Hinck 1995; Müller-Salget 2000;
Struck 1997).

Eine zentrale Rolle für die Gattungsbestimmung
spielen nun die in ausreichender Zahl, Dichte und
Glaubwürdigkeit – auch paratextuell – identifizierbaren Signale und Markierungen für eine (angebliche oder wirkliche) Historizität, d. h. Faktizität der
im Drama bzw. Stück dargestellten vergangenen Ereignisse (vgl. Breuer 2004, 71–82; Niefanger 2005,
35–40; speziell für Büchner vgl. bereits Zeller 1990,
151 f.). Hierzu zählen innertextlich die Nennungen
von Namen, von denen das Lese- bzw. Theater-Pu-
blikum weiß oder glaubt, dass sie in der Vergangenheit gelebt haben, oder entsprechenden Ereignissen,
die als ›historisch‹ wahrgenommen werden, sowie

außertextlich Gattungssignale und Angaben zum
›geschichtlichen Stoff‹ auf dem Buchtitel (inkl. Co-
vergestaltung), im Personenverzeichnis, auf Thea-
terplakaten und dergleichen.

Dass *Danton's Tod* einen »Stoff der neueren Geschichte« behandelt, war für jeden Zeitgenossen bereits aus Titel (und Untertitel) unschwer zu erkennen; zudem war die Französische Revolution als
Stoff für Dramen bei den Schriftstellern von Anfang
an überaus beliebt. Die Namen allein signalisieren
überdeutlich Historizität und sorgen für eine topo-
graphische und zeitliche Verortung des Geschehens;
entsprechende Zeichen folgen in großer Häufigkeit,
und auch in den Repliken ist von den historischen
Ereignissen und ihrer Einschätzung durchgängig die
Rede. Obwohl traditionell nur *Danton's Tod* als Geschichtsdrama gilt, entsprechen aber mehrere Werke
Büchners diesem Kriterium der hohen Dichte von
Historizitätssignalen.

Burghard Dedner, Arnd Beise u. a. haben in der
Marburger »*Woyzeck*«-Ausgabe darauf hingewiesen,
dass Büchner in diesem Stück »[a]b der Arbeitsstufe
H2 […] einen bestimmten historischen Vorfall,
nämlich die Tötung der Johanna Christiane Woost
durch Johann Christian Woyzeck am 2. Juni 1821 in
Leipzig« darstellte und nicht zuletzt durch die Übernahme des historischen Namens der (informierten)
Leserschaft ein deutliches Signal der ›Historizität‹
des Dargestellten gab (vgl. Dedner in MBA 7.2, 85).
Entsprechendes gelte übrigens auch für die Erzählung »*Lenz*«, die bereits im Titel auf den realen Dichter Jakob Michael Reinhold Lenz verweise, der erst
zu Büchners Zeit wieder langsam in den Blick geriet,
woran auch Büchners Freund August Stöber beteiligt war (vgl. Martin 2002). Historizität im Sinne des
Geschichtsdramas liegt bei »*Woyzeck*« (und analog
bei »*Lenz*«) jedoch nur mit Einschränkungen vor, da
die vorgestellten Ereignisse von nur geringer Reichweite sind: Sie sind, um Niefangers Beschreibungs-
modell zu benutzen, »bloß von temporärer Bedeutung« und nicht »in den historischen Diskurs ›eingeschrieben‹, das heißt strukturell und wertend
eingebunden« (Niefanger 2005, 37 f.).

Historizität im Drama ist damit stets auch abhängig von Produktions- und Rezeptionsbedingungen –
und zwar auch in dem Sinne, dass (1) ›Geschichte‹
diachron ein wandelbarer Begriff ist und synchron
in verschiedenen gesellschaftlichen Gruppen und
Klassen unterschiedlich aufgefasst wird und dass (2)
die Geschichtsdramen selbst auf solche Geschichts-
vorstellungen rezeptiv und produktiv reagieren (vgl.
Breuer 2004, 29–71, 82 f.). Dies betrifft selbst die tat-

sächliche oder vermeintliche ›Historizität‹ der Handlung. Während *Danton's Tod* mal als ›dramatisierter Thiers‹ aufgefasst wird, also eine allzu starke Nähe zu den Quellen Kritik evoziert, entdeckt der Experte durchaus Abweichungen von der historischen Realität, während die Durchschnittsrezipienten weder das Eine noch das Andere wahrgenommen haben dürften. In der wissenschaftlichen Rezeption ist jedoch speziell die vergleichsweise gute Kenntnis von Büchners Quellen durch die Wissenschaft auf die Beurteilung des Stücks zurückgeschlagen, wo daraus eine extreme Faktentreue oder gar ein ›Dokumentarismus‹ unterstellt wurde. Die (tatsächliche oder inszenierte) ›Historizität‹ stellt jedoch ›an sich‹ nicht nur und nicht immer ein Zeichen von Geschichtlichkeit dar, da der Begriff *historia* stets sehr diffus war.

Die Historizität der ›historia‹

Einige Wandlungen und Paradoxien des Geschichtsbegriffs lassen sich wiederum deutlich an den Werken »*Lenz*« und »*Woyzeck*« (und deren Beziehung zu *Danton's Tod*) ablesen, für die zwar in der Forschung ›Historizität‹ veranschlagt wurden, die aber nicht als ›historische‹ Werke gelten. Sie sind (wie Friedrich Schillers ähnlich komplementäre Werke *Verbrecher aus verlorener Ehre* und *Die Räuber*) in der Spätaufklärung mit ihrem anthropologisierenden Rekurs auf die frühneuzeitlichen *histoires tragiques*, Fall- und Mordgeschichten verankert, die erstens lange vor dem bürgerlichen Trauerspiel Tragik jenseits des hohen Personals literarisch etabliert hatten und zweitens dazu u. a. der Suggestion von Authentizität (gegenüber der als lügnerisch angesehenen *fabula*) bedurften. In den 1830er Jahren revitalisierte Büchner diese bereits um 1800 häufig entweder trivialisierte oder ästhetisierte inhaltliche und formale Grundkonstellation. ›Historizität‹ muss hier einerseits noch als rhetorisch-poetisches Signal für das Nicht-Romanhafte, Nicht-Fabulöse gelten, doch wird es andererseits zugleich politisch aufgeladen, indem das Historia-Signal eine ideologiekritische Note erhält. Beide Werke dürfen (auch!) als literarische ›Gegen-Gutachten‹ zu den vorangegangenen ›Erzählungen‹ und ›Fallgeschichten‹ über die Personen Lenz und Woyzeck gelten, was eventuell auch für *Danton's Tod* und seine kriminalpsychologische Dimension gilt (vgl. Dedner 1985, 378–380). Denn nicht nur auf das deviante Individuum, sondern auch auf ›Geschichte‹ hat Büchner einen naturwissenschaftlichen, nicht zuletzt auch medizinischen und psychologischen Blick.

Kompatibel werden (sozialpsychiatrisches) Gutachten und Drama/Novelle auch und vor allem durch die Kategorie der *historia* als *tertium comparationis* für Sachtexte (wie Gutachten) auf der einen Seite und ›unerhörte Begebenheiten‹ und literarisierte Fallgeschichten auf der anderen Seite. Wie der *historia*-Begriff in den früheren Jahrhunderten tendenziell so umfassend verwendet wurde, dass er für naturwissenschaftliche Schriften und Erzählungen, Tatsächliches und Erfundenes benutzt wurde (vgl. Knape 1984), so ließe sich nun »*Lenz*« als historische Erzählung und »*Woyzeck*« als historisches Drama bezeichnen – ›historisch‹ allerdings nur im älteren Begriffszusammenhang als Gegenbegriff zur *fabula*.

Büchner steht hier noch mitten im Ausdifferenzierungsprozess der Wissenssysteme um 1800, aus denen sich nicht nur die Neuordnung der Wissenssysteme und akademischen Fakultäten ableitet, sondern auch eine der Textsorten und -gattungen (einschließlich der heute bekannten Trennung von Belletristik/Literatur und Sachbuch). Einerseits rekurriert Büchner noch auf die frühere, aber noch nicht völlig vergessene Verwandtschaft oder gar Untrennbarkeit der Systeme, wie sie sich im älteren *historia*-Begriff manifestiert, andererseits setzt er deren strikte Trennung voraus, aus der heraus sich die polemische Stoßkraft seines Umgangs mit Geschichte erst entfaltet. Dies geschieht nicht zuletzt dadurch, dass Büchner in den Werken, vor allem in *Danton's Tod*, die Bedingungen der Literarität und Historizität im Werk selbst reflektiert.

Text, Metatext, Metahistorie

Die frühere Forschung, die auf die Darstellung einer *per se* als authentisch empfundenen Geschichte, also letztlich auf eine Art naiven Abbildrealismus abzielte, hatte etwas übersehen, das in der neueren Forschung häufig als Signum speziell der Gattungsentwicklung in der Postmoderne eingeschätzt worden war: die metatextuelle oder metatheatralische Dimension, also die Reflexion über die Bedingungen der Literarität und Medialität, Theatralität und Performativität der eigenen Darstellung (vgl. Nünning 1995, Kap. 4).

Im vorliegenden Fall liegt es nahe, hier zusätzlich auch von Metahistorizität zu sprechen, denn *Danton's Tod* präsentiert nicht nur wahrscheinliche oder tatsächlich geschehene ›Historie‹, sondern stellt auch eine kritische Auseinandersetzung mit der zeitgenössischen Historiographie zur Französischen Revolution – vor allem zur Darstellung in Adolphe Louis Thiers' *Geschichte der französischen Revolution*

– und ebenso eine kritische Abrechnung mit sonstigen geläufigen problematischen Geschichtsbildern – gerade auch solchen von aus diesem Grund scheiternden Revolutionären – dar. Im berühmten Fatalismusbrief an die Braut Wilhelmine Jaeglé schrieb Georg Büchner:

Ich finde in der Menschennatur eine entsetzliche Gleichheit, in den menschlichen Verhältnissen eine unabwendbare Gewalt, Allen und Keinem verliehen. Der Einzelne nur Schaum auf der Welle, die Größe ein bloßer Zufall, die Herrschaft des Genies ein Puppenspiel, ein lächerliches Ringen gegen ein ehernes Gesetz [...]. Es fällt mir nicht mehr ein, vor den Paradegäulen und Eckstehern der Geschichte mich zu bücken. (DKV II, 377)

Im Zeichen einer materialistisch orientierten Geschichtsphilosophie setzt er sich damit kategorisch von seinen Schülerschriften von 1829/30 ab, denn diese bieten ein Loblied von Helden, »die wie Meteore in der Geschichte aus dem Dunkel des menschlichen Elends und Verderbens hervorstrahlen«, und Taten, die »mit unauslöschlichen Zügen in den Büchern der Weltgeschichte« prangen, wie es in »Helden-Tod der vierhundert Pforzheimer« heißt (DKV II, 19, 26). Aus dem Loblied des Schülers Büchner für »Kato von Utika« wird Dantons Ekel vor den »gespreizte[n] Katonen« (DKV I, 16; MBA 3.2, 7); Helden mit »unauslöschlichen Zügen« sind innerhalb weniger Jahre zu »Paradegäule[n]« geworden, Identifikationsfiguren zu medialen Artefakten.

Spott erntet auch der Souffleur Simon in Szene I/2, wenn er seine Tochter ermorden will, weil sie sich prostituiert: Er verwechselt Lucrecia mit Virginia, fordert ein ›profanes‹ Messer statt des üblichen Dolches und bietet eine absurde Mischung von Klassikerzitaten, die in Ernst umkippt, als der Grund für die Prostitution, ihr Hunger, deutlich wird und sich die Waffen plötzlich gegen die Reichen richten. Die Fortschreibung des Virginia-Stoffs in Lessings *Emilia Galotti* und dessen Gegenstück, Friedrich Schillers *Kabale und Liebe*, bilden zwei der zahlreichen Bezugspunkte für Büchners ideologie- und sozialkritische Gegenlektüre des – beispielsweise bürgerlichen und politischen – Trauerspiels, bieten also zugleich den Anlass für eine politische und ästhetische Positionierung in der Geschichte des Dramas und speziell des Geschichtsdramas (vgl. Breuer 2002).

Bereits in den ersten Repliken von Goethes *Götz von Berlichingen* (»Erzähl das noch einmal vom Berlichingen!« und »Die Bamberger dort ärgern sich, sie möchten schwarz werden«), doch auch im weiteren Verlauf erweist sich das Drama »als vielfach gebrochenes und perspektiviertes Überlieferungsprodukt«

(Niefanger 2005, 382). Der Widerspruch zwischen behaupteter Authentizität und den zahlreichen ›Geschichtsfälschungen‹ Goethes ist einerseits dem propagandistischen Effekt des Götz-Mythos geschuldet, andererseits ein Reflex auf eine verbreitete Fiktions-, Imaginations- und Medienskepsis, die sich noch in Goethes später *Novelle*, aber auch romantischen Erzählungen wie E.T.A. Hoffmanns *Der Sandmann* finden lässt. Schillers *Wallenstein* als ein Vorbild für *Danton's Tod* bietet eine vergleichbare Stoßrichtung: Die Helden verlieren ihr Pathos, ihre Authentizität und ihren Heroismus (vgl. Port 2003; Schonlau 2008); sie verfallen der Macht äußerer und innerer (Trug-)Bilder, das ›Theater der Macht‹ degeneriert zu einer Macht des Theaters (vgl. Breuer 2002, 2006) – und dies führt bei Büchner wie auch in der Moderne zu künstlerischen Konsequenzen.

Eigen- und Fremdbilder, Sein und Schein treten in *Danton's Tod* auseinander, so dass das Stück – wie auch viele spätere Revolutionsdramen – zumindest streckenweise zu einem Spiel im Spiel mutiert und damit eine metatextuelle Ebene erhält, auf der über das Stück selbst reflektiert wird (vgl. Dedner 2003; Grimm 1970; Leiteritz 1994). Geschichte erscheint nicht (mehr nur) als performativer Nachvollzug ausgewählter historischer Ereignisse und Vorgänge im Sinne eines naiven Abbildrealismus, sondern (zumindest auch) als medial produziertes Wissen, dessen prekäre Voraussetzungen Bestandteile der Darstellung werden. *Danton's Tod* gerät so zu einer »Kontrafaktur« und »kritische[n] Vertextung bürgerlicher Historiographie« (Knapp 2000, 99), zu einer »Auseinandersetzung mit Geschichte« (Kimmich 2002, 151) und speziell mit den Möglichkeiten, sich literarisch ›Geschichte‹ anzuverwandeln. Die Maskerade jedenfalls, der Büchners größte Skepsis gilt, betrifft nämlich nicht nur die sich selbst inszenierenden und betrügenden Revolutionäre, sondern auch eine idealistische Ästhetik, die Büchner durch eine neue Geschichtsdramatik ersetzen will, die aber gleichwohl die Oberhand behält (vgl. Zeller 1990, 172). Ob man dies im Sinne der Intertextualitätstheorie oder Montagetechnik beschreibt (vgl. Dissel 2005; Niehoff 1991; Pethes 2006), ändert nichts am Befund, dass Büchner eine Darstellung des Darstellens (*representation of representations*) vorführt, die weder die geschichtlichen Personen noch die Überlieferung dieser Personen als historische Figuren in der narrativen Historiographie und in der Geschichtsdramatik unberührt lässt, da eben nicht nur Evidenz hergestellt wird, sondern auch deren Mechanismen parodistisch offen gelegt werden.

Literatur

Barton, Brian: Das Dokumentartheater. Stuttgart 1987.

Blüher, Karl Alfred: Das französische Geschichtsdrama nach 1945. Zur semiotischen Bestimmung theatralischer Historizität. In: Literaturwissenschaftliches Jahrbuch i. A. der Görres-Gesellschaft N.F. 28 (1987), 167–193.

Breuer, Ingo: Die Theatralität der Geschichte in Georg Büchners ›Danton's Tod‹. In: Der Deutschunterricht 54 (2002), 5–13.

– : Theatralität und Gedächtnis. Deutschsprachiges Geschichtsdrama seit Brecht. Köln/Wien/Weimar 2004.

– : ›Wie sein Bild in mir gelebt, / So steht er blühend jetzt vor meinen Augen‹? Bildkontrolle als Gedächtnissteuerung in Schillers Geschichtsdrama ›Wallenstein‹. In: Michael Hofmann/Jörn Rüsen/Mirjam Springer (Hg.): Schiller und die Geschichte. München 2006, 209–225.

Dedner, Burghard: Legitimationen des Schreckens in Georg Büchners Revolutionsdrama. In: Jahrbuch der deutschen Schillergesellschaft 29 (1985), 342–380.

Dedner, Ulrike: Deutsche Widerspiele der Französischen Revolution. Reflexionen des Revolutionsmythos im selbstbezüglichen Spiel von Goethe bis Dürrenmatt. Tübingen 2003.

Dissel, Sabine: Das Prinzip des Gegenentwurfs bei Georg Büchner. Von der Quellenmontage zur poetologischen Reflexion. Bielefeld 2005.

Düsing, Wolfgang: Aspekte des Geschichtsdramas. Von Aischylos bis Volker Braun. Tübingen 1998.

Grimm, Reinhold: Spiel und Wirklichkeit in einigen Revolutionsdramen. In: Basis I (1970), 49–93.

Hauschild, Jan-Christoph: Georg Büchner: Biographie. Stuttgart/Weimar 1993.

Herder, Johann Gottfried: Von deutscher Art und Kunst [1773]. In: Heinz Nicolai (Hg.): Sturm und Drang. Dichtungen und theoretische Texte in zwei Bänden. Bd. 1. München 1971, 257–320.

Hinck, Walter (Hg.): Geschichte als Schauspiel. Frankfurt a. M. 1981.

– : Historie und Literatur. Hat Geschichtsdichtung Zukunft? In: Ders.: Geschichtsdichtung. Göttingen 1995, 11–60, 139–147.

Kimmich, Dorothee: Wirklichkeit als Konstruktion: Studien zu Geschichte und Geschichtlichkeit bei Heine, Büchner, Immermann, Stendhal, Keller und Flaubert. München 2002.

Knape, Joachim: ›Historie‹ in Mittelalter und Früher Neuzeit. Begriffs- und gattungsgeschichtliche Untersuchungen im interdisziplinären Kontext. Baden-Baden 1984.

Knapp, Gerhard P.: Georg Büchner. Stuttgart/Weimar ³2000.

Leiteritz, Christiane: Revolution als Schauspiel. Beiträge zur Geschichte einer Metapher innerhalb der europäisch-amerikanischen Literatur des 19. und 20. Jahrhunderts. Berlin/New York 1994.

Martin, Ariane: Die kranke Jugend. J.M.R. Lenz und Goethes Werther in der Rezeption des Sturm und Drang bis zum Naturalismus. Würzburg 2002.

Miller, Nikolaus: Prolegomena zu einer Poetik der Dokumentarliteratur. München 1982.

Müller-Salget, Klaus: Historisches Drama. In: Harald Fricke u. a. (Hg.): Reallexikon der deutschen Literaturwissenschaft. Bd. 2. Berlin/New York 2000, 55–58.

Neubuhr, Elfriede (Hg.): Geschichtsdrama. Darmstadt 1980.

Niefanger, Dirk: Geschichtsdrama der Frühen Neuzeit 1495–1773. Tübingen 2005.

Niehoff, Reiner: Die Herrschaft des Textes. Zitattechnik als Sprachkritik in Georg Büchners Drama ›Danton's Tod‹ unter Berücksichtigung der ›Letzten Tage der Menschheit‹ von Karl Kraus. Tübingen 1991.

Nünning, Ansgar: Von historischer Fiktion zu historischer Metafiktion. Band I: Theorie, Typologie und Poetik des historischen Romans. Trier 1995.

Pethes, Nicolas: ›Das war schon einmal da! wie langweilig!‹ Die Melancholie des Zitierens in Georg Büchners dokumentarischer Poetik. In: ZfdPh 125 (2006), 518–535.

Port, Ulrich: Vom ›erhabnen Drama der Revolution‹ zum ›Selbstgefühl‹ ihrer Opfer. Pathosformeln und Affektdramaturgie in Büchners ›Dantons Tod‹. In: ZfdPh 123 (2004), 206–225.

Rösch, Gertrud Maria: Geschichte und Gesellschaft im Drama. In: Gert Sautermeister/Ulrich Schmid (Hg.): Hansers Sozialgeschichte der deutschen Literatur Bd. 5: Zwischen Revolution und Restauration 1815–1848. München 1998, 378–420, 670–675.

Schonlau, Anja: ›Nimmt einer ein Gefühlchen‹. Die Emotionen der Französischen Revolution in Georg Büchners Metadrama ›Danton's Tod‹. In: GBJb 11 (2005–2008) 2008, 3–24.

Struck, Wolfgang: Konfigurationen der Vergangenheit. Deutsche Geschichtsdramen im Zeitalter der Restauration. Tübingen 1997.

Voges, Michael: »Dantons Tod«. In: Georg Büchner. Interpretationen. Stuttgart 1995, 7–61.

Weiland, Werner: Büchners Spiel mit Goethemustern. Zeitstücke zwischen der Kunstperiode und Brecht. Würzburg 2001.

Wender, Herbert: Georg Büchners Bild der Großen Revolution. Zu den Quellen von ›Danton's Tod‹. Frankfurt a. M. 1988.

Zeller, Rosmarie: ›Dantons Tod‹ und die Poetik des Geschichtsdramas. In: Burghard Dedner/Günter Oesterle (Hg.): Zweites Internationales Georg-Büchner-Symposion. Frankfurt a. M. 1990, 146–174.

Ingo Breuer

4. Übersetzungen

4.1 Entstehung, Vorlagen, Einflüsse

Karl Gutzkow, dem Büchner am 21. Februar 1835 mit einem Hinweis auf seine materiell elenden Verhältnisse das Manuskript von *Danton's Tod* übersandt hatte (DKV II, 392 f.), erkannte in dem jungen Supplikanten ein »versteckte[s] Genie«, das ihm für seine literaturpolitischen Absichten »grade recht« kam (ebd., 395). Er suchte Büchner als Mitarbeiter für den *Phönix* zu gewinnen und versprach, ihm bei der Etablierung seiner »Autorschaft« (ebd., 398) behilflich zu sein: »Ich bringe alles unter« (ebd., 401). Im Zusammenhang mit der Vermittlung des Revolutionsdramas hatte Gutzkow dem Frankfurter Verleger Johann David Sauerländer, der seit Februar 1835 nach Übersetzern für seine seit Längerem »projectirte deutsche Ausgabe des Victor Hugo« (zit. n. MBA 4, 274) suchte, Büchner als möglichen Mitarbeiter empfohlen. Vermutlich Ende März oder Anfang April 1835 bot Sauerländer die Übertragung von zwei Dramen an, wovon Büchner in einem nicht erhaltenen Brief Gutzkow sofort unterrichtete. Obwohl dieser abriet (7.4.1835; DKV II, 401), da er vor allem an literarischen »Jungfernerzeugnissen« (ebd., 417) interessiert war, insbesondere an einer geplanten »Novelle Lenz« (ebd., 405), sagte Büchner seine Mitarbeit an der Hugo-Ausgabe in der Hoffnung zu, künftig von seinen »schriftstellerischen Arbeiten leben« (ebd., 402) zu können.

Sauerländer kontaktierte auf »Anraten« Gutzkows (ebd., 404) potentielle Übersetzer, wobei er das zu übersetzende Werk bestimmte und eine französische Ausgabe beilegte, den gewünschten Abgabetermin nannte, die Höhe des Honorars fixierte und als Hilfe ein in seinem Verlag erschienenes französischdeutsches Wörterbuch kostenlos anbot (vgl. MBA 4, 273–275). Büchner suchte sich also keineswegs »bewußt die beiden seinerzeit aktuellsten und politisch brisantesten Stücke Hugos« (Bremer 1998, 250) aus, sondern bekam *Lucrèce Borgia* und *Marie Tudor* – vermutlich weil sie »als die bis dahin einzigen Prosadramen Hugos am ehesten zu *Danton's Tod* paßten« (Dedner in MBA 4, 311) – zur Übertragung angeboten, dazu ein Honorar von 10 Friedrichsd'or und das 1835 erschienene Wörterbuch von Jacques Lendroy. Anfang Mai nahm Büchner Sauerländers Angebot an – in einer Verlagsanzeige vom 16. Mai wurde er erstmals als Mitarbeiter der Ausgabe genannt – und Mitte oder Ende Juni war die »Übersetzung […] fer-

tig« (DKV II, 407). Kurz vor oder am 10. Oktober 1835 wurde der Band mit Büchners Übersetzungen ausgeliefert, wie der Frankfurter *Didaskalia* (No. 280) zu entnehmen ist:

Von der Gesammtausgabe des *Victor Hugo* (Frankfurt a. M. bei J.D. Sauerländer) sind der fünfte und sechste Band so eben ausgegeben worden und enthalten: *Angelo*, von Ed[uard] Duller, *Marion de l'Orme*, von O[skar] L[udwig] B[ernhard] Wolff, *Lucretia Borgia* und *Maria Tudor*, von G[eorg] B[ü]chner. Mit diesen beiden neuesten Bänden wird also die Gallerie der Hugo'schen Dramen eröffnet […]. Die gegenwärtigen neuen Uebertragungen gehören Verfassern von anerkanntem Rufe an und geben das Original eben so treu, als schön und poetisch wieder. (zit. n. MBA 4, 299 f.)

Das »genaueste Binden an das Original« war ein Prinzip, das Sauerländer für seine »deutsche Ausgabe der sämmtlichen Werke Victor Hugo's […] festgesetzt« hatte (zit. n. ebd., 273). Die Vorlage für die Übersetzungen, die Büchner vom Verleger erhalten hatte, ist nicht zweifelsfrei festzustellen. Von den zeitgenössischen Drucken kommen die Ausgaben von Louis Hauman (Bruxelles 1833) oder Eugène Renduel (Paris 1833) in Betracht, wobei letztere »als wahrscheinlichste Vorlage« gilt (Dedner in MBA 4, 315). Die Renduel-Ausgaben der beiden Dramen waren bis 1835 in jeweils drei (Titel-)Auflagen verbreitet.

Dass Büchner Sauerländers Angebot annahm, ihm das *Dictionnaire* von Lendroy zuzusenden, machen einige ungewöhnliche Übertragungen plausibel, die vermutlich durch das Wörterbuch induziert wurden, etwa »Renner« für »coureurs« (MBA 4, 18/19), »Gesindel« für »manans« (ebd. 20/21), »zutraulich« für »confiante« (ebd., 30/31), »Knecht« für »valet« (ebd., 36/37) oder »blinde Thüre« für »porte bâtarde« (ebd., 86/87). Ob Büchner auch noch andere Wörterbücher zu Rate zog und wie oft er überhaupt das Wörterbuch konsultieren musste, ist nicht zu bestimmen. Immerhin kannte er die Sprache gut: Französisch hatte er in der Schule gelernt, in Straßburg lebte er in einer gemischtsprachigen Umgebung, seine Korrespondenz führte er teilweise zweisprachig, für *Danton's Tod* übersetzte er französische Quellen, seine Dissertation ist in französischer Sprache verfasst. Überdies las Büchner offenbar regelmäßig die *Revue des Deux Mondes*, das Sprachrohr der jungen französischen Literatur, sowie die eine oder andere Neuerscheinung, so dass er es wagen konnte, Gutzkow »Kritiken über neueste franz[ösische] Literatur« zu schicken (DKV II, 401, vgl. 404).

Wie jeder gewissenhafte Übersetzer konsultierte Büchner auch andere, bereits publizierte Übertragungen der beiden ihm aufgetragenen Dramen. »Es ist nicht nur nicht verwerflich, sich auf ältere Übersetzungen zu stützen, es zeugt im Gegenteil von schlampiger Arbeit, wenn man die früheren Übersetzungen nicht zur Kenntnis nimmt« (Albrecht 1998, 109). Die Bibliografie der *Lucrèce Borgia*- und *Marie Tudor*-Übertragungen bis einschließlich 1835 umfasst elf Titel. Der Vergleich aller Übersetzungen legt nahe, dass Büchner bei seiner Arbeit auf jeden Fall die Übersetzungen Theodor Hells (ein Pseudonym von Karl Gottfried Theodor Winkler) vor sich liegen hatte. Ob Büchner auch die ebenfalls auf Hell fußenden Texte Philipp Hedwig Külbs konsultierte, ist nicht mit Sicherheit zu bestimmen. Frappierend ist, dass Büchners unmittelbarer Konkurrent Friedrich Seybold – er übersetzte die beiden Stücke für das Konkurrenzunternehmen zu Sauerländers Hugo Ausgabe, die ebenfalls ab 1835 erscheinenden *Ausgewählten Schriften* bzw. *Klassischen Werke* des Stuttgarter Verlegers Ludwig Friedrich Rieger – in verschiedenen Fällen zu sehr ähnlichen Ergebnissen wie Büchner gelangte, ohne dass beide voneinander Kenntnis haben konnten; vermutlich erklärt sich dies durch beiderseitige Abhängigkeit von Hells Übertragungen (vgl. Beise 2008, 145 f.).

4.2 Textüberlieferung

Das vermutlich im Mai und Juni 1835 entstandene Manuskript der Übersetzungen ist verschollen. Der im Oktober mit dem Namen des Übersetzers erschienene Erstdruck (Victor Hugo's *sämmtliche Werke*. Sechster Band. Frankfurt a. M. 1835) ist der einzige Überlieferungsträger. Der Band erlebte nur eine Auflage. Einen faksimilierten Neudruck gab Thomas Michael Mayer 1987 heraus (GW V). Verschiedene, »vermutlich auf Lesefehler zurückgehende Korruptelen« machen »eine Autorkorrektur von Druckfahnen« nicht nur »wenig wahrscheinlich« (T.M. Mayer 1984, 102), sondern wir wissen aus dem am besten dokumentierten Parallelfall Ferdinand Freiligraths, dass »der Verlag keine Fahnen an den Übersetzer sandte« (Dedner in MBA 4, 340). Ob und von wem die Übersetzungen redaktionell bearbeitet wurden, ist nicht bekannt, ebenso wenig der Umfang von möglichen zensurpräventiven Eingriffen in den Text. Die nicht normierte und Büchners variierender Schreibgewohnheit entsprechende Orthografie deutet auf allenfalls geringfügige redak-

tionelle Bearbeitung. Über notwendige Emendationen orientiert der Editionsbericht der historisch-kritischen Ausgabe (Dedner in MBA 4, 340–346).

4.3 Die Vorlagen: *Lucrèce Borgia* und *Marie Tudor*

Victor Hugo war zunächst als Lyriker bekannt gewesen, als er 1827 mit der *Préface de Cromwell* das wichtigste literarische Manifest der französischen Romantik vorlegte, in der das Drama zur zentralen Gattung erklärt wurde. Spätestens seit der sogenannten *Hernani*-Schlacht am 25. Februar 1830 war Victor Hugo »als Chef der Romantiker« (*Der Freimüthige*, Nr. 66, 2.4.1830, 264, zit. n. MBA 4, 251) auch auf dem Theater anerkannt. In rascher Folge entstanden nun einige auch in Deutschland breit rezipierte Theaterstücke: *Le roi s'amuse* (22.11.1832), *Lucrèce Borgia* (2.2.1833), *Marie Tudor* (6.11.1833) und *Angelo, Tyran de Padoue* (28.4.1835).

Die literaturkritische Aufnahme der Bühnenstücke Hugos war ambivalent. Dem Tadel des volkstümlichen Spektakelcharakters und des Mangels an historischer Genauigkeit (Hübner-Bopp 1990, 112–133) stand die Bewunderung der emotionalen Intensität der Stücke gegenüber. Es handle sich um

Dramen, die so gewaltig wirken durch das sie durchlodernde Feuer der Leidenschaften und die so mächtig ergreifen durch die energischen Schilderungen und Wahrheit der Gefühle. Es gibt wohl keinen Dichter der französischen Bühne, welcher, wie Hugo, die ganze Scala der Empfindungen durchzuspielen verstünde, von den zartesten und rührenden bis zu stürmischen und brausenden Accorden. Großartige, wenn auch mitunter etwas übertriebene Effekte, kräftige und kühne Charakteristik und eine glänzende, an Detailschönheiten der Poesie ungemein reiche Diction zeichnen Hugos Dramen aus (*Didaskalia* No. 280, 10.10.1835, zit. n. MBA IV, 299 f.).

Die beiden Büchner zur Übersetzung aufgetragenen Stücke waren für Hugo einträgliche Theatererfolge, *Lucrèce Borgia* noch weit mehr als *Marie Tudor*. Effektvoll wird in beiden Fällen tragische Geschichte zweier Herrscherinnen inszeniert, die an dem Konflikt zwischen privatem Gefühl und öffentlicher Stellung scheitern und dadurch »dem monarchischen Prinzip [...] etwas auf den Fuß treten«, wie es Ludwig Börne 1833 formulierte (zit. n. DKV I, 880).

Im ersten Stück versucht Lucretia Borgia, die Liebe ihres Sohnes Gennaro zu gewinnen, der seinerseits nicht weiß, dass sie seine Mutter ist, alle Borgia aber als Verkörperungen der abscheulichsten

Laster hasst. Da Gennaro, von seinen Freunden über die Identität Lucretias aufgeklärt, diese zurückstößt, schwört Lucretia Rache. Am Ende fallen die venezianischen Freunde Gennaros einem Giftanschlag zum Opfer; Gennaro, der irrtümlich mitvergiftet wurde, weigert sich, ein Gegengift zu schlucken, das Lucretia ihm anbietet, sondern ersticht sie, um seine Freunde zu rächen. Sterbend enthüllt die Fürstin von Ferrara: »Gennaro, ich bin deine Mutter!« (DKV I, 325; MBA 4, 109)

Im zweiten Stück geht es um die Beziehungen zwischen Maria I. von England und ihrem Favoriten Fabiano Fabiani und die zwischen dem »Arbeiter« Gilbert und seiner Ziehtochter Jane, welche dadurch melodramatisiert werden, dass Fabiani aus Macht-Kalkül erfolgreich das vermeintliche Waisenkind Jane verführt, weil er weiß, dass sie in Wahrheit eines Herzogstochter ist. Die Königin will sich für die Untreue ihres Geliebten rächen und inszeniert eine Intrige, der beinahe auch Gilbert zum Opfer fällt. Die Königin liebt trotz allem Fabiano verzweifelt und versucht ihn letztlich doch noch zu retten; jedoch erzwingt das aufständische Volk die Hinrichtung. Am Ende finden sich Jane und Gilbert, der ihr den Betrug verzeiht, wieder. Jane verzichtet auf aristokratische Würden und wird das »Weib« eines »Arbeiters« (DKV I, 393; MBA 4, 207).

Insbesondere das zweite Drama wurde gelegentlich als »Paradebeispiel« eines Theaterstücks bezeichnet, das »nicht nur inhaltlich Herrscher attackiert, sondern vor allem die Differenz zwischen Literatur und aktuellem Regime festschreibt«, wie Thomas Bremer (1998, 249) meinte. Auch in der romanistischen Forschung wurde davon gesprochen, dass dieses Stück das politischste Drama des jungen Hugo sei und symbolisch die Revolution von 1830 spiegle (Ubersfeld 1974, 602–604: »la pièce la plus ›politique‹ de Hugo«; »peut être le miroir de la révolution de Juillet […]. Ce n'est pas une analyse, c'est une vue symbolique«). Dass hier außerdem »zum ersten Mal ein *ouvrier* [Arbeiter] als Handlungsträger auf der französischen Bühne« auftauche (Martin 2007, 237) und der »Konflikt zwischen Volk und Herrscher« ein zentrales Thema sei (Hübner-Bopp 1990, 208), könnte, so wurde vermutet, Büchner besonders interessiert haben. Allerdings schenkte die zeitgenössische Theater- und Literaturkritik diesem Punkt nur selten Beachtung, sieht man einmal von dem anonymen Rezensenten der der *Allgemeinen Literatur Zeitung* 1838 (Nr. 35 f., 273–288) ab, der *Marie Tudor* scharf kritisierte: »Hier wird in der katholischen Maria von England die königliche Würde

noch frecher als im *le Roi s'amuse* mit Füßen getreten, denn Hr. V. Hugo gefällt sich in Gegensätzen. So wie er öffentliche Buhlerinnen apotheosirt, so strebt er die Kronenträger verächtlich darzustellen. […] Von Maria Tudor und ihrer verworfenen Liederlichkeit wendet man sich mit Schauder und Ekel ab.« (zit. n. MBA 4, 347)

Gegenüber Gutzkow machte Büchner in einem nicht erhaltenen Brief andere Vorbehalte gegen Victor Hugos Dramatik geltend. Anders als bei Musset, dessen Stücke Büchner vor allem für *Leonce und Lena* nutzte, gäbe es bei Hugo keine »Charaktere«, sondern nur »aufspannende Situationen« (Gutzkow 1837, 329; DKV I, 871). Kritik an der mangelnden Charakteristik der handelnden Figuren war in der zeitgenössischen Hugo-Kritik topisch. Viele Autoren – darunter Goethe, Heine und Laube – bemängelten, dass Hugo »keine Menschen mit lebendigem Fleisch und Blut, sondern elende hölzerne Puppen« aufführe (Goethe zit. n. MBA 4, 265). Büchner polemisierte in *Danton's Tod* (II/3) und »*Lenz*« bekanntlich ebenfalls gegen jede »Holzpuppen«-Ästhetik (DKV I, 44, 234; MBA 3.2, 36 f.; MBA 5, 37 f.). Dass die Dramaturgie »aufspannend« sei, erinnert an die zeitgenössische Einschätzung von Hugos Melodramen als »Effectstücke«, wobei die darin liegende Anerkennung zwiespältig blieb: Hugo habe eine »seltene Kenntniß der Bühneneffecte an den Tag gelegt, allein die Poesie hat darunter leiden müssen«, heißt es einmal in der *Zeitung für die elegante Welt* (18.3.1833); immerhin seien die Dramen, wie Immermann im April 1834 notierte, »spannend« und »in usum der Casse« gut zu »benutzen« (zit. n. MBA 4, 265, 255).

Büchners offensive Polemik gegen die »Schwächen Victor Hugos« (Gutzkow 1837, 329; DKV I, 871) sollte zur Vorsicht bei dem Versuch mahnen, weitgehende Übereinstimmungen zwischen den ästhetischen Anschauungen Hugos und Büchners zu konstruieren oder die Übersetzungen gar als »literarisches Bekenntnis« (H. Mayer 1972, 406) zu verstehen. Wenn überhaupt, lassen sich nur sehr allgemeine Gemeinsamkeiten zwischen bestimmten antiklassizistischen Prämissen entdecken. Die Ablehnung eines die Natur verachtenden, ästhetischen »Idealismus« (MBA 5, 37; DKV I, 234) seitens Hugos und Büchners kann nicht darüber hinwegtäuschen, dass »zwischen *Lucretia Borgia* sowie *Maria Tudor* und Büchners eigenem künstlerischen Anspruch Welten liegen«, wie Henri Poschmann anmerkte (DKV I, 879; vgl. MBA 4, 267 f.). Inwieweit es Übereinstimmungen zwischen dem politischen Gehalt der Stücke Hugos und Büchners diesbezüglichen

Anschauungen gibt, bleibe dahingestellt. In der französischen Presse wurde zum Beispiel *Maria Tudor* 1833 sowohl als Drama aus dem Geist von 1793 hingestellt wie auch als Verrat an den Ideen der Revolution (vgl. Ubersfeld 1974, 228–230).

4.4 Die Übersetzungen: *Lucretia Borgia* und *Maria Tudor*

Lese man den französischen und den deutschen Text parallel, erstaune man über Büchners viel direktere Sprache, meinte Roger Bauer (1987, 334: »l'on est immédiatement frappé par la langage plus terre-à-terre, plus concret de Büchner«). Rosemarie Hübner-Bopp (1990, 219) glaubte, die Eigentümlichkeit von Büchners Übersetzung am besten dadurch charakterisieren zu können, dass sie, wo überhaupt, stets »nach unten« abweiche. Während seine Konkurrenten die »Prägnanz und Simplizität« der Sprache Hugos aus Bedürfnis nach einer »höheren […] Dichtungssprache« gewissermaßen zu überbieten suchten, seien Büchner die »euphemistischen Tendenzen der anderen Übersetzer« fremd gewesen. Er habe sich in seinen Übertragungen am stilistischen und sprachlichen Niveau« der Vorlagen orientiert oder sogar »umgangssprachlicher« formuliert. Andererseits gibt es auch bei Büchner übersetzerische ›Aufwertungen‹ des Texts. So »versinnbildlicht Büchner« (ebd., 212) gelegentlich eher banal wirkenden Text Hugos, was zu einer Vertiefung der Aussage führe (vgl. Bauer 1987, 334: »métamorphose approfondissante«). Zwei Beispiele kann man dafür anführen: Erstens die Stelle, wo es über den Favoriten der Königin in *Marie Tudor* heißt: »Il mange de l'argent et boit de l'or, cet homme« (MBA 4, 116), was Büchner so übersetzte: »Der Mensch säuft Silber und frißt Gold« (MBA 4, 117; DKV I, 330). Während Gerda Bell (1971b, 168: »a misunderstanding of the text«) zu bedenken gab, dass es sich hier um ein Missverständnis handeln könnte, hielt Henri Poschmann dies in Anlehnung an Hübner-Bopp (1990, 212) für »eine absichtliche ausdrucksteigernde Übertragung ins Metaphorische« (DKV I, 891), wie sie auch für *Danton's Tod* typisch sei. »Büchners Text enthält eine Reihe von Bildern, die die Vorlage plastischer wiedergeben. […] Er verleiht den Übersetzungen sprachlich, stilistisch und inhaltlich neue Qualitäten, die die Vorlagen nicht besitzen« (Hübner-Bopp 1990, 213, 219). Die Metaphorisierung des Ausdrucks geht jedoch auf Theodor Hells Rechnung, dessen Übersetzung »Er speist Silber und trinkt

Gold, dieser Mensch!« von Friedrich Seybold ganz ähnlich wie von Büchner intensiviert wurde: »[E]r frißt Silber und sauft Gold, dieser Mensch!« (zit. n. MBA 4, 404) Es handelt sich also um keine originale Übersetzungsleistung Büchners. Dergleichen ist erst zu erkennen, wenn die zeitgenössischen Konkurrenzübertragungen in die Untersuchung von Büchners Übersetzungen mit einbezogen werden.

Ein zweites Beispiel ist die von Henri Poschmann in Anlehnung an Gerda Bell (1971, 157) als Fehler klassifizierte Übersetzung von »l' assassin en selle, et le mort en croupe« (MBA 4, 14) mit: »der Mord auf dem Sattel und der Tod auf dem Kreuz« (MBA 4, 15; DKV I, 258). Büchner habe »fälschlich ›l'assassin‹ mit ›der Mord‹, statt ›der Mörder‹, und ›le mort‹ mit ›der Tod‹, statt ›der Tote‹, dazu noch ›croupe‹ irritierend mit ›Kreuz‹, statt, auf das Pferd bezogen passender ›Kruppe‹« übersetzt (Poschmann in DKV I, 884). Dass Büchner »assassin« mit ›assassinat‹ und »le mort« mit ›la mort‹ verwechselt habe, ist ein gravierender, aber wohl unberechtigter Vorwurf. Da in der von Büchner als Orientierungshilfe benutzten Übersetzung von Theodor Hell richtig »Der Mörder im Sattel und der Leichnam auf der Groppe« (zit. n. MBA 4, 317, 360) steht, muss Büchner die Verwandlung des im Original vorgefundenen Satzes in ein allegorisches Bild (Bauer 1987, 334: »une véritable image ›emblematique‹ à personnages allégoriques«) mit Absicht vorgenommen haben. Im Kommentar der *Marburger Ausgabe* (MBA 4, 359) wird vermutet, dass dies in Erinnerung an einen Vers von Horaz (*Carmina* III, 1, 40: »Post equitem sedet atra Cura«) geschah, den Büchner 1826 im Lateinunterricht kennenlernte. Ob die Allegorisierung des Bilds ein »Glücksgriff« (Hübner-Bopp 1990, 214) war, ist in der Forschung umstritten und letztlich eine Geschmacksfrage.

Die zuletzt angeführte Stelle mag auch als Beispiel für eine weitere Tendenz der Übersetzung dienen, nämlich den Text punktuell in der von Hugo vorgegebenen Richtung zu intensivieren. So wird das englische Kolorit in *Maria Tudor* durch vermehrten Einsatz shakespearisierender Wendungen, und die religionskritische Tendenz in *Lucretia Borgia* durch weitere biblische Anspielungen über das von Victor Hugo vorgegebene Maß hinaus noch verstärkt (vgl. Dedner in MBA 4, 351).

Dass es auch in Büchners Text unzweifelhafte Übersetzungsfehler gibt, war nicht anders zu erwarten. So wusste Büchner nicht, was ein »capitaine d'aventure« bzw. »capitaine aventurier« (MBA 4, 10 bzw. 60) ist – nämlich der französische Ausdruck für Condottiere –, noch dass sich »à servir la messe«

(MBA 4, 20) auf das institutionalisierte Messdienen in der katholischen Eucharistiefeier bezieht (vgl. Beise 2008, 141, 114 f.). Doch die wenigen

Übersetzungsfehler Büchners mindern nicht im geringsten seine sprachliche Leistung, die Hugo den Deutschen in einer dem fremden Dichter entsprechenden Weise nahebringt. Mehr noch als die Übersetzungen seiner Konkurrenten erlaubten die Büchners, »den Lesern, die des Französischen nicht mächtig sind, sich ein Bild von Hugos Dramen zu machen, das den Originalen sehr nahe kommt. […] Selbst wenn er die Übersetzungen nur aus pekuniären Gründen übernommen hätte, zeigt das Ergebnis dennoch Büchners Fähigkeiten, die seine Übersetzungen gegenüber den zeitgenössischen Übertragungen der beiden Dramen als die besten erscheinen lassen (Hübner-Bopp 1990, 221, 226).

Ob die Beschäftigung mit Hugos Bühnentexten Büchners dramentechnische Fertigkeiten beeinflusste oder gar verfeinerte, könnte nur ein detaillierter Vergleich mit *Leonce und Lena* bzw. »*Woyzeck*« zeigen.

4.5 Rezeption, Wirkung

Büchners Übersetzungen hatten zeitgenössisch so gut wie keine dokumentierbare Wirkung. Ludwig Wihl (*Didaskalia*, No. 280, 10.10.1835) nannte die Übertragungen von Duller, Wolff und Büchner pauschal »eben so treu, als schön und poetisch« (zit. n. MBA 4, 300), Büchners Freund Wilhelm Schulz hielt die Übertragungen 1837 für »sehr gelungen«, Georg Herwegh etikettierte sie 1840 als »geschmackvoll« und Karl Gutzkow pries die »ächt dichterische Verwandtschaft zu dem Originale« (Beise 2008, 135), hielt allerdings die Originale für »sehr elende Dramen« (DKV II, 417). Der bereits erwähnte anonyme Rezensent in der *Allgemeinen Literatur Zeitung* 1838 (Nr. 35 f., 273–288) beurteilte Büchners Übertragung von *Marie Tudor* als »schlechteste« in den ersten sechs Bänden der Hugo-Edition; allerdings sei auch schon das Original »an sich selbst« der »schlechteste« Text in der Ausgabe. Gegen Ende des Vormärz formulierte Robert Blum im *Allgemeinen Theater-Lexikon* (Altenburg/Leipzig 1846, II, 59) neutral: »auch übersetzte [Büchn]er einige Stücke Victor Hugo's.« (zit. n. MBA 4, 347 f.)

In der zweiten Hälfte des 19. Jahrhunderts gerieten die Übertragungen in Vergessenheit. Im 20. Jahrhundert wurden sie häufig als nicht weiter relevante »Brotarbeiten« (Hauschild 1993, 491) qualifiziert. Adam Kuckhoff schrieb 1927, die »auf Bestellung« abgelieferten Übersetzungen »schluderte« Büchner

»hin«; seine Arbeit sei »oft in uneingeschmolzenen Französismen stecken« geblieben (zit. n. Dedner 1990, 430, 467). Auch Paul Landau meinte schon 1909, Büchner sei »nicht mit viel Lust bei der Sache« gewesen und habe »es sich leicht« gemacht. Immerhin aber sei die Übertragung »flott und in einem Wurf gearbeitet«, »kraftvoller« als die seiner Konkurrenten, an manchen Stellen »anschaulicher« und »belebter« als das Original, dessen abstrakte Bilder Büchner mitunter »versinnlicht« habe (zit. n. ebd., 299 f.).

Versinnlichung und »Intensivierung« (Hübner-Bopp 1990, 213, 219; Hauschild 1993, 497; Ders. 2004, 105) sind wiederkehrende Vokabeln, wenn es um die Beschreibung der Übersetzungsleistung Büchners geht. Georg Hensel (1997, 160 f., 163, 166) lobte den »aggressiven Elan« von Büchners »Übersetzungsdeutsch« und empfahl, dessen Sätze »mit den Ohren« abzuschmecken:

die kraftvollen Ausdrücke […]; das Herunterspielen […] der Gefühlsästhetik; […] ein versteckter Humor mit parodistischen Zügen […]. Noch dort, wo jede Silbe von Victor Hugo stammt, klingt der Satz nach Georg Büchner. Seine Übersetzungen seien Brotarbeit? Besser läßt sich französisches Brot in einem deutschen Ofen nicht backen.

Dass Büchner in seiner Übersetzung Hugos »Pathos auf ein Minimum reduzierte und die rhetorischen Klischees in einigermaßen erträgliche Umgangssprache verwandelte« (Hauschild 2004, 105), kommt dem modernen Publikum entgegen. Ob Büchners Übersetzungen bei Inszenierungen der betreffenden Hugo-Stücke im 19. Jahrhundert gespielt wurden, ist nicht bekannt; der Name des Übersetzers und die sprachliche Qualität seiner Arbeit – mehr als die dramatische Qualität der beiden Theaterstücke, »die ihre Hauptinspirationen der Trivialliteratur verdankten« (ebd.) – führten jedenfalls im 20. Jahrhundert zu gelegentlichen Aufführungen im deutschsprachigen Raum (zum Beispiel *Lucretia Borgia* 1974 in Bochum; *Maria Tudor* 1977 im Burgtheater Wien). Zudem bieten Hugos Stücke, so »langweilig« (Bremer 1998, 230) sie Lesern erscheinen mögen, postmodernen Theatermachern die dankbare Möglichkeit, melodramatische Muster auf der Bühne zu dekonstruieren, wie zuletzt etwa im »schauspielfrankfurt« mittels *Lucretia Borgia* unter der Regie von Armin Petras (Premiere am 11.3.2005).

Hugos Melodramen eignen sich besonders gut zur Veroperung (*Lucrezia Borgia* wurde zum Beispiel komponiert durch Gaetano Donizetti 1833, *Maria Tudor* durch Carlos Gomes 1879). In Büchners Übersetzung wurde *Marie Tudor* zur Grundlage des von Caspar Neher geschriebenen Texts der Oper *Der Günstling oder Die letzten Tage des großen Herrn Fabiano*, die mit der Musik von Rudolf Wagner-Régeny am 20. Juni 1935 an der Dresdner Staatsoper unter dem Dirigat von Karl Böhm uraufgeführt und zu einem der größten Erfolge des Komponisten wurde. In der Opernbearbeitung interessierte die Autoren weniger der emotionale Konflikt der Königin, sondern der Sturz des Favoriten Fabiano Fabiani.

Die fesselnde menschliche Aussage dieses Stoffes, die Geschichte des erotischen Verführers der Königin, seiner grausamen Unterdrückung des Volkes und seiner Bestrafung, konzentrierten die Autoren der Oper noch dadurch, daß sie Zitate aus Büchners revolutionären Schriften, so aus dem *Hessischen Landboten* [...] einfügten (Härtwig 1960, 17).

Die ernstzunehmende wissenschaftliche Beschäftigung mit Büchners Übersetzungen begann mit Rosemarie Hübner-Bopp (1987; 1990), die erstmals die Texte unter Berücksichtigung der konkurrierenden zeitgenössischen Übertragungen und im Kontext der seinerzeitigen Hugo-Rezeption in der Literaturkritik untersuchte. Die Arbeiten von Furness (1956), Bell (1971) und noch Krome (1985) leiden daran, dass die Autoren nicht mit zeitgenössischen, sondern späteren Hugo-Ausgaben arbeiteten und nicht bedachten, »daß Hugo seine Theaterstücke (wie fast alle seine Texte) mehrfach überarbeitet, mehr oder weniger einschneidend verändert und diese Änderungen häufig nicht klar gekennzeichnet hat« (Bremer 1998, 242 f.). Mit der historisch-kritischen Edition der Übersetzungen innerhalb der *Marburger Ausgabe* (MBA 4) besteht seit 2007 die Möglichkeit, ohne eigene archivalische Forschung die Übersetzungsleistung Büchners zu analysieren, da hier erstmals der Text der Übersetzung »konsequent kontextualisiert« und mit dem »Wortlaut des vermutlich benutzten Originaltexts« sowie »anderen zeitgenössischen Übertragungen derselben Texte« zusammen abgedruckt wurde und damit in seiner »historischen Eigenart« erkannt werden kann (Beise 2008, 139 f.).

Literatur

Albrecht, Jörn: Literarische Übersetzung. Geschichte – Theorie – Kulturelle Wirkung. Darmstadt 1998.

Bauer, Roger: Georg Büchner, traducteur de Victor Hugo. In: EG 40 (1987), 329–336.

Beise, Arnd: Wie kommentiert man eigentlich Übersetzungen? Zur historisch-kritischen Edition von Georg Büchners Hugo-Übersetzungen. In: Bernd Kortländer/Hans T. Siepe (Hg.): Übersetzen im Vormärz. Bielefeld 2008, 135–150.

Bell, Gerda E[lizabeth]: Georg Büchner's Translations of Victor Hugo's *Lucrèce Borgia* and *Marie Tudor*. In: Arcadia 6 (1971) 2, 151–174; »shorter version (with some alterations)« u.d.T.: Traduttore-Traditore? Some Remarks on Georg Büchner's Victor Hugo Translations. In: Monatshefte 63 (1971), Heft 1, 19–27.

Bremer, Thomas: Revolution in der Kunst, Revolution in der Politik. Hugos Dramen, Büchners Übersetzung und das Periodisierungsproblem in der Literaturgeschichte. In: Martina Lauster/Günter Oesterle (Hg.): Vormärzliteratur in europäischer Perspektive II. Bielefeld 1998, 229–250.

Dedner, Burghard (Hg.): Der widerständige Klassiker. Einleitungen zu Büchner vom Nachmärz bis zur Weimarer Republik. Frankfurt a. M. 1990.

Furness, N[icolas] A[rthur]: Georg Büchner's Translations of Victor Hugo. In: Modern Language Review 51 (1956), 49–54.

Gutzkow, Karl: »Ein Kinder der neuen Zeit«. In: Frankfurter Telegraph (Neue Folge). Frankfurt a. M. 1837, No. 42–44, 329–332, 337–340, 345–348.

Härtwig, Dieter: Einführung. In: Rudolf Wagner-Régeny: Der Günstling oder Die letzten Tage des großen Herrn Fabiano. Oper in drei Akten. Text von Caspar Neher. Leipzig [1960], 3–27.

Hauschild, Jan-Christoph: Georg Büchner. Biographie. Stuttgart/Weimar 1993.

– : Georg Büchner. Überarbeitete und erweiterte Neuausgabe. Reinbek 2004.

Hensel, Georg: Das Maul mit Silber stopfen: Georg Büchner, der unentdeckte Übersetzer [1977]. In: Ders.: Glücks-Pfennige. Lustvolles Nachdenken über Theater, Literatur und Leben. Frankfurt a. M. 1997, 159–166.

Hübner-Bopp, Rosemarie: Das Brot des Übersetzers. In: Susanne Lehmann (Hg.): Georg Büchner. Revolutionär, Dichter, Wissenschaftler 1813–1837. Der Katalog, Ausstellung Mathildenhöhe, Darmstadt, 2. August bis 27. September 1987. Basel/Frankfurt a. M. 1987, 282–285.

– : Georg Büchner als Übersetzer Victor Hugos. Unter Berücksichtigung der zeitgleichen Übersetzungen von »Lucrèce Borgia« und »Marie Tudor« sowie der Aufnahme Victor Hugos in der deutschen Literaturkritik von 1827 bis 1835. Frankfurt a. M. 1990.

Krome, Hubert: »Lucrèce Borgia« – »Marie Tudor« / »Lucretia Borgia« – »Maria Tudor«. Pièces de Théâtre de Victor Hugo et Traductions de Georg Büchner. Une Analyse Comparative. Univ. Paris III 1985.

Martin, Ariane: Georg Büchner. Stuttgart 2007.

Mayer, Hans: Georg Büchner und seine Zeit [1946]. Frankfurt a. M. 1972.

Mayer, Thomas Michael: Übersetzungen. In: Marburger Denkschrift über Voraussetzungen und Prinzipien einer Historisch-kritischen Ausgabe der Sämtlichen Werke und Schriften Georg Büchners. Hg. von der Forschungsstelle Georg Büchner [...] der Philipps-Universität und Georg Büchner Gesellschaft. Marburg 1984, 99–103.

Ubersfeld, Anne: Le Roi et le bouffon. Etude sur le théâtre de Hugo de 1830–1839. Paris 1974.

Arnd Beise

5. »*Lenz*«

Büchners »*Lenz*« erzählt vom Aufenthalt des psychisch angeschlagenen, von Manie und Melancholie bedrängten Sturm-und-Drang-Dichters Jakob Michael Reinhold Lenz im Steintal, einem abgelegenen Tal der Vogesen, wo der Dichter unter der Obhut des pietistischen Pfarrers Johann Friedrich Oberlin vergeblich auf Genesung hofft. Wie den »*Woyzeck*«, so hat Büchner auch den »*Lenz*« als unabgeschlossenes und unpubliziertes Fragment hinterlassen. Und wie im Falle von *Danton's Tod* und des »*Woyzeck*« findet sich auch im »*Lenz*« eine intensive Verarbeitung von Quellenmaterial, hier vor allem des Berichts, den der historische Oberlin 1778 über den tatsächlichen Aufenthalt des Dichters im Steintal verfasst hatte.

Büchners Text beginnt unvermittelt: »Den 20. ging Lenz durch's Gebirg.« (MBA 5, 31; DKV I, 225) Aus der Perspektive von Lenz wird dessen Wanderung durch die Berge und seine Ankunft in Waldbach im Steintal im Pfarrhaus Oberlins berichtet, wo er fürsorgliche Aufnahme findet. Zunächst scheint sich der psychische Zustand des bemerkenswerten Gastes zu verbessern. Er erkundet zusammen mit seinem Gastgeber die Region und lernt deren Bewohner kennen; er hält in der Dorfkirche vertretungsweise eine Predigt; er debattiert mit Oberlin und neu hinzugekommenen Gästen über die Kunst. Dann jedoch verschärfen sich die psychischen Anfechtungen wieder immer mehr. Lenz ist zerrissen zwischen manischer Angst und lebensleerer Langeweile; er ist geplagt von schweren Träumen, religiöser Selbstqual und bodenlosem Atheismus. Schließlich wird er im Zustand völliger Resignation aus dem Steintal abtransportiert. Damit bricht Büchners Text unvermittelt ab: »So lebte er hin.« (MBA 5, 49; DKV I, 250)

5.1 Textgrundlage

Entstehung

Schon während seines ersten Straßburger Aufenthaltes (Herbst 1831 bis Sommer 1833) kam Büchner wahrscheinlich mit Themen und Materialien in Berührung, die später für seine Arbeit am »*Lenz*« bestimmend wurden (vgl. Dedner/Gersch in MBA 5, 106–108, 125–127). Initiierend war hier zunächst die Bekanntschaft mit den Brüdern August Stöber (1808–1884) und Adolph Stöber (1810–1892) sowie

deren Vater Daniel Ehrenfried Stöber (1779–1835), die als die ersten bedeutenden Lenz- und Oberlinforscher gelten können (Schaub 1996, 64 f.). Vom Vater Stöber erschien Ende 1831 die erste umfassende Oberlin-Biographie unter dem Titel *Vie de J.F. Oberlin* (dokumentiert und kommentiert in MBA 5, 265–301). August Stöber publizierte vom Oktober bis Dezember 1831 im *Morgenblatt für gebildete Stände* einen langen Aufsatz unter dem Titel »Der Dichter Lenz« (dokumentiert und kommentiert in MBA 5, 243–256), in dem erstmals Auszüge aus Oberlins Bericht sowie eine Reihe von Lenz-Briefen veröffentlicht wurden. Zudem hatte Büchner unmittelbaren Kontakt zu Zeitzeugen aus dem Umfeld Oberlins: zum einen zu dem Straßburger Pfarrer Johann Jakob Jaeglé, der im Jahr 1826 die Totenrede auf Oberlin gehalten hatte, bei dem Büchner während seines ersten Straßburger Aufenthalts wohnte und mit dessen Tochter, Wilhelmine Jaeglé, sich Büchner 1834 verlobte; zum anderen zu dem Pfarrer Ludwig Friedrich Rauscher, der eine Enkelin Oberlins geheiratet hatte, dessen Vater Oberlins Nachfolger im Steintal wurde und den Büchner auf einer langen Wanderung durch die Vogesen kennen lernte (vgl. Hauschild 1993, 214). Mit dieser Wanderung, von der Büchner am 8. Juli 1833 in einem Brief an die Familie berichtet (vgl. DKV II, 369 f.), ist auch Büchners euphorische Aufnahme des (Natur-) Schauplatz des Geschehens dokumentiert: der Vogesen, für Büchner, so schreibt er 1835 dann an Gutzkow, »ein Gebirg, das ich liebe, wie eine Mutter, ich kenne jede Bergspitze und jedes Tal [...] und die beiden Stöber sind alte Freunde, mit denen ich zum Erstenmal das Gebirg durchstrich« (DKV II, 420; vgl. auch Hauschild 1993, 212–215).

Die dokumentierte Auseinandersetzung mit Lenz und Oberlin beginnt erst mit Büchners zweitem Straßburger Aufenthalt (Frühjahr 1835 bis Herbst 1836), während dem Büchner nach seiner Flucht aus Gießen/Darmstadt sein Studium vollendete, seine Dissertation über das Nervensystem der Barben und seine Probevorlesung »*Über Schädelnerven*« anfertigte, seine zwei Hugo-Übersetzungen ablieferte, die philosophiehistorischen Skripte zu Cartesius, Spinoza und zur griechischen Philosophie notierte, *Leonce und Lena* verfasste und mit der Niederschrift der Fragmente zum »*Woyzeck*« begann. Durch Georg Fein ist überliefert, dass im Mai 1835 eine Abschrift des bis dahin noch nicht publizierten Textes Oberlins (zu dessen Überlieferungsgeschichte vgl. Gersch 1998) über Lenz' Steintalaufenthalt bei Büchner befand, ebenso Abschriften der Briefe von Lenz an Salzmann sowie ein Protokoll der »deutschen Gesellschaft in Straßburg«, bei der Lenz während seiner Straßburger Zeit die Position des Sekretärs inne hatte (vgl. Dedner/Gersch in MBA 5, 137). Diese Materialien hatte ihm August Stöber überlassen, der sich im April 1835 für kurze Zeit in Straßburg aufhielt.

Als definiertes Schreibprojekt taucht der »Lenz« erstmals im Briefwechsel Büchners mit Karl Gutzkow auf. Gutzkow, der schon die Publikation des *Danton* vermittelt und zudem die Hugo-Übersetzungen in Auftrag gegeben hatte, forderte Büchner im März und April 1835 verschiedentlich zur Mitarbeit am *Phönix* und dessen Literaturblatt auf (vgl. DKV II, 400 f.). Auf diese Anfragen muss Büchner in einem heute verschollenen Brief reagiert haben, denn am 12. Mai 1835 schreibt Gutzkow: »Ihre Novelle Lenz soll jedenfalls, weil Straßburg dazu anregt, den gestrandeten Poeten zum Vorwurf haben?« (DKV II, 405) Am 23. Juli 1835 spricht Gutzkow, der Büchner zu weiteren literarischen Arbeiten ermutigen möchte, sogar von einem eigenen »Buch«: »Geben Sie bald ein zweites Buch: Ihren Lenz« (DKV II, 409). Gutzkow hatte für eine Buchpublikation auch schon einen Verlag im Auge, wahrscheinlich Zacharias Löwenthals Verlagsbuchhandlung in Mannheim, in der auch sein eigener skandalträchtiger Roman *Wally die Zweiflerin* (1835) erschienen war. Büchners Reaktion auf diesen Vorschlag ist wiederum nicht überliefert. Als Gutzkow dann ab Sommer 1835 zusammen mit dem Schriftsteller Wienbarg und dem Verleger Löwenthal eine neue jungdeutsche Zeitschrift, die *Deutsche Revue* plante, warb er erneut um Büchner, den er nun als regelmäßigen Mitarbeiter für einen Beitrag pro Nummer bzw. Monat gewinnen wollte. Auch dies wies Büchner zurück – »meiner Studien halber« (DKV II, 416), wie er seinen Eltern schrieb. Daraufhin bat ihn Gutzkow am 28. September um zumindest sporadische Mitarbeit, um »Gedankenblitze aus erster Hand, Lenziana, subjektiv und objektiv: […] geben Sie uns, wenn weiter nichts im Anfang, *Erinnerung an Lenz*: da scheinen Sie Tatsachen zu haben, die leicht aufgezeichnet sind.« (DKV II, 417) Angeregt durch Gutzkows insistentes Drängen, scheint sich für Büchner zwischen April und September 1835 also der »Lenz« als ein nach dem *Danton* zweites eigenständiges literarisches Projekt herauskristallisiert zu haben. An die Familie schrieb er im Oktober 1835: »Ich habe mir hier allerhand interessante Notizen über einen Freund Goethe's, einen unglücklichen Poeten Namens *Lenz* verschafft, der sich gleichzeitig mit Goe-

the hier aufhielt und halb verrückt wurde. Ich denke darüber einen Aufsatz in der deutschen Revue erscheinen zu lassen.« (DKV II, 418 f.)

»Novelle«, »Buch«, »Erinnerungen«, »Tatsachen«, »Aufsatz« – ausgehend von diesen schwankenden Umschreibungen ist in der Forschung (vgl. Schaub 1996, 68 ff.; Dedner/Gersch in MBA 5, 142) zweierlei diskutiert worden: zum einen die Frage, ob Büchner stets eine im engeren Sinne literarische Novelle oder aber bisweilen auch eine dezidiert literarhistorische Abhandlung geplant hatte; zum anderen die Frage, ob Büchner nur den knappen Lebensabschnitt des Steintal-Aufenthaltes oder eine größere Spanne aus Lenz' Leben im Auge hatte. Diese Debatten können heute als weitgehend abgeschlossen betrachtet werden. Wenn Büchner seinen Eltern gegenüber von einem »Aufsatz« spricht, dann ist der damalige Wortgebrauch mit zu bedenken, der sehr viel wörtlicher – ›etwas schriftlich Aufgesetztes‹ – und damit sehr viel allgemeiner – von der Abhandlung bis zur Novelle – gemeint war, als dies heute der Fall ist. Es spricht viel dafür, dass Büchners Projekt stets das eines literarischen Biographems war: ein fest umrissener Ausschnitt aus Lenz' Leben, dargestellt mit den rhetorischen Mitteln narrativer Prosa.

Am 14. November 1835 verbot die preußische Regierung die Literatur des Jungen Deutschland. Dies traf auch die *Deutsche Revue*, die nun nicht erscheinen konnte. Der Publikationsplan für den »Lenz« war damit hinfällig geworden. Vermutlich hat Büchner angesichts dieser Entwicklungen die Arbeit am »Lenz« im Winter 1835, als er von dem Verbot erfuhr, abgebrochen und den Text in einem »fortgeschrittenen Entwurfsstadium« (Gersch zit. n. Schaub 1996, 74) liegen gelassen. Gutzkow selbst erwähnt – nach einer einmonatigen Gefängnishaft – am 6. Februar 1836 die »Novelle Lenz« (DKV II, 429) noch einmal, macht aber, anders als im Sommer 1835, keine Vorschläge mehr, wie und wo der Text sich publizieren ließe. Möglicherweise hat Büchner bis zu seiner Typhus-Erkrankung im Januar 1837 noch Spätkorrekturen am »Lenz« vorgenommen oder weiter an dem Text gearbeitet; wahrscheinlich ist dies indes nicht (vgl. Dedner/Gersch in MBA 5, 143 f.).

Der anzunehmende Entstehungszeitraum des »Lenz« reicht also vom Sommer 1835 bis zum Winter 1835/36, umfasst mithin die erste Hälfte von Büchners zweitem Straßburger Aufenthalt. Dabei sind drei Arbeitsphasen zu vermuten (vgl. ebd., 137–143): die Erschließung der Hauptquellen im Frühjahr 1835 (erste Phase); die weitere Sammlung von Informationen zum Thema im Sommer 1835, etwa nach dem Muster der damals von verschiedener Seite unternommenen Recherchen zu Friederike Brion (zweite Phase); die literarische Ausarbeitung des Materials im Herbst 1835 (dritte Phase).

Überlieferung

»Lenz« wurde weder zu Büchners Lebzeiten publiziert (wie etwa *Dantons Tod*), noch ist eine Handschrift Büchners überliefert (wie etwa vom »Woyzeck«). Was uns heute als »Lenz« zur Verfügung steht, ist kein authentischer Text Büchners, sondern das Resultat einer mehrfachen Ab- und Umschrift. Als Büchner am 19. Februar 1837 starb, fand sich unter den Papieren Büchners laut Wilhelm Schulz, der das Nachlassmaterial sichtete, unter anderem »das Fragment einer Novelle, welche die letzten Lebenstage des so bedeutenden als unglücklichen Dichters *Lenz* zum Gegenstande hat« (zit. nach MBA 5, 168). Den literarischen Nachlass und damit auch das erwähnte »Fragment« erhielt Büchners Verlobte Wilhelmine Jaeglé (vgl. ebd., 168). Auf die Bitte Gutzkows hin, der eine umfassende Publikation der Schriften Büchners plante, fertigt Jaeglé eine Abschrift an und schickte diese Anfang September 1837 an Gutzkow. Seinen ursprünglichen Publikationsplan gab Gutzkow zwar auf, edierte aber nach Jaeglés Abschrift den Text im Januar 1839 unter dem Titel »Lenz. / Eine Reliquie von Georg Büchner« im Hamburger *Telegraph für Deutschland* verteilt über mehrere Nummern.

Büchners Manuskript (editionsphilologisch geführt unter der Sigle *H* für die originale Handschrift) ist seit 1839 verschollen (vgl. ebd., 166); auch Jaeglés Abschrift (editionsphilologisch geführt unter dem Sigle *h* für die kopierende Handschrift) war wohl schon für den zweiten Druck des »Lenz« nicht mehr als Korrekturhilfe greifbar (vgl. ebd., 187). Der zuverlässigste Text, der uns heute zur Verfügung steht, ist also Gutzkows Erstdruck des »Lenz« (editionsphilologisch geführt unter dem Sigle *d1* für den ersten Druck). Dieser allerdings ist gegenüber dem originalen Manuskript dreifach bearbeitet worden: durch Jaeglés Abschrift, durch Gutzkows Redaktion und schließlich durch die Eingriffe der Setzer und Korrektoren in der Druckerei des *Telegraph* (vgl. ebd., 166). Auf allen drei Ebenen ist grundsätzlich mit Eingriffen in den Text zu rechnen, von Normalisierungen der Orthographie und Interpunktion (vgl. ebd., 167) bis hin zu ergänzenden Konjekturen (d. h. dem editorischen Auffüllen von Lücken im Manuskript). Über die Frage, wie weit diese Eingriffe

jeweils gereicht haben mögen, ist in der Forschung vor allem mit Blick auf Jaeglé und Gutzkow heftig gestritten worden.

Durchaus denkbar ist es, dass sich in Büchners Nachlass nicht etwa ein zwar unvollendetes, aber in sich geschlossenes Manuskript, sondern eine offene Ansammlung verschiedener Manuskripte gefunden hat (wiederum vergleichbar den »Woyzeck«-Manuskripten). Ein Hinweis darauf gibt Gutzkow, der zwar gegenüber dem Publikum des Erstdruckes von einem »Fragment« im Singular spricht, gegenüber Jaeglé aber von »Bruchstücken« im Plural (vgl. ebd., 169). Damit stellt sich die Frage, ob vielleicht erst Jaeglé »einen fortlaufend lesbaren Text geschaffen hat« (Hauschild zit. n. DKV I, 795) oder sogar erst Gutzkow die »Vereinheitlichung der ›Bruchstücke‹ zu einem ›Fragment‹« (Dedner/Gersch in MBA 5, 179) vorgenommen hat.

Gegen die These eines starken Eingriffs, wie sie in unterschiedlicher Schärfe etwa von den Büchner-Editoren Bergemann und Lehmann vertreten wurde, steht die Einschätzung von Gersch und Dedner (vgl. ebd., 167), dass sowohl Jaeglé als auch Gutzkow sich in ihren Eingriffen sehr zurückgehalten haben; auf der Mitte zwischen diesen Positionen steht z. B. Poschmann (vgl. Poschmann in DKV I, 795), der Gutzkows redaktionelle Zurückhaltung höchstwahrscheinlich, Jaeglés abschreibende Texttreue hingegen nicht völlig zweifelsfrei gewährleistet sieht. Unstrittig ist, dass Jaeglé eine Reihe editorischer Eingriffe vornehmen musste, die sich aus Büchners – freundlich formuliert – schwieriger Handschrift ergeben und um die auch ein heutiger Büchner-Editor – etwa angesichts der »Woyzeck«-Manuskripte – nicht umhinkommt (vgl. Dedner/Gersch in MBA 5, 169 f.). Weitgehend unstrittig ist auch, dass der Titel des Textes nicht auf den nachgelassenen Manuskripten zu finden war (wie ja auch die »Woyzeck«-Manuskripte keinen Titel tragen), sondern erst von Gutzkow festgesetzt wurde (vgl. ebd., 179 f.), weshalb, der Marburger Ausgabe folgend, eine Kennzeichnung durch Anführungszeichen sinnvoll scheint: »Lenz« (im Sinne von: der sogenannte »Lenz«; Gleiches gilt für »Woyzeck«).

Editionen

Der erste Druck (*d1*) des »Lenz« kommt im Januar 1839 durch Gutzkow zustande. Auch der zweite Druck (*d2*) erfolgt durch Gutzkow, der den Text 1842 in den Band *Mosaik. Novellen und Skizzen* aufnimmt. Der dritte Druck (*d3*), nun unter dem Titel »Lenz. /

Ein Novellenfragment«, wird 1850 von Ludwig Büchner veranlasst, der die *Nachgelassene[n] Schriften* seines Bruders publiziert. Sowohl *d2* als auch *d3* sind reine Nachdrucke von *d1*, sie können zu Korrekturzwecken weder auf Jaeglés Abschrift noch auf Büchners Originalmanuskript zurückgreifen, haben also keinen textkritischen Wert. Dennoch hat *d3* für die Editionsgeschichte des »*Lenz*« erhebliche Konsequenzen gehabt. Mit ihm beginnt die lange, über Lehmanns Ausgabe von 1967 hinaus noch bis heute reichende Geschichte zweifelhafter, scheinbar korrigierender oder ergänzender Eingriffe in den Text, etwa einer editorischen Kontamination von *d1* und *d3*, bisweilen auch einer Vermischung mit Elementen aus der Hauptquelle, dem Text Oberlins. Haarsträubendes Beispiel ist hier der erste Satz Büchners: »Den 20. ging Lenz durch's Gebirg.« (MBA 5, 31; DKV I, 225). Unterschiedliche Editoren kombinierten diesen Satz mit Elementen aus Oberlins Aufsatz zu einem Text, den weder Büchner noch Oberlin geschrieben haben, so noch bis in das Jahr 1975 in der 11. Auflage der Werkausgabe des Goldmann-Verlags zu finden: »Den 20. Jänner ging Lenz durchs Gebirg.« Diese falsche Textkonstitution überlebt dank digitaler Bibliotheken wirkungsvoll bis heute, z. B. auf den Seiten der hoch frequentierten Internetbibliothek »Projekt Gutenberg.de«, die auf der veralteten Goldmann-Ausgabe beruht, oder auf der viel benutzten CD-ROM »Digitale Bibliothek 1. Deutsche Literatur von Lessing bis Kafka«, die die überholte Ausgabe Lehmanns reproduziert. Dieser Unsitte gegenüber hat es sich heute durchgesetzt, den Erstdruck (*d1*) als verbindliche Vorlage für eine Edition zu nutzen. Dass auch hier noch editorischer (und interpretatorischer) Spielraum erhalten bleibt, zeigt sich etwa bei Entscheidungen über die Absatzgestaltung und den Umgang mit Auslassungszeichen.

Wichtiges Ziel bei dem editorischen Rückgriff auf *d1* ist es, durch den Verzicht auf Glättungen den Entwurfscharakter des Textes sichtbar zu lassen (vgl. Dedner/Gersch in MBA 5, 161–165). Um den »*Lenz*« darüber hinaus nicht nur als einen fragmentarischen, also unvollendeten Text zu präsentieren, sondern zugleich der These Rechnung zu tragen, dass es sich dabei ursprünglich um fragmentierte, also mehrere zerstreute Manuskriptteile in unterschiedlichen Ausarbeitungszuständen gehandelt haben könnte, hat Dedner vorgeschlagen, die zu vermutende Form der nachgelassenen »*Lenz*«-Manuskripte zu rekonstruieren (vgl. Dedner 1995). Dieser Vorschlag ist als »Genetische Darstellung (rekonstruiert)« in die Historisch-Kritische Ausgabe (vgl. MBA 5, 3–27) eingegangen. Die im Text (*d1*) zu findenden starken Schwankungen hinsichtlich der Ausarbeitung und der Quellenabhängigkeit lassen sich aus dieser Perspektive erklären, indem man sie aus unterschiedlichen Entwurfsstufen ableitet.

So rekonstruiert Dedner eine stark von Oberlins Vorlage abhängige erste Entwurfsstufe, eine zweite Entwurfsstufe, in der eine psychiatrische Skizze geliefert wird, und eine dritte Entwurfsstufe, mit der die ausführlichere literarische Ausarbeitung des im ersten Entwurf Notierten beginnt. Gutzkows Vereinheitlichung der »Bruchstücke« zu einem »Fragment« hätte demnach den ersten Entwurf als Gerüst genommen, in diesem Entwurf dann dasjenige ersetzt, was auf der dritten Entwurfsstufe ausgeführt wurde, und den zweiten Entwurf an einer ihm passend erscheinenden Stelle eingefügt. Die rekonstruierten Reste des ersten Entwurfs (H 1) reichen nach dieser These von Oberlins Rückkehr von seiner Reise bis zu Lenz' zweitem Sprung aus dem Fenster (rekonstruiert ebd., 5–9); die psychiatrische Skizze (H 2) beschreibt den seelischen »Zustand« von Lenz bis hin zu dessen Selbsttherapie durch Schmerzzufügung (rekonstruiert ebd., 10–11); die dritte Entwurfsstufe (H 3) beginnt mit dem Anfang der Erzählung, reicht bis zu Lenz' Atheismuserlebnis und bezieht sich auch noch auf die Schlusspassage (rekonstruiert ebd., 12–27).

Der auf diese Weise entstandene Text macht deutlich, mit welcher interpretatorischer Vorsicht man bei der Analyse formaler Eigenheiten des »*Lenz*« vorzugehen hat. Zugleich bleibt aber zu bedenken, dass die so rekonstruierten »›Lenz‹-Handschriften« (Dedner/Gersch in MBA 5, 203) dem verschollenen Originalmanuskript Büchners nicht etwa näher kommen, wie dies ihre prominente Positionierung in der Historisch-Kritischen Ausgabe suggeriert, sondern den drei ab- und umschreibenden Texttranspositionen von Jaeglé, Gutzkow und der Druckerei des *Telegraph* eine vierte – und die vielleicht bisher am schärfsten eingreifende – hinzufügt.

5.2 Materialien

Lenz

Zu Büchners Zeiten war J.M.R. Lenz (1751–1792) »literarhistorisch bekannt als eine der Hauptgestalten des Sturm und Drang. Seine Komödien wurden von Romantikern wie Achim von Arnim und Clemens Brentano hochgeschätzt, und Ludwig Tieck

veranstaltete 1828, also nur sieben Jahre vor Büchners Niederschrift der Erzählung, eine Neuausgabe
seiner Schriften in drei Bänden […]. Teils umstritten, teils aufgrund mangelnder Kenntnisse unklar
waren Ursachen und Verlauf der psychischen Krankheit, deren Opfer Lenz im Januar und Februar 1778
geworden war.« (Dedner/Gersch in MBA 5, 79) Für
die 1830er Jahre kann man also von einem doppelten Interesse ausgehen, einem literarhistorischen an
Lenz als Dichter und einem biographischen an Lenz
als psychopathologischem Fall.

Von Lenz' literarischen Werken wurden zu dessen
Lebzeiten vor allem die Dramen *Der Hofmeister*
und *Der neue Menoza* zur Kenntnis genommen, der
Rest fand kaum Beachtung. In den 1790er Jahren pu-
blizierten Lavater und Schiller vereinzelt nachgelassene Werke und machten so auf den mittlerweile
verstorbenen Dichter aufmerksam; eine bedeutende
Rolle für die Wahrnehmung der Literatur der 1770er
Jahre spielte er jedoch nicht. Im Mai 1814 erschien
der dritte Teil von Goethes *Dichtung und Wahrheit*,
in dem sich Goethe von seinen eigenen literarischen
Produktionen des Sturm und Drang distanziert.
Goethe benutzt Lenz als Mittel dieser Distanzierung.
Er charakterisiert diesen »so talentvollen wie seltsa-
men Menschen« mit seiner »Selbstquälerei« und
»formlose[n] Schweifen« als paradigmatisches Beispiel eines zeitbedingt erfolgreichen, letztlich aber
zu verwerfenden Literaturprogramms (vgl. Goethe
in MBA 5, 257–263). Goethes literarhistorische Äußerungen über Lenz hatten einen ambivalenten Effekt: Einerseits diffamierten sie wirkungsvoll die literarische Produktion von Lenz (vgl. z. B. Poschmann
in DKV I, 806 f.), andererseits brachten sie diese
überhaupt wieder verstärkt ins Bewusstsein der literarischen Öffentlichkeit.

Einen ersten Höhepunkt erreichte die Lenz-Rezeption allerdings erst im Jahr 1828. Zum einen
publizierte der deutsch-französische Gelehrte Ferdinand von Eckstein einen langen Aufsatz über Lenz
und analysierte darin dessen literarisches Werk so
ausführlich und so wohlwollend wie noch nie zuvor.
Für Eckstein ist Lenz ein ›tiefer Beobachter der
menschlichen Schwächen und Narrheiten‹ (zit. n.
MBA 5, 90), der seine Liebe für die Menschheit mit
einem darstellerischen Realismus zu verbinden
wisse. Zum anderen erschien die von Ludwig Tieck
herausgegebene erste große Werkausgabe, die
»Gesammelte[n] Schriften, von J.M.R. Lenz«. Damit
wurden die Werke von Lenz erstmals umfassend
greifbar gemacht. Auch Tieck betont deren realistische Tendenz. Vor allem aber wendet er sich gegen

die distanzierende Abwertung Goethes aus *Dichtung
und Wahrheit*. In seiner Parteinahme für Lenz verwirklicht Tieck damit zugleich ein »literarhistori-
sches und kulturideologisches Projekt: die Feier des
jungen Straßburger und Frankfurter Goethe auf
Kosten des Weimarer Dichters.« (Dedner/Gersch in
MBA 5, 91) Büchners Kenntnis von Lenz' Werken ergibt sich aus vielfältigen direkten und indirekten Bezügen (vgl. Hinderer 1990, 83–90).

Steuernd für die frühe Lenz-Rezeption war indes
nicht das literarhistorische Interesse, das sich an der
Konfrontation zwischen dem Realismus des Sturm
und Drang auf der einen Seite und dem Idealismus
bzw. Klassizismus auf der anderen Seite entzündete.
Im Zentrum stand vielmehr die biographische Frage
nach der psychopathologischen Wendung in Lenz'
Leben (dokumentiert in Dedner/Gersch/Martin
1999). Schon der erste Nekrolog auf Lenz gibt hier
die Richtung vor: »Eine genauere Schilderung seiner
letzten Lebensjahre müste äusserst interessant in
psychologischer und moralischer Hinsicht seyn«
(Jerczembski zit. n. MBA 5, 82). Die »Gemüthskrank-
heit« und der daraus resultierende »vollendete[ ]
Wahnsinn« (so im Jahr 1812 Franz Horn, zit. n. ebd.,
82) des Dichters scheint im frühen 19. Jahrhundert
bekannter zu sein als dessen literarisches Werk. Eine
erste Spekulation über die Ursachen der psychischen
Krise findet sich 1794 bei dem mit Lenz vormals befreundeten Lavater: »sein Durst nach Liebe, der
nicht befriedigt ward« (Lavater zit. n. ebd., 83). Damit beginnt die rezeptionsgeschichtlich wirkungs-
volle Verknüpfung von Liebesleid und psychischem
Zusammenbruch. 1796 bezog Johann Friedrich
Reichardt diese Liebe auf Goethes Schwester Corne-
lia Schlosser, deren Tod im Jahr 1777 Lenz, so Reichardt, »vollends zerrüttete« (Reichardt zit. n. ebd.,
83).

Die Beschreibung, die Goethe 1814 in *Dichtung
und Wahrheit* von Lenz gibt, fällt teilweise etwas her-
ablassend aus (»Klein, aber nett von Gestalt, ein al-
lerliebstes Köpfchen, dessen zierlicher Form niedli-
che etwas abgestumpfte Züge völlig entsprechen«,
zit. n. ebd., 259) und nimmt bisweilen denunziatori-
sche Züge an (»Er hatte nämlich einen entschiedenen Hang zur Intrige«, zit. n. ebd., 261). Die Verknüpfung von Liebe und Wahnsinn nimmt Goethe
in keiner Weise auf. Stattdessen bietet er einen alternativen Erklärungsansatz für Lenz' Weg von der
»Selbstquälerei« in den »Wahnsinn«:

Zu einem solchen Abarbeiten in der Selbstbeobachtung berechtigte jedoch die aufwachende empirische Psychologie,
die nicht gerade alles was uns innerlich beunruhigt für bös

und verwerflich erklären wollte, aber doch auch nicht alles billigen konnte; und so war ein ewiger nie beizulegender Streit erregt. Diesen zu führen oder zu unterhalten übertraf nun Lenz alle übrigen Un- oder Halbbeschäftigten, welche ihr Inneres untergruben, und so litt er im allgemeinen von der Zeitgesinnung (Goethe zit. n. ebd., 261).

Goethe gibt hier zu bedenken, dass Lenz' psychischer Zusammenbruch aus einer zeittypischen Konstellation zu erklären sei, die bei Lenz nur besonders starke Wirkungen zeitigte. Die empirische Psychologie, ein sich erst in den 1780er Jahren etablierender Zweig der Medizin, wird von Goethe als die Disziplin ausgemacht, auf die eine weitreichende historische Transformation von Persönlichkeitsstrukturen zurückzuführen ist. An die Stelle einer Subjektkontrolle mittels moralisch-theologischer Kategorien (gut/böse) installiert die empirische Psychologie, unterstützt von der literarischen Produktion der Zeit, ein sich selbst regulierendes Subjekt. Aufklärung erscheint in dieser Perspektive nicht als die Freiheit, sich seines eigenen Verstandes bedienen zu dürfen, sondern als der Zwang, sich stets selbst steuern zu müssen. Und genau dieser Zwang zur Selbststeuerung, zur Selbstregulierung, zur Selbstbeobachtung trägt in sich das gefährliche Potential einer Selbstüberforderung. Goethe führt diesen Zusammenhang von riskanter »Zeitgesinnung« und »individuelle[m] Zuschnitt« (Goethe zit. n. ebd., 261) in die biographisch orientierte Lenz-Rezeption ein, führt ihn aber nicht aus, sondern benennt nur das Projekt: »Vielleicht wird es dereinst möglich, nach diesen Prämissen, seinen Lebensgang, bis zu der Zeit, da er sich in Wahnsinn verlor, auf irgend eine Weise anschaulich zu machen« (Goethe zit. n. ebd., 262).

Einen neuen Schub bekommt das biographische Interesse an Lenz mit den Publikationen von August Stöber im Jahr 1831, Büchners erstem Straßburger Jahr. Zentral sind hier zwei Funde. Zum einen publizierte Stöber Auszüge aus einer Reihe von Lenz-Briefen aus dem Jahr 1772. In diesen gesteht Lenz seine Liebe zu Friederike Brion, die in den 1830er Jahren längst einige Berühmtheit als die vormalige Geliebte Goethes und Adressatin von dessen Sesenheimer Liedern erlangt hatte. Zum anderen entdeckte Ehrenfried Stöber 1826 in Oberlins Nachlass den Bericht aus dem Jahr 1778, dem sich eine detaillierte Beschreibung von Lenz' Gemütszustand entnehmen lässt. Auszüge aus diesem Text, der in seiner ganzen Länge zwar erst im Jahr 1839, also nach Büchners Tod veröffentlicht wurde, der Büchner aber in einer Abschrift zur Verfügung stand, publi-

zierte August Stöber zusammen mit den Briefen. In seiner kommentierenden Einleitung, die eigens auf das doppelte Interesse an Lenz »in psychologischer und poetischer Hinsicht«, also für »Psychologen und Literatoren« hinweist, verknüpft Stöber aus den beiden Quellen die Hinweise auf die unglückliche Liebe zu Friederike und konstruiert daraus eine neue Ursachengeschichte: Nun ist es nicht mehr die Liebe im Allgemeinen (wie bei Lavater) oder die zu Goethes Schwester (wie bei Reichardt), sondern diejenige zu Goethes ehemaliger Geliebter, die »seinem ganzen Leben jene traurige Wendung gab, welche ihn verzehrte […]. Sein ganzer Gemüthszustand, in Licht und Schatten, ist aus allen Erscheinungen jener Periode erklärlich« (Stöber zit. n. ebd., 246). Damit war zugleich ein unmittelbarer Bezug hergestellt zu der durch Goethe ausgelösten Forschungs- und Publikationswelle zu Friederike Brion (vgl. ebd., 108–119).

Diese monokausale Ableitung des Wahnsinns aus Lenz' Friederiken-Erlebnis findet sich nicht so in Oberlins Text. In einer Passage, die in Stöbers erster, auszugsweisen Publikation keine Berücksichtigung findet, auf die sich Büchner aber bei seiner Arbeit beziehen konnte, beschreibt Oberlin ein ganzes Ursachenbündel, das letztlich auf eine moralische Kritik an Lenz' Lebensweise hinausläuft. Die psychischen Zusammenbrüche seien, so schreibt Oberlin, die »Folgen der Prinzipien die so manche heutige Modebücher einflößen, die Folgen seines Ungehorsams gegen seinen Vater, seiner herumschweifenden Lebensart, seiner unzweckmäßigen Beschäftigungen, seines häufigen Umgangs mit Frauenzimmern« (Oberlin zit. n. ebd., 239).

Büchners Text greift in die Debatte um die psychopathologische Wende in Lenz' Leben ein. Er tut dies indes nicht, indem er sich für eine der vorgeschlagenen Ursachengeschichten ausspricht oder eine eigene Kausalerklärung liefert, sondern indem er durch einen radikalen Perspektivenwechsel eine neue Analysehaltung gegenüber dem Krankheitsverlauf vorschlägt.

Oberlin

Immer wieder findet sich in Büchners literarischen Werken die Tendenz zur figuralen Paarbildung, der die Texte zentrale Momente ihrer Handlungsdynamik verdanken: Danton und Robespierre, Leonce und Lena, Woyzeck und Marie. Entsprechend hat auch Büchners Prosa-Fragment neben dem Schriftsteller Lenz noch einen zweiten Protagonisten: den Pfarrer Oberlin (1740–1826).

Oberlin (vgl. zum Folgenden Dedner/Gersch in MBA 5, 119–127) stammte aus einer pietistischen Straßburger Bürgerfamilie. Er besuchte ein protestantisches Gymnasium, absolvierte zunächst ein humanistisches Studium, dann ein Theologiestudium, und wurde 1767 auf die Pfarrstelle im Steintal berufen. Geprägt war er vom Hallenser Pietismus, pädagogische Anregungen verdankte er u. a. dem Philantropin in Dessau. Als Theologe war Oberlin Eklektiker, der pietistisches Gedankengut, visionäre Vorstellungen und praktische Tätigkeit miteinander zu verbinden wusste. Einer breiteren Öffentlichkeit bekannt wurde Oberlin erst anlässlich einer Auszeichnung durch die »Société royale et centrale d'agriculture« im Jahr 1818; seither war von ihm immer wieder in Reiseberichten durch die Vogesen die Rede. Nach seinem Tod im Jahr 1826 »wurde er für seine pädagogischen, sozialreformerischen und seelsorgerischen Leistungen in mehreren Nachrufen gewürdigt.« (ebd., 122) Bald schon tauchte er auch als Figur in fiktionaler Literatur auf, etwa bei Heinrich Zschokke, Balzac und Henrich Steffens.

Ob nun im dokumentarischen oder im fiktionalen Genre, stets wird es als Oberlins originäres Verdienst angesehen, »die verwilderte Bevölkerung des Steintals zu einer Gemeinschaft fleißiger, kultivierter Menschen erzogen« (ebd., 122) zu haben. In beispielgebender Absicht hatte Oberlin die Agrarregion des Steintals an die Erfordernisse einer modernen Leistungsgesellschaft angepasst. Zu nennen sind hier: eine Schulreform (mehr Schule, mehr Praxisbezug, Normalisierung der Kommunikation durch Einführung der Hochsprache); Infrastrukturmaßnahmen (Anbindung an Straßburg, Ausbau der Verkehrswege im Tal); eine Agrarreform (neue Kartoffelsorten, neue Kulturpflanzen, Förderung der Viehzucht); eine Finanzreform (eine Darlehenskasse für die Landbevölkerung); eine Gesundheitsreform (Verbesserung der Versorgung und Vorsorge) und schließlich die Förderung des Handwerks und des Gewerbes. In der Figur Oberlins verbinden sich zwei Tendenzen miteinander: eine konservative Religiosität (als Einheit von pietistischer Frömmigkeit und Mystik) und eine progressive sozialpolitische Praxis. In der Oberlin-Publizistik vor Büchner wird diese Verbindung als eine gelungene beschrieben. Stets ergibt sich ein durchweg positives Bild des Vogesen-Pfarrers. Das Steintal erscheint als Idylle, als ein Ort geglückter, glücklicher Modernisierung, als ein Ort ohne Modernisierungsverlierer.

Auf beide Elemente der Oberlin-Publizistik, auf das theologische wie das sozialreformerische, wirft Büchners Text ein neues Licht. Die Religion, so zeigt sich bei Büchner, taugt nicht als Basis für eine psychiatrische Therapie; und in jeder Modernisierung, so lauter die sozialreformerischen Absichten auch sein mögen, lassen sich die marginalisierten, nicht integrierbaren Verliergestalten sichtbar machen. Das individuelle Schicksal von Lenz wird aus dieser Perspektive lesbar als Reflex einer gesamtgesellschaftlichen Modernisierung (vgl. Großklaus 1982, 73 ff.).

Psychiatrie

Büchner greift neben den Materialien zu Lenz und Oberlin auch auf ein Themenfeld zu, das nicht in die Zeit von Lenz und Oberlin gehört, sondern in seine eigene: die Debatte, die seinerzeit um das Krankheitsbild der »Melancholie« und »Manie« als Spielarten der Geisteskrankheiten geführt wurde. Adolf Henkes *Lehrbuch der gerichtlichen Medicin* definiert in seiner siebten Auflage aus dem Jahr 1832 folgendermaßen: »Der *Wahnsinn* [...] wird von den Ärzten oft als gleichbedeutend mit *Verrückung* oder *Verrücktheit* betrachtet, und Schwermuth und Melancholie, partieller Wahnsinn (fixe Ideen) und Manie werden sodann als verschiedene Formen und Grade des Wahnsinns angesehen.« (Henke zit. n. Seling-Dietz 2000, 205 f.)

Die Psychiatrie war zu Büchners Zeiten eine noch überaus junge Disziplin. Erst in der zweiten Hälfte des 18. Jahrhunderts hatte sich eine empirische Psychologie zu etablieren begonnen, so etwa mit Karl Philipp Moritz' einflussreichem *Magazin zur Erfahrungsseelenkunde* (1783–1793). Zu ersten Ansätzen einer Institutionalisierung der Psychiatrie kommt es um 1800 in Frankreich, wo unter der Initiative von Philippe Pinel eigenständige Einrichtungen für Geisteskranke geschaffen werden. Aus den damit verfügbaren empirischen Daten geht 1801 Pinels epochales Hauptwerk mit dem Titel *Traité médico-philosophique sur l'aliénation mentale ou la manie* hervor, das schon im gleichen Jahr als *Philosophisch-medicinische Abhandlung über Geistesverwirrungen oder Manie* ins Deutsche übersetzt wird. Philosophischmedizinisch »nannte man eine der Aufklärung verpflichtete Wissenschaftsrichtung, die im Zeichen anti-metaphysischer Empirie die Verbindung von Psychologie und medizinischer Physiologie einforderte« (Seling-Dietz 2000, 193). Aus diesem methodischen Ansatz entwickelte sich im frühen 19. Jahrhundert in Deutschland eine somatisch orientierte Psychiatrie, die mentale Störungen auf körperliche Defekte zurückführte. Als Gegenbewegung zu diesen sogenannten Somatikern formierten sich zeitgleich die sogenannten Psychiker, die psychische Störungen als Effekt moralischer Fehlhaltungen interpretierten. Dieser Streit zwischen Somatikern und Psychikern, der zugleich für die Debatte um die Zurechnungsfähigkeit Woyzecks sowie Büchners »Woyzeck«-Fragmente von zentraler Bedeutung ist, bestimmte auch den Streit um Melancholie und Manie, in den sich Büchners »Lenz« positioniert.

Die führenden Gestalten in der Melancholiediskussion der 1830er Jahre sind der französische Psychiater Jean-Étienne-Dominique Esquirol und der deutsche Psychiater Johann Christian Reil. Schon Pinel hatte das Krankheitsbild einer »manie sans délire« (zit. n. Seling-Dietz 2000, 199), also einer partiellen Geistesstörung ins Spiel gebracht. Im Anschluss daran beschrieben Esquirol und Reil die Krankheitsbilder der Manie, Monomanie und Melancholie. Der Streit zwischen Somatikern und Psychikern spitzte sich in den 1830er Jahren auch deshalb zu, weil sich in ihm eine politische Auseinandersetzung verbirgt. Die Somatiker sind durchweg politisch liberal einzuordnen; die Psychiker gehören auf die Seite der Restauration. Im Fall Woyzecks zeigt sich dies besonders deutlich: Die Somatiker plädieren auf Unzurechnungsfähigkeit, gegen die Todesstrafe und für einen milden, fürsorglichen Staat; die Psychiker hingegen plädieren auf Zurechnungsfähigkeit, für die Todesstrafe und für einen harten, strafenden Staat. Auch das Leben und Leiden des Lenz lässt sich, wie Büchners »literarische Pathographie« (Martin 2007, 211) demonstriert, in diese Debatte einordnen.

5.3 Form des Erzählens

Gattung

Nähert man sich Büchners Prosa-Text aus einer gattungstheoretischen Perspektive, dann ergeben sich zwei einander entgegengesetzte Fluchtlinien für die Interpretation, die sich unter den Begriffen ›Novelle‹ und ›Fragment‹ bündeln lassen. Liest man den Text als Novelle, dann sucht man nach Anhaltspunkten einer klaren, geordneten, geschlossenen und komponierten narrativen Form. Liest man ihn hingegen als Fragment, dann sucht man nach Belegen für narrative Brüche, formale Offenheiten, erzählerische Verwerfungen. Diese können dann entweder auf den Entwurfscharakter des Textes zurückbezogen oder als bedeutungstragende Formelemente verstanden werden.

Von einer Novelle erwartet man äußere sowie innere Geschlossenheit, bei einem Fragment nicht. Hinsichtlich der äußeren Geschlossenheit ist sowohl der Anfang des Textes als auch dessen Ende von Interesse: »Den 20. ging Lenz durch's Gebirg. […] So lebte er hin.« (MBA 5, 31 u. 49; DKV I, 225 u. 250) Der fehlende Teil in der Datumsangabe des ersten Satzes und der unvermittelte Abbruch des letzten Satzes lassen sich nach drei Richtungen ausdeuten. Erste Möglichkeit (fragmentarischer Entwurf): Es fehlt etwas, weil Büchner den Text nicht fertig geschrieben hat. Vielleicht, so lässt sich argumentieren, hätte Büchner in einer endgültigen Fassung das Datum vervollständigt; vielleicht wäre dem für uns ersten Satz noch ein Abschnitt vorausgegangen, in dem vom Januar 1778, z. B. mit Blick auf Lenz' Aufenthalt bei Schlossers in Emmendingen, die Rede gewesen wäre; vielleicht ließe sich die Erzählung noch weiter in »Lenzens Verrückung« (vgl. Dedner/Gersch/Martin 1999) hineinführen. Zweite Möglichkeit (fragmentarische Form): Es fehlt etwas, um die Brüchigkeit und Unsicherheit, die auf der inhaltlichen, thematischen Ebene im Zentrum des Textes steht, auch auf formaler Ebene schon im ersten Satz des Textes ins Spiel zu bringen und noch mit dem letzten Satz im Gedächtnis zu bewahren. Der Text erzählt von einer gebrochenen Gestalt mittels einer gebrochenen Gestaltung. Dritte Möglichkeit (Novelle): Die Auslassung ist eine rhetorische Figur, eine Ellipse, welche die paukenschlagartige Eröffnungssentenz in eine kompositorische Beziehung setzt zum Schlusssatz, der gleichfalls mit einer rhetorischen Figur der Unvollständigkeit agiert, mit einer Aposiopese, dem unvermittelten Abbruch der Rede. Nach dieser Lesart trägt gerade das scheinbar Fehlende zur äußeren Geschlossenheit des Textes bei. In der formalen Gestaltung seiner Ränder beweist der Text seine äußere Geschlossenheit; er ist ein vollständiges Ganzes, in dem die Vorgeschichte und »alles Zukünftige noch mitgesagt« (Wiese 1963, 106) ist.

Auch mit Blick auf die Frage nach der inneren Geschlossenheit des Textes eröffnen sich drei interpretatorische Wege. Die erste Möglichkeit besteht wieder darin, die Unregelmäßigkeiten der narrativen Gestaltung aus dem unabgeschlossenen Arbeitsprozess heraus zu erklären; in der Konsequenz führt dies zur spekulativen Rekonstruktion des fragmentarischen Entwurfs. Die zweite Möglichkeit besteht darin, die narrative Brüchigkeit des Textes als dessen eigentümliche ästhetische Gestalt zu verstehen. Aus dieser Perspektive lässt sich Büchners Prosa-Text mit seinen Dramen in Verbindung bringen. Wie die

Dramen, so tendiert auch der Prosa-Text zu einer ›offenen Form‹ (vgl. Baumann 1958; Ullmann 1975; Hausubek 1969, 57 f.), zu einer narrativ *fragmentarischen Form*, deren einzelne, sich autonomisierenden Teile nicht mittels eines vertikalen Ordnungsschemas, sondern allenfalls durch horizontale, motivische wie rhetorische Bezüge miteinander verklammert sind. Und schließlich die dritte Möglichkeit: Man sucht nach dem für eine *Novelle* typischen »sorgfältig durchkomponierten Aufbau« (Wiese 1963, 105) der Erzählung. So teilt nach Benno von Wiese die narrative »Komposition« (ebd.) den beschriebenen Krankheitsverlauf »in zwei deutlich gegliederte, ihrem Wesen nach ganz verschiedene Phasen« (ebd.), mit dem Kunstgespräch als der »gliedernden Mitte« (ebd., 109) und dem »eigentlichen Ruhepunkt im Erzählen« (ebd., 107): »Denn alles, was *vor* diesem Gespräch geschieht, zeigt, trotz der immer mächtiger anschwellenden Bedrohung, auch noch den dionysischen Jubel des Daseins, das Wesenhafte und Unzerstörbare der Wirklichkeit, während erst *nach* dem Gespräch die fallende Bewegung ins Zertrümmernde, Entgleitende und Wesenlose unabwendbar wird.« (Wiese 1963, 109) Die innere Geschlossenheit des Textes – und mithin seine Zugehörigkeit zur Gattung der Novelle – zeigt sich demnach in einer idealen, dreigliedrigen Erzählbewegung: zunächst aufwärts (»anschwellend«), dann innehaltend (»Ruhepunkt«), schließlich abwärts (»fallend«). Eine andere mögliche kompositorische Gliederung schlägt z. B. Fellmann vor, der Prolog (Wanderung durch das Gebirge), Hauptteil (Aufenthalt im Steintal) und Epilog (Abtransport nach Straßburg) unterscheidet und den Hauptteil wiederum in drei Abschnitte unterteilt: »Im ersten lebt Lenz *mit* Oberlin in Waldbach, im zweiten *ohne* ihn, im dritten *neben* ihm. Und am Anfang jeden Abschnitts steht eine Ankunft: Lenz – Kaufmann – Oberlin.« (Fellmann 1963, 15 f.) Walter Hinderer hingegen sieht einen fünfteiligen Aufbau und in ihm die »stufenartige Anordnung der verschiedenen existentiellen Möglichkeiten von Lenz, von der religiösen Thematik bis zur naturphilosophischen«, wobei das Kunstgespräch als narrativer »Höhepunkt« (Hinderer 1990, 101) erscheint. Wiese, Fellmann und Hinderer, die hier exemplarisch für eine ganz Reihe weiterer Ordnungsvorschläge stehen (vgl. den Überblick bei Hinderer 1990, 71–76), unterscheiden sich zwar darin, *welche* formale Ordnung sie jeweils herausstellen, sie gleichen sich aber darin, *dass* sie eine solche, der Novelle zuzuschlagende Ordnung konstatieren.

Keine dieser drei möglichen Formbeschreibungen (*fragmentarischer Entwurf*, *fragmentarische Form*, *Novelle*) kann den Anspruch erheben, die Eigenheiten des Textes in seiner Überlieferungsgeschichte und seiner aktuellen Gestalt vollständig abzudecken. Deshalb scheint es nötig, diese drei Lesarten, obwohl sie einander widersprechen, gleichzeitig als gültig zu erachten. Wichtig ist es, sie als *Lesarten* zu erkennen, als mögliche Perspektiven auf den Text. Büchner hat den Text weder selbst ›Novelle‹ genannt, noch ihn in seiner heutigen Form als ›Fragment‹ selbst publiziert. Der »*Lenz*« *ist* nicht einfach eine Novelle oder ein Fragment; er lässt sich aber *als* Fragment sowie *als* Novelle *lesen*.

Erzählstil, Erzähltechnik

Die »typischen Sprachformen« (Hasubek 1969, 34) und »Stilgesetze« (ebd., 35) des Textes erschließen sich mit Blick auf die zentrale Opposition von Ruhe und Bewegung, die als »stilistische Kategorien« und »polar aufeinander bezogene Begriffe« zu verstehen sind, mittels derer »die auf den ersten Blick stark divergierenden Stiltendenzen auf einen gemeinsamen Nenner zu bringen sind.« (ebd., 36) Zugleich lassen sich diese formal-stilistischen Kategorien auf das thematische Zentrum des Textes, Lenz' psychisches Hin- und Hergerissensein zwischen Beruhigung und Wahnsinn beziehen. Dies impliziert indes nicht eine klare Wertung der beiden einander entgegengesetzten Kategorien. Im Gegenteil: Sowohl »Ruhe« als auch »Bewegung« unterliegen einer tiefgreifenden Ambivalenz. »Ruhe« ist dort willkommen, wo sie als Ausruhen von den Wahnsinnsanfällen erscheint; sie ist dort zu fürchten, wo sie sich zur Erstarrung als letzter Konsequenz der Geisteskrankheit verschärft. »Bewegung« steht einerseits für das Leben, das Lebendige und wirkt mithin gegen die Erstarrung im Wahn; andererseits tendiert sie zu einer unkontrollierbaren Beschleunigung, zur mentalen Hast des Wahns.

Diese doppelte Dopplung, diese verschärfte Ambivalenz im Erleben des Protagonisten finden ihren Niederschlag in einer Reihe stilistischer Eigentümlichkeiten, einer Serie rhetorischer Verfahren wie Verbellipse, Antithetik, Steigerung, Exclamatio, Reflexivkonstruktion, Anapher, Polysyndeton und Parataxe (vgl. ebd.). Die Verbellipse etwa, also das Fehlen des Verbs im Satz, kann, der allgemeinen Ambivalenz entsprechend, in zwei Richtungen wirken. Entweder entfaltet sich mit ihr ein Eindruck von Statik, von Ruhe, z. B.: »Die Gipfel und hohen Bergflächen im Schnee, die Thäler hinunter graues Gestein, grüne Flächen, Felsen und Tannen.« (MBA 5, 31; DKV I, 225) Oder aber sie zeitigt einen dynamisierenden Bewegungseffekt, z. B.: »Dann rasch in's praktische Leben, Wege angelegt, Kanäle gegraben, die Schule besucht.« (MBA 33; DKV I, 228 f.) Statik und Dynamik können dabei jeweils sowohl bedrohlich als auch beruhigend sein. Die stilistische Dynamik etwa ist dort positiv konnotiert, wo sie eine erfrischende Belebung des niedergeschlagenen Protagonisten markiert; sie ist dort negativ besetzt, wo sie den Wegfall des handelnden Subjekts zugunsten eines Triebes vermuten lässt, die Vormacht des »es« vor dem »er«. Forciert wird die Dynamik durch den dichten Gebrauch von Bewegungsverben, verbunden mit Richtungspräpositionen, z. B.: »Je *höher* er sich *aufriß,* desto *tiefer stürzte* er *hinunter.*« (MBA 5, 41; DKV I, 239; Hervorhebungen R.B.) An diesem Beispiel zeigt sich auch, in welcher Weise der Text seine Bewegung vorrangig organisiert: als Bewegung in der Vertikalen, als ein beständiges Auf und Ab. Gleichfalls mitgegeben in diesem Beispiel ist die Figur der Antithese, also das Argumentieren und Darstellen in Gegensätzen (die häufigsten des Textes sind: hoch/tief, hell/dunkel, nah/fern, kalt/heiß): »Die Antithetik verrät unmißverständlich die innere Unruhe Lenzens, seine Zerrissenheit und sein ständiges Schwanken zwischen Extremen.« (Hasubek 1969, 45; vgl. zur Opposition von Licht und Finsternis auch Kuchle 1999)

Als zentrales Stilmittel für die Darstellung der psychischen Zerrissenheit des Protagonisten dient das Zusammenspiel von Ellipse und Parataxe. Die Ellipse mit ihrer »Zersetzung der Satzkonstruktion« (ebd., 54, vgl. auch Meier 1982, 203) verweist auf die Lücken, die Leerstellen, die Brüche in Lenz' Empfinden. Die Bevorzugung der Parataxe (Tendenz zur Reihung von Hauptsätzen mit wenigen untergeordneten Nebensätzen) gegenüber einem hypotaktischen Stil (Schachtelung von Haupt- und Nebensätzen) macht deutlich, dass diese Bruchstücke zudem nur unverbunden nebeneinander gestellt, aber nicht mehr in eine hierarchisch-logische Verknüpfung gebracht werden können. Dies zeigt sich besonders in der direkten Rede des Protagonisten (die Dichte der elliptischen und parataktischen Fügungen entspricht unmittelbar dem Stand des Wahnsinns), es trifft aber auch für die Erzählung als Ganze zu, die auf diese Weise einmal mehr ihre Verwandtschaft mit Stilelementen der offenen Dramenform offenbart.

Geht man von den Fragen des Erzähl*stils* zu denjenigen der Erzähl*technik* über, zeigen sich weitere

epochemachende narrative Innovationen dieses so nachhaltig in die literarische Moderne weisenden Textes (zur Modernität des Textes vgl. Durzak 1988). Besonders mit Blick auf die Landschaftsschilderungen (zur Funktion der Landschaftsdarstellung vgl. auch Michels 1981; Zons 1981; Schmidt 1994) lässt sich von einem »phänomenologischen Erzählen« (Kanzog 1976, 186) sprechen. Ein solches Erzählen steht genau auf der Mitte zwischen objektivem Naturalismus und subjektivem Gefühlsbericht. Die Dinge werden in ihren jeweiligen Eigenschaften beschrieben, zugleich wird aber die Perspektive mitgeliefert, aus der heraus dies geschieht. Die Sätze beschreiben das Wahrgenommene und mit ihm zugleich den Wahrnehmenden. So werden »Naturvorgänge mit Vorgängen im Inneren der Person verbunden« (ebd., 188). Besonders eindrücklich zeigt sich dies im vielinterpretierten Erzähleingang. In dessen eigentümlicher Perspektivierung ist immer wieder die zukunftsweisende Modernität von Büchners Prosa-Text gesehen worden, der eine Erzähltechnik entwickelt, für die es zu seiner Zeit noch keine Vorbilder gab und die später zu einer der bestimmenden narrativen Verfahren der modernen Literatur avancierte. Diese erzählerische Gestalt lässt sich in unterschiedlichen Begrifflichkeiten fassen: Büchners Text arbeitet mit einer neutralen bzw. personalen Erzählfunktion (und nicht, wie dies vor ihm üblich war, mit einem auktorialen oder einem Ich-Erzähler); es handelt sich um einen mimetisch-fiktionalen Text (und nicht um einen diegetisch-fiktionalen), d. h. um ein unmittelbares Erzählen, das sich einer Reflektorfigur bedient (und nicht um ein mittelbares Erzählen, das von einem auktorialen oder einem Ich-Erzähler getragen wird).

Innovativ ist Büchners Erzählweise also vor allem hinsichtlich der narratologischen Kategorie des *Modus* des Erzählens, d. h. bei den Fragen nach der *Distanz* (Wie vermittelt oder unvermittelt wird das Erzählte präsentiert?) und der *Fokalisierung* (Aus welcher Perspektive wird das Erzählte präsentiert?). Büchners Text reduziert die Distanz des Erzählens in einer bis dahin unbekannten Art und Weise. Deutlich wird dies z. B. im Vergleich mit einer Erzählung des tatsächlichen Autors Lenz aus dem Jahr 1776 mit dem Titel *Zerbin oder die neuere Philosophie.* Dieser Text eignet sich als Vergleichspunkt, insofern auch er eine literarische Psychopathographie liefert, die Geschichte eines Selbstmörders. Doch die Form, in der diese Psychopathographie präsentiert wird, ist grundanders. Hier meldet sich immer wieder explizit ein Erzähler zu Wort, besonders massiv in den zwei einleitenden Absätzen. Dort heißt es z. B.: »Folgende Erzählung […] wird, hoffe ich, auf der großen Karte menschlicher Schicksale verschiedene neue Wege entdecken, für welche zu warnen noch keinem unserer Reisebeschreiber eingefallen ist, ob schon unser Held nicht der erste Schiffbrüchige darauf gewesen« (Lenz 1776/1992, 354). Solch ein Text erzählt von seinem Protagonisten, *und* er erzählt zugleich vom Erzählen; er markiert das Erzählte *als* Erzählung und vergrößert so die narrative Distanz, erhöht die Mittelbarkeit des Erzählens. Genau dies vermeidet Büchner: Büchner erzählt *von* Lenz, er erzählt aber nicht eigens, dass er von Lenz *erzählt*.

So verringert sich die narrative Distanz und entsteht der Eindruck eines unmittelbaren Erzählens: Die Erzählung gibt sich nicht in dem Maß selbst als Erzählung zu erkennen, wie das bis dahin und noch weit darüber hinaus in der Entwicklungsgeschichte der Erzählkunst üblich war. Zwar finden sich einige traditionelle Elemente der Mittelbarkeit wie der indirekte Gedankenbericht (»*er meinte, er müsse* alles mit ein paar Schritten ausmessen können«) oder der Tempuswechsel (»es *kam* ihm die Angst an wie Kindern, die im Dunkeln *schlafen*«), beides Elemente, die auf die Vermittlungsinstanz des Erzählers verweisen (vgl. Tarot 1996, 167 ff.). Dennoch überwiegt sehr deutlich eine narrative Darstellungsart der Unmittelbarkeit. Dabei wählt Büchner gerade nicht die traditionellen Narrationsformen, mit denen sich die Unmittelbarkeit des sogenannten *dramatischen Modus* (im Gegensatz zum sogenannten *narrativen Modus*, der die narrative Vermittlung hervorhebt) herstellen lässt, also weder eine massive Verwendung der direkten Rede, noch eine massive Verwendung von Zeitadverbien der Gegenwart (»jetzt«, »nun« usw.). Unmittelbarkeit wird hier vielmehr erzeugt durch die spezifische Form der Fokalisierung: Der Leser sieht nicht aus der Perspektive eines Erzählers auf Lenz (wie das etwa im *Zerbin* programmatisch angekündigt wird; »unserer Held«, hierbei handelt es sich um eine sogenannte *Nullfokalisierung*, um ein *auktoriales Erzählen*), sondern zusammen mit der erzählten Figur auf die erzählte Welt (hierbei handelt es sich um eine sogenannte *interne Fokalisierung*, um ein *aktoriales Erzählen*). In dieser Erzähltechnik ist die Erzählperspektive Teil der erzählten Welt. Büchner gewinnt so »eine Darstellungsform, die hier schon früh auf einen Darstellungsweise vorausweist, die das Problem der Darstellung von Innerlichkeit auf geniale Weise löst: die direkte Verwendung von Verben innerer Vorgänge« (Tarot 1996, 173), z. B.: »der Tod erschreckte ihn« (und nicht etwa: ›man sah

ihm an, dass der Tod ihn erschreckte‹). Der Schrecken des Protagonisten ist unmittelbar, distanzlos gegeben; der Leser ist mit der Erfahrungswelt der literarischen Figur auf einer Höhe.

Zitat und Dokumentation

Wie im Falle von *Danton's Tod*, so finden sich auch im »*Lenz*« massive, ungekennzeichnete Übernahmen aus Quellenmaterial, vor allem aus Büchners Hauptquelle, dem Text Oberlins. Büchners Text ist z. B. in einer Passage, die Dedner als den erhaltenen Überrest der ersten Entwurfsstufe rekonstruiert hat, »zu etwa 70 % quellenabhängig.« (Dedner/Gersch in MBA 5, 147) Büchner übernimmt also wörtlich aus Oberlins Vorlage (und in geringerem Ausmaß auch noch aus einigen anderen Quellen, vgl. hierzu den »Quellenbezogenen Text« in MBA 5, 53–73; vgl. hierzu auch Will 2000), ohne die wörtlichen Übernahmen zu markieren. Diese unmarkierten Zitate geben dem Text bisweilen den Charakter einer Montage. Das montierende Verfahren lässt sich mit Blick auf den erzählten Inhalt (Religion, Wahnsinn, Körper, s. u.), aber auch mit Blick auf die Form des Erzählens analysieren. Es wäre ein vereinfachendes Missverständnis, würde man Büchners »*Lenz*« einfach als einen Dokumentartext verstehen, der zwecks erhöhter Anschaulichkeit mit einigen fiktionalen Elementen angereichert ist. Vielmehr entfaltet er ein komplexes Spannungsverhältnis zwischen Dokumentation und Fiktion, zwischen faktualem und fiktionalem Erzählen.

Dies beginnt schon mit dem ersten Satz: »Den 20. ging Lenz durch's Gebirg.« (MBA 5, 31; DKV I, 225) Dieser erste Satz gibt und verweigert zugleich die Auskunft über Zeit und Ort des erzählten Geschehens. Der Satz beginnt mit einer dokumentarischen Geste, mit dem präzisen Hinweis auf einen ganz bestimmten Tag: »Den 20.« Diese Geste bricht jedoch sofort wieder ab, indem gegen die Erwartung Monat und Jahr ungenannt bleiben. Mit dem Ansatz der dokumentarischen Geste verweist die Erzählung auf ihre Verankerung in der Realität; mit dem Abbruch der Geste öffnet sie einen unbestimmten Raum, markiert sie ihre Nähe zur Fiktion. Dieses Spiel mit dem Datum bzw. *datum*, das Spiel mit dem Gegebenen, setzt sich in der Ortsangabe fort. Ganz offenbar ist von genau identifizierbaren Bergen die Rede: Lenz geht nicht durch *ein* Gebirge, sondern durch *das* Gebirge. Doch der mittels des bestimmten Artikels suggerierten Eindeutigkeit steht die fehlende namentliche Nennung des Gebirges entgegen.

Zwischen den Polen dokumentarischer Eindeutigkeit und fiktionaler Offenheit entwickelt sich in Büchners Montageverfahren ein reges Austauschverhältnis, das sich in drei Analyseschritten erfassen lässt. Erster Schritt: Zunächst einmal bewirkt die Übernahme des dokumentarischen Materials eine Art Authentifizierung des Erzählten. Es entsteht der Eindruck, dass die erzählten Dinge tatsächlich, wirklich, faktisch passiert sind. Dieses bisher noch zu wenig analysierte narrative Verfahren ließe sich in Anlehnung an Roland Barthes' Beschreibung des ›effet de réel‹, des narrativen Realitätseffekts realistischer Prosa, als ›effet de documentaire‹, als Dokumentareffekt montagehaltiger Prosa bezeichnen. Zweiter Schritt: In einer solchen Bezeichnung ist aber zugleich mit gesagt, dass Büchners Text nicht einfach dokumentarisch *ist*, sondern eben nur dokumentarische Effekte *hervorbringt*. Aus dieser Perspektive gehen ein dokumentarischer Text und das faktuale Erzählen nicht in der schlichten, transparenten, formlosen Präsentation der Wirklichkeit auf, sondern sind selbst als spezifische narrative Formgestaltungen zu verstehen, denen eine eigene Rhetoriziät, eine eigene Literarizität eignet.

Damit stellt Büchners Text die konventionelle Grenze zwischen Fiktion und Dokumentation, zwischen fiktionalem und faktualem Erzählen in Frage. Durch die unmarkierte, aber sowohl spür- als auch rekonstruierbare Zitation fremden Textmaterials werden Fiktion und Dokumentation ineinandergeblendet, wird das eine vom anderen wechselseitig durchdrungen: Die Fiktion wird dokumentarisch, die Dokumentation fiktiv. Oder anders formuliert: Das Erzählen ist bei Büchner nirgends einfach fiktiv, sondern allenfalls fiktionalisierend: Der Protagonist ist nicht einfach eine Kunstfigur, er wird – etwa mittels der internen Fokalisierung – zu einer solchen Kunstfigur gemacht. Und das Erzählen ist nirgends einfach faktual, sondern allenfalls faktualisierend: Es bedient sich dokumentarisch anmutender Techniken, die dem Text das Gepräge des Faktischen, nicht aber eine substantielle Faktizität verleihen. Auf diese Weise werden das Dokumentarische und das Faktische als Effekte narrativ-rhetorischer Strategien markiert. Büchner betreibt, auch vermittelt durch seinen ausgiebigen Rückgriff auf die literarische Tradition, insbesondere auf romantische Texte, eine »Dekomposition« (Oesterle 1995, 58) des Verhältnisses von Literatur und Wirklichkeit, von Idealem und Realem, von Abbild und Wirklichkeit. Und nun der dritte Schritt: Begreift man Büchners »*Lenz*« auf diese Weise als eine Problematisierung der Kategorie

des Dokumentarischen (und zugleich des Fiktionalen), dann liegt es nahe, diese Problematisierung auch auf Büchners Hauptquelle, auf den Text Oberlins anzuwenden. Auch Oberlin liefert nicht in einem schlichten Sinne Fakten und Dokumente, sondern einen Text, der seinerseits von rhetorischen Strategien durchzogen ist, einen Text, der selbst einem literarischen Muster (dem des Tagebuchs) verbunden bleibt; einen Text, der nicht einfach faktual, sondern faktualisierend erzählt (narrative Mittel dazu sind z. B. die ausgiebige Verwendung von Zeit-, Orts- und Personenangaben).

5. 4 Analysefelder

Kunstgespräch

Im sogenannten Kunstgespräch (vgl. MBA 5, 37–38; DKV I, 233–236) – eigentlich mehr ein Kunstmonolog – entwirft Lenz die Grundzüge seines ästhetischen Programms. Dieses Programm lässt sich zum einen beschreiben, zum anderen lässt es sich dreifach ins Verhältnis setzen: zu Lenz' Lebenspraxis, wie sie in Büchners Text entworfen wird; zur ästhetischen Programmatik des historischen Lenz, wie sie etwa in dessen *Anmerkungen übers Theater* überliefert sind; und schließlich zur impliziten Ästhetik, von der Büchners eigner Text bestimmt ist.

Was also sind die Grundzüge des ästhetischen Programms, das Büchners Lenz entwickelt? Als eine Art Vorbedingung ist hier zunächst auf die naturmystische Harmonie- und Sympathiekonzeption hinzuweisen, die Büchners Lenz übrigens mit dem jungen Goethe teilt (vgl. Schings 1980, 71 f.). In dieser Natur-Mystik ist die Welt nicht einfach der Gegenstand einer objektiven Wahrnehmung, sondern das Gegenüber in einer magischen Verbindung: »es müsse ein unendliches Wonnegefühl seyn, so von dem eigenthümlichen Leben jeder Form berührt zu werden.« (MBA 5, 36; DKV I, 232) Diese Berührung ist deshalb so wohltuend, weil in ihr die Welt als eine Befriedete erscheint, findet sich doch »in Allem eine unaussprechliche Harmonie, ein Ton, eine Seeligkeit« (MBA 5, 36; DKV I, 233). Formuliert wird damit eine dezidiert nicht positivistisch-empiristische Wirklichkeitsauffassung (vgl. auch Meier 1983, 97). Doch wird dieser »naturphilosophische Horizont, das Apriori einer metaphysischen Harmonie- und Sympathielehre« (Schings 1980, 72) anders als bei Goethe nur noch in einer gebrochenen Form anzitiert: nicht mehr als das Selbstverständliche, nicht mehr als positive Grundlage des eignen Programms, sondern nur noch als ein auf immer Verlorenes, als unerreichbarer Horizont des eigenen melancholischen Handelns. Aus dieser Spannung entspringt das Kunstprogramm von Büchners Lenz.

Büchners Lenz argumentiert in seinem Kunstmonolog mit einer doppelten Frontstellung: »Die Dichter, von denen man sage, sie geben die Wirklichkeit, hätten auch keine Ahnung davon, doch seyen sie immer noch erträglicher, als die, welche die Wirklichkeit verklären wollten.« (MBA 5, 37; DKV I, 233) Zum einen also richtet sich das Programm gegen die schlechten Realisten (›Wirklichkeit geben‹), zum anderen gegen alle Idealisten (›Wirklichkeit verklären‹). Die doppelte Frontstellung ist gezielt asymmetrisch: Sie verwirft grundsätzlich ein jedes idealistisches Unterfangen; sie verwirft aber nur einschränkend einen falsch verstandenen oder schlecht ausgeführten Realismus. Einfach idealistisch soll Kunst also offenbar nicht sein; die Option für eine gewisse Spielart des Realismus indes bleibt erhalten: »Ich verlange in allem Leben, Möglichkeit des Daseins, und dann ist's gut; wir haben dann nicht zu fragen, ob es schön, ob es häßlich ist, das Gefühl, daß Was geschaffen sey, Leben habe, stehe über diesen Beiden, und sey das einzige Kriterium in Kunstsachen.« (MBA 5, 37; DKV I, 234) Formuliert wird von Lenz hier ein Widerspruch gegen den Idealismus, den der Text eigens »heftig« (MBA 5, 37; DKV I, 233) nennt: »Da wolle man idealistische Gestalten, aber alles, was ich davon gesehen, sind Holzpuppen. Dieser Idealismus ist die schmählichste Verachtung der menschlichen Natur.« (MBA 5, 37; DKV I, 234) Abgelehnt werden idealistische Wertungskategorien (schön/hässlich, edel/gemein, hoch/niedrig) und idealistische Konzepte (Autonomie, Freiheit, Erhabenheit, Geist); anvisiert ist damit ein vom Text anachronistisch »idealistische Periode« (MBA 5, 37; DKV I, 233) bezeichneter Zeitraum, der philosophiegeschichtlich den sogenannten Deutschen Idealismus von Kant bis Hegel umfasst, literaturgeschichtlich eine idealistisch orientierte Epoche, die von der Aufklärung (Winckelmann, Lessing) über die Romantik (Schlegel, Novalis) bis zur Weimarer Klassik (vor allem Schiller, auch der späte Goethe) reicht (vgl. Pilger 1995, 104 f.).

Die Ablehnung eines jeden idealistischen Programms wird begleitet von dem positiven Entwurf einer spezifischen Spielart des Realismus, in deren Zentrum die Verbindung von »Leben« und »Gefühl« steht. Beide Elemente beziehen ihre Prägnanz aus ihrer unabweisbaren Wirklichkeit. »Leben« bezeich-net den Modus, in dem die Welt gegeben ist; »Gefühl« bezeichnet den Modus, in dem sich diese spezifische Form der Gegebenheit wahrnehmen lässt: »Das Organ der Natur und der ihr dienstbaren nach-autonomen Kunst aber ist wieder das Gefühl. Untrennbar sind Natur, Realismus und Gefühl aufeinander angewiesen.« (Schings 1980, 75) In die Kunst integrierbar wird damit bisher Ausgeschlossenes: das Geringe, das Prosaische, das Hässliche. Büchners Lenz formuliert dieses ästhetische Programm in unmittelbarer systematischer wie historischer Nähe zu den Lebenswissenschaften, die sich in ihrer modernen Form erst um 1800 zu etablieren beginnen. Der Kunstmonolog von Büchners Lenz gehört mithin in die gleichzeitigen, aufeinander bezogenen und einander verstärkenden Karrieren von Biologie, Biopolitik und Bioästhetik, die mit ihren »Metaphern der Lebens- und Bildungskraft […] Ende des 18. Jahrhunderts paradigmatisch für das Denken des Menschen« werden: »Mit dem ›Gefühl‹ wird ein Rückkopplungssystem in den Menschen eingeführt, das, insofern es Zuständlichkeiten der eigenen Kräfte kommuniziert und modifiziert, letztlich auf die dem lebenden Organismus zugrundeliegende Energie der Lebenskraft verweist.« (Lehmann 2009, 487) Eine eingehende Lektüre des Kunstgesprächs aus dieser Perspektive steht noch aus (Hinweise in diese Richtung gibt Müller-Sievers 2003).

Lenz gibt für dieses Kunstprogramm ein Beispiel, das er in drei argumentativen Schritten entfaltet. Der erste Schritt mutet nach dem zuvor formulierten Anti-Idealismus zunächst überraschend an: »Wie ich gestern neben am Thal hinaufging, sah ich auf einem Steine zwei Mädchen sitzen, die eine band ihre Haare auf, die andre half ihr; und das goldne Haar hing herab, und ein ernstes bleiches Gesicht, und doch so jung, und die schwarze Tracht und die andre so sorgsam bemüht.« (MBA 5, 37; DKV I, 234) Hier zeigt sich ein durch und durch vorgeformter, an einem Ideal ausgerichteter Blick, eine schon fast romantisierende Idylle: zwei schöne, junge, in wunderbaren Farbkontrasten arrangierte Mädchen. Das kann der zuvor so eindringlich propagierte Zusammenfall von Gefühl, Leben und Kunst noch nicht sein. Der zweite argumentative Schritt in Lenz' Beispiel löst nun diese Irritation nicht, sondern forciert sie noch einmal: »Man möchte manchmal ein Medusenhaupt seyn, um so eine Gruppe in Stein verwandeln zu können« (MBA 5, 37; DKV I, 234). Der Blick der Medusa macht nicht etwa lebendig, sondern er tötet: Er verwandelt Fleisch in Stein (und nicht, wie es im Pygmalion-Mythos der Fall ist, Stein in Fleisch, Totes in Lebendiges). Wie passt dies mit der zuvor formulierten vitalistischen Bio-Ästhetik zusammen? Gar nicht, und deshalb wird es nur im Konjunktiv des Wunsches ausgesprochen (»Man möchte manchmal«). Nun erst folgt der dritte Schritt: »Sie standen auf, die schöne Gruppe war zerstört; aber wie sie so hinabstiegen, zwischen den Felsen war es wieder ein anderes Bild. Die schönsten Bilder, die schwellendsten Töne, gruppiren sich, lösen sich auf. Nur eins bleibt, eine unendliche Schönheit, die aus einer Form in die andre tritt, ewig aufgeblättert, verändert« (MBA 5, 37 f.; DKV I, 234).

Die vitalistische Bio-Ästhetik erfüllt sich also nicht in einem einzelnen Bild (sei dieses nun gemalt, geschrieben oder medusenhauptartig in Stein fixiert), sondern im dynamischen Übergang zwischen den Bildern; darin, dass ein ästhetischer Zustand nicht erreicht, sondern immer wieder überschritten wird; nicht in einem vollendeten (und damit: idealen) Sein, sondern in einem unvollendbaren Werden. Deshalb ist diesem biovitalistischen Kunstprogramm die Zerstörung als konstitutives Element eingeschrieben: als Tötung des Todes. Die »schöne Gruppe« wird »zerstört« (Tötung) und mit ihr zugleich die Option des versteinernden Medusenblicks (Tod). Physiologisch und mit dem französischen Mediziner Xavier Bichat, also auf der Höhe der lebenswissenschaftlichen Forschung zu Beginn des 19. Jahrhunderts formuliert: »Leben ist der Inbegriff der Functionen, welche dem Tod widerstehen.« (Bichat zit. n. Borgards 2007, 125) Emotionstheoretisch formuliert: Spürbar wird das Leben dort, wo es als eine andauernde, die Destruktion immer wieder durchlaufende Bewegung erscheint, als Widerstand gegen die Zerstörung. Ästhetiktheoretisch formuliert: Das ideale Bild (»das goldne Haar hing herab«) muss erst fixiert, diese tödlich Fixierung (»Medusenhaupt«) muss dann gesprengt und diese Sprengung schließlich in eine unabschließbare Darstellungsdynamik (»aus einer Form in die andre«) überführt werden. Auch auf die Frage, welches Medium im Jahr 1836, also lange vor Grammophon und Film, zu solch einer Darstellungsdynamik vor allen anderen in der Lage ist, gibt der Text einen nur wenig versteckten metaphorischen Hinweis. Es ist das Buch, das Blatt für Blatt über eine bio-kulturelle Homonymie mit dem Baum des Lebens verbunden ist: »ewig aufgeblättert«.

Büchners Lenz formuliert also explizit ein dezidiert antiidealistisches und bedingt prorealistisches, an einem bioästhetischen Vitalismus orientiertes Kunstprogramm. An dieser Stelle sind nun drei in-terpretatorische Kurzschlüsse zu vermeiden. Erstens ist damit nicht klar, ob – innerhalb der Diegese, innerhalb der erzählten Welt – Büchners Lenz in Einklang mit seinem ästhetischen Programm lebt oder ob nicht vielmehr eine »Diskrepanz zwischen Theorie und Praxis« (Pilger 1995, 109) festzustellen ist. Denn ganz im Gegensatz zu seinen ästhetischen Forderungen verhält sich Lenz seiner Umwelt gegenüber immer wieder äußerst idealisierend; bisweilen kann der Eindruck entstehen, dass das Lebensproblem von Lenz gerade in einer Forcierung des Idealismus begründet liegt: »Büchners Rückgriff auf Theoreme der idealistischen Philosophie kulminiert in der Darstellung eines von Lenz emotional durchlebten Solipsismus: Die Außenwelt wird nicht als selbständige Realität, sondern als eine Vorstellung des Ich wahrgenommen.« (Pilger 1995, 120) Umgekehrt lässt sich auch zeigen, dass der ästhetische Entwurf seinerseits von dem durchzogen ist, was Büchners Lenz stets bedrängt: »Bewegung, Unruhe, Angst« (Descourvières 2006, 215). So gelesen ist der Kunstmonolog Teil von und nicht Gegenstück zu Lenz' melancholischer Krankengeschichte.

Die zweite offene Frage besteht darin, ob das innerdiegetisch Formulierte der – außerhalb der Diegese gegebenen – Ästhetik des historischen Lenz und des Sturm und Drang entspricht. Einerseits beschreibt der Kunstmonolog tatsächlich Elemente der Ästhetik des Sturm und Drang, wie sie Lenz etwa 1774 in den *Anmerkungen übers Theater* entwirft, mit ihrer Bevorzugung des künstlerischen Produzenten gegenüber dem ästhetischen Produkt, also der Orientierung an der *natura naturans* (der schaffenden Natur) statt an der *natura naturata* (der geschaffenen Natur). Schon dem historischen Lenz geht es darum, im künstlerischen Schöpfertum den göttlichen Schöpfer selbst und nicht etwa nur dessen Schöpfungen nachzuahmen; genau dies leistet das Genie (vgl. Meier 1983, 106 f.; Drux 2000, 250 f.); genau hier kreuzen sich schon beim historischen Lenz Psychologie, Biologie und Ästhetik (vgl. Lehmann 2009). Andererseits aber deutet sich auch eine Differenz zwischen der Ästhetik von Büchners Protagonisten und der des historischen Lenz an, ein »Sprung vom anthropologischen Gefühlsoptimismus der aufklärerischen (rousseauistischen) Mitleids- und Sympathielehre zu einer emphatischen Philosophie des Leidens [...]. Mitleid, die Poesie des Mitleids erscheint [...] als letztmöglicher Akt der Solidarität angesichts des ›Risses‹, der die Welt durchzieht.« (Schings 1980, 79) Historisch wird so »das moralische Mitleidsgebot in ein ästhetisches Realismusgebot überführt« (Schings 1980, 69). Konsequent spricht Büchners Lenz, sehr anders als die Stürmer und Dränger, nirgends vom Genie und »richtet sein Hauptaugenmerk nicht auf das Entstehen, sondern die Wirkung von Kunstwerken« (Meier 1983, 110).

Entsprechende Distanzierungen finden sich auch außerhalb des Kunstgesprächs. So wird etwa der idealistische Erhabenheitstopos zitiert, zugleich aber kritisch zurückgewiesen. Im Idealismus (von Kant bis Schiller) galt das Erhabene als etwas, von dem das Subjekt aus der sinnlichen Welt zurückgeführt wird auf die Geistigkeit, die Idealität der eigenen Wahrnehmung. Im Sublimen erfährt sich das Subjekt als physisch unter-, jedoch geistig überlegen. So konzipiert, impliziert das Gefühl der Erhabenheit eine Bestätigung, eine Stärkung des fühlenden Subjekts. Nicht so bei Büchner: Sein Lenz macht zwar punktuell die Erfahrung des Sublimen (etwa gegenüber der bedrohlich-erhabenen Landschaft, in der sublimen Natur), aber ohne dass dies stabilisierende Konsequenzen zeitigen würde (vgl. Pilger 1995, 112 ff.) In solchen Konstellationen schießen divergente Themen in bis dahin unbekannter Weise verdichtend ineinander: Natur, Ästhetik, Wahrnehmung, Wahnsinn, Sprache.

Die Differenzen zwischen dem ästhetischen Programm von Büchners Lenz auf der einen und dem des historischen Lenz auf der anderen Seite führen zum dritten Problem: Auf keinen Fall nämlich darf, bei allen Übereinstimmungen im Detail und aller Ähnlichkeit im Ganzen, die explizit erzählte Ästhetik des Protagonisten umstandslos mit der »impliziten Ästhetik« (Meier 1982, 199) des Textes identifiziert werden. Dagegen spricht schon ein schlichtes methodisches Argument: Der Kunstmonolog ist Figurenrede, nicht unmittelbare Äußerung des Erzählers oder gar des Autors. Dagegen spricht auch, dass gegen die Realismusforderung durch das zitierende Verfahren nicht »Wirklichkeit aus erster, sondern aus zweiter Hand« (ebd., 200) gegeben wird. Und dagegen spricht schließlich, dass die scheinbar realistisch gegebene Wirklichkeit immer wieder massiv durch die literarische Tradition präfiguriert ist, sowohl durch Texte wie Goethes *Werther* (vgl. Martin 2002) als auch durch romantische Topoi wie etwa die Verknüpfung von Wahnsinn und Gebirge (vgl. Oesterle 1995, 63).

Religion

Der historische Lenz war nicht nur Literat, er war auch studierter Theologe; und er suchte Hilfe bei dem pietistischen Pfarrer Oberlin. Es erstaunt also nicht, dass die Religion eines der thematischen Zentren der Erzählung bildet. Beschränkt man sich auf eine religiöse oder auch religionskritische Interpretation, dann lässt sich die erzählte Handlung als »Umschlag des Glaubens in Unglauben« (Kobel 1974, 155) verstehen, als Auseinandersetzung mit einer spezifischen, das subjektive Gefühl betonenden Version des Protestantismus, »die seit dem Pietismus über Herder bis hin zu Schleiermacher den Widerpart zum aufklärerisch-rationalistischen Glaubenbekenntnis bildete« (ebd.).

Nach seiner ersten, leidvoll verbrachten Nacht im Steintal erlebt Lenz die Nähe von Oberlins Religiosität tatsächlich als unmittelbare Hilfe: »In den Hütten war es lebendig, man drängte sich um Oberlin, er wies zurecht, gab Rath, tröstete; überall zutrauensvolle Blicke, Gebet. Die Leute erzählten Träume, Ahnungen. Dann rasch in's praktische Leben, Wege angelegt, Kanäle gegraben, die Schule besucht. Oberlin war unermüdlich, Lenz fortwährend sein Begleiter [...]. Es wirkte alles wohltätig und beruhigend auf ihn« (MBA 5, 33; DKV I, 228 f.). Deutlich wird hier der Zusammenhang von pastoraler Seelenökonomie und Staatsökonomie: Oberlins Steintal erscheint in seiner Überkreuzung von praktischer Religion und religiöser Praktik als Miniatur einer modernen Seelen- und Staatsführung. Unter dieser Seelenführung bessert sich Lenz' Zustand zunächst: »jetzt erst ging ihm die heilige Schrift auf« (MBA 5, 34; DKV I, 230); die sonntägliche Predigt, die Lenz hält, erscheint mit Blick auf Lenz' Verhältnis zu Religion »gleichsam die Mitte der Erzählung« zu sein; sie ist der Punkt, an dem sich »alles Verworrene klärt« (Kobel 1974, 153). Nach dieser lösenden Mitte, in der allerdings durch die Montage des Liedes (vgl. Anz 1981) und durch eine forcierte Körperlichkeit (vgl. Borgards 2007, 445 f.) einige Ambivalenzen eingeschrieben sind, folgt sofort Lenz' Entwurf einer natur-mystischen, mit Oberlins visionären Erfahrungen kompatiblen Sympathielehre, gleichsam als Vorbereitung des nun anschließenden Kunstgesprächs.

Erst nach dem Kunstgespräch erfolgt die Wende in den Unglauben. Zentral ist hier Lenz' Versuch, an die Stelle Christi zu treten und ein gestorbenes Mädchen von den Toten aufzuerwecken. Nachdem dies misslungen ist, kommt es zu einem regelrechten Atheismusanfall: »In seiner Brust war ein Triumph-Gesang der Hölle [...], es war ihm als könne er eine ungeheure Faust hinauf in den Himmel ballen und Gott herbei reißen und zwischen seinen Wolken schleifen [...]. Lenz mußte laut lachen, und mit dem

Lachen griff der Atheismus in ihn und faßte ihn ganz sicher und ruhig und fest.« (MBA 5, 43; DKV I, 242) Dieser Atheismus wiederum ist nun keineswegs die Endstation in der religiösen Karriere von Büchners Lenz. Vielmehr kommt es nun zu einem unseligen Rückkopplungseffekt zwischen Unglauben und Geisteskrankheit: Die psychotische Seelenqual stärkt den Unglauben, der gestärkte Unglaube forciert wiederum die Geisteskrankheit: »Dann steigerte sich seine Angst, die Sünde in den Heiligen Geist stand vor ihm.« (MBA 5, 43; DKV I, 242) Nun hilft auch die direkte seelsorgerische Zuwendung Oberlins nichts mehr: »Oberlin sprach ihm von Gott. Lenz wand sich ruhig los und sah ihn mit einem Ausdruck unendlichen Leidens an, und sagte endlich: aber ich, wär' ich allmächtig, sehen Sie, wenn ich so wäre, und ich könnte das Leiden nicht ertragen, ich würde retten, retten« (MBA 5, 47; DKV I, 248 f.). Die Rückkopplung kulminiert im rhetorisch übersteigerten Rettungswunsch (»retten, retten«) bei gleichzeitigem Bewusstsein vollkommener Rettungslosigkeit.

So gelesen, vollzieht Büchners Text also die Bewegung von einem Religionsoptimismus (Oberlins praktisch-mystischer Pietismus hilft Lenz) über eine offene Atheismusdarstellung (deren Schärfe für Büchners Zeitgenossen sich daran ermessen lässt, dass Gutzkow für die vergleichsweise zurückhaltenden atheistischen Tendenzen seines *Wally*-Romans im Gefängnis landete, vgl. hierzu Sengle 1980, 319 f.) hin zu einer Religionskritik (Oberlins Seelsorge mündet in eine psychisch desaströse Rückkopplungsschleife).

Wahnsinn

Schon Gutzkow sah in Büchners »*Lenz*« eine »Anatomie der Lebens- und Gemüthsstörungen« (zit. n. MBA 5, 131). Von Seiten der modernen Psychiatrie ist der Text sogar als erste präzise Beschreibung einer Schizophrenie gewürdigt worden (vgl. Rath 1950; Irle 1965; Gödtel 1980). Doch eine solche historische Rückprojektion eines modernen Konzepts auf einen Text des frühen 19. Jahrhunderts ist methodisch äußerst fragwürdig. Denn sowohl die Medizin als auch die Krankheiten selbst haben eine Geschichte, unterliegen einem historischen Wandel. Deshalb ist die Forschung von einer aktualisierenden zu einer historisierenden Beurteilung von Büchners Beschreibung einer Geisteskrankheit übergegangen (vgl. Reuchlein 1986, 392; Reuchlein 1996, 60; Kubik 1991, 4; Seling-Dietz 2000, 189; Dedner/Gersch in MBA 5, 133), indem sie das für Büchner

zeitgenössische psychiatrische Wissen rekonstruiert und seinen Text als eine eigenständige Position in der derzeit virulenten Debatte um Wahnsinn, Melancholie und Manie versteht. Aus dieser Perspektive erscheint der »*Lenz*« als ein Parallelprojekt zum »*Woyzeck*«, in dem gleichfalls »die relative Wertigkeit psychiatrischer Annahmen« (Dedner/Gersch in MBA 5, 133) diskutiert wird.

Die psychiatrische Debatte der 1830er Jahre (vgl. hierzu den Überblick ebd., 132–137) zwischen den empirisch orientierten Somatikern und den idealistisch argumentierenden Psychikern bewegt sich auf zwei Ebenen, auf einer inhaltlichen und einer methodologischen. Zum einen wird darum gestritten, was der Wahnsinn ist, zum anderen darum, wie das Wissen vom Wahnsinn entsteht. Auf der inhaltlichen Ebene zeigt Büchners Text – besonders dort, wo er die Oberlinquelle ergänzt oder umschreibt – eine deutliche Nähe zu den Beschreibungen der Geisteskrankheiten bei den somatisch orientierten Psychiatern. Für Esquirol etwa, der hier an Pinel anschließt, entsteht Melancholie durch die monomanische Fixierung auf eine Idee; vergleichbar heißt es bei Büchner: »er faßte es auf, wie eine fixe Idee« (MBA 5, 42; DKV I, 241). Die Gemütsstörung wird dabei nicht mehr als ein statischer Zustand, sondern als ein dynamisches Geschehen verstanden: Einer ersten Phase allgemeiner Bewusstseinstörungen (»er dehnte sich aus und lag über der Erde«, MBA 5, 31; DKV I, 226) und einer erhöhten Sensibilität (»alle Berggipfel scharf und fest«, MBA 5, 31; DKV I, 226) folgt die zweite Krankheitsphase einer sich absolut setzenden Ideenfixierung, die schließlich in Erstarrung und Gleichgültigkeit mündet (»Resignation«, »er war vollkommen gleichgültig«, »kein Drang«, MBA 5, 48 f.; DKV I, 250). Die Parallelen zu Büchners Erzählung sind evident. Friedrich Bird, einer der wichtigsten deutschen Psychiater, entwickelte dieses Modell weiter. Am Anfang steht für ihn eine somatische Krankheit; diese verursacht sodann »körperliche Angstgefühle«; schließlich wird diese »Bauchangst« in eine »Sündenangst« transformiert: »Patient schiebt die Ursachen seiner Angst auf Sünden, die er nie begangen hat.« (alle Zitate von Bird n. Seling-Dietz 2000, 233 f.) Die Angst wiederum (und ihre religiöse Fixierung) ist einer der Schlüsselbegriffe von Büchners Text, von der »namenlosen Angst« (MBA 5, 32; DKV I, 226) des Erzähleingangs bis zur »dumpfen Angst« (MBA 5, 49; DKV I, 250) der Schlusspassage.

Besonders deutlich wird die Nähe Büchners zu Esquirol und Bird dort, wo diese eine spezifische

Spielart der Geisteskrankheit analysieren: die religiöse Melancholie bzw. Monomanie, von Esquirol auch »théomanie« (zit. n. MBA 5, 133) genannt, von Bird als Transformation einer »Bauchangst« in eine »Sündenangst« beschrieben und von Büchner unter der Bezeichnung der »religiösen Quälereien« (MBA 5, 42; DKV I, 241) in den Text eingeführt. Diskutiert wird diese Spielart des Wahnsinns seit Benjamin Fawcetts Abhandlung über die *Religios Melancholy* aus dem Jahr 1780, gefolgt von Beiträgen durch Johann Theodor Pyl (1791), Johann Valentin Müller (1796), Johann Christian Reil (1805) und Esquirol. So schreibt z. B. der für die deutsche Debatte wichtige und auch über die Grenzen der Fachdiskussion hinaus wahrgenommene Reil: »Diese Melancholie kann von Schwäche des Verstandes, irrigen Religionsbegriffen über die ewigen Höllenstrafen, die Prädestination, die Sünde wider den heiligen Geist und ähnliche theologische Thorheiten entstehen.« (zit. n. ebd., 134)

In der Debatte um die religiöse Melancholie geht es nicht nur um eine angemessene psychiatrische Theorie, sondern zugleich um deren politische wie therapeutische Konsequenzen. Georget etwa, ein Schüler Esquirols, erhebt den Monomaniebegriff zum »Kampfmittel in einer Kampagne, die die Psychiatrie als anerkannte Disziplin im juristisch-staatlichen Bereich der *médicine légale* zu etablieren suchte« (Seling-Dietz 2000, 200). Während am Fall Woyzecks diskutiert wurde, wer über die Schuldfähigkeit des Angeklagten zu befinden habe, gehört der *»Lenz«* in den Raum einer Debatte um die Frage, wer für die Therapie einer religiösen Melancholie zuständig sein sollte. In dieser Frage wendet sich J.B. Friedreich aus der Warte einer liberalen Psychiatrie dezidiert gegen »so manche pietistische und inhumane Beurtheilung des psychisch und moralisch erkrankten Menschen« und dagegen, »daß man gar den armen Wahnsinnigen, als einen durch seine Sünden Selbstverschuldeten, mit dem Paternoster und Weihwasser zu heilen versucht.« (zit. n. Seling-Dietz 2000, 230)

Eine entsprechende, von Friedreich kritisierte »moralistische Wahnsinnsauffassung« (Seling-Dietz 2000, 202) inklusive einschlägiger »Versündigungstheorien« (ebd.) vertrat im deutschen Sprachraum etwa Johann Christian August Heinroth, einer der schärfsten Vertreter der idealistisch orientierten Psychiatrie. Psychiker wie Heinroth konnten sich auf eine ins 18. Jahrhundert zurückreichende Tradition berufen. Denn schon im Zuge von Empfindsamkeit und Pietismus wurde die Schwärmerei unter dem Begriff der religiösen Melancholie pathologisiert. Somatische Ursachen traten dabei kaum ins Blickfeld, weshalb die Therapie als »eine vernunftgeleitete, aufklärerische Religionspädagogik« (ebd., 227) auch nicht am Körper ansetzte, sondern an der Seele, an der Moral. Genau an diese Position schlossen die restaurativen Psychiater an. Die liberalen Psychiater hingegen kehrten das Argument um: Sie »zogen das Phänomen des Sündenbewusstseins in Zweifel, schrieben der Religiosität pathogene Wirkung zu und wehrten sich gegen die Einmischung von Nichtmedizinern, vor allem von Theologen, in Gegenstandsbereiche der Psychiatrie.« (ebd., 229)

Gerade im Vergleich von Büchners Text mit dem von Oberlin zeigt sich so, dass »Büchner in seiner Erzählung eine ähnlich religionskritische Position vertritt« (ebd., 230) wie die liberalen Psychiater seiner Zeit. Oberlin selbst führt die psychische Labilität seines Besuchers, wie schon zitiert, auf dessen moralisches Versagen zurück (›Ungehorsamkeit gegen den Vater‹, ›herumschweifende Lebensart‹, ›häufiger Umgang mit Frauenzimmern‹) und argumentiert damit auf eine Weise, die wohl Heinroths Zustimmung gefunden hätte. Insofern Oberlins seelsorgerische, moralische Therapie nicht nur erfolglos bleibt, sondern in Büchners Version eher zu einer Verschärfung der Gemütsstörung führt, argumentiert Büchner auf eine Weise, die wohl bei Bird, Reil und Friedreich auf Zustimmung gestoßen wäre oder deren Position sogar noch forciert. Eine somatische Ursachenbestimmung, wie sie die liberalen Psychiater der Zeit fordern, findet sich bei Büchner indes nicht.

Während Büchner hinsichtlich der sachlichen Beschreibung deutlich dem Lager der liberalen Psychiatrie zuzurechnen ist, ergibt sich hinsichtlich der Methodologie ein ambivalenteres Bild. Zwar fühlt sich Büchner in seiner eigenen Wissenschaftsauffassung wie Pinel und seine Nachfolger einer anti-metaphysischen Empirie verpflichtet. Aber zum einen ist ihm schon im Rahmen der wissenschaftlichen Erkenntnis klar, dass auch empirische Daten das Ergebnis epistemischer Konstruktionsprozesse sind: Daten werden auch in der Wissenschaft nicht gefunden, sondern hergestellt. Und zum anderen agiert Büchner im Falle des *»Lenz«* ganz grundsätzlich als Literat. Dessen Empirie, dessen Gegebenes ist nicht eine Person, eine Psyche, ein Ereignis; das Material, mit dem er arbeitet, ist vielmehr ein Konvolut aus Texten. Genau einem solchen Textbezug spricht Bird dezidiert die medizinische Relevanz ab: Der Arzt und Wissenschaftler solle nicht »poëtisch«, sondern

»medicinisch-philosophisch«, also »erfahrungsmässig« (Bird zit. n. MBA 5, 132) zu seinen Daten kommen. Aus dieser Perspektive kann ein Dichter zwar informiert schreiben und sich »mit Pathologie, Anatomie, Diagnostik, Diätetik, Materia-Medica, Physiologie usw. in Einklang halten« (Bird. zit. n. ebd., 137). So gesehen nützt die Wissenschaft der Literatur; und in diesem Sinne ist Büchners »*Lenz*« gewiss als ein informierter Text anzusehen. Umgekehrt aber ist nach Bird die Literatur von keinem Nutzen für die Wissenschaft.

Damit wendet er sich gegen eine ältere, bis auf die Erfahrungsseelenkunde des 18. Jahrhunderts zurückreichende Position, die aber noch in den 1830er Jahren vertreten wird, etwa von Karl Wilhelm Ideler. Ideler achtet die »Poesie als Quelle der Psychologie«, denn der Dichter vermöge dank seiner »produktive[n] Energie« »die Erfahrung zu ersetzen und zu anticipieren« (Ideler zit. n. ebd., 137). Wenn man sich bei der Analyse von Büchners Darstellung einer Geisteskrankheit auf die Frage beschränkt, inwiefern diese sich aus wissenschaftlichen Quellen speist, wenn man also ein einsinniges kausales Ableitungsverhältnis zwischen dem psychiatrischen Kontext und dem literarischen Text annimmt, dann lässt sich Büchners »*Lenz*« im Sinne von Birds Forderung nach Verwissenschaftlichung und als Absage an Idelers »poëtischen« Ansatz lesen. Doch dagegen spricht zweierlei. Erstens ist die strenge Trennung zwischen literarischen und wissenschaftlichen Texten für die Zeit Büchners nicht zu halten; darauf verweist schon die Existenz des Genres der literarischen Physiologien, einer literar-medizinischen Mischgattung (zur besonderen Bedeutung dieses Genres für Büchner vgl. Oesterle 1984). Und zweitens ist diese Trennung methodisch nicht zu halten: Büchners »*Lenz*« ist nicht nur eine wissenschaftsgeschichtlich ableitbare Abschrift von zuvor entworfenen Theorien, sondern auch ein wissensgeschichtlicher Aktivposten; er ist kein Effekt aus, sondern ein Beitrag zu der Debatte, die in den 1830er Jahren zwischen den Psychikern und den Somatikern geführt wird.

Auf dem Feld der Ästhetik lässt Büchner seinen Lenz mit einer doppelten Frontstellung argumentieren: gegen alle Idealisten und gegen bestimmte Realisten. Eine vergleichbare doppelte Abgrenzungsbewegung findet sich auch im Bereich der Psychiatrie: gegen alle Psychiker und gegen ein bestimmtes Argument der Somatiker. Mit der idealistischen Psychiatrie verwirft Büchner zugleich eine Reihe damit verknüpfter Konzepte, die auch für den ästhetischen Idealismus bestimmend sind und die um die Freiheit

und Autonomie des Subjekts kreisen. Mit den liberalen Somatikern teilt Büchner zwar zentrale Elemente in der Bewertung der Geisteskrankheit; seine Darstellungsstrategien indes lassen sich als Hinweis auf die Rhetorizität, Literarizität und unhintergehbare Medialität eines jeden psychiatrischen Wissens lesen. Büchner schreibt von einem Fall religiöser Melancholie und verweist dabei zugleich auf die Schriftform als historisches Apriori psychologischer Fallbeschreibungen.

Körper

Während die Psychiker über eine moralische Behandlung auf den religiösen Melancholiker im Besonderen wie auf den Wahnsinnigen im Allgemeinen einwirken wollen, sehen die Somatiker den rechten Ansatzpunkt im Körper. In diesem Sinne scheint sich Büchners Lenz wiederholt einer anti-moralischen, pro-somatischen Selbsttherapie zu unterwerfen, so schon während seiner ersten Nacht im Steintal: »er konnte sich nicht mehr finden, ein dunkler Instinkt trieb ihn, sich zu retten, er stieß an die Steine, er riß sich mit den Nägeln, der Schmerz fing an, ihm das Bewußtsein wiederzugeben, er stürzte sich in den Brunnstein, aber das Wasser war nicht tief, er patschte darin […]; Lenz war wieder zu sich gekommen, das ganze Bewußtsein seiner Lage, es war ihm wieder leicht« (MBA 5, 33; DKV I, 228) Psychiater wie Reil empfehlen als Therapeutikum entsprechend »Körperreize, welche direct durchs Gemeingefühl allerhand Arten des Schmerzes erregen« (Reil zit. nach Borgards 2007, 429). In aller Schärfe formuliert der gleichfalls somatisch orientierte Karl Georg Neumann: »Ist wirklich etwas geschickt, den Kranken aus seiner Traumwelt in die wirkliche zurückzuführen, so ist es gewiß der Schmerz« (zit. n. ebd., 430). Das Subjekt entsteht hier nicht in einem moralischen, sondern in einem somatischen Akt. Diese Aufwertung des Körpers, die Büchner in der Selbsttherapie seines Lenz inszeniert, geht mit einer stets drohenden Überforderung dieses Körpers einher. Seiner selbst sicher ist Lenz vor allem dort, wo er sich im Schmerz körperlich spürt; im Schmerz wiederum kann der Körper aber auch stets kollabieren (vgl. ebd., 427 ff.). Die massive Investition des eigenen Körpers, die Büchners Lenz bis an der Grenze des Selbstmords immer wieder unternimmt, ist also ambivalenter Natur: destruktiv, insofern sie Lenz' körperliche Integrität angreift; produktiv, insofern Lenz in diesem Angriff überhaupt erst seine Kontur annehmen und wahren kann. Die »halben Versuche zum Entleiben« (MBA 5, 47; DKV I, 249), die Lenz »nicht ganz Ernst« (MBA 5, 47; DKV I, 249) und zugleich nicht ganz folgenlos immer wieder unternimmt, markieren präzise diese Ambivalenz zwischen somatischer Destruktion und Konstitution des Subjekts.

Wie schon die Psyche, so behandelt Büchner auch das Soma auf eine deutlich von Oberlins Vorlage abweichende Art. So sind z. B. alle Stellen, an denen bei Büchner von einem »physischen Schmerz« (MBA 5, 48; DKV I, 249) die Rede ist, ohne entsprechendes Vorbild in Oberlins Text. Büchners physiologische Ergänzung ermöglicht im Rahmen seines »Verfahrens der zurücknehmenden Umdeutung christlicher Gehalte« (Anz 1981, 164) auch eine Kritik an Oberlins theologischer Fixierung des Schmerzes. Sichtbar wird im Zusammenhag von »Theologie und Pathologie« (Hörisch 1987, 272) eine »Phänomenologie des Schmerzes« (Hinderer 1976, 494) und eine »Poetik des Schmerzes« (Borgards 2007). Diese zeigt sich etwa an der Flagellationsszene (vgl. hierzu ebd., 443 ff.), in der gegenüber Oberlin relativierenden Thematisierung des Selbstmordes (»es war weniger der Wunsch des Todes [...] es war mehr [...] ein Versuch, sich zu sich selbst zu bringen durch physischen Schmerz«, MBA 5, 47 f.; DKV 249) oder auch an der spezifischen Ausgestaltung der Predigerszene, die ganz auf Büchners Konto geht. Aus Oberlins Perspektive ist das Christentum für Lenz von Interesse, insofern es von Sünde und Leid befreit; aus Büchners Perspektive kommt es selbst hier zu einer umfassenden Intensivierung des Schmerzes, die ein Gefühl des »Wohls« (MBA 5, 35; DKV I, 231) und der Festigkeit vermittelt.

Die thematische Intensivierung des Körpers findet ihre Entsprechung in einer formalen Intensivierung des Erzählens: Alles an diesem Text ist immer in Bewegung. Das führt einerseits immer wieder an die Grenzen der Kohärenz, andererseits liegt darin eine besondere erzählerische Kraft. So gibt es in Büchners Text zum einen ein körperzentriertes Modell physiologischer Subjektkonstitution, von dem erzählt wird, und zum anderen ein ästhetisches Modell, das die Weise des Erzählens bestimmt. Auf beiden Ebenen, auf der des Körpers wie der des Textes, eröffnet sich ein Spielraum zwischen Konstitution und Destruktion, zwischen Verfestigung und Zerstreuung, zwischen Vergewisserung und Ungewissheit. In Transzendentalphysiologie und Physioästhetik zeigt Büchners Text immer auch, dass beide Modelle, das somatische wie das poetische, den drohenden Zusammenbruch schon

in sich tragen. Doch dieser Zusammenbruch besteht nicht im Tod, sondern im depressiven Nullpunkt der Vitalität: »So lebte er hin.« (MBA 5, 49; DKV I, 250)

Literatur

Anz, Heinrich: »Leiden sey all mein Gewinnst«. Zur Aufnahme und Kritik christlicher Leidenstheologie bei Georg Büchner. In: GBJb 1 (1981), 160–168.

Baumann, Gerhart: Georg Büchner: »Lenz«. Seine Struktur und der Reflex des Dramatischen. In: Euphorion 52 (1958), 153–173.

Borgards, Roland: Poetik des Schmerzes. Physiologie und Literatur von Brockes bis Büchner. München 2007, 426–450.

Dedner, Burghard: Büchners »Lenz«. Rekonstruktion der Textgenese. In: GBJb 8 (1990–94) 1995, 3–68.

– /Gersch, Hubert/Martin, Ariane (Hg.): »Lenzens Verrückung«. Chronik und Dokumente zu J.M.R. Lenz von Herbst 1777 bis Frühjahr 1778. Tübingen 1999.

Descourvières, Benedikt: Der Wahnsinn als Kraftfeld. Eine symptomatische Lektüre zu Georg Büchners Erzählung *Lenz*. In: WB 52 (2006), 203–226.

Drux, Rudolf: ›Holzpuppen‹. Bemerkungen zu einer poetologischen Kampfmetapher bei Büchner und ihrer antiidealistischen Stoßrichtung. In: GBJb 9 (1995–99) 2000, 237–253.

Durzak, Manfred: Die Modernität Georg Büchners. »Lenz« und die Folgen. In: L' 80 (1988), H. 45, 132–146.

Fellmann, Herbert: Georg Büchners ›Lenz‹. In: Jahrbuch der Wittheit zu Bremen 7 (1963), 7–124.

Gersch, Hubert: Der Text, der (produktive) Unverstand des Abschreibers und die Literaturgeschichte. Johann Friedrich Oberlins Bericht *Herr L......* und die Textüberlieferung bis zu Georg Büchners *Lenz*-Entwurf. Tübingen 1998.

Gödtel, Rainer: Das Psychotische in Büchners Lenz. In: Horizonte 4 (1980), 34–43.

Großklaus, Götz: Haus und Natur. Georg Büchners »Lenz«. Zum Verlust des sozialen Ortes. In: Recherches Germaniques 12 (1982), 68–77.

Hasubek, Peer: »Ruhe« und »Bewegung«. Versuch einer Stilanalyse von Georg Büchners »Lenz«. In: GRM (1969), 33–59.

Hauschild, Jan-Christoph: Georg Büchner. Biographie. Stuttgart/Weimar 1993.

Hinderer, Walter: Pathos oder Passion. Leiddarstellung in Büchners »Lenz«. In: Alexander von Bormann (Hg.): Wissen aus Erfahrung. Werkbegriff und Interpretation heute. Festschrift für Herman Meyer zum 65. Geburtstag. Tübingen 1976, 474–494.

– : Lenz. »Sein Dasein war ihm eine notwendige Last«. In: Georg Büchner. Interpretationen. Stuttgart 1990, 63–117.

Hörisch, Jochen: Pathos und Pathologie. Der Körper und die Zeichen in Büchners Lenz. In: Susanne Lehmann (Hg.): Georg Büchner. Revolutionär, Dichter, Wissenschaftler 1813–1837. Der Katalog, Ausstellung Mathildenhöhe, Darmstadt, 2. August bis 27. September 1987. Basel/Frankfurt a. M. 1987, 267–275.

Irle, Gerhard: Büchners »Lenz«. Eine frühe Schizophreniestudie. In: Ders.: Der psychiatrische Roman. Stuttgart 1965, 73–83.

Kanzog, Klaus: Dass Norm-Trauma. Diagnose und phänomenologisches Erzählen. In. Ders.: Erzählstrategie. Eine Einführung in die Normeinübung des Erzählens. Heidelberg 1976.

Kobel, Erwin: Georg Büchner. Das dichterische Werk. Berlin/New York 1974.

Kubik, Sabine: Krankheit und Medizin im literarischen Werk Georg Büchners. Stuttgart 1991.

Kuchle, Eric: Licht und Finsternis in Büchners Lenz. In: New German Review 15 (1999), 23–35.

Lehmann, Johannes F.: Emotion und Wirklichkeit. Realistische Literatur seit 1770. In: ZfdPh 127 (2008), 481–498.

Lenz, Jakob Michael Reinhold: Zerbin oder die neuere Philosophie [1776]. In: Ders.: Werke und Briefe in drei Bänden. Bd. 2. Hg. von Sigrid Damm. Frankfurt a. M. 1992, 354–379.

Martin, Ariane: Erzählter Sturm und Drang: Büchners Lenz. In: Der Deutschunterricht 6 (2002), 14–23.

– : Georg Büchner. Stuttgart 2007.

Meier, Albert: Georg Büchners Ästhetik. In: GBJb 2 (1982), 196–208.

– : Georg Büchners Ästhetik. München 1983.

Michels, Gerd: Landschaft in Georg Büchners »Lenz«. In: Ders.: Textanalyse und Textverstehen. Heidelberg 1981, 12–33.

Müller-Sievers, Helmut: Desorientierung. Anatomie und Dichtung bei Georg Büchner. Göttingen 2003.

Oesterle, Günter: Das Komischwerden der Philosophie in der Poesie. Literatur-, philosophie- und gesellschaftsgeschichtliche Konsequenzen der ›voie physiologique‹ in Georg Büchners Woyzeck. In: GBJb 3 (1983) 1984, 201–239.

Oesterle, Ingrid: »Ach die Kunst« – »ach die erbärmliche Wirklichkeit«. Ästhetische Modellierung des Lebens und ihre Dekomposition in Georg Büchners Lenz. In: Bernhard Spies (Hg.): Ideologie und Utopie in der deutschen Literatur der Neuzeit. Würzburg 1995, 58–67.

Pilger, Andreas: Die »idealistische Periode« in ihren Konsequenzen. Georg Büchners Darstellung des Idealismus in der Erzählung Lenz. In: GBJb 8 (1990–94) 1995, 104–125.

Rath, Gernot: Georg Büchners »Lenz«. In: Ärztliche Praxis 2 (1950), Nr. 51, 12.

Reuchlein, Georg: Bürgerliche Gesellschaft, Psychiatrie und Literatur. Zur Entwicklung der Wahnsinnsthematik in der deutschen Literatur des späten 18. und frühen 19. Jahrhunderts. München 1986.

– : »...als jage der Wahnsinn auf Rossen hinter ihm«. Zur Geschichtlichkeit von Georg Büchners Modernität. Eine Archäologie der Darstellung seelischen Leidens im »Lenz«. In: Jahrbuch für Internationale Germanistik 28, 1 (1996), 59–111.

Schaub, Gerhard: Georg Büchner. Lenz. Erläuterungen und Dokumente. Stuttgart 1996.

Schings, Hans-Jürgen: Der mitleidige Mensch ist der beste Mensch. Poetik des Mitleids von Lessing bis Büchner. München 1980.

Schmidt, Harald: Melancholie und Landschaft. Die psychotische und ästhetische Struktur der Naturschilderungen in Georg Büchners ›Lenz‹. Opladen 1994.

Seling-Dietz, Carolin: Büchners Lenz als Rekonstruktion eines Falls ›religiöser Melancholie‹. In: GBJb 9 (1995–1999) 2000, 188–236.

Sengle, Friedrich: Biedermeierzeit. Deutsche Literatur im Spannungsfeld zwischen Restauration und Revolution. 1815–1848. Bd. 3. Stuttgart 1980.

Tarot, Rolf: Georg Büchner. Lenz (1837, postum). In: Ders. (Hg.): Erzählkunst der Vormoderne. Bern 1996, 163–181.

Ullman, Bo: Zur Form in Georg Büchners »Lenz«. In: Helmut Müssner/Hans Rossipal (Hg.): Impulse. Dank an Gustav Korlén zu seinem 60. Geburtstag. Stockholm 1975, 161–182.

Wiese, Benno von: Georg Büchner. Lenz. In: Ders.: Die deutsche Novelle von Goethe bis Kafka. Interpretationen. Düsseldorf 1963, 104–126.

Will, Michael: »Autopsie« und »reproduktive Phantasie«. Quellenstudien zu Georg Büchners Erzählung »Lenz«. 2 Bde. Würzburg 2000.

Zons, Raimar: Ein Riß durch die Ewigkeit. Landschaften in »Werther« und »Lenz«. In: literatur für leser 4 (1981), 65–78.

Roland Borgards

Exkurs: Novellistisches Erzählen

Georg Büchners Prosatext »*Lenz*« verweigert sich einer eindeutigen gattungsmäßigen Zuordnung; in der Tradition novellistischen Erzählens in Deutschland nimmt er eine besondere Stellung ein. »Anders als die Theorie der Novelle es erwarten läßt, strebt Büchners Erzählung nicht auf eine das Ganze zentrierende unerhörte Begebenheit zu. Überhaupt wird nicht im eigentlichen Sinne eine kunstgerecht gebaute ›Geschichte‹ erzählt.« (Poschmann in DKV I, 811 f.) Dass sich »*Lenz*« keiner der unterschiedlich akzentuierten Theorien der Novelle bei Goethe, Schlegel oder Tieck beugt (vgl. Aust 2006; Kunz 1968), ist nicht als Makel zu werten, sondern veranschaulicht das Innovative und in die Moderne voraus Weisende von Büchners Erzählung.

Da weder ein Manuskript noch eine vom Autor selbst autorisierte Textfassung vorliegt und auch entsprechende paratextuelle Merkmale fehlen, bleiben Gattungszuweisungen uneindeutig. Karl Gutzkow publizierte den Text 1839 posthum im *Telegraph für Deutschland* unter dem Titel »Lenz. Eine Reliquie von Georg Büchner«, hatte im vorausgehenden Briefwechsel mit dem Autor aber auch von einer Novelle gesprochen und damit wohl einen Prosatext gemeint, der für eine Publikation in einem Journal geeignet ist und sich davon eine Popularisierung jungdeutscher Vorstellungen versprochen. Gutzkow schätzte Büchners literarisches Talent und wollte den politisch engagierten Autor zur weiteren Mitarbeit an seiner Zeitschrift *Phönix* gewinnen (vgl. Marquardt 1983, 41 f.). In der von Ludwig Büchner herausgegebenen Werkausgabe des Bruders erhält »*Lenz*« dann den Untertitel »Ein Novellenfragment«, womit bereits die Besonderheit des Erzähltextes akzentuiert wird. Der Fragmentcharakter ist heute ebenso wenig umstritten wie die ästhetische Qualität von »*Lenz*«, dessen Einordnung in die Entwicklungsgeschichte der Novelle Georg Büchners Leistung verdeutlicht.

Gattungsgeschichtliche Aspekte

Die Geschichte der deutschen Novellistik beginnt mit Goethes *Unterhaltungen deutscher Ausgewanderten* (1795 in den *Horen* erschienen). Die Erzählsituation dort rekurriert auf Boccaccios *Decamerone* (1353); die durchaus unterschiedlichen Formen des Erzählens bei Goethe sind inhaltlich von einem »humanen Optimismus« (Freund 1998, 71) getragen

und knüpfen damit an die ›moralischen Erzählungen‹ des 18. Jahrhunderts an. »Anders als die klassischen Novellen Goethes und Wielands sind die Novellen Kleists beherrscht von der ›gebrechlichen Einrichtung der Welt‹ […]. Geschichte und Gesellschaft, aber auch der Mensch selbst scheinen hineingezogen in einen Sog latenter Gefährdung und Zerstörung.« (Freund 1998, 78) In diese tragisch grundierte Traditionslinie der deutschen Novellistik rückt Büchner ein, indem er Metaphysik durch wissenschaftliche Analyse von Krankheitsbildern ersetzt, den Idealismus der Klassik und Romantik durch Nihilismus pariert. Formalästhetisch reagiert Büchner im »*Lenz*« auf diese Diagnose mit einer unkommentierten Sequenzierung des Geschehens, die chronologisch vorgeht, streng auf den Betroffenen fokussiert ist und im Schlusssatz – »So lebte er hin.« (MBA 5, 49; DKV I, 250) – ein Ende findet, das in seiner lakonischen Genauigkeit keinen Raum für Sentimentalität oder Hoffnung lässt und in dieser Weise von einer der Figuren Becketts hätte gesagt werden können.

Inhaltlich gehört Büchners »*Lenz*« zu den Künstlernovellen, in denen seit der Romantik die Außenseiterrolle des Künstlers thematisiert und mit der Besonderheit seiner Fähigkeiten das Ingenium problematisiert wird. War das Original-Genie des Sturm und Drang noch zur großen Tat aufgerufen, ist der romantische Künstler zu Ruhe- und Rastlosigkeit verdammt. Im Topos von Genie und Wahnsinn zeigen sich die vielfältigen, auch gesundheitlichen Gefährdungen, die in diesem Kunstprogramm liegen. Der Stürmer und Dränger J.M.R. Lenz, der durchs Gebirge irrt und dessen religiöse Melancholie zu Selbstbestrafung, Wahnvorstellungen und krassen Formen der Selbstverletzung führt, bietet Büchner den Stoff, diese Entwicklung zu veranschaulichen (und im Kunstgespräch zu reflektieren), wobei lediglich die vorletzte Etappe des allmählichen, aber unaufhaltsamen Ausbruchs der Krankheit mitgeteilt wird.

Die literaturhistorische Vorgeschichte des Topos von Genie und Wahnsinn führt zu E.T.A. Hoffmann, dessen literarisches Debüt, *Ritter Gluck* (1809), den Novellenzyklus *Fantasiestücke in Callots Manier* (1814/15) eröffnet. Hier wird von einem Sonderling erzählt, der sich am Ende dem Ich-Erzähler als der längst verstorbene Komponist Gluck vorstellt. Diesem verrückten Musiker stellt Hoffmann eine andere Künstlerfigur an die Seite, den Kapellmeister Johannes Kreisler, der ebenfalls das zeitgenössische Musikleben kritisiert und die Macht der Musik propagiert. Auch an ihm wollten viele »Spuren des Wahnsinns« (Hoffmann 2006, 33) bemerkt haben. Vor allem die Musik – von der Romantik als die höchste Form der Kunst eingestuft – begünstigt Schwärmerei und Enthusiasmus. Bei E.T.A. Hoffmann erhalten diese psychophysischen Dispositionen eine dämonische Komponente, und noch in seinem novellistischen Spätwerk begegnen wir einem wahnsinnigen Geschichtenerzähler, dem Heiligen Serapion. Die Zerrissenheit des Künstlers zwischen seinem Anspruch auf ästhetische Selbstverwirklichung und einer bürgerlichen Realität, die Anpassung fordert, wird früh ins Individuum verlagert; soziale und ökonomische Aspekte werden demnach zurückgedrängt zugunsten psychologischer und medizinischer Beurteilungskriterien.

Mit fast traumwandlerischer Sicherheit entgeht eine andere berühmte Künstlerfigur der Spätromantik allen Gefährdungen, indem sie auf die Passion zur Kunst verzichtet. Eichendorffs Novelle *Aus dem Leben eines Taugenichts* (1826) variiert das Märchen vom *Hans im Glück* und votiert für eine unfreiwillige Ökonomie der Verschwendung. Dadurch ergeben sich auch Bezüge zu Tiecks Gesellschaftsnovellen, etwa zu *Die Gemälde* (1822), in denen »programmatisch die Übersetzung des romantischen Novellenkonzepts in ein realistisches« (Rath 2000, 158) gezeigt und die Möglichkeit eines glücklichen Bürgers ins Auge gefasst werden. Die Chancen einer solchen Karriere bleiben rückgebunden an das ideelle Kapital der Romantik. Das Verhältnis von Individuum und Gesellschaft, von Kunst und Erfolg sowie der Wunsch nach Selbstverwirklichung und auch nach sozialökonomischen Veränderungen, schließlich die inneren und äußeren Möglichkeiten des Scheiterns, die sich aus dieser prekären Situation ergeben, markieren Themenschwerpunkte der Novellistik im 19. Jahrhundert. Formal bleibt sie weit gefächert.

An der Figur des Künstlers lässt sich die Differenz zwischen Theorie und Praxis der Kunst veranschaulichen (vgl. Anton 1998), denn neben den individuellen und gesellschaftlichen werden in den Künstlernovellen auch ästhetische Aspekte diskutiert. Diese Aufgabe der Selbstreflexion erfüllt in »*Lenz*« das Kunstgespräch, das im Zentrum der Erzählung platziert ist. Mit seiner Titelfigur verfolgt Büchner eine in sich widersprüchliche Schreibstrategie: Zum einen korrigiert er das von Goethe in *Dichtung und Wahrheit* (3. Teil, 11. Buch) gezeichnete negative Bild des Stürmers und Drängers; zum anderen fasst er die Gefahren ins Auge, die im Geniekonzept liegen, das gegenüber dem Klassizismus gleichwohl favorisiert wird. Diese ambivalente Positionierung, die Risiken bewusst eingeht, weist Büchners Erzählen als genuin modern aus und gibt entscheidende Impulse für die Rezeption.

Rezeptionsgeschichtliche Aspekte

Dem Realismusanspruch der Literatur des 19. Jahrhunderts wird Büchner gerecht, auf die poetische Verklärung der Realisten allerdings verzichtet er. »Die Darstellung des Wahnsinns ist eine unkünstlerische Aufgabe«, urteilt Julian Schmidt 1851 in der für den poetischen Realismus maßgeblichen Zeitschrift *Die Grenzboten* über Büchners »*Lenz*« (vgl. Schaub 1987, 95 ff.). Indem Büchner Krankheit und existentielle Zerrissenheit thematisiert, die Möglichkeit auf Heilung und Harmonie aber konsequent ausschließt, arbeitet er einem naturalistischen Literaturverständnis vor. Ausdrücklich bezieht sich Gerhart Hauptmann mit seinem *Bahnwärter Thiel* (1888) auf Büchners »*Lenz*«, der ihn beeindruckte, wie er in seiner Autobiographie *Das Abenteuer meiner Jugend* (1937) bekennt.

Der starke Einfluß des *Lenz* auf den *Bahnwärter Thiel* und den *Apostel* zeigt sich thematisch vor allem daran, daß diese beiden ›novellistischen Studien‹ (dies der Untertitel der ersten Buchausgabe, in der die beiden Erzählungen 1892 gemeinsam erschienen) poetische Fallstudien und Darstellungen des progressiven Wahnsinns mit den Mitteln einer an Büchners *Lenz* geschulten Sprach-, Erzähl-, Beschreibungs- und Imaginationskunst sind. (Schaub 1987, 107)

Später knüpft vor allem die expressionistische Generation an Büchners Werk an. Hier ist insbesondere Georg Heyms Novelle *Der Irre* (1913) als »eine psychologische Studie« (Goltschnigg 1975, 173) zu nennen, die durch die geschilderten Gewaltszenen schockiert. Der Protagonist ist ein entlassener Verbrecher, dessen mörderischer Amoklauf erzählt wird. Konnte Hauptmanns Bahnwärter Thiel noch auf Mitleid rechnen, da die Vorgeschichte seiner Taten im Vordergrund steht und die ausbrechende Geisteskrankheit gleichsam als Entschuldigung – juristisch gesprochen als verminderte Zurechnungsfähigkeit – angeführt wird, verweigert Heym seinem Irren jegliches Verständnis, damit die zwischenzeitlich ausgebildeten medizinischen Krankheitsbilder literarisch ignorierend. Oberlins falsche Diagnose, der Büchners Lenz zum Opfer fällt, ist neuerlicher Ratlosigkeit gewichen. Zu Beginn des 20. Jahrhunderts ist es keineswegs nur der Künstler als besonders begabter Mensch, der vom Wahnsinn bedroht ist, sondern die Sensibilität disponiert auch die Bürger für diese

Krankheit, wie Alfred Döblin in seiner Novelle *Die Ermordung einer Butterblume* (1910) ausführt.

In vielen Novellen des 19. Jahrhunderts wird die Künstlerproblematik behandelt, etwa in Mörikes *Mozart auf der Reise nach Prag* (1855), in Stifters *Nachkommenschaften* (1864), später auch in Heinrich Manns *Pippo Spano* (1904) oder in Thomas Manns *Tod in Venedig* (1912). In Kafkas Erzählung *Ein Hungerkünstler* (1922) erreicht diese Entwicklung ein (vorläufiges) Ende, da eine inhaltslos gewordene Kunst immer weniger auf das Verständnis des Publikums rechnen und der Protagonist erst durch strenge Askese, letztlich im Tod sein radikales Kunstprogramm realisieren kann. Dieser Erzählgestus ist unüberbietbar, der Mythos vom genialen Künstler ist zu Ende gebracht (vgl. Blumenberg 1979). Vor diesem Hintergrund zeigt sich der vom Wahnsinn bedrohte Künstler als eine Etappe dieser Entwicklung. Zu Beginn des 20. Jahrhunderts reagiert die Kunst ihrerseits mit einer Aufwertung marginalisierter Bereiche (vgl. etwa das Konzept des *Blauen Reiter*, 1912) und mit einer Auseinandersetzung mit der *Bildnerei der Geisteskranken* (Hans Prinzhorn, 1922). Bereits Büchners Lenz hatte sich bei Oberlin mit Malen und Zeichnen beruhigt; von den ästhetischen Qualitäten dieser Kunsttherapie ist allerdings nicht die Rede.

Dass auch nach 1945 weitere Novellen mit ausdrücklichem Bezug auf Büchners »Lenz« geschrieben werden, bestätigt Blumenbergs These von der Unerschöpflichkeit mythologischer bzw. künstlerischer Stoffe. Bei den neueren Bearbeitungen wird die Aufmerksamkeit umgelenkt auf andere Aspekte. Peter Schneiders Erzählung *Lenz* (1973) behandelt Erfahrungen aus der Zeit der Studentenbewegung in subjektiver Sicht und erreichte damit große Popularität (vgl. Schaub 1987, 125). Gert Hofmanns Novelle *Die Rückkehr des verlorenen Jakob Michael Reinhold Lenz nach Riga* (1980) rückt den Vater-Sohn-Konflikt in den Mittelpunkt, während Volker Brauns *Unvollendete Geschichte* (1975) eine weibliche Lenzfigur entwirft. Bei aller thematischen Varianz sind es vor allem stilistische und erzähltechnische Elemente, die auf Büchners »Lenz« Bezug nehmen und so die ästhetische Qualität bestätigen. Dass gerade formale Aspekte für die produktive Rezeption durch die Schriftsteller wichtig sind, verwundert nicht.

Poetologische Aspekte

Seit Gutzkows Edition und der Ausgabe durch Ludwig Büchner ist »Lenz« als Novelle gelesen und entsprechend interpretiert worden. Einzelne für die Novelle charakteristische Merkmale treffen auf die Erzählung zweifellos zu: Es wird eine wahre Begebenheit mitgeteilt, Büchner bearbeitet historisches Material und liefert eine neue Sicht auf den Dichter des Sturm und Drang. Im Mittelpunkt der Erzählung, die sich durch detailgenaue Beschreibungen auszeichnet, steht ein Konflikt. Aber trotz dieser Konzentration, die Nebensächliches ausblendet, verfehlt »Lenz« ein wesentliches Merkmal der Novelle: die Geschlossenheit der Form. Das liegt in der Unlösbarkeit des dargestellten Konflikts begründet, hat also nichts mit dem Bearbeitungsstatus des Textes zu tun. Aus dem Spannungsverhältnis von Fragmentcharakter und Novellenform ergeben sich produktive Aspekte der Interpretation, wie etwa die unterschiedlichen Gliederungsvorschläge veranschaulichen (vgl. Wiese 1962; Hinderer 1990). Vergleichsweise unproduktiv ist der Streit um die literarische Form dann, wenn das Unfertige als minderwertig missverstanden wird (vgl. Dedner 2005, 459). Dass hingegen gerade die »Entwurfhaftigkeit die Wertschätzung erhöhen kann«, zeigt Dedner (ebd., 466).

Im Hinblick auf eine gattungsspezifische Leserlenkung lassen sich bestimmte Innovationen novellistischen Erzählens durch Büchner gut erkennen. Versteht man mit Theodor Storm die Novelle als »Schwester des Dramas« (Storm 1881, in: Kunz 1968, 72) haben wir es bei »Lenz« mit einer offenen Form der Novelle zu tun, analog zur offenen Dramenform des »Woyzeck« (vgl. Dedner 2005, 446; Diersen 1992, 184). Die linear geführte Handlung durchläuft einzelne Stationen, wobei die für die Novelle geforderten Wendepunkte durch Zäsuren ersetzt sind. Im Hinblick auf formale Innovationen ließe sich das Kunstgespräch als ein nach innen gestülpter Rahmen lesen, d.h. die Erzählung wird nicht äußerlich durch einen Rahmen begrenzt, sondern durch zentrifugale Kräfte zusammengehalten. Auf ein Dingsymbol verzichtet Büchner, stattdessen entfaltet er den Topos von Genie und Wahnsinn in unterschiedlichen Facetten (individuell, gesellschaftlich, ästhetisch, religiös, psychisch, medizinisch). Thematisch fokussiert er dabei Angst und Schmerz als die existentiellen Grundbefindlichkeiten des (modernen) Menschen und schreibt damit den humanistischen Impetus des Genres ›Novelle‹ korrigierend fort. Die deutliche Subjektivierung des Erzählens – »der Unterschied zwischen erzählendem und erlebendem Ich wird eingeebnet, ja aufgehoben« (Diersen 1992, 190) – ist verbunden mit einer Intellektualisierung, die sowohl im Kunstgespräch als auch im philosophischen Zuschnitt der Erzählung ihren Ausdruck findet.

Die häufig konstatierte Polarität bzw. Antithetik betrifft inhaltliche und formale Aspekte. Während Büchner in seiner Erzählung einerseits durchaus bestimmten Mustern novellistischen Erzählens folgt, sind es andererseits vor allem die Innovationen, durch die er stilbildend wirkt. Das lässt sich an den modernen Formen des Erzählens gut ablesen, und insofern markiert »Lenz« in der Gattungsgeschichte der Novelle einen Wendepunkt. Fragen des Genres aber – und darüber informiert das Kunstgespräch, insofern es diesen Punkt ausklammert – sind sekundär geworden. In der Moderne lösen sich die Gattungen mit ihren tradierten Mustern auf, die an bestimmte, geschlossene Weltbilder geknüpft waren. Die Adaptation von Büchners Erzählung durch andere Medien – seine Dramatisierung, Verfilmung und Veroperung, die bildnerische Wirkungsgeschichte, vor allem in Zeichnungen, sowie die Verarbeitung in der Lyrik, im Gespräch bzw. in der Form der Rede oder auch der monologisierenden Reflexion (vgl. Neuhuber 2007, 70 ff.) – bestätigt eine »Verfransung der Künste« (Adorno 1967). Nicht zuletzt durch diese mediale Transformationsfähigkeit behauptet »Lenz« seine Stellung als Schlüsseltext der literarischen Moderne.

In »Lenz« werden Fiktionalität und Faktizität gemischt – das hatte schon Gutzkow hervorgehoben –, außerdem werden Kunst- und Wissensdiskurse verbunden. Es wird stilbewusst gestaltet, es wird beschrieben und erörtert. Lyrische Elemente der Stimmungserzeugung wechseln mit sachlichen Passagen, unter denen das Kunstgespräch mit seiner Verbindung von Ethik und Ästhetik eine herausragende Stellung einnimmt. Das Für und Wider im Gespräch sachlich zu erörtern, ist eine Form der Auseinandersetzung. Das Mittel der Spiegelung kann demgegenüber als poetische Variante der Darstellung gelesen werden. Gleich zu Beginn der Erzählung fungiert die Natur als Spiegel der Seele des Protagonisten, dessen Befindlichkeit in der Feststellung zusammengezogen wird: »nur war es ihm manchmal unangenehm, daß er nicht auf dem Kopf gehn konnte.« (MBA 5, 31; DKV I, 225) Mit dieser kühnen metaphorischen Wendung werden die Verhältnisse buchstäblich auf den Kopf gestellt. Dahinter verbirgt sich die Überlegung, den damals üblichen Idealismus auf die Füße zu stellen, was als literarisch vorweggenommene Replik der Forderung von Marx und Feuerbach gelesen werden kann. Es geht also nicht nur im Kunstgespräch um die anvisierten utopischen Qualitäten und mit der Kunst ums Ganze, sondern der ganze Text ist von selbstreflexiven Elementen und ästhetischen Kraftfeldern durchzogen. Die poetische Strahlkraft Büchners ist noch daran zu erkennen, dass Karlheinz Stockhausen, nach den spirituellen Bezügen seiner Musik befragt, antwortete, wir stünden »mit dem Kopf im Himmel« (Stockhausen 1996), damit die Nihilismusdiagnose Büchners durch die Kunst konterkarierend.

Während Lenz in der Erzählung vorübergehend in der Kunst ein mögliches Heilmittel erkennen will, spricht der weitere Verlauf der Handlung dagegen, die Kunst als Kompensation des verlorenen Glaubens einzusetzen. Insofern ist sein Weg in Wahnsinn und Lethargie konsequent. Gleichwohl bleibt die Erzählung deutungsoffen. Die im Text aufgebaute Antithetik auf unterschiedlichen Ebenen widerstreitet einfachen Lösungen. Bildete das »Harmonisch entgegengesetzt Eine« bei Hölderlin noch eine positive Vermittlungsfigur (vgl. Mathy 1998), verzichtet Büchners »Lenz« auf eine solche Dialektik. Deshalb erzeugt die antithetische Grundstruktur eine Gegensatzspannung, die nicht mehr kalkulierbar ist. Die geschlossene Form der Novelle jedenfalls bietet kein Muster, auf den im Text aufgespannten Problemhorizont angemessen zu reagieren, und insofern ist die Durchbrechung der Gattungsnormen konsequent.

Da in Büchners »Lenz« das Verhältnis von Literatur und Kunst zu unterschiedlichen Wissensbereichen (medizinischen, psychologischen und philosophischen) auf eine sehr subjektive, individuelle Weise verhandelt und gleichsam probeweise mit dem Protagonisten der Erzählung vorgeführt wird, könnte es aufschlussreich sein, die offene Novellenform auch im Kontext essayistischen Erzählens zu diskutieren. Dadurch ließen sich spezifische Aspekte der Moderne und der Postmoderne genauer profilieren.

Literatur

Adorno, Theodor W.: Die Kunst und die Künste. In: Ders.: Ohne Leitbild. Parva Aesthetica. Frankfurt a. M. 1967, 168–192.

Anton, Christine: Selbstreflexivität der Kunsttheorie in den Künstlernovellen des Realismus. New York u. a. 1998.

Aust, Hugo: Novelle. Stuttgart/Weimar ⁴2006.

Blumenberg, Hans: Arbeit am Mythos. Frankfurt a. M. 1979.

Dedner, Burghard: Zur Entwurfhaftigkeit von Büchners ›Lenz‹. Eine Replik. In: Norbert Otto Eke/Fritz Wahrenburg (Hg.): Vormärz und Exil. Vormärz im Exil. Bielefeld 2005, 445–467.

Diersen, Inge: Büchners ›Lenz‹ im Kontext der Entwicklung von Erzählprosa im 19. Jahrhundert. In: Henri Poschmann (Hg.): Wege zu Georg Büchner. Internationales Kolloquium der Akademie der Wissenschaften (Berlin-Ost) 1988. Berlin u. a. 1992, 184–192.

Freund, Winfried: Novelle. Stuttgart 1998.

Goltschnigg, Dietmar: Rezeptions- und Wirkungsgeschichte Georg Büchners. Kronberg 1975.

Hinderer, Walter: *Lenz*. »Sein Dasein war ihm eine notwendige Last«. In: Georg Büchner. Interpretationen. Stuttgart 1990, 63–117.

Hoffmann, E.T.A.: Fantasiestücke in Callot's Manier. Werke 1814. Hg. von Hartmut Steinecke. Frankfurt a. M. 2006.

Kunz, Josef (Hg.): Novelle. Darmstadt 1968.

Marquardt, Axel: Konterbande. ›Lenz‹. Zur Redaktion des Erstdrucks durch Karl Gutzkow. In: GBJb 3 (1983) 1984, 37–42.

Mathy, Dietrich: ›Harmonisch entgegengesetzt eines‹. Zur Wiederholungsfigur in Hölderlins Dialektik des Kalkulablen. In: Carola Hilmes/Dietrich Mathy (Hg.): Dasselbe noch einmal: Die Ästhetik der Wiederholung. Bielefeld 1998, 63–81.

Neuhuber, Christian: Zur Rezeption der ›Lenz‹-Erzählung Georg Büchners. In: Dieter Sevin (Hg.): Georg Büchner: Neue Perspektiven zur internationalen Rezeption. Berlin 2007, 65–79.

Rath, Wolfgang: Die Novelle. Konzept und Geschichte. Göttingen 2000.

Schaub, Gerhard: Georg Büchner. Lenz (= Erläuterungen und Dokumente). Stuttgart 1987.

Stockhausen, Karlheinz: ›Mit dem Kopf im Himmel‹. Ein Gespräch. In: Carola Hilmes/Dietrich Mathy (Hg.): Protomoderne. Künstlerische Formen überlieferter Gegenwart. Bielefeld 1996, 213–215.

Wiese, Benno von: Georg Büchner. Lenz. In: Ders.: Die deutsche Novelle von Goethe bis Kafka. Interpretationen. Düsseldorf 1962, 104–126.

Carola Hilmes

6. *Leonce und Lena*

6.1 Entstehungsgeschichte und Quellen

Seit Anfang 1836 erschien in verschiedenen Zeitungen die Ausschreibung eines Preises »für das beste ein- oder zweiakige Lustspiel in Prosa oder Versen«, den die J.G. Cotta'sche Buchhandlung in Stuttgart ausgelobt hatte (vgl. Faksimile der »Preisaufgabe« aus der *Außerordentlichen Beilage* zur Augsburger *Allgemeinen Zeitung*, No. 24, 16.1.1836, in: T. M. Mayer u. a. 1987, 228). Büchner nahm diese Preisausschreibung kaum vor Mitte Februar 1836 zur Kenntnis, als sie mit dem verlängerten Einsendeschluss »1. Juli 1836« versehen, auch in den Periodika des Brockhaus-Verlags, so in der von Lorenz Oken herausgegeben *Isis*, erschienen war. Wann immer er sich entschloss, sich an diesem Wettbewerb zu beteiligen, wegen der sich länger als beabsichtigt hinziehenden Arbeit an dem *Mémoire sur le système nerveux du barbeau* kam Büchner nach eigenem Bekunden nicht vor Anfang Juni zum Dichten. »Erst gestern« sei seine Dissertation »vollständig fertig geworden«, berichtete er am 1. Juni 1836 dem Freund Eugène Boeckel: »Sie hat sich viel weiter ausgedehnt, als ich Anfangs dachte und ich habe viel gute Zeit [da]mit verloren; […] schreiben habe ich die Zeit nichts können. Ich muß eine Zeitlang vom lieben Kredit leben und sehen, wie ich mir in den nächsten 6–8 Wochen Rock und Hosen aus meinen großen weißen Papierbogen, die ich vollschmieren soll, schneiden werde.« (DKV II, 436 f.)

Ob es »ältere Notizen und Exzerpte, vielleicht auch szenische Entwürfe« für das Lustspiel gab (Hauschild 1993, 529), muss offen bleiben. In einem während der Arbeit an dem Stück ausgeschiedenen Entwurfsbruchstück (H 1) verwendete Büchner einen Witz (MBA 6, 14 bzw. 40: »wer arbeitet ist ein subtiler Selbstmörder«; DKV I, 137), den er auch schon in einem Mitte März 1835 an Karl Gutzkow geschriebenen Brief (DKV II, 397: »dem subtilen Selbstmord durch *Arbeit*«) gebrauchte. Paul Landau empfand 1909 die »Stimmung« der ebenfalls ausgeschiedenen »Polizistenszene« (MBA 6, 17 f. bzw. 42, 44; DKV I, 138) der Komik des Brieffragments vom 2. Juli 1834 (DKV II, 386 f.) »ganz« ähnlich und begriff *Leonce und Lena* insgesamt als Gegenstück zu *Danton's Tod* (1835), nur »aus der blutdürstig aufgeregten Schreckenszeit ins spießbürgerlich romantische Biedermaiertum versetzt« (Dedner 1990b,

319 f.; vgl. ebd., 305; ebenso Wilhelm Hausenstein 1916, ebd., 368). Konkretere Hinweise auf die Arbeit an einem Lustspiel vor dem 1. Juni 1836 gibt es jedoch nicht. Da Büchner sich an dem Komödien-Wettbewerb beteiligen wollte, muss er eine ausschreibungsgemäß höchstens zweiaktige Fassung noch im Juni angefertigt haben, denn er sandte die Abschrift seines »Concepts« dem Cotta-Verlag ein, erhielt allerdings die Sendung »uneröffnet zurück«, da sie »zwei Tage« nach dem Einsendeschluss, also am 3. Juli 1836, in Stuttgart eintraf und daher »zur Concurrenz« nicht zugelassen wurde (Dedner 1990b, 126 f.; Hauschild 1993, 529).

Im Übrigen muss das Preisausschreiben keineswegs der Auslöser für den Lustspielplan gewesen sein. Anfang Juni muss Büchner in einem Brief an Gutzkow (vgl. die Antwort vom 10.6.1836; DKV II, 441) davon gesprochen haben, dass er einen Band mit zwei Dramen – also *Leonce und Lena* und »*Woyzeck*« – zu publizieren trachte; ein Plan, den er in einem Brief vom September 1836 (ebd., 454) noch einmal bestätigte, um gleichzeitig dessen Verzögerung zu melden. Erst im Januar 1837 meinte er, diesen Band bald »erscheinen lassen« zu können (ebd., 461). Wahrscheinlich betrieb Büchner die Arbeit an *Leonce und Lena* von Anfang an vor allem in Hinsicht auf den Dramen-Band »und betrachtete den Wettbewerb eher als zusätzlichen und nicht unbedingt erfolgversprechenden Publikationsweg« (Dedner in MBA 6, 245), verlockt wohl durch den ausgeschriebenen Preis von 300 Gulden, was die zehnfache Summe dessen war, was er für *Danton's Tod* bzw. die Hugo-Übersetzungen erhalten hatte. Generell hatte Büchner nach dem Scheitern des jungdeutschen Zeitschriften-Projekts der *Deutschen Revue* im November 1835 (für das er die »Novelle« »Lenz« liefern wollte) beschlossen, sich literarisch künftig ausschließlich »auf dem Feld des Drama's« zu profilieren, wie er am 1. Januar 1836 gegenüber seinen Eltern erklärte (DKV II, 423).

Nachdem er das Wettbewerbs-Manuskript von *Leonce und Lena* vermutlich Ende Juli 1836 zurückerhalten hatte, arbeitete Büchner neben der Vorbereitung auf die projektierten Vorlesungen »über die philosophischen Systeme der Deutschen seit Cartesius und Spinoza« und die Zürcher »Probevorlesung« an dem Lustspiel und an »*Woyzeck*« weiter. Er sei »gerade daran, sich einige Menschen auf dem Papier totschlagen oder verheiraten zu lassen«, schrieb er am 2. September seinem Bruder Wilhelm (DKV II, 448). Als Georg Büchner am 18. Oktober 1836 Straßburg verließ, um nach Zürich überzusiedeln, hatte er

die beiden unvollendeten Dramen-Manuskripte im Gepäck. Obwohl ihn die Arbeit an seinem im November aufgenommenen Kolleg über vergleichende Anatomie der Fische und Amphibien »vollauf« beschäftigte, »da es damals in Zürich beinahe völlig an vergleichend anatomischen Präparaten fehlte, und er dieselben fast alle selbst anfertigen mußte«, wie sein Bruder Ludwig 1850 festhielt (Dedner 1990b, 127), feilte Büchner auch weiter an seinen »poetischen Produkte[n]« (an Wilhelmine Jaeglé, 20.1.1837; DKV II, 465). Das Lustspiel *Leonce und Lena* habe er »zu Zürich vollendet«, d. h. zwischen dem 24. Oktober 1836 (Anmeldung in Zürich) und dem 2. Februar 1837 (an diesem Tag »mußte er sich zu Bette legen, das er von jetzt an nur für wenige Augenblicke verließ«) abgeschlossen, wie sich sein Zürcher Freund und Mitbewohner Wilhelm Schulz in dem im *Schweizerischen Republikaner* (No. 17, 28. 2.1837) erschienenen »Nekrolog« erinnerte (Grab 1985, 140 f.).

Büchners Lustspiel speist sich vor allem aus zwei Quellenkomplexen: Erstens der satirische Blick auf die gesellschaftliche Realität in den deutschen Duodez-Fürstentümer zu Beginn des 19. Jahrhunderts. Es verstehe sich, meinte Büchners Freund Wilhelm Schulz 1851 in einer Rezension der *Nachgelassenen Schriften*, dass »das Reich Popo, unter der Regierung S[eine]r Maj[estät] des Königs Peter, ein specifisch deutscher Musterstaat« sei (Deutsche Monatsschrift für Politik, Wissenschaft, Kunst und Leben [2] 1851, II, 218 f.; Grab 1985, 61).

Schon als Schüler bot Büchner und seinen Freunden der Blick auf den heimatlichen »residenzlichen Kulturboden […] ergötzlichen Stoff zu allerlei kritischem und humoristischem Wetteifer in Beurteilung der Zustände«, erinnerte sich ein Klassenkamerad später (Brief vom 11.9.1878 an Karl Emil Franzos; B⁹ 1962, 302). Konkret bot die Erinnerung an die Solennitäten anlässlich der Vermählung des hessendarmstädtischen Thronfolgers mit einer bayerischen Königstochter Anfang 1834, die Büchners Bekannte Heinrich Künzel und Friedrich Metz in einer *Chronik der Feierlichkeiten, welche auf Veranlassung der hohen Vermählung des Seiner Hoheit des Erbgroßherzogs Ludwig von Hessen mit Ihrer Königl[ichen] Hoheit der Prinzessin Mathilde von Bayern in Bayern und Hessen Statt fanden* (Darmstadt 1834) beschrieben hatten, Material für Büchners Lustspiel, dessen Handlungskern ja die Verheiratung eines Prinzenpaares ist. Erstmalig wurde die *Chronik* als mögliche Quelle von Thomas Michael Mayer (1979, 371 u. 412) genannt und von Jörg Jochen Berns (1987, 252–

261) in ihrer Bedeutung für die Komödie diskutiert. Auszüge sind in der Ausgabe von Henri Poschmann (DKV I, 925–929) und in der Quellendokumentation der *Marburger Ausgabe* (MBA 6, 401–424) abgedruckt.

Der zweite Quellenkomplex von Büchners Lustspiel ist die romantische Komödientradition, aus der zwei Stücke für Büchner besonders wichtig wurden, nämlich *Ponce de Leon* (1804) von Clemens Brentano und *Fantasio* von Alfred de Musset (1834).

An Musset interessierte Büchner vor allem, dass bei ihm weniger die Handlung des Stücks als die psychologischen Beziehungen zwischen den Figuren und das Lebensgefühl der Protagonisten im Vordergrund standen. Die Beziehungen sind oft von einer grausamen Gefühllosigkeit, das Lebensgefühl geprägt von Langeweile, Melancholie und Weltschmerz, wie es kennzeichnend war für die um 1830 etwa 20-jährigen »Kinder ihrer Zeit«, wie man auf Mussets *Bekenntnisse* (1836) anspielend sagen könnte. Bekannt war Musset auch für seinen respektlosen Umgang mit poetischen und gesellschaftlichen Normen. Übereinstimmungen zwischen *Fantasio* sowie anderen Stücken Mussets und Büchners Lustspiel wies erstmals Armin Renker (1924, 96–108) nach; dokumentiert wurden die Beziehungen im Einzelnen ausführlich in der *Marburger Ausgabe* (Dedner in MBA 6, 355–377) und konzentrierter durch Beise/Funk (2005, 87–93).

Von Brentano übernahm Büchner die seinem Lustspiel zu Grunde liegende Handlungsstruktur der Heilung eines Melancholikers durch die Liebe und vor allem die Behandlung der Sprache. Heinrich Heine schrieb über *Ponce de Leon*: »Wie Harlekine rennen die verrücktesten Wortspiele durch das ganze Stück und schlagen überallhin mit ihrer glatten Pritsche« (Heine 1973, VIII, 200). Dies ließe sich auch von *Leonce und Lena* sagen, besonders von der ersten Hälfte, in der Leonce sich mit witzelnden Wortspielen über die eigene innere Leere hinwegzutrösten versucht und sich mit dem Narren Valerio, der ihm in jeder Hinsicht gewachsen ist, anfreundet. Die Korrespondenzen zwischen Büchners und Brentanos Lustspiel fielen schon Gutzkow auf (vgl. GW, Bd. VII, die Faksimile-Ausgabe des von Gutzkow herausgegebenen Lustspiels); detaillierter besprach sie 1909 Paul Landau (in Dedner 1990b, 320–332), eine Liste erstellte Armin Renker (1924, 86–94). Dokumentiert wurden die Beziehungen im Einzelnen ausführlich in der *Marburger Ausgabe* (Dedner in MBA 6, 379–400) und konzentrierter durch Beise/Funk (2005, 94–101).

Darüber hinaus ist, wie die quellenkritische Forschung der letzten Jahrzehnte zeigte, *Leonce und Lena* voll von Anspielungen auf literarische Vorlagen aller Art. Neben Brentano und Musset und nach Shakespeare und Goethe waren es offensichtlich Jean Paul, Ludwig Tieck und E.T.A. Hoffmann, die Büchner für die Arbeit an seinem romantisierenden Lustspiel ausbeutete. Es ist bekannt, dass Büchner »Jean Paul und die Hauptromantiker […] fleißig gelesen« (Friedrich Zimmermann an Karl Emil Franzos, 13.10.1877; B[9] 1962, 300) und sich an den romantischen Mustern zum Schriftsteller gebildet hatte. Wie kein anderer Text Büchners, dessen Fantasie in hohem Maß dokumentengeleitet war, ist sein Lustspiel Literatur aus Literatur. Inwiefern *Leonce und Lena* eine Antwort auf die »›Lustspielfrage‹ seiner Zeit« war und Büchner gegenüber der satirischen Verlachkomödie das Modell der romantischen »Humoreske« (Grab 1985, 61) präferierte, erörterte Arnd Beise (2008, 81–100).

6.2 Textüberlieferung, Erstdrucke, Theaterrezeption

In seinem Nachruf (*Schweizerischer Republikaner*, No. 17, 28.2.1837) kündigte Wilhelm Schulz an, dass *Leonce und Lena* zusammen mit einem »beinahe vollendete[n] Drama« (»*Woyzeck*«) sowie dem »Fragment einer Novelle« (»*Lenz*«) »demnächst im Druck erscheinen« solle (Grab 1985, 140). Für diese Nachlass-Edition suchte Büchners Verlobte Wilhelmine Jaeglé im Sommer 1836 Karl Gutzkow zu gewinnen, während die Familie in Darmstadt zunächst Georg Zimmermann favorisierte (vgl. Hauschild 1985, 44, 63 f. u. 69–73). Es kam jedoch zunächst überhaupt keine selbständige Nachlass-Edition zu Stande. Stattdessen publizierte Gutzkow 1838 und 1839 die ihm von Jaeglé übersandten Abschriften von *Leonce und Lena* und »*Lenz*« in seiner Zeitschrift *Telegraph für Deutschland*, während erst 1850 Ludwig Büchner das familiäre Projekt der *Nachgelassenen Schriften* Georg Büchners zur Publikation brachte.

Gutzkow publizierte 1838 Büchners Lustspiel als Teildruck, da das Stück »nur ein schnell hingeworfener Versuch« sei, der allenfalls »die Hoffnungen *andeuten*« könne, »die man auf des jungen Dichters *Zukunft* setzen könnte«, wie es in dem Zeitschriftendruck (*Telegraph für Deutschland*, No. 76, May 1838, 601) heißt. Außerdem enthalte das Stück »derbe«, nämlich ›unkeusche‹ und »politische« Anspielungen (ebd.), »die im Druck entweder gemildert oder besser ganz übergangen werden«, wie Gutzkow am 14. September 1837 an Jaeglé schrieb (Hauschild 1985, 66). Sein Verfahren, den Gang der Handlung zu referieren und nur die »eine oder andre Scene im Zusammenhang« wörtlich einzuflechten, wandte Gutzkow jedoch nur für den ersten Akt an; den zweiten und dritten Akt druckte er ziemlich vollständig ab (vgl. GW, Bd. VII).

Ludwig Büchner betonte demgegenüber in der Einleitung zu den *Nachgelassenen Schriften* (erschienen um den 11.11.1850), das Stück sei »zum ersten Mal hier *vollständig* abgedruckt« (Dedner 1990b, 126). In der Tat bietet diese Ausgabe an vielen Stellen mehr, mit ziemlicher Sicherheit authentischen Text als Gutzkows Version, an manchen Stellen aber auch weniger: Kürzungen nahm Ludwig Büchner vor allem mit Rücksicht auf politische, sittliche und sprachliche Empfindlichkeiten vor (vgl. Dedner in MBA 6, 300–309).

Beide Drucke korrespondieren so stark, dass sie vermutlich auf dasselbe, allerdings verlorene (entweder 1851 in Darmstadt verbrannte oder aus Jaeglés Nachlass verschwundene) Manuskript Büchners zurückgehen. Allerdings lag den Herausgebern jeweils eine Abschrift zu Grunde, in Gutzkows Fall von der Hand Wilhelmine Jaeglés, in Ludwig Büchners Fall von der Hand seiner Schwester Luise. Die editorische Schwierigkeit besteht darin, dass bei gemeinsamer, aber im Detail abweichender Überlieferung keinem der beiden Drucke von vornherein der Vorzug zu geben ist, »da fallweise der eine wie der andere authentischer zu sein scheint« (Hauschild 1985, 92). Die Differenzen sind im Wesentlichen durch unterschiedliche Deutung des Befunds durch die jeweilige Abschreiberin, durch Eingriffe des jeweiligen Herausgebers oder durch unterschiedliche Satz- und Verlagskonventionen erklärbar. Eine moderne Edition muss daher jeden Einzelfall gründlich abwägen; mit der gebotenen Ausführlichkeit geschieht dies im »Editionsbericht« der historisch-kritischen Ausgabe (Dedner in MBA 6, 266–332), äußerst verknappt im Nachwort der »Studienausgabe« von 2003 (Dedner/ Mayer 2003, 81–87). Im Druckbild wird die Unentscheidbarkeit manches Einzelfalls in der Studienausgabe von 1987 sowie in der historisch-kritischen Ausgabe (MBA 6, 2003) durch Divisorstrich verbundene, aber auf Hierarchisierung der Varianten verzichtende Darstellung augenfällig gemacht.

Die für die Textkonstitution des »vollendeten« Lustspiels relevanten Handschriften sind alle verloren, so dass der Herausgeber den edierten Text aus einem sorgfältigen Vergleich der beiden Erstdrucke ableiten muss. Außerdem sind aber drei handschriftliche Entwurfsbruchstücke von der Hand Georg Büchners überliefert. Erstens ein 1836 entstandener Entwurf zum Beginn des »I. Act« des Stücks (Faksimile und Umschrift in MBA 6, 8–21), zweitens Notizen zum Schluss des I., zum Beginn des II. und zu einer Szene des III. Akts (ebd., 24–27), drittens fünf durchgestrichene Zeilen im Manuskript der *Cartesius*-Vorlesung von 1836 (ebd., 30 f.). Ein farbiges Faksimile der beiden ersten Bruchstücke war dem Katalog der Büchner-Ausstellung von 1987 beigelegt (Lehmann 1987, Nr. 741; vgl. DKV I, 133–141). Die handschriftlichen Entwürfe sind sämtlich »durch die Drucke, die eine spätere Entstehungsstufe bezeugen, überholt und kommen für die Textgrundlegung der Werkedition nicht in Frage« (Poschmann in DKV I, 587). Doch enthält der erste Entwurf eine von Büchner verworfene, durch »köstliche« Komik ausgezeichnete »Parodie auf die hasenherzigen Diener des Gesetzes« (Landau 1909 in: Dedner 1990b, 320), die sich Theaterleute seit der Uraufführung selten entgehen lassen und daher in den Text des ersten Akts der Komödie gern einmontieren.

Die Uraufführung von *Leonce und Lena* war die zweite Liebhaber-Aufführung des »Intimen Theaters« der Schwabinger Bohème um Max Halbe, Oskar Panizza, Eduard Fuchs, Otto Erich Hartleben, Franz Held und anderen, die auch alle mitspielten, am Freitag, den 31. Mai 1895, im

Privatpark des Herrn Redakteur Holz« in Biederstein bei München unter der Regie von Ernst von Wolzogen: »Eine von Hecken im Halbkreis umschlossene Wiese war die Bühne. Die Hecken bildeten die natürlichen Kulissen. [...] Die Zuschauer, wiederum nur geladene Gäste aus der damaligen Münchner Gesellschaft, soweit sie an unsern Bestrebungen Anteil nahm, [...] gruppierten sich zwanglos auf der Festwiese vor dem Bühnenhalbrund. In einem Seitengebüsch war auf einem Schragen ein Faß Bier aufgelegt [...]. So war denn nicht nur für die Kunst, sondern auch gut Münchnerische Weise auch für die Kehle und für den Magen gesorgt [...]. Es war eine dionysische Nacht. Sie wird allen, die sie erlebten, unvergeßlich sein (Goltschnigg 2001, 312 f.).

Die ersten Aufführungen auf öffentlichen Bühnen fanden am 30. Dezember 1911 im kleinen Residenztheater in Wien unter der Regie von Ludwig Wolff, am 27. Januar 1912 im Schauspielhaus Düsseldorf unter der Regie von Gustav Lindemann und am 16. Dezember 1913 im Berliner Lessingtheater unter der Regie von Victor Barnowski statt. Stefan Großmann pries damals das Stück eines Autors an, der

»ein Revolutionär und ein Romantiker zugleich« gewesen sei: »Nehmen Sie dieses Werk, das zum erstenmal in deutscher Sprache höfische Menschen als Karikaturen gesehen hat, das von shakespearesche Laune erfüllt und vom Mondschein der Romantiker begläntz ist, mit stillem, werbenden Herzen auf. Die große Kunst ist so klar, man muß nur einfach lauschen können!« (ebd., 28) Zwischen 1921 und 1933 wurde das Lustspiel 44mal auf die Spielpläne der deutschsprachigen Theater gesetzt (ebd., 60). Seither und bis heute ist *Leonce und Lena* ein beliebtes Repertoire-Stück (vgl. Bornkessel 1970) und »wird heutzutage mindestens ebensooft, wenn nicht öfter gespielt als *Woyzeck* oder *Dantons Tod*« (Hermand 1983, 98).

Der Erfolg dieses »äußerlich populärsten und inhaltlich am meisten mißverstandenen« (H. Mayer 1972, 492) Werks führte auch dazu, dass es das meistvertonte Stück Büchners ist. Elf Opern nach Büchners Lustspiel sind bisher zu verzeichnen: 1. *Leonce und Lena* von Julius Weismann (1925), 2. *Valerio* von Hans Simon (1931), 3. *Leonce und Lena* von Will Eisenmann (1943–45), 4. *Leonce und Lena* von Kurt Schwaen (1961), 5. *Leonce und Lena* von Werner Haentjes (1963), 6. *Blind Man's Stuff* von Peter Maxwell Davies (1972), 7. *Leonce und Lena* von Paul Dessau (1979), 8. *Leonce und Lena* von Thomas Hertel (1982), 9. *Leonce und Lena* von Hanno Hussong (1994), 10. *Leonce und Lena* von Christian FP Kram (2000), 11. *Leonce und Lena* von Christian Henking (2004). Dazu kommen noch etliche Bühnenmusiken, zum Beispiel von Paul Hermann (1934), Johannes H.E. Koch (1954) oder Herbert Grönemeyer (2003), sowie Instrumentalstücke, von denen hier nur Jan Müller-Wielands Orchestersuite *Amtsantritt von Leonce und Lena* (Uraufführung am 30. August 1998) erwähnt sei.

6.3 Handlung

Zu Beginn des Stücks wird Prinz Leonce als Melancholiker, der sich mit sinnlosen Tätigkeiten die leere Zeit vertreibt, eingeführt: »Ich habe alle Hände voll zu thun. [...] Sehen Sie, erst habe ich auf den Stein hier dreihundert fünf und sechzig Mal hintereinander zu spuken. [...] – Dann, sehen Sie diese Hand voll Sand? [...] – jetzt werf' ich sie in die Höhe. Wollen wir wetten? Wieviel Körnchen hab' ich jetzt auf dem Handrücken?« (MBA 6, 99 f.; DKV I, 95). Seinen Privatlehrer, der ihn auf das künftige Amt als Staatsoberhaupt vorbereiten soll, schickt er fort, um ungestört über die Sinnlosigkeit der bürgerlichen Existenz sinnieren zu können:

Was die Leute nicht Alles aus Langeweile treiben! Sie studiren aus Langeweile, sie beten aus Langeweile, sie verlieben, verheirathen und vermehren sich aus Langeweile und sterben endlich aus Langeweile, und – und das ist der Humor davon – Alles mit den wichtigsten Gesichtern, ohne zu merken, warum, und meinen Gott weiß was dazu. [...] – Warum muß ich es gerade wissen? Warum kann ich mir nicht wichtig werden [...]? (MBA 6, 100; DKV I, 96)

Die melancholisch stimmende Einsicht in die sinnlose Mechanik stereotypen Handelns »als überflüssiges Mitglied« einer »abgelebte[n] moderne[n] Gesellschaft« (Briefe an Karl Gutzkow bzw. Wilhelm Büchner vom Juni bzw. September 1836; DKV II, 440 u. 448) war auch dem Autor des Stücks nicht fremd, und er teilte sie außer seinem Lustspielprinzen etwa auch Danton, Lenz oder dem Hauptmann in »*Woyzeck*« mit (vgl. Dedner 1990a, 141 f.). Wie Büchner bereits durch das Motto des ersten Akts andeutete, kann als literarischer Ahnherr dieser Haltung der pessimistische Melancholiker Jaques aus Shakespeares Komödie *Wie es euch gefällt* gelten, der sich als gequälter und selbst quälender Intellektueller fragt, warum er es denn unbedingt wissen müsse, dass das menschliche Dasein ein ›elendes‹ Rollenspiel sei (vgl. *As You Like It* II/7: »All the world's a stage [...]«). Statt über die Welt zu lachen wie der naive »Narr« Probstein und sie im Übrigen gehen zu lassen, wie sie wolle, muss er den Dingen auf den Grund gehen und leidet an seiner Erkenntnis (vgl. *As You Like It* IV/1: »it is a melancholy [...], extracted from [...] the sundry contemplation«). In gewisser Weise spiegelt dies das Lebensgefühl »der vom Weltschmerz beseelten Jugend der 1820er bzw. 1830er Jahre, bei der Lebensekel und ›ennui‹ gleichermaßen Ausdruck des Widerstands gegen entfremdete gesellschaftliche Verhältnisse sind wie Phänomene der Dekadenz« (Beise/Funk 2005, 105).

Um die »Leere seines Daseins« zu überwinden, ergibt sich Alfred de Mussets Protagonist der *Bekenntnisse eines Kindes seiner Zeit* (1836) sexuellen Ausschweifungen und einem desillusionierenden Zynismus (vgl. ebd., 106 f.). Ebenso handelt Leonce. Die dritte Szene des ersten Akts führt vor, wie der Prinz seine Mätresse Rosetta verabschiedet:

ich liebe meine Langeweile wie dich. Ihr seid eins [...], eine sterbende Liebe ist schöner, als eine werdende [...], adio meine Liebe, ich will deine Leiche lieben. [...] Ein sonderbares Ding um die Liebe. Man liegt ein Jahr lang schlafwachend zu Bette, und an einem schönen Morgen wacht man auf, trinkt ein Glas Wasser, zieht seine Kleider an und fährt sich mit der Hand über die Stirn und besinnt sich [...]. – Mein Gott, wieviel Weiber hat man nöthig, um die Scala der Liebe auf und ab zu singen? Kaum daß Eine einen Ton ausfüllt. (MBA 6, 104 f.; DKV I, 101–103)

Da ihn sein Leben angähnt »wie ein großer weißer Bogen Papier« oder »ein leerer Tanzsaal«, ist Leonce auf der Suche nach einer »Beschäftigung«, die ihn mehr ausfüllt als die »liebe Liebe«. Besonders als ihn der Präsident des Staatsrats davon »benachrichtig[t]«, dass sein Vater gesonnen sei, nach der morgigen »Vermählung« des Prinzen mit »der durchlauchtigsten Prinzessin Lena von Pipi« die Regierung »in die Hände« seines Sohns »niederzulegen«, wird Leonce die Dringlichkeit seines Bedürfnisses klar, »was Anderes« zu »treiben« als bisher. Zusammen mit dem unverschämten »Kerl« Valerio, mit dem sich der Prinz schon in der ersten Szene anfreundete (»Unglücklicher, Sie scheinen auch an Idealen zu laborieren. [...] Komm an meine Brust!«), überlegt er, was man tun könnte. »Alle diese Helden, diese Genies, diese Dummköpfe, diese Heiligen, diese Sünder, diese Familienväter«, ja auch die »Gelehrten« oder überhaupt alle »nützliche[n] Mitglieder der menschlichen Gesellschaft« seien aber »im Grunde nichts als raffinirte Müßiggänger«; doch dem entsetzlichen »Müßiggang« und »Nichtsthun« seiner parasitären Existenz will Leonce ja gerade entkommen. Da kommt ihm eine Idee: »nach Italien« gehen und dort das Leben eines Lazzarone führen (MBA 6, 100–109; DKV I, 95–108).

Zur gleichen Zeit überfällt in einem Garten des Landes Pipi Prinzessin Lena der Schrecken: »Ich dachte die Zeit an nichts. Es ging so hin, und auf einmal richtet sich *der* Tag vor mir auf« – nämlich der Tag der Vermählung mit Prinz Leonce von Popo: »jetzt bin ich eingekleidet und habe Rosmarin im Haar. [...] O Gott, ich könnte lieben, warum nicht? Man geht ja so einsam und tastet nach einer Hand, die einen hielte [...]. Aber warum schlägt man einen Nagel durch zwei Hände, die sich nicht suchten?« Die Gouvernante hat Mitleid mit der Prinzessin, die einen Mann heiraten soll, den sie weder kennt noch liebt, und schlägt vor, das Heil in der »Flucht« zu suchen. Vielleicht würde man einem »irrenden Königssohn« begegnen, der die Prinzessin retten würde (MBA 6, 112; DKV I, 113).

Im zweiten Akt des Stücks kehren Leonce und Valerio sowie Lena und die Gouvernante im gleichen »Wirthshaus auf einer Anhöhe an einem Fluß« ein (MBA 6, 113; DKV I, 114). Während sich Valerio und die Gouvernante angiften, ereignet sich zwischen

Leonce und Lena das »Wunder der Liebe« (Fink 1961/1973, 495). Als Lena fragt: »ist denn der Weg so lang«, spricht Leonce »träumend vor sich hin«: »O, jeder Weg ist lang! Das Picken der Todtenuhr in unserer Brust ist langsam und jeder Tropfen Blut mißt seine Zeit, und unser Leben ist ein schleichend Fieber. Für müde Füße ist jeder Weg zu lang...« (MBA 6, 114; DKV I, 116). Im Sinne des Mottos zum zweiten Akt, das Büchner einem Gedicht von Chamisso entlehnte (MBA 6, 111: »Wie ist mir eine Stimme doch erklungen, / [...] Und hat [...] mir verschlungen / All mein Erinnern!« DKV I, 111), lässt der Klang von Lenas Stimme Leonce seine bisherige Existenz vergessen und produziert das Gefühl eines schöpferischen Neuanfangs: »O diese Stimme: [...] Es reden viele Stimmen über die Erde und man meint, sie sprächen von andern Dingen, aber ich hab' sie verstanden.« Umgekehrt ist Lena von Leonces schwermütiger Antwort tief beeindruckt: »Er war so alt unter seinen blonden Locken. Den Frühling auf den Wangen, den Winter im Herzen. Das ist traurig. [...] Es kommt mir ein entsetzlicher Gedanke, ich glaube, es gibt Menschen, die unglücklich sind, unheilbar, blos weil *sie sind*.« (MBA 6, 115; DKV I, 116 f.)

Die traurige Stimmung des Abends (»die Nacht schläft tiefer, ihre Wange wird bleicher und ihr Athem stiller. Der Mond ist wie ein schlafendes Kind, die goldnen Locken sind ihm im Schlaf über das liebe Gesicht heruntergefallen. – O sein Schlaf ist Tod«) genießt Lena im Garten des Wirtshauses, als Leonce hinter sie tritt, sympathetisch auf ihre Todesphantasien eingeht und sie als »Todesengel« küsst. Lena »springt auf und entfernt sich rasch«, der Prinz möchte sich ertränken, da er in dem Moment des Kusses sein Leben erfüllt sieht: »Mein ganzes Seyn ist in dem einen Augenblick. Jetzt stirb. Mehr ist unmöglich.« Valerio allerdings hindert den Prinzen am »Selbstmord« mit dem Hinweis, dies sei unwürdige »Lieutenantsromantik«, worauf sich beide zur Ruhe begeben (MBA 6, 116 f.; DKV I, 118 f.).

Anderntags ist alle Melancholie und Todessehnsucht wie weggeblasen. Leonce und Lena denken ans »Heirathen«. Keine Rede ist mehr davon, dass dies heiße, »einen Ziehbrunnen leer trinken« (MBA 6, 117, 109; DKV I, 120, 107); oder dass es auch nur ein Versuch sei, »sich die entsetzlichste Langeweile zu vertreiben« (DKV II, 440). Die einzige Frage ist: »wie soll das gehn?« – nämlich den Erbprinzen von Popo mit einer »Namenlosen« zu verheiraten. Valerio verspricht, dass beide noch selbigen Tags »mittelst des Ehesegens zusammengeschmiedet werden«, wenn er dafür »Staatsminister« werde (MBA 6, 117 f.; DKV I, 120). Verkleidet als »Automaten« führt er die Liebenden an den Hof König Peters, wo auf dem »Platz vor dem Schlosse […] Bauern im Sonntagsputz« auf das angekündigte prinzliche Brautpaar warten, während drinnen im großen »Saal« festlich ausstaffierte »Herren und Damen sorgfältig gruppirt« der da nicht kommen wollenden Dinge harren. Da sowohl der Erbprinz wie die Prinzessin »verschwunden« sind, König Peter aber die geplante »Hochzeit« nicht ausfallen lassen möchte, weil es ihn »ganz melancholisch« stimmen würde, einen einmal gefassten »Beschluss« nicht umzusetzen, kommt er auf die Idee, mit Hilfe der scheinbaren Automaten »die Hochzeit in effigie« zu feiern. Nachdem der Hofprediger über beide die Trauformel gesprochen hat, werden Leonce und Lena demaskiert. Sowohl Braut wie Bräutigam als auch der ganze Hofstaat erkennen, dass die scheinbaren Automaten das Prinzenpaar nicht nur bedeuteten, sondern Leonce und Lena sind: »Vorsehung«? »Zufall«? (MBA 6, 118–123; DKV I, 121–127)

Nach kurzer Irritation (MBA 6, 123: »ich bin betrogen«; DKV I, 127) aller Beteiligten erklärt sich König Peter für »gerührt«, legt die Regierung in die Hände seines Sohns und tritt samt seinem »Staatsrath« ab, um »ungestört« zu »denken« (ebd.), was seine Lieblingsbeschäftigung ist, wie man bereits in der zweiten Szene des ersten Akts erfuhr. Leonce entlässt den Hofstaat mit der Aussicht auf ein »Wiedersehn«, um anderntags »in aller Ruhe und Gemüthlichkeit den Spaß noch einmal von vorn« anzufangen, besinnt sich aber nach stummem Einspruch Lenas (»lehnt sich an ihn und schüttelt den Kopf«) eines Besseren und verkündet, »das Ländchen« mittels künstlicher Spiegel zu einem künstlichen Paradies »hinaufdestilliren« zu lassen, in dem es keine »Kalender« oder »Uhren« mehr gibt. Staatsminister Valerio von Valerienthal ergänzt den königlichen Beschluss durch ein »Dekret«, »daß wer sich Schwielen in die Hände schafft unter Kuratel gestellt wird, daß wer sich krank arbeitet kriminalistisch strafbar ist; daß Jeder der sich rühmt sein Brod im Schweiße seines Angesichts zu essen, für verrückt und der menschlichen Gesellschaft gefährlich erklärt wird«. In der Folge könne man sich »in den Schatten« legen und »Gott um Makkaroni, Melonen und Feigen, um musikalische Kehlen, klassische Leiber und eine komm<o>de Religion« bitten (MBA 6, 123 f.; DKV I, 128 f.).

6.4 Die Komödie als Wort-Spiel: Scherz, Satire, Ironie und Zitat

Walter Hinderer (1977, 133) stellte zu Recht fest, dass das »literarische Zitat […] in *Leonce und Lena* das entscheidende ästhetische Bauprinzip und Teil der Kommunikationsstrategie« sei. Bereits die »Vorrede« des Stücks (MBA 6, 99: »Alfieri: ›E la fama?‹ / Gozzi: ›E la fame?‹« DKV I, 93) stellt das in *Leonce und Lena* potenzierte Verfahren aus. Es handelt sich um die kürzestmögliche Kontrastierung zweier Motivationen für literarische Arbeit (Ehre oder Geld), die den antagonistischen Repräsentanten des italienischen Theaters im 18. Jahrhundert, dem Tragödienautor Vittorio Alfieri und dem Komödiendichter Carlo Gozzi in den Mund gelegt werden. Die Idee dieser Gegenüberstellung stammte aus einem Text von George Sand (*Lettres d'un voyageur*, in: *Revue des deux mondes* 1834, III, 200), ist also insgesamt ein – verdecktes oder von Büchner seinerzeit als bekannt vorausgesetztes – Zitat. Zugleich macht die »Vorrede« deutlich, dass in Büchners Lustspiel ernste Probleme (zum Beispiel das des »Hungers«) in spielerischer, nämlich wortspielerischer Manier verhandelt werden (vgl. Beise 2008, 86–98).

Das in der idealistischen Ästhetik übel beleumundete Wortspiel wird in *Leonce und Lena*, vor allem durch Valerio, der einmal explizit einem »Wortspiel« gleichgesetzt wird (MBA 6, 108; DKV I, 107), als widerständiges ästhetisches Prinzip inszeniert. Eingeweihte konnten den Hinweis kaum missverstehen, denn Büchner ergänzte ihn mit einer Anspielung auf die »politischer Umtriebe für verdächtig« gehaltene »geheime Gesellschaft« revolutionärer Studenten, die sein Lieblingsschriftsteller Jean Paul 1820 in der Vorrede zum zweiten Band des *Kometen* (*Eine komische Geschichte*, in: *Sämtliche Werke*. Hg. von Norbert Miller. 1. Abt., Bd. 6. Frankfurt a. M. 1996, 689–710) feierte. Valerio tritt in I/1 mit einem Lied auf, das den hessischen Oppositionellen im Vormärz bei Polizeirazzien als Verschleierungslied zur Tarnung revolutionärer Umtriebe diente (vgl. Dedner in MBA 6, 439 f.). Zuvor hatte er sich dem Prinzen dadurch empfohlen, dass er sich ihm, dessen Vater parodierend – also durch komische Imitation entlarvend (MBA 6, 101, 103: »legt den Finger an die Nase«; DKV I, 96, 99) –, als Gleichgesinnten vorstellte, nämlich als Verächter der gegebenen Ordnung; als Jemand, der an Idealen laboriert; als Wissender; als »Müßiggänger« und als »wahrhaftiger Narr« (MBA 6, 100–106; DKV I, 95–104). Die Ende I/1 begründete Freundschaft bewährt sich in I/3, als Leonce und Valerio sich gegenseitig Stichwörter zu einer Kaskade von Wortspielen liefern.

Zugleich ergibt sich aus dem exzessiv betriebenen Wort-Spiel dieser Szene die weitere Handlung des Stücks, die Heilung des Prinzen von seiner »sehr gegründete[n] Melancholie« (MBA 6, 100; DKV I, 96) und die Lösung aller Konflikte. »Wir müssen was Anderes treiben« als das, was von uns erwartet wird, meint Leonce, aber nichts Ernsthaftes wie die »Wissenschaft« oder das »Heiraten«; »Genie«, »Held« oder »König werden«, geschweige denn »nützliche Mitglieder der menschlichen Gesellschaft«. Wenn alles das nichts sei, so könne man nur noch »zum Teufel gehen«, meint Valerio, und Leonce hat die Lösung: Nicht zu dem Teufel, sondern zu den Teufeln – nämlich zu den als »Teufel« verschrienen Einwohnern von Kampanien – sollten sie gehen, schlägt er vor: »nach Italien«, genauer gesagt: nach Neapel, um dort als »Lazzaroni« zu leben (MBA 6, 109; DKV I, 107 f.; vgl. zu diesem Themenkomplex Voss 1987). Die Landschaft um Neapel sei ein von Teufeln bewohntes Paradies, wusste das Sprichwort, und die dort lebenden Lazzaroni waren die leibhaftige Provokation des nordeuropäischen Arbeitsethos: Denn statt um der Arbeit willen zu arbeiten, arbeiteten sie, »um zu genießen«, ja sie wollten »sogar bei der Arbeit des Lebens froh werden«, wie Goethe beobachtete (Goethe 1981, 336–338). Neapolitanische Verhältnisse werden am Ende des Lustspiels per Dekret in Popo eingeführt, denn Leonce und Valerio kommen bekanntlich gar nicht bis »nach Italien«, weil ihnen vorher schon Lena über den so langen Weg läuft (II/2).

Nicht zuletzt bewährt sich das Wortspiel, als Leonce und Lena sich im zweiten Akt begegnen und als Liebende erkennen. Zunächst scheint alles auf die Verdoppelung der melancholischen (Lebens-)Müdigkeit der beiden Titelfiguren und dann auf den (Liebes-)Tod hinauszulaufen – Leonce zitiert, oder besser gesagt: alludiert »berühmte Prätexte der Liebes-Literatur« (Beise 2002, 30; vgl. zum »Anspielungshorizont der Liebesszene« Dedner 1987, 170–179) bis hin zu Werthers Suizid –, bevor Valerio diese »Stimmung« (MBA 6, 117; DKV I, 119) durch seine Wortspiele zum Kippen bringt.

Mittels einer raffinierten literarischen Anspielungs- und Zitiertechnik vermochte Büchner dem »phantasievollen Spaß des Lustspiels« (Dedner 1990a, 171) einen Ernst zu implantieren, der sich nicht durch ein mimetisches Verhältnis zur Wirklichkeit herstellt, sondern durch ästhetischen Widerspruch gemäß Probsteins Maxime in Shakespeares

As You Like It (III/3): »the truest poetry is the most feigning«: Am wahrhaftigsten ist die Dichtung, wenn sie am freiesten erfindet; also unrealistisch ist, d. h. sich nicht auf die Realität bezieht, sondern fiktiv ist oder die Fiktion sogar potenziert, zum Beispiel durch Anspielungen auf oder Zitate aus Dichtungen.

Ein Beispiel ist der wiederholte Bezug auf Shakespeares *Romeo and Juliet*. Leonce ist ein anderer Romeo; wie dieser schafft er sich selbst zu Beginn der Rosetta-Szene, als er noch unglücklich liebt, eine künstliche Nacht (vgl. *Romeo and Juliet* I/1, V. 138 f.); und wie dieser will er, als nichts mehr zu gehen scheint, sich ermorden, wird aber von einem vernünftigeren Bedienten daran gehindert (ebd., III/3, V. 108). Büchner schien von Shakespeares »virtuose[r] Engführung der Motive Tod-Liebe, Erwachen-Einschlafen, Geburt-Sterben« fasziniert zu sein, so dass er sich besonders auch in der Szene »Garten. Nacht und Mondschein« (II/4) ausführlich aus *Romeo and Juliet* bediente (vgl. Dedner 1987, 174 f.). Die Liebes-Tragödie grundiert Leonces Liebes-Lust und verleiht der Komödienhandlung einen existenziellen Ernst, der einerseits durch die komischen Brechungen nicht beeinträchtigt wird, der aber andererseits auch den »Spaß« des Lustspiels ebenso wenig beeinträchtigt.

Mutatis mutandis gilt dies auch für die satirischen Elemente in der Komödie. In I/2 (MBA 6, 102 f.: »König Peter wird [...] angekleidet« und »König Peter« im »Staatsrath«; DKV I, 98–100) wird das spätabsolutistische Staatsverständnis deutscher Monarchen verspottet (»ich muß für meine Unterthanen denken«), und zwar zugleich mit den Phrasen der zeitgenössischen idealistischen Philosophie (»Die Substanz ist das an sich [...]. Jetzt kommen meinen Attribute, Modificationen, Affectionen und Accidenzien [...]. Die Kategorien sind in der schändlichsten Verwirrung«). Am Ende der Szene kommt der König, der sich eigentlich an sein »Volk erinnern« wollte, nach »langem Besinnen« zu dem Schluss: »Ich bin ich«, ein auf der Ebene der Psychopathologie (Hilfe in einer »Selbstbewusstseins«-Krise), der Philosophiesatire (Fichtes »erster, schlechthin unbedingter Grundsatz« der »gesammten Wissenschaftslehre«) und der Herrschersatire (vgl. Eichendorff: *Krieg den Philistern*, 1. Abentheuer: »Ich bin Ich, das heißt [...] der Herr Regent dort ist der Herr Regent«) dechiffrierbarer Satz (die Anspielungen und Zitate sind nachgewiesen in MBA 6, 448 f.).

Das vergessene »Volk« tritt in *Leonce und Lena* nur in der Szene III/2 auf, wo »Bauern im Sonntagsputz« auf dem »Platz vor dem Schlosse des Königs Peter« als Jubelchor gruppiert, vom Schulmeister instruiert und dem Landrath inspiziert werden (MBA 6, 118 f.; DKV I, 121 f.). Allerdings kann man das Volk als revolutionäre »Klasse« vergessen, jedenfalls braucht man bei diesen Bauern kein »neue[s] geistige[s] Leben« (DKV II, 440) suchen. So sehr der zeremoniale Einfall, die Bauern so zu stellen, »daß der Wind von der Küche über« sie »geht«, damit sie »auch einmal« im »Leben einen Braten riech[en]« können (MBA 6, 118; DKV I, 121), soziales Mitleid oder Wut über die ungerechten Verhältnisse zu wecken vermag – vgl. Büchners Neujahrsbrief 1836 an die Familie: »Der Gedanke, daß für die meisten Menschen auch die armseligsten Genüsse und Freuden unerreichbare Kostbarkeiten sind, machte mich sehr bitter« (DKV II, 423) –, so sehr sind Büchners »Komödien-Bauern doch primär die komische Abbreviatur der damals sprichwörtlichen ›schlechten Menschen und guten Leute‹ aus Brentanos *Ponce de Leon* (V/2), wie an dieser Stelle auch die Allusion auf die sprichwörtlichen Redensart ›Den Braten riechen‹ zeigt« (Beise 2008, 96 f.).

Die Bauern in *Leonce und Lena* werden also zur Zielscheibe des Spotts (sie torkeln in ihrer Trunkenheit und die ihnen eingebläute »Lection« klingt wie ein verständnisloses »Wie? Wat?«), ohne dass die Solidarität mit ihnen – Effekt des von Büchner stets eingeklagten Mitleids mit den »Geringsten« (MBA 5, 37; DKV I, 234) –, aufgekündigt würde. Das Lachen über die Bauern ist kein satirisches Verlachen, sondern ein humoristisch moderiertes Auslachen, dem die »vernichtende« Spitze, wie Jean Paul (*Vorschule der Ästhetik*, in: *Sämtliche Werke*, 1. Abt., V, 129, 131) das kritische Potenzial der Komik kennzeichnete, nicht abgebrochen wurde. Dies ist das Verfahren der »aristophanischen Humoreske« (Beise 2008, 99), in der der »Feenwagen des Humors« nicht zugleich als »Paketpost für Moral und gute Sitte« benutzt wird, sondern in der der »Humor« zur »köstlichste[n] Blüte der Poesie« dadurch werde, dass er »mit Tränen benetzt« sei, wie sich der Junghegelianer Robert Prutz seinerzeit ausdrückte (zit. n. ebd., 95, 100).

In der sogenannten Bauernszene sind die »Tränen«, die den »Humor« benetzen, das ›bittere‹ Mitleid mit den sozial Deklassierten, denen in der nächsten Szene die ebenso »sorgfältig gruppirt[e]« Klasse der höfischen »Herren und Damen« entgegengestellt wird, deren »Fleisch [...] vom Stehen« verderbe, so dass man den Eindruck bekommen kann, der Geruch, der aus dem Schloss »über« die Bauern wehe, sei der Verwesungsgestank einer

ebenso »abgestanden[en]« (MBA 6, 119; DKV I, 122) wie »abgelebte[n] [...] Gesellschaft« (DKV II, 440), die der Autor des Stücks »zum Teufel« wünschte (ebd.) und die der frisch inthronisierte König Leonce am Ende des Dramas immerhin »nach Hause« (MBA 6, 123; DKV I, 128) schickt.

Leonce kann auf die »Dienste« der verabschiedeten besseren Gesellschaft ebenso wie auf die des abgegangenen Staatsraths verzichten, weil er zuletzt – nachdem für einen Moment die Gefahr aufblitzte, dass das neue Regime nur eine verjüngte Ausgabe des alten sein könnte, dass das Spiel, das mit Langeweile und Müßiggang anfing auch wieder in Langeweile und Müßiggang ende (H. Mayer 1972, 327) – das »Ländchen« Popo in ein Schlaraffenland verwandelt, in dem es keine Diener und keine Herren mehr braucht, weil die Not und die Arbeit, die mechanische Zeitmessung und die kapitalistische Moderne abgeschafft sind, zugunsten einer »menschlichen Gesellschaft«, die sich durch »musikalische Kehlen, klassische Leiber und eine komm<o>de Religion« auszeichnet (MBA 6, 123 f.; DKV I, 128 f.).

Der gelegentlich geäußerte Einwand, dass die Schlussvision so offenkundig unrealistisch ist, dass sie nur als »verzweifelte Parodie auf ein erfülltes menschliches Leben« (Martens 1977, 155) verstanden werden könne und Leonce, Lena und Valerio ein letztes Mal als Mitglieder einer »parasitären Klasse« (Denkler 1973, 252) bzw. spätabsolutistischen »leisure class« (Hinderer 1977, 62) desavouiere, ist insofern nicht stichhaltig, als sie den utopischen Gehalt der Vision, »um dessentwillen die Wirklichkeit durchstoßen oder aufgehoben werden muß« (Wilhelm Fraenger 1939, zit. n. Beise 2008, 100) missachtet. Gattungsgemäß steht in *Leonce und Lena* meistens das »phantastische Spiel zur sozialen Wirklichkeit nicht im Abbild, sondern im Widerspruchsverhältnis« (Dedner 1990a, 170). In dieser Hinsicht folgte Büchner dem Vorbild der autonomen Komödie, genauer gesagt: den vor allem romantischen Versuchen, »die reine Komödie« oder »das lustige Lustspiel«, das in Deutschland laut Schiller und Goethe all zu sehr »durch das sentimentalische« Lustspiel verdrängt worden« sei (Schiller 1959, V, 845), wiederherzustellen.

Paradoxerweise hat, so meinte Hans Mayer (1972, 320), niemand im Vormärz »[e]chter und folgerichtiger« als der »Nichtromantiker Büchner [...] das romantische Gebot der Entmaterialisierung und Verzauberung der Welt in Gestaltung umsetzen können.« Vor allem aber war Büchner in seiner Komödie der aneignenden Kritik der Romantik und ihrer häufig ambivalenten Ironie verpflichtet, was sich auch in seinem spielerischen Umgang mit Zitaten zeigt.

Nach der ersten Begegnung mit Lena, die die Heilung des Melancholikers Leonce durch Liebe einleitet, äußert dieser:

> O lieber Valerio! Könnte ich nicht auch sagen: ›sollte nicht dies und ein Wald von Federbüschen nebst ein Paar gepufften Rosen auf meinen Schuhen?‹ Ich hab' es glaub' ich ganz melancholisch gesagt. Gott sey Dank, daß ich anfange mit der Melancholie niederzukommen. Die Luft ist nicht mehr so hell und kalt, der Himmel senkt sich glühend dicht um mich und schwere Tropfen fallen. (MBA 6, 114 f.; DKV I, 116)

Leonce zitiert hier, durch Anführungszeichen markiert, den Titelhelden aus Shakespeares *Hamlet*. Die Leser müssen die allerdings nur anzitierte Frage mit dem Schluss: »[...] mir zu einem Platz in einer Schauspielergesellschaft verhelfen?« ergänzen. Meint Leonce also, dass seine »[t]räumend vor sich hin« gesprochene Bemerkung über das »Picken der Todtenuhr in unserer Brust« und die »müden Füße«, für die »jeder Weg zu lang« sei (MBA 6, 114; DKV I, 116), nur unechte, gespielte Melancholie gewesen wäre, mit der er sie so beeindruckte? Leonce bemerkt nun, dass die Luft nicht mehr so »hell und kalt« (bzw. wie in I/3, MBA 6, 106: »scharf und dünn«; DKV I, 103) wäre, wie es den Zustand der Melancholie kennzeichnet, sondern dass sie sich zu einer Atmosphäre verdichte wie zu Beginn einer Schöpfung. In der Tat wird Leonce durch die Begegnung mit Lena und ihrer Frage: »Ist denn der Weg so lang?« (MBA 6, 115; DKV I, 116) gleichsam wiedergeboren. Fortan ist keine Rede mehr davon, dass »doch einmal ein gewisser Genuß in einer gewissen Gemeinheit« stecke – also jeder verdient hätte, dass man sich »zum Ritter an« ihm mache (MBA 6, 108 f.; DKV I, 107), insofern alle Menschen die gleichen »armen Teufel« oder »Narren« sind (MBA 3.2, 6; DKV I, 15) –, sondern »daß selbst der Geringste unter den Menschen so groß ist, daß das Leben noch viel zu kurz ist, um ihn lieben zu können« (MBA 6, 117; DKV I, 120) – dass also menschliche Individualität in jeder Form anzuerkennen und liebenswert sei. Wenn Leonce in dem angeführten Zitat von sich behauptet, »mit der Melancholie niederzukommen«, so bedeutet dies augenscheinlich, dass er – sie gebärend – zugleich an ihr erkrankt, wie dass er sie los wird (vgl. Beise/Funk 2005, 53). Deutlich wird dies, indem Leonce sich durch das Hamlet-Zitat von seiner eigenen Melancholie distanziert, die ihn anfangs noch gefangen hielt. Zugleich markiert das Zitat in *Hamlet* III/1 den erfolgreichen Ausgang des Schauspielexperiments,

das der dänische Prinz angestellt hat. In *Leonce und Lena* II/2 markiert es den Beginn jener Metamorphose, die aus dem zynischen Prinzen von Popo einen »human« (MBA 6, 117; DKV I, 120) gesinnten Utopisten des Glücks macht. Scheint es zunächst so, als markiere das Zitat nur ein weiteres Kunststück aus dem Verführungsrepertoire des gelangweilten Wollüstlings, dessen »Ideal eines Frauenzimmers [...] unendlich schön und unendlich geistlos« ist (MBA 6, 111; DKV I, 112), so erweist es sich gleichzeitig auch als Markierung der Echtheit von Leonces verliebtem Gefühl, weil er ihm spielerisch den Ausdruck verleiht, der dem »Vorhaben des Schauspiels« (»the purpose of playing«) gemäß sei, nämlich wahrhaftige Darstellung, weder »übertrieben« noch »zu schwach«, sondern der Natur des Menschlichen entsprechend (»not too tame«, aber ebenso wenig »overdone«, vielmehr »imitated humanity« gemäß »the modesty of nature«), wovon in Hamlets Schauspielunterweisung die Rede ist.

Shakespeares ästhetische Maxime von der freiesten Erfindung als treustem Spiel grundiert also auch Büchners Lustspiel, dessen radikale Artifizialität der politischen Radikalität des *Hessischen Landboten* so wenig nachsteht wie dem radikalen Realismus des »*Lenz*«. Dass aber literarische Fantastik wie literarische Realistik »bei gleicher Radikalität auf gleichen Widerstand stoßen«, lässt sich »an der Rezeptionsgeschichte von Büchners Lustspiel ablesen« (Dedner 1990a, 171).

6.5   Rezeption

Alle Werke Georg Büchners sind umstritten, besonders gilt dies jedoch für *Leonce und Lena*. Bewegte sich Büchner mit diesem Lustspiel »auf Abwegen«? (Ruckhäberle 1983, 138) So erschien es bereits seinem ersten Herausgeber Karl Gutzkow. Ihn verstimmte der »zarte Elfenbeinton«, das »bühnenwidrige Mondscheinflimmern der Charakteristik«, das »lyrische Übergewicht der Worte über die Handlung« (*Telegraph für Deutschland*, No. 76, May 1838, 601), die ihn an romantische Muster denken ließen und die weit entfernt schienen von dem Realismus des historischen Dramas *Danton's Tod*. Von Anfang an war klar, dass Büchner »eine mindestens romantisierende, wenn nicht durchaus romantische Komödie« (Beise 2002, 25) geschaffen hatte, und damit ein Werk, das »auf den ersten Blick quer zu stehen [scheint] zur übrigen Produktion Georg Büchners« (Zons 1976, 354). Für die Rezeption war daher die

Stellung des Interpreten zur Romantik oft wichtiger als die Realpräsenz des Lustspieltexts. War er der Romantik gegenüber negativ eingestellt, so wurde das Lustspiel häufig abgewertet, zum Beispiel als »Rückfall in die bloße Literaturkomödie der Romantik« (Gundolf 1929/1973, 93) oder wenigstens als »romantisch-ironisches Zwischenspiel« (H. Mayer 1946, 294; 1972, 307). Demgegenüber lobten Autoren, die die romantische Literatur schätzten, die Komödie als »graziöses Meisterstück« (Paul Landau 1909 in Dedner 1990b, 321), ja als das »zauberhafteste Lustspiel der deutschen Literatur« (Wilhelm Hausenstein 1913 in Goltschnigg 2001, 206). Tatsächlich müssen der romantische und der realistische Büchner aber nicht gegeneinander ausgespielt werden. »In diesem so poetischen wie politischen, so sentimentalischen wie sozialkritischen Stück hat Büchner sämtliche Elemente seines Wesens und Werks vereint: Realismus und Surrealismus, rebellische Gesinnung, psychologische Einsicht und philosophische Erkenntnis, Wunschbilder, Träume, Resignation, Satire und Ironie«, so Hilde Spiel am 14. August 1975 in der *Frankfurter Allgemeinen Zeitung* (Beise/Funk 2005, 137).

Leonce und Lena machte zunächst wenig Eindruck. Der teilweise Erstdruck in Gutzkows *Telegraph für Deutschland* (1838) wurde so gut wie gar nicht beachtet (vgl. Dedner in MBA 6, 333–335). Erst der Abdruck in den *Nachgelassenen Schriften* (1850) lenkte die Aufmerksamkeit auch auf das Lustspiel, wenngleich es von »verhältnißmäßig minderem Belang als der Danton« sei, wie Eduard Sattler im *Frankfurter Konversationsblatt* (Nr. 285, 29. Nov. 1850, 1138; vgl. ebd., 335) die überwiegende Meinung formulierte. In der ausführlichen Besprechung von Wilhelm Schulz wurde das Stück vor allem als Hof- und Fürstensatire gedeutet, doch betonte er auch den »sorgenbefreiende[n] Humor, der darin sprudelt« (Grab 1985, 65). Schulz kannte aus persönlichem Umgang Büchners Gabe, »bald tragisch erschütternde Auftritte, bald die seltsamsten und lustigsten Verwicklungen nur so als beiläufige Zugabe zur Unterhaltung zu improvisiren« (ebd.), betrachtete die Einheit des Werks also durch die Vielseitigkeit des Verfassers gewahrt und sah *Danton's Tod* und *Leonce und Lena* als zwei Facetten eines Bewusstseins. In gewisser Weise galt das auch für den einflussreichen Literaturkritiker Julian Schmidt, der beide Stücke als Ausgeburten eines an »Langeweile und Blasirtheit« leidenden Jünglings beurteilte, der »mit einer wahren Leichenbittermiene« seine »Späße« vortrage, wenn er nicht leichtfertig den Re-

volutionär gebe: »Hamlet-Leonce an der Spitze eines Jacobinerclubs kommt mir vor wie Nero, als er Rom anzündete, um einen schauerlich schönen Anblick zu haben«. Für Schmidt war Büchner ein symptomatischer Repräsentant der moralischen und politischen Fehlentwicklungen im Vormärz; die in Büchners Werk sich ausdrückende »Modekrankheit des Spleens und der Blasirtheit« sei »ein böses Zeichen für die Zeit; es ist das Unheimliche an jener skeptischen Selbstbeschauung, die uns die Romantik gelehrt; das böse Wesen jenes Pessimismus, der eigentlich aus aristokratisch frühreifer Ueberbildung hervorgeht, und der nachher in unserer sogenannten Demokratie seinen Bodensatz gelassen hat« (zit. n. MBA 6, 336; vgl. Beise/Funk 2005, 118 f.).

Für die (Wieder-)Entdeckung Büchners durch die Naturalisten spielte *Leonce und Lena* keine Rolle. Karl Emil Franzos, erster Herausgeber des »*Woyzeck*« und einer Büchner-*Gesammtausgabe*, empfand 1875 das »kleine Lustspielchen« als nebensächliche und »harmlose, anmuthige Spielerei in Tieckscher Manier« (Beise/Funk 2005, 120). Erst im Dunstkreis des Expressionismus (vgl. Dedner 1983) kam auch Büchners Lustspiel zu Ehren. Julius Hart sah in dem Stück 1913 Atheismus und Materialismus mit Gottschwärmerei und Mystik verschwistert; er pries es als Vereinigung des »Naturalismus mit der Romantik«, in dem der »letzte große Kampf der Menschheit«, nämlich der »Kampf zwischen Vernunft und Natur« ausgetragen werde, wobei Büchner Partei gegen die Ratio und für die »alogische absurde Natur« ergriffen habe (ebd., 122 f.). In Darmstadt hatte der Regisseur Josef Gielen am 21. Januar 1923 das Lustspiel in expressionistischer Manier inszeniert (»so viel als möglich Sternheimsche Grelle und Bitternis hineingestopft«) und damit einen veritablen Theaterskandal ausgelöst: »Muß denn alles, was dem deutschen Volke groß und heilig war und ist, heute niedergerissen werden?« fragte ein Kritiker im *Darmstädter Tagblatt* (23.1.1923), was Wilhelm Michel im *Hessischen Volksfreund* mit der Bemerkung glossierte: Werde einmal *Leonce und Lena* aufgeführt, »dann schreibt der Spießer an das Theater, was denn das für ein neumodischer Autor sei, und abends in der Vorstellung versucht er, ihn auszuzischen« (Zimmermann 1993, 30–37).

Die Kanonisierung des Lustspiels im Gefolge des Expressionismus führte zu einer verstärkten Aufmerksamkeit für die avantgardistische Ästhetik des Stücks, die sich insbesondere aus seiner forcierten Intertextualität ergibt. Friedrich Gundolf (1929/1973, 93) betonte die »papierne Herkunft des Lustspiels«,

Paul Landau hatte es deshalb ein »rein[s] Kunstgebilde« genannt (Dedner 1990b, 332). In der Literaturwissenschaft wurde entsprechend viel Mühe auf die Identifikation der zahlreichen Vorbilder, Zitate, Anspielungen und Entlehnungen verwandt, die sich in den ausufernden Erläuterungen der *Marburger Ausgabe* niedergeschlagen haben (MBA 6, 427–544). Soweit sich die Literaturwissenschaftler dem Stück nicht nur gattungstheoretisch oder positivistisch näherten, sondern es auch interpretierten, wurde es in die modernistische Dichtungstradition eingereiht. Büchner galt hier nicht als genialer Anverwandler des Alten und Tradierten, sondern als visionärer Vorläufer des Neuen. In einem bezeichnenden Aufsatz mit dem Titel »Von Georg Büchner zu Samuel Beckett« stellte Wilhelm Emrich (1968, 11) fest, dass Büchner bereits »alle wesentlichen Aufbauelemente« der »modernen Dichtung« des 20. Jahrhunderts vorweggenommen habe.

Jürgen Schröder [1966, 15], Werner R. Lehmann [1969, 11] und Wolfgang Martens [1977, 159] haben darum *Leonce und Lena* wegen seiner angeblichen Realitätsferne und Zeitenthobenheit einfach als Vorstufe oder gar schon Erfüllung des ›Absurden Theaters‹ hingestellt. Andere Forscher wählten mit der gleichen Absicht Charakterisierungen wie ›Traumspiel‹, ›pantragische Komödie‹ oder ›Komödie des Nihilismus‹ [Richards 1977, 80], um dieses Stück näher an die sogenannte ›Moderne‹ heranzurücken oder es gar in ihr aufgehen zu lassen. [...] Der Gesamteindruck, der sich aus den sinnentleerten Gesten und Worthüllen [des Lustspiels] ergebe, wird gern mit der Vokabel ›grotesk‹ umschrieben. Den Auftakt dazu gab Wolfgang Kayser [1957, 106], der das Groteske in *Leonce und Lena* vor allem als Ausdruck einer steigenden Ich-Dissoziation und all ihrer Begleiterscheinungen des Entfremdetseins von der herkömmlichen Realität beschreibt. Fast die gleiche Einschätzung des Grotesken in diesem Stück findet sich bei Walter Höllerer [1958, 124 ff.], Gerhart Baumann [1961, 97 ff.], Jürgen Schröder [1966, 14] und Wolfgang Martens [1977, 159], die vor allem das Diffuse, Zerbröckelnde, Sinnentleerte und damit Absurde der hier evozierten Welt hervorheben. [...] Gonthier-Louis Fink [1961/1973, 498 u. 505] betont den ›abgrundtiefen Skeptizismus‹, ja ›Nihilismus‹ dieses Lustspiels und interpretiert die Utopie der letzten Szene als eine deutliche ›Niederlage‹. [...] Cornelie Ueding [1976, 91 f.] beschreibt die Abkehr Leonces und Lenas von der höfischen Welt als ein tragisches Scheitern, das zum Eingeständnis der ›Wirkungslosigkeit‹ und damit ›Schwermut‹ führe. Ja, Wolfgang Martens [1977, 148] sieht in dem Ganzen lediglich einen Reflex des ›Bewußtseins letzter Sinnlosigkeit der Existenz‹. [...] Vor allem aus den Äußerungen Leonces werden (unter Berufung auf ähnliche Äußerungen von Danton oder Lenz) immer wieder höchst kurzschlüssige Beweise für Büchners abgrundtiefen Pessimismus, seine Nähe zu Kierkegaard [vgl. Beckers 1961, 13 ff.] oder Schopenhauer [vgl. Benn 1977, 166], seinen Existentialismus, ja sein Bewußtsein des tragischen Ur-

grunds alles menschlichen Seins abgeleitet (Hermand 1983, 101–103).

Die vorstehend charakterisierten Interpretationsansätze dominierten in den 1950er bis 1970er Jahren in der westlichen Germanistik. Sie argumentierten im Wesentlichen mit einem identifikatorischen Verhältnis des Autors zu den Titelfiguren seiner Komödie. Ganz im Gegensatz dazu standen prononciert materialistische Ansätze, die das gesellschaftskritische Potenzial des Stücks betonten. Sie lasen *Leonce und Lena* vor allem als Satire auf die zeitgenössische Wirklichkeit und beurteilten das Verhältnis Büchners zu seinem Lustspielprinzen als verächtlich. So heißt es 1953 bei dem Ostberliner Professor für Neuere Geschichte Heinz Kamnitzer, Büchner zeige in dem Lustspiel *Leonce und Lena*, »wie der Müßiggang die Lebensweise einer parasitären Gesellschaftsklasse ist und wie dieser Müßiggang zur Quelle der eigenen Unzufriedenheit und der tödlichen Langeweile wird; wie die Langeweile die Mutter der Melancholie ist und die Melancholie der Zustand, in dem sich der Mensch einer untergehenden Gesellschaft über die Sinnlosigkeit seines Lebens klar wird. In dem lustigen Spiel mit dem ernsten Sinn werden die Willkür der deutschen Fürsten und die Knechtschaft ihrer Untertanen an den Pranger gestellt« (Beise/Funk 2005, 133). Wolfgang Rabe bezeichnete 1967 gar das ganze Stück als »plebejische[n] Protest gegen das nutzlose Schmarotzerdasein der Höflinge« (zit. n. Wohlfahrt 1988, 107), als eine ins Komödiantische übersetzte Anklage im Geist des *Hessischen Landboten*. Lienhard Wawrzyn (1974, 94, 109 u. 114) sah in dem Lustspiel eine »Denunziation der herrschenden Klasse durch die Hypostasierung ihrer Weltsicht«, beurteilte die Melancholie der auftretenden Aristokraten als eine »Melancholie der Sättigung, der vollen Bäuche« und behauptete, das Stück sei aus »Haß gegen ein System« geschrieben, das einen Zustand »totaler Entfremdung« produziere (vgl. Hauschild 1993, 535: »diesem Haß war in *Leonce und Lena* lediglich die Maske Thalias vorgebunden«; vgl. H. Mayer 1946, 310; 1972, 323: »Grundstimmung [...] ist nicht fröhlicher Mutwillen oder heiter lächelnder Spott, sondern Haß«). In dieser Deutungsperspektive gilt die Schlussutopie nicht als Einrede gegen die bedrückende Wirklichkeit, sondern als »zum Zwecke der Selbstbelustigung« betriebenes »Spiel«, als »parodistische[r] Spaß«, mit dem sich das entfremdete Individuum Leonce in der Rolle »des autonomen Künstlers« selbst zu retten versucht (Poschmann 1981/1988, 217 f.). Nachdem *Leonce und Lena* in der Literaturwissenschaft der DDR lange Zeit vernachlässigt worden war, summierten Henri Poschmann und Thomas Wohlfahrt in den 1980er Jahren die Überlegungen materialistisch orientierter Germanisten. *Leonce und Lena* sei »eine staatsphilosophische Komödie« (Wohlfahrt 1988, 142) und »nicht weniger realistisch und nicht weniger geschichtsbezogen als *Dantons Tod* und *Woyzeck*. Der sozialkritische Realismus tritt hier insbesondere im strukturellen Erfassen bestimmter, geschichtlich wesentlicher Daseins- und Bewußtseinsabläufe einer untergangsreifen Gesellschaft in Erscheinung« (Poschmann 1981/1988, 198).

Die sich als kritisch oder links verstehenden Literaturwissenschaftler griffen häufig zu einer bemerkenswerten Argumentationsfigur, um auch *Leonce und Lena* »ohne jeden Abstrich« (T.M. Mayer 1979, 409) als operatives Kunstwerk in Dienst der Revolution zu retten: »Die direkte Aufnahme des Themas der ausgebeuteten und verachteten Arbeit« zum Beispiel hätte die Deutlichkeit der dichterischen Analyse »verwischt« (Poschmann 1981/1988, 195). Gerade weil die sogenannte »Bauernszene dramaturgisch gewissermaßen an den Rand des Textes gerückt« (Wohlfahrt 1988, 143) wurde, obwohl sich das Stück ansonsten durch »äußerste dramaturgische Geschlossenheit« auszeichne (Werner 1992, 104), sei sie der »Schlüssel« zum »grundlegenden Gehalt des Stückes« (Poschmann 1981/1988, 191), ja dieser sei dem Stück nicht explizit zu entnehmen, sondern stecke »hinter dem [...], was es zu sein oder zu spielen vorgibt« (Wohlfahrt 1988, 116). Oder anders gesagt: Das »Eigentliche« sei in dem Stück ›kryptographiert‹ anwesend, d.h. verbaliter ausgespart bzw. »im Unbewußten des Textes« abgelegt (Hiebel 1988/89, 126 ff.).

Seit Mitte der 1990er Jahren hat der weltanschauliche »Streit um *Leonce und Lena*« (Hermand 1983) an Bedeutung verloren. Die Forschung interessiert sich stärker für einzelne thematische Komplexe, etwa die Langeweile (Fues 1992), das Automatenmotiv (Helwig 1993), das ludische Element (Morgenroth 1996), die dramatische Konfiguration (Deufert 1997), das Mimisch-Komische (Kafitz 2000), die romantische Utopie (Beise 2002) oder die Melancholie (Dörr 2003). Zunehmend wird in der Wissenschaft die »Pluralität des Sinngehalts« (Martin 2007, 181) wahrgenommen und die »Vereinbarkeit des Unvereinbaren im Werk Georg Büchners« (Rohde 2006) konstatiert.

Nicht mehr der Gegensatz von ästhetischem Konformismus und politischem Widerstand, sondern die komische »Koinzidenz von Rebellion und Gehorsam« (Müller-Sievers 2003, 127) in Büchners Komödie fordert die Interpreten heraus. Damit entspricht das Stück einem weit verbreiteten Lebensgefühl um 2000, das man post-postmodern oder popmodernistisch nennen könnte. Das Büchner-Zitat: »Mein Zukunft ist so problematisch, dass sie mich selbst zu interessieren anfängt, was viel heißen will« (an Karl Gutzkow, Mitte März 1835; DKV II, 397), diente Stefan Pucher zu Beginn des 21. Jahrhunderts als Motto für seine *Leonce und Lena*-Inszenierung am Deutschen Schauspielhaus in Hamburg (Premiere am 9.2.2002), zu der er anmerkte:

Ich bin [...] auf der Suche nach dem, was (mir) fehlt. [...] Jedem fehlt was: Manschetten, Liebe, ein Braten, eine Dame, ein irrender Königssohn, das Hochzeitspaar, ein Subjekt zum Steckbrief, ein Volk [...]. Dieses Fehlen zu spüren, als Frust, als starkes Gefühl, das [...] in Energie umgewandelt werden muss. Der Punkt beim ›da fehlt mir was‹ ist ja gerade, dass man nicht weiss, was fehlt. Und selbst dieses Wissen kann das Gefühl auch nicht abstellen, das das nix bringt, dieses Wissen. [...] Man muss einfach weitermachen [...]; statt: ›ich muss‹, sagen wir: ›ich müsste ja mal‹ [...]. Musst nicht, kannst aber nicht anders. Daher haben wir für alles jetzt Muster, alles läuft nach ein und demselben MUSTER. [...] ›Try again, fail better.‹ Das war Beckett. ›Try again, feel better.‹ Das war ich (Deutsches Schauspielhaus in Hamburg, Spielzeit 2001/2002, Programmfalter No. 13).

Widerstand gegen die bestehenden Verhältnisse lässt sich nur innerhalb dieser Verhältnisse leisten, vielleicht nur in der wiederholenden Übererfüllung der gegebenen »Muster«. Dieses popliterarische Motiv lässt sich auch in *Leonce und Lena* finden, weshalb die Komödie um 2000 zu einem der meist inszenierten Klassiker geworden ist.

Anders als die theatralische und kritische Rezeptionsgeschichte ist die literarische Wirkungsgeschichte von *Leonce und Lena* noch gänzlich unerforscht. Da sie sich auf punktuelle Zitate bei nachgeborenen Dichtern beschränkt – als frühes, raffiniertes Beispiel sei Theodor Storms (Sämtliche Werke in zwei Bänden. Nachwort von Johannes Klein. München 1951, II, 892 f.) Gedicht »Hyazinthen« (1852) genannt, als spätes das Gedicht »Staatsminister« (1987) von Julian H. Schad (in: Oder Büchner. Eine Anthologie. Hg. von Jan-Christoph Hauschild. Darmstadt 1988, 78) –, scheint es zur Zeit, d. h. vor einer umfassenden digitalen Erschließung des gesamten Korpus, noch nahezu aussichtslos, einen Überblick zu gewinnen.

1994 wurde *Leonce und Lena* (»Ein deutsches Lustspiel nach Georg Büchner«) in der Regie von

Michael Klemm mit dem Regisseur als Valerio sowie Horst Wüst und Astrid Weiss in den Titelrollen für das Fernsehen verfilmt (D 1995, 69 min, Farbe; Kamera: Louis von Adelsheim; Ausstattung: Felix Pauli; Kostüm: Katrin Bobek; Produktion: One World, Landshut).

Als letzte, ganz andersartige Rezeption sei noch die institutionelle Namenspatronage angeführt. Dafür zwei Beispiele:

Seit 1979 findet in Darmstadt alle zwei Jahre im Frühjahr ein Wettbewerb für junge deutschsprachige Lyrik statt, bei dem der »Leonce-und-Lena-Preis« vergeben wird. Wie der »Georg-Büchner-Preis« gilt auch der nach Büchners Lustspiel benannte Lyrik-Preis als der renommierteste Preis auf seinem Gebiet. Bisherige Preisträger waren: Ludwig Fels, Rolf Haufs, Rainer Malkowski (1979), Ulla Hahn (1981), Hans-Ulrich Treichel (1985), Jan Koneffke (1987), Kurt Drawert (1989), Kerstin Hensel (1991), Kathrin Schmidt (1993), Raoul Schrott (1995), Dieter M. Gräf (1997), Raphael Urweider (1999), Silke Scheuermann, Sabine Scho (2001), Anja Uther (2003), Ron Winkler (2005) und Christian Schloyer (2007).

2005 startete die Deutsche Akademie für Sprache und Dichtung eine lockere Reihe kleiner Schriften mit dem Sammeltitel *Valerio*, die ein Forum für situationsbezogene Wortmeldungen zu Fragen der Zeit sein will, in der verschiedene Autoren »wie das Vorbild aus Büchners *Leonce und Lena*« ihre »eigensinnigen Bemerkungen beizeiten auf die öffentliche Bühne bringen« können, wie sich der seinerzeitige Akademie-Präsident Klaus Reichert im Vorwort zum ersten Heft (Valerio 1/2005: Die Wissenschaft spricht englisch? Versuch einer Standortbestimmung. Hg. von Uwe Pörksen. Göttingen 2005, 5) ausdrückte.

Literatur

Baumann, Gerhart: Georg Büchner. Die dramatische Ausdruckswelt. Göttingen 1961.

Beckers, Gustav: Georg Büchners »Leonce und Lena«. Ein Lustspiel der Langeweile. Heidelberg 1961.

Beise, Arnd: Die Leute vertragen es nicht, dass man sich als Narr produziert. Georg Büchners Lustspiel ›Leonce und Lena‹. In: Der Deutschunterricht 54 (2002) 6, 24–33.

– : Georg Büchners ›Leonce und Lena‹ und die Lustspielfrage seiner Zeit. In: GBJb 11 (2005–2008) 2008, 81–100.

– /Funk, Gerald: Georg Büchner. Leonce und Lena. Erläuterungen und Dokumente. Stuttgart 2005.

Benn, Maurice B.: Büchner and Heine. In: Seminar 13 (1977), 215–226.

Berns, Jörg Jochen: Zeremoniellkritik und Prinzensatire. Traditionen der politischen Ästhetik des Lustspiels ›Leonce und Lena‹. In: Burghard Dedner (Hg.): Georg Büchner, Leonce und Lena. Kritische Studienausgabe, Beiträge zu Text und Quellen. Frankfurt a. M. 1987, 219–274.

Bornkessel, Axel: Georg Büchners »Leonce und Lena« auf der deutschsprachigen Bühne. Studien zur Rezeption des Lustspiels durch das Theater. Köln 1970.

Dedner, Burghard: Büchner-Bilder im Jahrzehnt zwischen Wagner-Gedenkjahr und Inflation. In: GBJb 3 (1983) 1984, 275–297.

– : Bildsysteme und Gattungsunterschiede in ›Leonce und Lena‹, ›Dantons Tod‹ und ›Lenz‹. In: Ders. (Hg.): Georg Büchner, Leonce und Lena. Kritische Studienausgabe, Beiträge zu Text und Quellen. Frankfurt a. M. 1987, 157–218.

– : *Leonce und Lena*. In: Georg Büchner. Interpretationen. Stuttgart 1990a, 119–176.

– (Hg.): Der widerständige Klassiker. Einleitungen zu Büchner vom Nachmärz bis zur Weimarer Republik. Frankfurt a. M. 1990b.

– /Mayer, Thomas Michael (Hg.): Leonce und Lena. Studienausgabe. Stuttgart 2003.

Denkler, Horst: Restauration und Revolution. Politische Tendenzen im deutschen Drama zwischen Wiener Kongreß und Märzrevolution. München 1973.

Deufert, Marcus: Lustspiel der verkehrten Welt. Bemerkungen zur Konfiguration von Georg Büchners ›Leonce und Lena‹. In: Karl Konrad Polheim (Hg.): Die dramatische Konfiguration. Paderborn 1997, 147–165.

Dörr, Volker C.: ›Melancholische Schweinsohren‹ und ›schändlichste Verwirrung‹. Zu Georg Büchners ›Lustspiel‹ ›Leonce und Lena‹. In: DVjs 77 (2003) 3, 380–406.

Emrich, Wilhelm: Von Georg Büchner zu Samuel Beckett. Zum Problem einer literarischen Formidee. In: Wolfgang Paulsen (Hg.): Aspekte des Expressionismus. Periodisierung – Stil – Gedankenwelt. Heidelberg 1968, 11–34.

Fink, Gonthier-Louis: Leonce et Léna. Comédie et realism chez Büchner. In: Etudes germaniques 16 (1961), 223–234; deutsch in: Wolfgang Martens (Hg.): Georg Büchner. Darmstadt ³1973, 488–506.

Fues, Wolfgang Malte: Die Entdeckung der Langeweile. Georg Büchners Komödie ›Leonce und Lena‹. In: DVjs 66 (1992) 4, 687–696.

Gnüg, Hiltrud: Melancholie-Problematik in Alfred de Mussets ›Fantasio‹ und Georg Büchners ›Leonce und Lena‹. In: ZfdPh 103 (1984), 194–211.

Goethe, Johann Wolfgang: Italienische Reise. In: Ders.: Werke. Hamburger Ausgabe in 14 Bänden. Hg. von Erich Trunz. Neubearbeitung. München 1981, Bd. XI.

Goltschnigg, Dietmar (Hg.): Georg Büchner und die Moderne. Texte, Analysen, Kommentar. Bd. 1: 1875–1945. Berlin 2001.

Grab, Walter: Georg Büchner und die Revolution von 1848. Der Büchner-Essay von Wilhelm Schulz aus dem Jahr 1851. Text und Kommentar. Königstein 1985.

Gundolf, Friedrich: Georg Büchner. Ein Vortrag. In: Zeitschrift für Deutschkunde 43 (1929), 1–12; geringfügig modernisiert wieder in: Wolfgang Martens (Hg.): Georg Büchner. Darmstadt ³1973, 82–97.

Hauschild, Jan-Christoph: Georg Büchner. Studien und neue Quellen zu Leben, Werk und Wirkung. Königstein 1985.

– : Georg Büchner. Biographie. Stuttgart/Weimar 1993.

Heine, Heinrich: Historisch-kritische Gesamtausgabe der Werke. Hg. von Manfred Windfuhr. 16 Bde. Hamburg 1973–97.

Helwig, Frank G.: ›Nichts als Pappendeckel und Uhrfedern‹. Das Motiv der menschlichen Automaten in Büchners ›Leonce und Lena‹. In: Seminar 29 (1993), 221–232.

Hermand, Jost: Der Streit um ›Leonce und Lena‹. In: GBJb 3 (1983) 1984, 98–117.

Hiebel, Hans H.: Das Lächeln der Sphinx. Das Phantom des Überbaus und die Aussparung der Basis. Leerstellen in Büchners ›Leonce und Lena‹. In: GBJb 7 (1988–1989) 1991, 126–143.

Hinderer, Walter: Büchner-Kommentar zum dichterischen Werk. München 1977.

Höllerer, Walter: Zwischen Klassik und Moderne. Stuttgart 1959.

Kafitz, Dieter: Visuelle Komik in Georg Büchners Lustspiel ›Leonce und Lena‹. In: Franz Norbert Mennemeier (Hg.): Die großen Komödien Europas. Tübingen/Basel 2000, 265–284.

Kayser, Wolfgang: Das Groteske. Seine Gestalt in Malerei und Dichtung. Oldenburg 1957.

Lehmann, Susanne (Hg.): Georg Büchner. Revolutionär, Dichter, Wissenschaftler 1813–1837. Der Katalog, Ausstellung Mathildenhöhe, Darmstadt, 2. August bis 27. September 1987. Basel/Frankfurt a. M. 1987.

Lehmann, Werner R.: »Geht einmal euren Phrasen nach…«. Revolutionsideologie und Ideologiekritik bei Georg Büchner. Darmstadt 1969.

Martens, Wolfgang: »Leonce und Lena«. In: Walter Hinck (Hg.): Die deutsche Komödie. Düsseldorf 1977, 145–159.

Martin, Ariane: Georg Büchner. Stuttgart 2007.

Mayer, Hans: Georg Büchner und seine Zeit [1946]. Erw. Neuaufl. Frankfurt a. M. 1972.

Mayer, Thomas Michael: Georg Büchner. Eine kurze Chronik zu Leben und Werk. In: Heinz Ludwig Arnold (Hg.): Georg Büchner I/II. Sonderband Text + Kritik. München 1979, 357–425.

– u. a. (Hg.): Georg Büchner. Leben, Werk, Zeit. Ausstellung zum 150. Jahrestag des »Hessischen Landboten«. Katalog (1985). Marburg ³1987.

Morgenroth, Matthias: Die Liebe als Spiel – die Geliebte als Ding. Anmerkungen zur Liebe in Georg Büchners ›Leonce und Lena‹ und Grabbes ›Scherz, Satire, Ironie und tiefere Bedeutung‹. In: Grabbe-Jahrbuch 15 (1996), 108–129.

Müller-Sievers, Helmut: Desorientierung. Anatomie und Dichtung bei Georg Büchner. Göttingen 2003.

Poschmann, Henri: ›Leonce und Lena‹. Komödie des Status quo. In: GBJb 1 (1981), 112–159; wieder in: Ders.: Georg Büchner. Dichtung der Revolution und Revolution der Dichtung. Berlin/Weimar ³1988, 179–233.

Rabe, Wolfgang: Georg Büchners Lustspiel »Leonce und Lena«. Eine Monographie. Diss. Potsdam 1967.

Renker, Armin: Georg Büchner und das Lustspiel der Romantik. Eine Studie über »Leonce und Lena«. Berlin 1924 (Reprint Nendeln 1967).

Richards, David: Georg Büchner and the Birth of Modern Drama. New York 1977.

Rohde, Carsten: Pervertiertes Dasein. Über die Vereinbarkeit des Unvereinbaren im Werk Georg Büchners. In: GRM 56 (2006), 161–184.

Ruckhäberle, Hans-Joachim: ›Leonce und Lena‹. Zu Automat und Utopie. In: GBJb 3 (1983) 1984, 138–146.

Schiller, Friedrich: Sämtliche Werke. Hg. von Gerhard Fricke und Herbert G. Göpfert. München 1959.

Schröder, Jürgen: Georg Büchners »Leonce und Lena«. Eine verkehrte Komödie. München 1966.

Ueding, Cornelie: Denken – Sprechen – Handeln. Aufklärung und Aufklärungskritik im Werk Georg Büchners. Bern 1976.

Voss, E[rnst] Theodor: Arkadien in ›Leonce und Lena‹. In: Burghard Dedner (Hg.): Georg Büchner, Leonce und Lena. Kritische Studienausgabe, Beiträge zu Text und Quellen. Frankfurt a. M. 1987, 275–436.

Wawrzyn, Lienhard: Büchners ›Leonce und Lena‹ als subversive Kunst. In: Gert Mattenklott/Klaus R. Scherpe (Hg.): Demokratisch-revolutionäre Literatur in Deutschland: Vormärz. Kronberg 1974, 85–115.

Werner, Hans-Georg: »Meine Herren, meine Herren, wißt ihr auch, was Caligula und Nero waren? Ich weiß es.« Die Funktionsveränderung romantischer Thematik und Motivik in Büchners *Leonce und Lena*. In: Burghard Dedner/Ulla Hofstaetter (Hg.): Romantik im Vormärz. Marburg 1992, 91–106.

Wohlfahrt, Thomas: Georg Büchners Lustspiel ›Leonce und Lena‹. Kunstform und Gehalt. In: Hans-Georg Werner (Hg.): Studien zu Georg Büchner. Berlin/Weimar 1988, 105–146, 306–316.

Zimmermann, Erich: Als Darmstadt auf Georg Büchner pfiff. Ein Theaterskandal um ›Leonce und Lena‹ [1981]. In: Ders.: »Geht einmal nach Darmstadt…« Bibliothekarische Skizzen über Georg Büchner und seine Heimatstadt. Darmstadt 1993, 30–37.

Zons, Raimar St.: Georg Büchner. Dialektik der Grenze. Bonn 1976.

Arnd Beise

Exkurs: Komödie

A-topie der Komik in *Leonce und Lena*

Zehn Jahre vor Büchners Arbeit an seiner Komödie zitiert Heine im XI. Kapitel der *Ideen. Das Buch Le Grand* (geschrieben 1826) den für seine Komik-Praxis aufschlussreichen Ausspruch Napoleons auf der Flucht aus Russland (gegenüber seinem Gesandten de Pradt am 10.12.1812 in Warschau): »Du sublime au ridicule il n'y a qu'un pas«. Heine deutet die Engführung des Erhabenen und des Lächerlichen zum einen als ein Nacheinander, womit ihm Napoleons Wort zur Zeitdiagnose wird: Nach der heroischen Zeit Napoleons als des Erben der bürgerlichen Revolutions- und Freiheitsidee wie der Verkörperung fortschrittlichen Herrschertums seien die alten Mächte wiedergekehrt, die solches Herrschertum nur prätendieren: »nach dem Abgang der Helden kommen die Clowns und Graziosos mit ihren Narrenkolben und Pritschen«. Zum andern erkennt Heine im Ausspruch Napoleons eine Einsicht in die Zusammengehörigkeit des Erhabenen und des Lächerlichen, die, wie Shakespeare, Goethe, Gott und Heine selbst, schon Aristophanes beherzigt habe, der »die grauenhaftesten Bilder des menschlichen Wahnsinns [...] im lachenden Spiegel des Witzes« zeige. Heine erkennt und bejaht solches Zusammenführen als dissonantisch.

Im Jahr des Erscheinens der *Ideen* (1827) wird Victor Hugo es in seinem berühmten *Préface de Cromwell* als »grotesk« bezeichnen und zum Programm der jetzt zeitgemäßen Kunst erheben; nicht von ungefähr taucht daher der Begriff des ›Grotesken‹ beim Hugo-Übersetzer Büchner auf (vgl. »*Woyzeck*«, H 2,7; MBA 7.2, 19; DKV I, 200). Wird am Verbinden des Pathetischen und des Närrischen, des hohen Tones und derben Spaßes, des Schönen und des Hässlichen die Dissonanz betont (und gewollt), ist vergessen, dass es Epochen gab und Sichtweisen gibt, denen diese Gemeinschaft problemlos ist. In Hofmannsthals Komödie *Der Schwierige* geht der Protagonist, Graf Bühl, vor der Soiree, auf der sich die Grafen, Fürsten und deren Gattinnen ein Stelldichein geben, in den Zirkus. Der hohe Herr hat keine Berührungsangst vor Volksbelustigungen, analog werden in der Commedia dell'arte Adel und Klerus vom Spott der komischen Figuren als des Sprachrohrs des Volkes verschont, Zielscheibe von dessen Spott sind vielmehr die Bürger (Pantalone, der Venezianische Kaufmann und Dottore, der Rechtsgelehrte aus Bologna); denn die Commedia dell'arte ist vor allem anderen Bündnis, lachende Verständigung von Adel und Volk gegen das Bürgertum, gegenüber dem die nicht-bürgerlichen Schichten eine immer unangenehmer werdende Abhängigkeit spüren. Dieses Zusammengehen des Hohen und Niedrigen, des Erhabenen und Lächerlichen, statt als gut zusammengehender Gemeinschaft, als dissonantisch, ja als ›grotesk‹ anzusehen, oder, wie Napoleon, als ein Zeichen für Niederlage, erweist sich so als bürgerlich und bleibt dies auch dann noch, wenn es zum Kunstprogramm erhoben wird, das dann Programm einer ›negativen Ästhetik‹ sein muss, der Kunst nur noch aus der Negation von Kunst (diese verstanden als sinnbezogenes Verbinden des Verschiedenen) denkbar ist. Die Komödien und Komödienstile, in deren Umfeld *Leonce und Lena* steht und von denen Büchners Komödie manches aufgreift, haben in sehr unterschiedlichen Aspekten an solchem als dissonant verstandenen Zusammenführen des Disparaten teil. Singulär gegenüber diesem Umfeld aber ist, dass Büchners Komödie solche Aspekte zwar aufgreift oder selbst entwickelt, aber nicht, auch nicht ex negativo, in der Perspektive bürgerlicher Orientierungen. So ist Büchners Komödie auf der Suche nach einer Position jenseits zu diesen. Diese A-topie seines Bezugspunktes des Lachens macht wohl das Rätsel dieses Stücks aus, an dem sich Interpreten wie Theater bis heute abarbeiten.

Auch da, wo Büchners Komödie Satire überlebter Adelswelt zu sein scheint oder Verherrlichung der Bohème-Existenz, macht sie bürgerliche Orientierungen zunichte, wie: Etwas bedeuten zu müssen, durch Denken die Welt zu bestimmen, den Menschen auf Funktionen zu reduzieren, zu arbeiten und dessen Ziel, das Genießen, immer zu vertagen, die ihres Ziels verlustige und darum leere Tätigkeit dann durch potenziertes Arbeiten zu kompensieren. Geleistet wird die komische Vernichtung von weltlosen Figuren, von einem Angehörigen des längst sich überlebt habenden Adels, der dies alles durchschaut, seine Privilegien aber mit »einer gewissen Gemeinheit«, wenn auch melancholisch, genießt (DKV I, 107; MBA 6, 108 f.) und einem Mann aus dem Volk, der sich auf Schmarotzertum verlegt hat. Was Bezugspunkt ihrer komischen Vernichtung der bürgerlichen Wertvorstellungen sein könnte, das Volk, wird als dumpfe, in Objektrolle verharrende Größe gezeigt, der andere mögliche Bezugspunkt, Rosetta, die als Lustobjekt des Prinzen um ihre Entfremdung weiß und sie ausspricht, wird in der dritten Szene des Stücks aus dem Spiel verbannt. Der nicht angenommenen Welt bürgerlicher Wertvorstellungen wird die Erfahrung der Liebe entgegengestellt, aber diese wird mit der Auflösung gerade dessen verbunden, was Perspektivpunkt bürgerlicher Orientierung ist, d.i. des Subjekt-Seins; denn die Liebesbegegnung geschieht nicht als Begegnung von Personen, sondern als Sich-Berühren, Ineinander-Übergehen und Auseinander-Hervorgehen von Stimmen, Bildern und namenlosen Körpern und steht entsprechend im Zeichen des Todes (des Ichs). So bleibt den komischen Helden, die der ihnen auferlegten Bedeutung (der politischen Hochzeit) und mit dieser allem Bedeuten-Müssen entfliehen wollen und durch die Flucht eben dorthin gelangen, wovor sie fliehen wollten, nur die falsche und als falsch gewusste Rückkehr in die verworfene Welt ihrer Herkunft. Haben sie sich als Subjekte der Komik den bürgerlichen Wertvorstellungen verweigert, erscheinen sie so zuletzt als Objekte der Komik, deren lachende Rückkehr in die als unannehmbar erwiesene Ordnung nicht frei ist, sondern gebunden, ein ›Muss‹, wie dies Valerio nach dem Demaskieren der Automaten ausdrücklich benennt: »Ich muß lachen, ich muß lachen.« (DKV I, 128; MBA 6, 123) Die Zusammenführung des Pathetischen und des Lächerlichen, des hohen Tones und derben Spaßes hat in Büchners Komödie weder einen sozialen (auf bürgerliche Wertvorstellungen bezogenen), noch einen ästhetischen (einer Ästhetik der Dissonanz und der Groteske verpflichteten) Bezugspunkt. Das macht ihre A-topie aus, zugleich ihre Singularität gegenüber den zur Zeit Büchners wirksamen Komödientraditionen und -arten, mit denen Büchners Stück durchaus Themen, Fragestellungen und Arten der aufgebotenen Komik oder Sprachformen teilt.

Zeitgenössische Komödienarten und -traditionen

Die romantische Komödie (Tieck, Brentano, Musset): Allererst steht Büchners Komödie in der Tradition der romantischen Komödie Tiecks, mehr noch Brentanos, von dessen *Ponce de Leon*« (geschrieben 1801, veröffentlicht 1803) manche Anregung, insbesondere bei der Zeichnung der Melancholie der Hauptfigur, ergangen sein mag und nicht zuletzt Mussets, dessen 1834 erschienene Komödie *Fantasio* mit *Leonce und Lena* die Ausgangssituation der Handlung teilt, Bewahren-Wollen der Hauptfigur vor einer ungewollten politischen Heirat, wobei beide Autoren die Vermählung des Erbgroßherzogs Ludwig von Hessen mit der Prinzessin Mathilde von Bayern (Tochter König Ludwigs I.) im Dezember 1833,

Büchner darüber hinaus die Hochzeitsfeierlichkeiten in Darmstadt, Januar 1834, vor Augen hatten. Weiter hat Mussets Fantasio der Figur des Leonce (als eines Melancholikers) und des Valerio (als des Helfers der Liebenden im Narrengewand) einige Züge geliehen. Das Ideal der romantischen Komödie hat Friedrich Schlegel schon vor seiner Erfindung der ›romantischen Poesie‹, an der Komödie des Aristophanes entworfen. Diese sei Manifestation von ›Freude‹, »Rausch der Fröhlichkeit« und »Erguß heiliger Begeisterung«, leiste eine Vermählung des Leichtesten mit dem Höchsten, des Fröhlichen mit dem Göttlichen« und halte so »einen unmittelbaren Genuß höheren menschlichen Daseins« bereit (Schlegel 1979, 21). Das ideelle Moment, das der Komödie mit dem Bezug auf das ›höhere menschliche Dasein‹ zuerkannt wird, erläutert Friedrich Schlegel später als »transzendentale Buffonerie«, die eine geistige Stimmung sei, »welche alles übersieht, und sich über alles Bedingte unendlich erhebt, auch über eigne Kunst, Tugend oder Genialität« und dies in der Ausführung mit der »mimische[n] Manier eines gewöhnlichen guten italiänischen Buffo« verbinde (Schlegel 1967, 152). Der Buffo steht hier für die komische Figur, die die Klaviatur vom derbsten körperlichen Spaß zum sublimsten geistigen beherrscht, die keine Grenzen anerkennt, auch nicht die zwischen Spiel und Wirklichkeit oder zwischen Bühnen- und Zuschauerwelt. Aber die Späße dieses Buffo sind transzendental, was besagt, dass die Entgrenzungen, die sie leisten, nicht Selbstzweck sind, vielmehr auf eine geistige sich selbst wissende Haltung verweisen, die auf eine höhere Position über allem Bedingten und Begrenzten der Welt zielt. Entgrenzung als Grundimpuls des Romantischen, Herauslösen des Bestimmten, Endlichen aus seiner Festlegung um einer Verbindbarkeit von allem mit allem willen, die die Vorstellung »Alles ist ewig im Innern verwandt« (so als das Zielbild romantischer Entgrenzung in Brentanos Gedicht »Sprich aus der Ferne/Heimliche Welt« formuliert; vgl. Brentano 1968, 56) bewahrheiten würde, ist damit als gleichbedeutend mit dem dionysisch-karnevalistischen Moment der Komödie gedacht, das dieser von ihren ersten Zeugnissen an im Prinzip der Übertretung, der ›Parekbase‹ eignet. Die romantischen Entgrenzungen bedürfen aber, um nicht ins A-morphe, Strukturlose zu münden, eines Struktur und Gestalt verbürgenden Gegenimpulses, der sich z.B. in Ablenkungen von der Erfüllung der romantischen Zielbilder manifestiert, oder in deren Situierung in einer »heimliche Welt«, die »aus der Ferne« sprechen, d.h.

zugleich nahe kommen und entfernt bleiben soll. Die Komödie hat dieses Halt gebende Moment in der Ordnung des Dramas und des Theaters. So überrascht es nicht, dass die romantische Komödie, die den Akt der Entgrenzung so stark macht, immer auch und nachdrücklich den Aspekt des Theaters ins Spiel bringt und – transzendental – als Medium des Romantischen reflektiert.

Büchners Komödie beruft in Valerio eine Figur, die sich über alle Grenzen hinwegsetzt, in Leonce und Lena Figuren, die dem eingrenzenden Bedeuten zu entfliehen suchen, deren Liebesaugenblick entsprechend ein Augenblick umfassender romantischer Entgrenzung ist, und so überrascht es nicht, dass auch der Theatergedanke an zentraler Stelle der Handlung berufen wird: in der zuerst ›in effigie‹ abgehaltenen Hochzeit, die sich dann als reale im wahrsten Sinne des Wortes, d.i. mit dem Abziehen der Masken, ›entpuppt‹ und am nächsten Tag »in aller Ruhe und Gemütlichkeit […] noch einmal von vorne« angefangen werden soll (DKV I, 128; MBA 6, 123). Die hier sich abzeichnende Perspektive eines ›theatrum mundi‹, die Friedrich Schlegels Forderung der Ironie entspräche, d.i. »das ganze Spiel des Lebens […] als Spiel« zu nehmen und darzustellen, verweigert jedoch Büchners Komödie. »Nun Lena«, wird Leonce in seiner Schlussrede fragen, »siehst Du jetzt, wie wir die Taschen voll haben, voll Puppen und Spielzeug? […] Wollen wir ein Theater bauen?« (DKV I, 128; MBA 6, 124), um diesen Gedanken dann jedoch zu verwerfen. Mit dem Abweisen des Struktur gebenden Theaters (das Theater als Institution, die alles zum Zeichen macht, d.h. dem Gesetz des Bedeutens unterwirft) geht Büchners Komödie aber auch verloren, was nur in solcher Strukturierung berufen werden kann: das Romantische selbst. Tiecks Komödie (paradigmatisch in *Der gestiefelte Kater* und *Die verkehrte Welt*) vollzieht und problematisiert demgegenüber eine Universalisierung des Theaters. Zur Debatte steht, ob Märchenwelt – als Inkarnation des Romantischen – in der Wirklichkeit der vom Verstand regierten bürgerlichen Welt des Publikums ankommen kann, beide Welten also miteinander verbunden werden können. In der vorgestellten Welt der gespielten Theateraufführung endet der Versuch in einem Fiasko, auf der Ebene des Diskurses aber, d.h. des Theaterstücks als ganzem, das das aufzuführende Märchen, die dargestellten Zuschauer und das Geschehen um die missglückende Aufführung umgreift, durchdringen sich poetisch-romantischer Bereich und bürgerliche Verstandeswelt der Zuschauer ständig, als ›arabeskes‹ Durchei-

nandergehen-Lassen unverträglicher Bereiche. Wird dieser romantischen Theaterwelt als Halt gebender Außenbezug die Welt des realen bürgerlichen Publikums entgegenzusetzen gesucht, überholt die Komödie dies mit dem Verweis (so explizit in *Die verkehrte Welt*), dass auch dieses Publikum sich als Teil eines übergreifenden Theaters zu verstehen habe, was Tieck zur Angstvorstellung weiterbildet, in einem jede Wirklichkeit sich eingemeindenden Theater gefangen zu werden und zu bleiben. Dieser Universalisierung des Theatergedankens der romantischen Komödie hat *Leonce und Lena* in der Bauernszene, die die Wirklichkeit von Ausbeutung und Unterdrückung in Erinnerung ruft, auf der das Spiel der romantischen Flüchtlinge aufruht, einen Riegel vorgeschoben. Leonce᾽s Verwerfen des Theaters bestätigt das nur.

Das Zielbild der romantischen Komödie, die geistige Haltung eines ›höheren menschlichen Daseins‹, das sich über alles Bedingte, d.h. alle Begrenzungen unendlich zu erheben vermag, scheinen auch Goethe und Schiller zu berufen, aber sie ordnen diese Position doch viel nachdrücklicher einem Subjekt zu, das sich den Romantikern im Sog der romantischen Entgrenzung zu verflüchtigen droht. In ihrem Preisausschreiben für eine Intrigenkomödie (von Schiller in Absprache mit Goethe formuliert und im 3. Band der *Propyläen* Ende 1800 veröffentlicht) sprechen die Auslober von einer »geistreiche[n] Heiterkeit und Freiheit des Gemüts, welche in uns hervorzubringen das schöne Ziel der Komödie ist« (Schiller 1993a, 845). In der Schrift *Über naive und sentimentalische Dichtung* und pointierter noch in der Nachlassaufzeichnung *Tragödie und Komödie* erkennt Schiller der Komödie zu, den Menschen in einen göttlichen Zustand zu erheben: »Unser Zustand in der Komödie ist ruhig, klar, frei, heiter, wir fühlen uns weder tätig noch leidend, wir schauen an und alles bleibt außer uns; dies ist der Zustand der Götter, die sich um nichts menschliches bekümmern, die über allem frei schweben« (Schiller 1993b, 1018).

Hegel wird später in seinen *Vorlesungen über die Ästhetik* (zuerst gehalten 1817 und dann mehrfach in den 1820er Jahren) diese Position weltüberlegener Heiterkeit des Subjekts, das die Komödie eröffne, wieder stärker als durch die überwundene nichtige Welt vermittelt herausstellen, wenn er betont, zum Komischen gehöre »die unendliche Wohlgemuthheit und Zuversicht, durchaus erhaben über seinen eigenen Widerspruch und nicht etwa bitter und unglücklich darin zu sein, die Seligkeit und Wohligkeit der Subjektivität, die, ihrer selbst gewiß, die Auflösung ihrer Zwecke und Realisationen ertragen kann« (Hegel 1970, 527 f.). Grundlage der Komödie ist für Hegel die »absolute Freiheit des Geistes« (ebd., 528), der sich über alles Endliche, Beschränkte zu erheben vermag, »das in sich absolut versöhnte, heitere Gemüt« (ebd. 552). Hegels Subjekt der Komödie entspricht damit weitgehend dem ›Humoristen‹, wie ihn Jean Paul in seiner *Vorschule der »Ästhetik* (erschienen 1804, in zweiter, stark überarbeiteter Auflage 1813) entwickelt hat (insbesondere in den Kapiteln »Über das Lächerliche« und »Über die humoristische Dichtkunst«).

Brentano hat sich mit *Ponce de Leon* – vergeblich – um den von Goethe und Schiller ausgelobten Preis beworben. Seine Komödie verwirklicht durchaus die verlangte »geistreiche Heiterkeit und Freiheit des Gemüts«, insbesondere auf dem Feld der Sprache, einer freigelassenen Lust an Wortwitz und Wortspielen, deren Objekt die Figuren eher sind, als dass sie diese beherrschten. Dem Verschwinden des Subjekts im sich verselbständigenden komischen Sprachgeschehen steht auf der Handlungsebene eine Perspektive der Subjektbildung entgegen, die Heilung eines Melancholikers und dessen Bildung zu einem reif, d. h. erwachsen Liebenden als das Verdienst Valerias, die Ponce von seinem bisherigen narzisstisch-dyadischen Lieben, dem sie der Spiegel war, herauslöst, indem sie dieses noch einmal heraufruft, um es dabei zu verabschieden (s. insbesondere Szene IV, 9). Diese auf Subjektbildung gerichtete Handlung wird allerdings von einer wuchernden Theatralität unterlaufen, die den Großteil der Figuren als Objekt inszenierter Spiele zeigt, wie sie auf der Sprachebene Objekte eines sich selbst vorwärts treibenden Sprachwitzes sind. Sarmiento, der Initiator dieses kleinen Welttheaters, ist von diesem auch abhängig, da es ihm helfen soll, seine moralisch nicht einwandfreie Verbindung zu legitimieren, entsprechend tritt er als Automat auf und als Zigeunerin; letztere steht bei Brentano für Vorspiegeln falscher Tatsachen. Nur die Figur der Valeria ist nicht nur Objekt, sondern auch eigenständig agierendes Subjekt von Spielen. Dieses Verlorengehen des Subjekts als Perspektivpunkt der von der Komödie geforderten ›geistreichen Heiterkeit und Freiheit des Gemüts‹ mag, neben ihrer Unbekümmertheit um dramatische Regeln, der Grund für Goethes und Schillers Zurückweisen der Komödie gewesen sein. Verglichen mit *Leonce und Lena* wird deutlich, dass das Vervielfachen des genuinen Handlungszieles von Komödie im allgemeinen Hochzeit-Machen, das eine offenbar schon lange währende, dem bürgerli-

chen Kodex nicht entsprechende Verbindung legitimieren soll, bürgerlichen Wertvorstellungen verpflichtet bleibt (wenn die am Ende geschaffene Großfamilie auch einen dubios inzestuösen Charakter hat). Gegenüber solchen Orientierungen lebt Büchners Komödie aus dem ›Annihilieren‹ bürgerlicher Werte, wie die Liebe Leonces und Lenas auch nicht, im Unterschied zur der des Ponce, die Perspektive der Subjektbildung hat; sie bleibt subjektauflösend, dyadisch-narzisstisch, was Leonce mit der Schlussvision bestätigt, das Land mit Brennspiegeln umstellen zu wollen. Valeria, die das Prinzip der Trennung verkörpert, damit der Unterscheidung, die Gestalten erst entstehen lässt, hat ihre Entsprechung in Rosetta, aber diese lässt Büchners Komödie nur aufscheinen, um sie sogleich aus dem Spiel auszuscheiden.

Mussets Komödie *Fantasio* feiert den Pakt der seelenvollen, kindhaften Heldin mit einem Melancholiker und Narren, der hierüber seine Handlungslähmung verliert und seine Narrenrolle abstreift. Den beiden sind in starrer Opposition eitle und leere, auf dem Boden der Realwelt stehende Figuren gegenübergestellt. Märchenhaft siegen die Empfindsamen, aber in einer irrealen Welt, da, verglichen mit Büchners Komödie, weder die Verweigerung gegenüber der Realwelt, abgesehen von einer pauschalen Philisterkritik, begründet wird, noch die Bedingung der Möglichkeit der eigenen Märchenwelt in den Blick kommt. So erweist sich diese Komödie als ein sich selbst genügendes Märchen, im Sinne etwa von Novalis: eine »musicalische Fantasie – die Harmonischen Folgen einer Aeolsharfe« (Novalis 1968, 454). Büchners Komödie verweigert ihren Helden den rettenden Übertritt in solche romantische Welt.

Satire (Grabbe): Grabbes 1822 geschriebene, 1827 publizierte Komödie *Scherz, Satire, Ironie und tiefere Bedeutung* ist, wie der Titel verheißt, Satire: auf die Gelehrten, die Modeschriftsteller, den Adel wie die Bauern und muss, um Satire zu sein, eine deutlich umrissene Position entwickeln, von der aus die komische Vernichtung betrieben werden kann. Das ist nicht die des Schulmeisters, der mit allen Werten sein Spiel treibt, dessen Relativismus daher noch nihilistischer ist als der des Teufels, weshalb dieser auch vom Schulmeister übertölpelt werden kann. Die Gegenposition wird vielmehr in der Verbindung der weiblichen Protagonistin, die für bürgerliche Tugenden wie Lauterkeit, Unbestechlichkeit, klaren Blick für ethische Qualitäten steht, mit dem hässlichen, aber gleichfalls ethisch lauteren Dichter Mollfels entworfen. Scheinbar ist diese Verbindung ›gro-

tesk‹ im Sinne von Victor Hugos Manifest, eine Verbindung des Schönen mit dem Hässlichen, des
Idealen, Unbedingten mit dem auf so viele Redukti-
onen zurückgeworfenen Realen. Aber nur dem Anschein nach ist dies eine Verbindung des Heterogenen, denn beide Protagonisten eint der gleiche ethische Impuls, zugleich das Vermögen, den Schein zu
durchdringen. Die Komödie gibt eine Revue des Un-
sinns, dabei aber immer einen Halt in dem nicht in
Frage gestellten Geist seines ›grotesken‹ Paars. Solch
einen Bezugspunkt ihrer Vernichtung der bürgerlichen Wertvorstellungen verweigert Büchners Komödie, aber nicht nihilistisch aus einem Werterelati-
vismus heraus, sondern im Sichtbar-Machen des
Mangels wie in der unbestechlichen Abwehr möglicher Ersatzbildungen.

Posse (Nestroy): In der Zeit, da Büchner *Leonce
und Lena* schreibt, hat Nestroy den Lustspieltypus
›Posse‹ an den Wiener Vorstadttheatern durchgesetzt: literarisch anspruchslose Stücke, Spielvorlagen
für niedere Komik mit viel Verwechslungen, Ver-
kleidungen und überraschenden Situationen, derb
in der Ausführung ihrer Motive, in Figurenzeichnung und Handlungsführung auf Wiedererkennen
von Typen ausgerichtet. Erfolg verbürgen das Spiel-
element der Handlung, mimische Manier beim
Schauspieler und lebendiger Bezug zum Publikum
(durch Lokalbezogenheit von Figuren, Handlung
und Dialekt, Durchbrechen der Illusion durch Ex-
temporieren, Einsatz von eingängiger Bühnenmusik
und Gesang). Über all dies hinaus ist die besondere
Note der Volksstücke Nestroys wie dessen Spiels die
aggressive Komik der Heraufsetzung, die sie betreiben. Nestroy wagt, an Bereiche zu rühren, die das
Ich wünscht, sich aber unter dem – moralischen, politischen, sozialen, philosophischen (›Sinn‹ verlan-
genden) – ›Kulturgebot‹ seines Über-Ichs versagt.
Dabei gelingen Nestroy Stücke von blendendem
Witz wie bösartigem Entlarven der Werte und Maßstäbe der zeitgenössischen Restaurationsgesellschaft
und darüber hinaus bis heute der Forderungen individueller wie sozialer Über-Ich Instanzen. Wie Büchners Komödie vernichten die Nestroys bürgerliche
Orientierungen und Wertvorstellungen, aber aggres-
siver und anarchischer, da sie einen Bezugspunkt komischer Vernichtung schaffen: im Pakt mit den
Schichten unterhalb des Bürgertums, einer immer
größer werdenden vom Pauperismus bedrohten
Schicht, die die Vernichtung der Werte und Forderungen des Bürgertums, von dem es sich unterdrückt
und ausgebeutet erfährt, kompensatorisch bejubelt,
neben einem bürgerlichen Publikum, das gleichfalls

in Nestroys Vorstadttheater strömt, um den Kitzel
der Negation seiner Fundamente halb angst- und
halb lustvoll zu genießen. Nestroys Possen zeigen einen Bezugspunkt an, der Büchners Stück aus der A-
topie ihres komischen Vernichtens hätte herausfüh-
ren können, für das aber an deutschen Theatern gar
keine Voraussetzungen gegeben waren.

Komödie der Verfremdung (Grillparzer): Grundfigur der Komödie Büchners ist die Negation der Negation: Leonces närrisches Verhalten zu Beginn,
365-mal auf einen Stein zu spucken, Sandkörner zu
zählen, negiert das als natürlich genommene Unnatürliche in närrischer Mimikry (das bürgerliche Ideal
der Arbeit, die ihr Ziel, den Genuss, immer hinaus-
schiebt) und ist so Entfremdung der Entfremdung,
was Brecht später ›Verfremdung‹ nennen wird. Die
Handlungen und Reden der drei Protagonisten des
Stücks vollziehen, vom Liebesaugenblick abgesehen,
immer neu diese Figur, aber ohne Perspektive, dass
die Negation der Negation umzuschlagen vermöchte
in ein neues Positives. Das eben macht die A-topie
der hier entfalteten Komik aus.

Fast gleichzeitig mit Büchners Arbeit an *Leonce
und Lena*, schrieb Grillparzer seine Komödie *Weh
dem, der lügt!* (vornehmlich 1835–37, die Uraufführung mit dem bekannten Misserfolg war im März
1838). Auch diese Komödie ist nach der Figur der
Negation der Negation gebildet, die sie allerdings
nicht sozial- oder ideologiekritisch, sondern primär
philosophisch entfaltet, als Frage, ob und wie Wahrheit, unbedingt genommen – und nur so ist sie
Wahrheit – in der trüben empirischen Welt, in der
jedes Zeichen eine und noch eine andere Bedeutung
haben kann, ankommen, d.h. ihren Trägern Erfolg
verheißen kann. Und kann umgekehrt bei erfolgrei-
chem Agieren in dieser Welt die Rückbindung an das
Wahrheitsgebot gewahrt bleiben? Das ist die Aufgabe, die sich der Küchenjunge Leon, der Künstler
auf dem Feld der sinnlichen Genüsse, zu meistern
traut. Er stellt sich unter das absolute Wahrheitsgebot des Bischofs und glaubt doch, dessen Neffen At-
talus aus den Händen der Germanen, die sich als
Heiden dem christlichen Wahrhaftigkeitsgebot noch
nicht unterstellt haben, befreien zu können. In der
Welt der Vieldeutigkeit (als Negation der unbedingten Wahrheitsforderung) arbeitet Leon mit dem
Wahrheitsgebot so, dass er es in sich wendet, d.h.
mit der Wahrheit lügt, indem er sie auf Situationen
anwendet, in der sie nur als Trope genommen werden kann. So betreibt er Negation der Negation. Le-
ons Unternehmen kommt in der Welt der ›Heiden‹
gut voran, aber zurück in der Einflusssphäre des Bi-

schofs und seines unbedingten Wahrheitsgebots, gerät das Unternehmen in die Krise. Leon kann zum unbedingten Wahrheitsgebot nicht zurückfinden, da er Wahrheit nur als Lüge in die Welt gebracht hat. Die Rettung kommt als Wunder, das Leon fordert und erhält, indem er mit seinem Anhang statt von den sie verfolgenden Germanen vom Repräsentanten des absoluten Wahrheitsgebots aufgefunden wird.

Endet die Komödie mit diesem Rekurs auf das Wunderbare wie die Mussets im Märchen? Leon hat erwiesen, dass die Wahrheit nur am anderen, am Trüben nicht sistierbarer Vervielfältigung von Bedeutung gegeben ist. So hat er die reine Wahrheit vollständig der Transzendenz zugeordnet, als nicht mehr in irgendeine Vermittlung mit der irdischen gebunden. Das erlaubt ihr unvermitteltes, nicht ableitbares, plötzliches Hervorbrechen. Die Negation der Negation, so wird deutlich, führt nicht notwendig zum Wahren, hält aber die Chance eines Umschlagens doch offen, die die Komödie mit einer subtilen Schlussgeste leise weiter zurücknimmt. Dieser prekäre Schluss war dem Publikum offenbar zu hoch, wie es wohl auch im philosophischen Wahrheitsspiel die aktuelle Frage nicht erkannt hat, ob denn die Ideen der Vernunft (Freiheit, Moralität) überhaupt eine Chance haben, in der empirischen Welt der Interessen und Bedingtheiten anzukommen. Büchners Komödie entwirft in der Schlussvision Leonces und Valerios auch ein Umschlagen der Negation der Negation, aber dieses zugleich massiv negierend als einer narzisstischen Welt zugehörig, die ihre materielle Grundlage verdrängt und hierzu einer »komm‹o›den Religion« (DKV I, 129; MBA 6, 124) bedarf.

Nachbarschaften (Komödien Shakespeares und Kleists)

Ausdrücklich, durch das Motto zum ersten Akt, stellt sich Büchners Komödie in die Tradition der Shakespeare-Komödien. *As You Like It*, auf das Bezug genommen wird, entwirft im Wald von Arden zur politischen Welt von Verrat und Mord eine Gegenwelt als eine Welt der Utopie, der Liebe und des Spiels, deren Prinzip Überwindung aller Trennung, Aufheben des Prinzips der Unterscheidung ist, womit sie sich als eine genuine Welt dionysischer oder karnevalistischer Komik (letztere im Sinne Bachtins) bezeugt. Der Liebesaugenblick in *Leonce und Lena* scheint dieser Struktur zu entsprechen und wie der Wald von Arden seine Grenzmarken in den Figuren

des Melancholikers und des Narren hat, kehren diese, allerdings nicht als eigenständige Figuren, sondern als wesenhafter Aspekt der Hauptfiguren in *Leonce und Lena* wieder. Der Melancholiker Jacques in *As You Like It* deutet alles als Spiel, mit der einen Funktion Verstellung, Verschleierung, weshalb er nicht mitspielen will, d. h. er beharrt gegenüber der Spielwelt des Waldes von Arden als eines Raumes der Vielstimmigkeit, der Entmachtung des Prinzips der Unterscheidung, auf absoluter Differenz. So markiert er die Grenzmöglichkeit der Erstarrung der Spielwelt. Der Narr Touchstone auf der anderen Seite macht alles zu Spiel durch Vervielfältigen des Sinns. So markiert er die Grenzmöglichkeit der absoluten Verflüssigung der Spielwelt, in der dann auch notwendig deren Themen – Utopie, Liebe und Spiel – untergehen und nichts mehr bleibt als ein ›alles ist möglich‹, d. h. unbegrenzte Unverbindlichkeit.

In der zwischen diesen beiden Grenzmöglichkeiten aufgespannten Welt aber agiert in Shakespeares Komödie Rosalinde in potenzierten Maskenspielen, sich darin zugleich betrachtend und so dazu gelangend, sich als Liebende auszusprechen. Damit leistet sie schon, was in *Hamlet*, dem Drama, das Shakespeare als nächstes nach *As You Like It* schreiben wird, der Protagonist emphatisch herausstellt: die Begründung des modernen Subjekts als eines Ichs hinter Masken, das sich in Akten der Re-Flexion, d. h. des Sich-auf-sich-Zurückwendens, seiner vergewissert. Hamlet will Gewissheit, nicht zuletzt Gewissheit des Ichs, das bringt ihn auf die tragische Bahn der Begründung des neuzeitlichen Subjekts als eines Prozesses unabschließbarer Reflexion. Den Ausspruch Hamlets aber im Moment, da er glaubt, durch sein inszeniertes Spiel im Spiel Gewissheit zumindest über den Mörder seines Vaters gefunden zu haben, zitiert Leonce als Kommentar seiner ersten Liebesrede mit Lena – »sollte nicht dies und ein Wald von Federbüschen nebst ein Paar gepufften Rosen auf meinen Schuhen« (DKV I, 116; MBA 6, 114). Ehe Shakespeare so das moderne Subjekt tragisch entwirft, hat er es komödiantisch berufen, als ein Ich, das Gegenwart haben kann, das sich nicht immer entzogen bleibt, weil es hinter den Masken ein liebendes Ich ist und das heißt eines, das nicht auf sich beharrt, vielmehr schon immer hinübergegangen ist zum Anderen, als ein Ich der Vielheit, ein karnevalistisches Ich, fähig zum Wandel. Eben dieses Subjekt verweigert die Komödie Büchners, so ist ihre Komik, aller reklamierten Nähe zu Shakespeare zum Trotz, ein Lachen »in der Leere des verschwundenen Menschen«.

Zum Wesen der Komödie gehört, von ihrem Ursprung an, wie dieser in der alten attischen Komödie (des Aristophanes) fassbar wird, der Ausblick auf Hochzeit am Ende als Feier der Lust, dionysischer Entgrenzung, der bis dahin Halt gegeben worden ist in der Ordnung des theatralischen Spiels. Der Status der Komödie wird daher prekär, wenn die Handlung, statt im Ausblick auf Hochzeit zu enden, über diesen Perspektivpunkt hinausführt, wie dies Büchners Komödie in der Schlussrede ihrer komische Helden vollzieht oder wenn die Handlung gar, in krasser Umkehrung der Perspektive, am ›Morgen danach‹ einsetzt. Letzteres gibt der Amphitryon-Mythos vor, dessen Fassung in Komödien daher immer etwas Fragwürdiges anhaftet, wie es dann auch überaus stimmig erscheint, dass in einer Amphitryon-Komödie der Terminus ›Tragikomödie‹ erfunden worden ist. Kleist aber ist der Autor, der darauf fixiert zu sein scheint, seine Komödien am ›Morgen danach‹ einsetzen zu lassen, da er nicht nur seine *Amphitryon*-Komödie, wo der Mythos ihm dies vorgibt, sondern auch seine zweite Komödie, den *Zerbrochnen Krug* so konzipiert. So trägt bei ihm jeweils die Komödie nur einen äußerst knappen – in bestimmter Hinsicht auch gar keinen – Sieg davon. In Büchners Komödie imaginieren die Helden am Ende, ihr Spiel nach der soeben – in Masken – vollzogenen Hochzeit weitergehen zu lassen, d.i. die Hochzeit am nächsten Tag noch einmal zu spielen. Die zweite Hochzeit wird die erste nachspielen, aber auch die erste war Spiel, Hochzeit ›in effigie‹, agiert von Spielern, die als Automaten eingeführt worden sind. So können sich diese Hochzeiten nur wie gegeneinander aufgestellte Spiegel wechselseitig bestätigen, bleiben die Figuren in einer Endlosschleife des Spielens des Spielens gefangen, was Leonce im Bild, ihr Ländchen mit Spiegeln umstellen zu wollen, fassen und zu dessen Glücken Valerio als Bedingung der Möglichkeit die »kommode Religion« nennen wird.

Dreißig Jahre vor Büchners Arbeit an *Leonce und Lena* ist Kleist in der Rücknahme des genuinen Komödienschlusses mit der ihm eigenen Radikalität vorangegangen. Etwas ist geschehen mit der jeweiligen weiblichen Hauptfigur in der Nacht, nach der die beiden Komödien einsetzen. Hat Eve im *Zerbochnen Krug* in der Nacht, die Adam zur Hochzeitsnacht mit ihr hatte machen wollen, vielleicht ihre Unschuld auch nicht verloren, so ist doch eine andere Unschuld – wie es das Wesen dieser Art ›Unschuld‹ ausmacht – unwiederbringlich dahin, d.i. der unschuldige Bezug zwischen Wort und Sinn. Die

Komödie gibt den Richter, der über sich selbst zu Gericht sitzen muss, als betrogenen Betrüger dem Verlachen preis und sie verbreitet Komik des heraufsetzenden Lachens, das der unter dem Kulturgebot unterdrückten Lust Raum gibt, wenn wir mit Adam lachen, der auch noch in ausweglos erscheinender Lage der Ordnungsmacht ein Schnippchen zu schlagen weiß. Aber wenn er zuletzt dann doch als Täter enthüllt ist, wobei seine Kontrahenten aber nur seine ›Hülle‹, seinen Mantel, in Händen halten, ist gleichwohl die Komödie noch nicht zu einem Komödienschluss gelangt. Denn Eve bleibt im perfekten Lügensystem Adams (über die Conscription) gefangen, der Gerichtsrat Walter kann sie durch einen metakommunikativen Akt (›ich sage jetzt die Wahrheit‹) hieraus nicht befreien, da Adam ihr vorgestellt hat, dass alle Vertreter des Staates angehalten seien, über den wahren Gehalt der Conscription zu lügen. Nur symbolisch wird die Verwirrung der Zeichenrelationen am Ende wieder aufgehoben, im Münzspiel Walters mit Eve, das diese allerdings überschwänglich als ›Wahrheit-Geben‹ auffasst, das Wort, Ausgesagtes und Bedeutetes wieder fest verbindet, so dass sich kein Trug dazwischen einnisten kann. Die Komödie feiert diese glückliche Wende und zeigt zugleich, dass sie sich einer überschießenden Interpretation verdankt. Die Unschuld (in der Beziehung zwischen den Wörtern und den Sachen) ist dahin, das ist immer der Zustand am ›Morgen danach‹, in Kleists Komödie ist dies allerdings ein fahler Morgen, für den schon Josef K.'s Kommentar zur Türhüterparabel gilt: »Trübselige Meinung […] Die Lüge wird zur Weltordnung gemacht«. Gegen solche tristesse im Komödienschluss, der über den Ausblick auf Hochzeit hinausgreift, verweigert *Leonce und Lena* den Blick nach außen, zugunsten einer Selbstbespiegelung, sei es auch in der Scheintiefe sich spiegelnder Spiegel.

Der Amphitryon-Alkmene-Mythos gibt das Paradigma für den ›Morgen danach‹, da die Hochzeit, die in der Nacht zuvor stattgefunden hat, Hochzeit schlechthin war: von Himmel und Erde, Gott und Mensch. Für Alkmene ist es in den frühen Fassungen des Mythos (vor Plautus) auch ihre reale Hochzeitsnacht, da sie bis dahin zwar nominell schon mit Amphitryon verbunden ist, den Vollzug der Ehe aber davon abhängig gemacht hat, dass Amphitryon den Tod ihrer Brüder gerächt hat, was Amphitryon nach vielen hierzu wieder als Voraussetzung erforderlichen Taten nun endlich erfüllt hat, so dass Alkmene glaubt, dem zurückgekehrten Gatten nun die so lange hinausgeschobene Liebesnacht zu gewähren, die doch die Nacht grenzenloser Lust mit dem

Gott ist. Für die Frau hat die Liebesvereinigung von Gott und Mensch, verbunden mit dem Doppelgängermotiv, latent tragischen Gehalt. Sie wird, sei es auch durch den höchsten Gott, um ihre Liebe zu ihrem Gatten betrogen. Vor ihrem Mann gerät sie dabei in den Verdacht des Ehebruchs, auf den in der Antike gemeinhin die Todesstrafe stand. So gibt es tragische Fassungen des Amphitryon-Alkmene Stoffes von Aischylos, Sophokles und Euripides, die allerdings nicht erhalten sind. Der Gott, der Menschengestalt annehmen muss, gerät leicht in die Position des betrogenen Betrügers, insofern er gerade im Akt des ›Erkennens‹ (dieses biblisch, d. h. sexuell verstanden) verkannt bleiben muss. Als Gegengewicht zu dieser latenten Komisierung des Gottes lassen viele Versionen des Mythos die Handlung in einer Theophanie enden: Der Gott gewinnt sich zurück, indem er sich der Frau, dann auch dem Mann und anderen Zeugen als Gott zeigt. Der Gatte hat zuerst einmal die komische Rolle des gehörnten Ehemannes. Das Doppelgängermotiv entlastet ihn auch. Gegen einen Trug dieser Art ist man – als menschlicher Mann – machtlos. Das Lachen über ihn ist eines, das Unterdrücktes freisetzt, es befreit vom Druck des zivilisatorischen Gebotes, dass die Frau nur einem Mann gehören soll. Im Lachen über Amphitryon ist aber auch Schadenfreude, insofern es dem Ehemann recht geschieht, dass er betrogen wird. Denn er verkörpert die Struktur des immer aufgeschobenen Genusses, unter dem wir alle leiden.

Kleist hat dem Mythos zwei neue Züge hinzugefügt, die der Konstellation ein grundlegend neues Profil geben. Zum einen wird das Erscheinen des Gottes auf das Fehlverhalten Alkmenes zurückgeführt, bei der Anbetung Jupiters diesem die Gestalt Amphitryons zu unterlegen – das nimmt die latente Tragisierung Alkmenes zurück –, zum andern bindet der Gott die Bestätigung seiner Identität daran, von Alkmene als der Gemeinte ihres Begehrens bestätigt zu werden, nachdem sie weiß, dass der höchste Gott und nicht der Gatte in der Nacht bei ihr gewesen ist. Vergeblich versucht Jupiter, diese Bestätigung aus Alkmene herauszulocken – das verstärkt seine Komisierung –, gleichwohl preist er, nachdem er auch mit seiner letzten, ausgeklügeltsten Frage an Alkmene gescheitert ist, diese selbst und in ihr sich und seine Schöpfung in höchsten Tönen. Alkmene hat sich, in ihrer Sicht, auch jetzt für den vor ihr stehenden Menschen Amphitryon entscheiden, also erneut den menschlichen Gatten dem Gott vorgezogen, in Wahrheit hat sie sich damit aber für den Gott

entschieden; denn dieser steht ja vor ihr. Mithin hat sie sich nicht für die endliche Menschenliebe, sondern für die unendliche Gottesliebe entschieden.

Indem Alkmene nur ihrer irdischen Liebe zu Amphitryon, d. h. nur ihrem Herzen gefolgt ist, hat sie sich gerade dem Gott, d. h. dem Unendlichen, der Welt der Ideen zugewandt. Das entspricht der zeitgenössischen Vorstellung von Grazie, d. i. nur der Natur, den Sinnen, dem Herzen zu folgen und dabei zu erfüllen, was die Vernunft verlangt. Theologisch hat Alkmene damit Gott als absoluten Schöpfer bestätigt. Als ein solcher muss er seinem Geschöpf Freiheit geben, d. h. zulassen, dass es sich auch von ihm abwenden kann. Wenn sein Geschöpf diese Freiheit gebraucht, um ihn zu negieren, die Negation aber den Gehalt der Zuwendung zu ihm hat, ist er in seiner Absolutheit bestätigt. Aber die hier erreichte Grazie ist durch massive Einschränkungen gekennzeichnet: Sie ist ohne Bewusstsein, impliziert für alle Beteiligten die Erfahrung grundlegender Negation ihrer Identität und sie ist in sich selbst in Frage gestellt, da sie auf einer Täuschung beruht. Die Komödie arbeitet in ihrem Fortgang dies immer schärfer heraus. Ihrer Täuschung inneworden, bestätigt Alkmene nach einem Anfall Kleist'scher Ohnmacht diese Grazie mit ihrem berühmten ›Ach‹. Es weist die Position dieser Grazie, als des Fluchtpunktes der Komödie, ihres guten Schlusses, weder der menschlichen Welt zu, wie dies die Feldherrn und Amphitryon ihr anbieten, noch dem Gott, der nur noch mit dem Mann Amphitryon über das Geburtensoll Alkmenes verhandelt und sich dann in seine Welt zurückgezogen hat. So ist der Perspektivpunkt der Komödie auch hier wahrhaft a-topisch, und bekundet so eine tiefe Nachbarschaft der Komödie Kleists mit der Büchners, von der Büchner, der Kleist nirgends erwähnt, allerdings nichts wusste.

Literatur

Brentano, Clemens: Werke in 4 Bde. Hg. von Wolfgang Frühwald/Bernhard Gajek/Friedhelm Kemper. Bd. 1: Gedichte. München 1968.

Greiner, Bernhard: Die Komödie. Eine theatralische Sendung: Grundlagen und Interpretationen. Tübingen/Basel ²2006.

– : Kleists Dramen und Erzählungen. Experimente zum ›Fall‹ der Kunst. Tübingen/Basel 2000.

Foucault, Michel: Die Ordnung der Dinge. Frankfurt a. M. 1974 (frz. 1966).

Hegel, Georg Wilhelm Friedrich: Vorlesungen über die Ästhetik III. In: Ders.: Werke in 20 Bde. Bd. 15. Frankfurt a. M. 1970.

Mennemeier, Franz N. (Hg.): Die großen Komödien Europas. Tübingen/Basel 2000.

Novalis: Das Allgemeine Brouillon. In: Ders.: Schriften. Die
Werke Friedrich von Hardenbergs. 6 Bde. Hg. von Paul
Kluckhohn/Richard Samuel. Bd. 3: Das philosophische
Werk II. Hg. von Richard Samuel. Darmstadt 1968, 242–
478
Preisendanz, Wolfgang/Warning, Rainer (Hg.): Das Komi-
sche. München 1976.
Profitlich, Ulrich: Komödientheorie. Texte und Kommen-
tare vom Barock bis zur Gegenwart. Reinbek 1998.
Schiller, Friedrich: Dramatische Preisaufgabe. In: Ders.:
Sämtliche Werke. 5 Bde. Hg. von Gerhard Fricke und
Herbert G. Göpfert. Bd. 5: Theoretische Schriften.
Darmstadt ^{9}1993, 844–846.
– : Tragödie und Komödie. In: Ders.: Sämtliche Werke. 5
Bde. Hg. von Gerhard Fricke und Herbert G. Göpfert.
Bd. 5: Theoretische Schriften. Darmstadt ^{9}1993, 1017 f.
Schlegel, Friedrich: Vom ästhetischen Werte der griechi-
schen Komödie. In: Ders.: Kritische Friedrich Schlegel
Ausgabe. Bd. 1: Studien des klassischen Altertums. Hg.
von Ernst Behler. Paderborn 1979, 19–33
– : Lyceums-Fragment. In: Ders.: Kritische Friedrich Schle-
gel Ausgabe. Bd. 2: Charakteristiken und Kritiken I. Hg.
von Hans Eichner. Paderborn 1967, 152
Simon, Ralf (Hg.): Theorie der Komödie – Poetik der Komödie. Bielefeld 2001.

Bernhard Greiner

7. »*Woyzeck*«

7.1 Entstehung. Überlieferung. Editionen

Die Handschriften: Probleme

Grundlage jeder »*Woyzeck*«-Edition ist ein Konvolut
von Handschriften, das Georg Büchner bei seinem
Tod am 17. Februar 1837 hinterlassen hat und das
sich heute im Weimarer Goethe- und Schiller-Archiv befindet. Das ohne Titel überlieferte Konvolut
stellt die Herausgeber einer kritischen Textausgabe
gleich vor mehrere Probleme. Aufgrund der teilweise
unleserlichen Schrift Büchners ergaben sich eine
Reihe von Verlesungen und sind bis zum gegenwärtigen Zeitpunkt etliche Textstellen unentzifferbar
bzw. in ihrer Dechiffrierung ungesichert (vgl. Poschmann 1992; Dedner 1999, 193 f.). Ferner herrschte
lange Zeit Unklarheit über die Bewertung der Vielzahl von Wörtern, die durch Synkopierung, Vokal-
verlust im Wortinneren, und Apokopierung, Vokal-
verlust am Wortende, charakterisiert sind, zumal da
apokopierte Wortformen auch ein regionalsprachli-
ches Kennzeichen, v. a. des hessischen Sprachgebiets,
sind. Die Untersuchung von Mayer hat deutlich gemacht, dass nicht jede dieser Verschleifungen als
hessische Dialektform zu lesen ist, sondern »Abbre-
chungskürzungen« (Mayer 1995, 224) im Schreibverfahren Büchners darstellen (vgl. ausführlich Dedner in MBA 7.2, 159–215). Darüber hinaus sind die
als Einheiten auszumachenden Handschriften nicht
paginiert sowie in jeder einzelnen Handschrift die
notierten Szenen nicht durchnummeriert, was die
Einteilung und Zuordnung von Handschriften,
Bogenlagen und Szenen immens erschwerte (vgl.
Poschmann in DKV I, 680). Auch die Datierung der
Handschriften, wovon der Geltungsgrad und die Position einzelner Szenen in einer Lese- und Bühnenfassung abhängig sind, konnte erst im Zuge ausführlicher Tinten- und Papieranalysen mit einer relati-
ven Wahrscheinlichkeit vorgenommen werden (vgl.
Dedner in MBA 7.2, 86–136).

   Folgende Handschriften sind überliefert. Fünf
Blätter in Kanzleiformat, gefaltet zu Doppelblättern
in Folioformat, auf denen die in den aktuellen Editionen einhellig als Entwürfe H 1 und H 2 bezeichneten Szenenfolgen notiert sind. Mit ihrer Niederschrift hat Büchner vermutlich Ende Juli 1836 begonnen und sie bis zu seiner Übersiedlung von
Straßburg nach Zürich am 18. Oktober 1836 fertig

gestellt (vgl. Poschmann in DKV I, 707; Dedner in MBA 7.2, 104). Die Quarthandschrift, sechs Blätter in Folioformat, gefaltet zu sechs Doppelblättern in Quartformat und gelegt in drei Lagen zu je zwei Doppelblättern, die Büchner in der Zeit zwischen der am 5. November an der Universität Zürich gehaltenen Probevorlesung »*Über Schädelnerven*« und dem Fieberausbruch am 2. Februar 1837 verfasste (vgl. Dedner in MBA 7.2, 107). Auch wenn diese Handschrift als die »letzte Entwurfsstufe« (Schmid 1981, 53) bzw. als »*Hauptfassung*« (Poschmann in DKV I, 688) bezeichnet wird, kann sie nicht als »letzte Fassung« (ebd.) bzw. als »Reinschrift« (Dedner 1999, 198) gewertet werden, wie sich Poschmann, der Herausgeber der 1992 im Deutschen Klassiker Verlag erschienenen »*Woyzeck*«-Ausgabe, die 2008 auch in der Reihe »Suhrkamp BasisBibliothek – Arbeitstexte für Schule und Studium« aufgelegt wird, und Dedner, der Herausgeber einer im Reclam-Verlag 1999 veröffentlichten Studienausgabe, der 2005 besorgten Marburger Ausgabe und einer 2007 bei Reclam erschienenen Lese- und Bühnenfassung, einig sind. Schließlich ein Einzelblatt in Quartformat, auf dem zwei nicht miteinander zusammenhängende Szenen, »Der Hof des Professors« und »Der Idiot. Das Kind. Woyzeck«, festgehalten sind, bei denen sowohl aufgrund der verwendeten Tinte als auch aufgrund des beschriebenen Papiers gesichert ist, dass sie ebenfalls erst in Zürich aufgezeichnet wurden (vgl. Dedner in MBA 7.2, 100, 104).

Die Professorenszene wirft allerdings mit dem Problem ihrer genauen Datierung auch das Problem ihrer Geltung auf. Wenn die Szene nach der Doktorszene in der Foliohandschrift (H 2,6), jedoch vor der in der Quarthandschrift geschrieben wurde, dann ist sie ein Alternativentwurf, der sich mit der Handlungskette der Quarthandschrift erübrigt hat (vgl. Dedner 1999, 186 f.). Wenn die Szene allerdings nach der Doktorszene der Quarthandschrift verfasst wurde, dann bildet sie einen »*Ergänzungsentwurf*« (Poschmann in DKV I, 693), den Büchner noch einzuarbeiten beabsichtigte. Aufgrund dieser Datierung stellt Poschmann in seiner Ausgabe die Siglierung der Handschriften um: Er sigliert die beiden Szenen des Quartblatts mit H 4 und die »*Hauptfassung*« der Quarthandschrift mit H 3 (vgl. ebd., 683–686, 692 f.; vgl. Poschmann 2008, 135). Auch wenn die Marburger Ausgabe an der traditionellen Siglierung der Handschriften festhält, so stimmt sie doch Poschmann in der späten Datierung des Quartblatts zu: »Büchner schrieb H 3 [das Quartblatt, H.N.] nach H 4 (Lage I/II), also vermutlich gleichzeitig mit oder

auch nach H 4 (Lage III)« (Dedner in MBA 7.2, 128), d. h. gleichzeitig mit oder nach den Szenen 10 (»Die Wachstube«) bis 17 (die in der Forschung sogenannte ›Testamentszene‹). Diese Datierung, die den »Geltungsstatus« der Professorenszene trotz deren Entwurfsmerkmale erhöht (vgl. ebd., 129), hat Konsequenzen für die von der Marburger Forschungsstelle Georg Büchner herausgegebenen Lese- und Bühnenfassungen. Denn während in der Studienausgabe die Szene noch fehlt, ist sie in der 2007 besorgten Reclam-Ausgabe aufgenommen. Die von Poschmann vorgenommene Umstellung der Siglierung suggeriert indes, dass die beiden Szenen des Quartblatts eindeutig nach denen der Quarthandschrift verfasst worden sind. Deshalb soll auch im Folgenden an der gängigen Siglierung festgehalten werden.

Aus dem Handschriftenbefund lassen sich zwei Konsequenzen ziehen. Zum einen gibt es »keinen endgültigen Text« (Glück 1990b, 180): Das »*Woyzeck*«-Drama existiert nicht (vgl. Martin 2007, 193), sondern ist allein »als work in progress überliefert« (Dedner in MBA 7.2, 135). Zum anderen ist der Text kein Fragment, weil Büchner ihn gezielt auf Fragmentcharakter hin geschrieben hat, sondern Fragment, weil er nicht in einer abgeschlossenen Form verfasst wurde. Daran ändert auch die Annahme nichts, dass es auf der Folie des vorliegenden Materials möglicherweise »nur noch einer abschließenden, das Ganze vereinenden Reinschrift« (Poschmann in DKV I, 695) bedurft hätte.

Die Handschriften: Inhalte

Die Entwurfshandschrift H 1 umfasst 21 Szenen, die den Handlungsverlauf in drei aufeinander folgenden Komplexen wiedergeben (vgl. Dedner 2005, 115). Im Jahrmarktskomplex (H 1,1 bis 1,3) problematisieren die Reden des Vorführers die Grenze zwischen Tier und Mensch. Zudem nähert sich Margreth einem Unteroffizier an, der sich durch den Besitz einer Uhr und seinen den anderen Soldaten übergeordneten militärischen Rang auszeichnet. Im Eifersuchtskomplex (H 1,4 bis 1,13) werden die halluzinatorischen Zustände Louis' ausgeführt. Vom Fenster aus beobachtet er Margreth beim Tanzen mit einem anderen Mann und schnappt die »leitmotivisch Sexualität und Mord verklammernde, stets wiederkehrende Formulierung« (Martin 2007, 196) »immer zu« (MBA 7.2, 4; DKV I, 179) auf. In der Folgeszene verdichten sich die Halluzinationen zu einer Mordphantasie, die sich verbal artikuliert, ohne dass

Louis diese Stimme als die eigene identifiziert: »Stich stich die Woyzecke todt!« (MBA 7.2, 5; DKV I, 180). In den Szenen 8, 9 und 11 kulminiert die Mordphantasie in die Wahnvorstellung von einem Messer, das Louis bei geschlossenen Augen vor sich sieht und das er sich schließlich in der Szene 12 besorgt. Eine nächtliche Stimmenhalluzination, die Louis dem mit ihm in einem Bett schlafenden Kameraden Andres mitteilt und die ihn abermals zur Tötung der Geliebten auffordert, scheint letztlich den Ausschlag zum Mord zu geben. Zwischen die Szenen, die in der Wiederkehr der Stimme das »Zwanghafte des Mordbefehls« (Reuchlein 1985, 64) ausstellen, ist eine Wirtshausszene geschaltet (H 1,10), in der ein Barbier, der sich gegen eine geringe Entlohnung zu wissenschaftlichen Versuchszwecken zur Verfügung stellt, und ein Unteroffizier, der den Barbier verbal bedroht, aneinander geraten. Der Mordkomplex (H 1,14 bis 1,21) hebt dann mit dem »(Anti-)Märchen« (Knapp 2000, 190) der Großmutter an, das von einem armen Waisenkind erzählt, womit die in den folgenden Entwürfen weiter ausgeführte Thematik der sozialökonomischen Verarmung erstmals benannt ist. Am Ende der Szene fordert Louis seine Geliebte zum Gehen auf, begibt sich mit ihr vor die Stadt und ersticht sie. Als Leute kommen, entflieht Louis in ein Wirtshaus; als man dort Blut an ihm entdeckt, läuft er zum Tatort zurück, um die Tatwaffe in den Teich zu werfen und sich die Blutspuren abzuwaschen. H 1 endet mit dem Auftritt von »Gerichtsdiener. Barbier. Arzt. Richter« und deutet darin den anstehenden Strafverfolgungsprozess an.

Die Entwurfshandschrift H 2 umfasst 9 Szenen, die das Personal um zwei zentrale Figuren ergänzen und dadurch verstärkt das soziale Umfeld des Protagonisten konturieren sowie eine zunehmende Zahl von sozialen wie ökonomischen Abhängigkeitsverhältnissen ins Spiel bringen (vgl. Poschmann in DKV I, 683, 693): Der »eine Revolution in der Wissenschaft« (MBA 7.2, 16; DKV I, 196) anstrebende Doktor (H 2,6), der an Woyzeck, wie der Protagonist nun heißt, ein Ernährungsexperiment durchführt und ihn zur täglichen Urinprobe verpflichtet hat, und der Hauptmann als oberster Repräsentant des Militärs, der sich selbst für einen »guten Mensch« (MBA 7.2, 17; DKV I, 198) hält und doch auf offener Straße sowie in Anwesenheit des Doktors provokativ Woyzeck auf die Untreue seiner Geliebten, die jetzt Louise heißt, hinweist (H 2,7). Mit dem Repräsentanten der Wissenschaft und dem des Militärs kommen Vertreter einer disziplinarischen Macht ins Spiel, die den Protagonisten zu- und abrichten. Dem Jahr-

marktskomplex (H 2,3 bis 2,5), in dem abermals die Grenze zwischen Tier und Mensch problematisiert wird, ein Handwerksbursche die Frage nach dem Sinn der menschlichen Existenz stellt und zwei Soldaten ihr sexuelles Interesse an Louise artikulieren, sind in dieser Entwurfsstufe zwei Szenen vorgeschaltet. Die erste zeigt Woyzeck beim Stöckeschneiden mit Andres in seinen optischen wie akustischen Halluzinationen, die zweite Louise mit ihrer Nachbarin am Fenster beim voyeuristischen Blick auf den vorbeimarschierenden Tambourmajor und dann im Gespräch mit Woyzeck. Durch die beiden Szenen werden gleich mehrere Aspekte gegenüber H 1 forciert: Die Pathologie Woyzecks, der sich von den Freimaurern verfolgt fühlt; die moralischen Normen und ihre sanktionierende Wirkmacht, wenn Louise ihr Kind als »Hurenkind« (MBA 7.2, 13; DKV I, 191) bezeichnet; Woyzecks ununterbrochene Hetze, wozu ihn seine verschiedenen Lohntätigkeiten zwingen, die ihm kein Privatleben lassen; das ökonomische Elend der Unterschichten, wenn Louise von »wir armen Leute« (MBA 7.2, 14; DKV I, 192) spricht. Dass Woyzeck nun bereits von der ersten Szene an unter Halluzinationen leidet, rückt im Vergleich zur ersten Entwurfshandschrift seine Wahnvorstellungen »aus dem Umkreis der Eifersucht weg in jenen des Pathologischen« (Reuchlein 1985, 61).

H 2 endet damit, dass Woyzeck seine Geliebte aufgrund der Anspielung des Hauptmanns zur Rede stellt. Diese gibt ihm eine Antwort, die die Mordtat bereits vorwegnimmt und dieselbe im verweigerten Eros motiviert: »Ich hätt lieber ein Messer in den Leib, als deine Hand auf meiner« (MBA 7.2, 19; DKV I, 200), und zieht sich daraufhin wohl zum Gebet zurück. Vom skizzierten Handlungsablauf her schließt damit H 2 etwa an dem Punkt, der in H 1 mit der vierten Szene erreicht ist (vgl. Martin 2007, 201). Keine der Szenen von H 2 hebt dabei eine der Szenen aus H 1 auf. Abgesehen von H 2,9 sind im Gegensatz zur ersten Entwurfshandschrift zudem alle Szenen in einer Reihe von Repliken ausgearbeitet.

Die Quarthandschrift umfasst 17 Szenen. Fünf Szenen sind ohne Bezugspunkte in den Entwürfen H 1 und H 2 (vgl. Poschmann in DKV I, 687). In H 4,4 betrachtet die Geliebte Woyzecks, die nun Marie heißt, geschenkte Ohrringe, als sie von Woyzeck überrascht wird, der ihr das Geld aus seinen unterschiedlichen Diensttätigkeiten vorbeibringt. Dabei spricht er den Konnex von ununterbrochener Lohnarbeit und Armut, also das Phänomen des Pauperismus an, wonach selbst bei ununterbrochenem Arbeiten lediglich das Existenzminimum gesichert werden kann: »Alles Arbeit unter der Sonn, sogar Schweiß im Schlaf. Wir arme Leut!« (MBA 7.2, 24; DKV I, 205) In H 4,5 rasiert Woyzeck den Hauptmann, der sich in tautologischen Formulierungen als »tugendhafter Mensch« (MBA 7.2, 2, 25; DKV I, 207) qualifiziert, während Woyzeck die Tugend als ein soziales wie ökonomisches Privileg kennzeichnet. In H 4,6 trifft Marie auf den Tambourmajor. Nachdem dieser sein sexuelles Begehren nach ihr artikuliert, gibt Marie schließlich seinem Drängen nach. H 4,15 zeigt Woyzeck bei einem Juden, der ihm mit dem Verkauf eines Messers zu zwei Groschen »einen ökonomischen Tod« (MBA 7.2, 31; DKV I, 215) verspricht, und H 4,17 führt ihn bei der Verteilung seiner wenigen Besitztümer vor.

Die Quarthandschrift eröffnet mit den überarbeiteten Eingangsszenen von H 2 und lässt dann unter der Überschrift »Buden. Lichter. Volk« zwei Drittel einer Seite frei sowie die folgende Seite vollständig unbeschriftet, woraus geschlossen werden kann, dass Büchner an dieser Stelle das Material zum Jahrmarktskomplex aus H 1,1 bis 1,3 bzw. H 2,3 bis 2,5 einarbeiten wollte. Die Szene, in der Woyzeck Marie zur Rechenschaft zieht, wird an die Szene angeschlossen, in der Marie dem Tambourmajor begegnet, so dass sie im Unterschied zu H 2 sowohl vor dem Arztbesuch Woyzecks als auch vor dem Zusammentreffen des Hauptmanns, des Doktors und Woyzecks steht. Diese Straßenszene endet nun allerdings vor dem Auftritt Woyzecks. Auf der entsprechenden Seite ist etwa dreiviertel freigelassen – eine Arbeitslücke, in die noch nicht ausformulierter Text nachzutragen war, wozu Büchner auf den Schluss von H 2,7 zurückgreifen konnte. Die dann folgenden Szenen knüpfen unter allerdings merklichen Abänderungen in ihrer Anordnung und in den Figurenrepliken an den Handlungsentwurf von H 1,4 bis H 1,13 an. Während H 4,10 – Woyzeck und Andres befinden sich in der Wachstube – auf H 1,4 zurückgreift, ist H 4,11 – Woyzeck beobachtet Marie beim Tanzen – aus Materialien unterschiedlicher Szenen von H 1 und H 2 zusammengesetzt und neu komponiert. Die Szene H 4,12, in der sich Woyzecks Mordphantasie meldet, schließt an H 1,6, und die Szene H 4,13, in der Woyzeck ein Messer imaginiert, an H 1,13 an. H 4,14 folgt rudimentär in der Ortsangabe und in einer Liedpassage H 1,10, stellt allerdings keine Auseinandersetzung zwischen einem Barbier und einem Unteroffizier dar, sondern konfrontiert Woyzeck und den Tambourmajor, der ersteren nach der verbalen Androhung von Prügel auch blutig schlägt. H 4,16 führt den in H 2,9 notierten Einfall,

die Geliebte Woyzecks im Gebet darzustellen, aus, indem sie zeigt, wie Marie in der Bibel blättert und ihre Untreue gegenüber Woyzeck reflektiert. Die Quarthandschrift endet schließlich mit der ›Testamentsszene‹, also vor dem ausschließlich in H 1 überlieferten Mordgeschehen.

Während der Arbeit an dem in der Quarthandschrift erstellten Szenario versah Büchner in den Entwurfsstufen H 1 und H 2 einzelne Szenen mit einem Strich, die dieselben als ganz oder zum Teil ›erledigt‹ kennzeichnen: In H 1 sind dies die Szenen 4 bis 7 sowie 9 und 10; in H 2 die Szenen 1 und 2, 4, 6, 8 und 9 (vgl. Poschmann in DKV I, 697–700; Dedner in MBA 7.2, 96–98, 134 f.). Die Überarbeitungen verschärfen gegenüber H 1 und H 2 u. a. den Konnex von Arbeit und Ausbeutung und konturieren ein »oppressives Sozialgefüge« (Knapp 2000, 193), in das der Eifersuchtskomplex nun komplett eingebunden ist. Im Vergleich zu H 1 fällt überdies auf, dass die folgenden Entwurfsstufen den Fokus der Gestaltung entscheidend verschieben, und zwar vom Mordgeschehen hin zur Vorgeschichte des Mordes (vgl. ebd., 199 f.) – von der Tat zur gesellschaftlichen Produktion des Täters.

Die auf dem Quartblatt notierte Szene »Der Hof des Professors« (H 3,1) verzeichnet in den Repliken neben der bereits eingeführten Doktorfigur auch eine Professorenfigur, wobei es bei den Editoren umstritten ist, ob es sich hierbei um zwei (vgl. Poschmann in DKV I, 690, 693) oder um eine Figur (vgl. Dedner in MBA 7.2, 129 f.) handelt. In jedem Fall fungiert Woyzeck in dieser Szene als wissenschaftliches Demonstrationsobjekt. Zum einen werden an ihm die Effekte der Erbsendiät ausgestellt, wenn auf seinen unregelmäßigen Puls und seinen Haarausfall hingewiesen wird. Zum anderen wird an seiner Fähigkeit, mit den Ohren zu wackeln, die Grenze zwischen Tier und Mensch problematisiert. Die Szene »Der Idiot. Das Kind. Woyzeck« (H 3,2) spielt in der permanenten Wiederholung eines Fingerabzählreimes durch den Idioten Karl – »Der is in's Wasser gefallen« (MBA 7.2, 20; DKV I, 219) – auf die nasse Kleidung Woyzecks an, die dieser sich beim Versuch, das Messer zu beseitigen, zugezogen hat. Woyzeck versucht währenddessen, die Zuwendung seines Sohnes Christian zu gewinnen, wird jedoch von diesem abgewiesen.

Überlieferung

Als 1850 Ludwig Büchner die Nachlassveröffentlichung der Texte seines Bruders Georg unter dem Titel *Nachgelassene Schriften* besorgte, wurde das »*Woyzeck*«-Drama nicht berücksichtigt. In der Einleitung zu den *Schriften* begründete er dies mit der Unleserlichkeit der Schrift. Gegenüber Karl Emil Franzos soll er später zudem eingestanden haben, dass er auch aufgrund des Inhalts des Dramas, das »viel Triviales, von den Cynismen ganz abgesehen« (Franzos 1901, 293), darstellt, von einer Publikation Abstand genommen hatte (vgl. Poschmann in DKV I, 709 f.; Dedner in MBA 7.2, 141 f.). Seine Bedenken gegenüber dem Inhalt gingen indes nicht so weit, dass sie ihn auch von einer Zusendung des Manuskripts an Franzos abgehalten hätten. Im Sommer 1875 erhielt Franzos den Nachlass und machte sich sogleich an die Entzifferung des von ihm als »Trauerspiel-Fragment« bezeichneten Dramas, dem er auch den Titel gab – in seiner Lesart: *Wozzeck*. Schon diese Verlesung verdeutlicht, dass bereits der erste Herausgeber des Dramas Schwierigkeiten mit der Entzifferung von Büchners Handschrift hatte, was Franzos im November 1875 bei der ersten Teilpublikation von Szenen in der Artikelserie *Aus Georg Büchners Nachlaß* auch offen eingestand. Der Teilpublikation folgte im Jahre 1878 ein vollständiger Erstdruck in Fortsetzungen, ehe dann im März 1880 das Drama in *Georg Büchner's Sämmtliche Werke und handschriftlicher Nachlaß* erschien. Franzos nahm bei seinen Publikationen nicht nur die in den Foliohandschriften überlieferten Entwurfsstufen H 1 und H 2 als einen zusammenhängenden Text wahr. Er kombinierte zudem Textelemente aus verschiedenen Entwurfsstufen, ließ manchmal ganze Textpassagen aus, entzifferte öfters den Wortlaut falsch und schob stellenweise Text eigener Erfindung ein (vgl. Poschmann in DKV I, 712). Als Anton Kippenberg den Nachlass Büchners 1918 für den Insel-Verlag erwarb und damit die Handschriften neuerlich einsehbar waren, schwand das Vertrauen in die Zuverlässigkeit der von Franzos besorgten Ausgabe. Georg Wittkowski beseitigte in seiner 1920 vorgenommenen Edition eine Vielzahl der verfälschenden Eingriffe (vgl. Dedner in MBA 7.2, 149). Und Fritz Bergemann gelang es in seiner 1922 erschienenen Ausgabe u. a. erstmals, die Doppelblätter richtig anzuordnen und die beiden in der Foliohandschrift überlieferten Entwurfsstufen zu trennen (vgl. ebd.).

Lese- und Bühnenfassungen

Für die Erstellung einer Lese- und Bühnenfassung stellen sich aufgrund der Überlieferungslage des Textes v. a. vier Probleme. Da die Szenenfolge von H 4 den zeitlich letzten Gesamtgestaltungsentwurf des Dramas bildet, setzt die Erstellung einer Lese- und Bühnenfassung zumeist bei ihr an (vgl. Dedner 1999, 201, sowie Knapp 2000, 187). Doch damit bleibt erstens offen, wie der Schluss des Dramas aussieht. Die Zeitverhältnisse legen es nahe, an die ›Testamentsszene‹ die Szenen ab H 1,14 anzuschließen, so dass das Drama mit H 1,21 endet. Wie ist dann jedoch die Szene »Der Idiot. Das Kind. Woyzeck« zu bewerten (vgl. Poschmann in DKV I, 677)? Auch sie ist als Schlussszene denkbar und kann hinter H 1,21 platziert werden (vgl. Dedner in MBA 7.2, 135). Zweitens stellt sich das Problem, dass dann, wenn an die letzte Szene von H 4 das Szenario ab H 1,14 angeschlossen wird, man auf eine frühe und nicht mehr überarbeitete Entwurfsstufe zurückgreift, von der nicht gesichert ist, ob sie Büchner in dieser Weise hätte stehen lassen (vgl. Martin 2007, 198). Drittens findet sich im Manuskript selbst, auch wenn man auf das Material der ersten und zweiten Entwurfsstufe zurückgreifen kann, kein Hinweis darauf, wie die beiden Arbeitslücken in der Quarthandschrift genau zu füllen sind. Mit Blick auf die Jahrmarktsszene wird meist ein »Mischtext« (Dedner 1999, 206) aus H 1 und H 2 erstellt. Hinsichtlich der Straßenszene wird zwar das in H 2,7 gestaltete Gespräch zwischen Hauptmann, Doktor und Woyzeck eingesetzt, doch bleibt diese Lösung »unbefriedigend« (ebd.), da in H 4 Woyzeck bereits von Maries Untreue weiß, so dass der Hinweis des Hauptmanns keinen Informationswert mehr besitzt (vgl. Dedner in MBA 7.2, 135). Viertens muss der Herausgeber einer Lese- und Bühnenfassung, wenn er davon ausgeht, dass »Der Hof des Professors« eine »*Ergänzungsszene*« darstellt, auch einen geeigneten Platz für diese Szene finden. Dies ist indes insofern schwierig, da die Quarthandschrift eine zeitlich ebenso eng gedrängte Handlung entwirft wie die in den Lese- und Bühnenfassungen an sie angeschlossene Szenenfolge H 1,14 bis 21.

Die Unterschiede, die zwischen den vier aktuell renommierten Lese- und Bühnenfassungen bestehen – der Münchner-Ausgabe von Lehmann, der Ausgabe des Deutschen Klassiker Verlags von Poschmann, der Studienausgabe von Dedner nach der Edition von Mayer und der jüngst bei Reclam erschienenen Ausgabe von Dedner –, betreffen v. a. die Abfolge des Szenenverlaufs von H 1 sowie H 4, das Dramenende und die Einordnung der Professorenszene. Während Lehmann und die Marburger Editoren die Szenenfolge der Quarthandschrift nicht verändern und wie auch Poschmann lediglich die Straßenszene mit dem Material aus H 2,7 ergänzen, platziert Poschmann die 7. Szene der Quarthandschrift, die Begegnung von Marie und Woyzeck, nach der Straßenszene, so dass der Hinweis des Hauptmanns auf die Untreue Maries keine redundante Information mehr darstellt. Poschmann schiebt überdies in die Folge der Quarthandschrift die von Büchner bei der Überarbeitung nicht gestrichene Szene H 1,8 (»Kasernenhof«) ein, um so den »maximalen Textbestand« (Poschmann in DKV I, 676) wiederzugeben, der nichts, was von Büchner nicht eindeutig als verworfen oder überholt gekennzeichnet ist, ausschließt. Mit Blick auf die Entwurfshandschrift H 1 nehmen sowohl Lehmann als auch Poschmann eine Umstellung vor, indem sie die Szene mit den Kindern (H 1,18) hinter die Szene stellen, in der sich Woyzeck am Teich befindet (H 1,20). Dedner erscheint diese Umplatzierung deshalb nicht plausibel, weil die Szene eine Verbindung zwischen H 1,16 und H 1,19 schafft und weil durch ihre Verschiebung Zuschauer wie Leser mit der Unwahrscheinlichkeit konfrontiert sind, dass sie Woyzeck aus dem Wirtshaus eilen (H 1,17) und ihn in der nun folgenden Szene bereits am Mordschauplatz (H 1,19) ankommen sehen (vgl. Dedner 1991, 157). Konsequent belassen es die Marburger Editoren in ihren Lese- und Bühnenfassungen bei der in H 1 festgehaltenen Abfolge.

In der Studienausgabe des »Woyzeck« werden die beiden Szenen des Quartblatts nicht berücksichtigt, so dass H 1,21 die letzte Szene des Dramas bildet. In der Lese- und Bühnenfassung von 2007 ist Dedner um eine Einarbeitung von H 3,1 wie H 3,2 bemüht und lässt das Drama wie Lehmann mit »Der Idiot. Das Kind. Woyzeck« enden. Poschmann hingegen setzt diese Szene vor H 1,21 (»Gerichtsdiener. Barbier. Arzt. Richter«), so dass sich in den Lese- und Bühnenfassungen zwei alternative Dramenschlüsse ergeben, die ganz unterschiedliche Aspekte hervorheben – einmal Woyzeck als fürsorglichen Vater, also den Familienbereich, das andere Mal das beginnende juristische Strafverfahren, also den öffentlich-rechtlichen Bereich.

Ungleich schwieriger als die Positionierung von H 3,2 ist die Einfügung der Professorenszene. Um den geschlossenen Zusammenhang sowohl von H 4 als auch von H 1 zu bewahren, platziert Lehmann »Der Hof des Professors« genau an der Stelle, an der alle Lese- und Bühnenfassungen H 1 auf H 4 folgen lassen, also nach H 4,17. Dies führt für Dedner zu der »unwahrscheinlichen Handlungsfolge« (Dedner 1991, 161), dass sich Woyzeck, obwohl er bereits sein Testament gemacht hat, noch einmal dem Professor

bzw. Doktor als Anschauungsobjekt zur Verfügung stellt. Poschmann fügt die Szene nach dem Jahrmarktskomplex ein. Dies erscheint Dedner als »zu früh« (Dedner 2007, 84), da das Rasieren des Hauptmanns und die Urinprobe beim Doktor Tätigkeiten sind, die zeitlich wohl vor dem Unterricht des Professors bzw. des Doktors liegen. So positioniert er H 3,1 zwischen H 4,9 (der Straßenszene) und H 4,10 (»Wachtstube«), mithin, betrachtet man die Quarthandschrift, zwischen der zweiten und dritten Lage der gefalteten Doppelblätter.

Mit Blick auf die problematischen Entscheidungen, die jede Lese- und Bühnenfassung treffen muss, ist es zweifelsohne am sinnvollsten, in jeder Ausgabe die Entwurfsstufen mit zu veröffentlichen, wie dies die Ausgaben von Lehmann und Poschmann sowie die Studienausgabe von Dedner auch praktizieren. In der wissenschaftlichen Praxis geht man ohnehin mehr und mehr dazu über, die Analyse nicht mehr an einer Lese- und Bühnenfassung auszurichten, sondern die Szenen der Entwurfsstufen zur Grundlage zu nehmen (vgl. exemplarisch Martin 2007).

7.2 Gattungsbestimmungen

Klotz hat »Woyzeck« als Paradebeispiel der ›offenen Form‹ im Drama bewertet. Entscheidendes Kennzeichen dieser Form ist die Ersetzung einer sich stringent und kausallogisch entwickelnden Handlung durch mehrere Einzelhandlungen, die unverbunden nebeneinander stehen. Dementsprechend sind die Einzelszenen in einem ›offenen Drama‹ weitestgehend autonom, da sie weder mit Notwendigkeit aus den vorangehenden Szenen resultieren noch die nachfolgenden Szenen provozieren. Eine diskontinuierliche Handlungsstruktur hat Konsequenzen auch für die Gestaltung von Raum und Zeit. Der Raum des Dramas ist pluralisiert, die Örtlichkeiten wechseln mehrfach. Zudem kann der Raum, sobald sich in ihm divergierende soziale Determinanten manifestieren, zum dramatischen Subjekt avancieren. Die Zeit des Dramas wird gedehnt, erstreckt sich über größere Abstände und vollzieht sich in Sprüngen. Ferner kann die Zeit, sobald sie die Figuren und deren Handlungen steuert, gleichfalls zum dramatischen Subjekt werden (vgl. Klotz 1980).

Dedner insistiert gegen Klotz darauf, dass dessen Klassifizierung nur partiell auf das »Woyzeck«-Drama zutrifft. Die Szenenfolgen bieten einen in sich geschlossenen Handlungsablauf, bei dem die Einzelszenen keineswegs als autonom zu betrachten

sind. Sie sind untereinander »als Teile von Arbeitstagen, einer psychischen Entwicklung und einer Mord-
handlung« (Dedner 1991, 268) verbunden, die schon
in der ersten Entwurfsstufe auf Finalität hin ausgerichtet sind. Das Kontinuum des Handlungsablaufs
wird noch dadurch verdichtet, dass Büchner die Zeit
bis zur Simultaneität einzelner Szenen rafft und so
eine Handlung präsentiert, die sich innerhalb von
nur drei Tagen vollzieht: H 4,1–3 spielen am Abend
des ersten Tages, H 4,4–13 vom Morgen bis in die
Nacht des zweiten Tages und die restlichen Szenen
von H 4 sowie der Mordkomplex H 1,14–21 am dritten Tag (vgl. ebd., 152). Um diese Raffung der Zeit,
die noch die Zeiteinheit des ›geschlossenen Dramas‹
überbietet (vgl. ebd., 149), dramaturgisch gestalten
zu können, muss das Drama jedoch, und dies stellt
wiederum ein Merkmal der ›offenen Form‹ dar, mit
einem vielfachen Wechsel der Lokalitäten arbeiten.
Wenn die Raffung der Zeit zudem die Arbeitshetze
Woyzecks anzeigt (vgl. ebd., 168, sowie Glück 1986a,
211 f.), dann wird in Büchners Drama, und auch dies
bildet ein Kennzeichen der ›offenen Form‹, die Zeit
zum handelnden Akteur.

Aufgrund der offensichtlichen Finalität des Dramas, die darauf hinausläuft, Woyzeck als Opfer zu
konturieren, ordnen es Glück (1990b) und Knapp
(2000, 207) der Gattung der Tragödie zu. Aufgrund
der gesellschaftlichen Abhängigkeitsverhältnisse, in
denen Woyzecks Existenz steht, spezifizieren Poschmann (DKV I, 739) und Glück (1986a, 175) die Tragödie als eine »soziale Tragödie«, wobei Glück ergänzt: »Die Armut steht im *Woyzeck* logisch an dem
Ort, an dem in der attischen Tragödie das Schicksal
steht« (ebd., 194). Insofern damit jedoch weder eine
transzendente Instanz noch divergierende sittliche
Mächte den tragischen Konflikt verursachen, stellt
sich die Frage, ob die Qualifizierung als Tragödie allein aufgrund eines dargestellten Determinismus
sinnvoll ist. Schößler jedenfalls weist Büchners
»*Woyzeck*« dem sozialen Drama zu, dessen entscheidendes Merkmal darin besteht, die Eingebundenheit
der Figuren in sozioökonomische Verhältnisse vorzuführen. Sie begründet ihre Zuordnung mit dem
Befund, dass das »*Woyzeck*«-Drama »einen fugen-
losen Determinationszusammenhang [etabliert]«
(Schößler 2003, 66). Dieser artikuliert sich in der
spezifischen Gestaltung des Raumes, einer Garni-
sonsstadt, die das Militär allgegenwärtig sein lässt,
der Zeit, die das Handeln Woyzecks bestimmt, und
der Sprache der Figuren, deren Dialekt wie Idiolekt
und den sie kennzeichnenden Bibelsprüchen,
Sprichwörtern und volkstümlichen Liedern. Der

»Determinationszusammenhang« umgreift damit
»private wie öffentliche Ebene und [entlädt] sich im
Mord« (ebd.).

7.3   Der historische Fall und die Geschichte seiner Auswertung

Johann Christian Woyzeck

Der 1780 als Sohn eines Perückenmachers in Leipzig
geborene Johann Christian Woyzeck kehrt im Winter 1818, nachdem er sich in unterschiedlichen Truppen verdingt hat, als verabschiedeter preußischer
Soldat in seine Geburtsstadt zurück. Dort wird Johanna Christiane Woost zu seiner Geliebten. Bald
jedoch kommt es zu heftigen Eifersuchtsszenen, da
sich Woost weigert, ihren Umgang mit Leipziger
Stadtsoldaten einzustellen. Aufgrund einer körperlichen Misshandlung seiner Geliebten wird Woyzeck
zu Beginn des Jahres 1821 zu acht Tagen Arrest verurteilt. Seine ökonomische und soziale Situation gestaltet sich derweil verheerend: Der arbeitslose Woyzeck findet nicht einmal mehr Hilfsarbeiten, muss
zeitweise im Freien übernachten und vom Betteln leben. Am 2. Juni 1821 ersticht er seine Geliebte mit
einer abgebrochenen Degenklinge und wird sogleich
gefangen gesetzt. Etwas über zwei Monate später, am
24. August, beauftragt man den Hofrat Dr. Johann
Christian August Clarus damit, ein Gutachten über
Woyzecks Gemütszustand zu erstellen, das dieser
nach fünf Unterredungen mit dem Angeklagten am
16. September dem Gericht vorlegt. Clarus attestiert
Woyzeck Zurechnungsfähigkeit. Denn erstens
schließt er für das Verstandesvermögen des Delinquenten die dominante Wirkkraft einer »unrichti-
gen oder überspannten Vorstellung« bzw. einer »fixen Idee« aus. Zweitens konstatiert er, dass weder
eine »Leidenschaft« noch eine »Phantasie« Woyzecks »Gemüt beherrsche und ihm die wirkliche
Welt unter falschen Formen, Verhältnissen und Beziehungen vorspiegle« (Clarus 1826, 146). Drittens
erklärt er, dass der Angeklagte in seiner Handlung
keinem »unwillkürlichen, blinden oder wütenden
Antriebe« gefolgt ist, »welcher alle Selbstbestimmung aufhebt«. Stattdessen finden sich bei Woyzeck
»die Kennzeichen von moralischer Verwilderung,
von Abstumpfung gegen natürliche Gefühle und von
Gleichgültigkeit« (ebd., 147). In der Folge dieses
Gutachtens wird Woyzeck zum Tode durch das
Schwert verurteilt. Der Einspruch der Verteidigung
wird im Februar 1822 ebenso abgelehnt wie das Gna-

dengesuch des Prinzen Friedrich August im Sommer des gleichen Jahres. Nachdem das Gericht dann im November einen Brief des Privatgelehrten Dr. Bergk erhält, der durch den Verweis auf Woyzecks Gehörhalluzinationen und Verfolgungswahn dessen Zurechnungsfähigkeit in Frage stellt, wird die Urteilsvollstreckung aufgeschoben und Clarus mit einem zweiten Gutachten beauftragt. Dieses reicht er am 28. Februar 1823 beim Gericht ein. Ausführlich versucht er darin zu belegen, dass Woyzeck vor, während und nach der Tat mit Bewusstsein und Willensfreiheit handelte: Nichts zeigt an, dass sich der Delinquent »im Zustande einer Seelenstörung befunden, oder nach einem notwendigen blinden und instinktartigen Antriebe […] gehandelt habe« (Clarus 1825, 90). Die medizinische Fakultät zu Leipzig bestätigt knapp ein Jahr später das Gutachten, worauf der sächsische König das Todesurteil bekräftigt, so dass die Hinrichtung Woyzecks schließlich am 27. August 1824 erfolgt.

Was den historischen Fall betrifft, so beschäftigt sich die Büchner-Forschung v. a. mit den beiden Clarus-Gutachten und der sich anschließenden Diskussion zwischen Psychikern wie Johann Christian August Heinroth (1825, 58–62), der den Befund von Clarus verteidigt, indem er von einer uneingeschränkten moralischen Freiheit des Menschen ausgeht, die ihn vom Tier unterscheidet und die ihn noch für seine ›unfreien Zustände‹ verantwortlich macht, und Somatikern wie Carl Moritz Marc und Johann Christian August Grohmann, die die Zurechnungsfähigkeit Woyzecks anzweifeln, indem sie die Möglichkeit von Grenzfällen zwischen Anomalie und Normalität in Rechnung stellen. Mit Blick auf die Clarus-Gutachten geht es der Forschung zum einen darum, dieselben als »Strukturquelle« (so Dedner 2005, 114, und Martin 2007, 191) des Dramas zu profilieren und Bezüge Büchners auf das Gutachten nachzuweisen (vgl. als Überblick den »quellenbezogenen Text« in MBA 7.2, 33–53). Zum anderen werden die Gutachten kritisch auf Schwächen und Inkonsequenzen in der Argumentation überprüft, um sie als Fehlurteile zu disqualifizieren (vgl. Reuchlein 1985, 67 f.; Glück 1990a; Knapp 2000, 179 f., 206 f.). Mit Blick auf die zwischen Psychikern und Somatikern geführte Debatte über die Angemessenheit der Clarus-Gutachten zielen die Untersuchungen darauf, die divergierenden Beurteilungen der Zurechnungsfähigkeit Woyzecks vor dem Horizont des jeweiligen Verständnisses von Willensfreiheit und Wahnsinn zu erörtern, um Büchners literarische Position zum Fall bestimmen zu können (vgl. Kubik

1991, 138–145, 159–174; Ludwig 1998, 250–274; Campe 1998; Dedner 2005, 167–177; Dedner in MBA 7.2, 333–349). Durch diese Fokussierungen bleiben indes verschiedene Aspekte unberücksichtigt.

Zu Gerichtsprozess und Hinrichtung

Die gesamten Materialien zum juristischen Verfahren und dessen öffentlichen Begleitumständen (zum Teil abgedruckt bei Pabst 1991 und Walter 1991) harren noch einer Analyse (Ansätze bei Glück 1986b, 238–241; Gemünden 1990, 146–149): Die Schrift des Verteidigers Hänsel, der die ökonomische Situation von Woyzeck in Rechnung stellt; das Sondervotum des Prinzen Friedrich August, der die Macht des Souveräns, nicht nur sterben zu machen, sondern auch leben zu lassen, ins Spiel bringt; die Leipziger Magistratsverordnung vom 23. August 1823, die die polizeilichen Sicherheitsvorkehrungen für die Hinrichtung festlegt; die Publikationen des *Allergnädigst privilegirten Leipziger Tageblatt*, die den Verbrecher als ein sittliches Monster charakterisieren, das die Grenze vom Mensch zum Tier ›zurück‹ überschritten hat; die das Strafritual flankierende Vorrede in Clarus' Erstpublikation seines Gutachtens vom 28. Februar 1823, die den Befund der Zurechnungsfähigkeit ebenso rechtfertigt wie die Hinrichtung; die Augenzeugenberichte von der Hinrichtung, die ein in sich widersprüchliches Bild des Strafrituals geben, das zwischen ordentlichem Verlauf und chaotischen Zuständen changiert. Die Materialen bieten einen historisch repräsentativen Einblick in gleich mehrere gesamtkulturell problematische Ordnungszonen: die von Tier und Mensch, von Anomalie und Normalität, von Natur- und Kulturzustand, die von Norm und Gesetz, Moral und Recht, die von Normalisierungsgesellschaft und politischer Souveränität, von rechtlich zu sanktionierendem Mord und rechtlich legitimiertem Strafritual. Die Materialien veranschaulichen zudem, dass gerade die Verortung Woyzecks an der Schwelle von Tier und Mensch seine Hinrichtung rechtfertigt: Als Tier, das aus aggressiven Impulsen handelt, stellt er eine Bedrohung der Gesellschaft dar und muss ausgeschlossen werden; als Mensch, dem die Freiheit des Willens eignet, ist er für seine Handlung verantwortlich und darf ausgeschlossen werden. Der juristischen Begründung des Todesurteils liegt damit eben jene Grenzziehung zugrunde, die in Büchners Drama mehrfach hinterfragt wird – die Grenzziehung zwischen Tier und Mensch.

Zu den Clarus-Gutachten und der Folgediskussion

Bei der Erörterung des Clarus-Gutachtens in der Forschung bleiben die Argumentationsfiguren und Problemlagen, narrative Verfahren und rhetorische Strukturen fast vollständig außen vor, was auch bei den aktuellen Interpretationen zu jenen Schriften der Fall ist, die sich an der durch das Clarus-Gutachten initiierten Zurechnungsfähigkeitdebatte beteiligen (Ansätze zu einer problemorientierten Darstellung finden sich bei Ludwig 1998, 250–253 und Campe 1998). Eine Analyse, die die gerichtsmedizinischen Gutachten sowie medizinischen und psychologischen Abhandlungen nicht nur nach ihren für Büchner relevanten Inhalten abklopft, sondern diese Schriften als selbst zu interpretierende Texte betrachtet, könnte das Material neu fokussieren. So verdeutlicht etwa das Clarus-Gutachten, wie die Grenze zwischen einer moralischen und einer psychologischen Argumentation immer wieder verwischt wird und Normalität narrativ konstruiert wird. Zu dem Bericht des Zeitungsträgers Haase, dass Woyzeck Stimmen höre und sich im Bett herumwälze, hält Clarus beispielsweise fest: »Haase und seine Frau modifizieren diese Erzählung dahin, dass sie, außer [sic!] den bereits erwähnten Vorfällen, in seinen Reden nichts Ungereimtes bemerkt haben.« (Clarus 1825, 23 f.) Diese Passage ist nur eine von vielen, in denen der Gutachter durch die Setzung spezifischer Präpositionen bzw. Konjunktionen Symptome, die von einer Anomalie zeugen, derart abschwächt, dass sich für das Gesamtverhalten Woyzeck Normalität veranschlagen lässt. Damit versucht Clarus, ein zentrales Dilemma zu lösen, das sich durch sein gesamtes Gutachten zieht: die Herstellung von Eindeutigkeit im Falle eines offensichtlich uneindeutigen Gemützustands. Denn solange sich alle Anomalien derart gewichten lassen, dass sie als normal erscheinen, mithin keineswegs auf eine Pathologie hinweisen, belegen sie die Normalität des Delinquenten. Dementsprechend wird für Clarus Normalität schon durch die Möglichkeit einer stringenten und in sich geschlossenen Herleitung anormaler Phänomene verbürgt: Woyzecks Halluzinationen und seine Vorstellung, von den Freimaurern verfolgt zu werden, stellen dann keine Wahnsymptome mehr dar, sondern »dieses alles hängt mit seinen Einbildungen und der Furchtsamkeit dieses Menschen, mit seinen damaligen Verhältnissen und seiner körperlichen Anlage so natürlich zusammen, dass es sich daraus vollständig und ungezwungen erklären lässt.« (ebd., 61)

Die Abhandlung des Arztes Marc verdeutlicht, dass sich aus ein und denselben Befunden auch auf Anomalie schließen lässt, indem man die vorliegenden Daten mit dem gleichen rhetorischen Impuls, einer persuasio der Leser, aber in einer anderen sprachlichen Fokussierung präsentiert. So schildert Marc die Mordtat im Vokabular einer Überwältigung, das unmittelbar den Schluss auf Unzurechnungsfähigkeit suggeriert: »W. Hass gegen seine Geliebte bestand schon lange, den Gedanken sie zu morden, konnte er nicht los werden […], je länger er diesem immer wiederkehrenden Gedanken widerstanden hat, desto stärker die Gewalt geworden ist, bis sie endlich […] sich seiner so bemächtigte, und alle andere Vorstellungen gänzlich überwältigte, dass er […] zur Vollbringung der unglückseligen That hingerissen worden ist.« (Marc 1825, 57 f.) Wie Clarus so konstruiert auch Marc einen Gemützustand des Delinquenten. Er geht dabei lediglich von anderen Prämissen aus. Zum einen verweist er gegenüber Clarus darauf, dass der Wahnsinn als ein in sich geschlossenes System zu betrachten ist (vgl. ebd., 47; vgl. auch Grohmann 1825, 299–302). Dass demnach alle Verhaltensweisen Woyzecks völlig »natürlich« erscheinen und sich »ungezwungen« erklären lassen, bedeutet nicht, dass Woyzeck normal ist, sondern heißt nur, dass sich eine Anomalie in einer geradezu rationalen Konsequenz ausagieren kann. Zum anderen benennt Marc den blinden Fleck in der Argumentation von Clarus: Es gibt für diesen weder einen »fixen partiellen Wahnsinn« (Marc 1825, 59) noch eine »amentia occulta«, einen »blinden und unwillkührlichen Antrieb« (ebd., 67; vgl. Clarus 1825, 77). Die damit von Marc angespielte zentrale Problemlage der gesamten Diskussion um den Fall Woyzeck besteht in der Frage, wie wahnsinnig jemand sein muss, um ihn als wahnsinnig zu qualifizieren. Liegt Wahnsinn allein dann vor, wovon Clarus ausgeht, wenn sich »die irrige Vorstellung des Verstandes ausschliessend bemeistert, in allen Operationen desselben eingreift« (ebd., 72)? Oder liegt er auch dann vor, wovon Marc ausgeht, wenn sich eine »irrige Vorstellung« nur punktuell und phasenweise artikuliert (Marc 1825, 59), wenn sie von normalen Denkprozessen und Verhaltensweisen eingeschlossen ist? Wo also ist die Grenze genau zu ziehen, die einer Person Anomalie oder Normalität attestiert?

Wenn die Grenze nicht exakt zu bestimmen ist, liegt es nahe, zweifelhafte Fälle der Zurechnungsfähigkeit zu konstatieren – solche Fälle, bei denen es unentscheidbar ist, ob Wahnsinn diagnostiziert werden kann und die Tat in einem pathologischen Zustand begangen wurde. Von dergleichen Fällen spricht bereits Marc (ebd., 72). Systematisch erörtert sie jedoch allererst der Gerichtsmediziner Grohmann, wenn er eine »Bewußtseyns-Desorgansition« konturiert, »die nicht gerade Wahnsinn oder Entfremdung aller Persönlichkeit ist, aber an die Fehlerhaftigkeit der natürlichen Kraft und Wirkung des Bewußtseyns gränzt« (Grohmann 1825, 314), und als Dilemma der Gerichtsmedizin notiert: »was ist in solchen zweifelhaften, schwer erkannten Fällen vor dem Gerichtsarzt zu urtheilen, gilt hier Zurechnung oder Nichtzurechnung, wie ist hier über die Möglichkeit des bei der That statt gefundenen Bewußtseyns zu erkennen!« (ebd., 315) Der in der Folge des Clarus-Gutachtens sich entspinnende Streit zwischen Psychikern und Somatikern ist also nicht nur eine Auseinandersetzung darüber, ob der Mensch in seinen Handlungen als frei zu erachten oder in seiner Willensfreiheit von physischen und/oder psychischen Einflüssen abhängig ist. Der Streit ist auch einer, der mit der Grenze von Anomalie und Normalität die eindeutige Entscheidbarkeit der Zurechnungsfähigkeit zur Disposition stellt. Um eine Beurteilung der Zurechnungsfähigkeit wenigstens ansatzweise zu ermöglichen, lehnt Grohmann eine moralische Außenperspektive auf den Delinquenten, wie sie in seinen Augen Clarus' und Heinroths Argumentation zugrunde liegt, ab und fordert stattdessen eine psychologische Innenperspektive: »Die Norm der Beurtheilung ist hier der in dem Verbrecher sich darstellende Gemüthszustand nach allen Momenten desselben.« (ebd., 309) Diese Verschiebung des analytischen Blicks ergänzt Grohmann in einer späteren Publikation durch eine Trias von Delinquenz bedingenden Faktoren, die vom Psychologen zu beachten sind: »Naturbedingnisse«, die physische Verfassung, »Seelenbestimmungen«, die psychische Konstitution, und »äussere Verhältnisse« (Grohmann 1833, 49), die sozialen Komponenten. Die Physis, die Psyche und das gesellschaftliche Umfeld – mit dieser von Grohmann ausformulierten Trias arbeitet auch Büchners Drama.

Woyzeck als Zitat

Im Verlauf der Zurechnungsfähigkeitdebatte verändert sich der Status des Falls. Clarus vernimmt Woyzeck zweimal in jeweils fünf Sitzungen. Sein Gutachten setzt bei der körperlichen Präsenz des Begutachteten an, macht Woyzeck zum Fall, indem es dessen Gesten wie Worte auswertet und in eine Geschichte

der Mordtat überführt. Alle anderen Abhandlungen werten nicht Woyzeck, sondern den von Clarus zum Fall gemachten Woyzeck, werten also eine Auswertung aus. Ihr Urteil über die Zurechnungsfähigkeit ergeht auf der Basis der von Clarus erhobenen und im Gutachten dargestellten Daten. Marc wendet dann dieselben in seiner Lektüre des Gutachtens gegen dieses selbst. Dass ihm wie auch Grohmann dies möglich ist, macht deutlich, dass psychologische Daten immer interpretative Konstruktionen sind, die eben deshalb auch neue Konstruktionen zulassen. Die Entscheidung über die Zurechnungsfähigkeit von Woyzeck ist demnach keine Frage der Daten, sondern eine von deren Darstellung wie Analyse.

In den 1830er Jahren schließlich avanciert die Auswertung der von Clarus vorgenommenen Auswertung zum jederzeit und überall reproduzierbaren Beleg: Der Fall wird nicht mehr erörtert, er wird nur noch zitiert. Bevor also Woyzeck bei Büchner als Zitat fungiert (vgl. Campe 1998, 226–231), ist er dies bereits in der Psychologie. So begründet Heinroth seine Theorie, dass Verbrechen auf »selbstische Motive« zurückzuführen sind, mit der rhetorischen Frage: »Beging nicht der berüchtigte Woyzeck den Mord an seiner Concubine aus Eifersucht?« (Heinroth 1833, 294) Und so verweist Johann Baptist Friedrich, um seine These zu erhärten, wonach »Sinnestäuschungen und Hallucinationen fast zu den constanten Erscheinungen, die den Wahnsinn begleiten, [gehören]«, auf Woyzeck, der »innere Stimmen [hörte], die ihn zum Morde antrieben, und auch außerdem an Visionen und Hallucinationen aller Art gelitten [hatte].« (Friedrich 1835, 298 f.) In dieser Bewegung von der Auswertung zur Auswertung der Auswertung zum Zitat treten Zeichen an die Stelle von Woyzecks Körper und wird Woyzeck selbst zum unbegrenzt einsetzbaren Zeichen.

Vergleichsfälle

In ihrer weitgehenden Orientierung am Fall Woyzeck geraten der Büchner-Forschung Vergleichsfälle nur ansatzweise in den Blick. Der Fall des Tabakspinnergesellen Daniel Schmolling, der am 25. September 1817 seine Freundin erstach, und der des Leinenwebers Johann Dieß, der im August 1830 bei Darmstadt seine Geliebte mit einem Messer tötete, werden verschiedentlich erwähnt und sind hinsichtlich ihrer inhaltlichen Gemeinsamkeiten sowie ihres motivischen Einflusses auf Büchners Drama ansatzweise interpretiert (vgl. Kubik 1991, 162 f.; Poschmann in DKV I, 714–718, 724–726; Campe 1998;

Dedner 2005, 117 f., 174 f.). Allerdings fehlt eine systematische Analyse der drei Fälle hinsichtlich einer im ersten Drittel des 19. Jahrhunderts sich neu formatierenden Wahrnehmungsstruktur von Delinquenz, die die narrative Konstruktion von Gemütszuständen sowie die Überlappung moralischer und psychologischer Argumentationsmuster ebenso erörtert wie die problematische Grenze von Anomalie und Normalität, die Schwelle von Tier und Mensch und die Problematik einer eindeutigen Entscheidbarkeit der Zurechnungsfrage. Auf der Folie einer solchen Analyse könnte die Position von Büchners Drama innerhalb dieser Wahrnehmungsstruktur präziser bestimmt werden.

7.4   Analysefelder

Glück hat in den 1980er Jahren in einer Reihe ausführlicher Interpretationen, die er 1990 in einer Überblicksdarstellung bündelt, systematisch in die Vielzahl der im »Woyzeck« verhandelten Themenbereiche und Problemkomplexe eingeführt: Arbeit und Armut, das Militärsystem, die Präsenz philosophischer Theoreme wie Tugend und Freiheit sowie die Wirkkraft religiöser Wahrnehmungsparadigmen, der Menschenversuch des Doktors, die Frage nach der Zurechnungsfähigkeit im engeren und die nach der Pathologie Woyzecks im weiteren Sinne. Drei thematische Bereiche sind hierbei zu ergänzen: die durchlässige Grenze zwischen Mensch und Tier (vgl. Oesterle 1983; Ludwig 1998; Pethes 2006), der Konnex von Sexualität und Gewalt (vgl. Schößler 2003; Martin 2007) und die poetologische Selbstreflexion des Dramas in der Jahrmarktschaubude (vgl. Oesterle 1983) sowie im Experiment des Doktors (vgl. Pethes 2006). Dass all diese Themen und Probleme sich vernetzen und überlagern, macht die Komplexität des Dramas aus.

Armut und Arbeit

Zentraler Ausgangspunkt des Dramas ist die materielle Armut Woyzecks, die ihn zum fortgesetzten Arbeiten zwingt. Schon dass Woyzeck überhaupt Soldat ist, resultiert daraus, dass er seinen Lebensunterhalt zu bestreiten sucht (vgl. Glück 1986b, 232). Mit Blick auf die Militärgeschichte ist anzunehmen, dass Woyzeck, der im Drama 30 Jahre alt, also älter als ein Militärpflichtiger ist, nach der Figur des ›Einstehers‹ gestaltet ist, jener Soldaten, die gegen eine zu hinterlegende Einstandssumme den Dienst für einen be

güterten Militärpflichtigen verrichten (vgl. Dedner 2005, 196). Da der damalige Lohn eines einfachen Soldaten jedoch nicht zur Sicherung des Existenzminimums ausreicht, sind sie dazu gezwungen, ihr Einkommen durch außerdienstliche Tätigkeiten aufzubessern (vgl. ebd., 194 f.). So verrichtet auch Woyzeck nicht nur seinen Wachdienst, sondern schneidet Stöcke, rasiert seinen Hauptmann, für den er zudem Wein holt, und verpflichtet sich dem Doktor, für den er überdies Versuchstiere sammelt, vertraglich als Experimentalobjekt. Gleichwohl verdient Woyzeck, wie sich bei der Verteilung seiner wenigen Besitztümer zeigt, gerade so viel, dass er sich das zum Leben Notwendigste leisten kann: Er verdingt sich in »unterentlohnter Überbeschäftigung« (Elm 1997, 142). Derart stellt das Drama in der Figur Woyzecks das sich seit dem ersten Drittel des 19. Jahrhunderts ausprägende sozialökonomische Phänomen des Pauperismus dar: Aus Armut sind breite Schichten der Bevölkerung zur ununterbrochenen Arbeit genötigt, ohne dadurch ihre Armut mindern zu können. Das Drama entfaltet exemplarisch an Woyzeck die destruktiven Konsequenzen des Pauperismus, – »Ausbeutung, Unterdrückung und Entfremdung« (Glück 1986a, 170) – und führt – wie die Forschung im Rekurs auf eine Passage in *Danton's Tod* konstatiert (vgl. ebd., 198; Dedner 2005, 193; Knapp 2000, 178; Martin 2007, 206) – den »Mord durch Arbeit« (DKV I, 19; MBA 3.2, 11) an Körper und Seele eines Paupers vor. Dabei sind sowohl Physis als auch Psyche dem Determinationszusammenhang von Armut und Arbeit restlos unterworfen: Noch wenn Woyzeck uriniert, arbeitet er, und zwar im Dienste des Doktors (vgl. Glück 1986a, 211). Er selbst reflektiert diese Mechanismen, die ihn zum »Subject Woyzeck« (MBA 7.2, 27; DKV I, 210) im Wortsinne, zu einem seinen Arbeitgebern Unterworfenen machen, sehr wohl, sieht jedoch keinen Ausweg aus dem Kreislauf von Armut und Arbeit, der in seiner Wahrnehmung das irdische wie das jenseitige Leben umgreift: »ich glaub' wenn wir in Himmel kämen, so müßten wir donnern helfen.« (MBA 7.2, 25; DKV I, 207)

Militär

Zwar ist der literarische wie auch der historische Woyzeck Soldat, doch nimmt Büchner eine signifikante Veränderung vor. Denn zum Zeitpunkt des Mordes war der historische Woyzeck arbeits- und obdachlos. Dass im Drama Woyzeck Soldat ist, der beflissen seinem Dienst nachkommt, um Marie und sein Kind zu ernähren, veranschaulicht, dass hier kein in der Folge einer Obdachlosigkeit moralisch Verwahrloster handelt, wie dies das Gutachten von Clarus betont. Dass Woyzeck Soldat ist, stellt zudem seine im Mord ausgeübte Gewalt in engen Konnex zu der Gewalt, zu deren Ausübung das Militär abgerichtet wird und die es, wie es im *Hessischen Landboten* heißt, zu »gesetzlichen Mördern« (DKV I, 57) macht: Das dem Soldaten eignende Gewaltpotenzial wird verschoben in der Tötung der Geliebten ausagiert. Darüber hinaus präsentiert das Drama das Militärsystem als Disziplinarmacht, die durch reglementierte und reglementierende Abläufe Individuen formatiert, indem sie sie auf Reflexe festlegt. Dies wird sowohl im Trommelwirbel zum Zapfenstreich, der Woyzeck und Andres zur Stadt zurücklaufen lässt (vgl. Glück 1986b, 230), als auch in dem mechanischen »Jawohl« deutlich, mit dem Woyzeck nicht nur dem Hauptmann antwortet, sondern auch dem Doktor und seinem Kameraden Andres (vgl. ebd., 231). Der Trommelwirbel demonstriert zudem, dass die Militärmacht permanent gegenwärtig ist (vgl. ebd., 231), um die Soldaten zu kontrollieren.

Dieses für jedes Disziplinarsystem zentrale Moment einer »hierarchisierten Überwachung« (Foucault 1977, 228), das, wie der Trommelwirbel veranschaulicht, nicht an Personen gebunden ist, sondern sich in einer Maschinerie festgelegter Regeln vollzieht, übertritt die Grenzen der militärischen Ordnung und schließt noch den privaten Raum ein: So beobachtet der Hauptmann Marie und gemeinsam mit dem Doktor Woyzecks Reaktion auf die ihm mitgeteilte Untreue der Geliebten; so beobachtet der Doktor den Hauptmann, weil er sich schon auf einen Schlaganfall desselben freut, und der Hauptmann den Doktor, wenn er aus Neugierde dem seinem Versuchsobjekt nacheilenden Wissenschaftler nacheilt; und so beobachtet Woyzeck Marie in deren Umgang mit dem Tambourmajor, in dem sie bereits von ihrer Nachbarin beobachtet wird. Alle – außer Marie, die im Falle des Tambourmajors auf den sexuellen Blick einer schamlosen »Jungfer« (MBA 7.2, 22; DKV I, 203); und im Falle ihres Kindes auf den fürsorglichen Blick einer Mutter festgelegt ist (vgl. MBA 7.2, 22 f.; DKV I, 203 f.) – sind »pausenlos überwachte Überwacher« (Foucault 1977, 228). Sollte das Kontrollsystem nicht greifen, um in ihren Verhalten und Handlungen disziplinierte Individuen zu formen, steht für die Soldaten das militärische Strafsystem bereit. Präsent ist es in der Drohung des Hauptmanns, Woyzeck zu erschießen, als er dessen Insubordination befürchtet; und präsent ist es in den Stöcken, die Andres und Woyzeck schneiden und die

wahrscheinlich der Durchführung der Prügelstrafe dienen (vgl. Glück 1986b, 234; Poschmann in DKV I, 742).

Hinsichtlich der Darstellung des Militärs im Drama fehlen noch Analysen, die verstärkt historische Materialien, etwa die militärischen Strafverordnungen oder die Exerzier- wie Dienstreglemente, berücksichtigen. Darüber hinaus sind das Militär, aber auch die im Doktor repräsentierte Wissenschaft noch pointierter unter dem Aspekt einer Disziplinarmacht zu betrachten, die Physis wie Psyche codieren und dadurch Individuen produzieren (vgl. Gemünden 1990, 159–162). Dabei werden Woyzecks Physis und Psyche einer durchaus paradoxen Formatierung ausgesetzt: Denn während das Militär darauf abzielt, die Funktionstauglichkeit sicherzustellen, produziert das Ernährungsexperiment des Doktors körperliche wie seelische Dysfunktionen. Der Mord kann damit als ein Betriebsunfall innerhalb des Disziplinarsystems und der paradoxen Zurichtung Woyzecks gelesen werden, da sich in dessen Fall die im Namen dieses Systems zu bündelnden und zu verwertenden Kräfte in einem Akt der Delinquenz entladen.

Die latente Gewaltbereitschaft des Hauptmanns verdeutlicht, dass seine tautologische Beschwörung der Tugend – »Moral das ist wenn man moralisch ist« (MBA 7.2, 25; DKV I, 206) – ihn nicht von physischen wie psychischen Sanktionen abhält. Dabei ist er nicht nur die Instanz, die sich andere zu disziplinieren anschickt, sondern er ist selbst noch dem Disziplinarsystem unterworfen, insofern er seine Lüste zu bändigen sucht: »Ich hab auch Fleisch und Blut. Aber Woyzeck, die Tugend, die Tugend! Wie sollte ich dann die Zeit herumbringen?« (MBA 7.2 25; DKV I, 207) Die Tugend fungiert damit zum einen als Belohnung für die beschwerliche Unterdrückung der Triebe (vgl. Oesterle 1983, 222), zum anderen dient sie dem Hauptmann dazu, seine Langeweile zu vertreiben. Zugleich oktroyiert der Hauptmann seine Vorstellung von Tugend allen anderen Personen: So hält er Woyzeck dessen uneheliches Kind vor, da dieses von einer mangelnden Triebbeherrschung zeugt, und so wirft er sowohl dem Doktor als auch Woyzeck deren Hetze vor, da sich in dieser ein schlechtes Gewissen artikuliert. Im ersten Fall ignoriert der Hauptmann die militärischen Konventionen, wonach diejenigen, die zu heiraten beabsichtigen, vor der Eheschließung ein feststehendes Kapitalvermögen nachzuweisen haben. Wenn Woyzeck in seiner Antwort von finanziellen Hindernissen spricht, dann bringt er eben diese historische Reglementierung ins Spiel (vgl. Dedner 2005, 197). Im zweiten Fall verkennt der Hauptmann zumindest mit Blick auf Woyzeck dessen Armut, die ihn zur Erfüllung unterschiedlichster Lohntätigkeiten zwingt (vgl. Glück 1986c, 70). Dass der Hauptmann unter Langeweile leidet, erweist sich damit als ein Privileg der sozial wie ökonomisch abgesicherten Schichten und resultiert aus jenem »langen Sonntag« der Reichen, von dem Büchner im *Hessischen Landboten* im Unterschied zum »langen Werktag« der Armen spricht (DKV II, 53 f.; vgl. Glück 1986a, 201).

Philosophische und religiöse Paradigmen

Im Gespräch zwischen dem Hauptmann und Woyzeck macht letzterer auf die machttechnologischen Implikationen des Tugendbegriffs aufmerksam: Tugend »stellt einen ausgrenzenden Begriff dar« (Schößler 2003, 65), insofern er die Grenze des Bürgertums nicht mehr zum Adel, sondern zum Pauper zu zementieren sucht. Der Freiheitsbegriff, den der Doktor vertritt, hat gleichfalls machttechnologische Implikationen, wenn er in Berufung auf einen freien Willen seinen Probanden zur Unterdrückung des Harndrangs auffordert. Das Freiheitskonzept des Doktors zielt genauso wie das Tugendkonzept des Hauptmanns darauf ab, die Bedürfnisse der menschlichen Natur zu domestizieren. Dies weist beide Konzepte als Strategien einer Disziplinarmacht aus, die die Individuen als sich selbst regulierende Systeme zu konstituieren versucht, bei denen der Einzelne als Subjekt und als Objekt seiner Reglementierung fungiert.

Die ältere Forschungsliteratur hat vor allem aufgrund der ›Testamentszene‹, in der Woyzeck Andres ein pietistisches Kirchenlied aus der Bibel seiner Mutter vorliest, von einer Konversion des Protagonisten gesprochen und seine Figur mit Jesus Christus parallelisiert (vgl. z. B. Mautner 1965, 538). Diese These ist jedoch nicht haltbar. Die im Drama zirkulierenden religiösen Vorstellungen bilden primär ein »Arsenal von Bildern« (Glück 1986c, 77), aus denen sich Woyzecks Wahnsinn speist. Dass es sich dabei vor allem um Visionen vom Jüngsten Gericht und vom Weltuntergang handelt, verdeutlicht zudem, dass Woyzeck allein einen strafenden Gott kennt, zu dem er sich selbst in der Mordtat stilisiert. Denn nicht nur qualifiziert er Marie aufgrund ihrer Untreue als Sünderin, sondern auch sich selbst als denjenigen, der sie durch die Tötung von dieser Sünde reinigt (vgl. ebd., 72 f.). Die religiösen Strafphanta-

sien artikulieren sich demnach nicht nur in den Wahnsymptomen Woyzecks; sie bedingen noch die Mordtat mit. Die religiösen Trostversprechungen wiederum greifen bei den Figuren nicht. Marie bricht ihre Bibellektüre mit dem Ausruf »Alles todt!« (MBA 7.2, 32; DKV I, 216) ab und markiert darin ihre Gottesferne. Woyzeck kann sich kein anderes Jenseits vorstellen als das einer fortgesetzten Ausbeutung seiner Arbeitskraft. Und das von der Großmutter erzählte Märchen berichtet von der Reise in einen Himmel, der weder Hoffnung noch Erlösung verbürgt (vgl. Glück 1986c, 78 f.). So agieren alle Figuren unter einer entleerten Transzendenz.

Sexualität

Dass sowohl philosophische als auch religiöse Paradigmen Sanktionen zeitigen können, die die Abweichung von den in ihnen angemahnten Normen bestrafen, verdeutlicht vor allem die Ermordung Maries. Während Woyzeck gegenüber dem Hauptmann und dessen repressiver Sexualmoral sich rechtfertigend auf »sein Fleisch und Blut«, also auf seine sexuellen Bedürfnisse, beruft, bringt er eben diese Sexualmoral in der Mordszene selbst zur Anwendung (vgl. Glück 1986c, 71 f.), wenn er von Maries »heißem Hurenathem« (MBA 7.2, 9; DKV I, 186) spricht und dadurch seine Tat legitimiert: Die sexuell aktive Frau, die gemäß der moralischen wie religiösen Normen als Hure wahrgenommen wird, muss und darf vom Mann abgestraft werden. Es ist dabei nur konsequent, dass es der Hauptmann ist, der Woyzeck von der Untreue Maries berichtet und damit das seinem Tugendkonzept und auch Woyzecks religiösen Vorstellungen inhärente Sanktionierungsverfahren in Gang setzt. Die Zurückweisung Woyzecks durch Marie und die Prügel, die Woyzeck von seinem Nebenbuhler einzustecken hat, motivieren die Mordtat zudem psychologisch: Sie stellt eine »narzisstische Heilung der auch buchstäblich beschädigten Männlichkeit« (Schößler 2003, 67) dar. Die Formulierung, mit der Marie ihre Zurückweisung formuliert – »Ich hätt lieber ei[n] Messer in den Leib, als dei[ne] Hand auf meiner« –, konnotiert darüber hinaus die Mordtat als einen sexuellen Akt, als die Woyzeck einzig noch verbleibende Handlung, mit der er eine Nähe der Körper herstellen und über den Körper der Frau verfügen kann.

Wie in *Danton's Tod* werden damit auch im »Woyzeck« Sexualität und Gewalt miteinander verknüpft (vgl. Martin 2007, 207). Verstärkt wird dies zum einen durch das Motiv des Bluts (vgl. ebd., 196). Denn als der Narr über die tanzende Marie bemerkt, dass sie nach Blut riecht, übersetzt Woyzeck diese auf den Tod anspielende Aussage in ein Bild, das Eros und Thanatos verschmilzt: »Es ist mir als wälzten sie sich in einem Meer von Blut, all miteinander!« (MBA 7.2, 4; DKV I, 179) Und forciert wird dies zum anderen durch das Motiv des Tanzes. Denn im Tanz manifestiert sich die sexuelle Anziehung zwischen Marie und dem Tambourmajor, die hinfort Woyzeck im aufgeschnappten Ausruf »immer zu« verfolgt und zum Mord auffordert, so dass nicht nur die Mordtat, sondern von Anfang an auch »seine Mordphantasien als zugleich sexuelle Phantasien [grundiert]« (Martin 2007, 208) sind. Die Annäherung zwischen Marie und dem Tambourmajor vollzieht sich zwar selbst im Zeichen einer Lust auf den Körper des je anderen. Doch während der Mann die Frau auf die Fortpflanzungsfunktion festlegt, erhofft sich die Frau durch den militärischen Rang des Mannes einen sozialen Aufstieg (vgl. Knapp 2000, 207).

Das Menschenexperiment

Das Ernährungsexperiment des Doktors wird in der Forschung entweder zumeist rein textimmanent betrachtet, so dass die zeitgenössischen Versuchsreihen keine Berücksichtigung finden (vgl. Glück 1986d, 156 f., 1990b, 192 f.; Kubik 1991, 180–182; Ludwig 1998, 296 f.; Köhnen 2003, 149; Pethes 2006); oder aber der historische Kontext wird eingeholt, nicht jedoch selbst als ein zu Interpretierendes gesehen, sondern auf eine mögliche Quelle hin befragt (vgl. Roth 2000; Dedner 2005, 183–188). Demgegenüber zeigt Neumeyer (2009) in einer Analyse der Ernährungsexperimente der 1820er und 30er Jahre, dass Büchners Drama an den Rahmenbedingungen, Grundregeln und Problemlagen dieser Experimente partizipiert und zugleich über dieselben hinausgeht. Wie alle Ernährungswissenschaftler hat Büchners Doktor zwei Vorentscheidungen getroffen: Er experimentiert auf der Basis einer einseitigen Diät, der ausschließlichen Verabreichung von Erbsen, und mit Blick auf einen einzelnen physiologischen Prozess, den sich im Harn manifestierenden Stoffwechsel. Indem er Woyzeck aus der Ordnung einer ausgeglichenen Ernährung und einer ganzheitlichen Wahrnehmung herausnimmt, versetzt er ihn in einen Ausnahmezustand. Wenn der Doktor den Puls misst und den Urin analysiert, etabliert er sich zugleich als Instanz der Messung wie Beobachtung dieses Ausnahmezustandes. Die von ihm dabei erhobenen Daten werden notiert und klassifiziert, um sie ver-

gleichbar zu machen: »Nach gestrigem Buche, 0,10 Harnstoff, salzsaures Ammonium« (MBA 7.2, 16; DKV I, 196). Wie in den ernährungswissenschaftlichen Versuchen wird durch diese Experimentalanordnung der Körper des Probanden sowohl partialisiert als auch in eine fachwissenschaftliche Nomenklatur überführt. Darüber hinaus kontrolliert der Doktor den Ablauf des von ihm initiierten Experiments, und zwar durch Befragung des Probanden. Denn die Fragen, ob Woyzeck nach wie vor den Hauptmann rasiert, die Erbsen zu sich nimmt und seinen Dienst versieht, überprüfen, ob sich der Proband den vorgegebenen Regularien unterwirft und ob das Experiment nach wie vor unter den gleichen Umständen abläuft.

Der Doktor folgt indes nicht nur den Rahmenbedingungen der zeitgenössischen Ernährungsexperimente – Schaffung eines Ausnahmezustandes, Etablierung einer Instanz der Beobachtung wie Kontrolle, Überprüfung des Verlaufs, Erhebung und Aufzeichnung von Daten. Er beherzigt auch deren Grundregeln. Zum einen setzt er für sein Experiment einen längeren Zeitraum an: »Seit einem Vierteljahr« (MBA 7.2, 20; DKV I, 218) isst Woyzeck Erbsen. Zum anderen plant er sein Experiment auszuweiten, indem er an die Versuchsreihe mit Erbsen eine mit Hammelfleisch anschließen will. Dabei nimmt er wie die Ernährungswissenschaftler die Produktion pathologischer Symptome in Kauf: Im physischen Bereich, wenn er über Woyzecks Haare vermerkt: »Sie sind dir ja ganz dünn geworden« (MBA 7.2, 20; DKV I, 219), und im psychischen Bereich, wenn er die apokalyptischen Visionen Woyzecks als »aberratio, mentalis partialis« (MBA 7.2, 27; DKV I, 210) klassifiziert. Diese physischen wie psychischen Anomalien machen den Probanden zum »interessanten Casus« (ebd.): Woyzeck, der seinen Alltagspflichten nachkommt und gleichzeitig Wahnsinnssymptome aufweist, ist ein anormaler Normaler, den es deshalb weiter zu beobachten gilt. Dass der Doktor an diesem Punkt eine Therapie unterlässt, führt in der Forschung zu einer kritischen Bewertung seiner medizinischen Praxis: Der Doktor ist ein »Menschenschinder« (Glück 1986d, 180) bzw. der »entmenschte Hauptschuldige von Woyzecks Verfall« (Kubik 1991, 174) und Repräsentant einer Wissenschaft, bei der im Namen des Fortschritts »ethische Fragestellungen zur Bedeutungslosigkeit herabsinken« (Kubik 1991, 185; vgl. auch Elm 1997, 147–150, sowie Knapp 2000, 203 f.). Damit wird jedoch ein Wertungsmaßstab ins Spiel gebracht, der den Wissenschaftlern im ersten Drittel des 19. Jahrhunderts, zu denen nicht zuletzt Büchner selbst zählt, fremd ist, und zugleich im Namen einer Moral argumentiert, die im Drama in der Figur des Hauptmanns ihrer Machtimplikationen überführt.

Gegenüber den ernährungswissenschaftlichen Experimenten nimmt Büchners Doktor eine minimale Veränderung vor, die eine maximale Differenz bedingt. Er verabreicht ausschließlich Erbsen und plant sodann eine Versuchsreihe mit ausschließlich Hammelfleisch. Damit setzt er Nahrungsmittel ein, bei denen die Psychologen (vgl. Reil 1805, 436, 445) davon ausgehen, dass sie physische Dysfunktionen hervorrufen, die wiederum psychische Krankheiten bedingen können (vgl. Roth 2000, 517; Dedner 2005, 187). Durch die Wahl dieser spezifischen Nahrungsmittel verschaltet der Doktor das physiologische mit einem psychologischen Experiment. Ziel dieser Experimentalanordnung ist es zum einen, die Veränderungen des Stoffwechsels in der Folge einer einseitigen Diät zu erforschen, und zum anderen, die möglichen Auswirkungen von Nahrungsmitteln über den Körper auf die Seele festzustellen. Deshalb richtet sich die Wahrnehmung des Doktors, auch wenn er Woyzeck insofern partialisiert, als es ihm um die Analyse eines einzelnen physiologischen Prozesses zu tun ist, umfassend auf die Existenz seines Probanden. Denn wenn er bei seiner Befragung Woyzecks dessen Lohnarbeiten und Militärdienst auf einer Ebene mit der Einnahme der Erbsen verrechnet, dann schließt die Experimentalanordnung des Doktors nicht nur Urin und Puls, sondern sämtliche Tätigkeiten und Verhaltensweisen des Probanden ein – eine Zeit und einen Raum außerhalb des Experiments gibt es für denselben nicht mehr.

Ob der Doktor allerdings kontrolliert und systematisch die von ihm diagnostizierte psychische Anomalie generiert (so Glück 1986d, 149; Glück 1990b, 199; Kubik 1991, 172; Dedner 2005, 183), ist fraglich. Denn zu offensichtlich ist seine freudige Überraschung, wenn er Woyzecks Geistesverwirrung als eine »köstliche« (MBA 7.2, 17; DKV I, 197), als die »schönste« (MBA 7.2, 27; DKV I, 210) bezeichnet. Diese freudige Überraschung belegt zum einen, dass der Doktor keineswegs einen schon Wahnsinnigen zu seinem Experiment ausgewählt hat (so Pethes 2006, 70, 78), sondern den Bedingungen der zeitgenössischen Versuchsreihen auch darin folgt, dass dieselben an physisch wie psychisch Normalen durchzuführen sind. Und sie veranschaulicht zum anderen, dass der Doktor den partiellen Wahnsinn seines Probanden als das kontingente Resultat seiner

Experimentalanordnung wahrnimmt, deren Verlauf wie Ergebnis er zwar nachträglich beschreiben, nicht jedoch vorausgreifend festsetzen kann. Doch auch wenn sich dem Doktor keine Intentionalität unterstellen lässt, ist in der von ihm arrangierten Experimentalanordnung sehr wohl der Wahnsinn angelegt, der schließlich zum Ausbruch kommt: Die experimentelle Wissenschaft stellt den Wahnsinn her, den sie sich dann zu erforschen anschickt.

Dadurch dass im »*Woyzeck*« das ernährungswissenschaftliche Experiment, das primär im Bereich des Physischen spielt, zu einem Experiment mutiert, das den Bereich des Psychischen mit einbezieht, gelingt es dem Drama, die Verfügungsgewalt des Experimentators über den ›ganzen Menschen‹ auszustellen: Physis wie Psyche sind durch die einseitige Verabreichung spezifischer Nahrung derart modellierbar, dass die Grenze zwischen physischer Gesundheit und Krankheit ebenso überschritten wird wie die Grenze zwischen psychischer Normalität und Anomalie. Der Experimentator, in dessen Macht es liegt, diese Grenzen zu übertreten, ist nicht nur Herr über den Körper, er ist auch Herr über die Psyche seines Probanden.

Gegenüber den zeitgenössischen Experimenten nimmt das Drama noch eine zweite Modifikation vor. Der Doktor experimentiert nicht nur mit Woyzeck. Er beobachtet an sich selbst die Wirkungen der Sonnenstrahlen auf das Niesen und er beabsichtigt mit dem Hauptmann, sollte dieser einen Gehirnschlag erleiden, »die unsterblichsten Experimente« (MBA 7.2, 28; DKV I, 211) durchzuführen. Dass jeder zum potentiellen Experimentalobjekt avancieren kann, bildet eine Grundregel der ernährungswissenschaftlichen Versuchsreihen, wonach das Experiment, um aussagekräftige Daten zu erzielen, personal ausgeweitet werden muss. Allerdings weitet der Doktor nicht ein Experiment, sondern das Experimentieren aus. Dafür hat er indes einen Grund: Seine Forschung zielt auf eine »Revolution in der Wissenschaft« und wird darin vom Begehren nach Unsterblichkeit gesteuert. Denn nicht nur verspricht er dem Hauptmann, mit ihm »die unsterblichsten Experimente« zu machen; auch als er bei Woyzeck eine »fixe Idee« diagnostiziert, fügt er sogleich hinzu: »ich werde unsterblich« (MBA 7.2, 17; DKV I, 197). Durch das Experimentieren und dessen totale Ausweitung hofft der Doktor, sich ins Stammbuch der Medizin einzuschreiben. Allerdings geht dieses Begehren mit dem Zwang einher, ununterbrochen experimentieren zu müssen. So zeitigt die Zielsetzung einen Rückkopplungseffekt, der das Subjekt des Experiments zum Teil der Experimentalanordnung macht. Der Doktor muss überall ein Versuchsobjekt erspähen, ist darauf angewiesen, dass Woyzeck seinen Urin abliefert, und hat alle Befunde in einem stets bei sich zu führenden Buch zu verzeichnen. Wenn es denn ein Subjekt der Experimentalanordnung gibt, so ist es diese selbst: Einmal in Gang gesetzt, gewinnt sie eine Dynamik, der sich noch ihr Initiator, der Herr über Physis und Psyche, zu unterwerfen hat – eine Zeit und einen Raum außerhalb des Experiments gibt es auch für den Experimentator nicht. Damit stellt Büchners Drama die machttechnologischen Implikationen einer Versuchsanordnung aus, die sowohl den Probanden als auch den Experimentator betreffen.

Auch wenn dem Doktor groteske bzw. komische Züge eignen (vgl. Ludwig 1998, 285), dienen dieselben keineswegs seiner wissenschaftlichen Disqualifizierung (so Glück 1986d, 179). Denn der Doktor ist kein Dilettant, der »bizarre Experimente« (Knapp 2000, 191) durchführt; er fungiert als »Exemplar des zeitgenössisch modernsten Wissenschaftlertyps« (Ludwig 1998, 286 f.), der in allen von ihm vorgenommenen Untersuchungen sich auf dem aktuellen Stand der Wissenschaft befindet (vgl. Dedner in MBA 7.2, 475–477, 511 f.). Was einer heutigen Perspektive als grotesk erscheint – etwa die Untersuchung des Backenzahns eines Infusionstiers, eines Einzellers –, ist nicht grotesk, sondern korrespondiert mit den Erkenntnisinteressen, Verfahrensweisen und Terminologien der damaligen Wissenschaft. Die gleichwohl vorhandenen grotesken bzw. komischen Züge, die etwa dann hervortreten, wenn der Doktor gegenüber Woyzeck Ärger als unwissenschaftlich qualifiziert und im gleichen Moment denselben in aufbrausenden Begriffswiederholungen sowie einer aggressiven Motorik ausagiert (vgl. Ludwig 1998, 290), dienen letztlich einer psychologischen Argumentation: Sie demonstrieren die Besessenheit des Doktors von den ihn steuernden Leitvorstellungen der Wissenschaft. Auch mit Blick auf den Hauptmann führt das Drama eine solche psychologische Argumentation: Denn was dem Doktor die Wissenschaft und die in ihr anzustrebende Revolution ist, ist ihm die Tugend und die durch sie bereitgestellten Sanktionierungsmaßnahmen. Beide Repräsentanten der Disziplinarmacht, die permanent den unter einer »fixen Idee« leidenden Woyzeck umkreisen, sind selbst von einer »fixen Idee« gezeichnet, nach der sie agieren und sich selbst wie die anderen wahrnehmen.

Pathologie und Zurechnungsfähigkeit

Wenngleich Büchner in zahlreichen Motiven an das Clarus-Gutachten anschließt, so verschiebt sich doch die Gestaltung Woyzecks in zwei Punkten. Zum einen erscheint der für Kind und Frau sorgende Protagonist keineswegs im Zustand einer »moralischen Verwilderung«, der es Clarus ermöglicht, auf Zurechnungsfähigkeit zu plädieren (vgl. Reuchlein 1985, 67 f.). Zum anderen rücken die sozialen Ursachen sowohl des Wahnsinns als auch der Mordtat, die – abgesehen vom Verteidiger Woyzecks und von Grohmann – die Mehrheit der zeitgenössischen Diskutanten ausblenden, ins Zentrum der Darstellung (vgl. Dedner 2005, 191). Glück bringt ein Konglomerat von Ursachen in Anschlag, die im Verbund den Wahnsinn von Woyzeck bedingen: die »Existenzangst«, die ihn aufgrund seiner Situation als Pauper plagt, der »entmenschende Drill«, den das Militär von ihm abverlangt, die »Arbeitshetze«, die aus seinen vielfachen Lohntätigkeiten resultiert, die physische Entkräftung und psychische Zerrüttung, die das Ernährungsexperiment bewirken, und schließlich der »Schock«, in den ihn die Mitteilung über die Untreue Maries versetzt (Glück 1990b, 199). In diesem Konglomerat synthetisiert Glück alle im Drama durchgespielten Themenbereiche, um eine Entwicklungsgeschichte zu erzählen, die so vom Drama nicht inszeniert wird: Die Armut treibt zum Militärdienst, die unterbelohnte Arbeit als Soldat fordert noch mehr Arbeit wie die Verdingung als Experimentalobjekt, Armut, Arbeit und Experiment prägen einen latenten Wahnsinn aus, der schließlich durch die Untreue der Frau zum Ausbruch kommt und zur Mordtat führt. Es ist nicht zu bestreiten, dass Büchner bei den potentiellen Ursachen für Wahnsinn und Mord soziale Faktoren – Pauperismus, die Disziplinarmacht des Militär und die der Medizin – ins Spiel bringt, nicht jedoch als Glieder einer Kausalkette. Darüber hinaus kann aus der Perspektive der zeitgenössischen Medizin wie Psychologie als die den Wahnsinn bedingende Ursache im strengen Sinne allein das Ernährungsexperiment in Frage kommen. Konsequent betont deshalb Dedner: »Die Präsenz einer somatischen Krankheit, die Clarus im Fall Woyzecks abgestritten« hat, »wird im Drama durch das Experiment des Doktors eindeutig ableitbar« (Dedner 2005, 120). Mit Blick auf diese enge Verbindung zwischen Ernährungsexperiment und Wahnsinn konstatiert Oesterle zurecht, dass dadurch die »Kontroverse um die Zurechnungsfähigkeit […] ins Soziale, auch der Wissenschaft, aufgesprengt

[wird]« (Oesterle 1983, 239). Zugleich ist damit eine der Fragen, die die Zurechnungsfähigkeitsdebatte um den historischen Fall leiten, in Büchners Drama geklärt: die Frage danach, ob es sich beim Delinquenten um einen moralisch verwilderten Menschen (Clarus) oder um einen pathologischen Fall (Marc) handelt.

Auch wenn Woyzeck als ein pathologischer Fall anzusehen ist, wird die Diagnose des Doktors: »er hat die schönste aberratio, mentalis partialis der zweiten Species, [...] fixe Idee, mit allgemein vernünftigem Zustand« (MBA 7, 2, 27; DKV I, 210), in der Forschung höchst ambivalent diskutiert. Glück (1990a, 435) erachtet diese Diagnose als eine Wiederholung des Befunds, den Clarus (1825, 42, 76) formuliert, wenn er Woyzeck aufgrund dessen Fähigkeit, seinen Arbeiten adäquat nachzugehen, Zurechnungsfähigkeit attestiert. Kubik meint, dass die Aussage des Doktors »durch den Selbstzweck ihrer ›Wissenschaftlichkeit‹« (Kubik 1991, 169) unterminiert wird. Und Campe sieht die vom Doktor »in der Frage der Zurechnung so entscheidende Diagnose der fixen Idee« dadurch relativiert, dass sie »vor und ganz außerhalb der Tat [erfolgt]« (Campe 1998, 236). Dagegen ist zunächst – mit Blick auf die Gutachterpraxis im historischen Fall – festzuhalten, dass mit dem Verweis auf einen partiellen Wahnsinn Büchner seinen Doktor »genau die Diagnose stellen [lässt], die Clarus negiert hatte« (Dedner 2005, 120; vgl. auch Gemünden 1990, 159). Dagegen ist sodann – mit Blick auf das Drama – hervorzuheben, dass dadurch, wer die Diagnose wie stellt, dieselbe nicht obsolet ist, zumal dann nicht, wenn sie über die Figurenperspektive hinausweist und die dem Befund entsprechenden Symptome vom Drama selbst in Szene gesetzt werden. Auch dass die Diagnose »vor und ganz außerhalb der Tat« ergeht, stellt nicht in Frage, dass sie zutreffend ist, lässt jedoch offen, ob sie auch für den Moment des Mordes zutrifft.

Nach Elm bietet das Drama für den Mord eine Reihe von »Motivationsmöglichkeiten« (Elm 1997, 160) – den durch die Erbsendiät evozierten Wahnsinn, die Demütigungen durch den Doktor und den Hauptmann, die Untreue Maries und die Kraftdemonstration des Tambourmajors –, die es als Ursachen durchspielt, ohne sich auf eine festzulegen. Auch wenn das Motiv des Mordes nicht eindeutig zu bestimmen ist, so ist sich die Forschung doch weitestgehend darin einig, dass Woyzeck unzurechnungsfähig ist. Reuchlein sieht ihn zwar nicht als pathologischen Fall, gleichwohl erscheint er ihm in seinem Handeln als determiniert und damit als

»unverantwortlich und ›unschuldig‹« (Reuchlein 1985, 74). Glück geht in all seinen Publikationen von der Unzurechnungsfähigkeit Woyzecks aus und kennzeichnet das Drama als eine »dichterische Revision des historischen Prozesses« (Glück 1986b, 245; vgl. auch Glück 1990b, 205). Dieser These folgen aktuell u. a. Knapp (2000, 198), Köhnen (2003, 166) und Martin (2007, 191). Allerdings gelangen die Studien zu diesem Befund nur dadurch, dass sie Woyzecks Zustand vor und nach der Tat als pathologisch qualifizieren und diesen dann unausgesprochen auf den Zustand während der Tat übertragen.

Kritisch mit Blick auf die behauptete Unzurechnungsfähigkeit Woyzecks äußert sich zum einen Kubik, wenn sie betont, dass Büchner »die Kernfrage der Gutachten nach der Zurechnungsfähigkeit bis zuletzt offen[hält]« (Kubik 1991, 169), da er die Gestaltung des Falls »weg von der Frage nach eindeutigen Krankheitsdiagnosen oder eindeutiger juristischer Schuld hin zu der Vorgeschichte der Tat und damit der Pathogenese des Täters« verlagert (ebd., 170). Zum anderen hebt Campe hervor, dass das Drama über keinen juristischen und gerichtsmedizinischen Rahmen verfügt, innerhalb dessen Woyzecks Mordtat zum Verhandlungsgegenstand der Zurechnungsfähigkeit avanciert: »Woyzeck ist Person im wissenschaftlichen Experiment, aber nicht in der Untersuchung seines Falls« (Campe 1998, 236). Tatsächlich lässt sich das Drama nicht als »Revision des historischen Prozesses« lesen, da ein solcher Prozess im Drama gar nicht vorgeführt wird (vgl. auch Reuchlein 1985, 48; Ludwig 1998, 263): Das Drama endet an dem Punkt, an dem das Rechtsverfahren anhebt. H 1,21 inszeniert allein die Freude eines Gerichtsdieners: »Ein guter Mord, ein ächter Mord, ein schöner Mord, so schön als man ihn nur verlangen thun kann« (MBA 7, 2, 11; DKV I, 189). Dem utilitaristischen Menschenbild des Handwerkers entsprechend – »Warum hat Gott die Menschen geschaffen? Das hat auch seinen Nutzen« (MBA 7, 2, 15; DKV I, 194) – demonstriert die Szene, dass der juristische Apparat den Mord ›verlangt‹, weil er zu seiner Existenzberechtigung auf den Delinquenten angewiesen ist, den er durch seine Gesetze auszuschließen sucht. Darüber hinaus macht die Szene deutlich, dass die Existenz eines Paupers erst dann in den Fokus des staatlichen Interesses tritt, wenn sie zum Rechtsfall avanciert.

Doch auch wenn ein juristischer Rahmen fehlt, bleibt die Frage nach der Zurechnungsfähigkeit virulent, da sie allein schon durch den Namen des Protagonisten präsent ist. Dies bedeutet jedoch nicht, dass Büchners Drama eine Stellungnahme für oder gegen die Zurechnungsfähigkeit des Täters vorlegt (so auch Campe 1998, 231). Vielmehr problematisiert es die juristische Fragestellung, indem es als deren grundlegendes Dilemma vorführt, dass es Fälle gibt, in der diese über Leben und Tod entscheidende Frage nicht zu entscheiden ist. Das Drama steht in diesem Punkt keineswegs im Feld der von Clarus, Marc und Heinroth geführten Zurechnungsfähigkeitsdebatte, bei der sich die Gerichtsmediziner stets über den Gemütszustand des Delinquenten sicher sind. Es schließt weit eher an die von Grohmann konstatierten »zweifelhaften Zustände des Gemüths« an, bei denen »die Möglichkeit, das bei der That statt gefunden Bewußtseyn zu erkennen« (Grohmann 1825, 315), radikal suspendiert ist (vgl. Ludwig 1998, 273 f.). Eben dies – und weder Zurechnungsfähigkeit noch Unzurechnungsfähigkeit – wird in der Mordszene selbst ausgestellt. Denn zum einen kündigt Woyzeck in einer Reihe von Formulierungen die Mordtat an, so dass er sich sehr wohl der folgenden Handlung bewusst ist und sie als Bestrafung von Maries Untreue versteht. Zum anderen jedoch weisen eine Reihe von Bemerkungen darauf hin, dass dieser Delinquent ›außer sich‹ ist, da er neuerlich in apokalyptischen Visionen spricht, er von Marie als »blaß«, also physisch wie wohl auch psychisch verändert wahrgenommen wird, und den Moment des Todes gar nicht zu realisieren scheint: »Bist du todt? Todt! Todt!« (MBA 7, 2, 9; DKV I, 186)

Die Grenze zwischen Mensch und Tier

Oesterle (1983, 208–216) spricht mit Blick auf die Jahrmarktszenen von einer in ihnen forcierten »Störung« der Hierarchie von Mensch und Tier, die traditionellerweise eine Definition des Menschen sichern soll. Pethes (2006, 74 f.) zeigt an verschiedenen Stellen des Dramas, dass die Differenz zwischen Tier und Mensch eingezogen, ja in sich verkehrt wird (so auch Ludwig 1998, 277), indem er etwa die Formulierung vom »viehdummen Individuum« (MBA 7, 2, 3; DKV I, 177) als Anagramm liest, bei dem von dem ›vi‹ im Individuum nichts anderes als ein ›Vieh‹ bleibt, und darauf hinweist, dass Woyzeck in seinem Wert einem »Proteus« (MBA 7, 2, 16; DKV I, 196) untergeordnet wird, während ein Pferd zum »Mitglied von allen gelehrten Societäten« (MBA 7, 2, 14; DKV I, 193) avanciert.

In seiner Wahrnehmung Woyzecks konstatiert und beschreibt der Doktor generell einen Indifferenzbereich zwischen Tier und Mensch. Als er sei-

nen Probanden vor den versammelten Studenten dazu auffordert, die Ohren zu bewegen, kommentiert er dies wie folgt: »So meine Herren, das sind so Uebergänge zum Esel« (MBA 7, 2, 20; DKV I, 219). Dass er Woyzeck überhaupt zu Vorführungszwecken verwendet, rührt daher, dass sein Forschungsobjekt Laus nur unter einer »Loupe« zu betrachten ist und ihm sein Forschungsobjekt Katze davonläuft: »Meine Herren, sie können dafür was anderes sehen, sehen sie der Mensch« (MBA 7, 2, 20; DKV I, 218). Von der Laus zur Katze zu Woyzeck: In der Reihe dieser Ersetzungen praktiziert der Doktor die in den zeitgenössischen Ernährungsexperimenten vorgenommene Einsetzung des Menschen auf der Position, die immer auch Tiere innehaben können (vgl. Neumeyer 2009, 234 f.). Damit attestiert er dem Menschen eine Gemeinsamkeit mit dem Tier: Beide sind, was ihre wissenschaftliche Verwertbarkeit betrifft, als Datenträger und darin als austauschbar qualifiziert. Wenn in der Jahrmarktsszene der Affe mit dem Soldaten gleichgesetzt und dieser als »unterst Stuf von menschliche Geschlecht« (MBA 7, 2, 14; DKV I, 193) qualifiziert wird, dann trifft das Drama auch eine Aussage über den Status von Woyzeck in der Experimentalanordnung, der in dessen Parallelisierung mit einem Esel angedeutet ist. Denn so wie der Affe, sobald sein Körper wie der eines Soldaten zu koordinierten Bewegungen abgerichtet ist, in der Stufenleiter der Übergänge zum Mensch wird, wird Woyzeck zum Tier, sobald sein Körper wie der eines Tieres experimentellen Eingriffen, Messungen und Beobachtungen unterworfen ist. Der Übergang vollzieht sich damit in beide Richtungen: Im Falle des Affen vom Tier zum Mensch; im Falle Woyzecks vom Mensch zum Tier (vgl. Neumeyer 2009, 235).

Die sich in diesem Indifferenzbereich zwischen Tier und Mensch manifestierende Nähe zwischen den Vorführungen des Doktors und denen des »Marktschreiers« (MBA 7, 2, 3; DKV I, 177) ist in der Forschung verschiedentlich vermerkt worden. Glück buchstabiert sie nach der Seite der Objekte aus, wonach Woyzeck »den Studenten vorgeführt wird wie das Pferd und der Affe auf dem Jahrmarkt« (Glück 1986c, 101). Ludwig buchstabiert sie nach der Seite der Subjekte aus, wonach der Doktor und der »Marktschreier« im gleichen Habitus der Demonstration verfahren, und sieht darin eine »Karnevalisierung der Wissenschaft und ihres Repräsentanten« (Ludwig 1998, 298) vorliegen.

Das Drama als Bühnenereignis

Die Experimentalanordnung des Doktors und die Schaubude des »Marktschreiers« werden in der Forschung als Medien einer poetologischen Selbstreflexion des Dramas gelesen (vgl. Oesterle 1983, 208 f.; Knapp 2000, 189; Pethes 2006, 79; Martin 2007, 208). Im Experiment gibt es ein Geschehen und eine Instanz, die dieses Geschehen beobachtet. Wenn Büchner ein Drama schreibt, dann arbeitet auch er mit einem Geschehen und mit einer Instanz der Beobachtung, dem Zuschauer, der in eben die Position gesetzt wird, die im Experiment der Experimentator innehat. Doch ist damit Büchners Drama das Experiment, das es darstellt? Nein, denn es selbst stellt keinen Ausnahmezustand her, der den Regeln der Dauer und der Ausweitung folgt, sondern zeigt nur Figuren, die andere Figuren einem solchen Zustand unterwerfen. Es schließt allerdings an ein Moment der Experimentalanordnungen an – das der fortlaufenden Beobachtung. Dieses Moment gilt indes nicht nur für das Experiment, sondern auch für die im Drama vorgeführte Schaubude. Sie hat gleichfalls eine Instanz der Beobachtung, den Schaulustigen, dessen Wahrnehmung sich auf ein Geschehen richtet. Doch ist damit Büchners Drama die Schaubude, die es darstellt? Nein, denn es kennt keine Figur eines Vorführers, der das Geschehen kommentiert und dadurch die Beobachtung lenkt. Damit soll nicht bestritten werden, dass es im Drama reflexive Stimmen gibt. So lassen sich der Narr als eine »das Geschehen bildhaft kommentierende karnevaleske Figur« (Martin 2007, 208) und das Märchen der Großmutter als »Symbol« (Glück 1986c, 79) der Lebensgeschichte Woyzecks verstehen (vgl. Knapp 2000, 207). Auch der Marktschreier ist als eine kommentierende Figur lesbar und die Schaubudenszenen können »als ›antizipierender Vorgangskommentar‹ des ganzen Dramas« (Oesterle 1983, 212) betrachtet werden. Doch in allen diesen Fällen bleibt die reflexive Ebene an den szenischen Auftritt einer Figur gebunden und wird kein Kommentator etabliert, der wie bei der Schaubude das Geschehen ununterbrochen begleitet. Gleichwohl schließt Büchners Drama an zwei Momente der Schaubude an – daran, dass durch das Geschehen nicht wie beim Experiment etwas erprobt, sondern etwas gezeigt wird, und daran, dass das Geschehen wie beim Experiment von einer Instanz der Beobachtung eingerahmt ist. Das Spezifikum des Dramas liegt nun darin, das von ihm dargestellte Geschehen, das in einer Verknüpfung von Geschehen und Beobachtung besteht, seinerseits zur Beobachtung freizugeben: Denn wenn auf der Bühne das Experiment des Doktors und die Vorführung des »Marktschreiers« ausgestellt werden, dann bildet der Zuschauerraum des Dramas die Ebene der Beobachtung, die zwei andere Beobachtungsebenen einschließt – eine »second order observation« (Pethes 2006, 80).

Eine solche theatrale Struktur hat Konsequenzen. Erstens konkret mit Blick auf das Experiment des Doktors. Denn die letzte Instanz der Beobachtung im ernährungswissenschaftlichen Experiment ist nicht mehr die letzte Instanz der Beobachtung im Theater: Dies ist der Zuschauer. Indem ihm ein Experimentator und sein Proband vorgeführt werden, bezieht er die Position, die in der Praxis der Ernährungsexperimente unbesetzt bleibt: Die Position eines Beobachters, der einen Beobachter beim Beobachten beobachtet. Das Drama bietet seinen Zuschauern damit das an, was die Experimente der Ernährungswissenschaftler nicht zulassen: Die Möglichkeit, eine Experimentalanordnung im Moment ihrer Ausführung zu überprüfen, und zwar hinsichtlich ihrer apriorischen Bedingungen wie erzielten Resultate (vgl. Neumeyer 2009). Zweitens allgemein mit Blick auf das Disziplinarsystem. Denn die von diesem initiierte Beobachtung, die die Individuen zu »überwachten Überwachern« macht und ihre Aussagen wie Verhaltensweisen steuert und codiert, wird gleichfalls der Beobachtung durch den Zuschauer anheim gestellt. Das Drama bietet seinen Zuschauern damit das an, was die Disziplinarmacht ins Unsichtbare zu schieben sucht: Die Möglichkeit, normierende und normalisierende Verfahren zu überprüfen, und zwar hinsichtlich ihrer individualisierenden Effekte wie geschlechtsspezifischen Ausdifferenzierung.

Dass Büchner zur Gestaltung des Falls Woyzeck die literarische Gattung des Dramas wählt, zeitigt eine weitere Konsequenz. Auf der Bühne agiert ein Schauspieler als Woyzeck, der »auf den Boden [stampft]«, sich ins Gebüsch stürzt (MBA 7, 2, 22; DKV I, 202) und ununterbrochen über die Bühne ›hetzt‹ (MBA 7, 2, 25; DKV I, 207). Während in den Ernährungsexperimenten der Körper des Probanden durch Zahlenkolonnen ersetzt wird und in den gerichtsmedizinischen Gutachten wie psychologischen Abhandlungen Zeichen an die Stelle des Körpers des Delinquenten treten, gibt Büchner dem Probanden wie Delinquenten einen Körper. Dieser bleibt zwar gleichfalls ein Objekt der Beobachtung. Doch das Spiel des Körpers auf der Bühne führt optisch wie akustisch vor, was im Verzeichnis der am

Probanden gewonnenen Datenreihen verschwindet und am Delinquenten als einem universal einsetzbaren Zeichen nicht interessiert – die fortschreitende Deformation eines Individuums. Und es führt darin zugleich vor, was ein Disziplinarsystem auch zu produzieren weiß – physische und psychische Anomalien.

Literatur

Campe, Rüdiger: Johann Franz Woyzeck. Der Fall im Drama. In: Michael Niehaus/Hans-Walter Schmidt-Hannisa (Hg.): Unzurechnungsfähigkeiten. Diskursivierungen unfreier Bewußtseinszustände seit dem 18. Jahrhundert. Frankfurt a. M./Berlin/Bern 1998, 209–236.

Clarus, Johann Christian August: Die Zurechnungsfähigkeit des Mörders Johann Christian Woyzeck, nach Grundsätzen der Staatsarzneikunde aktenmässig erwiesen von Dr. Johann Christian August Clarus […]. In: Zeitschrift für die Staatsarzneikunde (1825), H. 4, 1–97.

– : Früheres Gutachten des Herrn Hofrath Dr. Clarus über den Gemützzustand des Mörders Joh. Christ. Woyzeck, erstattet am 16. September 1821. In: Zeitschrift für die Staatsarzneikunde (1826), H. 5, 129–149.

Dedner, Burghard: Die Handlung des Woyzeck: wechselnde Orte – »geschlossene Form«. In: GBJb 7 (1988/89) 1991, 144–170.

– (Hg.): Georg Büchner: Woyzeck. Studienausgabe. Nach der Edition von Thomas Michael Mayer. Stuttgart 1999.

– (Hg.): Georg Büchner: Woyzeck. Erläuterungen und Dokumente. Stuttgart 2005.

– (Hg.): Georg Büchner: Woyzeck. Leonce und Lena. Stuttgart 2007.

Elm, Theo: Georg Büchner: Woyzeck. Zum Erlebnishorizont der Vormärzzeit. In: Dramen des 19. Jahrhunderts. Interpretationen. Stuttgart 1997, 141–171.

Foucault, Michel: Überwachen und Strafen. Die Geburt des Gefängnisses. Frankfurt a. M. 1977 (frz. 1975).

Franzos, Emil: Über Georg Büchner. In: Deutsche Dichtung 29 (1901), H. 8, 195–203, H. 12, 289–300.

Friedreich, Johann Baptist: Systematisches Handbuch der gerichtlichen Psychologie für Medicanalbeamte, Richter und Vertheidiger. Leipzig 1835.

Gemünden, Gerd: Die hermeneutische Wende. Disziplin und Sprachlosigkeit nach 1800. New York 1990.

Glück, Alfons: ›Der ökonomische Tod‹. Armut und Arbeit in Georg Büchners Woyzeck. In: GBJb 4 (1984) 1986a, 167–226.

– : Militär und Justiz in Georg Büchners Woyzeck. In: GBJb 4 (1984), 1986b 227–247.

– : ›Herrschende Ideen‹. Die Rolle der Ideologie, Indoktrination und Desorientierung in Büchners Woyzeck. In: GBJb 5 (1985) 1986c, 52–138.

– : Der Menschenversuch. Die Rolle der Wissenschaft in Georg Büchners Woyzeck. In GBJb 5 (1985) 1986d, 139–182.

– : Woyzeck – Clarus – Büchner. In: GBJb 6 (1987) 1990a, 425–440.

– : Woyzeck. Ein Mensch als Objekt. In: Georg Büchner. Interpretationen. Stuttgart 1990b, 177–215.

Grohmann, Johann Christian August: Ueber die zweifelhaften Zustände des Gemüths, besonders in Beziehung auf ein von dem Herrn Hofrath Dr. Clarus gefälltes gerichtsärztliches Gutachten. In: Zeitschrift für die Anthropologie. Hg. von Friedrich Nasse (1825), H. 2, 291–337.

– : Mittheilungen zur Aufklärung der Criminal-Psychologie und des Strafrechts. Auch Lesefrüchte für Heinroth's Criminal-Psychologie. Heidelberg 1833.

Heinroth, Johann Christian August: System der psychischgerichtlichen Medizin, oder theoretisch-praktische Anweisung zur wissenschaftlichen Erkenntniß und gutachtlichen Darstellung der krankhaften persönlichen Zustände, welche vor Gericht in Betracht kommen. Leipzig 1825.

– : Grundzüge der Criminal-Psychologie. Berlin 1833.

Klotz, Volker: Geschlossene und offene Form im Drama [1969]. München [10]1980.

Knapp, Gerhard P.: Georg Büchner. Stuttgart [3]2000.

Köhnen, Ralph: ›Wenn einem die Natur kommt‹. Mensch/Maschine in Büchners Woyzeck. In: Susanne Knoche/Lennart Koch/Ralph Köhnen (Hg.): Lust am Kanon. Denkbilder in Literatur und Unterricht. Frankfurt a. M./Berlin/Bern 2003, 147–168.

Kubik, Sabine: Krankheit und Medizin im literarischen Werk Georg Büchners. Stuttgart 1991.

Ludwig, Peter: »Es gibt eine Revolution in der Wissenschaft«. Naturwissenschaft und Dichtung bei Georg Büchner. St. Ingbert 1998.

Marc, Carl Moritz: War der am 27ten August 1824 zu Leipzig hingerichtete Mörder Johann Christian Woyzeck zurechnungsfähig? Bamberg 1825.

Martin, Ariane: Georg Büchner. Stuttgart 2007.

Mautner, Franz H.: Wortgewebe, Sinngefüge und ›Idee‹ in Büchners »Woyzeck« [1961]. In: Wolfgang Martens (Hg.): Georg Büchner. Darmstadt 1965, 507–554.

Mayer, Thomas Michael: Thesen und Fragen zur Konstituierung des Woyzeck-Textes. In: GBJb 8 (1990–94) 1995, 217–238.

Neumeyer, Harald: ›Hat er schon seine Erbsen gegessen?‹ Georg Büchners Woyzeck und die Ernährungsexperimente im ersten Drittel des 19. Jahrhunderts. In: DVjs 83 (2009), 218–245.

Oesterle, Günter: Das Komischwerden der Philosophie in der Poesie. Literatur-, philosophie- und gesellschaftsgeschichtliche Konsequenzen der ›voie physiologique‹ in Georg Büchners Woyzeck. In: GBJb 3 (1983), 200–239.

Pabst, Reinhard: Zwei unbekannte Berichte über die Hinrichtung Johann Christian Woyzecks. In: GBJb 7 (1988/89) 1991, 338–350.

Pethes, Nicolas: ›Viehdummes Individuum‹, ›unsterblichste Experiment‹. Elements of a Cultural History of Human Experimentation in Georg Büchner's Dramatic Case Study Woyzeck. In: Monatshefte 98 (2006), Nr. 2, 68–82.

Poschmann, Henri: Textgeschichte als Lesergeschichte. Zur Entzifferung der Woyzeck-Handschriften. In: Ders. (Hg.): Wege zu Georg Büchner. Internationales Kolloquium der Akademie der Wissenschaften (Berlin-Ost). Berlin 1992, 193–203.

Poschmann, Henri (Hg.): Georg Büchner: Woyzeck. Text und Kommentar. Frankfurt a. M. 2008.

Reil, Johann Christian: Ueber die Erkenntniss und Cur der Fieber. 4. Bd.: Nervenkrankheiten. Halle 1805.

Reuchlein, Georg: Das Problem der Zurechnungsfähigkeit bei E.T.A. Hoffmann und Georg Büchner. Zum Verhältnis von Literatur, Psychiatrie und Justiz im frühen 19. Jahrhundert. Frankfurt a. M./Bern/New York 1985.

Roth, Udo: Georg Büchners *Woyzeck* als medizinhistorisches Dokument. In: GBJb 9 (1995–1999) 2000, 503–519.

Schmid, Gerhard (Hg.): Georg Büchner. »Woyzeck«. Faksimileausgabe der Handschriften. Transkription, Kommentar, Lesartenverzeichnis. Leipzig 1981.

Schößler, Franziska: Einführung in das bürgerliche Trauerspiel und das soziale Drama. Darmstadt 2003.

Walter, Ursula: Der Fall Woyzeck. Eine Quellen-Dokumentation. In: GBJb 7 (1988/89) 1991, 351–380.

Harald Neumeyer

Exkurs: Soziales Drama

Georg Büchner kann als ›Diskursbegründer‹ des sozialen Dramas gelten, das das Personal als Spielball der jeweiligen gesellschaftlich-sozialen Verhältnisse konzipiert und die (Sprach-)Autonomie des Subjekts in radikaler Manier aufkündigt. Insbesondere Büchners Drama »Woyzeck« markiert, so wäre genauer zu formulieren, die Schnittstelle zwischen dem im 18. Jahrhundert entstehenden bürgerlichen Trauerspiel (vgl. Rochow 1999) und dem sozialen Drama – zwei Gattungen, die die durch gesellschaftliche Entwicklungen benachteiligten, von politischen oder wirtschaftlichen Ressourcen ausgeschlossenen Bevölkerungsschichten ›tragikfähig‹ machen. Das *tertium comparationis* von bürgerlichem Trauerspiel und sozialem Drama besteht darin, dass gesellschaftlich eindeutig positionierte, unterprivilegierte Figuren, die am symbolischen oder/und ökonomischen Kapital der Gesellschaft nicht partizipieren, zu Protagonisten tragischer Ausdrucksformen werden (vgl. Schößler 2008, 7), wodurch sich das traditionelle Konzept des Tragischen nachhaltig modifiziert (vgl. Ter-Nedden 1986; Guthke 2006, 18).

Hatte die traditionsreiche Ständeregel das hohe Genre der Tragödie einem hohen Personal, Königen und Göttern, vorbehalten, so unterläuft das von Denis Diderot, Louis Sébastien Mercier und George Lillo beeinflusste deutsche bürgerliche Trauerspiel diese hierarchisierende Repräsentationsregel. Damit handelt es sich allerdings das Problem der Fallhöhe ein bzw. muss Strategien entwickeln, um das (gleichförmige) Leben der Bürgerlichen zur Tragödie zuzuspitzen; die ›bürgerliche Tragödie‹ steht unter dem Legitimationsdruck, das tragische Konfliktpotenzial bürgerlicher Existenz plausibel zu machen. Das soziale Drama, das seit dem 19. Jahrhundert bis heute attraktiv ist, verschiebt – den Fokus auf exkludierte Figuren aufnehmend und verschärfend – die Tragödie in die Unterschichten, lässt dem gegen das Bürgertum scharf abgegrenzten vierten ›Stand‹, den Proletariern und Kleinbürgern, tragische Dignität zukommen und zeigt diese als Opfer unerbittlicher (meist ökonomischer) Verhältnisse; es geht mithin nicht primär um die Tragik-, sondern die »Quälfertigkeit« der Figuren (Aust/Haida/Hein 1989, 286). Werden die Fragen gestellt: Wer ist tauglich zu leiden?, Wer ist tragikfähig?, so lassen sich bürgerliches Trauerspiel und soziales Drama als verwandte Spielarten behandeln und einer gemeinsamen Geschichte der Deklassierung und des Ringens um (ästhetischen) Ausdruck, sprich um kulturelle Repräsentanz, zuordnen. Vielfach sind es allerdings bürgerliche Autoren, die sich zum Sprachrohr von Minoritäten machen, so dass die Unterprivilegierten zum Gegenstand projektiver Zuschreibungen werden (vgl. Bogdal 1978). In den sozialen Dramen, die sich den Opfern des wirtschaftsliberalistisch-bürgerlichen Fortschritts widmen, manifestiert sich neben dem gesellschaftskritischen Anliegen der Autoren auch die Berührungsangst vor dem plebejischen Milieu, vor Verfall und Abstieg.

Vom Standeskonflikt zur Ökonomie

Büchners Drama »Woyzeck«, das die Transposition des bürgerlichen Trauerspiels zum sozialen Drama vornimmt, hat mit ersterem noch Einiges gemein, beispielsweise den familialen Konflikt (vgl. Hassel 2001), die gesellschaftliche Spannung zwischen höheren und niederen Klassenrepräsentanten, wie sie die Dramen des Sturm und Drang seit den 1770er Jahren profilieren, sowie das Finale: Die kanonischen bürgerlichen Trauerspiele von Lessing bis Schiller konzentrieren sich mit wenigen Ausnahmen auf das enge Vater-Tochter-Verhältnis und enden häufig mit dem Tod der jungen Frau als schwächstem Glied der bürgerlichen Ordnung (vgl. Komfort-Hein 1995; Prutti 1996). In »Woyzeck« bleibt ebenfalls eine junge Frau, eine ›schöne Leiche‹, auf dem Schlachtfeld des Dramas zurück, hier die Geliebte des Protagonisten.

Büchner potenziert das Skandalon, das das bürgerliche Trauerspiel vor dem Hintergrund der ästhetischen Gattungstradition bedeutet hatte, denn er macht einen völlig Depravierten, einen Protoproletarier zum Gegenstand einer Tragödie, wobei die gesellschaftlich-soziale Position seines Protagonisten deutlich markiert ist – ähnlich wie in den für Büchner vorbildlichen Dramen von Jakob Michael Reinhold Lenz. Auf diese Weise stellt Büchner das verallgemeinernde Ethos des bürgerlichen Trauerspiels, insbesondere während seiner Entstehungsphase, in Frage. Lessings einflussreiche Mitleidsdramaturgie ist auf den Menschen als universale Kategorie ausgerichtet (die freilich eine bürgerliche ist), während Büchner (wie bereits die Sturm und Drang-Dramen) die Sozialstruktur bzw. den gesellschaftlichen Habitus der Figuren präzisiert und so die bürgerliche Tugendproklamation einer Kritik unterzieht: Das Drama »Woyzeck« lässt deutlich werden, dass moralische Forderungen an ökonomische Bedingungen gebunden sind, dass das bürgerliche Tugendkonzept

die Grenze zur pauperisierten Unterschicht abriegelt, also als gesellschaftliche Exklusionsstrategie fungiert, und dass das aufklärerische Mitleidsethos dem ästhetischen Selbstgenuss des Bürgers dient (vgl. Poschmann 1983, 273).

Armut als Fatum

Diese kritische Analyse bürgerlicher Identitätsprogramme verdankt sich dem neuen Sujet, das Büchner entdeckt und das die sozialen Dramen seit dem 19. Jahrhundert gemeinhin verhandeln – der ökonomischen Misere, die die Figuren determiniert. Im 19. Jahrhundert treten die Besitzverhältnisse als Movens der dramatischen Entwicklung in den Vordergrund, wie sich in Büchners Dramatik in aller Deutlichkeit zeigt. Im »Woyzeck«, einem Drama, dem die Entdeckung des Geringen gelingt, wie auch Elias Canetti betont, verkörpert die wirtschaftliche Situation das unerbittliche Schicksal, das Fatum. »Die Armut steht im Woyzeck logisch an dem Ort, an dem in der attischen Tragödie das ›Schicksal‹ steht: sie ist die Prämisse des tragischen Syllogismus« (Glück 1984, 194). Diese Transformation kann aus gesellschaftlicher Perspektive auf die krisenhafte Formation des Bürgertums im frühen 19. Jahrhundert zurückgeführt werden, auf die zunehmende ›Konsolidierung‹ bürgerlicher Werte und die Zementierung ökonomisch sanktionierter Grenzziehungen zwischen den Klassen (vgl. Dosenheimer 1949). Nicht mehr der dritte Stand muss sich um die Partizipation an auratischen Pathosformeln bemühen, sondern die ästhetische Repräsentation der Unterschicht, der verarmenden Kleinbürger, Angestellten, Bauern und Arbeiter, vor allem auch der Frauen, die lange Zeit aus dem ökonomischen System ausgeschlossen bleiben, wird zum Einspruch gegen die gesellschaftliche Hierarchie, gegen die Verteilung der Ressourcen. Wird Ökonomie zum dramatischen Subjekt, so ist diese Anlage auch in formaler Hinsicht konsequenzenreich: Es entsteht eine Poetik der Determination, wie sie die sozialen Dramen seit dem 19. Jahrhundert in unterschiedlichen Facetten ausarbeiten.

Poetik der Determination

Die niedrige gesellschaftliche Position der *dramatis personae*, ihre Sprachohnmacht und Determiniertheit, verlangt eine bestimmte Formensprache der Stücke. Das handlungs- und sprachunfähige ›Objekt‹ steht gemeinhin den abstrakten Verhältnissen gegenüber, so dass das soziale Drama, und damit

auch Büchners »*Woyzeck*« zur Epik, das heißt zu Zu-
standsschilderungen, und zu offenen Strukturen
tendiert. Burghard Dedner betont zwar die Geschlossenheit, die das Stück aus einer bestimmten
Perspektive besitzt und die das Unweigerliche des
tödlichen Ausgangs unterstreicht (vgl. Dedner
1988/89), gleichwohl lassen sich in Büchners »*Woyzeck*« Merkmale des offenen Dramas ausmachen. An
die Stelle einer sich linear entwickelnden, kausalge-
netischen Handlung treten im offenen Drama häufig
diverse gleichberechtigte Stränge, also eine Form
von »Polymythie«, wie Volker Klotz in seiner immer
noch einschlägigen Studie über offene und geschlossene Dramenformen ausführt. Selbst die parallelen
Einzelhandlungen müssen kein geschlossenes Kontinuum bilden, sondern können »punktuelle Begeb-
nisfolgen ohne Szenenbindung« sein (Klotz 1968,
102). Das Geschehen ereignet sich, so lässt sich anhand des Dramas *Die Soldaten* von Lenz zeigen, in
isolierten einzelnen Stationen (ebd., 103). In einem
offenen Drama ergeben sich diese Einzelszenen
nicht konsequent aus der vorhergehenden Szene, sie
sind tendenziell austauschbar und damit episch angelegt, denn sie dienen eher der Exemplifizierung
von Zuständen als der dramatischen Entwicklung.
Auch in Büchners »*Woyzeck*« geht es primär um den
(unerträglichen) Zustand der Unterdrückung und
der Angst, der sich dann in einer dramatischen Aktion entlädt. An die Stelle linearer Handlung treten
im offenen Drama meist andersartige Kohäsions-
muster, die die Einheit der Handlung ersetzen, in
Büchners Stücken die ›rhetorische Verklammerung‹
durch metaphorische Ketten, Leitmotive und rekur-
rente Formulierungen, die die Textsequenzen vernetzen (ebd., 108).

Der Raum bildet im offenen Drama keinen gleich-
bleibenden, einheitlichen Rahmen, sondern wird
mit seinen Gesetzmäßigkeiten selbst zum Akteur
und vervielfältigt sich, indem die Lokalitäten mehrfach wechseln. In Büchners »*Woyzeck*« spielt das Geschehen in diversen Innen- und Außenräumen, im
städtischen Milieu und in der Natur. Auch diese
›Raumdispersion‹ verweist auf die epische Anlage
der Dramen, denn die Diskontinuität legt eine Erzählfunktion nahe, die die Szenen arrangiert (vgl.
Pfister 1982, 336). Der Pluralisierung der Orte entspricht eine Vervielfältigung der Zeitsequenzen und
-qualitäten. Die Zeit kann ebenfalls zum dramatischen Subjekt werden, wenn beispielsweise in einer
Dramaturgie des Zufalls ein Zu-spät-Kommen das
tragische Geschehen auslöst. Zwischen den Ereignissen sind zudem größere Zeitsprünge möglich, die

den Kausalnexus der Szenen aufsprengen und die
Figuren einer ›reinen‹, erinnerungslosen Gegenwart
ausliefern – ebenfalls Indiz ihrer (Handlungs-)Ohn-
macht. Denn aufgelöst werden Vergangenheits- und
Zukunftsbezüge, die es der Person ermöglichten, ihren jetzigen Zustand in eine umfassende Entwicklung zu integrieren und mit Bedeutung zu versehen
(vgl. Klotz 1968, 123 f.). Büchners Stück macht kaum
Aussagen über die genauen zeitlichen Abläufe, so
dass der Eindruck eines endzeitlichen Zustands, einer andauernden Apokalypse entsteht, zumal das
wissenschaftliche Experiment einen längeren Zeitraum voraussetzt, das Stück also nicht im Jetzt des
dramatischen Moments aufgehen kann.

Ausdifferenzierung der Sprache

Der Vielfalt der Orte und Zeitsequenzen entspricht
die Ausdifferenzierung eines milieugebundenen
Sprechens, wie es auch in Büchners Dramen dominiert. Die Figuren werden durch Dialekte und Sozio-
lekte sozial verortet und können sich zusätzlich
durch persönliche Spracheigentümlichkeiten, durch
Idiolekte, auszeichnen. Über Aposiopesen, Anakolu-
the und Ellipsen, über Abbrüche und unvollständige
Sätze, entsteht der Eindruck von Sprachohnmacht
und alltagssprachlicher Mündlichkeit; der Dialog im
naturalistischen Sozialdrama beispielsweise nimmt
»die Aufnahmen späterer Phonogrammarchive vorweg […]« (Szondi 1978, 66). Zu der notorischen
Spracharmut, die die sozialen Dramen inszenieren,
gehört ein Phänomen, das bereits die Stücke des
Sturm und Drang entwickeln und das Ödön von
Horváth im 20. Jahrhundert mit dem Begriff ›Bil-
dungsjargon‹ belegen wird: Die Figuren beherrschen
›ihre‹ Sprache nicht. Sie sprechen ›in fremden Zungen‹, imitieren einen elaborierten Sprachduktus und
entlarven sich durch den falschen Gebrauch von Begriffen. Verbaler Anspruch und Vermögen entsprechen sich nicht, was durch Katachresen, durch den
Zusammenprall von abstrakten und konkreten Formulierungen, durch die Montage von Sprichwörtern
und pseudowissenschaftlichen Wendungen zum
Ausdruck kommen kann. Insbesondere für Figuren,
die gesellschaftlich aufzusteigen versuchen und permanent mit ihrer Degradierung zu rechnen haben,
fungiert die (nicht beherrschte) Sprache als soziales
Kapital. Auch in Büchners Dramen sprechen die Figuren ›in fremden Zungen‹ – im »*Woyzeck*« zitieren
sie Bibelsprüche, volkstümliche Lieder, Märchen
und Sprichwörter. Auch Büchners Figuren verfügen
nicht über eine originale identitätsstiftende Sprache,

die Authentizität für sich in Anspruch nehmen kann, wobei die zahlreichen intertextuellen Bezüge aus der hochkulturellen Sphäre (*Faust*, *Macbeth* etc.) nicht auf der Ebene des Figurenbewusstseins, sondern jenseits dessen angesiedelt sind.

Die Funktion des Milieus

Im sozialen Drama ist vielfach das Milieu dramatischer Akteur, das Einzelleben hingegen Produkt gesellschaftlich-ökonomischer Zustände, was den Status der *dramatis personae* wesentlich beeinflusst. Peter Szondi unterstreicht in seiner *Theorie des modernen Dramas*, die sich der Episierung seit dem ausgehenden 19. Jahrhundert widmet: »Der soziale Dramatiker versucht die dramatische Darstellung jener ökonomisch-politischen Zustände, unter deren Diktat das individuelle Leben geraten ist. Er hat Faktoren aufzuweisen, die jenseits der einzelnen Situation und der einzelnen Tat wurzeln und sie dennoch bestimmen. Dies dramatisch darstellen heißt als Vorarbeit: die Umsetzung der entfremdeten Zuständlichkeit in zwischenmenschliche Aktualität« (ebd., 59). Der Einzelne tritt damit nicht als Individuum auf, sondern vertritt diejenigen, die in gleichen Verhältnissen leben. Sein »Schicksal ist Beispiel, Mittel der Aufzeigung« (ebd., 60). Nicht der singuläre Einzelne, das Original steht im Zentrum des Geschehens, sondern der Typus oder Stellvertreter, der die Verhältnisse kenntlich macht. Damit wird einer personalisierten Konfliktstruktur, wie sie die klassischen Dramen über ihre Antagonisten etablieren, die Grundlage entzogen, wie sich ebenfalls in Büchners Dramen zeigt. In seinem Historiendrama *Danton's Tod* ist der forcierte Antagonismus zwischen Danton und Robespierre lediglich ein scheinbarer, den die Geschichte (durch den Tod beider) bereits widerlegt hat. Und im »Woyzeck« vermeidet der Autor unmittelbare Konfrontationen bis auf die physische Auseinandersetzung zwischen dem Tambourmajor und der Titelfigur (vgl. Hartung 1992).

Geschichte des sozialen Dramas

Das soziale Drama lässt sich also auf das bürgerliche Trauerspiel, insbesondere das soziale Anliegen der Sturm und Drang-Stücke zurückführen, vor allem aber auf die weitreichende Milieuverschiebung, die Georg Büchner vornimmt. Das Trauerspiel, wird es nicht streng an normgebenden Mustern orientiert (vgl. Jacobs 1983, 294), entfaltet im historischen Verlauf eine ganze Genealogie an Varianten, zu denen

auch das soziale Drama gehört und die ihren Fokus im (tragischen) Familialen wie in der gesellschaftlichen Depravation finden. Die Forschung rekonstruiert darüber hinaus eine zweite Entwicklungslinie, die mit dem Altwiener Volksstück beginnt und über das soziale Drama des Naturalismus bis zum neuen Volksstück der 1920/30er Jahre (Ödön von Horváth, Marieluise Fleißer) und der 1970/80er Jahre führt (Peter Turrini, Martin Sperr, Franz Xaver Kroetz). Diese Perspektive trägt dem Umstand Rechnung, dass Figuren aus dem Volk bzw. den unteren Schichten der Ständeregel gemäß eher in niederen (und damit komödiantischen) Formen ihren Platz finden. Das Altwiener Volksstück gehört entsprechend zur Komödie und weist trotz topischer Anlage mit stereotypem Figurenarsenal eine starke Alltagsverhaftung auf (insbesondere durch die Möglichkeit des Extemporierens, der Improvisation, die auf tagespolitische Ereignisse Bezug nehmen kann). Dieses Genre, zu dem auch die versöhnlicheren Volksstücke von Ferdinand Raimund und die satirisch-kritischen von Johann Nepomuk Nestroy zählen (vgl. Schmitz 1990), spielt bis in das 21. Jahrhundert hinein eine Rolle, wie beispielsweise Elfriede Jelineks *Burgtheater. Posse mit Gesang* dokumentiert (vgl. Herzmann 1997).

Auch die naturalistischen sozialen Stücke können einerseits auf die tragische Dramatik Büchners zurückgeführt werden – der engagierte Autor erlebt in den 1890er Jahren eine Renaissance –, andererseits auf das zum ernsten Genre transformierte lustige Volksstück. Diese Verschiebung nimmt der österreichische Autor Ludwig Anzengruber vor, der das Volksstück in den 1870er Jahren mit sozialen Konfliktstoffen wie Urbanisierung, gesellschaftlichen Aufstiegswünschen, Verarmung etc. anreichert. Anzengruber, dessen Bedeutung für den Naturalismus verschiedentlich betont wird (vgl. Aust/Haida/Hein 1989, 234), nimmt damit einige der Innovationen vorweg, die Gerhart Hauptmanns soziale Dramen auszeichnen: die konkrete Schilderung von Räumlichkeiten in Nebentexten, die dialektale wie idiolektische Ausgestaltung der Figurensprache; selbst die Überlagerung von Dramatik und Prosa, wie sie im fünften Akt von Hauptmanns *Vor Sonnenaufgang* herrscht, findet sich vereinzelt. Die musikalischen Elemente, die für das Volksstück und die Posse charakteristisch sind, motiviert Anzengruber durch das Bühnengeschehen, integriert sie also in die realistisch-illusionistische Handlung.

Sozialdramatik im Naturalismus

Die Stücke, die um 1890 als soziale Dramen die deutschsprachigen Bühnen zu erobern beginnen, verdichten die gesellschaftlich-soziale Konkretion der Konflikte zu Milieustudien und behandeln ihre Figuren nachdrücklich als Produkte ihrer labilen Lebensumstände, wie es im 19. Jahrhundert der Sozialdarwinismus, die Vererbungstheorien sowie die neu aufkommende Wissenschaft der Physiologie vorgeben. Das Milieu wird zum unentrinnbaren Schicksal, wie beispielsweise in Hauptmanns skandalumwittertem Erstling *Vor Sonnenaufgang*, der die Unentrinnbarkeit des Alkoholismus als generationenübergreifendes Fatum inszeniert. In Hauptmanns *Rose Bernd*, einem Kindermord-Drama in der Tradition des bürgerlichen Trauerspiels, verdichtet sich die Ausweglosigkeit des weiblichen Schicksals in apokalyptischen Bildern, die Büchners ›Anti-Märchen‹ aus dem »*Woyzeck*« aufrufen. Im Anschluss an den ›nordischen‹ Naturalismus (Henrik Ibsen) und den französischen (Émile Zola) treten neue Themen ins Zentrum – Degeneration durch vererbbaren Alkoholismus, Determination durch die physiologische Ausstattung, Pauperisierung, die Sehnsucht nach Aufstieg sowie die Angst vor dem Abstieg im urbanen Milieu. Jegliche Autonomie des Handelns wird verabschiedet, der Einzelne ist wie im Schicksalsdrama Spielball vererbbarer, über Generationen hinweg geltender (biologischer) Gesetze, so dass die Stücke unweigerlich der Poetik der Determination folgen. Auch Hauptmanns Stücke sind episch-analytisch angelegt, schildern Zustände, die allein durch einen Fremden aus der Ferne ihren latenten Konfliktstoff entfalten. Allerdings spielen die naturalistischen Dramen meist im bürgerlichen Milieu, nicht aber im plebejischen – Hermann Sudermanns Erfolgsstück *Die Ehre* ebenso wie *Die Familie Selicke* von Arno Holz/Johannes Schlaf und Hauptmanns *Vor Sonnenaufgang*; sein Drama *Die Weber*, das die anonyme Masse zur *dramatis personae* macht, bildet eine Ausnahme.

Das 20. und 21. Jahrhundert

Das soziale Drama erlebt in den 1920er und 1930er Jahren, also in der Zeit des *inter bellum*, einen erneuten Höhepunkt (vgl. Jacobs 1983; Kormann 1990) – wohl auch deshalb, weil es als Gattung der ›misérables‹ die Artikulation von (narzisstischen) Verletzungen nach dem Ersten Weltkrieg ermöglicht; die fatalen Konsequenzen dieses zeithistorischen Geschehens schildern Ernst Tollers Dramen, beispielsweise *Der deutsche Hinkemann*. Ein weiterer Grund für die Attraktivität des sozialen Dramas mag sein, dass das Genre die politischen Umgestaltungen, den sich formierenden Faschismus, die Massenbewegungen und -gesetze zu veranschaulichen vermag – so bei Horváth und Fleißer, die in ihren Ingolstädter Stücken (u. a. *Pioniere in Ingolstadt*) den ›Rudelgesetzen‹ der Masse nachgeht. Ein dritter Grund für das Interesse am sozialen Drama in dieser Phase könnte sein, dass es sich, anders als die auf individuelles Pathos angelegte Tragödie, in besonderem Maße für Typisierungen, für Formen der Entindividualisierung eignet, damit den antipsychologischen Tendenzen der neuen Sachlichkeit entgegenkommt, wie sie auch Bertolt Brechts frühe Dramen kennzeichnen. Den Autoren und Autorinnen der 1920er und 1930er Jahre gilt das ›neue Volksstück‹, so der bevorzugte Begriff, als »unbeschönigende, entlarvende Darstellung der alltäglichen, modernen, geschlossenen Gesellschaft (unter besonderer Berücksichtigung ihrer schwachen Exponenten)« (Aust/Haida/Hein 1989, 283).

Dominiert in den Dramen der DDR seit den 1950er Jahren – dem ebenso verbindlichen wie dehnbaren Programm des sozialistischen Realismus entsprechend – die soziale Thematik, so findet in der BRD im Zuge der Politisierung des Theaters um 1968 eine Renaissance des sozial engagierten Volksstückes statt; Sperr, Kroetz, Rainer Werner Fassbinder und Turrini, sie alle schreiben sozialkritische Kleinbürger- oder Bauerndramen, ausgehend von einer emphatischen Wiederentdeckung Horváths und Fleißers. Nach 1989 lässt sich in Deutschland eine erneute Vorliebe für das soziale Drama feststellen, die ganz wesentlich mit den gesellschaftlichen Ungleichgewichten, mit der zunehmenden Undurchlässigkeit der sozialen Schichten und der prekären Lebenssituation durch Arbeitslosigkeit als neues Tragödiensujet in Zusammenhang steht (vgl. Schößler 2004, 288). Oliver Bukowski, Dea Loher, Marius von Mayenburg, Gesine Danckwart, Thomas Jonigk, Kathrin Röggla, um nur einige zu nennen, greifen das soziale Drama auf und hybridisieren es durch die Überlagerung mit der Groteske, der Posse und dem Dokumentartheater – meist wird der Mitleidsästhetik, wie sie Kroetz in den 1980er Jahren vertreten hatte, eine Absage erteilt. Büchner bleibt auch für diese neueste soziale Dramatik vorbildlich, wie sich zum Beispiel an Lohers Stationendrama *Adam Geist* und Kroetz' spätem Stück *Der Drang* zeigen ließe.

Literatur

Aust, Hugo/Haida, Peter/Hein, Jürgen: Volksstück. Vom Hanswurstspiel zum sozialen Drama der Gegenwart. München 1989.

Bogdal, Klaus-Michael: Schaurige Bilder. Der Arbeiter im Blick des Bürgers. Frankfurt a. M. 1978.

Dedner, Burghard: Die Handlung des *Woyzeck*: wechselnde Orte – ›geschlossene Form‹. In: GBJb 7 (1988/89) 1991, 144–170.

Dosenheimer, Elise: Das deutsche soziale Drama von Lessing bis Sternheim. Konstanz 1949.

Glück, Alfons: Der ›ökonomische Tod‹. Armut und Arbeit in Georg Büchners *Woyzeck*. In: GBJb 4 (1984) 1986, 167–226.

Guthke, Karl S.: Das deutsche bürgerliche Trauerspiel. Stuttgart ⁶2006.

Hartung, Günter: Die Technik der *Woyzeck*-Entwürfe. In: Henri Poschmann (Hg.): Wege zu Georg Büchner. Internationales Kolloquium der Akademie der Wissenschaften (Berlin-Ost). Berlin 1992, 204–233.

Hassel, Ursula: Familie im Drama. Bielefeld 2001.

Herzmann, Herbert: Tradition und Subversion. Das Volksstück und das epische Theater. Tübingen 1997.

Jacobs, Jürgen: Zur Nachgeschichte des Bürgerlichen Trauerspiels im 20. Jahrhundert. In: Hans Dietrich Irmscher/Werner Keller (Hg.): Drama und Theater im 20. Jahrhundert. Festschrift für Walter Hinck. Göttingen 1983, 294–307.

Klotz, Volker: Geschlossene und offene Form im Drama. München ³1968.

Komfort-Hein, Susanne: »Sie sei wer sie sei«. Das bürgerliche Trauerspiel um Individualität. Pfaffenweiler 1995.

Kormann, Eva: »Der täppische Prankenschlag eines einzelgängerischen Urviechs…«. Das neue kritische Volksstück. Struktur und Wirkung. Tübingen 1990.

Pfister, Manfred: Das Drama. Theorie und Analyse. München 1982.

Poschmann, Henri: Georg Büchner. Dichtung der Revolution und Revolution der Dichtung. Berlin/Weimar 1983.

Prutti, Brigitte: Bild und Körper. Weibliche Präsenz und Geschlechterbeziehungen in Lessings Dramen ›Emilia Galotti‹ und ›Minna von Barnhelm‹. Würzburg 1996.

Rochow, Christian: Das bürgerliche Trauerspiel. Stuttgart 1999.

Schmitz, Thomas: Das Volksstück. Stuttgart 1990.

Schößler, Franziska: Augen-Blicke. Erinnerung, Zeit und Geschichte in Dramen der neunziger Jahre. Tübingen 2004.

–: Einführung in das bürgerliche Trauerspiel und das soziale Drama. Darmstadt ²2008.

Szondi, Peter: Theorie des modernen Dramas. In: Ders.: Schriften. Bd. 1. Frankfurt a. M. 1978, 9–148.

Ter-Nedden, Gisbert: Lessings Trauerspiele. Der Ursprung des modernen Dramas aus dem Geist der Kritik. Stuttgart 1986.

Franziska Schößler

8. Naturwissenschaftliche Schriften

8.1 Textgrundlage

Von Büchner sind zwei naturwissenschaftliche Texte überliefert, das *Mémoire sur le système nerveux du barbeau (Cyprinus barbus L.)* (MBA 8, 4; DKV II, 69) und die von Büchner-Editoren sogenannte »Probevorlesung« (MBA 8, 121), bekannt auch unter dem gleichfalls nicht von Büchner stammenden, sondern von Franzos eingeführten Titel »*Über Schädelnerven*« (DKV II, 157). Beide Texte argumentieren im Rahmen der vergleichenden Anatomie, sind also der Zoologie und keineswegs der Medizin zuzuordnen.

Das *Mémoire* ist der einzig überlieferte Text, den Büchner auf Französisch geschrieben hat; eine eigenhändige Übersetzung in das Deutsche existiert nicht. Thema des *Mémoire* ist das Nervensystem der Flussbarbe, eines im frühen 19. Jahrhundert in der Gegend von Straßburg noch häufig vorkommenden Süßwasserfischs. Das *Mémoire*, ein im Erstdruck 57 Seiten langer Text, gliedert sich in zwei Teile: In einer »Partie descriptive« (MBA 8, 4; DKV II, 69), also einem beschreibenden Teil, werden zunächst in einer empirisch orientierten Darstellung anatomische Befunde präsentiert. In einer »Partie philosophique« (MBA 8, 66; DKV II, 115), also einem ›philosophisch‹ genannten Teil, werden sodann aus diesen Beobachtungen mit den Mitteln der vergleichenden Anatomie allgemeine Schlussfolgerungen hinsichtlich der Entwicklungsgeschichte der Nerven und der Wirbel gezogen.

Die »*Probevorlesung*«, mit knapp 20 handschriftlichen Seiten sehr viel kürzer als das *Mémoire*, beginnt mit einer Reflexion über die methodischen Optionen, zwischen denen sich eine zoologische Forschung in den 1830er Jahren zu positionieren hat. Nach dieser methodologischen Einleitung schließt die »*Probevorlesung*« dann aber thematisch – bis hin zum ausführlichen Selbstzitat – an die *Mémoire* an. Die beschreibenden Anteile werden zurückgenommen, die theoretischen Konsequenzen akzentuiert.

Entstehung

Mémoire und »*Probevorlesung*« sind im Kontext von Büchners Universitätskarriere entstanden. Ausgehend vom wirkmächtigen, durch Karl Gutzkow etablierten und bis heute verbreiteten Bild Büchners als eines Dichter-Arztes mag es verwundern, dass diese Texte von der Neuroanatomie eines Tieres und nicht von der Krankheit eines Menschen handeln. Ein Blick in die Entstehungszusammenhänge zeigt jedoch, dass Büchners Themenwahl konsequent und unser Bild vom dichtenden Arzt korrekturbedürftig ist (vgl. zum Folgenden Dedner/Lenné in MBA 8, 175–223; vgl. zur Entstehungsgeschichte insgesamt auch Roth 2004, 18–84).

Büchner agierte in den Jahren von 1831 bis 1837, also von seinem Schulabschluss bis zu seinem Tod, als Revolutionär, als Dichter und als Wissenschaftler. Seine Auseinandersetzung mit den Wissenschaften orientierte sich dabei an drei Bereichen: erstens an der Medizin, die als ursprüngliches Berufsziel in seinem Schulabschlusszeugnis vermerkt ist und für deren Studium er sich sowohl in Straßburg als auch in Gießen immatrikulierte; zweitens an der Philosophie, für die er nachweislich universitäre Kurse belegte und die er auch an der Universität zu unterrichten beabsichtigte; drittens an der Zoologie. Im Vergleich zu Medizin und Philosophie kommt der Zoologie bzw. der vergleichenden Anatomie eine besondere Rolle zu. Sie avancierte zum Schwerpunkt seines Studiums, bildete den Bezugspunkt für Dissertation und Probevorlesung und war Gegenstand der einzigen, von Büchner selbst unter dem Titel »Zootomische Demonstrationen« abgehaltenen universitären Lehrveranstaltung sowie einer für das Sommersemester 1837 angekündigten Vorlesungsreihe über die »Vergleichende Anatomie der Wirbelthiere«.

Die sukzessive Hinwendung zum naturwissenschaftlichen Fach der Zoologie begann vermutlich schon in Büchners ersten beiden Studienjahren in Straßburg (1831–1833). Hier traf Büchner auf die beiden akademischen Lehrer, die später sein Dissertationsprojekt förderten, auf Georges-Louis Duvernoy und Ernest-Alexandre Lauth. Duvernoy, den Büchners Bruder Ludwig als »Professor der Zoologie« (zit. n. MBA 8, 182) bezeichnet, war Vertreter der empirischen, sich um Georges Cuvier gruppierenden Richtung der zoologischen Forschung. Lauth hingegen tendierte zu naturphilosophischen Ansichten, wie sie in Frankreich prominent von Étienne Geoffroy Saint-Hilaire, in Deutschland von Lorenz Oken vertreten wurden. Bei Duvernoy wird Büchner wahrscheinlich Vorlesungen zur »Historie Naturelle«, also zur Naturgeschichte bzw. Zoologie gehört haben; von Lauth wird er wahrscheinlich in die Grundlagen des anatomischen Präparierens – Bestandteil sowohl der medizinischen als auch der na-

turwissenschaftlichen Basisausbildung – eingeführt worden sein.

Früh schon wurde für Büchner damit die Spannung zwischen empirischer und naturphilosophischer Methodik greifbar. Auf eigentümliche Weise wiederholte sich diese Konstellation während seiner Studienzeit in Gießen (1833–1834), wo Büchner auf Friedrich Christian Gregor Wernekinck und Johann Bernhard Wilbrand traf. Wernekinck lehrte u. a. vergleichende Anatomie im Anschluss an die empirische Methode Cuviers; vor allem aber besuchte Büchner bei ihm die praxisorientierten Sezierkurse, in denen er das bei Lauth gelernte Präparieren perfektionierte und sich mit den »damals landläufigen Wirbeltheorien« (Vogt zit. n. MBA 8, 187) auseinandersetzte. Wilbrand hingegen trat als dezidiert naturphilosophischer Zoologe auf, dessen Vorlesungen – z. B. zur »Naturgeschichte des Thierreichs« (zit. n. MBA 8, 185) – in der Tradition Schellings und in methodischer Nähe zu Oken argumentierten. Auch in Gießen war Büchners Studium also mehr naturwissenschaftlich als medizinisch orientiert; und auch hier war die Spannung zwischen naturphilosophischer und empirischer Forschung deutlich zu spüren.

Nach seiner Flucht aus Darmstadt schloss Büchner das Studium während seines zweiten Straßburger Aufenthalts (1835–1836) ab. Zwar übersetzte er in dieser Zeit auch zwei Dramen Hugos, entwarf den »Lenz«, schrieb Leonce und Lena, begann mit dem »Woyzeck« und verfasste seine philosophischen Skripte. Dennoch lag der Akzent seiner Arbeit eindeutig in den naturwissenschaftlichen Studien und hier in der Zoologie und vergleichenden Anatomie. Ziel war die Promotion; Duvernoy und Lauth wirkten dabei als Mentoren, die den Prozess der Themenfindung, der Ausarbeitung und der Publikation förderten und begleiteten. Die Suche nach einem Promotionsthema begann wahrscheinlich schon in der letzten Gießener und Darmstädter Zeit; überliefert ist diese – noch zwischen Philosophie und Zoologie schwankende – Suchbewegung dann in einem Brief aus dem Oktober 1835: »Auch sehe ich mich eben nach Stoff zu einer Abhandlung über einen philosophischen oder naturhistorischen Gegenstand um.« (DKV II, 419) Die Entscheidung für das naturwissenschaftliche Thema fiel mit dem Plan zusammen, sich mit den Forschungsergebnissen nicht in Straßburg, sondern in Zürich zu promovieren, und dies mit der Aussicht, dort als Dozent Arbeit zu finden. Im Winter 1835/36 entwarf Büchner eine erste Fassung seiner Abhandlung, im Frühjahr weitete er die Fragestellung aus. Im April und Mai 1836 trug er in drei Sitzungen der »Société d'historie naturelle de Strasbourg« eine nicht erhaltene, aber durch ein Sitzungsprotokoll erschließbare Lesefassung der Abhandlung vor, woraufhin, so berichtet Büchner, »die Gesellschaft sogleich beschloß, sie unter ihren Memoiren abdrucken zu lassen« (DKV II, 437). Wahrscheinlich am 31. Mai 1835 reichte er eine Schlussfassung ein, deren Druck vermutlich Ende Juli abgeschlossen und damit Grundlage der Züricher Promotion wurde. Der Sammelband, in dem Büchners Abhandlung enthalten ist, erschien erst im Frühjahr 1837, also nach seinem Tod.

Dank dem *Mémoire* wurde Büchner also von der Züricher Universität promoviert. Um dort auch als Dozent tätig werden zu können, musste er aber zudem noch zum Privatdozenten habilitiert werden. Promoviert wurde Büchner auf Basis seines Textes, zur Habilitation jedoch war laut Universitätsordnung eine »öffentliche Probevorlesung« (zit. n. MBA 8, 211) von Nöten. Eingeladen dazu wurde er am 3. September 1835; am 18. Oktober reiste er nach Zürich; am 5. November hielt er die Vorlesung. Die Entscheidung, auch die Probevorlesung einem naturwissenschaftlichen und nicht einem philosophischen Thema zu widmen, fiel vermutlich erst in Zürich. Die »*Probevorlesung*« wurde also wahrscheinlich in nur 10 Tagen geschrieben, und dies in einem sehr ökonomischen, die Erkenntnisse und Materialien der Dissertation großflächig einbeziehenden Verfahren. Nach der Probevorlesung wurde Büchner zum Privatdozenten der Universität Zürich ernannt und begann umgehend, noch im Wintersemester 1836/37, mit dem Kursus »Zootomische Demonstrationen«.

Überlieferung, Editionen

Für das *Mémoire* ist keine Handschrift überliefert. Es existiert allein die Druckfassung, und zwar als Separatdruck und als Bestandteil der »Mémoires de la Société du Muséum d'histoire naturelle de Strasbourg«. Während Büchners Dissertation von der zoologischen Fachwelt mit Anerkennung aufgenommen und auch in einigen ihrer Ergebnisse noch bis in das 20. Jahrhundert hinein zitiert wurde (vgl. die entsprechenden Zeugnisse in MBA 8, 579–638), nahm die literarische und literaturwissenschaftliche Rezeption Büchners von diesem Text zunächst kaum Notiz. Die von Ludwig Büchner 1850 herausgegebenen *Nachgelassenen Schriften* verweisen nur im biographischen Teil auf das *Mémoire*; die 1879 von Emil

Franzos besorgte Ausgabe gibt nur eine Übersetzung der Schlusspassage. Erst 1922 nahm Fritz Bergemann den Text in seine Büchner-Ausgabe auf, allerdings ohne die wichtigen Tabellen und die Abbildungstafel zu berücksichtigen, ein Manko, das erst Lehmanns Ausgabe von 1967 behob. Erst 1994 erschien eine vollständige Übersetzung des französischen Textes ins Deutsche, besorgt von Otto Döhner. Sowohl DKV als auch MBA bieten seit 1999 bzw. 2008 den vollständigen, zudem übersetzten und kommentierten Text.

Von der »*Probevorlesung*« hat sich eine Handschrift erhalten, von deren ursprünglich wohl fünf Doppelblättern das erste allerdings verloren ist und dessen verbleibende vier Doppelblätter starken Mäusefraß aufweisen. Zu einer ersten Teilveröffentlichung kam es in der Ausgabe Ludwig Büchners, der den Anfang des Textes wiedergibt, vermutlich das heute verlorene erste Doppelblatt. Franzos fügte dem in seiner Ausgabe einen Teil aus dem zweiten Doppelblatt hinzu, nahm aber angesichts des schlechten Zustandes des Manuskriptes von einer vollständigen Publikation Abstand. Erst Bergemann publiziert den ganzen Text, wobei die Lücken nach Möglichkeit aus dem Text der Dissertation aufgefüllt wurden. Dieser Vorlage folgt weitgehend DKV, mit leichten Abweichungen auch MBA.

8.2 Wissenschaftsgeschichtliche Konstellation

Bauplanforschung und Entwicklungsgeschichte

Büchner wählt sein Forschungsobjekt mit Bedacht: »Ich habe als Gegenstand meiner Untersuchungen insbesondere die Cyprinen gewählt, weil sie, Carus zufolge, den reinsten Typus der Knochenfische darbieten.« (MBA 8, 5; DKV II, 505) Büchner untersucht die Flussbarbe also deshalb, weil sich in ihr etwas zeigt, das für eine größere Gruppe von Tieren typisch ist. An der Flussbarbe als »type le plus pur« (MBA 8, 4; DKV II, 70) offenbart sich diese Typik in einer besonders reinen Form. Und als reine Form ist sie zugleich der Ursprung abgeleiteter, komplexerer Formen.

Büchner argumentiert demnach in zwei Richtungen. Zum einen sucht er nach dem »type primitif« (MBA 8, 76 u.ö.; DKV II, 122 u.ö.), dem »ursprünglichen Typus« (MBA 8, 77; DKV II, 563), der als reinstes, einfachstes und erstes Element den Bauplan des Kopfes sowohl hinsichtlich seiner Nerven als auch hinsichtlich seiner Knochen organisiert. Zum andern möchte er »bestimmen, mit welchen Teilen des Nervensystems der auf der Stufenleiter weiter oben stehenden Tiere die Nerven [der Flussbarbe, R.B.] vergleichbar sind« (MBA 8, 67; DKV II, 556).

Das Verhältnis zwischen den einfachen und den höheren Formen beschreibt Büchner zunächst als Entsprechung: »Es ist klar, daß dieser Nerv dem Hypoglossus der anderen Wirbeltiere entspricht« (MBA 8, 75; DKV II, 562). Dieser analytische Zugriff stellt Mensch und Fisch in einen gemeinsamen Raum: »der Bogen des Hypoglossus und der absteigende Zweig zeigen die gleichen Formen wie beim Menschen.« (MBA 8, 75; DKV II, 562) Die Zoologie interessiert sich unterschiedslos für die neurologischen Baupläne »beim Hund, beim Rind, beim Schwein und einmal beim Menschen« (MBA 8, 77; DKV II, 563); der Mensch erscheint als Tier unter Tieren. Wenn man den Menschen aber als Tier in den Blick nehmen will, dann muss man auch in diesem Fall bei den einfachen Formen ansetzen, nicht am erwachsenen Menschen selbst: »Die einfachsten Formen leiten immer am Sichersten, wei[l in] ihnen sich nur das Ursprüngliche, absolut Nothwendige zeigt. Dieße einfache Form bietet uns nun die Natur für dieses Problem entweder vorübergehend im Fötus, oder stehengeblieben, selbst ständig geworden in den niederen Wirbelthieren dar.« (MBA 8, 159; DKV II, 162 f.)

Schon in dieser Äußerung wird deutlich, dass Büchner das Verhältnis zwischen den ursprünglichen und den abgeleiteten Formen nicht nur als Entsprechung, sondern auch als Entwicklung beschreiben kann. In diesem Sinne führt er z. B. die Unterscheidung von »nerfs primitifs« (MBA 8, 76; DKV II, 122) und »nerfs dérivés« (MBA 8, 78; DKV II, 123) ein. Die abgeleiteten Nerven entwickeln sich aus den ursprünglichen Nerven; sie sind nicht nur im Sinne einer Analogie, sondern auch im Sinne einer Genealogie miteinander verbunden. Dies zeigt in einer ursprünglichen, primitiven Form schon die Flussbarbe, es lässt sich aber auch verallgemeinern. Ausgehend von dieser Beobachtung entwirft Büchner seine Entwicklungstheorie des menschlichen Kopfes. Die Hirnnerven seien als Entwicklung von Spinalnerven (also Rückenmarksnerven), die Schädelknochen als Entwicklung der Wirbelknochen anzusehen: »Ich glaube bewiesen zu haben, daß es sechs Paare primitiver Hirnnerven gibt, daß ihnen sechs Schädelwirbel entsprechen und daß die Entwicklung der Hirnmassen nach Maßgabe ihres Ursprungs erfolgt, woraus hervorgeht, daß der Kopf lediglich das

Ergebnis einer Metamorphose des Marks und der Wirbel ist« (MBA 8, 101; DKV II, 582 f.).

Büchner bezieht sich auf die aktuellen Fragen der zeitgenössischen zoologischen Forschung, die mit Blick auf Neurologie (Nerven und Gehirn), Osteologie (Knochen) und Myologie (Muskeln) und in einer immer stärker sich ausprägenden disziplinären Trennung der Naturgeschichte von der Medizin die »Erforschung biologischer Gesetzmäßigkeiten, darunter die Etablierung übergreifender Baupläne der Organismen« (Dedner/Lenné in MBA 8, 245) betreibt. Berühmtheit erlangte in diesem Zusammenhang der sogenannte Akademiestreit aus dem Frühjahr 1830. Diskutiert wurde hier zwischen Geoffroy und Cuvier die Frage, ob alle Tiere auf einen einzigen Bauplan zurückzuführen oder ob für unterschiedliche Gruppen, z. B. die Wirbeltiere und die Weichtiere, je eigene Baupläne auszumachen seien. Gemeinsam aber ist den streitenden Parteien, dass sie überhaupt nach Bauplänen suchen. An dieser Gemeinsamkeit setzt Büchner an. Deshalb kann er einerseits – im Sinne Cuviers – die Barbe als Primitivform ausschließlich der Wirbeltiere untersuchen und zugleich andererseits – im Sinne Geoffroys – von der Barbe aus die Gesamtheit des animalen Lebens in den Blick nehmen. Die Barbe erscheint damit einerseits als Ausgangspunkt, von dem aus die Analyse »auf der Stufenleiter der Wirbeltiere nach oben steigt« (MBA 8, 89; DKV II, 573), bis sie beim Menschen angelangt ist. Andererseits bietet sie Hinweise für diejenigen Zoologen, »die versuchen, einen einheitlichen Bauplan der Lebewesen nachzuweisen« (MBA 8, 51; DKV II, 542), etwa hinsichtlich eines Reize verarbeitenden und Reaktionen steuernden Zentrums: »Sollte dieses Zentrum, das sich bei allen Tieren finden muß, nicht nach einem allgemeinen Plan eingerichtet sein [...]?« (MBA 8, 89; DKV II, 574)

Auch die Wirbeltheorie, auf die sich Büchner bezieht, nimmt von der Bauplanforschung ihren Ausgang. These ist hier, »daß die einzelnen Schädelknochen auf Metamorphosenbildungen von Wirbeln zurückführbar seien« (Dedner/Lenné in MBA 8, 279). Erstmals explizit formuliert wurde diese Theorie 1807 von Oken. Oken ging dabei so weit, den Schädel als Wiederholung des gesamten Rumpfes, inklusive aller seiner Eingeweide, zu betrachten. Diese These wurde in der Folge – z. B. von Johann Friedrich Meckel, Carus und Karl Friedrich Burdach – intensiv diskutiert. Schon 1790 hatte Goethe in Briefen davon gesprochen, dass sich der Schädel aus sechs Wirbelknochen zusammensetze, diese Beobachtung aber erst in den 1820er Jahren publiziert. Ab den späten 1830er Jahren, nach Büchners Tod, häufen sich die Einwände gegen die Wirbeltheorie, die 1858 durch eine Publikation von Thomas Henry Huxley endgültig ihre wissenschaftliche Anerkennung verliert. Büchner jedoch forschte und publizierte noch zu einem Zeitpunkt, an dem die Wirbeltheorie allgemein anerkannt war. Aus dieser Konstellation heraus ist es konsequent, dass er »diese Theorie, die er vom osteologischen auf den neurologischen Bereich übertrug, […] zur Grundlage seiner Analysen machte und daß er sie auch in der eigenen akademischen Lehre vortrug.« (Dedner/Lenné in MBA 8, 285)

Genetische und teleologische Methode

Büchner zeichnet sich als Naturwissenschaftler nicht nur durch eine genaue Beobachtungsgabe, eine exzellente Präpariertechnik, eine gründliche Kenntnis der zoologischen Forschungsliteratur und eine weitreichende analytische Schärfe, sondern auch durch ein sehr hohes Maß an methodischer Reflektiertheit aus. So markiert schon der vierte Satz des *Mémoire* die Methode, an der sich die folgenden Untersuchungen orientieren werden: »Wichtige Fragen, die lediglich mittels der genetischen Methode gelöst werden können, d. h. durch einen sorgfältigen Vergleich des Nervensystems der Wirbeltiere, indem man von den einfachsten Bauformen ausgeht und allmählich zu den entwickeltsten fortschreitet.« (MBA 8, 5; DKV II, 504) Diese »méthode génétique« (MBA 8, 4; DKV II, 69) – die übrigens nichts mit dem erst im frühen 20. Jahrhundert geprägten Begriff der »Genetik« zu tun hat – ist zunächst einmal explizit eine *Methode*. »Genetisch« ist die Form der Untersuchung, nicht etwa das Wesen des untersuchten Gegenstandes. Es ist der Forscher, der von den primitiven Bauformen »ausgeht« und zu den komplexeren Formen »fortschreitet«; die »Stufenleiter der Wirbeltiere« (MBA 8, 5; DKV II, 504) wird nicht von den Tieren selbst erklommen, sondern von demjenigen, der die Tiere erforscht.

Mit dem Begriff der »Stufenleiter« bezieht sich Büchner auf ein schon seit der Antike tradiertes Modell der zoologischen Forschung, das im 18. Jahrhundert von Buffon und Linné noch einmal forciert wurde: die *scala naturae*. Die *scala naturae* ist ein dezidiert räumliches Ordnungsmodell, das zeitliche Phänomene wie etwa das Aussterben und Neuentstehen von Arten als temporale Oberflächeneffekte einer topologischen Tiefenstruktur deutet. Wo im

18. Jahrhundert von Entwicklungsgeschichte der Natur die Rede ist, meint dies also das zeitliche Abschreiten einer vorab gegebenen, räumlich konzipierten Ordnung. Die Gegenstände der Natur bewegen sich zwar durch die Geschichte, sind aber nicht in einem modernen Sinn selbst geschichtlich. In den Jahrzehnten um 1800 ändert sich – nicht nur, aber auch in den Naturwissenschaften – der Status, den man Zeit und Geschichte zuschreibt. Historizität wird zunehmend als Konstitutionsbedingung natürlicher Objekte verstanden; Tierarten bewegen sich nicht nur durch die Zeit, sondern werden selbst zeitlich. Die Forderung nach biologischen Theorien, die »die Geschichtlichkeit ihres Objektes in Rechnung zu stellen vermögen« (Sarasin 2009, 72), erhebt in ihrer vollen Schärfe zwar erst Darwin im Jahr 1859 mit seinem *Origin of species*. Doch schon 1836, im Promotionsjahr Büchners, ist Darwin mit der Beagle unterwegs auf Entdeckungsreise; und schon 1837, im Todesjahr Büchners, notiert er erstmals das Grundgerüst seines Evolutionsgedankens.

Auf seine eigene Weise arbeitet auch Büchner daran, die Raumordnung der *scala naturae* auf die Zeitdimension der Entwicklung zu beziehen. Zwar lässt die Stufenleiter, anders als der eindeutige Zeitpfeil, zwei Bewegungsrichtungen zu: aufwärts und abwärts. Büchner ist hier jedoch eindeutig. Eine genetische Analyse beginnt unten, mit der »letzten« und das heißt tiefsten »Klasse der Wirbeltiere, den Fischen« (MBA 8, 5; DKV II, 504), und bewegt sich dann aufwärts, zu den »auf der Stufenleiter weiter oben stehenden Tiere[n]« (MBA 8, 67; DKV II, 556). Diese räumliche Bewegung des Forschers setzt Büchner im Verlauf des *Mémoire* dann mit einer zeitlichen Dimension des erforschten Gegenstandes in Verbindung, indem er mittels des Vergleichs (»comparaison«, MBA 8, 4; DKV II, 69) zunächst zeitlose Entsprechungen (»répond«, MBA 8, 68; DKV II, 116), dann aber zunehmend zeitbezogene Entwicklungen (»développement«, MBA 8, 100; DKV II, 139) erkennt. Die genetische Methode wird so um einen genealogischen Befund ergänzt. Die Geschichtlichkeit des Objekts beginnt sich abzuzeichnen. Dies zeigt sich etwa auch an Büchners Hinweis auf die Embryonalforschung sowohl im *Mémoire* (vgl. MBA 8, 96; DKV II, 136 f.) als auch in der »Probevorlesung« (vgl. MBA 8, 159; DKV II, 162 f.), postulierten doch diese Forschungen in den 1830er Jahren, »dass jedes Tier den gleichen Anfang nahm und erst im Verlauf der Entwicklung die ordnungstypischen Merkmale ausprägte.« (Voss 2007, 130) Darwins Evolutionsbiologie, die durch die Konzentration auf die »Realität des

Individuums und dessen Wandlungsfähigkeit« (Sarasin 2009, 72) die ahistorische Konstanz der Arten
unterläuft, ist damit allerdings noch nicht erreicht.

Auf welchem methodischen Fundament Büchner
arbeitet, wird also schon im *Mémoire* deutlich. Von
welcher methodischen Option er sich damit absetzt,
zeigt sich dann in den einleitenden Seiten der »*Probevorlesung*«. Der genetischen Methode, die Büchner hier »die philosophische« (MBA 8, 153; DKV II,
158) nennt und der deutschen Forschung zuordnet,
stellt er nun die »teleologische Methode« (MBA 8,
153; DKV II, 158) entgegen, die »in England und
Frankreich« (MBA 8, 153; DKV II, 157) überwiege
(zu der wissenschaftsgeschichtlichen Positionierung
dieser methodischen Fragen vgl. ausführlich Roth
2004, 175–382). Auch hier geht es zunächst einmal
um eine *Methode*: Es ist der Forscher, der den »*teleologischen* Standpunkt« (MBA 8, 153; DKV II, 157)
einnimmt. Die Teleologie denkt vom Ziel her, von
Zweck und Funktion, die bestimmte Organe haben.
Das Auge z. B. wird von seiner Funktion als Organ
der visuellen Wahrnehmung her konzipiert: »soll
das Auge seine Funktion versehen, so muß die Horn-
haut feucht erhalten werden, und somit ist eine
Thränendrüse nötig.« (MBA 8, 153; DKV II, 158) Genau im Gegensinn argumentiert die »méthode génétique«: »die Thränendrüse ist nicht da, damit das
Auge feucht werde, sondern das Auge wird feucht,
weil eine Thränendrüse da ist« (MBA 8, 153; DKV II,
158). Während also die genetische Methode aus einem möglichst einfachen Bauplan zu immer komplexeren organischen Formen vordringt, geht die teleologische Methode von einem »verwicklte[n]«
(MBA 8, 153; DKV II, 157) Funktionszusammenhang
aus, um von hier aus das Auftreten einzelner Organe
zu erklären.

Büchner bezieht sich auch mit dieser methodischen Entgegensetzung auf eine zeitgenossische Debatte, die zwischen funktionalistischen und naturphilosophischen Positionen ausgetragen wurde. So
verfolgte neben Cuvier etwa auch der Engländer
»Charles Bell funktionalistische Fragestellungen und
erklärte die Entstehung neuer Organe mit dem Entstehen neuer Funktionen, die der Organismus erfüllen müsse« (Dedner/Lenné in MBA 8, 539). In der
Kritik an dieser teleologischen Argumentation
konnte Büchner sich wiederum an Spinoza, Schiller,
dann aber vor allem an Schelling und der naturphilosophischen Forschung orientieren, etwa an Johannes
Müller: »In der Natur hat nichts, was einer physiologischen Untersuchung unterworfen ist, einen
Zweck.« (Müller zit. n. MBA 8, 543)

Ganz eindeutig bleibt Büchners methodische
Selbstpositionierung indes nicht, insofern er in der
»*Probevorlesung*« zu bedenken gibt, dass die »Philosophie a priori« bei ihren Bemühungen um Naturer-
kenntnis »noch in einer trostlosen Wüste« sitze und
»einen weiten Weg zwischen sich und das frischen
grünen Leben« (MBA 8, 155; DKV II, 159) zurückzu-
legen habe. Immerhin aber sei es auf diese Weise
schon gelungen, einem im frühen 19. Jahrhundert
immer dringenderen Problem der Naturforschung
zu begegnen, dem Problem einer zunehmenden, alle
taxonomischen Systeme sprengenden Materialfülle
(vgl. Voss 2007, 103 f.). Dank solcher Theoreme wie
der »Repräsentationsidee Oken's« (MBA 8, 155; DKV
II, 160) und »dem Zurückführen aller Formen auf
den einfachsten primitiven Typus« (MBA 8, 155;
DKV II, 160) kommen, so Büchner, in der »Unzahl
von Thatsachen«, im »zusammengeschleppten Material« immerhin »zusammenhängende Strecken
zum Vorschein« und bilden »sich einfache, natürliche Gruppen.« (MBA 8, 155; DKV II, 159 f.)

Verbunden sind mit diesen methodischen Optionen nach Büchner auch grundsätzliche Vorstellungen davon, wie die Natur organisiert ist. Auf der einen Seite steht der Funktionalismus: »Die *größtmög-
lichste Zweckmäßigkeit* ist das einzige Gesetz der
teleologischen Methode« (MBA 8, 153; DKV II, 158).
Auf der anderen Seite steht die genetische bzw. philosophische Methode. Sie verweist auf »die Manifestation eines Urgesetzes, eines Gesetzes der Schönheit, das nach den einfachsten Rissen und Linien die
höchsten und reinsten Formen hervorbringt.« (MBA
8, 155; DKV II, 158) In dieser Gegenüberstellung
zeigt sich, wie Büchner Methode und Gegenstand
seiner zoologischen Forschung miteinander verknüpft. Denn aus Büchners Perspektive kann die ge-
netisch-philosophische Methode die Prozesse der
Natur, die Entwicklung vom einfachen Bauplan zu
komplexen Organen schlicht nachvollziehen, während die teleologische Methode stets ihre eigenen
Entwürfe funktionaler Zusammenhänge in die Natur hineinprojiziert. Mit den Schlussworten der *Mémoire* formuliert: »Die Natur ist groß und reich,
nicht weil sie jeden Augenblick willkürlich neue Organe für neue Funktionen schafft, sondern weil sie
nach dem einfachsten Plan die höchsten und reinsten Formen hervorbringt.« (MBA 8, 101; DKV II,
583 f.)

8.3 Kunst und Wissenschaft, Forschungsfragen

Nicht nur die Büchner-Philologie mit ihren Editionen, auch die Büchner-Forschung mit ihren Publikationen hat sich Büchners naturwissenschaftlichen Schriften vergleichsweise spät, erst seit den 1960er Jahren zugewandt (Döhner 1967; Gaede 1979). Eine ganz den naturwissenschaftlichen Schriften Büchners gewidmete, wissenschaftsgeschichtlich fundierte Monographie hat erst jüngst Roth (2004) vorgelegt, dessen Forschungsergebnisse zugleich die wichtigste Grundlage für den 2008 erschienen Band 8 der MBA zu den naturwissenschaftlichen Schriften Büchners darstellen. Dedner/Lenné bieten hier auch erste, richtungweisende Interpretationen zu »Büchners Analogieforschung im Bild« (vgl. Dender/Lenné in MBA 8, 290–306).

Geprägt ist die Forschungslage seit den 1960er Jahren von in mehrfacher Hinsicht gegensätzlichen Positionen (vgl. zusammenfassend Roth/Stiening 2000, 197 f.). Es ist erstens umstritten, wie sich Büchners zoologische Texte wissenschaftsgeschichtlich zwischen idealistischer (vgl. Arz 1996) und empiristischer Forschung (vgl. Döhner 1967 u. 1982) einordnen lassen. Es gibt zweitens unterschiedliche Einschätzungen hinsichtlich der Frage, ob zwischen den naturwissenschaftlichen und den literarischen Texten Büchners ein Bruch (vgl. z. B. Mayer 1972, 379) oder eine Kontinuität (vgl. z. B. Proß 1978 u. 1980) besteht.

Dort wiederum, wo ausgehend von den zoologischen Schriften Büchners ein Zusammenhang zwischen den Bereichen der Kunst und der Wissenschaft gesehen wird (vgl. z. B. Müller-Seidel 1968), geschieht dies drittens auf sehr unterschiedliche Weisen: mit Blick auf die prekären Spannungen zwischen Wissenschaft und Kunst sowohl hinsichtlich eines Formtransfers aus der Wissenschaft in die Kunst als auch hinsichtlich der Thematisierung von Wissenschaft in den literarischen Texten (vgl. Ludwig 1998); in einer Lektüre der Nerven als Metapher für kommunikations- und zeichentheoretische Dekonstruktionen (vgl. Müller Nielaba 2001); ausgehend von der Unterscheidung der »partie descriptive« und der »partie philosophique« des *Mémoire*, deren unvermittelbares Auseinanderdriften in Realismus und Einbildungskraft, in Metonymie und Metapher als grundsätzliche Desorientierung auch das dichterische Werk durchläuft (vgl. Müller-Sievers 1999 u. 2003); und schließlich ausgehend vom naturwissenschaftlich formulierten Gesetz der Schönheit, dessen Ökonomie philosophiehistorisch situierbar und im literarischen Werk

sowohl auf seine Wiederholungen als auch auf seine Alternativen hin analysierbar ist (vgl. Stiening 1999 u. 2009).

Literatur

Arz, Maike: Literatur und Lebenskraft. Vitalistische Naturforschung und bürgerliche Literatur um 1800. Stuttgart 1996.
Döhner, Otto: Georg Büchners Naturauffassung. Marburg 1967.
– : Neuere Erkenntnisse zu Georg Büchners Naturauffassung und Naturforschung. In: GBJb 2 (1982), 126–132.
Gaede, Friedrich: Büchners Widerspruch – Zur Funktion des ›type primitif‹. In: Jahrbuch für Internationale Germanistik 11 (1979), 42–52.
Ludwig, Peter: »Es gibt eine Revolution in der Wissenschaft«: Naturwissenschaft und Dichtung bei Georg Büchner. St. Ingbert 1998.
Mayer, Hans: Georg Büchner und seine Zeit. Frankfurt a. M. 1972.
Müller Nielaba, Daniel: Die Nerven lesen. Zur Leit-Funktion von Georg Büchners Schreiben. Würzburg 2001.
Müller-Seidel, Walter: Natur und Naturwissenschaft im Werk Georg Büchners. In: Eckehard Catholy/Winfried Hellmann (Hg.): Festschrift für Klaus Ziegler. Tübingen 1968, 205–232.
Müller-Sievers, Helmut: Über die Nervenstränge. Hirnanatomie und Rhetorik bei Georg Büchner. In: Michael Hagner (Hg.): Ecce Cortex. Beiträge zur Geschichte des modernen Gehirns. Göttingen 1999, 26–49.
– : Desorientierung. Anatomie und Dichtung bei Georg Büchner. Göttingen 2003.
Proß, Wolfgang: Naturgeschichtliches Gesetz und gesellschaftliche Anomie: Georg Büchner, Johann Lucas Schönlein und Auguste Comte. In: Alberto Martino (Hg.): Literatur in der sozialen Bewegung. Tübingen 1978, 228–259.
– : Die Kategorie der ›Natur‹ im Werk Georg Büchners. In: Aurora 40 (1980), 172–188.
Roth, Udo: Die naturwissenschaftlichen Schriften Georg Büchners. Ein Beitrag zur Geschichte der Wissenschaft vom Lebendigen in der ersten Hälfte des 19. Jahrhunderts. Tübingen 2004.
– /Stiening, Gideon: Gibt es eine Revolution in der Wissenschaft? Zu wissenschafts- und philosophiegeschichtlichen Tendenzen in der neueren Büchner-Forschung. In: Scientia Poetica 4 (2000), 192–215.
Sarasin, Philipp: Darwin und Foucault. Genealogie und Geschichte im Zeitalter der Biologie. Frankfurt a. M. 2009.
Stiening, Gideon: Schönheit und Ökonomie-Prinzip. Zum Verhältnis von Naturwissenschaft und Philosophiegeschichte bei Georg Büchner. In: Scientia Poetica 3 (1999), 95–121.
– : Literatur und Wissen. Eine Studie zu den literarischen, politischen und szientifischen Schriften Georg Büchners. Berlin/New York 2009.
Voss, Julia: Darwins Bilder. Ansichten der Evolutionstheorie 1837–1874. Frankfurt a. M. 2007.

Roland Borgards

9.   Philosophische Schriften

Georg Büchner war – obwohl seine Briefe und Werke eine kontinuierliche Reflexion auf philosophische Fragen und die Beschäftigung mit Philosophiegeschichte bezeugen – nicht etwa Philosoph in dem Sinne, dass er professionell als solcher tätig gewesen wäre oder explizit ein eigenständiges philosophisches System entwickelt hätte. In seinem handschriftlichen Nachlass (Weimarer Goethe- und Schiller-Archiv) finden sich drei umfangreiche philosophiehistorische Textkonvolute (zusammen 79 Lagen à 8 Seiten). Dabei handelt es sich um Vorarbeiten zu geplanten, dann aber – aufgrund einer fachlichen Neuorientierung zugunsten der vergleichenden Anatomie – doch nicht gehaltenen Vorlesungen. Zwei der Textträger sind in »persönlichem Vortragston« (Bergemann in B 742, 745 u. 787), »nämlich rekapitulierend, illustrierend und höreradressiert« (Mayer 2000, 296), abgefasste Vorlesungsskripten, die sich inhaltlich mit den bedeutendsten philosophischen Systemen des frühneuzeitlichen Rationalismus auseinandersetzen, namentlich mit René Descartes (latinisiert *Cartesius*) und mit Baruch de *Spinoza*. Der dritte, bei weitem umfangreichste Textträger beinhaltet unter dem Titel *Geschichte der Griechischen Philosophie* Exzerpte aus den ersten drei Bänden der elfbändigen *Geschichte der Philosophie* (1798–1819) des Marburger Kantianers Wilhelm Gottlieb Tennemann, deren zehnten Band Büchner auch als eine von mehreren Quellen für die erstgenannten Vorlesungstexte heranzog. Diese Vorlesungsskripten indes sind überwiegend in Auseinandersetzung mit den vornehmlich lateinischen, teilweise von Büchner eigens übersetzten Primärquellen erarbeitet worden.

Deutung und Bewertung der Texte sind in der Forschung extrem uneinheitlich; mehrheitlich wird allerdings ihre Eigenständigkeit und damit auch ihre Relevanz für das Verständnis von Büchners persönlichen philosophischen Anschauungen sowie seiner Dichtungen zumindest bezweifelt. Abgesehen von biographischen Arbeiten fragen die meisten Studien – der Unterstellung folgend, es bestehe eine »enge Verbindung von philosophischen Studien und literarischer Praxis« (Vietta 1979, 418) – vom literarischen Werk ausgehend nach dessen philosophischen Grundlagen und beziehen hierbei selektiv und sporadisch Pauschalaussagen zu oder entkontextualisierte Einzelbelege aus den philosophischen Schriften mit ein. Invers hierzu fungieren zuweilen aus der Deutung der Werke und Briefe gewonnene Einschätzungen zu Büchners Anschauungen (zum Beispiel die Annahme, er sei Atheist gewesen) als Hintergrund einer Beurteilung auch der philosophischen Schriften. Erst in jüngster Zeit wird aus wissenschaftshistorischer Perspektive verstärkt nach Büchners Stellung und Selbstwahrnehmung als angehender Philosophiehistoriker sowie nach internem Zusammenhang und Einheitlichkeit seiner wissenschaftlichen Schriften – also etwa nach Bezügen zwischen Büchners Probevorlesung »*Über Schädelnerven*« und seiner Auseinandersetzung mit der spinozianischen Teleologiekritik – gefragt. Selbst wenn man nicht soweit gehen möchte zu behaupten, Büchners philosophiehistorische Schriften seien der Forschung »ein Buch mit sieben Siegeln geblieben« (Poschmann in DKV II, 925), so muss doch festgestellt werden, dass diese die interpretatorisch bislang am wenigstens beachteten Texte aus dem schmalen Œuvre darstellen. Ein Hauptgrund hierfür dürfte die mit der unsicheren Bewertung der Texte zusammenhängende (und diese begünstigende) zurückhaltende Editionspraxis sein.

9.1   Biographischer Kontext und Textentstehung

Frühe Beschäftigung mit Philosophie

Die kontinuierliche Beschäftigung mit philosophischen Fragestellungen durchzieht Büchners Biographie wie ein roter Faden. Bereits für die Schulzeit (vgl. Hauschild 1993, 526) lässt sich eine solche – auch über den unterrichtlichen Rahmen hinaus – annehmen, wenngleich hier Einzelnachweise ausstehen. Hatte Büchner wohl auf Wunsch des Vaters zunächst das Studium der praktischen Medizin ergriffen, so verschoben sich während der Studienzeit in Straßburg (WS 1831-SS 1833) und Gießen (WS 1833-SS 1834) seine Interessen und Aktivitäten zunehmend zugunsten philosophischer sowie vor allem naturwissenschaftlicher Gegenstände (vgl. MBA 8, 175–189; Roth 2004, 24–38). Zentraler Beleg für Büchners intensivierte Auseinandersetzung mit der Philosophie ist ein Brief an August Stoeber vom 9. Dezember 1833: »Ich werfe mich mit aller Gewalt in die Philosophie, die Kunstsprache ist abscheulich, ich meine für menschliche Dinge, müßte man auch menschliche Ausdrücke finden; doch das stört mich nicht, ich lache über meine Narrheit, und meine es gäbe im Grund genommen doch nichts als taube

Nüsse zu knacken. Man muß aber unter der Sonne doch auf irgendeinem Esel reiten und so sattle ich in Gottes Namen den meinigen« (DKV II, 376). Trotz der ambivalenten Haltung dem Gegenstand gegenüber und der selbstironischen Diktion deutet sich hier erstmals ein längerfristiges berufliches Interesse an. Für das Sommersemester 1834 wurde Büchner von Joseph Hillebrand der erfolgreiche Besuch von zwei philosophischen Vorlesungen über »Logik« und »Naturrecht« attestiert, die er möglicherweise im Rahmen eines obligatorischen hilfswissenschaftlichen Pflichtstudiums, wenigstens teilweise aber freiwillig besucht hatte (vgl. Mayer 1981; Roth 2004, 159 f.). Darüber, ob Büchner in Gießen noch weitere Lehrveranstaltungen philosophischen Inhalts besuchte (vgl. Hauschild 1993, 251–263; Mayer 2000, 303–308) und inwiefern hier auch eine eingehendere Rezeption der Bücher Hillebrands stattfand (vgl. Roth/Stiening 2000, 206–210), lässt sich nur spekulieren. Vermutlich befasste sich Büchner sowohl während der Darmstädter Wintermonate 1834/35 – für den Oktober ist erstmals seine Kenntnis der Philosophiegeschichte Tennemanns belegt (vgl. Mayer 2000, 307), in *Danton's Tod* finden sich im sogenannten ›Philosophengespräch‹ (III,1) auf antike Philosophen (Epikur, Anaxagoras) sowie auf Descartes und Spinoza bezogene Reminiszenzen – wie auch nach seiner Flucht nach Straßburg Anfang März 1835 parallel mit naturwissenschaftlichen und philosophischen Studien.

Wissenschaft als Beruf

Noch im Spätherbst 1835 scheint Büchner keine eindeutige Entscheidung darüber getroffen zu haben, in welchem der beiden Bereiche er Meriten für die geplante akademische Laufbahn erwerben solle. An die Eltern schrieb er im Oktober 1835: »Auch sehe ich mich eben nach Stoff zu einer Abhandlung über einen philosophischen oder naturhistorischen Gegenstand um. Jetzt noch eine Zeit lang anhaltendes Studium, und der Weg ist gebrochen. Es gibt hier Leute, die mir eine glänzende Zukunft prophezeien. Ich habe nichts dawider.« (DKV II, 419) Wenngleich in einem nach Mitte November entstandenen Brief an Gutzkow noch – und zwar neuerlich in kritisch distanziertem Ton – vom »Studium der Philosophie« (DKV II, 420) die Rede ist, Büchner also auch hier weiterhin mit Philosophiegeschichte sich befasste (vgl. L. Büchner in N 30), so scheint er zu diesem Zeitpunkt bereits ein vergleichend-anatomisches Thema ins Auge gefasst und seine Studien entsprechend eingerichtet zu haben (vgl. Roth 2004, 38–84). Wenigstens im Winter 1835 und Frühjahr 1836 dürften Büchners philosophiehistorische Studien aufgrund der aufwändigen Arbeit an der Dissertation beeinträchtigt oder unterbrochen worden sein. Nach Abschluss der Arbeiten am *Mémoire sur le système nerveux du barbeau* und dessen Abgabe am 31. Mai 1836 (vgl. ebd., 85–137) blieb Büchner zunächst in Straßburg, betrieb aber zugleich seine Promotion an der Philosophischen Fakultät der Universität Zürich, die am 3. September »einmütig« und mit »günstigen Urteile über [s]eine wissenschaftliche Befähigung« (DKV II, 452) in Abwesenheit erfolgte, was ihm ermöglichte, seinen Plan weiterzuverfolgen, für das Wintersemester 1836/37 Habilitation und Ernennung zum Privatdozenten zu erreichen (vgl. Roth 2004, 137–153).

Briefliche Zeugnisse legen nahe, dass Büchner noch bis zur Abreise nach Zürich am 18. Oktober plante, Vorlesungen über Philosophie zu halten. So schrieb er am 31. Mai/1. Juni an Gutzkow, er habe »die fixe Idee, im nächsten Semester zu Zürich einen Kurs über die Entwickelung der deutschen Philosophie seit Cartesius zu lesen; dazu muß ich mein Diplom haben« (DKV II, 439). Auch in einem Brief an Georg Geilfus vom 26. Juli 1836 ist von einem »Kurs über Philosophie« die Rede (ebd., 446) und brieflich äußerte Büchner am 2. September seinem Bruder Wilhelm gegenüber in komischem Ton: »Ich habe mich jetzt ganz auf das Studium der Naturwissenschaften und der Philosophie gelegt, und werde in Kurzem nach *Zürich* gehen, um in meiner Eigenschaft als überflüssiges Mitglied der Gesellschaft meinen Mitmenschen Vorlesungen über etwas ebenfalls höchst Überflüssiges, nämlich die philosophischen Systeme der Deutschen seit Cartesius und Spinoza zu halten. [...] Man braucht einmal zu vielerlei Dingen unter der Sonne Mut, sogar, um Privatdocent der Philosophie zu sein.« (DKV II, 448) Ungeachtet seiner naturwissenschaftlichen, vergleichendanatomischen Qualifikationen scheint Büchner demnach für Zürich nicht notwendig (vgl. L. Büchner in N 33) eine »Doppelqualifikation« (Hauschild 1993, 526) angestrebt zu haben, sondern die letzten Straßburger Monate – abgesehen von seiner dichterischen Tätigkeit – vor allem »zur Vervollständigung seiner philosophischen Studien« (L. Büchner in N 33) genutzt zu haben.

Bemerkenswert ist nun freilich, dass Büchner ausdrücklich von einer Lehrveranstaltung spricht, die »die Entwickelung der deutschen Philosophie seit Cartesius« bzw. »die philosophischen Systeme der

Deutschen seit Cartesius und Spinoza« zum Gegenstand haben sollte, während sich im Nachlass lediglich die Skripten zu den beiden frührationalistischen Philosophen finden. Ob Büchner sich – etwa anhand von Tennemanns Darstellung – darüber hinaus mit der deutschen Philosophie des 18. Jahrhunderts (Leibniz) befasst hat, ist unklar (vgl. Roth 2004, 156–159; Stiening 1999, 116–118).

Datierungsprobleme

Was die nähere Datierung der philosophischen Schriften anbelangt, so kann – entgegen unzureichend begründeten Spekulationen über einen früheren Arbeitsbeginn und eine partielle Fertigstellung der Manuskripte im Winter 1833 (*Griechische Philosophie*) bzw. zur Jahreswende 1834/1835 (*Cartesius*; vgl. Hauschild 1993, 260 f. u. 526–528) – aufgrund der Zusammenschau biographischer Informationen mit Ergebnissen vergleichender Papier- und Tintenanalysen (vgl. Mayer 2000; Dedner/Beise/Vering in MBA 6, 226–229; MBA 7, 91–95 u. 102–106) als sehr wahrscheinlich gelten, dass Büchner die Texte sämtlich nach seiner Flucht in Straßburg schrieb. Entweder schon Ende Juni oder spätestens seit Anfang Juli 1836 (also nach Absendung der Wettbewerbsreinschrift von *Leonce und Lena*) muss Büchner am *Cartesius*-Skript (Lage 7 u. 8) gearbeitet haben, von dem freilich zu diesem Zeitpunkt – dies legt auch eine Formulierung im Brief an Eugène Boeckel vom 1. Juni nahe, wo Büchner davon sprach, er wolle seinen »Kurs […] fertig präparire[n]« (DKV II, 437) – schon Teile vorgelegen haben müssen.

Nach bisheriger Auffassung ist das *Spinoza*-Skript wahrscheinlich später oder allenfalls parallel hierzu entstanden (vgl. Mayer 2000, 312 u. 317–319); da es offenbar unabgeschlossen ist (so bereits Bergemann in B 746), wird Büchner bis kurz vor seiner Abreise nach Zürich daran gearbeitet haben. Differenzierend hierzu wird neuerdings vermutet, dass die ersten – mit Übersetzung und Kommentar der spinozianischen Ethik befassten – Lagen des *Spinoza*-Skripts, deren Papier (anders als das der Lagen 16–22) dem der »*Woyzeck*«-Handschrift nicht gleicht und die sich im Duktus stark von der zweiten Abteilung des Skripts unterscheiden (vgl. Poschmann in DKV II, 1026 f.), schon im Herbst 1835 entstanden sind, als Büchner sich »nach Stoff zu einer Abhandlung über einen philosophischen oder naturhistorischen Gegenstand« umsah (Mitteilung von Burghard Dedner in einem öffentlichen Vortrag am 19.10.2008; vgl. dazu künftig MBA 9, Editionsbericht).

Etwa zeitgleich dürften dann auch die Exzerpte zur *Griechischen Philosophie*, deren Anfang auf dem gleichen Papier geschrieben ist wie die ersten Lagen des *Spinoza*-Skripts, entstanden sein. Papier- und Tintenanalyse sprechen auch hier jedenfalls gegen eine Frühdatierung (vgl. Mayer 2000, 296–299, 314 u. 320 f.), wie sie etwa Poschmann annimmt (vgl. DKV II, 929).

Entscheidung zugunsten der vergleichenden Anatomie

Ende Oktober muss Büchner – offenbar nach einer Unterredung mit dem Dekan der Philosophischen Fakultät Johann Georg Baiter (vgl. DKV II, 455) – beschlossen haben, entgegen seiner »eigene[n] Neigung« (L. Büchner in N 37) die Philosophiegeschichte zugunsten der vergleichenden Anatomie aufzugeben. Ludwig Büchner gibt hierfür fakultätsinterne Gründe an: Das von Büchner erwogene Kolleg hätte sich mit einer von dem Herbartianer Eduard Brobrik angekündigten philosophiehistorischen Vorlesung thematisch überschnitten (vgl. Roth 2004, 161 f.). Seine in Zürich verfasste und am 5. November 1836 gehaltene Probevorlesung (vgl. ebd., 163–167) jedenfalls war – wenngleich verbunden mit methodologischen und erkenntnistheoretischen Erwägungen – einem naturhistorischen Gegenstand gewidmet. Mit Verspätung begann Büchner Mitte November seine erste und einzige Lehrveranstaltung mit dem Titel »Zootomische Demonstrationen« (vgl. Hauschild 1985, 379–404; Roth 2004, 167–173), die er aufgrund seiner tödlichen Erkrankung nicht zu Ende führen konnte. Für das Sommersemester hatte er bereits einen Kurs über »Vergleichende Anatomie der Wirbeltiere« angekündigt, womit er – anders als Ludwig Büchner vermutete (vgl. N 37 f.) – frühere Pläne zu einer philosophischen Vorlesung nicht etwa für das kommende Semester »[auf]sparte«, sondern endgültig fallen ließ. Wie aus einem rückblickenden Bericht August Lünings, eines seiner Zuhörer, hervorgeht, war Büchner zwar »bis vor Kurzem noch ungewiß gewesen […], ob er sich der spekulativen Philosophie (über Spinoza hatte er eingehende Studien gemacht) oder der beobachtenden Naturwissenschaft zuwenden solle«, habe sich nun »aber definitiv der letzteren gewidmet« (zit. nach Hauschild 1985, 383). Damit scheint die fachliche Umorientierung abgeschlossen zu sein.

9.2 Quellen

Beiden Vorlesungsskripten liegt (in wechselnder Dichte und Intensität der Bezugnahme) als Sekundärquelle der zehnte Band von Tennemanns *Geschichte der Philosophie* (1817) zugrunde (vgl. Poschmann in DKV II, 957–959). Darüber hinaus zitiert Büchner ausführlich aus folgenden lateinischen Primärquellen (vgl. ebd., 955 f.): René Descartes: *Dissertatio de Methodo, Meditationes de Prima Philosophiae, Principia Philosophiae, Tractatus de Passionibus Animae, Tractatus de Homine, Dioptrice*. Baruch de Spinoza: *Renati Des Cartes Principiorum Philosophiae I et II, More Geometrico demonstratae, Ethica ordine geometrico demonstrata et in quinque partes distincta in quibus agitur, Tractatus Theologico-Politicus, Tractatus de intellectus emendatione*.

Im *Cartesius*-Skript zitiert Büchner (vor allem zu Anfang) vielfach aus Johannes Kuhn: *Jacobi und die Philosophie seiner Zeit. Ein Versuch, das wissenschaftliche Fundament der Philosophie historisch zu erörtern*. Mainz 1834; im *Spinoza*-Skript, in dem sich am Ende ebenfalls Zitate aus Kuhns Buch finden, wird überdies zitiert aus Johann Friedrich Herbart: *Allgemeine Metaphysik nebst den Anfängen der philosophischen Naturlehre. Erster, historisch-kritischer Theil*. Königsberg 1828. Als weitere Einflüsse lassen sich plausibel machen: August Stoeber: *Idées sur le rapports de Dieu à la Nature* […]. Straßburg 1834 (vgl. Vollhardt 1988/89) sowie Heinrich Heine: *Zur Geschichte der Religion und Philosophie in Deutschland* (1835) (vgl. Poschmann in DKV II, 957).

Für ein eingehendes Studium der Philosophien Kants, Hegels (vgl. aber Kuhnigt 1987) und Jacobis (vgl. Vollhardt 1991, 204–211; 1988/89 u. 1990) gibt es kaum Anhaltspunkte; wenngleich Büchner über Tennemann und Herbart mit der kantianischen Tradition vertraut war, kann seine Kenntnis der *Kritik der reinen Vernunft* mit großer Wahrscheinlichkeit ausgeschlossen werden (vgl. Stiening 2005a, 216–218). Allein mit einer – bislang ausstehenden – lückenlosen Dokumentation der Quellenabhängigkeiten (vgl. MBA 9, Quellendokumentation) wäre für die Klärung der Frage nach originären Textanteilen Büchners und dem Grad der Eigenständigkeit seiner philosophiehistorischen Tätigkeit eine hinreichende Basis geschaffen, womit auch der zuweilen anzutreffende Fehler vermieden werden könnte, ein tatsächlich quellenabhängiges Textelement für Originalton Büchners zu halten.

9.3 Struktur und Inhalt

Griechische Philosophie

Während noch Franzos das 34 Lagen (à 8 Seiten) umfassende Manuskript als Eigenleistung Büchners beurteilte (vgl. F 318), stellte Bergemann nach eingehender Prüfung der Quellenabhängigkeiten fest, der Text stelle lediglich ein fortlaufendes Exzerpt der ersten drei Tennemann-Bände (1798, 1799 u. 1801) dar (vgl. B 786). Hierbei werden »die rund 1500 Seiten« der Vorlage – dieser in »weit über 90 % in den Formulierungen und in der Reihenfolge« entsprechend – »auf weniger als 1/20 ihres Umfangs konzentriert« (Mayer 2000, 299). Büchners wortgetreue Abschrift lässt sich analog der Bandaufteilung Tennemanns in drei Abschnitte untergliedern: »Von den ältesten Zeiten bis auf Sokrates« (L II, 303–336), »Von Socrates bis Zeno« (ebd., 337–373) sowie »Von Zeno bis Epikur« (ebd., 373–409: »Die Älteren Akademiker«). Abgesehen von einigen Änderungen der Textanordnung im Detail finden sich nur gelegentlich eigene Bemerkungen Büchners; etwa (vgl. Poschmann in DKV II, 928) wenn er Prodikos aus Keon, der nach Tennemann (I, 376) »sehr gewinnsüchtig und ein großer Wollüstling« war, zu einem »behagliche[n] Epikuräer« (L II, 335) erklärt. Hinsichtlich der Funktion des Manuskripts ist Hauschild (1993, 528) zuzustimmen, dass es »wohl ausschließlich privatem Gebrauch« bzw. »der Fundierung des eigenen Bildungswissens« diente.

Cartesius

Das Vorlesungsskript zu Descartes umfasst 23 Lagen. Büchners Darstellung – dem Verfahren nach ein vor allem aus Exzerpt, Paraphrase und Übersetzung der Primärquellen bestehendes, zuweilen kritisch kommentierendes Referat – ist zwar grundsätzlich an Tennemann angelehnt und rekurriert vor allem zu Beginn auch auf Kuhns *Jacobi*-Buch, so dass sich beide Vorlagen hier als Quellenmontage »in komplizierter Form zu kommentieren beginnen« (Vollhardt 1991, 199), zeugt prinzipiell aber von einer gewissen Eigenständigkeit und Schwerpunktsetzung beim Umgang mit den Primärquellen. Ob Büchner mit seinem Kommentar über das zeitgenössisch übliche hinausgeht und worin dessen Spezifik besteht, wäre zu prüfen: Eine systematische Rekonstruktion seiner Argumentation im *Cartesius*-Skript steht bislang aus (vgl. aber ebd., 199–205). Ausgehend von der Frage nach dem wissenschaftlichen Charakter und den allgemeinen axiomatischen Grundsätzen der cartesianischen Philosophie rekonstruiert Büchner den Aufbau der Erkenntnistheorie (vgl. DKV II, 173–210) und kommt damit zunächst auf das für Descartes aus dem methodischen Zweifel hervorgehende oberste Prinzip des *Cogito ergo sum* zu sprechen, das – wenngleich »etwas umständlich und ohne klares Beweisziel« (Vollhardt 1991, 200) – auf seine Qualität hin geprüft wird; erwogen wird unter anderem, ob es sich dabei um einen (zirkulären) elliptischen Syllogismus, einen hypothetischen Vernunftschluss oder eine dem Denken unzugängliche Intuition handle. Ausgehend vom *cogito* verfolgt Büchner, wie die »übrigen Sätze der Cartesianischen Kette sich an dies Glied fügen und aneinanderreihen« (DKV II, 178), also das Denken (die *res cogitans*) als von der Ausdehnung des Körpers verschiedene Substanz und Gott als das notwendig existierende vollkommene Wesen.

Dass Descartes angesichts des umfassenden Zweifels auf Gott als das die Gewissheit der Erkenntnis gewährleistende Prinzip zurückgreifen muss (und wie dies mit den doch zuvor suspendierten Mitteln überhaupt zu beweisen sei), wird von Büchner deutlich wahrgenommen und problematisiert (ebd., 193 u. 195): »aber man sieht doch, wie instinktartig scharf Cartesius schon das Grab der Philosophie abmaß; sonderbar ist freilich wie er den lieben Gott als Leiter gebrauchte, um herauszukriechen. […] Es blieb ihm also um sich aus dem Abgrund seines Zweifels zu retten nur ein Strick, an den er sein ganzes System hängte und hakte, *Gott*.« Ob hinter diesen punktuellen polemischen Hinweisen, die den vorgegebenen argumentativen Rahmen der cartesianischen Philosophie nicht verlassen und wohl eher auf epistemologische Richtigstellung als auf weltanschauliche Verurteilung abzielen, eine grundsätzlich kritische Haltung metaphysischen Begründungsstrategien gegenüber steht, ist ohne Rekurs auf andere Äußerungen Büchners kaum zu klären. Selbst wenn diesem eine ablehnende – oder allenfalls aus strategisch-instrumentellen Gründen affirmative (vgl. ebd., 440) – Position der Religion gegenüber oder ein entschiedener ›Atheismus‹ nachzuweisen wäre, bliebe zu fragen – und dies gilt ebenfalls für ähnlich kritische Äußerung zur ›Vergötterung‹ der Substanz bei Spinoza (vgl. ebd., 295) –, ob diese Haltung bei Büchners philosophiehistorischer Praxis, sofern sie wissenschaftlichen Gattungskonventionen zu entsprechen sucht, eine (zumal systematische) Aktualisierung erfuhr.

Im weiteren Textverlauf werden die erkenntnistheoretischen Prinzipien Descartes' (und deren Wi-

dersprüche) referiert: Wahrheit des klar und deutlich Erkannten, menschliche Unvollkommenheit als Grund des dennoch möglichen Irrtums, Inkongruenz von Erkenntnisvermögen und Freiheit des Willens. Mit Bemerkungen zum »Dogmatismus« des »Cartesianismus« (ebd., 204) leitet Büchner über zur – wie er kritisch bemerkt: konfusen – begrifflichen Unterscheidung von Substanz, Attribut und Modus sowie von *res cogitans* und *res extensa* und deren konstitutiven Eigenschaften. Im folgenden Abschnitt des Skripts referiert Büchner die cartesianische »Physik« (ebd., 210–223), anschließend – eingeleitet mit polemischen Bemerkungen zum mechanistischen Körpermodell und sich deutlich von Tennemann entfernend – die Physiologie (Körper, Seele, Affekte) (ebd., 223–237) sowie (nach Tennemann) die Biographie Descartes (ebd., 238–241). Sodann werden, wenngleich nicht vollständig und begleitet von einzelnen kritisch wertenden, zuweilen polemischen Bemerkungen Büchners, die von verschiedenen Gelehrten auf Descartes Wunsch hin gegen seine *Meditationes* erhobene Einwände (*Objectiones*) und dessen Entgegnungen (*Responsiones*) vorgestellt (ebd., 241–263), ehe abschließend eng angelehnt an Tennemann und dessen Literaturangaben übernehmend die Wirkungsgeschichte Descartes (dessen Nachfolger) bis zu Malebranche referiert wird, wobei die letzten Ausführungen die Brücke schlagen zu Spinoza.

Spinoza

Das Skript umfasst 22 Lagen und ist offenbar unabgeschlossen. Die letzten Lagen enthalten keinen eigenen Text Büchners mehr, sondern nur Exzerpte aus Tennemann und Herbart (Nachweise bei Mayer 2000, 318 f.), was möglicherweise dadurch erklärt werden kann, dass Büchner mit der Ausarbeitung nicht fertig geworden war und deshalb – da er die Quellen nicht selbst besaß – vor seiner Abreise nach Zürich die benötigten Passagen exzerpierte (vgl. ebd. 319). Der Text lässt sich in drei thematische Abschnitte untergliedern (zur Rekonstruktion der Argumentation vgl. Stiening 2005a, 211–238). Zunächst (DKV II, 280–328) übersetzt Büchner selbständig – obwohl ihm hier teilweise die Übersetzung Tennemanns zur Verfügung gestanden hätte – das erste Buch der *Ethica* (»De Deo«) und macht hierzu abschnittsweise kritisch kommentierende Anmerkungen, wobei er sich – hierin Tennemann folgend – auf eine ausführliche Erläuterung der Lehrsätze 5 bis 15 (Bestimmungen der Substanz, Definition Gottes, dessen Eigenschaften und Essenz), näherhin eine Diskussion der hier entwickelten Gottesbeweise und den exakten Nachweis von deren Unzulänglichkeiten (d.h ihre inkonsistente Beweisführung) konzentriert.

Im zweiten Teil (ebd., 328–350) wird in Auseinandersetzung mit dem methodologischen *Tractatus de emendatione intellectus* eine differenzierte Darstellung der von Büchner als »höchst mangelhaft und zum Teil verworren« (ebd., 350) beurteilten Erkenntnistheorie Spinozas versucht, wobei diese – durchaus originell – als »Identitätslehre« (ebd.) und konsequente Fortführung der methodologischen (*mathesis*) wie metaphysischen (*cogito*) Prinzipien des Cartesianismus eingeschätzt wird, deren konstitutives Paradigma (gegen Kuhn) nicht etwa die Intuition, sondern die Mathematik ausmache: »der Spinozismus ist der Enthusiasmus der Mathematik. Nur mathematisch gewisse Erkenntnis konnte ihn befriedigen« (ebd., 340).

Der dritte Teil leitet über zu einer allgemeinen Bestimmung und Bewertung der metaphysischen Fundierung der Philosophie Spinozas (ebd., 350–352), bei der der Descartes-Bezug abermals bekräftigt, beim Versuch, den obersten Grundsatz des spinozianischen Systems zu ermitteln, die methodischen Funktion der »Idee des höchsten Wesens« (ebd., 350) exponiert und der monistische Substanzbegriff (bzw. das problematische Verhältnis des Unendlichen zum Endlichen) erörtert wird, womit Büchners Ausführungen abbrechen und sich die (jedenfalls zeitnah niedergeschriebenen) Tennemann- und Herbart-Exzerpte anschließen (vgl. ebd., 613–617). Wenngleich Büchner in seinem Skript im Wesentlichen »eine gängige Interpretationspraxis« übernimmt (Vollhardt 1988/89, 51; so auch Stiening 2005a, 212) und dabei nicht etwa ideologiekritisch wertend vorgeht, sondern – sich durchaus auf die Logik und Systematik der spinozianischen Argumentation *more geometrico* einlassend (bzw. deren Prämissen partiell teilend) – wissenschaftlich begründete Kritik an deren immanenten Widersprüchen übt, lässt sich grundsätzlich zeigen, dass dem Skript »ein Widerlegungsgestus zueigen« (Stiening 2005a, 212 f.) ist. Zugleich zeigt sich indes eine »offenbar höhere Wertschätzung der Philosophie Spinozas« (Stiening 2005b, 220; vgl. Mayer 1972, 359), die sich unter anderem aus einer in Büchners »*Naturwissenschaftlichen Schriften*« zum Ausdruck gebrachten Affinität zu einzelnen Aspekten derselben (Teleologiekritik) erklären ließe.

9.4   Deutungsaspekte

Zu unterscheiden ist eine Interpretation *der* Vorlesungsskripten – die als Rekonstruktion der argumentativen Struktur, ihrer Voraussetzungen und ihrer originären Stoßrichtung erst in Ansätzen geleistet ist – von einer Interpretation *mittels* derselben, bei der ein hinreichend differenziertes Textverständnis jedenfalls vorausgesetzt wäre. Für die Deutung der Texte ist entscheidend, ob und in welchem Maße (1) die Frage nach deren Eigenständigkeit und Originalität, nach der kritischen Distanz zum Gegenstand usw. positiv beantwortet werden kann, und (2) ob sie – und falls ja welche – Büchners Beurteilung des Dargestellten bzw. allgemein seine philosophischen Anschauungen zum Ausdruck bringen. Ob die philosophischen Schriften in diesem Sinne als zuverlässige Quelle für die Untersuchung von Büchners Weltanschauung herangezogen werden können (vgl. Vollhardt 1991, 196–198), ist allerdings höchst umstritten. Einerseits wird ihnen aufgrund ihrer (in der Regel nicht näher geprüften) Quellenabhängigkeit abgesprochen, Büchners originäre ›Philosophie‹ widerzuspiegeln, andererseits wird angenommen, sie seien »of the highest value for the elucidation of his philosophical position« (Benn 1976, 43) und damit – was vor allem für das *Spinoza*-Skript in Anspruch genommen wird – ein »Schlüssel zu Büchners Persönlichkeit« (Mayer 1972, 358). Letzterer Standpunkt war hierbei lange dominiert vom »Dogma einer grundsätzlichen Philosophiegegnerschaft« (Roth/Stiening 2000, 209). Wurde Büchner als »spöttischer Verächter einer unterschiedslos komisch gewordenen Philosophie« (Stiening 1999, 101; vgl. Oesterle 1983) wahrgenommen, so galt als Modus seiner (voreingenommenen) Auseinandersetzung mit der Philosophiegeschichte entsprechend die literarisch-ästhetische »Philosophiekritik« (vgl. Osawa 1999; Horn 1982).

Deutungen ausgewählter Teile der »*Philosophischen Schriften*« sind im Rahmen von Werkinterpretationen vorgelegt worden. Bevorzugter Gegenstand war und ist hierbei das ›Philosophengespräch‹ in *Dantons Tod* und damit die Frage nach Büchners ›Atheismus‹ bzw. einer Identifizierbarkeit seiner Position mit derjenigen Paynes, wobei Büchners Monita zu den Gottesbeweisen Spinozas entweder der Bestätigung (Mayer 1972, 357 u. 361 f.) oder Widerlegung (Kobel 1974) der Atheismus-These dienen (vgl. zur Differenzierung Stiening 2005a, 220–225, 229 u. 235 f. sowie Hörmann 2007, 94–99). Bemerkenswert ist jedenfalls, dass auch die Deutungen entsprechender Passagen des *Spinoza*-Skripts hier zu extrem verschiedenen Ergebnissen kommen, Büchners Bewertung der von ihm dargestellten Philosopheme also unterschiedlich eingeschätzt wird. Problematisch ist ein solches Vorgehen vor allem, sofern zur Desambiguierung einer Passage des literarischen Werkes thematisch ähnliche Parallelstellen aus den philosophischen Schriften herangezogen werden, die ihrerseits extrem interpretationsbedürftig sind. Ziel des Vergleichs ist hierbei jedenfalls, Büchners *Werthaltung* einem bestimmten Sachverhalt gegenüber – deren Konsistenz und Konstanz über längere Zeiträume und epistemologische Gattungsgrenzen hinweg vorausgesetzt wird – aus vermeintlich deutlicheren Äußerungen des Autors zu abstrahieren und die Vereinbarkeit mit den so ermittelten philosophischen Einstellungen sodann zum Maßstab einer adäquaten Werk(teil)deutung zu erheben (vgl. hierzu grundsätzlich Kapraun/Röcken 2009).

9.5 Wissenschaftshistorische Perspektive

Neuere wissenschaftshistorische Untersuchungen kontextualisieren Büchner im Rahmen der Anfang des 19. Jahrhunderts einsetzenden Professionalisierung philosophiehistorischer Forschung und machen auf den »Partizipationswillen Büchners an der Historisierung der Philosophie in methodologischer und institutioneller Hinsicht« (Stiening 2005, 217, Anm. 12) aufmerksam, der auch die Wahl der Vorlesungsgegenstände als zeitgenössisch durchaus üblich entspreche (vgl. ebd., 218; vgl. Vollhardt 1991, 199, Anm. 19; dagegen Proß/Vollhardt 1984, 161). Selbst wenn sich anhand einer differenzierten Analyse zeigen ließe, dass Büchner sich vor dem Hintergrund eigener philosophischer Anschauungen »geradezu in Widerlegungshändel mit Descartes und Spinoza« (Stiening 2005b, 220) verwickelt und vor allem im *Cartesius*-Skript sich durchaus polemische Invektiven – zum Beispiel: »Die Antwort des Cartesius ist erbärmlich« (DKV II, 260) – finden, so ist zugleich zu beachten, dass Büchners Vorlesungsskripten den insbesondere von Tennemann entwickelten methodologischen Vorgaben (Wertungsverzicht, quellennahe Rekonstruktion, eigene Übersetzung der Quellen) institutionalisierter Philosophiegeschichte großteils entsprechen. Mit dem Ausweis der wenigstens praktischen Anerkennung solcher wissenschaftlichen Gattungskonventionen wird die Möglichkeit, die philosophischen Schriften als unmittelbaren

Ausdruck der eigenen Sichtweise Büchners zu lesen, ersichtlich eingeschränkt: Der Philosophiehistoriker Büchner wäre demnach vom Dramatiker und Erzähler Büchner zu unterscheiden, a fortiori wäre gar mit Widersprüchen zu rechnen. Angesichts der möglicherweise unreflektiert übernommenen Vorgaben eines philosophiehistorischen Diskurses wäre überdies die Frage nach einer weitergehenden Abhängigkeit der Vorlesungsskripten von Tennemanns kantianischer Sichtweise zu stellen, was umso dringlicher ist angesichts der Beobachtung, Büchner habe »Tennemann nur als Kompendium benutzt und dabei alle kritisch-hermeneutische Perspektive auf dessen Prämissen ausgeblendet« (Stiening 2005b, 235). Gleiches gilt angesichts der Forderung, die naturwissenschaftlichen und philosophiehistorischen Schriften Büchners »in ihrer wechselseitigen Bedingtheit als Einheit zu betrachten« (Roth 2004, 16). Die prekäre »Frage nach der Einheitlichkeit des Werkes, wenigstens aber nach einer widerspruchsfreien Verbindung der […] Betätigungsfelder« (Stiening 1999, 98) – also vor allem, ob Büchner in seiner methodologisch und erkenntnistheoretisch orientierten Probevorlesung zustimmend (vgl. Stiening 2005a, 231–233 u. 238 f.) oder ablehnend (vgl. Taylor 1986) auf Theoreme rationalistischer Philosophie (soweit diese überhaupt klar auszumachen sind) Bezug nimmt – wurde bislang allenfalls in Ansätzen geklärt (vgl. grundsätzlich Stiening 1999; Roth 2004). Festzuhalten bleibt immerhin, dass Büchner auf spinozianische Terminologie zurückgreift (»Modifikationen«; DKV II, 162) und prinzipiell dessen Teleologiekritik teilt (vgl. Benn 1976, 63; Kahl 1982, 114–120; vgl. dazu DKV II, 322–328). Wenngleich unlängst eine »wissenschafts- und philosophiehistorische Revolution in der Büchner-Forschung« (Roth/Stiening 2000, 215) prognostiziert wurde, so darf die Tatsache, dass sich hierbei gerade mit der Untersuchung der philosophischen Schriften ein neues (interdisziplinäres) Forschungsfeld eröffnen könnte, nicht darüber hinwegtäuschen, dass damit – jedenfalls zunächst – eine Potenzierung von Interpretationsschwierigkeiten verbunden sein dürfte.

Literatur

Benn, Maurice B.: Metaphysical Revolt. In: Ders.: The Drama of Revolt. A Critical Study of Georg Büchner. Cambridge u. a. 1976, 41–74.

Hauschild, Jan-Christoph: Georg Büchner. Studien und neue Quellen zu Leben, Werk und Wirkung. Königstein i. Ts. 1985.

– : Georg Büchner. Biographie. Stuttgart/Weimar 1993.

Hörmann, Raphael: Religionskritik als Herrschaftskritik. Überlegungen zur Bedeutung von Thomas Paines *The Age of Reason* für Georg Büchner. In: Internationales Jahrbuch der Bettina-von-Arnim-Gesellschaft 19 (2007), 83–99.

Horn, Peter: »Ich meine für menschliche Dinge müsse man auch menschliche Ausdrücke finden«. Die Sprache der Philosophie und die Sprache der Dichtung bei Georg Büchner. In: GBJb 2 (1982), 209–226.

Kahl, Joachim: »Der Fels des Atheismus«. Epikurs und Büchners Kritik an der Theodizee. In: GBJb 2 (1982), 99–125.

Kapraun, Carolina/Röcken, Per: Weltanschauung und Interpretation. Versuch einer Rekonstruktion anhand von *Woyzeck*-Deutungen. Vorgesehen für GBJb 12.

Kobel, Erwin: Atheismus. In: Ders.: Georg Büchner. Das dichterische Werk. Berlin/New York 1974, 94–135.

Kuhnigk, Markus: Das Ende der Liebe zur Weisheit. Zur Philosophiekritik und Philosophenschelte bei Georg Büchner im Zusammenhang mit der zeitgenössischen Hegelrezeption. In: Susanne Lehmann (Hg.): Georg Bücher. Revolutionär, Dichter, Wissenschaftler 1813–1837. Der Katalog, Ausstellung Mathildenhöhe, Darmstadt, 2. August bis 27. September 1987. Basel/Frankfurt a. M. 1987, 276–281.

Mayer, Hans: Georg Büchner und seine Zeit [1946]. Frankfurt a. M. 1972.

Mayer, Thomas Michael: Büchner und Joseph Hillebrand im Gießener Sommersemester 1834. In: GBJb 1 (1981), 195–196.

– : Zur Datierung von Georg Büchners philosophischen Skripten und *Woyzeck* H3,1. In: GBJb 9 (1995–99) 2000, 281–329.

Oesterle, Günter: Das Komischwerden der Philosophie in der Poesie. Literatur-, philosophie- und gesellschaftliche Konsequenzen der ›voie physiologique‹ in Georg Büchners *Woyzeck*. In: GBJb 3 (1983) 1984, 200–239.

Osawa, Seiji: Georg Büchners Philosophiekritik. Eine Untersuchung auf Grundlage seiner Descartes- und Spinoza-Exzerpte. Marburg 1999.

Proß, Wolfgang/Vollhardt, Friedrich: Thesen zur Bearbeitung des Bandes der Philosophischen Schriften. In: Marburger Denkschrift über Voraussetzungen und Prinzipien einer Historisch-kritischen Ausgabe der Sämtlichen Werke und Schriften Georg Büchners. Marburg 1984, 161.

Roth, Udo: Georg Büchners naturwissenschaftliche Schriften. Ein Beitrag zur Geschichte der Wissenschaften vom Lebendigen in der ersten Hälfte des 19. Jahrhunderts. Tübingen 2004.

– /Stiening, Gideon: Gibt es eine Revolution in der Wissenschaft? Zu wissenschafts- und philosophiehistorischen Tendenzen in der neueren Büchner-Forschung. In: Scientia Poetica 4 (2000), 192–215.

Stiening, Gideon: Schönheit und Ökonomie-Prinzip. Zum Verhältnis von Naturwissenschaft und Philosophiegeschichte bei Georg Büchner. In: Scientia Poetica 3 (1999), 95–121.

– : Georg Büchner und die Philosophie. In: Der Deutschunterricht 6 (2002), 47–57.

– : »Der Spinozismus ist der Enthusiasmus der Mathematik.« Anmerkungen zu Georg Büchners Spinoza-Rezeption. In: GBJb 10 (2000–04) 2005a, 207–239.

– : »Ich werfe mich mit aller Gewalt in die Philosophie«. Die Entstehung der Philosophiegeschichtsschreibung im 19. Jahrhundert als akademische Disziplin und die Rolle der Schulbildung am Beispiel Georg Büchners. In: Lutz Danneberg u. a. (Hg.): Stil, Schule, Disziplin. Analyse und Erprobung von Konzepten wissenschaftsgeschichtlicher Rekonstruktion (I). Frankfurt a. M. 2005b, 215–237.

Taylor, Rodney: Georg Büchner's Materialist Critique of Rationalist Metaphysics. In: Seminar 22 (1986), 198–205.

– : Perspectives on Spinoza in Works by Schiller, Büchner, and C. F. Meyer. Five Essays. New York u. a. 1995.

Vietta, Silvio: Selbsterhaltung bei Büchner und Descartes. In: DVjs 53 (1979), 417–428.

Vollhardt, Friedrich: Straßburger Gottesbeweise. Adolph Stoebers *Idée sur le rapport de Dieu à la Nature* [1834] als Quelle der Religionskritik Georg Büchners. In: GBJb 7 (1988/89) 1991, 46–82.

– : Das Prinzip der Selbsterhaltung im literarischen Werk und in den philosophischen Nachlaßschriften Georg Büchners. In: Burghard Dedner/Günter Oesterle (Hg.): Internationales Georg-Büchner-Symposion 1987. Referate. Frankfurt am Main 1990, 17–36.

– : »Unmittelbare Wahrheit«. Zum literarischen und ästhetischen Kontext von Georg Büchners Descartes-Studien. In: Jahrbuch der deutschen Schillergesellschaft 35 (1991), 196–211.

Per Röcken

10. Briefe

10.1 Historisch-biographischer Kontext

Büchner tritt als Briefschreiber in dem Moment in
Erscheinung, als er, der elterlichen Obhut gerade
entwachsen, das Glück hatte, 1831 aus dem reaktio-
när regierten Großherzogtum Hessen-Darmstadt
zum Studium der Medizin nach Straßburg in einen
vergleichsweise offenen Lebensraum zu kommen.
Unter dem Einfluss der frankophilen Neigung des
Vaters, Ernst Büchner, der als junger Feldchirurg mit
holländischen Truppen Napoleons die bewegten
Zeiten in der Folge der Revolution von 1789 miterlebt hatte, war er immun gegen die in der deutschen
Burschenschaft vorherrschende nationalistische
Borniertheit der Opposition gegen die feudalbüro-
kratische Restaurationsregime und aufgeschlossen
für die Anregungen aus dem fortgeschrittenen Nachbarland. Nach der Julirevolution 1830, die mit dem
Sturz Karls X. in Frankreich jäh das Ende der Erb-
monarchie von Gottes Gnaden besiegelte, blickte
man wieder erwartungsvoll über den Rhein. Aus
dem Beispiel der Franzosen schöpften in allen Regi-
onalstaaten der Dynastien des Deutschen Bundes
Unangepasste Hoffnung auf Befreiung aus der Un-
tertänigkeit und polizeistaatlichen Überwachung
der Metternich-Zeit, in der die um 1813 Geborenen
aufgewachsen waren.

Zu ihnen gehörte Büchner bereits am Gymnasium in Darmstadt. Den Schülern, die als Nach-
wuchs der Elite des Landes auf den Dienst für das
angestammte Fürstenhaus vorbereitet werden sollten, war eingeschärft worden, »daß der große Haufe
Nichts ist, als ein Gemisch von Unbeständigkeit und
Charakterlosigkeit, das man ärger als die Pest fliehen
sollte« (DKV II, 741). Ihm und dem Freund Karl
Minnigerode, die sich in der letzten Schulzeit, während Nachrichten von Ausbrüchen örtlicher Unruhen im Land kursierten, kess mit »Bonjour, citoyen«
zu grüßen pflegten, waren vom Gymnasium im Programm der öffentlichen Abschlussfeier am 30. März
1831 zum Nachweis ihres rhetorischen Könnens auf
ausgesucht gegenrevolutionäre Rednerrollen verpflichtet worden (vgl. DKV II, 724 f., 747 ff.). Die pädagogische Gehirnwäsche erfüllte ihren Zweck mit-
nichten. Drei Jahre später fanden die Schulfreunde
sich wieder als verschworene Gegner des Systems im
Kreis um Weidig in der Flugblatt-Agitation und in
der von Büchner gegründeten »Gesellschaft der
Menschenrechte« nach dem Muster der »Société des
Droits de l'Homme et du Citoyen«, die seit 1832 die
republikanische Volksbewegung in Frankreich anführte (zum weiteren Schicksal der Freundschaft mit
Minnigerode vgl. Büchners Briefe an die Familie
vom 5.8.1834 bis 20.11.1836).

Als Büchner sich 1834 zur aktiven Beteiligung an
den revolutionären Bestrebungen in Hessen entschloss, ließ er sich in der Tat nicht in »Winkelpolitik
und revolutionäre[] Kinderstreiche« ein, wie er den
Eltern zuvor versichert hatte (an die Familie Juni
1833; DKV II, 369). Da bewegte er sich schon bewusst in einem viel weiter reichenden historischen
Kontext. Sein erster Aufenthalt in Straßburg, von
Oktober 1831 bis Sommer 1833, war neben dem Studium der Medizin ein Exklusivkurs in Politik, und
zwar einer, die gerade erst dabei war, sich selbst zu
erfinden. Ein neuer Protagonist im Spektrum der sozialen Parteien, das Proletariat als Klasse für sich,
tauchte auf und nötigte zu neuen Berechnungen der
Zukunft. Büchners wiederholt mit Erstaunen vermerkte Modernität, die zuerst in den Briefen ihren
Stil ausbildete, hat einen Erklärungsgrund zweifellos
in seiner lebensgeschichtlich begünstigt optimal auf-
geschlossenen Zeitzeugenschaft in diesem historischen Augenblick, der Widersprüche offenlegte, die
später kaschiert wurden, bis die nächste Systemkrise
sie wieder zum Vorschein brachte. Heine war zur
selben Zeit nach Paris übergesiedelt und dort im
Auftrieb des Geschehens auf die Höhe der Zeit gelangt; ihm voraus war Ludwig Börne geeilt, der schon
seit 1830 *Briefe aus Paris* nach Deutschland schrieb
(1830–1834 sechs Bände). Für den Transfer von in-
volvierten Personen und Strömen von Informationen über das Geschehen im Land, das in der kurz-
zeitig von der Zensur befreiten Presse diskutiert
wurde, war Straßburg der Hauptumschlagplatz.

Die allgemeine Euphorie über den überraschenden Erfolg der dreitägigen Barrikaden-Kämpfe Ende
Juli 1830 in Paris war rasch verflogen. Den Anstoß
zum Aufstand hatte der Protest der liberalen Opposition gegen die willkürliche Aufhebung des Presse-
und Wahlrechts gegeben. Für den Sieg gab die starke
Beteiligung breiter Volksschichten den Ausschlag.
Der zugrunde liegende sozialökonomische Interes-
senkonflikt trat erst anschließend zutage. Die Arbeiter, Handwerker, Händler und Kleinunternehmer,
die in patriotischer Eintracht mit Journalisten,
Künstlern und Studenten in den »drei glorreichen
Tagen« die Herrschaft der wiedererrichteten erbli-
chen Monarchie von Gottes Gnaden beendeten, hatten sich die Verbesserung ihrer prekären wirtschaftlichen Lage erhofft. Das Gegenteil traf ein. Das an

Stelle der mehrheitlich gewünschten Republik im Machtausgleich zwischen Großbürgertum und großgrundbesitzendem Adel zustande gekommene sogenannte Juste-milieu unter der Ägide des ›Bürgerkönigs‹ Louis-Philippe (1830–1848) hob die Beschränkungen der Freiheit des Handels und der Gewerbe ebenso wie die der Presse auf. Dadurch beschleunigte sich zwar die in der Restauration gebremste wirtschaftliche Entwicklung, zugute kam dies aber vor allem dem von den Banken kontrollierten großen Kapital. Das vermehrte sich um den Wert der zunehmenden Zahl von ruinierten kleineren Besitztümern und wurde profitabel investiert in den Bau von Bergwerken, Metallhütten, Maschinen und Eisenbahnen. Der Konkurrenzdruck der maschinellen Produktion hatte schon seit den 1820er Jahren eine neue Armut zur Folge, die sich von England aus über den Kontinent ausbreitete. Durch die Einfuhr billigerer Waren reduzierten sich die Erwerbsmöglichkeiten in den vorkapitalistischen Wirtschaftsräumen. Spontane Rebellionen wie die im Herbst 1830 in Oberhessen, an die der *Hessische Landbote* erinnert, hatten darin zusammen mit der fiskalischen Ausbeutung durch den feudalbürokratischen Staat ihre Ursache.

In Frankreich proletarisierte die staatlich entfesselte Aktivität des Kapitals nach der Julirevolution große Teile der Bevölkerung. Geld wurde zum universellen Binde- und Teilungsmittel, es modifizierte die privaten Lebensverhältnisse nicht weniger als die öffentlichen. Über den Besitz von Geld wurden Macht und Abhängigkeiten vermittelt, Ansehen und Geringschätzung zugewiesen. Wer keins hat, ist ausgeliefert (Woyzeck: »Wir arme Leut. […] Geld, Geld. Wer kein Geld hat«; DKV I, 207; MBA 7.2, 25). Die formal freien, ohne Besitz aber real abhängigen Lohnarbeiter waren bei Arbeitstagen von 15 bis 18 Stunden für Löhne, die nicht zum Überleben reichten, und indirekten Steuern, die den täglichen Bedarf verteuerten, extremer Ausbeutung ausgesetzt. Das Recht zu wählen, d.h. die Kammer der Abgeordneten mit Vertreten aus ihrer Mitte zu besetzen und damit Einfluss auf die Gesetzgebung auszuüben, hatten nach dem reformierten Zensus-Wahlsystem von den 33 Millionen Franzosen allein die 167.000 reichsten über 30 Jahre alten Männer. Die übrigen 32 Millionen und 833.000 hatten kein Stimmrecht.

Eine so ungleiche Verteilung der Macht und des Besitzes, mit der Tendenz, dass die Reichen reicher und die Armen noch ärmer wurden, musste die Gesellschaft zerreißen. Eine Folge periodisch blutig eskalierender Klassenkämpfe begann, den sozialen

Umschichtungsprozess signifikant zu begleiten, in dem sich die industriekapitalistische moderne Gesellschaft politisch dauerhaft etablierte. Gerade in den ersten Wochen nach Büchners Ankunft in Straßburg entlud sich die Erbitterung unter den am geringsten Geachteten, die bis zum physischen Verschleiß die schwerste Last im Staat trugen, in einem Ereignis, das eine Schockwelle im Land auslöste. Am 21. November 1831 traten in Lyon, das ein Drittel des Exportaufkommens von Frankreich bestritt, 30.000 bis 40.000 Seidenweber in den ersten Massenstreik im Industriezeitalter. Die Vereinbarung eines Mindestlohns war von den Unternehmern nicht eingehalten worden. Entschlossen, »arbeitend zu leben oder kämpfend zu sterben«, zogen die Streikenden daraufhin in die Stadt, überwältigten kraft ihrer Masse die Gendarmerie und Soldaten und besetzten das Rathaus. Eine Woche lang hielten die Arbeiter Lyon besetzt. Dann, am 5. Dezember 1831, rückten 20.000 Soldaten der Regierung in die Stadt ein und schossen die Aufständischen zusammen; 600 kamen um. Der Präfekt, der zugesagt hatte, in dem Arbeitskampf zu vermitteln, wurde abgesetzt. Der Innenminister rechtfertigte den Einsatz der Gewalt zur Verteidigung der »Ordnung« gegen den Angriff der Arbeiter auf »die Freiheit des Handels und der Industrie« (Casimir Pierre Perier am 26.12.1831).

Der Prozess gegen 15 Mitglieder der republikanischen Gesellschaft der Volksfreunde im Januar 1832 in Paris, denen man die Anstiftung zum Umsturz der Ordnung vorwarf, geriet zu einem Fanal des Protestes. Auguste Blanqui, der Sprecher der Angeklagten, vergegenwärtigte in seiner Verteidigungsrede, was geschehen war: »Das ganze Land war aufgewühlt von Mitgefühl angesichts dieser Armee halbverhungerter Gespenster, die ins Kartätschenfeuer liefen, um wenigstens auf einen Schlag zu sterben« (Blanqui 1975, 511). Als einer von 30 Millionen »Proletariern« im Land klagte der Redner für sie »das Recht zu leben« ein, um das eine Minderheit von ein paar hunderttausend Privilegierten sie betrögen (ebd.). Blanquis Rede war in verschiedenen Broschüren millionenfach verbreitet, darunter auch eine deutsche Übersetzung, die in Straßburg gedruckt wurde. Sie hat Büchner nachhaltig beeindruckt.

Ludwig Börne brachte das Geschehen für deutsche Leser in seinem 60. Brief aus Paris vom 1. Dezember 1831 auf den Punkt; er schrieb: »Es ist wahr, der Krieg der Armen gegen die Reichen hat begonnen, und wehe jenen Staatsmännern, die zu dumm oder zu schlecht sind, zu begreifen, daß man nicht gegen die Armen, sondern gegen die Armut zu Felde ziehen müsse.« (Börne 1986, 93 f.) Einen »Krieg der Armen und der Reichen« hatte der frühkommunistische Jakobiner François Noël Babeuf schon für unvermeidlich gehalten, wenn die staatlichen Institutionen es zuließen, dass die einen sich alles nehmen könnten, so dass für die anderen nichts übrig bliebe (*La Tribune du Peuple*, Nr. 34 vom 6.11.1795). Die neue Erfahrung der Rechtsordnung, die das Eigentum der einen über das Leben der anderen stellte, ließ die verdrängten radikalen Gleichheitsforderungen von ehedem wieder aufleben. Die Erfahrung vertiefte sich noch während der Zeit von Büchners erstem Straßburg-Aufenthalt durch Arbeitskämpfe und Aufstände an verschiedenen Industrieorten, die regelmäßig mit militärischer Gewalt niedergeschlagen wurden, zuletzt in Paris im Juni 1832 mit einem breiten publizistischen Echo.

Die Werke, vom *Hessischen Landboten* bis »Woyzeck«, sind unverkennbar geprägt von der Verarbeitung der Einblicke in den Mechanismus der forcierten Reorganisation des Sozialgefüges in diesen Jahren. Den Werken voraus stehen die lapidaren Erfahrungssätze des Briefschreibers, die unerhörte Quintessenzen aus dem Geschehen ziehen. Dagegen vermisst man Äußerungen des unmittelbaren Eindrucks, den die schnell umlaufenden Meldungen vom Geschehen auf ihn machten. Es hat daran offenbar nicht gefehlt, denn 1850 berichtete Ludwig Büchner von den (ein paar Monate danach verbrannten) Briefen des Bruders an die Familie aus diesen Jahren, dass sie »häufig das Bild der damals in Folge der Julirevolution noch tief aufgeregten Zeit« (N, 2) zeichneten. Eine parallele Quelle zu den nicht erhaltenen Briefen hilft mit einigen Angaben aus. Protokolle der von deutschstämmigen protestantischen Theologiestudenten gegründeten Verbindung »Eugenia« in Straßburg, zu deren Treffen und Ausflügen Büchner von seinen Freunden August und Adolph Stöber als ständiger Gast eingeladen war, berichten, wie die allgemeine Erregung über die »Tagesangelegenheiten« – besonders über den brutal niedergeschlagenen Volksaufstand in Paris im Juni 1832 – auch in diesem eher unpolitisch geselligem Kreis Platz griff. Der »feurige und so streng republikanisch gesinnte deutsche Patriot« trug das meiste dazu bei. Das Protokoll der Sitzung vom 28. Juni 1832 zeigt ihn als Wortführer in der mit »außerordentlicher Lebhaftigkeit« geführten Diskussion »über die Strafgesetze u. über das Unnatürliche unseres gesellschaftlichen Zustandes, besonders in Beziehung auf Reich u. Arm« (vgl. Das Protokoll der Straßburger Studentenverbindung »Eugenia« 1990, 366–369).

10.2 Überlieferungsverhältnisse

Die besonders prekäre Situation der Überlieferung von Büchners Korrespondenz (vgl. Hauschild 1985, 64–82, 101–106; DKV II, 1052–1064) hängt ursächlich eng zusammen mit dem praktischen Eingreifen des Briefschreibers in die politischen Kämpfe. Er selbst hat notgedrungen den Anfang damit gemacht, die Menge des wechselseitig Geschriebenen zu dezimieren, und mitinvolvierte Korrespondenzpartner taten abredungsgemäß das Gleiche; andere in der Folgezeit, weil sie der Last des kompromittierenden Erbes nicht gewachsen waren. »Vor allen Dingen vertilgen Sie meine Briefe!« schrieb Gutzkow am 5. März 1835 (DKV II, 396). Der analogen Anweisung: »Das Verbrennen nicht zu vergessen!!!« in einem von Hermann Wiener mit »Fuchs« unterschriebenen Brief an Gustav Clemm (vgl. Mayer 1981, 282) war nach den Regeln der Konspiration ein gewichtiger Komplex von Büchners Briefwechsel unterworfen. Die Briefe Gutzkows wird Büchner als weniger gefährdend eingeschätzt und deshalb dessen Anweisung nicht ausgeführt haben. Gutzkow (1837, 388) seinerseits räumte bei seiner Mitteilung von Büchners Korrespondenz ein: »Mehrere der aus Straßburg an mich gerichteten Briefe sind mir nicht mehr zur Hand.« Gutzkow war allerdings einer der am intensivsten bespitzelten und bedrohten Autoren des Jungen Deutschland. Denkbar ist, dass der vielen Verfolgungen Ausgesetzte es für angebracht hielt, sich einiger belastender Belegstücke zu entledigen.

Als Büchner am 1. August 1834 in Gießen erfuhr, dass Karl Minnigerode mit einer Lieferung der Drucke des *Hessischen Landboten* soeben der Polizei in die Hände gefallen war, und er sich beeilte, die anderen Verteiler in Butzbach und den Drucker in Offenbach zu warnen, ließ er unter den Papieren in seinem Zimmer vorsorglich »*keine* Zeile« zurück, die ihn »compromittieren könnte« (am 5.8.1834 an die Familie; DKV II, 388). Unter zurückgelassenen unverdächtigen Briefen befand sich einer von seinem Freund Eugène Boeckel mit der Einladung zu einem Treffen in Frankfurt, das zufällig in den Tagen der unvorhergesehen Reise stattfinden sollte. In der Spekulation, sich daraus ein Alibi zu verschaffen, unterschätzte er allerdings den Verfolgungseifer der Schergen; der Universitätsrichter hatte inzwischen nicht nur eine Fahndung nach ihm ausgelöst, sondern die Grenzwachen anweisen lassen, Boeckel abzufangen und über die von Büchner erhaltenen Briefe auszuforschen. Deren genereller Inhalt war unverfänglich, es fand sich darin aber die Absage

Büchners, zu dem vorgeschlagenen Treffen nach Frankfurt zu kommen. Der am 7. August 1834 in Mainz überraschend festgenommene Freund ahnte nichts von Büchners Krieg mit der Obrigkeit und sah keinen Grund, die Absage aus Gießen nicht anzugeben. Büchners Alibi war geplatzt, und nur mit viel Geschick konnte er sich dem Zugriff noch eine Zeitlang entziehen (vgl. Diehl 1920, 17; DKV II, 387, 30 f. und Anm.).

Maßregeln der Vorsicht unterlag der Briefverkehr auch im Exil. Die Gefahr der Ausweisung, wenn nicht der Auslieferung auf besonderes Verlangen der hessischen Regierung, bestand nach der gelungenen Flucht 1835 in Straßburg wie ab 1836 in Zürich. Die Regierung war im Verbund mit Metternichs Geheimagentennetz und über die Kontrolle der Post bemüht, die politischen Flüchtlinge auch in den Exilländern im Auge zu behalten. Um dies zu unterlaufen, lancierte Büchner 1835 aus Straßburg nach Darmstadt: »Sprengt übrigens immerhin aus, ich sei nach Zürich gegangen; da ihr seit längerer Zeit keine Briefe von mir durch die Post erhalten habt, so kann die Polizei unmöglich mit Bestimmtheit wissen, wo ich mich aufhalte, zumal da ich meinen Freunden geschrieben, ich sei nach Zürich gegangen.« (Anfang August 1835 an die Familie; DKV II, 412) Solche Post erreichte die Empfänger auf Wegen, die nicht mehr nachverfolgbar sind. Wo Deckadressen und Mittelspersonen die aktuellen Aufenthaltsorte verschleiern mussten, verlieren sich Spuren der Überlieferung. Von selbst versteht sich die Beseitigung der Korrespondenz mit den politischen Freunden des Weidig-Kreises und Kontaktpersonen verbündeter Gruppen während der Flugschriften-Aktion, namentlich der Mitglieder der »Gesellschaft der Menschenrechte« in Gießen und Darmstadt. Für die Zeit in Gießen bis August 1834 hat Büchners Zimmerwirt Bott bei seiner Vernehmung ausgesagt, dass sein Logiergast »eine starke Correspondenz geführt« und nur mit Studierenden, die »republikanischen Gesinnungen huldigten« (neben August Becker und Gustav Clemm nannte er Ludwig Becker, Jakob Schütz und Karl Minnigerode) verkehrt habe (Diehl 1920, 14). Im Zusammenhang mit der politischen Tätigkeit seines Bruders in der Zeit von September bis über den Winter 1834/1835, die Büchner auf Verlangen des Vaters im Elternhaus in Darmstadt verbrachte, berichtet Ludwig Büchner u. a.: »Büchner verfaßte für die Gesellschaft [der Menschenrechte] nach dem Muster der französischen eine Erklärung der Menschenrechte, die mit ihren Ausführungen damals als Programm der fortgeschrittensten Fraktion der re-

volutionären Partei gelten konnte. Diese Schriftstücke wurden während der Periode der Untersuchungen mit anderen Papieren verbrannt« (N, 18 f.). Zu diesen Papieren werden einschlägige Briefe gehört haben. Zu den mutmaßlichen Korrespondenten Büchners gehören auch Wilhelm und Caroline Schulz. Sicher hat es zwischen der Ausweisung von Schulz aus Straßburg und dem Wieder-Zusammen-Finden im gleichen Quartier in Zürich Kontakte gegeben. Zur Entdeckung der Verbindung mit Alexis Muston führte Heinz Fischer eine Anmerkung von Ludwig Büchner, derzufolge Büchner mit ihm »viel correspondirt« hatte (N, 250). Der Verbleib der »französischen Briefe« von Alexis Muston, Jean Moyse Lambossy, der mit Eugène Boeckel zu den Freunden gehörte, die in Straßburg zur selben Zeit Medizin studierten, (und von W[ilhelmine]?) bis August 1834 ist Büchners eigener Angabe zu entnehmen (vgl. an die Familie am 5.8.1834; DKV II, 387 f.).

10.3 Nachlassmisere

Büchners Verlobte Wilhelmine Jaeglé (1810–1880), die Tochter des Pfarrers Johann Jakob Jaeglé, in dessen Haus die Straßburger Verwandten Büchner 1831 vermittelt hatten, war im Februar 1837 von Straßburg zu dem Sterbenden nach Zürich gereist. Nach seinem Tod hat sie die von ihm hinterlassenen Papiere mit nach Straßburg genommen, darunter befanden sich neben ihren auch die Briefe anderer an Büchner, die nicht überliefert sind. Erhalten geblieben sind davon nur die von Boeckel, der sie sich von Wilhelmine zurückgeben ließ. Ebenso erhielten Familienangehörige ihre Briefe von Jaeglé zurück. Das Schicksal der fehlenden Briefe in ihrem Besitz teilen die ebenfalls nicht mehr aufgetauchten Werk-Manuskripte (Leonce und Lena und »Lenz«, möglicherweise auch ein Drama über Pietro Aretino) und ein Tagebuch. Als Karl Gutzkow 1837 im Auftrag der Familie die Aufgabe einer Nachlass-Edition übernahm, stellte Wilhelmine Jaeglé noch Abschriften von Leonce und Lena und »Lenz« und Auszüge aus Briefen Büchners an sie bereit. Das Unternehmen scheiterte, wie Karl Emil Franzos sich erinnert, von Ludwig Büchner erfahren zu haben, weil Ernst Büchner »von Gutzkow eine Verherrlichung der revolutionären und sozialistischen Ansichten Georgs befürchtete«, und daran, »daß beide zudem über die Art, in der des unerquicklichen Verhältnisses zwischen Vater und Sohn gedacht werden sollte, nicht einig werden konnten« (Franzos 1900/01, 200). Das Gutzkow übergebene Material verwertete Ludwig Büchner 1850 in den *Nachgelassenen Schriften*. Die Veröffentlichung ihrer Gutzkow für eine biographische Einleitung abschriftlich bereitgestellten Briefauszüge darin wollte Jaeglé den Büchners nicht verzeihen.

Eine nicht weniger fatale Rolle spielte speziell in der Nachlassgeschichte der Briefe Ernst Büchner durch die von ihm verordnete Familienzensur. Die Herausgabe der *Nachgelassenen Schriften* und die Auswahl der meist knappen Brief-Auszüge erfolgte 1850 unter den Augen des gestrengen Familienoberhaupts. Von den Briefen an die Familie, schrieb Ludwig Büchner in der Einleitung, wurde in den Auszügen »beinahe nur das gegeben, was zur Kenntniß der politischen Bewegungen jener Zeit und des Antheils, den Büchner daran hatte, wichtig schien«. Dies war nach dem Nachrufartikel von Gutzkow 1837 und nach der Aktenveröffentlichung von Noellner 1844 das Mindeste, was die Öffentlichkeit erwarten durfte. Alles die Familienverhältnisse und vor allem das problematische Sohn-Vater-Verhältnis Berührende wurde peinlichst ausgelassen (vgl. Poschmann in DKV II, 1112 f., Anm. 381, 22 f.). Der Verlust des größten Kontingents der Briefe und anderer Teile der nachgelassenen Papiere durch den Zufall des Zimmerbrands 1851 im Haus wird gemildert dadurch, dass allein die zwei im Oktober und Dezember 1836 nach dem versöhnlichen Einlenken des Vaters geschriebenen Briefe von Caroline und Ernst Büchner übrig blieben.

Für die Beseitigung von Büchners Briefwechsel mit Wilhelm Schulz war sogar doppelt gesorgt. Für den Fall, dass Schulz seine Briefe zurückbekommen haben sollte, sind sie dem Autodafé zum Opfer gefallen, das seine zweite Frau Katharina Schulz-Bodmer (Caroline war 1847 gestorben) seinen sämtlichen nachgelassenen Papieren bereitete. Mit ihnen gingen die Briefe von Ferdinand Freiligrath an Schulz in Flammen auf (vgl. Poschmann in DKV II, 1060 f.).

Die hinterbliebene Verlobte legte ihre persönlichen Rechte auf Büchners nachgelassene Papiere sogar weiter aus als dessen Eltern. Von einem Anspruch der Öffentlichkeit wollte sie nichts wissen. Als Franzos nach längerem Bemühen an ihre moralische Verpflichtung appellierte, ließ sie ihn wissen, dass sie »durchaus keine moralische Verpflichtung fühle, die besagten Papiere zur Öffentlichkeit zu bringen«; teils seien es solche, die nur sie persönlich angingen, teils »Unfertiges«, das sie nicht »der Kritik der Rezensenten auszusetzen« gedenke (am 2.4.1877

an Franzos; vgl. Hauschild 1985, 229). Franzos nahm an, »atheistische Stellen« in Büchners Werk widerstrebten Wilhelmines religiösem Gewissen. Hinzu kam als Grund ihrer Verweigerung »ihre tötliche Verfeindung mit der Familie Büchner« (Franzos 1900/01, 200). Nach ihrem Tod 1880 fand sich »nicht ein Blättchen von Georg Büchners Hand« in ihrem Nachlass (ebd., 201). Wilhelmine Jaeglé war als Gefangene der in sich geschlossenen deutschen Pastorenwelt im Elsass offenbar überfordert von der ihr überaus frühzeitig zugefallenen Erblast. Sie muss ihr nicht ganz geheuer erschienen sein; nie hat sie etwas darüber verlauten lassen. Von ihrem Schmerz erfährt man und von ihrer lebenslangen Trauer, aber kein Wort von ihr über Büchner, seine Person, seine Lebensart, seine Bestrebungen.

Franzos hatte sich 1877 auch an Büchners Straßburger Verwandten und Briefpartner Edouard Reuß vergeblich mit der Bitte um Unterstützung für seine geplante Edition durch die Mitteilung von Erinnerungen an Büchner gewendet. Der inzwischen berühmte Theologe wollte sich kaum noch an den jungen Verwandten aus Darmstadt erinnern, wohl aber war ihm nach vierzig Jahren noch die sogenannte »Brautbriefe-Affäre« (Hauschild 1985, 80) gegenwärtig. Er schrieb, man habe »hier allgemein die unverantwortliche Indiscretion bedauert u. mißbilligt mit welcher seine stillen und heiligen Herzensangelegenheiten vor das Publicum gebracht worden« seien, und fügte dem hinzu: »Selbst dem Nachruhm eines Herrn v. Göthe hätte es nichts geschadet wenn man die Interiora seiner Korrespondenz ungedruckt gelassen hätte, u. Büchner war kein Göthe, wohl aber ein lieber bescheidner Junge der sich sicher dieses prätentiöse Aufputzen seiner Person verbeten hätte. Hätte er länger gelebt so wäre gewiß ein tüchtiger Mann u. Gelehrter aus ihm geworden.« (Edouard Reuß am 21.10.1877 an Karl Emil Franzos; Stadt- und Landesbibliothek Wien)

10.4 Edition

Die ersten Briefe Büchners, die im Druck erschienen, waren die an Karl Gutzkow in dessen Nachruf (*Ein Kind der neuen Zeit*) 1837, ergänzt 1838 in der zweiten Ausgabe. Es folgten 1850, von Ludwig Büchner in den *Nachgelassenen Schriften* herausgegeben (N), die fragmentarische Sammlung mit den Briefen »an die Familie« und »an die Braut« und 1879 die Übernahme der Sammlung in die von Karl Emil Franzos besorgte Ausgabe der *Sämmtlichen Werke*

(F). 1897 veröffentlichte Charles Andler die Briefe Gutzkows an Büchner, und 1922 erschienen im *Insel-Almanach auf das Jahr 1923* (ohne Herausgeber-Angabe) die beiden einzigen überlieferten Gegenbriefe der Eltern an Büchner – zu spät für die Aufnahme in die 1922 von Fritz Bergemann besorgte kritische Ausgabe *Sämtlicher Werke und Briefe* (B). Danach teilte Erich Ebstein 1923 auch den Brief Gutzkows an Büchner vom Januar 1836 mit. Erst Bergemanns Ausgabe der *Werke und Briefe* 1926 vermehrte die Sammlung, in den Auflagen von 1940, 1962 und [12]1974 noch um zwei Briefe an die Brüder Stöber und einen an Eugène Boeckel, die Jean Strohl 1935 entdeckte. Nach der Edition der gesammelten Briefe in Werner R. Lehmanns Ausgabe der *Sämtlichen Werke und Briefe* 1971 (L) gaben Werner R. Lehmann und Thomas Michael Mayer 1976 den Brief von Büchner an Adolph Stöber vom November 1832 heraus. Dem folgte die Mitteilung der zwei Briefe Büchners an Edouard Reuß durch Jan-Christoph Hauschild 1985. Zuletzt kamen 1993 die Entdeckungen der zwei Briefe Büchners an Wilhelm Braubach und Georg Geilfus durch Erika Gillmann, Thomas Michael Mayer, Reinhard Pabst und Dieter Wolf hinzu (Vorabdruck in: Der Spiegel 47, 1993, Nr. 36 v. 6.9., 198 f.). Auf aktuellem Stand liegen die gesammelten Briefe von und an Georg Büchner vor in den Ausgaben von Jan-Christoph Hauschild 1994 und Henri Poschmann (vgl. DKV II, 1999; 2000 und 2006).

10.5 Der erhaltene Textbestand

Lediglich 98 Belegstücke der Korrespondenz Büchners sind aus den letzten fünf Jahren und drei Monaten seines Lebens von November 1831 bis Februar 1837 überliefert: 73 meist unvollständige Brieftexte Büchners an 16 Adressaten und 25 Gegenbriefe von 11 Absendern an ihn (vgl. DKV II, 353–466). Jan-Christoph Hauschild zählt zum vorliegenden Bestand erschließbare Stücke, auch Einheiten aus Briefwechseln anderer mit Bezug auf Büchner, und ›briefähnliche‹ biographische Dokumente wie Widmungen u. ä. hinzu und kommt dabei auf 191 nominell nachweisliche Nummern, wovon mindestens eine, in Hauschilds Zählung Nr. 64, zu streichen ist; denn die Annahme eines zweiten Briefs von Büchner aus Gießen an seinen Onkel Georg Reuß in Darmstadt nach Mitte März 1834 mit einer zweiten Bitte um Reisegeld beruht auf einem Missverständnis des Antwort-Textes von Reuß an Büchner am 24.

März 1834 (vgl. Poschmann in DKV II, 1120, Anm. 385,4 f., 1122, Anm. 385,22 f.).

Von der geschätzten Anzahl der von Büchner wirklich geschriebenen und empfangenen Briefe macht das Überlieferte ca. ein Sechstel bis ein Viertel aus. Ein großer Teil der Verluste resultiert aus den Risiken der konspirativen politischen Aktivitäten Büchners, ein anderer aus Rücksichten der Hinterbliebenen auf eigene Interessen, und ein Teil verlor sich bedingt durch den verspäteten Beginn der allgemeinen Wertschätzung der Hinterlassenschaft des Autors. Im Verhältnis zu der auf die Stückzahlen bezogenen Verlustquote fehlt substantiell noch mehr dadurch, dass von den genannten 73 Briefen Büchners nur 13 vollständig in Originalgestalt vorliegen. Ihre Adressaten sind Ludwig Büchner, Edouard Reuß, August und Adolph Stöber, Johann David Sauerländer, Karl Gutzkow, Eugène Boeckel, Wilhelm Braubach und Georg Geilfus, Bürgermeister Hess von Zürich und der Präsident des Erziehungsrats des Kantons Zürich (Fotokopien der Originale in Hauschild 1994).

Die übrigen 60 Stücke sind indirekt überlieferte Fragmente. Dem Druck lagen im Falle der »Briefe an die Braut« auszugsweise Abschriften von der Hand der Empfängerin zugrunde, die nicht überliefert sind. Auch die originalen Textzeugen der Briefe an die Familie, die dem Herausgeber der ersten Sammlung in den *Nachgelassenen Schriften* Ludwig Büchner 1850 noch zur Verfügung gestanden hatten, sind nicht erhalten. Büchners Bruder nahm daraus in den Nachlassband nur auf, was die Familie nach Maßgabe des Vaters preisgeben mochte, und ließ das meiste weg. Die vollständigen Vorlagen vernichtete zusammen mit den anderen Papieren 1851 ein mysteriöser Zimmerbrand, der im ehedem von Büchner bewohnten Raum des Elternhauses ausbrach. Mehrere der mitgeteilten Ausschnitte sind so knapp, dass nur die ihnen zugeordneten Verfasser- und Adressatenangaben sie überhaupt als Briefeinheiten ausweisen. Auch die von Gutzkow im Nachruf 1837 (ergänzt 1838) bekannt gemachten Briefe Büchners an ihn sind unvollständig. Original liegt einzig Büchners Brief von Mitte/Ende Januar 1836 an Gutzkow im Gefängnis in Mannheim vor; das kleine Blatt kam später hinzu (Ebstein 1923). Dank der original überlieferten Gegenbriefe Gutzkows (Weimarer Goethe- und Schiller-Archiv, Erstdruck in Andler 1897) ist im Falle der Korrespondenz mit Gutzkow der Briefwechselcharakter noch am besten erhalten.

Von den Briefen Wilhelmine Jaeglés an Büchner ist kein einziger überliefert. Auch von den Briefen der Eltern an ihn überlieferten die *Nachgelassenen Schriften* nicht einen. Aus Beschlagnahmen bei der Durchsuchung seiner Studentenwohnung in Gießen am 4. August 1834 sind sämtliche französischen Briefe seiner Straßburger Freunde nicht wieder aufgetaucht. Darunter die vielleicht aufschlussreichsten von Alexis Muston, dem eng befreundeten Gesprächspartner mit vielen gemeinsamen Interessen, der Büchner offenbar anregende Informationen aus der literarischen Szene vermittelte, die damals in Frankreich bemüht war, zeitgemäßere ästhetische Konzeptionen gegen den Klassizismus durchzusetzen. Der vollständige Verlust der Briefe an und von Muston reduziert den ursprünglichen Bestand des Briefwechsels um ein ganzes Segment unter diesem Aspekt (vgl. Poschmann in DKV II, 1132 f., Anm. 388,3–388,4). Der Ausfall der Korrespondenz mit August Becker und anderen Mitwirkenden an den geheimen politischen Unternehmungen in Hessen 1834–1835, deren Spiritus Rector Friedrich Ludwig Weidig war, und mit dem Darmstädter Demokraten Wilhelm Schulz, dem Büchner aus dem französischen ins schweizerische Exil folgte, wird durch andere Dokumente, gerichtliche Untersuchungsakten und private Zeugnisse der Beziehungen wenigstens teilweise kompensiert. Den Verlust des Briefwechsels mit Muston verdeutlicht erst dessen von Fischer entdecktes Tagebuch und mildert ihn zugleich etwas ab.

Von der Familie und nächst wichtigen hinterbliebenen Korrespondenzpartnern auf das Maß des ihnen Verträglichen zurückgeschnitten, von den politischen Freunden aus Sicherheitsgründen vernichtet, polizeilich eingezogen, verbrannt, gibt, was von der Korrespondenz übrig geblieben ist, ein höchst unvollständiges Bild des Briefschreibers Büchner ab.

10.6 Schreibzusammenhänge

Der Briefschreiber und die Perioden seiner Korrespondenz

In dem zerstückelten Restbestand zeichnet sich nichtsdestoweniger kohärent das Psychogramm des 18 bis 23-Jährigen ab, der in einem Spannungsfeld zwischen lodernder Leidenschaft und klar abwägendem Verstand latent unter Strom steht. Von der Natur bestens ausgestattet und mit einem soliden Bildungshintergrund, geht er mit offenen Sinnen selbstbewusst seinen Weg in die Welt. In lapidarer Diktion spricht er sich anschaulich aus über seine Umwelt- und Selbstwahrnehmung. Bis zu einem bestimmten

Grad des Leidens hilft ihm die Begabung, Deprimierendes witzig zu konterkarieren. Andererseits ist er nicht sicher davor, angesichts unerträglich langweiliger Wiederholung von Banalem in Depression zu verfallen. Von Glaubenssätzen lässt er sich nicht beeindrucken, Erfahrungssätze hält er für überprüfenswert. Überzeugt zu sein, dass das Leben nur sich selbst zum Zweck hat, ist für ihn nur die Anerkennung eines Naturgesetzes. Über die allgemeine Gleichgültigkeit gegenüber Mitmenschen, die unter dem Unrecht leiden, zu dem sie der Egoismus Bessergestellter verurteilt, kann er sich nicht beruhigen. Aus Empfindlichkeit gegen Menschenverachtung erklärt er sich zum Hass auf die, die andere verachten, ausdrücklich ebenso berechtigt wie zur Liebe. Die partnerspezifisch differenzierte Einstimmung des Briefschreibers basiert vor allem auf Empathie, der Fähigkeit, sich mitfühlend in den anderen zu versetzen; Momente kalkulierter Wirkungsstrategie setzen erst sekundär darauf auf.

Die editorische Anordnung der Korrespondenz erfolgt üblicherweise chronologisch. So verfahren sowohl die älteren Ausgaben, die Briefe und Gegenbriefe getrennt darbieten, als auch die neueren (Hauschild 1994 und DKV), die beide im Wechsel wiedergeben. Der prägenden Zeit des ersten Aufenthalts in Straßburg 1831 bis 1833 folgt die Zeit der persönlichen Krise bei Vertiefung in revolutionsgeschichtliche und philosophische Studien mit unmittelbar anschließender politisch revolutionärer Aktivität in Gießen und Darmstadt 1833 bis 1835, in der sich die dichterische Kreativität des 21-Jährigen entzündet, danach die Zeit des Exils in Straßburg 1835 bis 1836 mit intensiver naturwissenschaftlicher Forschungsarbeit zum Abschluss der Berufsausbildung neben fortgesetztem literarischen Schaffen, und die letzte Zeit in Zürich 1836 bis 1837 mit dem Beginn der Lehr- und Forschungstätigkeit an der dortigen Universität, und dazu paralleler Arbeit an Dramen, zuletzt an »Woyzeck«, bis drei Wochen vor dem Tod mitten im ersten Lehrkurs des Privatdozenten für vergleichende Anatomie.

Partnerschaften und thematische Schwerpunkte

Die Familie, Vater und Mutter in Darmstadt, Freunde aus der ersten Straßburger Zeit, Wilhelmine Jaeglé (»Minna«), die nach zwei Jahre lang verheimlichtem Liebesverhältnis seit 1834 offiziell Verlobte, und Karl Gutzkow, der einzige namhafte Schriftsteller, mit dem Büchner in Verbindung stand, sind die wichtigsten Partner.

Von ihnen steht die Familie in Darmstadt (mit einem Anteil von 42 Briefen an sie) sowohl in der zeitlichen Erstreckung als auch in der Regelmäßigkeit des Austauschs an erster Stelle. Unter der vom ersten Herausgeber Ludwig Büchner überlieferten summarischen Adressaten-Angabe »An die Familie« sind im Wesentlichen die Eltern zu verstehen, die dementsprechend auch als Absender der Gegenbriefe zu gelten haben, welche bis auf zwei Ausnahmen vollständig fehlen. Mitangesprochen sind in der Regel Büchners ältere Geschwister, vor allem Wilhelm, der nächstälteste Bruder; die anderen, Mathilde, Luise, Ludwig und Alexander, waren Kinder, als er Darmstadt verließ. Von Wilhelm, dem anhänglichsten, später am weitesten ins Vertrauen gezogenen Bruder stammt der erste, ausnahmsweise original erhaltene, Brief, der die überlieferte Korrespondenz eröffnet. Die vorausgegangene Nachricht von Büchner fehlt, ebenso seine Antwort an Wilhelm. Sein gesonderter Brief an den elfjährigen Ludwig vom 1. Januar 1836 lässt indessen auf das anhängliche Verhältnis der Geschwister zueinander schließen. Ein bemerkenswertes Grundeinverständnis kommt zum Ausdruck in dem Rat des Älteren vom November 1836 aus Zürich an Wilhelm nach Heidelberg, wo dieser ein Semester lang Vorlesungen über Chemie hörte.

Die Ausschnitte der frühen Briefe aus Straßburg an die Familie dokumentieren eindrücklich seine raschen Fortschritte in dem ›Crashkurs‹ moderne Politik, den die Geschichte während seines ersten Frankreich-Aufenthalts gerade bot. Im ersten Brief, nach dem 4. Dezember 1831, während der Arbeiteraufstand in Lyon blutig zu Ende ging, berichtet er von seiner Beteiligung an einer Demonstration Straßburger Medizinstudenten zur Begrüßung der Teilnehmer des niedergeschlagenen polnischen Aufstands gegen die russische Fremdherrschaft. Er schwimmt mit auf der Welle der Begeisterung in der die Bevölkerung die glücklosen Helden des Aufstands feiert, bemerkt aber schon da, wie die Theatralik der Veranstaltung, angesichts der realen Ohnmacht, die sie vergeblich zu überspielen sucht, ins Komische umkippt. Politische Auftritte werden zur Komödie, wenn man ihren Inszenierungscharakter durchschaut. Man muss aufpassen, was dahinter wirklich geschieht. Die Absicht, »eine politische Abhandlung« zu schreiben, lässt er wieder fallen. Ein Jahr nach dem ersten Brief schreibt er dazu, es wäre »nicht der Mühe wert, das Ganze ist doch nur eine Komödie. Der König und die Kammern regieren, und das Volk klatscht und bezahlt« (Dezember 1832; DKV II, 365).

Auf vermutlich missbilligende Berichte über den verfehlten Aufstandsversuch in Frankfurt im April 1833 antwortet er: »Meine Meinung ist die: Wenn in unserer Zeit etwas helfen soll, so ist es *Gewalt*. […] Man wirft den jungen Leuten den Gebrauch der Gewalt vor. Sind wir denn aber nicht in einem ewigen Gewaltzustand? Weil wir im Kerker geboren und großgezogen sind, merken wir nicht mehr, daß wir im Loch stecken mit angeschmiedeten Händen und Füßen und einem Knebel im Munde.« Die strukturelle Gewalt, die sich als der »*gesetzliche Zustand*« darstellt, rechtfertigt die Gegengewalt der Unterdrückten, das ABC der Revolutionstheorie. Die Matrix für den *Hessischen Landbote*n ist fertig. »Ein Gesetz, das die große Masse der Staatsbürger zum fronenden Vieh macht«, würde er selbst bekämpfen, wo er nur kann. An Unternehmungen, wie dem Frankfurter Wachensturm wird er sich nicht beteiligen, versichert er, aber nur, weil er »im gegenwärtigen Zeitpunkt jede revolutionäre Bewegung als eine vergebliche Unternehmung betrachte und nicht die Verblendung Derer teile, welche in den Deutschen ein zum Kampf für sein Recht bereites Volk sehen.« (An die Familie um den 6.4.1833; DKV II, 366 f.)

Man muss schon sagen, dieser Sohn mutet seinen Eltern einiges zu. So offen würde er sich nicht aussprechen, wenn er nicht wüsste, dass man mit ihnen über vieles reden kann. Sein Lernprozess läuft synchron mit dem der avancierten Kräfte in der aktuellsten der Entwicklungen, im Sommer 1833 scheint er abgeschlossen zu sein. Er schreibt: »Ich werde zwar immer meinen Grundsätzen gemäß handeln, habe aber in *neuerer* Zeit gelernt, daß nur das notwendige Bedürfnis der großen Masse Umänderungen herbeiführen kann, daß alles Bewegen und Schreien der *Einzelnen* vergebliches Torenwerk ist. Sie schreiben, man liest sie nicht; sie schreien, man hört sie nicht; sie handeln, man hilft ihnen nicht.« (Juni 1833; DKV II, 369.)

Die Gegenseite des Briefwechsels, für die der Vater federführend ist, hat sich der Überlieferung entzogen. Ernst Büchner, ein im Rahmen gebotener Loyalität freisinniger Mann, der sich eine hohe Position als Arzt im großherzoglichen Medizinaldienst erarbeitet hatte, war ein vorsorglicher Förderer seiner sechs Kinder, die sich denn auch alle durch persönliche Verdienste allgemeines Ansehen erwarben. In den Erstgeborenen, setzte er die größten Hoffnungen. Die liebevolle Mutter glich seine Strenge aus. Sie überbrückte selbst den Bruch, zu dem es unausweichlich kam. Denn vor dem Skandal der Beschuldigung des Sohns als Staatsfeind staute sich schon ein vielschichtiges Konfliktpotential an. Zwar teilte der Sohn weitgehend das medizinisch naturwissenschaftliche Berufsinteresse des Vaters und beschritt dankbar den ihm vorgebahnten Weg, aber nur bis zu einem bestimmten Punkt. Der ihm (dem Schulfreund Georg Zimmermann zufolge) »ureigene klar und scharf beobachtende Sinn des Naturforschers« verband sich eher mit der Neigung zu philosophischem Schlussfolgern als mit der Aussicht auf eine Praxis als Arzt. Die mit einer Zulassung dazu verbundene Festlegung auf eine Zukunft als dienstbarer Untertan eines Systems, das er verabscheute, rückte ihm in Gießen, wo der abschließende Teil des Studiums absolviert werden musste, unerträglich nahe vor Augen.

Lebenskrise, Sprache finden und verdecktes Handeln

Zur ungenehmen Erwartung des Vaters kam die ungelegene der in Straßburg zurückgelassenen Freundin hinzu, die auf Bekanntgabe der Heiratsabsicht drängte, nachdem beide ihren Angehörigen zwei Jahre lang verschwiegen hatten, dass sie sich als ein Paar verstanden. Dieses Thema dominiert die Korrespondenz der Zeit des Studiums in Gießen 1833 bis 1835 und Aufenthalten in Darmstadt. Von ihrer Seite ist nur der eine Satz überliefert, den Büchner in seiner Antwort Mitte/Ende Januar 1834 zitiert. Damit fordert sie ihn auf, ihr zu schreiben, um ihr zu beweisen, dass er sie noch liebt. Während Wilhelmine Jaeglé nun die Briefwechselszene als wichtigste Adressatin beherrscht, wird ein Thema außerhalb des Spektrums der Briefe lebensbestimmend für ihn. Denn zu der Zeit reifte in ihm im zunehmend aufgeheizten politischen Klima des Landes die Entscheidung, den Weg revolutionären Handelns einzuschlagen, was sowohl die Erwartung Wilhelmines als auch die des Vaters durchkreuzen musste. Zu dem alle Bedenken überwindenden Entschluss kam es im Resultat der Krise, die sich Ende November 1833 in einem psychosomatischen »Anfall von Hirnhautentzündung« manifestierte.

Während der Erholung von der Erkrankung bei den Eltern in Darmstadt bis zur Wiederaufnahme des Studiums in Gießen Anfang Januar 1834 verschloss der Erkrankte sich in Sprachlosigkeit, stürzte sich »mit aller Gewalt in die Philosophie«; die Kunstsprache der Philosophen findet er abscheulich, meint, »für menschliche Dinge, müßte man auch menschliche Ausdrücke finden« (am 9.12.1833 an August Stöber; DKV II, 376). Er selbst, der Sprachbe-

gabte, hat jetzt ein Kommunikationsproblem. Er muss sich den beiden für seine Lebensperspektive wichtigsten Menschen erklären, »menschliche Ausdrücke finden« dafür, wie er sich zu den Unvereinbarkeiten im Verhältnis zu ihnen stellt. In den Briefen an Wilhelmine ab Januar aus Gießen ringt er sich nach angestrengten Entschuldigungen für sein Schweigen zur Sprache durch. Einen Grund für die Depression, die es ihm unmöglich macht zu schreiben, kann er angeben: »Ich studierte die Geschichte der Revolution. Ich fühlte mich wie zernichtet unter dem gräßlichen Fatalismus der Geschichte [...]« (Mitte/Ende Januar 1834 an Wilhelmine Jaeglé; DKV II, 377). Den Freunden August Stöber und Eugène Boeckel konnte er schreiben, Boeckel sollte sie über sein Befinden beruhigen. Außerdem verlegt er zur Entschuldigung den Beginn seines seelischen »Starrkrampfs« weiter zurück bis auf seinen unfreiwilligen Weggang von Straßburg. Wäre von Trennungsschmerz und Zurücksehnen nach der Geliebten nicht eher Antrieb zum Schreiben zu erwarten? Eine überzeugende Antwort auf ihre Frage, ob er sich nach ihr sehnt, will ihm nicht gelingen (vgl. ebd.). Er erscheint im Tiefpunkt der Krise seiner selbst nicht sicher.

In verzweifelten Anläufen, ihr seinen Zustand begreiflich zu machen, nimmt er Ausdrucksweisen einmal aus poetischen, einmal aus physiologischen, nicht zuletzt auch philosophischen und religiösen Referenztexten auf, mit Anleihen bei Descartes' Grundriss einer materialistischen Physiologie und dem unheimlichen Eindringen der Mechanik in die Menschenwelt in E.T.A. Hoffmanns *Fantasiestücke* (die ihrerseits auf die grotesk realistischen Kupferstiche von Jacques Callot weiterverweisen), einerseits, und andererseits dem mystischen Sprachgebrauch des Pietismus, über den die Tochter aus dem elsässischen Pastoren-Milieu gewiss erreichbar ist, desgleichen über eine gemeinsame Reminiszenz zu Jakob Michael Lenz. In der Serie der fünf Briefe aus Gießen an sie, die der sogenannte ›Fatalismusbrief‹ eröffnet, generiert er so im Zuge der Selbstanalyse seines Zustands spontan sein verdichtendes Schreibverfahren, das darauf hinausläuft, sich, um ja den Adressaten zu erreichen, einen Echoraum der Wortbedeutungen und Stimmungsgehalte zu schaffen, indem es den Bezugshorizont durch diskursüberkreuzende Intertextualisierung erweitert.

Der ›Fatalismusbrief‹ ist einer der am meisten zitierten und kontrovers diskutierten Texte Büchners, keine Charakterisierung und Bestimmung seiner Position kommt um eine Interpretation dieses Textes herum. Die miteinander konkurrierenden Einschätzungen bewegen sich bisher zumeist unter Vernachlässigung der Anbindung an die Problematik des Liebesverhältnisses eng um die Frage der Stellung zur Revolution bzw. des Geschichtsbildes, besonders im Hinblick auf *Danton's Tod*. Weitgehend übereinstimmend sieht man inzwischen als Ergebnis von Büchners kritischer Vertiefung in die objektive Bedingtheit geschichtlich eingreifenden Handelns die Verabschiedung der idealistischen Überschätzung des Einflusses der vermeintlich aus freiem Willen Geschichte machenden Ausnahmepersönlichkeiten, die der Begeisterung des Gymnasiasten für republikanische Helden zugrunde gelegen hatte. Nicht zu übersehen ist indessen, dass der an die Freundin adressierte Selbsterfahrungsbericht sich zu einer eindringlichen Hinterfragung der existentiellen Bedingungen der »Menschennatur« ausweitet. Sie mündet in den fast wörtlich in das Drama übernommenen Fragesatz: »Was ist das, was in uns lügt, mordet, stiehlt?« (ebd.) Patrick Fortmann (2007) ordnet den »Fatalismus«-Text in den genuinen Zusammenhang als Bestandteil des Liebesbriefwechsels ein, isoliert ihn allerdings nun unter diesem spezifischen Textsortenaspekt von seiner biographisch relevanten politischen Implikation. Als Büchner dem Wunsch der Freundin zustimmte, den Angehörigen ihr Verhältnis zu offenbaren, um dem »unerträglichen Zustande ein Ende zu machen« (am 8./9. März 1834 an Wilhelmine Jaeglé; DKV II, 381), unter dem sie zunehmend litt, und beschloss, dazu in den Osterferien nach Straßburg statt nach Darmstadt zu reisen, wo die nichts ahnenden Eltern ihn erwarteten, da hatte er sich bereits den demokratischen Regimegegnern Hessens um Weidig angeschlossen, in Gießen mit Studenten und einigen Handwerkern die entschieden sozialrevolutionäre »Gesellschaft der Menschenrechte« gegründet und sich, zeitgleich mit dem Liebesbriefwechsel, mit dem Textentwurf für den *Hessischen Landboten* in den Diskurs der geheimen Flugschriftenliteratur eingemischt. Unter diesen Umständen fällt die mit dem Verlobungsbegehren eingeforderte Zusage des Eheversprechens ernüchternd eingeschränkt und aus der quasi romantischen Tonlage der Liebesbriefe herausfallend aus. Unter Auflagen willigt er ein, dass sie das Schweigen vorzeitig bricht:

[…] sage deinem Vater Alles, – doch zwei Bedingungen: *Schweigen*, selbst bei den nächsten Verwandten. Ich mag nicht hinter jedem Kusse die Kochtöpfe rasseln hören, und bei den verschiedenen Tanten das Familienvatersgesicht ziehen. Dann: nicht eher an meine Eltern zu schreiben, als

bis ich selbst geschrieben. Ich überlasse dir Alles, tue, was dich beruhigen kann. Was kann ich sagen, als daß ich dich liebe; was versprechen, als was in dem Worte Liebe schon liegt, Treue? Aber die sogenannte Versorgung? Student noch zwei Jahre; die gewisse Aussicht auf ein stürmisches Leben, vielleicht bald auf fremdem Boden! (Um Mitte März 1834; DKV II, 383.)

Die über das Ausbleiben des Sohns beunruhigten Eltern erfuhren erst aus einem überraschend aus Straßburg kommenden Brief von den Hintergründen der Krise. Von allen überfälligen Erklärungen gibt der überlieferte Ausschnitt nur Auskunft über den politischen Grund der »tiefe[n] Schwermut«, in die er verfallen sei: »[…] ich schämte mich, ein Knecht mit Knechten zu sein, einem vermoderten Fürstengeschlecht und einem kriechenden Staatsdiener-Aristokratismus zu Gefallen. Ich komme nach Gießen in die niedrigsten Verhältnisse, Kummer und Widerwillen machen mich krank.« (Um den 30.3.1834; DKV II, 385 f.) Den Grund der heimlichen Reise des Bruders gibt Ludwig Büchner nur kurz an und teilt mit, dass er den Eltern in dem Brief »das bisher verheimlichte Verhältniß« bekannt gab (N, 8; vgl. Poschmann in DKV II, 1122 f., Anm. 385,29). Von der Reaktion in Darmstadt auf den Brief mit den überraschenden Eröffnungen erfahren wir nur aus den Lebenserinnerungen von Edouard Reuß, dass Ernst Büchner ihm »in der äußersten Erbitterung über den Sohn« schrieb und sich nur schwer durch von Reuß angeforderte Berichte über die Affäre beschwichtigen ließ (vgl. Hauschild 1985, 82). Außer durch politische Unvorsichtigkeit, für die Studenten in Gießen zunehmend häufig mit der Relegierung und verweigerter Berufszulassung zu büßen hatten, sah der Vater die Zukunft Georgs nun unerwartet auch noch durch eine zu frühe Bindung gefährdet. Schließlich aber fand man sich ab mit dem Gegebenen. Im September kam Wilhelmine nach Darmstadt zu ihrem Antrittsbesuch bei der Familie ihres Verlobten.

Büchners Aktivität im politischen Untergrund weitete sich unterdessen aus. In den Osterferien, gleich nach seiner Rückkehr von der Straßburg-Reise hatte er in Darmstadt eine zweite Gruppe der »Gesellschaft der Menschenrechte« gegründet, bereitete die Einrichtung einer eigenen Geheimdruckerei für die unabhängige Fortsetzung der Flugschriften-Agitation vor, warb Unterstützer und Geldspenden dafür ein, arbeitete mit am Projekt der Befreiung Minnigerodes aus der Haft. Im September 1834 wechselte er von Gießen, wo die polizeilichen Ermittlungen gegen mutmaßlich an der Flugblatt-agitation Beteiligte sich konzentrierten, nach Darmstadt und blieb dort auf Wunsch des Vaters den Winter über. In der Zeit, in der er die dortige Sektion der »Gesellschaft der Menschenrechte« personell verstärkte, organisatorisch und programmatisch weiterentwickelte, setzt die überlieferte Korrespondenz von Ende August 1834 bis zum 21. Februar 1835 aus. Währenddessen vertiefte er sich noch einmal in die Geschichte der Französischen Revolution.

Auftauchen als Autor und Laufbahn im Exil

Erst nach sechs Monaten taucht der Briefschreiber Büchner mit dem fertigen Manuskript von *Danton's Tod* wieder auf (an Johann David Sauerländer und an Karl Gutzkow). Von da an bis zum Sommer 1836 nimmt Gutzkow den zentralen Platz in Büchners Korrespondenz ein. Die Rolle des Adressaten der Stellungnahmen Büchners zu den politischen Verhältnissen, die zur Zeit des ersten Straßburg-Aufenthalts die Familie innehatte, geht nun auf ihn über. Der Themenkomplex Literatur und Politik, Schriftsteller und Revolution rückt in den Vordergrund, während Gutzkow Büchner in den Literaturbetrieb vermittelt, ihn mit seiner enthusiastischen Rezension des Revolutions-Dramas (im *Literatur-Blatt* zum *Phönix* am 11.7.1835) in die Öffentlichkeit einführt, ihm den Auftrag zur Übersetzung von Dramen Victor Hugos für eine Werkausgabe im Verlag von Sauerländer verschafft und ihm nach *Danton's Tod* weitere »Originalwerke« abverlangt, für die er Wege zur Publikation mit Echo in klingender Münze zu finden verspricht. Daneben wünscht Gutzkow Kritiken über neuste französische Literatur von Büchner. Der Herausgeber des *Literatur-Blatts* zum *Phönix* im Frankfurter Verlag Sauerländer hatte sich mit seinen Kritiken in die vordere Front der jungen politisierten »Zeitschriftsteller« in Deutschland geschrieben, die nach der Julirevolution 1830 in Gefolgschaft von Börne und Heine gegen die Gewalten der Restauration und deren literarische Apologeten opponierten. Dem »verstecktem Genie[]« (Gutzkow am 3.3.1835 an Büchner; DKV II, 395), von dem er Ende Februar 1835 überraschend das Dramen-Manuskript *Danton's Tod*, zu lesen bekam, um es Sauerländer zum Druck zu empfehlen, traute Gutzkow die Passion zu, »die offne Wunde der deutschen Revolution in der Eiterung« zu halten (am 17.3.1835 an Büchner; DKV II, 398).

Antwort mit der Entscheidung des Verlegers begehrte der Absender über die Adresse seiner Großmutter Louise Reuß, die im Haus der Familie separat wohnte. Heimlich, wie er im politischen Untergrund

agierte, hatte Büchner auch sein Drama vor der Familie verborgen geschrieben. Man wähnte ihn vollauf mit den Aufgaben des Studiums der Medizin beschäftigt. Büchner wusste nicht, dass er durch Verrat schon aufs Höchste gefährdet war, rechnete aber nach Verhören und wiederholter Vorladung damit, dass seine Verhaftung nur noch eine Frage der Zeit sein konnte. Er war schon darauf vorbereitet, sich der Festnahme im letztmöglichen Augenblick zu entziehen. In dieser Situation diktieren ihm zwei Ängste den exaltiert dringlichen Text des Begleitbriefs, der das Schicksal des Manuskripts geradezu in eins mit dem eigenen dem kritischen Ermessen Gutzkows überantwortet: die Angst vor dem Erscheinen der Polizeidiener, die der Flucht des Verfassers zuvorkommen könnten, und die vor dem Vater, der das Manuskript entdecken und seine Bestimmung verhindern könnte. Auch das bange Erwarten des Honorars für das Drama spielt eine Rolle. Das Geld kam schnell, aber nicht schnell genug; er hatte das Haus und die Stadt bereits, für immer, wie sich herausstellen wird, verlassen, als es eintraf. Der noch nichts ahnende Vater schickte es dem Sohn nach, sobald er dessen Adresse erfuhr. Sofort nach geglücktem Überschreiten der Grenze hatte er den besorgten Eltern im ersten Brief aus dem Exil mitgeteilt, dass er in Sicherheit sei, und sie über seine Zukunft beruhigt (am 9.3.1835 aus Weißenburg). Im nächsten Brief, an Gutzkow, ein paar Tage später aus Straßburg heißt es: »Vielleicht haben Sie durch einen Steckbrief im Frankfurter Journal meine Abreise von Darmstadt erfahren. […] ob ich hier bleiben werde, weiß ich nicht, das hängt von verschiedenen Umständen ab«, und in inszenierte Selbstbelustigung übergehend: »Meine Zukunft ist so problematisch, daß sie mich selbst zu interessieren anfängt« (um Mitte März an Gutzkow; DKV II, 397).

Diskussion literarischer und politischer Strategien

Zwei Konzeptionen fortschrittlich engagierter Schriftstellerei treffen im Briefwechsel mit Gutzkow exemplarisch aufeinander. Dank der Mechanisierung der Drucktechnik und der durch die Bildungsfortschritte erreichten Größenordnung des Lesepublikums war ein Buch- und Zeitschriften-Markt entstanden, der es erstmals einem ganzen Berufsstand erlaubte, vom Schreiben zu leben. Darauf setzte Gutzkow mit der Intention, als Ideenvermittler verändernd auf die Gesellschaft einzuwirken. In Büchner erhoffte er sich einen Verbündeten:

Treiben Sie wie ich den Schmuggelhandel der Freiheit: Wein verhüllt in Novellenstroh, nichts in seinem natürlichen Gewande: ich glaube, man nützt so mehr, als wenn man blind in Gewehre läuft, die keineswegs blindgeladen sind. […]. Das beste Mittel der Existenz bleibt die Autorschaft, d. h. nicht die geächtete, sondern die noch etwas geachtete, wenigstens honorierte bei den Philistern, welche das Geld haben. (Gutzkow am 17.3.1835; DKV II, 398.)

Büchner nahm die Starthilfe Gutzkows dankbar an, solidarisierte sich mit ihm, als er wegen Herabwürdigung der christliche Religion ins Gefängnis musste, und als eine öffentliche Rufmordkampagne gegen ihn das Generalverbot aller Schriften der dem Jungen Deutschland zugerechneten Autoren vorbereitete, das Ende 1835 erfolgte. Er stellte auch die Fortsetzung seiner literarischen Arbeit (das »Lenz«-Projekt) in Aussicht, dachte aber ungeachtet der Avancen, die Gutzkow ihm machte, nicht daran, die naturwissenschaftliche Linie seiner Lebensplanung gegen den Beruf eines freien Schriftstellers einzutauschen, dessen Freiheit durch staatliche Zensur und die Abhängigkeit vom Markt doppelt eingeschränkt war. Seine Absage stellt den von Gutzkow und dessen Freunden beschrittenen Weg prinzipiell in Frage: »Die Gesellschaft mittelst der *Idee*, von der *gebildeten* Klasse aus reformieren? Unmöglich! Unsere Zeit ist rein *materiell*, wären Sie je direkter politisch zu Werke gegangen, so wären Sie bald auf den Punkt gekommen, wo die Reform von selbst aufgehört hätte. Sie werden nie über den Riß zwischen der gebildeten und ungebildeten Gesellschaft hinauskommen.« (An Gutzkow Anfang Juni 1836, DKV II, 440.) Er hat sich »überzeugt, die gebildete und wohlhabende Minorität […] wird nie ihr spitzes Verhältnis zur großen Klasse aufgeben wollen. Und die große Klasse selbst?« (ebd.) Die sieht er weit entfernt davon, sich ihres ureigenen Interesses bewusst zu sein: »Für die gibt es nur zwei Hebel, materielles Elend und *religiöser Fanatismus*. Jede Partei, welche diese Hebel anzusetzen versteht, wird siegen. Unsre Zeit braucht Eisen und Brot – und dann ein *Kreuz* und sonst so was.« (ebd.) Der Sarkasmus, mit dem das aus bitterer Erfahrung der Manipulierbarkeit der ungebildeten großen Klasse, gesagt ist (vgl. *Danton's Tod*), ist mehrfach als Zynismus missdeutet worden. Eine Lesart, die weder vor dem Gesamthintergrund von Büchners Engagement bestehen kann, noch, wenn man die Äußerung auch nur in ihrem engeren Zusammenhang liest. Denn gleich im Anschluss daran steht ganz ernst ungeheuer weit ausgreifend: »Ich glaube, man muß in socialen Dingen von einem absoluten *Rechts*grundsatz ausgehen, die Bildung eines

neuen geistigen Lebens im *Volk* suchen und die abgelebte moderne Gesellschaft zum Teufel gehen lassen.« (ebd.)

Gutzkow wurde zum stellvertretenden Adressaten von Erfahrungssätzen, an denen die Forschung sich ohne Ende abarbeitet, und mit denen die Politik auf lange Sicht konfrontiert bleibt, darunter diese: »Die ganze Revolution hat sich schon in Liberale und Absolutisten geteilt und muß von der ungebildeten und armen Klasse aufgefressen werden; das Verhältnis zwischen Armen und Reichen ist das einzige revolutionäre Element in der Welt« (an Karl Gutzkow nach dem 19.3.1835; DKV II, 400; vgl. Poschmann in DKV II, 1151–1153, Anm. 400, 1–7). Das dabei wiederholt zum Ausdruck kommende Bedauern Büchners darüber, dass allein der Hunger das in Unwissenheit gehalten und moralisch niedergedrückte Volk zum Aufstand bewegen könne – »Mästen Sie die Bauern, und die Revolution bekommt die Apoplexie. Ein *Huhn* im Topf jedes Bauern macht den gallischen *Hahn* verenden« usw. (ebd.) –, verweist auf den Horizont seines Revolutionsverständnisses, das über den Anspruch einer Lösung der ›Magenfrage‹ entschieden hinausreicht. Die Not der Menschen, ihre Gefangenschaft in den fremdbestimmten Ordnungen wäre damit nicht beendet. Begehrt wird nicht weniger als gleiche Chancen zu ganzheitlich humaner Selbstverwirklichung für alle. Als Dichter vermittelt der Revolutionär Eindrücke vom Ausmaß der dafür anstehendem Aufgabe und legt gleichzeitig eindringlich die Notwendigkeit ihrer Bewältigung nahe.

Die darauf realistisch ausgerichtete Strategie begründet Büchner in seiner Verteidigung der (zensurentstellt) erschienenen Buchausgabe seines Dramas gegen den Vorwurf der »Unsittlichkeit«. Der Wille zur Veränderung kommt aus der Erfahrung, ästhetisch vermittelt wird er primär durch den manifesten Befund, den die Autopsie des Gegebenen erbringt; nicht zuerst das imaginierte Ideal motiviert ihn, sondern die wahrzunehmende »erbärmliche Wirklichkeit« (*Danton's Tod* II, 3, DKV I, 45; MBA 3.2, 37). In dem viel zitierten Brief an die Eltern schreibt er:

der dramatische Dichter ist in meinen Augen nichts, als ein Geschichtschreiber, steht aber *über* Letzterem dadurch, daß er uns die Geschichte zum zweiten Mal erschafft […] Seine höchste Aufgabe ist, der Geschichte, wie sie sich wirklich begeben, so nahe als möglich zu kommen. Sein Buch darf weder *sittlicher* noch *unsittlicher* sein, als die *Geschichte selbst* […] Der Dichter ist kein Lehrer der Moral, er erfindet und schafft Gestalten, er macht vergangene Zeiten wieder aufleben, und die Leute mögen dann daraus lernen, so gut, wie aus dem Studium der Geschichte und der Beobachtung dessen, was im menschlichen Leben um sie herum vorgeht. (Am 28.7.1835 an die Familie; DKV II, 410.)

An diesem Punkt steht der Dramatiker vor dem Sprachproblem, das er zu bewältigen hat. Um die Menschen, die er erreichen will, vermittelt über die dramatischen Figuren zur Wahrnehmung ihrer wirklichen Interessenlage anzuregen, muss er den Bezugsfiguren in ihrer Not, ihrer Beschränktheit, ihren Verirrungen erst zu einer Sprache verhelfen, in der er sie sich authentisch mitteilen lassen kann. Am allerwenigsten zuträglich als Vorbild für diese Aufgabe wäre das »affektierte[] Pathos«, das die die Theater beherrschenden »sogenannten Idealdichter« ihren Figuren mit der Körpersprache von »Marionetten mit himmelblauen Nasen« eingaben. Deshalb die Volte in der Selbstverteidigung des *Danton*-Autors vor den Eltern, dass er, im Gegensatz zum Zeitgeschmack, »sehr wenig auf Schiller« halte, dagegen meint, sich vor »Goethe und Shakspeare« nicht für die Sprache in seinem Drama entschuldigen zu müssen (ebd., 411). Bezeichnend für die Einstellung seines Beobachtens ist die Schilderung des Anblicks »zerlumpter, frierender Kinder, die mit aufgerissenen Augen und traurigen Gesichtern« auf dem Straßburger Christkindelsmarkt vor den unerreichbaren Kostbarkeiten »aus Wasser und Mehl, Dreck und Goldpapier standen«. Solchen Wahrnehmungen, die ihn »sehr bitter [machen]«, kann er sich nicht verschließen (am 1.1.1836 an die Familie; DKV II, 423).

Die Brief-Stücke aus der Zeit des Exils an die Familie enthalten klarsichtige Analysen der politischen Vorgänge, berichten von Vorkehrungen gegen die Ausspähung seines Aufenthalts und der Gefahr der Auslieferung, vom beruflichen Fortkommen, vom Eintreffen weiterer Flüchtlinge aus Darmstadt und Gießen – »Übrigens sind wir Flüchtigen und Verhafteten gerade nicht die Unwissendsten, Einfältigsten oder Liederlichsten! Ich sage nicht zuviel, daß bis jetzt die besten Schüler des Gymnasiums und die fleißigsten und unterrichtetsten Studenten dies Schicksal getroffen hat« (am 15.3.1836; DKV II, 431). Er zeigt sich darin ausnehmend informiert über aktuelle Verhaftungen, Untersuchungen und Gefängniszustände daheim. Ein durchgehendes Thema sind Erkundigungen nach dem Schicksal der dort gepeinigten Freunde, in deren Lage er sich versetzt, namentlich in die von Minnigerode, der im Darmstädter Arresthaus bis zur gesundheitlichen Ruinierung malträtiert wird.

Letzte Briefe im Zeichen intensiver poetischer neben beruflicher Arbeit

Die Offenheit, in der der Sohn den Eltern gegenüber seine Ansichten äußert, spricht am Ende für die Stabilität der stark belasteten familiären Bindung (vgl. den Brief des nach dem beruflichen Erfolg des Dr. Büchner junior versöhnten Vaters vom 18.12.1836; DKV II, 458–460).

Empfängerin der letzten überlieferten Briefe Büchners war Wilhelmine Jaeglé, mit der er 1835 nach seiner Flucht in Straßburg wieder zusammengetroffen war. Erst 1837 erfährt die überlieferte Korrespondenz mit ihr von Zürich aus eine Fortsetzung. Von den vier Bruchstücken, durch die sie bezeugt ist, besteht eins allein aus der unaufgeklärt gebliebenen Mitteilung, er werde »in längstens acht Tagen Leonce und Lena *mit noch zwei Dramen* erscheinen lassen« (1837; DKV II, 461; vgl. Poschmann in DKV II, 1222, Anm. 461,1 f., 1211, Anm. 454,3). Unter beruhigten äußeren Umständen füllt ein Übermaß an Arbeit – »am Tage mit dem Scalpell und die Nacht mit den Büchern« (Ende 1836/Anfang 1837 an Wilhelm Büchner; DKV II, 460) – die letzten Monate vor der tödlichen Erkrankung aus. Der neben seinem wissenschaftlichen Tagesprogramm rastlos arbeitende Dichter knüpft an die halb pathetische, halb ironische intertextuelle Selbstbespiegelungsstrategie des in Depression verfallenen Liebesbrief-Schreibers der Gießener Zeit an, rückt aber von der Romantisierung der realen Situation anschließend selbstironisch ab: »Das Beste ist, meine Phantasie ist tätig, und die mechanische Beschäftigung des Präparierens läßt ihr Raum. Ich sehe dich immer so halb durch zwischen Fischschwänzen, Froschzehen etc. Ist das nicht rührender, als die Geschichte von Abälard, wie sich ihm Heloise immer zwischen die Lippen und das Gebet drängt? O, ich werde jeden Tag poetischer, alle meine Gedanken schwimmen in Spiritus.« (Am 13.1.1837; DKV II, 464.) Der letzte Brief des schon Todkranken ist ein in die Erinnerung an den Anfang ihrer Beziehung eintauchender Liebesbrief (vgl. den Brief vom 27.1.1837; DKV II, 465 f.).

10.7 Nachwirkung

Das schmale Korpus der Briefe Büchners ist im Laufe des 20. Jahrhunderts zu einem prominenten Bezugsort literarischer Diskurse sowie sozial- und kulturpolitischer Debatten geworden. Kaum ein anderer

Briefwechsel eines Autors von vergleichbarer Geltung dürfte so ramponiert überliefert sein wie dieser, kein anderer derart dezimierter Bestand von Briefzeugnissen indessen so angelegentlich zitiert, publizistisch verarbeitet und künstlerisch adaptiert. Biographische Romane, Erzählungen, Dramen, Filme über Büchner, Hommagen von Lyrikern und Musikern schöpfen daraus; Kritiker bedienen sich ihrer markanten Formulierungen, und auch für die wechselvolle historische Arbeit am Bild des naturwissenschaftlich geschulten Dichters und Revolutionärs sind die Briefe die wichtigste Quelle. Ein im Inhalt ersichtlicher historischer Erklärungsgrund für die hohe Rate der Zuwendung liegt in der Kompetenz des mit dem Einsatz der ganzen Person tätig eingreifenden Zeitgenossen an der Bruchstelle im Prozess demokratischer Emanzipation aus den restaurierten Strukturen der Feudalgesellschaft, an der die kapitalistisch basierte bürgerliche Gesellschaft sich in den entwickelten Ländern Westeuropas durchsetzte. Überdies verleiht die stilistische Originalität des Schreibenden mit rückhaltloser Frontstellung gegen die retrograden Kräfte einerseits und abgrundtiefer Skepsis gegenüber der Zukunftsperspektive des Liberalismus seinem rudimentären Briefwerk einen aparten literarischen Eigenwert.

Die Briefe schlagen Brücken zu den dichterischen Werken. Schon bevor er zum Dichter wird, sieht man sich diesen in den frühen Briefen ankündigen.

Büchners Briefe sind […] im Beginn gewissermaßen seine ersten Werke […] Alles ist darin im [An]satz enthalten, die Naturschilderungen des *Lenz*, die politische Formulierung des *Landboten*, die kleine dramatische Szene in knapp erzählten Anekdoten und schließlich die große Thematik seiner Weltanschauung: In den Briefen an die Braut haben wir die Ursprungsdokumente zu *Dantons Tod* und damit den persönlichen Schlüssel zum Sinn des ganzen Büchnerschen Werkes. (Kuckhoff 1927, 223)

In der ersten Kommentierung von Briefen Büchners hatte Gutzkow 1837 die Wechselwirkung in umgekehrter Richtung hervorgehoben mit seiner Charakterisierung von den an ihn gerichteten: »Der wilde Geist in diesen Briefen ist die Nachgeburt Dantons« (Gutzkow 1837, 393).

Hugo von Hofmannsthal, der 1912 schon Büchners »Lenz« in seine Auswahl *Deutsche Erzähler* aufnahm und 1913 die Uraufführung von »Woyzeck« in München durchsetzte, würdigte danach Büchners epochemachenden Beitrag zur Sprache generell durch die Aufnahme von drei Briefen aus Gießen an Wilhelmine Jaeglé in seine Jahrhundert-Auswahl beispielhafter deutscher Prosa von achtzig Schrift-

stellern, darunter neben Dichtern, Malern und Musikern, Politiker, Philosophen und Naturwissenschaftler auf wenig mehr als zweimal 200 Seiten (vgl. Hofmannsthal 1923, 178–182). Von seinen Auswahl-Kriterien für die Textproben sagt der Herausgeber: »Wir haben solche ausgesucht, deren Sprache und Tonfall uns besonders wahr erschien, solche, bei denen der ganze Mensch die Feder geführt« habe (Hofmannsthal 1922, VII). Eine rückblickende Verschiebung der Gewichtungen im »Jahrhundert deutschen Geistes« wird deutlich darin, dass Büchner, Georg Forster und der Physiologe Johannes Müller einen Platz bekommen in der Reihe »große deutsche Prosaisten«, nicht aber mehr die einstige Jahrhundertgröße Schelling; Büchner sogar mit drei Stücken aus dem schmalen Werk, ein Vorzug der Wertschätzung, der sonst nur noch Goethe eingeräumt ist.

Eine weitere Verschiebung der Wertebemessung im Erbe humaner Kulturgüter wird wiederum an der Position des Briefschreibers Büchner ablesbar in Walter Benjamins letztem Buch, *Deutsche Menschen. Eine Folge von Briefen*, das kurz vor seinen Tod 1936 unter dem Pseudonym Detlev Holz in Luzern erschien. In seine subtil kommentierte 25 Briefe umfassende Auswahl aus hundert Jahren, von Lichtenberg (1783) bis zu Nietzsches Freund Overbeck (1883), nahm Benjamin den Hilferuf an Karl Gutzkow vom 21. Februar 1835 um Verwendung für das Manuskript von *Danton's Tod* auf. Stellvertretend für eine »lange Prozession deutscher Dichter und Denker […], die an die Kette einer gemeinsamen Not geschmiedet, am Fuße jenes weimarischen Parnasses sich dahinschleppt, auf dem die Professoren gerade wieder einmal botanisieren gehen« (Benjamin 1979, 84). Der rückhaltlose Brief des jungen Dichters kontrastiert grell mit dem ihm vorangestellten Musterstück der Redeweise des alten Goethe in einem Brief des Achtzigjährigen, der nurmehr »als Kanzlist des eigenen Innern […] verlautbart«, was er zu sagen hat (ebd.). Die Entdeckung Büchners am Vorabend des Ersten Weltkriegs, so endet Benjamins Kommentar, »gehört zu den wenigen literaturpolitischen Vorgängen der Epoche, die mit dem Jahr 1918 nicht entwertet waren, und deren Aktualität […] blendend einleuchten muß« (ebd., 87).

Benjamins Rückblick war prophetisch. Im Jahr 1978 schrieb Volker Braun: »Büchners Briefe lesend, muß man sich mitunter mit Gewalt erinnern, daß es nicht die eines Zeitgenossen sind« (Braun 1978, 11). Brauns Begleittext zu einer Büchner-Briefausgabe in der DDR, in dem der Satz von ihm steht, durfte nicht gedruckt werden. Der Autor des Dramas *Lenins Tod* wusste, was er tat, er hatte in seinem ebenfalls verbotenen Stück den blutigen Terror der herrschenden Partei, in dem die Oktoberrevolution in Russland ›ihre Kinder fraß‹, mit der Schreckensphase der Revolution parallelisiert, in die Büchner sich mit *Danton's Tod* vertieft hatte – ihm gleich entschlossen, sich der Wahrheit der eigenen Geschichte auszusetzen, die man durch Phrasen zu übertönen sucht: »Ich studierte die Geschichte der Oktoberrevolution und watete durch das Blut der dreißiger Jahre. Ich spürte die Tinte der Lügen brennen auf meiner Haut« (ebd., 17). Satz um Satz drängten sich die Analogien auf: »Die politischen Verhältnisse könnten mich rasend machen. Das arme Volk schleppt geduldig den Karren, worauf die Fürsten und Liberalen ihre Affenkomödie spielen« (am 9.12.1833 an August Stöber; DKV II, 376 f.), so auch die aus der herrschenden Gewalt erwachsenden Zwänge: »Wenn in unserer Zeit etwas helfen soll, so ist es *Gewalt*.« (um den 6.4.1833 an die Familie; DKV II, 366) Das »Muß« und das Dagegenhalten kehren wieder, Geschichte und Vorgeschichte in Brauns Lesung nach Büchner werden zur Chiffre einer unabgeschlossenen, noch überbietungsfähigen Gegenwart.

Büchners Leitsatz über seine Arbeit als Dramatiker aus dem Brief vom 28. Juli 1835 an die Familie – »[...] höchste Aufgabe ist, der Geschichte, wie sie sich wirklich begeben, so nahe als möglich zu kommen« – hat der deutsch-amerikanische Historiker Fritz Stern 1999 in seiner Rede zur Verleihung vom Friedenspreis des Deutschen Buchhandels auch seinen Fachkollegen dringend anempfohlen. »Die meisten Historiker und auch Dramatiker waren eher autoritätskonform und paßten sich an jegliches Establishment an, sie wollten und sollten ja identitätsstiftend sein, ihrer Nation eine glorreiche Vergangenheit präsentieren«. Dagegen sei Büchner ein ungewöhnliches Vorbild im gewissenhaften Umgang mit der Vergangenheit. Der Vorwurf des »Nestbeschmutzers«, den radikal kritische Darsteller wie er riskieren, fällt zurück auf die, »die das Nest bereinigen wollen« (vgl. Stern 1999).

Unüberschaubar sind die aktuellen politischen Bezugnahmen auf den Revolutionär Büchner, die sich an Stellen seiner Briefe festmachen. Sie reichen, über lange Strecken in der Geschichte der Arbeiterbewegung mit mehr oder weniger sozialistischer, sozialdemokratischer, oder anarchosyndikalistischer Akzentuierung, von Wilhelm Liebknecht bis in die Gegenwart. Überwiegend wird Büchner dabei zur Bezeugung der eigenen Position und Zurückweisung entgegenstehender in Anspruch genommen.

Auch der umgekehrte Fall der Zurückweisung, Diskreditierung bzw. Denunziation kommt vor, früher öfter, später weniger, zuletzt gelegentlich wieder. Wo, statt nur jeweils einzelne passende Zitate herauszugreifen, eine Argumentation umfassenderer Belegbasis angestrebt ist, hat sich die Gepflogenheit herausgebildet, den Politiker Büchner in Leseausgaben des *Hessischen Landboten* zusammen mit Briefbelegen, meist in biographischen Einleitungen, zu präsentieren (vgl. David 1896; Pinthus 1919; Bergemann 1947; Magnus Enzensberger 1965; Kesting 2002). Die Ausgabe von Kesting empfiehlt »Büchners Briefe als Lektüre gegen seine Verharmlosung in der Literaturwissenschaft! Durch die erstaunliche Lebendigkeit und Modernität seines Stils lassen sich die Schriften des jungen Sozialrevolutionärs heute wie zeitgenössische Texte lesen.« (Klappentext)

10.8 Forschung

Arbeiten zur Biographie und auch zur Interpretation der Werke haben das vorliegende Textmaterial in jeder Hinsicht ausgiebig ausgewertet, mitunter bis zur Überforderung. Nicht immer war man sich des willkürlich Ausschnitthaften des Vorhandenen und seiner Relativierbarkeit – mehr durch das gezielt Zurückgehaltene als das zufällig Verlorengegangene – bewusst, also der im vorliegenden Fall besonders großen Gefahr, zu kurz zu schließen. Als Gegenstand für sich ist das Briefwerk noch verhältnismäßig wenig erforscht (Knapp 2000, 49). Die einzige, das Briefwerk als Ganzes würdigende Untersuchung ist bisher von Gerhard P. Knapp unternommen worden (ebd. 49–67). Einzelne Aspekte sind von Thomas Michael Mayer (1981, 1982), Gerhard Schaub (1982), Jürgen Schröder (2001) und Patrick Fortmann (2007) zusammenhängend untersucht worden, von Mayer unter personenbezogen wirkungsstrategischem, von Schaub unter rhetorischem Gesichtspunkt und von Schröder unter dem der Strategie komödiantischer Selbstinszenierung, während Fortmann anregt, den Komplex der »Briefe an die Braut« als geschlossenes Ganzes für sich in ihrem »ursprünglichem Medium« als Liebesbriefe, von Anfang bis Ende unter der Signatur von Krankheit, zu lesen.

Diskutiert werden Möglichkeiten alternativer editorischer Strukturierung der Briefsammlung (Knapp 2000, 50 ff., 67), im Anschluss an den Vorschlag von Schaub (1982, 191–195) erwägt Knapp eine adressaten- statt chronologiebezogene Anordnung. Offene

Fragen bleiben, die das Verfahren Ludwig Büchners, seine Prinzipien der Selektion und Platzierung, mögliche Kontaminationen hinterlassen hat. Das Problem fehlender oder unsicherer Datierungen wird in den Bereichen potenziert, wo die Texte nur indirekt in undatierten Auszügen überliefert sind, im Einzelfall vielleicht zusammengestückelt aus Briefen verschiedenen Datums. Wie viel davon im Einzelfall für die Charakteristik des Autors abhängen kann, zeigt dessen schwankendes Bild in den biographischen Darstellungen infolge ihrer Abhängigkeit von den Umdatierungen des sogenannten ›Fatalismusbriefs‹ im Laufe der Editionsgeschichte (vgl. Poschmann in DKV II, 1098–1106, Anm. 377, 4–377, 34). Die von der alten Datierung »März« unterstellte Gleichzeitigkeit der lähmenden Krise unter dem Eindruck eines trostlosen »Fatalismus der Geschichte« mit der Phase des höchst aktiven politischen Handelns konnte den Eindruck eines gespaltenen Bewusstseins erzeugen, der die Interpreten je nach ihrem Standpunkt den Fatalisten oder den Revolutionär Büchner favorisieren und die andere Seite so weit wie möglich verdrängen ließ. Dem »zerrissenen und flackernden Persönlichkeitsbild«, das Werner R. Lehmann daraufhin ausmalte (vgl. Lehmann in MA 1980, 579), wurde erst durch die Korrektur der falschen Datierung (vgl. Hauschild 1989) der Boden entzogen. Aufgrund weiter bestehender Unsicherheiten und im Hinblick auf mögliche weit reichende Konsequenzen wird ohne Ende um strittige Datierungen gerungen (vgl. Mayer/Pabst 1993, 147–151). Streit um biographische Spekulationen resultiert auch aus den Ablenkungsstrategien und Mystifikationen in Bezug auf die Adressenangaben (vgl. Poschmann in DKV II, 1158–1160, Anm. 404, 15).

Hervorzuheben ist der lange vernachlässigte Kommentierungsbedarf, der aus dem Deutungsdruck erwächst, dem die Brief-Texte ausgesetzt sind. Nach den Quellenermittlungen durch Karl Emil Franzos aus dem Kreis damals noch lebender Bezugspersonen hatte die Dominanz eines im 20. Jahrhundert durchdringenden ästhetischen Interesses an den Werken des Dichters die historische Perspektive weitgehend verdrängt. Was Walter Hinderer (1977) mit seinem *Kommentar zum dichterischen Werk* schon geleistet hatte, fehlte noch lange für die Briefe. Nur in den Fällen einzelner Entdeckung sind einige Briefe jeweils am Ort ihrer Erstveröffentlichung eingehend quellenkundig kommentiert worden (z.B. die beiden an Edouard Reuß, vgl. Hauschild 1985, und zuletzt die zwei an Wilhelm Braubach und an Georg Geilfus, vgl. Gillmann 1993). Die Herausge-

ber der Münchner Ausgabe hatten mit dem »Eingeständnis der Vorläufigkeit« (MA 1988, 709) 1980 erstmals eine durchgehende Kommentierung des Briefkorpus in Angriff genommen. Erst die Materialaufschlüsse der 1970er und 1980er Jahre (Mayer 1979; Das Protokoll der Straßburger Studentenverbindung »Eugenia« 1990; Ruckhäberle 1975; Hauschild 1985 und 1989; Fischer 1987) erbrachten Voraussetzungen, auf die die umfänglichere Kommentierung der Briefe in der Ausgabe des Deutschen Klassiker Verlags aufbauen konnte.

Vornehmlich der Briefschreiber Büchner mit seinen prägnant formulierten unmittelbaren Stellungnahmen zu fundamentalen politischen, ästhetischen und weltanschaulichen Fragen trägt die Beweislast für die Inanspruchnahmen, das am stärksten überlieferungsbeschädigte Werksegment also, — wobei das Klartextversprechen der Briefe oft zu eng aufgefasst und der enthaltene Anteil an Fiktionalisierungen unterschätzt wird (vgl. Knapp 2000, 50 f.). Dementsprechend bleibt die komplexe Aufarbeitung der biographischen und historischen Zusammenhänge des Briefwechsels, die gebührend in Rechnung stellt, welche Intentionen beschädigend auf die Überlieferung eingewirkt haben, eine zentrale Aufgabe. Vor allem Fortschritte auf diesem Wege der Erhellung der Text- und Sachzusammenhänge stärken den angemessenen Gebrauch der Texte und setzen Fehlbeurteilungen und haltlosen Deutungen engere Grenzen.

Nach den linken Büchner-Preis-›Skandalen‹ der 1970er Jahre führte ein bemerkenswert lautlos verlaufener rechter Skandal der Auszeichnung mit dem Preis vor, wie leicht man aus vereinzelten Brieftexten Büchners Gift in die kulturpolitische Atmosphäre mischen kann. Der 2007 mit dem Büchner-Preis ausgezeichnete Schriftsteller Martin Mosebach sagte in seiner Dankrede: »Büchner war ein Früh-Kommunist, der sich von der politischen Arbeit nur distanzierte, weil er die Zeit noch nicht gekommen sah, für die der Hanf reichlich wachsen sollte: und zwar um alle Feinde aufhängen zu können.« (Mosebach 2007, 33) Der Namensgeber des Preises, für den er sich bedankte, sei ein Autor gewesen, »der keinen Augenblick seines Lebens aufhörte, dem Großherzog von Hessen den Tod an der Laterne zu wünschen.« (ebd.) Als könnte man nicht in dem gesicherten Tatsachen-Zusammenhang nachlesen, dass August Becker z.B. von Büchner bezeugte, er hätte »durchaus keinen ausschließlichen Haß *gegen die Großherzoglich Hessische* Regierung; er meinte im Gentheil, daß sie *eine der besten* sei.« Und: »Er

haßte weder die Fürsten, noch die Staatsdiener, sondern nur das *monarchische Princip* [...]« (vgl. DKV
II, 665). Mosebach konnte den Skandal noch steigern, indem er – mit drei Namen in einer geraden
Linie – Büchner unterstellte, aus »wohlerwogenen
Gründen dem Massenmord zugestimmt« zu haben,
wie Saint-Just und Himmler (Mosebach 2007, 33).

Von missverstehendem Zurechtlesen bis zu ent-
stellendem Edieren ist es mitunter nicht weit (vgl.
DKV II, 1119, Anm. 384, 26). Welchem Deutungsdruck die aus zweiter Hand überlieferten Brieftexte
Büchners ausgesetzt bleiben, zeigt ein Korrekturbe-
gehren an dem häufig zitierten Brief von Anfang
Juni 1836 an Gutzkow, in dem es heißt: »Ich glaube,
man muß in socialen Dingen von einem absoluten
*Rechts*grundsatz ausgehen, die Bildung eines neuen
geistigen Lebens im *Volk* suchen und die abgelebte
moderne Gesellschaft zum Teufel gehen lassen.«
(vgl. DKV II, 440) Den Wortlaut dieses Satzes
schreibt Dietmar Goltschnigg spektakulär um, indem er die Einleitung zum ersten Band seiner inzwischen drei starke Bände umfassenden Dokumentation *Büchner und die Moderne* unter die Überschrift
stellt: »Die ›abgelebte moder*ne* Gesellschaft zum
Teufel‹!« (Goltschnigg 2001, 11–84) Er geht davon
aus, dass die Prädikate »abgelebt« und »modern«
sich gegenseitig absolut ausschlössen, ihre Kombination – die bei Büchner nicht ungewöhnliche Figuration eines Widerspruchs in sich – erscheint ihm undenkbar. Den »rätselhaften Fremdkörper« (11) führt
er auf einen Lesefehler Gutzkows zurück. 2007 be-
kräftigte Goltschnigg seinen Revisionsanspruch
noch einmal (vgl. Sevin, 58 f.). Folgte man ihm,
würde das eine eingeschobene Schriftzeichen Büchners fundamentale Gesellschaftskritik auf die Frontstellung gegen das restaurierte Feudalsystem reduzieren und um die antikapitalistische Spitze verkür-
zen. Der negative Akzent auf »modern«, der sich mit
Goltschniggs widerspruchsfreiem Verständnis von
Moderne schlecht verträgt, stimmt mit Büchners
Ablehnung des modernen »Geldaristokratismus wie
in Frankreich« dagegen sehr wohl überein (vgl. DKV
II, 665).

Literatur

Andler, Charles: Briefe Gutzkows an Georg Büchner und
  dessen Braut. In: Euphorion 4 (1897), Drittes Ergän-
  zungsheft, 181–193.
Benjamin, Walter: Deutsche Menschen. Eine Folge von
  Briefen. Ausgewählt und kommentiert. Leipzig/Weimar
  1979. Erstdruck: Detlev Holz (d.i. Walter Benjamin)
  (Hg.), Luzern 1936.

Bergemann, Fritz (Hg.): Georg Büchner. ›Der Hessische
  Landbote‹. Mit einer historisch-biographischen Einfüh-
  rung. Leipzig 1947.
Blanqui, Louis-Auguste: Verteidigungsrede vor dem
  Schwurgericht. In: Joachim Höppner/Waltraud Seidel-
  Höppner (Hg.): Von Babeuf bis Blanqui. Französischer
  Sozialismus und Kommunismus vor Marx. 2 Bde. Bd. 2.
  Leipzig 1975, 507–514.
Börne, Ludwig: Briefe aus Paris. Stuttgart 1986.
Braun, Volker: Büchners Briefe. In: Connaissance de la
  RDA (Paris) No. 7, octobre 1978, 8–17; auch in: Heinz
  Ludwig Arnold (Hg.): Georg Büchner III. Sonderband
  Text + Kritik. München 1981, 5–14, und in: GBJb 1
  (1981), 11–21.
Das Protokoll der Straßburger Studentenverbindung »Eu-
  genia«, mitgeteilt von Thomas Michael Mayer. In: GBJb
  6 (1986/87) 1990, 324–392.
David, Eduard (Hg.): ›Der hessische Landbote‹ von Georg
  Büchner. Sowie des Verfassers Leben und politisches
  Wirken. München 1896.
Diehl, Wilhelm: Minnigerodes Verhaftung und Georg
  Büchners Flucht. In: Hessische Chronik 9 (1920), 5–18.
Ebstein, Erich: Büchneriana. In: Das Inselschiff 4 (1923),
  253–255.
Enzensberger, Hans Magnus (Hg.): Georg Büchner und
  Ludwig Weidig. ›Der Hessische Landbote‹. Texte. Briefe.
  Prozessakten. Frankfurt a.M. 1965.
Fischer, Heinz: Georg Büchner. Untersuchungen und Mar-
  ginalien. Bonn 1972, 89–102.
– : Georg Büchner und Alexis Muston. Untersuchungen zu
  einem Büchner-Fund. München 1987.
Fortmann, Patrick: Büchners Briefe an seine Braut. In: DVjs
  81 (2007), 405–493.
Franzos, Karl Emil: Über Georg Büchner. I und II. In: Deut-
  sche Dichtung 29 (Oktober 1900 bis März 1901), 195–
  203 und 289–300.
Gillmann, Erika u.a. (Hg.): Georg Büchner an ›Hund‹ und
  ›Kater‹. Unbekannte Briefe des Exils. Marburg 1993.
Goltschnigg, Dietmar: Georg Büchner und die Moderne.
  Texte, Analysen, Kommentare. Bd. 1. 1875–1945. Berlin
  2001.
Gutzkow, Karl: Ein Kind der neuen Zeit. In: Frankfurter
  Telegraph, N.F. (Juni 1837), Nr. 42, 329–332; Nr. 43, 337–
  340; Nr. 44, 345–348 (Reprint, Frankfurt a.M. 1971).
Gutzkow, Karl: Götter, Helden, Don-Quixote. Abstimmun-
  gen zur Beurtheilung der literarischen Epoche. Ham-
  burg 1838.
Hauschild, Jan-Christoph: Studien und neue Quellen zu
  Leben, Werk und Wirkung. Mit zwei unbekannten
  Büchner-Briefen. Königstein i.Ts. 1985.
– : Neudatierung und Neubewertung von Georg Büchners
  ›Fatalismusbrief‹. In: ZfdPh 108 (1989), 511–529.
– (Hg.): Georg Büchner: Briefwechsel. Kritische Studien-
  ausgabe. Basel/Frankfurt a.M. 1994.
Hinderer, Walter: Büchner-Kommentar zum dichterischen
  Werk. München 1977.
Hofmannsthal, Hugo von (Hg.): Deutsches Lesebuch. Aus-
  wahl deutscher Prosastücke aus dem Jahrhundert 1750–
  1850. 2 Bde. Bd. 1: München 1922, Bd. 2: München
  1923.
Kanzog, Klaus: Büchner-Editionen. In: Rüdiger Nutt-Ko-
  foth/Bodo Plachta (Hg.): Editionen zu deutschsprachi-

gen Autoren als Spiegel der Editionsgeschichte. Tübingen 2005, 22–24.

Kesting, Hanjo: ›Friede den Hütten! Krieg den Palästen!‹. Georg Büchner. ›Der Hessische Landbote‹. Briefe. Hamburg 2002.

Knapp, Gerhard P.: Georg Büchner. Stuttgart/Weimar ³2000, 49–67.

Kuckhoff, Adam: Georg Büchner. In: Georg Büchner: Werke. Eingel. und hg. von A. Kuckhoff. Berlin 1927, VII –LXXXIV und 223.

Lehmann, Susanne: Der Brand im Haus der Büchners 1851. Zur Überlieferung des Darmstädter Büchner-Nachlasses. In: GBJb 6 (1986/87) 1990, 303–313.

Lehmann, Werner R.: Prolegomena zu einer historisch-kritischen Büchner-Ausgabe. In: Gratulatio. Festschrift für Christian Wegner zum 70. Geburtstag am 9. September 1963. Hamburg 1963, 190–220.

– /Mayer, Thomas Michael: Ein unbekannter Brief Georg Büchners. Mit biographischen Miszellen aus dem Nachlaß der Gebrüder Stoeber. In: Euphorion 70 (1976), 75–186.

Lorenz, Frieder: Gedanken bei einem unbekannten Brief Georg Büchners. In: Maske und Kothurn 10 (1964), 532–537.

Mayer, Thomas Michael: Büchner und Weidig – Frühkommunismus und revolutionäre Demokratie. Zur Textverteilung des ›Hessischen Landboten‹. In: Heinz Ludwig Arnold (Hg.): Georg Büchner I/II. Sonderband Text + Kritik. München 1979, 16–298.

– : Georg Büchner. Eine kurze Chronik zu Leben und Werk. In: Heinz Ludwig Arnold (Hg.): Georg Büchner I/II. Sonderband Text + Kritik. München 1979, 357–425.

– : Unbekannte Briefe aus der Gesellschaft der Menschenrechte (Herbst 1834). In: GBJb 1 (1981), 275–286.

– : ›Wegen mir könnt Ihr ganz ruhig sein…‹ Die Argumentationslist in Georg Büchners Briefen an die Eltern. In: GBJb 2 (1982), 249–280.

– /Pabst, Reinhard: Vergleichende Übersicht zu den Brief-Datierungen. In: Gillmann 1993, 147–151.

Mosebach, Martin: Rede zur Verleihung des Georg-Büchner-Preises 2007. In: Frankfurter Allgemeine Zeitung, 30.10.2007, Nr. 252, 33.

Noellner, Friedrich: Actenmäßige Darlegung des wegen Hochverraths eingeleiteten gerichtlichen Verfahrens gegen Pfarrer D. Friedrich Ludwig Weidig, mit besonderer Rücksicht auf die rechtlichen Grundsätze über Staatsverbrechen und deutsches Strafverfahren, sowie auf die öffentlichen Verhandlungen über die politischen Processe im Großherzogthume Hessen überhaupt und die späteren Untersuchungen gegen die Brüder des D. Weidig. Darmstadt 1844.

Pinthus, Kurt (Hg.): Georg Büchner. ›Friede den Hütten! Krieg den Palästen!‹. Berlin 1919.

Poschmann, Henri: Büchner und Gutzkow. Eine verhinderte Begegnung. In: Neue Deutsche Literatur 29 (1981), 58–74.

Rossellini, Jay: Kulturerbe und Zeitgenossenschaft: Volker Braun und Georg Büchner. In: The German Quarterly 60 (1987), 600–616.

Ruckhäberle, Hans-Joachim: Flugschriftenliteratur im historischen Umkreis Georg Büchners. Kronberg/Ts. 1975.

Schaub, Gerhard: Georg Büchner. ›Poeta rhetor‹. Eine Forschungsperspektive. In: GBJb 2 (1982), 170–195.

Schröder, Jürgen: Restaurationszeit – Komödienzeit – Narrenzeit. Georg Büchner als ›entfant du siècle‹. In: Markus Heilmann/Birgit Wägenbaur (Hg.): Ironische Propheten. Sprachbewußtsein und Humanität in der Literatur von Herder bis Heine. Studien für Jürgen Brummack zum 65. Geburtstag. Tübingen 2001, 259–273.

Sevin, Dieter (Hg.): Georg Büchner: Neue Perspektiven zur internationalen Rezeption. Berlin 2007.

Stern, Fritz: Rede zur Verleihung des Friedenspreises des Deutschen Buchhandels 1999. In: Frankfurter Rundschau, 18.10.1999.

Strohl, Jean: Ein Brief Büchners. Ein Brief seiner Braut [an Karl Emil Franzos]. In: Corona 5 (1935), 657–661.

Trump Ziegler, Elisabeth: The Elitist Revolutionary: Georg Büchner in his Letters. Phil. Diss. New York 1979.

Zimmermann, Erich: Zwei neue Büchner-Dokumente. In: Archiv für hessische Geschichte und Altertumskunde. N.F. 38 (1980), 381–384.

Zwei ungedruckte Briefe an Georg Büchner von seinen Eltern. In: Insel-Almanach auf das Jahr 1923. Leipzig [1922], 99–105.

Henri Poschmann

II. Kultur und Wissenschaft

1. Religion

Angesichts der schwierigen Editionslage und der zerklüfteten, rezeptionspragmatisch geglätteten Textlandschaften verbietet es sich, im Sinne älterer Veröffentlichungen (z. B. von Wiese 1959) summarisch von ›Büchners Religion‹ oder ›Religion bei Büchner‹ zu sprechen. Dem entgegen steht, dass bei Büchner Religion mit Blick auf die verschiedenen Textsorten und literarischen Gattungen unterschiedlich in Erscheinung tritt, entweder im lebensgeschichtlichen Dokument wie dem Brief oder inszeniert als Figurenrede bzw. als Modus einer figurengebundenen Hermeneutik des Selbst und der Welt, wie beim lyrischen Ich der Jugendgedichte, im »Lenz« oder im »Woyzeck«. Gemessen an den literarischen Fiktionen nehmen sich die religiösen Äußerungen bzw. Äußerungen zur Religion in Büchners lebensgeschichtlichen Zeugnissen, vor allem in den Briefen, vergleichsweise spärlich und uninteressant in dem Sinne aus, dass Religion kaum mehr als Rhetorik, als der Bibel entnommenes sprachliches Material ist. Selten sind briefliche Äußerungen, die im Sinne einer prinzipiellen Stellungnahme zu Fragen der Religion, etwa als Kritik an einem weltfremden Spiritualismus, zu werten sind. Weder die lebensgeschichtlichen Äußerungen noch die literarischen Fiktionen lassen sich zu einem wie auch immer konsistenten System von Religion extrapolieren, dem auf Seiten des Subjekts bzw. der Subjekte in den verschiedenen Textsorten und Gattungen ein Glaube oder eine Frömmigkeit entspräche. Im Gegenzug sollte daraus nicht vorschnell eine grundsätzliche Kritik und Ablehnung der christlichen Religion abgeleitet werden (vgl. Martin 2008). Eine weitere Schwierigkeit liegt im Religionsbegriff selber, der hier in seiner Verwendbarkeit nicht systematisch diskutiert werden kann, sondern pragmatisch genutzt werden soll. Die Frage nach dem historischen Begriff und nach historischen Phänomenen der Religion bzw. nach religiösen Phänomenen im Übergang vom 18. zum 19. Jahrhundert soll heuristisch in einem weiten Ausgriff die Theologie im engeren Sinn einer wissenschaftlichen universitären Disziplin ebenso umfassen wie Formen der Volks- und Laienfrömmigkeit und der Naturreligiosität.

Grundsätzlich ist zur Religion bei Büchner bzw. in Büchners Werk von den Jugend- und Schulschriften bis zur Zürcher Vorlesung über die Schädelnerven und dem »Woyzeck« schwerlich Übergreifendes oder Zusammenhängendes zu sagen, will man sich nicht mit der Auskunft bescheiden, Büchner habe ein kritisches Verhältnis zur Religion unterhalten. Sinnvoll erscheinen auf einzelne Werke, mitunter nur auf Werkabschnitte perspektivierte Beobachtungen, die dennoch zu der generalisierenden These führen mögen, dass Religion für Büchner nicht so sehr als symbolisches Welt- und Selbstwahrnehmungs- und -deutungssystem, ja nicht einmal als Form persönlicher Frömmigkeit oder eines praktizierten Glaubens interessant gewesen ist, sondern vor allem als ein ideologisches Moment in der politischen Auseinandersetzung. Zugleich figuriert ›Religion‹ damit als Bezugspunkt in der Spannung von Materialismus und Idealismus bzw. Spiritualismus. Büchner selber hat sich zwar an keiner Stelle zum Atheismus bekannt hat, gleichwohl muss – schon mit Friedrich Zimmermann (Brief an Franzos, 13.10.1877) – festgehalten werden, dass er die Existenz des christlichen personalen Gottes radikal angezweifelt hat.

Kirchengeschichtliche Kontexte

Von der Fülle dessen, was Ende des 18. und zu Beginn des 19. Jahrhunderts in den verschiedenen Hinsichten der wissenschaftlichen Theologie, der institutionalisierten Kirchlichkeit, der Laienfrömmigkeit, der anhebenden Erweckungsbewegung etc. die Sphäre der Religion und des Religiösen ausmacht, teilt Büchners Werk wenig mit (vgl. Gericke 1989; Jung 2000). Nahezu durchgehend eignet der Darstellung von Religion etwas Niederdrückendes, ja Niederschmetterndes und ihrer Erörterung etwas Persiflierendes und Ridikülisierendes. Das vorwaltende Bildinventar zeigt textsorten- und gattungsübergreifend apokalyptische Einfärbungen und Züge, ist in der Hauptsache entweder der Passionsgeschichte Christi oder der biblischen Offenbarung entnommen. Die Anwendungsspanne reicht von der sakralisierenden Schattierung der eigenen Lebenssituation (in den Briefen, z. B. 20.8.1832, DKV II, 358–360;

3.11.1832, ebd., 364 f.) über die sexualisierende Verspottung des Religiösen in *Danton's Tod* bis zu figurengebundenen Visionen des Weltuntergangs in *Leonce und Lena* und im »*Woyzeck*«. In dieser vereinseitigenden Zuspitzung erscheint ›Religion‹, auch gemessen am Selbstverständnis der protestantischen Theologie Ende des 18. und zu Beginn des 19. Jahrhunderts, weder als Medium der Befreiung auch und gerade aus der ›Unmündigkeit in Religionssachen‹, noch als Deutungsinstanz für die menschliche Existenz zwischen Schuld und Vergebung, Sünde und Erlösung. Insbesondere fehlen die Fundamentierung in einer Theologie der irdischen Glückseligkeit, wie sie in der zweiten Hälfte des 18. Jahrhunderts in Abgrenzung vom Dogmatismus z. B. der Lutherischen Orthodoxie und von ihrer ›schwarzen Anthropologie‹ und mit entschieden praktisch-moralischer Wendung von Neologen und rationalistischen Theologen prolongiert worden war, sowie Schleiermachers ›Gefühlsreligion‹ eines emphatisch-hochgestimmten Bezugs auf das Göttliche. Insofern werden Traditionslinien und Phänomene, die zur Zeit Büchners kernhaft die Sphäre der Religion und des Religiösen ausmachen, nicht thematisch. Unberücksichtigt bleibt ebenso die soziale Perspektive, dass bereits zu Beginn des 19. Jahrhunderts und verstärkt ab den 1830er Jahren auch von Seiten der protestantischen Kirche die ›soziale Frage‹ nicht nur zur Kenntnis genommen, sondern auch in unterschiedlichen Formen gemeinschaftlichen karitativen Handelns angegangen wurde. Christliche Armenfürsorge, Erziehungshäuser, Arbeitsanstalten etc. müssen an dieser Stelle als Stichworte für einen zunächst schmalen, aber zunehmend erweiterten Leistungskatalog zur Verbesserung der Lebensverhältnisse reichen, freilich ohne dass das kirchlich organisierte Engagement Änderungen der sozialen, geschweige denn der politischen Strukturen eingefordert oder gar ins Werk gesetzt hätte. Lediglich den drängendsten Missständen sollte innerhalb eines grundsätzlich akzeptierten hierarchischen Systems gewehrt werden, vorzüglich bei Kindern und Jugendlichen, und das im Zuge der seit der Jahrhundertmitte einsetzenden ›inneren Mission‹. Rechnung getragen wird diesem Ausschnitt aus der historischen Situation von Büchner insofern, als es ausgerechnet (jedoch mit Zwangsläufigkeit) ein Kirchenmann ist, der Pfarrer in Waldersbach aus dem Steintal im Elsass, Johann Friedrich Oberlin, der christliche Nächstenliebe nicht nur gepredigt, sondern als *praxis pietatis* sowohl an dem tatsächlichen wie an Büchners Lenz geübt hat.

Ähnlich wie die geschichtliche Situation der christlichen Religion schlagen auch die unterschiedlichen Schau- und Spielplätze von Büchners literarischen Fiktionen kaum im Sinne konfessioneller Kultur- und Politik-Landschaften zu Buche: Das katholische Frankreich in *Danton's Tod* oder das protestantisch-pietistische Elsass in »*Lenz*« bleiben nahezu konturlos, wie überhaupt die Religion als tragendes Fundament und als einigendes Band frommer Milieus und Gemeinschaften nicht recht in den Blick kommt. ›Religion‹ in der erzählerischen oder szenischen Darstellung ist, abgesehen von Oberlin und seiner Gemeinde in »*Lenz*«, zumeist die Religiosität Einzelner und Vereinzelter, und die Diskussion von Religion vor allem in den Dramen kreist, wenn sie sich nicht in Hohn und Spott erschöpft, gleichsam überkonfessionell-ortlos und im Übergang zum philosophischen Diskurs um die dogmatischen Kernfragen der Schöpfungslehre, von Sünde und Schuld, Leid und Vergebung (vgl. Wittkowski 2009).

›Religion‹ in dem oben skizzierten weit gefassten Verständnis ist in Büchners schmalem Oeuvre omnipräsent und ubiquitär. Von den Jugendgedichten bis zu den »*Woyzeck*«-Entwürfen sind Büchners Texte religiös durchtränkt, freilich im Zeichen und im Zuge einer früh einsetzenden progredierenden Distanznahme. Für Büchners religiöse Sozialisation vor allem während seiner Schulzeit sind mit Unterrichtsmaterialien, Lehrbüchern, Aufgabenstellungen für schriftliche Hausarbeiten und nicht zuletzt mit seinen Lehrern, selbst z. T. theologisch oder fromm schriftstellerisch tätig, Quellen namhaft gemacht worden, die für den lutherisch Getauften eine Prägung durch einen gemäßigt aufgeklärten Protestantismus annehmen lassen (vgl. Lehmann 2005). Caroline Schulz' Bericht von Büchners schwerem Sterben und Wilhelm Schulz' Nekrolog, die den Verdacht einer ›Bekehrung‹ auf dem Totenbett nähren, sind als historisch gebundene Zeugnisse zurückhaltend zu interpretieren. An religiösen Quellen für Büchners Briefe und seine literarischen Fiktionen, insbesondere für den *Hessischen Landboten*, dominiert entschieden die Bibel, und zwar *tota scriptura*, trotz der Bevorzugung von Passionsgeschichte und Offenbarung. Gelegentlich, wie im »*Lenz*«, finden sich konkrete Hinweise auf Anregungsmaterialien, wie Arbeiten der bildenden Kunst, oder es werden, ebenfalls im »*Lenz*«, Kirchenliedverse bzw. Verse aus geistlichen Liedern aufgegriffen, so das Lied »Gott, den ich als Liebe kenne« von Christian Friedrich Richter, Hallescher Pietist, Vertrauter August Hermann Franckes und Mitautor des *Geist=Reichen Ge-*

sangbuchs. Die von Richter übernommenen Zeilen hat Büchner im Wortlaut verändert, bzw. er hat ihnen Verse aus wahrscheinlich eigener Feder hinzugefügt. Doch sollte man weder den Lektüren der Schuljahre noch der figurenperspektivisch transformierten Zitation von Richters Lied eine entschiedene Neigung in die eine aufklärerisch-protestantische oder in die andere pietistisch-erweckliche oder -reformerische Richtung ablesen, was auch angesichts von Büchners ›konfessioneller Diskretion‹ und seines Skeptizismus in Sachen Religion weder angebracht noch für das Werk sonderlich erhellend wäre (vgl. Wagner 2000; Wittkowski 2009). Die Quellen, die Büchner produktiv nutzt und funktional zuspitzt, dienen nicht der konfessionellen Akzentuierung und nicht dem entweder eigenen oder dem figurengebundenen Bekenntnis. Ihre Wahl und die vorgenommenen Gewichtungen entspringen einem Interesse vornehmlich an zwei thematischen Bezugsgrößen, die in verschiedenen Ausformungen im Wesentlichen und noch vor der Frage nach Kritik oder Affirmation die religiöse Signatur von Büchners Werk bestimmen.

Nachfolge Christi und Ende der Welt

Von besonderem Gewicht und besonderer Prägnanz sind für Büchners Werk zwei religiöse Vorstellungskomplexe und Bildbereiche: die Nachfolge Christi und der Untergang bzw. das Ende der Welt, die im Unterschied zur biblischen Ausgangslage und historischen theologischen Exegese ihr entweder unmittelbar oder mittelbar Tröstliches und Segensvolles bei Büchner verlieren und an deren Stelle sich als Existenzial des Einzelnen wie der gesamten Welt ein unheilbarer fortdauernder Schmerz ohne Hoffnung auf Vergebung, Erlösung und Auferstehung eingerichtet hat.

Die *imitatio Christi* figuriert seit dem Barock, wohl in unterschiedlicher Ausprägung, aber zugleich die Konfessionen übergreifend, als der *locus classicus* von Religion und Frömmigkeit in der Literatur, insbesondere in Form der postfigurativen Relationierung von Christus und Autor (vgl. Kirsch 2001). Als Lebensmuster bzw. als Kulminationspunkt einer frommen Existenz ist die *imitatio Christi* auch in Büchners Jugendwerk präsent. Im Gedicht *Die Nacht* (1828) wird Religion ansatzweise und im Ausgang von einer nicht präzise bestimmten lutherischen Konfessionalität als eine das Selbst und die Welt aufschließende Hermeneutik emphatisch exerziert: Gott ist ein liebender Vater, die von ihm geschaffene

Natur ein Buch, dem unschwer die Geneigtheit Gottes zu seiner Schöpfung abzulesen ist. Vor diesem bei Büchner selten harmonischen Hintergrund erscheint die Bitte, die Nachfolge Christi antreten zu dürfen – »Lass wandeln uns auf deines Sohnes Wege« (DKV II, 16) –, als gesicherte Möglichkeit, wenn schon nicht auf Erden, so doch im Himmel zu reüssieren.

Gegenläufig ausgeführt wird die *imitatio* im »Lenz« (vgl. Anz 1981), der überhaupt eine hoch verdichtete Gemengelage religiöser Phänomene von Oberlins Ergebenheit in den Willen Gottes und in die *providentia Dei* bis zur divinatorischen Praktik des Losens und der die Grenze des Wahnsinns überschreitenden pantheistischen Naturfrömmigkeit des Titelhelden bietet. ›Religion‹ zeigt sich wenn nicht als zerstörerische Macht, so doch bei entsprechender psychischer Disposition mit der Unmöglichkeit verbunden, Ruhe und Frieden zu finden. Aus einer biographischen Situation des historischen Lenz werden zwei Ausprägungen einer fehllaufenden *imitatio* entfaltet, die zugleich mit Christus auch das Beispiel und Vorbild Oberlins und von dessen *praxis pietatis* diskreditieren. Neben dem Bestreben, predigend eine Gemeinde an sich zu binden, handelt es sich in Anlehnung an die Auferweckung des Lazarus von Bethanien durch Jesus (Joh 11) zum einen um die Hybris des unerlösten Erlösers Lenz, ein verstorbenes Mädchen wieder ins Leben bringen zu wollen, zum andern um das ins Psychopathologische verzerrte Bemühen, Christus im Leiden und in den Schmerzen nachzufolgen. Gleichwohl scheint es bei Lenz' wiederholten Bitten um Leid, um körperliche Schmerzen, nicht primär um Selbstvergewisserung im Lichte der Passion zu gehen. Eher fungiert der Schmerz, weshalb er sich mit süßen Gefühlen und unendlichem Wohl verbinden kann, als das Andere und Bessere der drohenden Gefühllosigkeit, von Apathie und Ataraxie und der am Ende eintretenden Absorbierung durch das Nichts und die Leere. Zwar soll der von Gott erbetene Schmerz den Leidenden in die Nachfolge Christi rücken, doch gemessen an der in Oberlin verkörperten und von Oberlin praktizierten Frömmigkeit erscheinen Lenz' Bezug auf Christus, seine Sehnsucht nach Schmerz und schließlich die ›Wollust des Schmerzes‹ als Symptome einer geistig-seelischen Erkrankung, die sowohl von einer schwierigen Vater-Sohn-Beziehung als auch von nicht minder schwierigen Mann-Frau- und Dichter-Publikum-Verhältnissen herrührt. Lenz' Irrsinn steigert sich in dem Maße, wie ihn nach der Wollust des Schmerzes gemeinsam mit dem Lachen über den angeblich dumm glotzenden Mond der Atheismus ergreift. Seine Versuche, sich das Leben zu nehmen (um damit eine Todsünde zu begehen), müssen sein Bemühen um die *imitatio* Christi entwerten. Eine prägnante, auf den thematischen und bildlichen Komplex des Weltenendes führende Zuspitzung erfährt die *imitatio*-Figur (nach der Vorbereitung durch Lenz' Empfindung »Das All war für ihn in Wunden«, DKV I, 231; MBA 5, 35) im visionären Ausbruch der Lena in *Leonce und Lena*, die in einer paradoxen Fügung mit den biblischen Kreuzesworten Christi einen Gott anruft, den es nicht mehr gibt, und sich darüber entsetzt, dass sich die Welt selbst in den Gekreuzigten verwandelt hat, dem allerdings kein liebender Vater Erlösung von seinen Schmerzen und Auferstehung verspricht. Formuliert wird im Modus der Frage das Gebot der Selbsterlösung (vgl. DKV I, 110; MBA 6, 110).

Gegenüber »Lenz« und *Leonce und Lena* besteht die Radikalität des »*Woyzeck*« darin, dass weder dem Titelhelden ein derart nobilitierendes Deutungsmuster für die eigene Existenz zur Verfügung steht (um sich darüber misszuverstehen) noch ein solches überhaupt vom Drama in den Blick gerückt wird. ›Religion‹ im »*Woyzeck*«, Büchners letztem literarischen Werk, verläuft sich für die Titelfigur in apokalyptischen Mutmaßungen und Ahnungen, die – wie im »*Lenz*« als Symptome zunehmenden Irrsinns – vor allem aus Woyzecks akustischen und optischen Wahrnehmungsirritationen resultieren, die sich in der Sprache u. a. der biblischen Offenbarung des Johannes darstellen: »Wie hell! Ein Feuer fährt um den Himmel und ein Getös herunter wie Posaunen.« (DKV I, 202; MBA 7.2, 22) Woyzeck erlebt sich nicht als von Gott verstoßen, nicht als Opfer der Gesellschaft, er erlebt sich als Natur oder doch zumindest als derart von der eigenen Natur dominiert, dass es für ihn kein Korrektiv für sein Verhalten zu geben scheint. Er ist die sozial abgesenkte Nagelprobe für die Schönrednerei des Doktors: »Woyzeck, der Mensch ist frei, im Menschen verklärt sich die Individualität zur Freiheit« (DKV I, 195 f.; MBA 7.2, 27). Solchen Idealismus konterkariert die Lebenswirklichkeit Woyzecks, dessen Selbsterleben als ein Gesteuerter in den Visionen eines bevorstehenden Weltuntergangs ihr Pendant hat. Ähnlich dem »*Lenz*«, dramatisch konzentriert in der Figurenrede, fungiert die anthropomorph aufgeladene dämonisierte Natur sowohl als Zeichen für die Bedrohtheit und Zerbrechlichkeit der menschlichen Existenz als auch als Zeichen der Bedrohung selber, wenn auch in der psychopathologisch verzerrten Wahrnehmung einer geschundenen Kreatur.

Einzig für die nach Ansicht aller vor Gott und vor den Menschen gefallene Marie ist Religion in Form persönlicher Frömmigkeit und Jesusliebe mehr als leere Rhetorik. Gerade an ihr wird, in einer gewissen Nähe zu Lena, eine aus Figurensicht authentische Religiosität greifbar, die nicht etwa einem geschlossenen System von Glaubenssätzen aufruht und sich aus einem solchen speist, sondern bei der es sich um eine situativ ausgelöste und in Versen oder Bibelstellen situativ artikulierte Frömmigkeit zum Zwecke der Krisenbewältigung handelt: »Und trat hinein zu seinen Füßen und weynete und fing an seine Füße zu netzen […] Alles todt! Heiland, Heiland ich möchte dir die Füße salben.« (DKV I, 216; MBA 7.2, 32) Diese Worte Maries alludieren die Verzeihung und Vergebung der Sünden verheißende Szene aus dem Lukas-Evangelium (Lk 7,37–38) und zugleich – hier übt die »Sünderin« an Christus selber die Christusnachfolge – Johannes 13, 12–15, worin Christus an der Ehebrecherin ein Beispiel mitmenschlichen Handelns gibt. Bei Marie, und in gewisser Weise auch bei Lena, persistiert Religion als persönlicher Glaube, dort im Modus der Hoffnung auf Selbsterlösung der Welt im Lichte der Passion, hier im Modus der Hoffnung auf Vergebung durch die tätige Nachfolge Christi.

Gegenstand scharfer Kritik ist die als Ideologem und Herrschaftsinstrument entlarvte Religion im *Hessischen Landboten*, den Büchner gemeinsam mit dem (zeitweisen) protestantischen Pfarrer und Pädagogen Friedrich Ludwig Weidig aufgesetzt hat. Gegen die drückende Allianz von Thron und Altar, von Monarchie und Kirchlichkeit werden die den Untergang weltlicher Despoten verheißenden Propheten des AT und die ins Irdische gewendeten Heilsversprechen aus den Evangelien des NT aufgerufen. Kein zweiter Text Büchners ist derart von biblischem Sprachgut durchsetzt und sowohl in seinem aggressiven Vernichtungswillen als auch in seiner Heilserwartung religiös aufgeladen. Obwohl vergleichbar im Tenor, verliert sich im Religionsgespräch zu Beginn des 3. Aktes von *Danton's Tod* (vgl. DKV I, 56–60; MBA 3.2, 47–51), aber auch in weiteren thematisch vergleichbaren Abbreviaturen die den *Landboten* auszeichnende politische Fokussierung und Konkretion (vgl. Martens 1958). Zum einen wird die Religion bzw. die Sprache der Religion durch die Verschränkung mit der Sphäre des Sexuellen diskreditiert (vgl. Teraoka 2006). Zum andern wird mit dem Impetus des Fundamentalen und Radikalen das Verhältnis Gottes als dem Schöpfer zu seiner Schöpfung im Allgemeinen und insbesondere zum Menschen als seinem Geschöpf erörtert. Das Bemühen um die grundsätzliche Klärung gipfelt in der dem existenziellen Leiden, und das schließt wesentlich den körperlichen Schmerz ein, abgelesenen Leugnung eines liebenden Schöpfergottes.

Der Schmerz figuriert in *Dantons Tod* als »Fels des Atheismus« (DKV I, 58; MBA 3.2, 49), er ist in konterkarierender Aufnahme biblisch-neutestamentlicher Rede ein solcher Fels, auf den eine Kirche des Leidens ohne verzeihenden und erlösenden Gott errichtet wird. Der Fokussierung auf das Irdische und seine Genüsse, d. h. im christlichen Sinn: der Perspektivlosigkeit über das Grab hinaus, wie sie in *Dantons Tod* greifbar wird, entspricht in *Leonce und Lena* Valerios korrumpierte Heilserwartung, die antik-arkadische, christlich-(post)paradiesische und märchenhafte Elemente vom Schlaraffenland aufruft und in der Bitte um eine ›kommode Religion‹ zusammenführt (vgl. DKV I, 129; MBA 6, 124). Für die Vertreter der Intelligentia und des akademischen Lebens in den unterschiedlichen Werkstufen des »*Woyzeck*« ist die Religion schließlich lediglich ein Gegenstand gelehrter Verlautbarungen, vollmundiger Einlassungen und zynischer Polemiken, die kaum über das Niveau von Schlagworten hinauskommen. Physiko- bzw. anthropotheologische Spekulationen erläutern die Entstehung des Menschen aus den ökonomischen und betriebswirtschaftlichen Notwendigkeiten der sich formierenden bürgerlichen Erwerbsgesellschaft. Die christliche Schöpfungslehre wird parodiert und konterkariert, indem der Mensch zwar nicht als Solitär und Krönung eines göttlich-gütigen Schöpfungsplans figuriert, er aber dennoch eine unverzichtbare Größe im nüchternen Kalkül von Gewinnstreben und Profitmaximierung ist.

Im Rückblick auf die Jugendgedichte zeigt sich, dass an die Stelle eines liebenden Schöpfergottes und der von ihm repräsentierten religiösen Ordnung der Welt als Teil des Kosmos zwei unterschiedlich geartete gegenläufige, gleichsam abstrakte, dabei die Welt im Innersten bestimmende Prinzipien getreten sind: zum einen (in *Dantons Tod*) die in Ewigkeit rasende Dynamik von Werden und Vergehen, von Gebären und Verschlingen, und zum andern (in *Leonce und Lena*) die in Ewigkeit stillstehende und lähmende Langeweile. Bezeichnenderweise findet die Religion, mit der einen erwähnten Ausnahme des (historisch präfigurierten) Oberlin im »*Lenz*«, in den kirchlichen Amts- und Würdenträger, etwa in *Leonce und Lena* oder im »*Woyzeck*«, keine ernstzunehmenden Verteidiger und Fürsprecher, weder in Worten noch in Taten.

Dem Verlust an werkanfänglichem religiösem Vertrauen korrespondiert am Ende weniger noch die Geringschätzung dessen, was hier in dem historisch wie systematisch unscharfen Begriff ›Religion‹ gebündelt worden ist; es dominiert vielmehr die Auseinandersetzung mit deren machtpolitischer Funktionalisierung, wie sie Büchner in einem Brief an Karl Gutzkow vom Juni 1836 (vgl. DKV II, 439 f.) zum Ausdruck bringt: Im Spiel der Mächte um die Macht figuriert die Religion, reduziert und pervertiert zum religiösen Fanatismus, als Herrschaftsinstrument, als Mittel zur Mobilisierung und Lenkung der Massen. Trotz der von Büchner artikulierten Hoffnung auf ein »neue[s] geistige[s] Leben im *Volk*« (DKV II, 440) und wegen der Erwartung des Untergangs der herrschenden Klasse, aber auch wegen der Handlungsunfähigkeit der gebildeten Klasse bleibt die Frage unbeantwortet, wer eigentlich auf Grundlage welcher Autorisierung oder Legitimation und zu welchem Behufe den Hebel der religiösen Fanatisierung ansetzen soll. Und vor allem, die »große Klasse«, auf die Büchner seine Hoffnungen setzt, wird bewegt durch die Hebel von Brot und Eisen oder dem anderen Hebel des religiösen Fanatismus. Es ist jedenfalls nicht davon die Rede, dass sie sich selber bewegen würde. Für ihr Fortkommen scheint sie angewiesen auf wohlmeinende Lenker und Denker, zu denen Büchner vielleicht weniger sich selber gerechnet hat, als er von der Wirkungs- und Rezeptionsgeschichte dazu gerechnet worden ist. Gerade sein kritischer Umgang mit Religion mag ihn hinsichtlich weit ausgreifender und allumfassender Entwürfe Vorsicht gelehrt haben. Entsprechend einer Lenz in den Mund gelegten und brieflich geäußerten poetologischen Maxime, es als Dichter nicht besser machen zu wollen als Gott selber, der die Welt schließlich doch so gemacht habe, wie sie sein sollte (vgl. DKV II, 411), mag – neben Büchners Kritik an der Religion als Herrschaftsinstrument, als die soziale und politische Wirklichkeit verstellendes Ideologem, aber auch bei ihrer ebenso vorsichtigen wie spärlichen Anerkennung als persönliche Frömmigkeit, vor allem wenn sie mitmenschlich-zugeneigtes Mitempfinden und Handeln begleitet und befördert – schlussendlich für den Autor gelten, was er in einem Brief vom 1. Juni 1836 wie folgt formuliert hat: »Ich denke ›befiehl du deine Wege.‹ und lasse mich nicht stören.« (DKV II, 437)

Literatur

Anz, Heinrich: »Leiden sey all mein Gewinnst« – Zur Aufnahme und Kritik christlicher Leidenstheologie bei Georg Büchner. In: GBJb 1 (1981), 160–176.

Feil, Ernst: Religio. Bd. 4: Geschichte eines neuzeitlichen Grundbegriffs im 18. und frühen 19. Jahrhundert. Göttingen 2007.

Gericke, Wolfgang: Theologie und Kirche im Zeitalter der Aufklärung. Berlin 1989.

Goergen, Peter: Der Gott der Väter und die Treue zum geringsten Bruder. Bemerkungen zu Oberlin, Büchner und Lenz. In: Ders.: Seitensprünge. Literaten als religiöse Querdenker. Solothurn/Düsseldorf 1995, 66–76.

Jung, Martin H.: Der Protestantismus in Deutschland von 1815 bis 1870. Leipzig 2000.

Kirsch, Konrad: Vom Autor zum Autosalvator. Georg Büchners »Lenz«. Sulzbach 2001.

Lehmann, Susanne: Georg Büchners Schulzeit. Ausgewählte Schülerschriften und ihre Quellen. Tübingen 2005.

Martens, Wolfgang: Ideologie und Verzweiflung. Religiöse Motive in Büchners Revolutionsdrama. In: Euphorion 54 (1960), 83–108.

Martin, Ariane: Religionskritik bei Georg Büchner. In: GBJb 11 (2005–2008), 221–236.

Schwann, Jürgen: Georg Büchners implizite Ästhetik. Rekonstruierung und Situierung im ästhetischen Diskurs. Tübingen 1997.

Teraoka, Takanori: Spuren der Götterdemokratie. Georg Büchners Revolutionsdrama »Danton's Tod« im Umfeld von Heines Sensualismus. Bielefeld 2006.

Wagner, Wendy: Georg Büchners Religionsunterricht, 1821–1831. Christlich-protestantische Wurzeln sozialrevolutionären Engagements. New York u. a. 2000.

Waragai, Ikumi: Analogien zur Bibel im Werk Büchners. Religiöse Sprache als sozialkritisches Instrument. Frankfurt a. M. u. a. 1996.

Wiese, Benno von: Die Religion Büchners und Hebbels. In: Hebbel-Jahrbuch 15 (1959), 7–29.

Wittkowski, Wolfgang: Georg Büchner: Rückblick und Einblick. Frankfurt a. M. 2009.

Christian Soboth

2. Volk

Büchners »Entdeckung des Geringen«

Die einzigartige Position, die Georg Büchner in der Literaturgeschichte einnimmt, verdankt sich vor allem der Darstellungsweise des Volkes, die Büchner in seinem Werk geschaffen hat. Das Auftauchen des Volkes als »Chor ohne Kothurn« (Fink 1965, 487), als Vielheit anonymer Stimmen stellt zweifellos eine der größten Neuerungen in der Literatur des 19. Jahrhunderts dar. Sie ist durch die gesamte literarische Moderne aktuell geblieben. In seiner Büchner-Preisrede von 1972 brachte Elias Canetti Büchners Neuerung auf den ebenso präzisen wie prägnanten Begriff von der »Entdeckung des Geringen« (Canetti 1972/1984, 30). Damit sei Büchner, so Canetti, der »vollkommenste Umsturz in der Literatur« gelungen.

Der Umsturz besteht nicht einfach darin, dass Büchner – insbesondere im Dramenfragment »*Woyzeck*« – die soziale Bandbreite der literaturfähigen oder literaturwürdigen Figuren skandalös weit nach unten verschoben hat. Die emanzipatorische Integration sozial niederer Klassen eignete der Literatur bereits vor Büchner, etwa bei Grimmelshausen, Karl Philipp Moritz oder Schiller. Büchners »vollkommener Umsturz« betrifft in erster Linie nicht die Ebene der literarischen Gegenstände, der Figuren, Themen und sozialen Klassen. Er betrifft vielmehr die *politisch-pragmatische Ebene* des literarischen Diskurses, sofern er als sozial repräsentativer Diskurs auftritt und vorgibt, *im Namen aller* sprechen zu können. Was mit der Entdeckung des Geringen umgestürzt wird, ist das *Verhältnis* der Autoren zu den von ihnen zum Sprechen gebrachten Figuren aus dem niederen Volk. Büchner bestreitet der Literatur das Recht und die Möglichkeit, identifikatorisch an deren Stelle sprechen, das heißt, dem Volk Gedanken und Worte in den Mund legen zu können, als handle es sich um ›Gleiche‹, als ließe sich – im Namen schöner Menschlichkeit – der ungeheure Riss zwischen Sprachmächtigen und Sprachohnmächtigen, zwischen Gebildeten und Ungebildeten, Alphabeten und Analphabeten aus der Welt schaffen. Büchners Entdeckung des Geringen rührt damit an das Zentrum der bisherigen Existenzweise der bürgerlichen Literatur, nämlich an den universalen *Repräsentationsanspruch* der literarischen Autoren und ihren Glauben, die Welt *ex officio* stände- und klassenübergreifend darzustellen. Mit Büchners Werk taucht zum ersten Mal die beunruhigende Frage nach der Scham- und Würdelosigkeit des literarischen Sprechens auf, sofern es ein Sprechen *an der Stelle anderer* ist, ein Sprechen an der Stelle jener, die selbst keine Stimme haben, weil sie als Idioten, Tagediebe, Bettler, Säufer aus der literarischen Kommunikation ausgeschlossen sind und noch nie Zugang zum öffentlichen Wort hatten.

Mit der literarischen steht zugleich auch die politische Repräsentation des sprachlosen Volkes in Frage. Die pompöse Inszenierung der Volks-Repräsentation, ihren Zynismus und ihre Falschheit stellt Büchner in jedem seiner Werke aus: in den gut gemeinten Reden Robespierres ans tugendhafte Volk ebenso sehr wie in den paternalistischen Unterweisungsreden Oberlins, in den pseudo-philosophischen Staats-Diskursen des Königs Peter ebenso sehr wie in den hygienischen Sarkasmen des Doktors, wenn er Woyzeck verdammt. Sie alle geben vor, für das Volk zu denken und zu reden, besser und klüger als das Volk selbst, und vergessen dabei ein ums andere Mal, dass ihr repräsentatives Sprechen – im Dienste und im Namen der Menschheit, des Staats, der Republik – eine permanente Befehlsausgabe ist. Hinter den großen, emblematischen Begriffen ›Fortschritt‹, ›Humanität‹, ›Gemeinwohl‹, ›Freiheit‹ lauern Eitelkeiten und Egoismen.

Mit der Infragestellung der sozio-politischen und ökonomischen Voraussetzungen der literarischen Darstellung der Geringen, die für Büchner stets dem »spitzen Verhältnis« der Gebildeten zu den Ungebildeten aufruht (vgl. DKV II, 440), das heißt, einer pyramidalen Machtstruktur, nimmt Büchner eine Einsicht vorweg, die für die politisch-ästhetische Avantgarde des gesamten 20. Jahrhunderts bedeutsam geblieben ist, von Franz Kafka, Robert Walser und Paul Klee bis hin zu Jean-Marie Straub, Bernard-Marie Koltès und Pier Paolo Pasolini, die Einsicht nämlich, dass das Volk, an welches das künstlerische Werk sich richtet und dessen historisches Gedächtnis es gegen seine Unterdrücker sein möchte, (noch) nicht *gegeben* ist, dass *es fehlt*. Das Volk, das Büchner mit der Frage nach den Mechanismen der politischen und literarischen Repräsentation entdeckt, entpuppt sich als eine Größe, die durch die repräsentativen Prozeduren ein ums andere Mal zur Stummheit und zur Abwesenheit verurteilt wird. ›Das Volk fehlt‹ heißt also nicht: ›Das Volk gibt es nicht, es ist inexistent‹, sondern es heißt: Das Volk hat (bislang noch) keine andere Stimme als die seiner Repräsentanten, die – ebenso imaginär wie selbstverliebt – *an seiner Stelle* sprechen und es dabei fortwährend zum Verschwinden bringen. Als zerstreute Vielheit ist das Volk aber das, was sich jeder vereinheitlichenden Repräsentation *entzieht* und deswegen gerade *als entzogenes* vernehmbar gemacht werden muss, als Menge, die keine *eigene* Sprache hat und sich nur indirekt, über Gerüchte, Sprichwörter, Gassenhauer, Kinderlieder, falsche Zitate, zu äußern vermag. Das Volk, das in Büchners Werk auftaucht, erscheint mithin als *Leerstelle* im Gefüge der Repräsentation, die – gerade weil sie einer Leerstelle aufruht, die sie immer wieder zu füllen versucht – nie vollständig geschlossen werden kann. Immer wird es einen Rest geben, der stumm und vergessen geblieben ist und den repräsentativen Reden einen Riss einzeichnet, durch den die Wirklichkeit entwischt. Von dieser anderen Wirklichkeit legen die poetischen Fragmente Zeugnis ab, die als Liedfetzen, entstellte Märchen, Bänkelsängerverse Büchners Texte durchqueren.

Kritik des idealistischen Volksbegriffs

Büchners Idealismusrezeption: Büchners historisch einzigartige Konzeption des Volkes als einer heterogenen, der Repräsentation *entzogenen* Vielheit ist keine Kopf- oder Bibliotheksgeburt. Sie entsteht in Auseinandersetzung mit den bedrückenden Wirklichkeiten und Diskursen, denen Büchner in den 1830er Jahren begegnet. Die repräsentationskritische Wendung seines Werks wird verständlicher, wenn man sie zunächst vor der Folie der patriotischen Rhetorikübungen des Gymnasiasten Büchner liest. Sie machen deutlich, dass Büchners Kritik der literarischen und politischen Repräsentation vor allem aus der zornigen Auseinandersetzung mit den Volksvorstellungen des deutschen Idealismus entsteht. Als genauer Beobachter und Analytiker gleicht Büchner die schönen Ideen ab mit den sichtbaren, historischen Wirklichkeiten, kann dabei aber nichts anderes finden als den Beweis ihrer Lächerlichkeit und unerträglichen Verlogenheit. In der Erzählung »Lenz« heißt es ebenso knapp wie vernichtend: »Die Leute können auch keinen Hundsstall zeichnen. […] Dieser Idealismus ist die schmählichste Verachtung der menschlichen Natur.« (DKV I, 234; MBA 5, 37)

Um den Abstand zwischen den idealistischen Diskursen über das Volk und Büchners literarischer Analyse derselben Diskurse zu ermessen, genügt es, die rhetorische Hausarbeit des Gymnasiasten aus dem Wintersemester 1829/30 zum *Helden-Tod der vierhundert Pforzheimer* mit der Kritik der heroisch-revolutionären Volks-Rhetorik zu vergleichen, wie *Danton's Tod* sie fünf Jahre später in Szene setzt. Deren Kernsatz formuliert Mercier, wenn er sagt: »Geht einmal euren Phrasen nach, bis zu dem Punkt, wo sie verkörpert werden. [...] Ihr bautet eure Systeme, wie Bajazet seine Pyramiden, aus Menschenköpfen.« (DKV I, 62; MBA 3.2, 53) Für seine Schularbeit schreibt Büchner noch Schiller-Verse aus dem Fragment *Deutsche Größe* ab und äfft – kaum anders als das »dressierte Pferd«, das im Dramenfragment »*Woyzeck*« seine »viehische Vernünftigkeit« ausstellen muss (DKV I, 151; MBA 7.2, 3) – den hohen Ton patriotischer Sonntagsreden nach. Ein vergessenes Massaker aus dem Dreißigjährigen Krieg wird zur Großtat der Menschheitsgeschichte, und aus dem bitteren Umstand, dass den Pforzheimern seinerzeit ein Hochwasser die Flucht verwehrt hatte, wird ein Heldenkampf für Geist, Freiheit, Aufklärung und Menschenrechte (vgl. DKV II, 20 f.). Mit der Geschichte der Schlacht bei Wimpfen haben die Sätze des Gymnasiasten jedenfalls nichts zu tun. Sie sind nichts als ein langes Exzerpt klassisch-romantischer Phrasen zur Größe der deutschen Nation, wie sie um 1800 entstanden waren. Mit Schiller beschwört Büchner das nationale Selbstbewusstsein der »Teutschen«, die den Vergleich mit Römern, Spartanern und Franzosen nicht zu scheuen brauchen, weil sie – was bei Fichte und Hegel nachzulesen war – den Fortschritt des »Menschen-Geschlechts« im Kampf der Reformation für »Glaubens-Freiheit« und »Aufklärung« entscheidend befördert hätten. Unter der Aufsicht des neuhumanistischen Schuldirektors, Karl Dilthey, betet Büchner Standardsätze der idealistischen National-Rhetorik nach, die in der Bibliothek seiner Eltern und Lehrer zu finden waren.

Sozio-ökonomischer Realismus: 1830 ist dem deutschen Idealismus und seinem Freiheitspathos freilich endgültig jener utopische Horizont und jener Enthusiasmus abhanden gekommen, die ihm vor Beginn der Restauration noch eigneten. Nach 1815 stellen die Phrasen vom ›teutschen‹ Freiheitskampf nur mehr das Distinktionsmerkmal angehender Beamter dar, die in einem »um ein ›aufgeklärtes‹ Selbstbild bemühte[n] absolutistische[n] Staat« (Poschmann in DKV II, 733) nach Posten und Pfründen streben. Von allgemeinen Menschenrechten, griechischer Größe, nationaler Einheit, strahlender Aufklärung, Kampf gegen die Unterdrücker kann im Großherzogtum Hessen nicht die Rede sein. Die Realität der Zensur, der Armut, der sozialen Konflikte, die Büchner umgibt, hat mit Schiller-Phrasen nichts zu tun. Sie ähnelt eher schon den Bildern, die Büchner vier Jahre später im *Hessischen Landboten* zeichnen wird. Sie stammen nicht mehr aus dem Zitatenschatz des gebildeten Neuhumanismus, sondern aus

der Bibel (vgl. DKV II, 53 f.). Angesichts der sozialen und politischen Misere verabschiedet Büchner das *genus grande* und bedient sich des *genus humile*.

Das Volk, von dem der *Hessische Landbote* spricht, wird nicht mehr, wie noch in den Schulreden, durch den agonalen Vergleich individualisierter *Nationen* beziehungsweise durch die idealistischen Heldentaten einiger weniger ›grands hommes‹ definiert. Das Volk wird sozial und ökonomisch bestimmt, und zwar als Gesamtheit derer, die im Schweiße ihres Angesichts schuften, im Gegensatz zu den »Vornehmen« und »Gebildeten«, deren Hauptbeschäftigungen Müßiggang und Machtausübung sind. Sie sprechen nicht die Sprache des darbenden Volkes, der Bauern, Handwerker und kleinen Kaufleute, sondern eine »eigne Sprache«, den Jargon der höheren Bildung(sanstalten) nämlich, und sind die Agenten einer staatlichen Ordnung, die das von Gott – also weder vom Fürsten noch durch Sozialverträge – geschaffene Volk im Elend der »Knechtschaft« (DKV II, 55) halten. Bemerkenswert am sozialen Volksbegriff des *Hessischen Landboten* ist die ostentative Verabschiedung jedes heroisierenden Antikebezugs. Das »Volk« erscheint stattdessen, wo es kein einfaches Objekt ökonomischer Ausbeutung ist, als »populus Dei«, sofern es nämlich von Gott »durch Eine Sprache zu Einem Leibe vereinigt« (ebd., 63) wurde. Seine Mitglieder – als Ebenbilder Gottes – sind »frei und gleich in ihren Rechten« (ebd.). Die Idee der Gleichheit als Gleichheit der *Geschöpfe*, die ihre Freiheitsrechte aus der Tatsache ihrer gottgegebenen *natürlichen* Existenz beziehen und auf eine egalitäre soziale und politische Ordnung Anspruch haben, ist nicht allein dem Ko-Autor des *Hessischen Landboten*, Friedrich Ludwig Weidig, zuzuschreiben. Büchner wird sie sowohl in der Erzählung »*Lenz*« – »Der liebe Gott hat die Welt wohl gemacht wie sie sein soll und wir können wohl nicht was Beseres klecksen« (DKV I, 234; MBA 5, 37) – als auch im Dramenfragment »*Woyzeck*«– »Herr Hauptmann, der liebe Gott wird den armen Wurm nicht drum ansehen, ob das Amen drüber gesagt ist, eh' er gemacht wurde. Der Herr sprach: Lasset die Kindlein zu mir kommen.« (DKV I, 155; MBA 7.2, 25) – wieder aufgreifen.

Abgewehrt ist mit der Definition des Volkes als Gemeinschaft *gleicher Kreaturen* vor allem der – seit Mitte des 18. Jahrhunderts gängige – »geistig-kulturelle Führungsanspruch der gebildeten Stände« (Koselleck 1992, 315) gegenüber dem dummen, unmündigen, ästhetisch unerzogenen Volk, um dessen Besserung die klassische Literatur – als fortschrittlichster Teil der Nation – sich bemühte. »Die Schaubühne«, so lautete Schillers politisch-ästhetisches Credo aus dem Jahr 1784, »ist der gemeinschaftliche Kanal, in welchen von dem denkenden, bessern Teile des Volkes das Licht der Weisheit herunterströmt, und von da aus [...] durch den ganzen Staat sich verbreitet.« (Schiller 1962, 97). Dass dressierte Bürger über mehr Weisheit verfügen als Bauern hinter dem Pflug, daran glaubt Büchner zu keiner Sekunde (vgl. Brief vom Februar 1834, DKV II, 378–380). »Ich habe die Schulbänke satt, ich habe mir Gesäßschwielen wie ein Affe darauf gesessen.« (DKV I, 72; MBA 3.2, 64)

Ambivalenzen des Volks

Der Schwenk vom idealistischen Volksbegriff – der die Nation als Reich der Bildung nach dem Vorbild antiker Muster einrichten will – zum sozial-revolutionären Volksbegriff des *Hessischen Landboten* wird verständlich, wenn man ihn als Ausdruck der politischen und ökonomischen Widersprüche der Zeit um 1830 begreift. Zum einen wird die *bürgerlich national-liberale* Bildungsrhetorik, die auch noch die restaurative Gegenwart ideologisch zu retten sucht, durch die korrupten Praktiken eines absolutistischen Zwergstaates und seiner Aristokratie permanent Lügen gestraft. Zum anderen klafft zwischen den Vorstellungen vom heldenhaften »teutschen« Volk, das man sich als Nation neo-antiker Freiheitshelden denkt, und den von Armut, Hunger und Kälte gezeichneten Gesichtern der »Leute« (vgl. Brief vom Februar 1834, DKV II, 378–380; Brief vom 1.1.1836, DKV II, 422–423) ein derartiger Abgrund, dass jedes bildungsreformerische Projekt von vornherein als Absurdität erscheint. Büchner formuliert die doppelte Unmöglichkeit – sowohl der bürgerlichen Emanzipation als auch der Bildung des gemeinen Volkes – in einem Brief an Karl Gutzkow von Anfang Juni 1836 wie folgt:

Die Gesellschaft mittelst der *Idee*, von der *gebildeten* Klasse aus reformieren? Unmöglich! Unsere Zeit ist rein *materiell*. [...] Für die [große Klasse] gibt es nur zwei Hebel, materielles Elend und *religiöser Fanatismus*. Jede Partei, welche diese Hebel anzusetzen versteht, wird siegen. Unsere Zeit braucht Eisen und Brot – und dann ein *Kreuz* oder sonst so was. Ich glaube, man muß in socialen Dingen von einem absoluten *Rechts*grundsatz ausgehen, die Bildung eines neuen geistigen Lebens im *Volk* suchen und die abgelebte moderne Gesellschaft zum Teufel gehen lassen. (DKV II, 440).

Büchner schreibt diese Zeilen aus dem Straßburger Exil, das heißt, *nachdem* der Versuch des *Hessischen Landboten*, die beiden Hebel des materiellen Elends und des religiösen Fanatismus für einen bewaffneten Volksaufstand anzusetzen, bereits gescheitert war.

Der sozial-revolutionäre, weit über bürgerlich liberale Forderungen hinausgehende Versuch war aber nicht nur deswegen fehlgeschlagen, weil die Behörden die Revolutionäre erbarmungslos verfolgten und »das incendiäre Blatt« (Ruckhäberle zit. n. DKV II, 845) im gesamten Deutschen Bund unter Verbot gestellt hatten, sondern auch deswegen, weil das Volk gerade *nicht* gegen seine Peiniger aufgestanden war. Die hessischen Bauern hatten stattdessen, so August Becker im Verhör vom 1. November 1837, »die meisten gefundenen Flugschriften auf der Polizei abgeliefert«, und Büchner habe, als er dies hörte, »alle seine politischen Hoffnungen in Bezug auf ein Anderswerden aufgegeben« (Becker zit. n. DKV II, 844). Wie Büchners Briefe an seine Eltern (Brief vom 17.8.1835, DKV II, 414; Brief vom 1.1.1836, DKV II, 422–423) und auch an Gutzkow (Briefe nach dem 19.3.1835 und Brief vom 7.4.1835, DKV II, 400 f.) zeigen, war Beckers Aussage keine bloße Schutzbehauptung, sondern entsprach Büchners Einschätzung der politischen Situation.

Das bäuerliche Volk ist für Büchner (vgl. DKV II, 400, 414) weder in der Lage noch dazu bereit, Träger oder Subjekt eines revolutionären Aufstands zur eigenen Befreiung beziehungsweise der neuen, post-bürgerlichen Gesellschaft zu werden. Davon können nur gebildete Revolutionäre träumen, die sich der Stagnation der politischen Verhältnisse und möglicher Alternativen bewusst sind. Das Volk erträgt sein Elend nach wie vor mit kaum glaublicher Eselsgeduld, es zieht weiter den »Karren, worauf die Fürsten und Liberalen ihre Affenkomödie spielen« (vgl. Brief vom 9.12.1833, DKV II, 377), und es bedürfte mindestens sieben ägyptischer Plagen, um seinen dumpfen Gleichmut zu brechen. Nur ein *Moses*, der es in die schrecklichste Wüste, in Hunger und Durst führte, könnte – vielleicht – zu seinem *Erlöser* werden. Der *Hessische Landbote* wollte die (Erlösungs-)Geschichte prophetisch beschleunigen und hatte mit allen rhetorischen Mitteln versucht, dem Volk sein eigenes Elend vor Augen zu führen. Aber das Volk hört und sieht nichts. Die Geschichte steht still; das Warten auf den Augenblick, in dem die große Klasse endlich Schluss machte, mit der »abgelebten, modernen Gesellschaft« (vgl. DKV II, 440), nimmt kein Ende. Was sich anstelle der Revolution einstellt, ist genau jene entsetzliche Langeweile, die Büchner in *Leonce und Lena* thematisiert: die Komödie einer Welt, der jede tragische Geschichte abhanden gekommen ist. Stets fehlt das, was Lenz eine »Möglichkeit des Daseins« nennt: »Ich verlange in allem Leben, Möglichkeit des Daseins, und dann ist's gut.« (DKV I, 234; MBA 5, 37)

Literatur der Geringen

Das unfassliche Volk: Die Widersprüche und Unmöglichkeiten, denen Büchner in der sozialen Wirklichkeit und den Diskursen seiner Zeit, vor allem aber auch in der revolutionären Praxis begegnet, sind offensichtlich. Das Elend ist da – aber noch nicht in ausreichendem Maße; die Zeit ist rein materiell – aber darüber hinaus bedarf es auch noch eines »*Kreuzes* oder sonst sowas« (vgl. DKV II, 440); das Volk allein könnte aus der unmöglichen Gegenwart befreien – aber immer dort, wo man es erwartet, fehlt es; nur im Volk lässt sich ein »neues geistiges Leben« (ebd.) begründen – aber am Ende kümmert es sich nur um seinen Bauch. Die Widersprüche zeugen vor allem von der »Unfasslichkeit« des Gegenstands namens »Volk«, das, je nach Perspektive, in unterschiedlichen Gestalten und Funktionen auftaucht. Für die Liberalen fungiert es als (souveränes) Staats-Volk, für aufklärerische Erzieher ist es ein »Objekt der Belehrung« (Koselleck 1992, 315), für Prediger wie Weidig der »populus Dei«, für Bildungsbürger die Masse der Ungebildeten, in sozialrevolutionären Augen erscheint es als Objekt ökonomischer Ausbeutung, für Dichter erscheint es als Kollektiv-Autor romantischer Lieder, und für ebenso begabte wie gelangweilte Bürgersöhne spielt es die Rolle des heiß ersehnten Subjekts zukünftiger Geschichte. Und doch entzieht es sich, wenn man es konkret zu fassen sucht, jedes Mal seiner Bestimmung und hört nie auf die Stimmen, die es – stets als *Objekt* der Rede – auf seinen Begriff zu bringen versuchen, ob ökonomisch oder theologisch, politisch oder literarisch. Immer entwischt es den Vorstellungen, die man sich vom ihm macht, und entzieht sich den Reden, die es zu repräsentieren und für die eigene Sache zu instrumentalisieren suchen (zu dieser Instrumentalisierung des Volkes vgl. August Ludwig Rochau 1853/69, 57) Büchner reagiert auf die ›Unfasslichkeit‹ und parteiliche Instrumentalisierung des ›Volkes‹, indem er dessen Figuren in einer widerständigen Passivität, Gleichgültigkeit und Fremdheit gegenüber der ›Welt‹ zeigt. Von geschichtlichen Ereignissen bleibt das Volk bei Büchner ebenso unberührt wie von allen aufgespreizten Ich-Sentimentalitäten oder persönlichen Dramen.

Danton und seine Freunde sind gerade hingerichtet worden, aber den beiden namenlosen Henkern fallen nur die banalen Verse ein: »Und wann ich hame geh / Scheint der Mond so sch<e>h / [...] Scheint in meines Ellervaters Fenster / Kerl wo bleibst so lang bei de Menscher« (DKV I, 89; MBA

3.2, 80 f.). Die Figuren, die das Volk in Büchners Texten vorstellen, tun, was man ihnen befiehlt, sie antworten, wenn sie gefragt werden, zahlen Steuern, wenn sie erhoben werden, plappern nach, was man ihnen vorsagt, lassen sich bis zur Weißglut aufwiegeln, dann wieder beruhigen – und sind dabei doch immer ›anderswo‹, so wie die beiden Henker mit ihren Liebesversen neben der historischen Realität stehen. Was ihnen durchgängig fehlt, ist die Eigenschaft, sich als selbständig wollendes, handelndes und sprechendes *Subjekt* zu konstituieren und im Modus der direkten Rede zu sprechen. Anstelle der direkten ist prinzipiell die *freie indirekte Rede* getreten, das heißt die entstellende Wiederholung oder Rezitation aufgeschnappter Wendungen, angelernter Phrasen, auswendig rezitierter Verse, mit denen die Welt kommentiert wird und Erfahrungen zum Ausdruck gebracht werden. Sie verweisen nie auf ein unverwechselbares, kohärent sich artikulierendes Ich, sondern stets auf eine Vielheit anonymer Sprecher, die durch die Sprecher ›hindurchspricht‹. Im Gegensatz zu den ›Gebildeten‹ hat das Volk in der Tat keine ›eigene Sprache‹ und keine ›eigene Persönlichkeit‹, die es charakterisieren würde. Die dialektalen Wendungen, die Büchner verwendet, beschwören keine urtümliche (romantische) Volkssprache, sondern fungieren als Markierungen sozialer Differenz. Das proletarisierte Volk verfügt nicht über Eigennamen und die entsprechenden, genealogisch individualisierenden Linien. Es bleibt anonym.

Abschied vom Helden: Nun spielen die Figuren der anonymen, nie genau abzählbaren Menge allerdings gerade *nicht* die Rolle sogenannter Statisten, die lediglich am Rande oder im Hintergrund des großen Geschehens stünden und in die ›eigentliche Handlung‹ nicht eingreifen könnten. Büchners Texte verfolgen eine genau gegenläufige Strategie. Sie lösen umgekehrt die Individualität und das Handeln der großen Helden und Namen in der anonymen Menge der *Leute* wieder auf und führen deren Schicksal in den Strom des kollektiven Lebens und Sterbens zurück. Im berühmten ›Fatalismusbrief‹ an Wilhelmine Jaeglé vom Januar 1834 formulierte Büchner:

Ich finde in der Menschennatur eine entsetzliche Gleichheit, in den menschlichen Verhältnissen eine unabwendbare Gewalt, Allen und Keinem verliehen. Der Einzelne nur Schaum auf einer Welle, die Größe ein bloßer Zufall, die Herrschaft des Genies ein Puppenspiel, ein lächerliches Ringen gegen ein ehernes Gesetz, es zu erkennen das Höchste, es zu beherrschen unmöglich. Es fällt mir nicht mehr ein, vor den Paradegäulen und Eckstehern der Geschichte mich zu bücken. (DKV II, 377)

Was im ›Fatalismusbrief‹ von 1834, aber auch in *Danton's Tod*, noch als *Scheitern* des Einzelnen artikuliert wird, als Unmöglichkeit, Geschichte zu machen, sie beherrschen und lenken zu können – was zugleich auch schon der Abgesang auf das klassische Geschichtsdrama mit seinen Haupt- und Staatsaktionen ist –, wird Büchner in der Folge in die ganz andere, literarisch bislang noch nie erprobte Möglichkeit verwandeln, Geschichte aus der Perspektive des namenlosen Volkes zu schreiben, diesseits jeder idealistischen Tragik und diesseits aller Vorstellungen vom genialischen Subjekt, das – so die rhetorische Formel der Schulreden – »wagt [...] in den Gang der Weltgeschichte« und »kühn in die Speichen desselben« [des »Zeitrades«, C.P.] einzugreifen (DKV II, 30). Die Komödie *Leonce und Lena* wird die erhabenen Willenszentren der Schulbuch-Geschichte in philosophisch delirierende Hanswurste und gelangweilte Zwergstaaten-Melancholiker verwandeln, und in der Erzählung »Lenz« sowie im Dramenfragment »Woyzeck« stehen handlungsunfähige, psychotische Nicht-Subjekte, getrieben von fremden Stimmen und a-personalen Affekten, im Zentrum des Geschehens. Die Texte entfalten keine lineare Geschichte oder historische Entwicklung (mitsamt den entsprechenden Handlungsmotiven, Willensakten und -konflikten), sie zeigen vielmehr strukturell austauschbare Szenen, Episoden, Konstellationen und Zustände, denen die Einzelnen ausgesetzt sind und mit denen sie leben müssen. An die Stelle persönlicher Entwicklungen, Konflikte und Taten treten die Stationen eines Leidenswegs, an dessen Ende – resultatlos – der Tod steht. Verbannt ist jede Art von Teleologie oder Finalität der Geschichte, damit aber auch jede Instrumentalisierbarkeit des Lebens im Hinblick auf ein höheres Ziel, dem es aufgeopfert werden müsste. Das Leben wird nicht auf eine höhere »causa« bezogen, die ihm erst Sinn verliehe, sondern es wird in seiner ganzen Hässlichkeit und Lust, in seinem Leid und in seinem Gelächter gezeigt, damit aber auch – spinozistisch – *in sich* gerechtfertigt. Lenz formuliert in diesem Sinn:

Man muß die Menschheit lieben, um in das eigentümliche Wesen jedes einzudringen, es darf einem keiner zu gering, keiner zu häßlich sein, erst dann kann man sie verstehen; das unbedeutendste Gesicht macht einen tiefern Eindruck als die bloße Empfindung des Schönen, und man kann die Gestalten aus sich heraustreten lassen, ohne etwas vom Äußern hinein zu kopieren, wo einem kein Leben, keine Muskeln, kein Puls entgegen schwillt und pocht. (DKV I, 235; MBA 5, 38)

Auf die Aporien der Repräsentation, die stets etwas »vom Äußern« in die Figuren »hinein kopieren« und ihnen Zwecke und Bestimmungen anerfinden, ohne sie je gefragt zu haben, die ihnen geschichtliche Missionen zuschreiben, von denen sie nichts wissen, und die, vor allem, das *Leben*, und zwar gerade das armselige Leben der Geringsten, nicht anerkennen können, antwortet Büchner mit einem Appell an die rückhaltlose ›Liebe‹ zur Menschheit, und sei sie noch so gering und hässlich. Sie ist die Voraussetzung dafür, dass das Leben auch in seiner Negativität, in seinem Mangel und seinem Schmerz, seiner Schuld und seiner Gemeinheit anerkannt und *bejaht* werden kann. Büchners Konzeption des Geringen widersetzt sich damit nicht nur den menschenverachtenden Praktiken der restaurativen Herrschaften, die im Namen ihrer göttlichen Gnade Hunger und Elend befördern, sondern auch allen idealistischen und politischen Erlösungskonzepten, die das Volk propagandistisch für ihre höheren Zwecke einzuspannen versuchen. Büchner entdeckt in ihnen das, was die historischen Befreiungsprojekte im Namen des Volkes dann allzu oft getragen haben wird: die arrogante Verachtung des elenden Lebens und die Unfähigkeit, das Leben der Geringen tatsächlich *anzuerkennen*.

Das Volk als ethischer Begriff: Dem steht Büchners »Entdeckung des Geringen« und die »Liebe zur Menschheit« entgegen. Elias Canetti hat sie – angesichts der neutestamentlichen Allusionen, die im »Woyzeck«-Fragment und im »Lenz« zu finden sind, nicht zu Unrecht – als ›Erbarmen‹ charakterisiert:

Diese Entdeckung [des Geringen] setzt Erbarmen voraus, aber nur wenn dieses Erbarmen verborgen bleibt, wenn es stumm ist, wenn es sich nicht ausspricht, ist das Geringe intakt. Der Dichter, der sich mit seinen Gefühlen spreizt, der das Geringe mit seinem Erbarmen öffentlich aufbläst, verunreinigt und zerstört es. Von Stimmen und von den Worten der Anderen ist Woyzeck gehetzt, doch vom Dichter ist er unberührt geblieben. In dieser Keuschheit fürs Geringe ist bis zum heutigen Tage niemand mit Büchner zu vergleichen. (Canetti 1972/1984, 30)

Da Volk der Geringen, dem Woyzeck angehört, ist kein stolzes, heroisches Volk; es ist nicht Subjekt der Geschichte, nicht Subjekt der Revolution und nicht des Staates. Es ist kein Chor der Richter und der Wissenden. Es ist das Volk der Analphabeten, der kleinen Leute, der Gauner, der Säufer, der Eifersüchtigen, der Hungernden, kurz, all derer, die »so hin leben« (vgl. DKV I, 250; MBA 5, 49). Büchner nimmt sie vor denen in Schutz, die sie verachten. An die Familie schreibt er 1834: »Es ist deren eine große Zahl, die im Besitze einer lächerlichen Äußerlichkeit, die man Bildung oder eines toten Krams, den man Gelehrsamkeit heißt, die große Masse ihrer Brüder ihrem verachtenden Egoismus opfern. Der Aristocratismus ist die schändlichste Verachtung des heiligen Geistes im Menschen; gegen ihn kehre ich seine eigenen Waffen« (DKV II, 379). Büchners ›Volk‹ ist in erster Linie also keine soziale, politische und ökonomische Größe, sondern es ist zuallererst ein *ethischer* Begriff. Zu ihm gehören alle die, die das Leben auch noch im geringsten ihrer »Brüder« zu achten verstehen.

Literatur

Armstrong, William Bruce: ›Arbeit‹ und ›Muße‹ in den Werken Georg Büchners. In: Heinz Ludwig Arnold (Hg.): Georg Büchner III. Sonderband Text + Kritik. München 1981, 63–98.

Baumann, Gerhart: Georg Büchner. Die dramatische Ausdruckswelt. Göttingen 1976.

Braunbehrens, Volkmar: »Aber gehn Sie bitte in's Theater, ich rath' es Ihnen«. Zu Dantons Tod. In: GBJb 2 (1982), 286–299.

Buck, Theo: Zur Einschätzung und Darstellung des Volkes. In: Ders.: »Riß in der Schöpfung«. Büchner-Studien II. Aachen 2000, 9–39.

Canetti, Elias: Rede zur Verleihung des Georg-Büchner-Preises 1972. In: Büchner-Preis-Reden 1972–1983. Stuttgart 1984, 18–31.

Fink, Gonthier-Louis: Volkslied und Verseinlage in den Dramen Büchners [1961]. In: Wolfgang Martens (Hg.): Georg Büchner. Darmstadt 1965, 433–487.

– : Das Bild der Revolution in Büchners ›Dantons Tod‹. In: Burghard Dedner/Günter Oesterle (Hg.): Zweites internationales Georg-Büchner-Kolloquium 1987. Referate. Frankfurt a.M. 1990, 175–202.

Gille, Klaus F.: Büchners Danton als Ideologiekritik und Utopie. In: Ders.: Konstellationen. Gesammelte Aufsätze zur Goethezeit [1989]. Berlin 2002, 281–302.

Goltschnigg, Dietmar (Hg.): Georg Büchner und die Moderne. Texte, Analysen, Kommentar in drei Bänden. Berlin 2004.

Härter, Andreas: Der Untergang des Redners: das Dementi der Rhetorik in Büchners Drama ›Dantons Tod‹. In: Joachim Dyck/Gert Ueding (Hg.): Neue Tendenzen der Rhetorikforschung. Tübingen 2002, 84–101.

Knapp, Gerhard P.: Georg Büchner. Stuttgart ³2000.

Koselleck, Reinhart: Volk, Nation. In: Otto Brunner/Werner Conze/Reinhart Koselleck (Hg.): Geschichtliche Grundbegriffe. Historisches Lexikon zur politisch-sozialen Sprache in Deutschland. 8 Bde. Stuttgart 1992. Bd. 7, 141–432.

Lehmann, Susanne (Hg.): Georg Büchner. Revolutionär, Dichter, Wissenschaftler 1813–1837. Der Katalog, Ausstellung Mathildenhöhe. Darmstadt, 2. August bis 27. September 1987. Basel/Frankfurt a.M. 1987.

Lukács, Georg: Der faschistisch verfälschte und der wirkliche Georg Büchner. Zu seinem hundertsten Todestag am 19. Februar 1937. In: Ders.: Deutsche Realisten des 19. Jahrhunderts, Berlin 1952, 66–88; auch erschienen in: Wolfgang Martens (Hg.): Georg Büchner. Darmstadt 1973, 197–224.

Martens, Wolfgang: Zum Menschenbild Georg Büchners. ›Woyzeck‹ und die Marionszene in ›Dantons Tod‹. In: Wirkendes Wort 8 (1957/58), 13–20.

– : Zur Karikatur in der Dichtung Büchners (Woyzecks Hauptmann). In: GRM 39 (1958), 64–71.

Pornschlegel, Clemens: Das Drama des Souffleurs. Zur Dekonstitution des Volks in den Texten Georg Büchners. In: Gerhard Neumann (Hg.): Poststrukturalismus. Herausforderung an die Literaturwissenschaft. DFG-Symposion 1995. Stuttgart 1997, 557–574.

Poschmann, Henri: Büchners Leonce und Lena. Komödie des status quo. In: GBJb 1 (1981), 112–159.

– (Hg.): Wege zu Georg Büchner. Internationales Kolloquium der Akademie der Wissenschaften (Berlin-Ost). Berlin u.a. 1992.

Rochau, August Ludwig: Grundsätze der Realpolitik, angewendet auf die staatlichen Zustände Deutschlands (1853/69). Hg. von Hans-Ulrich Wehler. Frankfurt/Berlin/Wien 1972.

Schiller, Friedrich: Was kann eine gut stehende Schaubühne eigentlich wirken? In: Liselotte Blumenthal/Benno von Wiese (Hg.): Schillers Werke. Bd. 20.I: Philosophische Schriften I. Weimar 1962, 87–100.

Wülfing, Wulf: ›Ich werde, du wirst, er wird.‹ Zu Georg Büchners ›witziger‹ Rhetorik im Kontext der Vormärzliteratur. In: Burghard Dedner/Günter Oesterle (Hg.): Zweites internationales Georg-Büchner-Kolloquium 1987. Referate. Frankfurt a.M. 1990, 455–475.

Clemens Pornschlegel

3.   Geschichte und Revolution

Kein anderes Werk der deutschen Literatur ist so
sehr von dem Wunsch nach Umsturz und Revolte
besetzt wie das Georg Büchners. Das Leiden an der
quälenden Zählebigkeit anachronistischer Fürsten-
staaten; die Ungeduld angesichts der Eskalationen,
die über die Julirevolution hinaus im Nachbarland
Frankreich für dauernde Unruhe sorgten; die Bitterkeit über den politischen Kuhhandel zwischen feu-
dalen und bürgerlichen Besitzstandswahrern; der
Überdruss an der Freiheitsrhetorik liberaler Sonn-
tagsredner, die ausgesorgt hatten – all das entlädt
sich bei Büchner in Aufsätzen, Pamphleten und Dramen, die binnen kürzester Zeit entstehen und Agitation und Literatur direkt ineinander umschlagen lassen.

Dass es die »rothe Mütze« war, deren »Idee« »das
Ganze zusammenhielt«, wie Karl Gutzkow später
mit Blick auf *Danton's Tod* sagte (vgl. den Auszug aus
seinen Nachruferinnerungen von 1837 in DKV I,
437), gilt nicht nur für Büchners erstes Drama, sondern ebenso sehr für frühere und spätere Texte. Am
Anfang steht 1834 der *Hessische Landbote*, der den
Lichtkegel auf das niedere Volk lenkt. Aus der »Aktion« dieser Flugschrift geht die »dichterische Produktion« (H. Mayer 1970, 126) genealogisch, aber
auch thematisch hervor. Elend und Erbärmlichkeit
des Volks bleiben notorischer Fluchtpunkt von
Büchners Werk.

Sansculottenlust in der Dichtung

Die Radikalität der sozialrevolutionären Vorstöße –
mit denen die Provokationen ästhetischer Tabubrü-
che einhergehen – erklärt sich aus der zwiespältigen
Bilanz, die Büchner aus der bisherigen Revolutionsgeschichte zieht. Die Vehemenz seiner Appelle erwächst aus der Kritik an den zurückliegenden Auf-
ständen, an Zielen und Verläufen ihrer Kämpfe.
Diese Kritik trifft die Entwicklungen in Deutschland
und Frankreich gleichermaßen. Der nationalen Emphase, mit der deutsche Patrioten noch 1813 in die
Befreiungskriege zogen – zur Zeit der Restauration
waren es dann vor allem burschenschaftliche Studenten, die eine Einheit der Nation herbei sehnten –,
kann Büchner in den frühen 1830er Jahren ebenso
wenig abgewinnen wie den Idealen der Französischen Revolution, denen er anfangs als »glühender
Verehrer« (so der Freund Alexis Muston, zit. nach
Knapp 2000, 17) anhing. Die Kategorie der ›Nation‹

bleibt ihm fremd; und den Parlamentsvertretern des
›Volks‹ – des ›Souveräns‹ nach französischen Maß-
stäben – begegnet er deshalb mit Misstrauen, weil
diese unter dem Vorwand des Allgemeininteresses
allerhand Interessen bedienen, nur nicht die dringenden Bedürfnisse der Allermeisten. Zu Büchners
Ernüchterung haben sämtliche Revolutionsbewe-
gungen, französische wie deutsche, erfolgreiche wie
gescheiterte, zum selben Ergebnis geführt. Sie haben
nur denen das Wort erteilt, die »täglich Suppe, Gemüse und Fleisch zu essen« haben (DKV II, 662) und
von Hunger und Armut nichts wissen. Auch nichts
wissen wollen.

In den Gießener und Darmstädter Kreisen, in denen Büchner sich seit 1833 bewegte, wurde diese
Kritik keineswegs geteilt. Gönnern wie Karl Gutzkow ging sie zu weit, weil sie – durchaus schamhaft
– eingestehen mussten, mit dem Status quo »*nicht
unglücklich zu sein*« (Brief vom 17.3.1835, DKV II,
399). Regimegegner fühlten sich brüskiert, weil ihr
Kampf um Mitsprache und Partizipation als nichti-
ges Bagatellgefecht abgetan wurde. Mit den Eindrücken aus der Straßburger Studienzeit vor Augen, in
der sich klar abzeichnete, worauf die jüngste Revolution in Frankreich hinauslief – nämlich auf den
Schulterschluss von Monarchie und bürgerlichem
juste milieu auf Kosten der Arbeiter und der Not leidenden Landbevölkerung –, kamen solche Kompromisse für Büchner nicht mehr in Frage. Er hatte – in
den treffenden Worten Hans Mayers – »bereits den
zweiten Teil des Stückes gesehen, dessen erster Teil
für seine deutschen Landsleute, und besonders für
die oppositionellen Politiker in Hessen-Darmstadt,
noch längst nicht zu Ende gespielt« war (H. Mayer
1970, 96).

Von den programmatischen Konflikten, die das
Aufeinanderprallen ungleichzeitiger Erfahrungen
mit sich brachte, sind die beiden einzigen zu Lebzeiten erschienenen Texte Büchners – *Der Hessische
Landbote* und *Danton's Tod* – deutlich gezeichnet.
Keiner der Texte gelangte ohne massive Bearbeitungen an die Öffentlichkeit. Friedrich Ludwig Weidig
und Karl Gutzkow hatten unterschiedliche Gründe,
retuschierend einzugreifen. Weidig wollte in der
Flugschrift den Angriff Büchners gegen die Reichen
abfangen, und Gutzkow hatte den bürgerlichen Bie-
dersinn des Verlegers im Blick, als er mit der »Schere
der Vorcensur« die »wilde Sansculottenlust in der
Dichtung« des *Danton* (DKV I, 437) beschnitt.

Paradoxerweise ist man deshalb auf die Gerichtsakten der hessischen Behörden verwiesen, um un-
zensierten Aufschluss über Einzelheiten von Büch-

ners Revolutionsplänen und Agitationsstrategien zu erhalten. Büchners »politisches Testament« (H. Mayer 1970, 106) ist in Protokollen festgehalten, die es nicht gäbe, wenn die engsten Mitstreiter Büchners nicht das Pech gehabt hätten, verhaftet zu werden und die Pläne des Freundes in Makulatur verwandelt zu sehen. Die Geständnisse, die August Becker und Adam Koch nach Büchners Tod vor den Untersuchungsrichtern ablegten – der erste am 1. November 1837 im Darmstädter Arresthaus; der zweite am 31. Januar 1842 vor der Frankfurter »Bundes-Central-behörde« – sind neben den Briefen Büchners die wichtigste Auskunftsquelle über Büchners sozialrevolutionäre Betätigungen. Dank der Werkausgabe des Deutschen Klassiker-Verlages sind die amtlichen Verhörprotokolle nun bequem zugänglich (vgl. DKV II, 646–674 und 687–694).

Auf der Grundlage der Aussagen Beckers und Kochs lassen sich nicht nur philologische Scheidungen der Textanteile Büchners und Weidigs am *Hessischen Landboten* vornehmen (vgl. ausführlich T.M. Mayer 1979, 183 ff.), sondern auch die sachlichen Differenzen präzise benennen, die in der Flugschrift ausgetragen werden. Der Widerstreit macht insgesamt kenntlich, wie weit Büchner sich von einem politischen Wunschdenken in klassisch-romantischer Tradition entfernt hat. In den Milieus, in denen seit dem ausgehenden 18. Jahrhundert über Zukunft und Wohl von Staat, Gesellschaft und Nation befunden wurde, waren die Gebildeten bis dahin unter sich.

Die Schriften des Bürgersohns Büchner geben diesen Elitismus auf. In ihnen wird beides unbürgerlich: die Literatur und die Revolution. Der Umsturz der gängigen Revolutionsprogrammatiken hat im Werk Büchners weitreichende Folgen. Zum einen ergibt sich daraus die Abkehr von allen schöngeistigen Bildungsmissionen. Büchner storniert das Lieblingsprojekt deutscher Autoren, die Gesellschaft »mittelst der *Idee,* von der *gebildeten* Klasse aus« (DKV II, 440) zu reformieren. Zum anderen erledigt sich mit dem Idealismus solcher Zukunftsentwürfe die Vorbildfunktion einer antiken Vergangenheit, in der überragende Helden durch gloriose Taten glänzten. Im oft zitierten ›Fatalismusbrief‹ vom Januar 1834 weist Büchner die Kühnheit Einzelner, sich zum Herrn des historischen Geschicks aufzuwerfen, generell als Verblendung ab. Regiert wird die Geschichte, wie es dort heißt, durch ein »ehernes Gesetz«, das den »menschlichen Verhältnissen« eine »unabwendbare Gewalt« aufzwingt und niemandem die Chance lässt, die Herrschaft an sich zu ziehen.

Die Gewalt des ehernen Gesetzes ist »Allen und Keinem verliehen« (DKV II, 377).

Büchners Literaturrevolution setzt hier an. Sie stürzt die Geschichte um, indem sie das Gewebe der großen, idealistisch-geschichtsphilosophischen Erzählungen zerreißt und Schreibformen erprobt, die einer unheroischen, armseligen, mitunter grotesken Geschichte Raum geben: durch Dramen, in denen der tragische Tod einer Serie sinnloser Hinrichtungen Platz macht; durch Komödien, in denen Könige als Einfaltspinsel da stehen, weil sie ihr Volk trotz des Knotens im Schnupftuch vergessen; durch Flugschriften, die das Erzählen abkürzen, in dem sie schlicht Zahlen ausbreiten. Als »Geschichtsschreiber« ist der Pamphletist genauso aufgerufen wie der Komödienschreiber oder der »dramatische Dichter«, den Büchner in seinem Brief an die Eltern vom 28. Juli 1835 ausdrücklich dazu anhält, »der Geschichte, wie sie sich wirklich begeben, so nahe als möglich zu kommen« (DKV II, 410). Das Plädoyer für den Realismus ist nicht zuletzt gegen eine Geschichtsschreibung gerichtet, die mit Singularen umgeht: mit seltenen Subjekten, einmaligen Zäsuren und Einheitsnarrativen, die nur aufführen, was sich dem teleologischen Plan der Universalhistorie fügt.

Büchners Literatur hält dem Episoden entgegen, die in ihren Szenarien ein spannungs- und perspektivloses ›Ist‹ abbilden, ein Geschehen ohne Peripetien. Sie verharrt bei den Mikrodramen eines Lebens, in dem die Katastrophe zum Dauerzustand geworden ist und allenfalls Art und Ausmaß des Leids variieren. Das Einerlei hat die verschiedensten Gesichter: das Gesicht der Melancholie, der Langeweile, der Jämmerlichkeit, der täglichen Schinderei, des ewigen Darbens, der Apathie.

Vom *Hessischen Landboten* und der trostlosen Bilanz systematischer Ausbeutung hat sich Büchner eine aufrüttelnde Wirkung erhofft. Die Flugschrift sollte ebenso wie die »Gesellschaft der Menschenrechte«, die er 1834 in Gießen und Darmstadt gründete, das Aufbegehren der Massen schüren. Die ersten, die sich zur Wehr setzen, waren allerdings die eigenen Verbündeten, die Büchners Kritik in Loyalitätskonflikte brachte – allen voran Weidig, der das oppositionelle Lager zusammenhalten wollte. Engstirnigkeit kann man dem Ko-Autor des *Landboten* dabei kaum vorwerfen. Er verfügte über Erfahrung, Umsicht und vielfältiges Praxiswissen, von dem Büchner nur profitieren konnte. Ohne Weidigs strategisches Geschick, das von langjährigen Aktivitäten herrührte – nicht zuletzt solchen, die Büchner geringschätzte –, wäre der Revolutionsplan der Flug-

schriftenaktion an ganz anderen Hürden gescheitert.

Konspirationen in Hessen

Weidig war Mitte der 1830er Jahre das »Haupt der
oberhessischen Opposition« (Knapp 2000, 21) und –
anders als Büchner – ein politischer Routinier. Er
hatte sich schon früh der deutschen Demokratiebe-
wegung angeschlossen und 1814 in Butzbach eine
patriotische »Deutsche Gesellschaft« gegründet,
aber auch die Turnerbünde unterstützt, die sich auf
Betreiben Friedrich Ludwig Jahns im Vorfeld der an-
tinapoleonischen Freiheitskämpfe formierten (vgl.
Müller 1987, 195). Nach den Karlsbader Beschlüssen, mit denen die Staaten des Deutschen Bundes
1819 die Ermordung des Schriftstellers August von
Kotzebue durch den Studenten Karl Ludwig Sand
ahndeten – neben der Pressezensur brachten die Beschlüsse das Aus für die Burschenschaften und die
Turnerbünde; liberal und national gesonnenen Professoren und Studenten drohte nun die Klage auf
Volksverhetzung – wurde Weidig auf andere Weise
aktiv. Um Koalitionen unter Regimekritikern der
verschiedensten Lager zu schmieden, nutzte er vor
allem das Forum von Bürgerfesten, die eine Gelegenheit zu Versammlungen, Kundgebungen und
überregionaler Vernetzung boten (vgl. H. Mayer
1970, 113).

Muster dieser Feierlichkeiten war das Hambacher
Fest, das im Mai 1832 in einer kleinen Ortschaft auf
dem pfälzischen Land abgehalten wurde und gut
30.000 Teilnehmer anzog, die aus allen Teilen des
Deutschen Bundes anreisten, darunter nicht nur
Studenten, sondern auch Frauen, Bürger, Handwerker und Bauern (vgl. Hauschild 1997, 258 ff.). Von
den Veranstaltern ausdrücklich als »Nationalfest der
Deutschen« konzipiert, setzte das Fest die Tradition
der großen *fêtes civiques* fort, die mit der Französischen Revolution aufkamen und seit den Jubelfeiern
des Leipziger Völkerschlachtsieges von 1813 auch in
Deutschland zum Symbol des politischen Aufbruchs
geworden waren (vgl. Pross 2001). Obwohl man sich
bei dem Treffen in Hambach uneins blieb, wohin
weitere Schritte führen sollten, trug Weidig den Impuls nach Hessen, um ein Fest nach dem anderen zu
organisieren und dem wachsenden Druck, der den
Oppositionellen begegnete, mit um so breiteren
Bündnissen Widerstand zu leisten.

So kam es zu Zweckallianzen, in denen radikale
Republikaner gegenüber gemäßigten Liberalen vorübergehend den Ton angaben. Höhepunkt ihres

Komplotts war am 3. April 1833 der Sturm auf die
Haupt- und Konstablerwache in Frankfurt, der das
Ziel hatte, »über ganz Deutschland eine Revolution
zu bringen« und »mit Gewalt der Waffen« zu erzwingen, dass »Ein Deutsches Reich mit republika-
nischer Verfassung gegründet« werde, wie sechs
Jahre später der Bericht der Bundes-Centralbehörde
über revolutionäre Umtriebe vermerkte (Bericht
1987, 109). Der strategische Plan des Putsches – zu
dessen Drahtziehern auch Weidig gehörte – ging dahin, in Frankfurt »sich der Herrschaft über die Bun-
desstadt zu bemächtigen, die fürstlichen Gesandten
zu verjagen, Rothschilds Kassenbestände zu beschlagnahmen und dann im Zusammenwirken mit
dem württembergischen Heer, dessen man sich dank
der Agitation des württembergischen Oberleutnants
Koseritz sicher glaubt[e], weiter zu handeln« (H.
Mayer 1970, 117; vgl. auch Hauschild 1997, 261 ff.).

Der übereilt vom Zaun gebrochene Gewaltstreich
schlug fehl. Zuvor hatte Weidig noch erfolglos versucht, die ganze Aktion abzublasen. Da den Behörden genaue Details durch einen Spitzel zugetragen
worden waren, hatte das anrückende Militär keine
Mühe, die übersichtliche, mit Bajonett-Gewehren,
Pistolen, Dolchen, Hirschfängern, Äxten und Hand-
beilen bewaffnete Schar – insgesamt handelte es sich
nur um »rund 100 Insurgenten, zum überwiegenden
Teil Studenten, hauptsächlich aus Würzburg, Erlangen und Gießen« – binnen einer knappen Stunde zu
überwaltigen. Das Ergebnis des verunglückten
Coups waren »neun Tote« und »mindestens vier-
undzwanzig teils Schwerverwundete« (Hauschild
1997, 267 f.), außerdem Dutzende von Verhaftungen.

Büchner war damals in keines dieser Gefechte in-
volviert. Dass er den hessischen Revolten fern blieb,
hatte nicht allein mit dem Studium in Straßburg zu
tun, das ihn im Elsass festhielt und eine direkte Beteiligung schon aus praktischen Gründen unmöglich machte. Auch in politischer Hinsicht konnte er
dem Frankfurter Aufstand nichts abgewinnen. Die
»revolutionären Kinderstreiche« (DKV II, 369) seiner alten Mitschüler vom Darmstädter Gymnasium
erschienen ihm blauäugig und verstiegen.

In Gießen, wo er sein Studium vom Herbst 1833
an fortsetzen musste, rebellierte er während der ersten Monate nur gegen die »hohle Mittelmäßigkeit in
Allem« (DKV II, 377). An den oppositionellen Studenten war er ebenso desinteressiert wie an den liberalen Abgeordneten, über deren redliche Verteidigung der Pressefreiheit er August Becker gegenüber
abfällig äußerte, es sei »in seinen Augen bei weitem

nicht so betrüb<lich>, daß dieser oder jener Liberale seine Gedanken nicht drucken lassen dürfe, als daß viele tausend Familien nicht im Stand wären, ihre Kartoffeln zu schmelzen« (DKV II, 661). »Die Versuche, welche man bis jetzt gemacht hat, um die Verhältnisse Deutschlands umzustoßen«, das habe Büchner laut Beckers Verhöraussage weiter betont,

beruhen auf einer durchaus knabenhaften Berechnung, indem man, wenn es wirklich zu einem Kampf, auf den man sich doch gefaßt machen mußte, gekommen wäre, den deutschen Regierungen und ihren zahlreichen Armen nichts hätte entgegen stellen können als eine handvoll undisciplinirte Liberale. Soll jemals die Revolution auf eine durchgreifende Art ausgeführt werden, so kann und darf das bloß durch die große Masse des Volkes geschehen, durch deren Ueberzahl und Gewicht die Soldaten gleichsam erdrückt werden müssen. Es handelt sich also darum, diese große Masse zu gewinnen, was vor der Hand nur durch *Flugschriften* geschehen kann. (DKV II, 659)

Der *Hessische Landbote* trägt dieser Forderung Rechnung, indem er den undisziplinierten Liberalen – und erst recht den »allerdurchlauchtigsten und gesalbten Schafsköpfen« (DKV II, 358) – das Wort entreißt und die »Rede vom Wiener Congreß«, von »Preßfreiheit, Bundestagsordonnanzen u. dgl.« verstummen lässt angesichts der Anklage, die Georg Wagners Daten über die hessische Steuerlast gegen die »Herren in Fräcken« (DKV II, 56) erheben. Die Zahlen künden vom Elend eines Handwerker- und Bauernlebens, das sich in Hunger und Arbeit verzehrt, und von der Bitterkeit einer Not, an der die Aufrufe zur Rettung von »Ehre« und »Freiheit« der »Nation« (DKV II, 660) beharrlich vorbeigehen.

Die politische Sprengkraft, die dieser Anklage innewohnt, ist nicht zuletzt an den Rissen ablesbar, die Argumentation und Bildsprache der Flugschrift durchziehen und die Friktionen zwischen Büchner und Weidig offen zutage treten lassen. Das beginnt bei dem abrupten Schwenk von der kleinteiligen Fiskalstatistik zum großen historischen Bogen, sobald die Rede auf die Kostspieligkeit der Landstände kommt (vgl. T.M. Mayer 1979, 256 ff.; Knapp 2000, 77), und das endet bei der österlichen Verheißung, die sich mit ihrem Futur versöhnlich über das Präsens der leidvollen Gegenwart legt, wenn den Bauern die Auferstehung zum ewigen Leben in einem einzigen, paradiesischen Deutschland in Aussicht gestellt wird. »Das deutsche Volk ist Ein Leib ihr seid ein Glied dieses Leibes« (DKV II, 66), heißt es in den letzten, wahrscheinlich Weidig zuzuschreibenden Absätzen des Textes.

Der Leib, den der *Landbote* hier am Ende als Inbegriff nationaler Einheit beschwört – anknüpfend

an bewährte christliche Topoi, die im Zuge der Romantik patriotisch umbesetzt wurden (vgl. Matala de Mazza 1999) –, hat mit dem eingangs gemeinten »Leib des Volkes« nichts mehr gemein. Das qualvolle Dasein der Vielen, die »schwitzen, stöhnen und hungern« (DKV II, 54), wird abgedrängt und zugedeckt unter einer Metapher, die unter politischen Interessengruppen unterschiedlichster Couleur konsensfähig ist und gemäßigten Liberalen ebenso zupass kommt wie radikaleren Vorkämpfern für ein einiges, republikanisches »Vaterland« (DKV II, 59).

Für Weidig, der nur zu gut wusste, dass er »*unter den Republikanern republikanisch und unter den Constitutionellen constitutionell*« sein musste (DKV II, 662), waren solche Kompromisse vital, weil er seine diversen Verbündeten anders kaum bei der Stange halten konnte. An Büchners Anliegen jedoch geht die beschworene Einheit des Leibes schon deshalb vorbei, weil sie eine Gemeinsamkeit vorspiegelt, für die es gar keine Grundlage gibt. Das Leben der »Fettwänste« (DKV II, 56) an der Staatsspitze ist von dem Leben der darbenden Massen so sehr verschieden, dass nicht einmal ein gemeinsames Zeitmaß benannt werden kann, aus dem sich eine gemeinsame Geschichte ergäbe. Ein »langer Sonntag« das eine, ein »langer Werktag« das andere, verlaufen die Leben in zwei getrennten Bahnen der Monotonie, die vom Auf und Ab der politischen Geschicke seit 1789 unberührt blieben. Um so schärfer stellt sich für Büchner die Frage nach der Zweckmäßigkeit eines Staats, der vorgibt, das »Wohl Aller« (DKV II, 53 f.) zu garantieren. Die Kluft zwischen Armen und Reichen, die der *Landbote* von den ersten Sätzen an aufreißt, straft nicht nur die Einheitsfiktionen politischer Wunschbilder Lügen. Sie nährt auch das Misstrauen gegen Gesetze, die Ausbeutungen mit dem Anschein der Rechtmäßigkeit decken, statt sie zu verhindern und Egalität zu verbürgen.

Menschen- und Bürgerrechte

»Der Staat also sind *Alle*, die Ordner im Staate sind die Gesetze, durch welche das Wohl *Aller* gesichert wird, und die aus dem <Willen> *Aller* hervorgehen sollen« (DKV II, 54), heißt es in der Flugschrift. Die Definition fasst wichtige Artikel der »Déclaration des droits de l'homme« von 1789 in einem kurzen Satz zusammen und expliziert zugleich, an welchem Maßstab Büchner die sozialen Realitäten misst. Dass die »elenden Fetzen« der »armseligen Verfassung« (DKV II, 62) des Großherzogtums Hessen, auf die der *Landbote* seine Kritik zuspitzt, hinter dem An-

spruch der Menschen- und Bürgerrechte zurückbleiben, ist dabei nur der erwartbarste Befund in der politischen Bilanz, die Büchner in den Briefen, aber
auch in *Danton's Tod* fortsetzt. Seinem nüchternen
Fazit zufolge hat *jede* staatliche Ordnung bisher vor
dem Anspruch der Menschenrechte versagt – selbst
in Frankreich, wo eine Revolution die andere ab-
löste, ohne dafür Sorge zu tragen, dass die verbrief-
ten Grundrechte tatsächlich der Allgemeinheit zugute kamen.

Die Garantie dieser Rechte sollten – wie Rousseau
es in seinem *Contrat social* gefordert hatte – eben
Gesetz und Verfassung übernehmen, denen der neue
französische Staat von Anbeginn einen zentralen
Stellenwert einräumte. Was die *volonté générale* dik-
tierte, schrieb die Verfassung verbindlich fest und
schuf so zugleich die Grundlage dafür, dass die Allgemeinheit sich zum rechtmäßigen Urheber der Gesetze erklären konnte. Egalität war dabei – theoretisch – auf zweifache Weise garantiert: nämlich, erstens, durch die Gleichheit aller Bürger vor dem
Gesetz und, zweitens, durch die Vereinheitlichung
der Rechtsgrundlage, die sicherstellte, dass niemand
Sonderrechte geltend machen konnte (vgl. Koschorke u. a. 2007, 241 ff.).

Bis die erste Konstitution des neuen Staats ausgearbeitet war, vergingen damals gut zwei Jahre. Am
konsequentesten setzte schließlich – nach der Hinrichtung Ludwigs XVI. – die Verfassung von 1793
das egalitäre Selbstverständnis der Republik um (vgl.
Godechot 1970). Angesichts des anhaltenden Kriegs-
zustands trat sie allerdings nie in Kraft. Einer ihrer
entschiedensten Verfechter, François Noël (»Grac-
chus«) Babeuf, zettelte 1796 einen Aufstand gegen
das Direktorium an, um die Rückkehr zu dieser Konstitution gewaltsam durchzusetzen. Er plante eine
umfassende Neuordnung der Gesellschaft, die über
die Gleichheit bei der Ausübung politischer Rechte
hinaus die Gleichheit bei der Arbeit und beim Genuss der Erzeugnisse gewährleisten sollte und dazu
die Bildung einer »nationalen Gütergemeinschaft«
vorsah (vgl. Ramm 1968, 8 ff.). Die »Verschwörung
der Gleichen« flog allerdings auf und brachte ihren
Anstifter unter die Guillotine. Die Vollendung der
politischen Revolution durch eine soziale blieb bloßes Konzept.

Das änderte sich, als Philippe Buonarotti, der
überlebende Weggefährte Babeufs, im Vorfeld der
Julirevolution eine umfangreichen Geschichte der
Verschwörung veröffentlichte und die Ideen des
Freundes von Neuem aufgriff. Während der unruhi-
gen Anfangsjahre der Julimonarchie, im Kontext lan-

desweiter Arbeiterstreiks und Revolten, stieß das
Modell der Gütergemeinschaft, das Babeuf seinerzeit
nur in theoretischen Skizzen entwickelt hatte, auf
große Resonanz und bildete die Basis neuer sozialrevolutionärer Forderungen, auf die sich insbesondere
die »Société des Droits de l'Homme et du Citoyen«
stützte. Sie wurde im Herbst 1832 gegründet und war
damals die »bedeutendste Volksgesellschaft Frankreichs« mit vielen kleinen lokalen Sektionen im ganzen Land (T.M. Mayer 1979, 42 f.; Knapp 2000, 13 f.).
Die »Gesellschaft der Menschen- und Bürgerrechte«
setzte sich teils aus Neojakobinern, teils aus Ex-Mit-
gliedern der verbreiteten, auf die Zeit der Julirevolution zurückgehenden »Société des Amis du Peuple«
zusammen; hinzu kamen Anhänger Buonarottis, der
als prägender Kopf den radikalsten Flügel anführte.
Von Buonarotti stammte Ende Oktober 1833 auch
das »Exposé des principes républicains«, das als erste
Veröffentlichung des neuen Zentralkomitees der
»Société des Droits de l'Homme et du Citoyen« erschien. Es spitzte die Postulate Babeufs programmatisch zu und druckte im Anhang Robespierres Entwurf einer Menschenrechtserklärung von 1793 ab
(vgl. T.M. Mayer 1979, 31 ff.).

Büchners Auseinandersetzungen mit den Men-
schen- und Bürgerrechten, die in den *Hessischen
Landboten* münden, sind auf diesen Kontext unmittelbar bezogen. Durch die oppositionellen Kreise, in
die ihn während der Straßburger Zeit befreundete
Studenten einführten, war er über die Aktivitäten der
Volksgesellschaften auf dem Laufenden. Ein Übriges
taten die zirkulierenden Flugschriften, die wichtige
Manifeste verbreiteten, darunter die Gerichtsrede,
die Louis Auguste Blanqui am 12. Januar 1832 zur
Verteidigung von fünfzehn Mitgliedern der »Société
des Amis du Peuple« gehalten hatte und die den
Krieg zwischen Reichen und Armen ins Zentrum
stellte. Mit Recht hat die Forschung betont, dass
Büchner in Straßburg eine »Schule der Revolution«
(Knapp 2000, 11) durchlief, die von der politischen
Sozialisation seiner späteren Gießener Mitstudenten
gänzlich abwich. Zu den wichtigsten Lehren dieser
Schule gehörte einerseits die Überzeugung, dass »nur
das notwendige Bedürfnis der großen Masse Umänderungen herbeiführen kann« (Brief vom Juni 1833,
DKV II, 369), andererseits die Einsicht, dass auf den
Rechtsschutz der Gesetze nicht *per se* Verlass ist. Der
Landbote nennt die Gesetze »Eigentum einer unbedeutenden Klasse von Vornehmen und Gelehrten,
die sich durch ihr eignes Machwerk die Herrschaft
zuspricht« (DKV II, 55). Dem »ewigen Gewaltzustand«, von dem Büchner 1832 gegenüber seinen El-

tern spricht und den er mit dem »gesetzlichen Zustand« synonym setzt, ist darum in seinen Augen nur
gewaltsam zu entkommen.

Wenn in unserer Zeit etwas helfen soll, so ist es *Gewalt*. [...]
Was nennt Ihr denn *gesetzlichen Zustand*? Ein *Gesetz*, das
die große Masse der Staatsbürger zum fronenden Vieh
macht, um die unnatürlichen Bedürfnisse einer unbedeutenden und verdorbenen Minderzahl zu befriedigen? [...]
dies Gesetz ist eine *ewige, rohe Gewalt*, angetan dem Recht
und der gesunden Vernunft, und ich werde mit *Mund* und
Hand dagegen kämpfen, wo ich kann. (DKV II, 366 f.)

Die »Gesellschaft der Menschenrechte«, die Büchner
zwei Jahre später gründet, im März 1834 in Gießen
und im April in Darmstadt, nimmt diesen Kampf
auf, indem sie das Bündnis nicht nur mit den sozialen, sondern auch mit den politischen Opfern der
Staatsgewalt sucht. Sie agitiert auf dem hessischen
Land und bringt den *Hessischen Landboten* in Um-
lauf, doch sorgt sie sich ebenso um die verbliebenen
Inhaftierten des Frankfurter Aufstands. Sie knüpft
Kontakte zu bestechlichen Wachsoldaten, verteilt
Kassiber, beschafft nachgemachte Schlüssel und be-
stellt Pferdewagen und gefälschte Pässe, um den
Häftlingen die Flucht zu ermöglichen (vgl. H. Mayer
1970, 218 f.; T.M. Mayer 1987, 184).

Das förmliche Bekenntnis zu den Menschenrechten ist seit der Gründung der Darmstädter Sektion
Teil des Aufnahmerituals. Wie bei der französischen
»Société des Droits de l'Homme et du Citoyen« üblich, werden neue Mitglieder mit der Verlesung einer
»in 13 oder 14 Artikeln« abgefassten »Erklärung der
Menschenrechte« empfangen. Offenbar hat Büchner
auch einen Verfassungsentwurf aufgesetzt, um dem
französischen Vorbild in nichts nachzustehen. Adam
Koch, der Mitglied der Darmstädter Sektion war, hat
den Aufsatz behalten und in seinem »Bund der Ge-
ächteten« später wieder benutzt, dann aber aus Vorsicht verbrannt. Dass die »Gesellschaft der Menschenrechte« auf die »Herbeiführung einer völligen
Gleichstellung Aller gerichtet gewesen« sei, wie Koch
vor der Bundes-Centralbehörde aussagte, lässt darauf schließen, dass Büchners »Constitution« (DKV
II, 689 f.) auch das Modell der Gütergemeinschaft
übernommen hat, das Buonarotti im Anschluss an
Babeuf propagierte (vgl. T.M. Mayer 1979, 42 ff. und
1987, 173 f.).

Die Voraussetzungen dafür waren allerdings erst
noch zu schaffen, und ob es je dazu kommen würde,
war für Büchner selbst mehr als fraglich. »Mästen
Sie die Bauern, und die Revolution bekommt die
Apoplexie«, schrieb er im März 1835 an Gutzkow.
»Ein *Huhn* im Topf jedes Bauern macht den galli-

schen *Hahn* verenden« (DKV II, 400). Der Robespierre seines Bühnendramas formuliert es – möglicherweise in Reminiszenz an Buonarottis Pro-
grammschrift für die »Société des Droits de
l'Homme«, die sich direkt auf Robespierre beruft –
vorerst offener. »Die soziale Revolution ist noch
nicht fertig« (DKV I, 32; MBA 3.2, 23), bemerkt der
Jakobiner im ersten Akt.

Unfertige Revolution

Im Gegensatz zum *Hessischen Landboten*, dessen
Geschichtstheologie die Revolution von 1789 zum
glücklichen Auftakt stilisiert, schert das Drama jedoch aus der Spur solcher Verklärungen aus. Um die
»junge Freiheit«, die sich in der Flugschrift noch
licht gegen die »[Z]uchtrute« (DKV II, 61) der alten
und neuen Monarchen abhebt, ist es düster geworden, da sie ihren Akteuren nur eine blutige Gleichheit beschert hat und alle der Guillotine ausliefert.
Weiter hat es die Egalität nicht gebracht. »Die Gleichheit schwingt ihre Sichel über allen Häuptern«, kommentiert Mercier den Tod, der ihm an der Seite Dantons bevorsteht, »die Lava der Revolution fließt, die
Guillotine republikanisiert«.

Das Fallbeil setzt den blutigen »Punkt« (DKV I,
61 f.; MBA 3.2, 53) unter ein Drama, das mit Hinrichtungen beginnt und mit Hinrichtungen endet, ohne
dadurch irgendetwas zu erreichen. Der Takt des maschinellen Tötens führt drastisch die Despotie eines
Gesetzes vor, das seine Effizienz in der Vollstreckung
von Todesurteilen erweist. Dass jeder »in seiner Art
genießen können« muss (DKV I, 15; MBA 3.2, 6), wie
Hérault sagt, bleibt demgegenüber uneingelöstes
Postulat, weil diejenigen, denen das Menschenrecht
teuer ist – die Dantonisten –, vor lauter Genießen
nicht sehen, wie sie Not und Hunger der Masse vermehren.

Es kennzeichnet das Drama, dass alle Akteure ihren Eigenwillen auf Kosten der Anderen durchsetzen wollen und jede Form des Gesetzes in die »Bo-
denlosigkeit eines Begehrens« zerren, das »je schon
in sie eingegangen ist« (Pornschlegel 1997, 559). Das
gilt für den namenlosen Bürger, der Robespierre
beim Schlagabtausch auf der Straße belehrt: »Wir
sind das Volk und wir wollen, daß kein Gesetz sei,
ergo ist dieser Wille Gesetz, ergo im Namen des Gesetzes gibt's kein Gesetz mehr, ergo totgeschlagen!«
(DKV I, 20; MBA 3.2, 12) Das gilt aber auch für Robespierre, der die Tugend diktieren lässt, was gut
und was schädlich ist, und es gilt für St. Just, der die
»Natur« mit ihren »unwiderstehlich« befolgten »Ge-

setzen« (DKV I, 54; MBA 3.2, 45) bemüht, um die zahllosen Toten der Revolution zu rechtfertigen.

Dabei entgeht ihnen ganz, dass der Rivale, den sie aus dem Weg räumen wollen, längst lebensmüde ist. Danton hat das Töten satt und genießt nurmehr die Lust, wohlwissend, dass sie ihn vernichtet. Selbst Robespierres Ende ist bloß eine Frage der Zeit. Seine Tugend entspringt der Selbstgerechtigkeit dessen, der nicht weiß, was er versäumt, und nicht merkt, dass er sogar von den eigenen Gefolgsleuten als »impotenter Mahomet« verspottet wird. Im »Hörsaal für Moral« bleibt er einsam, weil die, die ihn stützen, nichtsdestoweniger für die »niedlichen Finger« von Frauen empfänglich sind (DKV I, 70; MBA 3.2, 62). Und auf der Straße, unter den Armen, sucht er sein »tugendhaftes Volk« (DKV I, 20; MBA 3.2, 12) erst recht vergebens. Wer hungert, für den sind Laster *und* Tugend die Sorgen von Sorglosen (vgl. Fink 1990, 182 f.). *Beides* ist Luxus, den man sich leisten können muss. »Sehn Sie, wir gemeinen Leut, das hat keine Tugend« (DKV I, 207; MBA 7.2, 25), wird Woyzeck später sagen.

Die Frage, »wie lange […] die Menschheit im ewigen Hunger ihre eignen Glieder fressen« (DKV I, 39; MBA 3.2, 31) soll, bleibt in *Danton's Tod* bis zum Schluss resonanzlos. Die pathetischen Worte Camilles behandeln sie ebenso als eine Sache bloßer Rhetorik wie jede andere. Solange die Guillotine nicht still steht, und solange man fortfährt, das Volk »mit Leichen« zu füttern statt mit Brot oder zumindest mit »Assignaten« (DKV I, 66; MBA 3.2, 57), liegt die Linderung seiner Misere in weiter Ferne. Zwischen den Reden der Revolutionäre und dem Elend der gemeinen Leute klafft ein ebenso großer Spalt wie zwischen den Theaterphrasen des Souffleurs und den prosaischen Realitäten, die er im Branntwein ertränkt. An Römermythen, die Ehre und Tugend der Republik an die Jungfräulichkeit weiblicher Körper knüpfen – davon handeln die Geschichten Lucretias und Verginias (Koschorke u. a. 2007, 36 ff.) –, kann nur der appellieren, der verkennt, dass es allein die zahlenden Liebhaber der Tochter sind, die ›sans culottes‹ im buchstäblichen Sinn, die ihn vor dem ärgsten Notleiden bewahren.

Die Masken der römischen Geschichte, die sich die Revolutionäre in Büchners Drama immerzu überziehen, sind so aber alles Andere als dazu angetan, die »neuen Kämpfe zu verherrlichen« und den Aufbruch zu beflügeln, wie Marx später sagte (Marx 1852/1969, 118). Es sind hohle Masken, tote Zitate, starr gewordene Pathosformeln »aus einem historischen Off, in das sie immer schon gesprochen wa-

ren« (Schneider 2006, 149) und aus dem sie die Gegenwart nur verfehlen. Die leer laufenden Antikereferenzen entorten eine Geschichte, die aus dem Beschwören vergangener Größe weder Sinn noch Richtung gewinnt. »Die Zeit der Geschichtsphilosophie und ihrer Heilsgeschichte verendet im Tick-Tack sekündlich sterbender, guillotinierter Körper« (Pornschlegel 1997, 566).

Dennoch wäre es voreilig, die Desillusionierung solcher Geschichtsmodelle in Büchners Drama als »Abschied von der Revolution« (Manthey 1987) zu verbuchen. Gerade *weil* Danton und Robespierre scheitern, weil sie – im Sinne des ›Fatalismusbriefs‹ – nur »Schaum« auf einer »Welle« (DKV II, 377) sind, die sie zuletzt verschluckt, fällt die Initiative einer künftigen Erhebung an die Masse zurück. Die überfällige »soziale Revolution« ist für Büchner dringender denn je. Der *Danton* flicht dieser Revolution – im Vorgriff auf »Hanf« und »Laternen« (DKV II, 377) – ein »seidnes Schnürchen« (DKV II, 398), indem er nicht nur den geschichtsmythischen Heros zu Grabe trägt, sondern im selben Zug auch die »Dekonstitution des Volks« (Pornschlegel 1997) forciert. Das ›Volk‹, das im Drama die Straßen füllt – Grisetten, Bettler, Soldaten, Bänkelsänger – ›stellt‹ nichts ›dar‹. Es repräsentiert weder die ›Nation‹ noch die ›Republik‹, sondern ist kontingenter Teil einer disparaten Masse, die nur eins gemeinsam hat: nämlich dass jedem das Nötigste fehlt.

Er tauge, schrieb Gutzkow nach dem Erhalt des Dramenmanuskripts an Büchner, »zu mehr, als zu einer Erbse, welche die offne Wunde der deutschen Revolution in der Eiterung hält« (DKV II, 398). Zu diesem Zeitpunkt war Büchner bereits in Straßburg und glimpflich dem Los der Verhaftung entronnen, das seine Mitstreiter Minnigerode und Weidig ereilte, kurz nachdem er selbst sich abgesetzt hatte. Minnigerode durchlitt im Gefängnis zermürbende Jahre der Folter und Einzelhaft. Weidig war ähnlichen Drangsalierungen ausgesetzt und kam im Darmstädter Arresthaus unter obskuren Umständen zu Tode (vgl. Hauschild 1997, 754 f.).

Den Ratschlag Gutzkows hat Büchner später, in der Vorrede zu *Leonce und Lena*, nur kurz quittiert, indem er Alfieris Frage »E la fama?« – »Und der Ruhm?« – mit der Gegenfrage Gozzis: »E la fame?« – »Und der Hunger?« – (DKV I, 93; MBA 6, 99) beantwortete. Dass die »Erbse«, von der Gutzkow sprach, kaum imstande sein würde, die Massen zur Tat zu treiben – geschweige denn neben dem »*Huhn* im Topf« (DKV II, 400) zu bestehen, mit dem der Landesfürst sie womöglich beschwichtigte –, war Büchner jederzeit klar. Die Erbarmungslosigkeit, mit der die Behörden gegen seine »Gesellschaft der Menschenrechte« vorgingen, zeigt aber, wie alarmiert der Staat war und wie riskant es dem herzoglichen Regime erschien, die Ankunft des *Landboten* bei seinen Adressaten überhaupt abzuwarten. Für die Ordnungskräfte begann die Revolution lange vor ihren manifesten Ausbrüchen: mit den Umtrieben derer, die um die Macht massenhafter Verzweiflung wussten. Was die Beamten beunruhigte, war die Sorge, dass der »Hebel« (DKV II, 440 und 822) in den Händen der wenigen Kollaborateure wirksam sein *könnte* und dass die Möglichkeit der Massenmobilisierung – so wenig wahrscheinlich sie war – sich nicht völlig ausschließen ließ.

Literatur

Bericht der [...] Bundes-Centralbehörde vom 16. Sept. 1839 [...] über revolutionäre Umtriebe [Auszüge]. In: Lehmann 1987, 98–115.

Fink, Gonthier-Louis: Das Bild der Revolution in Büchners ›Dantons Tod‹. In: Burghard Dedner/Günter Oesterle (Hg.): Zweites Internationales Georg-Büchner-Kolloquium 1987. Referate. Frankfurt a. M. 1990, 175–202.

Godechot, Jacques (Hg.): Les constitutions de la France depuis 1789. Paris 1970.

Hauschild, Jan-Christoph: Georg Büchner. Biographie. München 1997.

Knapp, Gerhard P.: Georg Büchner. Stuttgart ³2000.

Koschorke, Albrecht/Lüdemann, Susanne/Frank, Thomas/Matala de Mazza, Ethel: Der fiktive Staat. Konstruktionen des politischen Körpers in der Geschichte Europas. Frankfurt a. M. 2007.

Lehmann, Susanne (Hg.): Georg Büchner. Revolutionär, Dichter, Wissenschaftler 1813–1837. Der Katalog. Ausstellung Mathildenhöhe, Darmstadt, 2. August bis 27. September 1987. Basel/Frankfurt a. M. 1987.

Manthey, Jürgen: Abschied von der Revolution. In: Neue Rundschau 98 (1987), Heft 3, 93–111.

Marx, Karl: Der achtzehnte Brumaire des Louis Bonaparte [1852]. In: Karl Marx/Friedrich Engels: Werke. 45 Bde. Hg. vom Institut für Marxismus-Leninismus beim ZK der SED. Bd. 8. Berlin 1969, 111–207.

Matala de Mazza, Ethel: Der verfaßte Körper. Zum Projekt einer organischen Gemeinschaft in der Politischen Romantik. Freiburg i.Br. 1999.

Mayer, Thomas Michael: Büchner und Weidig – Frühkommunismus und revolutionäre Demokratie. Zur Textverteilung des ›Hessischen Landboten‹. In: Heinz Ludwig Arnold (Hg.): Georg Büchner I/II. Sonderband Text + Kritik. München 1979, 16–298.

– : Die ›Gesellschaft der Menschenrechte‹ und ›Der Hessische Landbote‹. In: Lehmann 1987, 168–186.

Mayer, Hans: Georg Büchner und seine Zeit [1946]. Berlin 1970.

Müller, Hans-Joachim: Friedrich Ludwig Weidig. Aus dem Schatten hervortretend... In: Lehmann 1987, 194–199.

Pornschlegel, Clemens: Das Drama des Souffleurs. Zur Dekonstitution des Volks in den Texten Georg Büchners. In: Gerhard Neumann (Hg.): Poststrukturalismus. Herausforderung an die Literaturwissenschaft. DFG-Symposion 1995. Stuttgart 1997, 557–574.

Poschmann, Henri: Georg Büchner. Dichtung der Revolution und Revolution der Dichter. Berlin ³1988.

Pross, Caroline: Kunstfeste. Drama, Politik und Öffentlichkeit in der Romantik. Freiburg i.Br. 2001.

Ramm, Thilo (Hg.): Der Frühsozialismus. Quellentexte. Stuttgart ²1968.

Schneider, Helmut J.: Tragödie und Guillotine. ›Dantons Tod‹: Büchners Schnitt durch den klassischen Bühnenkörper. In: Volker Dörr/Helmut J. Schneider (Hg.): Die deutsche Tragödie. Neue Lektüren einer Gattung im europäischen Kontext. Bielefeld 2006, 127–156.

Ethel Matala de Mazza

4. Biopolitik

Der Begriff der Biopolitik ist kein Terminus der Literaturwissenschaft, sondern stammt aus der Philosophie, von wo aus er in die Kulturwissenschaften gelangte. Er wurde von Michel Foucault als Bezeichnung für die Funktionsweise einer spezifischen Politik geprägt, in der das Leben sowohl des einzelnen Menschen als auch der menschlichen Gattung zum Objekt politischer Diskurse und Praktiken wird (vgl. Foucault 1977; Foucault 2004). In Auseinandersetzung mit Foucault sind in der Philosophie weitere, konkurrierende Bestimmungen von Biopolitik (vgl. Agamben 2002; Esposito 2008) entwickelt worden. Seit den 1990er Jahren wird der Terminus häufig auch als pragmatische Sammelbezeichnung für ein Zusammenspiel von Sexualität, Recht, Ökonomie und Lebenswissenschaften, als Synonym für Bevölkerungspolitik oder als Bezeichnung für eine Politik verwendet, die eine rechtliche Regelung der Lebenswissenschaften unternimmt (vgl. Geyer 2001; Lemke 2007).

Die Literaturwissenschaft hat den Begriff zumeist in analytischer Absicht gebraucht, ohne aber seine Stellung innerhalb der literaturwissenschaftlichen Methoden festzulegen. Auch wenn der Begriff der Biopolitik aus der Diskursanalyse hervorgeht, ist er in der Literaturwissenschaft mit weiteren methodischen Optionen verbunden worden, deren Spektrum von sozialgeschichtlichen Rekonstruktionen über hermeneutische Lektüren bis zu medienhistorischen Arbeiten reicht. Hierbei ist das Verhältnis der Literatur wie auch des einzelnen literarischen Texts zur Biopolitik auf unterschiedliche Weise gefasst worden. Während die Diskursanalyse keine einzelnen Texte und Autoren in den Blick nimmt, um deren Eigentümlichkeit zu bestimmen, und auch nicht festlegt, welche systematische Stellung die Literatur unter den Diskursen und Praktiken einnimmt, untersucht die Literaturwissenschaft gerade die spezifischen Beziehungen zwischen Literatur, Diskursen und Praktiken.

Michel Foucaults Begriff der Biopolitik

Michel Foucault hat im Kompositum ›Biopolitik‹ den Begriff des Lebens, auf den sich die Politik bezieht, unbestimmt gelassen und herausgestellt, dass der Zusammenhang von Leben und Politik jeweils einer historischen Klärung bedarf. Biopolitik ist nicht schon durch ihren Gegenstandsbereich des Lebens, sondern durch eine spezifische Bestimmung des Lebens gekennzeichnet, die eine Grundlage für politische Maßnahmen bereitstellt. Dementsprechend ist nicht der Bezug der Politik auf ein Leben überhaupt, das als eine biologische Tatsache vorauszusetzen wäre, sondern der historische Wandel der Bezugsweisen der Ausgangspunkt für eine Bestimmung von Biopolitik (vgl. Muhle 2008).

Foucault analysiert eine Abfolge historischer Machtformationen von der Souveränitätsgesellschaft über die Disziplinargesellschaft bis zur »Kontrollgesellschaft« (Deleuze 1993, 254–252) und situiert die »Geburt der Biopolitik« (Foucault 2004) während der Transformation von der Souveränitäts- zur Disziplinargesellschaft. Diese Begriffe sind keine Synonyme für Absolutismus, bürgerliche Gesellschaft, totalitäre Gesellschaften bzw. spätkapitalistische Demokratien und ebenso wenig kongruent mit den Epochenbezeichnungen der Geschichtswissenschaft. Sie sollen vielmehr einen Wandel in der dominanten Funktionsweise der Macht erfassen. Allerdings lösen die Formationen einander nicht einfach ab, sondern werden jeweils von jüngeren Formationen überlagert.

Die souveräne Macht ist durch das Recht definiert und auf die Unterscheidung von Leben und Tod bezogen: Sie agiert sich im Vermögen zu bestrafen und im Recht zu töten aus. Dieser negative Zugriff der Macht auf das Leben wird in der Disziplinargesellschaft von einem positiven Zugriff auf das Leben überlagert, der darauf zielt, das Potential des Lebens des Individuums wie der Bevölkerung zu steigern und abzuschöpfen. Diesen positiven Effekt der Macht versucht Foucault mit seinem Begriff der Biopolitik zu erfassen: Die Biopolitik besitzt eine Genealogie, die ins 17. Jahrhundert zurückreicht, und wird nach 1800 zum hauptsächlichen Funktionsmechanismus der Macht.

Das Wissen vom Leben und der biologische Organismus-Begriff

Souveränität, Disziplin und Kontrolle sind auf unterschiedliche Art und Weise auf ein Wissen vom Leben bezogen, das weder schon in der Lebenswelt gegeben ist noch allein aus den wissenschaftlichen Fächern heraus erklärt werden kann, sondern als ›Wissen‹ von Lebenswelt und Wissenschaft unterschieden ist. Dieses Wissen vom Leben wird in einem System von Aussagen konstituiert, dessen Regeln den Grundsätzen der Wissenschaftlichkeit vorgelagert sind und das auf unterschiedlichen Feldern und in verschiedenen Fächern wirksam wird (vgl. Foucault 1973). Foucault hat für solche Systeme von Aussagen den Begriff des *Archivs* geprägt und die Frage nach der Geschichtlichkeit des Wissens mit der Frage nach der Historizität von Aussageweisen und Darstellungsformen verknüpft. Das Leben wird unter spezifischen historischen Bedingungen zu einem Objekt von Diskursen und Praktiken, die wiederum auf die Vollzugsweisen des Lebens zurückwirken (vgl. Canguilhem 1974). Insofern besitzt das System der Aussagen einen Primat gegenüber dem Leben. Das Leben kann gleichwohl nicht auf ein Aussagesystem reduziert werden. Vielmehr setzt es seine Materialität und Funktionsweise den wechselnden Aussagesystemen entgegen (vgl. Deleuze 1987, 69–98).

Die biopolitische Machtformation, die das Leben des Individuums wie der Bevölkerung zu steigern versucht, ist auf ein Wissen vom Leben bezogen, das sich um den neuen biologischen Organismusbegriff herausbildet, der um 1800 entsteht. Der Organismus wird als gegliedertes Ganzes bestimmt, dessen Teile in konkreten Lage- und Funktionsbeziehungen stehen, in Wechselwirkungen treten und sich systemisch zu einer funktionalen Einheit schließen (vgl. Jacob 2002, 86–144; Cheung 2000). Die Biopolitik findet im Organismus sowohl das Modell ihrer systemischen Funktionsweise vor als auch das Modell einer Wechselwirkung des Organismus mit seinen Existenzbedingungen: Der Organismus ist einerseits eine stabile selbstregulierende Einheit, die sich in wechselnden Milieus zu erhalten vermag; andererseits provozieren gewisse Milieus entweder einen Wandel der Art oder führen zu deren Auslöschung.

Empirische Forschung und spekulative Deutung

Büchners naturwissenschaftliche Schriften haben Teil an der Etablierung eines neuen Wissens vom Leben, das sich nach 1800 in vergleichender Anatomie, Physiologie und einer Entwicklungstheorie des Lebens herausbildet. Im biologischen Diskurs wird ein neuer Organismusbegriff konsolidiert und auf unterschiedliche Wissensbereiche angewandt. Allerdings ist strittig, wie der Organismusbegriff auf biologische Sachverhalte, wie etwa die Verschiedenheit der Arten, zu beziehen ist. Die spekulative Deutung der empirischen Befunde zieht unterschiedliche Schlussfolgerungen, welche den Organismusbegriff selbst, die Methodik der Naturforschung, die Geschichtlichkeit des Lebens und den Wandel der Arten betreffen. Die gegensätzlichen Auffassungen

treffen 1830 im sogenannten Pariser Akademiestreit zwischen Baron Georges Cuvier und Etienne Geoffroy de Saint-Hilaire unversöhnlich aufeinander (vgl. Saint-Hilaire 1830). Goethe berichtet in seiner Rezension von Geoffroys *Philosophie zoologique* dem deutschen Publikum über den Streit, den er u. a. durch gegensätzliches methodisches Vorgehen, politische Differenzen der Beteiligten und die nationalen Traditionen der Naturforschung in Deutschland und Frankreich entfacht sieht (vgl. Goethe 1830–32/1987). Während Cuvier das Tierreich in vier *Embranchements* aufteilt und für jeden Stamm einen eigenständigen Typus des Organismus postuliert, plädieren Geoffroy und Goethe für eine Einheit des Typus, aus dem die Organisationsweisen sämtlicher Arten herzuleiten seien (vgl. Kuhn 1967; Appel 1987).

Büchner ist durch seine Straßburger Lehrer mit den gegensätzlichen Auffassungen vertraut und vertritt die Position der idealistischen Morphologie, die eine Einheit des Typus postuliert. In seiner Dissertation verknüpft er die Befunde, welche die Sektion des Nervengewebes von Fischen erbringen, mit einer Deutung des Typus-Begriffs. Das *Mémoire sur le système nerveux du barbeau* unternimmt hierzu keinen neuroanatomischen Vergleich von Wirbellosen und Wirbeltieren, die unmittelbar auf die Frage nach der Reichweite des Typus führen würde, sondern diskutiert die Einheit des Typus im philosophischen Teil der Arbeit. Die Schlusssätze der Dissertation nehmen expliziten Bezug auf die Debatte um den Typus-Begriff, wenn Bücher erklärt, dass er den »ursprünglichen Typus aufzeigen [möchte], nach dem sich diese Teile [Kopf und Rumpf, Gehirn und Rückenmark, Hirnnerven und Rückenmarksnerven, A.S.] entwickelt haben« (DKV II, 583; MBA 8, 101).

In der Morphologie bezeichnet der Typus-Begriff eine spekulative Idee, die erfassen soll, wie das Lebendige organisiert ist. Der Begriff leitet empirische Forschungen an, welche die Plausibilität der spekulativen Idee überprüfen sollen. So schließt Johannes Müller von dem Typus-Begriff auf ein Organisationsprinzip von Augen und Sehnerven in Wirbellosen und Wirbeltieren, das er mit den Gesetzen der Optik korrelieren kann (vgl. Müller 1826). Auch Büchner nutzt die Heuristik des Typus-Begriffs für eine empirische Forschung, in der die Wirbeltheorie des Schädels, die wiederum für die Aufstellung des morphologischen Typus grundlegend war, auf die Neuroanatomie übertragen wird. Insofern er Analogien zwischen Knochenbau und Nervenanatomie, zwischen der Entwicklung von Knochen und Nerven findet, knüpft er an einen Typus-Begriff an, wie er in der Debatte zwischen Goethe und Oken aufgestellt wurde; Johannes Müller würdigt dementsprechend das *Mémoire* als eine empirische Demonstration des Typus (vgl. Müller 1837).

Die Einheit des Typus und die Existenzbedingungen

Die Diskursanalyse rekonstruiert Aussageregeln, die für die Debatte über den Organismus-Begriff und die Entwicklung der Lebewesen festlegen, was überhaupt gesagt werden kann. Während die Ideengeschichte aus Büchners spekulativer Deutung des Typus die These ableitet, dass die »Schlußsätze« des *Mémoire* »in einer eigenartigen Weise die Quintessenz der Entstehung der Arten Charles Darwins antizipieren« (Roth 2004, 259), sieht die Diskursanalyse in Büchners naturwissenschaftlichen Schriften keine Vorwegnahme evolutionsbiologischer Theoreme, sondern eine Problematisierung der Existenzbedingungen verschiedener Arten. In den 1830er Jahren wird die Entwicklung der Organismen nicht mehr in den Begriffen einer Präformation oder Epigenese gefasst, sondern als Vererbung von Anlagen (vgl. McLaughlin 2007; Müller-Wille/Rheinberger 2008, 85–100). Zwischen diesem biologischen Diskurs und Darwins Evolutionstheorie liegt eine epistemologische Schwelle: Das genealogische Denken von Darwin setzt nicht an der Art als einer natürlichen Einheit an, sondern am Individuum und seinen Variationen, um einen auf statistischer Grundlage konzipierten Begriff der Population zu gewinnen (vgl. Foucault 2002; Sarasin 2009, 64–75). Büchners naturwissenschaftliche Schriften hingegen problematisieren den Art-Begriff nicht: Sie weisen zwar die teleologische Naturbetrachtung zurück, fassen aber den Mechanismus, der die Entwicklung der Arten antreibt, nur allgemein als Wechselwirkung von Typus und Existenzbedingungen.

Büchners spekulative Deutung seiner Sektionsbefunde geht von der Annahme aus, dass man das »Nervensystem [...] der auf der Stufenleiter weiter oben stehenden Tiere« mit »den soeben beschriebenen Nerven [der Fische, A.S.] vergleichen kann« (DKV II, 556; MBA 8, 67). Wenn allen Wirbeltieren ein einheitlicher Typus zugrunde liegt, kann vom Nervensystem der Fische auf das Nervensystem der obersten Klasse der Wirbeltiere geschlossen werden: So wie nach Lorenz Oken die Schädelknochen eine Metamorphose der Wirbel sind oder das Ohr eine der Kiemenhöhle ist, so finden sich auch in den un-

terschiedlichen Klassen der Wirbeltiere Metamorphosen des Gesichtsnervs (vgl. DKV II, 160; MBA 8, 155–157). Allerdings übernimmt dieser Nerv in den verschiedenen Klassen unterschiedliche Funktionen. Auch wenn der Typus auf eine entwicklungsgeschichtliche Reihe führt, in der eine Umwandlung der sichtbaren anatomischen Elemente stattfand, erklären die sichtbaren Analogien jedoch nicht die wechselnden Funktionen: Weil das »Gesicht« der Vögel »noch keinen Ausdruck« gewonnen hat, »wird der Nervus facialis schwächer und verliert sich« (DKV II, 558; MBA 8, 71). Die »ursprüngliche Beziehung«, die im Fisch zwischen dem Nerven und den Kiemen besteht, kehrt bei den höheren Wirbeltierklassen als ein Zusammenhang zwischen »dem Entwicklungsgrad« der Funktionen, die der Nerv innehat, und seiner anatomischen Präsenz wieder (DKV II, 558; MBA 8, 71).

Büchners Schluss von den sichtbaren neuroanatomischen Teilen auf deren Funktion und auf eine allgemeine Entwicklungsgeschichte der Tiere stützt sich nicht zuletzt auf den Befund einer Anastomose im Nervengewebe: Er bemerkt sichtbare Gewebezonen, in denen Nerven, die verschiedene Funktionen innehaben, auch anatomisch ineinander übergehen. Die Anatomie der Gewebe führt also auf sichtbare Teile, in denen morphologische Lagebeziehungen in unsichtbare und systemische Funktionszusammenhänge übergehen, die wiederum entwicklungsgeschichtlich gedeutet werden. Am Leitfaden der idealistischen Morphologie und dem von Carl Gustav Carus formulierten »Gesetz, das der Entwicklung der Nerven im allgemeinen zugrunde liegt« (DKV II, 566; MBA 8, 79) interpretiert Büchner die Neuroanatomie der Wirbeltiere als Beleg für eine Einheit des Typus, der sich von Insekten und Weichtieren bis zum Menschen erstreckt: Gegen den Augenschein sollen sich die heterogenen anatomischen Befunde unter dem Typus-Begriff subsumieren und als eine kohärente Entwicklungsgeschichte der Tiere deuten lassen, die aus dem Zusammenspiel von Typus und den unterschiedlichen Existenzbedingungen der Tiere resultiere.

Die Probevorlesung »*Über Schädelnerven*« vertieft diese spekulative Deutung der empirischen Befunde, situiert die eigene Forschung in der zeitgenössischen methodischen und philosophischen Debatte und diskutiert die Grenzen der biologischen Erkenntnis (vgl. Müller-Sievers 2003, 75–89). Büchner bekräftigt seine These von der Einheit des Typus im Tierreich und empfiehlt seine neuroanatomischen Befunde und entwicklungsgeschichtlichen

Hypothesen als Grundlage für eine Theorie der Sinneswahrnehmung, der zufolge die Sinne Modifikationen einer ursprünglich undifferenzierten Sensibilität seien (vgl. DKV II, 162; MBA 8, 159). Seine Demonstration der Einheit des Typus lenkt damit das Augenmerk auf die spezifischen Existenzbedingungen der Organismen, unter denen deren Entwicklung und Transformation stattgefunden hat.

Büchners Analyse der Macht

Die Diskursanalyse konzipiert ihren Grundbegriff der ›Macht‹ weder als Substanz oder Besitz noch als das Vermögen zu verbieten, zu unterdrücken und zu verneinen, sondern als eine Relation von Kräften, deren Beziehungen immer wieder aufs Neue ausgehandelt werden müssen. Damit richtet sich das Augenmerk auch in Verhältnissen, in denen es vermeintlich eine stabile Konstellation der Repression, Unterdrückung oder Ausbeutung gibt, stets auf konkrete Situationen, in denen sich Beziehungen der Kräfte auch ändern und die Verhältnisse umkehren können.

Büchner leistet in seinen Dichtungen und Schriften sowohl eine Analyse von persönlicher Herrschaft als auch von systemischer Macht, die hauptsächlich an einer Untersuchung und Darstellung der Existenzbedingungen von Gruppen und Individuen ansetzt. Während seine naturwissenschaftlichen Forschungen die Rolle und Funktion der Existenzbedingungen für die Entwicklung von Klassen, Gattungen und Arten im Tierreich herausstellen, untersuchen seine Dichtungen und politischen Schriften konkrete Existenzbedingungen von Individuen und sozialen Gruppen. So werden in der Flugschrift *Der Hessische Landbote*, an deren Abfassung Büchner beteiligt war, die Existenzbedingungen der Bauern aufgedeckt und der Herrschaftsausübung gegenübergestellt. Nach dem Scheitern der revolutionären Bewegung erkennt Büchner, dass keine Erhebung des Bauernstands zu erwarten ist, solange dessen Existenzbedingungen auch nur geringfügig über dem Notwendigsten liegen.

Büchner unternimmt in seinen Dichtungen und Schriften keine Analyse der Herrschaft in den Begriffen des Rechts, sondern nimmt Legitimationsstrategien, Repräsentationsweisen und Inszenierungsformen von Herrschaft in den Blick. In der Komödie *Leonce und Lena* wird die Frage nach der Macht nicht in Begriffen personaler Herrschaft, des Rechts und des Staatsapparats gestellt, aber die traditionelle Korrelation von souveräner Herrschaft und

Gattungsform aufgelöst; eine Tragödie wäre zur Darstellung einer souveränen Herrschaft untauglich, deren Funktionsmechanismus durch die unpersönlichen, systemischen Wirkungen biopolitischer Macht überlagert werden. Die Ausübung souveräner Herrschaft führt in *Leonce und Lena* nicht in einen tragischen Konflikt und in die Aporien des Rechts hinein, sondern produziert komische Effekte, die aus der Diskrepanz zwischen einer Indienstnahme der Sexualität für die Sicherung dynastischer Kontinuität und einem bürgerlichen Liebescode resultieren. So zieht die Komödie höfische Repräsentationsformen und souveräne Herrschaft auf den Boden ihrer Existenzbedingungen herab: Während die Sicherung der Thronfolge noch vor jeder juridischen Begründung der Souveränität die Zeugung eines Prinzen voraussetzt, dient hingegen die Bevölkerung, die von unten die Herrschaft anerkennt, bloß als stumme Staffage einer Repräsentation von Herrschaft.

In »*Woyzeck*« wird die Frage nach der Machtwirkung auf einer konkreten Ebene gestellt und gezeigt, wie die Macht unmittelbar am Körper ansetzt, ohne einer Vermittlung durch Zeichen, Repräsentationsformen oder Zeremoniell zu bedürfen. Die Diskursanalyse vermeidet bei ihrer Analyse den Begriff der Repression, der im Schatten der Rechtsbegriffe verharrt, und beschreibt stattdessen die Kräfteverhältnisse, die tatsächlich auf den Körper wirken und eine Subjektivität konstituieren. Sie nimmt hierzu die Funktion des individuellen Körpers als Scharnier in den Blick, das eine politische Anatomie des Körpers mit einer Sozialbiologie der Bevölkerung verbindet. Büchners Dramenprojekt zielt aus dieser Perspektive nicht auf die psychologische Entwicklung eines Charakters, dessen Vorgeschichte konsequent ausgespart wird, sondern stellt den Prozess einer Subjektivierung dar, der nach einer eigenständigen und unpersönlichen Logik abläuft. Auch wenn im »Menschenversuch« (Glück 2005, 195), den der Arzt anstellt, eine Ausbeutung und Unterdrückung Woyzecks auszumachen ist, erfassen diese Begriffe nicht die Komplexität des Geschehens, in dem zugleich eine persönliche Tauschbeziehung von Proband und Versuchsleiter, ein volkswirtschaftliches Interesse an der Versorgung der kasernierten Soldaten mit billiger Kost, ein Dienstverhältnis, wissenschaftliche Theorien über den Stoffwechsel usw. anwesend sind.

Während am und im Körper Disziplin, Hygiene, Ernährung und Ökonomie zusammentreffen und ineinandergreifen, kommt es zu einer spezifischen Subjektivierung, die sich in Erschöpfungszuständen, Verfolgungsideen und Stimmenhören sowie reduzierter Affektkontrolle niederschlägt und als ein psychotischer Prozess begriffen werden kann, der die Kehrseite einer Erniedrigung von Woyzeck auf die kreatürliche Existenz seines bloßen Lebens ist (vgl. Agamben 2002). Woyzecks Mordtat resultiert also aus spezifischen Existenzbedingungen, die einen psychotischen Prozess auslösen, nicht aber aus einer psychopathischen Persönlichkeit. Weil die Verstandestätigkeit während solch eines Prozesses in der Regel weitgehend unbeeinträchtigt bleibt, erkennt die zeitgenössische forensische Psychiatrie in vergleichbaren Fällen auf Schuldfähigkeit (vgl. Kaufmann 1995, 305–342).

Literatur als Gegendiskurs

Büchner führt in »*Woyzeck*« keinen juridischen, medizinischen oder psychiatrischen Diskurs, sondern fingiert Äußerungen, die einem »Geringsten« (DKV I, 234; MBA 5, 37), der sonst in diesen Diskursen stumm bleibt oder in indirekter Rede spricht, eine Stimme verleihen. Insofern übernimmt die Literatur hier die Funktion eines Gegendiskurses, in dem die Aussageregeln der Justiz, der Medizin und der Psychiatrie nicht greifen und etwas geäußert werden kann, was gewöhnlich nicht den Status einer Aussage erlangt. Büchners Erzählprojekt »*Lenz*« exponiert diese Spannung zwischen Äußerung und Aussage auf dem Gebiet des Wahnsinns. Seit der Psychiater Emil Kraepelin in der Erzählung die Darstellung einer *Dementia praecox* erkannte, wurde vielfach der literarischen Figur Lenz retrospektiv eine schizophrene Störung diagnostiziert (vgl. Hinderer 2005, 82 f.; Irle 1965, 82). Solche Diagnosen setzen einerseits eine spezifische Klassifikation psychischer Störungen voraus, wie sie mit Kraepelins Nosologie initiiert wurde; anderseits stützen sie sich auf die Darstellung von Lenz' subjektivem Erleben. Während sich Büchners Darstellung des Wahnsinns aus einer rückblickenden Perspektive in das psychiatrische Wissen des 20. und 21. Jahrhunderts einordnen lässt und insofern durch eine spezifische Modernität gekennzeichnet ist (vgl. Müller-Holthusen 1997), bietet eine diskursanalytische Perspektive die Möglichkeit, diese Einordnung und Kennzeichnung zu hinterfragen.

Büchner siedelt den Wahnsinn gerade nicht im Hôpital général an, in dem der Wahnsinnige sichtbar wird und ein Diskurs über ihn geführt wird, sondern in einer Epoche vor der Ausbildung einer sozialmedizinischen Kontrollfunktion der psychiatrischen Anstalten. Während das Hospital, das »seinen Ursprung keinesfalls in der Medizin, sondern in der Polizei« (Deleuze 1987, 89) hat, als ein Schauplatz biopolitischer Maßnahmen begriffen werden kann, versetzt Büchner den Wahnsinnigen in eine Situation häuslicher Pflege im Milieu des protestantischen Pfarrhauses. Lenz führt an sich therapeutische Maßnahmen – körperliche Bewegung und kalte Bäder – aus, wie sie auch in der Psychiatrie um 1800 vorgesehen sind, die von der Schmerzerfahrung des Erkrankten eine Heilwirkung auf den Erkrankten erwartet. Auch wenn Büchner seine literarische Figur auf das zeitgenössische Wissen der Physiologie und Psychiatrie bezieht, in dem Subjektivität als eine vitale Erfahrung des Schmerzes konzipiert wird (vgl. Borgards 2007, 427–450), besitzen die Äußerungen des Wahnsinnigen, in denen sich sein subjektives Erleben ausspricht, keinen Ort im psychiatrischen Diskurs; eine systematische Einbeziehung von Selbstzeugnissen erfolgt erst im Laufe des 19. Jahrhunderts. In der Psychiatrie ist der Wahnsinn ein »abwesendes Werk« (vgl. Foucault 2001) und gelangt allenfalls in vermittelter Form und in indirekter Weise zur Darstellung. Während im Aussagesystem der Psychiatrie der Wahnsinnige selbst nicht spricht oder allenfalls sinnlose und unverständliche Reden führt, gelingt Büchner eine Darstellung des Wahnsinns, die diesen am Leitfaden des Schmerzes erzählbar macht: Damit eröffnet die Literatur eine Perspektive, die dem Wahnsinn jenseits der Einsperrung mittels eines fingierten Egodokuments eine eigene Stimme verleiht.

Literatur

Agamben, Giorgio: Homo sacer. Die souveräne Macht und das nackte Leben. Frankfurt a. M. 2002 (ital. 1995).

Appel, Toby A.: The Cuvier-Geoffroy-Debate. French Biology in the Decades before Darwin. New York/Oxford 1987.

Borgards, Roland: Poetik des Schmerzes. Physiologie und Literatur von Brockes bis Büchner. München 2007.

Canguilhem, Georges: Das Normale und das Pathologische. München 1974 (frz. 1943).

Cheung, Tobias: Die Organisation des Lebendigen. Die Entstehung des biologischen Organismusbegriffs bei Cuvier, Leibniz und Kant. Frankfurt a. M. u. a. 2000.

Deleuze, Gilles: Foucault. Frankfurt a. M. 1987 (frz. 1986).

– : Unterhandlungen 1972–1990. Frankfurt a. M. 1993 (frz. 1990).

Esposito, Roberto: Bíos: Biopolitics and Philosophy. Minneapolis, Minn. u. a. 2008 (ital. 2004).

Foucault, Michel: Der Wahnsinn, Abwesenheit eines Werkes [1964]. In: Ders.: Schriften in vier Bänden. Dits et Ecrits. Bd. I: 1954–1969. Hg. von Daniel Defert und François Ewald unter Mitarbeit von Jacques Lagrange. Frankfurt a. M. 2001, 539–550.

– : Archäologie des Willens. Frankfurt a.M. 1973 (frz. 1969).

– : Die Situation Cuviers in der Geschichte der Biologie (Vortrag) [1970]. In: Ders.: Schriften in vier Bänden. Dits et Ecrits. Bd. II: 1970–1975. Hg. von Daniel Defert und François Ewald unter Mitarbeit von Jacques Lagrange. Frankfurt a.M. 2002, 37–82.

– : Der Wille zum Wissen. Sexualität und Wahrheit. Bd. 1. Frankfurt a.M. 1977 (frz. 1976).

– : Geschichte der Gouvernementalität II: Die Geburt der Biopolitik. Vorlesung am Collège de France 1978–1979. Hg. von Michel Sennelart. Frankfurt a.M. 2004 (frz. 2004).

Geyer, Christan (Hg.): Biopolitik. Die Positionen. Frankfurt a.M. 2001.

Glück, Alfons: Woyzeck. Ein Mensch als Objekt. In: Georg Büchner. Interpretationen. Stuttgart 2005, 179–220.

Goethe, Johann Wolfgang: Principes de Philosophie zoologique discutées en mars 1830 au sein de l'Academie Royale des Sciences par Mr. Geoffroy de Saint-Hilaire Paris 1830 [1830–32]. In: Ders.: Sämtliche Werke. Briefe, Tagebücher und Gespräche. I. Abt., Bd. 24: Schriften zur Morphologie. Hg. von Dorothea Kuhn. Frankfurt a.M. 1987, 810–842.

Hinderer, Walter: Lenz. »Sein Dasein war ihm eine notwendige Last«. In: Georg Büchner. Interpretationen [1990]. Stuttgart ²2005, 63–118.

Irle, Gerhard: Der psychiatrische Roman. Stuttgart 1965.

Jacob, François: Die Logik des Lebendigen. Eine Geschichte der Vererbung. Frankfurt a.M. 2002 (frz. 1970).

Kaufmann, Doris: Aufklärung. Bürgerliche Selbsterfahrung und die »Erfindung« der Psychiatrie in Deutschland, 1770–1850. Göttingen 1995.

Kuhn, Dorothea: Empirische und ideelle Wirklichkeit. Studien über Goethes Kritik des französischen Akademiestreites. Graz/Wien/Köln 1967.

Lemke, Thomas: Biopolitik zur Einführung. Hamburg 2007.

McLaughlin, Peter: Kant on Heredity and Adaption. In: Staffan Müller-Wille/Hans-Jörg Rheinberger (Hg.): Heredity Produced. At the Crossroads of Biology, Politics, and Culture, 1500–1870. Cambridge, Mass./London 2007.

Muhle, Maria: Eine Genealogie der Biopolitik. Zum Begriff des Lebens bei Foucault und Canguilhem. Bielefeld 2008.

Müller, Johannes: Zur vergleichenden Physiologie des Gesichtssinnes des Menschen und der Thiere nebst einem Versuch über die Bewegungen der Augen und über den menschlichen Blick. Leipzig 1826.

– : Rez. von Büchners Mémoire sur le système nerveux du barbeau (cyprinus barbus l.) [1837]. In: DKV II, 607–612.

Müller-Holthusen, T.: Georg Büchner, die ICD-10 und die ärztliche Grundhaltung. In: Der Nervenarzt 68,7 (1997), 597–599.

Müller-Sievers, Helmut: Desorientierung. Anatomie und Dichtung bei Georg Büchner. Göttingen 2003.

Müller-Wille, Staffan/Rheinberger, Hans-Jörg: Vererbung. Geschichte und Kultur eines biologischen Konzepts. Frankfurt a.M. 2008.

Roth, Udo: Georg Büchners naturwissenschaftliche Schrif-ten. Ein Beitrag zur Geschichte der Wissenschaften vom Lebendigen in der ersten Hälfte des 19. Jahrhunderts. Tübingen 2004.

Saint-Hilaire, Geoffroy: Principes de Philosophie Zoologique, discutés en Mars 1830, au sein de l'Académie Royale des Sciences. Paris 1830.

Sarasin, Philipp: Darwin und Foucault. Genealogie und Geschichte im Zeitalter der Biologie. Frankfurt a.M. 2009.

Armin Schäfer

5. Ökonomie

Während Büchner die Ökonomie in seinen Texten aus der Schulzeit noch kaum thematisiert, rückt er sie später in verschiedenen Varianten prominent in den Fokus. Im *Hessischen Landboten* schildert er in drastischen Bildern das Elend der Landbevölkerung und macht rhetorisch geschickt Daten aus der staatlichen Finanzstatistik für seinen revolutionären Aufruf fruchtbar. In *Danton's Tod* wird das Scheitern einer Revolution vorgeführt, die sich bloß auf den Bereich der Politik beschränkt und keine Lösung für die materielle Not des einfachen Volkes bieten kann oder will. Büchner zeigt hier, wohin eine politische Praxis führt, die den Bereich der Ökonomie ausblendet, und diese Problematik einer in traditionellen Repräsentationsformen gefangenen, gleichsam ökonomievergessenen Politik behandelt er dann auch – freilich in einer ganz anderen, komödiantischen Version – in *Leonce und Lena*. Im »*Lenz*« tritt das Verhältnis von Politik und Ökonomie zwar in den Hintergrund, und auch die Differenz von Arm und Reich spielt keine zentrale Rolle. Im »*Woyzeck*« aber wird die Frage nach den ökonomischen Bedingungen des Lebens schließlich noch einmal mit neuer Intensität in den Blick genommen, und angesichts dieses Dramenfragments wird vollends deutlich, wie bei Büchner der einzelne Mensch immer eingebunden in die Ökonomie – verstanden als umfassendes Netzwerk gesellschaftlicher Kommunikations- und Austauschverhältnisse – zu sehen ist.

Der Preis des Lebens

In Büchners Schulrede »*Kato von Utika*« hat das Leben keinen Preis, jedenfalls keinen Preis im kaufmännischen Sinne. Wenn ein römischer Held sich das Leben nimmt, geht es um seine Tugend und die Ehre des republikanischen Roms. Fragen des Nutzens, des Vorteils, des Geldwertes, kurz, der Ökonomie seines Selbstmords sind undenkbar. Ganz anders sieht es in den Werken des Studenten und Dozenten Büchner aus. Hier wird mit der hellsichtigen und oft erbarmungslosen Akribie des Anatomen offengelegt, wie das Leben bis in den Tod hinein von den Gesetzen der Ökonomie durchwaltet ist: Die Fuhrleute vor der Conciergerie streiten darum, wer Danton und seine Gefährten für »10 sous« pro Kopf zur Guillotine fahren darf; für sie ist der Tod der Revolutionshelden bloß ein Geschäft, bei dem es zu verhindern gilt, dass ein anderer sie »um's Brot«

bringt (DKV I, 81; MBA 3.2, 72). Und als Woyzeck sich vor dem Mord an Marie bei einem Juden eine Waffe kaufen will, muss er feststellen, dass ein »Pistolche« für ihn zu teuer ist (DKV I, 166, 215; MBA 7.2, 31). Er fragt nach dem Preis eines Messers, worauf der Jude – man weiß nicht, ob im Ernst oder bloß ironisch – vermutet, er wolle sich »den Hals mit abschneide«, und verspricht: »Ihr sollt Euern Tod wohlfeil habe, aber doch nit umsonst. Was is es? Er soll en ökonomischen Tod habe« (ebd.). Das Adjektiv »ökonomisch« kann hier als Synonym für »wohlfeil« verstanden werden (vgl. Hinderer 1977, 216; Büchner 2004, 680). Es erschöpft sich freilich keineswegs in dieser Synonymität, und es dürfte kein Zufall sein, dass Büchner – wie man der Handschrift entnehmen kann – den Satz mit dem »ökonomischen Tod« extra nachträglich noch in sein Manuskript eingefügt hat (MBA 7.1, 90). Wenn der Jude »en ökonomischen Tod« verspricht, wiederholt er nicht bloß seine Zusage, Woyzeck solle seinen Tod »wohlfeil« haben. Vielmehr entwickelt sein Hendiadyoin eine bedeutsame Dynamik und eröffnet in seinem Vollzug eine viel allgemeinere Perspektive, denn anders als das Wort »wohlfeil« erweitert »ökonomisch« den Assoziationsraum über die einzelne konkrete Transaktion – hier den Messerkauf – auf das alles umfassende System des Geld- und Warentauschs hin: Woyzecks Kauf einer Waffe, und damit metonymisch die Frage von Leben und Tod, sind eingebunden in ein weit verzweigtes Netz von ökonomischen Austauschbeziehungen, das seit der frühen Neuzeit durch und durch geprägt ist vom Geld als jenem Universalsignifikanten, durch den alles mit allem über Äquivalenzverhältnisse in Beziehung gesetzt werden kann. Und als wollte Büchner diese Einbindung von Woyzecks fatalem Messerkauf in das Netz der (Geld-)Ökonomie noch unterstreichen, lässt er den Juden kaum zufällig »zwe Grosche« (DKV I, 166, 215; MBA 7.2, 31) für die Waffe fordern, also eben jenen Betrag, den Woyzeck als Taggeld für seine Teilnahme an den Ernährungsexperimenten des Doktors erhält (vgl. DKV I, 157, 209; MBA 7.2, 26).

Erscheint mithin das Leben in der Cato-Apologie des frühen Büchners bis in den Tod hinein – und gerade da – allein von ideellen Werten wie Ehre und Tugend geprägt, so erscheint der Tod in den späteren Werken in verschiedenen Varianten im nüchternen und unnachsichtigen Licht der Ökonomie. Und was sich hier schlaglichtartig im Blick auf den diskursiven Umgang mit dem Tod zeigt, lässt sich durchaus als grundsätzliche These zur Bedeutung der Ökonomie bei Büchner ausformulieren: Während seine Schulreden noch ganz von idealistischem Pathos getragen sind, wird später die unhintergehbare Macht der materiellen Umstände, die Macht der Ökonomie im umfassenden Sinne, in den Fokus gerückt. Während dort die wesentlichen Kräfte des menschlichen Zusammenlebens noch in moralischen Werten und rhetorischen Gesten festgemacht werden, wird hier nach den ökonomischen Bedingungen des Lebens gefragt. Während dort noch der ›große Mann‹ und der einzelne Machthaber als souveräne Subjekte der Geschichte erscheinen, werden hier Menschen unterschiedlichster Schichten und Klassen als Objekte oft schwer zu fassender ökonomischer Mächte dargestellt. Das heißt keineswegs, dass Büchner nicht zum Widerstand gegen einzelne, klar benennbare Machtinstanzen aufrufen würde, doch seine Sensibilisierung für die Bedeutung der Ökonomie lässt ihn erkennen, dass die Gesellschaft nicht allein durch politische Veränderungen – wie etwa die Absetzung und Enthauptung eines Königs – reformiert werden kann.

Anatomie des ökonomischen Staatskörpers

Mit dieser Verschiebung von der Politik zur Ökonomie im umfassenden Sinne reagiert Büchner auf einen tiefgreifenden Prozess, der sich seit der Aufklärung in Europa abzeichnet: Der absolutistische Staat der Neuzeit gründet auf der naturrechtlichen Konstruktion eines ursprünglichen Vertrags, und so drehen sich die entsprechenden staatstheoretischen Debatten vor allem um die säkulare Legitimation politischer Herrschaft und um die Repräsentation und Begrenzung souveräner Gewalt. Spätestens ab der zweiten Hälfte des 17. Jahrhunderts bildet sich neben diesem juridischen Staats-Diskurs aber auch ein empirisches Wissen über den Staat aus, in dem es nicht um seit je vorgegebene Normen, sondern um veränderliche Größen geht. Neue Objekte der Regierungskunst erscheinen; neue Variablen der Staatsbeschreibung werden eingeführt: die Bevölkerung in ihren wechselnden Zuständen, die Landwirtschaft, das Handwerk und der Handel in ihrer Bedeutung für das politische Gemeinwesen, die Menge der beweglichen und unbeweglichen Güter, die sittliche Verfassung, das Gesundheitswesen. All diese Faktoren werden nun in komplexen Relationen gedacht, betreffen nicht den Status, sondern die Beziehungen zwischen Menschen und Dingen, mithin den gesellschaftlichen Verkehr insgesamt und provozieren – diesseits und neben der juridisch kodifizierten poli-

tischen Potestas – die Ausbildung des Begriffs einer sozialen und ökonomischen Potenz. Man könnte also seit dem 17. Jahrhundert gleichsam von zwei Körpern des Staates sprechen: von einem symbolischen beziehungsweise repräsentativen, der sich als Konfiguration eines gemeinsamen Willens ausweist, diesen Gemeinwillen inkorporiert und zeitlos macht; und von einem physischen, der den Zusammenhang von Bevölkerung, Individuen und Gütern umfasst und im Spiel der Leidenschaften und Interessen schließlich einen Komplex aus veränderlichen Kräften und Vermögen organisiert (vgl. Vogl 2002, 19–82).

Büchner ist, so könnte man sagen, der Dichter dieses physischen und ökonomischen Körpers. Er führt in verschiedenen Varianten die Unangemessenheit der rhetorischen und theatralen Repräsentationsformen vor, die den symbolischen Staatskörper charakterisieren, und bringt dagegen die vielfältigen Kommunikationen zur Erscheinung, die den ökonomischen Gesellschaftskörper ausmachen.

Das zeigt sich zunächst im *Hessischen Landboten*, wo in schneidenden Antithesen, insistierenden Anaphern und hyperbolischen Metonymien das Elend der Bauern herausgestellt wird: »Das Leben der Vornehmen ist ein langer Sonntag, sie wohnen in schönen Häusern, sie tragen zierliche Kleider, sie haben feiste Gesichter und reden eine eigene Sprache. […]. Das Leben des Bauern ist ein langer Werktag; Fremde verzehren seine Äcker vor seinen Augen, sein Leib ist eine Schwiele, sein Schweiß ist das Salz auf dem Tische des Vornehmen« (DKV II, 53 f., 472 f.). Diese biblische Rhetorik zielt auf die Problematik der materiellen Not und die tiefe Kluft zwischen Arm und Reich – auch wenn dies im Text durch den Begriff der »Vornehmen« leicht verunklärt ist: Wie aus den Aussagen hervorgeht, die Büchners Mitverschworener August Becker nach seiner Verhaftung vor Gericht machte (vgl. DKV II, 662), hatte Büchner in seinem ersten Entwurf der Flugschrift nicht von den »Vornehmen«, sondern von den »Reichen« gesprochen, was insofern brisanter war, als damit nicht nur die Angehörigen der alten Feudalaristokratie, sondern auch diejenigen des wohlhabenden liberalen Bürgertums angegriffen wurden. Dem Mitautor Weidig war dies freilich zu radikal, und er ersetzte deshalb in der Juli-Fassung des *Landboten* die »Reichen« konsequent durch die »Vornehmen«, während sie dann in der November-Fassung gar zu »Fürsten« und »Zwingherren« wurden (DKV II, 473 f.). Für Büchner stand aber immer, wie er auch in einem Brief an Gutzkow betonte, das in Kategorien der Ökonomie zu fassende »Verhältnis zwischen Armen und Reichen« (DKV II, 400) im Vordergrund, und wenn er im weiteren Verlauf seiner Flugschrift rhetorisch wirksam die Finanzstatistik des Herzogtums Hessen Punkt für Punkt auswertete, ging es ihm zentral darum, seinem Publikum zu demonstrieren, in welchem Maße es ökonomisch benachteiligt war.

Repräsentation und Ökonomie

Manche, zumal marxistische Leser, die den *Hessischen Landboten* als ein revolutionäres Manifest feierten, waren oft ratlos angesichts der existentiellen Orientierungslosigkeit, von der Büchners Revolutionsdrama *Danton's Tod* geprägt zu sein scheint. Der desillusionierte Protagonist dieses Stücks taugt nicht als Identifikationsfigur für zupackende Revolutionäre, und sein fanatischer, schmallippiger Gegenspieler Robespierre genau so wenig. Was in *Danton's Tod* vorgeführt wird, ist keine revolutionäre Propaganda, sondern ein Lehrstück über eine Revolution, die insofern scheitert, als ihre Protagonisten in den Rollenspielen, Repräsentationsformen und rhetorischen Mustern klassischer Politik gefangen bleiben und nicht in der Lage sind, die Kluft zum »Volk«, welches – wie Lacroix einmal im Stück bemerkt – »materiell elend« ist, zu überwinden (DKV I, 30 f.; MBA 3.2, 22). Die Revolution bleibt hier, wie man nach dem zuvor Entwickelten sagen könnte, ganz auf den symbolischen, politischen Körper des Staates bezogen, während der physische, ökonomische Körper nicht wirksam reformiert wird. Diese Problematik wird zwar im Stück von verschiedenen Personen angesprochen, etwa wenn ein Bürger meint, »über all den Löchern, die wir in andrer Leute Körper machen, ist noch kein einziges in unsern Hosen zugegangen« (DKV I, 50; MBA 3.2, 42), doch sie bleibt ungelöst. Mit ihrer römisch-republikanischen Rhetorik können die Revolutionäre die politische Kultur des *Ancien Régime* nicht nachhaltig verändern, denn sie setzen damit den theatralen Repräsentationsformen des Absolutismus nur andere solche Formen entgegen, ohne damit eine tragfähige Verbindung zu den Bedürfnissen und Interessen der Gesellschaft zu schaffen; ihre antikisierende Redekunst vermag die Gegebenheiten der modernen Gesellschaft und Ökonomie nicht angemessen zu erfassen.

Noch irritierender als *Danton's Tod* war für politisch engagierte Leser seit je Büchners *Leonce und Lena*. Hier scheint sich der Revolutionär ganz und gar in den unverbindlichen Raum einer epigonalen romantischen Tändelei verabschiedet zu haben. Doch gerade wenn man dieses Lustspiel unter dem Aspekt der zwei Körper des Staates liest, wird deutlich, dass sich hinter der heiteren Fassade durchaus ein gesellschaftliches Anliegen verbirgt. Auch hier werden, wie im *Danton*, die Repräsentationsformen des symbolischen Staatskörpers in ihrer Theatralität vorgeführt, und auch hier wird – nun in komödiantischer Zuspitzung – demonstriert, wie eine Politik der Rhetorik und des Zeremoniells den physischen Staatskörper verfehlen kann. Das zeigt sich in der Schilderung des in grotesken Formen erstarrten Hoflebens im Königreich Popo ganz allgemein und in besonders verdichteter Weise in der 2. Szene des 3. Aktes, wo der arme Schulmeister die noch ärmeren Bauern für den Hochzeitsempfang vorbereiten muss und zugleich in doppeldeutigen Reden beständig darauf anspielt, dass die ökonomischen Missstände bald zum Ende des ganzen ›Staats-Theaters‹ führen könnten: »Wir geben […] auch heut Abend einen transparenten Ball mittelst der Löcher in unseren Jacken und Hosen, und schlagen uns mit unseren Fäusten Kokarden an die Köpfe.« (DKV I, 122; MBA 6, 119).

Es ist aber auch noch ein anderer Gesichtspunkt, unter dem *Leonce und Lena* für die Frage nach der Ökonomie von Interesse ist: Am Hofe König Peters herrscht gähnende Langeweile. Das Leben steht ganz im Zeichen des Müßiggangs. Damit wird im Stück ein adelskritischer Topos des Bürgertums aufgenommen; ein Topos freilich, der bei Büchner in den Figuren von Leonce und Valerio auch dialektisch umschlägt in eine Kritik am bürgerlichen Erwerbsstreben. Der Prinz und sein Begleiter, in mancher Hinsicht ein Abkömmling der Shakespeare'schen Narren, erinnern immer wieder daran, dass das bürgerliche Geschäft bloß Resultat einer Negation ist. Das *negotium* (Geschäft) ist die Verneinung des *otium* (Muße), und so kann die Forderung nach einer Negation der Negation – und sei sie auch nur verspielt-utopisch formuliert, wie im gattungsbedingten Happy End der Komödie – gerade im Kontext des bürgerlichen 19. Jahrhunderts ein gesellschaftskritisches Moment entwickeln, das in der späteren Flaneur- und Décadent-Literatur voll zum Tragen kommen sollte (vgl. Dedner 2005, 148–155).

»Fatalismus« und Ökonomie

In Büchners »*Lenz*« kommt die Ökonomie vor allem im Zusammenhang mit der reformerischen Tätigkeit des Pfarrers Oberlin im Steintal in den Blick; einer Tätigkeit, die von der Verbesserung der Infrastruktur bis zur pastoralen Sorge um die ihm anvertrauten Seelen – zur »Seelen-Ökonomie« oder »*oikonomia psychon*« (vgl. Foucault 2004, I, 279 f.) – reicht. Die ökonomische Leitdifferenz von Arm und Reich hat im »*Lenz*« freilich eine geringere Bedeutung. Im »*Woyzeck*« aber rückt sie ganz unübersehbar wieder in den Fokus, und es wurde sogar die These formuliert, im Zentrum dieses Dramenfragments liege der »Tod *durch* ›Ökonomie‹« (Glück 1984, 169), wobei der Begriff der Ökonomie in einem engeren Sinne als ein ganz bestimmtes, nämlich kapitalistisches Wirtschaftssystem verstanden wird. Es ist allerdings fraglich, ob das unglückliche Leben des literarischen (und auch das des historischen) Woyzeck so umstandslos unter dem Begriff der ›entfremdeten Arbeit‹ abgehandelt und in eine »Geschichte der [Lage der] Arbeiter unter dem Kapitalismus« eingereiht werden kann, wie das unter Anspielung auf Jürgen Kuczynskis marxistischen, zwischen 1960 und 1972 erschienenen Klassiker behauptet wurde (vgl. Glück 1987, 318). Woyzeck ist ein Pauper, doch das klassische marxistische Beschreibungs- und Erklärungsmodell für den Pauperismus als eine Folge der Industrialisierung lässt sich im Lichte jüngerer wirtschaftsgeschichtlicher Forschung nicht halten. Genau so differenzierungsbedürftig ist freilich die These, der Pauperismus sei ein Ergebnis der zerfallenden spätfeudalen Agrargesellschaft. Vielmehr ist er als Krisenerscheinung zu sehen im Zusammenhang mit dem zunächst nicht bewältigten Bevölkerungswachstum, das im Zuge agrarwirtschaftlicher Innovationen einsetzte (vgl. Wehler 1989, 281–296). In diesem Sinne ist die These vom Tod durch Ökonomie in einem ersten Schritt zu modifizieren. Richtig bleibt aber, dass die Armut Woyzecks einen spezifischen Ort in der Geschichte hat und nicht als ahistorische Universalie verstanden werden darf. Büchner selbst hat zwar Not und Armut oft in zeitenthobenen biblischen Bildern und Begriffen gefasst, doch die Sprachbilder aus der christlichen Tradition – die überhaupt typisch sind für den Pauperismus-Diskurs des frühen 19. Jahrhunderts – tun der Detailgenauigkeit seiner Schilderung historisch spezifischer Armut keinen Abbruch.

In einem zweiten Schritt ist allerdings auch noch unter einem anderen Aspekt zu fragen, ob die Rede vom »Tod *durch* ›Ökonomie‹« dem Sachverhalt tatsächlich angemessen ist: Geht man von einem umfassenderen, nicht auf ein bestimmtes institutionalisiertes System verengten Ökonomiebegriff aus, scheint es angemessener, von einem ›Tod *in* der Ökonomie‹ zu sprechen. Woyzeck ist, wie alle anderen Protagonisten des Stücks auch, eingebunden in jenes umfassende Netzwerk von Bedürfnissen, Interessen, Produktionen und Konsumptionen, das die Ökonomie ausmacht, und er ist in diesem Netzwerk Kräften ausgesetzt, die ihn letztlich zum Mord an Marie treiben. Er wird gleichsam zum Medium für sozioökonomische Kräfte, die durch ihn hindurch wirksam werden, und insofern kann die Gestaltung des Woyzeck-Schicksals als eine mögliche Antwort auf jene drängende Frage verstanden werden, die Büchner schon 1834 in einem Brief an seine Braut formulierte: »Was ist das, was in uns lügt, mordet, stiehlt?« (DKV II, 377). Es sind jene Kräfte, die sich wohl in einzelnen Fällen in bestimmten Personen und Institutionen verdichten können, die aber oft nicht konkret zu fassen sind. In *Danton's Tod* wird die sich prostituierende Tochter des Souffleurs Simon von einem Bürger entschuldigt mit dem Satz »Ihr Hunger hurt und bettelt« (DKV I, 18; MBA 3.2, 10). Aber es ist nicht nur sie als Arme, die zum Objekt unpersönlicher Kräfte wird. Auch Danton sieht sich als solches Objekt, und er weiß keine Antwort auf die auch von ihm vorgebrachte Frage: »Was ist das, was in uns hurt, lügt, stiehlt und mordet?« (DKV I, 49; MBA 3.2, 41). Wie gerade das Beispiel Dantons zeigt, wäre es verkürzend, den »Fatalismus«, von dem Büchner im Zusammenhang mit dieser Frage spricht (DKV II, 377), zu übersetzen als die Macht der ›Unterdrücker‹, welcher die ›Unterdrückten‹ ausgeliefert sind. Büchner wird zwar nicht müde, die schreiende Ungerechtigkeit bestimmter Machtverhältnisse anzuprangern, doch der »Fatalismus« von dem er spricht, ist ein umfassenderer; nicht etwa ein irgendwie metaphysisch zu verstehender, sondern einer, der sich wiederum historisch präzise verorten lässt: Wurde in der Forschung bereits herausgearbeitet, welche Rolle das Normalismusdispositiv in der Darstellung des Menschenversuchs im »*Woyzeck*« spielt (vgl. Pethes 2006, 78), so kann hier dieses Dispositiv auch für die Erklärung von Büchners »Fatalismus«-Konzept fruchtbar gemacht werden. Wer normalistisch denkt, denkt in statistischen Durchschnittswerten, wie sie seit dem ausgehenden 18. Jahrhundert auf immer breiterer Basis zugänglich wurden. Im Lichte dieser Werte zeigte sich aber unheimlicherweise, dass auch die vermeintlich individuellsten Entscheidungen – wie Eheschließungen, Selbstmorde und Verbrechen – über die Jahre erstaunliche Regelmäßigkeiten aufwiesen. Es schien, als hätte die Gesellschaft

ganz unabhängig von subjektiven Einzelentschei-
dungen ein Pensum an bestimmten Handlungen
auszuführen – und als wäre es mithin gänzlich kon-
tingent, welches konkrete Individuum beispielsweise
ein Verbrechen tatsächlich ausführt, oder in den
Worten des belgischen Statistikers Quetelet von
1835, dem Jahr, in dem *Danton's Tod* erschien: »Es ist
gewissermaßen die Gesellschaft, welche die Verbrechen vorbereitet, und der Schuldige ist nur das Instrument, das sie ausführt« (Quetelet 1991, 35).
Wenn Büchner vom »Fatalismus der Geschichte«
spricht, wenn er »in der Menschennatur eine entsetzliche Gleichheit« und »in den menschlichen Verhältnissen eine unabwendbare Gewalt« findet, die
»Allen und Keinem« verliehen sei, wenn für ihn »der
Einzelne nur Schaum auf der Welle, die Größe ein
bloßer Zufall« ist (DKV II, 377), so ist darin das Echo
jenes normalistisch-statistischen Denkens kaum zu
überhören, welches im 19. Jahrhundert von so
grundlegender Bedeutung wurde für die Konzeptualisierung des physisch-ökonomischen Gesellschafts-
körpers.

Literatur

Armstrong, William Bruce: ›Arbeit‹ und ›Muße‹ in den
Werken Georg Büchners. In: Heinz Ludwig Arnold
(Hg.): Georg Büchner III. Sonderband Text + Kritik.
München 1981, 63–98.

Büchner, Georg: Werke und Briefe. Münchner Ausgabe
[1988]. Hg. von Karl Pörnbacher u. a. München [10]2004.

Dedner, Burghard: *Leonce und Lena*. In: Georg Büchner.
Interpretationen [1990]. Stuttgart [2]2005, 119–178.

Foucault, Michel: Sicherheit, Territorium, Bevölkerung.
Geschichte der Gouvernementalität I. Vorlesungen am
Collège de France 1977–1978. Übers. von Claudia Brede-
Konersmann und Jürgen Schröder. Frankfurt a. M. 2004
(frz. 2004).

Glück, Alfons: Der ökonomische Tod. Armut und Arbeit in
Georg Büchners *Woyzeck*. In: GBJb 4 (1984), 167–226.

– : Der *Woyzeck*. Tragödie eines Paupers. In: Susanne Lehmann (Hg.): Georg Büchner. Revolutionär, Dichter, Wissenschaftler 1813–1837. Der Katalog, Ausstellung Mathildenhöhe, Darmstadt, 2. August bis 27. September
1987. Basel/Frankfurt a. M. 1987, 325–332.

Guntermann, Theresia Maria: Arbeit – Leben – Sprache.
Eine diskursanalytische Untersuchung zu Texten Georg
Büchners im Anschluss an Michel Foucault. Essen 2000.

Hinderer, Walter: Büchner-Kommentar zum dichterischen
Werk. München 1977.

Pethes, Nicolas: ›Viehdummes Individuum‹, ›unsterbliche
Experimente‹. Elements for a Cultural History of Human Experimentation in Georg Büchner's Dramatic
Case Study *Woyzeck*. In: Monatshefte für deutschsprachige Literatur und Kultur 98/1 (2006), 68–82.

Quetelet, Adolphe: Sur l'homme [1835]. Paris 1991.

Vogl, Joseph: Kalkül und Leidenschaft. Poetik des ökonomischen Menschen. München 2002.

Wehler, Hans-Ulrich: Deutsche Gesellschaftsgeschichte
1815–1845/49 [1987]. München [2]1989.

Peter Schnyder

6. Militär und Polizei

Militär und Polizei sind in Büchners Werk vorwiegend präsent als Lebenswelt der Dramenfigur Woyzeck und als Instrumente politischer Repression. Ihre Erwähnung geschieht episodisch, gelegentlich als Gegenstand von Redensarten und Scherzen (*Leonce und Lena*, »*Woyzeck*«), als konventionelles Sujet (Schüler-Rede über den *Helden-Tod der vierhundert Pforzheimer*) oder in Form von Nebenfiguren (*Leonce und Lena*, *Dantons Tod*). In den Briefen und im *Hessischen Landboten* finden sich Überlegungen zur politischen Funktion der Polizei als Exekutive eines Unrechtssystems, das zum Organ bloßer, durch kein Recht legitimierter Gewalt gegen die Bevölkerung wird. Polizei und Militär sind für Büchner gleichermaßen innenpolitische Organe einer vom Staat ausgeübten »rohen Gewalt« (DKV II, 366 f.) und einer Disziplinierung des Menschen, die diesen elementarer und lebensnotwendiger Freiheitsräume beraubt.

Die verstreuten Erwähnungen von Polizei und Militär in Büchners Werk lassen sich unter drei systematisierenden Aspekten zusammenfassen: erstens die teils ernstgemeinten, teils humoresken oder obszönen Thematisierungen von militärischem Heldentum, »Courage« und der erotischen Anziehungskraft der Soldaten, die sich in besonderer Weise im Tambourmajor in »*Woyzeck*« verkörpert; zweitens die Formen der militärischen Disziplinierung, denen der Soldat Woyzeck unterworfen ist; drittens die Äußerungen Büchners über Polizei und Militär als Instrument der politischen Gewalt des Staats gegen die Bevölkerung. Zu einer solchen politischen Theorie der Exekutivorgane und ihrer Funktionen (bzw. Dysfunktionen) gehört auch das Zusammenfallen von ›Bürgern‹ und ›Polizei‹ in *Dantons Tod*. In dieser Konvergenz tritt die Aporie eines Gesetzes zutage, das im Moment seiner Exekution mit bloßer, gesetzloser Gewalt zusammenfällt. Trotz der eigenen angstvollen Erfahrungen mit der Verfolgung durch die hessische Polizei gelingen Büchner allerdings auch Formen der Ironie und des Spotts über die Dummheit der bewaffneten Ordnungshüter.

Heldentum

Büchners Rede über den *Helden-Tod der vierhundert Pforzheimer*, deren Vorbild vermutlich eine Rede des Historikers Ernst Ludwig Posselt war, greift eine Episode aus dem Dreißigjährigen Krieg auf. Der Gymnasiast Büchner erklärt das militärische Eingreifen von vierhundert Pforzheimer Bürgern auf Seiten des bereits im ungeordneten Rückzug befindlichen Heers des Markgrafen Friedrich von Baden zum patriotischen Opfertod. Büchners Argumentation geht es dabei weder um das konkrete militärische Geschehen, noch um den Nachweis eines besonderen Heldenmuts auf Seiten der Pforzheimer, sondern vor allem um die moralische Bewertung ihrer Tat. Ihre besondere Dignität, so argumentiert Büchner, erhält die Tat, weil sie nicht aus »Wut« oder »Verzweiflung«, sondern gänzlich aus freien Stücken geschehen sei: »Sie hatten freie Wahl, und sie wählten den Tod.« (DKV II, 24) Ausgeblendet wird dabei die Tatsache, dass keine militärische Operation ohne Disziplin und damit gerade nur unter Ausschaltung der »freie[n] Wahl« möglich ist – eine Ausblendung, die sich nicht zuletzt aus dem Genre der patriotischen Rede ergibt. Büchners Argumentation ist weitgehend konventionell: Die »Erhabenheit« ihres Todes erwächst aus dem Altruismus, der sich nicht einmal für den eigenen Glauben, sondern allein für die Nachwelt und deren »Glaubens-Freiheit« (DKV II, 25) opfert. Nur ansatzweise gelingt es Büchner hier, das konventionelle *dulce et decorum*-Pathos des militärischen Heldentods zu einem moraltheoretischen Argument umzuformen: Die implizite These der Schüler-Rede ist, dass das freiwillige und zwanglose Selbstopfer die schlechthin ethische Tat sei.

In allen späteren Erwähnungen militärischen Muts wird dieser dann nur noch als Topos in zumeist spöttischer oder sarkastischer Absicht erwähnt. Valerios Vorschlag in *Leonce und Lena*, »So wollen wir Helden werden«, wird sofort durch theatralisches Exerzieren ridikülisiert und von Leonce mit der Bemerkung verworfen, »Aber der Heroismus fuselt abscheulich und bekommt das Lazarettfieber und kann ohne Lieutenants und Rekruten nicht bestehen.« (DKV I, 108; MBA 6, 109) Ganz offensichtlich sind militärische Leitbilder hier nur noch Gegenstand eines Spotts, der gerade auf die ganz unheroischen Aspekte des Soldatenlebens (Alkoholismus, Verwundung, Drill) abzielt.

Kaum weniger lächerlich, wenn nicht gar obszön erscheint das Militärische dann in der Gestalt des Tambourmajors im »*Woyzeck*«. Als einfacher Trommler ist er durchaus kein Major, aber er verkörpert die theatralisch-virile Seite des militärischen Drills: »Soldaten, das sind schmucke Bursch.« (DKV I, 191; MBA 7.2, 12) Marie schwärmt den Tambourmajor an: »Geh' einmal vor dich hin. – Ueber die Brust wie ein Stier und ein Bart wie ein Löw« (DKV I, 207; MBA 7.2, 26), wobei dieser aber sogleich nachträgt, dass sein eindrucksvolles Auftreten sich lediglich den militärischen Uniform-Attributen verdankt: »Wenn ich am Sonntag erst den großen Federbusch hab' und die weißen Handschuh«. (DKV I, 208; MBA 7.2, 26) Der Tambourmajor verkörpert den populären Glanz militärischer Staffage und der durch sie ausgedrückten Virilität (»Mensch, er ist ein Kerl!«, DKV I, 208; MBA 7.2, 26). Er führt damit als Gegenbild Woyzecks vor, was dem armen Füsilier Woyzeck gänzlich fehlt: eine erotische Anziehungskraft. Zugleich verkörpert der Tambourmajor in der Derbheit seines Flirtens mit Marie – »Und du bist ein Weibsbild, Sapperment, wir wollen eine Zucht von Tambourmajor's anlegen. He?« (DKV I, 208; MBA 7.2, 26) – auch Obszönität und Leere dieser militärischen Inszenierung von Männlichkeit. Der Tambourmajor wirft damit auch ein Licht auf Marie: Ihre erotische Wahl orientiert sich ganz offensichtlich am militärischen Rang: »Der andre hat ihm befohlen und er hat gehn müsse. Ha! Ein Mann vor einem Andern.« (DKV I, 178; MBA 7.2, 4)

Disziplin

Für den einfachen Soldaten Woyzeck ist das Militär seine Lebenswelt und Haupteinnahmequelle. Als »geschworner Füsilier« (DKV I, 216; MBA 72., 32) ist er ein niedriger Dienstgrad der Infanterie mit Gewehr, er schläft in der Kaserne, und sein Tagesablauf wird vom Zeitregime der Kaserne strukturiert: Mehrmals im Stück wird der »Zapfenstreich« erwähnt, das Signal zum Rückzug in die Kaserne. Vom Militär bezieht er einen schmalen Sold, den er an Marie weiterreicht (vgl. DKV I, 205; MBA 7.2, 24). Büchner hat ganz offensichtlich das zeitgenössische Militär Hessens im Blick bei der Beschreibung von Woyzecks Existenz. Das im Großherzogtum Hessen herrschende Konskriptionssystem sah zwar die Dienstpflicht jedes männlichen Bürgers vor, ermöglichte aber die Stellvertretung durch bezahlte Einsteher. Während es sich die bessergestellten Schichten leisten konnten, sich auf diese Weise von der Wehrpflicht freizukaufen, rekrutierten sich die »Einsteher« oder Freiwilligen in den Mannschaftsgraden aus den ärmsten Bevölkerungsschichten. Es liegt nahe, dass Woyzeck ein solcher Einsteher ist, möglicherweise ein Stadtsoldat, der innerhalb der Stadt für Ruhe und Ordnung zu sorgen hat (vgl. Glück 1984, 232). Der Sold der Mannschaften, zu denen Woyzeck zählt, war dabei so knapp bemessen, dass er nur für den nötigsten Lebensunterhalt des Soldaten knapp ausreichte, nicht aber für den Unterhalt einer Familie. Zur Heirat wurde eine Heiratserlaub-

nis benötigt, die nur in seltenen Fällen gewährt wurde (vgl. Sicken 1987, 59–61). Diese Regelung liefert einen historischen Kontext dafür, dass Woyzeck »ein Kind ohne den Segen der Kirche« (DKV I, 206; MBA 7.2, 25) hat. Dass Woyzeck »keine Moral« hat, wie der Hauptmann mahnt (DKV I, 206; MBA 7.2, 25), hängt also vor allem mit den Reglementierungen des soldatischen Lebens zusammen, ebenso wie mit der tiefen Armut, in der die einfachen Soldaten leben.

Geprägt ist die Existenz der Soldaten von der Macht- und Körpertechnik, die Michel Foucault als Disziplin beschrieben hat: »Es geht darum, [...] den Körper im Detail zu bearbeiten; auf ihn einen fein abgestimmten Zwang auszuüben; die Zugriffe auf der Ebene der Mechanik ins Kleinste gehen zu lassen: Bewegungen, Gesten, Haltungen, Schnelligkeit.« (Foucault 1994, 175) Das bedeutet im Militär nicht nur Exerzieren, also körperliches Üben und Arbeiten, die Instandhaltung der Waffen und der Kaserne, es bedeutet auch eine feinmaschige Kontrolle jeglicher Lebensvollzüge: Fragen der Pünktlichkeit, der Ordentlichkeit, der Genauigkeit und Effizienz und nicht zuletzt Fragen der ›Sittlichkeit‹. Die offensichtlichste Auswirkung der Disziplin auf Woyzeck ist seine ständige Zeitnot: »Woyzeck Er sieht immer so verhetzt aus«, sagt ihm der Hauptmann (DKV I, 206; MBA 7.2, 25). Woyzeck ist in ständiger Eile, rasiert den Hauptmann in höchster Geschwindigkeit; immer wieder hört man den Zapfenstreich, der zur sofortigen Rückkehr in die Kaserne ruft. Der Tag des Soldaten ist minutiös verplant, für jede Tätigkeit – auch das Rasieren – gibt es ein präzises Zeitbudget, das einzuhalten Woyzeck gerade bei seinen zahlreichen Nebenbeschäftigungen umso schwerer fällt. Das Spezifische der Disziplinierung in den Truppen des Deutschen Bundes im Vormärz aber ist, dass der Disziplinierung der Körper durch ›Drill‹ und ›Zucht‹ zunehmend eine Disziplinierung der Gesinnung an die Seite gestellt wird. Es geht um die Zurichtung einer spezifischen militärischen (und damit auch politischen) Mentalität: »Nicht mehr patriotische Leidenschaft [...] sondern unerschütterlicher Gehorsam war gefordert.« (Bröckling 1997, 141) Da die Truppen nun weniger gegen einen externen Feind ins Feld geführt als gegen die zunehmenden Aufstände und Revolten im Inneren eingesetzt wurden, brauchte es nicht begeisterte Kämpfer, sondern vor allem eine Form der Abgestumpftheit und des blinden Gehorsams, der es ermöglichte, sie widerspruchslos auf ihre eigenen Landsleute schießen zu lassen.

Diesen unerschütterlichen Gehorsam führt Woyzeck in seinen Repliken auf die Ermahnungen des Hauptmanns vor – und zugleich ad absurdum. Auf des Hauptmanns Monologe über Zeit, Moral und die Windrichtung antwortet er stereotyp »Ja wohl, Herr Hauptmann« (DKV I, 206; MBA 7.2, 25) – exakt die formalisierte Antwort, die ein einfacher Soldat einem Offizier gegenüber zu geben hat. Er entzieht sich aber in letzter Konsequenz dann doch der Moralpredigt des Hauptmanns durch den Verweis, man sei eben »arme Leut« (DKV I, 206; MBA 7.2, 25): »Sehn Sie, wir gemeinen Leut, das hat keine Tugend, es kommt einem nur so die Natur, aber wenn ich ein Herr wär und hätt ein Hut und eine Uhr und eine Anglaise, und könnt vornehm reden ich wollt schon tugendhaft seyn.« (DKV I, 207; MBA 7.2, 25) Solche Repliken zeigen, dass Woyzeck nicht, wie Glück vermutet, durch den Drill der militärischen Disziplin »physisch und psychisch verstümmelt und zugrundegerichtet« wird (Glück 1984, 228), vielmehr führt er gerade in der scheinbaren Unterwerfung erstaunliche Eloquenz und Widerspruchsgeist vor. Woyzeck selbst macht deutlich, dass sein Mangel an »Tugend« vor allem Ausdruck seiner tiefen Armut ist. Die militärische Disziplin, der er unterworfen ist, ist konstitutives Element dieser Armut, die in letzter Konsequenz eine Verknappung elementarster Lebensressourcen ist: der Zeit (in der »Verhetztheit«), der Verfügung über den eigenen Körper (im Experiment des Doktors), der Sexualität (in der Untreue Maries).

Polizei

Die letzten, angstvollen Delirien Georg Büchners auf dem Sterbebett in Zürich galten, so berichtete sein Freund und Nachbar Wilhelm Schulz, der Polizei: Erinnerungen an die im Winter 1834/35 ausgestandene Angst vor Verhaftung und an das Schicksal seiner politischen Gefährten, die gefangen worden oder ins Exil geflohen waren (vgl. Hauschild 1987, 37). Als Exekutivorgane eines Regimes, das sich nicht durch Rechtlichkeit, sondern durch Repression und ökonomische Ausbeutung auszeichnet, sind Polizei und Militär für Büchner reine Gewalt. Im *Hessischen Landboten* heißt es über das Militärbudget: »Für jene 900,000 Gulden müssen eure Söhne den Tyrannen schwören und Wache halten an ihren Pallästen. Mit ihren Trommeln übertäuben sie eure Seufzer, mit ihren Kolben zerschmettern sie eure Schädel, wenn ihr zu denken wagt, daß ihr freie Menschen seyd. Sie sind die gesetzlichen Mörder, welche die gesetzlichen Räuber schützen, denkt an Södel! Eure Brüder,

eure Kinder waren dort Brüder- und Vatermörder.« (DKV II, 480) Die innere Sicherheit, die in der Tat in der Zeit des Vormärz zur vordringlichen Aufgabe von Polizei und Militär geworden war, wird in dieser Perspektive zum Bürgerkrieg, in der die Söhne des Landes als Soldaten und Polizisten den gerechtfertigten Widerstand ihrer Mitbürger niederschlagen.

Die historischen Präzedenzfälle, die Büchner im Auge hatte, waren der Frankfurter Wachensturm vom 3. April 1833 und das Blutbad im Dorf Södel am 1. Oktober 1830. Beim Frankfurter Wachensturm hatte eine Gruppe von Burschenschaftlern die Frankfurter Hauptwache und Konstablerwache zu stürmen versucht, um so das Signal zu einem republikanischen Aufstand in allen deutschen Staaten zu geben. Das Militär hatte den Angriff, der vorher verraten worden war, rasch niedergeschlagen, es gab neun Tote und 24 Verletzte. Büchner war mit einigen der Frankfurter Verschwörer, die sich nach Straßburg gerettet hatten, persönlich bekannt. Im hessischen Dorf Södel war es nach Unruhen gegen die Steuerlasten zu grausamen Übergriffen des Militärs gegen die Dorfbewohner gekommen, insgesamt gab es fünf Tote und etliche Verletzte (vgl. den Bericht *Zur Geschichte der Unruhen in Oberhessen 1830* aus der *Allgemeinen Zeitung* 1830 in DKV II, 632–638). Für Büchner stellt der Fall Södel in besonders krasser Weise das perverse Wesen einer Exekutive ans Licht, die von Bürgern bezahlt, von Bürgern gestellt – und gegen Bürger ins Feld geführt wird. Die gewaltgestützte Aufrechterhaltung der Rechtsordnung, die die Aufgabe des Militärs ist, führt de facto zu einer Aufhebung jeden Rechts und zum »Krieg nach innen«, wie es in *Danton's Tod* heißt (DKV I, 49; MBA 3.2, 41). In einem Brief vom 6. April 1833, der unmittelbar auf die Ereignisse in Frankfurt reagiert, entwickelt Büchner aus der Unrechtmäßigkeit des polizeilichen Vorgehens eine generelle These über das Rechtssystem, das sich solch einer Exekutive bedient: »Was nennt ihr *gesetzlichen Zustand*? Ein Gesetz, das die große Masse der Staatsbürger zum fronenden Vieh macht, um die unnatürlichen Bedürfnisse einer unbedeutenden und verdorbenen Minderzahl zu befriedigen? Und dies Gesetz, unterstützt durch eine rohe Militärgewalt und durch die dumme Pfiffigkeit seiner Agenten, dies Gesetz ist eine *ewige, rohe Gewalt*, angetan dem Recht und der gesunden Vernunft, und ich werde mit Mund und Hand dagegen kämpfen, wo ich kann.« (DKV II, 366 f.) Es ist die Exekutive, die neben der ökonomischen Verelendung der Bevölkerung den Gewaltcharakter des Rechts ans Licht treten lässt.

Auf indirekte Weise zeigt sich diese Vorstellung, dass das Gesetz außer Geltung ist und damit jede Form seiner Anwendung nichts sei als »rohe Gewalt«, auch in der Unernsthaftigkeit des Exekutivpersonals in *Danton's Tod*. Die Gefängniswärter scherzen, die Fuhrleute der Hinrichtung ergehen sich in ausführlichen Wortspielen. Bemerkenswert aber ist vor allem, dass die berühmte Verhaftungsszene Luciles, die das Stück schließt, ganz ohne Polizei, also eine zum Verhaften berechtigte Vertretung der Staatsgewalt, auskommt. Als Lucile ruft: »Es lebe der König!«, wird sie nicht von Polizisten, sondern von »Bürgern« mit dem Satz »Im Namen der Republik.« umringt und erst dann von einer »Wache [...] weggeführt« (DKV I, 90; MBA 3.2, 81). Den eigentlichen Vollzug ihrer Verhaftung übernimmt damit der Sprechakt der Bürger (vgl. Campe 2004, 561). Verhaftet wird sie im Namen jener Republik, die vorgibt, auf einem vom Volk sich selbst gegebenen Gesetz zu beruhen. Dieses Gesetz, so führt ein kleiner Syllogismus eines der Bürger im Stück vor, setzt sich nicht nur selbst, sondern hebt sich auch selbst auf: »Erster Bürger: Was ist das Gesetz? / Robespierre: Der Wille des Volks. / Erster Bürger: Wir sind das Volk und wir wollen, daß kein Gesetz sei, ergo ist dieser Wille das Gesetz, ergo im Namen des Gesetzes gibt's kein Gesetz mehr, ergo totgeschlagen!« (DKV I, 20; MBA 3.2, 12) In der Welt von *Danton's Tod* fallen Gesetz und Totschlag ineins. Und genau darum fallen bei Luciles Verhaftung auch Bürger und Polizei, Polizei und Henker ineins. Die Exekutive führt ein Gesetz aus, das sich selbst aufhebt, sie exekutiert das, was eigentlich dem Schutz des Gesetzes unterstehen sollte. Gewalt und Gesetz werden so in der Welt von *Danton's Tod* identisch.

Sind Polizei und Militär zwar der konkreteste und gefährlichste Ausdruck jenes ›Gewaltzustands‹ politischer Repression und ökonomischer Ausbeutung, den der *Hessische Landbote* anprangert, so gibt es doch in Büchners Werk auch Raum für Ironie – oder für Tricks gegen den Zugriff der Polizei. Ein solcher – wenngleich reichlich paradoxer – Trick sind die Handlungsanweisungen im »Vorbericht« der Flugschrift (DKV II, 53), die die Leser zu Vorsichtsmaßnahmen mahnen, damit man das Blatt nicht bei ihnen finde. Zu guter Letzt heißt es aber: »wer das Blatt nicht gelesen hat, wenn man es bei ihm findet, der ist natürlich ohne Schuld.« (ebd.) Einerseits wird dem Leser damit zwar eine List verraten, sich notfalls vom Blatt zu distanzieren – andererseits wird damit jede Einlassung gegenüber der Polizei, man habe es nicht gelesen, von vornherein vom Flugblatt selbst als Aus-

rede entlarvt. Das Blatt bindet damit jeden unweigerlich an sich, der es auch nur in die Hand bekommt, egal ob er es gelesen hat oder nicht, zustimmt oder nicht. Das Flugblatt wird durch dieses ironische Paradox, sein Nicht-Lesen praktisch logisch auszuschließen, politisch für jeden infektiös, der damit auch nur in Berührung kommt. Genau dieser Infektionscharakter jeder politischen Betätigung prägt aber auch die Logik der polizeilichen Verfolgung, die im Zuge der sogenannten »Demagogenverfolgung« nach den Karlsbader Beschlüssen von 1819 stattfand. Der Verdacht der Polizei richtete sich sukzessive auf alle, die mit einem Verdächtigen irgendeinen sozialen Kontakt gehabt hatte. Politische Betätigung wurde damit als solche ansteckend: Es genügte, jemanden zu kennen, der sich politisch betätigt hatte, um selbst als Aufwiegler zu gelten. Büchner und seine politischen Gefährten gerieten in genau dieses Suchverfahren hinein, einige wurden verhaftet, einer von ihnen, der Mitautor des *Hessischen Landboten* Friedrich Ludwig Weidig, begeht nach zweijähriger Misshandlung im Darmstädter Gefängnis schließlich Selbstmord.

Dennoch gibt es für Büchner auch Gelegenheit zum Spott über die »dumme Pfiffigkeit seiner [des Staats, E.H.] Agenten«: Im Entwurf H 1 von *Leonce und Lena* treten zwei Polizeidiener auf, die ganz offensichtlich die Aufgabe haben, einen Verdächtigen zu verhaften. Schematisch versuchen sie, ihre Personenbeschreibung auf die vor ihnen stehenden Personen anzuwenden. Ein solches »Signalement« (DKV I, 138; MBA 6, 17) war eine möglichst genaue Beschreibung der körperlichen Erscheinung des Gesuchten – um 1830 jedoch noch kein Bild – und wichtigstes polizeiliches Hilfsmittel. Während die Steckbriefe um Präzision bemüht sind, scheitern die Polizisten schon daran, dass es statt einer gesuchten Person zwei – Leonce und Valerio – sind. Solcher Hohn über die Dummheit der Polizei mag eine Befreiung gewesen sein für einen, der ihrem Zugriff nur knapp und in letzter Minute entkommen ist. Betrachtet man den Steckbrief, der für den flüchtigen Studenten Georg Büchner von der Hessischen Polizei aufgesetzt worden ist, kann man die Schwierigkeiten der Polizisten allerdings besser nachvollziehen: »Personalbeschreibung: / Alter: 21 Jahre, / Größe: 6 Schuh, 9 Zoll neuen Hessischen Maases / Haare: blond, / Stirne: sehr gewölbt, / Augenbrauen: blond, / Augen: grau, / Nase: stark, Mund: klein, Bart: blond, Kinn: rund, / Angesicht: oval, / Gesichtsfarbe: frisch, Statur: kräftig, schlank, / Besondere Kennzeichen: Kurzsichtigkeit.« (zit. n. Lehmann 1987, 254)

Literatur

Bröckling, Ulrich: Disziplin. Soziologie und Geschichte militärischer Gehorsamsproduktion. München 1997.

Campe, Rüdiger: ›Es lebe der König!‹ – ›Im Namen der Republik.‹ Poetik des Sprechakts, in: Fohrmann, Jürgen (Hg.): Rhetorik. Figuration und Performanz. Stuttgart/Weimar 2004, 557–581.

Foucault, Michel: Überwachen und Strafen. Frankfurt a. M. 1994.

Glück, Alfons: Militär und Justiz in Georg Büchners Woyzeck. In: GBJb 4 (1984) 1986, 227–247.

Hauschild, Jan-Christoph: »Gewisse Aussicht auf ein stürmisches Leben«. Georg Büchner 1813–1837. In: Lehmann 1987, 16–38

Lehmann, Susanne (Hg.): Georg Büchner. Revolutionär, Dichter, Wissenschaftler 1813–1837. Der Katalog, Ausstellung Mathildenhöhe, Darmstadt, 2. August bis 27. September 1987. Basel/Frankfurt a. M. 1987.

Sicken, Bernhard: Das großherzoglich-hessische Militär: Struktur, Rekrutierung, Disziplinierung. In: Lehmann 1987, 56–65.

Eva Horn

7. Recht und Strafe

Die Sphäre des Rechts ist im literarischen Schaffen Büchners zwar häufig mittelbar präsent, wird aber kaum unmittelbar thematisiert (daher gibt es auch in der Forschungsliteratur – anders als beispielsweise über die angrenzende Frage nach dem Politischen – nur wenig darüber zu lesen). Insgesamt finden sich bei Büchner keine Reflexionen darüber, was Recht ist. Ähnliches gilt für den damit zusammenhängenden Komplex der Strafe. Die Strafen, die die Figuren bei Büchner in übertragenem Sinne erleiden mögen, sind keine Strafen von Rechts wegen.

Im Folgenden soll dieser Befund genauer entfaltet und seine Gründe erörtert werden. Dabei wird es nicht zuletzt um die Frage gehen, inwieweit das strukturelle Fehlen des Rechtsstandpunkts für Büchners Blick auf die Welt des Sozialen bestimmend ist. Es wird sich zeigen, dass Büchner die Welt des Sozialen, oder – wenn man will – das *Leben*, stattdessen von der Kategorie des (permanenten) *Ausnahmezustands* her denkt: Der Standpunkt des Rechts ist dem entsprechend außer Kraft gesetzt oder seine Verwirklichung steht noch aus. Es gibt gewissermaßen nur den *Schein* des Rechts. Dies kann bei einem Verfechter der Revolution freilich nicht verwundern. Es muss aber in seinen Konsequenzen bedacht werden.

Dies geschieht weitgehend am Leitfaden der Chronologie. Zunächst werden die beiden Schulschriften Büchners über den Selbstmord kurz gestreift; es folgt ein Abschnitt über die Kategorie der Menschenrechte, die für Büchners politische Aktivitäten zentral ist; dies führt zu Überlegungen über das Verhältnis von Recht und Gewalt, für das vor allem briefliche Äußerungen einschlägig sind; sodann werden Büchners eigene Verwicklungen in die obrigkeitliche Strafverfolgung in Betracht gezogen; in einem eigenen Abschnitt werden sodann einige Implikationen aus Büchners Gesetzesbegriff erläutert, der vor allem in *Danton's Tod* eine Rolle spielt; schließlich wird dem Dramenfragment »Woyzeck« ein Abschnitt gewidmet, der den juristischen Begriff der Zurechnung in den Mittelpunkt stellt.

Die Bewertung des Selbstmords

Ein signifikantes Beiseiteschieben der Rechtsfrage lässt sich schon in Büchners Schülerarbeiten zum Selbstmord – oder besser: zum Freitod – beobachten. In »*Kato von Utika*« lehnt der Verfasser es schlankweg ab, sich mit der Behauptung, Cato sei nur subjektiv zu rechtfertigen, vom objektiven »christlichen Standpunkte« aus sei er hingegen »ein Verbrecher« (DKV II, 31), überhaupt auseinanderzusetzen. Schon weil Cato vor Christi Geburt gelebt habe, könne der Einwand, dass der Selbstmord ein »Eingriff in die Rechte Gottes« (DKV II, 32) sei, keinerlei Berücksichtigung finden. Dieses zweifellos stichhaltige Argument ist aber erkennbar nur der Vorwand dafür, den Selbstmord als das politisch-juridische Problem überhaupt auszuklammern, das er in einem christlich begründeten Staat darstellen muss. Auch in der Rezensionsarbeit »*Über den Selbstmord*« wird nicht die mögliche Strafbarkeit oder Sträflichkeit des Selbstmords diskutiert, sondern nur, ob er als eine unkluge oder unnatürliche Handlung angesehen werden müsse und inwiefern er auf Freiwilligkeit beruht oder Folge eines Krankheitszustandes ist (vgl. DKV II, 38 ff.). Aus dieser Perspektive spielt die von Büchner zitierte Erwägung, es sei »nicht erlaubt sich das Leben zu nehmen, das man sich selbst nicht gegeben« (DKV II, 32), keine Rolle.

Das weist auf einen Standpunkt hin, demzufolge sich das Subjekt als dem Recht nicht *unterworfen* definiert. Es setzt sich entweder selbst als souverän (der Selbstmord Catos wird als freie Willensentscheidung gefeiert) oder es wird als krank und damit als unfrei diagnostiziert (»*Der Selbstmörder aus physischen und psychischen Leiden ist kein Selbstmörder, er ist nur ein an Krankheit Gestorbener*«, DKV II, 42). Man kann daher nicht eigentlich sagen, dass der Einzelne ein *Recht* auf Selbsttötung hat, sondern dass die Frage der Selbsttötung von vornherein diesseits der Sphäre des Rechts angesiedelt ist. Das Verhältnis des Subjekts zu ›seinem‹ Körper ist nicht als Eigentumsverhältnis zu denken. Das Recht bleibt etwas Äußerliches. Dies ist zugleich ein Anzeichen dafür, dass die spezifisch christliche Form der Konjunktion von Recht und Strafe bei Büchner wenig ausgeprägt ist.

Menschenrechte

Es ist nicht überliefert und es weist auch nichts darauf hin, dass sich Büchner im Rahmen seiner schulischen und universitären Ausbildung eingehend mit juristischem Schrifttum beschäftigt hätte. Die Frage des Rechts stand für ihn von Anfang in einer grundlegenden *politischen* Dimension, in der es notwendig war, Stellung zu beziehen. Nicht das positive, sondern das überpositive Recht war seine Referenz.

In Gießen hat Büchner im Sommersemester 1834 bei Joseph Hillebrand eine Vorlesung über »Naturrecht und allgemeine Politik« gehört – ein später Ausläufer des in der Zeit der Aufklärung weit verbreiteten universitären Unterrichtsstoffes. Das – wie auch immer – als Vernunftrecht gefasste Naturrecht sollte nicht zuletzt einen Maßstab für die staatliche Gesetzgebungstätigkeit liefern. Auch die Idee der Menschenrechte gehört zunächst in diesen Kontext. Als Büchner im Frühjahr 1834 die Darmstädter und die Gießener Sektion der »Gesellschaft der Menschenrechte« ins Leben rief, zielte er freilich auf eine andere Konzeption der Menschenrechte. Ihm ging es nicht mehr um Liberalität und Gleichheit vor dem Gesetz, sondern um die soziale Gleichheit. Damit wird letztlich der Rechtsstandpunkt selbst verlassen.

Bei Büchner kommen die Menschenrechte direkt von der Französischen Revolution. »Menschenrecht – das ist die Guillotine«, in diesem Satz fasste Ludwig Börne den Klang des Wortes ›Menschenrecht‹ für Pariser Ohren im Jahre 1832 zusammen (Börne 1862, XI, 159). Spätestens bei seiner heimlichen Straßburgreise Ende März 1834 ist Büchner im Rahmen der bewaffneten Auseinandersetzungen dort mit der »Société des Droits de l'Homme et du Citoyen« in Berührung gekommen, die quasi als Nachfolgerin der 1832 aufgelösten »Amis du Peuple« fungierte. Deren Sektionen orientierten sich zunehmend an Blanqui sowie an dem wiederentdeckten sozialrevolutionären Gedankengut Babeufs. Dessen Forderungen sind mit der Deklaration der Menschenrechte von 1789 nicht gedeckt. Vielmehr wird mit dem Eigentumsbegriff der Kern allen bürgerlichen Rechts in Mitleidenschaft gezogen.

Der *Hessische Landbote* legt davon wegen der Überarbeitung des Büchner'schen Manuskripts durch Weidig nur noch teilweise Zeugnis ab. Die »Gerechtigkeitspflege« (DKV II, 55) ist dort gleich der erste Posten der von Büchner ausgewerteten Statistik der Staatsausgaben. Büchner forciert zunächst die gängige Kritik am Rechtswesen als etwas Lebensfremdem, Überladenem und Unverständlichem. Die Rede ist von einem »Wust von Gesetzen, zusammengehäuft aus willkürlichen Verordnungen aller Jahrhunderte, meist geschrieben in einer fremden Sprache« (ebd.). Darüber hinaus wird das Recht aber in einem klassenkämpferischen Sinn als ein Herrschaftsinstrument aufgefasst; es ist »das Eigentum einer unbedeutenden Klasse von Vornehmen und Gelehrten, die sich durch ihr eigenes Machwerk die Herrschaft zuspricht« (ebd.). Damit ist im Grunde schon der Stab über die »Justiz« gebrochen, die nichts weniger als unabhängig ist, sondern »in Deutschland seit Jahrhunderten die Hure der deutschen Fürsten« (DKV II, 55 f.).

Wie später in der marxistischen Theorie ist das Recht also allenfalls von außen zu betrachten. Die »Gerechtigkeit«, die die Gerichte sprechen, verdient diesen Namen nicht, da sie »nur ein Mittel« ist, »euch in Ordnung zu halten« (DKV II, 55). Gerade deshalb, weil das Recht Eigentum der herrschenden Klasse ist, geschieht dies vor allem über die Regelung von Eigentumsverhältnissen zwischen Privatpersonen im Privatrecht. Was hingegen fehlt, ist ein *öffentliches* Recht, in dem das Unterwerfungsverhältnis des Einzelnen unter den Staat in Frage gestellt werden könnte: »Ihr dürft euern Nachbar verklagen, der euch eine Kartoffel stiehlt; aber klagt einmal über den Diebstahl, der von Staatswegen unter dem Namen von Abgabe und Steuern jeden Tag an euerm Eigentum begangen wird« (DKV II, 56). Im Unterschied zum bestehenden Recht gibt es also ein ›wahres‹ Recht, dessen Verwirklichung aussteht und das im *Hessischen Landboten* ohne Weiteres mit den Menschenrechten gleichgesetzt wird: »[…] klagt über eure verlorne Menschenrechte: Wo sind die Gerichtshöfe, die eure Klage annehmen, wo die Richter, die rechtsprächen?« (ebd.) Zu erörtern, wie ein solch utopisches Recht zur Kategorie des Eigentums selbst steht, die hier zugleich suspendiert und in Anspruch genommen wird – dazu ist diese Kampfschrift freilich nicht der rechte diskursive Ort.

Auch später hat Büchner den durch Revolution angestrebten Zustand einer klassenlosen Gesellschaft als einen Rechtszustand begriffen, wie ein vielzitierter Brief an Gutzkow vom Juni 1836 erkennen lässt: »Ich glaube, man muß in socialen Dingen von einem absoluten *Rechts*grundsatz ausgehen, die Bildung eines neuen Lebens im *Volk* suchen und die abgelebte moderne Gesellschaft zum Teufel gehen lassen.« (DKV II, 440) Die Rede vom absoluten Rechtsgrundsatz referiert – wenn das Wort ›Recht‹ hier überhaupt substanzielle Bedeutung haben soll – nicht auf das geschriebene Recht, sondern auf das Naturrecht. Auf der anderen Seite geht Büchner mit seiner Forderung aber über das klassische Naturrecht hinaus. Denn dieses konzipiert die Menschenrechte lediglich im Hinblick auf das gleiche Recht aller zur Verfolgung ihres privaten Interesses und bleibt damit, wie Marx später sagen wird, auf einem ›egoistischen‹ Standpunkt stehen (vgl. Dipper 1997, 120 f.), den Büchner nicht teilen kann.

Recht und Gewalt

Wenn das bestehende Recht als Herrschaftsinstrument aufgefasst wird, so ist die Rechtsform nur Schein. Hinter ihr steht die Gewalt, die im Grunde stets formlos und ungeteilt ist. Im Zusammenhang mit dem missglückten ›Frankfurter Wachensturm‹ schreibt Büchner im April 1833 verallgemeinernd an die Familie: »Wenn in unserer Zeit etwas helfen soll, so ist es *Gewalt*.« (DKV II, 366) Die gewalttätige Aktion wird hier als Gegengewalt auffasst – als sichtbare Antwort auf ein Gewalt*verhältnis*, das es allerdings erst einmal als ein solches wahrzunehmen gilt, weil es an sich unsichtbar ist. Wohl in Bezugnahme auf eine nicht erhaltene elterliche Äußerung fährt Büchner fort: »Sind wir denn aber nicht in einem ewigen Gewaltzustand? Weil wir im Kerker geboren und großgezogen sind, merken wir nicht mehr, daß wir im Loch stecken mit angeschmiedeten Händen und Füßen und einem Knebel im Munde.« (ebd.) Das Recht muss als Ideologie demaskiert werden. Es wirkt an einem Verblendungszusammenhang mit, der das wahre Gewaltverhältnis verschleiert – auch dies ist eine Gedankenfigur, die die marxistische Theorie später systematisieren wird.

Büchner fügt in seinem Brief eine Erklärung über die Form des Gesetzes an, in der die Gewalt jederzeit kaschiert ist: »Was nennt ihr denn *gesetzlichen Zustand*? Ein *Gesetz*, das die große Masse der Staatsbürger zum fronenden Vieh macht, um die unnatürlichen Bedürfnisse einer unbedeutenden und verdorbenen Minderzahl zu befriedigen? Und dies Gesetz, unterstützt durch eine rohe Militärgewalt und durch die dumme Pfiffigkeit seiner Agenten, dies Gesetz ist eine *ewige, rohe Gewalt*, angetan dem Recht und der gesunden Vernunft, und ich werde mit Mund und Hand dagegen kämpfen, wo ich kann.« (DKV II, 366 f.) Diese naturrechtlich inspirierte Rechtfertigung der Revolution zielt deutlich auf eine konkrete historische Situation und einen *bestimmten* gesetzlichen Zustand, der den Rechten der Menschen zuwiderläuft. Büchner deklariert einen Ausnahmezustand, in dem die gewalttätige Aktion erlaubt ist. In der diagnostischen Entgegensetzung von Gesetzesform und roher Gewalt liegt aber bereits eine Zweideutigkeit. Denn das Gesetz ist immer eine Form und die Gewalt ist immer roh (entsprechend wird zunächst die konkrete Militärgewalt als ›roh‹ charakterisiert, dann aber die Gewalt an sich). Folglich kann letztlich die rohe Gewalt als der ›wahre‹ Kern jeder Gesetzesform aufgefasst werden, so dass das ›Recht‹, dem Gewalt angetan wird, überhaupt keine Gesetzesform mehr annehmen kann. Wenn hinter allen rechtsförmigen Institutionen die rohe Gewalt steht, dann ist der Ausnahmezustand, der die Gesetzesform außer Kraft setzt, permanent (vgl. Agamben 2002, 60 f.).

Zunächst ist bei Büchner eine Verneinung der vorgefundenen rechtsförmigen Institutionen zu konstatieren, insofern sie über den Einzelnen verfügen und Gewalt über ihn ausüben. Die vorgefundenen Einzelnen (aus denen sich das ›Volk‹ zusammensetzt) können den Institutionen aber nur entgegengesetzt werden, wenn sie selbst *nicht* als Ort der Gewalt begriffen werden müssen. Im berühmten ›Fatalismusbrief‹ vom Januar 1834, in dem die Gewalt ebenfalls eine Schlüsselkategorie darstellt, glaubt Büchner genau diese Annahme aufgeben zu müssen. Bei seinem Studium der Geschichte der Französischen Revolution findet er »in der Menschennatur eine entsetzliche Gleichheit, in den menschlichen Verhältnissen eine unabwendbare Gewalt, Allen und Keinem verliehen« (DKV II, 377). Die als ›entsetzlich‹ charakterisierte Gleichheit ist nicht die von der Französischen Revolution proklamierte rechtliche Gleichheit, sondern eben diejenige der menschlichen Natur, die nun – wie die wenig später folgende Frage »Was ist das, was in uns lügt, mordet, stiehlt?« (DKV II, 377) unmissverständlich klar macht – selbst als Ort der Gewalt verstanden wird. Der Fatalismus der Geschichte präsentiert sich von daher zugleich als Rückfall in einen Naturzustand, der nach Hobbes genau deshalb ein Kriegszustand aller gegen alle sein muss, weil der Einzelne in Ermangelung einer Gesetzesform das natürliche Recht hat, Gewalt auszuüben.

Der Ausnahmezustand wird damit zu einer existenziellen Erfahrung, die nicht nur die politischen Verhältnisse, sondern auch das Selbstverhältnis und das Selbstverständnis des Subjekts Georg Büchner betrifft. Er wird auch zu einer Art Handlungsmodell. Man sieht das unter anderem dort, wo Büchner – freilich auf einer bloß rhetorischen Ebene – für sich in Anspruch nimmt, die zivilen Umgangsformen außer Kraft setzen zu müssen. So in dem dramatisierenden ersten Brief an Gutzkow, in dem er diesem das »Manuscript« von *Dantons Tod* »auf die Brust« setzt und der mit den Worten endet: »Sollte Sie vielleicht der Ton dieses Briefes befremden, so bedenken Sie, daß es mir leichter fällt, in Lumpen zu betteln, als im Frack eine Supplik zu überreichen und fast leichter, die Pistole in der Hand: la bourse ou la vie! zu sagen, als mit bebenden Lippen ein: Gott lohn' es! zu flüstern.« (DKV II, 393)

Büchner als Gegenstand der Strafverfolgung

Einerseits verläuft Büchners bürgerliche Biographie im Hinblick auf die institutionell vorgesehenen, von Rechten und Pflichten gekennzeichneten Stationen (Elternhaus, Schule, Studium, Verlobung, Promotion, Dozentur) durchaus geordnet. Andererseits handeln seine literarischen Texte nicht nur von den Ausnahmezuständen des Wahnsinns und der Revolution, sondern sie sind auch geschrieben unter Bedingungen, unter denen ihr Verfasser als Flüchtling in keinem gesicherten Rechtsverhältnis steht und seine eigene Situation als Ausnahmezustand wahrnehmen kann. Ein Flüchtling kann keine Bürgerrechte, sondern nur Menschenrechte für sich reklamieren. Insofern verweist seine Existenz, wie Giorgio Agamben eindringlich vor Augen geführt hat, auf das rechtlose, von allen Institutionen verlassene und doch in ihrem Bann gehaltene ›nackte Leben‹ (Agamben 2002, 135–144). Büchner musste – auch wenn er stets gut aufgenommen wurde – die Kehrseite der akademischen Laufbahn, auf die er Aussicht hatte, immer im Blick haben, wenn er etwa im Sommer 1836 an die Familie ausführlich über die Zukunft des Asylrechtes in der Schweiz schreibt (vgl. DKV II, 447) oder die Züricher Behörden um eine Aufenthaltserlaubnis bittet mit der Beteuerung, sich »seit der Entfernung aus meinem Vaterland allen politischen Umtrieben« (DKV II, 452) ferngehalten zu haben. Das ›nackte Leben‹ wird sich ihm in Umrissen aufgedrängt haben als der dunkle Schatten seiner Lebensperspektiven.

Zum Flüchtling wurde Büchner, weil er sich einem Strafverfahren entzogen hat. Seine Reaktionen auf die Verwicklung in dieses Verfahren sagen einiges aus über sein Verhältnis zum Recht. Nach der Denunziation durch Johann Conrad Kuhl und der Verhaftung von Minnigerode hat Büchner sehr umsichtig und schnell reagiert. Er hat sich unter Nutzung glücklicher Umstände den Überwachungsinstanzen entzogen und auf seiner Reise nach Frankfurt seine Helfer rechtzeitig gewarnt. Besonders bezeichnend aber ist, dass er sich zugetraut hat, bei seiner Rückkehr den empörten Unschuldigen zu spielen. Auf diese Weise ist es ihm gelungen, den Universitätsrichter Georgi von seiner Verhaftung abzubringen, mit der er eigentlich betraut gewesen war.

Auch in den Briefen an die Familie hat er dabei die Position dessen eingenommen, der über seine Rechte Bescheid weiß und sie zu handhaben imstande ist. So schreibt er etwa – natürlich um den Eltern Sand über seine Beteiligung an den verbotenen politischen Umtrieben in die Augen zu streuen – über die Durchsuchung und Versiegelung seines Zimmers: »Auf einen vagen Verdacht hin verletzte man die heiligsten Rechte und verlangte dann weiter Nichts, als daß ich mich über meine Reise ausweisen sollte!!!« (DKV II, 388) Einige Tage später teilt er mit, dass er sich an das »Disciplinargericht« gewendet habe zum »Schutz gegen die Willkür des Universitätsrichters« (ebd., 389), und spricht ausführlich davon, dass das »Gesetz« eine Hausdurchsuchung »nur in Fällen sehr *dringenden* Verdachtes, der statt eines *halben Beweises* gelten könne«, gestatte (ebd., 389). Zwei Wochen später legt er in einem weiteren Brief an die Familie noch einmal in Einzelheiten dar, welche verschiedenen Verfahrensfehler in seinem Falle begangen worden seien (insbesondere wendet er sich gegen die Vermengung von Kompetenzen Georgis als Universitätsrichter einerseits und Regierungsbeauftragtem andererseits), und erklärt, der Vorfall liege »so klar am Tage, daß man mir entweder öffentlich volle Genugtuung schaffen oder öffentlich erklären muß, das Gesetz sei aufgehoben und eine Gewalt an seine Stelle getreten, gegen die es keine Appellation, als Sturmglocken und Pflastersteine gebe.« (ebd., 391)

Natürlich muss Büchner seiner Familie gegenüber in die Rolle des Unschuldigen schlüpfen. Trotzdem ist seine Argumentation bemerkenswert. Schließlich weiß er, dass die Regierung allen Grund hat, ihn zu verdächtigen. Wenn er in dieser Weise zum Schein vom Rechtsstandpunkt aus argumentiert, weiß er sehr wohl, dass die Rechtsform mehr als bloßer Schein ist, da sie dem Einzelnen Rechte innerhalb eines Verfahrens gibt und insofern nicht auf die bloße Gewalt reduziert werden kann. Zugleich übersteigert er in einer charakteristischen Gedankenfigur seinen Konflikt mit den Rechtsinstitutionen zu einer Entscheidungssituation, in der es wieder um den Ausnahmezustand geht: Entweder das Recht gesteht seine Niederlage ein oder es entlarvt sich doch als Schein und damit als Gewalt, die nur mit Gegengewalt beantwortet werden kann.

Der Begriff des Gesetzes

Entsprechend schillernd ist der Gebrauch des Wortes ›Gesetz‹ bei Büchner. An der soeben zitierten Stelle ist das ›Gesetz‹ der Gegenbegriff zur ›Gewalt‹, in die seine ganz und gar unhegelsche Aufhebung mündet. In anderen Briefen wird der ›gesetzliche Zustand‹ hingegen mit der Gewalt gleichgesetzt (vgl. DKV II, 366 f.). Das ist kein Widerspruch, sondern

zeigt das Spannungsverhältnis an, in dem der Begriff des Gesetzes stehen muss, sobald man ihn vom Ausnahmezustand her denkt.

Vollends deutlich wird das natürlich im Revolutionsdrama, in dem die Signalwörter ›Gesetz‹ und ›Gewalt‹ des Öfteren fallen. In der zweiten Szene des ersten Aktes von *Danton's Tod* tritt Robespierre mit den Worten »Im Namen des Gesetzes« in eine aufgebrachte Volksmenge, die einen jungen Mann totschlagen wollte, muss aber auf die Gegenfrage »Was ist das Gesetz?« zugeben: »Der Wille des Volks.« Daraufhin darf er sich folgende Deduktion anhören: »Wir sind das Volk und wir wollen, daß kein Gesetz sei, ergo ist dieser Wille das Gesetz, ergo im Namen des Gesetzes gibt's kein Gesetz mehr, ergo totgeschlagen!« (DKV I, 20; MBA 3.2, 12) Unter der Voraussetzung, dass ›das Volk‹ als letzte Referenz hier und jetzt *anwesend* sein kann, gibt es tatsächlich kein Gesetz mehr, das *vertreten* werden kann. Robespierre bestätigt das einerseits, indem er die Anwesenden in seiner folgenden Rede mit »Armes, tugendhaftes Volk« anspricht. Aber das ist Rhetorik. Denn andererseits beharrt er auf der *Vertretung* des Gesetzes, der gesetzgebenden Versammlung: »Deine Gesetzgeber wachen, sie werden deine Hände führen, ihre Augen sind untrügbar, deine Hände sind unentrinnbar.« (DKV I, 20; MBA 3.2, 12)

Robespierre beharrt auf dem Aufschub und der Übertragung als Voraussetzung für die Geltung des Gesetzes, weil er eben nicht zu den ultrarevolutionären Hébertisten gehört, deren Liquidierung er anschließend in seiner großen Rede im *Jakobinerklub* noch einmal rechtfertigt: »Das Schwert des Gesetzes hat die Verräter getroffen.« (DKV I, 23; MBA 3.2, 15) Was es demzufolge im revolutionären Ausnahmezustand noch gestattet, vom ›Gesetz‹ zu sprechen, ist jenes Minimum an Form, das darin liegt, dass es überhaupt Urteile gibt, die *verkündet* werden, dass das Schwert des Gesetzes in seinen Wirkungen vorhergesagt wird (während ›das Volk‹ nicht mehr der Urteilsrede bedarf, um zur Tat zu schreiten). Das bedeutet freilich umgekehrt, dass die Rede selbst von der Gewalt interpunktiert werden kann – nach Barrère ist in St. Justs Perioden »jedes Komma ein Säbelhieb und jeder Punkt ein abgeschlagner Kopf« (DKV I, 69, MBA 3.2, 60).

Das Todesurteil gegen Danton und seine Anhänger wird vom Revolutionstribunal gefällt, das dieser im Jahr zuvor selbst eingerichtet hatte. Die Instanz des Tribunals verbürgt nur ein Minimum an Verfahrensform. Das heißt hier: Nur der Form nach steht das Urteil noch nicht fest. Denn es ergeht nicht nur im Namen des Volkes, sondern auch im Namen der Notwendigkeit. Man kann auch sagen, es setzt den Tatbestand der Notwehr voraus. Im Gespräch mit Julie sucht Danton die ›Septembermorde‹ mit der Gedankenfigur zu rechtfertigen, diese seien keine Morde gewesen, sondern »Krieg nach innen« und »Notwehr« (DKV I, 49; MBA 3.2, 41). Als Robespierre zuvor in Voraussicht des Kommenden erklärt hat, wer ihm »in den Arm« falle, wenn er in Ausübung der Gerechtigkeit das Notwendige tue und »das Schwert« ziehe, sei sein Feind, argumentiert Danton dagegen mit dem Wort: »Wo die Notwehr aufhört fängt der Mord an« (DKV I, 32; MBA 3.2, 24). Immer wieder ist es die Notwendigkeit, in deren Namen das unentrinnbare ›Schwert des Gesetzes‹ geführt wird.

Während die Notwendigkeit für Danton und bis zu einem gewissen Grade auch für Robespierre fatalistische Züge trägt, gleicht sie für St. Just einfach dem Walten eines Naturgesetzes. Eine Unterscheidung zwischen dem Gesetz, nach dem Recht gesprochen wird, und dem stummen *Naturgesetz*, das man nur in seinen Wirkungen erkennt, gibt es im revolutionären Ausnahmezustand nicht: »Die Natur folgt ruhig und unwiderstehlich ihren Gesetzen, der Mensch wird vernichtet, wo er mit ihnen in Konflikt kommt«, erklärt St. Just im Nationalkonvent und stellt die rhetorische Frage, ob eine »Idee nicht eben so gut wie ein Gesetz der Physik vernichten dürfe[ ], was sich ihr widersetzt?« (DKV I, 54; MBA 3.2, 45 f.) Unter dieser Voraussetzung ist freilich auch jenes Minimum an Verfahrensform, das Danton vor dem Revolutionstribunal der Form halber einfordert, nur Schein. St. Just selbst kommentiert im Wohlfahrtsausschuss seine Machenschaften zur Festlegung des Prozessausgangs selbst mit den kalten Worten: »sie werden über die Verletzung der Formen schreien« (DKV I, 69; MBA 3.2, 61). Auch hier also geht der Rechtsstandpunkt verloren. Entscheidend ist in diesem Zusammenhang nicht, inwieweit Büchner diese Position teilt, sondern, dass er ausschließlich Situationen entwirft, in denen der Rechtsstandpunkt nicht überzeugend eingenommen werden kann. Nicht nur für die Ohnmächtigen ist die Gewalt letztlich nackt.

Woyzecks Zurechnungsfähigkeit

Man kann diesen Befund mit der vorbelasteten und zweischneidigen Formulierung umschreiben, dass der Rechtsstandpunkt ›lebensfremd‹ ist. Das ist – in anderer Weise – auch der Ausgangspunkt für das »*Woyzeck*«-Fragment. Die Szenenfolge stellt nach

weithin geteilter Auffassung den Versuch dar, sich – gemäß der poetologischen Forderung in »*Lenz*« – in das »Leben des Geringsten« (DKV I, 234; MBA 5, 37) zu versenken. Ein solches Leben kommt gewöhnlich erst dann zur Sprache, wenn es von einem ihm fremden Diskurs erfasst wird – insbesondere also dann, wenn es zu einem Rechtsfall wird. Entsprechend steht Büchners Niederschrift in Beziehung zu den Gutachten von Dr. Johann Christian August Clarus, in denen dieser, um die Frage nach der Zurechnungsfähigkeit zu erörtern, das aktenmäßig erfasste Leben des Mörders Johann Christian Woyzecks Revue passieren und ihn selbst in einer Befragung zu Wort kommen lässt. Die weiteren Rechtsfälle, die im »*Woyzeck*« Spuren hinterlassen haben (die Mordfälle Schmolling und Dieß), tauchen nicht auf der Ebene der Namen auf. Insofern geht es um den Fall Woyzeck.

In der ersten Entwurfstufe allerdings (in der auch die Parallelen mit dem Fall Schmolling vorherrschen) heißt Woyzeck noch Louis. In welcher Weise sich das Drama auf den Rechtsfall bezieht, ist also durchaus unklar. Zwar verwendet Büchner Material aus den Gutachten im Fall Woyzeck, der innerhalb der Gerichtsmedizin zum vieldiskutierten Streitfall hinsichtlich der Zurechnungsfrage geworden war (vgl. ausführlich Reuchlein 1985, 45–82; Campe 1998). Aber schon der Umstand, dass Büchners Woyzeck sich in Alter und anderen Lebensumständen deutlich vom historischen Woyzeck unterscheidet, macht es problematisch, Büchners Fragment als eine Stellungnahme in diesem Streit aufzufassen – etwa als einen Einspruch gegen das Gutachten von Clarus, Woyzeck Zurechnungsfähigkeit zu bescheinigen (so u. a. Glück 1984). Folgerichtig *endet* das Drama genau dort, wo der Rechtsfall *beginnt*, indem der Gerichtsdiener in der letzten Szene – ganz unprofessionell – von einem guten, echten und schönen Mord spricht (vgl. DKV I, 189; MBA 7.2, 11). Büchners Drama mischt sich nicht in die gerichtsmedizinische Debatte eines historischen Falles ein, vielmehr fungiert der Name ›Woyzeck‹ diskursanalytisch gesehen als Signifikant, der die juridische Frage nach der Zurechnung in diese Szenenfolge importiert. Das heißt aber weder, dass es Büchner allein darum geht, nun eine *fiktive* Figur hinsichtlich ihrer Zurechnungsfähigkeit zu beurteilen, noch ausschließlich darum, dem Zuschauer Stoff zur Beurteilung dieser Frage vorzulegen. Eher scheint es, dass die Frage nach der Zurechnungsfähigkeit importiert wird, um sie selbst als ›lebensfremd‹ zu erweisen: Die Dramenfigur Woyzeck ist – so muss man gegen die Gewohnheit vieler urteilsfreudiger Exegeten betonen (vgl. Nachweise bei Reuchlein 1985, 62) – weder zurechnungsfähig noch unzurechnungsfähig.

Das hängt damit zusammen, dass die Kategorie der Zurechnung im juridisch-kriminalpsychologischen Diskurs seit dem beginnenden 19. Jahrhundert »zwei Seiten« hat (Campe 1998, 227), die beide auf das Naturrecht verweisen (vgl. Greve 2000). Einerseits ist sie konkretes Instrument innerhalb der Rechtsprechung, mit deren Hilfe der Richter mildernde Umstände berücksichtigen kann. Andererseits ist sie »grundlegende Kategorie des Rechts selbst« (Campe 1998, 227), weil sie allererst bestimmt, was überhaupt Handlung im Sinne des Rechts ist und wer als juristische Person unter das Gesetz fällt. So definiert Kant den Begriff der *Person*, der in Büchners Drama bezeichnenderweise vom Ausrufer in der Jahrmarktszene emphatisch auf das dressierte Pferd bezogen wird (vgl. DKV I, 177; MBA 7.2, 3), in dem Satz: »*Person* ist dasjenige Subjekt, dessen Handlungen einer Zurechnung fähig sind.« (Kant 1797/1922, 26).

Die Frage, ob sich der Protagonist Woyzeck als juristische Person auffassen lässt, wird im Drama auch unabhängig von seiner Mordtat entfaltet. Am deutlichsten geschieht dies in der Szene, in der der Doktor Woyzeck bezichtigt, ihm den vertraglich zugesicherten Harn vorenthalten zu haben. Weil Vertragsfreiheit herrscht und weil der »musculus constrictor vesicae dem Willen unterworfen ist«, ist formal alles rechtens: »Ich hab's schriftlich, den Akkord in der Hand.« (DKV I, 209; MBA 7.2, 27) Wenn der Doktor bei Woyzeck im weiteren Verlauf dieser Szene die »schönste aberratio mentalis partialis« (DKV I, 210; MBA 7.2, 27) diagnostiziert, so bezieht sich das nicht auf eine zukünftige oder vergangene Tat, sondern auf seine apokalyptische Vision einer Strafe, auf die der Zuschauer schon in der ersten Szene eingestimmt wird – dass »die Welt im Feuer« aufgeht und eine »fürchterliche Stimme« zu ihm spricht (DKV I, 210; MBA 7.2, 27).

Die apokalyptischen Visionen Woyzecks verweisen auf die religiöse Dimension des Geschehens, auf das Strafgericht, das auch im »Lenz« verschiedentlich präsent ist (vgl. etwa die Landschaftsbeschreibung in DKV I, 242; MBA 5, 43). Letztlich wird das Strafgericht jedoch eher *zitiert*. Denn die apokalyptischen Phantasien, von denen Woyzeck und Lenz heimgesucht werden, sind selbst schon unverdiente und maßlose Strafe. Darüber hinaus lassen sie sich als Hinweis darauf verstehen, dass die dargestellte Welt aus der Perspektive des Ausnahmezustandes in

den Blick genommen wird (von der übrigens in gewissem Maße sogar die keineswegs funktional agierenden Vertreter der Institutionen ergriffen sind, die den Protagonisten drangsalieren). Erscheint die rechtliche Zurechnung von Handlungen unter diesen Vorzeichen ohnehin als obsolet, so wird das Zwangsmoment enggeführt und forciert durch das leitmotivische »Immer zu«, das Woyzeck in der Wirtshausszene zunächst von der vorbeitanzenden Marie gehört hat (DKV I, 213; MBA 7.2, 29) und das in der Folge zu seiner Obsession wird. Dass diese zur Tat führende Obsession *nachvollziehbar* ist, mithin eine »Stringenz der psychisch bedingten Motivlage« vorliegt, begründet nun in der herrschenden kriminalpsychologischen Doktrin etwa eines Johann Christian August Heinroths keineswegs die Unzurechnungsfähigkeit im rechtlichen Sinne: »Eine Ursachenfolge, die man verstehen kann, wäre auch für den Täter verstehbar. Wo es aber Verstehen gibt, gibt es auch die Kontingenz der Wahl, die Möglichkeit, anders zu entscheiden.« (Campe 1998, 233)

Für die restaurativ gesinnten Wortführer in der Kriminalpsychologie der 1820er Jahre, zu denen auch Clarus gehörte, war es dem Täter moralisch und damit indirekt auch rechtlich zuzurechnen, dass er sich psychisch und sozial in Verhältnisse begeben hatte, in denen er sich einem zunehmenden Zwang unterworfen fühlte. In dieser Hinsicht dient das von Büchner entworfene Milieu mit seinen Abhängigkeiten vor allem der moralischen Entlastung des Protagonisten (vgl. Reuchlein 1985, 67). Eine Unzurechnungsfähigkeit im juristischen Sinne folgt daraus nicht. Aber indem sich Büchner in ›seinen‹ Woyzeck als einen ›Geringsten‹ versenkt, entschuldigt er ihn moralisch *und* verlässt zugleich den Rechtsstandpunkt, von dem aus die Frage nach seiner Zurechnungsfähigkeit sinnvoll gestellt werden könnte. Ihre Voraussetzung hat diese Versenkung freilich im gerichtsmedizinischen Diskurs des Doktor Clarus. Dessen Gutachten präsentierte das Leben Woyzecks als eines ›Pauper‹ oder ›Plebejer‹ (wie er in der Sekundärliteratur gerne genannt wird), das für den Leser Büchner, der einem andern Stand angehörte, wohl nur als ein permanenter Ausnahmezustand vorstellbar war, jeder Rechtsform spottend. Gleichwohl war auch ein solches Leben Alltag.

Literatur

Agamben, Giorgio: Homo sacer. Die souveräne Macht und das nackte Leben. Frankfurt a. M. 2002 (ital. 1995).

Börne, Ludwig: Schriften. Bd. XI. Hamburg/Frankfurt a. M. 1862.

Campe, Rüdiger: Johann Franz Woyzeck. Der Fall im
    Drama. In: Michael Niehaus/Hans-Walter Schmidt-
    Hannisa (Hg.): Unzurechnungsfähigkeiten. Diskursivie-
    rungen unfreier Bewußtseinszustände seit dem 18. Jahr-
    hundert. Frankfurt a. M./Berlin/Bern 1998, 209–236.
Dipper, Christof: Naturrecht und persönliche Freiheit im
    Zeichen der ›sozialen Frage‹ (1800–1848/49). In: Diet-
    helm Klippel (Hg.): Naturrecht im 19. Jahrhundert. Kon-
    tinuität – Inhalt – Funktion – Wirkung. Goldbach 1997,
    99–134.
Glück, Alfons: Militär und Justiz in Georg Büchners Woy-
    zeck. In: GBJb 4 (1984) 1986, 227–247.
Greve, Ylva: Naturrecht und ›Criminalpsychologie‹. In:
    Zeitschrift für Neuere Rechtsgeschichte 22 (2000), 69–
    93.
Kant, Immanuel: Metaphysische Anfangsgründe der
    Rechtslehre [1797]. In: Ders.: Metaphysik der Sitten.
    Teil. I. Hg. von Karl Vorländer. Hamburg ⁴1922.
Reuchlein, Georg: Das Problem der Zurechnungsfähigkeit
    bei E.T.A. Hoffmann und Georg Büchner. Zum Verhält-
    nis von Literatur, Psychiatrie und Justiz im frühen 19.
    Jahrhundert. Frankfurt a. M./Bern/New York 1985.

Michael Niehaus

8. Individuum als ›Fall‹ in Recht und Naturwissenschaft

Während die Entstehung des modernen Individualitätsbegriffs im 18. Jahrhundert noch Hand in Hand mit der Entwicklung des literarischen Menschenbilds geht, sind Büchners Texte von einem deutlichen Bruch mit dem aufklärerischen Modell des Bürgers als vernünftiges Subjekt geprägt. Zwar spielt die Vorstellung des autonomen Individuums (und seines ›Falls‹) von den Schülerreden bis zum *Danton* durchaus noch eine Rolle, und auch ihre ästhetische Spielart, das Genie, wird im »*Lenz*«-Fragment berührt. Der Wahnsinn, von dem Lenz ebenso gezeichnet ist wie Woyzeck, rückt aber deutlich die Kehrseite der vernünftigen Individualität in den Blickpunkt und verortet Büchners Darstellung im Kontext rechtswissenschaftlicher, medizinischer und psychologischer Fallstudien, zu denen auch Beobachtungsprotokolle wie dasjenige Oberlins über den historischen Lenz bzw. die Verhör- und Gutachtenpraxis, der der Hofrat Clarus den historischen Woyzeck unterzieht, gehören. Hinzu kommt die Infragestellung individueller Agentenschaft, die in Büchners Briefen in Gestalt einer ›fatalistischen‹ Einsicht in den historischen Determinismus, in *Leonce und Lena* im ironischen Spiel mit der spinozistischen Substanzlehre sowie der Doppelgänger- und Automatenthematik zum Ausdruck gelangt. Nimmt man zu den Motiven des Wahns und der Mechanik noch die vor allem in *Danton's Tod* und »*Woyzeck*« präsente Animalität hinzu, so zeigt sich, dass das Individuum in Büchners literarischen Fallstudien stets anhand der Abgrenzung von einem bestimmten Normbereich des Menschlichen vermessen wird.

Im Folgenden wird gezeigt, wie diese Vorstellung von Normalität wissenschaftshistorisch anhand der Konzeptualisierung des Individuums als Fall (und vice versa) erfolgt, auf welche Weise Büchners literarische Texte von narrativen Schemata und der exemplarischen Modellhaftigkeit juristischer und medizinischer Fallgeschichten geprägt sind, welches Menschenbild auf der Basis einer solchen literarischen Kasuistik entsteht und inwiefern man Büchners Schreiben in der Folge als Verabschiedung des Individualitätsbegriffs des 18. Jahrhunderts lesen kann. Büchners Texte, so soll deutlich werden, lehnen sich an die normalisierende Darstellungsform des Individuums als Fall an, um die Machtstrukturen und unmögliche Generalisierbarkeit dieser Normalität offenzulegen.

Der Begriff der Individualität

Wenn der Doktor im »*Woyzeck*« seinen Patienten und Probanden mit den Worten »Er ist ein in<tere>ssanter casus, Subjekt Woyzeck« (DKV I, 210) entlässt, dann ist diese enge Fügung der Begriffe *casus* und *Subjekt* insofern bezeichnend, als sich in ihr die epistemologische Basis des modernen Individualitätsdiskurses spiegelt. Gemäß der Studien von Michel Foucault (1976) zur Entstehung des modernen Individuums ist dieses dadurch gekennzeichnet, dass es durch Überwachungs- und Registraturtechniken von vornherein als ›Fall‹ konstruiert wird: Der subjektive Ausdruck eines Menschen, den die idealistische Philosophie auf seine Vernunftautonomie zurückgeführt hat, wird Foucault zufolge durch dezentrale Machtinstanzen erzeugt und protokolliert, um die einzelnen Individuen kontrollieren und disziplinieren zu können. Daraus ergibt sich der verräterische Doppelsinn des Subjektbegriffs, der in der Moderne ja die Autonomie des Einzelnen meint, dazu aber das lateinische Wort für den ›Unterworfenen‹ (lat. *sub-iectum*) verwendet.

Vor diesem Hintergrund können Thema und Darstellungsform der Individualität in Büchners Werk als Reflexion der gesellschaftlichen Produktion und Kontrolle von Subjekten gelesen werden. Das zeigt sich am deutlichsten im »*Woyzeck*«, dessen Titelfigur ein ›Fall‹ im physiologisch-psychiatrischen wie kriminologisch-juristischen Sinn ist. Seine Individualität wird im Stück durch staatliche (Hauptmann) und wissenschaftliche (Doktor) Machtinstanzen konstruiert, und zwar in Form seiner Entmündigung und Ausbeutung. Den Zusammenhang dieser Unterdrückung Woyzecks mit der Semantik der Individualität macht der Dramentext explizit, wenn Woyzeck vom Hauptmann in ein Gespräch über Moral (vgl. DKV I, 206 f.; MBA 7.2, 24 f.) und vom Doktor in eines über Willensfreiheit (vgl. DKV I, 209; MBA 7.2, 27) verstrickt wird: In der Tradition der Kantischen Philosophie stehen Freiheit und Moral in einem Bedingungsverhältnis zueinander und sind Beleg für die Vernunftautonomie des Individuums. In der Auseinandersetzung mit dem Hauptmann aber relativiert Woyzeck die Tugendfähigkeit des Einzelnen mit dem Hinweis auf seinen sozialen Stand, in der Diskussion mit dem Doktor bezieht er sich auf die Dominanz von Naturtrieben über seine Willensfreiheit. Beides ist individualitätstheoretisch insofern signifikant, als sich zeigt, dass Woyzeck nicht nur gesellschaftlich, materiell und physisch depraviert wird, sondern auch auf der Ebene des Dis-

kurses die Attribute des vernünftigen Individuums verliert. Sein restringierter Sprachcode, seine Orientierungslosigkeit sowie nicht zuletzt die Anzeichen seines Wahnsinns korrespondieren diesem diskursiven Entzug von Moral- und Freiheitsfähigkeit. In der gleichen Weise zeigt sich auch im »*Lenz*«-Fragment der im literaturgeschichtlichen Verständnis der Zeit als Genie firmierende Sturm-und-Drang-Dichter aufgrund seines Wahnsinns der individuellen Handlungsfähigkeit und poetischen Produktivität beraubt.

Den in der Forschung etablierten sozialhistorischen Ansätzen (vgl. Martens 1957/58; Glück 1990) ist daher eine Perspektive auf den Diskurs der philosophischen Anthropologie in Büchners Werken zur Seite zu stellen (vgl. Oesterle 1984). Hierzu fügen sich auch Büchners eigene Aussagen zur Willensfreiheit des Menschen, allen voran im sogenannten Fatalismusbrief vom Januar 1834, in dem Büchner das emphatische Individualitätskonzept hinterfragt (»Der Einzelne nur Schaum auf der Welle, die Größe ein bloßer Zufall, die Herrschaft des Genies ein Puppenspiel«, DKV II, 377) und seinen Trennungsschmerz von Wilhelmine Jaeglé in die Worte fasst: »Ich bin ein Automat; die Seele ist mir genommen.« (DKV II, 378) Das erste Zitat gehört in den Kontext der vielgestaltigen Marionettenmetaphorik in Büchners Werk (vgl. DKV II, 411), die insbesondere die Frage nach Möglichkeit und Sinn der individuellen politischen Tat in *Danton's Tod* betrifft. Der skeptizistische Fatalismus wird hier allerdings naturwissenschaftlich kontextualisiert, insofern Danton in deutlicher Anspielung an die deterministische Phrenologie Franz Josephs Galls formuliert: »Wer hat das Muß gesprochen, wer? Was ist das, was in uns hurt, lügt, stiehlt und mordet? Puppen sind wir von unbekannten Gewalten am Draht gezogen; nichts, nichts wir selbst!« (DKV I, 49; MBA 3.2, 41) Dem korrespondiert auch Dantons Bekenntnis zu Materialismus und Epikureismus in seinem Streitgespräch mit Robespierre, der als Vertreter eines Tugendrigorismus dem idealistischen Individualitätskonzept anhängt (vgl. DKV I, 32 ff.; MBA 3.2, 24 ff.).

Die in der zweiten oben zitierten Briefstelle angesprochene Automatenmetapher ist über den französischen Materialismus durchaus mit der deterministischen Anthropologie Galls verknüpft und wird in *Leonce und Lena* mit dem romantischen Doppelgängermotiv verbunden, das eine weitere Spielart der Individualitätsskepsis darstellt: Wenn Leonce und Lena dem König als verkleidete Automaten vorgeführt werden, um genau die Heirat zu vollziehen, vor der sie geflohen sind (vgl. DKV I, 127; MBA 6, 122 f.), dann implizieren auch diese Anspielungen einen unmittelbaren Kommentar zur Relation von Willensfreiheit und Determinismus wie auch zur Möglichkeit der individuellen Steuerbarkeit von Lebensläufen. Analog fügt sich auch die Parodie auf Spinozas Substanzlehre in der *lever*-Szene des Stücks (vgl. DKV I, 98 f.; MBA 6, 102 f.) in die vielschichtige Kritik des Individualitätsbegriffs bei Büchner, wenn die Kleider als Akzidentien des Körpers bezeichnet werden, so dass für den von Spinoza anvisierten Geist kein Platz mehr bleibt.

Diesem kritischen und satirischen Abgesang auf den Begriff der Individualität stehen die wenigen Beispiele für ›große‹ Individuen in Büchners Werk entgegen. Zu ihnen gehört Cato von Utica, dessen Selbstmord Büchner in einer Rede als Schüler rechtfertigt, indem er ihn als letztmögliche freie Handlung eines römischen Republikaners nach dem Staatsstreich Caesars bezeichnet. Von ähnlicher Größe ist auch die Danton-Figur, zum Zeitpunkt der Handlung von Büchners Stück allerdings nur noch im Rückblick. Die Fähigkeit zum souveränen Handeln ist dem Protagonisten kurz vor seiner Festnahme bereits verloren gegangen, und das Drama zeigt daher in einem zweiten Sinne des Wortes den ›Fall‹ des Individuums. Durch diesen Doppelsinn zeigen sich die Technologien der Macht, die um 1800 das Individuum als Fall konstituieren, mit der tragödientheoretischen Kategorie des Scheiterns hypertropher Individuen verbunden.

Die Fallgeschichte als wissenschaftlich-literarische Textsorte

Der damit angesprochene Doppelsinn von ›Fall‹ ist insofern signifikant, als er auch auf den entscheidenden Wandel hinweist, dem Texte, die die Geschichte einzelner Individuen zur Belehrung und Instruktion der Leser mitteilen, im 18. Jahrhundert durchlaufen: Während die *exempla*-Literatur in der Tradition von Cornelius Nepos *De viris illustribus* oder Plutarchs *Vitae Parallelae*, in der sich noch Büchners Cato-Rede bewegt, heroische Lebensläufe als didaktische Charakterstudien konzipiert, richtet sich das Interesse derjenigen Fallberichte, die aus der Rechtswissenschaft (F.G. de Pitaval) in die Medizin (H. Boerhaeve), Erfahrungsseelenkunde (C.P. Moritz) und Gerichtspsychiatrie (J.Th. Pyl) vordringen, durchweg auf das delinquente oder pathologische Individuum. Solche Fallgeschichten sind nicht mehr im Sinne einer Vorbildfunktion exemplarisch, sondern

aufgrund ihres Anspruchs, das Fehlverhalten bzw. Leiden eines einzelnen Menschen so zu präsentieren, dass aus diesem Einzelschicksal Schlüsse auf Physis und Psyche des Menschen im allgemeinen möglich sind: Fallgeschichten verbinden zumeist die Beschreibung eines akuten Krankheitsbilds (bzw. Verbrechens) mit der Herkunfts- und Lebensgeschichte des Patienten (bzw. Delinquenten) und versuchen, den Zusammenhang zwischen beiden in Gestalt von Kausalunterstellungen narrativ so zu entfalten, dass sich das ergebende Diagnose- bzw. Erklärungsschema potentiell auf andere vergleichbare Fälle anwenden lässt.

Zum Zeitpunkt der Entstehung von Büchners wissenschaftlichem und literarischem Werk gehören fallbasierte Darstellungsformen bereits zum festen Inventar der Wissenschaften vom Menschen. Spätestens seit C.P. Moritz' *Magazin zur Erfahrungs-Seelenkunde* (1783–1793) sind Fallgeschichten aber auch ein Kernbestand der Literaturgeschichte: Zum einen, insofern Autoren sich die Form exemplarischer Lebensberichte zum Muster von Romanen (z.B. Jean Paul) wählen, zum anderen insofern literarische Darstellungsformen Eingang in die psychiatrische Kasuistik (z.B. C.H. Spieß) finden (vgl. Pethes 2007, 266–283, 359–370). Wenn Büchner, der mit dieser populären Textsorte aufgrund von Fachzeitschriften, die sein Vater bezog, gut vertraut war, die Fallgeschichte als Schema für seine Projekte zu »Lenz« und »Woyzeck« aufgreift, bewegt er sich bei der Darstellung der jeweiligen Protagonisten exakt an der Schnittstelle zwischen Naturwissenschaft und Literatur.

Im Fall von »Lenz« handelt es sich um die Ausgestaltung einer von Büchners Straßburger Freund August Stöber 1831 im *Morgenblatt für gebildete Stände* vorgestellten (und dann 1839 in *Erwinia* publizierten) Fallgeschichte des Elsässer Pfarrers Johann Friedrich Oberlin, bei dem sich Jakob Michael Reinhold Lenz 1778 aufgehalten und der sich um eine Therapie seiner psychischen Erkrankung bemüht hatte. Büchners Bearbeitung der Oberlin-Vorlage weist dabei einige signifikante Modifikationen auf, die insbesondere die Einführung eines Erzählers, die Fokussierung der Innensicht Lenz', die ausgestaltete Naturmetaphorik sowie die Pointierung der Religionskritik betreffen, so dass Pütz (1965) von einer Verwandlung von Oberlins protokollförmigem Fallbericht in eine literarische Erzählung spricht. Ob die weitaus engere Anlehnung an die Oberlin-Vorlage im zweiten Teil der Erzählung allerdings eine gezielte Schreibstrategie ist, die die Reduktion von

Lenz' Bewusstsein abbildet, kann bezweifelt werden, und die geringere Überarbeitungstiefe wird in der jüngeren Forschung eher auf den Fragmentcharakter des Textes zurückgeführt (vgl. Dedner 1995).

Noch komplizierter liegen die Dinge im »Woyzeck«, und zwar in dreierlei Hinsicht: Zwar sind auch hier Fallgeschichten der historischen Person (sowie der Parallelfälle Dieß und Schmolling) als Quelle identifizierbar: die beiden Gutachten des Hofrats Johann Christian August Clarus, der den des Mords angeklagten Johann Christian Woyzeck 1821 auf seine Zurechnungsfähigkeit hin untersuchte. Die diesbezüglich affirmativen Gutachten, die als Rekonstruktion von Woyzecks Lebenslauf und Werdegang der Struktur einer Fallgeschichte folgen, wurden 1825 in der *Zeitschrift für Staatsarzneikunde* veröffentlicht und dienten Büchner als Vorlage. Allerdings übersetzt Büchner diese Vorlage – und das ist der erste Unterschied zu »Lenz« – nicht in den narrativen Zusammenhang einer literarischen Fallbeschreibung, sondern ins dramatische Register (vgl. Campe 1998). Insofern dieses einen Handlungsablauf erforderlich macht, bildet nicht etwa der Verlauf des Verhörs durch Clarus den Gegenstand des Stückes, sondern die im Verhör rekonstruierte Vorgeschichte des Mordes, die allerdings bei Büchner in wesentlichen Aspekten von der Vorlage abweicht. Eine dieser Abweichungen betrifft – zweiter Unterschied – diejenige Szene, innerhalb derer Woyzeck auch im Stück zum ›Fall‹ wird, in der aber die (reale) psychiatrische Verhörsituation durch ein (fiktives) medizinisches Ernährungsexperiment ersetzt wird (vgl. Glück 1990, 438). »Woyzeck« folgt also nicht nur als Drama dem Schema einer Fallgeschichte, das Stück reflektiert zudem innerhalb einer Szene die Beobachtungskonstellation, die zu einer Fallgeschichte des »Subjekt Woyzeck« führt. Auf diese Weise verbindet das Dramenfragment – drittens – alle wissenschaftlichen Bereiche, innerhalb derer Fallgeschichten zu Beginn des 19. Jahrhunderts eine Rolle spielen: Zu den auch im »Lenz« präsenten psychiatrischen Beobachtungen tritt die kriminologische Anamnese des Mörders Woyzeck (vgl. Reuchlein 1985, 45–76) sowie seine physiologische Untersuchung durch den Doktor im Stück selbst.

Auf diese Weise machen Büchners literarische Fallgeschichten auch die jeweils beteiligten Kontrolldispositive kenntlich, innerhalb derer die Individuen Lenz bzw. Woyzeck im Sinne Foucaults als ›Fall‹ konstituiert werden, und zwar sowohl im Modus der teilnehmenden Beobachtung durch Oberlin als auch in Gestalt der instrumentalisierenden Objektivie-

rung durch den Doktor: Zur religiösen Beicht- und Geständnispraxis in »Lenz« treten im »Woyzeck« die psychiatrische Anamnese und das kriminalistische Verhör aus der historischen Vorlage für das Stück sowie das medizinische Menschenexperiment in seiner fiktionalen Erweiterung. Geständnis, Anamnese, Verhör und Experiment bilden ein Ensemble von Beobachtungsrelationen, deren Protokoll die Fallgeschichte und deren Produkt das Individuum als moralisch beurteiltes, psychiatrisch diagnostiziertes, juristisch verurteiltes und medizinisch instrumentalisiertes Fallbeispiel ist.

Auf dieser Grundlage unterscheidet die jüngere Forschung Büchners Adaptionen der ihm vorliegenden Fallgeschichten von einer inhaltlichen Übernahme: »Büchners Texte verarbeiten nicht in erster Linie einen Stoff, sondern zitieren Texte und Darstellungsweisen.« (Campe 1998, 222) Das erklärt auch, warum im »Woyzeck« der Wechsel vom narrativen ins dramatische Genre so umstandslos möglich ist: Campe zufolge entspricht das Theater als Bühne für die Inszenierung von Fällen dem Inszenierungscharakter der Verhör- und Versuchsanordnungen in den Wissenschaften vom Menschen zu Beginn des 19. Jahrhunderts. Der literarhistorisch oft bemerkte Umschlag von der in der Tradition der Haupt- und Staatsaktion stehenden Tragödie *Danton's Tod* zur innovativen Aufwertung eines Paupers zum Dramenhelden in »Woyzeck« hat aus dieser Perspektive auch mit dem von Foucault beschriebenen Wandel in der Strafpraxis zu tun, durch den Fallbeobachtungen an die Stelle spektakulärer Hinrichtungen treten (vgl. ebd., 216).

Darüber hinaus erlaubt die These, Büchner zitiere in »Lenz« und »Woyzeck« eher die Darstellungsweise von Fallgeschichten als dass er deren jeweilige Inhalte übernähme, eine genauere Bestimmung des genuinen Beitrags literarischer Texte zur Wissenschaftsgeschichte von Fallstudien: Anstatt von einer bloß reaktiven Übernahme wissenschaftlicher Darstellungsformen in die Literatur auszugehen, sollte das eigenständige Gestaltungspotential literarischen Erzählens auch für wissenschaftliche Zusammenhänge betont und Büchners Schreibweise als Reflexion der anthropologischen Beobachtungsdispositive seiner Zeit gelesen werden. Denn sowohl in »Lenz« als auch in »Woyzeck« tritt an die Stelle der Diagnose in medizinischen bzw. des Urteils in juristischen Fallgeschichten die Offenlegung der Vielschichtigkeiten und Paradoxien ihrer Entstehung (vgl. Kubik 1991, 200; Ludwig 1998, 237–240). Büchners Fallgeschichten machen damit vom Potential li-

terarischen Erzählens Gebrauch, eine Entwicklungsgeschichte darzulegen, ohne sie deuten zu müssen.
Damit treten andere und differenzierte Aspekte der
jeweiligen Individualität bzw. Handlungsmotivation
von Woyzeck ans Licht als bei Clarus, so dass man
Büchners »Woyzeck« auch als Versuch lesen kann,
der Titelfigur ihre zum Fall depravierte Individualität und ihren autonomen Ausdruck zurückzugeben
(vgl. Ludwig 1998, 270). Dass der literarische Deu-
tungsverzicht damit einen dezidierten Einspruch gegen die im Fall von Woyzeck bekanntlich unmittelbar tödlichen Konsequenzen des Gutachterurteils
›zurechnungsfähig‹ (vgl. Steinberg/Schmideler 2006)
darstellt, ist unabhängig von der These, Büchner
leiste eine reflektierende Beobachtung von Genese
und Funktionsweise der wissenschaftlichen Textsorte ›Fallgeschichte‹, eine gültige Lesart seiner Zielsetzung.

Die Vermessung des Anormalen

Der exemplarische Anspruch von Fallgeschichten,
Beobachtungen am einzelnen Individuum generalisieren und auf potentiell alle Menschen übertragen
zu können, impliziert eine Einschätzung des jeweiligen Einzelfalls als repräsentativ, die in einem eigentümlichen Gegensatz zu den tatsächlichen Probanden steht. Gegenstand von Fallgeschichten sind gerade nicht durchschnittliche Personen, sondern
solche, die in ihrem Handeln, Sprechen und Verhalten von der Norm abweichen: Verbrecher, Kranke,
Wahnsinnige. Das gilt auch für die Protagonisten
von Büchners narrativen und dramatischen Fallstudien, die auf diese Weise das epistemologische
Grundparadox einer fallbasierten Wissenschaft vom
Menschen veranschaulichen: Lenz' Wahnsinn und
Woyzecks Mordtat sind jeweils Anlass für die Beobachtungsprotokolle, die Büchner vorliegen. Desgleichen erlaubt im Drama »Woyzeck« erst der ökonomisch und sozial depravierte Zustand der Titelfigur
seine Verwendung als Versuchsperson im Ernährungsexperiment des Doktors. Dieses Experiment
befördert überdies den körperlichen, vor allem aber
auch den geistigen Verfall Woyzecks und eröffnet
auf diese Weise die Möglichkeit zu weitergehenden
Beobachtungen, wie die Freude des (forschenden,
nicht therapierenden) Arztes angesichts der Anzeichen des Wahnsinns bei Woyzeck deutlich belegt
(vgl. Kubik 1991, 66 ff.). Damit illustriert Büchners
Stück, wie sich die Wissenschaften vom Menschen
im 19. Jahrhundert am anormalen Subjekt orientieren: Zum einen, insofern Woyzecks soziale Stellung

ihn als Objekt für die Untersuchung der physiologischen und psychischen Folgen einseitiger Ernährung qualifiziert, zum anderen, als sein durch die
Untersuchung in Mitleidenschaft gezogener Geistes-
zustand einen rechtlichen Einspruch gegen seine
Verwendung als Versuchsperson verhindert. Die Diagnose einer »aberratio mentalis« durch den Doktor
(DKV I, 210; MBA 7.2, 27), die dem historischen
Woyzeck das Leben gerettet hätte, ist in Büchners
pointierter Wendung Gegenstand der Beobachtung
und Instrumentalisierung der gleichnamigen Dramenfigur.

Büchners Fallgeschichten zeigen damit deutlich,
wie sehr wissenschaftliche Fallstudien, die die Forschung im Anschluss an Foucault der normalisieren-
den Wissenskultur des 19. Jahrhunderts zurechnet,
de facto von anormalen Individuen ausgehen. Damit
legt Büchner auch offen, dass solche Fallstudien immer wieder das Paradox zu lösen haben, wie aus der
Beobachtung von Normabweichungen eine allgemeingültige Wissenschaft vom Menschen entstehen
kann – im »Woyzeck« vorgeführt anhand der Beobachtung des Hungers zugunsten einer Theorie der
Ernährung sowie des Studiums von Körperfunktionen für eine Theorie der Willensfreiheit.

Dieses epistemologische Paradox wird darüber
hinaus in der Jahrmarktszene des Stücks versinnbildlicht, in der das Tier als weitere Figuration eines
vom normalen Menschen abweichenden Objekts der
Anthropologie vorgeführt wird: Indem der Marktschreier einem Pferd Verstand zuspricht, durch-
kreuzt er die vermeintlich eindeutige Differenz zwischen Mensch und Tier; wenn er das Pferd in der
Folge als »viehdummes Individuum« (DKV I, 177;
MBA 7.2, 3) bezeichnet, geht er aber noch einen
Schritt weiter: Die Bezeichnung ›viehdumm‹ ist eine
anagrammatische Umstellung des Worts ›Individuum‹, so dass dem Kernkonzept der idealistischen
Anthropologie ihr Gegenbild, die tierische Unvernunft, auf der Ebene des Wortlauts eingeschrieben
ist. Umgekehrt bedeutet das, dass die physiognomi-
sche Untersuchung des Menschen als »Viehsionomik« (ebd.) vollzogen wird – ein Zugang, der der
Thematisierung der Sexualität als tierische Natur des
Menschen in Danton's Tod und »Woyzeck« entspricht.

Einen zweiten Beleg für die Einsicht, dass Fallgeschichten das Wissen über den normalen Menschen
anhand einer Beobachtung des anormalen Individuums gewinnen, bietet wiederum die Doktorszene in
»Woyzeck«, in der an die Diagnose der »aberratio
mentalis« die Feststellung »mit allgemein vernünfti-

gem Zustand« anschließt. Dass Woyzeck mithin wahnsinnig und vernünftig zugleich ist, leitet der Doktor aus der Beobachtung ab, dass er unbeschadet seiner Halluzinationen seine Dienste »wie sonst« ausführe (DKV I, 210; MBA 7.2, 27). Woyzeck ist also sowohl anormal als auch normal und genau deshalb für eine auf den Übergang zwischen beiden Zuständen angewiesene Wissenschaft vom Menschen ein »in<tere>ssanter casus«.

Fallstudien der Postindividualität

Alles »wie sonst« zu tun, ist als Motiv auch an anderen Stellen in Büchners Werk auffindbar, und zwar als stets melancholisch konnotierte Einsicht in die Gleichförmigkeit alltäglicher Vollzüge und der damit einhergehenden Langeweile. In diesem Ton klagt der Hauptmann gegenüber Woyzeck (vgl. DKV I, 205 f.; MBA 7.2, 24 f.), Danton gegenüber Camille (vgl. DKV I, 38; MBA 3.2, 30), Lenz gegenüber Oberlin (vgl. DKV I, 244; MBA 5, 44) sowie Leonce gegenüber Valerio (vgl. DKV I, 96; MBA 6, 100). Gegenstand der Klage ist in allen Fällen die tagtägliche Wiederholung der gleichen Vollzüge und Vorgänge, gesteigert noch von der Einsicht »daß Millionen es schon so gemacht haben und daß Millionen es wieder so machen und, daß wir noch obendrein aus zwei Hälften bestehen, die beide das Nämliche tun, so daß Alles doppelt geschieht« (DKV I, 38; MBA 3.2, 30). Diejenige Normalität, die das erkenntnistheoretische Ziel der Konstruktion des Individuums als Fall ist, erweist sich hier als fundamentale Bedrohung des Bewusstseins von Individualität: Büchners Figuren empfinden die Vergeblichkeit des Bemühens, besonders, einzigartig und unverwechselbar zu sein – selbst die etymologisch behauptete ›Unteilbarkeit‹ des Individuums wird in Dantons Diktum über die zwei Hälften des Körpers in Frage gestellt.

Die Selbstwahrnehmung von Büchners Personal konvergiert also darin, dass die unentrinnbare Wiederholungsstruktur alltäglicher (Hauptmann), philosophischer (Lenz), natürlicher (Leonce) und historischer (Danton) Abläufe eines der Merkmale ad absurdum führt, das die idealistische Philosophie dem Individuum zugesprochen hatte, nämlich spontan handeln und Neues schaffen zu können. Auf diese Weise sind die Figuren bei Büchner Individuen im Zeitalter nach dem emphatischen Projekt der Individualität und auch in diesem Sinne Vorboten desjenigen Normalismus, der in der Gesellschaftslehre Auguste Comtes in der zweiten Hälfte des 19. Jahrhunderts etabliert wird und in Adolphe Quetelets Modell des ›mittleren Menschen‹ (homme moyen) kulminiert.

In der Forschung wurde Büchner folglich als Kronzeuge für das »Fehlschlagen der Aufklärung im bürgerlichen Inneren« (Kittsteiner/Lethen 1984, 251) aufgerufen. Für diesen idealismuskritischen Zug spricht nicht nur Büchners Fokus auf die Materialität körperlicher Vollzüge, die Gegenstand seiner literarischen Fallstudien zu Danton und Woyzeck sind, sondern auch der literaturhistorisch neue Umgang mit der Materialität von Sprache, die jenseits ihrer Sinndimension an Ausdruckswert gewinnt. Hierin zeigt sich, dass der wissenschaftliche Blick, den Büchner in seiner Anverwandlung der Erzählform von Fallstudien in die Literatur überträgt, auch zu einer neuen literarischen Sprache führt, die nicht länger moralisch deutend, sondern registrierend und beobachtend verfährt (vgl. Oesterle 1984). Woyzecks Stammeln, Lenz' Metaphern, Dantons Allegorien und Leonces Wortspiele zeigen auf diese Weise, dass die literarische Darstellung des Individuums als Fall nicht nur das Ende des Zeitalters der Individualität zutage legt, sondern darüber hinaus Ort einer sprachlichen Produktivität ist, in dem das Wuchern des Diskurses der Anormalen die wissenschaftliche Normalsprache übersteigt und damit das Spektrum der literarischen Sprache erweitert.

Literatur

Campe, Rüdiger: Johann Franz Woyzeck. Der Fall im Drama. In: Michael Niehaus/Hans-Walter Schmidt-Hannisa (Hg.): Unzurechnungsfähigkeiten. Diskursivierungen unfreier Bewußtseinszustände seit dem 18. Jahrhundert. Frankfurt a. M./Berlin/Bern 1998, 209–236.

Dedner, Burghard: Büchners Lenz: Rekonstruktion der Textgenese. In: GBJb 8 (1990–94) 1995, 3–68.

Foucault, Michel: Überwachen und Strafen. Die Geburt des Gefängnisses. Frankfurt a. M. 1976.

Glück, Alfons: Woyzeck – Clarus – Büchner (Umrisse). In: Burghard Dedner/Günter Oesterle (Hg.): Zweites Internationales Georg Büchner Symposion 1987. Referate. Frankfurt a. M. 1990, 425–440.

Kittsteiner, Heinz-Dieter/Lethen, Helmut: Ich-Losigkeit, Entbürgerlichung und Zeiterfahrung. Über die Gleichgültigkeit zur ›Geschichte‹ in Büchners Woyzeck. In: GBJb 3 (1983) 1984, 240–269.

Kubik, Sabine: Krankheit und Medizin im literarischen Werk Georg Büchners. Stuttgart 1991.

Ludwig, Peter: »Es gibt eine Revolution in der Wissenschaft«. Naturwissenschaft und Dichtung bei Georg Büchner. St. Ingbert 1998.

Martens, Wolfgang: Zum Menschenbild Georg Büchners. ›Woyzeck‹ und die Marionszene in ›Dantons Tod‹. In: Wirkendes Wort 8 (1957/1958), 13–20.

Oesterle, Günter: Das Komischwerden der Philosophie in der Poesie. Literatur-, philosophie- und gesellschaftsgeschichtliche Konsequenzen der ›voie physiologique‹ in Georg Büchners *Woyzeck*. In: GBJb 3 (1983) 1984, 201–239.

Pethes, Nicolas: Zöglinge der Natur. Der literarische Menschenversuch des 18. Jahrhunderts. Göttingen 2007.

Pütz, Hans Peter: Büchners ›Lenz‹ und seine Quellen. Bericht und Erzählung. In: ZfdPh 84 (1965), 1–22.

Reuchlein, Georg: Das Problem der Zurechnungsfähigkeit bei E.T.A. Hoffmann und Georg Büchner. Zum Verhältnis von Literatur, Psychiatrie und Justiz im frühen 19. Jahrhundert. Frankfurt a.M./Bern/New York 1985.

Steinberg, Holger/Schmideler, Sebastian: Eine wiederentdeckte Quelle zu Büchners Vorlage zum ›Woyzeck‹: Das Gutachten der Medizinischen Fakultät der Universität Leipzig. In: ZfG NF 16 (2006), 339–366.

Nicolas Pethes

9. Natur

Büchners Vorstellungen von der Natur sind sowohl durch seine beruflichen Entwicklungen vom Medizinstudenten zum Naturforscher als auch durch unmittelbare Wahrnehmungen und Erfahrungen sowie durch die poetische Gestaltung beider Perspektiven bestimmt. Als eine »innige Liebe zur Natur« (L. Büchner 1990, 107) beschrieb sein Bruder zusammenfassend die sich zugleich unterscheidenden und vermittelten Naturverständnisse. Die Extension seiner Naturvorstellungen reicht von dem in seiner philosophischen Naturwissenschaft formulierten »Grundgesetze für die gesamte Organisation« der Natur (DKV II, 158; MBA 8, 155), das Natur als in sich differenziertes gesetzmäßiges Ganzes begreift, über die epistolare Ausgestaltung unmittelbarer Wahrnehmung ihres »frischen grünen Leben[s]« (DKV II, 159; MBA 8, 155) bis zu den poetischen Reflexionen in Woyzecks Rekurs auf die innere Natur des Menschen oder Lenzens Externalisierung innerpsychischer Vorgänge in meteorologische Erscheinungen der ihn umgebenden Natur. ›Natur‹ spielt letztlich eine gewichtige Rolle in Büchners theoretischen und poetischen Reflexionen auf eine naturalistische Anthropologie und Ethik in *Danton's Tod* sowie der soziokulturellen Vermitteltheit ihrer wissenschaftlichen Erforschung.

Will man Büchners Verständnis von Natur rekonstruieren, müssen die begrifflichen von den erfahrungsfundierten Dimensionen und beide wiederum von ihren poetischen Gestaltungen unterschieden werden.

Büchners allgemeines Naturgesetz

Im Rahmen seiner wissenschaftlichen Arbeiten über Ordnungsmuster der evolutionär organisierten Natur kommt Büchner in beiden überlieferten Texten auf ein allgemeines Gesetz der Natur zu sprechen, das er im *Mémoire sur le système nerveux du barbeau* wie folgt definiert: »La nature est grande et riche, non parce qu'à chaque instant elle crée arbitrairement des organes nouveaux pour de nouvelles fonctions; mais parce qu'elle produit, d'après le plan le plus simple, les formes les plus élevées et les plus pures.« (DKV II, 140; MBA 8, 100) In seiner Probevorlesung »*Über Schädelnerven*« wiederholt er den für seine Wissenschaftstheorie und -methodologie essentiellen Bezug auf dieses allgemeine Naturgesetz und entfaltet die folgende Erweiterung: »Diese Frage [der philosophischen Methode], die uns auf allen Punkten anredet, kann ihre Antwort nur in einem Grundgesetz für die gesamte Organisation finden, und so wird [...] das ganze körperliche Dasein des Individuums nicht zu seiner eigenen Erhaltung aufgebracht, sondern es wird die Manifestation eines Urgesetzes, eines Gesetzes der Schönheit, das nach den einfachsten Rissen und Linien die höchsten und reinsten Formen hervorbringt.« (DKV II, 158; MBA 8, 155) Im Hinblick auf Büchners wissenschaftliches Naturverständnis sind dies die zentralen Passagen seines Werkes (vgl. Roth 2004, 256–266). In beiden Argumentationen wird unter dezidierter Zurückweisung von Teleologie und Selbsterhaltung als Prinzipien der Natur und ihrer Erforschung eine nomologische (gesetzliche) Fundierung aller natürlichen Erscheinungen entwickelt. Denn an dieses Gesetz sind alle Erscheinungen der Natur als an ihre Ursache gebunden. Dabei gibt dieses allgemeine Naturgesetz nicht die Form kausaler Gesetzmäßigkeit aller Naturerscheinungen an, sondern ist selbst deren Ursache. Diese nomologische Universalkausalität hat einen rein formalen Status und muss nach Büchner durch spezifische Naturgesetze weiterhin inhaltlich ausgestaltet werden. Gehaltlich wird dieses formale Gesetz bestimmt durch das Ökonomieprinzip, das eine möglichst geringe Anzahl an Prinzipien mit einem höchstmöglichen Reichtum an hiervon prinzipiierten Erscheinungen verbindet.

Büchner identifiziert dieses zunächst rein naturphilosophische »Grundgesetz der gesammten Organisation« – ein Terminus, der ihn in den Kontext der Schellingschule und zumal der Positionen des Gießener Naturphilosophen Johann Bernhard Wilbrand stellt (vgl. Stiening 2009) – mit einer ästhetischen Kategorie: der Schönheit. Für den Naturforscher sind das Grundgesetz der Natur und das allgemeine Gesetz der Schönheit identisch (vgl. Stiening 1999, 115 f.). Weil Büchners Naturgesetz das formale Prinzip natürlicher Evolution bestimmt, wird auch jenes Gesetz der Schönheit durch Formen natürlicher Entwicklung ausgemacht. Diesen prozessualen Begriff allgemeiner Schönheit wird der literarische Autor auch seiner Figur Lenz überantworten, für den es ausschließlich »eine unendliche Schönheit, die aus einer Form in die andre tritt, ewig aufgeblättert, verändert«, gibt (DKV I, 234; MBA 5, 37).

Trotz der in sich geschlossenen, weitgehend rationalen Naturwissenschaftssystematik und -methodologie bleibt Büchner im Hinblick auf deren Erklärungsleistungen skeptisch; wenn es eine entschiedene Grenze zur Schelling'schen Naturphilosophie

gibt, dann besteht sie in jener epistemologischen Begrenzung eines wissenschaftlichen Geltungsanspruches.

Epistemologische Differenz: Das »frische grüne Leben der Natur«

In seiner Probevorlesung entwickelt Büchner eine erkenntnistheoretische Haltung, die seiner rationalen Natur- und Naturwissenschaftssystematik deutliche Grenzen setzt:

Die Frage nach einem solchen Gesetze führte von selbst zu den zwei Quellen der Erkenntnis, aus denen der Enthusiasmus des absoluten Wissens sich von je berauscht hat, der Anschauung des Mystikers und dem Dogmatismus des Vernunftphilosophen. Daß es bis jetzt gelungen sei, zwischen letzterem und dem Naturleben, das wir unmittelbar wahrnehmen, eine Brücke zu schlagen, muß die Kritik verneinen. Die Philosophie *a priori* sitzt noch in einer trostlosen Wüste; sie hat einen weiten Weg zwischen sich und dem frischen grünen Leben, und es ist eine große Frage, ob sie ihn je zurücklegen wird. (DKV II, 159; MBA 8, 155)

Diese in der Forschung zumeist als Absage Büchners an die Naturphilosophie Schellings und Hegels und als Hinwendung zu einem epistemologischen und methodischen Empirismus (vgl. Döhner 1967, 147–165; Roth 2004, 388; Dedner/Lenné MBA 8, 544 f.) interpretierte Passage, muss vielmehr *innerhalb* des naturphilosophischen Paradigmas erläutert werden: Wie Schelling oder auch Johann Bernhard Wilbrand bestimmt Büchner die Natur durch den Begriff des »Leben[s]«, dem abstrakte begriffliche Konstruktionen (Hypothesen oder Erklärung, apriorische Vernunftbegriffe) äußerlich bleiben müssen (vgl. Breidbach 2004, 154 ff.). Dennoch sieht er einzig in jenen Konstruktionen der Vernunftphilosophen überprüfbare Modelle für eine Rekonstruktion der Natur als einer Ganzheit, weil schon der »Sinn dieser Bestrebungen« der Vernunftphilosophen genügt habe, um dem Naturstudium eine »andere«, eine bessere »Gestalt« zu geben (DKV II, 159; MBA 8, 155). Büchner und Schelling teilen die Skepsis gegenüber abstrakten begrifflichen und methodischen Konzeptionen; beide schreiben der Erfahrung einen eigenständigen Erkenntniswert zu. Büchner ist aber – ohne ein ausgebildetes naturphilosophisches System – hinsichtlich der methodisch geregelten Anwendung kategorialer und begrifflicher Konzeptionen der Philosophie noch zurückhaltend.

So wird der unmittelbaren Wahrnehmung der Natur in Büchners Wissenschaftstheorie stets eine spezifische Eigenständigkeit zugestanden, weil sie der vorwissenschaftlichen Erfahrung, die nicht vollständig in den Begriff zu übersetzen ist, zugrunde liegt. In einem ausführlichen brieflichen Bericht über eine Wanderung durch die Vogesen (Brief vom 8.7.1833, vgl. DKV II, 369 f.) kommt diese Vorstellung von einer Wahrnehmung der Natur zu ihrem Recht und einer Sprache, die Büchner im »Lenz« – leicht modifiziert – für seine psychographischen Interessen anwenden wird. Schon in diesem Brief wird die »Luft« als »still« und das Tal als »sich mit einem schönen Wiesengrund im wilden Gebirg« abschließend (ebd.) beschrieben, mithin mit Hilfe anthropomorphisierender Perspektiven substanzialisiert und subjektiviert.

Ausdrücklich sei darauf hingewiesen, dass Büchner zur gleichen Zeit an seinem Studienprogramm in der vergleichenden Anatomie arbeitet, u. a. über eine These seines Straßburger Dozenten Ernest-Alexandre Lauth, die sich unter apriorischen Prinzipien mit dem Mechanismus des menschlichen Verdauungstraktes beschäftigt (Lauth 1833; vgl. DKV II, 373). Beide Perspektiven auf Natur – die apriorische der Naturphilosophie und die aposteriorische der unmittelbaren Erfahrung – gehen für Büchner weder ineinander auf noch schließen sie sich abstrakt aus, sondern bestehen nebeneinander.

Natur als ›Spiegel der Seele‹ und Naturwissenschaft als Therapeutikum: »Lenz«

Büchner lässt nun seine Figur Lenz in der gleichnamigen »Novelle« beide Perspektiven auf Natur einnehmen – allerdings in einer durch psychopathologischen Schübe bedingten zunehmenden Verschiebung. Gleich zu Beginn der Erzählung ist die unmittelbare Wahrnehmung des frischen grünen Lebens umgeschlagen in die Bedrängung einer düster dampfenden Gebirgslandschaft. Weil die Narration zwischen der Innensicht des Protagonisten und der Außensicht auf diesen gezielt wechselt, wird der Wechsel zwischen der Bedrängung durch und Selbstverlust in diese stürmende Natur ebenso unmittelbar wie hilflos miterlebt. Die subjektivierte Natur, die über Straßen »springt« und in »wildem Jubel« ausbricht (DKV I, 225; MBA 5, 31), sowie die Entgrenzung des in ihr wandernden kranken Individuums schlägt stets und unvermittelt um in den unerreichbaren Entzug des natürlichen Kosmos und die daraus resultierende Einsamkeit und Isolation des menschlichen Subjekts. Die Natur wird damit zugleich zum Spiegel und zum Gegner der kranken Seele Lenzens; sie ist damit das subjektive Projektions- und das objektive Darstellungsmedium der Ver-Rückung einer unaufhaltsamen Psychopathologie.

Zugleich ermöglicht die Natur dem Kranken sowohl als Wahrnehmungs- als auch als Reflexionsgegenstand Erkenntnisse und dadurch die Erfahrung jener Ruhe, die er als Hilfsmittel gegen einen drohenden Selbstverlust begreift und daher sucht. Neben den interpersonal gebundenen, vor allem durch die Anwesenheit und Anleitung Oberlins erwirkten Landschaftserlebnissen, die er als beglückend erfährt, sind es die Diskussionen mit dem Theologen über ›übernatürliche‹ Erscheinungen vermögenspsychologischer Provenienz. Ihrem Gespräch über Rhabdomantie (Wahrsagerei) und Somnambulismus (Schlafwandeln) weiß Lenz allerdings eine naturphilosophische Fundierung zu geben, die zwar Oberlin überfordert, ihm selbst aber jene Distanz zur Natur einbringt, die ihm Ruhe vor sich und ihr ermöglicht: »Er fuhr weiter fort: Die einfachste, reinste Natur hinge am nächsten mit der elementarischen zusammen, je feiner der Mensch geistig fühlt und lebt, um so abgestumpfter würde dieser elementarische Sinn; er halte ihn nicht für einen hohen Zustand, er sei nicht selbständig genug, aber er meine, es müsse ein unendliches Wonnegefühl sein, so von dem eigentümlichen Leben jeder Form berührt zu werden; für Gesteine, Metalle, Wasser und Pflanzen eine Seele zu haben.« (DKV I, 232–233; MBA 5, 36) Lenz entwickelt an dieser Stelle eine evolutionäre Vermögenspsychologie, deren Systematik auch Büchner in seiner wissenschaftlichen Entwicklungstheorie der Natur entfaltet. Danach entstehen die unterschiedlichen Arten der Sinnesvermögen in einem realgenetischen Ausdifferenzierungsprozess sukzessive aus einem ursprünglichen Sinn, der im Prozess der Entwicklung nicht verloren geht bzw. zerstört wird. Zwar wird seine Wahrnehmungsfähigkeit durch die höheren Sinne überdeckt und daher im Prozess der Evolution zum Menschen hin abgestumpft. In außergewöhnlichen Situationen bzw. unter besonderen Bedingungen könne der elementarische Sinn wieder aktiv werden – so in Träumen oder beim Wasser- und Metallfühlen (vgl. Gaede 1979, 56 f.; Stiening 1999, 110–112). In einer gegenromantischen Ausrichtung werden diese Zustände zwar als Glücksempfindungen durch sympathetische Naturverbundenheit beschrieben, keineswegs aber wird ihnen der Status einer eigenständigen oder gar überrationalen Erkenntnisleistung zuerkannt; Lenz hält solcherart Erlebnisse nicht für den Ausdruck eines »hohen Zustands«.

Ohne diese schwierige Passage der Erzählung auch nur in Ansätzen angemessen kontextualisieren zu können, wird doch ersichtlich, dass Büchner seinem psychisch kranken Protagonisten das Wissen naturphilosophischer Erklärungsmodelle überträgt, die die – ganz anachronistisch – seiner eigenen Gegenwart entstammende Ordnung in einen bedrohlich werdenden Erfahrungsbereich zu bringen vermögen. Die Wissenschaft der Natur in ihrer philosophischen Allgemeinheit – so lässt sich schließen – ermöglicht dem von deren Gegenstand im Krankheitsprozess zunehmend überwältigten Lenz, die Natur ordnend zu distanzieren; Wissenschaft – hier der Natur – ist dem Psychotiker nicht nur möglich, sondern dem kranken Intellektuellen eine wirksame Therapie. Erst Oberlins theologische Wendung der Erklärungsmodelle von Natur mit Hilfe einer theonomen Farbentheorie zerstört diesen therapeutischen Einfluss der philosophischen Wissenschaft der Natur auf Lenz und verstärkt erneut seine »religiöse Melancholie« (vgl. Seling-Dietz 1995–99).

Das Komödiantische romantischer Natur:
Leonce und Lena

Büchner hat sein differenziertes Naturverständnis nicht nur zu einem tragisch-scheiternden Erfahrungs- und Reflexionsgegenstand des Protagonisten seiner Erzählung gemacht, sondern auch zur ironisierten Matrix seiner Komödie. So lässt er den Hofnarr Valerio, eine der schwierigsten Figuren der Büchner'schen Theaterwelt, feststellten: »Ach Herr, was ich so ein Gefühl für die Natur habe! Das Gras steht so schön, daß man ein Ochs sein möchte, um es fressen zu können, und dann wieder ein Mensch, um den Ochsen zu essen, der solches Gras gefressen« (DKV I, 97; MBA 6, 101). Die von Büchner lebensweltlich sowie wissenschaftsepistemologisch und -methodisch positiv in Anspruch genommene unmittelbare Naturwahrnehmung wird durch Valerio als Moment einer sarkastischen Interpretation der tödlichen Nahrungspyramide – d. h. der für Büchner als Naturforscher gültigen *scala naturae* – interpretiert. Für ihn fallen die in Büchners Theorie präzise getrennten Erkenntnisformen zusammen, und es gehört zu den Instrumentarien seines Witzes, szientifisch gewonnene Distinktionen zu entdifferenzieren und ineinander zu blenden: »Es ist eine schöne Sache um die Natur, sie wäre aber doch noch schöner, wenn es keine Schnaken gäbe, die Wirtsbetten etwas reinlicher wären und die Totenuhren nicht so <in> den Wänden pickten.« (DKV I, 117; MBA 6, 80)

Demgegenüber steht die Figur der Lena, die jenes »Gefühl für die Natur« nicht hat, sondern ist. Sie wird nahezu ausschließlich durch ihr Verhältnis zur vegetativen Natur, insbesondere zu Blumen, charakterisiert: »Ich brauche Tau und Nachtluft, wie die Blumen.« (DKV I, 117; MBA 6, 115) Dadurch ist sie ebenso schön wie geistlos, d. h. zwar zur Liebe fähig, aber in Reflexion und Handlung beschränkt. Die auf den Status gleichsam naturaler Infantilität regredierte weibliche Aristokratin wird zum willfährigen Automaten einer erbmonarchisch ausgerichteten Heiratspolitik. Gleichzeitig erhebt der durch seine Liebe zu Lenas ›natürlicher‹ Naivität von einer existentiellen Melancholie befreite Leonce ihre vorzivilisatorischen Wunschpotentiale zur gegenmodernen Utopie, in der Natürlichkeit sich konstituiert durch den abstrakten Widerstand gegen Ordnungsformen natürlicher und kultureller Zeit. Es ist Büchners tiefe Skepsis gegen die politischen Instrumentalisierungen der Natur durch eine kulturkritische Romantik, die sich im Schluss seiner Komödie Bahn bricht.

Natur als anthropologische Kategorie:
Danton's Tod und »Woyzeck«

Büchner hat ›Natur‹ nicht nur in ihrer allgemeinen naturtheoretischen Dimension in seiner Wissenschaft bestimmt und in seiner Literatur gestaltet, sondern auch als Moment einer theoretischen und praktischen Anthropologie in seinen Dramen reflektiert. Sowohl in seinem Revolutionsdrama als auch in seiner sozialen Tragödie spielt ›Natur‹ als beanspruchter oder kritisierter Legitimationsgrund menschlichen Handelns und als körperliches Fundament humaner Existenz eine konstitutive Rolle.

Bekannt und in der Forschung ebenso häufig wie kontrovers diskutiert, ist die in *Danton's Tod* mehrfach aufgerufene ethische Maxime: »Jeder handelt seiner Natur gemäß d. h. er tut, was ihm wohl tut.« (DKV I, 33; MBA 3.2, 25) Diesen Grundsatz einer naturalistischen Ethik, der von Danton mit einem allgemeinen Epikureismus verbunden wird, vertreten neben ihm die Grisette Marion (vgl. DKV I, 27; MBA 3.2, 19) und der Verräter Laflotte (vgl. DKV I, 66 f.; MBA 3.2, 58). Dient diese Auffassung Danton als Grundmaxime einer politischen Ethik, die den Staat zum Instrument der sensualistischen Glücksmaximierung bestimmt und jedeart moralischen Asketismus als Instrument staatlicher Stabilität zurückweist, so ist sie bei Marion die ideologische Legitimation einer durch andere ethische Maximen nicht einschränkbaren Sexualität, die die Geschlechtspartner zu entindividualisierten Werkzeugen der eigenen Lustmaximierung herabsinken lässt; letztlich nutzt Laflotte diese Maxime als Legitimation für jedweden politischen oder persönlichen Verrat zum Zwecke der Schmerzvermeidung.

Unbestreitbar hat Büchner Momente dieser Maxime einer naturalistischen Ethik in einem Brief an die Eltern vom Februar 1834 als seine eigene Position vertreten, um einen aus Konventionsgründen aufgenötigten Umgang mit ihm unangenehmen Kommilitonen zurückzuweisen: Niemand könne ihm verwehren, »dem, was mir unangenehm ist, aus dem Wege zu gehen.« (DKV II, 379) Doch fehlt in Büchners Legitimationsargument nicht nur der Bezug auf die Natur, auch zeigen die unterschiedlichen Figuren, Konsequenzen und Kontexte des epikureischen Grundsatzes in *Dantons Tod* eher dessen krasse Antinomien und mörderischen Folgen als die Gestaltung einer vom Autor bruchlos geteilten Position. Die seit Reinhold Grimm und Thomas Michael Mayer wirksame These von Büchners sensualistischem Gesellschafts- und Staatsverständnis – seine angebliche Haltung als »erotischer Revolutionär und revolutionärer Erotiker« (Grimm 1979, 318; ähnlich Dedner in MBA 3.4, 78–83) –, die fundiert sei in einer naturalistischen Ethik, bedarf mithin einer Modifikation (vgl. hierzu u. a. Hildebrand 1999). Viel zu kritisch fallen Büchners poetische Reflexionen auf solcherart praktischen Naturalismus aus.

In der für sein poetisches Werk und den gesamten literarischen Vormärz wohl komplexesten Weise wird ›Natur‹ im Fragment »*Woyzeck*« von Büchner thematisiert und gestaltet. Als Gegenstand der Forschungen des Doktors und im experimentell geschundenen Körper Woyzecks tritt sie ausschließlich kulturell (de)formiert in Erscheinung. Der durch den Verkauf an den experimentierenden Doktor *real* malträtierte Körper Woyzecks wird darüber hinaus *ideell* missbraucht als Objekt wissenschaftlicher Auseinandersetzungen. Denn Woyzeck klagt gegenüber den Vorwürfen des Doktor, seinen Harn nicht vertragsgemäß abgeliefert, sondern an eine Hecke gepinkelt zu haben, die auch in seinem menschlichen Körper wirksamen Naturgesetze ein: »Aber Herr Doctor, wenn einem die Natur kommt.« (DKV I, 209; MBA 7.2, 27) Gegen diesen somatologischen Determinismus wendet der Doktor, dessen naturwissenschaftliche Kompetenzen sich nicht in einem lange Jahre angenommenen Dilettantismus erschöpfen (vgl. Roth 1990–94), ein, dass die Muskulatur des menschlichen Verdauungsapparates dem freien Willen unterworfen sei: »Die Natur! Woyzeck. Der Mensch ist frei, in dem Menschen verklärt sich die Individualität zur Freiheit.« Diese von der Forschung

fälschlicherweise Büchners Gießener Dozenten Johann Bernhard Wilbrand zugeschriebene Formel (vgl. Dedner 2002, 292–294) trennt die Natur des Menschen abstrakt von seiner Freiheitsbefähigung – allerdings zum Behuf der Unterwerfung eines widerspenstigen Probanten. Büchner zeigt in diesem sozialen Drama, dass die Natur des Menschen und ihre Erforschung niemals losgelöst von ihren soziopolitischen Bedingungsfaktoren betrachtet werden können; es gelingt ihm, die kulturellen Einflüsse auf die Naturwissenschaften – insbesondere die ethischen Problemlagen des Menschenversuchs – zu reflektieren, *ohne* diesen Wissenschaften und ihren experimentellen Verfahren grundsätzlich die Legitimation sowie den Wissenschaftscharakter abzusprechen.

Büchner entfaltet in seinen wissenschaftlichen, lebensweltlich-epistolaren und literarischen Texten Vorstellungen der Natur, die metaphysische mit epistemologischen, wissenschaftliche mit lebensweltlichen, soziokulturelle mit soziopolitischen sowie ethische mit ästhetischen Dimensionen systematisch vermitteln. Er entwickelt in diesem in sich differenzierten Konzept von Natur keinen »erweitere[n] Naturbegriff« (so aber Frank 1998, 584), sondern die Konturen – keineswegs ein ausgeführtes System – eines umfassenden Modells der ganzen Natur, das von der Logik der Gesellschaft und ihrer Geschichte systematisch unterschieden bleibt (Stiening 2006).

Literatur

Breidbach, Olaf: Schelling und die Erfahrungswissenschaften. In: Sudhoffs Archiv 88.2 (2004), 153–174.

Büchner, Ludwig: Georg Büchner. In: Burghard Dedner (Hg.): Der widerständige Klassiker. Einleitungen zu Büchner vom Nachmärz bis zur Weimarer Republik. Frankfurt a. M. 1990, 107–134.

Dedner, Burghard: Kynische Provokation und materialistische Anthropologie bei Georg Büchner. In: Dieter Hüning/Gideon Stiening/Ulrich Vogel (Hg.): Societas rationis. Festschrift für Burkhard Tuschling zum 65. Geburtstag. Berlin 2002, 289–309.

Döhner, Otto: Georg Büchners Naturauffassung. Marburg 1967.

Frank, Peter: Georg Büchner. In: Gerd Sautermeister/Ulrich Schmid (Hg.): Zwischen Revolution und Restauration. 1815–1849. München 1998, 579–604.

Gaede, Friedrich: Büchners Widerspruch – Zur Funktion des ›type primitif‹. In: Jahrbuch für Internationale Germanistik 11 (1979), 42–52.

Grimm, Reinhold: Cœur und Carreau. Über die Liebe bei Georg Büchner. In: Heinz Ludwig Arnold (Hg.): Georg Büchner I/II. Sonderband Text + Kritik. München 1979, 299–326.

Hildebrand, Olaf: »Der göttliche Epicur und die Venus mit dem schönen Hintern«. Zur Kritik hedonistischer Utopien in Büchners »Dantons Tod«. In: ZfdPh 118 (1999), 530–554.

Lauth, Ernest-Alexandre: Du Mécanisme par Lequel les Matières alimentaires parcourent leur Trajet de la Bouche a l'Anus. Strasbourg 1833.

Müller Nielaba, Daniel: Die Nerven lesen. Zur Leit-Funktion von Georg Büchners Schreiben. Würzburg 2001.

Müller-Seidel, Walter: Natur und Naturwissenschaft im Werk Georg Büchners. In: Eckehard Catholy/Winfried Hellmann (Hg.): Festschrift für Klaus Ziegler. Tübingen 1968, 205–232.

Müller-Sievers, Helmut: Desorientierung. Anatomie und Dichtung bei Georg Büchner. Göttingen 2003.

Proß, Wolfgang: Naturgeschichtliches Gesetz und gesellschaftliche Anomie: Georg Büchner, Johann Lucas Schönlein und Auguste Comte. In: Alberto Martino (Hg.): Literatur in der sozialen Bewegung. Tübingen 1978, 228–259.

– : Die Kategorie der ›Natur‹ im Werk Georg Büchners. In: Aurora 40 (1980), 172–188.

Roth, Udo: Das Forschungsprogramm des Doktors in Georg Büchners *Woyzeck* unter besonderer Berücksichtigung von H2,6. In: GBJb 8 (1990–94) 1995, 254–278.

– : Die naturwissenschaftlichen Schriften Georg Büchners. Ein Beitrag zur Geschichte der Wissenschaft vom Lebendigen in der ersten Hälfte des 19. Jahrhunderts. Tübingen 2004.

Seeling-Dietz, Carolin: Büchners *Lenz* als Rekonstruktion eines Falles »religiöser Melancholie«. In: GBJb 9 (1995–99) 2000, 188–236.

Stiening, Gideon: Schönheit und Ökonomieprinzip. Zum Verhältnis von Naturwissenschaft und Philosophiegeschichte bei Georg Büchner. In: Scientia Poetica 3 (1999), 95–121.

– : Zum Verhältnis zwischen Natur und Gesellschaft bei Georg Büchner und dessen wissenschaftlicher und literarischer Reflexion. In: Konrad Ehlich (Hg.): Germanistik in/und/für Europa. Faszination – Wissen. Texte des Münchener Germanistentages 2004. Bielefeld 2006, 436–440.

– : Literatur und Wissen. Eine Studie zu den literarischen, politischen und szientifischen Schriften Georg Büchners. Berlin/New York 2009.

Gideon Stiening

10. Leben

Büchner hat keine konsistente Theorie des Lebens oder Lebenslehre verfasst, weder unter einem entsprechenden Titel noch dem Sinn nach. Allerdings lassen sich seine Texte als Versuchsanordnungen zur Erforschung des Lebens und einzelne Passagen, am ausführlichsten die einleitenden Abschnitte zur Probevorlesung »*Über Schädelnerven*«, als direkte verdichtete Auseinandersetzungen mit den wissenschaftlichen und philosophischen Bestimmungen des Lebens bzw. der Frage nach der Bestimmbarkeit oder Unbestimmbarkeit des Lebens verstehen. Maßgebend sind dabei die Forschungen und Diskussionen zwischen Mechanismus und Vitalismus, Organismustheorie und Funktionalismus, die seit Mitte des 18. Jahrhunderts den ontologischen Status des Lebens im Verhältnis zur Natur und zu Gott sowie die Kräfte und Strukturen des Lebendigen verhandeln und damit erst einen biologischen, d.h. empirisch gestützten Lebensbegriff etablierten. Im Gegenzug zu diesem epistemologischen Zweckinteresse müssen Büchners wissenschaftliche wie literarische Texte jeweils als Poiesis und Performanz von Leben in seinen existentiellen (politischen, sozialen, moralischen) Ausformungen gelesen werden. Die Vervielfachung der Perspektiven entspricht der Oszillation der Erkenntnismodalitäten, die dem Lebensbegriff Büchners selbst wesentlich ist. Wenn er als Wissenschaftler in der Probevorlesung das Leben bestimmen muss, so tut er dies indirekt mittels Ausdifferenzierung unterschiedlicher Methoden und Ansätze, um die »Lösung des Räthsels« (MBA 8, 153; DKV II, 157) mit einem in sich widersprüchlichen, Vorschrift und Entwicklung, Notwendigkeit und Freiheit, Totalität und Singularität verbindenden ›Gesetz des Werdens‹ zu umschreiben, das bei aller Rhetorik der Evidenz wissenschaftlich unbegründet bleibt. Und wenn er in seinen poetischen Texten das Leben in seinen existentiellen Ausformungen aufgreift, so führt er die Existenzen an jene Grenze, an der die Unbestimmtheit des Lebens in seiner Potentialität – auch und gerade aus der Negativität heraus – aufscheint, ohne dass das poetische Schreiben noch darüber verfügen könnte: »So lebte er hin.« (MBA 5, 49; DKV I, 250)

Büchner gehört zu den ersten, welche die Eigentümlichkeit des modernen Lebensbegriffs – auch in Absetzung von anderen Universalien wie ›Gott‹, ›Natur‹, ›Wahrheit‹, ›Vernunft‹, ›Seele‹ – zugleich empirisch nachweisbar und philosophisch unbe-

gründbar, zugleich autonom und manipulierbar, zugleich sprachlich unartikulierbar und poetisch evo-
zierbar zu sein, erkennt, kritisch reflektiert und literarisch fruchtbar machen. Das impliziert einerseits
Büchners Einsicht in die Bedingtheit des Lebensbegriffs durch die historischen Diskurspraktiken, andererseits aber die schon in seinen frühen Schriften
sich artikulierende Überzeugung, dass das Leben
jeglichem Zugriff von außen sich entzieht und auch
aktiv entzogen werden muss (sei es durch den Freitod), weil alle Zugriffe zuletzt nur mortifizierende
Missgriffe sein können.

Die relevante Forschung hat sich vorwiegend am
Naturbegriff ausgehend von der Probevorlesung orientiert (vgl. Döhner 1967, 1982; Ludwig 1998). Der
Lebensbegriff als solcher ist erst in jüngerer Zeit thematisch mehr in den Vordergrund gerückt (vgl. Roth
2004) und bislang nur selten für die Interpretation
der poetischen Texte zum Zug gekommen (vgl. Müller-Sievers 1999; Müller Nielaba 2000, 2001), auf den
Lebensbegriff zentriert nur bei Arz (1996).

Der naturwissenschaftliche und natur-
philosophische Lebensbegriff

Die Probevorlesung ist nicht primär und programmatisch der Erforschung des Lebensbegriffs gewidmet. Dass Büchner die beiden »Grundansichten«
über die »Erscheinungen des organischen Lebens«
(MBA 8, 153; DKV II, 157), die *teleologische* und die
philosophische, in den ersten fünf Abschnitten so
ausführlich diskutiert, dürfte dem besonderen Anlass der Probevorlesung zu verdanken sein, die differenzierte Positionierung zudem der wissenschaftlichen Ausrichtungen der zuhörenden Fachpersön-
lichkeiten. Diese Motivierungen schließen indes
nicht aus, dass er zudem die Gelegenheit wahrnahm,
seine eigenen lebensbegrifflichen Reflexionen zu
entwickeln.

Vorgeschichte zu Büchners Lebensbegriff: Schon in
dieser ersten Unterscheidung der beiden Ansichten
oder Methoden schießen verschiedene Bestim-
mungsmerkmale aus verschiedenen Zeiten zusammen, die in einer lebensbegrifflich spezifischen Vorgeschichte zu verorten sind. Der unmittelbare Zeitbezug liegt sicher in der Physiologie und Anatomie
der Gegenwart und jüngeren Vergangenheit, doch
ist eine tiefere und breitere (historische) Perspektive
deutlich artikuliert. Die beiden Ansichten lassen sich
zwei großen Traditionslinien zuordnen, die sich unterschiedlich auf die aristotelische Entelechie berufen und im Zusammenhang mit physiologischen

Entdeckungen und Hypothesen (Irritabilität und
Sensibilität, Lebenskraft, Organismus) Mitte des 18.
Jahrhunderts in zum Teil heftige Debatten geraten.
Die teleologische Ansicht liegt auf der Linie der
verschiedenen dualistisch-mechanistischen Modelle
von Rationalismus und Empirismus, über den Sensualismus und Materialismus, die Präformations-
lehre und die Physikotheologie, bis zu den neome-
chanistischen, funktional-physiologischen und phy-
sikalisch-chemischen Reduktionismen, die sich mit
der disziplinären Ausdifferenzierung und Spezialisierung des 19. Jahrhunderts herausbilden. Gemeinsam sind diesen Modellen die Erklärungen vitaler
und organischer Vorgänge durch äußere Ursachen
und Zwecke, sowohl instrumenteller Art im Einzelnen als auch theologischer Art im Allgemeinen. Das
Leben selbst ist, obwohl die eigentliche Substanz,
eine zur (toten) Materie und Maschine hinzukom-
mende Größe, welche die auf physikalische und che-
mische Gesetze bauende Erforschung des Lebendigen bei der empirischen Arbeit weitgehend vernach-
lässigen kann.

Die philosophische Ansicht kann auf der Linie
der im weiteren Sinn vitalistischen Konzeptionen
angesiedelt werden. Diese begreifen das Leben als
die im Werden und Vergehen der Lebewesen wirkende Kraft, deren Ursache und Zweck im Lebendigen selbst liegen. In der Neuzeit finden sich Ansätze
zu dieser Autonomisierung des Lebens schon bei Pa-
racelsus und William Harvey, Baruch Spinoza und
Gottfried Wilhelm Leibniz. Doch erst in Absetzung
von den Newton'schen Gesetzen, die das Leben nicht
zu erklären vermochten, und von den teils widersin-
nigen Präformationstheorien sowie aufgrund empirischer Entdeckungen postulierte Georg Ernst Stahl
zu Beginn des 18. Jahrhunderts (und in der Folge
auch die Mediziner François Boissier de Sauvages
oder Théophile de Bordeu, vermittelt durch den Philosophen Denis Diderot, in Frankreich, und den
Professor für Medizin Robert Whytt in England),
eine spezifische Lebenskraft, die allerdings erst mit
der Epigenesetheorie Caspar Friedrich Wolffs (1759)
als Wirkkraft in die organischen Prozesse integrierbar wird.

Von da aus können neben der mechanistisch-teleologischen Tendenz, die im anatomisch-physiolo-
gischen Forschungsalltag weiterhin vorherrscht, und
der Sonderposition Immanuel Kants drei verschiedene Tendenzen der vitalistischen Theoretisierung
und Erforschung des Lebens unterschieden werden.
Eine erste, essentialistische, Tendenz nimmt eine
vom Organismus separate Lebenskraft als Substanz,

Essenz, Energie oder Prinzip an, deren Beweis oder Begründung prospektiv oder metaphysisch bleibt (die Ärzte Friedrich Casimir Medicus und Joachim Dietrich Brandis sowie die Anatomen Johann Friedrich Blumenbach und Theodor Georg August Roose). Während hier die Erklärung der organischen Funktionen und des Organismus als Ganzes auf die Konzeption der Lebenskraft zentriert ist, wird diese in einer zweiten, organisch-funktionalistischen Tendenz eher marginalisiert (Ernst Platner, Friedrich Schiller, Johann Gottfried Herder und Johann Wolfgang Goethe, die Naturforscher Carl Friedrich Kielmeyer und Gottfried Reinhold Treviranus sowie der Psychologe Johann Christian Reil). Sie fungiert entweder als Hypothese oder wird als Resultat des organischen Zusammenwirkens betrachtet. Solche Konzeptionen müssen entweder einen metaphysischen Rest in Kauf nehmen, oder sie erscheinen letzlich wieder mechanistisch. Aus diesen beiden zwischen 1770 und 1800 vorwiegenden Tendenzen heraus formuliert sich um 1800 das Projekt einer »Biologie« (vgl. Roose: *Grundzüge der Lehre von der Lebenskraft*, 1797; Treviranus: *Biologie oder Philosophie der lebenden Natur*, 1802) als umfassender, empirisch belegter *und* philosophisch begründeter »Lebenslehre«, löst sich aber auf der naturwissenschaftlichen Ebene einer Naturwissenschaft und Lehre vom Lebendigen zugleich wieder in die modernen empirischen Disziplinen auf. Im deutschen Sprachraum hat sich indes mit Friedrich Wilhelm Joseph Schellings Naturphilosophie bereits eine dritte Tendenz herausgebildet: Sie begegnete den Beweis- und Begründungsprobleme der Lebenslehren, die nicht zuletzt durch die vitalistische Abgrenzung des Lebensbegriffs von der (physikalischen) Natur herrühren, durch eine Überhöhung, indem sie die ganze Natur (mit Geist) belebte.

Die romantische Naturphilosophie bildet gleichzeitig schon eine Antwort auf Kants *Kritik der teleologischen Urteilskraft*, die eine Sonderstellung einnimmt: Sie beansprucht, den Riss zwischen Mechanismus und Vitalismus und deren Ungenügen für die Erklärung auch nur der einfachsten Lebewesen mit einer transzendentalen Organismustheorie zu überbrücken. Demnach müssen Lebewesen als sich selbst hervorbringende Organismen gedacht werden, deren Teile untereinander und je mit dem Ganzen in einem allseitigen Zweck-Mittel-Verhältnis stehen. Gleichzeitig setzt Kant aber auch die zur Erklärung unverzichtbare Endzweckkausalität als bloß regulatives Prinzip unter die Erkenntnisklausel. Den Begriff ›Leben‹ selbst als »Analogon« für die »unerforschliche[] Eigenschaft« der Selbsthervorbringung

des Organismus schließt Kant ebenso aus (Kant 1989, 322 f.), wie er am Ende (wegen der wissenschaftlichen Wichtigkeit der mechanischen Erklärung) doch wieder verfügen muss, »alle Produkte und Ereignisse der Natur, selbst die zweckmäßigsten, so weit mechanisch zu erklären, als es immer in unserm Vermögen […] steht« (ebd., 371).

Trotz Kants erkenntniskritischer Eskamotage des Lebensbegriffs ist das »neue[] Leben« (Jakob Michael Reinhold Lenz) als Tertium zwischen Materie (Körper, Stoff) und Geist (Seele, Kraft) seit Mitte des 18. Jahrhunderts eine in verschiedenen Diskursbereichen und in verschiedenen Figurationen (Vernunft, Mensch, Weltgeist, Volk) sich autonomisierende Größe. Es ist jedoch nicht mehr ›nur‹ ein transzendentes (göttliches) Prinzip, das die Beziehung von außen und jenseits her begründet und regelt, sondern das sicht- und fühlbare, analysier- und dokumentierbare Leben selbst, das in den jeweiligen Verhältnissen immer neu entspringt und als biologisches Kontinuum ständig neu bestimmt und unterteilt werden muss.

Zeitgenössische Referenzen: Weisen vor Kant bereits C.F. Wolffs Arbeiten ein (bisher kaum beachtetes) hohes philosophisches Reflexionsniveau auf (wie Herder, Goethe, Kielmeyer oder Reil), so haben gewiss die Kant'sche Organismustheorie und Erkenntniskritik die Grundlage geschaffen für die »in Deutschland« verortete philosophische Methode. Im Vergleich damit ist die von Büchner konstatierte Dominanz der teleologischen Ansicht »in England und Frankreich« (MBA 8, 153; DKV II, 157) gerade mit dem Fehlen einer (kritischen) Erkenntnistheorie zu erklären ist (vgl. allgemein Roth 2004). Dass dies keinen unmittelbaren Einfluss auf die empirische Detailforschung hatte, zeigen Büchners zahlreiche Verweise auf die französische Forschung im *Mémoire sur le système nerveux du barbeau*, namentlich auf Georges Cuvier, der neben François Magendie als Hauptreferenz von Büchners Teleologiekritik gilt, oder auch Geoffroy Saint-Hilaire. Die französische Forschung hat indes eine gewisse Relevanz für Büchners Lebensbegriff durch die im Pariser Akademiestreit gipfelnde Auseinandersetzung zwischen Cuvier und Geoffroy (von Goethe 1830/32 im deutschen Sprachraum referiert). Die Möglichkeiten von Büchners Kenntnissen der physikotheologischen Ansätze in der englischen Naturforschung sind weniger deutlich.

Implizite Differenzierung des philosophischen Lebensbegriffs: Schwieriger zu bestimmen als die starken Differenzen mit der ›teleologischen Ansicht‹

und die partielle Übereinstimmung mit Geoffroy (Vielfalt aus Einheit) sind die feineren Differenzierungen, die Büchner explizit und implizit innerhalb der ›philosophischen Ansicht‹ zur eigenen Positionierung vornimmt. Bereits die nachdrückliche Rede von einem ›Grund‹- oder ›Urgesetz‹ als »Antwort« auf die »Frage«, »die uns auf allen Punkten anredet« (MBA 8, 155; DKV II, 158), setzt die Kant'sche Erkenntniskritik insofern in Klammern, als Gesetze nicht Sache der Urteilskraft, sondern der Vernunft sind und sich aus der Evidenz der Anschauung ergeben. Im (von Kant ausgeschlossenen) Begriff des Lebens schafft Büchner (wie in anderen Belangen an Johannes Müller orientiert) einen Anschauen und Denken verbindenden Erkenntnismodus.

Eine zweite Binnenabgrenzung birgt die Qualifizierung des Gesetzes der Entwicklung als »Gesetz[] der Schönheit«: Zum einen kann sie abermals als weitere Überschreitung der Kant'schen Grenzen, nämlich zwischen ästhetischem und teleologischen Urteil verstanden werden. Zum anderen greift sie das Mimesis-Konzept auf, im Speziellen Goethes innovative Analogisierung von Kunstwerk und Organismus seit Mitte der 1780er Jahre. Allerdings enthält Goethes gestaltorientierte biologisch-ästhetische Stufenfolge eine hierarchische Wertung (je höher desto schöner desto wertvoller), während bei Büchner die Schönheit dem Gesetz wesentlich ist, von den »einfachsten Rissen und Linien« bis zu den »höchsten und reinsten Formen«. Der Akzent scheint mehr auf der von innen heraus wirkenden Form-Kraft zu liegen, ohne dass diese sich in einer organischen Kraft hypostasiert, wie dies früher bei Herder und zeitgenössisch bei J. Müller wenigstens begrifflich der Fall ist. Während Goethe das Prinzip der Ökonomie mit einer Willkür der Natur in der Erfindung der Formen verknüpft, sorgt bei Büchner die »nothwendige Harmonie« des Gesetzes für Ökonomie (MBA 8, 155; DKV II, 158 f.), eine Verschränkung, die sich bereits bei C.F. Wolff formuliert findet (vgl. Wolff 1999, 24, 73).

Diese impliziten Binnendifferenzierungen deuten darauf hin, dass Büchner in dieser ersten expliziten Absetzung von der teleologischen Ansicht eine möglichst reine und offene, aber dennoch nicht leere Idee des Lebens zu konturieren versucht, das Leben in seiner größtmöglichen Potentialität. Die Konzeption einer umfassenden Idee des Lebendigen, sei es in Form eines ideellen oder realen Urtyps, sei es in Form eines rein intelligiblen Urgesetzes, ist seit Goethe und Schelling Programm einer naturphilosophischen Forschung. Von der naturwissenschaftlichen Seite

herkommend haben vor allem Lorenz Oken und Johann Christian August Clarus, in maßvoller Form auch J. Müller die umfassende Idee des biologischen Lebens mit den Systematisierungen empirischer Befunde verbunden und aus dieser Verbindung Theorien entworfen. Die Bestrebungen konkretisieren sich auch in der Forschungsthese einer »allgemeinen Form der Sensibilität« (eines psychophysischen *sensus communis*), von der »die sogenannten einzelnen Sinne […] nichts als Modificationen […] in einer höheren Potenz« (Potenz hier im Sinn von Schelling als Seinsstufe) sind (MBA 8, 159; DKV II, 162). Die Idee und die Organe des Lebens verhalten sich zueinander wie Potenz (hier im Sinn von ›Vermögen‹) und Akt nach dem aristotelischen Modell, wie dies J. Müller für das Verhältnis von »organischer Schöpfungskraft und organischer Materie« mit Akzentuierung der – allerdings inneren – Zweckmäßigkeit formuliert hat (J. Müller 1833/34, Bd. 1, 25; vgl. Roth 2004, 249 f.). Entscheidend scheint für Büchner (mit J. Müller) zu sein, dass die Idee oder das Gesetz des Lebens als Ganzes (Potentialität) sich in jeder organischen Form und Äußerung manifestiert.

Explizite Differenzierung des philosophischen Lebensbegriffs und Konkretisierung der Forschung: In den letzten beiden Abschnitten der methodischen Einleitung betrachtet Büchner auch die philosophischen Hypostasierungen des Gesetzes kritisch: Zwischen den beiden »Quellen der Erkenntniß« dieses Gesetzes, »aus denen der Enthusiasmus des absoluten Wissens sich von je berauscht hat, der Anschauung des Mystikers und dem Dogmatismus des Vernunftphilosophen«, erkennt die »Kritik« »bis jetzt« »keine Brücke«. Die neuere Büchner-Forschung erkennt in den Formulierungen »Dogmatismus des Vernunftphilosophen« und »Philosophie a priori« (MBA 8, 155; DKV II, 159) weniger Schelling und Georg Wilhelm Friedrich Hegel (wie Döhner 1967, 154–165), sondern die auf »mathematisch-logischen Zahlenverhältnissen und pythagoreischer Zahlenmystik« gründenden Systeme Okens, Clarus', Treviranus', Karl Friedrich Burdachs sowie Hegels Naturphilosophie (Roth 2004, 288–295). Hier scheinen sich die beiden Positionen des Mystikers und des Dogmatikers auch zu überschneiden. Sieht man von Büchners fragwürdigen Attribuierungen ab, so spricht indes nichts dagegen, die Kritik auch oder eher auf Kants *Kritik der teleologischen Urteilskraft* in der oben angezeigten Richtung zu beziehen.

Im Gegenzug zu dieser nüchternen Einschätzung der philosophischen Erkenntnismöglichkeiten des Lebens als Lebendiges resümiert Büchner im letzten einleitenden Abschnitt die »Bestrebungen« der jüngeren Vergangenheit, »dem Naturstudium eine andere Gestalt zu geben.« (MBA 8, 155; DKV II, 159) Auffallend bildlich beschreibt er sie als sich selbst vollziehende Bewegungen vom Ungeordneten (»ungeheuren […] Material«, »Gewirr seltsamer Formen unter den abentheuerlichsten Namen«; »weit auseinanderliegende *facta*«) zum Geordneten (»natürliche Gruppen«, »im schönsten Ebenmaaß«) (MBA 8, 155; DKV II, 159). Man fand nicht die »Quelle«, aber »hörte« den »Strom in der Tiefe rauschen und an manchen Stellen sprang das Wasser frisch und hell auf«; man erreichte »nichts Ganzes«, dafür aber »zusammenhängende Strecken« und »schöne[] Stellen« (MBA 8, 155; DKV II, 159 f.). Hier scheint Büchner im Schatten der vitalistischen Bildlichkeit die empirischen Leistungen der historischen wie aktuellen mechanistisch-teleologischen Forschung heuristisch in die philosophische Perspektive zu integrieren.

Übergang und Zusammenhang zwischen dem naturwissenschaftlichen Lebensbegriff und dem ›Leben‹ der literarischen Texte

Sowohl die Argumentation als auch die Sprache in den letzten beiden Abschnitten machen deutlich, dass sich Büchners Auffassung des ›Lebens‹ nicht allein durch die wissenschaftlich-begriffliche und empirisch-demonstrative *Explikation* erschließt, sondern dass auch die poetisch-rhetorische *Performanz* einbezogen werden muss. Die Argumentation vollzieht die Bewegung von Potenz und Akt, dem umfassendsten Modell des Lebens als Entwicklung, begrifflich mit zunehmender Differenzierung und Konkretisierung bis zur Auflösung des Begrifflichen im Bildlichen. Tatsächlich muss die so nachdrücklich behauptete Einheit des Lebendigen bis in seine sprachliche Artikulation verfolgt werden, die selbst eine Wirkung der Form-Kraft des Lebens ist und als solche wirkt. Doch für das Verständnis dieses Sprachwirkens im Lebensprozess und im Erkenntnisprozess gibt die Probevorlesung keine expliziten Anhaltspunkte. Es gibt indes fruchtbare Ansätze, ausgehend von den »schönen Stellen« die grundlegende Frage der Sag-, Schreib- und Lesbarkeit von ›Natur‹ und ›Leben‹ aufzuwerfen und darin einen sprachskeptisch-erkenntniskritischen Vorbehalt und zugleich ein Prinzip poetischer Produktivität von Büchners literarischen Texten zu sehen (vgl. Müller-Sievers 1999; Müller Nielaba 2000 und 2001).

Die poetische Performanz artikuliert das Leben nicht als leere Sprachform, sondern in Narrationen und Dramen existentieller, d. h. politischer, sozialer, moralischer, individueller, alltagspraktischer etc. Ausformungen des Lebens. Aus der Perspektive der Existenz erscheinen damit auch die wissenschaftlichen, philosophischen und sprachlichen Artikulationen des Lebensbegriffs selbst nur als je spezifische existentielle Ausformungen. Angesichts der kulturellen Wirksamkeit der Unterscheidung zwischen wissenschaftlichen und literarischen, theoretischen und praktischen Wissensformen, die schon Büchners Produktion prägte (und seine Rezeption immer noch prägt), ist auch hier eine heuristische Unterscheidung unumgänglich: Zu unterscheiden ist zwischen dem *biologischen Leben*, wie es seit Mitte des 18. Jahrhunderts von Wissenschaft und Philosophie vermeintlich unabhängig von ›äußeren‹, praktischen Bedingungen als substantielle Größe konzeptualisiert worden ist, also dem *Lebensbegriff* oder kurz *Leben*, und dem *existentiellen Leben* in seinen praktisch bedingten Ausformungen, d. h. der *Existenzform* oder kurz *Existenz*, die vermeintlich unabhängig sind vom biologischen Lebensbegriff. Die Übersetzung der beiden Bereiche ineinander bzw. die ständige Auflösung und Neuziehung der Grenzen ist Sache der modernen Biopolitik.

Zum »Räthsel« des Lebens gehören für Büchner von seinen frühen Schriften an die wechselseitigen Bedingungs- und Produktionsverhältnisse von biologischem Leben und Existenzform, auch wenn das in der Probevorlesung nur am Rand sichtbar wird. Schon in »*Über den Selbstmord*« (1831) befragt er die Wechselbeziehungen von biologischem Leben und Existenzweise: Der Existenzweise nach der (christlichen) Maxime von der »Erde« als »*Prüfungsland*«, die »das Leben nur als *Mittel* betrachtet«, hält er die biologische Einsicht entgegen, »daß das Leben *selbst* Zweck sei, denn: *Entwicklung* ist der Zweck des Lebens, das *Leben selbst* ist Entwicklung, also ist das Leben selbst *Zweck*.« (DKV II, 41) Doch die (biopolitischen) Möglichkeiten bzw. Unmöglichkeiten der Wechselbeziehungen, der Auflösung und (Neu-)Ziehung der Grenzen zwischen Leben und Existenz kommen erst in den literarischen Texten zu einer breiteren Entfaltung.

Literarische Texte

Die vier bedeutenden literarischen Texte lassen sich in Bezug auf das ›Leben‹ in ein präzises Verhältnis zueinander setzen: In *Danton's Tod* werden die biologischen Auffassungen des Lebens in den politisch-philosophischen Phrasen zur Sprache gebracht und vor der Todeskulisse der Revolution auf ihre möglichen oder tatsächlichen Umsetzungen in individuelle oder kollektive Existenzformen hin perspektiviert. Während hier ein positiver Lebensbegriff nur erschlossen werden kann, performiert »*Lenz*« über die ausführlichen Explikationen hinaus einen vitalistischen Maximalbegriff, der über sein Scheitern an den existentiellen Verhältnissen hinausstrahlt. Angesichts der allseitigen existentiellen Widerstände zieht sich das Leben in *Leonce und Lena* hingegen ganz in die rhetorisch-poetische Sprachform zurück, um sich in der Wortspiel-Figur Valerio umso virtuoser (und also freier) zu entfalten. Komplementär dazu geht das Leben in »*Woyzeck*« fast ganz in der extremen existentiellen Verwertung auf, womit die biopolitische Dimension erstmals in der Literatur so konkrete Konturen annimmt. Die vitalistischen Reste sind dagegen ganz in die wortkargen Bemerkungen und die Extremtat Woyzecks gebannt.

Danton's Tod: Die Reden über das ›Leben‹ in *Danton's Tod* sind von einer Drastik der bildlichen Wendungen geprägt. Die Trennung und Verbindung zwischen den beiden Bereichen, die Möglichkeiten der theoretischen und praktischen Übertragung im kollektiven (soziopolitischen) wie im individuellen Bereich (Liebe) ist diesseits des konkreten politischen Geschehens sowohl Movens der Handlung als auch ein Leitthema der reflektierenden Reden. Programmatisch wirkt Dantons erkenntnis- und sprachskeptischer Einwand gegen Julies Forderung: »Einander kennen? Wir müßten uns die Schädeldecken aufbrechen und die Gedanken einander aus den Hirnfasern zerren.« (DKV I, 13; MBA 3.2, 4). Dieser fundamentale Einwand betrifft nicht nur die (erotische, sexuelle) ›Erkenntnis‹, sondern die Möglichkeit der Erkenntnis überhaupt und erst recht die Übertragung und Umsetzung philosophischer und wissenschaftlicher Erkenntnisse in politische Programme und Aktionen, wie Heraults und Camilles ideal-sensualistische und epikureische Entwürfe der kommenden »Republik« (vgl. Grimm 1979). Herault: »Jeder muß sich geltend machen und seine Natur durchsetzen können. [...] / Jeder muß in seiner Art genießen können, jedoch so, daß Keiner auf Unkosten eines Andern genießen [...] darf.« Camille: »Die Staatsform muß ein durchsichtiges Gewand sein, das sich dicht an den Leib des Volkes schmiegt. Jedes Schwellen der Adern, jedes Spannen der Muskeln, jedes Zucken der Sehnen muß sich darin abdrücken. Die Gestalt mag nun schön oder häßlich

sein, sie hat einmal das Recht zu sein wie sie ist« (DKV I, 15; MBA 3.2, 6). In dem zur Allegorie tendierenden Verhältnis von Volkskörper und politischer Staatsform, Individuum und Kollektiv, ist das Modell eines organischen, sich aus sich selbst herausbildenden Lebewesens, dessen Teile im Dienst des Ganzen stehen, ohne einander einzuschränken, deutlich erkennbar. Dass der Lebensbegriff als Wort fehlt, kann als Indiz einer Kritik an der politischen Verzweckung und der idealisierenden rhetorischen Überhöhung verstanden werden. Die Skepsis gegenüber diesen Tendenzen im eigenen Lager teilt Danton mit Mercier, der sie ausbuchstabiert: »Geht einmal euren Phrasen nach, bis zu dem Punkt wo sie verkörpert werden.« (DKV I, 62; MBA 3.2, 53; vgl. Vietta 1982)

Die Problematik des Abstandes zwischen Gesagtem und Gemeintem, Wort und Tat versuchen die Gegner unter der Führung Robespierres kalkuliert auszuschalten. Wenn die bildlichen Wendungen das Eigentliche im strengsten tätlichen Sinn meinen, dann sind die Reden zwar wahrhaftig (im Sinn von Hobbes, Locke und zum Teil der Materialisten), aber sie vernichten das Leben, das der Abstand zwischen Wort und Tat, Buchstäblichem und Übertragenem im Denken und Reden ermöglicht. St. Justs Rhetorik, in der »jedes Komma ein Säbelhieb und jeder Punkt ein abgeschlagner Kopf ist« (DKV I, 69; MBA 3.2, 60), entspricht seiner Auffassung des Verhältnisses von Natur und Mensch: »soll die moralische Natur in ihren Revolutionen mehr Rücksicht nehmen, als die physische? Soll eine Idee nicht eben so gut wie ein Gesetz der Physik vernichten dürfen, was sich ihr widersetzt?« (DKV I, 54; MBA 3.2, 46) Der Kurzschluss von den physikalischen Gesetzen auf die Formen der Existenz (und auch der Geschichtslogik) kürzt die Kategorie des Lebens von vornherein weg: Das Eigengesetzliche, von außen unberechenbar Erscheinende und Unverfügbare des Lebens, das dem Inkalkulablen und Kontingenten des Geschichtsprozesses und der Ambivalenz der Sprache entspricht.

Der Lebensbegriff konturiert sich nur in den Negationen des Lebens durch den tödlichen Mechanismus der Robespierristen und den (immerhin lustorientierten) Idealisierungen des Organismusmodells der Dantonisten. Auch Dantons Lebensbegriff ist jenseits seiner expliziten Skepsis und der epikureisch-sensualistischen Grundhaltung der Existenz nicht zuordenbar. Die verstreuten, zum Teil sentenziösen Äußerungen tendieren zu einer Auffassung, die den neueren biologischen Lebensbegriffen überhaupt wenig für die individuellen und kollektiven

Existenzformen abzugewinnen weiß: »Da ist keine Hoffnung im Tod, er ist nur eine einfachere, das Leben eine verwickeltere, organisiertere Fäulnis, das ist der ganze Unterschied.« (DKV I, 73, MBA 3.2, 64) Vielmehr schreckt ihn die materialistisch-vitalistisch genährte Vorstellung, dass es keine scharfe Grenze zwischen Leben und Tod geben soll, keinen absoluten Tod und also keine Erlösung vom Leben im Nichts. Diesem abgeklärten ›Mortalismus‹, für den das Leben »nicht die Arbeit wert, die man sich macht es zu erhalten« (DKV I, 40; MBA 3.2, 32), steht indes Luciles verzweifelter Vitalismus angesichts der nahen Hinrichtung Camilles gegenüber: »Sterben – Sterben – / Es darf ja Alles leben, Alles, die kleine Mücke da, der Vogel. Warum denn er nicht? Der Strom des Lebens müßte stocken, wenn nur der eine Tropfen verschüttet würde.« (DKV I, 88; MBA 3.2, 80) Diese Engführung widerstreitender Interpretationen und Empfindungen ist eine der nächsten Annäherungen an eine Bestimmung des Lebens in *Danton's Tod*, d. h. an die Erkennbarkeit und Biopolitisierbarkeit der Grenze zwischen Leben und Existenz.

»*Lenz*«: Am weitesten in der Ausbreitung und Auslotung der Konsequenzen des modernen Lebensbegriffs bzw. seiner (ideellen oder manifesten) Interpretationen für die individuelle Existenz ist Büchner im »*Lenz*« gelangt. Dabei kommen die meisten der von Büchner auch erst später erarbeiteten Unterscheidungen mehr oder weniger stark zum Zug. Den Lebensbegriff in seiner fundamentalen Problematisierung in der Vordergrund zu rücken, so wie er zuletzt in der Probevorlesung erscheint, bedeutet, den »*Lenz*«-Text nicht *als* Experiment, Exemplifizierung, Explikation, Performanz etc. *von etwas* zu lesen und zu verstehen, sondern im Text das Leben selbst im Prozess des Werdens und Vergehens wahrzunehmen, zu empfinden und zu erkennen. Dieser Anspruch unterstellt dem Text eine Potentialität, die dieser bloß strecken-, stellen- oder gar nur punktweise realisiert. Doch allein mit diesem Anspruch kann einer interpretatorischen Verzweckung des Lebens und des Textes entgegengewirkt werden. Dass »*Lenz*« bislang als Studie (Experiment, Dokumentation, Zeugnis etc.) eines Falles von Geisteskrankheit und als Zeugnis moderner Prosa sowie (zugleich) als Kritik idealistischer Ästhetik und theologischer und bürgerlicher Moral interpretiert worden ist, spricht nicht dagegen; vielmehr zeugt diese Vielfalt von der Potentialität des Textes in der Immanenz des Lebens.

Bisher hat allein Arz den »*Lenz*«-Text mit einiger Konsequenz von dem umfassenden Lebensbegriff

der Probevorlesung her gelesen (vgl. Arz 1996, 167–187). Ausgehend von einer vitalistischen Grundierung, die sich in J. Müllers allgemeiner Physiologie und besonders aber in seiner sonst nicht beachteten Sinnesphysiologie festmachen lässt, nimmt Arz Lenz' Schwanken zwischen dem nach Autonomie und Schöpfung strebenden Bewusstsein und dem regressiv wirkenden Instinkt der Selbsterhaltung in den Blick. Lenz' eigentümliches Erleben und Handeln (wie z. B. die Selbstzufügung von Schmerz) wird erklärt als Versuch der Ausgleichung polarer Strebungen durch psychophysische Reizkommunikation zwischen den Organen, zwischen einem Organ und dem ganzen Organismus sowie zwischen innen und außen (vgl. Borgards 2007, 429–450). Die spezifische Qualität des Erlebens ergibt sich aus der individuellen Ökonomie der Kräfte und der Kommunikation der Organe. Gegen die pathologisierenden Ansätze versteht Arz den Text grundsätzlich als Entfaltung eines vitalistischen Maximalbegriffs, rückt aber schließlich doch das »exemplarische[] Scheitern[] der Lenzfigur« in den Vordergrund. In der Reduktion von Lenz' Lebenspotential auf eine soziable Schwundstoffe erkennt sie allgemein die »schärfste Form der Gesellschaftskritik« (Arz 1996, 182), aber auch spezifische Kritik am aufklärerisch-klassischen Ideal des autonomen Individuums und an der anthropozentrisch-hierarchischen Ästhetik Goethes.

Die explikativen Lenz'schen Figurenreden über Kunst artikulieren eine große Bandbreite und Dichte an Unterscheidungen des modernen Lebensbegriffs: Das »unendliche[] Wonnegefühl […], so von dem eigentümlichen Leben jeder Form berührt zu werden«; die »in Allem« liegende »unaussprechliche Harmonie«; die Versenkung »im Leben des Geringsten«; die »unendliche Schönheit«, der sich ständig wandelnden Formen; und die zentrale vitalistische Forderung: »Ich verlange in allem Leben, Möglichkeit des Daseins, und dann ist's gut; wir haben dann nicht zu fragen, ob es schön, ob es häßlich ist, das Gefühl, daß Was geschaffen sei, Leben habe, stehe über diesen Beiden, und sei das einzige Kriterium in Kunstsachen.« (DKV I, 232 ff.; MBA 5, 36 f.) Auch wenn gerade hier (und nur hier) explizite Kritik geübt wird (am philosophisch-ästhetischen Idealismus Schillers, aber auch an der hierarchischen Bio-Ästhetik Goethes), mindert eine extensive Privilegierung der Kritikintention das Potential des Textes (wie die Zweckidee dasjenige des Lebens selbst). Die Verschiebung und Auflösung der fundamentalen Grenzen und Unterscheidungen zwischen biologischem Leben und Existenz, Kunst und Leben, Natur und Leben, Mensch und anderen Lebewesen, Belebtem und Unbelebtem, Leben und Tod in einem vitalistischen Maximalbegriff sowie das Wechseln und Gleiten zwischen den Bedeutungs- und Begriffsebenen (Denotation, Konnotation, Metasprache) und den verschiedenen Modalitäten des Textes (Deskription, Explikation, Narration, Mimesis, Performanz etc.) verunmöglichen vom Text abstrahierbare Interpretationen. Der Text vollzieht auch und gerade mit seinen Brüchen und seiner Unfertigkeit die Bewegung zwischen der undarstellbaren Idee des Lebens in seiner Potentialität und den organischen Manifestationen, in Analogie zur Bewegung zwischen dem ›Grund‹- oder ›Urgesetz‹ und den »schöne[n] Stellen« der Probevorlesung.

Leonce und Lena: Das *Lustspiel* steigert die politischen, sozialen, philosophischen Widerstände gegen die Entfaltung der Potentialität des Lebens bis zum Stillstand der Existenz und an die Grenze des Todes: »Schöne Leiche, du ruhst so lieblich auf dem schwarzen Bahrtuche der Nacht, daß die Natur das Leben haßt und sich in den Tod verliebt.« (DKV I, 118; MBA 6, 116) Konsequent wird das ›Leben‹ kaum wörtlich-begrifflich oder sachlich verhandelt. Aber gerade an der Grenze zum Ersterben des Lebens in der Langeweile, im Maskenspiel und im Automatenmechanismus, in der Entleerung des Politischen und in der Übererfüllung der Liebe entfalten sich die Kräfte um so mehr im Sprachspiel. Doch nur in der Sprachspielerei scheint die zweckfreie Verbindung von Leben und Existenz in reinen, sich immerzu wandelnden Lebensformen zu gelingen bzw. deren Zweckbestimmung noch nicht zu greifen: »Weiß ich's?« antwortet Valerio auf König Peters Frage, wer er sei, und *»nimmt langsam hintereinander mehrere Masken ab. Bin ich das? oder das? oder das? Wahrhaftig, ich bekomme Angst, ich könnte mich so ganz auseinanderschälen und blättern.«* (DKV I, 125; MBA 6, 121) Indem Valerio die königliche Identitätsfrage mit einem potentiell unendlichen Maskenspiel beantwortet, markiert die Szene den Punkt der praktischen Bestimmung wie der prinzipiellen Unbestimmbarkeit zwischen Existenz und Lebensprozess. Die Entscheidung scheint das *Lustspiel* bis zum Schluss in der Schwebe zu halten.

»Woyzeck«: Scheinbar klar entschieden ist die Möglichkeit der Überschreitung der Grenze zwischen Existenzform und Lebensprozess in »*Woyzeck*«. Komplementär zum in der Sprachform aufgehenden Leben in *Leonce und Lena* wird das sprachlose Leben Woyzecks in den Ernährungsexperimenten zur Weiterverwertung produziert. Es ist die Einführung des (modernen) Experiments als Modus der Übersetzung von Theorie und Praxis, die es Büchner erlaubt, die Lebensproblematik ganz in der biopolitischen Dimension zu entfalten. Die biopolitische Wirkungsweise bringt das Drama durch die Verbindung wissenschaftlicher, militärischer und juridischer Diskurspraktiken in einem Dispositiv zur Geltung, das Woyzecks Alltag durchdringt. Dass die Manipulation von Leben und Existenz eine Arbeit an den fundamentalen Unterscheidungen und Grenzen zwischen Körper und Seele, Mensch und Tier, Leben und Tod bedeutet, offenbaren besonders die naturwissenschaftlichen Aspekte: Der Doktor jubiliert über die psychischen Wirkungen der physischen Erbsendiät, worin nicht zuletzt seine »neue Theorie, kühn, ewig jugendlich« zu bestehen scheint (MBA 7.2, 16 f., 27; DKV I, 197, 210; vgl. Neumeyer 2009). Bei der Demonstration vor Studierenden geht er (bzw. der Professor) ohne Übergang von der Katze zu Woyzeck über: »Meine Herrn, das Thier hat keinen wissenschaftlichen Instinct […]. Meine Herrn, sie können dafür was anders sehen, sehen sie der Mensch, seit einem Vierteljahr ißt er nichts als Erbsen« (MBA 7.2, 20; DKV I, 218). Schließlich redet der Doktor Krankheit und Tod geradezu in den hypochondrischen Hauptmann hinein, der ihn dafür mit »Sargnagel« und »Grabstein« apostrophiert (MBA 7.2, 17, 28; DKV I, 197 f., 211).

Die Wissenschaft des Doktors wird als mechanistisch-teleologische Reduktion (durch die Zweckbestimmtheit des Experiments selbst, auch und gerade wenn der eigentliche Zweck nicht klar ist) und zugleich als idealistisch-naturphilosophische Überhöhung des Lebens gekennzeichnet (ironisch wie explizit: »organische Selbstaffirmation des Göttlichen«, MBA 7.2, 20; DKV I, 218). So erweisen sich die biopolitischen Diskurspraktiken, die das Leben zu existentiellen Zwecken produzieren und manipulieren, als Negationen des Lebendigen. Die eigentliche ›Gegenstrategie‹ und vitalistische Affirmation eines nicht zugänglichen Lebens artikulieren Woyzecks Beharren auf seiner inneren »Natur«, die »kommt« oder »aus ist«, und seine Ahnung eines Lebens in der äußeren Natur, das in den Schwämmen zu »lesen« bleibt (MBA 7.2, 16 f., 26 f.; DKV I, 195 f., 209 f.; vgl. Poschmann 1987). Aus dieser Perspektive kann sogar der Mord als solcher – also ganz unabhängig von der personellen Konstellation – als vitalistische Manifestation betrachtet werden, die das Lebendige im radikalsten Akt dem biopolitischen Zugriff zu entziehen versucht. Dass Woyzeck selbst dadurch bloß eine Fortsetzung seiner biopolitischen Verwertung unter anderen Diskurspraktiken erreicht, markiert das Drama mit der testamentarischen Szene (H 4,17, MBA 7.2, 32; DKV I, 216 f.), in der die militärische Registratur exemplarisch als elementare Erfassung von Leben und Verwandlung in Existenz dokumentarisch vorgeführt wird. Die Szene bildet auch die Schwelle des Textes nach außen, so dass der Akzent des überlieferten Textbestands auf dem wissenschaftlichen Lebensexperiment (und weniger auf den forensischen Fällen) liegt.

Literatur

Arz, Maike: Literatur und Lebenskraft. Vitalistische Naturforschung und bürgerliche Literatur um 1800. Stuttgart 1996.

Borgards, Roland: Poetik des Schmerzes. Physiologie und Literatur von Brockes bis Büchner. München 2007.

Döhner, Otto: Georg Büchners Naturauffassung. Marburg 1967.

– : Neuere Erkenntnisse zu Georg Büchners Naturauffassung und Naturforschung. In: GBJb 2 (1982), 126–132.

Grimm, Reinhold: Cœur und Carreau. Über die Liebe bei Georg Büchner. In: Heinz Ludwig Arnold (Hg.): Georg Büchner I/II. Sonderband Text + Kritik. München 1979, 299–326.

Kant, Immanuel: Kritik der Urteilskraft [1790]. Werkausgabe. Zwölf Bände. Hg. von Wilhelm Weischedel. Frankfurt a. M. 1989.

Ludwig, Peter: »Es gibt eine Revolution in der Wissenschaft«: Naturwissenschaft und Dichtung bei Georg Büchner. St. Ingbert 1998.

Müller, Johannes, Handbuch der Physiologie des Menschen für Vorlesungen. Bd. 1 in 2 Abt. Koblenz 1833/34.

Müller Nielaba, Daniel: »Das Auge [...] ruht mit Wohlgefallen auf so schönen Stellen«. Georg Büchners Nerven-Lektüre. In: WB 46 (2000), 325–345.

– : Die Nerven lesen. Zur Leit-Funktion von Georg Büchners Schreiben. Würzburg 2001.

Müller-Sievers, Helmut: Über die Nervenstränge. Hirnanatomie und Rhetorik bei Georg Büchner. In: Michael Hagner (Hg.): Ecce Cortex. Beiträge zur Geschichte des modernen Gehirns. Göttingen 1999, 26–49.

Neumeyer, Harald: »Hat er schon seine Erbsen gegessen?« Georg Büchners Woyzeck und die Ernährungsexperimente im ersten Drittel des 19. Jahrhunderts«. In: DVjs 83 (2009), 218–245.

Poschmann, Henri: »Wer das lesen könnt«. Zur Sprache natürlicher Zeichen im »Woyzeck«. In: Burghard Dedner/Günter Oesterle (Hg.): Zweites Internationales Georg Büchner Symposium 1987. Frankfurt a. M. 1990, 441–452.

Reil, Johann Christian: Von der Lebenskraft [1795]. Leipzig 1910.

Roth, Udo: Georg Büchners naturwissenschaftliche Schriften. Ein Beitrag zur Geschichte der Wissenschaften vom Lebendigen in der ersten Hälfte des 19. Jahrhunderts. Tübingen 2004.

Stiening, Gideon: Schönheit und Ökonomie-Prinzip. Zum Verhältnis von Naturwissenschaft und Philosophiegeschichte bei Georg Büchner. In: Scientia Poetica 3 (1999), 95–121.

Vietta, Silvio: Sprachkritik bei Büchner. In: GBJb 2 (1982), 145–156.

Wolff, Caspar Friedrich: Theoria generationis [1759]/Über die Entwicklung der Pflanzen und Thiere. I., II. und III. Theil. Übersetzt und herausgegeben von Paul Samassa. Leipzig 1896. Nachdruck Thun ²1999.

Hubert Thüring

11. Tiere

Es gibt zwei gute Gründe, über die Tiere bei Büchner nachzudenken. Zum einen sind die Tiere in Büchners Werk wahrhaft allgegenwärtig: romantisierende Nachtigallen in den frühen poetischen Versuchen, eine idealistische Definition des Menschen als Nicht-Tier in den Schulschriften, agrarisch-biblische Tierfluten im *Hessischen Landboten*, dichteste Tier-Metaphorik in *Danton's Tod*, eine irrwitzige Katzenszene im »Lenz«, Tiertheater und Tierwissenschaft im »Woyzeck«, Hinweise auf die Tierproblematik bei Descartes und Spinoza in den Skripten zur Philosophie, Tierbilder in den Briefen und nicht zuletzt eine Dissertation in vergleichender Anatomie, gefolgt von einer Probevorlesung über theoretische Biologie.

Zum anderen – und dies belegen Dissertation und Probevorlesung sowie Büchners einzige eigene, bis kurz vor seinem Tod abgehaltene Lehrveranstaltung unter dem Titel »Zootomische Demonstrationen« – war Büchner beruflich auf dem Weg zum Zoologen, nicht etwa auf dem Weg zum Mediziner. Ein Blick auf Büchners Tiere impliziert also auch eine Korrektur des falschen Bildes vom Dichter-Arzt, wie es schon unmittelbar nach Büchners Tod von Karl Gutzkow geprägt wurde. Büchner hatte sich zwar der Form nach in Straßburg wie in Gießen für das »academische Studium der Medizin« (zit. n. MBA 8, 175) eingeschrieben. Doch gibt es nur für ein Studienjahr, vermutlich sogar nur für ein einziges Semester Hinweise, dass Büchner tatsächlich die Kernfächer der praktischen Medizin belegt hat. »Davor und danach hat Büchner im heutigen Sinne Naturwissenschaften, genauer Zoologie und vergleichende Anatomie, studiert.« (Dedner/Lenné in MBA 8, 176)

Nicht so sehr um einen Dichter-Arzt, sondern vielmehr um einen Dichter-Zoologen handelt es sich bei Büchner also. Aus dieser Perspektive ist die Fülle der Tierverhandlungen im Gesamtwerk wenig überraschend. Sie bleibt aber im Einzelnen äußerst interpretationsbedürftig. Diese Interpretation hat dabei immer zwei Fragerichtungen: Inwiefern bieten die Tiere einen Schlüssel zum Verständnis von Büchners Texten? Und inwiefern geben umgekehrt Büchners Texte Auskunft über die Kulturgeschichte und die Problematik des Tieres? Von der Büchner-Forschung ist dieses Fragefeld noch wenig in den Blick genommen worden. Die Tiere spielen zwar in Untersuchungen zu Büchners naturwissenschaftlichen Arbeiten (z. B. Roth 2004) und deren Zusammenhang

mit der Dichtung (z. B. Ludwig 1998) eine gewisse Rolle; und auch in vielen Beiträgen zu einzelnen Werken (vgl. z. B. Seling-Dietz 2000, 192 u. 198), insbesondere zum Woyzeck (vgl. hierzu vor allem Oesterle 1983, 208–218; Pethes 2006, 71 f.; Glück 1985, 150 f.) wird immer wieder auf die Frage der Tiere verwiesen. Eine eigenständige, das Gesamtwerk berücksichtigende Arbeit zu Büchners Tieren gibt es indes bisher noch nicht.

Am Anfang von Büchners Werk stehen ein idealistisches Tierverständnis und die ästhetische Arbeit mit Zeichen-Tieren. In den wenigen Jahren seiner schreibenden Tätigkeit kommt Büchner aber zu einer deutlichen Konkretisierung und Problematisierung des Tieres. Aus dieser Doppelbewegung von Konkretisierung und Problematisierung ergibt sich das Themenfeld, das Büchner durchschreitet: Tiere können als metaphorische Zeichen eingesetzt werden; Tiere sind in Mechanismen der wissenschaftlichen und ästhetischen Repräsentation eingebunden; Tiere können komisch sein; die Grenze zwischen Mensch und Tier kann verfestigt oder zersetzt werden. Am Ende steht vielleicht die Überlegung, dass eine humane Gesellschaft nur von der Anerkennung des Tieres und nicht von dessen Verbannung ihren Ausgang nehmen kann.

Zeichen-Tiere

In der Geschichte der Literatur ist es seit jeher üblich, Tiere als Zeichen, als Symbole, als Metaphern zu verwenden: ein Löwe ist kein Löwe, sondern steht für den Mut; ein Schwein ist kein Schwein, sondern steht für die Sünde; eine Nachtigall ist keine Nachtigall, sondern steht für die Liebe. Auch Büchner nutzt die Tiere in fast allen seinen Texten auf diese Weise.

In einem Nachtgedicht aus der Schulzeit geschieht dies zunächst noch recht konventionell. Die Nacht wird hier in zwei Aspekte aufgeteilt, einen schönen und einen schaurigen. Die Schönheit klingt so: »Ruhig schlummernd liegen alle Wesen, / Feiernd schweigt des Waldes Sängerchor, / Nur aus stillem Haine, einsam klagend, / Tönet Philomeles Lied hervor.« (DKV II, 16) »Philomele« ist ein mythischer Name für die Nachtigall, den Singvogel der Liebesnacht. Dem entgegen steht der Schauer: »Durch der alten Säle düstre Hallen / Flattert jetzt die scheue Fledermaus, / Durch die ringszerfallnen Bogenfenster / Streicht der Nachtwind pfeifend ein <und> aus.« (DKV II, 17) Schönheit und Schauer, beides wirkungsästhetische Kategorien, haben je ihr eigenes Tier. Allerdings entstammen diese Tiere nicht der

Natur, sondern der kulturellen Tradition; es sind kulturelle Entwürfe, nicht natürliche Wesen. Der schweigende Sängerchor wiederholt unüberhörbar Goethes schweigende Waldvögelein, »Philomele« ist der antiken Mythologie entflogen, die Fledermäuse rekurrieren auf einen Topos der Schauerliteratur, der in der nächsten Strophe noch um »Rabe« und »Uhu« (ebd.) ergänzt wird. Und weil diese Tiere immer schon Zitate sind, kann Büchner sie in dieser Konstellation auch als Selbst-Zitat wiederholen. Der eine Abend mit seinen zwei Tier-Versionen taucht in seiner Komödie wieder auf: Leonce sieht schaudernd »seltsame Gestalten […] mit […] Fledermausschwingen« (MBA 6, 114; DKV I, 115), Lena hört eine im Traum zwitschernde »Grasmücke« (MBA 6, 116; DKV I, 118), einen der Nachtigall zoologisch eng verwandten Singvogel.

Mit den Zeichen-Tieren wird also Ordnung geschaffen. Im *Hessischen Landboten* stehen »Ackergäule« (DKV II, 54 u. 56) gegen »Raubgeier« (ebd., 63), die »Herde« (ebd., 55) gegen den »Wolf« (ebd., 64), die »Vornehmen« (ebd., 53) gegen die »Bauern« (ebd.). In *Danton's Tod* scheidet sich die »Dogge« Danton vom »Bologneser Schooßhündlein« Marion MBA 3.2, 20; DKV I, 28). Im »*Lenz*« reitet der »Wahnsinn auf Rossen« (MBA 5, 32; DKV I, 226). In *Leonce und Lena* erscheint der Hofstaat als Insektenmenagerie: »Herr Generalissimus Heupferd«, »Herr Finanzminister Kreuzspinne«, »Hofdame Libelle« (MBA 6, 101; DKV I, 97). Im »*Woyzeck*« ist der Tambourmajor für Marie »ein Löw« (MBA 7.2, 22 u. 26; DKV I, 203 u. 207) und »ein Stier« (MBA 7.2, 26; DKV I, 207), entsprechend erscheint Marie für den Tambourmajor als »Wild Thier« (ebd.). Menschen haben eine animalische Signatur, eine tierliche Physiognomie, mit einem von Büchner im »*Woyzeck*« geprägten Neologismus: eine »Viehsionomik« (MBA 7.2, 3; DKV I, 177; vgl. hierzu Schmidt 2003). Zeichen-Tiere lassen sich also im Sinne einer rhetorischen Technik benutzen, um Bedeutungen zuzuweisen. Dabei geht es in erster Linie darum, Klarheit zu schaffen: Klarheit darüber, was für ein Weib Marie und was für ein Kerl der Tambourmajor ist; Klarheit darüber, wie lächerlich die deutsche Kleinstaatsaristokratie anmutet; Klarheit aber auch über deren boshaften Ausbeutungswillen und die Wehrlosigkeit der Ausgebeuteten. All dies lässt sich mit Tieren metaphorisch erzählen.

Die Bedeutungsproduktion mittels Zeichen-Tieren hat indes eine Kehrseite, für die Büchner ein besonderes Sensorium zu haben scheint. Denn in jedem Zeichen-Tier liegt auch das Potential zu einem Bedeutungsüberschuss, der Unordnung schafft. Dies gilt schon für das naiv anmutende Nachtgedicht. Fledermaus, Uhu und Rabe mögen schaurig sein; noch schauriger aber ist eine Nachtigall, die auf den Namen »Philomele« hört. Denn die Königstochter Philomele wurde erst, nachdem sie von ihrem Schwager vergewaltigt und ihr dann die Zunge herausgerissen wurde, in den anmutig singenden Vogel der Nacht verwandelt.

Repräsentationen

Die Zeichenhaftigkeit der Tiere hat eine kulturtheoretische und eine wissenschaftstheoretische Seite. Kulturtheoretisch gilt offenbar, dass es keinen unmittelbaren, unvermittelten, amedialen Zugriff auf die Tiere geben kann. Stets scheinen die Tiere vorab in kulturelle, sprachliche, mythische, literarische Zusammenhänge gestellt zu sein. Nur durch Geschichten, Bilder und Szenerien hindurch werden die Tiere wahrnehmbar. Davon kündet bei Büchner schon früh Philomele und noch spät die Jahrmarktszene des »Woyzeck«. Im »Woyzeck« wird mit dem Jahrmarkt nicht nur ein Tiertrio – Affe, Pferd, Vogel – inszeniert; vielmehr wird die Inszenierung selbst in Szene gesetzt. Gegenstand dieser Szenen ist also nicht einfach das Tier, sondern die Darstellung des Tieres. Nicht Affe, Pferd und Vogel, sondern zunächst einmal deren Repräsentationen werden so thematisch. Am Anfang des menschlichen Umgangs mit dem Tier stehen also Repräsentationsweisen. In den Worten des Marktschreiers: »Die rapräsentation anfangen! Man mackt Anfang von Anfang!« (MBA 7.2, 3; DKV I, 177)

Wissenschaftstheoretisch argumentiert Büchner in vergleichbaren Bahnen. Denn auch seine zootomischen Untersuchungen an der Barbe, einem Süßwasserfisch, führen zu Fragen der Repräsentation. Zu Büchners Zeiten gibt es in der vergleichenden Anatomie zwei miteinander konkurrierende Arbeits- und Erklärungsmuster. Auf der einen Seite steht der funktionalistische, in der Probevorlesung »teleologisch« (MBA 8, 153; DKV II, 158) genannte Ansatz, vertreten z. B. durch den einflussreichen französischen Zoologen Georges Cuvier. Hier wird die konkrete Gestalt von Organen aus ihrer Funktion abgeleitet: Der Mensch ist das Wesen, das zugreifen kann, deshalb hat es Hände (vgl. MBA 8, 153; DKV II, 158). Auf der anderen Seite steht der strukturalistische Ansatz, wie ihn etwa der deutsche Zoologe Lorenz Oken als ›genetische Methode‹ vertritt. Hier wird aus der konkreten Gestalt der Organe deren Sinn abgeleitet: Der Mensch ist das Wesen, das Hände hat, deshalb kann es zugreifen. Biologisches bzw. Anatomisches wird damit nicht von seinem Ende, vom Ziel, vom Sinn her analysiert (eben nicht teleologisch), sondern vom Anfang her, von seinen Gegebenheiten, von seinen einzelnen Bauplänen und deren zunehmender Komplexität (eben genetisch).

Büchner steht, wiewohl in einigen Punkten zwischen den Positionen vermittelnd, deutlich auf der Seite der Bauplanforschung. Im Zentrum steht dabei die Analyse der einfachen Formen, die Suche nach dem »typ primitif« (MBA 8, 100; DKV II 140). Diese einfachen Formen sind repräsentativ in einem starken Sinne: Sie stellen die Elemente dar, aus denen auch komplexere Lebewesen bestehen. »Monade, Molluske, dann Wurm, Insect, Fisch und Vogel« können, so auch Carl Gustav Carus 1831 (zit. n. MBA 8, 547), als Repräsentationsformen des Menschen gelesen werden. Entsprechend argumentiert Büchner dort, wo er in seiner Probevorlesung die biotheoretischen Konsequenzen aus den empirischen Befunden seiner Dissertation zieht: »Bey dem hypoglossus des Menschen tritt also die dritte der erwähnten Modificationen ein, die Empfindungswurzel ist avortirt und nur die motorische hat sich entwickelt, ein Verhältniß das übrigens schon bey dem Fisch und Frosch durch das Ueberwiegen der vorderen Wurzel über die hintere *angedeutet* ist.« (MBA 8, 163–165; DKV II, 166, Hervorhebung R.B.) Ein guter Zoologe ist derjenige, der es versteht, Andeutungen zu lesen. Vergleichende Anatomie ist Deutungskunst, Auslegungskunst, Hermeneutik. Auch für den Zoologen Bücher ist also ein Tier nie einfach nur es selbst, sondern immer auch Repräsentation von etwas anderem. Jedes Tier kann, will, muss gelesen sein. Der Schritt von einem in seine zootomischen Demonstrationen versunkenen Biowissenschaftler zu Woyzecks geducktem Blick auf eine zeichendurchsetzte Natur ist nicht groß: »Wer das lesen könnte.« (MBA 7.2, 17; DKV I, 196)

Komische Tiere

Wenn bei Büchner Zoologen Deutungskünstler sind und Tiere die Welt immer nur als gedeutete Wesen bevölkern, dann kann daraus Panik (Woyzeck, Lenz), Rhetorik (*Hessischer Landbote, Danton's Tod*) oder auch Komik entspringen. Komische Tiere gibt es bei Büchner allerorten. In den Schulheften verspottet Büchner einen wenig erfolgreichen Mitschüler als »junges Öchselein« (DKV II, 49); in einem

Brief an August Stöber bezeichnet er das politische Treiben in Darmstadt als »Affenkomödie« (DKV II, 377); ein weiterer Brief, gerichtet an seinen Freund Georg Geilfus, beginnt mit der Anrede »Wertester Hund!« (DKV II, 445); in *Danton's Tod* wird der Bordellbesuch des Revolutionärs als Hundequal lächerlich gemacht (MBA 3.2, 20; DKV I, 28); im »*Woyzeck*« sorgen Affe, Pferd und Vogel für heitere Unterhaltung; und selbst Woyzecks spinnenartigem Gang haftet Grotesk-Komisches an.

In *Leonce und Lena* entwirft Büchner in der ersten Szene implizit eine ganze Theorie der Tierkomik. Hier werden zwei Formen der Komik am Tier unterscheidbar. Das erste Tier der Komödie ist die Biene: »Die Bienen sitzen so träg an den Blumen« (MBA 6, 100; DKV I, 96). Komik entsteht hier aus der Kollision von Erwartetem und tatsächlich Eintretendem: Bienen pflegen fleißig zu fliegen, nicht träge zu sitzen. Einer Bedeutungsinversion unterworfen wird dabei wieder nicht die Biene selbst, sondern unser Bild von der Biene als fleißigem Staatswesen. Dadurch wird der Staat, in dem Leonce lebt, selbst in die Inversionsdynamik mit einbezogen: Das Reich Pipi ist ein umgekehrter Bienenstaat; in diesem Staat ist etwas im Wortsinne ›faul‹. Die hier vorliegende Form der Komik wird in der Komödienforschung ›Verlachkomik‹ bzw. ›Herabsetzungskomik‹ genannt: Der komische Effekt entsteht aus der Diskrepanz zwischen Ideal und Realität (vgl. Greiner 2006). Der träge Bienenstaat wird zum Gegenstand eines Auslachens. Diese herabsetzende Tier-Komik setzt auf die Distanz zum Tier.

Zu den Bienen gesellen sich noch in der ersten Szene Schmetterlinge. Valerio bringt sie ins Spiel: »Ich werde mich indessen in das Gras legen und meine Nase oben zwischen den Halmen herausblühen lassen und romantische Empfindungen beziehen, wenn die Bienen und Schmetterlinge sich darauf wiegen, wie auf einer Rose.« (MBA 6, 101; DKV I, 97) Komik entsteht hier aus der grenzaufhebenden Transformation von Körpern: Valerio will selbst zur Pflanze werden, auf der die Bienen und Schmetterlinge sitzen. Dieser Verwandlungsprozess wird von Valerio zudem umgehend verschärft: »Das Gras steht so schön, daß man ein Ochs sein möchte, um es fressen zu können, und dann wieder ein Mensch, um den Ochsen zu essen, der solches Gras gefressen.« (ebd.) Menschen pflegen Menschen zu sein, nicht Pflanzen oder Tiere. Indem sich Valerio selbst in den Ochsen hineinimaginiert, werden Ordnungssysteme aufgehoben, Grenzlinien unterlaufen, Zuschreibungen aufgehoben. Die hier vorliegende Komik wird in der Komödienforschung ›groteske Komik‹ bzw. ›Heraufsetzungskomik‹ genannt: Der komische Effekt entsteht aus einer fundamentalen, stets den Körper einbeziehenden Grenzaufhebung, der Grenze zwischen den Geschlechtern, der Grenze zwischen den sozialen Klassen, der Grenze zwischen Mensch und Tier (vgl. Greiner 2006). Der ochsenartige Valerio wird zum Partner eines Mitlachens. Diese groteske Tier-Komik setzt auf die Nähe zum Tier.

Vor allem die erste Form der Komik spielt Büchner in *Leonce und Lena* vielfach durch. Verlacht werden die insektoide Staatsmenagerie (»Herr Generalissimus Heupferd«, usw.), Valerio als Wildschwein mit »Rüssel« und »Hauern« (MBA 6, 106; DKV I, 104), die gleichfalls »Rüssel« statt »Nase« (MBA 6, 114; DKV I, 115) tragende Gouvernante, die als »Hausgrillen« (MBA 6, 116; DKV I, 117) schnarchenden Gäste des Wirtshauses, der Hofpoet als »bekümmertes Meerschweinchen« (MBA 6, 119; DKV I, 122) usw. Als Herabsetzungskomik erscheint dies, insofern das Ideal des Menschen, kein Tier zu sein, mit der Realität, dass er ein Tier ist, konfrontiert wird. Grotesk wird die Komik erst dort, wo der Mensch nicht von anderen als Tier beschrieben wird, also nicht dort, wo das Menschen-Tier nur Objekt der Komik ist, sondern dort, wo er sich spielerisch selbst zum Tier macht, wo das Menschen-Tier also zum Subjekt der Komik avanciert.

Der komische Effekt der Grenzüberschreitung wird auch im »*Woyzeck*« auf den Begriff des Grotesken gebracht. Auf die zu Menschen mutierenden Tiere, vor allem auf das Anthro-Morphing des Affen zum Soldaten repliziert einer der Zuschauer begeistert: »Grotesk! Sehr grote<sk> [...] Ich bin ein Freund vom grotesken. Sehn sie dort? was ein grotesker Effect.« (MBA 7.2, 14; DKV I, 193) Dieser Zuschauer sieht im Affen das Subjekt einer Grenzüberschreitung und lacht. Der Affen-Soldat und der Valerio-Ochse bedienen mithin eine vergleichbare Form der Komik. Beide Fälle implizieren eine Annäherung an das Tier. Woyzeck hingegen macht sich nicht selbst zum Tier, sondern wird – vom Doktor – als Tier angesprochen: »Kerl er tastet mit seinen Füßen herum, wie mit Spinnenfüßen.« (MBA 7.2, 17; DKV 196) Vom Doktor aus gesehen, ist das komisch. Vergleichbar ist dieser Spinnenfußwoyzeck hinsichtlich seiner Komik-Form allenfalls mit dem »Finanzminister Kreuzspinne«. Beide Fälle implizieren eine Distanzierung vom Tier.

Grenzprobleme

Die Komik ist indes nur eine Form, in der sich die Grenze zwischen Mensch und Tier thematisieren und problematisieren lässt. Diese Grenze ist ein altes Thema der Kunst. Die Arbeit an dieser Grenze gehört wohl zum Grundbestand kultureller Techniken. Allerdings sind diese Grenze selbst sowie die Weise ihrer – mal bestätigenden, mal in Frage stellenden – Bearbeitung keineswegs stabil und geschichtslos, sondern massiven historischen Transformationen unterworfen. In dieser Geschichte der Grenzarbeit zwischen Tier und Mensch ist Büchner an einer prekären Stelle zu verorten, in einer Schwellenzeit zwischen dualistisch-idealistischer Anthropologie einerseits und monistischer Evolutionsbiologie andererseits.

Grob und verallgemeinernd gesprochen, erscheinen das 17. und 18. Jahrhundert als Zeiten der Grenzverschärfung. Büchner setzt sich mit diesen Grenzverschärfungen auseinander. Er registriert sie in seinen philosophischen Skripten mit Blick auf Descartes' Theorie von der Seelenlosigkeit der Tiere (vgl. DKV II, 225). Und er exekutiert sie in seiner Schulschrift über den *Helden-Tod der vierhundert Pforzheimer*: »Sie trieb nicht Wut nicht Verzweiflung zum Kampf auf Leben <und> Tod, (dies sind zwei Motive die den Menschen statt ihn zu erheben zum Tiere erniedrigen;) sie wußten, was sie taten [...] und starben kalt und ruhig den Helden-Tod.« (DKV II, 24) Die Abgrenzung des Menschen vom Tier lässt sich als idealistischer Differenzialismus bezeichnen: Der Mensch ist *kein* Tier, weil er nicht instinktgebunden handeln muss, nicht seinen Trieben wie Wut oder Verzweiflung unterworfen ist; er ist *Mensch*, weil er Wissen hat und weil er sich reflexiv auf sein Handeln beziehen kann (»sie wußten, was sie taten«); und er ist *nicht* Tier, sondern *Mensch*, weil er seinen Tod wählen kann: »Sie hatten freie Wahl, und sie wählten den Tod.« (DKV II, 24) Gäbe es weder Wissen noch Freiheit, so formuliert der Schüler Büchner in guter idealistischer, an Kant, Herder, Goethe und Schiller geschulter Tradition, dann wäre »das Menschen-Geschlecht [...] dem Tiere gleich« und »seiner Menschen-Würde verlustig« (DKV II, 21).

Solche Grenzverschärfungen – sei es im Sinne eines cartesianischen Dualismus oder eines kantianischen Idealismus – verlieren im 19. Jahrhundert zunehmend an Plausibilität. Ihr Ende finden sie indes erst nach Büchner, mit Charles Darwins 1859 publizierter Evolutionstheorie. Gleichwohl ist schon die erste Hälfte des 19. Jahrhunderts von vielfältigen Grenzverunsicherungen gezeichnet, die gewissermaßen die spätere Akzeptanz der Evolutionsbiologie vorbereiten. An dieser Verunsicherung arbeitet Büchner ab dem *Hessischen Landboten* in stets zunehmender Schärfe mit.

Der *Hessische Landbote* formuliert die Theriomorphisierung (d. h. Vertierlichung) des Menschen als politische Kritik: »Im Jahr 1834 siehet es aus, als würde die Bibel Lügen gestraft. Es sieht aus, als hätte Gott die Bauern und Handwerker am 5ten Tage, und die Fürsten und Vornehmen am 6ten gemacht« (DKV II, 53). In einer pervertierten Schöpfungsgeschichte finden sich die Bauern unter den Tieren wieder. Eröffnet wird hier eine Konkurrenz zwischen zwei Paradigmen: der normativen Macht des Faktischen (»Im Jahr 1834«) auf der einen Seite und der Bibel bzw. der Religion auf der anderen. Die Frage, wo genau die Grenze zwischen Mensch und Tier verläuft, entscheidet sich also nicht einfach aus der Sache heraus, sondern aus einer diskursiven Ermächtigung: Es ist eine politische Frage. Dies gilt in einem doppelten Sinn. Zum einen ist Politik zu verstehen als die konkrete, tatsächliche, historische Machtkonstellation; diese Politik ist im Jahr 1834 mächtig genug, die Tier-Mensch-Grenze nach eigenem Gutdünken zu setzen. Zum anderen ist das Politische in einem allgemeineren Sinn der Sachverhalt, dass diese Grenze überhaupt Gegenstand einer Setzung und nicht etwas natürlich Gegebenes ist.

Deutlich wird hier eine fundamentale Verunsicherung der herkömmlichen Grenzziehung. Die Bauern sind »Getier«, »Gewürm«, »Ochsen«, »Ackergäule«, »Pflugstiere«, »Herde«, »Vieh« und »Schindmähre« (DKV II, 53 ff.). Damit nutzt Büchner – vor allem im ersten Teil des *Landboten* – die Mensch-Tier-Differenz, um metaphorisch eine soziale Differenz anzuzeigen. Im zweiten Teil des *Landboten* wird die Theriomorphisierung nun auf die Herrschenden ausgedehnt; sie sind »Krokodill«, »Blutigel«, »Raubgeier«, »Schwein« und »Wolf« (DKV II, 58 ff.). Für den *Landboten*, zumal für seine Schlusspassagen, ist nun zwar nicht sicher, ob sie Büchner oder seinem Koautor Weidig zuzuschreiben sind. Die Totalisierung des Tierreichs und die damit verbundene Grenzverunsicherung zwischen Mensch und Tier werden jedoch in den weiteren Texten Büchners massiv vorangetrieben.

Das zeigt sich auch in *Danton's Tod*. »Aristocraten […] sind Wölfe« (MBA 3.2, 10; DKV I, 19), die ausgerottet werden sollen. Die Girondisten werden als Nutztiere imaginiert, die einer landwirtschaftlichen

Verwertung zugeführt werden können: »Wir wollen ihnen die Haut von den Schenkeln ziehen und uns Hosen daraus machen, wir wollen ihnen das Fett auslassen und unsere Suppen mit schmelzen.« (MBA 3.2, 10; DKV I, 19) Die Prostituierten erscheinen als »Heerdweg« (MBA 3.2, 21; DKV I, 29), womit die Bordellbesucher zum Herdenvieh mutieren. Die Dantonisten enden als »Wurmfraß« (MBA 3.2, 72; DKV II, 81), womit sich die ganze Bevölkerung in Würmer verwandelt: »Meine Kinder sind auch Würmer und die wollen auch ihr Teil davon.« (MBA 3.2, 72; DKV II, 81) Alles ist Tier. Es gibt kein Außerhalb der Zoologie. Unter diesen Bedingungen verliert die Grenze zwischen Mensch und Tier an Trennschärfe. Die vergleichende Anatomie, wie Büchner sie als Zoologe betreibt, hat exakt den gleichen Effekt, wie Büchner es z. B. von Lorenz Oken übernehmen kann, demzufolge »jedes Thier« – und das heißt hier auch: der Mensch – »die ganze Thierheit in seinem Schoße ernährt.« Embryonalmedizinisch gesprochen: »Der Foetus ist eine Darstellung aller Thierclassen in der Zeit.« (Oken zit. n. MBA 8, 547)

Die Problematisierung der Grenze zwischen Mensch und Tier – und damit auch die Infragestellung dessen, was als ›anthropologische Differenz‹ zum Kernbestand aufklärerischen und idealistischen Denkens gehört – wird im »*Woyzeck*« auf die Spitze getrieben. Im dokumentierten Produktionsprozess des Dramas bildet die Frage des Tieres sogar den Ausgangspunkt: H 1,1 und H 1,2 – später dann H 2,3 – spielen verstörend mit der Unterscheidung zwischen Menschentheater und Tierschaubude. Die Professorenszene (H 3,1) nimmt dieses Spiel in einem Chiasmus wieder auf. Während auf dem Theater des Jahrmarktes das Tier die Grenze zum Menschen überschreitet, überscheitet umgekehrt auf dem Theater der Wissenschaft ein Mensch die Grenze zum Tier. Woyzeck, vom Doktor als »Bestie« beschimpft, soll seine Ohren bewegen und mit diesem Atavismus den anwesenden Studenten die »Uebergänge zum Esel« (MBA 7.2, 20; DKV I, 219) demonstrieren.

Bei Büchner verläuft also nicht eine einzige Grenze zwischen Mensch und Tier, vielmehr gibt es nur »Uebergänge«, unbestimmbare Schwellenzonen, in denen Animales und Humanes ununterscheidbar ineinanderfallen: Tierschaubude und Menschentheater, Affe und Soldat, Versuchstier und Menschenversuch, eine fallende Katze und ein zitternder Woyzeck, vergleichende Zoologie und medizinische Anthropologie. In diesem Sinne ist auch der Doktor im »*Woyzeck*« ein zoologischer Grenzwissenschaftler, in dessen Händen alles zum Tier mutiert. Am offensichtlichsten ist dies dort, wo Woyzeck als Versuchstier behandelt wird. In der Dynamik sozialer Deklassierung berührt sich die Menschheit an ihrem unteren Rand mit dem Tier, und genau deshalb erscheint es dem Doktor moralisch unbedenklich, sein Menschenversuchstier aus dieser Sphäre zu rekrutieren. Es hat also einen rechtfertigenden Zweck, wenn der Doktor Woyzeck mit einem pissenden Hund vergleicht und ihn dann sogar noch tiefer als die Tiere stellt: »Behüte wer wird sich über einen Menschen ärgern! einen Menschen, Wenn es noch ein Proteus wäre, der einem krepirt!« (MBA 7.2, 16; DKV I, 196) Der Wert eines Versuchstieres richtet sich nach dessen Seltenheit: Menschentiere (d. h. in der grenzauflösenden Logik des Dramas: Soldaten) sind leicht zu bekommen und billig; ein Proteus (ein seltener Grottenolm) ist schwer zu bekommen und wertvoll. Die zoologische Ordnung des Experiments pervertiert die moralische Ordnung des Humanismus.

Im Wissenschaftsprogramm des Doktors gibt es neben dem Menschentier Woyzeck noch eine ganze Reihe weiterer Grenzwesen (MBA 7.2, 16; DKV I, 196): Der Doktor interessiert sich für »Frösch« und »Kröten«, die als Amphibien die Grenze zwischen Wasser- und Landlebewesen überschreiten. Er beobachtet »Laich« und »Spinneneier«, also die ontogenetische Metamorphose als Übergang zwischen zwei voneinander abgrenzbaren Tierformen. Er untersucht »Süßwasserpolypen« und andere Polypenformen wie »Hydra, Veretillen, Cristatellen«, also die Grenze zwischen Pflanze und Tier, wie sie zu Büchners Zeiten auch von Oken, Cuvier und dem Gießener Zoologen Johann Bernhard Wilbrand verhandelt wird (vgl. MBA 7.2, 477). Er hat ein »Infusionsthier« unterm Mikroskop, einen organisierten Einzeller, an dem seinerzeit die Frage nach der Entstehung des tierischen Lebens aus der unorganisierten Materie diskutiert wird. Und er wünscht sich einen »Proteus«, der in der griechischen Mythologie als Wassergott und Gott allen Wandels gilt, der in Goethes *Faust II* an der Verwandlung eines Homunculus in einen veritablen Menschen mitarbeitet und der schließlich in der Zoologie der Zeit sowohl einen Olm (mithin wieder ein amphibisches Wasser-Land-Mischwesen) als auch eine Amöbe (mithin wieder ein Infusionstier) meinen kann.

Wenn der Doktor also ein zoologischer Grenzwissenschaftler ist, dann zunächst ein solcher, der Grenzen vervielfältigt, dynamisiert, problematisiert. Doch muss man sich nun vor Augen halten, dass er damit genau das tut, was die meisten Zoologen des 19. Jahrhunderts und auch Büchner selbst betreiben: Mensch und Tier werden in einer limitrophen, d. h. grenzwuchernden Bewegung ineinander verschränkt. Dies beginnt um 1800 mit der vergleichenden Anatomie Cuviers, konzentriert sich zur Jahrhundertmitte in der Evolutionstheorie Darwins und kulminiert um 1900 im Monismus Ernst Haeckels. Büchners Kritik, die in der Doktorfigur Gestalt annimmt, trifft also nicht grundsätzlich jede Form der Tier-Mensch-Entgrenzung, sondern nur eine spezifische Spielart.

Denn der Doktor ist nicht ausschließlich an der Problematisierung von Grenzen interessiert, sondern kombiniert vielmehr zwei einander widersprechende Argumentationsmuster. Einerseits arbeitet er zwar – ganz im Sinne einer vergleichenden Anatomie, auch ganz im Sinne des Zoologen Büchners – mit einem starken Assimilationismus, d. h. er betont die Ähnlichkeit zwischen Tier und Mensch: Das Tier ist dank Beobachtung und Experiment Gegenstand positivistischer Forschung, also kann auch der Mensch beobachtet, experimentalisiert, zoologisiert werden. Andererseits jedoch arbeitet er zugleich – ganz im Sinne der idealistischen Anthropologie, auch ganz im Sinne des jungen Büchners in seiner Rede zum *Helden-Tod* – mit einem starken Differentialismus, d. h. er betont den Unterschied zwischen Mensch und Tier: Der Mensch ist frei, das Tier ist an seine Instinkte gebunden.

Der Zusammenfall von Differentialismus und Assimilationismus zeugt nun nicht von der intellektuellen Unzurechnungsfähigkeit des Doktors, sondern umschreibt vielmehr sehr präzise eine kalkulierte Wissenschaftspraxis, die Mensch und Tier aus strategischen, biopolitischen Gründen in einen gemeinsamen Wissensraum stellt. Denn erst, indem der Doktor das Tier vom Menschen abtrennt (Differentialismus), etabliert er im Menschen einen fundamental tierlichen Raum (Assimilationismus), auf den er dann ohne Rücksicht auf Moral und Ethik zugreifen kann. Damit inszeniert Büchner eine fundamentale biopolitische Geste der Moderne: Die humanistische Moral des Doktors, die den Menschen als Nicht-Tier würdigt und schützt, setzt den Menschen, insofern er Tier ist, zugleich in einem extramoralischen Raum schutzlos aus.

Humanimalismus

Büchners Auseinandersetzung mit der Frage des Tieres führt in der kurzen Zeit seines Schaffens von einer idealistischen Deanimalisierung des Menschen, wie sie aus der aufgeklärten Anthropologie des 18. Jahrhunderts hervorgegangen ist, zu einer kritischen Reanimalisierung des Menschen, wie sie in verschiedenen Spielarten das 19. Jahrhundert beherrscht. In den Schulschriften findet sich noch der idealistische Entwurf eines Menschen, der die freie Wahl hat, sich entweder zum Helden zu erheben oder zum Tier herabzusinken. Im *Hessischen Landboten* ist es schon nicht mehr die Freiheit, die den Menschen grundsätzlich deanimalisiert, sondern die Politik, die den Menschen jederzeit zu animalisieren in der Lage ist. Der niedrige Mensch macht sich nicht selbst zum Tier, sondern wird von den Herrschenden zum Tier gemacht. In *Danton's Tod* forciert Büchner diesen Gedanken noch einmal. Nicht nur die Beherrschten, auch die Herrscher sind Tiere; jeder Akteur ist jederzeit als Tier beschreibbar. Geschichte vollzieht sich in Tiergeschichten, die Revolution in den Bahnen einer politischen Zoologie. Die Mechanismen kultureller Gewalt gerinnen zu biologischen Metaphern, die alles durchdringende Sexualität scheint unmittelbar aus dem Tierreich heraufzusteigen.

Im »*Lenz*« kommt es dann zu einer Szene des Wiedererkennens, einer Anagnorisis von Mensch und Tier. Im progressiven Verlauf seiner Krankheit wird Lenz zunehmend von einem »Instinkt«, einem »Trieb« (MBA 5, 46; DKV I, 247) beherrscht. Diese Dynamik der Animalisierung kulminiert in einem Blickgefecht mit einer Katze: »Einst saß er neben Oberlin, die Katze lag gegenüber auf einem Stuhl, plötzlich wurden seine Augen starr, er hielt sie unverrückt auf das Thier gerichtet, dann glitt er langsam den Stuhl herunter, die Katze ebenfalls, sie war wie bezaubert von seinem Blick, sie gerieth in eine ungeheure Angst, sie sträubte sich scheu, Lenz mit den nämlichen Tönen, mit fürchterlich entstelltem Gesicht, wie in Verzweiflung stürzten Beide auf einander los«. (MBA 5, 46 f.; DKV I, 247) Das Wiedererkennen ist wechselseitig. Lenz kann das Tier erkennen, weil er selbst ein Tier ist. Wenn der Mensch das Tier erkennt, erkennt er zugleich auch sich selbst. Deshalb eignet dem menschlichen Umgang mit den Tieren immer ein selbstreflexiver Zug. Das gilt in Büchners zoologischer Forschung; das zeigt sich auch in Lenz' Auseinandersetzung mit der Katze. Dabei begegnen sich Mensch und Tier genau in der Grenz- und Schwellenzone, die sie mehr miteinander verbindet als voneinander trennt: Während Lenz teriomorph, d.h. tierförmig agiert (»dann glitt er langsam den Stuhl herunter«), reagiert die Katze anthropomorph, d.h. menschenähnlich (»sie war wie bezaubert«).

Die Katzenszene des »*Lenz*« verknüpft den Bildraum des Tieres mit der Frage des Wahnsinns. Diese Verknüpfung hat Tradition. Büchner wirft nun weder auf den Wahnsinn noch auf das Tier einen distanzierten und distanzierenden Blick. Vielmehr unternimmt er Annäherungen, sowohl an das Tier als auch an den Wahnsinn. Damit verweigert sich Büchner einer so simplifizierenden wie üblichen Gleichung: Wenn dem Menschen als *animal rationale* im Wahnsinn die Rationalität abhanden kommt, dann wird er zum Tier. Das Woyzeck-Thema eines vielleicht medizinisch wahnsinnigen, vielleicht moralisch ›verwilderten‹ Mörders legt eine solche Gleichung nahe; sie wird in der rechtspsychiatrischen Debatte um die Zurechnungsfähigkeit Woyzecks mehrfach in Anschlag gebracht, und zwar bemerkenswerter Weise von beiden um die Schuldfähigkeit Woyzecks streitenden Parteien. Während etwa der liberale Grohmann den Delinquenten mit einem assimilationistischen Argument zu entschuldigen versucht, indem er »das Thier im Menschen eine große Rolle spielen läßt«, setzt der konservative Heinroth anklagend auf einen strikten Differentialismus: »Der Mensch kommt nicht als Bestie auf die Welt, und ist auch nicht zur Verthierung [...] bestimmt. Wird der Mensch zur Bestie, so ist es seine Schuld« (zit. n. MBA 7.2, 383). Ganz offensichtlich erzählt Büchner eine andere Geschichte als der konservative Heinroth. Dort, wo Büchners Woyzeck zur »Bestie« wird, in den Reden und Experimenten des Doktors, ist es gerade nicht seine eigene Schuld; Büchners Woyzeck macht sich nicht selbst zum Tier, sondern wird zum Tier gemacht, entwirft dann aber auch seinerseits sein späteres Opfer als imaginäres Tier (vgl. Campe 1998, 222 f.), als »Woyzecke« (MBA 7.2, 5; DKV I, 180) bzw. »Zickwolfin« (MBA 7.2, 30; DKV I, 214).

Heinroths Humanismus arbeitet mit klaren Regeln: »Das Thier, so mächtig es sey, schätzen wir *unter uns*: den Menschen allein als *unseres Gleichen*, folglich als moralisches Wesen« (zit. n. MBA 7.2, 383). Der Mensch ist nur dort wahrhaft Mensch, wo er nicht Tier ist; wo er sich aber selbst zur Bestie macht, darf er auch als Bestie behandelt und das heißt: getötet, hingerichtet werden. Dieser konservative Humanismus gründet also auf einer Verbannung des Tieres aus dem Menschen; und er mündet – im Falle des historischen Woyzecks – in die Tötung eines Menschentieres. Dem gegenüber lässt sich von Büchner her ein kritischer Humanismus skizzieren, der das Tier nicht verbannt und tötet, sondern umgekehrt von der schwierigen Frage des Tieres seinen

Ausgang nimmt. Es ist dies eine Haltung, die Valerio in *Leonce und Lena* als »human und philobestialisch« (MBA 6, 117; DKV I, 120) umschreibt. Wer menschlich sein will, der muss auch das Tier lieben; wer das Tier liebt, liebt auch den Menschen. Philanthropie und Philobestialität, Menschenliebe und Tierliebe stehen in einem wechselseitigen Bedingungsverhältnis.

Doch diese Liebe zum Tier bleibt auch bei Büchner prekär. Tiere sind nicht nur lieb wie die zwitschernde »Grasmücke« Lenas; und sie werden nicht nur geliebt wie die von Woyzeck »so zärtlich« (MBA 7.2, 20; DKV I, 218) gehaltene Versuchskatze. Vielmehr sind Tiere auch Gegenstand zerstörender Kulturtechniken, wenn sie als »Braten«, »Wildpret« und »hirschlederne[ ] Hosen« (MBA 6, 118; DKV I, 121) enden; und sie stehen in einer grundsätzlichen Nähe zu verschiedenen Formen der Gewalt, staatserhaltender wie revolutionärer, tragischer wie komischer. Wer Tiere streichelt, kann von ihnen immer auch gebissen werden.

Literatur

Campe, Rüdiger: Johann Franz Woyzeck. Der Fall im Drama. In: Michael Niehaus/Hans-Walter Schmidt-Hannisa (Hg.): Unzurechnungsfähigkeiten. Diskursivierungen unfreier Bewußtseinszustände seit dem 18. Jahrhundert. Frankfurt a. M./Berlin/Bern 1998, 209–236.

Greiner, Bernhard: Die Komödie. Eine theatralische Sendung: Grundlagen und Interpretationen. Tübingen/Basel ²2006.

Glück, Alfons: Der Menschenversuch. Die Rolle der Wissenschaft in Georg Büchners *Woyzeck*. In: GBJb 5 (1985) 1986, 139–182.

Ludwig, Peter: »Es gibt eine Revolution in der Wissenschaft«. Naturwissenschaft und Dichtung bei Georg Büchner. St. Ingbert 1998.

Oesterle, Günter: Das Komischwerden der Philosophie in der Poesie. Literatur-, philosophie- und gesellschaftsgeschichtliche Konsequenzen der ›voie physiologique‹ in Georg Büchners Woyzeck. In: GBJb 3 (1983) 1984, 200–239.

Pethes, Nicolas: ›Viehdummes Individuum‹, ›unsterblichste Experimente‹. Elements of a Cultural History of Human Experimentation in Georg Büchner's Dramatic Case Study Woyzeck. In: Monatshefte 98 (2006), 68–82.

Roth, Udo: Die naturwissenschaftlichen Schriften Georg Büchners. Ein Beitrag zur Geschichte der Wissenschaft vom Lebendigen in der ersten Hälfte des 19. Jahrhunderts. Tübingen 2004.

Schmidt, Dietmar: »Viehsionomik«. Repräsentationsformen des Animalischen im 19. Jahrhundert. In: Historische Anthropologie 11 (2003), 21–46.

Seling-Dietz, Carolin: Büchners Lenz als Rekonstruktion eines Falls ›religiöser Melancholie‹. In: GBJb 9 (1995–1999) 2000, 188–236.

Roland Borgards

12. Geschlecht

Konstellierungen der Geschlechterdifferenz spielen vor allem in den Dramen Büchners eine zentrale Rolle. Indem den männlichen (Anti-)Helden Danton, Camille, Leonce und Woyzeck jeweils weibliche Figuren an die Seite gestellt werden, erweitert sich nicht nur das Spektrum der verhandelten Themen um Aspekte der Geschlechterbeziehungen. Es wird zugleich die Frage aufgeworfen, welche Bedeutung diesen im Hinblick auf die diskursgeschichtlichen und ästhetischen Erkundungen der einzelnen Dramen zukommt. Gegenstand kontroverser Diskussion ist dabei, ob die Gestaltung der Frauen bei Büchner überwiegend konventionellen Mustern folgt oder ob die Texte im Gegenteil gerade solche Muster unterlaufen, indem sie die Konstruktions- und Funktionsweisen von Gender-Kodierungen in historischen Diskursen vor Augen führen. Gerade *Danton's Tod* scheint die These von den Frauenfiguren als »Männerphantasien« allein dadurch zu bestätigen, dass Julie, Lucile und Marion, anders als die männlichen Revolutionäre, keine oder nur geringe Übereinstimmungen mit historischen Vorbildern haben, sondern stattdessen Ähnlichkeiten mit bekannten literarischen Weiblichkeitsimagines aufweisen. Sowohl die Aufspaltung weiblicher Rollen in Ehefrauen und Huren wie generell der Umstand, dass die weiblichen Figuren nicht als öffentlich Handelnde, sondern immer nur in ihrem Bezug auf Männer in den Blick kommen, stützen diese Lesart.

Auch in *Leonce und Lena* hat die männliche Titelfigur deutlich mehr Auftritte und Redeanteile als die weibliche, der zudem mit der Geliebten Rosetta wiederum eine konkurrierende Frauenfigur gegenüber gestellt wird. Leonce ist derjenige, der »das Ideal eines Frauenzimmers«, »unendlich schön und unendlich geistlos« (DKV I, 112; MBA 6, 111), das er suchen zu müssen glaubt, in sich trägt, der die Liebe zu Rosetta ›in seinem Kopf beisetzt‹ und der sich fragt: »[W]ieviel Weiber hat man nötig, um die Skala der Liebe auf und ab zu singen?« (DKV I, 103; MBA 6, 105)

In »*Woyzeck*« stellt sich die Situation dann insofern anders dar, als Marie nun zwischen zwei Männern steht und die Verschränkung von Weiblichkeit und Tod, die in den anderen Dramen wie auch in »*Lenz*« als romantisch-ästhetisches Motiv virulent ist, nicht mehr im Sinne eines weiblichen (Liebes-)Opfers, sondern als Mord an der begehrenden Frau in Szene gesetzt wird. Zu beobachten ist damit einerseits eine Entwicklung, in deren Folge Weiblichkeitsbilder, die noch in *Danton's Tod* relativ ungebrochen aufgerufen werden, in den späteren Texten zunehmend parodiert bzw. problematisiert werden. Andererseits zeigt eine differenzierte Lektüre des Revolutionsdramas, welche die drei zentralen Frauenfiguren nicht isoliert, sondern im Kontext seiner Sozial- und Sprachkritik betrachtet, dass bereits hier die Ontologisierung von Geschlechtszuschreibungen aufgebrochen und in Frage gestellt wird.

Das Private und das Politische

Während die männlichen Kontrahenten der Revolution in *Danton's Tod* sich als Parteigänger politischer Gruppierungen und als Anhänger von Weltanschauungen zumeist auf öffentlicher Bühne gegenübertreten, bleiben die Frauen auf den Bereich des Privaten beschränkt. Sie stehen im Schatten der Geschichte, die jene durchaus selbstbewusst im eigenen Namen machen, so etwa Danton: »Mein Name! das Volk!« (DKV I, 31; MBA 3.2, 23). Das Stück reflektiert dies auch darin, dass die Ehefrauen Dantons und Desmoulins' weitgehend unabhängig von den historischen Quellen gestaltet sind: Julie hat mit der zweiten Ehefrau Dantons, Sébastienne-Louise Gély, die keineswegs mit ihm oder für ihn in den Tod ging, sondern ihn um 19 Jahre überlebte und nach seinem Tod wieder heiratete, kaum etwas gemein. Ihr Name verweist eher auf die Shakespeare'sche Julia, deren Treue und Hingabe bis in den Tod geht. Im Falle Luciles entspricht ihr Name zwar dem der historischen Ehefrau Desmoulins, von der jedoch weder überliefert ist, dass sie wahnsinnig wurde, noch dass sie sich in sprachloser Ergebenheit dem politischen Geschehen fern hielt. Im Gegenteil setzte sie sich vehement für die Freilassung Camilles ein, indem sie sogar bei Robespierre intervenierte (vgl. Broch 1987, 242–245).

Spuren dieser Aktivitäten – und damit generell Spuren der durchaus massiven Beteiligung historischer Frauen am Revolutionsgeschehen (vgl. Stephan/Weigel 1989) – verzeichnet das Drama lediglich in den Hinweisen darauf, dass Julie und Lucile mit Geld das Volk für die Befreiung ihrer Männer zu gewinnen versuchen (vgl. DKV I, 66, 69, 74; MBA 3.2, 57, 60, 65). Ansonsten erscheint Lucile entpolitisiert und wird durch ihre verwirrte Rede und gelegentliche Sprachlosigkeit, wie Ilona Broch gezeigt hat, in die Nähe der Shakespeare'schen Ophelia gerückt (vgl. Broch 1987, 244). Die Tatsache jedoch, dass Lucile mit ihrem ihre Festnahme provozierenden Aus

ruf »Es lebe der König!« das letzte Wort hat und Julie in der komplexen Anfangsszene präsent ist, der Auftritt beider Figuren also gewissermaßen dem Drama einen Rahmen gibt (vgl. Grimm 1981, 304), deutet darauf hin, dass der von ihnen figurierten Position im Schatten der großen Geschichte durchaus eine strategische Funktion zugewiesen wird. Eine Reihe von Lektüren hat denn auch argumentiert, dass sich mit den Frauen des Stücks ein utopisches Potential verbindet. Cornelie Ueding etwa konstatiert, Julie und Lucile seien »geradezu empörend unemanzipiert«, gerade das aber mache ihre Qualität aus: »Die Frauen *sind* das Glücksversprechen, das historisch verloren gegangen ist.« (Ueding 1981, 222 f.) Christa Wolf nimmt in ihrer Büchner-Preis-Rede Büchners weibliche Figuren insgesamt für ein feministisches Projekt in Anspruch, das die Ausschlusslogik und die Gewaltförmigkeit männlich dominierter Technologie und Ideologie reklamiert. Dantons Ankündigung im Revolutionstribunal, er werde sich »in die Zitadelle der Vernunft zurückziehen […] [,] mit der Kanone der Wahrheit hervorbrechen und [s]eine Feinde zermalmen« (DKV I, 74; MBA 3.2, 65), bildet den Ausgangspunkt ihrer Frage, wo Rosetta, Marie, Marion, Lena, Julie, Lucile bleiben: »Außerhalb der Zitadelle, selbstverständlich. Ungeschützt im Vorfeld. Kein Denk-Gebäude nimmt sie auf.« (Wolf 1980, 323)

Solche, für die frühen 1980er Jahre typischen Deutungen unterschlagen jedoch, dass die Vorstellung, im ausgeschlossenen Weiblichen komme das Andere einer alles zerteilenden zweckrationalen Vernunft und Individuierung zum Vorschein, ihrerseits Teil eines historischen Diskurses ist, den Büchners Texte aufzeichnen. Julies »Glaubst du an mich?« (DKV I, 13; MBA 3.2, 4), worauf Danton mit Verweisen auf einzelne äußere Attribute Julies (Augen, Haar, Teint) und auf die Nicht-Kommunikabilität von Innerlichkeit reagiert, modelliert die Opposition von Liebesdiskurs und naturwissenschaftlicher Zergliederung analog zur Differenz der Geschlechter. Später jedoch formuliert Danton im Angesicht des Todes die Hoffnung, Julie möge ihn nicht allein lassen, da nur sie dem zerfallenden Ich Zuflucht und Heilung gewähren könne (vgl. DKV I, 73; MBA 3.2, 64). Der offensichtliche Widerspruch löst sich auf, wenn man eine Entwicklung Dantons annimmt, die ihn das weibliche Prinzip privater Intimität und Verbundenheit erst spät erkennen lässt (vgl. Voges 2005, 55).

Zugleich werden die Zergliederung des weiblichen Körpers und die Vision eines bergenden Weiblichen, das die einzelnen Atome des männlichen Ich sammelt und es Ruhe finden lässt, aber auch als komplementäre Konstruktionen lesbar, die jeweils die Gefahr der Zerstückelung und Auflösung des männlichen Ich bannen sollen. Inwiefern sich Julies Selbstmord tatsächlich als Manifestation eines selbstbestimmten Subjekts verstehen lässt, bleibt vor diesem Hintergrund mindestens zweifelhaft. In jedem Fall werden die private Sphäre der Frauen und die öffentlich-politische, in der die Männer agieren, auf eine Weise miteinander verschränkt, die sie als zwei Aspekte eines Diskursmusters erkennbar werden lässt. Dass dieses nicht einfach als Aufeinanderverwiesensein von Zerteilen und Heilen beschrieben werden kann, das Heilende vielmehr selbst Produkt einer Zurichtung ist, gibt bereits die Eingangsszene von *Danton's Tod* zu lesen.

In *Leonce und Lena* wird die Rolle der (Ehe-)Frau von Lena als Zumutung beschrieben, da sie bedeute, dass sie nicht mehr sei als eine »arme, hilflose Quelle, die jedes Bild, das sich über sie bückt, in ihrem stillen Grund abspiegeln muß« (DKV I, 109; MBA 6, 110). Bezieht sich dies hier einerseits auf die typische Form der arrangierten Ehe, mit der bei Hof Politik ohne Rücksicht auf individuelle Neigung gemacht wird, so lässt es sich auch auf das ungleiche Verhältnis der Geschlechter in der bürgerlichen Ehe beziehen, in welcher der Frau die passive Rolle derjenigen zukommt, die dem männlichen Subjekt Rückhalt und Selbstbestätigung geben soll. Wenn die beiden schließlich von Valerio als Automaten »beiderlei Geschlechts, ein Männchen und ein Weibchen« (DKV I, 125; MBA 6, 121) vorgeführt werden, die mit mechanischer Genauigkeit ihre bürgerlichen Rollen spielen, wird dieses Modell als Satire aufgeführt. Die Gefühlsäußerungen der Dame, aber ebenso die Verhaltensweisen des Mannes werden so als vom Diskurs programmierte in Szene gesetzt. Dabei scheint zuletzt nicht ein Jenseits dieses Diskurses auf, vielmehr wird dessen wirklichkeitssetzende Macht (»so wären dann das Männlein und Fräulein erschaffen«, DKV I, 127; MBA 6, 123) durch wiederholtes Durchspielen sowohl vorgeführt wie unterlaufen. Diese Verschränkung von Geschlechterrollen und Spiel führt noch einmal zurück zur Eröffnungsszene von *Danton's Tod*, die das Gespräch zwischen Danton und Julie mit einem Kartenspiel verschaltet, das Hérault mit einer Dame spielt. Dabei werden nicht nur explizit erotische und obszöne Aspekte der Geschlechterbeziehung mit dem hohen Ton der Liebeskommunikation kontrastiert, sondern auch die im Stück virulente Spaltung der Frauen in Huren und

Ehefrauen relativiert, indem die Dame mit beiden Rollen ihr Spiel treibt und den Männern mal das ›cœur‹, mal das ›carreau‹ hinhält. Schließlich manifestiert sich auch in Luciles letztem Satz nicht ein Anderes der politischen Rede, vielmehr wird diese zitathaft wiederholt und auf ihre ebenso realitätsmächtigen wie gewaltsamen Automatismen verwiesen (vgl. Niehoff 1991, 207 f.). Zugleich entwendet das Zitat den Satz seinem ursprünglichen Bedeutungskontext, in welchem es die Parteinahme für die Monarchie signalisiert, und wird zur Geste einer Revolte, die sich keinem System und keiner Partei zuordnen lässt.

Prostitution

Wenn sich bei Büchner ein Entwurf einer ausdrücklich anderen Artikulations- und Seinsweise als weibliche abzeichnet, so wohl am ehesten in der Figur der Marion. Ihrer eigenen Erzählung zufolge existiert sie ohne klare Grenzen, jenseits von Raum und Zeit und jenseits herrschender sozialer Regeln und Moralvorstellungen: »Ein ununterbrochnes Sehnen und Fassen, eine Glut, ein Strom.« (DKV I, 28; MBA 3.2, 19) Dabei scheint Marion, die nur einmal, dort allerdings mit einem langen, den großen Reden der Revolutionäre insofern gleichrangigen Monolog in Erscheinung tritt, zugleich als Fremdkörper im Text, der sich einer Integration in die Figurenkonstellationen und den Handlungsverlauf ansonsten widersetzt (vgl. Reddick 1980, 40 f.). Weibliches Begehren wird hier als ein gesellschaftlich nicht vermittelbares dargestellt, insofern Marions Lust Ausgrenzungen provoziert und soziale Bindungen eher zerschlägt als stiftet. Dabei ist sie nicht nur selbst unstillbares Sehnen, sie provoziert auch bei Männern wie Danton die Sehnsucht, sie in ihrer Schönheit ganz zu umschließen, wodurch sie auch als Figuration des (männlichen) Begehrens gelesen werden kann. Vielfach ist sie gar nicht als weibliches Individuum, sondern als Verkörperung des Epikurismus (vgl. Horton 1988, 292) oder als Prinzip reiner Erotik (vgl. Weineck 2000, 363) aufgefasst worden. Indem sie jedoch ihre Lebensgeschichte erzählt und Danton zwingt zuzuhören, manifestiert sich in ihr mindestens eine Spannung zwischen einem abstrakten Prinzip und einer konkreten weiblichen Existenz.

Diese Ambivalenz wird in besonderer Weise auch dadurch getragen, dass sie eine Grisette, also eine Prostituierte, ist, die als Frau einen Beruf ausübt, der sie jedoch zugleich als soziale Außenseiterin stigmatisiert. Die Idealisierung der mit dem Weiblichen assoziierten Sinnlichkeit wird so immer auch zurück gebunden an soziale Strukturen und Geschlechter-Verhältnisse. Der Gegensatz zwischen Danton und Robespierre, dem sinnenfrohen Bordellbesucher und dem Tugendprediger, der »bei keinem Weibe geschlafen« hat (DKV I, 33; MBA 3.2, 24), wird dabei nivelliert. Denn offensichtlich stellt das von Danton Begehrte nicht einfach ein von lustfeindlicher Moral Ausgegrenztes dar, das es lediglich zu rehabilitieren gelte, vielmehr trägt er selbst durch die Unterscheidung von Hure und Ehefrau, aber auch durch die Idealisierung der »Priesterinnen mit dem Leib« (DKV I, 29; MBA 3.2, 20), welche deren sozialen Lebensbedingungen verleugnet, zu jener Ausgrenzung bei. Dies wird besonders durch die enge Verknüpfung der Marion-Figur mit anderen Grisetten deutlich, die in derselben Szene auftreten, aber auch später noch einmal als Teil des entrechteten, darbenden Volkes in den Blick genommen werden. Mit ihnen kommen nicht nur Hinweise auf Geschlechtskrankheiten, die mit der Idealisierung der Prostitution kontrastieren, ins Spiel, sondern auch die materielle Not, welche dazu zwingt, den eigenen Körper zu verkaufen (vgl. Horton 1988, 299 f.). Der Feststellung Marions, sie könne nicht anders, als Männer ohne Unterschied zu empfangen, ihre Natur sei nun einmal so (DKV I, 27; MA 3.2, 19), steht der Hinweis Rosalies auf ihren Hunger (vgl. DKV I, 42; MBA 3.2, 34) ebenso entgegen wie die Verteidigung der Tochter Simons, die ihre Familie durch Prostitution ernährt, durch eine Stimme aus dem Volk: »[W]as tat sie? Nichts! Ihr Hunger hurt und bettelt. Ein Messer für die Leute, die das Fleisch unserer Weiber und Töchter kaufen!« (DKV I, 18; MBA 3.2, 10) Wenn in einer späteren Szene Danton von Leuten aus dem Volk bezichtigt wird, bei ihren Weibern und Töchtern zu schlafen (vgl. DKV I, 76; MBA 3.2, 67), so ist klar, dass die Ankündigung von Lacroix am Ende der Marion-Szene, die »Schenkel der Demoiselle [würden ihn noch] guillotinieren« (DKV I, 32; MBA 3.2, 24), prophetischen Charakter hat und dass als Grund dafür nicht nur der Neid des »impotente[n] Mahomet[s]« (DKV I, 70; MBA 3.2, 62) Robespierre in Frage kommt.

Wird die Unterscheidung zwischen erotischer Transgressivität und Prostitution aus sozialer Not durch die Bezüge zwischen Marion und den anderen Huren in *Danton's Tod* bereits eingeebnet, so verschwindet sie in »Woyzeck« völlig. Marie hat nicht nur mit Marion einiges gemein, wie häufig festgestellt wurde, sondern wird auch, wie Rosalie, Adelaide und die anderen in ihrem sozialen Kontext be-

schrieben. Dies hat zum einen den Effekt, dass Sinnlichkeit und Erotik unablösbar an diskursive Ordnungen und Zwänge geknüpft erscheinen, zum anderen aber auch, dass die Frage nach dem sozialen Ort weiblichen Begehrens ausdrücklich gestellt wird. Ihr uneheliches Kind nennt Marie selbst »Hurenkind« (DKV I, 148; MBA 7.2, 23), womit sie offenbar eine gesellschaftliche Zuschreibung übernimmt (vgl. Dunne 1990, 301 f.; Martin 1997, 430). Dennoch setzt sie sich durchaus selbstbewusst über Konventionen hinweg, was vor allem die von ihr gesungenen Volkslieder zum Ausdruck bringen, die der Ausgegrenzten eine Stimme geben, indem sie weibliche Sexualität und uneheliche Geburt als Aspekte sozialer Realität beschreiben.

Wenn Marie selbst die stigmatisierende Benennung ›das Mensch‹, die in bestimmtem Kontext gleichbedeutend mit ›Hure‹ ist (vgl. Poschmann in DKV I, 757) aufgreift, klingen die anderen Kontexte, in denen im Stück emphatisch vom ›Menschen‹ und ›Menschsein‹ die Rede ist, an. Im Zitat deutet sich auch hier eine (weibliche) Arbeit an der ausgrenzenden und verletzenden Sprache in Politik, Philosophie, Jurisprudenz, Medizin etc. an. Weit davon entfernt, idealisiert zu werden, wird Prostitution hier als diskursive Stigmatisierung vorgeführt, die tödlich wirken kann: Bevor Woyzeck Marie ersticht, spricht er von ihrem »heißn Hurenatem« (DKV I, 169; MBA 7.2, 9). Wenn gerade Woyzeck, der im wörtlichen wie übertragenen Sinne entmannte Pauper, für den Mord an der »Hure« verurteilt wird, wird er zum Sündenbock für eine Gesellschaft, deren Institutionen und Diskurse durch eine implizit gewaltvolle Hierarchisierung der Geschlechter geprägt sind, ohne dass dies im Rahmen institutioneller Rede benannt oder reflektiert werden könnte. Darin hat der in »*Woyzeck*« als sichtbares Geschehen dramatisierte Mord, der auch als verzweifelter Versuch des Deklassierten erscheint, durch Gewalt gegen die ohnehin Ausgegrenzte eine im Sinne der geltenden Gender-Kodierungen verlorene Männlichkeit wiederzugewinnen, eine deutlich diskurskritische Funktion (vgl. Wetzel 1992, 241 f.).

Zeichenkörper: Allegorie und Geschlechterdifferenz

Wenn Marions Status zwischen der Figuration eines abstrakten Begriffs (der Schönheit, der Erotik, der Kreatürlichkeit u. ä.) und konkreter weiblicher Individualität schwankt, so kristallisiert sich hier eine für das Verhältnis von Geschlechterdifferenz und Repräsentation zentrale Konstellation, die in Büchners Texten immer wieder anzutreffen ist. Diese reflektieren damit zwei gegenläufige Tendenzen der Diskursivierung von Weiblichkeit, die seit dem 18. Jahrhunderts konflikthaft aufeinander bezogen sind: zum einen die Verkörperung revolutionärer Ideen bzw. der Republik als weibliche, zum anderen emanzipatorische Forderungen, Freiheits- und Bürgerrechte auch auf Frauen auszuweiten. Letzteres wurde etwa von den Saint-Simonisten propagiert, was Büchner spätestens bekannt war, nachdem er in Straßburg mit einem ihrer prominenten Vertreter, A. René Rousseau, zusammengetroffen war (vgl. DKV II, 368, 397).

Spielt die Frage nach der politischen Teilhabe der Frauen in seinen Texten explizit keine Rolle, so lenken viele Bilder gerade in *Danton's Tod* doch den Blick darauf, dass die weibliche Allegorisierung etwa der Freiheit oder der Vernunft die körperlich-materielle Realität der Frauen eher unsichtbar machte als sichtbar werden ließ (vgl. Oehler 1980, 97). So werden eingeführte Allegorien der Revolutionszeit, vor allem die der Liberté, immer wieder mit erotischen Szenarien verknüpft, wodurch die starren Zeichen-Körper, die niemals sich selbst bedeuten, sondern für anderes, Ideelles, Abstraktes stehen, an körperliche Prozesse zurück gebunden. Häufig wird dabei, wie etwa in Dantons Feststellung, die »Freiheit und eine Hure sind die kosmopolitischsten Dinge unter der Sonne« (DKV I, 83; MBA 3.2, 74), die Geschlechter-Kodierung nicht aufgelöst, da die Idealvorstellung zwar umgedeutet, aber nach wie vor weiblich figuriert wird. Die Figuration selbst wird zum Thema, wo etwa darauf angespielt wird, dass Chaumette ausgerechnet von Madame Momoro, der ersten Darstellerin der Göttin der Vernunft, Syphilis hat: Krankheit und Körperlichkeit werden erkennbar, wo die lebendige Frau in Betracht kommt, die ansonsten im zeichenhaften Ideal, das sie darzustellen hat, verschwindet.

Wenn zu Beginn Versuche der Robespierre-Fraktion, »Frankreich den Nonnenschleier« überwerfen zu wollen, mit der Vorstellung der Dantonisten von Frankreich als »allerliebste Sünderin« kontrastiert werden, deren Türsteher »[d]er göttliche Epicur und die Venus mit dem schönen Hintern« sein sollen (DKV I, 16; MBA 3.2, 7), werden weibliche Allegorisierungen wiederum ungebrochen fortgeschrieben. In dem von Lacroix gebrauchten Bild, Danton suche die »mediceische Venus stückweise bei allen Grisetten des palais royal zusammen« (DKV I, 26; MBA 3.2, 18), wird dagegen das Verhältnis von weiblich figu-

riertem Ideal und lebendigen Frauenkörpern als eines beschrieben, das letztere als bloßes Stückwerk verdinglicht und instrumentalisiert. Angespielt wird hier offenbar u. a. auf Ciceros *De inventione*, wo die Geschichte des Malers Zeuxis erzählt wird, der, um ein Bildnis der schönen Helena und damit der Schönheit an sich zu verfertigen, von den fünf schönsten Jungfrauen die geeigneten Körperteile zum Modell nimmt. Dass es hier Grisetten sind, aus denen die Schönheit weniger in künstlerischem, als in erotischem Bestreben komponiert wird, verknüpft die weibliche Verkörperung des Ideals wiederum mit den materiellen Lebensbedingungen der Frauen, für die Prostitution die einzige Möglichkeit zu überleben darstellt.

Zu den abstrakten Begriffen, die ausdrücklich weiblich figuriert werden, gehört in *Danton's Tod* auch der Tod. Nicht nur wird Julie in der Eingangsszene als Grab angesprochen, es ist auch von der »hübschen Dame Verwesung« (DKV I, 59; MBA 3.2, 51) die Rede und das Herannahen des Todes auf der Guillotine wird von Camille mit der Hochzeit mit einem alten Weib verglichen, das langsam mit kalten Gliedern ins Bett kriecht (vgl. DKV I, 71; MBA 3.2, 63). Schon wenn Danton einzelne Aspekte und Körperteile Julies (Lippen, Stimme, Brust, Herz) als seine Grabhügel und Totenglocken aufzählt (vgl. DKV I, 13 f.; MBA 3.2, 5), wird auch hier die Gewalt der Zerteilung vorgeführt, die der Konstruktion der Frau als Ursprung und letzte Ruhestätte des Ichs implizit ist. Das Ideal von der opferbereiten Frau, deren Leben kein Ziel als das ihres Mannes hat, wird damit bereits in der Eingangsszene problematisiert. Deutlich kritisch erscheint es dann in *Leonce und Lena*, wo Leonce Rosetta gegenüber ausdrücklich formuliert, er wolle ihre Leiche lieben (vgl. DKV I, 102; MBA 6, 105). Später wird auch Lena als »[s]chöne Leiche« apostrophiert, die »lieblich auf dem schwarzen Bahrtuch der Nacht« liege (DKV I, 118; MBA 6, 116). Der Topos der schönen weiblichen Leiche, der, wie Elisabeth Bronfen gezeigt hat, in der europäischen Literatur des 18. und 19. Jahrhunderts allgegenwärtig ist (vgl. Bronfen 1994), wird hier in einer Weise zitiert, die seine Funktion für die Aufrichtung des männlichen Subjekts wie für eine im Hinblick auf die Geschlechterdifferenz nicht neutrale Ästhetik erkennbar werden lässt (vgl. auch Schmidt 1990, 291).

Weiblicher Schmerz – etwa angesichts der buchstäblich zu Grabe getragenen Liebe zwischen Leonce und Rosetta – kommt in diesem Dispositiv nicht als Ausdruck individueller Empfindung in Betracht, vielmehr wird er als dinghaft materialisiertes Zeichen eines männlich dominierten Ästhetizismus wahrgenommen: »Tränen, Rosetta? Ein feiner Epikurismus – weinen zu können. Stelle dich in die Sonne, damit die köstlichen Tropfen krystallisieren, es muß prächtige Diamanten geben. Du kannst dir ein Halsband machen lassen.« (DKV I, 102; MBA 6, 105) Dass diese Diamanten ihr in die Augen schneiden würden, wie Rosetta bemerkt, kümmert Leonce nicht. Gerade dadurch erzeugt der Text jedoch eine Distanz gegenüber Schönheits- und Kreativitätskonzepten, die an die Mortifikation des Weiblichen geknüpft sind und die durch intertextuelle Bezüge zu Novalis, Tieck u. a. als romantische ausgewiesen werden. Wenn schließlich Woyzeck Marie als »schön wie die Sünde« apostrophiert und fragt: »Kann die Todsünde so schön sein?« (DKV I, 161; MBA 7.2, 26), wird eine schon in *Danton's Tod* in Bezug auf die Allegorisierung Frankreichs aufgerufene Verknüpfung von Schönheit und Sünde wieder aufgegriffen. Die Allegorisierung Maries erscheint hier deutlich als Reproduktion eines Deutungsmusters, das ihre soziale Existenz wie ihre individuellen Bedürfnisse leugnet und das zugleich auch die Einsicht in die materielle Bedingtheit von Woyzecks Tat unkenntlich macht.

Zusammenfassend lässt sich sagen, dass Büchners Dramen soziale Geschlechterverhältnisse und kulturelle Repräsentationsweisen von Weiblichkeit und Männlichkeit vor allem dadurch lesbar machen und – in Ansätzen – unterlaufen, indem sie die sprachlich-diskursiven Verfahren ihrer Einsetzung und Funktionsweise nachspielen. Werden weibliche Figurationen abstrakter Vorstellungen auf die realen Körper, die ihr ›Material‹ sind, zurückverwiesen, so verweisen die Artikulationsweisen der Frauen, die nicht nur häufiger Lieder singen, sondern die zudem, wie Lucile, auf das Sprechen anstatt auf das Gesprochene acht geben, andererseits immer wieder auf die Materialität der Sprache jenseits ihrer Bedeutungsfunktion.

Literatur

Broch, Ilona. Die Julia und die Ophelia der Revolution. Zu zwei Frauenfiguren in ›Dantons Tod‹. In: Susanne Lehmann (Hg.): Georg Büchner. Revolutionär, Dichter, Wissenschaftler 1813–1837. Der Katalog, Ausstellung Mathildenhöhe, Darmstadt, 2. August bis 27. September 1987, 241–246.

Bronfen, Elisabeth: Nur über ihre Leiche. Tod, Weiblichkeit und Ästhetik [1992]. München 1994.

Dunne, Kerry: Woyzeck's Marie ›Ein schlecht Mensch‹? The Construction of Female Sexuality in Büchner's ›Woyzeck‹. In: Seminar 26 (1990), 294–308.

Grimm, Reinhold: Coeur und Carreau. Über die Liebe bei Georg Büchner. In: Heinz Ludwig Arnold (Hg.): Georg Büchner I/II. Sonderband Text + Kritik. München 1979, 299–326.

Horton, David: ›Die gliederlösende, böse Liebe‹. Observations on the Erotic Theme in Büchner's ›Danton's Tod‹. In: DVjs 62 (1988), 290–306.

James, Dorothy: Georg Büchner's Dantons Tod: A Reappraisal. London 1982.

Martin, Laura: ›Schlechtes Mensch / gutes Opfer‹: The Role of Marie in Georg Büchner's ›Woyzeck‹. In: German Life & Letters 50 (1997), 429–444.

Niehoff, Reiner: Die Herrschaft des Textes. Zitattechnik als Sprachkritik in Georg Büchners Drama ›Danton's Tod‹ unter Berücksichtigung der ›Letzten Tage der Menschheit‹ von Karl Kraus. Tübingen 1991.

Oehler, Dolf: Liberté, Liberté Chérie. Männerphantasien über die Freiheit – Zur Problematik der erotischen Freiheitsallegorie. In: Peter von Becker (Hg.): Georg Büchner Dantons Tod. Die Trauerarbeit im Schönen. Ein Theaterlesebuch. Frankfurt a. M. 1980, 91–105.

Reddick, John: Mosaic and Flux: Georg Büchner and the Marion Episode in ›Dantons Tod‹. In: Oxford German Studies 11 (1980), 40–67.

Schmidt, Henry J.: Frauen, Tod und Revolution in den Schlussszenen von Büchners ›Dantons Tod‹. In: Burghard Dedner/Günter Oesterle (Hg.): Zweites Internationales Georg Büchner Symposium 1987. Frankfurt a. M. 1990, 286–305.

Stephan, Inge/Weigel, Sigrid (Hg.): Die Marseillaise der Weiber. Frauen, die Französische Revolution und ihre Rezeption. Berlin/Hamburg 1989.

Ueding, Cornelie: Dantons Tod – Drama der unmenschlichen Geschichte. In: Walter Hinck (Hg.): Geschichte als Schauspiel. Deutsche Geschichtsdramen. Interpretationen. Frankfurt a. M. 1981, 210–226.

Voges, Michael: »Dantons Tod«. In: Georg Büchner. Interpretationen. Durchgesehene Ausgabe. Stuttgart 2005, 7–62.

Weineck, Silke-Maria: Sex and History, or Is there an Erotic Utopia in ›Dantons Tod‹. In: The German Quarterly 73 (2000), 351–365.

Wetzel, Heinz: Weibliches, Männliches, Menschliches in den Dramen Georg Büchners. In: ZfdPh 111 (1992), 232–246.

Wolf, Christa: Büchner-Preis-Rede. In: Dies.: Lesen und Schreiben. Neue Sammlung. Essays, Aufsätze, Reden. Darmstadt/Neuwied 1980, 319–332.

Doerte Bischoff

13. Sexualität

Als Thema und als Metaphernfeld spielt Sexualität in fast allen Texten Georg Büchners eine grundlegende Rolle. Vor dem Hintergrund der modernen Bildung des Begriffs ›Sexualität‹ im ersten Drittel des 19. Jahrhunderts geht es im Folgenden um Büchners singulären Umgang mit diesem Thema. Es geht Büchner um Sexualität und Körperlichkeit als Grund aller politischen und ökonomischen Verhältnisse und als Abgrund des Menschen, indem er allerdings Sexualität nicht als ›Natur‹ ontologisiert, sondern konsequent als Reden über Sexualität und Reden mit Metaphern der Sexualität thematisiert. Wenn der Mensch, wie Büchner in seinen literarischen Texten immer wieder zeigt, unhintergehbar von einem Riss zwischen Körper und Sprache (Bewusstsein) geprägt ist, stellt sich die Frage nach deren Vermittlung. Diese Frage beschäftigt Büchner auch als Mediziner, nämlich in seiner Probevorlesung »*Über Schädelnerven*«, und er beantwortet sie im Hinblick auf Sexualität mit den »Lendennerven«. Büchners starke Fokussierung der Sexualität steht in engem Zusammenhang mit seinem politischen Denken und seiner Auseinandersetzung mit den Menschenrechten, insofern Büchner in seinen Texten durchdekliniert, was es heißt, ein Recht auf die biologische Gattungszugehörigkeit zu begründen. Eine Utopie, etwa in der Liebe, ist demgegenüber nicht auszumachen.

Begriff und Kontext

Der Begriff ›Sexualität‹ als die »Gesamtheit aller Verhaltensweisen, Triebe und Bedürfnisse bei Mensch und Tier, die sich auf den Geschlechtsakt oder i.w.S. auf die Befriedigung des Geschlechtstriebs beziehen« (Dtv-Lexikon 1990), ist eine Erfindung der Goethezeit. Vor dem Hintergrund der Biologisierung des Menschen um 1800 (Stichworte: Organismus, Lebenskraft, Bildungstrieb etc.) avanciert die physische Liebe als stärkste Triebkraft des Menschen zu einer alle menschlichen Bereiche durchdringenden grundlegenden Energie, in der ehedem getrennte Aspekte gebündelt werden: Der Körper und seine Lust (*ars amatoria*), die Fortpflanzung und die Bevölkerung und schließlich die Handlungen und die Praktiken der Kultur, die im »Geschlechtstrieb« fundiert sind, so dass eben dieser nun medizinal-polizeilich »in Ordnung zu bringen ist« (Faust 1791). Ein erster wichtiger wortgeschichtlicher Beleg für diesen integralen, anthropologische Anforderung

und kulturelle Handlungen umgreifenden Begriff von Sexualität ist weniger Goethes gelegentliche Rede von der »Sexualität der Pflanzen« (Schetsche/Lautmann 1995, 725), sondern ein bisher in der kulturhistorischen Forschung nicht diskutiertes Werk mit dem Titel *Eros oder Wörterbuch über die Physiologie und über die Natur- und Culturgeschichte des Menschen in Hinsicht auf seine Sexualität* von 1823 (vgl. daneben auch Häusler 1826). In der Vorrede wird begründet, dass einerseits Lemmata, die den Körper des Menschen und andererseits solche, die seine Kultur betreffen (Freudenhaus, lesbische Liebe, Vielweiberei etc.), aufgenommen werden. Als das »Lebensprinzip der Natur« und die »Urbedingung alles organischen Lebens« ist dieser Trieb des Menschen »durch alle Staats- und gesellschaftlichen Umwälzungen […], durch die Geschichte seiner Cultur« (*Eros* 1823, XI f.) zu verfolgen.

Der Aufwertung einer mit Bildungstrieb und Lebenskraft in eins gesetzten Sexualität steht, abgesehen von einzelnen romantischen Ausnahmen wie Schlegels *Lucinde*, ihre Abwertung in der Goethezeit gegenüber (Gallas 2000). Im Rahmen der deutschen Gegenreligion, der Liebesreligion (vgl. von Matt 1989, 210–226), zieht sich die Sexualität aus der Liebe zurück und wird als bloß tierischer Trieb marginalisiert. Dieses Spannungsfeld der Goethezeit zwischen materialistischer Venusreligion (Helvétius) auf der einen und spinozistisch-romantischer Liebesreligion (Hölderlin) auf der anderen Seite bildet die Folie auch noch für die Versuche einer quasi-religiösen Aufwertung sinnlicher und sexueller Genüsse durch den Saint-Simonismus und dessen Rezeption etwa durch Heinrich Heine in den frühen 1830er Jahren (Heine 1834/1979, 61). Vor diesem Hintergrund einer Verknüpfung der Sexualität mit Fragen der Anthropologie, der sozialen und politischen Ordnung und der Religion muss Büchners allgegenwärtige Thematisierung und Reflexion von Sexualität gelesen werden, um Nähe und Abstand zu ihm ermessen zu können (Hildebrand 1999).

Sexualität als Grund und Abgrund des Menschen

Büchners zu seiner Zeit völlig singuläre Fokussierung und Reflexion der Sexualität überschreitet die Debatte zwischen Sensualisten und Spiritualisten, wie etwa Heine sie führt oder wie sie unter dem Schlagwort der ›Emanzipation des Fleisches‹ Karl Gutzkow zugeschrieben wird, bei weitem. Büchner ist es nicht um eine Aufwertung der Sinnlichkeit zu tun, sondern er entwirft Sexualität als Faktum, das aller Gesellschaft und Politik zugrunde liegt, indem er konsequent und in potenzierten und zirkulären Vergleichen und Metaphern Körper, Politik, Tod und Leben als von Sexualität gesättigt und durchdrungen zeigt. Dabei wird keine spinozistische oder saint-simonistische Theorie verfolgt, sondern es wird das Reden über Sexualität und das Reden mit Metaphern der Sexualität (mit allen moralischen Wertungen) zitiert: Das Leben »ist eine Hure, es treibt mit der ganzen Welt Unzucht.« (DKV I, 81; MBA 3.2, 72) Schon im *Hessischen Landboten* arbeitet Büchner mit einer spezifischen Schichtung von Vergleichen, Metaphern und Metonymien, deren tropischer Prozess zugleich die ökonomische Zirkulation mit abbildet, an deren Grund die Sexualität liegt: »Der Fürstenmantel ist der Teppich, auf dem sich die Herren und Damen vom Hofe in ihrer Geilheit übereinander wälzen – mit Orden und Bändern decken sie ihre Geschwüre und mit kostbaren Gewändern bekleiden sie ihre aussätzigen Leiber. Die Töchter des Volks sind ihre Mägde und Huren, die Söhne des Volks sind ihre Laquaein und Soldaten.« (DKV II, 58) Büchner beschreibt hier eine Zirkulation, die aus Körpern Kleider macht (vgl. DKV II, 59), die dann jene aussätzigen Körper bekleiden, die wiederum die Körper der Töchter des Volks als Lustmittel brauchen, die das wiederum tun müssen, damit sie selbst etwas zum Bekleiden haben etc. (vgl. DKV I, 18; MBA 3.2, 10).

Hinter den kulturellen Praktiken und auch hinter den politisch-sozialen Konflikten steht für Büchner, wie sublimiert auch immer, realiter und metaphorisch die Sexualität und die Körperlichkeit des Menschen. Das zeigen einerseits einzelne Aussagen von Figuren: »Schlafen, Verdaun, Kinder machen das treiben Alle, die übrigen Dinge sind nur Variationen aus verschiedenen Tonarten über das nämliche Thema« (Camille in *Danton's Tod*, DKV I, 84; MBA 3.2, 75 f.) Das zeigen aber auch Handlungsführung und Szenenanordnung in *Danton's Tod*, da hier der sozial-ökonomische Konflikt zwischen Aristokraten und Volk als Konflikt um den Zugang zu sexuellen Lustquellen inszeniert ist und als Kampf zwischen Laster und Tugend, d.h. zwischen Danton, der aussieht, als könne er »die Freiheit notzüchtigen« (DKV I, 68; MBA 3.2, 59), und Robespierre als »impotenter Mahomet« (DKV I, 70; MBA 3.2, 62). Gewalt, sei es im *Danton* oder im »*Woyzeck*«, entspringt als Versuch, Ordnung zu retten, dem Ressentiment derer, die von Sexualität ausgeschlossen sind und sie als bedrohliche Aufhebung jeder Ordnung horrifizie-

ren. Nicht nur Robespierre, sondern auch Woyzeck tötet gewissermaßen in der Rolle eines »Polizeisoldat[en] des Himmels« (DKV I, 33; MBA 3.2, 25), der für die Abwesenheit des christlichen Himmels und seiner Ordnung gerade einzustehen hat: »Si's kei Ordnung!« (DKV I, 194; MBA 7.2, 15) (vgl. Graczyk 2008, 115).

Der Mord Woyzecks übersteigt daher das Motiv der Eifersucht, insofern er Ordnung herstellen und Unterscheidungen sichtbar machen will. Angesichts einer Zeichenlosigkeit, die auf das Chaos sexueller Unterscheidungslosigkeit verweist (»Sie geht wie die Unschuld. Nein Unschuld du hast ein Zeichen an dir. Wiß ich's? Weiß ich's? Wer weiß es?« (DKV I, 200 f.; MBA 7.2, 19), stellt der Mord selbst wieder eine im Sichtbaren unterscheidbare Kategorie her: »ein guter Mord, ein ächter Mord, ein schön Mord« (DKV I, 189; MBA 7.2, 11). Der Schnitt mit dem Messer produziert/bezeichnet den Leichnam Maries mit einem sichtbaren Halsband, das als körperlicher »Schmuck« mit jenem Schmuck motivisch verknüpft ist, mit dem Marie vor dem Spiegel posiert, der aber nun, in den Körper eingeschrieben, als Zeichen ihre Sünde lesbar macht (mit Hinweisen auf die gender-Forschung vgl. Graczyk 2008, 113 f.). Jenseits des Sichtbaren liegt für Woyzeck zum einen die Vision der Apokalypse und zum anderen das Chaos bloßer Sexualität, wenn Gott die Sonne ausbläst: »Dreht euch, wälzt euch. Warum blaßt Gott nicht Sonn aus, daß Alles in Unzucht sich übernander wälzt, Mann und Weib, Mensch und Vieh.« (DKV I, 213; MBA 7.2, 30) Gott und sein Licht sind die Garanten für jene (sprachlichen) Unterscheidungen, die im Dunkeln und im Sex gerade untergehen. Am Grund liegt nicht nur der Mensch als Abgrund, sondern die Hohlheit des Grundes selbst, die Kontingenz der Unterscheidbarkeit »zwischen Ja und nein« (DKV I, 199; MBA 7.2, 18).

Sexualität und Rede

Die in der Forschung kontrovers diskutierte Diagnose einer aller menschlichen Ordnung zugrundeliegenden sexuellen Lustsuche, die jenes fatale »*muß*« grundiert, das Büchner im sogenannten Fatalismusbrief beschreibt (DKV II, 377), ist nicht, da ist sich die Forschung einig, das letzte Wort Büchners. So ist argumentiert worden, dass Büchner der Sexualität die Liebe entgegensetze (vgl. Hildebrand 1999; Grimm 1979, der das Thema der Sexualität 1979 erstmals in den Fokus der Forschung rückte); oder dass Büchner einer Utopie befreiter Sinnlichkeit das

Wort rede (vgl. Mayer 1979, 134); oder dass Büchner gar im Grunde an die Ordnung glaube (vgl. Reddick 1994, 185). Entscheidender aber ist, dass Büchner Sexualität konsequent als *Rede* über den Körper und den Menschen in Szene setzt. Es geht nicht um die Ontologie eines Triebes oder um die Befreiung einer im Körper fundierten ›Natur‹, sondern um den unhintergehbaren Riss zwischen Körper und Sprache, um die Redeweisen der Menschen, die sich notwendig *sprachlich* auf etwas an ihnen selbst als ›ihre Natur‹ beziehen, sei es wissenschaftlich, politisch oder persönlich.

Zeigen kann man das gerade an der Szene aus *Danton's Tod*, die bisher allzu oft für die These einer Utopie heinisierender Sinnlichkeit herhalten musste (vgl. Grimm 1979; Ullmann 1972), die Marion-Szene (I,5). Die Szene fokussiert schon zu Beginn die Lippen als *Schwelle* von Körper und Rede, da die Hure Marion Sexualität unterbricht, um zu reden, anstatt ihre Lippen, wie Danton anmerkt, »besser [zu] gebrauchen« (DKV I, 26; MBA 3.2, 18). Auch im Weiteren geht es um die Opposition von Sexualität und Rede. Marions Lebensrechtfertigung, die sich auf die Rede von ihrem Einssein stützt (»ich bin immer nur Eins«; DKV I, 28; MBA 3.2, 19), ist ein »performativer Widerspruch« (Hildebrand 1999, 550), formal, insofern sich auch Marion sprachlich auf sich selbst beziehen muss, inhaltlich, weil Marion jenseits ihres Einsseins vom »Bruch« in ihrem Wesen erzählt. Marions männerkonsumierende Sexualität gründet gerade nicht in ihrer ›Natur‹, sondern – melancholisch – in einer Erfahrung des Abgetrenntseins von und durch Sprache.

Von dieser Situation der Differenz her entwirft Marion sprachliche Bilder der Vereinigung, die das Körperliche in Metaphern der Flüssigkeit gerade ausblenden und sich so als Phantasien des Menschen lesen lassen, der nie Körper *ist*, sondern immer nur Körper *hat*. Das kommt auch in Marions Antwort auf Dantons Frage zum Ausdruck, warum er ihre Schönheit nicht ganz umfassen könne: »Danton deine Lippen haben Augen.« (DKV I, 28; MBA 3.2, 20) Wieder sind die Lippen Figuration der Schwelle von Körper und Rede. Die Lippen sind einerseits ganz körperliches Organ (etwa zur Nahrungsaufnahme), andererseits aber das Organ der Rede und des Bewusstseins, das somit den Körper überschreitet. Und es ist dieses Bewusstsein, repräsentiert durch Rede und Augen, das ein völliges Umfassen und Verschmelzen unmöglich macht (vgl. Hinderer 1991). Im Gegensatz zu den Tieren, die gleich im Anschluss von Lacroix in die Rede eingeführt werden mit all ihren mechanischen Mühen der Kopulation, hat der Mensch noch in der Sexualität »Augen« und ist als Beobachter seiner selbst immer dabei. Diese Ebene der unhintergehbaren Reflexivität führt auch Marie, ähnlich wie Marion, in Gewissens- und Rechtfertigungsnöte, die Marie allerdings nicht mit dem Rekurs auf Natur, sondern wesentlich melancholischer mit Rekurs auf den Teufel und den Weltuntergang zu lösen versucht: »Ich bin doch ein schlecht Mensch. Ich könnt' mich erstechen. – Ach! Was Welt? Geht doch alles zum Teufel, Mann und Weib.« (DKV I, 205; MBA 7.2, 24)

Das mit dem Problemkomplex von Sprache und sprachlichen Unterscheidungen verbundene Motiv der Augen und des Sehens im Verhältnis zur Sexualität und zum Körper bzw. der »Natur« des Menschen ist grundlegend für das Drama »Woyzeck« (vgl. Reddick 1994, 314–334). Dass der Mensch sieht und ein sich Sehender ist, bedingt, dass seine Sexualität nie nur Trieb oder Körper ist, sondern als ein visuell vermitteltes Begehren (»sie guckt siebe Paar lederne Hose durch«; DKV I, 191; MBA 7.2, 13) notwendig durchsetzt ist mit Verhältnissen von Macht und Ohnmacht, von Rivalität, Stolz und Demütigung. Dass der Mensch sich selbst im Spiegel sieht, ist zugleich die Voraussetzung dafür, dass es jenseits des epikuräisch-sexuellen Hedonismus, wie ihn die Dantonisten, Marion, Marie im »Woyzeck« und Leonce in *Leonce und Lena* leben, auch andere Formen des Genusses gibt, die an dessen Stelle treten, nämlich das Wohlgefühl des Gewissens: »Das Gewissen ist ein Spiegel vor dem ein Affe sich quält. [...] Es gibt nur Epikureer und zwar grobe und feine, Christus war der feinste« (DKV I, 33; MBA 3.2, 24). Wenn der Mensch sich vor dem Spiegel quält, wie die Hunde bei der Kopulation, dann weil es um dieselbe Sache geht, nämlich um das Sich-Quälen für Genuss, mit dem Unterschied aber, dass Qual und Genuss beim Menschen immer auch in seinem Selbstverhältnis liegen.

Schädel- und Lendennerven

Es ist für Büchner der Körper selbst, der dem Menschen, in Form der Nerven, sein nicht-körperliches Selbstverhältnis vermittelt. In seiner Probevorlesung »*Über Schädelnerven*« denkt Büchner das Gehirn und die Gehirnnerven als Weiter- und Höherentwicklung des Rückenmarks und der Spinalnerven. Zur entscheidenden Frage wird hier, wie sich Spinal- zu Gehirnnerven und motorische zu sensiblen Nerven verhalten. Büchner beantwortet das mit Begriffen der Potenzierung und der Analogie. Die höheren Sinnesnerven konstituieren als höherpotenzierte Spinalnerven das Bewusstsein des motorisch-Vegetativen (etwa von Atmungs- oder Verdauungssystem). Geschmack und Geruch erscheinen so als Funktionen des Darm- und des Atemsystems, und die entsprechenden Nerven sorgen dafür, dass wir uns bewusst auf diese zugrundeliegenden körperlichen Tätigkeiten beziehen können. Diese Gruppe der Nerven »erhöht das vegetative zum animalen Leben« (DKV II, 169; MBA 8, 167), d.h. sie stiftet jenes Bewusstsein, mit dem der Mensch sich auf seinen Körper bezieht und dann auch beziehen muss: »So werden wir uns des Aktes der Verdauung und der Respiration durch den vagus bewußt« (DKV II, 169; MBA 8, 167). Das gilt nun auch für die Sexualität. Wie Verdauung und Respiration gehören auch die »Geschlechtsverrichtungen« (DKV II, 169; MBA 8, 169) zum vegetativen Leben. Durch die »Lendennerven, welche zu den Organen der Zeugung gehen« (DKV II, 169; MBA 8, 169), werden wir uns dieser Verrichtungen bewusst. Es ist der Körper, der vermittelst der Nerven die unhintergehbare Dopplung von Bewusstsein und Körper konstituiert. Auch auf seine »Geschlechtsverrichtungen« ist der Mensch – vermittelt über die Nerven – immer mit seinem Bewusstsein bezogen.

Kleidung und Zeugung

Ähnlich wie im *Danton* und im »*Woyzeck*« ist auch in *Leonce und Lena* die Thematisierung und Metaphorisierung von und durch Sexualität verbunden mit Melancholie und Bewusstsein einer grundsätzlichen Leere (Gnüg 1984). Die Überblendung von Körper und Sprache, Sexualität und Rede ist hier am intensivsten. Der Melancholiker Leonce leidet darunter, den Körper durch keine »Kleidung« (im Sinne einer gesellschaftlichen Rolle) überschreiten zu können: »Warum kann ich mir nicht wichtig werden und der armen Puppe einen Frack anziehen...?« (DKV I, 96; MBA 6, 100) Der Kyniker Valerio dagegen favorisiert – ebenfalls melancholisch – das Ausziehen oder das Essen und Trinken als inwendiges Bekleiden: Wir wollen »jetzt auch den inneren Menschen bekleiden und Rock und Hosen inwendig anziehen« (DKV I, 112; MBA 6, 112).

Sprache, das ist rhetorische Tradition, ist Einkleidung von Gedanken, und der Körper, das ist alte metaphysische Tradition, ist das Kleid der Seele. Über diese Gleichsetzungen wird im Text das An- und Auskleiden mit dem Sprechen überblendet. So wird deutlich, dass das sprachlich oder buchstäblich Eingekleidete der Körper (mit seiner Sexualität) ist, etwa wenn der König, sprechend, angezogen wird: »Wo [ist mein Hemd], meine Hose? – Halt, [pfui!] der freie Wille steht [davorn] ganz offen.« (DKV I, 99; MBA 6, 102) Das zu bedeckende Geschlechtsteil wird, metonymisch ersetzt durch das vorne Offenstehende, zugleich paradoxerweise als freier Wille metaphorisiert, also buchstäblich und figürlich bekleidet. Sprache kleidet den Körper ein, verhüllt ihn und seine Nacktheit, Sprache ist aber selbst ein Körper, der Figuren tanzt und Wendungen macht, so wie die Beine eine schöne »Paranthese« machen (DKV I, 96; MBA 6, 100) oder die Schritte ein »zierlicher Hiatus« sind (DKV I, 101; MBA 6, 104). D.h. der Körper ist nicht das Natürliche oder Vorsprachliche, sondern er ist immer schon eingelassen in die Figurationen und Wendungen des Sprachlichen. Es gibt keine vorsprachlichen Körper und keine körperlose Sprache, keine Sprache, die nicht zurück auf den Körper verweist. Büchner zeigt, wie die Menschen über den Leib ein Netz von Begriffen und Ordnungen stülpen, um diesen auszuschließen, ihn aber immer wieder genau dadurch einschließen müssen. Von hierher erklären sich die vielen Zweideutigkeiten, die gerade *Leonce und Lena* enthält. Wenn die Kleidung (»Moral« und »Manschetten«; DKV I, 99; MBA 6, 102) und ihre Ordnung nachlässt, wenn der Frack melancholisch seinen Schweif hängen lässt, weil er »müde vom Stehen« (DKV I, 122; MBA 6, 119) ist, dann kommt in der diese Zweideutigkeit aufgreifenden Replik – »Alles Fleisch verdirbt vom Stehen.« (DKV I, 122; MBA 6, 119) – eine sprachspielerisch evozierte Körperlichkeit zum Vorschein, die die ganze Spannbreite zwischen der Sexualität und der Geburtlichkeit des Menschen einerseits und seiner Verwesung andererseits ausmisst.

Sprache ist so auch, das ist Stand der modernen Episteme seit Herder, Medium der Bedeutungs(er)zeugung. Entsprechend formuliert Büchners Leonce: »Du hast weder Vater noch Mutter, sondern die fünf Vokale haben dich miteinander erzeugt.« (MBA 6, 108; DKV I, 107). Sexualität als Prozess der Zeugung durch Vater und Mutter (im Sinne der Ende des 18. Jahrhunderts sich durchsetzenden Zeugungstheorie der Epigenese) wird seit Herder, Goethe und Moritz übertragen auf Sprach- und Kunstschöpfung (Wellbery 2002). Während Moritz Kunstzeugung aus der quasi-sexuellen Vereinigung von Bildungskraft und Empfindungsfähigkeit entlässt, zeigt Büchner eine Bedeutungs-Zeugung aus der Promiskuität der Signifikanten, bzw. aus ihrer wilden Vereinigung.

Am Grund der Sprache liegen Buchstabenverschiebungen und -vereinigungen, die selbst wieder als Prozesse der Sexualität gedeutet werden.

Sprache wird von Büchner sowohl als Medium der Bekleidung des ›Nackten‹ wie auch als Medium der Zeugung in engste Parallele zur Sexualität gesetzt. Sprache ist außerdem für Büchner wie die Sexualität bloße Wiederholung, ein »Immer zu« (DKV I, 213; MBA 7.2, 29), sei es im Sinne des sexuellen Aktes, sei es im Modus der zitierenden Wiederholung von Rede (vgl. Campe 1998, 224 f.). Sprache ist aber auch, wie die Sexualität, Bedeutungszeugung durch Vereinigung von Worten und Buchstaben.

Sexualität und Menschenrechte

Dass es den Körper mit seiner Sexualität immer nur als sprachlich vermittelten gibt, ist auch von Bedeutung für Büchners Umgang mit dem Begriff und der Politik der Menschenrechte. Der Widerspruch, den die Büchner-Forschung immer wieder zwischen dem politischen Engagement Büchners und der Melancholie seiner Texte hat sehen wollen, löst sich, wenn man sieht, dass Büchner in seinen Texten die Logik des Begriffs der Menschenrechte auf ihre paradoxale Aporie hin durchdenkt. Kann das Menschsein als *Recht* formuliert werden? Dann müsste man von diesem Recht auch zurücktreten und seine »Demission als Mensch« (DKV I, 108; MBA 6, 109) einreichen können. Der Begriff der Menschenrechte rekurriert aber auf den Körper des Menschen und seine Geburtlichkeit, mithin auf die biologische Gattungszugehörigkeit – hat also sein Fundament in der Sexualität. Sowie mit dem Begriff der Menschenrechte das nackte Leben des Menschen, seine Geburtlichkeit zur biologischen Referenzgröße der Politik wird (vgl. Agamben 2002, 137), rückt der Körper des Menschen als Fundament und Begründungsgröße in den Mittelpunkt. Betrachtet man Büchners Texte aus dieser Perspektive, dann geht es dort nicht nur um die Kritik am Fehlen der Menschenrechte, sondern fundamentaler um die Frage, wie sich die biologische Referenz der Menschenrechte und die Formulierung von Ansprüchen, Rechten, Normen und Urteilen zueinander verhalten. Eben deshalb spielt die Thematisierung der Sexualität als Komplementärdiskurs zur Politik bei Büchner eine so große Rolle.

Sexualität und Liebe

Gilt die Diagnose des ubiquitären Epikuräismus, der alles Handeln des Menschen grundiert, dass nämlich jeder tut, was ihm wohltut, ob er nun Leiber oder Christusbilder anbetet, auch für Lucile und Julie, die aus Liebe mit ihren Männern in den Tod gehen? Gibt es bei Büchner, etwa in *Dantons Tod*, die Liebe als Gegenentwurf zur Sexualität? Die neuere Forschung ist hier eher skeptisch (Horton 1988; Weineck 2000; Milz 2008). Ausgangspunkt, nicht nur in *Dantons Tod*, ist eine Trennung des Sprachkörperwesen Mensch von sich selbst und von den anderen, die einerseits Phantasien der Selbstdistanzierung (»daß ich mir einmal auf den Kopf sehe«; DKV I, 95; MBA 6, 100) und andererseits Phantasien der Vereinigung erzeugen (»wir strecken die Hände nacheinander aus«; DKV I, 13; MBA 3.2, 4). Da der Mensch nicht Körper ist, sondern immer nur Körper *hat*, bleibt er auf das Unkörperliche bezogen, auf Gedanken, auf Seele, auf das andere des Körpers. Der Körper ist für den, der ihn hat, eben nur ein »Kleid«, das etwa Marion behalten soll: »es wäre doch das Einzige, was ich hätte.« (DKV I, 27; MBA 3.2, 19) Der Wunsch nach Vereinigung ist, wie körperlich auch immer vollzogen, ein vergeblicher, das grobe Lederreiben eine »vergebliche Mühe« (DKV I, 13; MBA 3.2, 4). Neben diesen Vorstellungen grobstofflicher Vereinigung gibt es daher Phantasien der feinstofflichen Vereinigung, die aber auch immer bezogen bleiben auf das Medium des Körpers. Etwa wenn es um die körperlosen Gedanken geht, die aber dann doch aus den Hirnfasern hervorgezerrt werden sollen, oder wenn Danton sich vorstellt, anstatt Unzucht mit den Würmern zu treiben, sich im Tod mit den Atomen des Körpers von Julie zu vermischen. Das zeigt sich auch, im Wortsinne noch sublimierter, wenn Danton der Äther sein möchte um Marion in seiner Flut zu baden. Es geht hier nicht um Liebe, sondern um das Problem der Trennung und seine Bewältigung im Sprechen und Handeln. Das Stück heißt *Dantons Tod,* und so ist der Tod Julies, den Büchner gegen die Quellen phantasiert hat, Teil des Todes von Danton, der nicht allein gehen will.

Literatur

Agamben, Giorgio: Homo sacer. Die souveräne Macht und das nackte Leben. Frankfurt 2002 (ital. 1995).

Bauer, J. Phil.: Der Mensch in Bezug auf sein Geschlecht. Oder Aufsätze über Zeugung, Befruchtung, Fruchtbarkeit, Enthaltsamkeit, Beischlaf, Ehestand, Eheprobe, Cölibat u. a. ähnliche Gegenstände. Nach den neuesten

Werken der französischen Aerzte deutsch bearbeitet. Leipzig 1819.

Campe, Rüdiger: Johann Franz Woyzeck. Der Fall im Drama. In: Michael Niehaus/Hans-Walther Schmidt-Hannisa (Hg.): Unzurechnungsfähigkeiten. Diskursivierungen unfreier Bewußtseinszustände seit dem 18. Jahrhundert. Frankfurt a. M./Berlin/Bern 1998, 209–236.

Eros oder Wörterbuch über die Physiologie und über die Natur- und Culturgeschichte des Menschen in Hinsicht auf seine Sexualität. 2 Bde. Berlin 1823.

Faust, Bernhard Christian: Wie der Geschlechtstrieb der Menschen in Ordnung zu bringen. Braunschweig 1791.

Gallas, Helga: Begehren und Sexualität im Werk Heinrich von Kleists. In: Günter Emig (Hg.): Erotik und Sexualität im Werk Heinrich von Kleists. Internationales Kolloquium des Kleist-Archivs Sembdner. Heilbronn 2000, 232–238.

Gnüg, Hiltrud: Melancholie-Problematik in Alfred de Mussets *Fantasio* und Georg Büchners *Leonce und Lena*. In: ZfdPh 103 (1984), 194–211.

Graczyk, Annette: Sprengkraft Sexualität. Zum Konflikt der Geschlechter in Georg Büchners *Woyzeck*. In: GBJb 11 (2005–2008) 2008, 101–121.

Grimm, Reinhold: Coeur und Carreau. Über die Liebe bei Georg Büchner. In: Heinz Ludwig Arnold (Hg.): Georg Büchner I/II. Sonderband Text + Kritik. München 1979, 299–326.

Häusler, Joseph: Ueber die Beziehungen des Sexualsystemes zur Psyche überhaupt und zum Cretinismus ins Besondere. Würzburg 1826.

Heine, Heinrich: Zur Geschichte der Religion und Philosophie in Deutschland [1834]. In: Ders.: Historisch-kritische Gesamtausgabe der Werke. Hg. von Manfred Windfuhr. Bd. 8/1. Hamburg 1979.

Hildebrand, Olaf: »Der göttliche Epicur und die Venus mit dem schönen Hintern«. Zur Kritik hedonistischer Utopien in Büchners »Dantons Tod«. In: ZfdPh 118 (1999), 530–554.

Hinderer, Walter: Festschriftliche Bemerkungen zur Codierung von Liebe in Büchners ›Dantons Tod‹. In: Karl-Heinz J. Schoeps/Christopher J. Wickham (Hg.): »Was in den alten Büchern steht…« Neue Interpretationen von der Aufklärung zur Moderne. Festschrift für Reinhold Grimm. Frankfurt a. M. u. a. 1991, 151–165.

Horton, David: »Die gliederlösende, böse Liebe«: Observations on the Erotic Theme in Büchner's *Dantons Tod*. In: DVjs 62 (1988), 290–306.

Matt, Peter von: Liebesverrat: die Treulosen in der Literatur. München/Wien 1989.

Mayer, Thomas M.: Büchner und Weidig. Frühkommunismus und revolutionäre Demokratie. Zur Textverteilung des »Hessischen Landboten«. In: Heinz Ludwig Arnold (Hg.): Georg Büchner I/II. Sonderband Text + Kritik. München 1979, 16–298.

Milz, Christian: Eros und Gewalt in *Danton's Tod*. In: GBJb 11 (2005–2008) 2008, 25–37.

Reddick, John: Georg Büchner. The Shattered Whole. Oxford 1994.

Schetsche, M./Lautmann. R.: Sexualität. In: Historisches Wörterbuch der Philosophie. Bd. 9. Darmstadt 1995, Sp. 725–742.

Schott, Heinz: Erotik und Sexualität im Mesmerismus. Anmerkungen zum Käthchen von Heilbronn. In: Günter Emig (Hg.): Erotik und Sexualität im Werk Heinrich von Kleists. Internationales Kolloquium des Kleist-Archivs Sembdner. Heilbronn 2000, 152–174.

Ullmann, Bo: Die sozialkritische Thematik im Werk Georg Büchners und ihre Entfaltung im »Woyzeck«: Mit einigen Bemerkungen zu der Oper Alban Bergs. Stockholm 1972.

Weineck, Silke-Maria: Sex and History, or Is there an Erotic Utopia in ›Dantons Tod‹? In: The German Quarterly 73 (2000), Heft 4, 351–365.

Wellbery, David E.: Kunst – Zeugung – Geburt. Überlegungen zu einer anthropologischen Grundfigur. In: Christian Begemann/David E. Wellbery (Hg.): Kunst – Zeugung – Geburt. Theorien und Metaphern ästhetischer Produktion in der Neuzeit. Freiburg i.Br. 2002, 9–36.

Johannes F. Lehmann

14. Schmerz

Der Schmerz ist ein zentrales Thema in *Danton's Tod* und im »*Lenz*«, er begegnet zudem in *Leonce und Lena* sowie im »*Woyzeck*«, und auch in den Schriften zur Philosophie ist gelegentlich von ihm die Rede. Angesprochen werden dabei sowohl der körperliche als auch der seelische Schmerz sowie deren wechselseitiger Bezug. Der Begriff ›Schmerz‹ verweist dabei mehr auf die physische, der Begriff ›Leid‹ mehr auf die psychische Erlebnisdimension. Allerdings wird diese begriffliche Differenzierung weder bei Büchner noch im Sprachgebrauch seiner Zeit konsequent und scharf eingehalten. Diese begriffliche Unschärfe hängt unmittelbar mit dem verhandelten Phänomen zusammen, in dem Physis und Psyche immer wieder ineinander spielen.

Ein solch umfassend begriffener Schmerz wird in Büchners Werken in dreifacher Hinsicht relevant. Erstens erscheint der Schmerz im Rahmen theologischer Erwägungen; er dient als atheistischer Einspruch gegen die Existenz Gottes. Zweitens gehört der Schmerz in den Raum eines physiologischen Denkens; er ermöglicht eine somatische Fundierung des modernen Menschen und problematisiert diese zugleich. Drittens schließlich führt der Schmerz in poetologische Darstellungsfragen; er bildet eine ästhetische Herausforderung für die Literatur.

Theologie, Atheismus

Das Christentum ist seit jeher eine Theologie des Leids; sie gründet mit der Kreuzigung Christi in einer Szene fast maßlosen körperlichen Schmerzes. Jesus bietet damit ein Modell dafür, wie der gläubige Christ sich dem Schmerz gegenüber zu verhalten hat; umgekehrt kann der Schmerz deshalb zu Anlass und Grund des Glaubens werden. Dies ist selbstverständlich keine Beschreibung, die für jede Form des Christentums zu jeder Zeit uneingeschränkt gültig wäre. Sie trifft aber eine Traditionslinie, auf deren Argumentationsmuster Büchner sich kritisch bezieht.

In *Danton's Tod* stellt Büchner einem Glauben, der seinen Grund im Schmerz findet, einen Zweifel entgegen, der aus dem Schmerz hervorgeht: »Man kann das Böse leugnen, aber nicht den Schmerz; nur der Verstand kann Gott beweisen das Gefühl empört sich dagegen. Merke Dir es, Anaxagoras, warum leide ich? Das ist der Fels des Atheismus. Das leiseste Zucken des Schmerzes und rege es sich nur in einem

Atom, macht einen Riß in der Schöpfung von oben bis unten.« (MBA 3.2, 49; DKV I, 58) Mit Wucht sprengt diese Argumentation den Schmerz aus dem ihm lange eigentümlichen Kontext, dem der christlichen Theologie. Dabei wird auf die christliche Urszene von Folter, Qual und Leid direkt angespielt. Auch die Geburt des Christentums aus dem Schmerz »macht einen Riß […] von oben bis unten«: »Jesus schrie abermal laut / und verschied. Und siehe da / der Vorhang im Tempel zerriß in zwei Stück / von oben an / bis unten aus. Und die Erde erbebete / und die Felsen zerrissen.« (Mat 27, 50–52) Mag eine Theodizee, der Nachweis der Existenz Gottes, auch rational durchführbar sein, emotional muss er scheitern. Entsprechend bezweifelt Büchner in seinen Skripten zur Philosophie Spinozas, dass es berechtigt sei, Gott als ein vollkommenes Wesen zu definieren: »Was berechtigt uns aber, diese Definition zu machen? […] Das *Gefühl*? Es kennt den Schmerz.« (DKV II, 291 f.)

Büchner verfährt mit dem christlichen Schmerzverständnis ähnlich wie mit vielen anderen Denkfiguren der kulturellen Tradition: Er zitiert sie, nimmt dabei aber bisweilen kleinscheinende Modifikationen vor, die zu einer weitreichenden Verschiebung im Bedeutungsgefüge oder gar zu dessen radikaler Umkehrung führen. Ein Beispiel für eine solche dezent-radikale Kontrafaktur christlicher Leidenstheologie findet sich auch im »*Lenz*« (zum Folgenden vgl. Anz 1981). Lenz wird von Oberlin aufgefordert, an einem Sonntag die Predigt zu übernehmen. In die Predigt-Szene montiert Büchner die Strophe eines Kirchenliedes: »Laß in mir die heil'gen Schmerzen, / Tiefe Bronnen ganz aufbrechen; / Leiden sey all' mein Gewinnst, / Leiden sey mein Gottesdienst.« (MBA 5, 35; DKV I, 231) Büchner nutzt für diese Liedstrophe Bestandteile der pietistischen Tradition, vor allem aus einem Lied des berühmten Halleschen Pietisten Christian Friedrich Richter (1676–1711), in dessen dritter Strophe sich die beiden Zeilen »Leiden ist jetzt mein Gewinnst« und »Leiden ist mein Gottesdienst« (zit. n. Anz 1981, 161) finden. In Richters Lied »erfahren Krankheit, Schmerz und Leid ihre christliche Begründung und Deutung. Richter folgt dabei einer pietistischen Leidenstheologie, die Krankheit und Leid als ›Liebeszeichen‹ Gottes versteht und auffordert, gegen die Anfechtungen des Schmerzes den Weg der Nachfolge Christi, die ›Leidensbahn‹, als Reinigung und Bewährung des Glaubens zu gehen.« (Anz 1981, 163)

Aus der Perspektive des Christentums und insbesondere des Pietismus des 18. Jahrhunderts fordert und ermöglicht der Schmerz also die Nähe des Gläubigen zu Christus. Nun zitiert Büchner die beiden Zeilen jedoch nicht wortgenau: Aus »ist« wird »sey«, aus »jetzt« wird »all«. Dadurch transformiert sich die Beschreibung eines faktischen Zustandes in die Formulierung eines unerfüllten Wunsches. Die Absicherung des schmerzhaften Diesseits in einem zukünftig kommenden, transzendenten Jenseits verliert an Gewissheit und Selbstverständlichkeit. Gleichzeitig jedoch gewinnt der Schmerz an Gewicht. Denn es geht nicht mehr um eine temporal lokalisierbare Situation (»jetzt«), sondern um einen umfassenden Zustand (»all«). So wird die »christliche Sinngebung des Leidens von der Erlösung her« (ebd., 163) zwar zitiert, aber zugleich ambivalent gemacht. In dieser leicht modifizierten Form liest auch Woyzeck die beiden Leidensverse vor und markiert sie dabei zugleich als Zitat aus »meiner Mutter Bibel«: »Leiden sey all mein Gewinst,/ Leiden sey mein Gottesdienst« (MBA 7.2, 32; DKV I, 216). Gegenüber Richters Vorlage macht in Büchners Lied mehr Schmerz weniger Sinn.

Ähnlich verfährt Büchner in *Leonce und Lena*. Lena wird dort von der Gouvernante als »wahres Opferlamm« (MBA 6, 110; DKV I, 109) bezeichnet, in Analogie zu Christus, der als Lamm Gottes die Sünde der Welt trägt. Lena antwortet: »Ja wohl – und der Priester hebt schon das Messer. – Mein Gott, mein Gott, ist es denn wahr, daß wir uns selbst erlösen müssen mit unserem Schmerz?« (MBA 6, 110; DKV I, 110) Es ist nicht mehr Christus, der mit seinen Schmerzen für die Menschen einsteht; es ist vielmehr der Mensch selbst, der seine eigenen Schmerzen in die Selbsterlösung zu investieren hat. Lena formuliert damit eine Passionsgeschichte ohne Gott; und sie entwirft einen Menschen, der sich im Schmerz nicht mehr einem Jenseits zuwenden kann, sondern radikal auf sich selbst zurückgeworfen wird. Nicht die Erlösung Christi durch das Kreuz, sondern dessen Einsamkeit am Kreuz (»Mein Gott, mein Gott, warum hast Du mich verlassen«, Mk 15,34) wird damit zum kritischen und krisenhaften Bezugspunkt einer gottlosen Anthropologie.

Auf den ersten Blick scheint dieser religionskritisch gewendete Schmerz als Teil des Kampfes, den die Aufklärung seit dem 18. Jahrhundert gegen den religiösen Dogmatismus ausgefochten hat. Doch bei Büchner wird die Aufklärung ihrerseits einer Kritik unterzogen, und auch diese Kritik formuliert Büchner in den Bahnen des körperlichen Schmerzes. In *Leonce und Lena* heißt es: »O meine armen Augen, ihr müßt blitzen / Im Strahl der Kerzen, / Und lieber

schlieft ihr aus im Dunkeln / Von euren Schmerzen.« (MBA 6, 105; DKV I, 102) Die Kritik an der Aufklärung fällt nicht minder herb aus als die Kritik an der christlichen Theologie. Büchner nutzt die zentrale aufklärerische Metapher, das Licht, genauer: das künstliche Licht, das die natürliche Dunkelheit zu erhellen vermag, und kehrt deren Stoßrichtung um. Aus dem *siècle de la lumière*, dem Jahrhundert des Lichts wird in Büchners Lesart das Jahrhundert der Blendung. Das bevorzugte Wahrnehmungsorgan der aufgeklärten Denker, das Auge, öffnet sich nicht für souveräne Erkenntnisleistungen, sondern verschließt sich im Schmerz. Der Schmerz setzt offensichtlich nicht nur dem Glauben, sondern auch der Erkenntnis scharfe Grenzen.

Körper, Physiologie

In der Logik christlicher Theologie begründet der Schmerz den Glauben. Büchner greift diese Logik auf und wertet sie um; bei ihm widerlegt der Schmerz den Glauben. Damit wird der Schmerz aus der theologischen Klammer gelöst und kann nun auch in anderen Diskurszusammenhängen eine zentrale Stellung einnehmen. Büchner nutzt den Schmerz deshalb nicht nur als religionskritisches Argument, sondern auch als fundierendes Element einer physiologischen Anthropologie.

Anthropologie und Physiologie sind keine geschichtslosen Größen; vielmehr können sie als Gegenstand einer kulturhistorischen Forschung konzipiert werden. Der Mensch *ist* nicht Körper, sondern *hat* einen Körper; und dieser Körper ist ihm nicht einfach *gegeben*, sondern wird beständig von ihm *bearbeitet* (vgl. Tanner 1994; Sarasin 2001). Zu unterschiedlichen Kulturen und zu unterschiedlichen Zeitaltern gehören unterscheidbare Konzepte davon, was ein Körper ist. Diese Konzepte sind den Körpern zudem nicht nachgeordnet, sondern formen sie in ihrer Substanz mit, wie sich etwa an wechselnden Schönheitsidealen ablesen lässt.

Auch für den Schmerz heißt dies: Er hat eine Geschichte. Schmerzen werden nicht überall und zu allen Zeiten gleich empfunden; sie variieren vielmehr mit den kulturellen Rahmenbedingungen, innerhalb derer sie artikuliert, interpretiert und behandelt werden. Aus der Perspektive einer solchen Körpergeschichte gilt es, Büchners Schmerz historisch in die variierenden Umgangsformen mit dem Schmerz einzuordnen. Relevant ist dabei vor allem eine Umstellung im Wissen vom Schmerz, die sich in der zweiten Hälfte des 18. Jahrhunderts vollzogen und zu einem modernen Verständnis des Schmerzes geführt hat, wie es für Büchner – und in einigen wichtigen Grundzügen auch noch für unsere heutige Zeit – gültig ist (vgl. Borgards 2007).

Ein vormodernes Verständnis vom Schmerz konnte Büchner bei Descartes studieren, dessen physiologische Überlegungen er in seinen Skripten zur Philosophie notiert (explizit zum Schmerz vgl. DKV II, 208, 209 f., 228, 231, 233 ff., 237). Descartes hatte mit seinem physiologischen Traktat *Über den Menschen* (1632) die Absicht verfolgt, die bis ins 17. Jahrhundert hinein allgemeingültige Humoralpathologie, die Lehre von den vier Körpersäften und ihren Mischungen, durch ein neues, mechanistisches Körperverständnis abzulösen. Mit Blick auf den Schmerz konnte er dabei jedoch an alte, bis in die Antike zurückreichende Traditionen anknüpfen. Schon die antike Medizin verstand den Schmerz als Hinweis auf eine Störung des harmonischen Gesamtzusammenhangs des Körpers; entsprechend argumentiert auch die frühneuzeitliche Humoralpathologie. Und noch Descartes konzipiert den Schmerz als das Zeichen eines Schadens, den die Körpermaschine durch äußere Einwirkungen genommen hat. Entscheidend an diesem Konzept ist, dass in ihm der Schmerz nicht als Teil der Körpermaschine, sondern als deren Gegenteil, als deren Gegner konzipiert wird, als etwas, das von außen an den Körper herantritt. »Im Schmerz meldet sich das zerstörerische Gegenprinzip zur Körpermaschine. Gegenüber dem idealen Bauplan des Körpers bleibt der Schmerz jedoch äußerlich.« (Borgards 2007, 50)

Im Verlauf des 18. Jahrhunderts wird das humorale von einem neurologischen Körpermodell, die mechanistische von einer organologischen Physiologie abgelöst. Der Schmerz rückt dabei in eine vollkommen neue Position. Er wird nun als fundamentale Notwendigkeit in die physiologischen Normalabläufe integriert und erscheint nicht mehr als Gegenteil der Körpermaschine, sondern als Bestandteil des körperlichen Lebens. Der Mensch als sich selbst fühlendes Wesen definiert sich nicht mehr über seine Distanz, sondern über seine Nähe zum Schmerz. Johann Gottfried Herder formuliert 1775: »Ich fühle mich! Ich bin!« (zit. n. ebd., 116) Für Friedrich Schiller ist in seiner medizinischen Dissertation von 1780 der »Zustand des physischen Schmerzens […] der erste Stoß, der erste Lichtstrahl in die Schlummernacht der Kräfte«, der dabei hilft, »das innere Uhrwerk des Geists […] in Gang zu bringen.« (zit. n. ebd., 120) Und auch für Immanuel Kant gilt um 1800: »der Schmerz ist immer das

erste.« (zit. n. ebd., 61) Hergestellt wird damit eine unmittelbare Korrelation von Leben und Schmerz. Die medizinischen Schmerztheorien von Marc Antoine Petit (1799), Hyppolite Bilon (1803), Benedetto Mojon (1811) und Jacques-Alexandre Salgues (1823) sind hier eindeutig: »il n'est pas de santé, d'existence même, sans l'intervention des quelques nuances de douleur« (Salgues zit. n. ebd., 431). Schmerz ist für Gesundheit und Leben nicht ein Problem, sondern schlicht deren Voraussetzung.

Büchners »Lenz« steht genau in diesem Argumentationszusammenhang. Schon die erste Nacht, die Lenz im Steintal bei Oberlin verbringt, treibt ihn in eine schwere Krise, in deren Zentrum die Abwesenheit eines jeden Gefühls steht und die erst durch die therapeutische Selbstzufügung von Schmerzen überwunden werden kann: »er konnte sich nicht mehr finden, ein dunkler Instinkt trieb ihn, sich zu retten, er stieß an die Steine, er riß sich mit den Nägeln, der Schmerz fing an, ihm das Bewußtsein wiederzugeben« (MBA 5, 33; DKV I, 228). Nach dem gleichen Muster vollzieht sich am zweiten Abend die nächste Krise und deren Überwindung. Ganz auf der Höhe des Wissens seiner Zeit bringt Büchner den Schmerz also zunächst als ein positives Element in den Erzählverlauf ein, das heilende Kraft, nicht etwa zerstörerische Gewalt entfaltet.

Auch die für Büchner zeitgenössische Psychiatrie kennt und nutzt die therapeutische Wirkung körperlicher Schmerzen. Johann Christian Reil empfiehlt schon 1803 gegen die »Unempfindlichkeit« im Zuge einer »Catalepsie« die »positive Heilmethode«, welche darauf zielt, das »Gefühl […] eines körperlichen Schmerzes hervorzubringen«: »Diese und andere Körperreize, welche direct durchs Gemeingefühl allerhand Arten des Schmerzes erregen, […] wecken die Besonnenheit […] und halten die Unstäten an sich, als die Ursache des Schmerzes, fest.« (Reil zit. n. Borgards 2007, 428 f.) Entsprechende Therapievorschläge finden sich auch 1821 bei Johann Christian August Heinroth oder 1833 bei Carl Georg Neumann. Vor diesem Hintergrund beurteilt Büchner auch Lenz' Sprünge in den Brunnen und aus dem Fenster nicht als Selbstmordabsicht, sondern als »Versuch, sich zu sich selbst zu bringen durch physischen Schmerz.« (MBA 5, 48; DKV I, 249) Nicht ein denkendes, sondern ein Schmerz fühlendes Ich wird zum Grundprinzip einer anthropologischen Selbstbestimmung des Menschen. Mehr noch: Der Schmerz wird zur Grundlage und Quelle aller Kultur (vgl. auch Gadamer 1979; Scarry 1992, 271 ff.; Borgards 2007). Das menschliche Ich erleidet den

Schmerz nicht nur (vgl. Michelsen 1989, 295); es geht in seiner personalen wie kulturellen Dimension überhaupt erst aus dem Schmerz hervor.

Im Rahmen einer physiologischen Anthropologie liegt im Schmerz jedoch nicht nur eine subjektkonstituierende Kraft, sondern zugleich ein zerstörerisches, beängstigendes Potential: Schmerzen sind produktiv und destruktiv zugleich (vgl. auch Hinderer 1976, 485). Auch das destruktive Moment bringt Büchners Prosa-Fragment ins Spiel. Dies beginnt schon damit, dass die Selbstbegründung nicht mit einem einzelnen Akt der Schmerzzufügung abgeschlossen ist; vielmehr muss die Schmerzzufügung beständig wiederholt werden. Dadurch gerät im Laufe der Erzählung die destruktive Gewalt der Schmerzen immer mehr in den Blick: »Oft schlug er sich den Kopf an die Wand, oder versetzte sich sonst einen heftigen physischen Schmerz.« (MBA 5, 48; DKV I, 249) Beständig bewegt sich Lenz knapp vor dem Zusammenbruch. Und am Ende des Textes steht schließlich nicht eine gerettete, sondern eine verlorene Kreatur. »Büchners Erzählfragment schlägt also im Einklang mit der zeitgenössischen Physiologie vor, das Subjekt vom körperlichen Schmerz her zu konzipieren. [...] Gleichzeitig aber wird das schmerzvoll somatisierte und dynamisierte Subjekt als ein systematisch überfordertes ausgewiesen.« (Borgards 2007, 439) Auch von dieser gefährlichen Seite des Schmerzes ist in physiologischen und psychiatrischen Texten des frühen 19. Jahrhunderts immer wieder zu lesen (vgl. ebd., 437 f.).

In *Danton's Tod* thematisiert Büchner die Bedrohlichkeit des Schmerzes im Zusammenhang mit dem Tod durch die Guillotine. Der intrigante Laflotte begründet seinen Verrat mit der Angst vor dem Schmerz: »ich fürchte den Tod nicht, aber den Schmerz. Es könnte wehe thun, wer steht mir dafür? Man sagt zwar es sei nur ein Augenblick, aber der Schmerz hat ein feineres Zeitmaaß, er zerlegt eine Tertie. Nein! Der Schmerz ist die einzige Sünde und das Leiden ist das einzige Laster, ich werde tugendhaft bleiben.« (MBA 3.2, 58; DKV I, 66 f.) Auch Laflottes Meditation über den Schmerz der Enthauptung ist eng an eine Debatte der Zeit gebunden, die um 1800 intensiv in über 30 medizinischen Fachbeiträgen geführt wird. Strittig ist seit Samuel Thomas Soemmerrings Abhandlung *Ueber den Tod durch die Guillotine* (1795) sowohl die Frage, ob die Enthauptung durch das Fallbeil tatsächlich schmerzfrei oder doch zumindest schmerzarm vonstatten gehe, als auch die Frage, ob der abgeschlagene Kopf noch eine Zeit lang seine Empfindungsfähigkeit behalte (zu

dieser Debatte und ihrer Präsenz auch in literarischen Texten vgl. Borgards 2007, 341–392).

Büchner greift diese Debatte auf und legt dabei zugleich deren argumentativen Kern frei. Denn im Für und Wider des Streites wird den Ärzten vor allem klar, was sie nicht wissen, was sich nicht genau beschreiben, erklären, erkunden lässt. Medizin- und wissensgeschichtlich wird der körperliche Schmerz zu einer paradigmatischen Figur des Nicht-Wissens, welche die physiologischen Experimente, die seinerzeit mit den Häuptern und Rümpfen der Geköpften veranstaltet werden, unermüdlich umkreisen. Der Schmerz ist zu einer Frage geworden: »Es könnte wehe thun, wer steht mir dafür?«

Ästhetik, Poetik

Der Schmerz erscheint bei Büchner als Argument nicht nur gegen die christliche Theologie, sondern auch gegen die idealistische Ästhetik. Und er spielt nicht nur in physiologischer Hinsicht bei der Selbstfindung des Menschen, sondern auch in poetologischer Hinsicht beim Entwurf einer schmerzbewussten Ästhetik eine ambivalente Rolle.

In *Danton's Tod* erweist sich am Schmerz die »antiklassizistische Stoßrichtung« (Oesterle 1992, 61) von Büchners Kunstkritik. Denn Idealismus und Klassizismus, so lautet der Vorwurf, bleiben dem Schmerz gegenüber kalt, sie verhärten sich gegenüber dem Leiden des Menschen: »Und die Künstler gehn mit der Natur um wie David, der im September die Gemordeten, wie sie aus der Force auf die Gasse geworfen wurden, kaltblütig zeichnete und sagte: ich erhasche die letzten Zuckungen des Lebens in dießen Bösewichtern.« (MBA 3.2, 37; DKV I, 45) Der klassizistische Maler Jacques-Louis David sieht und malt das körperliche Elend; er kann es aber nur auf diese Weise malen, weil er sich nicht von ihm berühren lässt. Klassizistische und idealistische Ästhetik bleibt damit »kaltblütig«; sie ist selbst nicht vom Mitleiden für die Kreatur bestimmt und möchte auch kein solches Mitleiden hervorrufen. Büchner dagegen überführt »das moralische Mitleidsgebot«, wie es von der Aufklärung und vor allem von Lessing im 18. Jahrhundert formuliert wurde, »in ein ästhetisches Realismusgebot« (Schings 1980, 69), wie es wegweisend für die Literatur der Moderne geworden ist.

Wie Büchner in seiner eigenen Dramenproduktion die klassizistische Kälte eines David vermeidet, lässt sich an einem Detail der Schafottszene in *Danton's Tod* zeigen. Wieder handelt es sich um ein nur leicht, aber entscheidend modifiziertes Zitat aus dem Quellenmaterial. Vom historischen Danton ist überliefert, dass er den Henker, der ihn unmittelbar vor der Enthauptung von seinem Freund Hérault trennen will, mit einem Verweis auf die über den Augenblick der Enthauptung hinausreichende Lebenskraft der Körper zurückgewiesen haben soll: »Va, tu n'empêcheras pas que dans un moment nos têtes s'embrassent dans le fond du panier« (zit. n. Oesterle 1992, 67). Bei Büchner lautet der Satz: »Kannst du verhindern, daß unsere Köpfe sich auf dem Boden des Korbes küssen?« (MBA 3.2, 79; DKV I, 88) Büchner arbeitet also mit einer Auslassung. Er verzichtet auf das dramatisierende, aktualisierende, sensationslüsterne »dans un moment«. Damit tilgt er »die sprachliche Rede vom einen Moment, den der historische Danton festhält, jenen angeblich unteilbaren, doch vom Schmerz zerlegbaren Augenblick des Todes. Eliminiert ist damit sowohl, was in Richtung eines medizinisch-wissenschaftlich ›kaltblütigen‹ Verständnisses dieses Satzes gehen könnte, als auch, was nur annähernd an die ästhetische ›Kaltblütigkeit‹ des Klassizisten David erinnern könnte.« (Oesterle 1992, 68)

Eine entsprechende Zurückhaltung bei der Darstellung der Schmerzen übt Büchner auch im »*Lenz*«. Der Schmerz ist hier auf eine dezente, vor allem die Form des Erzählens bestimmende Weise präsent; an ihm zeigt sich der »kreatürliche Realismus (*sermo humilis*) als Umsturz der idealistischen Werte- und Stilhierarchie« (Schings 1980, 78). Dabei greift Büchner einerseits auf die »gegen-klassische Tradition der Mitleidspoetik« (ebd., 79) zurück, wie sie etwa vom historischen Dichter Lenz selbst vertreten wird. Andererseits setzt er sich aber von dieser Tradition in einer pessimistischen und zugleich radikalisierenden Wende ab: »Es handelt sich um den Sprung vom anthropologischen Gefühlsoptimismus der aufklärerischen Mitleids- und Sympathielehre zu einer emphatischen Philosophie des Leidens und des Weltschmerzes, die Büchner mit seinem Zeitalter verbindet.« (ebd.)

Eine Poetik des Schmerzes verfolgt Büchner im »*Lenz*« sowohl inhaltlich als auch formal. Formal entspricht dem erzählten Schmerz ein radikal dynamisiertes und unter Spannung gesetztes Erzählen, das Brüche und Gegenwendungen, Dichotomien und Antithesen (vgl. Hinderer 1976, 480), im Grunde alle denkbaren Formen narrativer Zersetzung in einem Ausmaß forciert, das kaum mit dem fragmentarisch-unfertigen Zustand des Textes ganz wegerklärt werden kann. Inhaltlich erhebt Lenz im

Kunstgespräch das »Leben« (MBA 5, 37; DKV I, 234) zur unhintergehbaren Grundlage einer jeden Ästhetik und Poetik. Bedenkt man nun, dass bei Büchner und seinen Zeitgenossen der Schmerz als paradigmatischer Indikator des Lebens gilt, dann wird deutlich, dass Literatur aus Büchners Perspektive nur dann bestehen kann, wenn sie eine angemessene Antwort auf die Frage des Schmerzes findet. So werden Schmerz, Leben und Kunst unter dem Zeichen einer avancierten Bio-Ästhetik miteinander verwoben.

Literatur

Anz, Heinrich: »Leiden sey all mein Gewinnst«. Zur Aufnahme und Kritik christlicher Leidenstheologie bei Georg Büchner. In: GBJb 1 (1981), 160–168.

Borgards, Roland: Poetik des Schmerzes. Physiologie und Literatur von Brockes bis Büchner. München 2007.

Gadamer, Hans-Georg: Prometheus und die Tragödie der Kultur. In: Ders.: Kleine Schriften II. Interpretationen. Tübingen ²1979, 64–74.

Hinderer, Walter: Pathos und Passion. Die Leiddarstellung in Büchners »Lenz«. In: Alexander von Bormann (Hg.): Wissen aus Erfahrung. Werkbegriff und Interpretation heute. Festschrift Hermann Meyer. Tübingen 1976, 474–494.

Oesterle, Ingrid: »Zuckungen des Lebens«. Zum Antiklassizismus von Georg Büchners Schmerz-, Schrei- und Todesästhetik. In: Henri Poschmann (Hg.): Wege zu Georg Büchner. Internationales Kolloquium der Akademie der Wissenschaften (Berlin-Ost). Bern u. a. 1992, 61–84.

Michelsen, Peter: Das Leid im Werk Georg Büchners. In: Jahrbuch des Freien Deutschen Hochstifts (1989), 281–307.

Sarasin, Philipp: Reizbare Maschinen. Eine Geschichte des Körpers 1765–1914. Frankfurt a. M. 2001.

Scarry, Elaine: Der Körper im Schmerz. Die Chiffren der Verletzlichkeit und die Erfindung der Kultur. Frankfurt a. M. 1992.

Schings, Hans-Jürgen: Zum Realismus Georg Büchners. In: Ders.: Der mitleidigste Mensch ist der beste Mensch. Poetik des Mitleids von Lessing bis Büchner. München 1980, 64–68.

Tanner, Jakob: Körpererfahrung, Schmerz und die Konstruktion des Kulturellen. In: Historische Anthropologie 2 (1994), 489–502.

Roland Borgards

15. Melancholie und Wahnsinn

Büchners Texte entfalten zwei verschiedene Formen der Melancholie. Zum einen akzentuieren sie Melancholie im Sinne von Schwermut und Weltschmerz, deren herausragendes Attribut eine gesteigerte Kraft zur (Selbst-)Reflexion ist. Zum anderen profilieren sie Melancholie in einem pathologischen Sinn, als deren zentrales Symptom eine Fixierung fungiert. Die erste Variante kennzeichnen Danton, Leonce und den Hauptmann im »Woyzeck«. Die zweite Variante charakterisieren, folgt man Desmoulins Zuruf: »Der Himmel verhelf' ihr zu einer behaglichen fixen Idee« (DKV I, 83; MBA 3.2, 74), implizit Lucile in Danton's Tod und explizit Lenz, bei dem die Erweckung eines verstorbenen Kindes zur »fixe(n) Idee« (DKV I, 241; MBA 5, 42) avanciert, sowie Woyzeck, dem der Doktor zweimal die Diagnose einer »fixen Idee« stellt (DKV I, 197; MBA 7.2, 17, 27). Sowohl die Melancholie im Sinne von Schwermut als auch die pathologische Melancholie verknüpfen sich bei Büchner mit einem sie umgreifenden Symptom – dem der Langeweile. So vermerkt etwa Danton: »Das ist sehr langweilig, immer das Hemd zuerst und dann die Hosen drüber zu ziehen und des Abends ins Bett und morgens wieder heraus zu kriechen und einen Fuß immer so vor den zu setzen« (DKV I, 38; MBA 3.2, 30); so äußert der Hauptmann gegenüber dem in permanenter Arbeitshetze befindlichen Woyzeck: »Langsam, Woyzeck, langsam; ein's nach dem andern; Er macht mir ganz schwindlich. Was soll ich dann mit den zehn Minuten anfangen, die er heut zu früh fertig wird?« (MBA 7.2, 24; DKV I, 205 f.), und so bekennt Lenz gegenüber Oberlin: »Ja, Herr Pfarrer, sehen Sie, die Langeweile! die Langeweile! o, so langweilig! Ich weiß gar nicht mehr, was ich sagen soll; ich habe schon allerlei Figuren an die Wand gezeichnet.« (DKV I, 244; MBA 5, 44)

Beide Formen der Melancholie, auch als ›sanfte‹ und ›finstere‹ Melancholie bezeichnet, sind bis zu Beginn des 19. Jahrhunderts gesamtkulturell ausbuchstabiert (vgl. Schmidt 1994, 52–66). Innerhalb der Literatur figuriert etwa bei Johann Wolfgang Goethe Werther als Vertreter der Melancholie im Sinne eines Weltschmerzes, während der Harfner in Wilhelm Meisters Lehrjahre als Fall einer pathologischen Melancholie konturiert ist. Und innerhalb der Wissenschaft erscheint etwa bei Philippe Pinel der Melancholiker als derjenige, der zu »Tiefsinnigkeit« und – in der Nachfolge der pseudoaristotelischen Schrift Problemata Physica – »für die Meisterwerke

der menschlichen Geistes […] begabt« ist (Pinel 1801, 134), und zugleich als derjenige, der in seinem Handeln wie Denken »von einer alle anderen ausschließenden Vorstellung beherrscht« (ebd., 151) wird. Das erschreckend Beunruhigende dieser Trennung zweier Formen von Melancholie besteht darin, dass die zwischen ihnen gezogene Grenze jederzeit überschreitbar ist: Während Werther in seiner hypertrophen Einbildungskraft und in seiner Fixierung auf Lotte das in der Empfindsamkeit vertretbare Maß der ›süßen Melancholie‹ nicht wahrt (vgl. Valk 2002, 61–65), ist im Gegenzug E.T.A Hoffmanns unter einer fixen Idee leidender Einsiedler Serapion aufgrund seiner Imaginationsfähigkeit zum Novellenerzähler befähigt (vgl. Pikulik 2004, 140). Entsprechend bemüht sind die Wissenschaftler um eine Grenzziehung, die ihnen von einem »gesunden Verstand« und von den »Zwecken der Vernunft« (Reil 1805, 384) diktiert wird: Wer dauerhaft und grundlos, bedingt durch ein Übermaß an Phantasietätigkeit, seine Fixierung auslebt, hat die Grenze zur pathologischen Melancholie übertreten. In Büchners Texten ist weniger diese problematische Grenze von Relevanz. Auffällig ist in diesem Zusammenhang zwar, dass Büchner für die pathologische Melancholie stets den Begriff des Wahnsinns einsetzt (vgl. Seling-Dietz 2000, 205 f.; Schmidt 1998, 524), so dass sich in seinen Texten Melancholie und Wahnsinn gegenüberzustehen scheinen. Dies ist jedoch keineswegs Ausdruck einer harten Grenzziehung, da die Symptome, allen voran die Langeweile, die zeitgenössisch primär der Melancholie zugeschrieben werden, bei Büchner auf der Seite des Wahnsinns wiederkehren, so dass das, was Büchner als Wahnsinn qualifiziert, den wissenschaftlichen Melancholiekonzepten korrespondiert (so auch Schmidt 1994, 36; Seling-Dietz 2000, 208). Dies ist vielmehr Ausdruck eines Ausdifferenzierungsprozesses, an dem Büchner partizipiert und der in den 1820er Jahren in der Psychologie initiiert wird, um eine Umsortierung der Symptome und eine Neucodierung der als anormal klassifizierten psychischen Zustände vorzunehmen und allmählich durchzusetzen (vgl. Esquirol 1827, der die Verwendung der Melancholie zur Kennzeichnung einer pathologischen Form der Fixierung ablehnt, da der Begriff etymologisch zu stark mit der Vier-Säfte-Lehre konnotiert ist; allgemein hierzu vgl. Seling-Dietz 2000, 205–207).

Büchners Texte zielen erstens auf die Modi der gesellschaftlichen Produktion der Melancholie im pathologischen Sinne, zweitens auf eine spielerische Inszenierung der Topoi, die die Melancholie im

Sinne der Schwermut repräsentieren, und drittens auf die poetologischen Implikationen und darstellungsästhetischen Konsequenzen, die beide Formen der Melancholie zeitigen.

Produktion von Melancholie/Wahnsinn

Dass das Experiment des Doktors den Wahnsinn von Woyzeck generiert, wird in der Forschung bereits verschiedentlich hervorgehoben. Ob der Doktor allerdings kontrolliert und systematisch die von ihm diagnostizierte psychische Anomalie evoziert, wie dies Glück (1986, 149), Kubik (1991, 172, 183) und Dedner (2005, 183, 187) konstatieren, erscheint fraglich. Denn zu offensichtlich ist seine Überraschung, wenn er Woyzecks Geistesverwirrung als eine »köstliche« (MBA 7.2, 17; DKV I, 197), als die »schönste« (MBA 7.2, 27; DKV I, 210) bezeichnet, so dass er selbst den partiellen Wahnsinn seines Probanden als das kontingente Resultat seiner Experimentalanordnung wahrnimmt. Entsprechend der in der Psychologie des 19. Jahrhunderts konstatierten Vorstellung, dass spezifische Nahrungsmittel Dysfunktionen im Verdauungstrakt hervorrufen, die wiederum psychische Krankheiten bedingen können (vgl. Reil 1805, 436, 444; Amelung/Bird 1832, I, 65), nistet jedoch in der vom Doktor arrangierten Experimentalanordnung sehr wohl der Wahnsinn, der schließlich auch zum Ausbruch kommt. Denn wenn der Doktor eine einseitige Ernährung verordnet und wenn er dazu Erbsen und sodann Hammelfleisch verabreicht, zwei Nahrungsmittel, die in jedem Fall psychische, potentiell gar psychopathologische Effekte evozieren (vgl. Reil 1805, 436), dann verschaltet er das ernährungsphysiologische mit einem psychologischen Experiment. Ziel seiner Experimentalanordnung ist es zum einen, die Veränderungen des Stoffwechsels in der Folge einer einseitigen Diät zu erforschen. Und Ziel ist es zum anderen, die möglichen Auswirkungen von Nahrungsmitteln über den Körper auf die Seele des Menschen festzustellen (vgl. Neumeyer 2009, 235 f.).

Noch ehe der Doktor die psychische Anomalie begrifflich einordnet, zeigen sowohl die zweite als auch die vierte Entwurfsstufe des Dramas in ihren ersten Szenen einen Woyzeck, der unter optischen und akustischen Halluzinationen – »Ein Feuer fährt um den Himmel und ein Getös herunter wie Posaunen« (MBA 7.2, 22; DKV I, 202) – ebenso leidet wie unter der fixen Idee, von den Freimaurern verfolgt zu werden – »Es geht hinter mir, unter mir […] Alles hohl da unten. Die Freimaurer!« (MBA 7.2, 22; DKV I, 202) Auch wenn das Drama damit gleich zu Beginn die manifesten Symptome einer Geisteszerrüttung in Szene setzt und derart in seinem Aufbau suggeriert, dass dieselben Woyzeck von Natur aus eigen sind (so Knapp 2000, 204 f.), sind diese Symptome Folgen der einseitigen Diät. Denn zum einen ist der Anfang des Dramas nicht der Anfang der Woyzeck-Geschichte: Bevor sich der Vorhang der Bühne hebt, befindet sich Woyzeck bereits seit 90 Tagen im experimentell hergestellten Ausnahmezustand und ernährt sich von nichts anderem als von Erbsen. Zum anderen veranschaulicht die Begeisterung des Doktors über den partiellen Wahnsinn seines Probanden, dass er keineswegs einen schon Wahnsinnigen zu seinem Experiment ausgewählt hat, sondern seine Versuchsreihe an einem physisch wie psychisch Normalen durchführt (vgl. Glück 1986, 149). Die experimentelle Wissenschaft also produziert den Wahnsinn, den sie sich zu klassifizieren wie zu erforschen anschickt; und die experimentelle Wissenschaft generiert den Wahnsinn, der Woyzecks Mord an seiner Geliebten Marie mit bedingt. Pathologie und Delinquenz, über deren Konnex in der historischen Praxis die Wissenschaften der Psychologie, Gerichtsmedizin und Jurisprudenz zu entscheiden haben, gestaltet Büchners Drama als von einer Wissenschaft selbst hervorgerufene Resultanten (vgl. Neumeyer 2009, 238 f.).

Seling-Dietz hat in einer materialreichen Studie Büchners »Lenz« im Kontext der zeitgenössischen Psychologie situiert und gegenüber den Untersuchungen, die das Krankheitsbild von Lenz als Psychose oder in der Nähe zur Schizophrenie beschreiben (vgl. Hinderer 1990, 110; Schmidt 1998, 516–521, 528 f.; Knapp 2000, 146 f.), nachgewiesen, dass die literarische Darstellung der physischen wie psychischen Symptomatik und des Krankheitsverlaufes einer in den Wissenschaften etablierten Diagnose folgt – der der ›religiösen Melancholie‹ (Seling-Dietz 2000, 225; so auch Schmidt 1998, 539 f.; Descourvières 2006, 218). Durch diese psychologisch nuancierte und an den Symptomen ausgerichtete Narration des pathologischen Falles von Jakob Michael Reinhold Lenz unterscheidet sich die Novelle zugleich vom Bericht des Pfarrers Johann Friedrich Oberlin, der aus einer moralischen Perspektive Lenzens »Melancholie« aus dessen »Ungehorsam gegen seinen Vater, seiner herumschweifenden Lebensart, seinen unzweckmäßigen Beschäftigungen« sowie »seines häufigen Umgang mit Frauenzimmern« begründet (Oberlin 1778, 238 f.; vgl. Seling-Dietz 2000, 203). In Analogie zu Jean-Etienne-Dominique Es-

quirols Ausführungen in der *Allgemeinen und spe-
ciellen Pathologie der Seelenstörungen* entwickelt sich
die Krankheit bei Büchners Lenz von einem Stadium
der »außerordentlichen Empfänglichkeit und Be-
weglichkeit« (Esquirol 1827, 206) – so in der Ein-
gangssequenz – über eine Phase, in der »die Empfänglichkeit sich nur für einen Gegenstand und auf
einen Punkt concentrirt« (ebd.), – so wenn sich
Lenz' Handeln und Denken durch die Predigt und
die Gespräche mit Oberlin, in seiner fixen Idee, das
Kind in Fouday zu erwecken, und in seiner Vorstellung, die nicht zu sühnende »Sünde« wider den
»heilige(n) Geist« (DKV I, 242; MBA 5, 43) begangen
zu haben, ausschließlich am Religiösen orientieren –
in einen Zustand, in dem der Melancholiker »gegen
Alles gleichgültig und für Alles unempfindlich ist«
(Esquirol 1827, 356) – so im Schlusspassus der Erzählung.

Lenz kommt bereits melancholisch bei Oberlin
im Steintal an. Über die Ursachen dieser Melancholie belässt es Büchners Text – ganz im Gegensatz zu
Oberlins Bericht – bei Andeutungen (vgl. Reuchlein
1996, 67): Als potentielle Auslöser sind der Konflikt
mit dem Vater und der Verlust der Geliebten (vgl.
Hinderer 1990, 111; Knapp 2000, 135, 147) angespielt. Ausführlich arbeitet der Text jedoch, und auch
dies in Analogie zu Esquirol, die Symptomatik der
Melancholie heraus: Bewegungsunlust, Appetit- und
Schlaflosigkeit, Schmerzzufügung als selbsttherapeutische Maßnahme (Esquirol 1827, 205), eine nicht
näher zu bestimmende »Furcht« (ebd., 208) sowie
»Lebensüberdruß« in der Form von Gleichgültigkeit
und Langeweile (ebd., 313 f.). Auch wenn Büchners
Novelle, statt die Ursachen dieser anfänglichen Melancholie auszuloten, deren Symptomatik ins Zentrum stellt und darin einer Modifikation innerhalb
der Psychologie folgt, die von einer Benennung der
Gründe zu einer Beschreibung der Symptome über-
geht (vgl. Reuchlein 1996, 97; allgemein hierzu vgl
Neumeyer 2000, 72–75), so leitet sie gleichwohl die
spezifische Form der religiösen Melancholie her, die
sich allererst im Steintal entfaltet und in eine fixe
Idee einmündet – aus Lenzens pietistisch geprägtem
Umfeld (vgl. Seling-Dietz 2000, 214 f.; so auch Kubik
1991, 59; Knapp 2000, 148; Descourvières 2006,
216). Die Pointe von Büchners Erzählung liegt demnach nicht darin, dass er über Symptomatik und
Diagnostik der zeitgenössischen Psychologie hinausgeht (vgl. Hinderer 1990, 89; Knapp 2000 148),
sondern dass er auf deren Fundament zu einer Neu-
akzentuierung der religiösen Melancholie kommt,
wie sie bis ins erste Drittel des 19. Jahrhunderts ab-

geblockt wird (vgl. etwa Bird 1823). Diese Neuak-
zentuierung besteht darin, dass sich die religiöse Melancholie nicht nur auf religiöse Inhalte bezieht, vielmehr wird sie auch von der Religion und deren
Medien wie Trägern produziert. Heißt es dazu bei
Esquirol noch eher zurückhaltend: »Geistlicher Beistand ist hier am seltensten von Erfolg« (Esquirol
1827, 284), führt Büchners Novelle vor, wie Oberlins
»Farbentäfelchen«, in denen er Farben mit den zwölf
Aposteln und menschlichen Charaktereigenschaften
verknüpft, Lenz »in ängstliche Träume« versetzen
und ihn zu einer Lektüre greifen lassen, die aus psychologischer Warte die Melancholie weit eher an-
reizt als besänftigt (vgl. Heinroth 1818, I, 304): Er
»fing an wie Stilling die Apokalypse zu lesen« (DKV I
233; MBA 5, 36). Auch wenn die Symptomatik der
religiösen Melancholie gleichfalls in Analogie zu Esquirol gestaltet wird – das Gefühl, »verdammt zu
seyn«, die Vorstellung, »große Verbrechen begangen
zu haben«, die Auferlegung »sonderbarer Bußübun-
gen« (Esquirol 1827, 282) –, so kontextualisiert
Büchner diese Symptome derart, dass der »Beistand«
des Geistlichen als Auslöser jener »religiösen Quälereien« (DKV I, 241; MBA 5, 42) fungiert, die Oberlin
dann durch Verweise auf das im Tod Jesus verbürgte
Erlösungsversprechen (vgl. DKV I, 243 f.; MBA 5,
43 f.) vergeblich zu therapieren sucht.

Das Spiel mit den Topoi

Leonce bestimmt sich selbst als Melancholiker: »Daß
die Wolken schon seit drei Wochen von Westen nach
Osten ziehen. Es macht mich ganz melancholisch.«
(DKV I, 96; MBA 6, 100) Das Wetter, hier dessen Un-
veränderlichkeit, bedingt also die Melancholie. Ganz
ähnlich vermerkt Büchner gegenüber seinem Bruder
Wilhelm am 2. September 1836:

Ich bin ganz vergnügt in mir selbst, ausgenommen, wenn
wir Landregen oder Nordwestwind haben, wo ich freilich
einer von denjenigen werde, die Abends vor dem Bettge-
hen, wenn sie den einen Strumpf vom Fuß haben, im Stande
sind, sich an ihre Stubenthür zu hängen, weil es ihnen der
Mühe zuviel ist, den andern ebenfalls auszuziehen. (DKV
II, 448)

Die Aussage Büchners referiert Dantons Aussage
über die Langeweile des An- und Auskleidens. Und
alle Aussagen verweisen auf das 13. Buch von Goethes *Dichtung und Wahrheit*, in dem von einem Engländer, der sich aufhängte, um sich nicht mehr an-
und auszuziehen zu müssen, und von einem Gärtner
berichtet wird, der seinen Lebensüberdruss ob des

monotonen Zugs der Regenwolken von West nach Ost äußert (vgl. Dörr 2003, 383). Diese fortgesetzte Zitation von Topoi der Melancholie, in der noch die brieflichen Äußerungen Büchners stehen (vgl. auch den Brief an Eugène Böckel vom 1.6.1836, DKV II, 437), bildet ein zentrales poetologisches Verfahren des Lustspiels *Leonce und Lena*. Dabei haben die Zitate einen historischen Referenzpunkt – die literarischen wie wissenschaftlichen Melancholiedarstellungen der englischen Renaissance (vgl. Knoll 1996, 102). So spielt bereits das dem ersten Akt vorangestellte Zitat auf den Melancholiker Jacques aus Shakespeares *As you like it* an. So zitiert Leonce, um sich neuerlich als Melancholiker zu qualifizieren, aus Shakespeare *Hamlet*: »O lieber Valerio! Könnte ich nicht auch sagen: ›Sollte nicht dies und ein Wald von Federbüschen nebst ein paar gepufften Rosen auf meinen Schuhen –?‹ Ich hab' es, glaub' ich, ganz melancholisch gesagt.« (DKV I, 116; MBA 5, 114) Und so entwirft das Stück selbst eine Reihe von Begründungsparadigmen für Leonces Melancholie, die, wie Dörr (2003, 395–398) nachgewiesen hat, sich allesamt in Robert Burtons *Anatomy of Melancholy* von 1621 finden lassen – »das Syndrom einer endogenen melancholischen Disposition ohnehin, aber auch die exogene Ätiologie adligen Müßiggangs, bürgerlicher Heteronomie, gestörter Sexualität und des Wetters« (ebd., 398). Dörr zieht aus diesem Befund zwei Konsequenzen: »Leonces Melancholie ist Zitat« (ebd., 390), und »Ikonographie tritt an die Stelle von Ätiologie« (ebd., 399). Dies bedeutet wiederum, dass die Melancholie Leonces anders als die Lenzens und Woyzecks keinen primär psychologischen Befund, sondern ein Amalgam aus verschiedenen Texten darstellt, und dass die im »*Lenz*« wie im »*Woyzeck*« praktizierte Herleitung einer pathologischen Melancholie aus sozialen Verhältnissen in *Leonce und Lena* durch ein Spiel mit den Topoi der ›sanften‹ bzw. ›süßen‹ Melancholie ersetzt wird.

Gleichwohl lässt sich die Melancholie von Leonce als »Ausdruck des Widerstands gegen entfremdete gesellschaftliche Verhältnisse« wie auch als »Phänomen der Dekadenz« lesen (Beise/Funk 2005, 105; vgl. auch Dedner 1990, 146 f.) – da auch dies letztlich zu den Topoi der Melancholie gehört (vgl. Dörr 2003, 397). Zweifelhaft ist indes, ob die Komödie in ihrem zweiten Teil eine »krankhafte Wendung von Leonces Langeweile« sowie dessen »psychotische Krise« inszeniert und das Lustspiel daraufhin in seinem letzten Teil die »Heilung« einer pathologischen Melancholie vorführt (Dedner 1990, 167; vgl. auch Kubik 1991, 40 f.). Denn erstens findet sich bei Leonce kei-

neswegs das Symptom, das dessen Melancholie eindeutig als pathologisch qualifizieren könnte – die fixe Idee, von der Woyzeck wie Lenz gekennzeichnet sind. Zweitens erweist sich die »Handlungsstruktur der Heilung eines Melancholikers durch die Liebe« (Beise/Funk 2005, 87) selbst schon wieder als Zitat – dieses Mal aus dem Fundus der Gattung der Komödie, aus Clemens Brentanos *Ponce de Leon*. Drittens ist die Liebe weder wissenschaftlich noch durch das Stück selbst als ein erfolgreiches Heilungsmittel verbürgt: Die Szene mit Rosetta, der Geliebten Leonces, demonstriert jedenfalls, wie Liebe Langeweile steigern kann (vgl. Dörr 2003, 392; Völker 1983, 130 f.). Viertens schließlich bricht die kritische Reflexion des Melancholikers noch in den utopischen Schlussentwurf ein, denn auch die von Leonce versprochene »Blumenuhr« (DKV I, 129; MBA 6, 124), die von nun ab die Stunden zählen soll, ist eine Uhr, die das Leben reglementiert (vgl. Dörr 2003, 402 f.).

In dem in der Forschung vielfach erörterten, 1836 an Karl Gutzkow adressierten Brief über »die abgelebte moderne Gesellschaft«, benennt Büchner die gesellschaftliche Dimension der Langeweile: »Zu was soll ein Ding, wie diese [»die abgelebte moderne Gesellschaft«], zwischen Himmel und Erde herumlaufen? Das ganze Leben desselben besteht nur in Versuchen, sich die entsetzlichste Langeweile zu vertreiben. Sie mag aussterben, das ist das einzig Neue, was sie noch erleben kann.« (DKV II, 440) Auf den ersten Blick scheint diese Diagnose in einer Äußerung von Leonce wiederzukehren: »Was die Leute nicht Alles aus Langeweile treiben! Sie studieren aus Langeweile, sie beten aus Langeweile, sie verlieben, verheiraten und vermehren sich aus Langeweile und sterben endlich aus Langeweile, und – und das ist der Humor davon – Alles mit den wichtigsten Gesichtern, ohne zu merken, warum« (DKV I, 96; MBA 6, 100). Wer indes verbirgt sich hinter der Formel von der »abgelebten modernen Gesellschaft«? Büchners Aussage wird zumeist als Aussage über das feudale System verstanden und deshalb auf den Hofstaat von Popo übertragen, der »eine abgelebte und objektiv langweilige Welt« darstellt (Dedner 1990, 141; vgl. Beise/Funk 2005, 105). Leonces Aussage hingegen lässt in den angeführten Tätigkeiten und in den sodann ausbuchstabierten »raffinierten Müßiggängern« – »diese Helden, diese Genies, diese Dummköpfe, diese Heiligen, diese Sünder, diese Familienväter« (DKV I, 96; MBA 6, 100) – einen Übertrag auf das Bürgertum zu (vgl. Dedner 1990, 139). Doch – ob Adel oder Bürgertum – die Gemeinsamkeit besteht darin, dass weder die von Büchner kritisierte »abgelebte moderne Gesellschaft« noch der Hof um König Peter und die bürgerlichen Müßiggänger Leonces um ihre Langeweile wissen (ebd., 143). Ein Wissen darum ist nur einer Außenperspektive möglich, dem Briefschreiber Büchner und dem philosophierenden Leonce, verdankt sich letztlich einer melancholischen Befindlichkeit, die »ein überfeinertes selbstreflektiertes Bewußtsein« charakterisiert, »das seinem eigenen Empfinden und Denken zuschaut und alles Leben nur durch den Filter eines distanzierenden Blickes erfährt« (Gnüg 1990, 101; vgl. Knoll 1996, 104). »Warum muß ich es gerade wissen?« (DKV I, 96; MBA 6, 100) benennt konsequenterweise Leonce die entscheidende Differenz zwischen Melancholikern und Müßiggängern. Darüber hinaus lässt schon der Umstand, dass der adlige Leonce und der bürgerliche Büchner in ihrer Analyse gesellschaftlicher Betriebsamkeit übereinkommen, die sozialhistorische Ausdifferenzierung in eine adlige und bürgerliche Melancholie, wie sie Wolf Lepenies (1998, 43–75, 76–101) vornimmt, fraglich und in einer Anwendung auf *Leonce und Lena* problematisch werden (vgl. Gnüg 1990, 95 f.; Dörr 2003, 397). Wie Büchners Komödie divergierende Begründungsparadigmen der Melancholie zitierend kontaminiert, so kontaminiert sie auch in der Figur des Leonce den Topos von der Melancholie als einem Adelsprivileg mit dem von der Melancholie als Effekt bürgerlicher Selbstreflexion.

Worauf indes läuft in der Komödie *Leonce und Lena* dieses Spiel mit den Topoi der Melancholie hinaus? Zum einen dient es, was bereits durch die Wahl der literarischen Gattung bedingt ist, der parodistischen Präsentation und damit auch der Relativierung dieser Topoi. Zum anderen jedoch zielt es auf die Generierung von Doppeldeutigkeiten, die selbst schon wieder, berücksicht man die Ambivalenz, mit der die Melancholie beherrschende Planet Saturn zwischen Lebensspender und Todbringer dargestellt wird (vgl. Lambrecht 1994, 20–26), der zitierten Melancholie-Topik eingeschrieben ist (vgl. Dörr 2003, 395). So bleibt in der Zitation der Erklärungsparadigmen ungeklärt, ob sich die Melancholie Leonces einer inneren Disposition bzw. einer psychischen Struktur oder aber äußeren Umständen wie dem Wetter und dem Hofstaat verdankt. Und so kann in der Zitation sozialer Zuordnungen der Melancholie diejenige von Leonce eindeutig weder als adlige Variante (vgl. Knapp 2000, 163) noch als »Spielform bürgerlicher Melancholie« (Gnüg 1990, 101) bestimmt werden. Insofern das Lustspiel durch Zitation eine Reihe von Uneindeutigkeiten evoziert,

stellt die textuelle Ebene von *Leonce und Lena* eben das her, was Melancholie seit der Antike indiziert – einen »bedrohlichen Ab-Grund« (Neumeyer 2000, 72), der auf nichts eindeutig verweist, eine »Unordnung« (Dörr 2003, 405), der in ihrem Widerstand gegen Ordnungssysteme jeder Art auch eine politische Komponente eignet.

Poetologie und Melancholie

Dörr akzentuiert in seiner Studie als die poetologische Dimension von Melancholie nicht nur den Umstand, dass deren Topoi zum literarischen Spiel einladen, sondern zugleich ein spezifisches Präsentationsverfahren, nämlich das der Zitation, das einer »Entropie des Textes« (ebd., 395) im Sinne fortlaufender semantischer Ungewissheiten zuarbeitet. Daran knüpft Pethes in einer Analyse zu *Dantons Tod* an, indem er im Umkehrschluss zu Dörrs These – »Melancholie ist Zitat« – formuliert: »Zitat ist Melancholie« (Pethes 2006, 527). Ausgehend von Lacroix' Ausruf auf dem Schafott: »Ihr tötet uns an dem Tage, wo ihr den Verstand verloren habt; ihr werdet sie an dem töten, wo ihr ihn wiederbekommt« (DKV I, 87; MBA 3.2, 78), womit Lacroix den Girondisten Marie David Albin Lasource zitiert, der mit eben diesen Worten im Oktober 1793 guillotiniert wurde, und ausgehend von der Antwort des schaulustigen Publikums: »Das war schon einmal da! wie langweilig!« (DKV I, 88; MBA 3.2, 79), weist Pethes zunächst nach, dass die Langeweile der Figuren bei Büchner »auf einem strukturellen Korrelat des Zitierens [beruht]: der Wiederholung immer gleicher Vorgänge und der Wahrnehmung einer leeren Zeit.« (Pethes 2006, 526) »Zitat ist Melancholie« meint demnach, dass die Wiederkehr von bereits Geschehenem und schon Gesagtem Melancholie erzeugt. Sodann zeigt Pethes, dass der Befund der Melancholie in *Dantons Tod* genauso wenig wie in *Leonce und Lena* in einer individualpsychologischen Diagnose aufgeht. Denn nicht nur kommentiert Danton seine Langeweile ob des An- und Auskleidens derart, dass sich die Melancholie als Effekt der Beobachtung sich perpetuierender Alltagsvollzüge erweist: »daß Millionen es schon so gemacht haben, und daß Millionen es wieder so machen werden, und daß wir noch obendrein aus zwei Hälften bestehen, die beide das Nämliche tun, so daß Alles doppelt geschieht. Das ist sehr traurig.« (DKV I, 38; MBA 3.2, 30) Darüber hinaus versteht er seine Melancholie auch als Effekt der Revolutionsgeschichte. Auf die Frage Lacroix', warum Danton es so weit hat kommen lassen, dass er von den Sektionen nur noch als »Reliquie« wahrgenommen wird, entgegnet derselbe, dass es ihm »langweilig« wurde, die stets gleiche Rolle zu spielen: »Immer im nämlichen Rock herumzulaufen und die nämlichen Falten zu ziehen! Das ist erbärmlich«, und die stets gleichen Reden zu halten: »So ein armseliges Instrument zu sein, auf dem eine Saite immer nur einen Ton angibt! S' ist nicht zum Aushalten.« Mit der zusammenfassenden Formulierung: »die Revolution setzt mich in Ruhe« (DKV I, 39; MBA 3.2, 31), deutet Danton dann nicht nur seine zu erwartende Hinrichtung an, sondern eben auch, dass seine Melancholie aus der Wiederholungsstruktur des Revolutionsgeschehens resultiert, in der er sich selbst gefangen weiß (vgl. Pethes 2006, 528 f.).

Schließlich kommt Pethes auf das textuelle Verfahren des Dramas selbst zu sprechen, das auch bei *Danton's Tod* in der Zitation besteht und das im Kontext der inhaltlich thematisierten Figuren von Langeweile und Melancholie eine ganz spezifische Funktion erfüllt: Es »bildet diejenige historische und rhetorische Wiederholungsstruktur ab, deren als langweilig empfundene Wiederkehr die melancholische Passivität des vermeintlichen historischen Akteurs Danton einleitet.« (Pethes 2006, 529) Auf der inhaltlichen Ebene des Dramas ist es demnach die Wiederkehr von schon Geschehenem und bereits Gesagtem, die als langweilig quittiert wird und Melancholie evoziert. Auf der diskursiven Ebene des Dramas bildet die Zitation jedoch die darstellungsästhetische Strategie, die an das zentrale Kennzeichen melancholischer Befindlichkeit, der Empfindung, dass alles schon geschehen und alles bereits gesagt ist, anschließt und dieses zum Ausdruck bringt. Anders gesagt: Zitieren ist das textuelle Verfahren, das der Melancholie als deren poetologisches Potential eignet.

Die Melancholie im pathologischen Sinne indes stellt immer auch eine Herausforderung an ihre jeweilige literarische Präsentation dar, da hier anders als bei der ›sanften‹ Melancholie kein Arsenal abrufbarer Topoi vorliegt. Büchner gestaltet sie einmal in dramatischer und einmal in narrativer Form. Im Falle von Woyzeck gelingt es ihm durch die Gattungswahl, dem Wahnsinnigen das zu verleihen, was in den gerichtsmedizinischen Gutachten eines Johann Christian August Clarus und in der Folgedebatte um die Zurechnungsfähigkeit des Delinquenten ausschließlich als Objekt der Auswertung, mithin als Datenträger in den Blick gerät ist – einen Körper und eine Stimme. Wenn nun ein Schauspieler als Woyzeck agiert, im Verfolgungswahn »auf den Bo-

den [stampft]« und sich ins Gebüsch stürzt (MBA 7,2, 22; DKV I, 202), ununterbrochen von Szene zu Szene ›hetzt‹ (MBA 7.2, 25; DKV I, 206) und in syntaktisch abgebrochenen, sich in sich wiederholenden Reden – etwa im »immer zu – immer zu« (MBA 7.2, 29 f.; DKV I, 213 f.) und im »stich todt« (MBA 7.2, 30; DKV I, 214) – Fixierungen artikuliert, dann werden die Symptome dieses Wahnsinns unmittelbar auf der Bühne zur Anschauung gebracht. Im Falle von Lenz gelingt es Büchner durch die Gattungswahl, die Innenperspektive des Wahnsinnigen einzunehmen und aus ihr heraus den Krankheitsverlauf zu entfalten (vgl. Reuchlein 1996, 76; Seling-Dietz 2000, 204). Darin folgt Büchners ›Psychen-Narration‹ dem Anspruch der Psychologie seit dem Beginn des 19. Jahrhunderts, den Wahnsinnigen aus dessen eigenem, in sich geschlossenem System heraus zu begreifen (vgl. Pinel 1801, 245–251) und auf seine Einbildungen einzugehen (vgl. Esquirol 1827, 229, 285). Während es den Psychologen dabei jedoch um die Möglichkeiten einer Therapie zu tun ist, zielt Büchners Erzählen darauf, den Wahnsinn nicht als einen statischen psychischen Zustand erscheinen zu lassen, sondern dessen »inhärente Dynamik« (Reuchlein 1996, 82) hervorzutreiben.

Ein letzter Konnex von Poetologie und Melancholie bleibt anzusprechen, der zugleich ein Derivat der Forschung bildet. Beim Kunstgespräch im »*Lenz*«, wobei die Aussagen des Protagonisten oft sorglos als Büchners Programm identifiziert werden (vgl. Hauschild 1993, 503; Knapp 2000, 151), wird zumeist vergessen, dass derjenige, der die Poetik formuliert, ein Melancholiker ist. Erst Descourvières hat darauf verwiesen, dass das Kunstgespräch auch »Merkmale des Bedeutungskomplexes Wahnsinn realisiert: Bewegung, Angst, Unruhe« (Descourvières 2006, 215). Darüber hinaus lässt sich jedoch zeigen, dass die Ambivalenzen des von Lenz formulierten Kunstkonzepts aus seiner Melancholie resultieren. Denn auf der eine Seite fordert derjenige, der sich »im Leeren« (DKV I, 226; MBA 5, 32) befindet, der sich »Schmerz« zufügt, um seine Lebenskräfte zu wecken (DKV I, 228; MBA 5, 33), von der Kunst in allen ihren Darstellungen »Leben« (DKV I, 234; MBA 5, 37), so dass die Kunst einzuholen hat, was Lenz in seiner Melancholie abhanden zu kommen droht. Auf der anderen Seite wünscht sich derjenige, dessen Glieder »ganz starr« sind und dessen Blut nur träge fließt (DKV I, 229; MBA 5, 34), beim Anblick zweier sich das Haar bindender Mädchen »ein Medusenhaupt [zu] sein, um so eine Gruppe in Stein verwandeln zu können« (DKV I, 234; MBA 5, 37), so dass die

Kunst zu praktizieren hat, was Lenz in seiner Melancholie charakterisiert. Wenn Lenz schließlich mit »Christus und die Jünger von Emaus« (DKV I, 235; MBA 5, 38) auf ein Gemälde des Niederländers Carel von Savoy verweist, das wiederum auf die im Evangelium nach Lukas überlieferte Geschichte der Emmausjünger anspielt, dann ist auch seine religiöse Melancholie im Kunstgespräch aufgerufen, da Jesus die Jünger mit Worten anspricht, die seit dem Mittelalter die gottferne Trübseligkeit der ›acedia‹, des ›trägen Herzens‹ benennt (vgl. Lambrecht 1994, 35–58): »O ihr Toren, zu trägen Herzens, all dem zu glauben, was die Propheten geredet haben!« (Luk 24, 25) Unbewusst also diktiert die Melancholie das Kunstprogramm Lenzens, deren ambivalenter Ausdruck es ist.

Literatur

Amelung, Franz/Bird, Friederich (Hg.): Beiträge zur Lehre von den Geisteskrankheiten. 2 Bde. Darmstadt/Leipzig 1832–36.

Beise, Arnd/Funk, Gerald: Georg Büchner. Leonce und Lena. Erläuterungen und Dokumente. Stuttgart 2005.

Bird, Friederich: Ueber die religiöse Melancholie. In: Zeitschrift für Anthropologie (Hg. von Friedrich Nasse) 1 (1823), 228–241

Dedner, Burghard: Leonce und Lena. In: Georg Büchner. Interpretationen. Stuttgart 1990, 110–176.

– (Hg.): Georg Büchner: Woyzeck. Erläuterungen und Dokumente. Stuttgart 2005.

Descourvières, Benedikt: Der Wahnsinn als Kraftfeld. Eine symptomatische Lektüre zu Georg Büchners Erzählung Lenz. In: WB 52 (2006), 203–226.

Dörr, Volker C.: ›Melancholische Schweinsohren‹ und ›schändlichste Verwirrung‹. Zu Georg Büchners ›Lustspiel‹ Leonce und Lena. In: DVjs 77 (2003), 380–406.

Esquirol, Jean-Etienne-Dominique: Allgemeine und specielle Pathologie der Seelenstörungen. Bearbeitet von Karl Christian Hille. Leipzig 1827 (frz.1827).

Glück, Alfons: Der Menschenversuch. Die Rolle der Wissenschaft in Georg Büchners Woyzeck. In: GBJb 5 (1985) 1986, 139–182.

Gnüg, Hiltrud: Melancholie-Problematik im Werk Büchners. In: Fausto Cercignani (Hg.): Studia Büchneriana. Georg Büchner 1988. Mailand 1990, 91–105.

Hauschild, Jan-Christoph: Georg Büchner. Biographie. Stuttgart/Weimar 1993.

Heinroth, Johann Christian August: Lehrbuch der Störungen des Seelenlebens vom rationalen Standpunkt aus entworfen. 2 Bde. Leipzig 1818.

Hinderer, Walter: Lenz. »Sein Dasein war ihm eine notwendige Last«. In: Georg Büchner. Interpretationen. Stuttgart 1990, 63–117.

Knapp, Gerhard P.: Georg Büchner. Stuttgart ³2000.

Knoll, Heike: Schwermütige Revolten. Melancholie bei Georg Büchner. In: Carola Hilmes/Dietrich Mathy (Hg.): Protomoderne. Künstlerische Formen überlieferter Gegenwart. Bielefeld 1996, 99–112.

Kubik, Sabine: Krankheit und Medizin im literarischen Werk Georg Büchners. Stuttgart 1991.

Lambrecht, Roland: Melancholie. Vom Leiden an der Welt und den Schmerzen der Reflexion. Reinbek 1994.

Lepenies, Wolf: Melancholie und Gesellschaft [1969]. Frankfurt a. M. 1998.

Neumeyer, Harald: ›Wir nennen aber jetzt Melancholie […]‹ (Adolph Henke). Chateaubriand, Goethe, Tieck und die Medizin um 1800. In: Thomas Lange/Harald Neumeyer (Hg.): Kunst und Wissenschaft um 1800. Würzburg 2000, 63–88.

– : ›Hat er schon seine Erbsen gegessen?‹ Georg Büchners Woyzeck und die Ernährungsexperimente im ersten Drittel des 19. Jahrhunderts. In: DVjs 83 (2009), 218–245.

Oberlin (1778). In: MBA 5, 230–241.

Pethes, Nicolas: ›Das war schon einmal da! Wie langweilig!‹ Die Melancholie des Zitierens in Georg Büchners dokumentarischer Poetik. In: ZfdPh 125 (2006), 518–535.

Pikulik, Lothar: Die Erzählung vom Einsiedler Serapion und das Serapion(t)ische Prinzip – E.T.A. Hoffmanns poetologische Reflexionen. In: E.T.A. Hoffmann. Romane und Erzählungen. Hg. von Günter Sasse. Stuttgart 2004, 135–156.

Pinel, Philippe: Philosophisch-Medicinische Abhandlung über Geistesverwirrungen oder Manie. Wien 1801 (frz. 1801).

Reil, Johann Christian: Ueber die Erkenntniss und Cur der Fieber. 4. Bd.: Nervenkrankheiten. Halle 1805.

Reuchlein, Georg: »…als jage der Wahnsinn auf Rossen hinter ihm«. Zur Geschichtlichkeit von Georg Büchners Modernität. Eine Archäologie der Darstellung seelischen Leidens im »Lenz«. In: Jahrbuch für Internationale Germanistik 28/1 (1996), 59–111.

Schmidt, Harald: Melancholie und Landschaft. Die psychotische und ästhetische Struktur der Naturschilderungen in Büchners ›Lenz‹. Opladen 1994.

– : Schizophrenie oder Melancholie? Zur problematischen Differentialdiagnostik in Georg Büchners ›Lenz‹. In: ZfdPh 117 (1998), 516–542.

Seling-Dietz, Carolin: Büchners Lenz als Rekonstruktion eines Falls ›religiöser Melancholie‹. In: GBJb 9 (1995–1999) 2000, 188–236.

Valk, Thorsten: Melancholie im Werk Goethes. Genese – Symptomatik – Therapie. Tübingen 2002.

Völker, Ludwig: Die Sprache der Melancholie in Büchners Leonce und Lena. In: GBJb 3 (1983), 118–137.

Harald Neumeyer

16. Selbstmord

Georg Büchner beschäftigt sich in unterschiedlicher Weise mit dem Selbstmord. Zunächst erörtert er denselben theoretisch in einer am 29. September 1830 gehaltenen Gymnasialrede, die der Bruder Ludwig als »Rede zur Vertheidigung des Cato von Utika« betitelt hat (vgl. Poschmann in DKV II, 777), und in einer 1831 verfassten Rezension zu einer inzwischen verschollenen Mitschülerarbeit, für die der Titel »Über den Selbstmord« (vgl. ebd., 790) geläufig geworden ist. Beide Stellungnahmen zum Thema der Selbsttötung sind um die historische Figur Catos zentriert. Dann verhandelt Büchner den Selbstmord indirekt im Zusammenhang mit der Melancholie Dantons, der einbekennt: »Ich kokettiere mit dem Tod« (DKV I, 47; MBA 3.2, 39), und in dem die eigene Hinrichtung initiierenden Todeswunsch Luciles. Und schließlich ist der Selbstmord direkt in der von Woyzeck und Leonce erwogenen und von Julie vollzogenen Selbsttötung aus Liebe sowie in Lenz' aus Melancholie resultierenden Selbstmordversuchen angesprochen. Auch wenn in den literarischen Texten Büchners sich allein Julie selbst tötet, während in allen anderen Fällen ein Spiel der Verschiebungen und Verhinderungen des Todeswunschs inszeniert wird, veranschaulicht dieses Spiel, dass ein Begehren nach Selbstauslöschung – zu ergänzen wären hier etwa noch Rosettas Sehnsucht: »Meine Füße gingen lieber aus der Zeit« (DKV I, 101; MBA 6, 104), und Lenas Vorstellung: »Der Tod ist der seligste Traum« (DKV I, 118; MBA 6, 116) – diesseits pathologischer Verdachtsmomente geradezu konstitutiv menschlicher Subjektivität eignet.

Theoretische Positionen

In seiner Rede »*Kato von Utika*« verwehrt sich Büchner gegen den »christlichen Standpunkt«, der die Selbsttötung Catos als »Verbrechen« (DKV II, 31) disqualifiziert. Stattdessen beschreibt er den Selbstmord als einen autonomen Akt, mit dem Cato »seine freie Seele zu retten« (ebd., 33) sucht, als eine Handlung mithin, die frei gewählt ist und die Freiheit wahrt. In dieser Weise beurteilt auch Seneca im siebzigsten Brief der *Epistuale Morales* (62 n. Chr.) die Selbsttötung. Zunächst rechtfertigt er dieselbe allgemein durch die dem Bios übergeordnete Norm eines ethischen Lebens: »Nicht nämlich ist zu leben ein Gut, sondern sittlich zu leben. Daher wird ein Weiser leben, solange er muß, nicht solange er kann [...].

Er bedenkt stets, wie das Leben beschaffen, nicht, wie lang es ist: wenn ihm viel begegnet, beschwerlich und seine Ruhe verwirrend, wird er sich freilassen.« (Seneca 1984, 5) Sodann verhandelt er Cato als Exempel einer solchen Selbsttötung, da dieser »die Lebenskraft, der er mit dem Schwert nicht den Weg ins Freie gebahnt hatte, mit der Hand freiließe« (ebd., 14). Gegen die am Beispiel Catos als autonomer Akt einer Befreiung legitimierte Selbsttötung opponiert bereits der Kirchenvater Aurelius Augustinus im ersten Buch seiner Schrift *De civitate dei* (413–426). Unter dem Titel »Auch Catos Selbstmord nicht vorbildlich« vermerkt er: »Diese Tat sei eher ein Beweis verzagten als tapferen Geistes, verrate weniger ehrenhaft Sinn, der Schimpfliches meidet, als Schwäche, die Unglück nicht ertragen kann.« (Augustinus 1985, 42) Da die Selbsttötung Catos also lediglich eine Handlung der Flucht darstellt, die zudem durch den Affekt der »Schmach«, da sich Cato »schämte« (ebd.), Caesar unterlegen zu sein, bedingt ist, versteht es sich für den Kirchenvater von selbst, dass man Hiob, »der lieber die ärgsten Qualen an seinem Leibe erdulden, als durch freiwilligen Tod all der Pein ein Ende machen wollte, [...] über Cato stellen dürfe.« (ebd., 43) Diese christliche Bewertung des Selbstmords wird von Thomas von Aquin in seiner *Summa Theologica* (1267–1273) mit einem Zusatzargument untermauert, das die Selbsttötung gleich dreifach als Todsünde klassifiziert – mit der Trias der Pflichten. Danach ist der Mensch erstens gegenüber dem ihm von Gott verliehenen »Naturtrieb« (Thomas von Aquin 1953, 164) der Selbsterhaltung dazu verpflichtet, sein Leben zu bewahren; ist er zweitens gegenüber der Gesellschaft, der er »mit dem, was er ist, gehört« (ebd., 165), für die Erfüllung der der Gemeinschaft nützenden Aufgaben verantwortlich; und ist er schließlich drittens in der Verfügung über sein Leben Gott, also »der Gewalt dessen unterworfen, ›der tötet und lebendig macht‹« (ebd.). Was beim Philosophen der Stoa eine autonome Handlung darstellt, da der Mensch nur seiner Entscheidung folgt, avanciert für den christlichen Theologen zum Akt des Aufbegehrens, da der Mensch die Unterwerfung unter die göttlichen Gebote suspendiert und sich in einer Selbsttötung ein Recht anmaßt, das ausschließlich dem himmlischen Souverän zusteht – das Recht über Leben und Tod (vgl. Neumeyer 2009, Kap. II, 1).

Die Trias der Pflichten wird bis ins 19. Jahrhundert hinein aufgerufen, um den Selbstmord zu delegitimieren und ihn als »ein Verbrechen gegen den, der aus göttlicher Kraft das Leben gab«, zu brandmarken (Osiander 1813, 2; zu Osiander als Quelle für Büchners Ausführungen vgl. Lehmann 2005, 170–176). Büchner kennt diese Argumentation, wenn er als gängige »Einwürfe«, die den Selbstmord treffen, die Formulierungen referiert: »›es ist nicht erlaubt sich das Leben zu nehmen, das man sich nicht selbst gegeben‹, oder ›der Selbstmord ist ein Eingriff in die Rechte Gottes‹.« (DKV II, 32) Büchner geht auf diese »Einwürfe« indes nicht weiter ein, da er sie vorab als ahistorisch und äußerlich qualifiziert (vgl. Lehmann 2005, 151 f.): Denn diese Argumente können deshalb nicht in Anschlag gebracht werden, weil Cato zum einen vor Christi Geburt gelebt hat und weil er zum anderen ein Stoiker ist. Historische Perspektivierung und Fokussierung auf die Innenperspektive bilden damit zentrale Argumentationsfiguren bereits des Schülers Büchner.

In seiner Rezension *Über den Selbstmord* setzt sich Büchner zwar neuerlich mit der Selbsttötung Catos auseinander, doch referiert er den »christlichen Standpunkt« nicht mehr. Stattdessen bestimmt er Catos Selbstmord als »anerkannt sittliche Handlung«, die auch das Christentum als »eine Religion, welche ganz auf das Prinzip der Sittlichkeit gegründet ist« (DKV II, 40), anerkennen muss. Die Pointe dieser Ausführung besteht darin, dass eine Selbsttötung nicht nur nicht gegen Pflichten verstößt, sondern geradezu selbst als eine Pflichterfüllung gegenüber der Gemeinschaft erscheinen kann. Eben dies hat Büchner auch in seiner Gymnasialrede angedeutet, wenn er über Catos Selbsttötung vermerkt: »Kato hätte nichts größres für sein Vaterland tun können, denn diese Tat, dieses Beispiel hätte alle Lebensgeister der entschlafnen Roma wecken müssen. […] seinen Freunden nützte sein Tod mehr, als sein Leben; […] sein Sohn war erzogen; der Schluß dieser Erziehung war der Selbstmord des Vaters, er war die letzte große Lehre für den Sohn.« (ebd., 36)

Zentrum der Argumentation in der Rezension ist die Frage, ob der Selbstmord als eine natürliche oder als eine unnatürliche Handlung anzusehen ist und ob er aus freier Willensentscheidung oder aus physischer wie psychischer Krankheit resultiert. Schon diese Fragestellung verdeutlicht, dass die drei Wahrnehmungsparadigmen, die sich im 18. Jahrhundert ausdifferenzieren und die Bewertung der Selbsttötung bis ins 19. Jahrhundert steuern, bei Büchner keine Rolle spielen: das theologische Paradigma, wonach der Selbstmord eine Sünde ist, da der Selbstmörder gegen das Gebot der Selbsterhaltung verstößt und sich das dem himmlischen Souverän reservierte Recht über Leben und Tod herausnimmt;

das souveränitätspolitische, wonach der Selbstmord ein Verbrechen ist, da der Selbstmörder sich das dem irdischen Souverän vorbehaltene Recht über Leben und Tod anmaßt; das biopolitische, wonach der Selbstmord gleichfalls ein Verbrechen darstellt, da der Selbstmörder das Gebot der Wahrung und Wartung seines Lebens suspendiert und den Staat um einen Bürger beraubt (vgl. Neumeyer 2009, Kap. IV, 2). Im Gegensatz hierzu knüpft Büchner an das sich erst im letzten Drittel des 18. Jahrhunderts ausprägende Wahrnehmungsparadigma an, das sich in der Psychologie über Pinel (1801, 156 f., 198 f.), Reil (1805, 382) und Esquirol (1827, 283) bis in die Zeit Büchners durchsetzt und wonach die als anormal klassifizierte Handlung der Selbsttötung aus einer physischen und/oder psychischen Anomalie resultiert.

Diese Pathologisierung des Selbstmörders bedingt seine Entkriminalisierung und damit auch seine juristische Straffreiheit, worauf zahlreiche Wissenschaftler unterschiedlicher Provenienz verweisen (vgl. Frank 1788, 493 f.; Rathlef 1790, 99; Knüppeln 1790, 29). Konsequent findet in Büchners Stellungnahmen aus der Schulzeit der Rechtskontext der Selbsttötung keine Berücksichtigung, da er durch die Pathologisierung des Selbstmörders ad acta gelegt ist: »*Der Selbstmörder aus physischen und psychischen Leiden ist kein Selbstmörder, er ist nur ein an Krankheit Gestorbener.*« (DKV II, 42) In der konkreten Beschreibung einer Selbsttötung aus »Melancholie«, bei der man zur Handlung »getrieben wird« (ebd.), lehnt sich Büchner deutlich an die Ausführungen Werthers gegenüber Albert in Johann Wolfgang Goethes Briefroman an (vgl. Lehmann 2005, 181 f.): Wie Werther spricht auch Büchner mit Blick auf den Selbstmord von einer »Krankheit zum Tode« (DKV II, 43) und vergleicht denselben mit dem Tod in der Folge eines »Fiebers« (ebd.), so dass sich die Selbsttötung als unumgänglicher Effekt eines irreversiblen, das Individuum determinierenden Krankheitsprozesses erweist. Autonomer Akt wie im Falle Catos ist der Selbstmord aus Melancholie allerdings nicht. Die Pathologisierung des Selbstmörders ermöglicht demnach zwar dessen Entkriminalisierung, jedoch verunmöglicht sie es, die Selbsttötung als eine freie Willensentscheidung zu bewerten (vgl. Neumeyer 2009, Kap. II, 5; III, 3).

Obgleich Büchner im weitestgehenden Verzicht auf das theologische, das biopolitische und das souveränitätspolitische Wahrnehmungsparadigma einer Selbsttötung deren Disqualifizierung einen Riegel vorschiebt, behält er sich einen »Gesichtspunkt«

vor, von dem aus man »den *einzigen fast allgemein gütigen* Vorwurf dem Selbstmord machen [kann]«: Er »[widerspricht] unserem *Zwecke* und somit der *Natur*, indem er die von der Natur uns gegebene, unserem Zwecke angemessene *Form* des Lebens vor der Zeit zerstört« (ebd., 41). Damit verlassen Büchners Formulierungen im Namen der Natur die theologische Position, machen jedoch im Setzungscharakter der Argumentation, den das biopolitische Wahrnehmungsparadigma übernehmen kann, die strukturelle Nähe beider Paradigmen deutlich: Statt Gott hat die Natur dem Menschen das Leben ›gegeben‹; die Natur hat mit dieser Gabe die menschliche Existenz zugleich einem bestimmten »Zweck« unterstellt; der Selbstmörder verweigert sich dieser Zweckbestimmung, kündigt die ihm von der Natur auferlegte Verpflichtung auf, indem er die natürlichen Abläufe suspendiert und sich »vor der Zeit« aus dem Leben schafft. Derart verstößt der Selbstmörder abermals gegen eine ihm vorgegebene Ordnung – zwar nicht gegen die göttliche, sehr wohl aber gegen die Ordnung der Natur, die in Analogie zur göttlichen Ordnung konturiert ist. Indirekt affirmiert Büchner damit das Theologie wie Bio-Politik verbindende Postulat nicht nur der Lebenserhaltung, sondern auch, indem er den »Zweck des Lebens« als »*Entwicklung*« (ebd.) identifiziert, der Lebensförderung, was eine biopolitische Effizienzsteigerung des Menschen zumindest nicht explizit ausschließt.

Dantons Wunsch nach »Ruhe«

Die Melancholie Dantons resultiert nicht allein aus der Einsicht in die Wiederholungsstruktur der historischen Prozesse (vgl. Pethes 2006, 531), in der er sich selbst gefangen weiß, sondern auch aus dem Wissen, dass geschichtliches Handeln schuldig werden lässt. Vor allem sind es die Morde im September 1792, bei denen nach Massenverhaftungen die Gefängnisse gestürmt und über tausend Gefangene gelyncht wurden, die das Gewissen des damals als Justizminister tätigen Danton belasten und sich seinem Gedächtnis eingeprägt haben. Konsequent bildet – im konkreten wie im metaphorischen Sinne – das Grab von Anfang an einen Fixpunkt der Reflexionen Dantons: »Julie, ich liebe dich wie das Grab«, bekennt er gegenüber seiner Gattin, um hinzuzufügen: »Die Leute sagen im Grab sei Ruhe und Grab und Ruhe seien eins.« (DKV I, 13; MBA 3.2, 5) In einer späteren Passage kennzeichnet Danton in einem Monolog das Grab als Ort der »Sicherheit«: »es schafft mir wenigstens Vergessen! Es tötet mein Ge-

dächtnis« (DKV I, 47; MBA 3.2, 39). Eine Befreiung von den Qualen der Erinnerung, die stets neu zu Bewusstsein bringt, als historischer Akteur verantwortlich für die Hinrichtung Unschuldiger zu sein, bietet Danton allein der Tod. Wenn er zuvor gegenüber Lacroix seine politische Passivität daraus begründet, dass es ihm »langweilig« wurde, auf der Bühne der Politik stets die gleichen Rollen und die gleichen Reden zu halten, dann lässt seine Formulierung: »die Revolution setzt mich in Ruhe« (DKV I, 39; MBA 3.2, 31), auch den Umkehrschluss zu, dass er sich deshalb nicht entschieden der Gefangensetzung seiner Fraktion widersetzt, weil ihm die zu erwartende Hinrichtung seinen Wunsch nach Ruhe erfüllt: »Sie wollen meinen Kopf, meinetwegen. Ich bin der Hudeleien überdrüssig. Mögen sie ihn nehmen.« (DKV I, 45; MBA 3.2, 38) Die Hinrichtung steht damit strukturell an der Stelle einer Selbsttötung, die Danton nicht zu vollziehen vermag, da er trotz seiner Todessehnsucht von einem Lebenswillen geprägt ist: »Es ist ein Gefühl des Bleibens in mir« (DKV I, 47; MBA 3.2, 39), der sich vor allem mit Julie verknüpft: »Wenn ich allein ginge! Wenn sie mich einsam ließe […] Ich kann nicht sterben, nein, ich kann nicht sterben.« (DKV I, 73; MBA 3.2, 64 f.)

Selbstmord aus Liebe

In seiner Rezension *Über den Selbstmord* kommt Büchner auf eine Form der Selbsttötung zu sprechen, die im theologischen, bio- und souveränitätspolitischen Wahrnehmungsparadigma keine explizite Thematisierung findet, die sich jedoch auch nicht umstandslos als pathologischer Fall qualifizieren lässt – die Selbsttötung in der Folge eines Verlusts des geliebten Partners. Es ist dies zugleich die einzige Passage, in der er in seiner Rezension auf klare Distanz zum anonymen Verfasser des Schulaufsatzes geht. So vermerkt Büchner über den Selbstmord Jean-Marie Rolands, 1792/93 Innenminister der Revolutionsregierung Frankreichs: »ihn brachte nicht die Furcht vor dem Blutgerüst zu dem Entschluß sich selbst zu ermorden, sondern der Schmerz, welcher ihn bei der Nachricht von der Hinrichtung seiner Gattin übermannte.« (DKV II, 40) Eine Selbsttötung aus Liebe, die Büchner in seiner Rezension diesseits jeglicher Legitimations- und Delegitimationsstrategien wertfrei verhandelt, spielt auch bei mehreren Figuren in den literarischen Texten Büchners eine Rolle. Nachdem der Hauptmann ihn auf die mögliche Untreue Maries und damit auf den potentiellen Verlust der Geliebten hinweist, erwägt

Woyzeck Selbstmord (vgl. Dedner 2005, 104): »Sehn sie so einen schönen, festen grauen Himmel, man könnte Lust bekommen, einen Kloben hineinzuschlagen und sich daran zu hängen, nur wegen des Gedankenstrichels zwischen Ja und nein <,> ja – und nein, Herr Hauptmann ja und nein?« (MBA 7.2, 18; DKV I, 199) Und sowohl Julie als auch Lucille nehmen ihren Tod auf sich, nachdem sie die Hinrichtung ihrer Gatten antizipiert (Julie) bzw. erfahren (Lucile) haben.

In allen drei Fällen stellt der erwogene bzw. der vollzogene Gang in den Tod eine Reaktion auf den drohenden oder eingetretenen Verlust des Geliebten dar, ohne den weder Woyzeck noch Julie und Lucile leben können. Mit Blick auf Woyzeck erscheint demnach nicht nur der Handlungsverlauf nach der Wirtshaus-Szene, in der er von der vorbeitanzenden Marie das »Immer, zu, immer zu« (MBA 7.2, 29; DKV I, 213) aufschnappt, als »,verschleierter Selbstmord‹« (Glück 1986, 124), da er denjenigen Menschen zu töten bereit ist, der ihn im Leben hält. Darüber hinaus kann die Ermordung Maries – berücksichtigt man Woyzecks ambivalente Aussage gegenüber Andres: »wann der Schreiner die Hobelspän sammelt, es weiß niemand, wer sein Kopf drauf legen wird« (MBA 7.2, 32; DKV I, 217), die sich auf den Tod Maries ebenso wie auf den eigenen Tod durch die für den Mord zu erwartende Hinrichtung beziehen lässt – als verschobene Realisierung der Selbstmordphantasie gelesen werden: Die konkrete Gewaltausübung gegen sich selbst wird durch die Gewaltausübung gegenüber einem anderen ersetzt und an die Strafinstanzen delegiert.

Julies wie Luciles Tod dient in den Augen der beiden Protagonistinnen einer Wiedervereinigung mit dem Geliebten, so dass sich in ihrem Handeln ein Modell von Liebe artikuliert, das »in der weiblichen Selbstaufgabe anfängt und im Tod endet« (Knapp 2000, 121). Allerdings divergieren Julies und Lucilles Tod entschieden in ihrer literarischen Ausgestaltung. Bei Julie liegt eine bewusste Willensentscheidung zugrunde, die es ihr auch ermöglicht, im Bild von der untergehenden Sonne ihrem Selbstmord alles Gewalttätige zu nehmen und ihn nach der Analogie von Schlaf und Tod zu ästhetisieren (vgl. DKV I, 86 f.; MBA 3.2, 77 f.; vgl. Schmidt 1990, 290). Bei Lucile, die einer Patrouille mit den Worten »Es lebe der König!« entgegentritt und »Im Namen der Republik« (DKV I, 90; MBA 3.2, 81) verhaftet wird und die damit die Parole der Royalisten als »suizidale Sprechhandlung« (Port 2004, 222) funktionalisiert, bei Lucile, die derart ihren erotisch aufgeladenen Wunsch

nach dem Tod (vgl. Buck 1990, 52) nicht in einer Selbsttötung, sondern verschoben in ihrer Hinrichtung ausagiert, scheint das Handeln durch eine pathologische Psyche bestimmt zu sein, wenn man Desmoulins Aussage über seine Gattin folgt: »Der Wahnsinn saß hinter ihren Augen.« (DKV I, 83; MBA 3.2, 74)

Doch auch wenn das Drama nicht definitiv klärt, ob die Selbstinitiierung der eigenen Guillotinierung Effekt eines Wahnsinns ist oder nicht, ob mithin diese indirekte Selbsttötung pathologisch bedingt ist oder einer freien Willensentscheidung folgt, so kommt dem verschoben ausagierten Selbstmord Luciles auf der Textebene eine immens politische Funktion zu: Er entlarvt die Schreckensherrschaft Robespierres als Tötungsmaschinerie (vgl. Buck 1990, 56; Schmidt 1990, 304 f.), die jeden verschlingt, sobald er sich nur – unabhängig von seiner individuellen Motivation wie Geschichte – gegen die neue Souveränität der Revolutionsregierung ausspricht. Mit Blick auf die Figur Luciles lässt sich damit zugespitzt ausformulieren, was implizit auch für Danton und Woyzeck gelten kann: Sie alle erfüllen sich ihren Todeswunsch, indem sie sich von dem von ihnen antizipierten Strafapparat der politischen Souveränität aus der Welt schaffen lassen. Ein solches Vorgehen ist schon aus dem letzten Drittel des 18. Jahrhunderts überliefert. Der Melancholiker Seybell stellt sich nach der Ermordung eines unschuldigen Kindes der Justiz, so dass er dieselbe dazu zwingt, ihm den Tod zu geben, den er sich selbst nicht geben kann, da er die sündhafte Handlung eines Selbstmords als unmittelbaren Verlust des Seelenheils antizipiert, während ihm nach einem Mord noch die Zeit zur Buße bleibt (vgl. Pyl 1784; vgl. Neumeyer 2009, Kap. I, 1). Und Friedrich Schillers Melancholiker Karl Moor liefert sich als Anführer einer Bande von Räubern und Mördern freiwillig der Justiz aus, so dass dieselbe ihm den Tod zu geben hat, den er sich selbst nicht geben kann, da er eine Selbsttötung als einen Akt der Unterwerfung unter die Leiden wahrnimmt, die seinen Todeswunsch evozieren, während er sich in einer selbst verordneten Hinrichtung einen Rest von Souveränität wahrt (vgl. Neumeyer 2009, Kap. V, 3).

Büchners Komödie *Leonce und Lena* nimmt gegenüber den bisher dargestellten Selbstmorden aus Liebe eine signifikante Verkehrung vor. Leonce möchte sich nicht deshalb in einen Fluss stürzen, weil ihm der Verlust der geliebten Lena droht, sondern weil er im Gegenteil die Fülle der erlebten Liebe festhalten will: »Mein ganzes Sein ist in dem einen

Augenblick. Jetzt stirb. Mehr ist unmöglich.« (DKV I, 118; MBA 6, 116) Wenn aber sowohl die Ferne der geliebten Person als auch deren Nähe eine Selbsttötung zu motivieren vermögen, dann durchtrennt die Komödie den in der Schulrezension und in *Danton's Tod* entfalteten Motivationszusammenhang: Selbstmord lässt sich immer begehen, aus erfüllter Liebe genauso wie aus unerfüllter. Durch eine Reihe von Wortspielen hält Valerio Leonce von der Selbsttötung zurück und ironisiert dessen schwärmerischen Versuch, den Augenblick der Vereinigung der Liebenden durch den Tod auf Dauer zu stellen, als »Lieutenantsromantik« (DKV I, 119; MBA 6, 117), was Leonce wiederum mit der Aussage quittiert: »Mensch, du hast mich um den schönsten Selbstmord gebracht. [...] Der Kerl hat mir mit seiner gelben Weste und seinen himmelblauen Hosen alles verdorben.« (DKV I, 119; MBA 6, 117) Angesichts Valerios, der die gelb-blaue Werther-Tracht trägt (vgl. Dedner 1990, 169), wird Leonce bewusst, dass ein Selbstmord aus – sei es erfüllter, sei es unerfüllter – Liebe nur eine Wiederholung ist und als Nachahmung der Selbsttötung eines anderen keine genuin autonome, geschweige denn authentische Handlung bildet.

Selbstmord zwischen Therapie und Pathologie

In seinem Bericht über den Aufenthalt des Dichters Jakob Michael Reinhold Lenz konstatiert der Pfarrer Johann Friedrich Oberlin einen strengen Kausalkonnex zwischen Melancholie und Selbstmord: »Durch Ihre Entleibung würden Sie Ihren Zustand verschlimmern, nicht verbessern; es muß uns also an ihrer Erhaltung gelegen seyn. Nun aber sind Sie, wenn Sie die Melancholie überfällt, Ihrer nicht Meister; ich habe daher zwei Männer gebeten in Ihrem Zimmer zu schlafen (wachen dachte ich)« (Oberlin 1778, 238 f.). Weil für den Pfarrer die sündhafte Handlung der Selbsttötung um das Seelenheil bringt, muss der Melancholiker Lenz im Leben gehalten werden: Durch die Gewalt von Einsperrung und Überwachung soll die Gewalt gegen den Körper unterbunden werden.

Büchner gestaltet die von Oberlin diagnostizierte »Entleibungssucht« (ebd., 238) Lenz' in gänzlich anderer Weise. Schon über dessen ersten Sprung in einen Brunnen vermerkt der Erzähler: »ein dunkler Instinkt trieb ihn, sich zu retten, er stieß an die Steine, er riß sich mit den Nägeln, der Schmerz fing an, ihm das Bewußtsein wiederzugeben, er stürzte sich in den Brunnstein« (DKV I, 228; MBA 5, 33). In

Analogie zu Esquirol stellt die körperliche Schmerzzufügung eine selbsttherapeutische Maßnahme dar (vgl. Esquirol 1827, 205): Was Oberlin als Versuche wahrnimmt, sich zu töten, sind bei Büchner Strategien, sich »zu retten« (so auch Seling-Dietz 2000, 213; Borgards 2007, 442 f.). Dementsprechend formuliert Lenz selbst: »Ich mag mich nicht einmal mehr Umbringen: es ist zu langweilig« (DKV I, 244; MBA 5, 44), und relativiert der Erzähler auch im Folgenden die Selbsttötungsversuche: »Die halben Versuche zum Entleiben, die er indeß fortwährend machte, waren nicht ganz Ernst, es war weniger der Wunsch des Todes [...]; es war mehr in Augenblicken der fürchterlichsten Angst oder der dumpfen an's Nichtseyn gränzenden Ruhe ein Versuch, sich zu sich selbst zu bringen durch physischen Schmerz.« (DKV I, 249; MBA 5, 47 f.) Dergleichen Passagen verdeutlichen: »Lenz' Leben verdankt sich in Form und Intensität einer beständig wiederholten Schmerzzufuhr« (Borgards 2007, 438). Zugleich wird in ihnen der in der Wissenschaft (vgl. Pinel 1801, 199 f.; Esquirol 1827, 312) als Allgemeinplatz fungierende Kausalzusammenhang von Melancholie und Selbstmord durchtrennt, wenn ein Melancholiker sich körperlichen Schmerz zufügt, um seine Melancholie zu lindern und nicht um sie im Tod für immer aufzuheben.

Diese das Subjekt konstituierende Funktion des Schmerzes ist indes zutiefst ambivalent: Sie geht zum einen mit einer Schwächung der Körperkräfte einher (vgl. Borgards 2007, 437 f.) und kann sich zum anderen, wenn das Prozedere der Schmerzzufügung endlos wiederholt werden muss, ohne wirkliche Besserung zu bewirken, eine psychische Gleichgültigkeit evozieren, die dann doch wieder den Selbstmord als Ausweg erscheinen lässt. Eben dies ist am Ende der Novelle der Fall. Bereits der Hinweis darauf, dass Lenz »keine Nahrung zu sich (nahm)« (DKV I, 249; MBA 5, 48), markiert die Suspendierung der selbst praktizierten Schmerztherapie und zeigt den Verlust des Selbsterhaltungstriebes an. Im Schlusspassus befindet sich Lenz sodann in einem Zustand der Empfindungslosigkeit und Gleichgültigkeit: »Es war ihm einerlei [...]; er war vollkommen gleichgültig [...] keine Ahnung, kein Drang [...], es war aber eine entsetzliche Leere in ihm, er fühlte Keine Angst mehr, kein Verlangen« (DKV I, 250; MBA 5, 48 f.), der laut Esquirol der Selbsttötung vorausgeht: »Der Selbstmörder, satt des Lebens, das er ausgeschöpft hat, verlässt dasselbe, unempfindlich für Lust und Schmerz« (Esquirol 1827, 207; vgl. dazu Seling-Dietz 2000, 216 f.). Konsequenterweise relativiert der Erzähler nun auch Lenz' Selbstmordversuche nicht mehr; er verzeichnet sie lediglich: »da machte er wieder mehre Versuche, Hand an sich zu legen, war aber zu scharf bewacht« (DKV I, 250; MBA 5, 49). Nachdem Oberlins religiöse Therapiemittel nicht anschlagen und auch die von Lenz initiierte Schmerztherapie nicht von Erfolg gekrönt ist, bleibt nur noch die indirekte Gewalt der Überwachung, die auch zu körperlicher Gewalt bereit ist, um den Melancholiker im Leben zu halten: Die Disziplinarmacht praktiziert also Gewalt, um die theologisch wie auch biopolitisch vermittelte Norm der Lebenserhaltung durchzusetzen. Für Lenz, für das melancholische Individuum bedeutet dies, dass er weder leben kann, noch dass er tot sein darf, sondern sein Dasein zu fristen hat: »So lebte er hin.« (DKV I, 250; MBA 5, 49)

Literatur

Augustinus, Aurelius: Vom Gottesstaat. München 1985 (lat. 413–426).

Borgards, Roland: Poetik des Schmerzes. Physiologie und Literatur von Brockes bis Büchner. München 2007.

Buck, Theo: Charaktere, Gestalten. Büchner-Studien. Aachen 1990.

Dedner, Burghard: *Leonce und Lena*. In: Georg Büchner. Interpretationen. Stuttgart 1990, 110–176.

– (Hg.): Georg Büchner: Woyzeck. Erläuterungen und Dokumente. Stuttgart 2005.

Esquirol, Jean-Etienne-Dominique: Allgemeine und specielle Pathologie der Seelenstörungen. Bearbeitet von Karl Christian Hille. Leipzig 1827 (frz.1827).

Frank, Johann Peter: System einer vollständigen medicinischen Polizey. Bd. 4. Mannheim 1788.

Glück, Alfrons: ›Herrschende Ideen‹. Die Rolle der Ideologie, Indoktrination und Desorientierung in Büchners Woyzeck. In: GBJb 5 (1985) 1986, 52–138.

Knapp, Gerhard P.: Georg Büchner. Stuttgart ³2000.

Knüppeln, Julius Friedrich: Ueber den Selbstmord. Ein Buch für die Menschheit. Gera 1790.

Lehmann, Susanne: Georg Büchners Schulzeit. Ausgewählte Schülerschriften und ihre Quellen. Tübingen 2005.

Neumeyer, Harald: Anomalien, Autonomien und das Unbewusste. Selbstmord in Wissenschaft und Literatur von 1700 bis 1800. Göttingen 2009.

Oberlin, Johann Friedrich (1778). In: MBA 5, 230–241.

Osiander, Friedrich Benjamin: Über Selbstmord, seine Ursachen, Arten, medicinisch-gerichtliche Untersuchung und die Mittel gegen denselben. Eine Schrift sowohl für Policei- und Justiz-Beamte, als für gerichtliche Aerzte und Wundärzte, für Psychologen und Volkslehrer. Hannover 1813.

Pethes, Nicolas: ›Das war schon einmal da! Wie langweilig!‹ Die Melancholie des Zitierens in Georg Büchners dokumentarischer Poetik. In: ZfdPh 125 (2006), 518–535.

Pinel, Philippe: Philosophisch-Medicinische Abhandlung über Geistesverwirrungen oder Manie. Wien 1801 (frz. 1801).

Port, Ulrich: Vom ›erhabenen Drama der Revolution‹ zum Selbstgefühl' ihrer Opfer. Pathosformeln und Affektdramaturgie in Büchners ›Dantons Tod‹. In: ZfdPh 123 (2004), 206–225.

Pyl, Johann Theodor: Gemüthszustandsuntersuchungen. Erstes Gutachten. In: Ders.: Aufsätze und Beobachtungen aus der gerichtlichen Arzneiwissenschaft. 8. Bde. Berlin 1783–1793. Bd. 2 (1784), 161–168.

Rathlef, Ernst Lorenz Michael: Vom Geiste der Criminalgesetze [1777]. Bremen ²1790.

Reil, Johann Christian: Ueber die Erkenntniss und Cur der Fieber. Bd. 4: Nervenkrankheiten. Halle 1805.

Schmidt, Henry J.: Frauen, Tod und Revolution in den Schlussszenen von Büchners ›Dantons Tod‹. In: Burghard Dedner/Günter Oesterle (Hg.): Zweites Internationales Georg Büchner Symposium 1987. Frankfurt a. M. 1990, 286–305.

Seling-Dietz, Carolin: Büchners *Lenz* als Rekonstruktion eines Falls ›religiöser Melancholie‹. In: GBJb 9 (1995–1999) 2000, 188–236.

Seneca, Lucius Annäus: An Lucilius. Briefe über die Ethik. In: Ders.: Philosophische Schriften. Lateinisch und deutsch. Hg. von Manfred Rosenbach. Bd. 4. Darmstadt 1984.

Thomas von Aquin: Summa Theologica. Hg. von der Albertus-Magnus-Akademie Walberberg. Bd. 18: Recht und Gerechtigkeit. München 1953.

Harald Neumeyer

III. Ästhetik und Poetik

1. Automaten und Marionetten

Die Forschung hat die wiederholt in Büchners Werk auftauchenden Automaten, Puppen und Marionetten als ›Symbole‹, ›Metaphern‹ oder Sinnbilder für die Auseinandersetzung mit folgenden fünf Bereichen ausgemacht: Natur (*Leonce und Lena*, *Cartesius*, Briefe, *Danton's Tod*), Psyche (Briefe, *Danton's Tod*, *Leonce und Lena*), Sprache (*Leonce und Lena*, *Danton's Tod*), Geschichte (*Danton's Tod*, Briefe) und Gesellschaft (*Leonce und Lena*, *Hessischer Landbote*, Briefe), Poetik (»*Lenz*«, *Danton's Tod*, Briefe). Je nach Kontext verschieden, nicht selten aber semantisch mehrfach geschichtet, dienen die Humanoiden einem analogischen Denken jeweils als epistemologische Figuren für die Abhängigkeiten des menschlichen Subjekts von übergeordneten Strukturen und Steuerungen: für physiologische und naturgeschichtliche Determinismen, für den Apparat des Unbewussten und die Negation der Willensfreiheit, für eine Mechanik historischer Abläufe, für politische und soziale Interdependenzketten, für eine primär konventionsgesteuerte Reproduktion ästhetischer und kommunikativer Zeichen.

Natur

Büchners Denkfiguren weisen auf Debatten des 18. Jahrhunderts zurück, in denen immer neue Systemverwandtschaften zwischen Tier/Maschine und Mensch ausgemacht wurden und die gerade deshalb Bemühungen vorangetrieben haben, den Menschen als unverwechselbar, als *humanum* zu definieren. Diese ›Erfindung des Menschen‹ (Foucault) ist erstens verbunden mit dem Unbehagen gegenüber einer seit Descartes als mechanisch konzipierten und willkürlich agierenden physiologischen Natur. Und zweitens ist sie vom Wunsch getragen, die im 18. Jahrhundert neu entdeckte, eigenständige Dynamik der Naturgeschichte mit dem Ziel der Verbesserung des Menschen steuern zu können. Der Mensch konstituiert sich selbst, so das Credo der pragmatischen Anthropologie, wenn er entdeckt, was er aus sich selber machen kann und soll. Durch diverse Technologien des Selbst, Operationen an Körper und Seele,

soll er sich von einem bloßen Naturprodukt (Johann Gottlieb Fichte) in ein Kunstwerk (Lazarus Bendavid) und damit in ein freihandelndes Wesen (Immanuel Kant) verwandeln, das seinem eigenen Willen folgt, seine eigenen Gesetze und seine eigene Geschichte macht und folglich – als erster Freigelassener der Schöpfung (Johann Gottfried Herder) – dem Automatismus und Determinismus der Natur(geschichte) nicht mehr unterliegt (Herrmann 2007).

In seinem Drama »*Woyzeck*« karikiert Büchner dieses Ideal anthropologischer Selbst-Bestimmung. Woyzeck wird vorgeworfen, dass er seinem Harndrang vorzeitig nachgegeben hat und nun keinen Urin mehr für die medizinische Untersuchungsreihe liefern kann: »Die Natur kommt! Die Natur kommt! Die Natur! [...] Woyzeck, der Mensch ist frei, in dem Menschen verklärt sich die Individualität zur Freiheit. Den Harn nicht halten können!« (DKV I, 157; vgl. Könen 2003, 147 f.) Dennoch teilt Büchner das verbreitete zeitgenössische Unbehagen am Determinismus der Natur, am mechanistischen Körperverständnis – »der *homme machine* wird vollständig zusamm<en>geschraubt« (DKV II, 223) –, sowie an materialistischen Erklärungsmodellen seelischer Vorgänge (vgl. Drux 1986 143 f.; anders Ruckhäberle 1984, 144; Buck 1992, 172). Letztere finden sich etwa in La Mettries Abhandlung *L'homme machine* (1747), einer Auseinandersetzung mit Descartes vor dem Hintergrund der zeitgenössischen Wissenschaften. Bewusstsein, Wille und Ich entstehen und verändern sich für La Mettrie allein aufgrund physiologischer Bedingungen, und diese wiederum sind manipulierbar – etwa durch die Ernährung (vgl. La Mettrie 1990, 34). Die Seele ist so nur noch ein »vain terme«, der eigentlich die Hirnphysik bezeichnet oder vielmehr »la partie qui pense en nous« (ebd., 96). Damit konterkariert La Mettrie unverkennbar Descartes' berühmte Schlussfolgerung »*je pense, donc je suis*« (Descartes 1997, 52), und das führt zu einer unübersehbaren diskursiven Unruhe im 18. Jahrhundert.

Psyche

Etwas denkt, aber wo ist das Ich? Diese Frage nimmt der von Büchner intensiv rezipierte Jakob Michael Reinhold Lenz zum Ausgangspunkt seines Aufsatzes

Über die Natur unsers Geistes: »Ich weiß nicht, der Gedanke ein Produkt der Natur zu sein [...] hat etwas Schröckendes – Vernichtendes in sich [...] Wie denn, ich nur ein Ball der Umstände? ich – ?« (Lenz 1987a, 619) Lenzens Schrecken darüber, nicht Herr im eigenen Haus zu sein, sondern nur Teil eines »maschinenhaftwirkenden Haufens« (ebd., 622), durchzieht auch Büchners Werk – so etwa in dem viel zitierten Satz aus *Danton's Tod*: »Was ist das, was in uns hurt, lügt, stiehlt und mordet? Puppen sind wir von unbekannten Gewalten am Draht gezogen; nichts, nichts wir selbst!« (DKV I, 49)

Beinahe dieselben Worte finden sich im Fatalismusbrief (vgl. DKV II, 377). Sie sind Ausdruck der Erkenntnis, dass auch die menschliche Geschichte gleichsam mechanisch nach Naturgesetzen abläuft und der Einzelne diesem Verlauf unterworfen ist (vgl. ebd.; vgl. auch DKV I, 49). Wille und Ich werden in diesem Brief krisenhaft als determiniert erfahren, eben als ein Spielball der Umstände, und der Tod des Subjekts scheint vorweggenommen: »Ich bin eine Automate; die Seele ist mir genommen. [...] Das Gefühl des Gestorbenseins war immer über mir [...] die Augen verglast, die Wangen wie von Wachs [...] Ich hätte Herrn Callot-Hoffmann sitzen können« (DKV II, 378, 381). Nebenbei zeigt diese Stelle, dass entgegen einiger Systematisierungsversuche in der Forschung (vgl. Majut 1931; Alt 1987) die Puppen und Automaten als epistemologische Figuren durchaus synonym gebraucht werden.

Es ist aber nicht nur die materialistische Philosophie oder der Automatismus der Geschichte, die das Ich und seine Willensfreiheit in Frage stellen, sondern auch die Psychologie. Sie verwandelt – wie etwa Jean Paul schreibt – das »aus verschiednem Stoff gewebte Werk Gottes, in ein moralisches Skelett« und erkundet dessen Mechanismus: So entstehen »menschliche[n] Puppen«, die man »durch Drat bewegt« (Jean Paul 1974, 279). Die Romantik und insbesondere E.T.A. Hoffmanns Texte thematisieren vor dem Hintergrund der beobachteten Mechanisierung des Inneren wiederholt die Möglichkeit psychischer Manipulation durch eine fremde Macht bis hin zum Ich-Verlust. Solch eine Macht über das Unbewusste räumt Hoffmann in der Regel medialen Phänomenen ein, zuweilen ›verkörpert‹ durch seelenlose Automaten, die ihrerseits ferngesteuert sind. Sie fungieren damit zugleich als unheimliche Doppelgänger des determinierten Menschen. Büchners Verweis auf Hoffmann spielt hierauf an und findet sich schließlich ins Komische gewendet, wenn Valerio sich in *Leonce und Lena* selbst als potentiellen Automaten ankündigt:

»Aber eigentlich wollte ich [...] verkündigen, daß [...] ich vielleicht der dritte und merkwürdigste von beiden [Automaten] bin, wenn ich eigentlich selbst recht wüßte, wer ich wäre [...], da ich selbst gar nichts von dem weiß, was ich rede, ja auch nicht einmal weiß, daß ich es nicht weiß, so daß es höchst wahrscheinlich ist, daß man mich nur so reden *läßt*, und es eigentlich nichts als Walzen und Windschläuche sind, die das Alles sagen.« (DKV I, 125)

Sprache (und Dichtung)

Verbunden mit der Entmachtung des Ich und der Automatisierung der Rede ist zudem ein sprachphilosophischer und ein poetologischer Aspekt. Denn nicht zuletzt angesichts diverser Sprechmaschinen und Schreibautomaten setzt sich das 18. Jahrhundert mit der Frage auseinander, inwiefern Sprache notwendig intentional sein oder gar von einer Seele zeugen muss. Jean Paul etwa nutzt diverse Anspielungen auf den 1784 Furore machenden Sprechapparat des Automatenbauers Wolfgang von Kempelen, um den aus der Antike herrührenden rhetorischen Topos zu dementieren, in der Rede (oder im Text) offenbare sich das Ich des Sprechenden. Vielmehr, so das satirische Fazit in der *Auswahl aus des Teufels Papieren* (1789), sei der größte Teil der Reden viel besser ganz ohne Seele zu verfertigen. In Weiterführung der ars combinatoria können diese bei Jean Paul problemlos maschinell hervorgebracht werden.

Aber auch jemand, der aus dem Unbewussten heraus redet, weil die Mechanik der Sprache, die *langue* selbst ihn reden lässt, ist ein automatischer Sprecher. Einen solchen Redner und Dichter beschreibt Novalis lange vor der surrealistischen Bewegung in seinem *Monolog*: Er ist ein »Sprachbegeisterter«, dessen »Wille nur auch alles wollte«, was er aufgrund der »Eingebung der Sprache« eben wollen muss, und der wie ein Sprech- oder Schreibapparat »seine Zunge und Hand« dem arbiträren und selbstreferentiellen Zeichenspiel der Sprache entsprechend bewegt (Novalis 1978, 438 f.). Er agiert wie Valerio es von sich selbst behauptet: bewusstlos und ohne Vernunft, als Peformator eines Nicht-Ich, das die Kontrolle übernimmt (vgl. Herrmann 2002). Gerade in Valerios Behauptung aber, nichts von der eigenen Rede zu wissen, liegt das Paradox, dass er mit ihr doch immer wieder ›ich‹ sagt und sich selbst somit performativ konstituiert. Es ist dasselbe Paradox, welches in Novalis' Text offen lässt, ob hier tatsächlich nur eine *écriture automatique* anzunehmen ist oder nicht doch ein intentionaler Autor.

Goethe hat das Modell des inspirierten Dichters dezidiert abgelehnt, das auf Platons *Ion* zurückgeht und den genieästhetischen Begriffen von Originalität und Individuum widerspricht. In Novalis' *Monolog* steht es im Zeichen romantischer Ironie. Bei Büchner nun erscheint das Fremd-Sprechen, die uneigentliche und uneigene Rede, als Grundlage einer nach-metaphysischen Kunst (Zeller 2007, 99): Sein Umgang mit den Quellen, Zitaten, Allusionen, Wortwitzen und Verdrehungen weisen weg von jeglicher an das Subjekt gebundener Authentizität der Sprache, setzen das Spiel der Signifikanten frei und münden damit in eine Dynamik der fortgesetzten Permutation von Sinn (Ruckhäberle 1984, 138 f.; Gendolla 1987, 309 f.; Müller-Sievers 2003). In der Komödie ist dies besonders extensiv ausgestellt:

Valerio: O Himmel, man kömmt leichter zu seiner Erzeugung, als zu seiner Erziehung. Es ist traurig, in welche Umstände Einen andere Umstände versetzen können! Was für Wochen hab' ich erlebt, seit meine Mutter in die Wochen kam! Wieviel Gutes hab' ich empfangen, das ich meiner Empfängnis zu danken hätte!
Leonce: Was deine Empfänglichkeit betrifft, so könnte sie es nicht besser treffen, um getroffen zu werden. Drück dich besser aus, oder du sollst den unangenehmsten Eindruck von meinem Nachdruck haben. (DKV I, 104)

Aufgegriffen wird nicht zuletzt eine barocke Komik-Tradition, in welcher der Possenreißer als ein den Mechanismen seiner Sprache ausgelieferter Tor erscheint. Seine verdrehten, überbordenden und letztlich grotesken Äußerungen entbinden auf der Ebene der Artikulation und des rhetorischen Spiels eine karnevaleske Komik. Nicht selten tritt die Figur des Narren automatenhaft auf, um sich als vernunftloses, komisches Objekt auszuweisen (Bertrand 1986). Mechanik und Komik sind so aufeinander bezogen. In *Leonce und Lena* mündet diese Tradition in der Zuspitzung, dass alle Figuren wie *buffons automatiques* reden und das vermeintliche Subjekt immer schon eine performative Hervorbringung seiner luderischen Rhetorik ist: »Mensch, du bist nichts als ein schlechtes Wortspiel. Du hast weder Vater noch Mutter, sondern die fünf Vokale haben dich miteinander erzeugt.« (DKV I, 107)

Geschichte, Gesellschaft, Rhetorik

Auch *Danton's Tod* ist durchzogen von rhetorischen Arabesken und einer Dezentrierung des Sinns (vgl. Schmidt 1991, 98). Während in *Leonce und Lena* aber die *ars combinatoria* als ein (vergeblicher) Versuch gelesen werden kann, einer fatalen Langeweile

zu entkommen, die sich nicht zuletzt in der Konventionalität der Sprache und ihrer formelhaften Wiederholung repräsentiert (vgl. Müller-Sievers 2003, 130), endet die Rhetorik der sprachlichen Versatzstücke in *Danton's Tod* in der *terreur*: Die wiederholten Phrasen und Sentenzen, die montierten Zitate, die bildmächtigen und zugleich abstrakten Metaphern entfalten ihre eigene Wirkung und entfesseln eine mimetische und performative Gewalt: »Die Gleichheit schwingt ihre Sichel über allen Häuptern, die Lava der Revolution fließt, die Guillotine republikanisiert! […] Geht einmal euren Phrasen nach, bis zu dem Punkt, wo sie verkörpert werden. Blickt um euch, das Alles habt ihr gesprochen, es ist eine mimische Übersetzung eurer Worte. Diese Elenden, ihre Henker und die Guillotine sind eure lebendig gewordenen Reden.« (DKV I, 61 f.) Da wird »jedes Komma ein Säbelhieb und jeder Punkt ein abgeschlagner Kopf« (ebd., 69).

Die agitatorische Leistung des uneigentlichen Sprechens besteht in der Aufhebung subjektiver Verantwortlichkeit durch die grammatische und semantische Logik der Personifikation und der Verschiebung: Es ist die Gleichheit, die mordet, die Revolution ist ebenso ein Naturereignis wie ein Vulkanausbruch, und »nichts, nichts [sind] wir selbst!« (DKV I, 49) Auf diese Weise scheinen die Ereignisse determiniert zu sein, von einer unabwendbaren Gewalt durchzogen, wie es im berühmten Fatalismusbrief vom Januar 1834 heißt, die »Allen und Keinem verliehen« ist: »die Herrschaft des Genies [ist] ein Puppenspiel« (DKV II, 377). Auch in *Danton's Tod* lässt die – keineswegs harmlose – Mechanik der Sprache die Redner wie ferngesteuerte Puppen agieren – oder wie Mimen auf dem Theater, die den Text mit ihrem Körper nachspielen (vgl. DKV I, 35): »Barrère: […] Was sagt Robespierre? – St. Just: Er tut als ob er etwas zu sagen hätte.« (DKV I, 67 f.) Die mimische Übersetzung der Worte erfolgt also zweifach: in der Verkörperung der Rede, der *pronuntiatio*, und in deren Wirksamkeit, der Drastik, mit der sie in Handlungen umgesetzt werden. In der doppelten Mimesis macht die solchermaßen mehrfach ›übertragene‹ Rede buchstäblich Geschichte: »Jedes Glied dieses in der Wirklichkeit angewandten Satzes hat seine Menschen getötet. Der 14. Juli, der 10. August, der 11. Mai sind seine Interpunktionszeichen.« (DKV I, 54 f.)

Auf diese Weise droht der Täter hinter der Tat zu verschwinden: »Wer hat das *Muß* gesprochen, wer?« (DKV I, 49) In seiner *Philosophie der Tat und des Ereignisses* (1845), einer Auseinandersetzung mit Hegel, kritisiert der mit Büchner befreundete Gutzkow eine derartige fatalistische Geschichtsphilosophie, in der das Subjekt aus Schuld und Verantwortung entlassen und der Handelnde zur Marionette »am Drahte des Begriffs« geworden ist (Majut 1931, 133). Dagegen ließe sich einwenden, dass Büchner das selbsttätig handelnde Subjekt als Illusion bürgerlicher Historiographie entlarvt und den Blick stattdessen auf die Strukturen der Herrschaft wendet (Alt 1987, 17). Bereits im *Hessischen Landboten* macht er deutlich, dass Macht keineswegs souverän ausgeübt wird, sondern sich über Diskurse und Interdependenzketten formiert, in denen der Herrschende selbst verstrickt ist. In einem solchen Verständnis von der ›Mechanik der Macht‹ (Foucault) sind Drahtzieher und Drahtpuppe kaum voneinander zu trennen (vgl. Drux 1986, 116): Jeder Minister, so Büchner, ist »eine Drahtpuppe, an der die fürstliche Puppe zieht und an dem fürstlichen Popanz zieht wieder ein Kammerdiener oder ein Kutscher oder seine Frau und ihr Günstling, oder sein Halbbruder – oder alle zusammen.« (DKV II, 57) Die tatsächlich Gewaltigen sind hier letztlich diejenigen, die im Namen des Fürsten sprechen und so in uneigentlicher Rede »nach ihrem Mutwillen [raten] Schaden zu tun« (ebd., 58), ohne anders in Erscheinung zu treten denn als Werkzeug einer höheren, sie steuernden Macht.

Poetik

Dem bei Büchner auf mehrfache Weise thematisierten und inszenierten Fremdsprechen korrespondiert ein dichtes intertextuelles Geflecht, das generell als formales Prinzip von Büchners Texten gilt. Es wurde vermutet, dass dieses Prinzip den Autor seiner *auctoritas* enthebt und, bei *Leonce und Lena*, »Fertigteile zu einer Maschinenkomödie *sui generis*« montiert worden sind (Söring 1997, 36). Doch Selektion, Rekontextualisierung, Rekombination und darstellungsintentionale Bedeutungsverschiebung (vgl. DKV I, 463–466, Martin 2007, 151–157) zeigen, dass intertextuelle Verfahren nicht notwendig im Dienst einer ›Autorverleugnung‹ stehen, sondern einem durchaus ausgeprägten poietischen Selbstverständnis folgen können: Büchner zumindest hat sein poetologisches Konzept explizit damit begründet, dass der Dichter die wirklichen Begebenheiten zum zweiten Mal erschaffen müsse. Diese Auffassung widerspricht der Mechanik einer Nachahmung, die lediglich reproduziert statt Realität perspektivisch neu zu formen (vgl. Lenz 1987b, 648 f.).

Dabei besteht Büchners poetisches Ziel darin, geschichtliche Ereignisse analytisch transparent zu machen. Sein Konzept weist Ähnlichkeiten auf mit Fontanes kurzer Abhandlung über den Realismus von 1853. Fontane definiert darin den Realismus als Interessenvertretung des Wahren, für die das Wirkliche lediglich als Marmorsteinbruch dient. Im Sinne einer so intendierten Wiederspiegelung – Reflexion – des wirklichen Lebens ließe sich Büchners Bestreben verstehen, seine Figuren zeitgemäß sprechen zu lassen (vgl. DKV II, 410) und deren Rede zugleich als *bricolage* von Versatzstücken zu offenbaren.

Andererseits scheint Büchner eine Poetik zu vertreten, die eher dem von Fontane abgelehnten Realismusverständnis des ›Jungen Deutschland‹ folgt und in den Naturalismus vorausweist. Insbesondere das Kunstgespräch im Prosafragment »Lenz«, in dem sich der Protagonist gegen die Verklärung der Wirklichkeit ausspricht und in diesem Zusammenhang die idealistischen »Holzpuppen« anprangert (DKV I, 234), stützen diesen Forschungsansatz – wobei sich zu Recht fragen lässt, welcher Stellenwert der Rede des Wahnsinnigen hier eigentlich zuzuweisen ist (vgl. Holub 1985).

Büchners Poetik ist aber vielleicht weniger in den Kontext realistischer Strömungen des 19. Jahrhunderts einzuordnen als – wie diese selbst – Teil poetologischer Debatten um das Verhältnis von Kunst und Natur, die schon das gesamte des 18. Jahrhundert durchziehen. Diese Verhandlungen um die jeweilige Auslegung des Nachahmungspostulates werden kontinuierlich mithilfe der Denkfiguren der Statuen, Puppen, Marionetten und Automaten ausgetragen: Im Rekurs auf die antiken Statuen wird die Frage diskutiert, ob Natur dargestellt werden muss, wie sie ist (›naturalistische‹ Kunst) oder doch eher wie sie sein soll (idealisch). Die Marionetten dienen zur Veranschaulichung einer rein mechanischen Imitation äußerer Erscheinungen, die jedoch das komplexe innere Wesen des Darzustellenden – seine Wahrheit – verfehlt (vgl. Lenz 1987b, 648). Mit den pygmalionisch belebten Statuen und, gegen Ende des 18. Jahrhunderts, mit den automatischen Puppen wird wiederholt die Grenze zwischen Natur und Kunst, Realität und Fiktion, Leben und Tod ausgelotet. Alle diese Aspekte fließen in die Realismusdebatte(n) des 19. Jahrhunderts ein.

Büchner selbst bezieht sich, wie der fiktive Lenz auch, auf Goethe und Shakespeare, also auf den Sturm und Drang und auf dessen Ruf nach einem ›naturgetreuen‹ Theater. Dieser Ruf ist schon 1773 verbunden mit der Kritik an einer regelhaften, langweiligen (französisch-klassizistischen) Bühne, wo »Puppe[n] aufs Bretterngerüste« gesetzt werden (Herder 1993, 504). Gegenüber einer bloßen Mechanik der Handlung, gegenüber der dramaturgischen Maschinerie eines literarischen Handwerkers, der lediglich eine »Marionettenpuppe […] herhüpfen und mit dem Kopf nicken läßt« (Lenz 1987b, 661), wird das Genie als der wahre Dichter profiliert: Er allein weiß demnach lebendige Natur und echte Menschen zu zeichnen.

Büchner führt diese Denkfigur fort. In seinen Briefen richtet er sie 1835 explizit gegen Schiller und dessen Konzept einer idealischen Ästhetik (DKV II, 411), wie Schiller es erstmals 1791, im Verriss des Sturm und Drang-Dichters Gottfried August Bürger, im Zeichen des ›Klassischen‹ entwirft (vgl. Gille 2008, 94 f.). Zu diesem Konzept gehört auch eine Mäßigung der literarischen Affekterregung, die der fiktive Lenz in Büchners Kunstgespräch freilich gerade einfordert: Selbst in jenem ›toten‹ Seelenzustand, welcher der von Büchner in den Briefen geschilderten automatenhaften Erstarrung entspricht, soll die Literatur als Generator von Gefühlen fungieren, die sonst offenbar nicht empfunden werden können: Mitleid, Freude, Abscheu und Bewunderung. Dazu muss der Dichter illusionsästhetisch arbeiten und müssen die Charaktere zur Identifikation einladen. »Marionetten mit himmelblauen Nasen und affektiertem Pathos« (DKV II, 411) vermögen dies nicht, wie Büchner in seinen Briefen schreibt. Daher ist Lenz derjenige Dichter der Liebste, der »mir die Natur am Wirklichsten gibt« (DKV I, 235). Freilich ist der von Lenz eingeforderte Wirklichkeitseffekt deutlich als etwas markiert, das an eine ›verrückte‹ Rezeptionshaltung gebunden ist. Und nur wenn die Wirklichkeit der Kunst eine signifikant andere ist als die der empirischen Welt, kann die gewünschte spezifische Erlebnisqualität des Ästhetischen überhaupt entstehen.

Büchners anti-idealistische Ästhetik verweist also zugleich auf die Aporien eines ›realistischen‹ Dichtungsverständnisses. Diese zeigen sich auch auf der produktionstheoretischen Seite: Zwar beharrt der fiktive Lenz darauf, dass der Künstler die Wirklichkeit in allen Feinheiten wiedergeben müsse, unabhängig von ihrem ästhetischen Wert (vgl. DKV I, 234), doch sind sein Blick auf die Wirklichkeit und seine Auswahl kunstwürdiger Szenerien selbst schon durch die verklärenden, »schönsten, innigsten« Bilder der altdeutschen Schule geprägt (ebd.). Einerseits soll das Erschaffene möglichst lebendig wirken, andererseits wünscht Lenz sich ein Medusenhaupt,

um flüchtige Bewegungen in Stein zu bannen und gleichsam in Form von Statuen zu archivieren. Ähnliche Probleme finden sich dann auch in den Texten des Biedermeier-Autors Adalbert Stifter aufgeworfen. Einerseits ist intendiert, Natur darzustellen, wie sie ist. Folglich wird sie, damit man das Gemalte und das Wirkliche »nicht mehr zu unterscheiden vermöge« (Stifter 2005, 1300), mikroskopisch detailgetreu zu reproduzieren versucht. Andererseits aber will und muss der Künstler subjektiv und perspektivisch arbeiten, so dass die Dinge doch nie ›an sich‹ dargestellt werden können, sondern immer auf den sinnstiftenden Blick des Wahrnehmenden verweisen. Zudem ist dem realistischen Projekt bei Stifter der Verlust der Natur und die Petrifizierung des Originals eingeschrieben: Es geht nicht selten darum, in der Kunst zu re-präsentieren, was in der Realität (bald) nicht mehr vorhanden ist. Diese durchaus ambivalente bis misslingende Substituierung des Realen und der Natur durch die Kunst weist zurück auf die Literatur der Romantik. Anhand der Automaten hat diese das Unheimliche eines Unterfangens thematisiert, mithilfe der literarischen *techné* Leben und Realität zu reproduzieren: Solche Kunst-Werke sind die »wahren Standbilder eines lebendigen Todes oder eines toten Lebens« (Hoffmann 2001, 399).

Statt Büchner allzu wohlfeil als Vorläufer des Realismus (von welchem auch immer) zu klassifizieren, scheint es lohnenswert, die diskursiven Vernetzungen mit dem 18. Jahrhundert poetologisch weiter auszuloten – auch für den Realismusbegriff selbst. Die poetologischen Denkfiguren der Automaten, Puppen und Marionetten bilden hierfür einen ersten Ausgangspunkt.

Literatur

Alt, Peter André: Der Bruch im Kontinuum der Geschichte. Marionettenmetaphorik und Schönheitsbegriff bei Kleist und Büchner. In: Wirkendes Wort 37 (1987), 2–24.

Bertrand, Dominique: L'image de l'automate dans les représentations du rire et du ridicule au XVIIe siècle. In: Lectures 19 (1986), 19–29.

Buck, Theo: Die Commedia dell' arte des Bösen. Zur Automatenvorführung in Georg Büchners ›Leonce und Lena‹. In: Helmut Siepmann/Kaspar Spinner (Hg.): Elf Reden über das Böse. Meisterwerke der Weltliteratur Bd. VI. Bonn 1992, 163–183.

Descartes, René: Discours de la méthode pour bien conduire sa raison, et chercher la verité dans les sciences/ Von der Methode des richtigen Vernunftgebrauchs und der wissenschaftlichen Forschung. Übers. und hg. von Lüder Gäbe. Hamburg 1997.

Drux, Rudolf: Marionette Mensch. Ein Metaphernkomplex und sein Kontext von E.T.A. Hoffmann bis Georg Büchner. München 1986.

Gendolla, Peter: ›Nichts als Kunst und Mechanismus‹. Maschinenmetaphern bei Büchner. In: Susanne Lehmann (Hg.): Georg Büchner. Revolutionär, Dichter, Wissenschaftler 1813–1837. Der Katalog, Ausstellung Mathildenhöhe, Darmstadt, 2. August bis 27. September 1987, 306–311.

Gille, Klaus F.: Zwischen Hundsstall und Holzpuppen. Zum Kunstgespräch in Büchners ›Lenz‹. In: WB 54 (2008), 88–102.

Goethe, Johann Wolfgang: Diderots Versuch über die Malerei. In: Ders.: Sämtliche Werke. Briefe, Tagebücher und Gespräche. Hg. von Friedmar Apel u. a. Bd. 18. Frankfurt a. M. 1998, 559–608.

Helwig, Frank G.: ›Nichts als Pappendeckel und Uhrfedern‹. Das Motiv der menschlichen Automaten in Büchners Leonce und Lena. In: Seminar 29 (1993), 221–232.

Herder, Johann Gottfried: Von deutscher Art und Kunst. In: Ders.: Werke in zehn Bänden. Hg. von Martin Bollacher u. a. Bd. 2: Schriften zur Ästhetik und Literatur 1767–1781. Hg. von Gunter E. Grimm. Frankfurt a. M. 1993, 443–562.

Herrmann, Britta: ›So könnte dies ja am Ende ohne mein Wissen und Glauben Poesie sein?‹ Über ›schwache‹ und ›starke‹ Autorschaften. In: Autorschaft. Positionen und Revisionen. DFG-Symposion 2001. Hg. von Heinrich Detering. Stuttgart/Weimar 2002, 479–500.

– : Über den Menschen als Kunstwerk. Zu einer Archäologie des (Post-)Humanen im Diskurs der Moderne (1750–1820). Habilitationsschrift Bayreuth 2007 [in Druckvorbereitung].

Hoffmann, E.T.A.: Die Automate. In: Ders.: Sämtliche Werke in sechs Bänden. Hg. von Hartmut Steinecke und Wulf Segebrecht. Bd. 4. Hg. von Wulf Segebrecht. Frankfurt a. M. 2001, 396–429.

Holub, Robert C.: The Paradoxes of Realism. An Examination of the Kunstgespräch in Büchner's ›Lenz‹. In: DVjs 59 (1985), 102–124.

Jean Paul: [Rhapsodien]. Vom Menschen. In: Ders.: Sämtliche Werke. Abt. II, Bd. 1: Jugendwerke I. Hg. von Norbert Miller. München/Wien 1974, 279–286.

– : Auswahl aus des Teufels Papieren. In: Ders.: Sämtliche Werke. Abt. II, Bd. 2: Jugendwerke II/Vermischte Schriften. Hg. von Norbert Miller und Wilhelm Schmidt-Biggemann. München/Wien 1976, 9–467.

Köhnen, Ralph: ›Wenn einem die Natur kommt‹ – Mensch/Maschine in Büchners ›Woyzeck‹. In: Susanne Knoche/Lennart Koch/Ralph Köhnen (Hg.): Lust am Kanon. Denkbilder in Literatur und Unterricht. Frankfurt a. M. 2003, 147–168.

La Mettrie, Julien Offray de: L'homme machine/Die Maschine Mensch. Übers. und hg. von Claudia Becker. Hamburg 1990.

Lenz, Jakob Michael Reinhold: Über die Natur unsers Geistes. Eine Predigt über den Prophetenausspruch: Ich will meinen Geist ausgießen über alles Fleisch vom Laien. In: Ders.: Werke und Briefe in drei Bänden. Hg. von Sigrid Damm. Bd. 2. Frankfurt a. M. 1987a, 619–624.

– : Anmerkungen übers Theater. In: Ders.: Werke und Briefe in drei Bänden. Hg. von Sigrid Damm. Bd. 2. Frankfurt a. M. 1987b, 641–671.

Majut, Rudolf: Lebensbühne und Marionette. Ein Beitrag zur seelengeschichtlichen Entwicklung von der Genie-Zeit bis zum Biedermeier. Berlin 1931.

Marin, Louis: Die exkommunzierte Stimme. Berlin 2002.

Martin, Ariane: Georg Büchner. Stuttgart 2007.

Müller-Sievers, Helmut: Desorientierung. Anatomie und Dichtung bei Georg Büchner. Göttingen 2003.

Novalis: Monolog. In: Ders.: Werke, Tagebücher und Briefe. Hg. von Hans-Joachim Mähl und Richard Samuel. 2 Bde. München 1978. Bd. 2, 438 f.

Ruckhäberle, Hans Joachim: Leonce und Lena. Zu Automat und Utopie. In: GBJb (1983) 1984, 138–146.

Schmidt, Axel: Tropen der Kunst. Zur Bildlichkeit der Poetik bei Georg Büchner. Wien 1991.

Söring, Jürgen: Naturwerk – Kunstwerk – Machwerk: Maschinengang und Automatismus als poetologisches Prinzip. In: Jürgen Söring/Reto Sorg (Hg.): Androiden. Zur Poetologie der Automaten. 6. Internationales Nürnberger Kolloquium 1994. Frankfurt a. M. u. a.1997, 9–51.

Stifter, Adalbert: Nachkommenschaften. In: Ders.: Sämtliche Erzählungen nach den Erstdrucken. Hg. von Wolfgang Matz. München 2005, 1297–1361.

Zeller, Christoph: ›Die Welt als Sekundärliteratur‹. Atheismus und Collage bei Eich, Büchner, Jean Paul. In: Dieter Sevin (Hg.): Georg Büchner: Neue Perspektiven zur internationalen Rezeption. Berlin 2007, 83–102.

Britta Herrmann

2. Wissenschaftliches und literarisches Experiment

Der Blick auf die Funktion des Experimentierens in Büchners Werk könnte geeignet scheinen, eine Verbindung zwischen den naturwissenschaftlichen und literarischen Interessen und Leistungen des Autors zu stiften: War Büchner auf der einen Seite ein Mediziner, der sich der Grundlagenforschung auf dem Gebiet der vergleichenden Anatomie zuwandte, so entwarf er zeitgleich im Dramenfragment »Woyzeck« das satirische Zerrbild eines experimentierenden Arztes; hinzukommt, dass man formale Innovationen, wie Büchners »Woyzeck« sie auf dem Gebiet der Dramendichtung sowie »Lenz« auf dem der erzählenden Prosa darstellen, mitunter als ästhetisches Experiment bezeichnet.

So evident diese mehrfache Verflechtung von Büchners Werk mit einer Semantik des Experimentierens scheint, so sorgfältig ist sie allerdings auch zu differenzieren: Büchners Forschungstätigkeit zur Vorbereitung seiner Dissertation *Mémoire sur le système nerveux du barbeau* beruhte ja gerade nicht auf Experimenten zur Reaktionsweisen lebender Körper, sondern auf der anatomischen Sektion toter Fische. Des Weiteren erfüllt das Ernährungsexperiment im »Woyzeck« zwar die Kriterien für einen solchen Versuch am lebenden Menschen, ist aber das einzige Beispiel für dieses Motiv in Büchners ansonsten an Wiederholungen nicht eben armen Werk – Oberlins Therapieprogramm oder Lenz' Bemühen um die Erweckung des Mädchens von Fouday werden als diätetisch bzw. spirituelle Praktiken hier ausdrücklich nicht im Kontext einer experimentellen Naturwissenschaft betrachtet, da sie nur in einem sehr weiten Sinn des Begriffs ›Versuche‹ darstellen. Desgleichen ist auch die innovative Ästhetik in Büchners Werk nur auf metaphorische Weise als experimentell zu bezeichnen.

Diese verschiedenen Dimensionen des Experimentbegriffs als wissenschaftliche Forschungspraxis, als dramatisches Motiv und als literarische Schreibweise sollen im Folgenden mit Hilfe des Konzepts des Experimentalsystems, wie es in der jüngeren Wissenschaftstheorie etabliert wurde, entfaltet werden. Die Analyse von Experimentalsystemen richtet ihren Blick nicht nur auf die vermeintlich isolierbare und objektivierbare Erforschung der Natur durch empirische Versuche, sondern fragt nach den institutionellen, medialen und rhetorischen Bedingungen bei der Konstruktion wissenschaftlicher Er-

gebnisse, die nun nicht mehr als vorab gegebene Tatsachen, sondern als durch das Experimentieren zu eröffnende Möglichkeitsräume betrachtet werden. Im Sinne einer solchen Potentialisierung ist der Begriff des Experiments geeignet, zwischen naturwissenschaftlichen und literarisch-ästhetischen Weltentwürfen zu vermitteln. Bei Büchner betrifft das zum einen die Stellung seiner Arbeiten innerhalb der anatomischen Forschung seiner Zeit, die diskursiven Strukturen dieser Forschungskultur, ihre Verarbeitung in den Doktor-Szenen des »Woyzeck«, die Konsequenzen dieser Annäherung von naturwissenschaftlicher Beobachtung und literarischer Darstellung für die Sprachform und Figurengestaltung von Büchners Texten sowie schließlich die Frage nach der experimentellen Dimension von Büchners Dichtung im Ganzen.

Büchners Forschungsarbeiten im Wissenschaftsdiskurs seiner Zeit

Büchner war mit experimentalwissenschaftlichen Methoden in den Wissenschaften vom Leben aus seinem Medizinstudium vertraut. Seine Entscheidung, sich anschließend nicht als praktizierender Arzt sondern in der Grundlagenforschung zu betätigen, implizierte allerdings nicht zwingend eine empirische Arbeitsweise. Vielmehr konkurrierten zu Beginn des 19. Jahrhunderts noch eine Reihe unterschiedlicher Ansätze: Aus Gießen war Büchner durch seinen Lehrer Johann Bernhard Wilbrand mit der spekulativen Naturphilosophie in der romantischen Tradition vertraut, aufgrund seiner Berufung nach Zürich setzte er sich mit den teleologischen Theorien auf dem Gebiet der Morphologie, wie sie von Johann Wolfgang Goethe, Geoffrey St. Hilaire und Lorenz Oken vertreten wurden, auseinander. Während die erste Schule im Anschluss an Schelling die erforschbare *natura naturata* von dem empirisch nicht beschreibbaren vitalistischen Prinzip einer *natur naturans* unterschied, ging die zweite von einem ziel- und zweckorientierten Bauplan natürlicher Formen aus. Büchner hingegen wurde während seiner Straßburger Studien am intensivsten durch den strikten Empirismus Georges Cuviers beeinflusst, der die naturwissenschaftliche Erkenntnis auf das positiv Beobachtbare beschränkt wissen wollte (vgl. Roth 2004). Diese Beobachtungen stützen sich in der Medizin der 1830er Jahre auch auf experimentelle Verfahren, vertreten etwa durch den Berliner Physiologen Johannes Müller, der Büchners Dissertation 1837 rezensierte. Auch bei Müller (1824/26) herrschte allerdings die Skepsis gegenüber einer empirischen Beobachtbarkeit von Lebensphänomenen vor; vergleichbare Bedenken formulierte wenige Jahre darauf Büchners Bruder Ludwig (1854) gegenüber der in der medizinischen Therapie zunehmenden Praxis der Medikamentenerprobung.

Das Experiment steht der medizinischen Forschung in der ersten Hälfte des 19. Jahrhunderts mithin zwar bereits zu Gebote, ist aber alles andere als etabliert oder unumstritten. Diese Ambivalenz spiegelt sich im Verhältnis zwischen Büchners wissenschaftlicher und literarischer Arbeit wieder: In den Arbeiten zur Dissertation bekennender Anhänger eines radikalen Positivismus der Beobachtung, skizziert er in den »Woyzeck«-Handschriften mit dem Doktor eine Figur, die in Sprachgebrauch und Forschungspraxis die Auswüchse und gesellschaftlichen Konsequenzen dieses Wissenschaftsverständnisses vorführt. Wie genau der Doktor dabei innerhalb der empirischen Medizin seiner Zeit verortet wird, haben Buddecke (1972) und Roth (1995) nachgewiesen: zum einen hinsichtlich der Fachbegriffe, mittels derer Büchner ihn Woyzecks Urin analysieren lässt, zum anderen hinsichtlich der vielfältigen ernährungsphysiologischen Forschungsprojekte, in die sich die Studie des Doktors über Woyzeck einfügt: Die Untersuchung der Folgen einer einseitigen Ernährung zunächst durch Erbsen und anschließend durch Hammelfleisch, von der sich der Doktor »eine Revolution in der Wissenschaft« (DKV I, 196; MBA 7.2, 27) verspricht, nimmt die u. a. von Justus Liebig betriebenen Versuche zur Rationalisierung der Soldatenverpflegung vorweg und ist mit den Tier- und Menschenversuchen zu Verdauung und Stoffwechsel im ersten Drittel des 19. Jahrhunderts bei François Magendie, Carl Gotthelf Lehmann, John Dalton, William Beaumont oder Friedrich Tiedemann und Leopold Gmelin verwandt. Die Beobachtung der psychopathologischen Folgen einseitiger Ernährung durch den Doktor bezieht sich schließlich auf Beobachtungen des Psychologen Johann Christian Reil, denen zufolge der Genuss von fettem Fleisch und Hülsenfrüchten zur Melancholie führen kann (vgl. Neumeyer 2009).

Dem Ernährungsversuch tritt im »Woyzeck« die Ankündigung der »unsterblichsten Experimente« (DKV I, 211; MBA 7.2, 28) zur Seite, die der Doktor dem Hauptmann im Falle der Lähmung von dessen Zunge ankündigt. Dies ist weniger als konkreter Plan denn als Illustration eines Wissenschaftsverständnisses zu verstehen, dem jeder Mensch als potentielles »Präparat« (DKV I, 198; MBA 7.2, 17) erscheint –

inklusive der eigenen Person, wie die Auskunft des Doktors verrät, er habe seine Nase der Sonne ausgesetzt »um das Niesen zu beobachten« (DKV I, 209; MBA 7.2, 27). Dieser allgegenwärtigen Experimentierhaltung, der letztlich das gesamte menschliche Leben zur potentiellen Versuchsanordnung wird, steht Büchners eigene Forschungspraxis allerdings diametral entgegen: Sein Dissertationsprojekt zur Anatomie der Schädelnerven ist nicht auf die Beobachtung lebender Menschen sondern auf die Sektion toter Fische gestützt. Versteht man unter einer Versuchsanordnung die gezielte Stimulierung von Reaktionen, so gehört die vergleichende Anatomie nicht zu den experimentellen Wissenschaften. Selbst wenn Büchner in seiner Dissertation an einer Stelle von derartigen Stimulierungen in Gestalt des ›Ziehens‹ und ›Irritierens‹ der Nerven zu berichten scheint (vgl. DKV II, 120), bilden sie allenfalls die Ausnahme einer ansonsten nicht experimentellen Forschungspraxis.

Helmut Müller-Sievers (2003, 78), der anhand des Verhältnisses zwischen der *partie descriptive* und der *partie philosophique* der Dissertationsschrift auf Büchners Schwanken zwischen dem Einfluss Cuviers in Straßburg einerseits, der Bedeutung Okens in Zürich andererseits hingewiesen hat, unterscheidet daher die Praxis des Experimentierens, in der temporale Kausalzusammenhänge belegt werden, von Büchners Ideal eines die Zusammenhänge räumlich abbildenden anatomischen Schreibens. An die Stelle des in der Vivisektionsdebatte immer wieder diskutierten Paradoxes, mittels eines anatomischen Schnitts den Prozess des Lebens beobachten zu wollen, bekennt sich Büchner im zweiten Teil seiner Dissertation zu demjenigen naturphilosophischen Modell, innerhalb dessen das fehlende temporale Prinzip der lebendigen Bewegung durch die Beschreibung der Übergänge zwischen den Körperstrukturen kompensiert wird. Es ist dieses Ideal des anatomischen Schreibens, das auch der Poetik seiner literarischen Arbeiten zugrundeliegt.

Experimentalsystem und Literatur

Die skizzierten wissenschaftstheoretischen Debatten des 19. Jahrhunderts sind von literarhistorischem Interesse weniger, weil sie dazu führen, dass Versuchsanordnungen vereinzelt – neben Büchner etwa bei Goethe oder Novalis – als Motiv aufgegriffen werden, sondern vielmehr, weil sie Realitätsmodell und Wissensbegriff der jeweiligen Werke betreffen. So spiegelt sich Büchners empirisches Wissenschaftsverständnis im materialistischen Menschenbild des *Danton*, im sogenannten Kunstgespräch des »*Lenz*« sowie in der protokollartigen Diagnosesprache des Doktor im »*Woyzeck*«. Insofern diese Elemente nicht bzw. nicht ausschließlich als Wissenschaftsdiskurs ausgestellt werden, sondern sozial und kommunikativ eingebettet erscheinen, berühren sie sich mit denjenigen Ansätzen in der jüngeren Wissenschaftstheorie, die Experimente nicht als isolierte Versuchsserien betrachtet, sondern als interaktive Praktiken zwischen Forschern, Objekten und Apparaten. Als soziale Konstruktionen können Experimentalsysteme nicht auf die Bestätigung oder Widerlegung vorab bestehender Hypothesen reduziert werden. Vielmehr produzieren sie unerwartete, zufällige und uneinheitliche Daten, die der Kontrolle des Forschers nicht vollständig unterliegen und das Objekt des Wissens überhaupt erst im Vollzug der Notation und Interpretation der Beobachtungen generieren (vgl. Rheinberger/Hagner 1993).

Aus dieser Perspektive geraten die Methoden der positiven Wissenschaften in überraschende Nähe zu Verfahrensweisen der Literatur, deren Selbstverständnis seit dem späten 18. Jahrhundert ebenfalls auf der Eröffnung bislang unbekannter Möglichkeitsräume beruht. Auch wenn die Literatur dabei nicht auf die Produktion wissenschaftlichen Wissens zielt, sind ihre Strukturbildungen auf der Ebene von Form und Inhalt als Aktualisierung einer zunächst nur möglichen Darstellungsform zu verstehen (vgl. Krause/Pethes 2005). Die fiktionalen Zusätze, von denen Büchners ansonsten eng an die jeweiligen Quellen angelehnte Texte geprägt sind, können damit als strukturanalog zu denjenigen Elementen angesehen werden, die in den Experimentalwissenschaften die Vorgaben der empirischen Hypothesen übersteigen. Büchners Texte entstehen demnach innerhalb einer diskursiven Ordnung, die für literarische wie naturwissenschaftliche Verfahrensweisen gleichermaßen gilt: Wie Michel Foucault gezeigt hat, konstituieren sich die modernen Wissenschaften vom Menschen an der Wende zum 19. Jahrhundert, indem der Mensch als Subjekt und Objekt des Wissens zugleich auftritt. Dadurch wird nicht nur der entsprechenden Konstellation von Menschenversuchen der Weg gebahnt, sondern zugleich das bislang auf ahistorisch konzipierten Klassifikationssystemen beruhende Wissen über die Natur an eine endliche Instanz des Wissens verwiesen.

Wenn Büchners literarische Texte den Menschen als Beobachter seiner selbst präsentieren, an die Stelle des kommunikativen Austauschs Dantons Vision »Wir müßten uns die Schädeldecken aufbrechen und die Gedanken einander aus den Hirnfasern zerren« (DKV I, 13; MBA 3.2, 4; vgl. DKV I, 39: »wir werden es uns einander nicht aus den Eingeweiden herauswühlen«; MBA 3.2, 31) treten lassen und schließlich anthropologische Wertkonstanten wie Vernunft und Moral als relativierbare Konstrukte entlarven, dann entwerfen sie ihr Menschenbild im Bewusstsein dieser Verzeitlichung und Kontingenz des Wissens in der zeitgenössischen Naturforschung. Der fragmentarische Status des »*Lenz*«, dessen eigenständige Textgestalt schrittweise aus der Umarbeitung der Oberlin-Vorlage entsteht, sowie die immer neuen Schreibansätze in den überlieferten Skizzen zum »*Woyzeck*« zeigen mithin, dass die literarische Produktion ihre Gegenstände ebenso sehr konstruiert und hervorbringt wie die Experimentalwissenschaft: Woyzeck ist kein vorab bekannter Stoff, den Büchner schlicht ausgestaltet, sondern Gegenstand einer (auch im dramentheoretischen Sinn) offenen Konstruktion, deren Ergebnis im Produktionsprozess nicht vorherbestimmt sein muss. Es sind vielmehr die materiellen Praktiken des Lesens (z. B. von Zeitschriftenberichten über den historischen Fall) und Schreibens (auf Notizblättern, auf denen sich neben den verschiedenen Szenenfassungen auch Zeichnungen der Protagonisten finden), aus denen sich die literarische Figur Woyzeck herauszubilden beginnt, ohne dabei bei einem feststehenden oder eindeutigen Resultat anzulangen.

Der Menschenversuch im »*Woyzeck*«

Neben dieser grundsätzlichen Nähe zwischen der experimentellen Konstruktion von Wissen und den Produktionsprozessen literarischer Texte ist das Experimentalsystem des 19. Jahrhunderts im »*Woyzeck*« als Motiv der Dramenhandlung präsent: Das betrifft zunächst die Eingangsszenen zur ersten Entwurfsstufe (H 1,1 und 2), in denen ein Marktschreier wissenschaftliche Vorführungen ankündigt und seinem Publikum ein angeblich vernunftbegabtes Pferd als Mitglied einer wissenschaftlichen Gesellschaft vorführt. Wie Barbara Stafford (1998) gezeigt hat, prägen der inszenatorische Charakter sowie der Jahrmarkt als Schauplatz auch die Frühgeschichte physiologischer Experimente am Menschen, innerhalb derer der Schauwert der zuckenden Menschenleiber den positivistischen Wissensgehalt der Experimente bei weitem überstieg. Auf diesen Schauwert ist im »*Woyzeck*« auch die Szene H 4,1 bezogen, in der ein Professor seinen Studenten Woyzeck vorführt und – in genauer Verkehrung der Aufwertung des Pferds zum Vernunftwesen – die »Uebergänge zum Esel« (DKV I, 219; MBA 7.2, 20) anhand von Woyzecks Vermögen zum Ohrenwackeln belegt. Schließlich werden auch die »unsterblichsten Experimente«, die der Doktor dem Hauptmann auf offener Straße vorschlägt, sowie die »Revolution in der Wissenschaft« durch das Ernährungsexperiment an Woyzeck in H 2,6 bzw. H 3,8 mit Blick auf die Öffentlichkeit sowie den Nachruhm des Experimentators verkündet.

Das Ernährungsexperiment kann aus mehrerlei Gründen als zentrales Motiv im »Woyzeck« angesehen werden: Insofern sich Woyzeck gegen ein Entgelt zur einseitigen Erbsenernährung und Bereitstellung seines Urins verpflichtet hat, verknüpft das Versuchsszenario die wissenschaftliche Instrumentalisierung des Menschen als Versuchsperson mit seiner sozialen Deprivation und ökonomischen Erpressung. Hinzu kommen die psychischen Folgeschäden, die, wie ihre euphorische Diagnose durch den Doktor belegt, einen jener unerwarteten Effekte von Versuchsanordnungen darstellen, von denen Experimentalsysteme geprägt sind. In der Büchner-Forschung wurde das Ernährungsexperiment daher als Illustration der in allen Lebenslagen zu beobachtenden Demütigung der Woyzeck-Figur gelesen. Neben der ökonomischen Degradierung Woyzecks zu einem Tauschobjekt (vgl. Ludwig 1998, 298) besteht diese auch in der »Zeit- und Körperdisziplin« der auf seine Körperfunktionen reduzierten Versuchsperson (Kittsteiner/Lethen 1984, 265). Alfons Glück (1986, 164) betrachtet den Versuch sogar als Metonymie für den militaristischen Feudalstaat insgesamt: »Das System als Ganzes ist in einem figürlichen Sinn, was das Systemelement im wörtlichen Sinn ist: ein Menschenversuch.« Glücks Hinweis auf die Experimente zur Rationalisierung der Soldatenversorgung durch Büchners Gießener Lehrer Liebig musste allerdings revidiert werden, da Liebigs Forschungen erst nach Büchners Tod einsetzten (vgl. Kubik 1991, 184; Roth 2000); die These, Woyzeck sterbe an den Versuchsfolgen, ist allein mit Blick auf die Dramenhandlung nicht haltbar.

Stattdessen ist, mit den erwähnten Beiträgen von Roth und Neumeyer, die enge Anbindung des Experiments an die zeitgenössische Ernährungsphysiologie zu betonen, deren Untersuchung von Stoffwechselprozessen allerdings durchaus im Kontext einer staatsökonomischen Biopolitik stehen. Hinzu kommt die Anbindung des physiologischen Belastungstests an die philosophische Anthropologie, die

der Doktor durch seine Verknüpfung der Kontrolle über den Blasenmuskel mit der Willensfreiheit des Menschen vornimmt. Schließlich ist mit Blick auf die weitere Geschichte medizinischer Menschenversuche der implizite ethische Diskurs der Szene zu beachten: Die bildungslose, sozial depravierte, krank gemachte und hinsichtlich ihrer Willensfreiheit in Frage gestellte Woyzeck-Figur gehört zur Gruppe derjenigen Versuchspersonen, die im 19. und 20. Jahrhundert zu extremen Menschenversuchen herangezogen werden konnte, nachdem ihnen die Zugehörigkeit zu demjenigen Bereich gesellschaftlicher Normalität abgesprochen wurde, die das Erheben ethischer Einsprüche ermöglicht hätte. Dass anhand solcher ›anormaler‹ Versuchspersonen dennoch generalisierbare Versuchsergebnisse gewonnen werden sollten (vgl. Roth 2000, 511), gehört zu denjenigen Paradoxien in der Epistemologie des Humanexperiments, die Büchners »Woyzeck« lange vor dessen flächendeckender Etablierung in Medizin und Psychologie deutlich zu lesen gibt (vgl. Pethes 2006).

Literarische Physiologien

Trotz dieser konkreten wissenschaftshistorischen Kontexte des Ernährungsexperiments im »Woyzeck« ist dessen fiktionaler Charakter zu beachten, der den Stellenwert der Szene allerdings eher stärkt als schwächt: Dass Büchner die historische Vorlage des Woyzeck-Falls um einen physiologischen Menschenversuch ergänzt und nicht etwa die belegte Verhörsituation durch den Gerichtsmediziner Johann Christian Clarus dramatisiert, belegt, wie zentral das zeitgenössische Experimentalsystem Büchner für die Position des Menschen in der modernen Wissenschaft erschienen sein muss. Büchner macht die in den Quellen vorfindliche psychiatrische Untersuchung gerade nicht zum Gegenstand seines Dramas, sondern betont die Bedeutung der physiologischen Beobachtung des Menschen für die Wissenschaft und Anthropologie seiner Zeit.

Diese physiologische Beobachtungsweise ist allerdings keineswegs nur als Motiv im »Woyzeck« zu betrachten, sondern prägt auch Büchners Schreibweise als ganze. Die Sprache des Doktors – »Den Puls Woyzeck, den Puls, klein, hart, hüpfend, ungleich.« (DKV I, 199; MBA 3.2, 18) – kann dabei noch als Zitat der gängigen Diagnostik gewertet werden, die in ihrer Asyndetik die Partialisierung des Blicks auf den menschlichen Körper andeutet. Vor allem aber bedingt diese Sichtweise des Menschen als physiologisch und neurologisch bestimmbare Körpermaschine ein »Bündnis von Poesie und Physiologie« (Oesterle 1984, 202) in Büchners Werk, das sich damit in die Tradition derjenigen ›literarischen Physiologien‹ einordnet, die in den 1820er Jahren in Frankreich als naturwissenschaftlich fundierte literarische Gesellschaftsstudien populär sind. Der physiologische Blick auf den Menschen, den bereits Gutzkow in einem Brief an Büchner von 1836 als dessen Vermögen zur »Autopsie« (DKV II, 441) kennzeichnete, führt nicht nur dazu, dass die Grundsätze der idealistischen Anthropologie – in der Jahrmarktszene des »*Woyzeck*«, in der *lever*-Szene von *Leonce und Lena*, in Robespierres Tugendrigorismus gegenüber Danton wie auch in Lenz' Spott gegenüber Oberlin – lächerlich gemacht werden. Er geht insbesondere mit einer Verabschiedung der herkömmlichen Konstellation zwischen Ästhetik, Ethik und Geschichtsphilosophie einher, indem Büchners literarische Physiologien einer materialistischen Analyse von Individuum und Gesellschaft Vorschub leisten, die an die Stelle der literarischen Rhetorik Funktionen und Gesten des Körpers beim Ausdruck von Schmerz, Hunger, Sexualität und Wahnsinn ins Blickfeld rückt.

In dieser Hinsicht hat die jüngere Forschung die unmittelbare Bedeutung von Büchners Forschung zur Anatomie der Nerven sowie vor allem auch ihrer schriftlichen Präsentation in der Straßburger Dissertation bzw. Zürcher Antrittsvorlesung für die Schreibweise seiner literarischen Texte hervorgehoben (vgl. Müller Nielaba 2001): Zum einen spiegelt sich der problematische Vermittlungsversuch zwischen empirischen und naturphilosophischen Darstellungsweisen im charakteristischen Orientierungsverlust von Büchners Personal (vgl. Müller-Sievers 2003). Zum anderen sind die Ausbrüche der Sinnlichkeit im Marion-Monolog von *Danton's Tod* (vgl. DKV I, 27 f.; MBA 3.2, 18 f.), Woyzecks gehetztes Stottern oder Lenz' Wahrnehmungen während seiner Wanderungen durch die Vogesen Zeugnisse einer »Revolution der Sprache« (Oesterle 1984, 230), die die in den Experimentalwissenschaften vorherrschende physiologische Beobachtung des Menschen in eine literarische Erzählperspektive auf das Individuum als pathologischen Fall umsetzt. Auch Büchners literarische Texte können daher als Protokolle einer experimentellen Beobachtung gelesen werden: »Die neuen dramatischen Antriebskräfte erscheinen im Licht medizinischer Mikroskopie, es sind Erkundungsgänge ins Vegetative, Fallstudien am lebenden Objekt und en détail. Unter der Schrift arbeitet der Nerv, hinter dem Mienenspiel walten die Affekte,

und nur dort, im Körper der umhergestoßenen, andere umherstoßenden Protagonisten, lassen sich die Antriebskräfte lokalisieren, nach denen Geschichte und Geschichten plausibel erscheinen.« (Grünbein 1995, 16)

Ästhetische Experimente

In dieser Revolution der poetischen Sprache, die die philosophischen und rhetorischen Grundlagen der Literatur zugunsten eines physiologischen Blicks auf den Menschen und seine Stellung in der Gesellschaft verlässt, kann man auch das ästhetische Experiment von Büchners Werken sehen. Eine solche Metaphorisierung eines poetologischen Verfahrens durch eine naturwissenschaftliche Methodik ist vor allem in der Literaturgeschichte der Avantgarden, insbesondere derjenigen der klassischen Moderne um 1900, etabliert. Unter Experiment wird dabei eine generelle Semantik des Erprobens verstanden, die im Kontext desjenigen grundsätzlichen Innovationsgebots steht, dem Kunst in der Neuzeit unterliegt und das stets auch die formale Dimension der Literatur betrifft. So fraglos es ist, dass Büchner in dieser Hinsicht durch die Aufwertung eines Paupers zum Protagonisten für die Dramengeschichte ebenso Neuland betreten hat wie durch die interne Fokalisierung der Selbst- und Naturwahrnehmungen eines psychisch Kranken im »*Lenz*« für die moderne Erzählprosa, so wenig zwingend scheinen die im engeren Sinne naturwissenschaftlichen Implikationen der Experimentalmetapher allerdings für derartige ästhetische Innovationen. Plausibilität gewinnen sie eher durch einen Blick auf die Textgeschichte beider Werke, die nahelegt, dass Büchner weniger auf der Grundlage eines festen Plans als im experimentierenden Umgang mit dem ihm vorliegenden Quellenmaterial gearbeitet hat: Büchners Zitatmontagen – zu denen auch und gerade *Danton's Tod* gehört – zeigen, dass seine literarischen Texte durch Kombination und Modifikation bestehenden Sprachmaterials entstehen und sich dabei, im Fall der verschiedenen Bearbeitungstiefen der Oberlin-Vorlage ebenso wie in den mehrfach rearrangierten Einzelszenen des »*Woyzeck*«, nicht zu einer festgelegten Einheit fügen. Es sind also nicht zuletzt der methodische Fragmentarismus und die damit einhergehende Strukturoffenheit, die Büchners Schreiben mit den im neuen Experimentalismus beschriebenen Verfahrensweisen der modernen Naturforschung in Verbindung zu bringen erlauben. Büchners Texte hingegen als tatsächliche Milieustudien zu lesen, die die kausalen Determinanten des Gesellschaftslebens an den Tag zu bringen imstande seien, wie Emile Zola ein halbes Jahrhundert darauf den *roman expérimental* verstanden wissen wollte, hieße die strukturelle Nähe zwischen Literatur und Experimentalwissenschaft durch einen naiven Begriff soziologischer Dichtung misszuverstehen.

Literatur

Büchner, Ludwig: Das therapeutische Experiment. In: Archiv für pathologische Anatomie und Physiologie und für klinische Medizin 6 (1854), 275–309.

Buddecke, Eckardt: Harnstoff, 0,10, salzsaures Ammonium, Hyperoxydul. In: Lothar Bornscheuer (Hg.): Georg Büchner. Woyzeck. Erläuterungen und Dokumente. Stuttgart 1972, 11–15.

Glück, Alfons: Der Menschenversuch. Die Rolle der Wissenschaft in Georg Büchners *Woyzeck*. In: GBJb 5 (1985) 1986, 139–182.

Grünbein, Durs: Den Körper zerbrechen. Rede zur Verleihung des Georg-Büchner-Preises 1995. Frankfurt a. M. 1995.

Kittsteiner, Heinz-Dieter/Lethen, Helmut: Ich-Losigkeit, Entbürgerlichung und Zeiterfahrung. Über die Gleichgültigkeit zur ›Geschichte‹ in Büchners *Woyzeck*. In: GBJb 3 (1983) 1984, 240–269.

Krause, Marcus/Pethes, Nicolas (Hg.): Literarische Experimentalkulturen. Poetologien des Experiments im 19. Jahrhundert. Würzburg 2005.

Kubik, Sabine: Krankheit und Medizin im literarischen Werk Georg Büchners. Stuttgart 1991.

Ludwig, Peter: »Es gibt eine Revolution in der Wissenschaft«. Naturwissenschaft und Dichtung bei Georg Büchner. St. Ingbert 1998.

Müller, Johannes: »Von dem Bedürfnis der Physiologie nach einer philosophischen Naturbetrachtung [1824/1826].« In: Adolf Meyer-Abich (Hg.): Biologie der Goethezeit. Stuttgart 1949, 256–281.

Müller Nielaba, Daniel: Die Nerven lesen. Zur Leit-Funktion von Georg Büchners Schreiben. Würzburg 2001.

Müller-Sievers, Helmut: Desorientierung. Anatomie und Dichtung bei Georg Büchner. Göttingen 2003.

Neumeyer, Harald: ›Hat er schon seine Erbsen gegessen?‹ Georg Büchners *Woyzeck* und die Ernährungsexperimente im ersten Drittel des 19. Jahrhunderts. In: DVjs 83 (2009), 218–245.

Oesterle, Günter: Das Komischwerden der Philosophie in der Poesie. Literatur-, philosophie- und gesellschaftsgeschichtliche Konsequenzen der ›voie physiologique‹ in Georg Büchners *Woyzeck*. In: GBJb 3 (1983) 1984, 201–239.

Pethes, Nicolas: ›Viehdummes Individuum‹, ›unsterblichste Experimente‹. Elements for a Cultural History of Human Experimentation in Georg Büchner's Dramatic Case Study *Woyzeck*. In: Monatshefte 98 (2006), Nr. 1, 68–82.

Rheinberger, Hans-Jörg/Hagner, Michael (Hg.): Die Experimentalisierung des Lebens. Experimentalsysteme in den biologischen Wissenschaften 1850/1950. Berlin 1993.

Roth, Udo: Das Forschungsprogramm des Doktors in Georg Büchners *Woyzeck* unter besonderer Berücksichtigung von H2,6. In: GBJb 8 (1990–1994) 1995, 254–278.

– : Georg Büchners *Woyzeck* als medizinhistorisches Dokument. In: GBJb 9 (1995–1999) 2000, 503–519.

– : Georg Büchners naturwissenschaftliche Schriften. Ein Beitrag zur Geschichte der Wissenschaften vom Lebendigen in der ersten Hälfte des 19. Jahrhunderts. Tübingen 2004.

Stafford, Barbara: Kunstvolle Wissenschaft. Aufklärung, Unterhaltung und der Niedergang der visuellen Bildung. Amsterdam/Dresden 1998.

Nicolas Pethes

3.   Theater

Theater ist bedeutsam für Büchners ästhetischen, theoretischen und praktischen Bezug zur Welt. Der ästhetische Bezug betrifft den Autor Büchner, der unter den literarischen Genres das Drama bevorzugt, also Texte für Theater geschrieben hat. Im theoretischen Bezug zur Welt hat das Theater insofern eine prominente Stellung inne, als Büchner die Vorstellung von Theater oder von ›Komödie‹ im Sinne von ›Etwas Vormachen‹, auffallend häufig als Deutungsfigur menschlichen Handelns gebraucht, als eigene Sicht in Briefen oder als Gedanke dargestellter Figuren. Nicht zuletzt bestimmt Theater auch Büchners praktischen Bezug zur Welt, insofern sein politisches und soziales Handeln gegen ein Bedeuten als ein Sein um eines anderen willen gerichtet ist, das die Wirklichkeit derer, die das Bedeutete schaffen, vergisst – Theater aber ist die Institution, in der nichts es selbst, alles vielmehr auf ein anderes, Bedeutetes hin gespannt ist.

Theater als Perspektive ästhetischen Bezugs zur Welt

Büchners Dramen haben, seit sie im ausgehenden 19. Jahrhundert verstärkt beachtet werden, bis zur Gegenwart eine breite Leserschaft gefunden und finden sie weiterhin. Demgegenüber tun sich die Theater mit diesen Stücken schwer, insbesondere mit *Danton's Tod* und *Leonce und Lena*, von denen wenig allgemein als gelungen anerkannte Inszenierungen bekannt sind, während »*Woyzeck*« viel und erfolgreich inszeniert wird, allerdings um den Preis von Simplifikationen, die den Kern des Stücks betreffen. Um Woyzeck zu entlasten, wird er in der Regel als vollständig zum Objekt Gemachter gezeigt, womit die Inszenierung, ohne sich dessen inne zu sein, eben das wiederholt, was sie den Mitfiguren Woyzecks vorwirft. Was macht es für die Theater so schwierig, eine angemessene Antwort auf Büchners Stücke zu finden? Was für ein Theater kommt der Eigenart der Stücke Büchners entgegen?

Büchner schreibt in Kenntnis eines anspruchsvollen Theaters, das in seiner Zeit überregional angesehen war, des vom Hessisch-Darmstädtischen Großherzog aufwendig unterstützten Darmstädter Hof- und Operntheaters. Auf dem Spielplan standen mehr Opern als Schauspiele, bei letzteren überwogen Stücke Kotzebues und Ifflands (aber das gilt auch für das Weimarer Theater unter Goethe), es wurden je-

doch auch Lessing, Schiller, Goethe, Shakespeare, Grillparzer, Molière und Kleist gespielt (vgl. Hauschild 1997, 101–104, 179; Schmidt 2005). Büchner nennt Therese Peche, eine Schauspielerin, die in Darmstadt 1828 und 1829 sehr erfolgreich war, eine »alte Bekanntin« (Brief an Eugène Boeckel vom 1.6. 1836, DKV II, 439), was darin gründen könnte, dass sie bei seinem Vater in ärztlicher Behandlung war. Möglicherweise ist es Peches Spiel in der Hauptrolle einiger Dramen Shakespeares zu danken, dass sich Büchner und einige seiner Mitschüler für Shakespeare zu begeistern begannen. Auch in Straßburg konnte Büchner ein ansehnliches Theater vorfinden, wo auch deutsche Theatertruppen Gastspiele gaben. Während Büchners erster Straßburger Zeit wurde dort im Schauspiel u. a. Molière gegeben, das Luther-Drama Zacharias Werners, ein Drama von Alexandre Dumas und eines von Victor Hugo. Büchners Dramen sind nicht Lesedramen, sondern Theaterstücke. Ihre Dramaturgie sperrt sich aber dem Illusionstheater, in bestimmter Hinsicht führen sie sogar einen generellen antitheatralischen Affekt mit sich. Das mag die anhaltende Irritation der Theater gegenüber diesen Stücken begründen.

Identifikation wird bei den Stücken Büchners schon durch eine besondere Konzeption des dramatischen Helden erschwert. *Danton's Tod* stellt die »Ecksteher der Geschichte« (DKV II, 377) in Frage, nicht, indem diese argumentativ von Gegenspielern besiegt würden, sondern indem das Volk in all seiner Reduziertheit als der Errungenschaften keineswegs teilhaftig gezeigt wird, die die großen Helden der Geschichte im Munde führen: Es hungert weiterhin und ist keineswegs eine bestimmende geschichtliche Macht. So wird Identifikation mit den Protagonisten ausgehöhlt, ohne neue Identifikationsfiguren zu schaffen, das Volk bleibt stumpf, nur von materiellen Bedürfnissen bestimmt. *Leonce und Lena* entwirft eine grundlegende Absage an bürgerliche Orientierungen und Wertvorstellungen, aber die Protagonisten, die dies leisten, haben für die andere Welt, von der sie ihre Maßstäbe der Negation beziehen, keine Wirklichkeit. So bleibt Identifikation mit diesen Figuren ortlos, a-topisch. »*Woyzeck*« lädt zur Identifikation mit dem Helden als geknechteter Kreatur ein, der Rezipient findet sich dann aber in der Rolle von Hauptmann, Doktor und Tambourmajor wieder, die den Helden auf einen reinen Objektstatus einschränken.

Zur erschwerten Identifikation mit den Protagonisten der Dramen Büchners tritt eine Handlungsstruktur, die der Illusionierung abträglich ist. Denn die Handlung ist, *Leonce und Lena* ausgenommen, nicht streng funktional konzipiert, die einzelnen Szenen sind weitgehend autonom, mithin in ihrer Anordnung vertauschbar. Das lockert die Bindung des Zuschauers an die vorgestellte Welt. Verstärkt wird dies durch Redeformen, die die Figuren eher aneinander vorbeireden als in echten Dialogen sich aufeinander beziehen lassen. Das Theater, auf das Büchners Stücke ausgerichtet sind, ist offenbar kein Illusionstheater. Das besagt noch nicht viel, insbesondere nicht für Schwierigkeiten der heutigen Theater mit Stücken Büchners. Aussagekräftig wird diese Feststellung erst, wenn erkannt wird, gegen welchen Aspekt des Illusionstheaters Büchners Stücke sich sperren. Illusionstheater bringt im Vorgestellten den vorstellenden Schauspieler wie die durch den Theaterapparat bedingte Wirklichkeit des Vorstellens zum Verschwinden. Das aber ist genau die Struktur, die der Angelpunkt von Büchners Sozial- und Ideologiekritik ist: dass im Produkt der Produzent nicht gesehen wird bzw. vom Schaffenden aus, dass dieser sich in dem von ihm geschaffenen Werk nicht als der Produzent erkennt (was Hegel 1807 bewusstseinsphilosophisch im Herrschafts- und Knechtschaftskapitel der *Phänomenologie des Geistes* vom Begriff der Arbeit her analysiert hat, Karl Marx dann 1844 in den *Ökonomisch-philosophischen Manuskripten* als Entfremdung bestimmen wird).

Die rhetorische Wucht des *Hessischen Landboten* besteht vor allem in der Aufforderung an die Adressaten, sich dieses metonymische Stehen des einen für ein anderes vor Augen zu führen: in den schönen Kleidern der Adligen den Schweiß der Bauern wahrzunehmen, in den stattlichen Häusern der Vornehmen die Knochen des Volks zu erkennen, aus denen sie gebaut sind. Und Büchner nennt schon die Entfremdung, die diese Struktur hervorbringt, dass der Schaffende, wenn ihm das von ihm geschaffene Produkt ihn negierend entgegentritt, diesen Zusammenhang nicht durchschauen kann: »Wehe über euch Götzendiener! – Ihr seid wie die Heiden, die das Krokodill anbeten, von dem sie zerrissen werden. Ihr setzt ihm eine Krone auf, aber es ist eine Dornenkrone, die ihr euch selbst in den Kopf drückt« (DKV II, 58). Im Geschaffenen, Bedeuteten den Schaffenden nicht zu sehen, ist Illusionstheater und gegen diese Art sozialer wie bewusstseinsphilosophischer (das Phänomen Entfremdung betreffender) Theatralität kämpfen Büchners Stücke an: in *Danton's Tod*, indem den großen Helden der Geschichte das hungernde und ohnmächtige Volk gegenübergestellt wird, womit die »Ecksteher der Geschichte« ohne

weiteres Argument als Gescheiterte kenntlich sind; in *Leonce und Lena*, indem die Helden zwar davor fliehen, einer ihnen auferlegte Bedeutung (die politische Hochzeit) zu genügen, sie aber keinen Bezugspunkt für ihre Flucht haben, weder im Volk, da dieses, wie die Bauernszene zeigt, dumpfe, manipulierbare Masse ist, noch in Rosetta als um ihre Entfremdung wissender Figur, da das Stück sie schon früh aus dem Spiel nimmt.

In der Erzählung »*Lenz*« wehrt sich der Held am Ende des Kunstgesprächs ausdrücklich gegen die Struktur, im zu Schaffenden das Sein des Schaffenden, seine Wirklichkeit hier und jetzt mit ihren Bedürfnissen immer hintanzusetzen: »Immer steigen, ringen und so in Ewigkeit Alles was der Augenblick gibt, wegwerfen und immer darben, um einmal zu genießen« (DKV I, 236; MBA 5, 39). Woyzeck versucht, gegen die Struktur des Bedeutens, in die er eingespannt ist – im moralischen Diskurs des Hauptmanns wie im wissenschaftlichen Diskurs des Doktors – sein eigenes Sein ins Spiel zu bringen, kann dies aber nur selbstnegierend, wenn er gegenüber dem Hauptmann auf materielle Determination, gegenüber dem Doktor auf ein Naturverständnis rekurriert – die Rede von der »doppelten Natur« (MBA 7.2, 27; DKV I, 210) –, das der Doktor nur als Symptom von Irresein werten kann. Der Grundgestus der Texte Büchners ist derart gegen das Verfahren von Illusionstheater gerichtet, auf etwas zu verweisen, eine Bedeutung zu schaffen und hierüber die Wirklichkeit des Schaffenden vergessen zu lassen. Die Institution Theater, in der nichts es selbst, alles vielmehr Zeichen ist, das von sich weg auf ein Bedeutetes verweist, wird so zu einem grundsätzlichen Problemfeld, und insofern kann Büchners Schaffen insgesamt als antitheatralisch, zumindest jedoch als das Theater problematisierend angesehen werden.

Die Absage an Theater muss aber nicht generell sein, vielmehr ist zu fragen, ob es Theaterauffassungen und -stile gibt, die der tendenziellen Entfremdung in der metonymischen Verweisungsstruktur des Theaters (insofern ein jedes für ein anderes steht) entgegenwirken. Es gibt sie und gab sie auch zur Zeit Büchners. Theaterauffassungen und Theaterpraxis, die im Repräsentieren die Präsenz, die Wirklichkeit hier und jetzt des Schauspielers, seiner körperlichen Aktion, wie der theatralischen Veranstaltung stark machen, sind z. B. in der Commedia dell' arte zu erkennen, weiter im Volkstheater, wie es zeitgleich mit Büchner Nestroy in Wien kreiert, ebenso im Ersetzen des Theaters durch Schaustellerwesen und Zirkus (als Veranstaltungen, in denen nichts bedeutet wird): das wird im »*Woyzeck*« in das Stück selbst hereingenommen, eine besonders geglückte *Leonce und Lena*-Inszenierung« bot diese als Zirkusdarbietung (Inszenierung am Stadttheater Köln 1981, Regie Jürgen Flimm). Nicht übersehen werden sollte auch, dass, im Vorgestellten die Wirklichkeit hier und jetzt des Vorstellenden wie des Zuschauers nicht zu vergessen, das Grundprinzip der Theaterarbeit Goethes in Weimar, mithin jahrzehntelang Prinzip der Weimarer Stilbühne war, die hierin in starkem Gegensatz zum zeitgenössisch herrschenden bürgerlichen Illusionstheater stand. Der Spieler, so Goethe, hat sich ganz in die darzustellende Rolle zu versetzen und doch immer dessen inne zu sein, dass er vor Zuschauern etwas produziert (vgl. z. B. Goethes *Regeln für Schauspieler* und die Geschichte der *Hamlet*-Produktion im *Wilhelm Meister*; vgl. Greiner 2006, Kap.: »Spiel mit der theatralischen Dopplung als Perspektivpunkt der Komödien Goethes«). Brechts ›dialektisches Theater‹ zielt auf Ähnliches, ohne um diese Tradition zu wissen, ist dabei aber, gegenüber Goethes Theaterkonzeption, viel didaktischer perspektiviert.

Theater als Perspektive des theoretischen Bezugs zur Welt

In Büchners Werk ist das Theater als Figur der Deutung begegnender Wirklichkeit wie des eigenen Handelns, sei es der vorgestellten Akteure, sei es des Autors selbst, allgegenwärtig. Die Argumentation zielt dabei im Wesentlichen stets darauf ab, dem theatralisch Vorgestellten die ganz andere Wirklichkeit derer, die die Vorstellung produzieren oder von ihr betroffen sind, entgegenzuhalten. So wird, Goethes Theaterkonzeption völlig entsprechend, nachdrücklich zwischen vorgestellter Welt und Wirklichkeit des Vorstellens wie der Vorstellenden unterschieden. Dass auf beiden Ebenen ganz Unterschiedliches gegeben ist bzw. gegeben werden kann, erscheint aber nicht mehr als jene Chance, die das Theater seit dem Sturm und Drang überaus attraktiv gemacht oder die ›Theatromanie‹ eines Anton Reiser oder Wilhelm Meister hervorgebracht hat, d. h. als Chance, die prinzipiell nicht vereinbaren Welten der Idealität, mithin der Freiheit und der physischen und sozialen Wirklichkeit, als eine Welt der Determination, zugleich, wenn auch auf den ontologisch verschiedenen Ebenen von Fiktion und Wirklichkeit, vergegenwärtigen zu können. Herausgestellt wird bei Büchner stattdessen ein unerträgliches Missverhältnis zwischen Vorgestelltem (Bedeutetem) und Wirk-

lichkeit des Vorstellens (der Spieler oder der von diesem Spiel Betroffenen).

In verschiedensten Facetten wird ausgemalt, wie das als (Theater-)Spielen vorgestellte Handeln von der Wirklichkeit des Spielens eingeholt wird: »wir stehen immer auf dem Theater, wenn wir auch zuletzt im Ernst erstochen werden«, betont Danton (DKV I, 40; MBA 3.2, 32), hier als ein Melancholiker das menschliche Handeln (politische Agieren) als Theaterspiel begreifend, aber nicht willig, mitzuspielen und darum bereit, real, nicht nur fiktional, von der Bühne abzutreten. »Geht einmal Euren Phrasen nach bis zu dem Punkt wo sie verkörpert werden«, empfiehlt Mercier den ins Gefängnis gebrachten Dantonisten, »Diese Elenden, ihre Henker und die Guillotine sind Eure lebendig gewordenen Reden« (DKV I, 62; MBA 3.2, 53). Abgehoben ist hier auf die Diskrepanz zwischen universalen Ideen, die Handlungen leiten (das Vaterland retten, die Freiheit erhalten) und deren konkreter Erfahrungswirklichkeit für den einzelnen. Die gleiche Struktur der Konfrontation von Theaterspiel und Wirklichkeit der Spieler liegt der Replik zugrunde: »Lacroix. Und Collot schrie wie besessen, man müsse die Masken abreißen. / Danton. Da werden die Gesichter mitgehen.« (DKV I, 30; MBA 3.2, 22) Nimmt man das *Hamlet*-Drama als Urszene der Begründung des neuzeitlichen Subjekts (im Medium der Reflexion), so wird dort als Anspruch eben dieses Subjekts herausgestellt, hinter der Maske ein Ich zu haben (»I have that within which passeth show«, betont Hamlet (1. Aufzug, 2. Szene; vgl. Greiner 2007), während es für den Hofmann (man denke an dessen Entwurf durch Castiglione) oder den Politiker (wie Machiavelli ihn beschreibt), selbstverständlich ist, die der jeweils gegebenen Situation entsprechende Maske zu zeigen, ohne dass diese Masken auf ein hiervon unabhängig zu denkendes Ich (Gesicht) bezogen werden. Danton unterscheidet Maske und Ich, aber in einer Engführung beider, die jedoch nicht zum höfischen Maskenmenschen zurückkehrt, vielmehr die Relation als rein negative bestimmt. Im Augenblick da die Maske abgerissen wird, wird deutlich, dass das Ich hinter der Maske ausgespielt hat, das Ende des Spiels ist das Ende des Spielers; was auch umkehrbar ist: weil das Ich ausgespielt hat, kann seine Maske abgerissen werden. In der Welt der Komödie kann demgegenüber das Eingeholt-Werden der Vorstellung des eigenen Handelns als (Theater-)Spielen von der Wirklichkeit des Spielens und der Spieler mit Zustimmung registriert werden, auch, wenn dabei Missverhältnisse manifest werden. So räsoniert Valerio:

Die Sonne sieht aus, wie ein Wirtshausschild, und die feurigen Wolken darüber, wie die Aufschrift: ›Wirtshaus zur goldenen Sonne‹. Die Erde und das Wasser da unten sind wie ein Tisch, auf dem Wein verschüttet ist, und wir liegen darauf wie Spielkarten, mit denen Gott und der Teufel aus Langerweile eine Partie machen, und Ihr seid ein Kartenkönig, und ich bin ein Kartenbube, es fehlt nur noch eine Dame, eine schöne Dame, mit einem großen Lebkuchenherz auf der Brust und einer mächtigen Tulpe, worin die lange Nase sentimental versinkt *die Gouvernante und die Prinzessin treten auf,* und – bei Gott – da ist sie! Es ist aber eigentlich keine Tulpe, sondern eine Prise Tabak, und es ist eigentlich keine Nase, sondern ein Rüssel! (DKV I, 115; MBA 6, 114)

Die umgekehrte Vorstellung, die Personen der Erfahrungswirklichkeit in Figuren vorstellenden Spiels zu verwandeln, was ausdrücklich mit Theater verbunden wird – »Wollen wir ein Theater bauen?« – (DKV I, 128; MBA 6, 124), wird in der Schlussvision Leonces verworfen, ein Indiz, dass das Stück nicht komödienhaft, vielmehr aussichtslos endet: »Nun, Lena, siehst Du jetzt, wie wir die Taschen voll haben, voll Puppen und Spielzeug. Was wollen wir damit anfangen, wollen wir ihnen Schnurrbärte machen und ihnen Säbel anhängen? Oder wollen wir ihnen Fräcke anziehen und sie infusorische Politik und Diplomatie treiben lassen, und uns mit dem Mikroskop daneben setzen?« (DKV I, 128; MBA 6, 124)

Während Illusionstheater über dem Vorgestellten die Wirklichkeit der Vorstellenden vergessen lässt, bringt Büchner, wenn er Wirklichkeit in der Figur des Theaters oder – von Theater abgeleitet – in der Figur des Spielens deutet, eben diese Wirklichkeit der Vorstellenden in Erinnerung. Immer neues Aufweisen des Missverhältnisses zwischen beiden Bereichen steht im Zentrum von Büchners Sozial- und Ideologiekritik. Aber Büchner bleibt bei dieser Analytik nicht stehen. Über den metonymischen, Entfremdung beinhaltenden Bezug zwischen Sein und Bedeutung kennt er, wenn er die Vorstellung von Theater-Spielen beruft, noch einen anderen. Es ist nicht der naheliegende Gedanke, den Hegel wie Marx in den genannten Schriften ausgearbeitet haben, dass die Bedeutung Produzierenden sich gegen die Macht erheben sollen, die sie selbst produziert haben – an den Jakobinern in *Danton's Tod* wird gezeigt, dass solches Agieren schon längst von anderen angeeignet ist, wieder nur Agieren in einem Theater anderer Herren wäre. Mit einem »jungen Menschen«, den die Umstehenden für einen Aristokraten halten, entspinnt sich in *Danton's Tod* folgende Szene: Dem revolutionären Ruf »Er hat ein Schnupftuch! ein Aristokrat! an die Laterne! an die

Late[rne]!« (DKV I, 19; MBA 3.2, 11) – praktische Umsetzung des Revolutionsliedes »Ça ira«, dessen zweiter Vers »les aristocrates à la lanterne!« lautet –, hält der junge Mensch vergeblich die Bitte um Erbarmen entgegen. Dann aber findet er auf das »An die Laterne!« die Replik, die in der Zeitschrift *Unsere Zeit* als historisch verbürgt zitiert wird: »Meinetwegen, ihr werdet deswegen nicht heller sehen«, was ihn rettet: »Die Umstehenden. Bravo, bravo! / Einige Stimmen. Laßt ihn laufen! *Er entwischt.*« (DKV I, 19 f.; MBA 3.2, 11) In den einen Vorstellungsbereich, das ›Laternisieren‹ als Aufstand des Volkes gegen seine Ausbeuter, hat der junge Mensch einen zweiten Vorstellungsbereich hineingespielt, Durchsicht, Analytik der sozialen Zusammenhänge. So hat er eine Metapher gebildet, er hat gedichtet und dieses Verfahren wird der metonymischen Theatralität entgegengesetzt, deren Todesgehalt auch in der nur noch als Maschinengang erfahrenen Revolution manifest wird, die die »Leiber« für das Werk des neuen Staates »verbraucht« (im Sinne der Bemerkung Dantons: »Man arbeitet heut zu Tag Alles in Menschenfleisch. [...] Mein Leib wird jetzt auch verbraucht.« (DKV I, 62; MBA 3.2, 53).

In *Leonce und Lena* wird dieses metaphernbildende Verfahren markant mit Theater in Zusammenhang gebracht. Auf den ersten Dialog mit Lena, der kein wirklicher Dialog ist, sondern ein Ineinander-Fließen-Lassen von Vorstellungen zur Frage »Ist denn der Weg so lang?«, antwortet Leonce mit dem Hamlet Zitat: »Könnte ich nicht auch sagen: ›sollte nicht dies und ein Wald von Federbüschen, nebst ein Paar gepufften Rosen auf meinen Schuhen – ?‹« (DKV I, 116; MBA 6, 114) Hamlet stellt diese Frage nach dem von ihm veranlassten Spiel im Spiel, durch das er glaubt, nun Gewissheit über den Mörder seines Vaters gefunden zu haben, im Sinne also, dass er auch als erfolgreicher Schauspieler durchgehen könne. In der Komödie Büchners führt das Zitat zum Liebesaugenblick, der dann wieder als ein Ineinander-Sich-Entfalten wechselnder Vorstellungen (Nacht, Tod, schlafendes Kind, totes Kind, toter Engel, Auferweckung vom Tod, die Mutter des Kindes als Todesengel; vgl. DKV I, 118; MBA 6, 116) entfaltet wird. Analog hält Woyzeck, dessen Körper in das wissenschaftliche Bedeutungstheater des Doktors gespannt ist – »Es gibt eine Revolution in der Wissenschaft, ich sprenge sie in die Luft« (MBA 7.2, 27; DKV I, 209) (in *Danton's Tod* wird dasselbe Bild von einem Theaterstück gebraucht: »Alles so leicht und kühn in die Luft gesprengt«; DKV I, 44; MBA 3.2, 36) –, hält also Woyzeck seiner metonymischen Theatralisierung durch den Doktor eine Rede von der »doppelten Natur« entgegen, die in die eine, zum Objekt machende Vorstellung von Natur eine zweite Vorstellung hineinspielt, einer Natur als Subjekt, die zuweilen zu ihm mit einer »fürchterlichen Stimme« (MBA 7.2, 27; DKV I, 210) rede.

Der metonymischen Relation eines selbstnegierenden Stehens des einen für ein anderes in der entlarvend und kritisch gebrauchten Theater- und Spielvorstellung hält Büchner derart, wo er über den entlarvenden und negierenden Gebrauch des Theatergedankens hinauswill, eine metaphorische Relation der Entfaltung des einen Bereichs im anderen entgegen, der Wirklichkeit des Vorstellenden im Vorgestellten und umgekehrt (dem theaterpraktisch die Konzeption entspricht, ganz in der vorgestellten Welt aufgehen und zugleich der Wirklichkeit des Vorstellens immer inne zu sein). Da in solch einer metaphorisch aufgefassten Theatralität die Herrschaft des Prinzips der Unterscheidung, die fest umrissene Entitäten überhaupt erst ermöglicht, aufgehoben ist, rückt der Rekurs auf diese Art Theatralität leicht in die Nähe des Verrückten (so in der Rede Luciles, wenn sie den am Gefängnisfenster erblickten Camille in die Vorstellung bringt, dass er eine »eiserne Maske vor dem Gesicht« habe [DKV I, 82; MBA 3.2, 73], oder die schon genannte Antwort Woyzecks auf den Doktor), oder diese Art Theatralität erscheint asozial, promiskuitiv (wenn Marie dem eifersüchtigen Fragen Woyzecks mit der theatralischen Vorstellung antwortet, »Dieweil der Tag lang und die Welt alt ist, können viel Menschen an einem Platz stehn, einer nach dem andern.« (MBA 7.2, 26; DKV I, 208)

Grenzfall der metonymisch aufgefassten Theatralität ist der Melancholiker. Das ist der Part Dantons, der von den Figuren Büchners am nachdrücklichsten die Wirklichkeit in der Figur des (Theater-)Spielens deutet. Der Melancholiker deutet alles als Spiel, das nur die Funktionen Verstellung, Verschleierung, Sich-Durchsetzen des einen auf Kosten eines anderen oder Zeitvertreib aus Langeweile hat und das er darum nicht bzw. nicht mehr mitspielen will, obwohl dieses Spiel ubiquitär ist. So beharrt er auf absoluter Differenz, die in der metonymischen Relation vollzogene Negation des Vorstellenden durch das Vorgestellte ihrerseits negierend. Grenzfall der metaphorisch aufgefassten Theatralität ist der Narr, entsprechend rückt Büchner diesen Gebrauch der Theatervorstellung, wie dargelegt, gerne in den Horizont närrischer Rede. Der Narr setzt das Prinzip der Unterscheidung außer Kraft und vervielfältigt so

Sinn, man denke an die Wortspiele Valerios oder an die ›Predigt‹ des Handwerksburschen (vgl. MBA 7.2, 30; DKV I, 213). Damit verflüssigt der Narr die als Spiel gedeutete Welt, macht er sie leicht aber auch unverbindlich.

Wenn Büchner die Vorstellung des Theater-Spielens als Deutungsfigur im Hinblick auf die Wirklichkeit universalisiert, was ihn zum Topos des ›Welttheaters‹ führt (vgl. Greiner 2003), arbeitet er wieder bestimmte Aspekte der erläuterten metonymischen oder metaphorischen Theaterkonzeption aus. Vor allem in *Danton's Tod* werden aus diesem Topos viele Bilder und Argumente gewonnen. Der schon genannte Ausspruch Dantons, »wir stehen immer auf dem Theater, wenn wir auch zuletzt im Ernst erstochen werden«, setzt den Topos: Leben wird hier insgesamt als Theaterspiel begriffen, wobei ungeklärt bleibt, von welcher höheren Position aus diese Sicht formuliert wird. Mit der Gegenüberstellung von ›Theater‹ und ›Ernst‹, die hier als ontologische zu verstehen ist, wird für die Theaterspieler Selbsttäuschung suggeriert: Was bloßes Spiel zu sein schien, erweist sich zuletzt als tödlicher Ernst. Nimmt man die Ansicht, immer auf dem Theater zu stehen, als die Selbstdeutung eines der großen »Ecksteher der Geschichte«, deren volltönende Programme und pathetisches Agieren auf der ›Bühne‹ der Geschichte durch die pure Mitanwesenheit des Volkes als weiterhin hungernd und ohnmächtig schon immer negiert sind, wird das Volk, ohne dass es aktiv werden müsste, als Inhaber der Position kenntlich, von der aus das Handeln der großen Helden der Geschichte als bloßes Theater erscheint. Das Volk ist zwar nicht Urheber, aber dramaturgisch doch Richter über das Welttheaterspiel. In der Perspektive dieser Richter bewirken die großen Helden nichts, gestikulieren sie nur, als ob sie große Helden wären. In dieser Umkehrung, revolutio, dass es in die Position, die in der Welttheatervorstellung traditionell Gott zuerkannt ist (Richter über das Spiel zu sein), dramaturgisch das Volk einrückt, erweist sich Büchners Erstlingsdrama als wahrhaft revolutionär. Nach solcher dramaturgischen Ermächtigung des Volkes kann die Position Gottes als eines genießenden Zuschauers des Welttheaterspiels auch explizit negiert werden. Philippeau hatte als beruhigende Sichtweise auf die tödlichen irdischen Händel vorgeschlagen: »Es gibt ein Ohr für welches, das Ineinanderschreien und der Zeter, die uns betäuben, ein Strom von Harmonien sind«, wogegen Danton, in der nun schon bekannten Struktur, die Wirklichkeit der Darsteller geltend macht: »Aber wir sind die armen Musikanten und unsere Körper die Instrumente« (DKV I, 85; MBA 3.2, 76), um zuletzt als göttlichen Zuschauer des Welttheaterspiels nur noch das Nichts auszumachen: »Das Nichts ist der zu gebärende Weltgott.« (DKV I, 86; MBA 3.2, 77) Das Drama ist hier weiter als sein Protagonist, es hat in diese Position schon längst das Volk eingerückt, ohne es politisch-romantisch zu verklären, vielmehr gerade in seiner Stumpfheit, Manipulierbarkeit und in seinem kruden Materialismus.

Im Spannungsfeld der Pole ›Theaterspiel‹ und ›Ernst‹ ist auch das hypertrophe Zitieren zu situieren, das Büchner in diesem Drama und auch in seinen weiteren literarischen Arbeiten betreibt. Schon die historischen Figuren der Französischen Revolution gefielen sich darin, ihr Handeln als Wiederholen früherer historischer Begebenheiten, insbesondere der Römischen Republik, darzustellen, mithin als Theaterspiel, das auf eine andere historische Konstellation verweist, zugleich ein Theaterspiel, in dem zuletzt ernsthaft gestorben wird (was das Spiel in die Nähe von Zirkusspielen der Römischen Kaiserzeit rückt, bei denen ›im Ernst‹ getötet und gestorben wurde). Das hypertrophe Zitieren im Akt des literarischen Schaffens wiederholt diskursiv dieses Nachspielen, allerdings ohne tödliches Finale. Es wird in *Danton's Tod* wieder in die beiden erläuterten Arten von Theatralität auseinandergelegt. In der ersten Volksszene tritt der Souffleur Simon auf. Ein Souffleur hat dafür zu sorgen, dass der Schauspieler nicht aus dem Text fällt. Simon belegt umgekehrt seine Lebenswirklichkeit – von der Prostitution seiner Tochter zu leben – mit pathetischen Theatertexten. Der Fortgang der Szene erweist diese Theatralisierung als bloße Verdrängung. Aus dem metonymischen Missverhältnis zwischen Lebenswirklichkeit und theatralischer Deutung formuliert dann ein »Bürger« eine flammende politische Anklage, die zuletzt jedoch vom hinzutretenden Robespierre für dessen ›Revolutionstheater‹ dienstbar gemacht wird. Am Zitieren ist hier auf das Missverhältnis von geborgter Rede und Lebenswirklichkeit abgehoben (deutet man das Missverhältnis als Verdrängung, hat es immerhin Methode). Büchners literarisches Schaffen als ein ausgiebiges Zitieren hat den gegenteiligen Effekt: Die Worte sind geborgt und doch erscheinen sie, wie die Figuren, denen sie in den Mund gelegt sind vollkommen original. Büchner gelingt offenbar diskursiv, was er in der Welt seiner Texte an einzelnen Figuren vorführt (z. B. an dem zitierten »jungen Menschen« oder an Lucile oder in den närrischen Reden seiner Figuren): eine metaphorische Theatra-

lisierung, die, wie im Vorgestellten das Vorstellende, im Fremden der zitierten Rede das ganz Eigene des Autors oder einer Figur zu entfalten vermag.

Wenn Büchner in *Danton's Tod* die Promenadenszene (II, 2) mit einer Sequenz schließt, in der ein »Herr« (worunter ein ›honnête homme‹ zu verstehen ist, ein Bürgerlicher, Gebildeter, im Unterschied zum politisch, nicht sozial zu verstehenden ›Bürger‹, dem ›citoyen‹) das neueste Theaterstück preist: »Ein babylonischer Turm! Ein Gewirr von Gewölben, Treppchen, Gängen und das Alles so leicht und kühn in die Luft gesprengt« (DKV I, 44; MBA 3.2, 36), die Promenadenszene so als Konkretion des Topos ›Welttheater‹ anzeigt, macht die diskursive Ordnung der Szene – Montage unterschiedlichster Teile – deutlich, welche Art von Theatralität dabei beansprucht wird: metaphorisches Sich-Entfalten des Vorstellenden im Vorgestellten und umgekehrt, was Aufheben von Differenz impliziert, weshalb Danton dann auch dieses Welttheater auf die Formel ›unzüchtiger Begattung‹ bringt, d. h. eines keine Ordnung anerkennenden Vermischens und weiter eines diesem entsprechenden Lachens, eines Lachens, das alle Grenzen aufhebt: »Ich begreife nicht warum die Leute nicht auf der Gasse stehen bleiben und einander in's Gesicht lachen. Ich meine sie müßten zu den Fenstern und zu den Gräbern heraus lachen und der Himmel müsse bersten und die Erde müsse sich wälzen vor Lachen.« (DKV I, 43; MBA 3.2, 36) Von dieser entgrenzenden metaphorischen Theatralität hebt das Drama in der nächsten Szene die metonymische ab, die bei den Zuschauern mehr Erfolg hat. Sie begeistern sich für das vorgestellte Künstliche – geschnitzte »Marionetten, wo man den Strick hereinhängen sieht« (DKV I, 44; MBA 3.2, 37) und hören und sehen nichts von der lebendigen Wirklichkeit der »Schöpfung« um und in ihnen (DKV I, 45; MBA 3.2, 37).

Theater als Perspektive des praktischen Bezugs zur Welt

Theatralisierung begegnender Wirklichkeit, diese in der Figur des Theater-Spiels zu deuten oder gar in den Modus von Theater-Spiel zu überführen, betreiben aber nicht nur Figuren Büchners, sondern ist gleichzeitig auch ein zentrales Moment in dessen praktischem Bezug zur Welt. So analysiert er seine eigene, auf Umsturz der gegebenen Verhältnisse zielende Tätigkeit in Gießen und Darmstadt in der Weise, dass er ein Drama über jene Phase der Französischen Revolution schreibt, in der deren bürgerliche Ziele auf dem Spiel standen. Schon von Verfolgung bedroht und ernsthaft gefährdet, schreibt er ein Theaterstück, was nicht das nächstliegende Verhalten in solch einer Situation ist. Dass das Drama ihm zu Geldmitteln verhelfen soll, ist nur ein Aspekt, faktisch wurde die Flucht dann ja durch »einen Teil der in Butzbach gesammelten Gelder« ermöglicht (nach Hauschild 1997, 588, »20 Gulden, die im Frühjahr 1835, wohl von der Familie, [an den Spender, B.G.] zurückgegeben wurden«), der andere ist Depotenzieren einer überaus bedrängenden Wirklichkeit durch Überführen in Theater, das dann einer metaphorischen Theatralität verpflichtet sein muss: Entfalten des Eigenen in der Welt anderer Gestalten einer anderen geschichtlichen Epoche. Das Gegenstück hierzu ist das Verfahren, von dem eine Reihe von Briefen Büchners Zeugnis geben, eine politische Situation, die in der Sicht eines revolutionär Gesinnten perspektivlos ist, sich aber geräuschvoll als progressiv darbietet, als ›Komödie‹ im Sinne eines falschen Theaters zu deklarieren (so der Bericht über den Einzug des polnischen Freiheitskämpfers Ramorino in einem Brief an die Familie, nach dem 4. Dezember 1831, vgl. DKV II, 357 f.). Die Umdeutung der politischen Verhältnisse in schlechtes Theater hat hier auch Handlungssinn, d.i. eigene Ohnmacht zu kompensieren, was Büchner ca. ein Jahr später auch explizit ausspricht: »Für eine politische Abhandlung habe ich keine Zeit mehr, es wäre auch nicht der Mühe wert, das Ganze ist doch nur eine Komödie. Der König und die Kammern regieren, und das Volk klatscht und bezahlt« (Brief an die Familie, Dezember 1832, DKV II, 365) und ähnlich aus Darmstadt, wieder ein Jahr später: »Die politischen Verhältnisse könnten mich rasend machen. Das arme Volk schleppt geduldig den Karren, worauf die Fürsten und Liberalen ihre Affenkomödie spielen. Ich bete jeden Abend zum Hanf und zu d. Laternen« (an August Stoeber, 9.12.1833, DKV II, 376 f.).

Bedrängende Wirklichkeit in Theater zu überführen, um sie zu depotenzieren, gesteht dem so Handelnden zu, dass er über die Theatralisierung verfügt, sie vollziehen, aber auch lassen kann. Büchner bringt aber auch den anderen Fall zur Sprache, sich in einem Theater vorzufinden, ohne über die Theatralisierung zu verfügen. Das kann lachend hingenommen werden, wenn das ›Theater‹ selbst eines zum Lachen ist. In diesem Sinne wehrt sich Büchner gegenüber seiner Familie gegen den Vorwurf, arrogant und ein Spötter zu sein, indem er seine Art Spott als Verfahren beschreibt, sich als Narr zu produzieren, der allererst über sich selbst lacht, über

seine menschliche Reduziertheit, für die er gar nichts kann, dass er also die Narrenrolle spielt, die ihm vorgegeben ist, die er aber zugleich auch bejaht, Narrentum hier verstanden als Einziehen von Differenz im Unterschied zu denen, die verachten, d.h. die ihre Differenz zu anderen Menschen herausstellen (vgl. Brief an die Familie, Februar 1834, DKV II, 378–380). Anders wird auferlegte Theatralisierung erfahren, wenn das ›Stück‹ entschieden abgelehnt wird. Das ist der Fall des Briefes an die Braut über den »gräßlichen Fatalismus der Geschichte« (DKV II, 377). Die ›école fataliste‹ der französischen Geschichtsschreibung (Thiers, Mignet) hatte, bezogen auf die Französische Revolution, betont, dass sich mit eherner geschichtlicher Notwendigkeit als Sieger dieser Revolution die Bourgeoisie durchsetzen musste, völlig unabhängig vom Handeln der einzelnen Personen, deren Zielen und Methoden (vgl. Mayer 1979). Damit ist das Handeln des Einzelnen, gegen dessen Willen, auf ein Bedeuten hin gespannt, das es befördert und darstellt. So liegt der Theatertopos nahe, der dann bei Büchner auch sogleich auftaucht, in der Vorstellung von Puppenspiel, hier zu verstehen als Spiel von Marionetten, deren Fäden vom ehernen geschichtlichen Gesetz gezogen werden: »Der Einzelne nur Schaum auf der Welle, die Größe ein bloßer Zufall, die Herrschaft des Genies ein Puppenspiel, ein lächerliches Ringen gegen ein ehernes Gesetz, es zu erkennen das Höchste, es zu beherrschen unmöglich« (DKV II, 377) und wenig später: »Ich bin ein Automat; die Seele ist mir genommen« (DKV II, 378). Sich in diesem Theater vorzufinden, hat befreiende Aspekte – die großen Helden der Geschichte sind damit depotenziert, auch sie sind nur Spieler in diesem Stück, ohne über dessen Bedeutung zu verfügen –, mehr Gewicht hat für Büchner aber die Möglichkeit der Tragik, die diese Konstellation bereithält, insofern der Einzelne als unfreiwilliger Agent der geschichtlichen Notwendigkeit Handlungen begeht, die außerhalb seiner Verfügung liegen, für sie aber gleichzeitig doch die volle Verantwortung übernehmen muss. In diesem Sinne zitiert Büchner das Christuswort (Mat 18,7; Luk 17,1): »Der Ausspruch: es muß ja Ärgernis kommen, aber wehe dem, durch den es kommt, – ist schauderhaft.« (DKV II, 377) Die schwere Erschütterung, die diese geschichtsphilosophische These mit ihrer Konsequenz, sich einer unfreiwilligen Theatralisierung ausgesetzt denken zu müssen, in ihm hervorgerufen hat, versucht Büchner dann aber durch eine erneute Theatralisierung zu distanzieren, indem er andeutet, dass das Gesagte auf eine ganz andere Bedeutung hin gespannt, Ausdruck von Liebessehnsucht sei, Leiden an der Entfernung von der Geliebten, um abschließend zu kommentieren, der Brief sei ein »Charivari« (DKV II, 378), d. h. ein buntes Durcheinander, also Entfalten des einen, der Wirklichkeit des Darstellenden, im anderen, Bedeuteten, Liebe auszudrücken. Über unfreiwillige Theatralisierung berichtet Büchner auch genussvoll, mit dem Handlungssinn, sich an den Herrschenden zu rächen, da er unmittelbar zuvor von Inhaftierungen in Hessen und Bayern gesprochen hat:

Der Direktor des Theaters zu [Braunschweig] ist der bekannte Componist *Methfessel*. Er hat eine hübsche Frau, die dem Herzog gefällt, und ein Paar Augen, die er gern zudrückt, und ein Paar Hände, die er gern aufmacht. Der Herzog hat die sonderbare Manie, Madame Methfessel im Kostüm zu bewundern. Er befindet sich daher gewöhnlich vor Anfang des Schauspiels mit ihr allein auf der Bühne. Nun intrigiert Methfessel gegen einen bekannten Schauspieler […]. Der Schauspieler will sich rächen, er gewinnt den Maschinisten, der Maschinist zieht an einem schönen Abend den Vorhang ein Viertelstündchen früher auf, und der Herzog spielt mit Madame Methfessel die erste Scene. Er gerät außer sich, zieht den Degen und ersticht den Maschinisten; der Schauspieler hat sich geflüchtet. – (DKV II, 430 f.)

Auch dies ein Theater, auf dem zuletzt im Ernst erstochen wird, allerdings nicht der Schauspieler, sondern der Maschinist: »Wir arme Leut«, sagt Woyzeck, »Unsereins ist doch einmal unseelig in der und der andern Welt« (MBA 7.2, 25; DKV I, 207).

Literatur

Greiner, Bernhard: Welttheater. In: Jan-Dirk Müller (Hg.): Reallexikon der deutschen Literaturwissenschaft. Bd. 3. Berlin/New York 2003, 827–830.
– : Die Komödie. Eine theatralische Sendung: Grundlagen und Interpretationen. Tübingen/Basel ²2006.
– : The Birth of the Subject out of the Spirit of the Play within the Play: The Hamlet Paradigm. In: Gerhard Fischer/Ders. (Hg.): The Play within the Play. The Performance of Meta-Theatre and Self-Reflection. Amsterdam/New York 2007, 3–14.
Hauschild, Jan: Georg Büchner. Biographie. Berlin 1997.
Mayer, Thomas Michael: Büchner und Weidig – Frühkommunismus und revolutionäre Demokratie. Zur Textverteilung des »Hessischen Landboten«. In: Heinz Ludwig Arnold (Hg.): Georg Büchner I/II. Sonderband Text + Kritik. München 1979, 86–104.
Schmidt, Tobias: »Aber gehen Sie in's Theater, ich rath' es Ihnen«. Das Darmstädter Theater zu Georg Büchners Zeit. In: GBJb 10 (2000–2004) 2005, 3–52.

Bernhard Greiner

4. Zitat

Von Anfang an ist es Lesern aufgefallen, dass Büchner in seinen Werken mit Zitaten arbeitete. Zuerst bei *Dantons Tod*: Karl Gutzkow berichtete, schon bei einer ersten Lesung hätten Zuhörer bemerkt, wie eng das Drama sich an Geschichtswerken der Zeit ausrichtete (vgl. Gutzkow 1837, 332). Wie sich aus Reaktionen der Zeitgenossen schließen lässt (vgl. Dedner/Mayer in MBA 3.2, 302–337), erkannte man offenbar, dass die Reden, die im Drama gehalten werden, oft wörtlich aus Louis-Adolphe Thiers' *Histoire de la Révolution française* und anderen Geschichtswerken der Zeit genommen waren. Auch die Obszönitäten und *puns* spielen eine Rolle: Obwohl sie keineswegs aus Thiers oder Mignet, sondern aus Shakespeare stammen, sah Büchner selbst in ihnen eine Aura des Wörtlichen, das Zitat wirklicher Worte auf dem Theater (an die Familie, 28.7.1835, DKV II, 410; vgl. Müller-Sievers 2003, 109 f.). An *Leonce und Lena* hat Gutzkow die Abhängigkeit von literarischen Vorbildern hervorgehoben. Clemens Brentanos *Ponce de Leon* und Alfred de Mussets *Fantasio* oder *On ne badine pas avec l'amour* sowie die Figur des Theaters-im-Theater aus Tiecks Komödien fielen ins Auge. Hinsichtlich der »Lenz«-Erzählung wusste Gutzkow schon, bevor er den Text später lesen konnte, dass Büchner Quellenstudien betrieben hatte: Dem zögernden Autor hatte er angeboten, statt der eigentlich erwarteten Novelle zunächst »Erinnerungen an Lenz« – biographische Materialien – zu veröffentlichen (Gutzkow an Büchner, 28.9.1835, DKV II, 417).

Dass Büchners Texte viel und vielfältig zitieren, fiel also sofort auf. Offenbar lag darin eine Attraktion. Ausgesprochen aber wurden zunächst Vorbehalte und Kritik: Büchner, hieß es, verkenne das Wesen des Dramas, indem er sich an Geschichtswerke anlehne; Materialien zu »Lenz« schienen Gutzkow nur als Vorausgabe zur erwarteten ›Novelle‹ akzeptabel; und dass *Leonce und Lena* so stark an Alfred de Musset oder Shakespeares *Wie es Euch gefällt* erinnerte, passte für Gutzkow nicht zum Konzept vom Genie Büchner und zur eigenen Wendung gegen die Romantik (vgl. MBA 3.2, 302–309). Dabei waren Aspekte von Büchners Zitierweisen bekannt: Man hatte Charles Nodiers *Le dernier banquet des Girondins* gelesen, das wie Büchners *Dantons Tod* ein Stück Geschichte mit originalem Wortlaut zu einem (Lese-) Drama zusammensetzt; und man kannte die historischen Romane Walter Scotts. Die Arbeit mit psycho-

logischen und kriminalistischen Fallgeschichten war
seit Schiller, Spieß und Karl Philipp Moritz' *Magazin
für Erfahrungsseelenkunde* im Bewusstsein der literarischen Öffentlichkeit. Die Zitationspraxis in der Komödie schließlich bildete in Frankreich und Deutschland den Standard der Moderne. Aber eine eigene
Benennung und Würdigung für diese Zitierweisen
als Verfahren eines literarischen Autors gab es nicht.
Das war schon anders, als Karl Emil Franzos 1879
die erste Ausgabe des »Woyzeck« herausgab. Im Zusammenhang mit dem aufkommenden Naturalismus und mit Stücken wie Hauptmanns *Weber* von
1892 fiel nun eine Art dokumentarischer Zitathaftigkeit ins Gewicht, die man im »Woyzeck« sah – eine
Zitathaftigkeit, die nicht auf andere literarische Texte
bezogen war, sondern auf dialektale Sprechweisen
und eine soziale Wirklichkeit, die man sich in jour-
nalistischer oder wissenschaftlicher Darstellung erfasst vorstellte. Das war Jahrzehnte, bevor die Abhängigkeit des Dramas von der Fallgeschichte des
historischen Woyzeck bekannt wurde. In den Wirkungen des Zitathaften und des Fragmentarischen
des »Woyzeck« lag dann zunehmend seit der berühmten Uraufführung des »Woyzeck« 1913 das Bild
des Autors Büchner begründet, das sich in der europäischen Moderne maßgebend durchgesetzt hat. Erst
damit lässt sich im Sinne einer vom Kino beeinflussten Ästhetik von Zitat und Montage (vgl. Klotz 1976)
bei Büchner sprechen, wie es die Forschung später
getan hat (vgl. Lehmann 1967, 9–12; Mayer 1990,
132; Wender 1988; Dedner 1987b, 172) – auch wenn
dieser Zusammenhang in den 1910er und 20er Jahren nicht deutlich ausgesprochen wurde. Die Verschränkung von zeitgenössischer Ästhetik und dem
Interesse an Büchners Zitaten ist nicht zu übersehen.

Es ist weder möglich noch interessant, von diesem Zusammenhang zwischen der Rezeptionsgeschichte und den Kategorien der Forschung absehen
zu wollen. Aber man muss versuchen, die Fragestellungen und Begriffe zu sondieren, die mit ›Zitat‹ und
›Montage‹ gegeben sind, und eine kritische Geschichte ihres Zusammenkommens zum zitierenden
(und montierenden) Autor Büchner in Angriff nehmen.

Zitat und Quellenforschung

Unsere Kenntnis der Zitatdichte in Büchners Werken verdanken wir der Quellenforschung. Nach ersten Sichtungen des ›Einflusses‹ (Paul Landaus Büchner-Ausgabe von 1909) begann die quellenkundliche Arbeit noch vor dem Beginn des Ersten

Weltkriegs mit Funden wie Hugo Biebers Nachweis
des historischen Woyzeck-Falles im *Literarischen
Echo* (16 [1913/1914]) und Anna Jaspers' Entdeckung der Bibliotheksausleihen für *Danton* in ihrer
Dissertation *Georg Büchners Trauerspiel ›Dantons
Tod‹* von 1918; mit Fritz Bergemanns Registern zur
Quellenkunde des *Danton* in der Werkausgabe von
1922 sowie seiner mit der Quellenfrage verbundenen Rekonstruktion des »Woyzeck«-Textes, mit Karl
Viëtors 1933 im *Euphorion* veröffentlichten Aufsatz
zu den Quellen des *Danton* und schließlich Heinrich
Vogeleys Dissertation *Georg Büchner und Shakespeare* von 1934. Den Stand einer kritischen Wertung der Quellen (vgl. Wender 1988, 22) hat die Forschung seit den 1970er Jahren mit Walter Hinderer,
Thomas Michael Mayer, Herbert Wender und Burghard Dedner erreicht; ihre Ergebnisse sind in die
DKV bzw. MBA eingegangen.

Die philologische Quellenforschung begann also
zwischen den Weltkriegen, als auch die moderne Zi-
tat- und Montagetechnik (vgl. Klotz 1976) und damit die Möglichkeit eines rhetorischen bzw. textäs-
thetischen Interesses an Büchners Zitierweisen entstand. Trotzdem stellen die Quellenforschung und
die Auseinandersetzung mit Zitat wie Montage divergierende Ansätze dar. Es geht dabei nicht nur um
den Unterschied zwischen Quellenkritik und ihrer
interpretierenden Auswertung (vgl. Beck 1963; Wender 1988, 2–24). Auch wenn Quellenkritik für die
Interpretation angewendet wird, ist ihre Perspektive
die der Entstehung des vorliegenden Textes von
Quellen her. Beim Interesse an Zitat und Montage
steht aber der vorliegende Text in seiner Verfahrens-
art und seinem Status als Text zur Diskussion. Zitieren ist eine Arbeit eigener, literarischer Art (vgl.
Compagnon 1979). Es ruft einen Wortlaut bzw. den
Text, aus dem er stammt, auf; es zitiert den Wortlaut
oder die Art des Ausgangstexts in den eigenen Texts,
wie man jemanden vor Gericht ›zitiert‹: als Zeugen
oder Gegner, als stützendes oder zu bekämpfendes
Beweisstück (vgl. Benninghof-Lühl 1998; Menke
2004). Während für die Philologie die Quelle den
Begriff des Zitats definiert, definiert für Rhetorik
und Ästhetik des Texts das Zitat den der Quelle. Dabei ändern die Begriffe ihre Bedeutung: Für die
Quellenforschung ist die Quelle rein und transparent – erst indem sie im Werk aufgenommen wird,
erhält sie Bedeutung und Tendenz. Die rhetorische
und ästhetische Forschung lenkt dagegen den Blick
darauf, dass etwas erst dadurch, dass es zitiert wird,
zur Quelle wird – ›Quellen‹ können darum nicht
neutraler oder wahrer sein als die Zitierweisen, die

sie zur Quelle machen. Trotz der Unterschiedlichkeit der Gesichtspunkte von Quellenkritik und Rhetorik des Zitats gehören beide Seiten letztlich zusammen: Spätestens seit der *Hamburger Ausgabe* von Werner R. Lehmann (1967–1971) kann man beispielsweise sagen, dass es zum Verständnis des »*Woyzeck*« dazu gehört, dass wir die Quellen in den Anhängen nachschlagen können. »*Woyzeck*« zitiert dann aber seine Quellen so, dass das Drama nicht nur auf sie zurückgeht, sondern auf ihr Vorhandensein als Quelle mit verweist (vgl. Campe 1998, 210–212). Gerade die Umkehrung im Verhältnis von Zitat und Quelle beim »*Woyzeck*« zeigt, dass es bei ihnen nicht um bezuglose Größen geht. Das Zitat kann nicht zitieren, ohne einen Begriff und ohne ein Dispositiv von Quellen in Anschlag zu bringen. In diesem Sinne ist Quellenkunde eine Voraussetzung für die Möglichkeit zu zitieren; und sie wird darum im Sinne einer kulturellen Praxis bedeutend für ein erweitertes Verständnis von Zitat und Montage.

Literarisches und pragmatisches Zitieren

In Büchners wenigen literarischen Werken sind drei Formen des Zitatgebrauchs ausgeprägt. Sie lassen sich, soweit die Bände erschienen sind, an den editorischen Entscheidungen der MBA ablesen: In der Edition von *Danton's Tod* weist der »Quellenbezogene Text« Zitate aus den historischen Werken nach, die Büchner zur Abfassung des Dramas benützt hat. Das sind im engeren Sinn Thiers' *Histoire de la Révolution française* oder J.K. Friederichs *Unsere Zeit*, im erweiterten Sinn Rousseaus *Œuvres politiques* und Heines *Französische Maler*. Es fehlen Tennemanns Philosophiegeschichte oder Heines *Französische Zustände* und vor allem die literarischen Bezugstexte wie Goethes *Egmont* oder Shakespeares *Hamlet* und *Julius Caesar*. Zwei Annahmen treffen zusammen: Zum einen verstehen die Herausgeber unter Quellen diejenigen Schriften, deren Gebrauch in den Entstehungsprozess im Herbst 1834/Frühjahr 1835 gehören, während die meisten anderen zum weiteren Lektürehintergrund zählen; zum andern verstehen sie *Danton's Tod* als Geschichtsdrama mit politischen Absichten, dessen Quellen folglich historische Schriften (mit einigen zusätzlich interpretierenden Hilfen) sind, nicht die literarischen Vorbilder. Gerade die literarischen Zitate stehen aber, wie Dedners *Kritische Studienausgabe* von *Leonce und Lena* ausweist, ganz im Vordergrund der Komödie Büchners (vgl. Dedner 1987a). In der Edition des »*Lenz*« schließlich sind im »Quellenbezogenen Text« wieder

die Zitate aus Oberlins *Herr L…* und andere Quellen zum Fall Lenz wie August Stoebers »Der Dichter Lenz« und *Vie de J.F. Oberlin* optisch dargestellt. Ebenso sind seit Werner R. Lehmanns Büchner-Ausgabe die Gutachten des Doktor Clarus zusammen mit Darstellungen ähnlicher Fälle aus der Debatte um kriminalrechtliche Zurechnung der 1820er und 1830er Jahren fester Bestandteil von »*Woyzeck*«-Ausgaben. Man kann der Praxis der MBA folgend von einem historischen, einem literarischen und einem kasuistischen (d. h. auf Fallgeschichten bezogenen) Zitieren sprechen. Diese Zitate bestimmen, was in dem jeweiligen Werk als primärer Hintergrund des Zitierbaren, d. h. als ihre maßgebende Zitathaftigkeit gelten kann. Dabei wird man allerdings, von der Edition der MBA abweichend, Überschneidungen berücksichtigen. Vor allem spielen literarische Zitate auch in die vom historischen und vom kasuistischen Zitat geprägten Werke hinein.

Unter dem neoformalistischen Begriff der Zitathaftigkeit (vgl. Tolić 1995, 20–22) ist eine Beziehung zwischen zwei Texten zu verstehen, derart dass entweder der zitierte Text in seiner Identität unberührt im neuen wieder auftritt (Richtung vom alten zum neuen Text: Wiedererkennung bzw. Automatisation des Erkennens) oder die Andersheit des zitierten Textes vom zitierenden Text auffällig gemacht wird (Richtung vom neuen zum alten Text: Entautomatisation oder Verfremdung). Für Klotz (1976, 265 f.) ist nur der zweite Fall für die Rede von Zitat und Montage in der Moderne der 1920er Jahre ausschlaggebend; man wird aber beide zusammen berücksichtigen, um die Verhältnisse bei Büchner zu beschreiben.

Historische, literarische und kasuistische Zitierweisen sind nicht einfach drei verschiedene Fälle von Zitathaftigkeit, sondern unterschiedliche Aspekte dessen, was im Zitat aufrufbar ist. Historische und kasuistische Zitierweisen (im Sinne des frühen 19. Jahrhunderts verstanden) sind Fälle der gleichen Art, aber mit gegensätzlicher Ausrichtung. Sie sind pragmatische Zitierweisen, weil sie sich auf *pragmata*, Handlungen und Sachverhalte in der Welt, beziehen. In Anlehnung an Tolić (1995) lässt sich schematisch sagen, dass sie darum der Art nach Texte der Wiederholung und Wiedererkennung hervorbringen. Innerhalb dieser Textart tragen sie aber den von Tolić beschriebenen Gegensatz aus. Das historische Zitat bringt vor allem den alten im neuen Text zur Geltung. Der alte Text ist der maßgebende und bedeutungsbegründende Text. Wie auch immer ein neuer Text, der einen anderen als historischen Text zitiert, etwas hinzufügt, eine neue Seite entdeckt o. Ä. – sein Hauptanliegen ist es, den historischen Text als solchen zur Geltung kommen zu lassen. Umgekehrt ist es bei der Fallgeschichte. Auch die Fallgeschichte ist nur dazu da, zitiert zu werden. Die Zeitschriften zur empirischen Psychologie, zur Psychiatrie und psychiatrischen Kriminalistik, die Büchner aus der Bibliothek seines Vaters kannte und für »Woyzeck« verwendete, bezeugen das. Aber die Fallgeschichte bedeutet an sich selbst nichts. Sie wird erst von dem jeweiligen Text, in dem sie neu erzählt oder eben zitiert wird, gewertet und zugeschnitten. Schon die erste Veröffentlichung einer Fallgeschichte ist nur die erste, der Sache nach schon wiederholende Sinngebung eines als zitierbar vorausgesetzten Materials. So prägen historisches und kasuistisches Zitat den Gegensatz zwischen Wiedererkennung und Entautomatisation gleichsam schon in sich aus; aber beide Male ohne damit eine ästhetische Absicht zu verbinden.

Dass damit aber *Danton's Tod,* »Woyzeck« und »Lenz« in ihrer Zitierweise nicht schon erfasst sind, hängt mit der dritten, der literarischen, Zitierweise zusammen. Denn diese Werke greifen das historische und das kasuistische Zitat innerhalb der literarischen Form des Zitierens auf. Diese dritte Form des Zitierens liegt auf einer von den beiden anderen unterschiedenen Ebene. Das Zitat der romantischen Komödie Brentanos, Mussets oder Tiecks, das seinerseits auf Shakespeares *Wie es euch gefällt* oder *Sommernachtstraum* anspielt oder überhaupt vorführt, dass auf der Bühne Theater gespielt wird, passt zu einer Theorie, derzufolge ein literarischer Text wesentlich von seiner Zitathaftigkeit geprägt ist. Der literatursemiotische Begriff der Intertextualität hat das in den 1970er Jahren neu gefasst. Danach ist die Eigenschaft, die einen Text literarisch macht, davon bestimmt, dass er sich nicht nur auf Tatbestände in der Welt bezieht, sondern gleichzeitig oder in erster Linie auf andere Texte und auf konventionale Gattungen von Texten. Dadurch dass ein Text einen anderen Text oder eine Gattung von Texten als Stück seiner selbst zitiert, macht er sich zum Teil eines Verweisungszusammenhangs zwischen Texten bzw. zwischen Texten und Gattungen von Texten. Insofern ist das literarische Zitat der Art nach entautomatisierend; es überschreibt im Zitat immer seinen eigenen Text mit einer anderen Leseanweisung. Julia Kristeva hat dieses Konzept als allgemeine Semiotik der Literatur (eine Theorie des ›Statuts des Texts‹) formuliert und über der Bestimmung der Systemhaftigkeit des literarischen Universums die referenti-

elle Leistung der Sprache beiseite gelassen (vgl. Kristeva 1969, 72–76 und 84 f.). Im Anschluss daran hat Michael Riffaterre das ›Hypogramm‹ – den in einen aktuellen Text hineingeschriebenen vorangehenden Text – als Interpretanten des referentiellen Sinns des aktuellen Texts verstanden und die Beziehung zwischen aktuellem und vorangehendem Text nach Vorbildern aus der Literaturgeschichte – vor allem im Bezug der Moderne auf die antike Literatur – beschrieben (vgl. Riffaterre 1978, 23–25). Die Vorteile von Riffaterres Modell für den Fall Büchners liegen auf der Hand: Es handelt sich dabei letztlich um eine semiotische Formulierung für den Tatbestand der rhetorischen Schulung an antiken Mustern und der gymnasialen Klassikerlektüre, wie sie für Büchner nachgewiesen ist.

Die Theorie der Intertextualität hilft, den scheinbaren Gegensatz zwischen dem Geschichtsdrama und den auf Dokumenten basierenden Werken »Lenz« und »Wozyeck« einerseits und dem literaturimmanenten Spiel der romantischen Komödie *Leonce und Lena* andererseits zu verstehen. In der Tat scheint das literarische Zitat jeden Bezug auf *pragmata,* Handlungen und Sachverhalte in der Welt, zu umgehen, während historische und kasuistische Zitate sich darauf ausrichten. Literaturgeschichtlich ausgedrückt: Mit *Danton's Tod* und »Woyzeck« scheint Büchner naturalistisches und dokumentarisches Theater vorwegzunehmen, in *Leonce und Lena* gehört er einer Romantik an, die schon Gutzkow veraltet schien. Es hat nicht an Versuchen gefehlt, in der Interpretation eine der beiden Seiten über die andere zu stellen. Man kann das Verhältnis beider Seiten aber besser als den gegensätzlichen Ausdruck eines zu Grunde liegenden Spannungsverhältnisses beschreiben: Danach sind historische und kasuistische Zitate geprägt von der Faszination des Zugriffs auf das Leben und das Reale, müssen sich aber damit beschäftigen, dass sie auch und gerade den Zugang zum Leben und zum Realen durch Praktiken des Zitierens erreichen. Umgekehrt liegt zwar die Literarizität eines Textes in seinem intertextuellen Bezug, aber nur darum, weil jedes Zitat, das Literatur als Literatur verstehen lässt, eine dadurch interpretierte erste, zitatlose Rede an die Wand malt.

Das Zitat der Geschichte

In der Nacht nach der Verhaftung der Dantonisten findet eine Aussprache in der Nationalversammlung statt. Büchner hat sie in Szene II/7 von *Danton's Tod* in engem Anschluss an Thiers' *Histoire de la Révolu-*

tion française dargestellt. Wie bei Thiers stehen zwei Reden im Mittelpunkt: Legendres Rede, die den kommenden Prozess als wirkungsvollen Auftritt Dantons vorbereiten soll, und die Robespierres, der Danton vorab in eine unhaltbare Stellung bringen will. Legendre beginnt: »Vier Mitglieder des Nationalconvents sind verflossene Nacht verhaftet worden. Ich weiß, daß Danton einer von ihnen ist [...].« (II/7, MBA 3.2, 43; DKV I, 51) Bei Thiers steht: »Citoyens, dit-il, quatre membres de cette assemblée sont arrêtés de cette nuit; je sais que Danton en est un [...].« (MBA 3.3, 66) Robesspiere beginnt: »Die seit langer Zeit in dießer Versammlung unbekannte Verwirrung, beweißt, daß es sich [heute] um große Dinge handelt. Heute entscheidet sich's ob einige Männer den Sieg über das Vaterland davon tragen werden.« (II/7, MBA 3.2, 44; DKV I, 52) Thiers hat: »Au trouble depuis long-temps inconnu qui règne dans cette assemblée, à l'agitation qu'a produite le préopinant, on voit bien qu'il est question ici d'un grand intérêt, qu'il s'agit de savoir si quelques hommes l'emporteront aujourd'hui sur la patrie.« (MBA 3.3, 66) Das Wort der Geschichte, das aus Thiers' *Histoire* kommt und das Geschichte gemacht hat, ist auf der Bühne aufgerufen und im performativen Sinn der Vorladung zitiert (vgl. Benninghof-Lühl 1998; Menke 2004).

Diese performative Aura des Worts der Geschichte schließt nicht notwendig ein, dass es sich quellenkundlich um wörtliche Zitate handelt. Büchner übersetzt aus dem Französischen, dabei verwendet er hier wie sonst die deutsche Wiedergabe aus *Unsere Zeit* mit (vgl. MBA 3.3, 220). Meistens ist die Übersetzung der Syntax und dem Lexikon des Deutschen angepasst, manchmal macht sich aber französische Idiomatik bemerkbar. Jedenfalls bei den Reden in II/7 tritt in Büchners Redetext das Französische deutlicher hervor als in *Unsere Zeit*. Hinzu kommt die Umsetzung aus dem historischen Bericht in das Drama: Details der Anrede (an die *Citoyens* bei Legendre) oder des Rückgriffs auf den Vorredner (bei Robespierre) haben damit zu tun; deutlicher zeigt sich das in den Textteilen zwischen ihren Reden: Dass die Stimmung erregt und die politische Lage angespannt ist, berichtet Thiers' Erzählung zwischen den Reden, während Büchner es in den Rufen der Deputierten vorführt. Das performative Zitat der Geschichte lässt also sogar in dem quellenkundlich weitgehend ›wörtlichen‹ Zitat Momente der Montage zu. Montage ist in diesem rein technischen Sinn sogar notwendige Ergänzung zum Zitat: Sie schneidet das zu Zitierende im Ausgangstext aus, übersetzt es und setzt es in die

andere Gattung, das andere Medium, um und klebt es schließlich im Zieltext mit anderen Stücken zusammen. Quellenkundliche Montage im engeren Sinn liegt dann vor, wenn diese ›anderen Stücke‹ ihrerseits jeweils unterschiedliche Ausgangstexte zitieren. Mayer (1990) hat eine beispielhafte Studie zu einer solchen ›Quellenmontage‹ für I/2 vorgelegt: Seinen Befunden nach zitiert die Passage, in der aufgebrachte Bürger einen aristokratisch erscheinenden ›jungen Mann‹ an einer Laterne aufhängen wollen, der aber dem Lynchmord mit einem *bon mot* entkommt, eine oder sogar zwei verschiedene Episoden der *Histoire* Thiers' aus anderen Phasen der Revolution. Pointe dieser Montage ist Mayer zufolge Büchners Interesse an der Szene des Mit-dem-Leben-Davonkommens. In jedem Fall ist die (quellenkundliche) Montage in *Danton's Tod* Schneide- und Klebetechnik im Dienst des performativen Zitats, das Geschichte auf die Bühne und zum Sprechen bringt.

Im Stück wird das noch einmal dadurch deutlich, dass die historischen Worte auch theatralisch montiert – d. h. vorgeführt und kommentiert, manipuliert und zurechtgemacht – erscheinen (zum ›rehearsal of revolution‹ vgl. Holmes 1995, 17 f.). Der ganze zweite Teil des Dramas, der Prozess, kann so gelesen werden: Danton bringt sich einerseits in die Lage, für sich und seine Sache das Wort zu ergreifen; seine Gegner versuchen die Bedingungen, unter denen er sprechen kann, zu manipulieren. Zitiert sind Dantons Worte vor dem Revolutionstribunal also nicht nur aus *Unsere Zeit* und Thiers' *Histoire*, sondern auch als Worte in einem beidseitig inszenierten Schauprozess. Wie eng das quellenkundliche und das performative Zitat zusammengehören, zeigt im ersten Akt der Zusammenhang zwischen einer Rede, die Robespierre in I/2 auf der Straße in der Notsituation des drohenden Lynchmords hält, und seiner ›offiziellen‹ Rede im Jakobinerklub in der folgenden Szene I/3. Denn in der Straßenszene nimmt nicht nur Robespierre selbst Ton und Vokabular seiner Clubrede vorweg, sondern das Volk, zu dem er spricht, verwendet bereits Stücke seiner Rhetorik, noch bevor er spricht. Die Clubrede, die weitgehend aus *Unsere Zeit* und Thiers zitiert ist, ist so schon im Voraus als zitathaft – als vorführ- und nachahmbar, d. h. als wiederholbar – markiert durch die wohl weitgehend von Büchner erfundene Straßenrede in I/2. (zur Ideologie- als Sprachkritik des Zitats vgl. Niehoff 1991) Worte sind auf Büchners Bühne historisch, d. h. aus Geschichtserzählungen zitiert, insofern sie an sich selbst zitierbar – wiederholbar – sind.

Darum gibt es in *Danton's Tod* zuletzt keinen Widerspruch, wohl aber eine Spannung, zwischen dem historischen Zitat und dem literarischen Status der Intertextualität – und damit zwischen wirklich gesprochenem Wort und Theater im Theater. Emblematisch dafür ist der Bürger Simon, dessen Beruf (als einziger) im Personenverzeichnis mit ›Souffleur‹ angegeben ist. In I/2 und II/2 verwendet er mit dem Vokabular der Römertragödie und des Shakespeareschen Dramas Grundbestände derjenigen Rhetorik, aus denen die Worte der Geschichte in Dantons und vor allem Robespierres Mund gemacht sind.

Literatur, Zitat und Intertextualität

Mit dem Souffleur Simon ist auf der Bühne des Stücks, das vom Zitat der Geschichte geprägt ist, eine *dramatis persona* aufgetreten, die aus Tiecks Komödien und ihrer Schaustellung des Theaters als Theater stammt. Wie die literarische Figur des Theaters im Theater eine Wendung in die Geschichte nehmen kann, zeigt der zweite Teil von *Danton's Tod* (Akte 3 und 4), der inszenierte Prozess. In ihrer rein literarischen Form sieht man die Figur dann am Ende von *Leonce und Lena*, wenn Valerio Prinz und Prinzessin als Automaten dem Hof vorführt, so dass sie dort ihre eigene Stelle einnehmen können (und damit ›in effigie‹ ihrer selbst verheiratet werden, III/3, MBA 6, 122; DKV I, 126, wie im Danton Hinrichtungen ›in effigie‹ diskutiert werden, MBA 3.2, 13 f.; DKV I, 22).

Der Souffleur Simon in *Danton's Tod* bezeichnet sich als Emblem solcher literarischen Zitathaftigkeit durch ein ausdrückliches, aber nur halb richtiges *Hamlet*-Zitat (I/2, MBA 3.2, 12 f; DKV I, 21). Die Funktion dieses ausdrücklichen Zitats, das entautomatisierend (vgl. Tolić 1995) die Vorlage anzeigt, in deren Rahmen der aktuelle Text zu verstehen ist, erfüllt in *Leonce und Lena* das Motto zum 1. Akt: »O wär' ich doch ein Narr! / Mein Ehrgeiz geht auf eine bunte Jacke. *Wie es Euch gefällt*.« (MBA 6, 99; DKV I, 95) Das Zitat führt für Büchners Stück aus, was die Person tut, die den Satz bei Shakespeare spricht: Wie ›melancholic Jacques‹ sich vorstellt, indem er sich in einem andern, dem Narren, spiegelt, so stellt sich bei Büchner die Komödie im Shakespeare-Zitat zumindest hinsichtlich ihrer männlichen Protagonisten, Leonce und Valerio, vor (vgl. Shakespeares *Wie es Euch gefällt*, II/7). Die Konstellation aus pastoral-märchenhafter Handlung und politisch-dynastischer Geschichte in Shakespeares Stück ist damit ebenso als Rahmen indiziert wie die Perspektive Jacques', der zum Hofstaat des verbannten alten Herzogs ge-

hört und das Geschehen aus der melancholischen Distanz der *outlaw* reflektiert. Leonce und Valerio, die im Mittelpunkt der ersten Szene von Büchners Komödie stehen, sprechen in Wendungen, die, wie die Forschung nachgewiesen hat (vgl. Hinderer 1977, 59–63 und 133; Dedner 1987b), vielfach auf Brentanos *Ponce de Leon*, Passagen aus Schlegels *Lucinde* oder aus Jean Paul und E.T.A. Hoffmann anspielen – auf Sprachfiguren also, die ihrerseits in der Genealogie des vom ›melancholic Jacques‹ indizierten Typus stehen; die artifizielle Arkadien- und Italientopik von Jean Paul bis Eichendorff kommt hinzu (vgl. Voss 1987). Es charakterisiert diese Personen (vgl. Berns 1987), dass sie in Anspielungen (nichtwörtlichen Zitaten) aus der Literaturgeschichte der Melancholie sprechen und dass sie diese Anspielungen wie Fundstücke in ihrer Rede zusammenkleben (vgl. Dedner 1987b, 170–179). Dieses Verfahren kann schließlich auf einer dritten Ebene Anspielungen hervorbringen, die nicht mehr zum intertextuellen Reservoir der Melancholie gehören, sondern nur noch die Verfügung über das Wort- und Gedankenmaterial der Literatur (und Philosophie), d. h. die Intertextualität von Literatur überhaupt bezeugen. So wenn Leonce in I/1 auf die *Wette* aus Pascals *Pensées* anspielt: »Wollen wir wetten? Wie<v>iel Körnchen hab' ich jetzt auf dem Handrücken? Grad oder ungrad? Wie? Sie wollen nicht wetten? Sind Sie ein Heide? Glauben Sie an Gott?« (I/1, MBA 6, 100; DKV I, 95)

Es kennzeichnet literarische Zitate und Anspielungen, dass sie immer zugleich auf Ausgangstexte zurückführen und den Text, in dem sie stehen, seiner Stellung im Raum der Intertextualität nach indizieren. Literarische Zitate sind zur gleichen Zeit quellenbezogen und performativ. Das trifft prinzipiell auch auf die zweite Seite von *Leonce und Lena* zu. Denn mit dem melancholischen Zitat vom Typus des Jacques aus *Wie es Euch gefällt* ist in Büchners Komödie der satirische Zitatraum des höfischen Zeremonials verbunden. Die Hofsatire, die eine lange Tradition im 17. und 18. Jahrhundert hat (vgl. Berns 1987), kehrt die Festgelegtheit der zeremonialen Form gegen sie selbst. Dass in Zeremonien jede Handlung ist, was sie ist, indem sie ihre Form einem Code von Vorschriften entnimmt und ausstellt oder notfalls fingiert, dass sie es tut, macht sie für den satirischen Blick zur Zitatmaschine. Die Zeremonialsatire kehrt aber die Funktionsweise des melancholischen Zitats der Literatur insofern um, als sie die Personen nicht als reflektierende Herren des Zitats, sondern als unterworfene Ausführungsorgane – Automaten – der Zitatmaschine darstellt. Pointiert ist das in Büchners Komödie in der Person des Königs. Dieser Souverän ist oberster Automat der Zeremonie: Aus seinem Mund kommen die unbeherrschten, zum verfremdeten Zitat mutierten Worte aus dem Vokabular des Spinoza – dem Philosophen, dem Büchners größte philosophische Aufmerksamkeit galt. Die Schärfe und die Leichtigkeit zugleich, die die Satire bei Büchner erreicht, verdankt sie dem geschichtlichen Ende des höfischen Zeremonials in der zweiten Hälfte des 18. Jahrhunderts. Von daher lässt sich noch einmal weitergehend in der Satire der Zitatmaschine nicht nur eine Ergänzung des melancholischen Zitats, sondern auch eine Wendung gegen den Status der Literatur als Intertextualität sehen. Im Spiegel des Zeremonials erscheint Literatur als ein bestimmter Diskurs des Zitatgebrauchs, der sich als solcher in Frage stellen lässt.

Diese Vermutung ist auch darum möglich, weil es einen Typus des Zitats gibt, den Büchner seit *Danton's Tod* (Lucile und die Henker in IV/9, MBA 3.2, 80 f.; DKV I, 89 f.) und besonders dann im »*Woyzeck*« verwendet und der sich der Alternative zwischen Literatur (Herrschaft über das Zitieren) und Zeremonial (dem Zitieren unterliegen) entzieht: das Zitat des Volkslieds (bzw. in »*Lenz*« des Kirchenlieds). Man kann das Zitat des Volkslieds zwar seinerseits als literarisches Zitat aus der Gretchen-Szene aus *Faust I* identifizieren (»Gretchens Stube«). Aber es steht bei Büchner, Goethe folgend, doch auch außerhalb des intertextuellen Raums der Literatur. Denn die Volks- oder Kirchenlieder, die die Dramenpersonen zitieren, sind nicht nur bestimmte Stücke aus der Intertextualität und Zitierbarkeit der Literatur. In ihrer Anonymität und Zugänglichkeit für jedermann – das zumindest ist ihr Status von Herder bis zu Arnims und Brentanos ›Des Knaben Wunderhorn‹ – sind sie auch das Prinzip von Wiederholbarkeit und Zitierbarkeit. Das Prinzip der Literatur, Intertextualität, ist aber nicht ein Teil von ihr. Das zeigt sich daran, dass im Fall der Lieder die zitierenden Personen weder reflektierend mit Zitaten spielen (wie Danton, Camille Desmoulins, Leonce und Valerio), noch das bloße Sprachorgan ihrer Zitate sind (wie Simon oder König Peter) (vgl. Berns 1987); im Augenblick, in dem Marie, Woyzeck oder die Jäger, Lucile oder die Henker Volkslieder singen, rücken sie ihrerseits in die vorpersonale Typenhaftigkeit ein, die dem Volkslied als Prinzip der Zitierbarkeit eigen ist.

Kasuistisches Zitat

Im »*Lenz*« haben literarische Anspielungen vor allem aus Goethes *Werther* und aus der durch E.T.A. Hoffmann und Tieck vermittelten *Gothic Novel* zwar eine wichtige Rolle, treffen aber nicht mit zitierenden und selbstreflexiven Zügen im Text zusammen. Im »*Woyzeck*« treten unbeschadet der Vorbildhaftigkeit der Gretchen-Szenen des *Faust* für die Marie-Szenen (vgl. Weiland 2001, 35–43) literarische Anspielungen in den Hintergrund. Dafür stellen die Varieté- und Experimentierszenen die Theatralität ihrer jeweiligen Situationstypen aus (vgl. Campe 1998, 234–236), ohne dabei aber auf literarische Vorbilder zu verweisen. Der quellenkundliche Nachweis einer Vorbildhaftigkeit des älteren Texts fällt in beiden Fällen, aber aus unterschiedlichen Gründen nicht mit performativ literarischem Zitieren im neuen Text zusammen.

Eine andere, nun wieder pragmatisch vorgeprägte Zitatweise macht sich in diesen Werken Büchners geltend. Dass »*Lenz*« auf Dokumente zum psychologischen Fall des Dichters Lenz zurückging, wusste man seit Gutzkow. Dass »*Woyzeck*« Fallgeschichten von Verbrechen unter verminderter Zurechenbarkeit zur Grundlage hat, wurde seit 1913 (etwa zeitgleich mit der Uraufführung) immer genauer nachgewiesen und dokumentiert. Der Status des Zitats wird in beiden Fällen Gegenstand eines Wissens über die Texte, die ein ihnen inkorporiertes Wissen zum Gegenstand haben. In beiden Fällen zitiert Büchner Fallgeschichten – im Fall des »*Lenz*« in einem weiteren Sinn, da Oberlin das *Mémoire* nicht als formalen Report, sondern als Memorabilie zu Lenz und Rechtfertigung seiner eigenen Beteiligung veröffentlichte (vgl. Gersch 1998, 122–124), im Fall des »*Woyzeck*« dagegen im technischen und historisch noch neuen Sinn des psychiatrischen Gutachtens, das im ebenfalls erst entstehenden Forum der wissenschaftlichen Journale publiziert und erörtert wurde. In beiden Fällen folgt nicht nur der *plot* dem jeweils in den Dokumenten enthaltenen Fall (bzw. bei »*Woyzeck*« den kontaminierten Fällen fraglicher Zurechnung), sondern man findet wörtliche Zitate aus den kasuistischen Dokumenten, ohne dass der Leser wissen kann, dass es sich um Zitate handelt.

Die erste Begegnung zwischen Lenz und Oberlin ist ein solcher Moment: »Oberlin hieß ihn willkommen, er hielt ihn für einen Handwerker. ›Seyn Sie mir willkommen, obschon Sie mir unbekannt.‹ – Ich bin ein Freund von <*vmtl. Arbeitslücke*> und bringe ihnen Grüße von ihm. ›Der Name wenn's beliebt.‹ ...

Lenz. ›Ha, ha, ha, ist er nicht gedruckt?‹.« (MBA 5, 32; DKV I, 227) Im »*Woyzeck*« sind einzelne, wörtliche Zitate besonders solche Worte, die der Gutachter Doktor Clarus als Äußerungen Woyzecks zitiert und die Gegenstand der Erörterung darüber sind, ob eine *idée fixe* und damit verminderte Zurechnung vorliegt oder nicht. Dazu gehören Woyzecks halluzinatorische Worte von den ›Freimaurern‹ in der Szene »Freies Feld. Die Stadt in der Ferne« (MBA 7.2, 22; DKV I, 147) und besonders die Worte »Immer zu«, die Woyzeck wiederholt gebraucht, wenn er das quälende Eifersuchtsbild Maries und des Tambourmajors beim Tanz evoziert (MBA 7.2, 29 f.; DKV I, 163, 164). Im »*Lenz*« und im »*Woyzeck*« fällt auf, dass Büchner zwar *plot* und Zitate aus den Falldarstellungen übernimmt, nicht aber – oder nur unvollständig – deren Perspektive als Falldarstellung. »*Lenz*« ist gerade auf Grund seiner personalen Erzählweise (Erzählen aus der Perspektive einer Person), die bis zur erlebten Rede geht, die moderne Erzählung par excellence in der deutschen Literaturgeschichte geworden. Oberlin berichtet im *Mémoire* aber aus überlegen auktorialer Position. Woyzeck ist bei Büchner nicht nur die Person, um die sich die Welt des Dramas organisiert. Vor allem erscheinen im Drama Worte wie die von den ›Freimaurern‹ und das »Immer zu« nicht als vom Gutachter niedergeschriebene und im Rahmen der Untersuchung aus Woyzeck hervorgebrachte Äußerungen, sondern als seine spontanen Worte, die der Tat vorausgehen.

An diese Problematik anknüpfende Unterschiede in der Art, wie »*Lenz*« und »*Woyzeck*« die ihnen jeweils zu Grunde liegenden Dokumente zitieren, haben mit dem Gattungsunterschied zwischen Erzählung und Drama, aber auch der unterschiedlichen Art der Dokumente zu tun. Im »*Lenz*« kommt es zu einer ausgesprochenen Spannung zwischen Rahmenzitat – dem Zitat des Dokumentcharakters – und den Einzelzitaten aus Oberlin bzw. Stoeber: Während die Erzählperspektive weitgehend personal ist und Zitate aus Oberlins Bericht somit dessen Gegenstand Lenz zuschreibt, verweisen die formelhaften Datierungen auf die Gattung des Reports. Der berühmte Anfang – »Den 20. ging Lenz durch's Gebirg.« – exponiert genau das, wenn andererseits – »es drängte in ihm, er suchte nach etwas« (MBA 5, 31; DKV I, 225) – anschließend Lenz' subjektive Perspektive hervortritt. Um diesen Befund auf das literarische Vorbild des *Werther* zu beziehen, kann man sagen, dass »*Lenz*« paradoxerweise zugleich den Ton der ›subjektiven‹ Briefe Werthers aufnimmt und die ›objektive‹ Sprache der am Ende, nach seinem Tod

angefügten Dokumente zum Fall Werther spricht. In »*Woyzeck*« ist dasselbe Problem durch ein Spiel von Rahmung und Entrahmung gelöst: Zwar erscheint Woyzeck nicht als Gegenstand einer gerichtlichen und psychiatrischen Untersuchung, der seine Worte als Zitate entstammen (der Rahmen des Falls verschwindet), aber er wird im Zusammenhang der medizinischen und naturwissenschaftlichen Experimente zum vorgeführten Fallbeispiel (ein anderer Rahmen wird eingesetzt). Die Zitate beziehen sich so auf eine eigene Rede des Subjekts des Falls, die sie zugleich auslöschen (vgl. Müller-Sievers 2003, 111 f.).

Das kasuistische Zitat kehrt das Zitat der Geschichte um. Die Zitathaftigkeit (vgl. Tolić 1995, 19–22) der Geschichte geht vom Text der Historien und der ihnen als Niederschrift der Geschichte verliehenen Bedeutung aus. Die Zitathaftigkeit der Fallgeschichten entfaltet Bedeutung dagegen erst durch Zitieren eines vorausgesetzten ersten Texts. Das dem Fall zu Grunde liegende Material ›selbst‹ bedeutet nichts; es ist *Mémoire* und Report. Schon in der ersten Darstellung als Fall ist das Material ein erstes Mal zitiert: als Beleg einer These oder Beispiel eines Typus. Fallgeschichten entstehen dadurch, dass sie wiederholt und in neuen Deutungskontexten zitiert werden. In Büchners Werk überkreuzen sich die gegensätzlichen Zitattypen dadurch, dass beide in den intertextuellen Zitatraum der Literatur gestellt sind. In *Danton's Tod* zeigt sich dadurch, dass das Buch der Geschichte im Vorhinein bedeutend ist, weil die in ihm überlieferten Worte schon von sich aus wiederhol- und zitierbar waren. Im Fall ›Woyzeck‹ und im Fall des Dichters Lenz, wo eigentlich erst das Zitiertwerden als Fall den Worten Bedeutung verleiht, sind die Verhältnisse dadurch kompliziert, dass die eigenen Worte der zu Grunde gelegten Subjekte sowohl freigelegt werden wie verschüttet sind.

Buch und Protokoll: Diskursive Praktiken des Zitierens

Historie und Fallgeschichte sind Praktiken des Zitatgebrauchs. Büchner greift sie im Moment des Historismus zum einen und des Aufkommens der modernen Fallgeschichte in den Humanwissenschaften zum andern auf. Die Intertextualität der Literatur bildet die Grenze solcher Zitatpraktiken: Einerseits ist die Literatur selbst eine von ihnen, andererseits bildet sie die Bedingung der Möglichkeit des Zitierens und seiner Praktiken (vgl. Compagnon 1979, 47–92 und 235–356).

Eine Untersuchung, die Büchner in den weiten Zusammenhang der diskursiven Praktiken des Zitierens stellt, müsste seine nichtliterarischen Werke einschließen. Sein Anteil am *Hessischen Landboten* führt auf die Geste des Öffnens von zuvor verschlossenen Büchern: Das betrifft das Zitat aus der Bibel, mit dem Büchner und Weidig die Berufung auf die gerade ins Deutsche übertragene Heilige Schrift aus den Bauernkriegen übernehmen, und das Zitat aus der Statistik, die bis zum Ende des 18. Jahrhunderts Geheimwissen der Kabinette war. Für den textuellen Charakter der Dissertation über das Nervensystem der Barben ist dagegen die Spannung zwischen dem ›deskriptiven‹ ersten und dem morphologisch ›spekulativen‹ zweiten Teil charakteristisch (vgl. Müller-Sievers 2003, 75–89). Darin kann man die Problemstellung des Protokollsatzes für die Logik der modernen Erfahrungswissenschaften erkennen. Das hermetische Buch, das man öffnet, und der Protokollsatz, der, in kurrenter Sprache ausgedrückt, immer schon zitiert ist, bilden zwei Ränder der Praktiken des Zitierens.

Literatur

Beck, Adolf: Unbekannte französische Quellen für ›Dantons Tod‹ von Georg Büchner. In: Jahrbuch des Freien Deutschen Hochstifts 23 (1963), 489–538.

Benninghof-Lühl, Sibylle: Figuren des Zitats. Eine Untersuchung zur Funktionsweise übertragener Rede. Stuttgart 1998.

Berns, Jörg-Jochen: Zeremonialkritik und Prinzensatire. Traditionen der politischen Ästhetik des Lustspiels ›Leonce und Lena‹. In: Dedner 1987a, 293–305.

Campe, Rüdiger: Johann Franz Woyzeck. Der Fall im Drama. In: Michael Niehaus/Hans-Walter Schmidt-Hannisa (Hg.): Unzurechnungsfähigkeiten. Diskursivierungen unfreier Bewußtseinszustände seit dem 18. Jahrhundert. Frankfurt a. M./Berlin/Bern 1998, 209–236.

Compagnon, Antoine: La seconde main ou le travail de citation. Paris 1979.

Dedner, Burghard (Hg.): Georg Büchner. Leonce und Lena. Kritische Studienausgabe. Frankfurt a. M. 1987a.

– : Bildsystem und Gattungsunterschiede in *Leonce und Lena*, *Dantons Tod* und *Lenz*. In: Ders.: Georg Büchner. Leonce und Lena. Kritische Studienausgabe. Frankfurt a. M. 1987b, 157–218.

Gersch, Hubert: Der Text, der (produktive) Unverstand des Abschreibers und die Literaturgeschichte. Tübingen 1998.

Gutzkow, Karl: Ein Kind der neuen Zeit. Frankfurter Telegraph, NF, 42, Juni 1837. Reprint in: GW IX.

Hiebel, Hans H.: Zweistimmige Sätze: Büchners ›Danton's Tod‹. In: The Text and Its Context. Oxford 2008, 95–108.

Hinderer, Walter: Büchner. Kommentar zum dichterischen Werk. München 1977.

Holmes, Terence M.: The Rehearsal of Revolution. Georg Büchner's Politics and his Drama *Dantons Tod*. Bern 1995.

Klotz, Volker: Zitat und Montage in neuerer Literatur und Kunst. In: Sprache im technischen Zeitalter 60 (1976), 259–293.

Kristeva, Julia: Semeiotike. Recherches pour une sémanalyse. Paris 1969.

Lehmann, Werner R.: Textkritische Noten. Prolegomena zur Hamburger Büchner Ausgabe. Hamburg 1967.

Mayer, Thomas Michael: »An die Laterne!« Eine unbekannte ›Quellenmontage‹ in »Dantons Tod« (I,2). In: GBJb 6 (1986/1987) 1990, 132–158.

– : Georg Büchner: Shakespeare-, Goethe- und Follen-Zitate aus dem letzten Schulheft von 1831. In: GBJb 7 (1988/1989) 1991, 9–44.

Menke, Bettine: Zitation / performativ. In: Jürgen Fohrmann (Hg.): Rhetorik. Figuration und Performanz. Stuttgart 2004, 582–602.

Müller-Sievers, Helmut: Desorientierung. Anatomie und Dichtung bei Georg Büchner. Göttingen 2003.

Niehoff, Rainer: Die Herrschaft des Textes. Zitattechnik als Sprachkritik in Georg Büchners Drama ›Dantons Tod‹ unter Berücksichtigung der ›Letzten Tage der Menschheit‹ von Karl Kraus. Tübingen 1991.

Pethes, Nicolas: »Das war schon einmal da! wie langweilig!« Die Melancholie des Zitierens in Georg Büchners dokumentarischer Poetik. In: ZfdPh 125 (2006), 4, 518–535.

Riffaterre, Michael: Semiotics of Poetry. Bloomington/London 1978.

Sieß, Jürgen: Zitat und Kontext bei Georg Büchner. Eine Studie zu den Dramen ›Dantons Tod‹ und ›Leonce und Lena‹. Göppingen 1975.

Tolić, Dubravka Oraić: Das Zitat in Literatur und Kunst. Wien/Köln/Weimar 1995.

Voss, Theodor: Arkadien in Büchners *Leonce und Lena*. In: Dedner 1987a, 275–436.

Weiland, Werner: Büchners Spiel mit Goethemustern. Zeitstücke zwischen der Kunstperiode und Brecht. Würzburg 2001.

Wender, Herbert: Georg Büchners Bild der Großen Revolution. Zu den Quellen von *Dantons Tod*. Frankfurt a. M. 1988.

Rüdiger Campe

5. Dokumentation und Fiktion

Der innovative Gehalt von Büchners Werk besteht nicht nur in der Erweiterung des Stoff- und Sprachrepertoires dramatischer und narrativer Texte, sondern auch in der neuen Relation, die diese Texte zu den ihnen zugrunde liegenden Quellenmaterialien unterhalten. Im Unterschied zur herkömmlichen literarischen Verarbeitung historischer Stoffe, wie sie beispielsweise für Schiller gut belegt ist, arbeitet Büchner die diese Stoffe vermittelnden Quellen selbst in seine Texte ein und lässt mithin an die Stelle einer (auktorialen) Verarbeitung der Vorlagen die (mitunter nahezu redaktionell anmutende) Präsentation ihres Wortlauts treten. Dieses Verfahren prägt bereits die frühen Schülerschriften sowie die Flugschrift *Der Hessische Landbote*, in der Büchner statistische Belege für die herrschende soziale Ungerechtigkeit mit suggestiven Bibelstellen kombiniert, sie liegt aber auch den im engeren Sinne literarischen Projekten zugrunde, allen voran *Danton's Tod*, dessen Text zu etwa einem Sechstel direkt aus den von Büchner herangezogenen Darstellungen der Französischen Revolution entnommen ist. Auch das Erzählfragment »Lenz« weist weitreichende wörtliche Übereinstimmungen mit der Oberlin-Vorlage auf, die Komödie *Leonce und Lena* ist von zahlreichen literarischen und philosophischen Anspielungen durchzogen, während dem »Woyzeck« wiederum ein historisch dokumentierter Fall zugrunde liegt, den Büchner hier aber weniger dem Wortlaut als vielmehr seiner Darstellungsform nach aufgreift.

Zwar brechen Büchners Texte in dieser Gestalt mit dem Konzept eines freien Spiels der Einbildungskraft aus der Ästhetik des 18. Jahrhunderts; gleichwohl müssen sie nicht als Vorgriff auf den dokumentarischen Realismus des 20. Jahrhunderts gelesen werden. Denn den vielfältigen Übernahmen von Quellenmaterial in die literarische Produktion stehen die in allen Fällen deutlich erkennbaren eigenständigen Zusätze zur Seite. Damit entsteht Büchners Werk in einem spezifischen Spannungsfeld von Dokumentation und Fiktion, das im Folgenden auf seine Funktion für die Perspektive auf die betroffenen historischen Ereignisse einerseits, für den Status der Literatur andererseits zu befragen sein wird. Dabei wird sich zeigen, dass Büchners Dokumentarfiktionen nicht nur denjenigen Realismus umsetzen, zu dem sich Lenz im Kunstgespräch der Erzählung sowie ihr Autor in einem Brief an seine Eltern zum *Danton* bekennt, sondern für ein neues Verständnis

von Geschichte und Literatur stehen: Indem Büchners fiktionale Texte historische Materialien zitieren und inszenieren, erscheint die Geschichte selbst als dasjenige textuelle und theatrale Ereignis, als das die Literatur es präsentiert. Die traditionelle Unterscheidung von Literatur und Geschichtsschreibung wird damit unterlaufen – nicht zuletzt im Sinne einer Historisierung der literarischen Sprache selbst, die bei Büchner nicht von kreativen Originalitätspostulaten, sondern von der Einsicht in die Nachträglichkeit und Wiederholungsstruktur jeder Äußerung geprägt ist.

Historische Dokumentation

Dass Büchners Texte auffallend häufig aus den ihnen zugrundeliegenden Quellen zitieren, hat zeitgenössisch bereits Karl Gutzkow bemerkt, wenn er *Danton's Tod* als »dramatisiertes Kapitel des Thiers« bezeichnet (DKV II, 441). Damit ist die zentrale Quelle benannt, auf die sich Büchners im sogenannten Fatalismusbrief vom Januar 1834 erwähntes Studium der »Geschichte der Revolution« (DKV II, 377) in erster Linie bezieht: Adolphe Thiers' *Histoire de la Révolution française* (1823–1827). Vor allem aber weist Gutzkow darauf hin, dass Büchners Verwendung dieser Quelle über eine bloße Stoffverarbeitung hinausgeht, wenn er impliziert, das Drama stelle eine Dramatisierung dieser Quelle selbst dar: Robespierres Rede im Jakobinerclub (I.3), die Aussagen Legendres, Robespierres und St. Justs vor dem Nationalkonvent (II.7) und schließlich der Prozess gegen Danton vor dem Revolutionstribunal (III.8), aber auch eine Vielzahl weiterer Repliken der Protagonisten, sind annähernd wörtlich aus Thiers Standardwerk (v. a. Bd. VI) bzw. den weiteren Büchner vorliegenden Darstellungen zitiert, als welche die Forschung vor allem die deutschsprachige Zeitschrift *Unsre Zeit* (v. a. Bd. XII) sowie Sébastien Merciers *Le nouveau Paris* und das Nachschlagewerk *Galerie Historique des Contemporains* (v. a. Bd. IV) identifiziert hat.

Diese Quellenidentifikation beruht auf der Studie von Karl Viëtor (1933) und wurde von Thomas Mayer (1969, 1971) weiter vorangetrieben; als Resultat liegen die synoptische Ausgabe von Thierberger (1953) sowie die Studienausgabe von Mayer (1985) vor. Burghard Dedner hat die Frage nach der Provenienz der Quellen um die Untersuchung der Textgenese erweitert und drei Entwurfstufen sowie eine Erweiterungsstufe von Büchners Ausarbeitung unterschieden, in die die verschiedenen Quellen in der o.g. Reihenfolge einfließen. Dabei wird Thiers' Kompendium für die »szenische Struktur«, *Unsre Zeit* für weiteres sprachliches Material verantwortlich gemacht, ohne dass sich freilich beides strikt trennen ließe (vgl. Dedner 1990, 122).

Nicht zuletzt wegen der in diesen Untersuchungen seit Gutzkows Dictum mitschwingenden Unterstellung eines bloß mechanischen Kopierverfahrens hat die Forschung zunehmend die Frage nach der Funktion der Zitate für eine Deutung von *Danton's Tod* aufgeworfen (vgl. Sieß 1975). Hierbei gerieten zum einen Büchners Abweichungen von den Quellenvorgaben in den Blick, die Wender (1988, 255) als politisch motivierte Korrektur von Thiers' liberaler Geschichtsdeutung liest. Zum anderen wurde nach dem ästhetischen Effekt des Zitierens gefragt, der Niehoff (1991, 20, 26, 118, 158) zufolge darin besteht, dass Büchner den Sprachgebrauch der Revolutionäre weniger nachahmt als vorführt und damit die Herrschafts- und Ausschlussstrukturen dieser Sprache kritisierbar macht.

Beide Lesarten verdeutlichen, dass die Zitate aus der historischen Überlieferung nicht etwa als deren Affirmation misszuverstehen sind. Die literarische Eigenständigkeit von Büchners Dramentext besteht in einer kritischen Perspektive auf das Selbstverständnis und Geschichtsbild der Revolutionäre. Wie sehr dieses Geschichtsbild von der Überlieferung und Kontextualisierung sprachlicher Aussagen abhängig ist, betont das Drama, indem es sich selbst als Rahmen für derartige Zitatmontagen präsentiert. Für den literarischen Stellenwert von *Danton's Tod* ist mithin nicht die Frage nach dem Grad von Büchners Originalität relevant, sondern die Beobachtung, dass das Zitierverfahren des Stücks die historischen Ereignisse als textuell überlieferte, vor allem aber bereits in ihrer Ereignisfolge und Selbstdeutung als sprachlich konstituierte präsentiert: *Danton's Tod* reinszeniert die im Rahmen der nachrevolutionären Ereignisse stets in institutionellen Zusammenhängen produzierten Sprechakte der Jakobiner und Dantonisten innerhalb des institutionellen Rahmens eines Theatertexts und ist somit immer als dokumentarisches und selbstreflexives Drama zugleich zu lesen (vgl. Campe 2004).

Geschichtsfiktion

Die kritische Reflexion des historischen Sprachmaterials ist nicht die einzige Abweichung, von Büchners *Danton* gegenüber den ihm zugrundeliegenden Quellen. Weite Teile der Dialogpassagen, vor allem aber auch das Arrangement der Quellenzitate, sind

durchaus fiktionaler Natur; hinzu kommen die für Büchners gesamtes Werk geltenden intertextuellen Übernahmen aus der literarischen Tradition. Dass gerade Zitate in einem literarischen Text stets im Spannungsfeld zwischen Dokumentation und Fiktion stehen, belegt exemplarisch eine Replik wie diejenige, die Büchner am Ende des vierten Aktes Lacroix in den Mund legt: »Ihr tötet uns [die Dantonisten, N.P.] an dem Tage, wo ihr den Verstand verloren habt; ihr werdet sie [die Jakobiner, N.P.] an dem töten, wo ihr ihn wiederbekommt.« (DKV I, 87; MBA 3.2, 79) Dies ist zwar einerseits eine wörtliche Übersetzung aus Thiers' *Histoire* (Bd. V, 423), wird dort aber dem girondistischen Deputierten Marc Davide Albin Lasource zugeordnet, so dass Büchners Zitation mit einem fiktionalen Sprecher- und Kontextwandel einhergeht. Hinzu kommt, dass Büchners Umgang mit historischem Material stellenweise über bloße Zitate hinausgeht und einem modernen »Montageverfahren« (Dedner 1990, 109) nahekommt: Die übernommenen Textpassagen werden in ihrer Abfolge rearrangiert und bilden auf diese Weise sowohl untereinander als auch mit Blick auf Büchners eigene Ausarbeitungen einen neuen Kontext aus, der wiederum in die Rekonstruktion von Büchners Deutung der revolutionären Ereignisse einfließt.

Es ist mithin nicht so, dass in *Danton's Tod* dokumentarische und fiktionale Elemente nebeneinander stünden. Vielmehr fiktionalisiert Büchner die vorliegenden Dokumente in einer Weise, die umgekehrt den Anspruch erhebt, mittels der Fiktion eine historische Dokumentation der Revolutionsereignisse zu bieten. Die damit einhergehende Einebnung der Differenz zwischen Literatur und Geschichte betont Büchner in seiner zunächst apologetisch klingenden Rechtfertigung der atheistischen und obszönen Passagen des Stücks in einem Brief an die Eltern vom Juli 1835. Der Hinweis, »die Geschichte ist vom lieben Herrgott nicht zu einer Lectüre für junge Frauenzimmer geschaffen worden« sowie den Anspruch an sein Drama, »die Leute mögen dann daraus lernen, so gut, wie aus dem Studium der Geschichte« (DKV II, 410) sind einem Realismus verpflichtet, der die historischen Ereignisse selbst als Buch (zur Lektüre) und die Literatur als wissenschaftliche Lehrinhalte (zum Studium) begreift. Dem Bekenntnis zur Materialität der Geschichte (vgl. DKV II, 440) – im Sinne ihrer Bedingtheit durch soziale Fakten, aber durchaus auch mit Blick auf ihre mediale Überlieferung – entspricht die Absage an alle idealistische Geschichtsdeutung im historischen Drama (vgl. DKV II, 411; vgl. ferner DKV I, 234; MBA 5, 37).

Diese Engführung von (fiktionaler) Literatur und (dokumentierter) Geschichte führt zum einen dazu, dass historisches Quellenmaterial bei Büchner ›literaturfähig‹ wird, d. h. dass die Unterscheidung zwischen den Sachtexten, die Büchner als Quellen heranzieht, und seiner Dichtung, die Zitate aus diesen Quellen montiert, verschwimmt: Das dokumentierte Quellenmaterial wird in *Danton's Tod* selbst zum literarischen Text, und die verschiedenen Modi der öffentlichen Rede, die in Gestalt rhetorischer Regeln die Grundlage der modernen Literatur gebildet hatten, kehren auf diese Weise als Material in eine Literatur zurück, die sich (nicht zuletzt im Namen eines neuen Realismus) emphatisch von der Rhetorik losgesagt hat. Zum anderen versteht sich der literarische Text aufgrund dieser Engführung selbst als Überlieferungsmedium historischen Wissens und Grundlage des Bilds der Französischen Revolution: Nicht nur wird der literarische Text in Gestalt der Quellenzitate selbst dokumentarisch, im Gegenzug legen die topische Zuspitzung der Kontroverse zwischen Danton und Robespierre, die Allegorisierung von Dantons Scheitern im Bild des Melancholikers oder die Darstellung der Hinrichtung als theatrale Inszenierung auf dem Schafott als Bühne die literarische Gestalt der historischen Ereignisfolge selbst offen. Wenn aber auf diese Weise die Literatur Quellen dokumentiert und die Geschichte narrativ und metaphorisch verfasst ist, dann zeigt sich, im Anschluss an Hayden White, dass ihre strikte Trennung immer nur anhand einer nachträglichen Zuschreibung möglich ist, während historisches Wissen de facto in Literatur und Geschichte gleichermaßen geschrieben wird (vgl. Fulda/Tschopp 2002): Die Französische Revolution selbst war bereits dasjenige rhetorische Texttheater, als welches Büchners *Danton's Tod* sie rekonstruiert

Literarisches Wissen

Dass Büchners realistische Ästhetik einen Anspruch zur Generierung, Kommunikation und Tradierung von Wissen erhebt, zeigen neben dem *Danton* auch die Schulreden auf »*Kato von Utika*« und den »Helden-Tod der vierhundert Pforzheimer«, die Fragmente »*Lenz*« und »*Woyzeck*« sowie die von Ludwig Weidig bearbeitete Flugschrift *Der Hessische Landbote*. Für die Schülerreden und die im engeren Sinne literarischen Texte wurden neben historischen Darstellungen v. a. auch literarische und ästhetische Bezugstexte von Shakespeare, Winckelmann, Goethe, Lenz, Brentano und Musset identifiziert, zu denen

sich Büchners Versionen als intertextuelle Umschriften und Gegenentwürfe verhalten (vgl. Dissel 2005). Auch das Montageverfahren sowie die Rhetorik in *Der Hessische Landbote* können mit Blick auf die oben angedeutete Problematisierung einer Abgrenzung zwischen literarischen und nichtliterarischen Texten unschwer in dieses Panorama eingeordnet werden: Büchners und Weidigs Flugschrift schlägt neben der Spannung zwischen Originalmanuskript und eingreifender Überarbeitung (vgl. Mayer 1979) aus der Konstellation von Zitaten ganz unterschiedlicher Provenienz Potential: Zum einen Einflüsse der 1832 publizierten Verteidigungsrede Louis Auguste Blanquis vor dem Pariser Schwurgericht, der oppositionellen Landtagsreden von Friedrich Schüler und Philipp Jakob Siebenpfeiffer sowie der weiteren Flugschriftenliteratur der Zeit (vgl. Ruckhäberle 1975), zum anderen und vor allem aber die statistischen Belege der sozialen Ungleichheit aus dem 4. Band von Georg Wilhelm Justin Wagners *Statistisch-topographisch-historische Beschreibung des Großherzogtums Hessen* (Darmstadt 1831), deren Zitate bei Büchner unmittelbar neben solchen aus der Luther-Bibel stehen: »Wie der Prophet schreibet, also stand es bisher in Deutschland: eure Gebeine sind verdorrt, denn die Ordnung, in der ihr lebt, ist eitel Schinderei. 6 Millionen bezahlt ihr im Großherzogtum einer Handvoll Leute, deren Willkür euer Leben und Eigentum überlassen ist« (DKV II, 65).

Mithilfe dieser Engführung biblischer Bildersprache, oppositioneller Rhetorik und statistischer Daten entwirft der *Hessische Landbote* seine nicht nur persuasiv sondern unmittelbar agitatorisch gemeinte Rhetorik. Mit Niklas Luhmann kann man diese Montage wissenschaftlicher Daten und religiöser Grundsätze als Kombination der symbolisch generalisierten Kommunikationsmedien ›Wissen‹ und ›Glauben‹ bezeichnen, durch deren Einsatz Büchner und Weidig die Akzeptanz ihrer Revolutionsschrift zu erhöhen versuchen. Vor allem aber stellt *Der Hessische Landbote*, nachdem sich seine revolutionären Ziele als Fiktion herausgestellt haben, eine Dokumentation der gesellschaftlichen Realität Hessens im ersten Drittel des 19. Jahrhunderts dar, deren Kenntnis aufgrund des nachmaligen Bekanntheitsgrads ihres Autors nicht auf das fachhistorische Publikum beschränkt geblieben ist.

Das heißt, dass das Bild der verarmten hessischen Landbevölkerung bis heute weniger auf dem Studium wissenschaftlicher Quellen wie derjenigen von Wagner beruht, als auf der Beschäftigung mit Büchners *Hessischem Landboten* sowie seinem Dramenfragment »*Woyzeck*«, dessen Protagonist die dort statistisch generalisierte Pauperisierung in einer exemplarischen Einzelfigur verkörpert. Gleiches gilt für das Bild des Dichters Jakob Michael Reinhold Lenz, das in den gängigen Literaturgeschichten zwar nicht gestützt auf Büchners Erzählung, aber doch selten ohne Anspielung auf sie entworfen wird. In beiden Fällen sind Büchners literarische Bearbeitungen der jeweiligen Stoffe in die Rekonstruktion ihrer historischen Vorlagen eingeflossen.

Büchners Verfahrensweisen in »*Lenz*« und »*Woyzeck*« unterscheiden sich allerdings sowohl untereinander als auch von der Zitatmontage in *Danton's Tod*: »*Lenz*« ist eine Transkription der Krankengeschichte des Elsässer Pfarrers Johann Friedrich Oberlin, bei dem sich der Dichter 1778 für knapp drei Wochen aufhielt. Dabei zitiert Büchner nicht aus der Quelle, sondern schreibt sie mit einer Tendenz zur internen Fokalisierung des Protagonisten um (vgl. Pütz 1965) – ohne dieses Projekt allerdings abschließen zu können, woraus sich die unterschiedliche Bearbeitungstiefe der einzelnen Textpassagen erklärt (vgl. Dedner 1995, 8). Zudem lag Büchner nicht die erst 1839 publizierte Bearbeitung durch seinen Freund August Stöber vor, sondern eine Abschrift, die Stöber bereits früher und in unmittelbarer Anlehnung an das Oberlin-Manuskript angefertigt hatte, so dass Büchners Fragment passagenweise mit Oberlins Text übereinstimmt, wo Stöbers späterer Bericht von der Vorlage abweicht (vgl. Gersch u. a. 1998).

»*Woyzeck*« entfernt sich noch weiter von einem zitierenden Verfahren, insofern die Vorlagen, v. a. die Gutachten des Hofrats Doktor Johann Christian August Clarus zur Zurechnungsfähigkeit des historischen Woyzeck, nicht als Quellenmaterial in den Dramentext montiert werden. Durchaus allerdings folgt der Text – in der Rekonstruktion der Vorgeschichte des Mordes, aber auch in Gestalt der diagnostischen Haltung und Rhetorik des Doktors – der Darstellungs- und Textform der Gutachten (vgl. Campe 1998). Damit dient Büchners Stück nicht nur der Darstellung des historischen Falls, sondern auch der Textformen und Diskurse, innerhalb derer er zeitgenössisch betrachtet wurde. Dass zu diesen Kontexten auch die zunehmende experimentelle Haltung in den Wissenschaften vom Menschen gehörte, belegt den dokumentarischen Charakter noch des fiktiven Zusatzes, den Büchner in Gestalt des Ernährungsversuchs in H 2,6 bzw. H 3,8 zur dokumentierten Fallgeschichte hinzufügt.

Posthistorische Postliteratur

Dass Büchner in den vorgestellten Spielarten des Zitierens, Montierens, Transkribierens und Inszenierens die Grenze zwischen ›eigener‹ und ›fremder‹ Rede immer wieder kreuzt und auf diese Weise die Textualität der historischen Ereignisse selbst betont, impliziert nicht nur die Revision einer idealistischen Geschichtsphilosophie, sondern auch den Begriff der Literatur, der sich deutlich von den Prinzipien der Genieästhetik abhebt: In der Weise, in der die rhetorische Inszenierung dem historischen Geschehen je schon vorgeordnet ist, ist die literarische Darstellung gegenüber einer solchen selbst als Text verstandenen Geschichte zwangsläufig nachträglich. Hinzu kommt, dass Büchners Texte sich nicht nur aus historischen Darstellungen bedienen, sondern auch aus intertextuellen Anlehnungen an die Weltliteratur bestehen (vgl. Dörr 2003). Die Vielzahl der Zitate in Büchners Texten, die noch die vermeintlich individuellen psychologischen Befindlichkeiten seiner Figuren als iterative Topoi entlarvt, ist daher sowohl geschichts- als auch literaturtheoretisch von Interesse: Das Motiv des Fatalismus, das Büchner 1834 gegenüber Wilhelmine Jaeglé entfaltet, betrifft in der »entsetzliche[n] Gleichheit« (DKV II, 377) aller menschlichen Verhältnisse die Unmöglichkeit, etwas Neues zu tun oder zu sagen. Ist »[d]ie Herrschaft des Genies ein Puppenspiel« (ebd.), so ist damit einer Ästhetik, die auf originale Schöpfungen setzt, ebenso der Boden entzogen, wie der Vorstellung, heroische Individuen könnten die Gesellschaft revolutionieren. Fatalismus ist mithin gleichbedeutend mit der Erfahrung, das sowohl in der Geschichte als auch in der Literatur bereits alles gesagt und getan sei (Müller-Sievers 2003, 102 ff.).

Dieser Erfahrung korrespondiert auf der Figurenebene die in *Danton's Tod*, »*Lenz*«, *Leonce und Lena* sowie »*Woyzeck*« gleichermaßen evozierte (und also ihrerseits wiederholte und zitierte) Melancholie der Protagonisten angesichts der tagtäglichen Wiederholung immergleicher Lebensvollzüge: »Ja wahrhaftig, es war mir zuletzt langweilig. Immer im nämlichen Rock herumzulaufen und die nämlichen Falten zu ziehen!« (DKV I, 39; MBA 3.2, 31) Den Bezug von dieser Melancholie zur Dokumentation historischer Zitate reflektiert *Danton's Tod*, wenn das Volk auf die oben erwähnte Replik Lacroix' antwortet: »Das war schon einmal da! wie langweilig!« (DKV I, 88; MBA 3.2, 79) Damit wird nicht nur der repetitive Charakter der Revolutionsrhetorik beanstandet, sondern zugleich Büchners literarisches Verfahren reflektiert, ein Drama aus den Zitaten dieser Rhetorik zu montieren. Der Effekt der Langeweile, der sich angesichts der Vielzahl längst bekannter textueller Versatzstücke einstellt, entspricht der Erfahrung, dass auch in der Geschichte nichts Neues zu erwarten und alles »schon einmal« dagewesen sei. Damit verabschiedet Büchners Poetik der Dokumentation nicht nur die gängige Vorstellung literarischer Originalität, sondern greift auch derjenigen Geschichtstheorie vorweg, die im 20. Jahrhundert mit der zweiten Verbannung Napoléons das Ende sinnstiftender Geschichtserzählungen und heroischer Subjekte gekommen und Europa auf einen ›nachgeschichtlichen‹ Zustand zusteuern sieht (vgl. Pethes 2006). Wenn *Danton's Tod* mithin kein Drama über die Revolution ist, sondern eines, in dem sie als sie selbst zu Wort kommt, so stellt sie in dieser Zitierbarkeit ihre eigene Möglichkeit in Frage. Wo der Neuanfang schon einmal da gewesen und Dantons revolutionäre Rhetorik iterierbar ist, entzieht sich der Umsturz das Ziel, das er vorgibt. Als Ende einer Literatur, die alle Nachträglichkeit zu vermeiden sucht, spiegeln Büchners dokumentarische Fiktionen daher auch das Ende der Geschichte selbst wider.

Literatur

Campe, Rüdiger: Johann Franz Woyzeck. Der Fall im Drama. In: Michael Niehaus/Hans-Walter Schmidt-Hannisa (Hg.): Unzurechnungsfähigkeiten. Diskursivierungen unfreier Bewußtseinzustände seit dem 18. Jahrhundert. Frankfurt a. M. u. a. 1998, 209–236.
– : ›Es lebe der König‹ – ›Im Namen der Republik‹. Poetik des Sprechakts. In: Jürgen Fohrmann (Hg.): Rhetorik. Figuration und Performanz. DFG-Symposion 2002. Stuttgart/Weimar 2004, 557–581.
Dedner, Burghard: Georg Büchner: ›Dantons Tod‹. Zur Rekonstruktion der Entstehung anhand der Quellenverarbeitung. In: GBJb 6 (1986/87) 1990, 106–131.
– : Büchners ›Lenz‹. Rekonstruktion der Textgenese. In: GBJb 8 (1990–1994) 1995, 3–68.
Dissel, Sabine: Das Prinzip des Gegenentwurfs bei Georg Büchner. Von der Quellenmontage zur poetologischen Reflexion. Bielefeld 2005.
Dörr, Volker C.: ›Melancholische Schweinsohren‹ und ›schändlichste Verwirrung‹. Zu Georg Büchners ›Lustspiel‹ ›Leonce und Lena‹. In: DVjs 77 (2003), 380–406.
Fulda, Daniel/Tschopp, Silvia Serena (Hg.): Literatur und Geschichte. Ein Kompendium zu ihrem Verhältnis von der Aufklärung bis zur Gegenwart. Berlin/New York 2002.
Gersch, Hubert: Der Text, der (produktive) Unverstand des Abschreibers und die Literaturgeschichte. Johann Friedrich Oberlins Bericht *Herr L...* und die Textüberlieferung bis zu Georg Büchners Lenz-Entwurf. Tübingen 1998.
Mayer, Thomas Michael: Zur Revision der Quellen für *Dantons Tod* von Georg Büchner. In: studi germanici NF 7 (1969), 286–336.
– : Zur Revision der Quellen für *Dantons Tod* von Georg Büchner (II). In: studi germanici NF 9 (1971), 223–233.
– : Büchner und Weidig – Frühkommunismus und revolutionäre Demokratie. Zur Textverteilung des ›Hessischen Landboten‹. In: Heinz Ludwig Arnold (Hg.): Georg Büchner I/II. Sonderband Text + Kritik. München 1979, 16–198.
– : Entwurf einer Studienausgabe. In: Georg Büchner. Dantons Tod. Kritische Studienausgabe des Originals mit Quellen, Aufsätzen und Materialien. Hg. von Peter von Becker, Frankfurt a. M. ²1985.
Müller-Sievers, Helmut: Desorientierung. Anatomie und Dichtung bei Georg Büchner. Göttingen 2003.
Niehoff, Reiner: Die Herrschaft des Textes. Zitattechnik und Sprachkritik in Georg Büchners Drama ›Dantons Tod‹ unter Berücksichtigung der ›Letzten Tage der Menschheit‹ von Karl Kraus. Tübingen 1991.
Pethes, Nicolas: ›Das war schon einmal da! wie langweilig!‹ Die Melancholie des Zitierens in Georg Büchners dokumentarischer Poetik. In: ZfdPh 125 (2006), Heft 4, 518–535.
Pütz, Hans Peter: Büchners ›Lenz‹ und seine Quelle. Bericht und Erzählung. In: ZfdPh 84 (1965), 1–22.
Ruckhäberle, Hans-Joachim: Flugschriftenliteratur im historischen Umkreis Georg Büchners. Kronberg 1975.
Sieß, Jürgen: Zitat und Kontext bei Georg Büchner. Eine Studie zu den Dramen ›Dantons Tod‹ und ›Leonce und Lena‹. Göppingen 1975.
Thierberger, Richard (Hg.): La Mort de Danton de Georges Büchner et ses sources. Paris 1953.
Viëtor, Karl: Die Quellen von Büchners Drama ›Dantons Tod‹. In: Euphorion 34 (1933), 357–379.
Wender, Herbert: Georg Büchners Bild der großen Revolution. Zu den Quellen von ›Danton's Tod‹. Frankfurt a. M. 1988.

Nicolas Pethes

6.   Rhetorik und Antirhetorik

Büchner gilt als Schriftsteller von außergewöhnlicher rhetorischer Begabung. Oft wird er charakterisiert als *poeta rhetor*, als Dichter also, der ›nach den Regeln der Kunst‹ arbeitet. Ein problematischer ›Ehrentitel‹, impliziert er doch in der literaturtheoretischen Debatte des 19. Jahrhunderts weniger ein Dichter, denn ein Rhetor zu sein, und stellt damit die ästhetische Qualität und Originalität des Kunstwerks in Frage. Gerade die Perfektion, mit der sich Büchner des rhetorischen Instrumentariums bedient, trägt ihm Kritik ein, denn zum einen gilt Rhetorik spätestens seit dem literarischen Aufbegehren des Sturm und Drang als Inbegriff einer veralteten, im besten Fall unnatürlichen, wenn nicht gar verlogenen Kunstauffassung. Zum anderen unterstellt der Vorwurf des Rhetorischen dem im Vormärz aktiven Dichter, sein künstlerisches Schaffen für politische Agitation zu instrumentalisieren.

Entsprechend stehen Rhetorik und Antirhetorik seit der Frührezeption von *Danton's Tod*, meist auf den Begriff ›Sprach-‹ oder ›Phrasenkritik‹ gebracht, implizit im Zentrum der Büchner-Forschung. Gerhard Schaub (1982) und Wulf Wülffing (1990) haben auf das Desiderat einer genauen Analyse des Komplexes ›Rhetorik‹ aufmerksam gemacht und wichtige Forschungsperspektiven eröffnet, von denen jedoch viele bis heute nicht ausreichend bearbeitet wurden – trotz oder vielleicht gerade aufgrund der scheinbar offensichtlichen Präsenz des Themas in Büchners Werk. Doch anders als Werner Frizens Diagnose, Büchner sei »gelegentlich der Faszination der agoralen [sic!] Rhetorik« erlegen (Frizen 1990, 86), impliziert, ist er weder ein Opfer seines rhetorischen Talents, noch seiner politischen Überzeugungen. Vielmehr spiegelt Büchners Werk eine fundamentale Auseinandersetzung mit der Sprache und damit den Konstitutionsbedingungen, den Möglichkeiten und Grenzen des eigenen Mediums.

Die Frage, der sich Büchner stellt, ist keine geringere, als die nach Leistungsfähigkeit und Funktion der Rede allgemein und der poetischen im Besonderen. Ob menschliche Rede eine die Wahrheit verstellende, ›tyrannische‹ Kunst ist, oder im Gegenteil das geeignete und das einzige Medium, Wahrheit nicht nur angemessen zu artikulieren, sondern im Zweifel über die Vermittlung des Wahrscheinlichen zu konstruieren und zu etablieren, bildet den Kern der Auseinandersetzung zwischen Rhetorik und Philosophie seit der Polemik Platons gegen die Sophisten

(vgl. Platons *Gorgias*; zur wissenschaftstheoretischen Tradition vgl. Ijsseling 1985; Schiappa 1990). Der Verdacht idealistischer Rhetorikkritik schließt in platonischer Tradition aus der Möglichkeit des Missbrauchs auf die Zweifelhaftigkeit der Redekunst insgesamt und stuft das Wort des Redners als grundsätzlich falsch und sogar gewalttätig ein. Dagegen bezieht Aristoteles Position und eröffnet seine *Rhetorik* mit der gegen seinen eigenen Lehrer Platon formulierten programmatischen Definition: »Es sei also die Rhetorik eine Fähigkeit, bei jeder Sache das möglicherweise Überzeugende zu betrachten.« (Aristoteles 2002, 21)

Aristoteles' Definition ist die Grundlegung einer Rhetorik als heuristisches Instrumentarium. Dieser erkenntnistheoretische Anspruch unterscheidet sich grundlegend von einem Verständnis der Rhetorik als sekundärer Fertigkeit, die produktions- oder wirkungsästhetisch effektvoll angewandt, beliebigen Inhalten zum Erfolg verhilft. Gegen ein solches normiertes System, das Erfolg allein durch seine korrekte Anwendung verspricht, wendet sich ebenso die charakteristische Rhetorik-Kritik des Humanismus. Unterschwellig jedoch führt sie die affektorientierten Intentionen und Strategien der Rhetorik fort (vgl. grundlegend Dockhorn 1968). ›Anti-Rhetorik‹ heißt in diesem Kontext anti-institutionelle Rhetorik. Im Zuge eines »paradigmatische[n] Systemwechsel[s] von der Barockrhetorik zur idealistischen Autonomieästhetik« (Bornscheuer 1989, 15) ist sie gleichbedeutend mit einer Internalisierung rhetorischer und insbesondere affektiver Techniken, wie z. B. in der pietistischen Erbauungsliteratur (dazu Breymayer 1976). Dieser Prozess geht einher mit einer Überführung rhetorischer Techniken in eine sich neu entwickelnde, am Ingeniösen orientierte Poetik.

Vor diesem Hintergrund entwickelt Georg Büchner seine poetischen Experimente zur Sprache und zur Erkenntnisfähigkeit. In ihnen reflektiert er die Möglichkeiten, mittels der Sprache zu wirken und zu handeln, aber auch das autoreflexive Potenzial poetischer Rede; Rede kommt, im Sinne aktualisierter Sprache, nicht nur als Mittel des Ausdrucks sondern zugleich als Gegenstand der Reflexion in den Blick. Rhetorik und Antirhetorik werden als Elemente dieses Prozesses gegeneinander und auf die Probe gestellt, auf die Gefahr hin, dass das dem Verfahren innewohnende Dilemma – mittels der Sprache über Sprache zu reflektieren – das Gelingen der eigenen Rede hintertreibt.

Nur wer verstanden wird, ist auch gefährlich

»Friede den Hütten! Krieg den Palästen!« Mit der Wahl dieser wohl berühmtesten Parole der Französischen Revolution als Überschrift des *Hessischen Landboten* schrieben Georg Büchner und Friedrich Ludwig Weidig Geschichte. Kürze und Suggestivkraft, einprägsame Antithetik und schlagende Anschaulichkeit brachten das Anliegen der hessischen Revolutionäre auf einen gemeinsamen Nenner. Schon die Prägnanz der Formulierungen im *Landboten* ist politischer Sprengstoff. Büchners und Weidigs Kombination von biblischer Metaphorik, finanzstatistischer Analyse, aufbereitet in leicht verständlichen Worten, kurz und treffend formuliert, erfüllt den Tatbestand des Hochverrats. So sahen es wohl auch die hessen-darmstädtischen Zensurbehörden: »Von allen im Jahr 1834 erschienenen und verbreiteten Flugschriften war indessen eine, welche geradezu zum Umsturz des Bestehenden aufforderte, der gemeinverständlich und ganz seinem Zwecke entsprechend geschriebene s[o]g[enannte] hessische Landbote die bei weitem gefährlichste und strafbarste« (Schäffer 1839, 48).

Zugleich demonstriert der *Hessische Landbote* eindrucksvoll die perfekte Anwendung dessen, was an zeitgenössischen Schulen, auch am Großherzoglichen Gymnasium in Darmstadt, gelehrt wurde. Der noch relativ junge Deutschunterricht ebenso wie der noch ungleich wichtigere Unterricht der alten Sprachen bestand zu weiten Teilen aus der Auseinandersetzung mit der klassischen Rhetorik, einschließlich des Verfassens eigener Reden und Aufsätze nach dem Vorbild antiker Texte (Breuer 1974). Gelehrt wurde das rhetorische Instrumentarium im Sinne einer Stilistik, als Orientierungs- und Bewertungssystem für die Herstellung von Texten, als Set an Techniken und *rhetorica utens* – weitgehend auf Kosten ihres systematischen und theoretischen Potenzials. Der Schüler Büchner zeigte sich außerordentlich begabt. Gleich zwei Mal (September 1830 und März 1831) wurde er mit der besonderen Ehre ausgezeichnet, im Rahmen des gymnasialen Rede-Aktus, dem Höhepunkt der dreitägigen großen Schulfeier am Ende jedes Semesters, aufzutreten. Die von ihm überlieferten Schriften aus der Gymnasialzeit, etwa über den *Helden-Tod der vierhundert Pforzheimer* oder die Rede zur Verteidigung des Cato von Utica, sind Fingerübungen, die Büchners virtuose Beherrschung des Instruments ›Rhetorik‹ widerspiegeln, ebenso wie die intime Kenntnis zentraler Texte der klassischen Rhetorik, wie Quintilian, Cicero, Tacitus und Aristoteles.

Im *Hessischen Landboten* schlägt sich Büchners Virtuosität nieder im souveränen Einsatz rhetorischer Instrumente (z. B. des Enthymems) zur überzeugenden Anordnung und Steigerung der Argumente wie in der Verwendung Affekte erregender Tropen und Figuren. So folgt der minutiösen Auflistung der von den Einwohnern des Großherzogtums Hessen aufzubringenden Steuern das drastische Fazit: »Dies Geld ist der Blutzehnte, der von dem Leib des Volkes genommen wird.« (DKV II, 54) Mustergültig erfüllt der *Landbote* die drei zentralen Aufgaben des Redners: *docere* (sachlich unterrichten), *movere* (emotional bewegen) und *delectare* (ästhetisch erfreuen), die sich gegenseitig in ihrer Wirkung verstärken und in der Kombination den Effekt unmittelbarer Evidenz erzeugen. Nicht umsonst ist der *Landbote* bis heute das meistzitierte Manifest des Vormärz und eine meisterhafte Demonstration des Einsatzes von Rhetorik gegen Rhetorik, der Schulrhetorik gegen die staatlich verordnete panegyrische Lobrhetorik.

Helden als Störenfriede

Technische Perfektion ist charakteristisch für Büchners gesamtes dichterisches Werk. Anders jedoch als im *Hessischen Landboten*, in dem es darum geht, politisch Position zu beziehen und wirkungsvoll zu agitieren, reflektiert Büchner in seinen Dramen und dem Prosafragment »*Lenz*« subtil das dem reflexiven Gebrauch rhetorischer Mittel immanente Dilemma. Die Funktionalität des Instrumentariums und seine gleichzeitige Neutralität ermöglichen potenziell den Gebrauch für jede Position – und doch wird zugleich der Anspruch erhoben, der ›gerechten‹ Sache zum Sieg zu verhelfen. Vertritt der *Landbote* programmatisch nur eine Seite, so setzt Büchner in seinen literarischen Texten das Dilemma desjenigen, der sich dieses Widerstreits bewusst ist und dennoch um ein Fortsprechen ringt, in Szene. Sie kreisen um gebrochene Helden, Helden, die immerfort reden, dabei jedoch nicht den herrschenden Diskursen entsprechen. Sie sind Störenfriede, Versager, Wahnsinnige und Narren. Durch die Art, was und vor allem wie sie sprechen, stören sie das reibungslose Zusammenspiel gesellschaftlicher Konventionen. Sie erzwingen eine Zäsur im eingespielten Ablauf und rücken die Störung selbst ins Zentrum der Reflexion.

Ausgerechnet den großen Führer und Agitator der Französischen Revolution Danton inszeniert Büchner als sprichwörtlichen Versager. Konsequent weigert sich Danton, im entscheidenden Moment zu tun, was von ihm erwartet wird: zu reden. *Danton's Tod* ist das Drama der Rede, der sich die Worte versagen. Es ist das Drama des Risses »in der Schöpfung« (DKV I, 58; MBA 3.2, 49), desjenigen, was »fehlt« (DKV I, 39; MBA 3.2, 31) und an dem sich die Revolutionäre in ihren Reden abarbeiten. Das Drama ähnelt einer Versuchsanordnung, die Auftritte der Revolutionäre den Probestücken eines Rede-Aktus. Rednerkanzel und Schafott werden zu austauschbaren Größen, zu Bühnen, auf denen sich die politischen Akteure im theatralischen wie im schöpferischen Sinne ›produzieren‹. Bis zum Schluss ringen sie um passende Worte für einen angemessenen, kunstgerechten Abgang, um ›famous last Words‹. Dantons Resümee »wir stehen immer auf dem Theater, wenn wir auch zuletzt im Ernst erstochen werden« (DKV I, 40; MBA 3.2, 32) bringt die proteische Unzuverlässigkeit der agonalen Rede auf den Punkt, die den schauspielerischen, dichterischen und intellektuellen Wettstreit ebenso einschließt wie den physischen Kampf auf Leben und Tod.

Büchner konstruiert eine Bühne auf der Bühne, deren Modell die forensische Situation von Rede, Gegenrede und einem entscheidenden Dritten bildet. Doch Danton schweigt, wo es darauf ankäme zu reden und Position zu beziehen. Wortreich versagt er sich den Ansprüchen seiner Gefolgsleute und wird gerade dadurch zum *agent provocateur*. Er zwingt mit seiner Handlungshemmung die übrigen Figuren zum Sprechen. Seine Paronomasien (Zusammenstellung lautlich gleicher oder ähnlicher Wörter) lenken ab vom Gesagten auf das ›Wie‹ und rücken an Stelle des Wettkampfs ideologischer Positionen die Rede selbst ins Gravitationszentrum des Stücks. Dennoch gilt als extremste antirhetorische Gegenposition des Dramas nicht seine programmatisch dysfunktionale Rede, sondern die Rede Luciles. Auch ihr Schrei ist nicht das letzte Wort des Dramas und beendet nicht das Fortsprechen. Doch ihr Ruf »Es lebe der König!« (DKV I, 90; MBA 3.2, 81) als Huldigung an die »Majestät des Absurden« (Celan 1994, 44) sperrt sich gegen die Integration in die Diskurse, für die die Revolutionäre bereit sind, zu töten und zu sterben. Ihre ›Parole‹ sistiert die Wirkung von Losungsworten und führt die institutionalisierten Reden der einen wie der anderen politischen Partei ad absurdum: »Es lebe der König! / Im Namen der Republik.«

Wie Danton so eilt auch Lenz sein Ruf voraus. Selbst im Steintal kennt man seinen Namen als Dichter. Und dennoch hat gerade die Integrität der Person, dieses scheinbar Selbstverständlichste, für Lenz

ihre unmittelbare Evidenz verloren. Alles dreht sich in dem Fragment um die Versuche, Lenz mit Hilfe von Gesprächen (wieder) ›zu sich‹ zu bringen. Dabei verbindet die Unterhaltungen mit Oberlin, das Predigen von der Kanzel, das Kunstgespräch mit Kaufmann eine ausgeprägte Tendenz zum Monolog. Lenz spricht weniger ›mit‹ seinem Gegenüber, als ›zu‹ ihm. Die Rolle der Angesprochenen ist Teilnahme im Sinne des Reflexes auf seine ›Ansprache‹. In dieser Funktion aber ist sie entscheidend, denn erst in der Wirkung der Rede nimmt Lenz sich selbst wahr als Redenden, als Redner. Büchner inszeniert im »Lenz« den Versuch identitätskonstituierender »Selbstüberredung«, die Hans Blumenberg als grundlegende Operation einer internalisierten Rhetorik beschreibt (Blumenberg 1981). Dabei zitiert und hinterfragt er die charakteristische Introversion pietistischer Rhetorik und ästhetischer Normen des Idealismus. Der Prediger Lenz trifft den richtigen Ton, vermag die Gemeinde zu rühren – und sich selbst. Die Struktur gemahnt an die hintergründige Regel Quintilians, »[nur] Feuer kann einen Brand entfachen [...]. Das Erste ist es also, daß [...] wir uns selbst ergreifen lassen, ehe wir Ergriffenheit zu erregen versuchen« (Quintilianus 1995, 709). Doch steht in der Schilderung von Lenz' Predigt nicht die Wirkung auf das Publikum im Mittelpunkt, sondern die Rückkopplung der emotionalisierten Gemeinde auf den Redner. Erst diese Widerspiegelung ermöglicht Lenz, sich selbst wahrzunehmen (vgl. DKV I, 231; MBA 5, 35). Die Strategie greift, so lange durch das »Mitleid« der Gemeinde Lenz »Selbstmitleid« spürt. Sie scheitert in dem Moment, in dem die Spiegelung ausbleibt, so wie in der Auseinandersetzung mit sich selbst und der Zwiesprache mit Gott. Analog haftet der Kunst selbst in der betont antiidealistischen Wendung, die Lenz ihr im Gespräch mit Kaufmann zu geben sucht, etwas Tödliches an – und dem Blick des Künstlers etwas Tötendes, Versteinerndes wie dem Blick der Medusa (DKV I, 234; MBA 5, 37). Mit nahezu den gleichen Worten wie in *Danton's Tod* fokussiert Büchner auch im »Lenz« die Ursache des Scheiterns auf einen nicht zu überbrückenden »Riß«, das »Nichts« (DKV I, 246; MBA 5, 46), das nichts widerspiegelt. Wo aber die Antwort aus strukturellen Gründen ausbleibt, muss der Versuch der Subjektkonstitution als autopoietischer Kunstgriff scheitern, Torso bleiben wie die Erzählung.

›Gemeinsam gegen die Langeweile‹ könnte der Wahlspruch lauten, unter dem sich Leonce und Valerio ihre Wortgefechte liefern. Hart an der Grenze zur Handgreiflichkeit, aus Lust am Wortspiel und an der Provokation wetzen sie die Schärfe ihres Witzes aneinander. Unterhaltung (*delectare*) führen sie gut rhetorisch ins Feld gegen die Eintönigkeit des Zeremoniells und der höfischen Diskurse. Der Rhetorik politisch-sozialer Klugheitslehren in der Tradition Graciáns, Castigliones und Machiavellis bis zu Diderots *Paradoxe sur le comédien* (vgl. Geitner 1992) wird eine bis ins Absurde potenzierte Rhetorik als Maschine zur Produktion von Nonsense entgegengesetzt. Sie steht im scharfen Kontrast zu König Peters verzweifelten – und darin nicht weniger absurden – Bemühungen um Logik und Systematik. Die täglich sich wiederholende Prozedur des Ankleidens, die konventionell definierte Reihenfolge der Kleidungsstücke, des Unteren und Oberen steht bereits in *Danton's Tod* für tödliche Monotonie und blutige Stringenz einer terroristischen Logik. Die parodistische Inszenierung des *lever* König Peters stellt solche Ernsthaftigkeit als willkürliche Inszenierung bloß, deren Funktion Durchsetzung und Erhalt von Macht durch Kontrolle der Diskurse sind (vgl. DKV I, 98 f.; MBA 6, 56 f.).

Das Modell der Einkleidung eines Gedankens, einer Idee, einer Substanz, deren Darstellung nur akzidentiell, sekundär ist, entspricht der für die Schulrhetorik grundlegenden Trennung von *res* und *verba*, der Dinge von den Worten. In *Leonce und Lena* wird diese vermeintlich eindeutige Differenzierung auf allen Ebenen hintertrieben, in den Wortspielen Leonces und Valerios wie im Verkleidungsspiel von Leonce und Lena. Das kunstvolle Spiel um Wechsel und Verwechslung erreicht seinen Höhepunkt in der Vermählung von Prinz und Prinzessin »in effigie« (DKV I, 126; MBA 6, 92). Als Automaten, Simulacren von täuschender Menschenähnlichkeit faszinieren sie das staunende Publikum und stellen doch nichts anderes vor als sich selbst. In Komödienmanier ist in der Täuschung die Enttäuschung angelegt, doch die potenzierte *dissimulatio*, die Verstellung der Verstellung und das paronomastische Spiel mit der Mehrdeutigkeit der Rede bewirken wie in einem Spiegelkabinett die kaleidoskopische Brechung und Vervielfältigung der Ebenen, aus der am Ende auch die vermeintlichen Spieler des Spiels als betrogene Betrüger hervorgehen (»Ich bin betrogen«, DKV I, 127; MBA 6, 93). Die unendliche Wiederkehr des Immergleichen, die im von Lucile nur elliptisch zitierten »Le roi est mort – vive le roi!« den Grundsatz monarchischer Legitimität zusammenfasst, manifestiert in seinem Regierungsprogramm für das absurde Königreich Popo ausgerechnet der geschworene Nonkonformist Prinz Leonce: »morgen fangen wir in al-

ler Ruhe und Gemütlichkeit den Spaß noch einmal von vorn an« (DKV I, 128; MBA 6, 94).

Mit dem Fragment »*Woyzeck*« zieht Büchner die Demarkationslinie zwischen Regeln und Usancen der traditionellen Dramentheorie und der Forderung nach einer Kunst, die »Menschen von Fleisch und Blut« statt »himmelblaue[r] Nasen und affektiertem Pathos« gibt neu (DKV II, 411). Ein einfacher Soldat, ein Pauper am Rande der Gesellschaft als Hauptfigur einer Tragödie verletzt in bis dahin nicht gekannter Radikalität die Ständeklausel. In gleicher Konsequenz radikalisiert Büchner den Verzicht auf den gehobenen Sprachgestus der Tragödie. Der Verstoß gegen die Angemessenheit der Rede (*aptum*) ist das Prinzip, aus dem auf sprachlicher Ebene die Grundspannung des Fragments entsteht. Nicht die Fallhöhe des tragischen Helden motiviert das Mitleid des Publikums. Woyzeck steht von Anfang an auf der »unterst Stuf von menschliche Geschlecht!«, vergleichbar mit dem als Soldat verkleideten und abgerichteten Affen, der in einer Jahrmarktsbude zur Schau gestellt wird (DKV I, 150; MBA 7.2, 14). Wurde *Danton's Tod* für seine drastische, mitunter zotige Sprache gerügt, bewegt sich die Rede Woyzecks insgesamt jenseits der Diskurswürdigkeit und ist im Wortsinne ›nicht satisfaktionsfähig‹. In scharfem Kontrast zu seiner dialektalen, restringierten Sprache stehen die Reden eines Hauptmanns, vor allem jedoch eines Doktors, der mit dem Gestus wissenschaftlicher Objektivität doziert.

Rede ist im »*Woyzeck*« nicht mehr wie in *Danton's Tod* und *Leonce und Lena* Instrument zur Begründung und Durchsetzung von Gewalt, sondern selbst gewalttätig. So droht der Hauptmann ohne viel Umschweife: »Kerl, will Er erschoß, will <Er> ein Paar Kugeln vor den Kopf hab<en?> Er ersticht mich mit Sei Auge« (DKV I, 160; MBA 7.2, 18). Während Doktor und Hauptmann über ihn und über ihn hinweg sprechen, ihn zum Objekt degradieren, dem keine eigene Rede zusteht, kompensiert Woyzeck zunehmenden Kontrollverlust und das Versagen der Sprache somatisch: Krachen mit den Fingern, unruhiges Tasten mit den Füßen, vom Doktor diagnostizierte physiologische Reaktionen (»Den Puls Woyzeck, den Puls, klein hart, hüpfend, ungleich«, DKV I, 160; MBA 7.2, 18). Diese Rhetorik des Körpers und der Zwang zur Wiederholung – bis hin zum »Lauter, lauter, stich, stich die Zickwolfin tot? stich, stich die Zickwolfin tot. Soll ich? Muß ich? Hör ich's da auch, sagt's der Wind auch? Hör ich's immer, immer zu, stich tot, tot« (DKV I, 164; MBA 7.2, 30) – markieren eine Rede, die wie nicht gesprochen, ungehört bleibt.

Sie ist Antirhetorik nicht im Sinne einer Gegenposition, sondern als Rede, die im Diskurs keine Bedeutung hat, die für ihr Gegenüber nicht von Interesse ist aufgrund ihrer Referenzialität, als Teil des Gesprächs, sondern nur als Studienobjekt und Symptom eines interessanten Falls.

Rhetorica contra Rhetoricam

Büchners Helden verstoßen gegen die rhetorische Zentralkategorie des *aptum*. Sie vergreifen sich im Ton, gezielt als Provokateure wie Danton und Prinz Leonce, der Revolutionsführer und der Thronfolger, oder weil sich die Diskurse ihrer Kontrolle entziehen, wie Lenz und Woyzeck, der Dichter und der Soldat. Rhetorik und Antirhetorik werden montiert als Strategien zum gleichen Ziel: Sich Gehör zu verschaffen, einen Unterschied zu machen.

Büchners Helden scheitern. Ähnlich resignativ äußert sich der junge Büchner in einem Brief an die Familie im Juni 1833 zur Möglichkeit des Einzelnen, sich politisch Gehör zu verschaffen: »Sie schreiben, man liest sie nicht« (DKV II, 369). Doch hält diese Skepsis den Autor nicht ab, zusammen mit Weidig den Landboten und danach in wenigen Jahren ein dichterisches Werk zu verfassen, das trotz seines fragmentarischen Charakters heute selbst fester Bestandteil des Schulkanons ist. Sein Anspruch ist hoch. Mit seiner Einschätzung, der Dichter stehe »über« dem Geschichtsschreiber »dadurch, daß er uns die Geschichte zum zweiten Mal erschafft« (DKV II 410) bezieht er sich direkt auf die aristotelische Tradition (Aristoteles 1982, 29) gegen das Verdikt Platons, der die Dichter aufgrund ihres suspekten Verhältnisses zu Wahrheit und Wahrscheinlichkeit aus seinem Philosophenstaat ausschließt (Platon 1970–1983, 792–835). Was für Platon den Dichter mehr noch verdächtig macht als andere Künstler, ist sein überaus zweifelhaftes Medium, die Sprache. Zur Disposition stehen die Wahrheitsfähigkeit der Rede und damit die Strukturbedingungen poetischen Schaffens.

Büchners Texte setzen diese existenzielle Frage in Szene. Rede und Gegenrede, Rhetorik und Antirhetorik, verstanden als eine gegen institutionalisierte Normen bewusst aufbegehrende (*Danton's Tod*, »*Lenz*«, *Leonce und Lena*) oder aber vom Grunde auf gegen die Regeln verstoßende Rede (»*Woyzeck*«), werden konfrontiert. Das Ergebnis ist ernüchternd. Am Ende des *Danton* sind es Luciles Schrei und ihr fragmentarisches Zitat der absolutistischen Huldigungsformel, die eine Entscheidung unmöglich machen, das Fragment »*Lenz*« endet mit der Perspektive auf ein Fortleben, als Chiffre der Resignation, *Leonce und Lena* drehen sich im Vexierspiel ihres Königreichs und im »*Woyzeck*« kommt die Rede des ›Helden‹ nur noch als Anschauungsobjekt in den Blick. Das auslösende Dilemma des Experiments wird in den Texten nicht aufgelöst, sondern vielmehr aufs Äußerste gesteigert. Eine Entscheidung für oder gegen Rhetorik oder Antirhetorik ist in diesen Konstellationen nicht zu haben und damit keine abschließende Antwort auf die Frage nach der Möglichkeit, mittels der Sprache zu wirken. Die Helden der Sprache scheitern. In der Darstellung dieses Scheiterns aber demonstriert die Sprache ihre Fähigkeit, ihre eigenen Konstitutionsbedingungen zu reflektieren.

Literatur

Aristoteles: Rhetorik. Übersetzt und erläutert von Christof Rapp. In: Ders.: Werke in deutscher Übersetzung. Begründet von Ernst Grumach. Hg. von Hellmut Flashar. Bd. 4. Berlin 2002.

– : Poetik. Griechisch/Deutsch. Übersetzt und hg. von Manfred Fuhrmann. Stuttgart 1982.

Blumenberg, Hans: Anthropologische Annäherung an die Aktualität der Rhetorik. In: Ders.: Wirklichkeiten, in denen wir leben. Stuttgart 1981, 104–136.

Bornscheuer, Lothar: Rhetorische Paradoxien im anthropologischen Paradigmenwechsel. In: Rhetorik-Jahrbuch 8 (1989), 13–42.

Breuer, Dieter: Schulrhetorik im 19. Jahrhundert. In: Helmut Schanze (Hg.): Rhetorik. Beiträge zu ihrer Geschichte in Deutschland vom 16.-20. Jahrhundert. Frankfurt a. M. 1974, 145–179.

Breymayer, Reinhard: Pietistische Rhetorik als eloquentia nov-antiqua. Mit besonderer Berücksichtigung Gottfried Polykarp Müllers (1684 bis 1747). In: Bernd Jaspert/Rudolf Mohr (Hg.): Traditio – Krisis – Renovatio aus theologischer Sicht. Festschrift für Winfried Zeller zum 65. Geburtstag. Marburg 1976, 258–272.

Celan, Paul: Der Meridian und andere Prosa. Frankfurt a. M. 1994.

Dockhorn, Klaus: Macht und Wirkung der Rhetorik. Vier Aufsätze zur Ideengeschichte der Vormoderne. Bad Homburg u. a. 1968.

Frizen, Werner: Georg Büchner: ›Dantons Tod‹. Interpretation. München 1990.

Geitner, Ursula: Die Sprache der Verstellung. Studien zum rhetorischen und anthropologischen Wissen im 17. und 18. Jahrhundert. Tübingen 1992.

Horn, Peter: »Ich meine für menschliche Dinge müsse man auch menschliche Ausdrücke finden.« Die Sprache der Philosophie und die Sprache der Dichtung bei Georg Büchner. In: GBJb 2 (1982), 209–226.

Ijsseling, Samuel: Rhetorik und Philosophie. Eine historisch-systematische Einführung. Stuttgart 1985.

Platon: Werke in acht Bänden. Griechisch/Deutsch. Hg. von Gunther Eigler u. a. Darmstadt 1970–1983.

Quintilianus, Marcus Fabius: Ausbildung des Redners/Institutionis Oratoriae, Libri XII in zwei Bänden. Lateinisch/Deutsch. Übersetzt und hg. von Helmut Rahn. Darmstadt ³1995.

Schäffer, Martin: Actenmäßige Darstellung der im Großherzogthume Hessen in den Jahren 1832 bis 1835 stattgehabten hochverrätherischen […] Unternehmungen. Darmstadt 1839.

Schaub, Gerhard: Georg Büchner: ›Poeta rhetor‹. Eine Forschungsperspektive. In: GBJb 2 (1982), 170–195.

Schiappa, Edward: Did Plato Coin Rhêtorikê? In: American Journal of Philology 111 (1990), 457–470.

Schmidt, Axel: Tropen der Kunst. Zur Bildlichkeit der Poetik bei Georg Büchner. Wien 1991.

Vietta, Silvio: Neuzeitliche Rationalität und moderne literarische Sprachkritik. Descartes, Georg Büchner, Arno Holz, Karl Kraus. München 1981.

Wülfing, Wulf: ›Ich werde, du wirst, er wird.‹ Zu Georg Büchners ›witziger‹ Rhetorik im Kontext der Vormärzliteratur. In: Burghard Dedner/Günter Oesterle (Hg.): Zweites Internationales Georg Büchner Symposium 1987. Frankfurt a. M. 1990, 455–475.

Anke von Kempen

7. Camouflage und Zensur

Georg Büchner und sein literarisches Werk repräsentieren in der Geschichte der literarischen Zensur des Vormärz einen Sonderfall, der eine Bewertung schwierig macht. Die Texte können im Blick auf das zeitgenössische Zensursystem nicht mit denen der Autoren des Jungen Deutschland verglichen werden: Ihre Editionsgeschichte ist komplex, kein einziger Text wurde von Büchner autorisiert publiziert; die redaktionellen Bearbeitungen (und weitere Fremdeingriffe) sind teilweise schwer zu rekonstruieren; *Danton's Tod* und *Leonce und Lena*, die zwei zensurrelevanten Texte, wurden von Karl Gutzkow für den jeweiligen Vorabdruck in Zeitschriften (der *Danton* auch für den Druck in Buchform) stark redigiert und ›entschärft‹ – mit der Folge, dass es nachweisbare Spuren institutioneller Zensur, paradoxerweise, kaum gibt.

Schriftsteller des Jungen Deutschland im Zeichen der Zensur

Der Hessische Landbote gehört nur mittelbar in den Zusammenhang der literarischen Zensur: Als die in Zusammenarbeit mit dem liberalen Demokraten Ludwig Weidig und anderen Mitgliedern der Gießener »Gesellschaft der Menschenrechte« entstandene revolutionäre Flugschrift verbreitet wurde, war Büchner in Literatenkreisen völlig unbekannt, hatte sich noch keine Autorschaft erschrieben. Der Text, eine stark rhetorisierte und zugleich mit Zahlen unterfütterte scharfe Kritik der Unterdrückung und Ausbeutung der Armen durch die Reichen und Herrschenden, rief die Polizei wegen politischen ›Hochverrats‹ auf den Plan. Nach Ermittlung der Mitverfasserschaft wurde der Student Büchner verhört, später, am 18. Juni 1835, als er sich bereits in Straßburg aufhielt, wurde der berühmt gewordene Steckbrief von den Behörden in der Beilage zum *Frankfurter Journal* veröffentlicht: »Der hierunter signalisirte Georg Büchner […] hat sich der gerichtlichen Untersuchung seiner indicirten Theilnahme an staatsverrätherischen Handlungen durch die Entfernung aus dem Vaterlande entzogen. Man ersucht deßhalb die öffentlichen Behörden des In- und Auslandes, denselben im Betretungsfalle festnehmen und wohlverwahrt an die unterzeichnete Stelle abliefern zu lassen.« (zit. n. Mayer 1986, 202 f.) Büchner war mit falschem Pass nach Straßburg gegangen und untergetaucht, das Erscheinen seines Dramas

Danton's Tod erlebte er nur aus der Ferne. Das am 10. Dezember 1835 per Bundesbeschluss erlassene Verbot der Gruppe des Jungen Deutschland und ihrer Schriften betraf ihn also zunächst nicht, vielmehr die von konservativen Kritikern wie Wolfgang Menzel immer wieder denunzierten Karl Gutzkow, Heinrich Heine, Heinrich Laube, Ludolf Wienbarg und Theodor Mundt; sie waren im Protokoll der deutschen Bundesversammlung, in dem der Bundesbeschluss vom 10. Dezember 1835 zum Verbot der Schriften des Jungen Deutschland festgehalten ist, auch namentlich erwähnt (vgl. Ziegler 2006, 13).

Die Schriftsteller und Redakteure sowie die Verleger und Buchhändler stellten sich, sofern sie noch – ob in Deutschland oder außerhalb Deutschlands nach erfolgreicher Emigration – für den deutschen Buchmarkt schrieben, rasch auf die Konventionen und Verfahrensweisen der Zensur und die Erwartungen der unterschiedlich aktiv und repressiv agierenden Zensoren ein. Sie entwickelten formale (Umfangsüberschreitungen: Vorlagepflichtig waren im Verfahren der Vorzensur neben den Periodika nur Manuskripte bis zu 20 Bogen Umfang, die aber noch der Nachzensur zum Opfer fallen konnten; dann auch: Separatdruck von Vorreden), paratextuelle (etwa irreführende Titel- bzw. Untertitel-Formulierungen) und literarisch-stilistische Strategien (des Chiffrierens, Anspielens, Maskierens, Codierens – allgemein durch das Verfahren der Camouflage gekennzeichnet, zu Heine vgl. exemplarisch Braese/Irro 2002), mit denen die Zensur unterlaufen werden konnte und Zensoren getäuscht werden sollten.

Tatsächlich verwandten die Autoren einen großen Teil ihrer Energie auf solche Aktivitäten, der Umgang mit den Bedingungen der Zensur war dabei durchaus unterschiedlich. Heine etwa entwickelte eine spezifische Form der »schriftstellerische[n] Widerstandspraxis«, die sich v.a. über die Medien Broschüre und Zeitung/Zeitschrift artikulierte (vgl. Ziegler 2006, 142 und u.ö.). Er versuchte, selbstbewusst der Zensur zu begegnen und den Zensoren gegenüberzutreten. Dazu verschob er erstens die Kritik von der Fiktion in die unterhaltende Literatur und in Genres faktualer Literatur (z.B. in der vermeintlichen Biographie *Ludwig Börne. Eine Denkschrift* oder in den *Reisebildern*). Zweitens praktizierte er eine »Stilpolitik der Vorreden« bzw. eine Brief- und »Stildiplomatie« (ebd., 68f., 144ff.), indem er in Vorreden und Briefen immer wieder auch über die Zensur, die Inhalte seiner zensierten Texte und die Probleme der Autorenexistenz unter diesen Bedingungen informierte. Und drittens schließlich forcierte er

die Kunst des Chiffrierens. Die Reflexion von Zensur und Selbstzensur als Institution und – normierende und ausgrenzende – kulturelle Praxis wird damit konstitutiver Bestandteil der literarischen Arbeit und spiegelt sich in den Texten.

Danton's Tod: Karl Gutzkows »Scheere der Vorcensur«

Büchner, im Januar 1835 zum ersten Mal von einem Untersuchungsrichter in Friedberg verhört, schloss im Februar die Arbeit an *Danton's Tod* ab und schickte das Manuskript – mit einem hinzugefügten Begleitbrief an Karl Gutzkow – an den Verleger Johann David Sauerländer in Frankfurt. Bald schon erhielt er einen Verlagsvertrag mit der Vereinbarung, dass ein Teil- bzw. Vorabdruck in der Zeitschrift *Phönix*, die Gutzkow mit Eduard Duller, dem hauptverantwortlichen Redakteur, herausgab, im Honorar enthalten sei. Ebenfalls abgesprochen war, dass Gutzkow gemeinsam mit Büchner Korrekturen nicht zuletzt im Blick auf die Zensur vornehmen sollte, die Mitte der 1830er Jahre – nach der Verschärfung der einschlägigen, auf den Karlsbader Beschlüssen von 1819 fußenden Bestimmungen 1832 und 1834 – den Höhepunkt der Repression erreicht hatte.

Gutzkow kam, als Publizist und Redakteur, dem Zensor entgegen. Er bearbeitete – zumal nach den das Vorgehen gegen das Junge Deutschland mit auslösenden Verboten seines Romans *Wally, die Zweiflerin*, die seit Oktober 1835 in mehreren deutschen Staaten erfolgten, und nach einer vierwöchigen Gefängnishaft, die sich vom Januar bis in den Februar 1836 erstreckte – die Manuskripte Büchners nach seinen subjektiven Eindrücken vom Normenhorizont der Zensoren, die in der Praxis unterschiedlich scharf verfuhren. Das Manuskript von *Danton's Tod* hatte er schließlich alleine, da eine Verständigung mit dem Autor wegen dessen Flucht nach Straßburg Anfang März 1835 nicht mehr zustande kam, rigoros mit dem »Rothstift« überarbeitet (zit. n. MBA 3.2, 279; zur Präventivzensur Gutzkows vgl. ausführlich Dedner/Mayer in ebd., 279 ff.; vgl. schon Hauschild 1985b, 33 ff.). Er ›säuberte‹, wie er später im Tonfall eines Zensors in einem Brief an Büchner vom 17. März 1835 eingestand (vgl. DKV II, 398), in großem Stil und erstellte eine Fassung, von der er und der Verleger annahmen, dass sie die Zensur passieren würde (in Einzelfällen ist jedoch nicht gesichert, ob die textlichen Veränderungen tatsächlich immer von Gutzkow herrühren). Gegen die massiven Eingriffe in die Textgestalt konnte der Autor –

umständehalber – erst nachträglich protestieren. Büchner reagierte empört und stellte seine Kompromisslosigkeit heraus: In einem Brief an seine Eltern vom 28. Juli 1835 schrieb er: »Fast auf jeder Seite weggelassen, zugesetzt, und fast immer auf die dem Ganzen nachteiligste Weise. Manchmal ist der Sinn ganz entstellt oder ganz und gar weg, und fast platter Unsinn steht an der Stelle.« (DKV II, 409) Darüber hinaus markierte er, wohl aus der Erinnerung, allein in zwei Widmungsexemplaren an seine Straßburger Freunde Wilhelm Baum und August (und/oder Adolph) Stöber mehr als 60 Veränderungen, die Gutzkow vorgenommen hatte (vgl. Dedner/Mayer in MBA 3.2, 291 ff. sowie die Synopse MBA 3.1, 495 ff.). Tatsächlich waren es weit mehr als 100 teils gravierende sprachliche und inhaltliche Korrekturen, die auf die strukturell zensursensiblen Bereiche der Sittlichkeit (v. a. Sexualität), der Religion sowie auf Politik und Gesellschaft zielten.

Gutzkow hatte vor allem Stellen, die in seinen Augen der Zensur als ›sittlich anstößig‹ oder ›blasphemisch‹ gelten mussten, gestrichen bzw. verändert. Dafür legte er offenbar genau jene Zensurmaßstäbe an, denen wenig später sein eigener Roman zum Opfer fallen sollte. Im Bundesbeschluss hieß es über die Autoren des Jungen Deutschland wörtlich, dass »deren Bemühungen unverholen dahin« gingen, »in belletristischen, für alle Classen von Lesern zugänglichen Schriften die christliche Religion auf die frechste Weise anzugreifen, die bestehenden socialen Verhältnisse herabzuwürdigen und alle Zucht und Sittlichkeit zu zerstören« (zit. nach Ziegler 2006, 13). Die Bearbeitung Gutzkows zielte konsequent auch auf die Unkenntlichmachung der in seinen Augen zu beobachtenden »Sansculottenlust« (zit. n. MBA, 3.2, 278). Er hielt im Übrigen seine Eingriffe für unvermeidlich und legitimierte, im Nachruf auf Büchner, sein Vorgehen, selbst den Präventiv-Zensor zu spielen, mit den Worten:

Als ich nun, um dem Censor nicht die Lust des Streichens zu gönnen, selbst den Rothstift ergriff, und die wuchernde Democratie der Dichtung mit der Scheere der Vorcensur beschnitt, fühlt' ich wohl, wie gerade der Abfall des Buches, der unsern Sitten und unsern Verhältnissen geopfert werde mußte, der beste, nämlich der individuellste, der eigenthümlichste Theil des Ganzen war. Lange, zweideutige Dialoge in den Volksscenen, die von Witz und Gedankenfülle sprudelten, mußten zurückbleiben. Die Spitzen der Wortspiele mußten abgestumpft werden oder durch aushelfende dumme Redensarten, die ich hinzusetzte, krumm gebogen (zit. n. ebd., 278 f.).

Zweideutigkeiten und Wortspiele, zentrale literarische Strukturelemente in den Texten Büchners, wur-

den demnach ›abgeschliffen‹. Gutzkows Überarbeitungstil lässt sich an vielen Stellen als »Sexualzensur« (Hauschild 1985b, 37) bezeichnen. Darauf verweist auch seine flapsig-ironische Bemerkung im Brief vom 3. März 1835 an Büchner, er wolle mit ihm (wozu es ja nicht mehr kam) aus dem *Danton* »die Veneria heraus[]treiben« (DKV II, 395). Entsprechend wurden Begriffe wie ›Hure‹, ›Hurenbett‹, ›huren‹, ›Bordell‹, ›Prostitution‹, ›Prostituierte‹ u. ä. systematisch ausgetauscht oder abgeschwächt. Ein gutes Beispiel für die Radikalität mancher Eingriffe ist die Passage in I/5, in der Lacroix zu Danton in Gutzkows Erstdruck sagt: »Die Mädel guckten aus den Fenstern, man sollte vorsichtig seyn und sie nicht einmal in der Sonne sitzen lassen. Die unmoralischen Mücken erwecken ihnen sonst allerhand erbauliche Gedanken. Legendre und ich sind fast durch alle Zellen gelaufen, mehr als eine apokalyptische Dame hing uns an den Rockschößen« (vgl. MBA 3.1, 499). Im Manuskript Büchners steht dagegen: »die Mücken treiben's ihnen sonst auf den Händen, das macht Gedanken. Legendre und ich sind fast durch alle Zellen gelaufen, die Nönnlein von der Offenbarung durch das Fleisch hing[en] uns an den Rockschößen« (vgl. ebd.). Hatte Gutzkow noch im Mai 1835 einen Kampf für die von Karl Rosenkranz in anderem Zusammenhang konstatierte »Emancipation des Fleisches« in der Literatur geführt (zit. n. MBA 3.2, 313; vgl. Dedner/Mayer in ebd., 310), so muss seine Zensur im Blick auf *Danton's Tod* (sowie auf *Leonce und Lena*) auch als Selbstzensur erscheinen, für die er einen ›Stellvertreter‹-Text benutzen konnte. Während *Danton's Tod* erschien, wurde Gutzkows Rezension vom 11. Juli 1835, mit der er dem Drama den Weg in die Öffentlichkeit erleichtern wollte, von der Zensur geradezu ›verstümmelt‹, mit seinem eigenen Wort »maltraitiert« (zit. n. MBA 3.2, 248).

Am Ende äußerte sich Gutzkow drastisch über sein Zensorenamt, ganz im Ton eines von der Zensur selbst betroffenen Autors: »Der ächte Danton von Büchner ist nicht erschienen. Was davon herauskam ist ein nothdürftiger Rest, die Ruine einer Verwüstung, die mich Ueberwindung genug gekostet hat« (zit. n. MBA 3.2, 279). Zwar ging er keineswegs so weit, nach seinen Erfahrungen die Zensur als »nothwendiges Uebel, als eine durch die Umstände bedingt exceptionelle Maaßregel« (zit. n. Hauschild 1985b, 91) anzusehen – diese Zuschreibung galt in einem taktisch motivierten Schreiben an den Senat der Reichsstadt Frankfurt vom 10. Juli 1837 dem vormaligen verantwortlichen Zensor Johann Friedrich Fiedler –, doch musste er ohne Umschweife eingestehen: »Der Autor wird um die treffendsten Bilder, um schlagende Ausdrücke, um seine Originalität gebracht.« (zit. n. ebd., 92)

Sogar Büchners Wunsch nach Anonymität hatten Gutzkow und der Verleger ignoriert und den Autornamen – »was ich ausdrücklich verboten hatte« (Brief an die Familie vom 28.7.1835, DKV II, 409 f.) – auf das Titelblatt der Buchausgabe gesetzt. Darüber hinaus fügten der Redakteur Eduard Duller und der Verleger (so jedenfalls die Version des sich rechtfertigenden Gutzkow) einen neuen »abgeschmackt[en]« (ebd.), wie Büchner befand, Untertitel hinzu, der mit der Distanzierung vom Terreur der Jakobiner den Eindruck eines antirevolutionären Stücks erwecken sollte: »Dramatische Bilder aus Frankreichs Schreckensherrschaft«. Einige konservative Kritiker waren freilich mit solchen taktischen Winkelzügen nicht zu täuschen: Der Rezensent der *Dresdner Abendzeitung*, Felix Frey, rechnete im Oktober 1835 das Drama zu jenen Werken, »welche jede gute Staatspolizei nie öffentlich auslegen läßt und den geheimen Betrieb möglichst verhindert« (zit. n. Poschmann 1988, 125).

Ob Büchner selbst anders gehandelt hätte als Gutzkow, wäre er in die Überarbeitung einbezogen gewesen, ist ungewiss, aber doch wahrscheinlich. Überliefert ist nur die – nicht weiter explizierte – Lizenz für Gutzkow, »einige Änderungen machen zu dürfen« (Brief an die Familie vom 28.7.1835; DKV II, 409). Ob sich darüber hinaus aus der gegenüber Gutzkow im März 1835 brieflich geäußerten Bemerkung »Mein Danton ist vorläufig ein seidnes Schnürchen und meine Muse ein verkleideter Samson« (DKV II, 398) ablesen lässt, der Autor habe sein Drama »zu diesem Zeitpunkt (März 1835) als symbolische Vorwegnahme künftiger Hinrichtungen« (Dedner/Mayer in MBA 3.2, 250) verstanden, muss freilich offen bleiben; zumindest verweist die Formulierung auf die ästhetische Radikalität des Autors. Denkbar erscheint, dass er, wenn er vor die Alternative einer Veröffentlichung nach einer Textrevision nach Zensurmaßgaben oder einer Nicht-Veröffentlichung gestellt worden wäre, auf eine Publikation zumindest des *Danton* ganz verzichtet hätte, der ästhetische Preis dürfte ihm zu groß gewesen zu sein. *Danton's Tod* war jedoch erschienen und hatte, offenbar problemlos, die Vorzensur passiert; nachträglich könnte es aber noch das eine oder andere Verbot – wie etwa in Österreich – gegeben haben (vgl. Dedner/Mayer in MBA 3.2, 313).

Leonce und Lena:
Camouflage und Transtextualität

Im Lichte seines zweiten szenischen Textes, *Leonce und Lena*, lässt sich das Zensur-Problem vielleicht aber auch ganz anders umschreiben – unabhängig von der Überlieferungsproblematik und Druckgeschichte (vgl. hierzu Hauschild 1997, 660 ff.; Dedner in MBA 6, 266–332): Die vermutlich zweiaktige, zu spät eingetroffene und deshalb von der Jury unberücksichtigt gebliebene (und auch nicht eingesehene) Wettbewerbsfassung ist nicht überliefert, sondern nur die von Gutzkow gekürzte Zeitschriftenfassung sowie der Druck in den *Nachgelassenen Schriften* von 1850 durch Ludwig Büchner. Sicher ist, dass Büchner die eingereichte Fassung gründlich überarbeitet hat. In der neueren Forschung fällt immer wieder das Stichwort ›Camouflage‹, um deutlich zu machen, dass Büchner angeblich eine spezifische Schreibweise im Blick auf das Zensursystem entwickelt habe. »Das Stück repräsentiert«, so heißt es z.B., »ein beachtliches Exempel literarischer Camouflage, da Büchner nicht nur die Reaktion der Zensur bedenken mußte, sondern auch den ästhetischen Erwartungshorizont der Preisrichter« (Schütte 2006, 219; ganz ähnlich Knapp 2000, 158; dazu mit Blick auf Heine vgl. Oesterle 2004).

Die Teilnahme an dem vom Cotta Verlag initiierten Preisausschreiben für die ›beste‹ Komödie war für Büchner auf den ersten Blick ökonomisch lukrativ; ob er sich aber wirklich von der Teilnahme einen Erfolg versprach, ist fraglich (vgl. Dedner in MBA 6, 248). Zwar war der Einsender durch die Anonymität geschützt – den Juroren hätte der Steckbrief Büchners von Juni 1835 bekannt sein können –, doch spätestens der Gedanke an die Publikation im Falle des Preisgewinns hätte Überlegungen auf die erwartbaren Reaktionen der Zensur zur Folge, Selbstzensur geradezu ›erzwungen‹ haben müssen. Doch auch hierzu sind Aussagen Büchners nicht bekannt. Zu spezifischen Strategien der Zensurumgehung, wie sie die Autoren des Jungen Deutschland – stilbildend etwa Heine – ausgeprägt haben, hat er sich nicht geäußert. Insofern erscheint die These, Büchner habe der Jury, in der der Autor u.a. Wolfgang Menzel, den Denunzianten der Jungdeutschen, vermuten konnte, ein »Kuckucksei« untergeschoben (Hauschild 1997, 664), zwar naheliegend, aber auch spekulativ, zumal sie Büchner Absicht unterstellt. Das einzige ernstzunehmende Indiz für zensurorientiertes Schreiben scheint die gestrichene satirische Szene »Zwei Polizeidiener treten auf« zu sein (so Knapp 2000, 158), die die Repressalien im Anschluss an die Veröffentlichung des *Hessischen Landboten* reflektiert und den publizierten Steckbrief karikiert: »geht auf 2 Füßen, hat zwei Arme, ferner einen Mund, eine Nase, zwei Augen, zwei Ohren. Besondere Kennzeichen: ist ein höchst gefährliches Individuum.« (MBA 6, 17; DKV I, 138)

Der mit Publikationsverbot belegte Gutzkow erstellte für den späteren, nach dem Tod Büchners erfolgten Druck im *Telegraphen für Deutschland* (Mai 1838), einer von ihm redigierten Zeitschrift, die immer wieder Schwierigkeiten mit der Zensur hatte, erneut eine »zensurresistente« (Hauschild 1997, 570), zudem – um Interesse zu wecken und gleichzeitig die Nachfrage nach dem Stück zu stimulieren – erheblich gekürzte Fassung. Sie weist allerdings weit stärkere Eingriffe auf, als die Zensur sie ›gefordert‹ hätte: Streichungen, Korrekturen, Zusätze (Überblick in MBA 6, 285 ff.). Gutzkow spricht in einem Brief vom 14. September 1837 von der sprachlichen ›Derbheit‹, dem ›unkeuschen‹ Witz und den ›politischen‹ Anspielungen; vieles müsste seiner Meinung nach »entweder gemildert oder ganz übergangen werden« (zit. n. MBA 6, 276), wobei der Schwerpunkt auf den vermeintlichen ›Dezenzverstößen‹ liegt. Besonders markant ist in diesem Zusammenhang die Streichung der Namen der Königreiche »Pipi« und »Popo« (vgl. Dedner in MBA 6, 287). Offenbar strich oder veränderte Gutzkow v. a. Stellen, »die Körperfunktionen (Sexualität, Ausscheidungen, Geburt und Tod) oder anstößige Körperteile und -haltungen betreffen« (ebd.; vgl. zudem die – allerdings nicht immer »sicheren« – Belege ebd., 287 ff.). Er hat aber offenbar auch Büchners Zitat-, Anspielungs- und Wort-Ästhetik wenig geschätzt und deshalb über ›zensurbedingte‹ Veränderungen hinaus auch in die Ästhetik und Dramaturgie des Stücks eingegriffen (erhebliche Kürzung des ersten Aktes). Die satirische Kritik am inhaltsleeren Hof- und Verehelichungszeremoniell und an der parasitären Existenz der Herrschenden aus Adel und höfischem Beamtentum wurde dann durch Ludwig Büchners Texteingriffe weiter abgeschwächt.

Unübersehbar ist, dass Büchner mit Leser- und Kritikererwartungen spielt und die Elemente der ›Täuschung‹ und ›Tarnung‹ in seine Ästhetik der Komödie und des Komischen integriert hat. Rezeptionssteuernde Signale und Codes, wie sie schon die »Vorrede« mit den literarischen Zitaten von Alfieri und Gozzi (›Hunger‹/›Ruhm‹) aussendet, oder auch die eigenwillige Nomenklatur sind über den ganzen Text verstreut. Als gegenromantische Satire lange

nur unzureichend analysiert, lässt die Komödie jene fünf Typen »transtextueller Beziehungen« (Genette 1993, 10) erkennen, mit denen Genette den Palimpsest beschrieben hat: Intertext, Paratext, Metatext, Architext und Hypertext (vgl. ebd., 10–19 und passim). Mit diesen Texttypen können Zensurnormen leicht unterlaufen werden, ohne dass jedoch überhaupt ausgemacht ist, ob die Schreibweise mit Blick auf die Zensur und ihre Bedingungen entwickelt wurde. Ohnehin gilt: Zitatmontage, Kontrafaktur, Codierung und Maskierung sind kennzeichnend für die Struktur und Schreibweise in fast allen Texten Büchners. In dieser Perspektive lässt sich das Thema der Zensur auch ganz anders bewerten: Letztlich muss offen bleiben, ob spezifische literarische Formen und Schreibweisen eingesetzt werden, um die Zensur zu umgehen, oder ob dieser Aspekt in der Autorenperspektive gar keine Rolle spielt, da es sich um genuin poetische Verfahrensweisen handelt.

Ästhetik des Widerstands

Büchners Werke wurden – ein Paradox – nicht von der Institution Zensur und von den angestellten, professionalisierten Zensoren, sondern von dem von der Zensur selbst zensierten und sogar mit einer Haftstrafe und Publikationsverbot belegten Gutzkow zensiert! Büchner war ein radikaler Schriftsteller, der sich zu Kompromissen nicht bereit fand, dessen Texte freilich ohne das Engagement und die massiven, die Texte verändernden und teils verfälschenden Eingriffe Gutzkows kaum gedruckt worden wären, auch nicht in Zeitschriften. Konsequent grenzte er sich mit der Kritik am Idealismus entschieden von der Gruppe des Jungen Deutschland ab, in deren Kontext ihn die Publikation von *Danton's Tod* gebracht hatte und als deren Mitglied er in der Öffentlichkeit wahrgenommen wurde. Seine Texte lassen sich aber nicht der für die Autoren des Jungen Deutschland so charakteristischen Kommunikationsstrategie des »Ideenschmuggels« zuordnen, wie sie Gutzkow in *Briefe eines Narren an eine Närrin* von 1832 selbst bezeichnet hatte (vgl. Hömberg 1975). »Treiben Sie wie ich den Schmuggelhandel der Freiheit: Wein verhüllt in Novellenstroh, nichts in seinem natürlichen Gewande: ich glaube, man nützt so mehr, als wenn man blind in Gewehre läuft, die keineswegs blindgeladen sind«, lautete Gutzkows Aufforderung vom 17. März 1835 an Büchner (DKV II, 398). Dieser zeigte sich zwar nicht abgeneigt, durchschaute aber den damit verbundenen ›Zwang‹, markt- und öffentlichkeitskonforme literarische

Ware zu liefern, blieb illusionslos und war fürs Taktieren nicht zu haben. Er gehörte nicht zu jenen »oppositionellen Literaten«, die »aus ihrer liberalen Gesinnung monetären Gewinn« ziehen wollten (Wittmann 1991, 227).

Dass die Zensur nachhaltig auf die Grammatik und den Stil einwirkte und insbesondere für den Journalismus stilprägend war, wurde schon von den Jungdeutschen selbst herausgestellt. Der Zusammenhang von Stil und Zensur wurde im Vormärz zu einem Topos (vgl. Teraoka 1993, 44 ff.), den Büchner freilich nicht zitierte. Seine Schreibweise referiert nicht allererst auf die Zensur, um die poetische Wahrheit in Poesie einzukleiden und womöglich zu verhüllen, zu camouflieren. Büchner kritisiert vielmehr in einem komplexen Verfahren der literarischen Zitatmontage und Collage alle Idealismen, Illusionismen, Euphemismen in politischen und sozialen Grundsatzfragen. Büchner, der sich über die vermeintliche Naivität seiner literarischen Zeitgenossen, über ihren politischen Idealismus mokierte, transponierte nach der revolutionären Flugschrift seine radikale Perspektive in ein politisches Drama und eine vielschichtige Komödie, die das literarische Programm der jungdeutschen Zeitgenossen (von Heine abgesehen) teilweise auch konterkarierte und eine Ästhetik des Widerstands entwickelte, auf die selbst die Präventivzensur Gutzkows keinen wirklichen Zugriff hatte.

Literatur

Braese, Stephan/Irro, Werner (Hg.): Konterbande und Camouflage. Szenen aus der Vor- und Nachgeschichte von Heinrich Heines marranischer Schreibweise. Berlin 2002.

Breuer, Dieter: Geschichte der literarischen Zensur in Deutschland. Stuttgart 1982.

Genette, Gerard: Palimpseste. Die Literatur auf der zweiten Stufe. Frankfurt a. M. 1993 (frz. 1982).

Hauschild, Jan-Christoph (Hg.): Verboten! Das Junge Deutschland 1835. Literatur und Zensur im Vormärz. Düsseldorf 1985a.

– : Georg Büchner. Studien und neue Quellen zu Leben, Werk und Wirkung. Königstein, Ts. 1985b.

– : Georg Büchner. Biographie. Vom Autor überarb. Ausgabe. Berlin 1997.

Hömberg, Walter: Zeitgeist und Ideenschmuggel. Die Kommunikationsstrategie des Jungen Deutschland. Stuttgart 1975.

Knapp, Gerhard P.: Georg Büchner. Stuttgart/Weimar ³2000.

Mayer, Thomas Michael u. a. (Hg.): Georg Büchner. Leben, Werk, Zeit. Ausstellung zum 150. Jahrestag des »Hessischen Landboten«. Marburg ²1986.

Oesterle, Günter: »Was verdankt ›das deutsche Stiefvaterland‹ nicht alles den Juden«. Das subkutane Zusammenspiel von Camouflage und Palimpseste in Heinrich Heines »Die Harzreise«. In: Palimpseste. Zur Erinnerung an Norbert Altenhofer. Hg. von Joachim Jacob, Pascal Nicklas. Heidelberg 2004, 31–40.

Otto, Ulla: Die literarische Zensur als Problem der Soziologie der Politik. Stuttgart 1968.

Poschmann, Henri: Georg Büchner. Dichtung der Revolution und Revolution der Dichtung. Berlin/Weimar ³1988.

Schütte, Uwe: Die Poetik des Extremen. Ausschreitungen einer Sprache des Radikalen. Göttingen 2006.

Teraoka, Takanori: Stil und Stildiskurs des Jungen Deutschland. Hamburg 1993.

Wittmann, Reinhard: Geschichte des deutschen Buchhandels. Ein Überblick. München 1991.

Ziegler, Edda: Literarische Zensur in Deutschland 1819–1848. Materialien, Kommentare. München ²2006.

Wilhelm Haefs

8. Klassizismus, Romantik und Vormärz

Die Tatsache, dass Georg Büchner seit dem späten 19. Jahrhundert von den verschiedensten Avantgardebewegungen, vom Naturalismus, Expressionismus, der Neuen Sachlichkeit bis zur ›Gegenwartsliteratur‹, also von Schriftstellern wie – um nur einige zu nennen – Gerhart Hauptmann, Frank Wedekind, Kurt Tucholsky, Georg Heym, Anna Seghers, Bertolt Brecht, Heiner Müller, Volker Braun, Peter Huchel, Paul Celan und Johannes Bobrowski als so aktuell angesehen wurde (vgl. Hauschild 1988), als ob er ihr Zeitgenosse wäre, führte dazu, Büchner in Bezug auf seine eigene Zeit als verfrüht, als »Unzeitgemäßen« (Poschmann 1982, 133), der in seiner Zeit fehl am Platz gewesen sei, einzustufen. Im Gegenzug zu derartigen aktualisierenden Dichtervoten haben Literaturwissenschaftler in immer neuen Anläufen durch Ketten von Zitathinweisen Herkunftsbezüge zur vorausgegangenen poetischen und philosophischen Literatur herzustellen versucht. Beide Zugriffe auf Büchners Werk sind nicht ohne Erkenntnisgewinn. Zur Historisierung ist eine andere Vorgehensweise angebracht. Anstelle gegenwärtiger Aktualisierung und ausschließlich philologischer Justierung gilt es, die wissenschaftliche Aufmerksamkeit auf die ästhetische Brisanz am Ende der Kunstperiode, also die Zeit von Büchners literarischer Produktivität zu lenken. Um 1830 konkurrieren vier ästhetische Weltentwürfe. Der erste lässt sich als Übergang von der Spätaufklärung zum Vormärz umreißen mit seinem Argument, die Prosa des Fortschritts sei nun einmal mit Rückschritten der Poesie erkauft und ein Bündnis von Poesie und Publizistik unumgänglich. Der zweite stellt sich als Radikalklassizismus dar, der das Überleben der Kunst nur in intensivster Autonomie glaubt sichern zu können. Der dritte ist der der Romantik in Deutschland mit ihrer Doppelausrichtung auf simulierte Naivität und potenzierte Ironie und schließlich viertens ist die französische Romantik mit ihrer Öffnung zum Grotesken und Hässlichen zu nennen.

Unsere These ist, dass Büchner die Brisanz dieser ästhetisch-politischen Möglichkeiten kennt und sie entsprechend kritisch in seinen sogenannten »Kunstgesprächen« verarbeitet. Zugleich ist ihm Epigonalität als Kulturpraxis seiner direkten Umgebung und als Zeitsignatur präsent (vgl. z. B. seine Kritik am Darmstädter Gelegenheitsdichter Heinrich Künzel: »das ästhetische Geschlapp steht mir am Hals«; Gill-

mann 1993, 125). Büchner antwortet auf dieses historistisch zu nennende Überangebot an verfügbaren künstlerischen Beständen und Möglichkeiten mit einer Poetik der Skizze, der Verdichtung und Lakonie, die sich an einem naturwissenschaftlichen Modell der Physiologie und Anatomie orientiert.

Literarische Kreativität in Zeiten literaturgeschichtlicher Involution

In einer Geschichte der Literatur könnte es ergiebig sein, zwischen Phasen der Evolution und Phasen der Involution zu unterscheiden. Eine Phase der Evolution ist – im Bewusstsein der Zeitgenossen – durch einen Neuanfang, einen Innovationsschub gekennzeichnet. Das ist etwa zur Zeit des frühen Goethe und Lenz im ›Sturm und Drang‹ der Fall. Eine Phase der Involution ist hingegen dadurch charakterisiert, dass viele unterschiedliche, alternative Stile, Manieren und Töne auf dem literarischen Markt gleichzeitig kurrent sind. Man kann Evolution und Involution je verschiedene Kreativitätstypen zuordnen. Zu Zeiten der Evolution ist das Genie gefragt, das gleichsam aus dem Nichts Neues schafft; in Zeiten der Involution treten hingegen Virtuosen und Improvisationskünstler auf, die über die Fülle des vorhandenen poetischen und literarischen Materials verfügen und in immer neuen Kombinationen und Rekombinationen damit virtuos spielen.

Das literarische Schaffen der 1820er und 30er Jahre – also die Zeit der literarischen Produktion Georg Büchners – hat man mit Blick auf Karl Immermann das Zeitalter der Epigonen genannt. Dieser impliziten Abwertung der Literatur am Ende der Kunstperiode als unschöpferisch wurde in jüngster Zeit widersprochen. Die Tatsache eines reflektierten literarischen Rückbezugs auf das vorgängige Literatursystem um 1800, das Aufgreifen, Überfremden und Kombinieren spätaufklärerischer, klassizistischer und romantischer ästhetischer Verfahren ist nicht von vornherein ein Zeichen von poetischer Schwäche, sondern kann auch als Ausdruck einer Herausforderung zu gesteigerter Kreativität verstanden werden. Formen der ›Überziehung alter Mittel‹ bieten hochkomplexe formale Möglichkeiten. Das kann sich in Richtung intertextueller und intermedialer Komplexitätssteigerung bewegen, wie es Markus Fauser (1999) an Karl Immermanns Werk gezeigt hat; das kann aber auch zu einer den »Funktionsübergang« von Poesie zur Publizistik vollziehenden, experimentellen Artistik führen, die Wolfgang Preisendanz, Gustav Frank und Madlen Podewski als spezifische literarische Verfahrensweise im Vormärz ausgemacht haben (vgl. Preisendanz 1968; Frank 1998a; Podewski 2002). Schließlich kann das auch zu Reduktionstendenzen führen, d.h. Formen der Verknappung, der Lakonie, der Verkleinerung und Verfeinerung werden ausgebildet; so hat etwa in seltener Präzision Stefan Scherer an der Verarbeitung Tieck'scher Vorlagen durch Eduard Mörike herausgearbeitet, dass sich die Möglichkeit der Verdichtung und Miniaturisierung dem Wechsel Mörikes aus dem romantischen ins klassizistische ›Lager‹ verdankt (vgl. Scherer 2004). Dass Verfahrensweisen der Lakonie (vgl. Oesterle 2003) dem Klassizismus nicht fremd sind, lässt sich an Arbeiten des späten Goethe gut belegen. Georg Büchner nutzt die Möglichkeiten der verschiedenen ästhetischen Verfahrenstechniken im Einzelnen und in wechselseitiger Potenzierung. Während das romantische intertextuelle Überbietungsspiel romantischer Ironie in Zynismus im Lustspiel *Leonce und Lena* an Gestalt gewinnt und schon früh der Jungdeutsche Karl Gutzkow die Fähigkeit des Mediziners Georg Büchner zu literarischer »Autopsie« diagnostiziert hatte, bedurfte es eines geschulten Blicks, um nicht nur »Spuren« romantischer Poesie in Büchners Werk zu erkennen, sondern auch deren spezifische Transformation und Verdichtung auszumachen. Beispielhaft dafür ist Büchners Komprimierung der Schauerästhetik.

Vom exzessiven zum lakonischen Schauer

Ingrid Oesterle hat eine derart poetisch produktive Komprimierung und Reduktion vorgegebener Bestände unter der Leitfigur einer »Entliterarisierung des literarischen Schauers« an Büchners »*Woyzeck*« und dabei en détail die Relevanz von Ludwig Tieck für Büchner erschlossen. Man muss die Genese der romantischen Schicksalstragödie aus dem außerliterarischen »geschichtsdokumentierenden Memorabile« und ihren Weg vom »Unterliterarisch-Volkskundlichen« zum »Hochliterarischen« vergegenwärtigen, um Büchners Um-, ja Rückschrift der Schauertradition mit »Rücksicht auf das Dokumentarische« und in Verbindung mit der »volksnahen Sprache« zu einer artifiziell hergestellten authentischen Einfachheit zu begreifen (I. Oesterle 1983). Die am »*Woyzeck*« erkannte lakonische Ausfilterung Tieck'scher Schauersequenzen hat Axel Kühnlenz mit Blick auf Büchners produktive Anverwandlung Tieck'scher Märchenelemente im »*Lenz*« weiterverfolgt. Sein Resümee lautet:

Während Tiecks Schauerbilder den Grenzübertritt in die Sphäre des poetischen Scheins, ins Reservat des ›Märchens‹ signalisieren, wohin die irrationalen Potenzen des Subjekts ästhetisch verdammt werden, gibt Büchner diese […] Hierarchisierung der Realitätsebenen auf, indem er die Metaphern des Wahnsinns zum adäquaten Ausdruck einer spezifischen Wirklichkeitserfahrung und zum Medium eines unglücklichen Bewußtseins avancieren läßt, das sich nunmehr autonom, in seiner eigenen Sprache, auszusprechen vermag. (Kühnlenz 1991, 310)

Eine vormärzlich eingefärbte »romantische Überfremdung historischer Figuren« macht Burghard Dedner auch für Georg Büchners *Danton's Tod* geltend. Die Nähe der »Alptraumszenen« der verschiedenen Protagonisten in diesem Drama zu schauerlichen Verheißungs- und Verführungsszenen in Tiecks *Abdallah* und *William Lovell* ist auch hier philologisch nachgewiesen; darüber hinaus kann jedoch gezeigt werden, wie Büchner in seinem Drama das von Tieck verwendete teleologische Narrativ in eine »Synchronie«, d.h. in ein vormärzliches Nebeneinander von Stimmen überführt (Dedner 1992, 76; 82).

Ästhetische Kombinatorik

Bei der Beurteilung von Büchners eigenständiger Ästhetik ist es also wichtig, die Texte nicht allein auf eine der drei ästhetischen Verfahrensweisen Klassizismus, Romantik oder Vormärz zu beziehen, sondern gerade deren spezifische Kombination in den Blick zu nehmen. Die Vorteile, die sich aus einem solchen Vorgehen ergeben, sind dreifach. Man verbleibt erstens auf diese Weise nicht bei der positivistischen Suche nach »Spuren« und literarischen Quellen, sondern konzentriert sich auf Formen der Umschrift, Kombination und Verdichtung des ästhetisch Verfügbaren in Büchners Werk. Mit der Orientierung auf diese drei cum grano salis idealtypisch unterstellten ästhetischen Verfahren löst man sich zweitens von der Fixierung auf einen epochalen Wandel von einem goethezeitlichen Kunstmodell zur frührealistischen Literatur (vgl. Frank 1996). Schon innerhalb der Kunstperiode existierten eine produktive Konkurrenz und Gleichwertigkeit zwischen Klassizismus, Romantik und Spätaufklärung. Sie bietet den vormärzlichen Verfahrensweisen im literarischen Experiment und mit anatomischer »Autopsie« Anschlüsse, Selektionen verschiedenster Art (vgl. Schneider 2002). Dass im Werk Büchners diese vorgängige Konkurrenz von Klassizismus, Romantik und Spätaufklärung allgegenwärtig, ja auch eigens metareflektiert wird, belegen die Kunstgespräche in *Danton's Tod* und »Lenz«. Der größte Vorzug dieses Ansatzes ist drittens die dem Etikett der Epigonalität implizite Abwertung aufzuheben. Mit der Involution überkommener Mittel geht nämlich eine Intensivierung ins Existentielle einher. Niklas Luhmann hat mit Spürsinn dieses Moment als Eigenart der Involution hervorgehoben: »Vorhandene Formen und Mittel werden wiederverwendet, abgewandelt, diversifiziert und verfeinert und [...] *bis an die Grenze des existentiell Möglichen* getrieben« (Luhmann 1980, 87; 98; Hervorh., G.Oe.). Statt jener dem Epigonen zumeist unterstellten bloß artistischen Spielerei mit vorgegebenem Material gerät das Gesicht des elementar betroffenen Menschen in den Blick. Bei der Benennung des »Eindruck[s]« eines Bildes von einem niederländischen Maler weiß die Figur Lenz von den »Jüngern von Emaus« zu sagen: »und sie erschrecken [...] aber es ist kein gespenstisches Grauen« (MBA 5, 38; DKV I, 235). Schon bei den prominent vorgetragenen Schulreden am Pädagog in Darmstadt ist dem Schüler Georg Büchner fast schockhaft klargeworden, dass es eine tiefe Kluft zwischen rhetorischer Belang- und Konsequenzenlosigkeit und einer »gefährlichen Rede« gibt. Er machte »eine Reihe ideologischer Widersprüche kenntlich«, als er in seinen rhetorischen Musterreden »die Willensfreiheit als ethisches Grundprinzip bis zum Selbstmord radikalisierte« (Frank 1998b, 584).

Intensivierungen

Bei der Lektüre der Briefe Büchners kann man die gesamte Bandbreite der bisher genannten Möglichkeiten, der ludistischen Kombinatorik, der Überbietung und Hybridisierung, der Lakonie und verdeckten Schreibweise studieren. Man entdeckt aber auch – und allenthalben – die Intensivierung des Existentiellen. Zu Recht hat Walter Benjamin in seiner Briefsammlung *Deutsche Menschen* Büchners Brief aufgenommen, den er am 21. Februar 1835 an Gutzkow zusammen mit dem Manuskript von *Danton's Tod* geschickt hatte. Der Brief ist in der Tat in ungewöhnlichem Stil geschrieben: jungdeutsch keck, selbstbewusst und provokativ scheint er zu sein. Wenn man die Hintergründe kennt, die drohende Verhaftung Büchners, das fehlende Geld für die Flucht, dann schlägt plötzlich der spielerisch-provokative Charakter des Briefs um in existentielle Bedrohung.

In vergleichbarer Weise ist vieles, was bei der Lektüre von Büchners Lustspiel *Leonce und Lena* ein extraordinärer Spaß scheint, existentiell aufs Ernsthaf-

teste grundiert und vieles, was ausschließlich als tragischer Ton erscheint (z. B. im »Woyzeck«), immer auch mit einem widerstandgewitzten komischen Ton unterlegt. Der jungdeutsche Gutzkow, der gerade die Redaktion einer avantgardistischen Zeitschrift vorbereitete, hat das Neuartige an Büchners Schreibweise hellsichtig festgestellt, zunächst den Effekt des medizinisch anatomischen Blicks, sodann das neuartige ästhetische Produktionsverfahren: die poetische Präzision und Verknappung in und aus existentieller Hast und aus potenzierter Eile. Später, 1837, erläuterte Gutzkow in seinem Nachruf auf Büchner »Ein Kind der neuen Zeit« den Eindruck, den der Brief eines Unbekannten am 21. Februar 1835 auf ihn gemacht hatte mit den Worten: der »wunderliche und ängstliche Inhalt« habe ihn gereizt, im beigelegten Manuskript *Danton's Tod* zu blättern:

> Man sahe es der Produktion an, mit welcher Eile sie hingeworfen war. Es war ein zufällig ergriffener Stoff, dessen künstlerische Durchführung der Dichter *abgehetzt* hatte. Die Szenen, die Worte folgten sich rapid und stürmend. Es war die ängstliche Sprache eines Verfolgten, der schnell noch etwas abzumachen und dann sein Heil in der Flucht zu suchen hat. Allein diese Hast hinderte den Genius nicht, seine außerordentliche Begabung *in kurzen scharfen Umrissen schnell, im Fluge*, an die Wand zu schreiben. (DKV I, 430 f.; Hervorh. G.Oe.)

Die Pointe ist, dass dieser neuartige Schreibstil, »in kurzen scharfen Umrissen, schnell, im Fluge, an die Wand zu schreiben«, zwar aus existentieller Not geboren wurde, aber zugleich epochal an der Zeit war. Das genaue, schnelle, scharf gesehene Skizzieren wird als avanciertes Schreiben just zu dieser Zeit prominent. Tieck hatte es mit seinen *Reiseskizzen eines Kranken* bereits vorgeführt (vgl. Oesterle 2005a), Wilhelm Hauff hat fast zeitgleich mit Büchner in fieberhaftem Stil geschrieben (vgl. Oesterle 2005b); und Ludwig Börne hatte seine Schreibkreativität an seine physiologische Reizbarkeit und die Briefform, die literarisch der als schnell erfahrenen Zeit entsprach (v. a. *Briefe aus Paris*, 1832), gebunden. Büchners Bruder Wilhelm hat die Qualität dieses getriebenen Schreibens in ihrer Ambivalenz bedacht, wenn er gegenüber Karl Emil Franzos, den Herausgeber von Büchners Werken, im Dezember 1878 urteilte: »Bei ruhigerer Überlegung würde er das Werk mehr ausgefeilt haben, – *vielleicht zum Schaden des Entwurfs*: Gerade das Unfertige, die ungeschwächte Sprache, macht den tiefen Eindruck, dem jeder Leser sich nicht entziehen kann.« (Zit. n. Hauschild 1985, 127) In der Tat hat Büchner das Unfertig-Skizzenhafte,

aber präzis Treffende zu äußerster Meisterschaft gebracht. Er hat an die Stelle des empfindsam aus-
schweifenden Gefühls, an die Stelle des romantischen ironischen Spiels, an die Stelle der kühlen
Klassizität Goethes oder der Pathosformeln Schillers
eine kurze, aufs Äußerste verknappte, aber gefühlsin-
tensive poetische Sprache geschaffen, die das Tragische witzig untermalt und das Witzige tragisch
grundiert, eine Poesie, der freche Radikalität und
zugleich existentiell grausamste Betroffenheit eingeschrieben ist.

Grenzphänomene des Ästhetischen

Die Grundierung des Komischen durch das Tragische und umgekehrt setzt mit der deutschen Shake-
speare-Rezeption im 18. Jahrhundert ein. In der Romantik erhielt das Wechselreiten von Komischem
und Tragischem seine höchste Steigerung auch in
der philosophischen Reflexion. Der Ästhetiker Karl
Wilhelm Ferdinand Solger gesteht ein: »Auch das
Erhabene kann auf gewisse Weise komisch, und das
Schöne im engeren Sinne tragisch sein« (Solger
1829/1962, 107). Mit der romantischen Anerkennung einer prinzipiellen Gleichwertigkeit, ja Aus-
tauschbarkeit von Erhabenem, Tragischem und Komischem wird zugleich ein Widerpart des Schönen
benannt und dessen Exklusion vorgenommen: Das
Hässliche, das »ganz Gemeine« und »Zufällige«, »das
sich selbst für schön« und wesentlich »ausgibt«, ist
auszuschließen (ebd.). Dieser romantischen, rigiden
Exklusion des Frechen, Frivolen und Hässlichen
wird im Vormärz widersprochen. Victor Hugo überschreitet die Grenzen ins Groteske und Hässliche
programmatisch, was eine heftige Polemik des späten Tiecks auslöst (vgl. I. Oesterle 1995). Büchner,
der zwei Dramen Victor Hugos übersetzt hat, ist dieser sich anbahnende Grenzstreit zwischen deutscher
Spätromantik und französischer Romantik nicht
entgangen. Seine Werke sind beteiligt an der spezifisch vormärzlichen Radikalisierung ästhetischer
Grenzphänomene des Ästhetischen (Preisendanz/
Marquard 1968, 631). Neuere Forschungen haben
die These aufgestellt, dass der Vormärz als Epoche
zwischen Romantik und Realismus Experimentier-
räume zuließ, die vorher wie nachher nicht mehr erlaubt waren (vgl. Frank 1996). Die Übereinstimmung spätromantischer und spätidealistischer Äs-
thetiken mit der Programmatik des Poetischen
Realismus z. B. Julian Schmidts in der Verurteilung
des Hässlichen stützt diese These. Julian Schmidt be-
kämpft konsequenterweise die Kritik Büchners an

den »Idealdichtern« als eine »falsche ästhetische Ansicht« (Hauschild 1985, 218, 219). Georg Büchner,
der mit Blick auf die Kontroverse zwischen französischer und deutscher Romantik die Inkongruenz von
erhabenem und burlesk derbem Sprechen ausnutzt,
nimmt zudem eine vergleichbar kritische Grenzstel-
lung zwischen deutscher Naturphilosophie und
französischer Naturwissenschaft ein. Viel spricht dafür, dass Büchner sich Forderungen der empirisch
verfahrenden Naturwissenschaft zu eigen macht
(z. B. Cabanis und Friedrich Bird), etwa »es liege in
den Geisteskrankheiten nichts von Poesie« (Seling-
Dietz 2000, 195). Diese Austreibung der Poesie aus
den Naturwissenschaften nutzt Büchner, um die
poetischen Altbestände des Klassizismus und der
Romantik einer entschiedenen Autopsie zu unterwerfen mit der Absicht, eine erfahrungsdichte Poesie zu schaffen (vgl. Oesterle 1983). Das heißt, die
immanent ästhetischen Verfahren von Romantik
und Klassizismus werden durch eine neue Wissens-
poetik aufgesprengt; man hat sie einmal mit Blick
auf »Woyzeck« als »anatomische Demonstration«
bezeichnet (Frank 1998b, 602).

Kunstgespräche und Intermedialität

Im zweiten Akt von *Danton's Tod* eröffnet Camille
die dritte Szene mit einem Monolog, der drei problematische Kunstdarbietungen auflistet. Da ist zum einen die idealisierende Kunstart, die das Leben auf
Begriffe, Sentenzen und Marionettenhaftes reduziert; da ist zweitens eine Virtuosenkunstfertigkeit,
die in der Manier Paganinis in technischer Simula-
tion »wie eine Thonpfeife mit Wasser die Nachtigall«
(MBA 3.2, 37; DKV I, 45) imitiert und da ist drittens
die Kopistenkunst. In geschickter Anspielung auf
Heines (und damit implizit auf Nodiers) Umdich-
tung des Pygmalionmythos wird diesen drei unak-
zeptablen Kunstmanieren Impotenz bescheinigt: Sie
verfehlen allesamt eine »Schöpfung, die glühend,
brausend und leuchtend, um und in ihnen, sich jeden Augenblick neu gebiert« (MBA 3.2, 37; DKV I,
45). Camilles die Szene eröffnender Monolog wird
in quasi biblischem Ton (»Ich sage Euch…«) eingerahmt von der Aussage: sie »haben […] weder Augen noch Ohren dafür« (MBA 3.2, 37; DKV I, 44).

Man kann das Kunstgespräch in Büchners Erzählung »Lenz« als Fortsetzung der Camille-Passage lesen ohne gleich in die Gefahr zu verfallen, die Äußerungen der Figuren Camille und Lenz mit dem Autor Büchner zu identifizieren (vgl. Meier 1980, 29).
Denn im Kunstgespräch im »Lenz« wird die Polemik

gegen die idealisierenden Künstler und die nur wenig »erträglich[eren]« sog. Realisten wieder aufgenommen: »Die Dichter, von denen man sage, sie geben die Wirklichkeit, hätten auch keine Ahnung davon« (MBA 5, 37; DKV I, 233). Im Unterschied zu Camilles Kunstmonolog formuliert die Figur Lenz ein Gegenbild und intoniert eine andere Kunst. »Man muß nur Aug und Ohren dafür haben« (MBA 5, 37; DKV I, 234) heißt es auch hier. Und dann extemporiert Lenz eine Wahrnehmungsweise und eine dieser angemessene Kunst, die hier versuchsweise mit den Begriffen und Zugangsweisen zweier Kunsthistoriker, Norman Bryson und Georges Didi-Huberman reformuliert werden sollen. Bryson hat in seinem Buch *Das Sehen und die Malerei. Die Logik des Blicks* eine Opposition von »Verleugnung« oder »Bejahung der deiktischen Referenz« aufgemacht (Bryson 2001, 119), die meines Erachtens ein wichtiges Moment in der Argumentation von Lenz kunstkomparatistisch beleuchtet. Lenz spricht von einer Sequenz von Wahrnehmungsbildern, die sich verändern und auflösen und die man deshalb »nicht immer festhalten und in Museen stellen« (MBA 5, 38; DKV I, 234 f.) kann. Mit Bryson könnte man sagen, die Figur Lenz opponiert gegen eine Kunst, die die Genese, den »Prozeß der Herstellung tilgt« (Bryson 2001, 120), wohingegen seine Wahrnehmung und Kunstkonzeption »die Spuren [der] Arbeit der Herstellung« (ebd.) vorzeigt. Vorbild ist für Bryson die Tuschmalerei, in der »jede Oberflächenmarkierung sichtbar bleibt« und keine die Umarbeitungen tilgende »Schlußversion« (ebd., 122) zugelassen wird.

Unsere vorab angestellten Überlegungen zur skizzenartigen hastigen Schreibästhetik hätte hier ein pikturales Pendant. Das im Kunstmonolog Camilles und im Kunstgespräch im »*Lenz*« angestimmte Pathos des richtigen Sehens und Hörens lässt sich als »die innerste Fähigkeit zu sehen« verstehen, wie sie Georges Didi-Huberman in einem von Flaubert und Proust inspirierten Essay zu Jan Vermeers »Spitzenklöpplerin« ausgeführt hat (Didi-Huberman 2001, 72). Das invertierte Denkbild der Figur Lenz, das »die Gestalten aus sich heraustreten lassen [möchte] ohne etwas vom Äußeren hinein zu kopieren« und das sie explizit an »zwei Bilder[n] […] von Niederländern« (MBA 5, 38; DKV I, 235) erläutert, arbeitet mit eben diesen atmosphärischen Elementen von »Ferne und Nähe« (Didi-Huberman 2001, 76) und mit »allen Ekstasen der Zeit« (ebd., 75), d. h. mit dem »Aufblitzen der Zeit«, das zugleich ein »Aufblitzen des Ortes« bedeutet (ebd., 76). Beide, die Figur Lenz in der Erzählung und Didi-Huberman in sei-

nem poetischen Essay liefern an holländischen Bildern keine Ekphrasis oder Bildbeschreibung, sondern dichte Atmosphäre (vgl. Böhme 2009) und poetische Evokation eines Bildes. Müsste man zeitgenössische Parallelen zu dem Blick- und Bildentwurf der Figur Lenz in der Erzählung beibringen, so wären an erster Stelle die unter diesem Aspekt unbekannte von Hegel kritisierte Ästhetik Solgers zu nennen. Solger entwirft eine radikale Oberflächenästhetik, die das Geringste in die Kunstproduktion aufgenommen wissen will. Die von der Figur Lenz entworfene Stimmungslandschaft fände am ehesten eine Entsprechung bei dem Maler, Gestalt- und Landschaftstheoretiker sowie Mediziner Carus.

Büchners kreative Spannweite und die Widersprüchlichkeit seiner Lebenslage

Büchners Texte konfrontieren noch heute ihre Leser mit einem erstaunlichen Sachverhalt: Wie ist es möglich, dass ein blutjunger Poet von 23 Jahren mit Figuren wie Valerio und Leonce Snobisten und Aristokraten plastische Gestalt geben konnte und fast gleichzeitig im »*Woyzeck*« einen Pauper, einen Geringen, einen verletzten Stadtsoldaten in einer später kaum mehr erreichten Eindringlichkeit darzustellen vermochte? Eine mögliche Antwort auf diese Frage findet sich in seiner spezifischen Lebenssituation. Georg Büchner hat seiner privilegierten Stellung gemäß Karriere gemacht: Er war Primus im Pädagog, er war ein glänzender Student; seine Dissertation, extrem forschungsorientiert, war überdurchschnittlich; er wurde Privatdozent in Zürich. Dieser glänzenden Karriere eines jungen Mannes war freilich spätestens seit der Gefangennahme seines Freundes Minnigerode am 5. August 1835 in Gießen ein Schatten beigesellt. Seither war er in Hessen von Verhaftung, in Straßburg von Ausweisung bedroht und permanent in Angst um seine gefangenen Freunde. Man kann Büchner be*greifen* im doppelten Sinne des Wortes – geistig und physiologisch –, wenn man sich seine zwei Lebensweisen vergegenwärtigt: Auf der einen Seite der gutsituierte, hochprivilegierte Arztsohn, der Karriere macht, auf der anderen Seite der politisch verfolgte, existentiell bedrohte ›nackte Mensch‹, als den sich Büchner in einem Brief an die Eltern nach seiner Flucht aus Weißenburg am 9. März 1835 beschreibt, indem er die Folgen einer Inhaftierung »in einem Kerker zu Friedberg« imaginiert: »körperlich und geistig zerrüttet wäre ich dann entlassen worden.« (DKV II, 396)

In der Person Büchners gerinnt die Spannung einer ganzen Epoche: Auf der einen Seite bewegt er sich am Rande der gesellschaftlichen Ächtung, erlebt er die »beständige [...] Angst vor Verhaftung und sonstigen Verfolgungen« (DKV II, 397) und verausgabt sich dann als Antwort darauf Tag und Nacht als Wissenschaftler und Poet bis aufs Letzte. Auf der anderen Seite genießt er mit seinem Bildungsweg zugleich ein extremes gesellschaftliches Privileg: Er rezipiert Wissenschaft, Philosophie und Poesie in ihrer zeitgenössischen Spannweite und Kontroversenvielfalt. Genau aus dieser gespannten, zeittypischen Lebenslage heraus ist es ihm möglich, sowohl die geschichts- und subjekttheoretischen Aporien seiner Zeit als auch ihre faktischen Widersprüche auf allen Ebenen zu erfassen. Genau aus dieser Lebenslage heraus gelingt es ihm, die Psyche und Ideologie zusammenspannende Konfiguration der Dantonisten, die zum Zynismus radikalisierte romantische Ironie eines Valerio und Leonce, das Scheitern eines Literaten und Theologen Lenz und die Verletztheit eines Paupers mit Namen Woyzeck darzustellen.

Büchner vermochte es als literarischer Virtuose mit einer Vielzahl poetischer Verfahrensweisen und vorhandener Wissensbestände derart kreativ umzugehen, dass er schließlich mit »*Lenz*« und »*Woyzeck*« endgültig poetisches Neuland betrat (vgl. Frank 1998b, 603). Es wird berichtet, die beiden Schriftsteller Lenau und Auerbach hätten miteinander darüber gestritten, ob es noch angemessen wäre, alte Stoffe neu umzuschreiben oder es nicht besser wäre, ganz neue noch unverbrauchte Stoffe und Geschichten (wie z. B. die Schwarzwaldgeschichten) darzubieten. Georg Büchner hat sich dieser Alternative verweigert und in beiden Bereichen Meisterliches geleistet.

Literatur

Böhme, Gernot: Atmosphäre. Essays zur neuen Ästhetik. Frankfurt a. M. ²2009.

Bryson, Norman: Das Sehen und die Malerei. Die Logik des Blicks. München 2001.

Dedner, Burghard: Verführungsdialog und Tyrannentragödie in Dantons Tod. In: Ders./Ulla Hofstetter (Hg.): Romantik im Vormärz. Marburg 1992, 31–90.

Didi-Huberman, Georges: »Das Blut der Spitzenklöpplerin«. In: Ders.: phasmes. Köln 2001, 72–86.

Fauser, Markus: Intertextualität als Poetik des Epigonalen. Immermann-Studien. München 1999.

Frank, Gustav: Romane als Journal: System- und Umweltreferenzen als Voraussetzung der Entdifferenzierung und Ausdifferenzierung von ›Literatur‹ im Vormärz. In: Reiner Rosenberg/Detlev Kopp (Hg.): Journalliteratur im Vormärz. Bielefeld 1996, 15–47.

– : Krise und Experiment. Komplexe Erzähltexte im literarischen Umbruch des 19. Jahrhunderts. Wiesbaden 1998a.

– : Georg Büchner. In: Gert Sautermeister/Ulrich Schmidt (Hg.): Hansers Sozialgeschichte der deutschen Literatur. Bd. 5: Zwischen Restauration und Revolution 1815–1848. München 1998b, 579–604.

Gillmann, Erika (Hg.): Georg Büchner an »hund« und »kater«. Unbekannte Briefe des Exils. München 1993.

Hauschild, Jan-Christoph: Georg Büchner. Studien und neue Quellen zu Leben, Werk und Wirkung. Königstein, Ts. 1985.

– (Hg.): Oder Büchner. Eine Anthologie. Darmstadt 1988.

Kühnlenz, Axel: ›Wie den Leuten die Natur so nahtrat ...‹. Ludwig Tiecks ›Der Runenberg‹ als Quelle für Büchners ›Lenz‹. In: GBJb 7 (1988/89) 1991, 297–310.

Luhmann, Niklas: Interaktion in Oberschichten. Zur Transformation ihrer Semantik im 17. und 18. Jahrhundert. In: Ders.: Gesellschaftsstruktur und Semantik. Studien zur Wissenssoziologie der modernen Gesellschaft. Bd. 1. Frankfurt a. M. 1980, 72–161.

Meier, Albert: Georg Büchners Ästhetik. München 1980.

Oesterle, Günter: Das Komischwerden der Philosophie in der Poesie. Literatur-, -philosophie und gesellschaftsgeschichtliche Konsequenzen der ›voie physiologique‹ in Georg Büchners ›Woyzeck‹. In: GBJb 3 (1983) 1984, 200–239.

– : Die Sprachwerdung des Gefühls und die Wendung zum Lakonischen. In: Anne Fuchs/Sabine Strümper-Krobb (Hg.): Sentimente, Gefühle, Empfindungen. Zur Geschichte und Literatur des Affektiven von 1770 bis heute. Würzburg 2003, 45–58.

– : ›Laß Rom Rom seyn... Singe Berlin!‹. Stadtpoesie in Prosa – Ludwig Tieck – Ludwig Robert – Heinrich Heine. In: Martin Disselkamp u. a. (Hg.): Tableau de Berlin. Beiträge zur »Berliner Klassik« (1786–1815). Hannover-Laatzen 2005a, 289–306.

– : Die Wiederkehr der Virtuosen? Wilhelm Hauffs Anschluß an das Eklektizismus-Konzept der Pariser Zeitschrift Le Globe. In: Ernst Osterkamp (Hg.): Virtuosität bei Wilhelm Hauff. Göttingen 2005b, 83–99.

Oesterle, Ingrid: Verbale Präsens und poetische Rücknahme des literarischen Schauers. Nachweise zur ästhetischen Vermitteltheit des Fatalismusproblems in Georg Büchners Woyzeck. In: GBJb 3 (1983) 1984, 168–199.

– : Arabeske Umschrift, poetische Polemik und Mythos der Kunst. Spätromantisches Erzählen in Ludwig Tiecks Märchen-Novelle ›Das alte Buch und die Reise ins Blaue hinein‹. In: Gerhard Neumann (Hg.): Romantisches Erzählen. Würzburg 1995, 167–194.

Poschmann, Henri: Probleme einer literarisch-historischen Ortsbestimmung Georg Büchners. In: GBJb 2 (1982), 133–142.

Preisendanz, Wolfgang: Der Funktionsübergang von Dichtung und Publizistik bei Heine. In: Hans Robert Jauß (Hg.): Die nicht mehr schönen Künste. Grenzphänomene des Ästhetischen. München 1968, 343–374.

– /Marquard, Odo: [Diskussionsbeiträge zu] Grenzphänomene des Ästhetischen in der fortgeschrittenen Neuzeit. In: Hans Robert Jauß (Hg.): Die nicht mehr schönen Künste. Grenzphänomene des Ästhetischen. München 1968, 629–650.

Podewski, Madlen: Kunsttheorie als Experiment. Untersuchungen zum ästhetischen Diskurs Heinrich Heines. Frankfurt a. M. 2002.

Scherer, Stefan: Naive Re-Flexion. Romantische Texturen, erzählte Theatralität und maskiertes Rollensprechen im ›Maler Nolten‹ (Epigonalität eines ›Schwellentextes‹ in der ›Schwellenepoche‹). In: Wolfgang Braungart/Ralf Simon (Hg.): Eduard Mörike. Ästhetik und Geselligkeit. Tübingen 2004, 5–30.

Schneider, Sabine: Klassizismus und Romantik – zwei Konfigurationen der einen ästhetischen Moderne. Konzeptuelle Überlegungen und neuere Forschungsperspektiven. In: Jean Paul-Jahrbuch 37 (2002), 86–128.

Seling-Dietz, Carolin: Büchners ›Lenz‹ als Rekonstruktion eines Falls ›religiöser Melancholie‹. In: GBJb 9 (1995–99) 2000, 188–236.

Solger, Karl Wilhelm Ferdinand: Vorlesungen über Ästhetik. Hg. von K.W.L. Heyse. Darmstadt 1962.

Günter Oesterle

IV. Rezeption und Wirkung

1. Editionsgeschichte und aktuelle Büchner-Ausgaben

Jede eingehende Beschäftigung mit Georg Büchner sieht sich rasch mit dem erstaunlichen Umstand konfrontiert, dass dessen bekanntlich eher schmales Werk auch über eineinhalb Jahrhunderte nach der ersten Edition *Gesammelter Schriften* noch nicht in einer allseitig anerkannten Ausgabe vorliegt. Bis zur Gegenwart wird über Fragen der Büchner-Edition teils erbittert gestritten; und dieser Streit kreist nicht etwa nur um Spezialistenfragen, die für das Grundverständnis der Texte wenig relevant wären, er betrifft vielmehr in elementarer Weise den Textbestand selbst – also das, was man in den Editionen als Schriften und Werke Büchners zu lesen erhält.

Allerdings hat die Diskussion der letzten Jahre zumindest bewusst gemacht, wie unzuverlässig die Ausgaben waren, auf die sich die Büchner-Forschung jahrzehntelang bezog: Im Extremfall wurden Interpretationen sogar entscheidend auf Textelemente gestützt, die nicht von Büchner selbst stammten, sondern von ihm wohlmeinend ergänzenden oder »verbessernden« früheren Editoren (vgl. Poschmann in DKV I, 441 f.). Während über viele Probleme älterer Büchner-Ausgaben Einigkeit bestehen dürfte, ist aber bis heute umstritten geblieben, wie Büchners Texte denn nun »richtig« zu edieren seien.

Der folgende Abriss zur Editionsgeschichte und den wichtigsten aktuellen Büchner-Ausgaben kann zwar diesen Streit nicht in allen Details darstellen und noch viel weniger vermag er, ihn zu entscheiden. Er geht jedoch aus von den Gründen für die Schwierigkeiten, da sie zugleich als Ursachen für die anhaltenden Kontroversen anzusehen sind. Anschließend werden die wichtigsten Stationen der Büchner-Edition im 19. und 20. Jahrhundert und zentrale Probleme und Lösungsvorschläge an Beispielen dargestellt; und schließlich sollen die derzeit gebräuchlichsten und ambitioniertesten Editionen vorgestellt und die kritischen Diskussionen darüber wenigstens kurz skizziert werden.

Problematik der Büchner-Edition

Der erste und sicher wichtigste Grund der Schwierigkeiten der Büchner-Edition ist in der Überlieferungslage zu sehen. Als Georg Büchner im Februar 1837 mit nur 23 Jahren starb, waren von seinen Schriften erst wenige im Druck erschienen: Anonym die großteils von ihm verfasste, jedoch von Friedrich Ludwig Weidig veränderte und erweiterte Flugschrift *Der Hessische Landbote* (1834); ferner die Übersetzungen von zwei Dramen Victor Hugos (1835); schließlich im selben Jahr – als einziger zu Büchners Lebzeiten gedruckter literarischer Text – sein Drama *Danton's Tod*. Auch dieser jedoch erschien in einer aus Zensurrücksichten stark redigierten Fassung, die Karl Gutzkow zunächst gekürzt in der Zeitschrift *Phönix* und anschließend, nicht weniger entstellt, als Buchausgabe zum Druck gebracht hatte.

Entsprachen also schon diese Drucke zu Lebzeiten nicht Büchners Intentionen, wie er in einem Brief zur Danton-Ausgabe denn auch selbst deutlich machte (vgl. DKV II, 409 ff.), so verkompliziert sich die Frage authentischer Textfassungen mit Blick auf den Nachlass noch weiter. Denn von den literarischen Werken im engeren Sinn ist überhaupt nur für *Danton's Tod* ein vollständiges, vermutlich als Druckvorlage angefertigtes Manuskript Büchners überliefert. Für den »Woyzeck« dagegen liegen nur Handschriften aus verschiedenen Entwurfsstadien vor, die sich nicht zu einem linearen Ganzen fügen (so oft man auch integrale Fassungen daraus herzustellen versucht hat). Von *Leonce und Lena* haben sich nur wenige Manuskript-Fragmente und von »Lenz« und dem *Hessischen Landboten* sogar überhaupt nichts Handschriftliches erhalten; folglich ist man hier auf nichtautorisierte (und teilweise wiederum von Zensurrücksichten beeinträchtigte) Erstdrucke als Textzeugen angewiesen, denen noch Manuskripte Büchners oder Abschriften zugrunde lagen, welche seither verschollen sind.

Ähnlich verhält es sich mit vielen der Briefe, von denen etliche nur durch frühe Editionen und in entsprechend gekürzter bzw. redigierter Form überliefert, als Manuskripte aber verloren sind. Durch diese Überlieferungslage steht also schon die Konstitution eines authentischen Textkorpus vor größten Problemen. Vorausgreifend nur ein einziges Beispiel: Es gibt keinerlei handschriftlichen oder sonstigen Beleg oder Hinweis Büchners, dass das »*Woyzeck*«-Drama eben diesen Titel »Woyzeck« tragen und nicht z. B. analog zu *Leonce und Lena* »Woyzeck und Marie« heißen sollte; der Titel ist notwendig eine Konstruktion der Edition (vgl. Mayer 1981a).

Zu diesen – in der Editionsphilologie allerdings nicht ungewöhnlichen – Problemen kamen spezifische Schwierigkeiten, von denen hier ebenfalls einige vorab skizziert werden sollen. So arbeitete Büchner intensiv mit Quellen, was frühere Herausgeber dazu einzuladen schien, die (vermeintlich) fragmentarische Textgestalt aus diesen Quellen selbst zu »ergänzen« – wodurch freilich editorisch hochproblematische Textfassungen entstanden.

Ferner ist Büchners Handschrift stellenweise so schwer entzifferbar, dass für einzelne Worte extrem abweichende Lesungen vorgeschlagen wurden. Beispielsweise sagt der Hauptmann in einer Szene zu Woyzeck: »er läuft als hätt er ein Regiment Kosack[en] zu rasirn« (DKV I, 198); in früheren Ausgaben las man jedoch: »Er läuft als hätt Er ein Regiment Kastrierte zu rasirn« (L I, 163), und als Rasur-Kandidaten wurden auch schon »Kürassiere« vorgeschlagen. Jede der Lesungen hat natürlich unterschiedliche Konsequenzen für den Anspielungshorizont der Stelle und erscheint entsprechend der Interpretation der Szene unterschiedlich plausibel.

Einen weiteren Fall dieser Verknüpfung von Edition und Interpretation bildet die bis heute strittige Dialekt-Frage. Büchner charakterisierte viele Dramenfiguren durch umgangssprachlich verkürzte und mundartliche Wortformen, was frühe Ausgaben aus Rücksicht auf Sprachnormen oft unterdrückten. Da er aber, vor allem in schnell geschriebenen Texten, auch häufig Worte verkürzte und an Wortenden verschliff, ist im Manuskript vielfach unklar, ob eine dialektal anmutende Buchstabenfolge – wie z. B. »mit sei Auge« (DKV I, 199) – als Dialekt intendiert war oder eben aus einer derartigen Verschleifung entstand (und also tatsächlich »mit seinen Augen« [MBA 7.2, 18] bedeuten sollte). Zusammen mit den oben genannten Problemen der Textkonstitution eröffneten diese Fragen einen ungewöhnlich weiten Entscheidungsspielraum für die Editoren – und schufen damit Angriffsflächen für Kritiker oder spätere Editoren, so dass eine äußerst komplexe und kontroverse Editionsgeschichte entstand.

Zum Tragen kamen in dieser Geschichte zudem verschiedene Vorstellungen und Interessen der Herausgeber, die von Beginn an versuchten, in Vorworten und Erläuterungen bestimmte Bilder des Autors zu vermitteln und die Edition seines Werks mit ihren eigenen Deutungen zu verbinden (vgl. Dedner 1990). Ferner spiegeln sich in den Ausgaben der unterschiedliche Druck der Zensur, zeitgenössische literarische Konventionen und ästhetische Erwartungen und nicht zuletzt auch die Orientierung an verschiedenen Modellen philologischer Edition. Wenn die Editionsgeschichte trotzdem nicht nur wissenschaftshistorisch interessant ist, dann weil Büchner vielen dieser früheren und aus heutiger Sicht unzulänglichen Ausgaben gleichwohl seine epochale Wirkung verdankt. Im Blick auf die Rezeptionsgeschichte ist daher jedoch immer zu bedenken, welchen Text die Rezipienten eigentlich vor Augen hatten.

Stationen der Büchner-Edition

Da es kaum einen anderen Autor der Weltliteratur gibt, dessen Werk in derart vielen verschiedenen Ausgaben verbreitet wurde wie dasjenige Büchners, beansprucht der anschließende Überblick keine Vollständigkeit; er versucht nur, die wichtigsten und folgenreichsten Ausgaben in Grundzügen zu charakterisieren. Der jeweilige Umgang mit Einzelfragen wird, wo immer das sinnvoll möglich ist, im darauf folgenden Abschnitt dargestellt.

Erstdrucke und frühe Gesamtausgaben: Wenngleich ein Versuch von Büchners literarischem Mentor Karl Gutzkow, dessen literarischen Nachlass gesammelt herauszugeben, scheiterte, besorgte er bald nach Büchners Tod die Erstdrucke von *Leonce und Lena* (1838) und »*Lenz*« (1839), die auf Originalmanuskripten oder auf Abschriften von Büchners Verlobter Wilhelmine Jaeglé basierten. Sie unterlagen freilich ähnlichen Einschränkungen durch Zensur und Dezenzrücksichten, wie sie schon den Erstdruck von *Danton's Tod* beeinträchtigt hatten. Gleichwohl sind sie als frühe Textzeugen unentbehrlich; seit 1987 liegen sie (zusammen mit den anderen Erstdrucken) als Faksimiles vor (vgl. GW).

Dreizehn Jahre nach Büchners Tod – 1850 – gab dann Georgs Bruder Ludwig Büchner, der selbst Arzt und Naturwissenschaftler war, mit den *Gesammelten Schriften* eine erste und für die Rezeptionsgeschichte wichtige Sammelausgabe heraus, die anonym erschien (vgl. N). Sie enthielt neben *Danton's Tod* Texte von *Leonce und Lena* und »*Lenz*«, Briefauszüge an die Familie und die Braut (im Vorwort sowie ebd., 237–287) sowie Passagen aus der Zür-

cher Probevorlesung und dem *Hessischen Landboten*. In seiner einleitenden biographischen Skizze
schreibt Ludwig Büchner, er habe für die Ausgabe
»[d]as Drama ›Danton‹ […] nach dem Manuscript
vervollständigt und corrigirt« (ebd., 49), dessen
durch die Zensurverhältnisse erzwungene Entstel-
lung er mit Gutzkows eigenen Worten wiedergibt
(ebd., 24 ff.). Allerdings korrigierte er tatsächlich nur
einen geringen Teil der Veränderungen im Erstdruck
nach dem Manuskript und nahm sogar, vor allem
was dialektale Ausdrücke betrifft, weitere Eingriffe
vor (direkter Vergleich in MBA 3.2, 1–81). Durch die
auch 1850 noch erheblichen Zensurrücksichten
förmlich zerstört ist der radikal gekürzte Text des
Landboten. Wichtig ist die Ausgabe aber als Zeuge
einer im Vergleich zum Erstdruck vollständigeren
Abschrift von *Leonce und Lena* sowie durch die
Briefauszüge, deren Originale zum Teil seither verloren sind und deren einzige Quelle sie in diesen Fällen darstellt.

Nicht in Ludwig Büchners Ausgabe enthalten waren allerdings die »*Woyzeck*«-Handschriften, jene
außerordentlich schwer – und Ludwig Büchner zufolge praktisch gar nicht – entzifferbaren Entwürfe
eines weiteren Dramas, die sich in Büchners Nachlass fanden. Ihre erste Edition besorgte 1875 der Publizist und Schriftsteller Karl Emil Franzos, der 1879
(bzw. eigentlich 1880) dann auch die dem Untertitel
zufolge »Erste kritische Gesammt-Ausgabe« *Georg
Büchner's Sämmtliche Werke und handschriftlicher
Nachlaß* herausgab. Schon diese zweite Werkausgabe
übte Editionskritik der Vorgänger, beispielsweise am
Erstdruck von *Danton's Tod*: »Wie ein schlechter
Witz klingt's und ist doch buchstäblich wahr, daß an
allen jenen Stellen, wo Büchner ›Schnaps‹ geschrieben, ›Wein‹ gedruckt steht, sogar der Souffleur Simon darf kein ›Schnapsfaß‹ sein, sondern ein ›Wein-
faß‹! Und ganze Sätze stammen gar nicht von Büchner!« (ebd., 100) Für *Leonce und Lena* muss sich
Franzos allerdings schon an Ludwig Büchners Fassung halten, die er jedoch im ersten Akt durch eine
von Büchners Hand stammende Abschrift ergänzt.

Die größte Neuerung von Franzos' Ausgabe aber
ist die erstmalige Aufnahme des zuvor schon einzeln
edierten, als »Trauerspiel-Fragment« (ebd., 161) bezeichneten und mit diesem Namen entzifferten
»*Wozzeck*«, dessen Manuskripte er chemisch behandelte, um die Schrift überhaupt lesen zu können.
Franzos charakterisiert schon eine Reihe der zentralen Probleme (wie die »eigenthümliche[n] Abbreviaturen« [ebd., 203]), die sich beim »*Woyzeck*« immer
noch stellen; und er ist der erste in der Reihe der

»*Woyzeck*«-Herausgeber, die sich an der Ergänzung
der Fragmente zu einem bühnentauglichen Drama
versuchten. Allerdings änderte und ergänzte er dabei von der Reihenfolge der Szenen über die Figuren
bis zur Sprache ungewöhnlich viel und gerade jenen
dramentheoretischen Vorverständnissen des 19.
Jahrhunderts gemäß, die Büchners Entwürfe eigentlich radikal hinter sich ließen.

Ferner edierte Franzos, um Vollständigkeit bemüht, den *Hessischen Landboten* nach dem Erstdruck und ergänzt um ein Verzeichnis der Stellen,
wo sehr wahrscheinlich Weidig eingegriffen hätte;
und die Ausgabe enthält auch schon Ausschnitte aus
den naturwissenschaftlichen und philosophischen
Schriften sowie im Anhang »Jugendwerke« wie die
Cato-Rede. Ungeachtet der – oft erst später erkennbar werdenden – Probleme seiner Edition wurde sie
entscheidend für die naturalistische Wiederaneig-
nung Büchners und seinen seit der Jahrhundertwende stetig wachsenden Ruhm.

*Von der Jahrhundertwende bis zu den 1980er Jah-
ren*: Im Anschluss an sie gab es eine Reihe weiterer
Ausgaben, von denen jene Paul Landaus erwähnt zu
werden verdient, da seine Wozzeck-Fassung zur
Grundlage der weltberühmten Oper Alban Bergs
wurde (Büchner/Landau 1909); eine wichtige Weiterentwicklung bedeutete ferner die der »*Woyzeck*«-
Edition Witkowskis von 1920. Die wirkungsmäch-
tigste Büchner-Ausgabe im 20. Jahrhundert war jedoch die Edition von Fritz Bergemann von 1922, auf
der seine bis in die 1970er Jahre immer weiter ergänzte und wieder aufgelegte Leseausgabe beruhte.
Sie kann als erste tatsächlich kritische Ausgabe
Büchners gelten, da Bergemann als erster nach Franzos alle Texte wo möglich wieder aus Büchners
Handschriften konstituierte und dabei unter anderem feststellte, in welchem Maß dieser die »*Woyzeck*«-Manuskripte ergänzt und umgeschrieben
hatte.

In gewissem Maße blieb Bergemann allerdings
von Franzos' Texten abhängig, und vor allem unter-
warf er, geleitet von überkommenen ästhetischen
Wertmaßstäben, die Texte erneut einer ergänzenden
und vermeintlich verbessernden Überarbeitung. Dabei übernahm er beispielsweise Varianten aus Ludwig Büchners Ausgabe, griff in die Interpunktion ein
oder ergänzte, wie im Fall des von ihm als reinen
Entwurf qualifizierten »*Lenz*«, Text aus Büchners
Quelle. So wurde Bergemanns Ausgabe zwar maßgeblich für die breite Rezeption Büchners bis zu den
70er Jahren, legte dieser aber wiederum problematische Texte zugrunde.

Abgelöst wurde sie schließlich erst durch die Historisch-Kritische Ausgabe Werner R. Lehmanns, deren Textbände 1968 und 1971 erschienen; sie konstituierte die Texte nach einer umfassenden kritischen Revision der Editionsprinzipien Bergemanns nochmals neu und bot bis zum Erscheinen der entsprechenden Bände von DKV und MBA auch die einzige zuverlässige Edition der naturwissenschaftlichen Schriften (vgl. L). Ihr Wert wurde allerdings durch den Umstand geschmälert, dass auch Lehmann aufgrund spekulativer Annahmen über die Überlieferungsgeschichte und Abhängigkeitsverhältnisse der frühen Druckzeugen Varianten aus dem Überlieferungsprozess als vermeintlich von Büchner selbst stammende ausgab. Damit wurde auch durch diese Ausgabe die Korruption der Texte im Überlieferungsprozess teilweise fortgeschrieben, und diese Erkenntnis bildete eine der zentralen Motivationen für die Weiterentwicklungen seit den 1980er Jahren. Ferner erschien der Erläuterungsband der Ausgabe nicht mehr und wurde nur notdürftig durch die Kommentare in der Münchner Ausgabe ergänzt.

Die Entwicklung seit den 1980er Jahren: Meist auf der Grundlage der Ausgaben von Bergemann und Lehmann entstanden bis zu den 1980er Jahren verschiedene Sammel- und Einzelausgaben, die heute praktisch nur noch von editions- und rezeptionsgeschichtlichem Interesse sind. Ähnliches gilt für die teils aus den Manuskripten erarbeiteten älteren Reclam-Studienausgaben einzelner Texte, die zusammen mit entsprechenden Erläuterungsbänden die Büchner-Lektüre ganzer Schüler- und Studentengenerationen prägten.

Als besonderer Fall soll hier allerdings die noch immer vertriebene Ausgabe im Deutschen Taschenbuch-Verlag erwähnt werden, die 1980 erstmals erschien. Sie beruht einerseits auf Lehmanns Textkonstitution, versucht andererseits aber, dessen fehlenden Erläuterungsband in eigenen Kommentaren der Herausgeber zu ersetzen. Sie bildet gewissermaßen eine Gelenkstelle der Büchner-Editionsentwicklung, denn aufgrund der Forschungsentwicklung wurde sie seit 1988 (als »Münchner Ausgabe«) neu herausgegeben, wobei die Texte chronologisch umgeordnet, neu konstituiert und vor allem ergänzt wurden durch neu aufgefundene Briefe, erweiterte Kommentare und ausführlichere Editionsberichte (vgl. MA).

Besonders der »Lenz« orientierte sich ab 1988 an der Ausgabe von Gersch, und die »Woyzeck«-Darbietung an der Faksimile-Edition der »Woyzeck«-Handschriften, die Gerhard Schmid 1981 mit detail-

lierten Transkriptionen herausgegeben hatte (Büchner/Schmid 1981); die Münchner Ausgabe unterscheidet sich insofern hier maßgeblich von den früheren Auflagen. In der Ausgabe von 1980 sagt Margreth in der ›Tötungsszene‹ gemäß Lehmanns Text noch: »Ich muß fort das Nachtessen richten« (L I, 132). Dagegen sagt Magreth (!) in der Münchner Ausgabe 1988: »Ich muß fort der Nachttau fallt« (nunmehr: H1, <15>; MA, 205).

Freilich gibt die Münchner Ausgabe damit wiederum nur Schmids Handschriftenbefund wieder, d. h. sie ediert, was bei Schmid reine Transkription des Manuskripts war, nunmehr als gültigen, so von Büchner intendierten Text – und bereitet damit wiederum Missverständnissen den Weg. Auch wird erneut Lehmanns Lesefassung des *»Woyzeck«* gedruckt (wenngleich nach den Handschriften verbessert). Inzwischen muss die Ausgabe als veraltet gelten, denn Editionsberichte und Forschungsliteratur sind auch in der 12. Auflage 2006 noch auf dem Stand von 1988. Immerhin war die Edition aber Zeugnis eines entschieden gewachsenen kritischen Bewusstseins, was die Problematik der bestehenden Editionen betraf.

Dieses Bewusstsein war in den späten 1970er Jahren auch wichtig für die Gründung der Georg-Büchner-Gesellschaft und bald darauf der Marburger Büchner-Forschungsstelle, die als zentrales Projekt die Erarbeitung einer historisch-kritischen Ausgabe verfolgte. Zunächst allerdings entstanden in den Folgejahren neben historischen Quellenstudien diverse Einzel- und Studienausgaben. Parallel dazu erarbeitete der bereits als Büchner-Editor in der DDR tätige Henri Poschmann die Studienausgabe im Klassiker-Verlag, die 1999 abgeschlossen war – ein Jahr, bevor mit dem *Danton*-Band das erste Resultat der historisch-kritischen Ausgabe erschien, dem seither fast jährlich weitere Bände folgten. Die Schriften Georg Büchners liegen damit in Editionen von bisher ungekannter Differenziertheit vor; zugleich war aber auch der Grund für seither eskalierende Debatten gelegt.

Die Büchner-Editorik erreichte so allerdings auch einen Grad an Spezialistentum und Hermetik in Detailfragen, der die Zugänglichkeit der Texte selbst nicht eben vereinfachte. Daher entstanden auch einige Auswahleditionen, wie beispielsweise die explizit für den Schul- und Studiengebrauch erarbeitete, auf einer früheren Edition aufbauende Ausgabe von Gerhard P. Knapp und Herbert Wender (Büchner/Knapp/Wender 2002). Hier wurden zwar neben den fragwürdigen »behutsamen Modernisierungen« der

Texte einmal mehr Regieanweisungen aus Erstdrucken ergänzt, doch immerhin sind sie als Ergänzungen markiert und weisen die Anmerkungen auf die kritischen Ausgaben hin. Unverständlich angesichts des Forschungsstands scheint allerdings der hier als Einziges gebotene »Lese- und Bühnentext« des »Woyzeck« samt Akteinteilung und erfundenen Szenentiteln. Als ganz untauglich ist die bei Zweitausendeins erschienene Ausgabe der *Werke und Briefe* (Büchner/Eycken 2008) einzuschätzen, welche die Texte kommentarlos nach den Erstdrucken und frühen Editionen, also in zensierter und entstellter Weise wiedergibt. Wissenschaftlich ebenfalls unbrauchbar ist die online-Version im Projekt Gutenberg (http://gutenberg.spiegel.de), die beispielsweise eine völlig veraltete Fassung des »*Woyzeck*« bietet; Gleiches gilt im Prinzip für die auf Lehmanns veralteten Textkonstitutionen basierende online-Ausgabe der Werke bei Zeno (www.zeno.org/Literatur/M/Büchner,+Georg) oder jener auf CD-ROM in der *Digitalen Bibliothek 1 – Deutsche Literatur von Lessing bis Kafka*. Zu den bestehenden editorischen Mängeln der Vorlagen kommen bei diesen digitalisierten Versionen zudem Lese- oder Scan-Fehler, so dass die aktuellen gedruckten Ausgaben dadurch nicht ersetzbar sind.

Hauptfragen der Büchner-Edition

Vor der abschließenden Darstellung der aktuellen Ausgaben soll im Folgenden in einem Zwischenschritt versucht werden, die wichtigsten, in diesen Ausgaben zum Teil gegensätzlich beantworteten Hauptfragen der Büchner-Edition systematisch darzustellen. Für die Frage der Textanteile des *Hessischen Landboten* muss, da der entsprechende Band der MBA noch aussteht, auf den Kommentar Henri Poschmanns verwiesen werden (DKV II, 804 ff.).

Textkonstitution und Emendation – Danton's Tod, Leonce und Lena: Wie eingangs bereits beschrieben, ist *Danton's Tod* der einzige größere literarische Text Büchners, von dem eine eigenhändige vollständige Manuskriptfassung erhalten ist (sie wird in den neueren Ausgaben meist mit der Sigle »H« bezeichnet). Diese Handschrift lag einerseits dem Erstdruck (meist »E« oder »e«) bzw. dem gekürzten Journaldruck (»J«/»j«) von 1835 zugrunde – eventuell mit dem Zwischenschritt durch eine redigierte Fassung Gutzkows bzw. Dullers; andererseits kann als gesichert gelten, dass sie auch Ludwig Büchner vorlag, als er in den *Nachgelassenen Schriften* (meist: »N«) die korrumpierte Fassung des Erstdrucks E teilweise korrigierte.

Diese Überlieferungslage scheint zunächst klar zu sein; die kritische Edition kann allen editorischen Grundsätzen zufolge nur der Handschrift *H* (als der autornähesten und am wenigsten korrumpierten Fassung) folgen. Doch es kommen einige Komplikationen hinzu: Zum ersten korrigierte Büchner in zwei Exemplaren der Buchfassung, die er trotz seines Unmuts den Straßburger Freunden August Stöber und Johann Wilhelm Baum widmete, die Entstellungen im Erstdruck handschriftlich – aber nicht alle, nicht auf gleiche Weise und teils abweichend von der Handschrift *H*. Die »berichtigende Durchsicht der beiden Exemplare erfolgte ganz offensichtlich nacheinander, ohne Parallelisierung und ohne Vorlage.« (Poschmann in DKV I, 445) Es existieren also »Autorvarianten«, mit denen spätere Editoren unterschiedlich umgingen, nämlich indem sie zum Teil vermeintlich bessere Varianten anstelle des Textes von *H* setzten (vgl. ebd. 510 zu DKV I, 29,34 ff.). Sowohl die Edition Poschmanns in der DKV-Ausgabe als auch die MBA verzeichnen zwar die Varianten, geben jedoch aus editionssystematischen Gründen den Text von *H* wieder.

Schwerwiegender und bis heute nicht abgeschlossen ist die Diskussion um eine zweite Frage. So stellte schon Fritz Bergemann die Hypothese auf, es hätte nach *H* noch eine Reinschrift (»*R*«) Büchners gegeben, d. h. dieser hätte einige der Abweichungen der Druckfassungen von *H* selbst verlangt. Dadurch würde der Erstdruck *E* als indirekter Zeuge von *R* wieder aufgewertet, woraus Bergemann und andere nach ihm die Legitimation ableiteten, etliche ihrer Auffassung nach bessere Varianten aus diesem Druck in den emendierten Text des Dramas zu übernehmen. Dies galt z. B. für die Regieanweisung vor der letzten Replik Luciles (»Es lebe der König«): »*sinnend und wie einen Entschluß fassend, plötzlich*« (vgl. DKV I, 442, 584), welche die Entscheidung Luciles zum Tod mit dem Geliebten gewissermaßen gestisch-mimisch zu inszenieren verlangt. Tatsächlich hatte Büchner in seiner – wie gesagt unsystematischen – Korrektur des Erstdrucks diese Veränderung nicht korrigiert; in der Handschrift *H* aber steht sie nicht, ebenso wie etliche andere Regieanweisungen des Erstdrucks. Schon durch Lehmann wurde diese Konstitution Bergemanns als rein spekulativ kritisiert; die beiden momentan maßgeblichen Editionen in DKV und MBA orientieren sich daher wiederum nur an der Handschrift *H*.

Hier kommt nun allerdings ein drittes Problem zum Tragen, das auch einen der Kernstreitpunkte um die historisch-kritische Ausgabe bildet: In der

Marburger *Danton*-Ausgabe sind gegenüber allen Druckfassungen des Dramas nach den Erstdrucken die beiden Szenen »Eine Straße. Dumas, ein Bürger« und »Julie, ein Knabe« am Anfang des IV. Akts vertauscht (MBA 3.1, 282–285, und vor allem 3.2, 68 f.). Tatsächlich hatte sie Büchner im Manuskript auch in der jetzt gegebenen Reihenfolge geschrieben, allerdings zu einem späteren Zeitpunkt mit Randziffern ihre Umstellung angewiesen, also verlangt, die Straßenszene mit Dumas an den Anfang des Aktes zu stellen.

Die MBA nimmt nun an, dass Büchner diese Korrektur – ebenso wie die Korrektur des Wortes »Unschuldige« in »Unglückliche« am Beginn derselben Szene (MBA 3.1, 282 f.) – erst *nach* Rückerhalt der Handschrift aus dem Verlag eingefügt habe, womit sie als nachträgliche Korrekturschicht oder »[s]pätere Überarbeitungsspuren« (Dedner/Mayer in MBA 3.2, 296) einen ähnlichen Stellenwert hätten wie die Autorvarianten in den Dedikationsexemplaren. Diese zeitliche Annahme als solche ist auch plausibel, da die Erstdrucke die Szenenfolge tatsächlich in der ursprünglichen Reihenfolge belassen und »Unschuldige« überliefern, obwohl sich dieses Wort nach der rigorosen Durchstreichung und Überschreibung mit »Unglückliche« eigentlich nicht mehr entziffern ließ (ebd., 297). Eine ganz andere Frage ist freilich, ob die Edition die – unstrittig von Büchner selbst stammende – Anweisung zur Umstellung in der *Emendation* des Textes deshalb einfach ignorieren kann, wie dies die MBA mit dem etwas willkürlich wirkenden Argument tut, *H* sei »Grundlage des Edierten Textes nicht als Archivalie mit späteren Eintragungen, sondern als Druckvorlage für j und e, d. h. ein zeitlich fixierter Zustand des Textes« (ebd.). Denn ein »zeitlich fixierter Zustand des Textes« ist auch die korrigierte Fassung zweifellos. So evident es ist, dass die Szenen in der differenzierten Umschrift des Manuskripts in der ursprünglichen Reihenfolge transkribiert werden müssen, so begründungsbedürftig bleibt die Nichtbeachtung von Büchners Anweisung (und fast mehr noch die stark deutungsrelevante Nicht-Ersetzung von »Unschuldige« durch »Unglückliche«) im emendierten Text; wieso hier terminologisch unklar von »ediertem« statt »emendiertem« Text die Rede ist, bleibt übrigens ebenso rätselhaft. Die Argumente über diese Frage finden sich in den Beiträgen von Wender (2000), Poschmann (2003) sowie Mayer/Dedner (2003); sie muss als weiterhin offen gelten.

Andere eklatante Probleme der Textkonstitution stellen sich im Fall von *Leonce und Lena*: Dafür sind außer einigen handschriftlichen Bruchstücken nur zwei nichtautorisierte, durch Eingriffe überfremdete und in vielem voneinander abweichende Drucke (der gekürzte Erstdruck durch Gutzkow im *Telegraph* und die Fassung Ludwig Büchners in den *Nachgelassenen Schriften*) als Textzeugen greifbar. Hier unterscheiden sich die Editionen in DKV und MBA hinsichtlich des als Grund- oder Basis-Text gewählten Drucks, wobei dies aber jeweils begründet wird und die Varianz vollständig im Apparat (DKV I, 666 ff.) oder im synoptischen Text (MBA 6, 49 ff.) erschließbar ist; auch die Diskussion um diese Frage ist noch nicht abgeschlossen.

Textkonstitution und ästhetische Bewertung – Beispiel »Lenz«: Ein anders gelagertes Konstitutionsproblem betrifft die »Lenz«-Edition. Hier ist keinerlei handschriftliches Zeugnis überliefert; der Erstdruck durch Karl Gutzkow im *Telegraph* (1839) basierte auf einer Abschrift von Büchners Manuskripten durch Wilhelmine Jaeglé, die jedoch ihrerseits verloren ist. Hatte Gutzkow dem Text den bezeichnenden Untertitel »Eine Reliquie von Georg Büchner« gegeben, so trug Ludwig Büchners Druck in den *Nachgelassenen Schriften,* der auf Gutzkows Erstdruck basierte, den Untertitel »Ein Novellenfragment« (N, 199): Beide Untertitel verweisen auf den an vielen Stellen deutlichen Fragment- bzw. Entwurfs-Charakter des Textes.

Zudem kann nur spekuliert werden, ob dessen im Erstdruck notdürftig integrierte Gestalt noch von Büchner selbst oder von seiner Verlobten in der Abschrift oder erst durch Gutzkow hergestellt wurde. Jedenfalls aber enttäuschte der Text ästhetische Erwartungshaltungen des 19. und noch des frühen 20. Jahrhunderts, was die Geschlossenheit des Werks, die erzählerische Glätte und die Originalität (bzw. Unabhängigkeit von Quellen) betraf, und provozierte damit noch mehr Eingriffe als andere Texte Büchners. In der modernen Rezeption wurde freilich die Frage wichtig, wie viel des vermeintlich Fragmentarischen – wie beispielsweise der unvergesslich karge Schlusssatz des Erzählers – auch konzeptionell intendiert sein konnte und nicht einfach fragmentbedingter »Abbruch«; was den Zeitgenossen als Defizienz erschien, nahmen spätere Leser also gerade als Indiz unzeitgemäßer Modernität des Werks.

Zwischen diesen Extremen bewegten (und bewegen) sich nun auch die Editionen. So änderte Bergemann (1922) den Erstdruck teilweise gemäß Ludwig Büchners glättender Edition, griff in Interpunktion und Absatzeinteilung ein und »berichtigte« vor allem nach der »Quelle« – dem Bericht des Pfarrers

Oberlin über den Aufenthalt von Lenz im Steintal – scheinbare Unzulänglichkeiten. Aus einer solchen »Berichtigung« stammt beispielsweise die lange zu lesende Monatsangabe im Anfangssatz »Den 20. *Jänner* ging Lenz durch's Gebirg« (vgl. Poschmann in DKV I, 816). Lehmann (1968) ging zwar in den Eingriffen in Interpunktion und Absatzeinteilung nicht so weit wie Bergemann, übernahm aber unter der (inzwischen meist verworfenen) Annahme, Ludwig Büchner hätten noch Handschriften (Büchners oder Jaeglés) vorgelegen, ebenfalls einen Teil von dessen Änderungen. Eine wesentliche Veränderung dieser Praxis erbrachten schließlich erst die Überlegungen Hubert Gerschs, die auch in seine Studienausgabe des »*Lenz*« (Büchner/Gersch 1984) einflossen. In dieser, der DKV-Ausgabe (I, 223–250), der Münchner Ausgabe seit 1988, der Studienausgabe Dedners (Büchner/Dedner 1998) sowie der MBA (Bd. 5) liegt wieder ausschließlich der Erstdruck zugrunde. Strittig sind aber weiterhin die »künstlerische Gültigkeit« (Poschmann in DKV I, 794) des darin vorliegenden Textes und daher beispielsweise Kennzeichnungen von »Arbeitslücken« im emendierten Text, oder die Frage, wie mit den durch den Fortsetzungsdruck in einem Journal verursachten, also potentiell nicht originalen Absatzeinteilung editorisch umzugehen ist.

Eine völlig neue Stufe der »*Lenz*«-Edition ist schließlich durch die MBA-Edition erreicht, die, an einer These Burghard Dedners orientiert (Dedner 1995), eine Darstellung der Textgenese durch die Darbietung rekonstruierter, also hypothetischer »Manuskriptteile« vorlegt. Die (als solche außerordentlich fesselnde) Annahme, dass eine solche Rekonstruktion möglich sei, ist freilich nicht unumstritten (vgl. Will 2000); als erstaunlich an der Edition wurde daher vermerkt, dass sie diese Annahme nicht nur im Editionsbericht (Dedner/Gersch in MBA 5, 203 f.) vertritt, sondern mit den hypothetisch rekonstruierten Manuskriptteilen die Textdarbietung des Bandes selbst beginnt: »Dort, wo sonst das Autograph faksimiliert wird und wo in diesem Fall eine Reproduktion von Gutzkows Journaldruck sachlich geboten gewesen wäre, steht mithin eine Art Textinszenierung.« (Alexander Košenina, *FAZ*, 13.3.2003). Eine fachwissenschaftliche Diskussion dieser editorischen Entscheidung ist noch unabgeschlossen (vgl. Weiland 2003; Dedner 2004).

Handschriften-Transkription, wie viel Dialekt? Beispiel »Woyzeck«: Neben der grundsätzlichen Schwierigkeit, Büchners Handschrift überhaupt zu entziffern, bildet die oben bereits angedeutete Dialekt-Frage einen weiteren Hauptstreitpunkt in der Editoren-Kontroverse. Denn während im »*Woyzeck*« (wie auch in *Danton's Tod*) einerseits zweifellos Dialektformen und jedenfalls Apokopen und Synkopen vorkommen (wie in »nit«, »andre« oder »Löw«), ist andererseits in vielen Fällen zweifelhaft, ob mit bestimmten Zeichenfolgen eine dialektale Form intendiert ist oder eine Apokope (am Ende verkürzte Wortform) lediglich durch flüchtiges Schreiben entstand. In der von Büchner meist verwendeten deutschen Kurrentschrift werden die Buchstaben »n« und »e« in ähnlicher Weise durch je zwei mit einem Schrägstrich verbundene senkrechte Striche gebildet und sind daher an sich schon schwer unterscheidbar; hinzu kommen Verschleifungen bei raschem Schreiben: »Für das Wort ›benennen‹ wären z. B. nach dem ›b‹ vierzehn Striche zu notieren. Deshalb ist bei syn- oder apokopierungsfähigen Wörtern oft unklar, ob der graphische Befund eine synkopierte bzw. apokopierte Form intendiert oder ob der Autor sich nicht vielmehr mit einer geringeren Anzahl von Strichen oder auch nur einer Verschleifung begnügte, wo er der Regel nach mehr Striche hätte setzen müssen.« (Büchner/Dedner 1999, 196)

Für die Darstellung des Handschriftenbefunds war schon von Gerhard Schmid 1981 ein differenziertes Zeichensystem entwickelt worden. Das Problem der verkürzten Graphie bzw. verkürzter Wortformen wurde dann in einem wichtigen Aufsatz von Eske Bockelmann (1988/89) diskutiert, der aus der Transkription der Schülerschriften große Erfahrung mit der Entzifferung von Büchners Handschrift besaß. Ihm zufolge hätte eine grundsätzliche Deutung der defizienten Wort- als Dialektformen die wenig plausible Folge, das auch Büchners Descartes-Skripten hessischen Dialekt enthielten; man müsse also weit entschiedener, als dies gerade in den »*Woyzeck*«-Editionen seit Schmid geschehen sei, nur vermeintlich dialektale Formen ergänzen. Freilich verband Bockelmann seine im Kern stringente Argumentation mit einiger Polemik – »wenn das Drama vorführt, wie im Namen der Wissenschaft der Mann Woyzeck geschunden wird, so das Schicksal des Dramas, wie im Namen der Wissenschaft die Sprache des »*Woyzeck*« geschunden wurde« (ebd., 258) –, die den solcherart Angegriffenen die Akzeptanz seiner Thesen äußerst schwer machte. Daher ist in der auf Schmids Transkription basierenden Münchner Ausgabe ebenso wie in der »*Woyzeck*«-Edition Poschmanns (DKV I, 145–219) noch immer als ein nicht ergänzter reiner Handschriftenbefund zu lesen. Die »*Woyzeck*«-Edition in der MBA dagegen versucht, die auf Überlegungen Bockelmanns und Mayers basierende Emendation durch statistische Analysen von Büchners Schreibpraxis ausführlich und in jedem Einzelfall zu begründen (Dedner in MBA 7.2, 159–228).

Lese- und Bühnenfassung des »Woyzeck«: Das zweite große Problem der »Woyzeck«-Edition ist – seit der allerersten Ausgabe durch Franzos – die Verbindung der Handschriften aus verschiedenen Entstehungsphasen zu einem Lese- oder Bühnentext. Denn wenn man dergleichen überhaupt versuchen will, muss die Edition einige gravierende Probleme lösen: Die früheste (Folio-)Handschrift H1 – in der die Hauptfiguren noch Louis und Magreth heißen – ist zugleich die einzige, welche die Szenen des Mordkomplexes enthält; die zweite (Folio-)Handschrift H2 (Hauptfiguren: Woyzeck und Louise) bietet eine erweiterte Version nur des ersten Drittels des Dramas; das sogenannte Quartblatt H3 enthält zwei unabhängige Einzelszenen, deren Stellung in Bezug auf die anderen Entwürfe unklar ist; die am weitesten ausgearbeitete (Quart-)Handschrift H4 (Hauptfiguren Woyzeck und Marie) schließlich beginnt mit Überarbeitungen der Anfangsszenen von H2, enthält bewusst offen gehaltenen Raum für spätere Einfügungen und endet mit einigen neu geschriebenen Szenen, ist aber offenkundig nicht abgeschlossen.

In der Kombination dieser Szenen zu einer stringenten Folge sind nun verschiedene Kriterien möglich: Einerseits ist H4 (Sigle in der DKV-Ausgabe: H3) deutlich als von Büchner intendierte Sequenz autorisiert, in die darum nur an bestimmten Stellen Szenen aus anderen Entwurfsphasen eingefügt werden sollten; dafür sprechen zumindest die Auffassung von H4 als späteste Bearbeitungsphase sowie die relativ »geschlossene Handlungskette« (Büchner/Dedner 1999, 202 ff.) in der Szenenfolge selbst. Andererseits gilt es natürlich, möglichst viel des überlieferten szenischen Materials zu bewahren und in den dramatischen Ablauf zu integrieren.

So wird inzwischen relativ einheitlich die Szenenfolge der Handschrift H4 (DKV: H3) als Anfang genommen und die nur in H1 überlieferte Sequenz des Mordkomplexes mit den emendierten Namen Woyzeck und Marie an den Schluss gestellt. Gerade hinsichtlich des Quartblatts mit den beiden Einzelszenen unterscheiden sich freilich die wichtigsten derzeitigen »Lese- und Bühnenfassungen« radikal: Die der Münchner Ausgabe (MA, 233–255), die Lehmanns Anordnung folgt, gibt zuerst die Szenenfolge von H4, schließt dann die Szene »Im Hof des Professors« von H3 an, folgt im weiteren H1 und endet mit

der letzten Szene von H3. In der Reclam-Studienausgabe des »Woyzeck« (Büchner/Dedner 1999) wird der oben genannte Widerspruch der Kriterien genau gegensätzlich zur DKV-Ausgabe durch Poschmann (DKV I, 145–173) beantwortet: Orientiert sich Dedner primär an H4 und verzichtet daher ganz auf die beiden Einzelszenen von H3, löst Poschmann die feste Abfolge von H4 (in seiner Edition H3) auf, integriert aber dafür gerade diese beiden Einzelszenen an entscheidenden Stellen.

Auch hier steht eine bewertende Diskussion aus. Die MBA hat auf die Präsentation einer Lese- und Bühnenfassung ganz verzichtet, was angesichts ihrer primären Aufgabe und der grundsätzlichen Unlösbarkeit dieses Konstitutionsproblems sicher weise ist. Denn die Überführung flüchtiger Entwurfshandschriften in den Status eines aufführbaren »Werks« kann nur um den Preis geschehen, die tatsächliche Unabgeschlossenheit des Schreibprozesses und damit genau jenen Charakter des überlieferten Textes verschwinden zu machen, den es zumindest in einer kritischen Ausgabe zu bewahren gilt.

Aktuelle Büchner-Ausgaben

Studienausgaben und kritische Ausgaben einzelner Texte: Die Dichtungen Büchners sowie der *Hessische Landbote* liegen als Einzeltexte derzeit in zum Teil verschiedenen Studienausgaben vor, die jedoch ohne Ausnahme bewusst mit den Editionsproblemen umgehen. Hierzu zählen die Studienausgaben von »Lenz« (Büchner/Gersch 1984), *Danton's Tod* (Büchner/Mayer 1985), des *Landboten* (Büchner/Weidig/Schaub 1996), erneut des »Lenz« (Büchner/Dedner 1998), des »Woyzeck« (Büchner/Dedner 1999 sowie Büchner/Poschmann 2008) und von *Leonce und Lena* (Büchner/Dedner/Mayer 2003). Weitere kritische Ausgaben der Dichtungen können hier außer Betracht bleiben, insofern sie von den entsprechenden Bänden der MBA – zum Teil von denselben Herausgebern – ersetzt sind.

Mit dem Erscheinen des »Woyzeck«-Bandes der MBA (Bd. 7) allerdings liegt der wohl einmalige Fall vor, dass ein literarisches Manuskript in drei verschiedenen kritischen Faksimile-Ausgaben ediert wurde; dabei kommt der frühesten, nämlich der Ausgabe Gerhard Schmids (Büchner/Schmid 1981) das unschätzbare Verdienst zu, zahlreiche Fehllesungen korrigiert und vor allem das in Grundzügen bis heute verwendete differenzierte Darstellungssystem der Handschrift entwickelt zu haben. Die »Woyzeck«-Ausgabe von Enrico de Angelis (Büchner/de Angelis

2001) bietet zudem im Apparat Ausschnitt-Vergrößerungen und, im Gegensatz zu Schmid, einen emendierten Text des Dramas. Mit der Emendations-Frage am gründlichsten verfährt von den Editionen die MBA.

Seit 1994 liegt ferner eine kritische Studienausgabe von Georg Büchners Briefwechsel vor, die der auch als Büchner-Biograph hervorgetretene Jan-Christoph Hauschild ediert hat (Büchner/Hauschild 1994). Sie präsentiert nach einer ausführlichen Bestandsaufnahme, Editionsgeschichte und Editionskritik das gesamte bis zum Erscheinungszeitpunkt bekannte Briefwerk von und an Georg Büchner; beigefügt sind Faksimiles erhaltener Briefe in Schwarz-Weiß und ca. 80 % der Originalgröße. Bis zum Erscheinen des Bandes mit Lebenszeugnissen in der MBA muss die Ausgabe als grundlegend für die Briefe gelten, auch wenn Einwände zu Transkriptionen, Datierungen, Kommentierungen und vor allem den Restitutionen eines vermeintlich früheren Lautstands vorgebracht wurden (vgl. zur Rezension Pörnbacher 1995; Poschmann in DKV II, 1051).

Gesamtausgabe im Deutschen Klassiker-Verlag (DKV): Mit der Ausgabe im Klassiker-Verlag legte der bereits mit einer früheren Werkausgabe und einer »*Woyzeck*«-Ausgabe hervorgetretene Büchner-Spezialist Henri Poschmann unter Mitarbeit von Rosemarie Poschmann 1992 und 1999 die bis dahin umfangreichste, vollständigste und am reichsten kommentierte Büchner-Ausgabe vor, die sich rasch als Studienausgabe etablierte und als solche die Münchner Ausgabe ersetzt hat. Der erste Band umfasst »Dichtungen« (neben den Dramen und »*Lenz*« die Hugo-Übersetzungen), der zweite die Schülerschriften, den *Hessischen Landboten*, die Schriften zu Naturwissenschaft und Philosophie sowie die Briefe. Jeweils weit mehr als die Hälfte der Bände werden von Dokumenten und Materialien, vor allem jedoch von äußerst detaillierten Anmerkungen zur Textgrundlage und Textentstehung, Überlieferungs- und Interpretationsgeschichte sowie von Stellenerläuterungen gebildet. Die Texte wurden neu aus den Handschriften und Erstdrucken konstituiert.

Während in Rezensionen insbesondere die Kommentierungsleistung Poschmanns, nicht zuletzt der philosophischen Schriften, als grundlegend gewürdigt und ihr Ausweis des Zusammenhangs philosophischer, politischer und literarischer Dimensionen hervorgehoben wurde, stieß seine Textkonstitution allerdings auch auf Kritik, die besonders die »*Woyzeck*«-Edition bzw. den Umgang mit den handschriftlich überlieferten Texten generell betraf. Der

»*Woyzeck*« ist in der DKV-Ausgabe in doppelter Weise zunächst als »Kombinierte Werkfassung« und dann als Transkription der Handschriften dargeboten, die Poschmann als »Entstehungsstufen« (DKV I, 175) bzw. »Teilentwurf 1«, »Teilentwurf 2«, »Hauptfassung« und »Ergänzungsentwurf« bezeichnet. Diese Bezeichnungen wie auch die Siglen weichen entscheidend von dem seit Lehmann gängigen Schema ab: Nicht mehr die mit der Szene »Freies Feld. Die Stadt in der Ferne« beginnende und mit der Szene »Kaserne« endende Fassung auf Quartbögen gilt als zuletzt geschriebene und heißt – entsprechend der übereinstimmend angenommenen Zahl von vier Bearbeitungsstufen – H4 (wie u.a. bei Schmid oder de Angelis), sondern die beiden auf einem Quartblatt geschriebenen Szenen »Der Hof des Professors« sowie »Idiot. D. Kind. Woyzeck« (sonst üblicherweise als H3 sigliert). Hinter dieser Siglen-Vertauschung steht die weitreichende These, Büchner hätte diese beiden Szenen als *spätere* Ergänzungen der »Hauptfassung« geschrieben, was sie gewissermaßen aufwertet und begründet, warum sie an bisher ungewohnten Stellen in die Bühnenfassung integriert werden. Ferner nimmt Poschmann diese Entstehung als Indiz, dass Büchner die nur im ersten Entwurf (H1) vorliegende und später nicht weiter bearbeitete Szenensequenz mit dem Mord Woyzecks an Marie als im Wesentlichen abgeschlossen ansah: »Eine durchgehende Umformung der Szenen des Mordkomplexes muß er nicht mehr für notwendig gehalten haben« (Poschmann in DKV I, 695). Aus diesen Argumenten folgert Poschmann die Berechtigung zu seiner kombinierten Werkfassung; die »Textproduktion und die Integration ihrer Teile« sei »weiter fortgeschritten, als die bruchstückhafte Form der Überlieferung es lange annehmen ließ. Der Fragmentstatus des Werks hält sich in bestimmteren Grenzen als bislang noch vermutet. [...] Es war nur noch eine abschließende, das Ganze vereinende Reinschrift herzustellen.« (ebd.)

Die Entscheidung, ob diese Argumentation zwingend ist, muss der Diskussion vorbehalten bleiben, wobei jedoch Thomas Michael Mayer aufgrund von Papieruntersuchungen die Annahme einer späteren Entstehung des Quartblatts verwarf. Poschmanns »kombinierte Werkfassung« integriert andererseits mehr des handschriftlich überlieferten Textes als die Studienausgabe Dedners nach der Edition Mayers (Büchner/Dedner 1999). Ein zweiter, insbesondere von Eske Bockelmann in seiner Besprechung in der *FAZ* (2.11.1999) hervorgehobene Kritikpunkt betrifft den Umgang mit der Dialekt/Verschleifungs-

Frage; tatsächlich beschränkt sich Poschmann hier auf die vage Anmerkung, die »zwischen Hochdeutschem und mundartlich gefärbten Umgangsdeutsch sich fließend bewegende Sprache der Figuren« sei »auf vorgegebene Normen schwer festzulegen« (Poschmann in DKV I, 681). Zwischen Handschriften-Wiedergabe und »Werkfassung« wird daher keine diesbezügliche Emendation vorgenommen, d. h. Bockelmanns These über die notwendige Korrektur der nur vermeintlich dialektalen, tatsächlich aber lediglich graphemischen Defizienzen wird nicht berücksichtigt. Folglich sprechen auch in der »Werkfassung« des »*Woyzeck*« die Figuren eine Sprache, die Bockelmann (erneut polemisch) als »grausig verunglücktes Kunst-Hessisch« (Bockelmann 1999) bezeichnet, während Poschmann selbst die Textkonstitution mit der buchstabengenauen Wiedergabe der Handschriften begründet, die endlich den zensierenden Tendenzen der Editionsgeschichte entkommen will. Es ist offenkundig, dass zwischen diesen Positionen keine Vermittlung möglich ist. Von der Kritik der Textkonstitution abgesehen – die freilich, folgt man Bockelmanns Argumenten, den Wert der Ausgabe an einem wichtigen Punkt schmälert – dürfte Poschmanns Edition allerdings auch für die nächsten Jahrzehnte als Studienausgabe des Gesamtwerks unersetzlich sein.

Marburger Büchner-Ausgabe (MBA): Im November 2000 erschien mit *Danton's Tod* schließlich das erste Teilstück der seit Mitte der 1980er Jahre von der Marburger Büchner-Forschungsstelle vorbereiteten historisch-kritischen Ausgabe. Insbesondere dieser in vier Teilbänden vorgelegte Band führte rasch zu kritischen Reaktionen im Feuilleton und einer Verschärfung des Streits innerhalb der Georg-Büchner-Gesellschaft. Die Kritik kann hier zwar nicht vollständig rekapituliert werden, doch sollen mindestens einige der Einwände Erwähnung finden. Zu berücksichtigen ist dann vor allem die Struktur und Leistung sowie die differenzierte Kritik bisher erschienener Bände; aus ihr ergeben sich schließlich einige Hinweise zur Benutzung der noch unabgeschlossenen Edition.

Eher uninformiert wirkten zunächst Einwände, welche die lange Entstehungsdauer der Ausgabe monierten oder Umfang und Preis bisheriger Taschenbuchausgaben gegen sie anführten. Denn zum einen waren bereits in der Erarbeitungsphase der MBA eine Fülle von Vorarbeiten der Herausgeber erschienen, darunter einige der oben genannten relativ günstigen Studienausgaben, die zudem den guten Sinn hatten, editorische Überlegungen vor der ei-

gentlichen Herausgabe zur Diskussion zu stellen. Zum anderen ist der Anspruch einer historisch-kritischen Ausgabe hinsichtlich der historischen Reflexion und der Textkonstitution bekanntlich höher als der jeder Studienausgabe; zumal der Vergleich mit früheren Reclam-Ausgaben oder Erstdruck-Nachdrucken rechtfertigt hierbei die historisch-kritischen Ausgabe weit eher, als dass er sie infrage stellt.

Komplexer als diese (fast ausnahmslos nur in Feuilletons vorgetragene) Polemik ist die in verschiedenen Kritiken aufgeworfene Frage der Zugänglichkeit der neuen Ausgabe und der Struktur ihres Apparats. Wenngleich derartige Ausgaben primär die Grundlage wissenschaftlicher Forschung bilden und daher nicht jedem Laien verständlich sein müssen, ist die Benutzungsunfreundlichkeit der Edition eklatant; allerdings gab es nach dem Eröffnungsband erkennbare Verbesserungsbemühungen (u. a. die Einfügung von Registern). Aufgebaut sind diese Bände recht einheitlich nach folgendem Strukturschema: Auf die Textdarbietung (meist in mehreren Stufen) folgen der Editionsbericht, Quellendokumentation, Einzelerläuterungen sowie ein aus Verzeichnissen und Registern bestehender Anhang. Das Herzstück der einzelnen Bände ist die außerordentlich aufwendige Textdarbietung: Sie beginnt jeweils mit den frühesten Textzeugen (in vielen Fällen Faksimiles der Handschriften) mit differenzierter Transkription, gefolgt von einer Darstellung, welche die Textgenese transparent macht, dem emendierten Text und dem »quellenbezogenen« Text. Die Emendation ergänzt dabei beispielsweise defiziente Graphien und entscheidet in Fällen, wo in den anderen Stufen noch verschiedene Lesemöglichkeiten ausgewiesen sind; der »quellenbezogene Text« erlaubt die Wahrnehmung unmittelbar aus den Quellen bezogener Text(teil)e durch ihre Kennzeichnung mit verschiedenen Schrifttypen und ist mit der Quellendokumentation vernetzt. Dieses Grundmuster wird je nach spezieller Editionslage der Texte differenziert; häufig werden in einer der Textdarstellungen Varianten der frühen Drucke abgeglichen. Im Fall der Übersetzungen (MBA 4), für die keinerlei handschriftliches Zeugnis vorliegt, wurde ein Paralleldruck des Erstdrucks mit der wahrscheinlichsten französischen Vorlage Büchners vorgelegt.

Die auf den ersten Blick hochkomplexe Textdarbietung erweist sich bei der Arbeit mit der Ausgabe gleichwohl als vorteilhaft, bietet sie doch je nach Fragestellung in konziser Form Informationen über den Text, die frühe Editionsgeschichte, den Schreibprozess oder die Arbeitsweise Büchners generell. Ferner stellt sie überprüfbare emendierte Fassungen bereit, was für die weitere Editorik von Bedeutung ist. Durch die Komplexität der Textdarbietung fällt aber die Hermetik des Apparats umso stärker ins Gewicht, denn die Arbeitsmöglichkeiten und die editorischen Grundlagen erschließen sich daraus nur mühsam. Von Nachteil ist in diesem Zusammenhang vor allem, dass auf eine explizite Diskussion der neueren Editionsgeschichte verzichtet wird, wie sie beispielsweise Poschmann in der DKV-Ausgabe für jeden der literarischen Texte darlegt.

Diese übergroße Zurücknahme der Herausgeber, was die Erklärung ihrer eigenen Edition betrifft, hat verschiedene Folgen. Zum einen wurde in der Diskussion bisher nur am Rande deutlich, welchen Fortschritt hinsichtlich editorischer Modelle und Standards die Ausgabe eigentlich bietet; denn sie verbindet die inzwischen gebräuchlich gewordenen Faksimile-Ausgaben mit differenzierter Transkription – wie z. B. in den kritischen Kleist- und Kafka-Editionen von Roland Reuß und Peter Staengle – mit innovativen Darstellungsweisen von Textgenese und Quellenbezügen und bildet in dieser Hinsicht auch eine Weiterentwicklung genetischer Editionsmodelle (vgl. Nutt-Kofoth/Plachta 2003). Zum anderen wurde zum Teil noch gar nicht gewürdigt oder aber als editorische Willkür registriert, was die Bände tatsächlich an Neuem gegenüber bisherigen Ausgaben vorlegten; hierzu zählt die Szenenumstellung des *Danton*-Bandes oder die Darstellung hypothetischer Handschriften im »*Lenz*«-Band. Fachwissenschaftlich noch nicht systematisch diskutiert wurden auch elementare Erträge; hingewiesen sei hier nochmals auf die minutiöse Legitimation der Textkonstitution des »*Woyzeck*« (Dedner in MBA 7.2, 159–229), auf die Erschließung einer weiteren Quelle (neben den bekannten Gutachten Horn und Clarus) für das Drama (vgl. MBA 7.2, 317 ff.), sowie auf die Erläuterungen generell, wie z. B. die fast unerschöpfliche wissenschaftsgeschichtliche Kontextualisierung der *Naturwissenschaftlichen Schriften* (Dedner/Lenné in MBA 8, 241–578).

Ungünstig für eine produktivere Rezeption der Marburger Ausgabe ist dabei zweifellos der Aufbau des Apparats. Er soll hier kurz skizziert werden, da sich daraus in Umkehrung eine bessere Erschließung der Ausgabe ableiten lässt. Am Anfang der Editionsberichte steht meist ein Kapitel »Voraussetzungen«; dieses bezieht sich jedoch nicht auf die zuvor stehenden Textfassungen (also die Voraussetzungen ihrer Konstitution), sondern auf die Entstehungsvoraussetzungen des Werks überhaupt, wie z. B. literarhistorische Bedingungen oder den politischen und sozialen Kontext. Erst nach diesen (zum Teil entmutigend umfangreichen) Darlegungen werden Informationen zur Werkgenese gegeben und Überlieferung und Textkritik referiert; dann folgen oft ein Teil zur Frührezeption bis 1853 und schließlich – seit dem »*Lenz*«-Band – Informationen »Zu dieser Ausgabe«.

Diese in den bisher erschienenen Bänden in Grundzügen ähnliche Gliederung wirkt insofern logisch, als sie von den Entstehungsbedingungen bis zur vorliegenden Ausgabe der Chronologie folgt. Terminologisch und sachlich ist sie indessen irritierend, denn in einem »Editionsbericht« werden damit Informationen mitgeteilt, die für die Textkonstitution der Edition selbst praktisch irrelevant sind. So werden hier im *Danton*-Band auf über vierzig Seiten biographische Hintergründe und das in der Forschung umstrittene Verhältnis Büchners zu seinem Vater dargelegt, ohne dass sich daraus eine erkennbare Konsequenz für die Textkonstitution ergäbe (Dedner/Mayer in MBA 3.2, 159–203). Deren Legitimation im Detail dagegen – beispielsweise für die Szenenumstellung im *Danton* – findet sich nur versteckt oder, seit dem »*Lenz*«-Band, regelmäßig erst im letzten der erwähnten Abschnitte (»Zu dieser Ausgabe«). Die »Editionsberichte« enthalten, anders gesagt, in teils großem Umfang kommentierende Informationen, die man eher in der Kategorie »Erläuterungen« vermuten würde; dagegen finden sich für die Textkonstitution entscheidende Informationen selbst eher am Ende der Berichte oder verstreut. Irritierend in der Benutzung ist ferner, dass sich die überaus reichen Erläuterungen auf die quellenbezogenen Textdarbietungen beziehen und nicht, wie zu erwarten wäre, auf die emendierten Texte.

Solchen strukturellen Mängeln des Apparats, wie sie teils auch in Rezensionen kritisiert wurden (vgl. Nutt-Kofoth/Plachta 2003), lässt sich mindestens teilweise abhelfen, indem man bei der Benutzung am Ende der »Editionsberichte« beginnt, um sich von dort aus die Texte selbst, ihre Genese und die Überlieferungs- und Textkritik zu erschließen. Die genannten »Voraussetzungs«-Teile sind als allgemeine, aber teils auch stark den Forschungsmeinungen der Herausgeber verpflichtete Erläuterungen des Entstehungskontexts anzusehen; analoges gilt für die Abschnitte zur frühen Rezeption und übergreifende Erläuterungsabschnitte, die ebenfalls verstreut in den »Editionsberichten« erscheinen.

Grundsätzlich bemühen sich die Herausgeber jedoch um Transparenz ihrer editorischen Entscheidungen und referieren auch konträre Auffassungen. Auch deshalb bleibt gegen Kritik, die aus Differenzen im Detail der Edition als Ganzer jeden Wert absprechen will, festzuhalten, dass sie Büchners Texte in einer Differenziertheit und Gründlichkeit erschließt wie keine Ausgabe zuvor. Der Forschung bietet sie in der Textpräsentation, den Quellen und Erläuterungen eine reflektierte und fast unausschöpflich detailreiche Grundlage auf Jahrzehnte hinaus.

Ausgaben

Büchner, Georg: Nachgelassene Schriften. Hg. von Ludwig Büchner. Frankfurt a.M. 1850 [= N].
– : Georg Büchner's Sämmtliche Werke und handschriftlicher Nachlaß. Erste kritische Gesammt-Ausgabe. Hg. von Karl Emil Franzos. Frankfurt a.M. 1879 [erschienen 1880] [= F].
– : Georg Büchners gesammelte Schriften. In zwei Bänden. Hg. von Paul Landau. Berlin 1909 [= Büchner/Landau].
– : Woyzeck. Nach den Handschriften des Dichters. Hg. von Georg Witkowski. Leipzig 1920 [= Büchner/Witkowski].
– : Georg Büchners Sämtliche Werke und Briefe, aufgrund des handschriftlichen Nachlasses Georg Büchners. Hg. von Fritz Bergemann. Leipzig 1922 [= B].
– : Sämtliche Werke und Briefe. Historisch-kritische Ausgabe mit Kommentar. Hg. von Werner R. Lehmann, 2 Bde. Hamburg o.J. [1967], München 1971 [= L].
– : Woyzeck. Faksimile-Ausgabe der Handschriften. Bearbeitet von Gerhard Schmid. 3 Bde. Leipzig 1981, zugl. Wiesbaden 1981 [= Büchner/Schmid].
– : »Lenz«. Studienausgabe. Hg. von Hubert Gersch. Stuttgart 1984 [= Büchner/Gersch].
– : Danton's Tod. Entwurf einer Studienausgabe. Hg. von Thomas Michael Mayer. In: Georg Büchner. Danton's Tod. Hg. von Peter von Becker. Frankfurt a.M. 1985, 7–74 [= Büchner/Mayer].
– : Gesammelte Werke. Erstdrucke und Erstausgaben in Faksimiles. 10 Bde. Hg. von Thomas Michael Mayer, Frankfurt a.M. 1987 [= GW].
– : Werke und Briefe. Münchner Ausgabe. Hg. von Karl Pörnbacher, Gerhard Schaub, Hans-Joachim Sinn und Edda Ziegler. München, Wien 1988 [= MA].
– : Sämtliche Werke, Briefe und Dokumente in zwei Bänden. Hg. von Henri Poschmann unter Mitarbeit von Rosemarie Poschmann. Frankfurt a.M. 1992 u. 1999 [= DKV].
– /Weidig, Friedrich Ludwig: Der Hessische Landbote. Studienausgabe. Hg. von Gerhard Schaub. Stuttgart 1996 [= Büchner/Weidig/Schaub].
– : Lenz. Hg. von Burghard Dedner, Frankfurt a.M. 1998 [= Büchner/Dedner].
– : Woyzeck. Studienausgabe. Nach der Edition von Thomas Michael Mayer hg. von Burghard Dedner. Stuttgart 1999 [= Büchner/Dedner].
– : Sämtliche Werke und Schriften. Historisch-kritische Ausgabe mit Quellendokumentation und Kommentar (Marburger Ausgabe). Hg. von Burghard Dedner. Darmstadt 2000 ff. [= MBA].
– : Woyzeck. Faksimile, Transkription, Emendation und

Lesetext, Buch- und CD-ROM Ausgabe. Hg. von Enrico de Angelis. München 2001 [= Büchner/de Angelis].
– : Gesammelte Werke. Hg. von Gerhard P. Knapp und Herbert Wender. München 2002 [= Büchner/Knapp/Wender].
– : Leonce und Lena. Studienausgabe. Hg. von Burghard Dedner und Thomas Michael Mayer. Stuttgart 2003 [= Büchner/Dedner/Mayer].
– : Werke und Briefe. Hg. von Fritz Eycken. Frankfurt a.M. 2008 [= Büchner/Eycken].
– : Woyzeck. Hg. von Henri Poschmann. Frankfurt a.M. 2008 [= Büchner/Poschmann].

Literatur

Bockelmann, Eske: Von Büchners Handschrift oder Aufschluß, wie der Woyzeck zu edieren sei. In: GBJb 7 (1988/89) 1991, 219–258.
– : Wo ist die Moral, wo sind die Manschetten? Genie auf Kunsthessisch: Georg Büchners Schriften und Briefe. In: Frankfurter Allgemeine Zeitung vom 2.11.1999.
Dedner, Burghard (Hg.): Der widerständige Klassiker. Einleitungen zu Büchner vom Nachmärz bis zur Weimarer Republik. Frankfurt a.M. 1990.
– : Büchners »Lenz«. Rekonstruktion der Textgenese. In: GBJb 8 (1990–1994) 1995, 3–68.
– : Zur Entwurfhaftigkeit von Büchners »Lenz«. In: Forum Vormärz Forschung 10 (2004), 445–467.
Mayer, Thomas Michael: Wozzeck, Woyzeck, Woyzeck und Marie. Zum Titel des Fragments. In: GBJb 1 (1981a), 210–212.
– : Zu einigen neueren Tendenzen der Büchner-Forschung. Ein kritischer Literaturbericht (Teil II: Editionen). In: Heinz Ludwig Arnold (Hg.): Georg Büchner III. Sonderband Text + Kritik. München 1981b, 265–311.
– /Dedner, Burghard: Zu Henri Poschmanns Kritik an der Marburger Büchner-Ausgabe. In: editio 17 (2003), 192 f.
Nutt-Kofoth, Rüdiger: [Rezension zu MBA V, Leonce und Lena]. In: Germanistik 45 (2004), Nr. 2264, 342 f.
– : [Rezension zu MBA VII, Woyzeck]. In: Germanistik 47 (2006), Nr. 2128, 321 f.
– /Plachta, Bodo: Schlechte Zeiten – gute Zeiten für Editionen? Zur Bedeutung der Marburger Büchner-Ausgabe für die gegenwärtige Editionsphilologie. In: editio 15 (2001), 149–167.
– /Plachta, Bodo: Prüfstand und Maßstab. Eine Replik. In: editio 17 (2003), 189–191.
Pörnbacher, Karl: [Rezension zu:] Büchner, Georg: Briefwechsel. Kritische Studienausgabe von Jan-Christoph Hauschild. In: Germanistik 36 (1995), 922.
Poschmann, Henri: »Auf dem Prüfstand«: Die Marburger Edition von Danton's Tod und die Kritik. In: editio 17 (2003), 178–188.
Weiland, Werner: Kritik der neuen Textanordnung von Büchners Lenz. In: Forum Vormärz Forschung 9 (2003), 203–243.
Wender, Herbert: [Rezension zu MBA III, Danton's Tod]. In: Forum Vormärz Forschung 6 (2000), 339–350.
Will, Michael: »Autopsie« und »reproduktive Phantasie«. Quellenstudien zu Georg Büchners Erzählung ›Lenz‹. Würzburg 2000.

Michael Ott

2. Junges Deutschland, Vormärz

Die Rezeption Georg Büchners erfolgte anfänglich weitgehend in den Bahnen der vormärzlichen Auseinandersetzungen um das Junge Deutschland, zudem auf der Grundlage einer nur eingeschränkten Textbasis (vgl. Dedner 2007). Die Kenntnis der Schriften Büchners beschränkte sich in den 1830er Jahren in erster Linie auf die von Gutzkow für den Druck eingestrichene und gegenüber Dezenzverstößen erotischer, religiöser und politischer Art ›gereinigte‹ Fassung des Dramas *Danton's Tod*. Hinzu kamen nach Büchners Tod die von Gutzkow 1838 bzw. 1839 auf der Grundlage von Abschriften Wilhelmine Jaeglés herausgegebenen Nachlassfassungen des Lustspiels *Leonce und Lena* und der Novelle »*Lenz*«, die beide jedoch vor 1848 keine größere Wirkung entfalten konnten, sowie einige von Gutzkow in seinen Nachrufartikeln (1837, ergänzt 1838) veröffentlichte bzw. auszugsweise wiedergegebene Briefe Büchners. Ungedruckt und damit für das Büchner-Bild im Vormärz noch ohne Bedeutung blieben nicht nur das erst von Karl Emil Franzos 1875 (in Auszügen) und 1878 (Fortsetzungsdruck) bzw. 1879 (recte 1880; Buchausgabe) veröffentlichte Dramenfragment »*Woyzeck*«, Büchners Schriften zur Philosophie (*Cartesius. Principia Philosophiae* und *Spinoza*), die Jugendschriften und die Mehrzahl der erhaltenen Briefe, die heute zum Bestand des Text-Korpus gehören. Nur einem kleinen Kreis bekannt gewesen sein dürfte darüber hinaus bis zu den publizistischen Auseinandersetzungen um den Tod Ludwig Weidigs in den 1840er Jahren (vgl. Noellner 1844; Schulz/Welcker 1845) auch das Ausmaß der Verwicklungen Büchners in die politischen Umtriebe in Hessen.

Keine Rolle für die Wirkung Büchners im Vormärz spielen auch die von Gutzkow vermittelten Übersetzungen von Victor Hugos Dramen *Lucretia Borgia* und *Maria Tudor*. Gleiches gilt für Büchners Dissertation, das *Mémoire sur le système nerveux du barbeau (Cyprinus barbus L.) par George Büchner*, das im April 1837 in der Schriftenreihe der »Société d'Histoire Naturelle de Strasbourg« erschien und in der Fachwissenschaft aufmerksam zur Kenntnis genommen wurde, ohne dass sich die unterschiedlichen Rezeptionsbereiche (hier der Naturwissenschaftler Büchner, dort der Literat und Politiker) allerdings berührt hätten. Ein Bericht über die in Straßburg vorgetragene Abhandlung in der Pariser Wochenschrift *L'Institut* fand im Oktober 1836 in deutscher Übersetzung Eingang in *Froriep's Notizen aus dem Gebiete der Natur- und Heilkunde*. *Müller's Archiv für Anatomie und wissenschaftliche Medicin* aus dem Jahr 1837 liefert eine überaus positive Würdigung; Johannes Müller übernahm Einsichten daraus 1837/38 überdies in die 3., verbesserte Auflage seines *Handbuchs der Physiologie des Menschen für Vorlesungen*. Des Weiteren fand Büchners *Mémoire* Aufnahme 1847 in die *Quellenkunde der vergleichenden Anatomie* Friedrich Wilhelm Aßmanns.

Karl Gutzkow, dem Büchner im Februar 1835 *Danton's Tod* mit der Bitte um Vermittlung bei dem Frankfurter Verleger Johann David Sauerländer zugeschickt hatte, hat mit seinen Publikationen maßgeblichen Anteil an dem im Vormärz umlaufenden Büchner-Bild. In Büchner erkannte Gutzkow nicht nur das ›versteckte Genie‹ (Gutzkow an Büchner, 3.3.1835.). Ungeachtet der Kritik Büchners an der Beschränkung des jungdeutschen Literaturprogramms auf den ›Ideenkampf‹ hat Gutzkow in dem jungen Autor auch einen Verbündeten in seinem Bemühen um eine Überwindung der allein kritischen Phase jungdeutscher Ästhetik sehen wollen (vgl. MBA 3.2, 302 ff.). Büchners Anti-Idealismus schließt, was das ihm zugrunde liegende Plädoyer für eine Darstellung des »Leben[s] einer Zeit« (DKV II, 410) angeht, an ein Zentraltheorem der jungdeutschen Programmatik an, nämlich an die Überwindung der Grenzen zwischen Kunst und Leben und damit die Vorstellung der Synthese von geistig-ästhetischer und politischer Emanzipation. Dies mag Gutzkow in seiner Ansicht zusätzlich bestärkt haben. Immerhin verneinten die dem Jungen Deutschland zugerechneten Autoren bei aller Heterogenität der ästhetischen Ansätze und Verfahrensweisen im Einzelnen die ›zeitlose‹ Gültigkeit der Poesie. Stattdessen traten sie mit dem Anspruch auf, durch Literatur auf die Realität einwirken zu wollen *und zu können*, sie zu verändern, und zwar unmittelbar. Von hier aus bezogen sie Stellung: zur zeitgenössischen Wirklichkeit, zur Politik, auch zur Ästhetik. ›Jetzig‹ wollte die jungdeutsche Literatur sein; sie wollte das zur Sprache bringen, ›was an der Zeit ist‹ und damit ihre ›Zeitgenossenschaft‹, wie eines der wichtigsten Schlagworte des Jungen Deutschland lautet (vgl. Wülfing 1982), unter Beweis stellen. Der Literatur sollte unter diesen Prämissen die Aufgabe zufallen, die Relikte des Alten abzutragen, d.h. den Feudalismus zu bekämpfen, und das Neue, die Zukunft, literarisch vorwegzunehmen, die unter der hässlichen »Larve der alten Zeit« (Wienbarg 1964, 75) heranwächst.

Der »ästhetelnden Schönthuerei« (Gutzkow 1831, 180) der etablierten Kritik hielten die Jungdeutschen im Anschluss an Vorüberlegungen Hegels und die literaturkritischen Ansätze Börnes und Heines aus den 1820er Jahren zunächst das Projekt einer Kritik entgegen, die im weitesten Sinne aufklärend wirken sollte. Dieses Projekt bestand darin, nach den in einem Werk zum Ausdruck kommenden weltanschaulichen oder politischen Ideen und damit seiner ›Zeitgemäßheit‹ zu fragen, kurz: die politischen Tendenzen und Ideen der Werke auf den kritischen Prüfstand zu stellen. Die Jungdeutschen haben das Ziel ihrer Kritik dabei zunächst negativ definiert: als Abrechnung mit und Zerstörung des Alten, als »unbedingte Verneinung« (Gutzkow 1835, 22). Bereits 1835 sah Gutzkow die ›junge‹ Literatur aber wieder an einem Scheideweg angelangt: von der Übergangsperiode der Kritik, die die Epoche des marmorglatten Ruhms abgelöst habe, hin zu einer neuen Periode literarischer Produktivität. Programmatisch erklärt er in seinem Einführungsaufsatz zum »Literaturblatt« des *Phönix*: »Bis hieher sind wir im Augenblick gekommen, bis zu dem Grundsatze: die kritische Periode ist vorüber« (ebd.); »positiv« habe die »junge Generation« von nun an zu »verfahren, selbst zu schaffen; zu lärmen und zu perhorresciren würde ihr schlecht stehen« (ebd., 24): »Die Literatur ist zerstückelt genug: die Kritik hat jezt ein chirurgisches Geschäft zu übernehmen, sie soll heilen, wieder herstellen und ergänzen. Sie soll die panische Furcht, welche über die Autoren gekommen ist, beschwören, die Wildheit einfangen; sie soll Rath geben, Vorschläge machen und nichts so sehr vermeiden, als durch übertriebenen Lärm die Theilnahme des Publikums zu erkälten, durch Appelliren an eine Menge, welche man nicht sieht und hört, diese altklug und vornehm zu machen.« (ebd.) Die Absage an den Idealismus, die noch vor dem Kunstgespräch in »Lenz« unter anderem im Brief Büchners an Gutzkow vom 21. Februar 1835 eine explizite Ausformulierung findet, macht Büchner in Gutzkows Augen zum möglichen Bundesgenossen »in seinem eigenen Konflikt mit den ehemaligen Burschenschaftlern um Wolfgang Menzel und in seiner vorsichtigen Abwendung von Börne zu Heine« (MBA 3.2, 303; vgl. dazu auch insbesondere die referierenden Zwischentexte im Journaldruck von *Danton's Tod*.)

In der Artikelfolge seines Nachrufs »Ein Kind der neuen Zeit« im *Frankfurter Telegraph* vom Juni 1837 hat Gutzkow sein emphatisches Büchner-Bild dann nicht nur einer vorsichtigen Korrektur unterzogen; er hat Büchner darüber hinaus zum Repräsentanten

seiner Epoche erklärt und damit eine – Widersprüche und Brüche bereinigende, je nach politischem Standort dann unterschiedlich gewichtete – Rezeptionslinie vorgegeben, die bis über den Epochenbruch von 1848/49 hinaus die Büchner-Rezeption im Vormärz nicht unmaßgeblich beeinflusst hat (vgl. Dedner 2007). »Kind unsrer Zeit« ist Büchner für Gutzkow aufgrund der Weiterentwicklung seines ursprünglich revolutionären Standpunkts, wie er sich seiner Ansicht nach noch in *Danton's Tod* niedergeschlagen hatte, zu einem philosophischen Standpunkt. Aus der Kenntnis von »Lenz« und *Leonce und Lena* heraus, die er für nur eingeschränkt veröffentlichungswürdig hielt und (im Falle von »Lenz«) durch die Apostrophierung als »Reliquie« vorsorglich der Kritik entzogen hat, ist Gutzkow später auch diese Deutung Büchners fraglich geworden. Weder hat Gutzkow die strukturelle Eigenart des »Lenz« erkannt, noch die ästhetische Dimension des Lustspiels, von der bis weit in die zweite Hälfte des 19. Jahrhunderts hinein überhaupt nur zögerlich zur Kenntnis genommenen politischen Stoßrichtung der Satire ganz zu schweigen. Stattdessen hat er die Nähe des Lustspieldichters Büchner zu romantischen Literaturformen herausgestrichen, was kaum als »präventive Harmlosigkeitsbescheinigung« (Poschmann in DKV I, 593) durchgehen kann, im Übrigen in den 1830er und 40er Jahren durchaus nicht singulär war. In seiner Nachbemerkung zum Stückabdruck schreibt Gutzkow:

Das ist Georg Büchners Leonce und Lena! Unsre grassirenden Bühnendichter könnten ruhig schlafen, selbst wenn der Dichter noch lebte; er würde ihnen keinen Schaden zugefügt haben! Das Ganze ist ein Hauch, ein Klang; es duftet und läutet, aber »Mise en Scene« ist damit nicht möglich, selbst wenn A. Lewald käme. Erreichte Büchner auch nicht die klassische Höhe eines Angely, eines Nestroy, einer Birchpfeiffer, so haben wir doch in ihm ein bescheidenes Talent entdeckt, welches allenfalls mit untergeordneten Kräften, etwa mit Achim von Arnim und mit Clemenz Brentano verglichen werden dürfte! (MBA 6, 278)

Hat Gutzkow mit seinem streckenweise emphatischen Büchner-Bild die Frührezeption des jung verstorbenen Autors im Vormärz auch einerseits entscheidend beeinflusst, so werfen andererseits die Auseinandersetzungen um das Junge Deutschland ihre Schatten auf die Beschäftigung mit dem von Gutzkow protegierten und als ›literarisches Genie‹ annoncierten Büchner, auch wenn die Mehrzahl der in den 1830er Jahren erschienenen Kritiken zu *Danton's Tod* vergleichsweise moderat geblieben waren und Kritik sich vor allem an der Form (Reihung von Bildern), an der Tragizität des Titelhelden, der

›übergroßen‹ Quellennähe und einigen Dezenzverstößen entzündet hatte. Bereits seit Anfang der 1830er Jahre waren die dem Jungen Deutschland zugerechneten Autoren mit Zensurmaßnahmen überzogen worden. Unmittelbarer Anlass für das massive Vorgehen der Behörden mit dem Bundestagsbeschluss zum Verbot sämtlicher Schriften des Jungen Deutschland vom 10. Dezember 1835 war mit dem Erscheinen von Karl Gutzkows Roman *Wally, die Zweiflerin* ein eher nachrangiges Ereignis gewesen. Die Ausfälle des damals maßgeblichen Literaturkritikers Wolfgang Menzel im Cotta'schen *Literaturblatt* (11. und 14.9.1835) gegen die »jeune Allemagne« im Allgemeinen und gegen das (vermeintlich) frivole und gotteslästerliche Werk Gutzkows im Besonderen spielten in diesem Zusammenhang eine unrühmliche Rolle, haben ihrerseits aber bereits eine Vorgeschichte unter anderem in der zum Teil massiven Kritik an den *Vertrauten Briefen über die Lucinde von Friedrich Schleiermacher*, die Gutzkow Anfang 1835 neu herausgegeben und mit einem Vorwort versehen hatte. In diesem Vorwort hatte er Schleiermachers Briefe als Evangelium des neuen Geschlechtslebens gefeiert und von der wahren Liebe nicht nur die gegenseitige Anerkennung der Partner in ihrer geistigen Ebenbürtigkeit gefordert, sondern dieses entschiedene Plädoyer für Liebe und Unmittelbarkeit auch mit einem scharfen Angriff auf die theologische Orthodoxie verbunden. Mit der Weiterentwicklung von Heines Gegenüberstellung von Spiritualismus und Sensualismus und der von hier aus begründeten Utopie eines im Hier und Jetzt verankerten Rechts auf Menschen-Glück im Rahmen einer nur schwach fiktionalisierten Religionskritik war Gutzkow in dem kleinen Roman *Wally, die Zweiflerin* einen Schritt weitergegangen.

Die hier formulierten sensualistischen Wertsetzungen gaben den Ton auch vor in Gutzkows Rezension von Büchners Drama, die am 11. Juli 1835 im »Literaturblatt« des *Phönix* erschien. Sie wiederum rief umgehend die konservativen Kritiker des Jungen Deutschland auf den Plan, die dem Stück antideutsches und antireligiöses Ressentiment unterstellten und ihm Unsittlichkeit und die Parteinahme für einen revolutionären Umsturz der bestehenden Ordnung zum Vorwurf machten. Formuliert wird diese Linie der Kritik insbesondere in dem Rezensionsgedicht »Rezept aus der neuesten ästhetischen Küche« von Büchners ehemaligem Deutschlehrer Karl Christian Baur im *Frankfurter Konversationsblatt* vom 5. September 1835 und in der Besprechung zu *Danton's Tod* des pseudonymen Kritikers Felix

Frei in der literarischen Beilage zur *Dresdner Abend-Zeitung* vom 28. Oktober 1835. »Talent« wollte zwar nicht einmal Frei dem jungen Autor absprechen. Unabhängig davon aber betrachtete er Büchner als Musterfall einer fehlgeleiteten jungen Generation, die »Schmuz für Schönheit, Gemeinheit für Erhabenheit, Zügellosigkeit für Genie ausgibt«. Gemessen am sensus communis des Geschmacks, in dem die bürgerliche Gesellschaft Sittlichkeit und Moral symbolisch codierte, präsentierte sich ihm das Stück als »unschön«, geschmacklos und damit amoralisch, denn »nur das Sittliche kann auch schön seyn, das Unsittliche bleibt stets unschön, weil es der höheren Menschennatur uns entfremdet, uns zum Thiere herabwürdigt« (zit. n. MBA 3.2, 316 f.).

Nachdem bereits 1838 im *Conversations-Lexikon der Gegenwart* ein erster Artikel zu Büchner erschienen war, findet Büchner in den 1840er Jahren breiten Einzug in die zeitgenössischen Nachschlagewerke (vgl. das chronologische Verzeichnis der Rezeptions- und Wirkungszeugnisse in MBA 3.2, 337–352; sowie Steding 2007). Zugleich verschieben sich im Vergleich zu Gutzkows frühen Stellungnahmen nun auch die Akzente der Wahrnehmung. Wilhelm Schulz unternimmt in seiner 1843 publizierten Abhandlung *Die Bewegung der Production. Eine geschichtlich-statistische Abhandlung zur Grundlegung einer neuen Wissenschaft des Staats und der Gesellschaft* aus intimer Kenntnis Büchners heraus eine literaturhistorische Einordnung von *Danton's Tod*, die das von Gutzkow eingeführte Bild Büchners als des Repräsentanten einer Übergangsperiode variiert und die dramaturgischen Normverletzungen Büchners als notwendige Zeichen einer epochengeschichtlichen Umbruchsituation deutet. Georg Herwegh reklamiert in seinem 1841 erschienenen Gedicht »Zum Andenken an Georg Büchner, den Verfasser von Danton's Tod« Büchner nun wieder für den Republikanismus Börne'scher Prägung – was angesichts der Widmung des Gedichts (»Dem besten Freunde des Verstorbenen, Karl Gutzkow, aus herzlicher Verehrung«) und der Vorgeschichte von Gutzkows Engagement für Büchner überrascht. In der für Herwegh typischen odenpathetischen Überhöhung feierte das Gedicht Büchner als »Führer« der Jugend »in die Schlacht« (Herwegh 2006, 86):

Auch nicht *allein* ist er dahingegangen,
Zwei Pfeiler unsrer Kirche stürzten ein;
Erst als den freisten Mann [d. h. Börne, N.O.E] die Gruft empfangen,
Senkt man auch Büchner in den Todtenschrein.
Büchner und Börne! – Deutsche Dioskuren

Weh', daß der Lorber nicht auf deutschen Fluren
Für solch geweihte Häupter wachsen darf!
Der Wind im Norden weht noch rauh und scharf,
Der Lorber will im Treibhaus nur gedeihen,
Ein freier Mann holt sich ihn aus dem Freien!
(Herwegh 2006, 90 f.).

Damit, d. h. durch die Inbeziehungsetzung der Sterbetage Börnes und Büchners findet eine in den 1840er Jahren neue topische Tradition ihren Niederschlag (vgl. MBA 3.2, 320.) Noellners Bericht wiederum machte mit der auszugsweisen Veröffentlichung des *Hessischen Landboten* das Publikum im Ansatz mit Büchner als Verfasser der politischen Flugschrift bekannt. Zugleich begannen in diesem Zeitraum nun die Indienstnahmen Büchners für die Ziele der (frühkommunistischen) Arbeiterbewegung (vgl. Weller 1847, 277). Überdies gewinnt Büchners Auseinandersetzung mit der Revolution eine modellbildende Funktion für die Verarbeitung zeitgeschichtlicher Erfahrungen, als die von der Französischen Revolution formulierten politischen Zielsetzungen um das Jahr 1848 wieder an Aktualität gewinnen (vgl. dazu Eke 1997). Unter anderem Rudolf Gottschall (*Robespierre*, 1845), Robert Griepenkerl (*Maximilian Robespiere*, 1849; *Die Girondisten*, 1851) und Ferdinand von Heinemann (*Robespierre*, 1850) orientieren sich mit ihren Revolutionsdramen auf unterschiedliche Weise an *Danton's Tod*. Verglichen mit der unsentimentalen Kompromisslosigkeit des von Büchner in seinem Drama entfalteten Geschichtsdiskurses bleiben ihre Dramen allerdings noch weitgehend einem Manichäismus verhaftet, der nicht nur als ideologische Bremse gegen die demokratischen Anmaßungen der Masse fungiert, sondern auch noch einmal den bei Büchner brüchig gewordenen Glauben an die Aufhebung aller sozialen, ökonomischen und politischen Widersprüche in einem sinnhaften Gesamtgang der Geschichte stärkt.

Literatur

Dedner, Burghard: Zur Frührezeption Georg Büchners. In: Dieter Sevin (Hg.): Georg Büchner: Neue Perspektiven zur internationalen Rezeption. Berlin 2007, 19–37.

Eke, Norbert Otto: Signaturen der Revolution. Frankreich – Deutschland: deutsche Zeitgenossenschaft und deutsches Drama zur Französischen Revolution um 1800. München 1997.

Gutzkow, Karl: Vom Berliner Journalismus. In: Forum der Journal-Literatur. Eine antikritische Quartalsschrift, Bd. 1, H. 2, 1831, 151–204.

– : [Unbetitelter Eröffnungsbeitrag zum] Phönix. Frühlings-Zeitung für Deutschland. Literaturblatt Nr. 1, 7.1.1835, 21–24.

Herwegh, Georg: Werke und Briefe. Kritische und kommentierte Gesamtausgabe. Hg. von Ingrid Pepperle in Verbindung mit Volker Giel, Heinz Pepperle, Norbert Rothe und Hendrik Stein. Bd. 1: Gedichte 1835–1848. Bearbeitet von Volker Giel. Bielefeld 2006.

Noellner, Friedrich: Actenmäßige Darlegung des wegen Hochverraths eingeleiteten gerichtlichen Verfahrens gegen Pfarrer D. Friedrich Ludwig Weidig, Darmstadt 1844.

Schulz, Wilhelm/Welcker, Carl: Geheime Inquisition, Censur- und Kabinetsjustiz im verderblichen Bunde. Schlußverhandlung mit vielen neuen Aktenstücken über den Prozeß Weidig. Karlsruhe 1845.

Steding, Sören A.: Büchner, Georg: Der Autor und die Enzyklopädie. In: Dieter Sevin (Hg.): Georg Büchner: Neue Perspektiven zur internationalen Rezeption. Berlin 2007, 231–241.

Weller, Emil Ottokar: Die Freiheitsbestrebungen der Deutschen im 18. und 19. Jahrhundert, dargestellt in Zeugnissen ihrer Literatur. Leipzig 1847.

Wienbarg, Ludolf: Aesthetische Feldzüge. Dem jungen Deutschland gewidmet. Hamburg 1834. Textredaktion Jürgen Jahn. Berlin/Weimar [1964].

Wülfing, Wulf: Schlagworte des Jungen Deutschland. Mit einer Einführung in die Schlagwortforschung. Berlin 1982.

Norbert Otto Eke

3.   Realismus

Ging die ältere Büchner-Forschung davon aus, es
habe in der realistischen Ära so gut wie keine Rezeption der Werke Georg Büchners gegeben, so hat sich
das Bild in den letzten Jahrzehnten durch neuere
Untersuchungen erheblich differenziert (Hauschild
1985; Goltschnigg 1974; 1975; 2001; Streitfeld 1976).
Zwar wird sich nach wie vor nicht von einer breiten
Auseinandersetzung mit Büchner sprechen lassen,
doch ist mittlerweile eine ganze Reihe von Rezeptionszeugnissen aufgetaucht, die nicht nur zeigt, dass
Büchner keineswegs aus dem literarischen Bewusstsein verschwunden war, sondern die wenigstens in
Ansätzen erkennen lässt, wo Büchner mit dem neu
entstehenden literarischen Mainstream kompatibel
ist und was ihn von diesem trennt. Unter dieser Perspektive ist es nicht allein die mangelhafte Publikati-
onssituation, die einer Anerkennung der literarischen Bedeutung Büchners im Wege stand.

Textgrundlagen und Ausmaß
der Büchner-Rezeption

Die Basis der Rezeption im Realismus bildeten neben den Erstdrucken die folgenden Editionen: die
partiellen Nachdrucke von *Leonce und Lena* sowie
»*Lenz*« in den seit 1842 mehrfach aufgelegten *Ver-
mischten Schriften* Karl Gutzkows (Streitfeld 1976,
98 f.); die von Ludwig Büchner herausgegebenen
Nachgelassenen Schriften von 1850; ein darauf fu-
ßender, von Carl Arnold Schloenbach herausgege-
bener Teilnachdruck des *Danton* (Schloenbach
1863); der von Karl Emil Franzos edierte Teilab-
druck des *Wozzeck* in der *Neuen Freien Presse* (1875)
sowie die gleichfalls von Franzos herausgegebenen
Sämmtlichen Werke von 1880 (Titelangabe 1879;
Hauschild 1985, 54 ff., 107 ff.). Wird der »*Woyzeck*«
damit erst seit 1875 überhaupt wahrnehmbar, so ergaben sich deutlich veränderte Textkonstitutionen
gegenüber dem Erstdruck im Falle des *Danton*. Den
beiden großen Ausgaben kommt damit eine maßgebliche rezeptionssteuernde Rolle zu, und das betrifft nicht allein die edierten Texte selbst, sondern
insbesondere auch die beiden umfangreichen Einleitungen von Ludwig Büchner und Franzos. Sie geben
jeweils detaillierte – und in der Folge vielfältig exzerpierte – biographische Abrisse, die gerade auch Georg Büchners politisches Engagement ausführlich
herausstellen, historisch kontextualisieren und nicht
zuletzt in Beziehung zu seinem literarischen Werk

setzen. In diesem wie in anderen Punkten liefern die
Herausgeber Stichworte für die weitere literarische
Rezeption Büchners. Überhaupt ist Franzos derjenige Autor, der sich zwischen 1875 und 1900 in einer
Vielzahl von Essays zum stärksten Fürsprecher des
Büchner'schen Œuvres gemacht hat (vgl. Goltschnigg 2001, 16 ff., 87–142). Dass man sich allerdings selbst nach der sogenannten ›Wiederentdeckung‹ Büchners durch Franzos die Verbreitung seiner Werke als minimal vorzustellen hat, belegt die
Tatsache, dass der Absatz der *Sämmtlichen Werke* bis
1892 mit 268 Exemplaren noch unter dem der *Nachgelassenen Schriften* lag, den man mit ca. 300 Stück
ansetzen kann (vgl. Hauschild 1985, 83 f., 150). Einen großen Teil der Rezeptionszeugnisse machen
dementsprechend die Rezensionen der beiden Ausgaben aus, deren Zahl – Hauschild referiert sechs
Besprechungen der *Nachgelassenen Schriften* und
neun der *Sämmtlichen Werke* (ebd., 211 ff., 247 ff.) –
allerdings gleichfalls keine übermäßig große Resonanz verrät. Immerhin aber taucht Büchner gleichzeitig bereits in einer ganzen Reihe von Lexika und
Literaturgeschichten auf – Indiz, dass man ihn
durchaus als relevante historische Persönlichkeit
wahrnahm (ebd., 222 ff., 256 ff.).

   Neben einzelnen Nennungen Büchners in Tage-
büchern und Briefen, etwa bei Hebbel, Storm oder
Keller, sind den genannten Rezeptionszeugnissen
schließlich noch literarische Texte an die Seite zu
stellen, die sich mit Büchners Werk auseinandersetzen. Das ist v. a. bei den Dramen zur Französischen
Revolution der Fall, die sich nach 1848 nicht zuletzt
aus Gründen zeitgenössischer Aktualität einer gewissen Beliebtheit erfreuten und die sich teils explizit in Vor- oder Nachworten, teils implizit im Text
selbst auf Büchner beziehen (vgl. Hirschstein 1912;
Goltschnigg 1975, 136 ff.). Von deutlich geringerer
Zahl sind dagegen einzelne literarische Bezugnahmen auf Büchner als Person – so etwa Georg Her-
weghs Gedicht »Zum Andenken an Georg Büchner,
den Verfasser von ›Dantons Tod‹« von 1841 oder Luise Büchners Fragment eines Schlüsselromans, das
1878 unter dem Titel *Ein Dichter* erstmals ediert
wurde, aber offensichtlich bereits um 1848 entstanden ist (Büchner 1965; vgl. Hauschild 1985, 350).

Grundlinien der Rezeption

Wenn im Folgenden der Versuch unternommen
wird, Grundlinien der Büchner-Rezeption im Zeitalter des Realismus anhand einiger exemplarischer
Rezeptionsdokumente zu skizzieren, so ist vorauszu-

schicken, dass die Rezeption keineswegs einheitlich ist und dass sie auch bei den einzelnen Autoren zu durchaus schwankenden Einschätzungen führt. Generalisierend lässt sich sagen, dass Büchner als ein höchst talentierter, ja genialer Autor erscheint, der jedoch mit seiner Drastik, seinen ›Zynismen‹ und der vermeintlichen Formlosigkeit seiner Werke an die Grenze des Kunstfähigen gegangen sei bzw. diese bereits deutlich überschritten habe. Bei einigen Autoren wie dem Literaturkritiker Wolfgang Menzel (1859, 455) oder dem Historiker Heinrich von Treitschke (Hauschild 1985, 259 ff.) führt das zur völligen Verurteilung Büchners. Diese ist allerdings ebenso sehr politisch wie literarisch motiviert, denn Büchners kämpferisches politisches Engagement passt auch unabhängig von seiner sozialistischen Ausrichtung nicht mehr in die Tendenz zu einem ›realpolitisch‹ pazifizierten bürgerlichen Politikverständnis nach 1848. Eine so dezidierte Verteidigung von Büchners politischen Ansichten wie die durch seinen gleichfalls in die Schweiz emigrierten ehemaligen Weggefährten Wilhelm Schulz bildet jedenfalls entschieden die Ausnahme (Schulz 1851), doch ist andererseits auch eine Verurteilung des Revolutionärs Büchner keineswegs die Regel: Zumeist wird sein politisches Engagement aus den durchaus kritisch gesehenen Zeitumständen erklärt, und man räumt Büchner aufgrund seiner Jugend in politischer wie literarischer Hinsicht mildernde Umstände ein. Eine andere Strategie zielt darauf, Büchner als »Vorkämpfer des Deutschen Reiches Bismarckscher Prägung« zu vereinnahmen (Hauschild 1985, 237). Ganz in diesem Sinne wird Büchner bei Franzos vor dem Zugriff der Sozialdemokratie seiner Zeit ›gerettet‹ und als Vorkämpfer einer nationalen Bewegung aufgebaut. Büchner sei zwar überzeugter »Socialist« gewesen, aber »unüberbrückbar ist die Kluft, welche die Ueberzeugungen Georg Büchner's von denen der heutigen Socialdemokratie scheidet. Er war ein Nationaler und verhöhnte den Kosmopolitismus als einen knabenhaften Traum« (F, CXXI, CXXIV).

Literaturgeschichtlich wird Büchner mit Blick auf »Lenz« selbst gelegentlich literarisch in die Nähe seines Protagonisten gerückt (Anon. 1850, 806; Proelß 1883, 290), ansonsten erscheint er in der Nachfolge Kleists und als Gleichgesinnter von Grabbe und gelegentlich Hebbel. Leonce und Lena wird von etlichen Autoren im Horizont einer kritisch bewerteten, weil subjektivistischen Spätromantik angesiedelt – überhaupt rangiert das Drama in der von Danton's Tod angeführten Hierarchie der Büchner'schen Werke zumeist ganz unten. Für Julian Schmidt

schlägt sich in Büchners Lustspiel die epochale Tendenz zu einer »stofflose[n] Unendlichkeit« und einer »träumerischen Phantastik« sowie die Selbstberauschung am »Wahnsinn dieser glaubenlosen Welt« nieder (Schmidt 1855, 57 f.), Carl Arnold Schloenbach sieht Büchner wie Grabbe als Nachfahren der »ganze[n] Willkür, Abenteuerlichkeit und Fratzenhaftigkeit der Romantik« (Schloenbach 1863, 143; vgl. Proelß 1883, 291), und Karl Ohly wirft dem Lustspiel einen »Mangel an Realität« vor (Ohly 1851, 355). Doch wird lediglich Leonce und Lena in diesen Kontext gerückt. Weit häufiger sieht man Büchner in der Nähe des oder vielmehr eines Realismus. Mit gelegentlich »bewundernde[r] Anerkennung« werden, insbesondere im Danton, aber nicht nur dort, das »gewissenhafteste Detail-Studium« und die »historische Treue der Darstellung« (ebd., 354), das »Ringen nach der Natürlichkeit« (Alexis 1851, 960), die »ungeheure, erschütternde Wahrheit« (Schloenbach 1863, 144) und das Streben nach psychologischer Nachvollziehbarkeit gewürdigt. Allerdings entzündet sich genau hier, an Büchners spezifischer Realitätsnähe, auch ein Paradigmenstreit, der für die Epoche von größter ästhetischer Signifikanz ist.

Konkurrierende Realismuskonzepte: Büchners ›Realismus‹ und der ›Realismus‹ nach 1848

In der Tat legen v. a. Büchners poetologische Äußerungen auf den ersten Blick eine Affinität zu Positionen eines literarischen Realismus nahe. Im Kunstgespräch des »Lenz« etwa werden »Wirklichkeit« und »Leben« vom Titelhelden zum Maßstab erhoben, dem die Dichtung »nachzuschaffen« habe, ohne sich um Kategorien wie »schön« und »hässlich« zu kümmern. In einer argumentativen Doppelbewegung wendet sich Lenz zunächst gegen eine insuffiziente Wiedergabe der »Wirklichkeit«, Hauptgegner ist aber der »Idealismus«, der hier anachronistisch, nämlich im Blick auf die zeitlich erst folgende »idealistische Periode« als Feindbild installiert wird. Mit seiner Unfähigkeit, auch nur einen »Hundsstall« zu zeichnen, und der komplementären Neigung, das Wirkliche zu »verklären«, erscheint der Idealismus als »schmählichste Verachtung der menschlichen Natur« (DKV I, 234; MBA 5, 37). Ähnliche Aussagen finden sich in Danton's Tod im Gespräch zwischen Camille und Danton (vgl. DKV I, 44 f.; MBA 3.2, 36 f.) und in Büchners Brief an die Eltern vom 28. Juli 1835 (vgl. DKV II, 409 ff.), der mit seinem Plädoyer für größtmögliche Nähe zur historischen Realität und seiner Polemik gegen die »sogenannten Idealdichter« immer wieder Anlass gegeben hat, die Äußerungen der literarischen Figuren als Meinung des Autors zu begreifen.

Bereits die beiden ersten Editoren, Ludwig Büchner und Karl Emil Franzos, haben in ihren Vorworten ostentativ auf diesen Punkt hingewiesen, um Büchners poetologischen Standort zu illustrieren. Von hier aus reicht die Zuordnung Büchners zum Realismus bzw. einer seiner Spielarten bis in die Literaturwissenschaft der Gegenwart (vgl. z. B. Knapp 1984, 93). Für Ludwig Büchner bietet das Kunstgespräch im »*Lenz*«

eine Darlegung seiner [d. h. Büchners, C.B.] Ansichten über die Grundregeln der Aesthetik und deren Beziehungen zur Wirklichkeit und zum Leben; seine darin ausgesprochene Hinneigung zum *Natürlichen*, seine Meinung, daß die Kunst nur der Geschichte und der Natur *dienen*, sie aber nicht *meistern* solle, sein Haß gegen den Idealismus sind die Ursache und Erklärung für Manches in seinen literarischen Erzeugnissen, was sich vielleicht weiter als zulässig von dem idealen Standpunkte der Kunst entfernt (N, 47).

Auch Franzos bemerkt, »immer bewußter« habe Büchner »das Kunstprinzip des Realismus« erfasst (F, XLVII). Der Literaturhistoriker Richard M. Meyer erklärt Büchner zum »ersten konsequente[n] Realist[en]« der deutschen Literatur, der als Materialist das »Dogma des Realismus« unübertrefflich formuliert habe (Meyer 1900, 165); Johannes Proelß sieht Büchner in seiner 1892 erschienenen Grundlegung der Vormärzforschung als den Begründer »eines realistischen Geschichtsdramas aus dem Stoff der französischen Revolution« und hebt am *Danton* den »Naturalismus« der Sprachgebung hervor, der seinem Gegenstand abgelauscht sei (Proelß 1892, 585 f.). Ebenso hatte bereits sein Vater Robert Proelß 1883 dem *Wozzeck*, der »ganz objektiv in der Darstellung« sei, einen »bis zur Brutalität gehenden Naturalismus« bescheinigt (Proelß 1883, 291).

In der poetologischen Diskussion des Realismus ist der Begriff des Naturalismus nun allerdings ein Reizwort, das eine ungefilterte und unbereinigte Nachahmung des Wirklichen ohne Rücksicht auf die ästhetische Dignität der Gegenstände meint und der Abgrenzung eines ›wahren‹ Realismus dient (vgl. Ort 2007, 18 ff.; Plumpe 1985, 22 f.). Schon ein purer ›Realismus‹ als solcher steht bei den Theoretikern des programmatischen wie des poetischen Realismus im Naturalismus-Verdacht, d. h. im Verdacht, eine bloße Kopie zu sein und daher zu nahe an einer Wirklichkeit zu liegen, die in ihrer bloßen Faktizität kaum poesiefähig sei. Insofern erfordert das Konzept des Realismus seine Erweiterung um eine ›ide-

ale‹ Dimension. Diese kann entweder als Transparenz auf eine ›wesentliche‹ und daher sinnstiftende Tiefendimension des Realen begriffen werden oder als Moment einer poetischen ›Verklärung‹ im Modus der Darstellung. Von daher ist das Ziel der programmatischen und der poetischen Realisten seit 1848 gerade nicht der Realismus selbst, sondern dessen Erweiterung zu einem »Idealrealismus« oder »Realidealismus«, der das vorgefundene Wirklichkeitsmaterial selektiert, bearbeitet und überhöht.

Der Realismus, der in Büchners poetologischen Äußerungen aufscheint und der ihm von seinen Rezipienten bescheinigt wird, ist hingegen ein anderer. Die zitierten Textstellen belegen das überdeutlich: der Bezug auf die vorfindliche Faktizität des Wirklichen ohne Rücksicht auf Schönheit oder Hässlichkeit, der kompromisslose Anspruch, der Geschichte so nahe als möglich zu kommen, sowie die Wendung gegen jede idealisierende und verklärende Tendenz – all das steht quer zu den aktuellen poetologischen und poetischen Trends nach 1848. Büchner kann daher geradezu als Protagonist eines ›falschen‹ Realismus erscheinen.

Büchner-Kritik im Zeichen des ›Realismus‹ (Julian Schmidt, Rudolf Gottschall u. a.)

Es ist bereits eine der ersten größeren Auseinandersetzungen mit den *Nachgelassenen Schriften*, die Büchner genau in dieser Weise darstellt. Julian Schmidt, einer der maßgeblichen Begründer des programmatischen Realismus, nutzt die Gelegenheit einer umfangreichen Besprechung in den *Grenzboten* von 1851 zu einer grundsätzlichen poetologischen Positionsbestimmung. Dieser Text wurde in etwas gekürzter Form in seine *Geschichte der Deutschen Literatur im neunzehnten Jahrhundert* von 1855 aufgenommen und darf in vieler Hinsicht als paradigmatisch für die Rezeption Büchners im Realismus gelten. Trotz der – freilich recht abstrakten – Anerkennung des Büchner'schen Talents geht Schmidt auf fast allen Ebenen zur Kritik über: auf der des poetischen Konzepts, der gewählten Inhalte und der literarischen Form. Grundsätzlich wird Büchner eine »falsche ästhetische Ansicht« vorgeworfen (Schmidt 1855, 56). Schmidt, für den sich der »wahre Realismus« nicht auf die Oberfläche, sondern auf die den Dingen innewohnende »Idee« zu beziehen hat (vgl. Plumpe 1985, 120 f.), wendet gegen Büchners Orientierung an der »Geschichte, wie sie sich wirklich begeben«, ein, der Dichter könne und dürfe sich nicht »mit dem Unvollkommenen der Empirie« begnügen, denn »Dichtung soll erheben, erschüttern, ergötzen; das kann sie nur durch Ideale«. Im Übrigen sei ein radikal realistischer Anspruch ohnehin eine Selbsttäuschung, denn der Dichter »muß idealisieren, er mag wollen oder nicht« (Schmidt 1855, 56).

Dieses Programm impliziert eine strikte Selektion des Gegenstandsbereichs. Das »wirklich Häßliche, ja das Widerwärtige« hat daher in der Literatur »keinen Platz« (Plumpe 1985, 111), und unter dieser Perspektive muss Schmidt die Darstellung des Wahnsinns in »Lenz« als »unkünstlerisch« verurteilen (Schmidt 1855, 55). Ja, die Affinität zu diesem Gegenstand, »jenes zitternde Behagen an dem absoluten Nichts« und an den »Nachtseiten der Natur« kann selbst nur aus einem »krankhaft erregten Nervensystem« entspringen (ebd., 56 f.; vgl. Anon. 1850, 806). Bereits der »Versuch, den Wahnsinn darzustellen«, der für Schmidt die »Negativität des Geistes« ist, kann nur der »Einfall einer krankhaften Natur« sein (Schmidt 1851, 122). Das realidealistische Literaturkonzept immunisiert sich mit dem Instrument der Pathologisierung gegen andersartige – und insbesondere abweichende ›realistische‹ – Positionen. An Danton's Tod schließlich kritisiert Schmidt die »Menge episodischer Figuren und Handlungen«, die lose Szenenfolge und den Handlungsaufbau als Verstoß gegen »alle Gesetze der Kunst« in formaler Hinsicht (Schmidt 1855, 58) und enthüllt damit sein im Kern klassizistisches Dramenverständnis, das nur die geschlossene Form des drei- bzw. fünfaktigen, ›pyramidal‹ aufgebauten Dramas gelten lässt.

Wie sehr auch heterogene Ansätze im poetologischen Diskurs der Epoche durch einen gemeinsamen Grundkonsens verbunden sind, zeigt sich daran, dass auch ein Gegner des programmatischen Realismus wie der Schriftsteller und Literaturhistoriker Rudolf Gottschall das Zusammenspiel von Realismus und Idealismus im neoklassizistisch konzipierten und auf das »Allgemeine« ausgerichteten Kunstwerk fordert (Plumpe 1985, 125, 127). Büchners Position erscheint bei aller Anerkennung seiner literarischen Kraft als Abweichung von diesem Konzept. Gottschall, der 1845 selbst ein Robespierre-Drama publiziert hatte, ordnet Büchner einer Strömung zu, die mit »größter geschichtlicher Treue« das »Individuell-Charakteristische« mit Einschluss des Grillenhaften und Hässlichen darstelle und zu diesem Zweck nicht nur auf den »geläuterten Reiz klassischer Schönheit« verzichte, sondern auch »jede künstlerische Architektonik, jede[n] ideelle[n] Ausbau« verschmähe (Gottschall 1855, 365 f.). An den

»genialen Revolutionsskizzen« des »dramatische[n] Anatom[s]« Büchner wird zwar die »seltene Kraft der Charakteristik« gerühmt, doch schwebe über seinem Drama »mehr der wüste Hauch einer pathologischen Atmosphäre […] als die freie Luft eines auch in tragischen Schauern erquickenden Weltgerichts«. Auch formal gebe Büchners glänzendes dramatisches Talent »uns nur ein Conglomerat von Szenen« »ohne alle Harmonie und Rundung« und ohne »künstlerisch abgeklärten Ausdruck«. Das Resümee lautet, dass »solche keck hingeworfenen Szenen mehr die Gesticulationen des Genies, als das Genie selbst seien« (ebd., 367 f.).

Die genannten Kritikpunkte wiederholen sich in den realistischen Jahrzehnten mit großer Regelmäßigkeit in immer neuen Variationen. Angegriffen werden die innere und die äußere Form von Büchners Werken, der »Cynismus der Sprache« (Hauschild 1985, 227 f.), die »Uebertriebenheiten einer jugendlichen Kraftgenialität« (Proelß 1892, 586), die ›Maßlosigkeiten‹ und ›Abenteuerlichkeiten‹ in Handlung und Figurenzeichnung ebenso wie die angeblichen dramaturgischen »Mängel« (Ohly 1851, 354), die fehlende »innere Organisation« (Hillebrand 1851, 416), die defizitäre »dramatische Composition« (Proelß 1883, 290) und die »mangelhafte Architektur des scenischen Aufbaus« (Proelß 1892, 586). Kurzum: Es ist Büchners Hinwendung zur offenen Form des Dramas, zu einer vergleichsweise losen Bilderfolge, die als Verstoß gegen eine im bürgerlichen Realismus fast überall als verbindlich erachtete klassizistische Dramenkonzeption kritisiert wird. Ebenso wiederholen sich die Vorwürfe gegen die mangelnde Selektion und die fehlende Verklärung des literarischen Materials durch den Autor. In der Vorrede zu seinem Danton-Drama von 1880, das wie viele Revolutionsdramen nach 1848 deutliche Spuren der Büchner-Rezeption trägt, entwickelt Max Bewer sein Konzept des Historiendramas anhand des Verhältnisses von Dichtung und Geschichte. Auch hier sind Büchners Identifizierung von Dichter und Historiograph im Brief vom 28. Juli 1835 sowie sein Postulat, der Dichter habe »der Geschichte, wie sie sich wirklich begeben, so nahe als möglich zu kommen«, die Punkte des Anstoßes. Denn so sehr auch der Dichter »dem Gegebenen treu bleiben« solle, so sehr habe er dieses – ganz im Sinne des poetischen Realismus – »aus der Perspective höherer Betrachtung zu verklären«. Während der Geschichtsschreiber »in den engen Kreis des streng Thatsächlichen gebannt« sei, müsse der Dichter diesen »subjektiv« übersteigen und das Material des Wirklichen

poesiegerecht selektieren (Bewer 1880, 3). Gottfried
Keller schließlich rückt Büchner in einem Brief an
Paul Heyse aus demselben Jahr 1880 in die Nähe des
französischen Realismus, der für viele deutschsprachige Zeitgenossen Inbegriff eines falschen, nämlich
›naturalistischen‹ Realismus ist und daher gerne für
poetologische Abgrenzungszwecke herangezogen
wird (vgl. Plumpe 1985, 185 ff.). Strotzt der *Danton*
»von Unmöglichkeiten«, so scheint über »*Woyzeck*«
alles gesagt zu sein, wenn Keller feststellt, er weise
»eine Art von Realistik auf, die den Zola und seine
Nana *jedenfalls* überbietet« (Goltschnigg 2001, 142).

So gesehen, ist die Aufwertung von Büchners
Werken und poetologischen Positionen an den Zer-
fall der Literaturkonzepte des programmatischen
wie des poetischen Realismus gebunden.

Literatur

[Alexis, Willibald:] ›19‹: Nachgelassene Schriften von Ge-
  org Büchner. In: Blätter für literarische Unterhaltung Bd.
  122 (Leipzig 1851), 959–961.
[Anon.:] Nachgelassene Schriften von Georg Büchner. In:
  Europa. Hg. von Ferdinand Gustav Kühne. Heft Nr. 101
  (Leipzig 21.12.1850), 806 f.
Bewer, Max: Danton. Ein Trauerspiel in fünf Aufzügen.
  Hamburg 1880.
Büchner, Luise: Ein Dichter. Novellenfragment. Hg. von
  Anton Büchner. Darmstadt o.J. [1965].
Goltschnigg, Dietmar (Hg.): Materialien zur Rezeptions-
  und Wirkungsgeschichte Georg Büchners. Kronberg
  1974.
– : Rezeptions- und Wirkungsgeschichte Georg Büchners.
  Kronberg 1975.
– (Hg.): Georg Büchner und die Moderne. Texte, Analysen,
  Kommentare. Berlin 2001.
Gottschall, Rudolph: Die deutsche Nationalliteratur in der
  ersten Hälfte des neunzehnten Jahrhunderts. Breslau
  1855.
Hauschild, Jan-Christoph: Georg Büchner. Studien und
  neue Quellen zu Leben, Werk und Wirkung. Königstein
  1985.
Hillebrand, Joseph: Die deutsche Nationalliteratur seit dem
  Anfange des achtzehnten Jahrhunderts, besonders seit
  Lessing, bis auf die Gegenwart. Hamburg/Gotha 1851.
Hirschstein, Hans: Die französische Revolution im deut-
  schen Drama und Epos nach 1815. Stuttgart 1912.
Knapp, Gerhard P.: Georg Büchner. Stuttgart ²1984.
Menzel, Wolfgang: Deutsche Dichtung von der ältesten bis
  auf die neueste Zeit. Bd. 3. Stuttgart 1859.
Meyer, Richard M.: Die deutsche Litteratur des Neunzehn-
  ten Jahrhunderts. Berlin ²1900.
Ohly, Karl: Ein Denkstein. In: Mannheimer Unterhaltungs-
  blatt 4. Jg., 1. Bd., Nr. 88 (Mannheim 12.4.1851), 350 f.;
  Nr. 89 (Mannheim 13.4.1851), 354–356.
Ort, Claus Michael: Was ist Realismus? In: Christian Bege-
  mann (Hg.): Realismus. Epoche – Werke – Autoren.
  Darmstadt 2007, 11–26.
Plumpe, Gerhard (Hg.): Theorie des bürgerlichen Realis-
  mus. Eine Textsammlung. Stuttgart 1985.
Proelß, Johannes: Das junge Deutschland. Ein Buch deut-
  scher Geistesgeschichte. Stuttgart 1892.
Proelß, Robert: Geschichte des neueren Dramas. 3. Bd.
  Leipzig 1883.
Schloenbach, Carl Arnold: Georg Büchner [mit Auszügen
  aus *Danton's Tod*]. In: Bibliothek deutscher Klassiker.
  Mit litterargeschichtlichen Einleitungen, Biographien
  und Porträts. 22. Band: Die Dramatiker der Neuzeit.
  Hildburghausen 1863, 143–186.
Schmidt, Julian: Georg Büchner. In: Die Grenzboten 10. Jg.,
  1. Semester, Bd. 1, Nr. 4 (Berlin 24.1.1851), 121–128.
– : Geschichte der Deutschen Literatur im neunzehnten
  Jahrhundert. Leipzig 1855.
Schulz, Wilhelm: Nachgelassene Schriften von G. Büchner.
  In: Deutsche Monatsschrift für Politik, Wissenschaft,
  Kunst und Leben Bd. 2 (Bremen 1851), 210–233.
Streitfeld, Erwin: Mehr Licht. Bemerkungen zu Georg
  Büchners Frührezeption. In: Jahrbuch des Wiener Goe-
  the-Vereins 80 (1976), 89–104.

Christian Begemann

4. Naturalismus bis Weimarer Republik

Georg Büchner ist einer der wenigen deutschen Autoren des 19. Jahrhunderts, der als Sozialrevolutionär einzustufen ist. Der *Hessische Landbote* artikuliert die unumstößliche Überzeugung von der Ungerechtigkeit der bestehenden Zustände im Deutschland der Restauration; die Volksszenen in *Danton's Tod* und in *Leonce und Lena* bezeugen Büchners Engagement für die »Niederen«, das im Kunstgespräch der Erzählung »Lenz« diskursiv begründet und im »Woyzeck« zur Grundlage der dramatischen Gestaltung gemacht wird. Georg Büchner war aber auch ein Autor, der die Moderne als die Epoche des Verlusts überlieferter Ordnungen in expressiven Bildern der Melancholie und der an Nihilismus grenzenden Verzweiflung reflektierte, wie seine Figuren Danton, Leonce, Lenz und wiederum auch Woyzeck zeigen. Er war mentalitätsgeschichtlich, aber auch in der Prägnanz seiner sprachlichen Bilder ein Vorläufer der Moderne, der in eindrucksvollen Allegorien Gestaltungsprinzipien des Expressionismus und des Surrealismus vorwegzunehmen scheint, wie etwa in den Bildern der nächtlichen Albträume Dantons im Gedenken an die »Septembermorde«: »Unter mir keuchte die Erdkugel in ihrem Schwung, ich hatte sie wie ein wildes Roß gepackt, mit riesigen Gliedern wühlt' ich in ihrer Mähne und preßt' ich ihre Rippen, das Haupt abwärts gebückt, die Haare flatternd überm Abgrund.« (DKV I, 49; MBA 3.2, 41)

Die Zeit zwischen 1870 und dem Ende der Weimarer Republik ist die Zeit der sich konstituierenden Moderne in der Literatur, aber auch die Zeit der Entstehung und Konsolidierung der Sozialdemokratie und anderer Strömungen der politischen Linken. Im Rückblick ist es faszinierend zu sehen, wie die verschiedenen politischen und literarischen Strömungen die verschiedenen Facetten des Büchner-Bildes artikulieren und pointieren. Die verschiedensten Autoren und Publizisten interessieren sich für Büchner: Franz Mehring und Georg Heym, Gerhart Hauptmann und Hugo von Hofmannsthal, Rainer Maria Rilke und Bertolt Brecht, Kurt Tucholsky und Robert Walser, Friedrich Gundolf und Alfred Döblin (Zeugnisse all dieser Autoren vgl. Goltschnigg 2001).

Franzos: Gesamtausgabe und Entdeckung des »Woyzeck«

Damit Büchner aber zum Zeitgenossen der literarischen und politischen Moderne werden konnte, musste sein Werk überhaupt erst mal in seinem ganzen Umfang bekannt werden. Trotz vieler Kritik der modernen Editionswissenschaft gebührt das Verdienst, den »Woyzeck« öffentlich gemacht zu haben, Karl Emil Franzos, mit dessen *Sämtlichen Werken* von 1880 die eigentliche »Wiederentdeckung« Büchners begann (vgl. ebd., 16–21). Der Autor des »Woyzeck« wurde mit seiner wirklichkeitsgetreuen Darstellung der sozialen Realität zu einem Vorbild und Zeitgenossen des Naturalismus, und die Naturalisten befassten sich mit ihm in Reden, Rezensionen und Artikeln. Wichtigster sichtbarer Effekt der neuen Ausgabe und Ausdruck der verstärkten Aufmerksamkeit für den Autor Büchner waren dann die Uraufführungen seiner Theaterstücke, die zwischen 1895 und 1913 stattfanden. Parallel zu diesem Durchbruch des Theaterautors Büchner vollzog sich seine intensive Rezeption in der politischen Linken; die Sozialdemokratie und linke Publizisten unterstrichen vor und nach dem Ersten Weltkrieg die politische Bedeutung Büchners und reklamierten ihn als einen Sozialisten, der auch ein großer Schriftsteller war. Gleichzeitig – und inhaltlich durchaus unterschiedlich, ja bisweilen gegensätzlich – vollzog sich die Entdeckung, dass Büchner als Vorläufer der Moderne zu verstehen sei. Die Ambivalenz einer ästhetischen und literarischen Erfahrung der Moderne zwischen Melancholie und Aufbruch fand man in den Texten Büchners, der sowohl in den antinaturalistischen Strömungen um die Jahrhundertwende als auch im Expressionismus und der nach-expressionistischen Moderne seine Bewunderer fand. In der Weimarer Republik schließlich – die Stiftung des Büchner-Preises 1923 bezeugt es – wurde Büchner zu einem repräsentativen Autor, der als Gegenmodell gegen die ›bürgerlichen‹ Autoren der Weimarer Klassik begriffen und gewissermaßen als ein ›Gegenklassiker‹ ins Rennen geschickt wurde. Bemerkenswerte Synthesen dieser vielfältigen und kontroversen Inanspruchnahmen Büchners finden wir bereits in den 1920er Jahren, in denen mit Arnold Zweig und Adam Kuckhoff zwei Autoren ein komplexes und dialektisches Büchner-Bild entwerfen, die schon bald als erbitterte Gegner des NS-Regimes ins Exil bzw. in den Widerstand gehen sollten.

Am 4. Juli 1875 wurde in Zürich ein neues Grabdenkmal für Georg Büchner enthüllt (hier und zu allen nicht gekennzeichneten weiteren Nachweisen vgl. ebd., 11–85). Zu diesem Ereignis verfasste Karl Emil Franzos in der *Neuen Freien Presse* einen vierseitigen Artikel, der den fast vergessenen Autor voller Bewunderung charakterisierte und damit nachdrücklich für ihn warb. Ludwig Büchner, der Bruder des Autors, der im Jahre 1850 die *Nachgelassenen Schriften* des früh Verstorbenen ediert hatte, nahm, von dem Artikel vorbehaltlos begeistert, Kontakt mit Franzos auf und überließ ihm den Nachlass mit unveröffentlichten Texten. Franzos vertiefte sich in den Inhalt, klagte über den schlechten Zustand und die schlechte Lesbarkeit der Manuskripte und konzentrierte sich auf den Text des »*Woyzeck*«, den er entzifferte und dessen verschiedene Fassungen er in eine ihm sinnvoll erscheinende Ordnung brachte. 1875 und 1878 ließ er zunächst eine gekürzte, dann die vollständige Fassung des *Wozzeck* (so hatte er den Namen gelesen) in der *Neuen Freien Presse* und in der Berliner Wochenschrift *Mehr Licht* veröffentlichen, ehe der vollständige Text dann 1880 in der von ihm verantworteten ersten Gesamtausgabe von Büchners Werken erschien. Sowohl Büchners Familie als auch der um Büchner so verdiente Gutzkow waren aus literarischen und moralischen Gründen über die Publikation dieses Textes entsetzt, und auch Gottfried Keller äußerte sich in einem Brief an Paul Heyse von 29. März 1880 sehr kritisch. Franzos seinerseits verfasste zahlreiche Vorworte und Kommentare zu Büchners Werken, publizierte wichtige Dokumente, wie die Aussagen August Beckers im Darmstädter Hochverratsprozess, und machte sich so sehr verdient um die weitere Rezeption Büchners – obwohl seine politischen und ästhetisch-literarischen Ansichten eher gründerzeitlich-konservativ waren und dem Werk des von ihm verehrten Autors nicht gerecht wurden.

Naturalismus

Es mussten die Parteigänger der ›Moderne‹ kommen, damit Georg Büchner als ein Autor verstanden werden konnte, der gerade wegen seiner Opposition zu klassizistischen Normen als Modell dienen konnte. Es war der junge Gerhart Hauptmann, der die Verbindung Büchners zum Naturalismus erkannte und in leidenschaftlicher Form artikulierte. Am 17. Juni 1887 hielt Hauptmann in dem für eine neue Dichtung kämpfenden Berliner Verein »Durch« einen Vortrag, in dem er unter anderem aus *Dantons Tod* und »*Lenz*« vorlas. Im folgenden Jahr ging Hauptmann zu seinem Bruder Carl nach Zürich,

und mit anderen jungen Dichter-Revolutionären pilgerten sie regelmäßig zu Büchners Grab. In Gerhart Hauptmanns Autobiographie heißt es: »Georg Büchners Geist lebte nun mit uns, in uns, unter uns. Und wer ihn kennt, diesen wie glühende Lava aus chthonischen Tiefen emporgeschleuderten Dichtergeist, der darf sich vorstellen, daß er, bei allem Abstand seiner Einmaligkeit, ein Verwandter von uns gewesen ist. Er ward zum Heros unseres Heroons erhoben.« (zit. n. ebd., 22)

Hauptmann und der Naturalismus knüpfen an einen vitalistisch interpretierten Büchner an und sie sind beeindruckt von Büchners Identifikation mit den leidenden Menschen. Eine politische Deutung steht hier nicht im Zentrum; es zeigt sich eher der Beginn einer Rezeptionslinie, die Büchners Dichtung in einem existentiell-anthropologischen Sinne deutet und explizit oder implizit Bezüge zur Philosophie Schopenhauers aufweist. Demgegenüber waren für den Dramatiker Frank Wedekind, der ebenfalls zu Hauptmanns Gefährten in Zürich gehörte, die grotesken und satirischen Züge von Büchners Werk von vorrangiger Bedeutung.

Uraufführungen: *Leonce und Lena*, *Danton's Tod*, »*Woyzeck*«

Die folgenden Jahre bringen die Uraufführungen von Büchners Stücken. Eine geplante Premiere von *Danton's Tod* bereits in den 1890er Jahren scheiterte, nicht zuletzt deshalb, weil 1891 ein Nachdruck des Stückes in der sozialdemokratischen *Marburger Volksstimme* dem zuständigen Redakteur eine viermonatige Gefängnisstrafe eingebracht hatte. So war die erste Aufführung eines Büchner-Stückes eine private Premiere des Intimen Theaters in München-Schwabing, wo 1895 eine Gruppe von Schriftstellern, unter ihnen Max Halbe und Oskar Panizza, in einem Garten Büchners einzige Komödie aufführte. In einem Bericht über die Uraufführung heißt es:

> Es war das Lustspiel ›Leonce und Lena‹ […], eine melancholisch-tolle Comödie, aus Shakespeare'schem Narrenwitze seine satirischen Kräfte schöpfend, eine elegische Posse, zuweilen genial auflachend, leider oft langweilig über glatte Wege sich schleppend, Alles in Allem Kost für verwöhnte Gaumen, dramatische Schwalbennester, wo die Zubereitung Alles bedeutet. Und echte Künstlerlaune, fröhlicher, jugendlicher Humor waren die Köche. (Rudolph Lothar, zit. n. ebd., 235)

Während also die Premiere von *Leonce und Lena* eine Insider-Veranstaltung für eine elitäre Boheme blieb, kam es 1902 zu einer ersten Aufführung von

Danton's Tod in Berlin, der aber kein besonderer Erfolg beschieden war. Die erste gelungene Aufführung des Revolutionsstücks fand 1910 im Hamburger Thalia-Theater unter Leopold Jeßner statt. Einen durchschlagenden Erfolg verbuchte dann die erste öffentliche Aufführung von *Leonce und Lena* im Wiener Residenztheater am Ende des Jahres 1911. Hier wurde die literarische und ästhetische Qualität der Komödie hervorgehoben, auf die auch Alfred Polgar in einer allerdings Lob und Tadel mischenden Besprechung verwies:

Als Grundstimmung des Werkchens empfinde ich: Schwermut. Eine wehrhafte, aktive Schwermut allerdings, die das Leben zwingt, Rede und Antwort zu stehen und die Ausflüchte des also zur Rechenschaft Gezogenen mit einem bösen Lächeln nullifiziert. Aber weil es ein Dichter ist, der solche Schwermut hegt, brechen überall aus ihrem Dunkel zarte und farbige Blüten hervor. [...] Literarisch ist ›Leonce und Lena‹ interessant, weil in diesem Stück allenthalben ganz heimliche oder halbversteckte Quellen dichterischer Kraft rieseln (zit. n. ebd., 243 f.).

Nicht das politische Interesse an Büchner stand somit im Vordergrund dieser ersten Theaterrezeption, sondern im Geist des Fin de Siècle und des gemäßigten Ästhetizismus, der sich vor allem in der österreichischen Literatur artikulierte. So ist es kein Zufall, dass Hugo von Hofmannsthal sich sehr für die Uraufführung des »Woyzeck« einsetzte und sogar für die Münchener Premiere aus den mittlerweile erschienenen verbesserten Editionen von Paul Landau (1909) und Rudolf Franz (1912) einen Text herstellte. Für die Uraufführung am 8. November 1913 im Münchner Residenz-Theater verfasste Hofmannsthal sogar eine abschließende (schließlich aber wohl doch nicht aufgeführte) Szene, in der sich der Hauptmann und der Doktor über den Mord und den anschließenden Selbstmord Woyzecks (!) ganz im Stil von Büchners Figurengestaltung unterhalten (vgl. ebd., 41). Diese Aufführung war von Erfolg gekrönt; eine zeitgenössische Rezension verdeutlicht, dass Büchners dichterische Bedeutung so eingeschätzt wird, dass »naturalistische« Realitätsnähe mit einer poetischen Durchdringung verbunden werde. So konstatiert Hanns von Gumppenberg: »die moderne Armeleutdramatik in jenem dichterisch besten Sinne des voraussetzungslosen Mitgefühls und der seelischen Klarlegung des einzelnen aus seiner beschränkten Lebenssphäre heraus, ist in diesem merkwürdigen Entwurf bereits wesentlich gegeben; zugleich wirft ein wetterleuchtender Groteskhumor seine geistigen Lichter über das Bild, symbolische Perspektiven eröffnend.« (zit. n. ebd., 255 f.)

Der politische Büchner: Rezeption der Sozialdemokratie

Bedeutend wurde in der Zeit des Kaiserreichs auch die Diskussion der Sozialdemokraten über Georg Büchner. Es erschien unstrittig, dass der Autor des *Hessischen Landboten* in die Tradition der politischen Linken einzuordnen sei. Während aber zunächst kleinbürgerliche Bedenken auch sozialdemokratischer Publizisten gegenüber den obszönen Formulierungen in Büchners Werken dagegen zu sprechen schienen, Büchner der revolutionären Arbeiterschaft als Modellautor zu empfehlen, so entbrannte kurz vor der Jahrhundertwende eine Diskussion darüber, ob Büchner buchstäblich als Sozialist anzusehen sei. Der hessische Landtagsabgeordnete Eduard David blieb in dieser Frage skeptisch. Er konzedierte zwar, dass Büchner auf revolutionäre Veränderungen gedrängt habe, kritisierte aber die mangelnde Einsicht des jungen Autors in die grundlegende Bedeutung ökonomischer Veränderungen:

Mit dem Gegensatz zwischen Arm und Reich wird <im *Hessischen Landboten*> überall operirt, *aber seine ursächliche Verankerung in der herrschenden Form des Wirthschaftslebens und die Möglichkeit seiner Beseitigung durch Herbeiführung einer veränderten Wirtschaftsordnung* bleibt gänzlich außer Betracht. [...] Hätte er den socialökonomischen Treffpunkt der socialistischen Kritik erkannt, dann hätte er sich nicht an die Bauern in den Dörfern, sondern an die Arbeiter in den Städten gewandt. Die Thatsache allein, daß *Büchner* sich an die *bäuerliche Bevölkerung wandte*, genügt darzuthun, daß er kein Socialist war. (zit. n. ebd., 30 f.)

Diese zumindest in ihrer Anwendbarkeit auf Büchners historische Situation vielleicht etwas fragwürdige Argumentation führt David zu dem Schluss, dass Büchner kein »Vorkämpfer«, sondern eher und lediglich ein »Vorläufer« (zit. n. ebd., 31) der sozialistischen Bewegung gewesen sei. Ludwig Büchner, der Bruder des verstorbenen Autors und Herausgeber der ersten Ausgabe seiner Werke, reagierte auf diese Positionsbestimmung mit einem programmatischen Beitrag für Maximilian Hardens Zeitschrift *Die Zukunft* mit dem Titel *Georg Büchner, der Sozialist*. Gegen David erklärt er in seinem Beitrag: »Jedenfalls hat der neunzehnjährige Georg Büchner schon in so jungen Jahren durch seine Gegenüberstellung von Arm und Reich gezeigt, daß er das eigentlich bewegende Moment aller sozialistischen Reformbestrebungen, die Ungleichheit des Besitzes richtig erkannt hatte« (zit. n. ebd., 155), und er fügte hinzu: »Der Geld-Aristokratismus war Büchner noch verhaßter als der Aristokratismus der Geburt oder des Ranges. Ehe es zu einer Plutokratie käme,

äußerte er gegen seinen Freund Becker, solle es lieber bleiben, wie es ist.« (zit. n. ebd., 156) Auch der
einflussreiche sozialdemokratische Publizist Franz
Mehring unterstützte die Ansicht, dass Georg Büchner im Kontext der sich entwickelnden sozialistischen Bewegung zu verstehen sei. Er schrieb in einem Beitrag aus dem Jahre 1897:

> Büchner war ein Kopf von merkwürdiger Frühreife, nicht
> nur ein Freidenker auf religiösem Gebiet, sondern auch,
> was ungleich mehr sagen wollte, so klar in politischen Din-
> gen wie keiner sonst von allen, die im damaligen Deutsch-
> land politisch hervorgetreten sind. [...] Ganz im Gegensatz
> zu den Utopisten verstand er vielmehr die Französische Re-
> volution; aus ihr schöpfte er seine Überzeugung, daß der
> Despotismus nur mit Gewalt gestürzt werden könne, aber
> daß jede politische Revolution ohne materielle Grundlage,
> ohne ein notwendiges Bedürfnis der großen Masse schei-
> tern müsse. (zit. n. ebd., 157)

Expressionismus/Moderne

Dass Georg Büchner aber auch ganz anders, nämlich
als künstlerisches Genie begriffen werden konnte,
das in einer existentiellen Opposition zu seiner Zeit
stand, kennzeichnet seine Rezeption im Expressionismus. Während die Naturalisten neben den vitalistischen Aspekten die sozialen und realitätsbezoge-
nen Momente von Büchners Werk in den Mittelpunkt ihrer Lektüre gerückt hatten, solidarisierten
sich die Expressionisten mit Büchner in ihrer Revolte gegen den Geist einer bürgerlichen, autoritären
und an materiellen Gütern orientierten Zeit. Es war
der wie Büchner früh verstorbene Georg Heym, der
in dieser Generation die Verbundenheit mit Büchner am markantesten artikulierte. In seinem Tagebuch vom 20. Juli 1909 schrieb er: »Ich liebe alle, die
ein in sich zerrissenes Herz haben, ich liebe Kleist,
Grabbe, Hölderlin, Büchner, ich liebe Rimbaud und
Marlowe. Ich liebe alle, die nicht von der großen
Menge angebetet werden. Ich liebe alle, die oft an
sich verzweifeln, wie ich fast täglich verzweifle.« (zit.
n. ebd., 35) Hier wird Büchner also zu einem Modell
des modernen Dichters, der durch seine Zerrissenheit, durch seine Opposition zur herrschenden Realität gekennzeichnet ist. Die Stimmung der Erzählung »Lenz« und die Melancholie Dantons und Leonces sowie das Leiden Woyzecks stehen in ihrer
existentiellen Radikalität und ihrer verstörenden
Modernität im Zentrum dieser Rezeption, die gegenüber allen Optionen für den Realisten Büchner
ihr eigentümliches Recht bewahrt.

Nach dem Ersten Weltkrieg wurde Georg Büchner zu einem viel gespielten Theaterautor und zu einem Schriftsteller, der im Hinblick auf die Konstituierung einer republikanischen Grundüberzeugung
als ein Vorläufer angesehen wurde. Gegen Theoreme
wie das von Thomas Mann in dessen *Betrachtungen
eines Unpolitischen*, in denen politisches Engagement
und echtes Dichterum in eine strikte Opposition gesetzt wurden, konnte Büchner als ein Autor begriffen
werden, der politische Stellungnahmen mit existentiellen Fragestellungen verband und ein realistisches
Verständnis von Politik und Gesellschaft propagierte, ohne in ein plattes »Zivilisationsliteratentum«
zu verfallen. Die Stiftung des Georg Büchner-Preises
in Darmstadt im Jahre 1923, die sich zunächst nicht
nur an Schriftsteller, sondern auch an andere Künstler richtete, ist in diesem Sinne zu verstehen. Der
Preis wurde zunächst vom Staat Hessen und der
Stadt Darmstadt gestiftet, und er sollte an hervorra-
gende Künstler aus Hessen gehen oder an solche, die
sich dem hessischen Raum verbunden fühlten. Für
beiden Schriftsteller, die den Preis vor dem Ende der
Weimarer Republik erhielten, waren diese Voraussetzungen erfüllt: für Kasimir Edschmid, den Expressionisten und Reiseschriftsteller aus Darmstadt,
und für Carl Zuckmayer, den schon früh erfolgreichen Dramatiker aus der Mainzer Gegend.

Büchner in der Weimarer Republik.
Bemerkenswerte Synthesen: Arnold Zweig
und Adam Kuckhoff

Als differenzierte Dokumente einer komplexen republikanischen Büchner-Rezeption sind die Editionen und Einleitungen zu verstehen, die Arnold
Zweig und Adam Kuckhoff jeweils 1923 und 1927
herausbrachten. In ihren jeweiligen Betrachtungen
zu Büchner und seinem Werk versuchten sie die bisherigen Tendenzen der Büchner-Rezeption, die politische, die realistische und die modernistische, zu
verbinden und in einer je originellen Synthese zu
vereinigen. Wenn man die Diskussionen um Büchner in den 1970er und 80er Jahren Revue passieren
lässt, so erscheint es auffällig, dass viele Diskussionen und Widersprüche bereits in den Debatten der
Weimarer Republik vorgeprägt erscheinen. Arnold
Zweig verdeutlicht in heute recht pathetisch erscheinenden Worten, dass er sich nicht für den politischen oder für den melancholischen Büchner entscheiden will. Ihm geht es vielmehr darum, die Breite
von Büchners persönlichem und dichterischem Charakter zu verstehen, die nicht in einer vordergründi-
gen Option vereinheitlicht werden soll:

Dieser Deutsche [...], dieser junge und so glänzende Mensch ist tief. Die Einsicht in das schmerzliche Grundwesen des Lebens, in seine Selbstqual, Selbstverzehrung und – das bitterste – immer neue Selbstgeburt, die tief moralische Einsicht zittert in ihm, überwach, nie schweigend. [...] Und zugleich, hinreißende Polarität, bemerkt er zugleich das stahlgrüne Stehn der Blätter vor dem blauen Abgrund des Himmels, den Glanz der Lichter auf der perlmutten gefleckten Haut der Schlange und das Glück ihrer wilden geschmeidigen Kraft. (zit. n. ebd., 323 f.)

Der Sozialrevolutionär Büchner steht für Zweig gleichzeitig in einer Linie der Philosophie des Lebens, die mit Schopenhauer und Nietzsche bezeichnet ist und die ja auch die Büchner-Rezeption Wedekinds und Georg Heyms geprägt hatte: »Diese Doppelheit rückt ihn in die Nähe Schopenhauers und Nietzsches, zu denen sein radikaler Atheismus und die spielende Freimut seiner erotischen Haltung ihn ebenso stellen wie seine geistige Reinlichkeit und die redliche Strenge gegen sich selbst in der Vernichtung noch der lockendsten Selbsttäuschung in politicis.« (zit. n. ebd., 324) Und Zweig betont noch etwas: Georg Büchner war ein deutscher Dichter ohne Respekt vor Kirche, Polizei und Behörden; er war ein antiautoritärer Zeitgenosse, dessen Spott sich gegen die Repression der deutschen Duodez-Fürstentümer wandte:

Ein wirklicher Frei-Geist, ohne Andacht vor Prinzen, ohne Sinn für die Ehrwürdigkeit von Kirchen, ruhigen Atheismus und den Glanz der Eroten in sein Werk gießend, der in gefährlichster Situation mit einem Vorgesetzten, Universitätsrichter gar, seinen kühlen Spott und Spaß hat als sei er ein junger Lord, ein Mensch mit Zivilcourage also und voller Charme, in dessen ganzem Werk man kein fahles Ressentiment trifft, nicht eine Sentimentalität, kein einziges Vorurteil, nicht die bestversteckte Sklaverei unter Affekte und Gewohnheiten – was in aller Welt sollte der Damalsdeutsche mit diesem jungen Dichter anfangen? (zit. n. ebd., 324)

Ähnlich wie Zweig bemüht sich Adam Kuckhoff darum, die widerstrebenden Tendenzen des Autors Büchner und seines Werkes zugleich zu betonen und zusammenzubringen. Gegen eine einseitig politische Lesart des Revolutionsdramas *Danton's Tod* unterstreicht Kuckhoff die pessimistischen Akzente, die sich in dem Stück finden:

Es ist mit einem Wort die Gestaltwerdung einer grenzenlosen Verzweiflung, für die nichts, aber auch nichts mehr in All und Menschheit Wert und Bestand hat. Mit einer selbstquälerischen Wollust wird das Höchste menschlicher Geschichte, die Selbstbefreiung eines Volkes erbarmungslos als Lug und Trug entlarvt, als ein getriebenes Geschehen, in dem alles, was sich groß vorkommt, doch nur lächerlicher Schein, die Haupthandelnden von allerlei dunklen Instinkten oder Beschränktheiten genasführte Marionetten sind.

[...] Das All wimmelt von Vergehendem und immer wieder neu sich Gebärendem, ohne daß es irgendwo einen Ausweg in Erlösung oder auch nur in Hoffnung gäbe. (zit. n. ebd., 341 f.)

Und doch, so betont Kuckhoff, ist der gleiche Büchner von der Notwendigkeit einer sozialen Revolution weiterhin überzeugt. Wenn seine Verzweiflung an Schopenhauer denken lasse, so seine revolutionäre Überzeugung an – Lenin, an den Führer der kommunistischen Oktoberrevolution:

Wenn ihm eines gewiß ist, so das, daß nur die Massen und ihre materiellen Bedürfnisse Träger und Anlaß einer revolutionären Umwandlung sein können, weil Gewalt, nur als Gewalt der Massen möglich, das einzige Mittel zur Umwälzung der sozialen und politischen Zustände ist. Gewalt: der Weg also Lenins und nicht der Weg der sozialistischen Internationale. Das ist ein unerschütterliches Glaubensbekenntnis Büchners, und wie Lenin hat er das kalte klare Verhältnis zum Gegner und den von ihm angewandten Mitteln. (zit. n. ebd., 351)

Die Büchner-Rezeption zwischen 1875 und 1933 zeigt also die verschiedenen Facetten und den Reichtum von Büchners Werk und Persönlichkeit darin, dass sich die verschiedensten Künstler und Publizisten auf sein Werk und auch sein Leben beziehen: die Sozialisten wie die Ästhetizisten, die Realisten wie die Expressionisten. Was sie alle eint, ist die Überzeugung, dass Büchner ein Gegner der Ungerechtigkeit und Ungleichheit war, dass er gegen ungerechte Herrschaft und menschliche Arroganz rebellierte, dass er aber auch die Verzweiflung der Moderne artikulierte gegen eine Weltordnung, die den menschlichen Vorstellungen von Sinnhaftigkeit und Gerechtigkeit in keiner Weise zu entsprechen schien. Diskussionen um Büchner sind und waren also oft Diskussionen zwischen künstlerischer und politischer Avantgarde, zwischen Engagement und existentieller Reflexion, zwischen Realisten und Visionären. Arnold Zweig und Adam Kuckhoff waren in den 1920er Jahren die ersten, denen es darum ging, den ganzen Büchner in seiner Fülle und Vieldeutigkeit und auch in seinen Widersprüchen zu erfassen. Diese Diskussion um Büchner wurde in den Jahren des Nationalsozialismus in Deutschland zum Verstummen gebracht. Aber im Exil haben Hans Mayer und Karl Viëtor zwei neue und deutlich divergierende Büchner-Interpretationen erarbeitet, die sich wiederum an den Polen einer politischen und einer existentiell-pessimistischen Deutung orientieren. Mit der Aufführung des »Woyzeck« 1944 im mexikanischen Exil unter Beteiligung von Bodo Uhse und Anna Seghers wurde deutlich, dass Georg Büchner eine Modellfigur für ein anderes Deutschland war, um dessen Traditionen und um dessen Zukunft sich nach 1945 zwei deutsche Staaten auch in der Diskussion um Büchner konkurrierend bemühen sollten.

Literatur

Dedner, Burghard (Hg.): Der widerständige Klassiker. Einleitungen zu Büchner vom Nachmärz bis zur Weimarer Republik. Frankfurt a. M. 1990.
Goltschnigg, Dietmar: Georg Büchner und die Moderne. Texte, Analysen, Kommentare. Band 1: 1875–1945. Berlin 2001.
Hermand, Jost: Der erste »Sozialrevolutionär« unter den großen deutschen Dichtern. Zum Büchner-Bild Arnold Zweigs und Adam Kuckhoffs. In: Burghard Dedner/Günter Oesterle (Hg.): Zweites Internationales Georg Büchner Symposium 1987. Frankfurt a. M. 1990, 509–521.

Michael Hofmann

5. Nationalsozialismus

Die verschiedentlich unternommenen Versuche, Büchner als »Vorläufer der nationalsozialistischen Revolution« zu vereinnahmen, waren zum Scheitern verurteilt. Seine Rezeption war im ›Dritten Reich‹ beträchtlichen Einschränkungen ausgesetzt. Es gab nur mehr zwei Theaterinszenierungen: »*Woyzeck*« im Schauspielhaus Frankfurt am Main unter der Regie Peter Stanchinas (Premiere: 4.2.1937) und *Dantons Tod* an den Münchner Kammerspielen unter der Regie Otto Falckenbergs (Premiere: 9.11.1937). Neue Werkausgaben wurden kaum mehr veröffentlicht. Folgerichtig wurde auch der Büchners Namen tragende Kulturpreis nicht mehr verliehen. Betroffen musste Arnold Zweig 1936 in seinem *Epilog zu Büchner* feststellen, dass der Vormärzdichter »heute wieder, wie vor hundert Jahren, für Deutschland nicht vorhanden« sei, wo man »all diejenigen Mächte wieder in den Besitz des Staates und des Volkes gelangen« ließ, die ihn einst »zur Flucht zwangen und in die Emigration«. Weltwirtschaftskrise und Arbeitslosigkeit seien diesmal die Gründe, die »bei der Verschüttung Büchners und der deutschen geistigen Freiheit, der ganzen aus ihm, Heine und Börne entsprossenen Literatur entscheidend mitgewirkt« haben. Die Gewissheit von der historischen Wiederkehr des Gleichen führte Zweig einerseits zu der Frage, ob »das Ende Kurt Tucholskys, der im Elend starb, mit jenem Georg Büchners« gleichzusetzen sei, und gab ihm andererseits die Hoffnung, dass so, wie auf die autoritäre Restaurationspolitik der Vormärzepoche »das Jahr 1848 folgte«, auch auf die »hitlerische Diktatur« »ein neues 1948« folgen werde (zit. n. Goltschnigg 2001, 424 f.). Im Schweizer Exil erinnerte sich Zweig dann an »die Rolle der deutschsprachigen Kantone als Zufluchtsort« für die »Refugées« des 19. Jahrhunderts, deren Schicksale »dank des sonderbaren Zufalls, daß sich unter diesen Geretteten ein wirkliches Genie deutscher Dichtung befand, der Dramatiker Georg Büchner«, »der Vergessenheit entrückt« wurden (zit. n. ebd., 425 f.).

In der Schweiz, in Luzern, war es denn auch, wo Walter Benjamin 1936 eine zuerst 1932 in der *Frankfurter Zeitung* anonym veröffentlichte Briefserie nunmehr als Exilsammlung unter dem Titel *Deutsche Menschen* herausbrachte, mit jenem Brief, den Büchner am 21. Februar 1835 unmittelbar vor seiner Flucht aus Deutschland ins Straßburger Exil an Karl Gutzkow nach Frankfurt geschrieben hatte. Benjamin reihte Büchners Exilschicksal »in die lange Prozession deutscher Dichter und Denker« ein, die dazu verdammt wurden, »sich im Ausland ein Fortkommen suchen zu müssen« (zit. n. ebd., 377). Das persönlichste Bekenntnis zu dem Exilanten Büchner, seinem »großen Bruder im Leid« (zit. n. ebd., 558), hat dann der 1938 in die Schweiz geflüchtete Georg Kaiser abgelegt, dem das Züricher Grab des »Meisters« – wie seinerzeit den Naturalisten um Gerhart Hauptmann – zum »Heiligtum« wurde (zit. n. ebd., 434 f.). Als dann jedoch Carl Seelig im Nachwort zu seiner 1944 im Schweizer Artemis Verlag erschienenen Büchner-Ausgabe den daheim im ›Dritten Reich‹ gebliebenen und offenbar mit dessen Machthabern sympathisierenden Gerhart Hauptmann zitierte (zit. n. ebd., 453), kannte die im Namen des vormärzlichen Exilanten Büchner zum Ausdruck gebrachte Empörung des Emigranten Kaiser keine Grenzen:

als ob Georg Büchner der Empfehlung eines Hauptmann bedürfe. Und schlimmer noch die furchtbare Beleidigung: daß der politisch makelloseste Mensch Büchner sich von dem politischen Gesinnungslumpen Hauptmann bespeien lassen muß. Diese Nennung eines notorischen Schurken im gleichen Atem mit dem einzigen Georg Büchner, der um seiner Überzeugung willen leidet, während der andere ohne jede Überzeugung genießt, wird von mir einen Protest fordern, den ich nicht leise zu äußern gedenke. (zit. n. ebd., 435)

Eine vehement ideologiekritische, gegen »die Lügentechnik der Nazis« gerichtete Rezeption Büchners findet sich 1936 bei dem nach Prag emigrierten Philosophen Ernst Bloch in seinem in der Moskauer Emigrantenzeitschrift *Das Wort* erschienenen Essay *Zur Methodenlehre der Nazis*. Als Ansatz wählte er eine vielzitierte Briefäußerung Büchners an Karl Gutzkow vom Juni 1936: »Und die große Klasse selbst? Für die gibt es nur zwei Hebel, materielles Elend und religiöser Fanatismus. Jede Partei, welche diese Hebel anzusetzen versteht, wird siegen. Unsere Zeit braucht Eisen und Brot – und dann ein Kreuz oder sonst so was.« Mit dieser Erkenntnis habe Büchner, dieser »klarblickende, weit vorausschauende, allen ideologischen Illusionen überlegene Mann«, die beiden entscheidenden massenpolitischen Instrumente erkannt. Aber »die große Klasse« des Proletariats habe den falschen »Hebel« gewählt, indem sie nicht den mit den Stichwörtern »materielles Elend«, »Eisen und Brot« gekennzeichneten marxistischen, sondern »genau nach Büchners Prophezeiung« dem mit »religiösem Fanatismus« und einem »Kreuz« umschriebenen nationalsozialistischen Weg gefolgt sei (zit. n. ebd., 424).

In derselben Exilzeitzeitschrift veröffentlichte ein Jahr später, am 19. Februar 1937, der führende marxistische Literaturtheoretiker und -historiker Georg Lukács zum hundertsten Todestag Büchners seinen revolutionären Beitrag unter dem programmatischen Titel *Der faschisierte und der wirkliche Georg Büchner*, der darauf angelegt war, die im ›Dritten Reich‹ verbreitete Legende zu zerstören, dass Büchner in *Danton's Tod* seine eigene »Enttäuschung an der Revolution* gestaltet« habe. Als Gegenargument führte Lukács die »Antinomie« Büchners ins Feld, der sich moralphilosophisch zwar mit dem individualistischen, »epikuräischen Materialismus« Dantons, politisch jedoch mit dem »demokratisch-plebejischen«, »rousseauischen Idealismus« Robespierres und St. Justs identifiziert habe. Trotz aller überzogenen und – namentlich gegen Karl Viëtor (*Die Tragödie des heldischen Pessimismus. Über Büchners Drama »Dantons Tod«*, 1934) – auch ungerechten Polemik hatte dieser marxistische Exilessay angesichts der damals in Deutschland grassierenden geistesgeschichtlichen Mystifizierung und völkisch-nationalen Vereinnahmung Büchners einen wesentlichen, auf politischen, sozialhistorischen und literaturtheoretischen Argumenten basierenden Fortschritt dargestellt. 1945 zog Lukács in der *Internationalen Literatur*, der zweiten bedeutenden Moskauer Exilzeitschrift, unter dem Titel *Fortschritt und Reaktion in der deutschen Literatur* noch einmal sein Resümee:

Es ist für die ideologische Entwicklung Deutschlands bezeichnend, daß dieses Drama [*Danton's Tod*, D.G.] und die anderen ebenfalls bedeutenden Werke Büchners sehr selten ihrem wahren Gehalt nach gewürdigt wurden, obwohl sie rasch bekannt wurden; die tiefschürfende Selbstkritik der demokratischen Revolution wurde sogar mehr als einmal direkt gegenrevolutionär gedeutet. Das Unverständnis für die kritische Tiefe Heines und Büchners ist ebenso ein Symptom der literarischen und politischen Unreife Deutschlands in der Vorbereitungszeit der demokratischen Revolution wie die Flachheit und Gehaltlosigkeit des ›Jungen Deutschlands‹. (zit. n. ebd., 456)

Der von Lukács 1951 in seine für den »sozialistischen Realismus« maßgebliche Aufsatzsammlung *Deutsche Realisten des 19. Jahrhunderts* aufgenommene Exilaufsatz steuerte noch jahrzehntelang die Büchner-Rezeption in der DDR.

Zu den seltenen, gegen den herrschenden Zeitgeist des ›Dritten Reichs‹ geschriebenen Dichtungen über Büchner zählen das Drama *Der Landbote* und das Sonett *In memoriam Georg Büchner*, die Werner Steinberg 1938 nach Verbüßung einer dreijährigen Haftstrafe wegen Widerstands gegen die Staatsgewalt verfasste. Der innere Beweggrund beider Dichtungen war die – auch seinerzeit schon Büchner bis in seinen Todeskampf bedrückende – Frage nach der Verantwortung für die von ihm in den Widerstandskampf hineingezogenen Mitverschworenen, die Frage, ob es sich gelohnt habe.

Von beispielgebender Bedeutung für die Identifikation der deutschen Exilanten mit dem Exil Büchners ist die vom Heine-Klub in Mexiko am 29. Juli 1944 veranstaltete *Wozzek*-Inszenierung, über die Anna Seghers eine längere, auch auf die Problematik der Exilsituation eingehende Besprechung verfasste: »Büchner gehörte zu den ersten, und auch heute noch wenigen deutschen Dichtern, die im Leben und im Werk die politische Emigration am weitgehendsten verkörpern. Sein literarisches Erbe ist deshalb notwendig.« (zit. n. ebd., 455) In einem ein Jahr später (1945) ebenfalls für die mexikanische Exilzeitschrift *Freies Deutschland* verfassten Beitrag über Lessing griff Anna Seghers jenes Thema auf, das sie bereits 1935 in Paris auf dem »Ersten Internationalen Schriftstellerkongreß zur Verteidigung der Kultur« in einer Ansprache über die *Vaterlandsliebe* behandelt hatte. Ihr Interesse galt jenen deutschen Dichtern, die »ein und dasselbe« gewesen seien: »Patriot und Revolutionär«. Dieses ambivalente »Doppelwesen« kennzeichne eine »erstaunliche Reihe« junger, »nach wenigen übermäßigen Anstrengungen ausgeschiedener deutscher Schriftsteller«, die »keine Außenseiter und keine schwächlichen Klügler«, »sondern die Besten« dargestellt hätten: »Hölderlin, gestorben in Wahnsinn, Georg Büchner, gestorben durch Gehirnkrankheit im Exil, Karoline Günderode, gestorben durch Selbstmord, Kleist durch Selbstmord, Lenz und Bürger im Wahnsinn.« Bei allen diesen Persönlichkeiten, die gewissermaßen den Widerstand gegen das ›Dritte Reich‹ auch literarhistorisch rechtfertigen sollten, diagnostizierte Seghers eine »Geisteskrankheit«, die jedoch »kein Zufall war«, sondern »durch den Zusammenprall der isolierten und darum schwachen Kraft gegen die mächtige Kraft der feindlichen Umwelt« zum Ausbruch gekommen sei. Alle diese Dichter »liebten gleichwohl ihr Land«, »an dessen gesellschaftlicher Mauer sie ihre Stirnen wund rieben«. Während die systemkonformen Publizisten und Literarhistoriker des ›Dritten Reichs‹ die Diagnose einer Geisteskrankheit benutzten, um subversive »Patienten« der Gegenwart oder der Vergangenheit (wie auch Büchner) auszugrenzen und politisch unschädlich zu machen, maß ihr Anna Seghers eine »eminente gesellschaftliche Bedeutung« bei (zit. n. ebd., 72). Nicht zuletzt zeigte sie sich daher besonders von Büchners den Wahnsinn des genannten Sturm und Drang-Dich-

ters so eindringlich gestaltender »*Lenz*«-Novelle fasziniert, die sie für den »Anfang der modernen Prosa« hielt – eine Einschätzung, die nach dem Ende des ›Dritten Reichs‹ namentlich von ihrer jungen Gesprächspartnerin Christa Wolf aufgegriffen werden sollte, die in ihrem Essay *Lesen und Schreiben* (1968) mit ähnlichen Worten erklärte, dass Büchner »vor über hundert Jahren den Anfang und [...] einen Höhepunkt der modernen deutschen Prosa« gefunden habe (zit. n. ebd., 72). Aus dem mexikanischen Exil nach Deutschland zurückgekehrt, erhielt Anna Seghers 1947 als erste Frau den Georg-Büchner-Preis. In ihrer telegraphischen Antwort auf die in Aussicht genommene Auszeichnung versicherte sie, dass ihr das »Werk dieses Dichters [...] besonders nah« stehe und dass sie alles, was seinen »Geist« atme, gern unterstütze (zit. n. ebd., 73).

Literatur:

Goltschnigg, Dietmar (Hg.): Büchner im »Dritten Reich«. Mystifikation – Gleichschaltung – Exil. Kommentar von Gerhard Fuchs. Bielefeld 1990.
– (Hg.): Georg Büchner und die Moderne. Texte, Analysen, Kommentar. Bd. 1. Berlin 2001.

Dietmar Goltschnigg

6. Büchner nach 1945

Ein Autor von weltliterarischem Rang

Die immerwährende Zeitgenossenschaft Georg Büchners ist längst zum rezeptionshistorischen Topos geworden. Als ganz Deutschland achtzehn Jahre nach dem Ende des Zweiten Weltkriegs, 1963, den 150. Geburtstag des Vormärzdichters feierte, da verwandelte sich – so Walter Jens in seinem Beitrag *Poesie und Medizin* – »der feierliche Epitaph« »unversehens in die laudatio eines Zeitgenossen« (zit. nach Goltschnigg 2002, 333), und Hans Mayer sah sich gar veranlasst, einen »virulenten« *Büchner-Bazillus in unserer Literatur* zu diagnostizieren (zit. nach ebd., 11). Büchners stete Allgegenwart bedeutet, dass sich in jede Auseinandersetzung mit ihm auch immer der jeweilige Zeithorizont der nachgeborenen Generationen einblendet. Seine Rezeption bildet gewissermaßen einen Brennspiegel, der nicht nur die literarische, sondern auch die politische Geschichte Deutschlands reflektiert. Die Teilung Deutschlands als das politisch einschneidendste Ereignis nach dem Zweiten Weltkrieg durchzieht als Konstante die Büchner-Rezeption der nächsten Jahrzehnte. Die permanenten Spannungen und Konflikte der beiden deutschen Staaten spiegeln sich in einer konträren, oft polemisch ausgetragenen Aktualisierung Büchners und seines literarischen wie politischen Vermächtnisses. Symptomatisch ist der Anspruch der DDR auf die alleinberechtigte »Sachwalterschaft« des hessischen Dichterrevolutionärs – mit dem erklärten Ziel, sein Werk vor den in der Bundesrepublik grassierenden »bourgeoisen« und »konterrevolutionären« Tendenzen in Schutz zu nehmen. Dabei sollten sich freilich der Einverleibung Büchners ins kanonisierte »literarische Erbe« nicht unbeträchtliche Schwierigkeiten entgegenstellen, wie exemplarisch das rezeptionshistorische Schicksal von *Danton's Tod* belegt, dessen »defätistischer« und »genusssüchtiger Revolutionsverrat« einer ideologischen Revision unterzogen werden musste.

In der Bundesrepublik ergibt sich ein anderer, wechselvoller Befund. Während der sogenannten ›Adenauer-Ära‹ überwogen noch eher unpolitische Büchner-Deutungen. Erst seit den späten 1950er Jahren wurde er zur oppositionellen Identifikationsfigur. In den 1960er Jahren verstärkte sich seine politische Aktualisierung. Mit dem Eintritt der Sozialdemokratie in die Bundesregierung (1966) wurde der Verschwörer und Begründer der illegalen »Gesellschaft der Menschenrechte« zum Anwalt der studentischen Protestbewegung, der »Neuen Linken« und der außerparlamentarischen Widerstandsgruppen. Seit der »Übersetzung« des *Hessischen Landboten* durch Hans Magnus Enzensberger ins Persische (1965) gewann Büchners Befreiungsrhetorik aber auch zunehmend an internationaler Strahlkraft, die auf die Entwicklungsländer der ›Dritten Welt‹ gerichtet war, bis hin nach China, Kuba, Vietnam, Südamerika und Schwarzafrika, wie es namentlich Peter-Paul Zahl im Westen (*Der Hessische Landbote*, 1968) und Heiner Müller im Osten proklamierten (*Der Auftrag*, 1979).

Der spektakuläre Aufschwung, den die Büchner-Rezeption in der literarischen Öffentlichkeit, im Theater, im Verlags- und Zeitschriftenwesen schon nach dem Ersten Weltkrieg genommen hatte, erfuhr nach dem Zweiten Weltkrieg eine weitere Steigerung. Büchner wurde nunmehr auf allen größeren und kleineren Bühnen gespielt, jährlich erschienen neue Gesamt- und Einzelausgaben, die Tagespresse gedachte seiner nicht nur anlässlich runder Geburts- oder Todesjubiläen. Die im Jahre 1951 erfolgte Reorganisation des Büchner-Preises, der seither als bedeutendste literarische Auszeichnung im gesamten deutschsprachigen Raum gilt, hat die immerwährende Gegenwärtigkeit des Vormärzdichters institutionalisiert, andererseits aber auch die Kritik provoziert, dass ein solches staatlich gefördertes Vereinnahmungsritual alljährlich im Namen eines steckbrieflich verfolgten und ins Exil vertriebenen Verschwörers praktiziert wird, der selber eine solche Auszeichnung wohl nie erhalten hätte. Als wesentliches rezeptionshistorisches Fazit gilt es indessen festzuhalten, dass Büchner in den Nachkriegsjahrzehnten weltliterarischen Rang erlangte, was sich einerseits in zahlreichen Übersetzungen seines Werkes widerspiegelt, andererseits in seiner Behandlung nicht nur durch die deutschsprachige, sondern auch durch die internationale Literaturwissenschaft. An der neueren Büchner-Forschung lässt sich die Entwicklung der Germanistik von einer »deutschen« zu einer internationalen Wissenschaft exemplarisch nachvollziehen.

Der Beginn der Rezeption nach 1945: Die Büchner-Monographie von Hans Mayer (1946) und der Büchner-Roman von Kasimir Edschmid (1950/1966)

Als erster großer Beitrag zur Büchner-Forschung nach dem Zweiten Weltkrieg gilt Hans Mayers 1935 im Exil (in Frankreich und in der Schweiz) begonnene und 1939 größtenteils abgeschlossene, aber erst 1946 veröffentlichte Monographie *Georg Büchner und seine Zeit*, die nicht nur in der Literaturwissenschaft, sondern auch in breiteren Kreisen der literarischen Öffentlichkeit großes Aufsehen erregte. Im erklärten Gegensatz zu den herkömmlichen ›unpolitischen‹, das heißt geistesgeschichtlichen, psychologischen oder ästhetischen, werkimmanenten Darstellungen hatte sich Mayer für eine sozialhistorisch-materialistische Betrachtungsweise entschieden, in der sich die ›Sphären‹ der Politik, der Naturwissenschaft, der Philosophie und der Dichtung wechselseitig durchdringen und sich nur in »synthetischer Zusammenschau« angemessen beurteilen lassen (Mayer 1972, 19 ff.). Dem vielbeschworenen ›Dualismus‹ Büchners zwischen dem engagierten, sozialrevolutionären Politiker einerseits und dem der Politik entsagenden Dichter, Wissenschaftler und Philosophen andererseits wird entschieden widersprochen. Büchners literarische, wissenschaftliche und philosophische Arbeiten stellten vielmehr einen »neuen Versuch« dar, die politisch nicht gelösten und (noch) nicht lösbaren Probleme mit anderen Mitteln zu bewältigen: »neues Wirken aus altem Geiste« (ebd., 269).

Mayer lehnt jedoch nicht nur alle »unpolitischen« Deutungen Büchners ab, sondern ebenso auch jene Versuche, die in ihm nichts anderes als einen »Revolutionsdichter« sehen wollen. Der Widerlegung solcher Fehlinterpretationen dient besonders das zentrale Kapitel der Monographie, das *Dantons Tod* als »Drama der sterbenden Revolution« deutet (ebd., 200–223). Die von vielen Interpreten bevorzugte, methodisch prinzipiell fragwürdige Gleichsetzung von Autor und Titelfigur hält Mayer in einem einzigen, freilich wesentlichen, Punkt für legitim, dort nämlich, wo Büchner seinen Danton aus der »Perspektive des Thermidor« urteilen und handeln lasse: aus der Einsicht, dass die Revolution wegen der ungelösten »Magenfrage« zwangsläufig zum Scheitern verurteilt und der Sturz der Jakobiner, selbst Robespierres und St. Justs, die unermüdlich die Revolution vorantreiben wollen, unvermeidlich sei. Das Ende der Revolution werde – wie es der desillusionierte Verfasser des *Hessischen Landboten* und die Titelfigur seines Dramas voraussehen – einem unerbittlichen »Geschichtsmechanismus« zufolge durch die Machtergreifung der »Revolutionsgewinnler« besiegelt, einer neuen »Geldaristokratie«, die noch unsozialer sei als die alte Feudalaristokratie. Mayer interpretiert *Dantons Tod* als »die Tragödie des Determinismus«, in der politisches Handeln des Menschen

zum »hoffnungslosen Versuch« verdammt sei, »gegen ein ›Muß‹ anzukämpfen«. Da sich im gescheiterten Revolutionär Danton der gescheiterte Revolutionär Büchner wiedererkenne, lasse sich die dramatisch vermittelte Botschaft noch weiter generalisieren – bis hin zur konterrevolutionär anmutenden, »einsam machenden Erkenntnis von Sinnhaftigkeit und Möglichkeit der Revolution überhaupt«, »der Erkenntnis der Sinnlosigkeit aller Revolutionsprogramme«. Diese lähmende Skepsis spiegle sich im Phänomen der Langeweile, das auch die anderen Figuren Büchners charakterisiere: Lenz, bei dem es »den Zustand der Störung und Kontaktlosigkeit«, eine »Krankheit zum Tode« offenbare (ebd., 281 f.), oder die Adelsfiguren in *Leonce und Lena*, bei denen es die »Sinnlosigkeit und den Leerlauf einer todgeweihten, aussichtslosen Gesellschaft« indiziere (ebd., 324). Mayer versucht »Büchners gesamtes Denken, Fühlen und Schaffen« aus einem »Antagonismus« heraus zu begreifen, den er historisch unter die janusköpfige Epochensignatur einer Zeitenwende stellt: einer »halben, irrgewordnen Zeit« (Herwegh), einer »Übergangsperiode« (Gutzkow), einem »Nicht mehr« und »Noch nicht« (Musset).

Der Vormärz wird als paradigmatische Epoche gesellschaftspolitischer »Umwälzungen und Übergänge« beschrieben, als Epoche der »ehemaligen Stände und ungeborenen Klassen« (ebd., 26 ff.). Büchner habe zwar scharfsichtig – wie kein anderer vor Karl Marx – »die klassenmäßige Bedingtheit aller Politik erkannt«, »die Unvereinbarkeit der Interessen von Bourgeoisie und städtischer und ländlicher Elendsschicht«. Was er aber nicht sah und auch historisch noch nicht sehen konnte, war jene Klasse, die sich im weiteren Verlauf des 19. Jahrhunderts zur entscheidenden politischen Sprengkraft entwickeln sollte: das industrielle Proletariat (ebd., 187). Aus dieser Unwissenheit erschließt Mayer jene Faktoren, die es Büchner noch nicht gestatteten, die fortschrittlichere Position des *Kommunistischen Manifests* einzunehmen: »seine Resignation, sein Determinismus und sein Mangel an historischem Denken«. Hier räche sich »die Unkenntnis von Hegels Dialektik – und die Unreife der gesellschaftlichen Umstände«. »Vom Fels des Atheismus aus« habe Marx schon »ein Gelobtes Land« erblickt, »Büchner dagegen nur das Grau in Grau hoffnungslosen Elends« (ebd., 365). Was gegenüber dem jüngeren Marx noch als historische Unreife zu bewerten sei, erweise sich jedoch gegenüber dem älteren Weidig bereits als unendliche Überlegenheit in der Erkenntnis der »großen geschichtlichen Fragestellungen« (ebd., 147).

Als bedeutendstes belletristisches Werk der Nachkriegsjahre gilt Kasimir Edschmids Roman *Wenn es Rosen sind, werden sie blühen* (1950). In siebzehn Kapiteln wird die hessische Revolutionsbewegung der beiden Jahrzehnte von 1819 bis 1837 aus der wechselnden Perspektive von neun Ich-Erzählern geschildert. Im Brennpunkt der Ereignisse steht allerdings nicht Büchner, sondern Friedrich Ludwig Weidig, dem insgesamt elf Kapitel gewidmet sind. Insofern erscheint auch der Titel der Neuausgabe des Romans von 1966, *Georg Büchner. Eine deutsche Revolution*, inhaltlich nicht ganz gerechtfertigt, wenngleich aus verlagsökonomischen Interessen durchaus verständlich. Der nunmehr allbekannte Dichterrevolutionär sollte als Titelfigur offenbar auch einen entsprechenden Verkaufserfolg des Romans garantieren. Edschmids Erzählverfahren gewährleistet mit dem ständigen Wechsel des Standorts ein ausgewogenes Verhältnis von historischer Treue und dichterischer Freiheit. Das nahezu vollständig erschlossene Quellenmaterial bildet den Erzählrahmen, dessen historische Freiräume mit erfundenen Gesprächen der Figuren sowie mit Reflexionen und Kommentaren der verschiedenen Ich-Erzähler aufgefüllt werden. Angesichts der konfliktreichen Brisanz der politischen Ereignisse soll die polyperspektivische Erzähltechnik ein Höchstmaß an Objektivität vermitteln und dem Lesepublikum eine selbständige und somit auch demokratische Urteilsbildung ermöglichen, die sich nicht im Nachvollzug *einer* monopolisierenden Autorintention erschöpft.

Das dargebotene Büchner-Bild bleibt nach allen Seiten hin offen. Je nach Standort des jeweiligen Erzählers erscheint Büchner als dialektisch-materialistischer Sozialrevolutionär oder idealistischer Metaphysiker, als bürgerlich etablierter Naturwissenschaftler oder frei schwebender moderner Poet, als optimistischer Utopist oder skeptischer Pessimist. Die politische Auseinandersetzung zwischen Büchner und Weidig wird ähnlich differenziert wie in Hans Mayers Monographie dargestellt. Der theoretischen Überlegenheit Büchners in der Analyse der sozialen Misere und ihrer Ursachen kontrastiert die strategische Überlegenheit Weidigs im politischen Handeln. Während Büchner »die Parole von der materiellen Not« der Volksmasse »an die Spitze aller Forderungen der Revolution« setzt (zit. nach Goltschnigg 2002, 217), bleibt Weidig seinem Leitmotiv der »Freiheit« treu, welche die unverzichtbare Voraussetzung einer »gerechten« Revolution bilden müsse. Welches der richtige politische Weg sei, wird nicht verbindlich entschieden. Auch die zweite, aus

der Konfrontation der beiden Revolutionäre hervorgehende Frage, ob im Widerstandskampf gegen die Tyrannenherrschaft eher der daheim ausharrende Märtyrer oder der Exilant als Vorbild anzusehen sei, erhält keine definitive Antwort. Die Informationsvergabe des Romans scheint über weite Strecken auf eine Parteinahme für den standhaften, opferbereiten Weidig abzuzielen, der kurz vor seiner Verhaftung sogar eine ihn rettende Dozentur in der Schweiz abgelehnt hatte. Andererseits wird man der illusionslosen Argumentation von Edschmids Büchner nur schwerlich widersprechen können, der nach dem durchaus selbstkritischen Eingeständnis, für »Opferung und Märtyrertum« »keine Bereitschaft« aufbringen zu können, erklärt: »So sehr es mir Achtung einflößte, daß Weidig den Landboten wieder herausgab, so töricht fand ich seine Absicht, ins Verderben hineinzurennen, und ich konnte den Verdacht nicht loswerden, als wolle er das Martyrium.« (zit. nach ebd. 2002, 220)

Zwischen DDR und BRD: Differenzen in der Büchner-Rezeption

Erstaunlicherweise stellt die Rezeption des vormärzlichen Dichterrevolutionärs in der DDR bis in die 1980er Jahre ein problematisches Kapitel dar, das erst nach der Verleihung des Büchner-Preises an Christa Wolf (1980) kritisch aufgearbeitet werden sollte. Bis dahin erwies sich Lukács Exilaufsatz von 1937 als äußerst zählebiger, orthodox-marxistischer »Ur- und Leittext«, der Hans Mayers dialektisch-materialistische, aber ideologisch viel weniger indoktrinierte Büchner-Monographie in den Hintergrund drängte. Trotz Lukács' angestrengt marxistischer Deutung erwies sich *Danton's Tod* mit der tendenziösen Aufwertung des asketisch radikalen Robespierre auf Kosten seines egoistisch-epikureischen Widersachers gleichsam als offene, unheilbare »Wunde« im systemkonformen Vereinnahmungsprozess, nicht der »*Woyzeck*«, auf den Heiner Müller in seiner Büchner-Preis-Rede von 1985 diese bekannte, der kontroversen Rezeptionsgeschichte Heines entlehnte Metapher Adornos (1956) übertragen hat.

In der Bundesrepublik überwog zunächst eine Entpolitisierung Büchners im Zeichen des Pessimismus Schopenhauers, des Nihilismus Nietzsches und des Existentialismus Kierkegaards. Ein puristisches Dichterbild wurde präsentiert, das Karl Viëtor schon in den 1930er Jahren exemplarisch in Einzelstudien vorgezeichnet und dann nach dem Krieg in seiner

Monographie *Georg Büchner. Politik, Dichtung, Wissenschaft* (1949) zusammengefasst hatte. Als politischer und sozialkritischer Schriftsteller sollte Büchner im Westen erst wieder seit den späten 1950er Jahren wahrgenommen werden, insbesondere von jenen Autoren, die mit dem nach ihm benannten Literaturpreis ausgezeichnet wurden, wie Erich Kästner (1957) und besonders Max Frisch (1958). Die akademische Büchnerforschung ging jedoch weiterhin, bis Mitte der 1960er Jahre, vorzugsweise formal-ästhetischen und sprachlichen, philosophischen und editionskritischen Fragestellungen nach. Erst die erweiterte, 1972 im Suhrkamp-Verlag erschienene Neuausgabe von Hans Mayers Monographie markiert einen soziologischen, auch rezeptionsgeschichtliche Perspektiven miteinbeziehenden Paradigmawechsel in der westdeutschen Büchner-Forschung.

Büchner-Preis-Reden der 1960er Jahre

Nach seinem hundertsten bedeutete auch sein hundertfünfzigstes Geburtsjubiläum im Jahre 1963 einen markanten Höhepunkt in Büchners Wirkungsgeschichte. Im In- und Ausland erschienen zahlreiche Gesamt- und Einzelausgaben, auf vielen Bühnen gab es neue Inszenierungen seiner Stücke, die meisten deutschen Zeitungen brachten Gedenkartikel, namhafte Schriftsteller würdigten ihn in Essays, Reden und Gedichten. Auch die ersten beiden literarischen Büchner-Preisträger meldeten sich wieder zu Wort: Kasimir Edschmid gab die zweite Auflage der zuerst 1947 erschienenen *Gesammelten Werke* heraus, publizierte die Einleitung auch als Separatdruck und hielt am 12. Oktober 1963 in der Darmstädter Deutschen Akademie für Sprache und Dichtung einen Festvortrag. Carl Zuckmayer versuchte, seine Dankrede aus dem Jahre 1929 zu rekonstruieren, und erinnerte dabei an den Widerstand der hessischen Sozialdemokratie gegen das »Hitlerreich«, die »schlimmste Herrschaft« (zit. nach Goltschnigg 2002, 325), die Deutschland jemals erleben musste. Gegen heftigen öffentlichen Widerstand wurde im Jubiläumsjahr 1963 erstmals ein Vertreter der »Neuen Linken« mit dem begehrten Büchner-Preis ausgezeichnet, und zwar Hans Magnus Enzensberger, mit 34 Jahren der bis dahin jüngste Büchner-Preisträger.

Ingeborg Bachmann: Der bedeutendste österreichische Beitrag zur Büchner-Rezeption der 1960er Jahre stammt von Ingeborg Bachmann. Ihre ästhetisch und sozialpsychologisch höchst avancierte, aber auch politisch engagierte Büchner-Preis-Rede (1964) beschreibt eine Krankheit, die offenbar ihre eigene war und zugleich die eines ganzen Kollektivs. Mit dem von Büchners Lenz obsessiv wiederholten »Konsequent, konsequent« und »Inkonsequent, inkonsequent« bringt Bachmann die »Kluft unrettbaren Wahnsinns« (zit. nach ebd., 346) zum Ausdruck. Es ist ein doppeltes Zitat: ein offenes (aus Büchners Novelle) und ein verdecktes, nämlich des »Pallaksch! Pallaksch!« aus Paul Celans Gedicht *Tübingen, Jänner* (1961), das ebenfalls den unrettbaren Wahnsinn eines Dichters, nämlich Hölderlins, thematisiert. Den Riss im Selbst- und Weltverständnis von Büchners Lenz setzt Bachmann in Analogie zur Mauer, die Berlin, Deutschland und die Welt in die feindlichen Machtblöcke des Ostens und des Westens geteilt hat. Aus den »Zufällen«, jenem »merkwürdigen Wort, mit dem Büchner die Lenzsche Krankheit behaftet« (zit. nach ebd., 347), den panischen, sich »auf's Schrecklichste« steigernden Angstattacken leitet Bachmann den Titel ihrer Rede *Ein Ort für Zufälle* (ursprünglich *Deutsche Zufälle*) ab: Berlin und Deutschland erweisen sich, stellvertretend für die ganze moderne Welt, als »beschädigter« Ort, der alle nur denkbaren Krankheiten bis hin zum Wahnsinn gebiert, als Ort, der jemanden nötigen kann, »auf dem Kopf zu gehen«, wie es die ihn quälende, irreale Wunschvorstellung von Büchners Lenz ist. Damit knüpft Bachmann an Enzensbergers unmittelbar vorhergegangene Büchner-Preis-Rede an, die ebenfalls als Hauptthema die »irrsinnige« Teilung Berlins und Deutschlands und die daraus erwachsene »Konsequenz«, »die Zerrissenheit unserer Identität« (zit. nach ebd., 344), behandelt hatte. Der heillose Befund eines kollektiven Wahnsinns manifestiert sich – wie bei Büchners Lenz – in »Hieroglyphen« als Chiffren einer anonymen, unlesbar gewordenen Welt. So unlesbar und damit unheilbar die Zerrissenheit der gegenwärtigen Welt auch erscheinen mag, so deutlich sind doch für Bachmann die »Erbschaften dieser Zeit« noch sichtbar: der barbarische Nationalsozialismus, dessen Machtzentrum sich in der Hauptstadt Berlin befand. Wie der Weltkrieg wird auch der Holocaust ins Gedächtnis gerufen. Das berüchtigte Datum des »20. Jänner« wird in »Richtung Wannsee« konkretisiert. Was sich hier als Rückgriff auf die Büchner-Preis-Rede Celans erweist, lässt sich an anderer Stelle (»In Plötzensee wird gehenkt«) als Vorgriff auf dessen Berlin-Gedicht *Du liegst im großen Gelausche* (1967/68) lesen, das seinerseits eine Verortung historischer »Zufälle« von weltpolitischer Bedeutung thematisieren sollte.

Hans Magnus Enzensberger: Der Büchner-Preisträger des Jahres 1963, Hans Magnus Enzensberger, meldete sich schon zwei Jahre später, 1965, erneut im Namen Büchners zu Wort, und zwar mit einer Ausgabe des *Hessischen Landboten,* der bislang ersten Einzeledition der Flugschrift in der Bundesrepublik. Der Band enthält neben den beiden Fassungen des Pamphlets einschlägige Briefe Büchners, Prozessakten und einen informativen Kommentar. Im einleitenden Essay stellt Enzensberger die Flugschrift in die »politischen Kontexte« ihrer Entstehung im Jahre 1834 und ihrer aktuellen Wirkung im Jahre 1964. Der erste Teil zielt auf eine Rehabilitation des Pastors Weidig, der seine Mitverfasserschaft »mit seiner Freiheit und mit seinem Leben bezahlt« habe und die »zu schmälern« nur deutschen Akademikern einfallen könne. Im zweiten Teil seines Essays tritt Enzensberger der von ihm hierzulande wahrgenommenen Tendenz entgegen, Büchner in einen verstaubten Klassiker zu verwandeln, den man feiert, politisch aber nicht ernst nimmt. Als Indiz dafür dient ihm die Vorzensur, deren sich der Pastor Weidig beim *Hessischen Landboten* befleißigt hatte. Das übliche Bedauern deutscher Germanisten, dass der Theologe mit seinen nationalliberalen und biblischen Korrekturen und Einschüben die explosive sozialrevolutionäre Sprengkraft der Flugschrift entschärft habe, stelle ein bloß ästhetisches und textkritisches, politisch jedoch völlig belangloses Lippenbekenntnis dar. Denn keiner dieser Gelehrten habe sich etwa – was einer konsequenten Aktualisierung des *Landboten* gleichgekommen wäre – für die Zulassung der verbotenen KPD ausgesprochen. In der Bundesrepublik Deutschland und der westlichen Welt insgesamt bedeute Büchners Pamphlet nur mehr einen Anachronismus. Hier gelte – in bezeichnender Verkehrung des Mottos – die imperialistische Maxime: »Friede den Eigenheimen am Rhein und am Hudson! Krieg den Hütten am Congo und am Mekong!« (zit. nach ebd., 360). Der politische Wirkungsbereich des Manifests wird somit in die Entwicklungsländer verlagert. Was zwei Jahre später Heinrich Böll einfordern sollte (zit. nach ebd., 376), hat Enzensberger hier bereits eingelöst: die »Übersetzung« des *Hessischen Landboten* auch ins Persische. Büchner wurde so der »Neuen Linken« zum Anwalt weltweiter sozialrevolutionärer Solidarität.

Günter Grass: Noch umstrittener als im Falle Enzensbergers war die Verleihung des Büchner-Preises an Günter Grass (1965). Schon im Titel seiner Rede *Über das Selbstverständliche* solidarisierte er sich mit seinem Vorgänger, der mit der »Politik« des »Selbstverständlichen« die »Entwicklungshilfe« der Bundesrepublik für die DDR eingefordert hatte. Statt einer opferbereiten Annäherung der Bundesbürger an ihre Landsleute »drüben« in der DDR musste Grass jedoch bemerken, dass die »Wiedervereinigung [...] von Jahr zu Jahr verschoben« wurde (zit. nach ebd., 362). Seine am 8. Oktober 1965 gehaltene Büchner-Preis-Rede brachte unverhohlen die Enttäuschung des Sozialdemokraten über die verlorene Bundestagswahl vom 19. September zum Ausdruck, die erneut zu einer Koalition der CDU/CSU mit der FDP unter Bundeskanzler Ludwig Erhard führte. Aber wie schon Kästner und Frisch ergriff auch Grass die Gelegenheit, »mit Georg Büchner die deutsche Emigration zu ehren« und »sie als gewichtigen und oft besseren Teil unserer Geistesgeschichte zu werten« (zit. nach ebd.). Die neue Bezugsperson, die in die endlose Kette politisch umstrittener deutscher Emigranten eingereiht wurde, heißt Willy Brandt, dessen Wahlniederlage Grass als Bestätigung des ungeschriebenen, aber in Deutschland noch immer gültigen Gesetzes deutet, dass Emigranten »nicht heimzukehren« hätten, sondern wie Heine oder Büchner in Paris oder Zürich ihr Grab finden sollten.

Am Ende seiner Rede brachte Grass seine Verwunderung darüber zum Ausdruck, dass im vergangenen Bundestagswahlkampf etliche gewichtige Stimmen stumm geblieben seien, darunter vor allem auch jene Heinrich Bölls. Der hier Geschmähte erhielt zwei Jahre später, 1967, den Büchner-Preis. Wie schon der Titel seiner Dankrede verrät, war sie *Georg Büchners Gegenwärtigkeit,* und zwar sowohl in politischer wie auch in ästhetischer Hinsicht gewidmet. Wie Grass verwies auch Böll auf »das Problem der Emigration«, das die CDU/CSU permanent als »Vaterlandsverrat« gegen Willy Brandt ausgespielt hatte, um dessen Kanzlerschaft zu verhindern. Bemerkenswert ist schließlich die Klage über »eine von der Geschichte versäumte Begegnung zweier Deutscher«: nämlich die »Begegnung zwischen Büchner und dem wenige Jahre jüngeren Marx«. Wäre sie je zustande gekommen, dann hätte sich – dank der Überlegenheit des Dichters, Naturwissenschaftlers und Politikers Büchner und seiner »traumhaften Sicherheit bei der Erkenntnis sozialer Realitäten« – die Chance ergeben, »viele marxistische Irrtümer und Umwege, die Literatur betreffend, zu vermeiden, und die Leiden zukünftiger marxistischer Schriftsteller zu verringern« (zit. nach ebd., 378).

Literarische Rezeption um 1970

Werner Steinbergs Büchner-Roman: Zu jenen Autoren, die sich über mehrere Jahrzehnte mit Georg Büchner beschäftigt haben, zählt Werner Steinberg. Schon im ›Dritten Reich‹ hatte er 1938 nach Verbüßung einer dreijährigen Haftstrafe, zu der er wegen »Vorbereitung zum Hochverrat« verurteilt worden war, ein Drama (*Der Landbote*) und ein Sonett (*In memoriam Georg Büchner*) über den vormärzlichen Dichterrevolutionär verfasst. Nach weiteren jahrzehntelangen Quellenstudien veröffentlichte er 1969 einen Büchner-Roman, für den er – wie schon der Titel *Protokoll der Unsterblichkeit* bezeugt – das in den 1960er Jahren beliebte Verfahren der literarischen Dokumentation wählte. Insofern hat Steinberg dieses Werk als alternatives Pendant zu seinem konventionell erzählten Heine-Roman *Der Tag ist in die Nacht verliebt* (1955) angelegt. Steinbergs *Protokoll*-Roman besteht aus drei Teilen mit insgesamt 268 durchnummerierten, teils historischen, teils fiktiven Dokumenten, die von 46 Personen oder Institutionen stammen. »Hauptberichterstatter« ist natürlich Georg Büchner selber, dem 95 Dokumente zugeschrieben werden. Bemerkenswert ist Steinbergs Versuch, die »psychologisch höchst reizvolle Figur« des Verräters Kuhl stärker ins Blickfeld zu rücken, der in den früheren Dichtungen über Büchner, mit Ausnahme von Csokors Drama *Gesellschaft der Menschenrechte* (1927), nur als Nebenfigur in Erscheinung getreten war. Auch in Edschmids Roman bleibt er eher im Hintergrund. Bei Steinberg agiert Kuhl als intriganter Gegenspieler Büchners, der alle Schicksalsfäden der hessischen Verschwörer in Händen hält und das über sie ausgeworfene Netz allmählich zusammenzieht. Das Büchner-Porträt Steinbergs wird vornehmlich durch jene fiktiven Materialien erhellt, in denen der Vormärzdichter seine eigenen Werke zitiert und die von ihm geschaffenen Figuren als Teil seiner selbst interpretiert. Was den Konflikt zwischen Danton und Robespierre anbelangt, zitiert der junge Dramatiker – den überlieferten Briefen entsprechend – häufiger seinen Danton und vertritt dessen materialistische Individualethik. Als Sozialrevolutionär aber schlägt er sich auf die Seite des »Unbestechlichen«. Als Schlüssel zur Interpretation von Büchners Dichtungen dient in Steinbergs *Protokoll*-Roman (wohl in Anlehnung an Mayers Büchner-Monographie) das Motiv der Langeweile. Der Straßburger Theologiestudent Johann Wilhelm Baum wirft Büchner mangelndes Variationsvermögen vor, wenn bei ihm so unterschiedliche

Gestalten wie Danton, Leonce und Lenz in stereotyper Weise vor Langeweile sterben. In seiner überraschenden Erwiderung definiert Steinbergs Held diese Langeweile als Ergebnis einer höchst realistischen Sozialkritik; denn wie könne eine Gesellschaft, in der die Reichen zu egoistisch und träge, die Armen trotz ihrer Überzahl zu ängstlich, unwissend und untertänig seien, um die Verhältnisse umzustürzen, anders dargestellt werden als in der tödlichsten Langeweile. Insgesamt bietet Steinbergs erzählendes Dokumentationsverfahren mit seiner gelungenen Verschränkung von Authentizität und Fiktionalität ein hohes Maß an Objektivität und Realistik und lässt sich durchaus mit dem erfolgreichen Dokumentartheater der 1960er Jahre vergleichen, wie es namentlich durch Peter Weiss, Rolf Hochhuth und Heiner Kipphardt repräsentiert wurde.

Gaston Salvatores Büchner-Drama: Das bisher aufsehenerregendste Büchner-Drama stammt von Gaston Salvatore – *Büchners Tod* aus dem Jahre 1972. Der Autor, ein gebürtiger Chilene und Neffe des tragisch gescheiterten und 1973 ermordeten Staatspräsidenten Allende, war 1965 nach West-Berlin gekommen, wo er Soziologie und Germanistik studiert und, eng befreundet mit Rudi Dutschke und Hans Magnus Enzensberger, eine führende Rolle in der Studentenbewegung, der »Neuen Linken« und der APO gespielt hatte. Salvatores Büchner-Drama gliedert sich in zwei Akte mit jeweils zehn bzw. fünf Szenen. Das Geschehen spielt sich auf drei ineinander verschachtelten Ebenen ab, einer realen und zwei vom Protagonisten phantasierten. Der reale Schauplatz ist das Krankenzimmer Büchners in Zürich, das sich in den Halluzinationen des Sterbenden abwechselnd in die Darmstädter Kerkerzelle mit den gefolterten Mitgliedern der »Gesellschaft der Menschenrechte« und in die florentinischen und römischen Wirkungsstätten des zynisch-frivolen Renaissancedichters Pietro Aretino verwandelt. Die Nebenfiguren wechseln je nach Spielebene ihre Identität, nur Büchner bleibt vom Anfang bis zum Ende in seiner Rolle. Alle Figuren sind mehr oder minder vom Protagonisten imaginiert, und das ganze Stück inszeniert hauptsächlich einen Diskurs des Sterbenden mit sich selbst. In der verschachtelten dramatischen Struktur manifestiert sich die doppelte Aneignung von politischer Geschichte: zum einen durch den Protagonisten Büchner auf der inneren, zum andern durch den Autor Salvatore auf der äußeren Kommunikationsebene. Thematisiert wird das Scheitern revolutionärer Bewegungen in Deutschland: sowohl der »Gesellschaft der Menschenrechte« im Vormärz wie auch der Studentenbewegung Ende der 1960er Jahre. Die Horizontverschmelzung der beiden Epochen erfolgt jedoch nicht als dialektisches, wechselseitig erhellendes Verfahren, sondern als einseitige Modernisierung des historischen Befunds. Die nihilistische Ratlosigkeit der zerfallenden Studentenbewegung der späten 1960er Jahre wurde auf die niedergeschlagene hessische Verschwörung um Büchner projiziert, so dass die historischen Differenzen der verglichenen Epochen völlig dem Blickfeld entschwanden. Der Mut seiner gefolterten Freunde höre da auf, wo seine »Ratlosigkeit« beginne, resümiert Salvatores sterbender Held (vgl. Salvatore 1972, 50). Salvatores Büchner-Stück gelangte am 7. Oktober 1972 am Hessischen Staatstheater in Darmstadt zur Uraufführung. Die Kritik reagierte ablehnend, weitere Aufführungen sind nicht bekannt. Die Freie Volksbühne Berlin zeichnete indessen am 2. Dezember 1972 den Autor für *Büchners Tod* mit dem Gerhart Hauptmann-Preis aus.

Peter Schneiders Novelle Lenz: Die Enttäuschung über den Verlauf der 1968er- und der Studentenbewegung bildet auch das entscheidende Grundmotiv in Peter Schneiders *Lenz*-Novelle (1973). Es handelt sich um eine verdeckte Autobiographie, die durch Büchners »Lenz« als unterlegte Folie eine literarische Beglaubigung und Objektivierung erlangen soll. Tatsächlich wurden umfangreiche Passagen aus Büchners Novelle in den neuen Text integriert, ohne dass die Entlehnungen als Fremdkörper wirken, was abermals die unerschöpfliche, einzigartige Modernität der Prosa Büchners unterstreicht. Die im Zerfallsprozess der Studentenbewegung erfahrene Identitätskrise mit allen sozialpsychologischen Begleitsymptomen wie Selbstentfremdung, Angst, Panik, Isolation, Einsamkeit und Kommunikationslosigkeit fand Schneider beim Wiederlesen mit klinischer Präzision in Büchners »Lenz« vorformuliert. Durch die Aneignung dieses Textmaterials und seine Einschreibung als Subtext in die Textur einer neuen Erzählung entsteht eine durchgängige intertextuelle Spannung, die zwar nicht auf der inneren Kommunikationsebene, vom Protagonisten, wohl aber auf der äußeren, zwischen dem Autor und dem Rezipienten, reflektiert wird. Die Überwindung der Identitätskrise wird durch den Einsatz eines konventionellen Motivs eingeleitet: einer Reise in den Süden nach Italien. Die sinnliche Wahrnehmung der norditalienischen Gebirgslandschaft, die Begegnung mit den dortigen Arbeitern und die gemeinsame Erfahrung eines einfachen, noch relativ authentischen Lebens-

alltags bewirkt allmählich Lenzens Loslösung aus der kopflastigen Enge, in die er zu Hause in den studentischen Diskussionszirkeln geraten war. Als er von der Polizei aus Italien ausgewiesen wird, öffnet sich ihm ein Ausweg zwischen Selbstzerstörung oder resignierter Anpassung an die tristen politischen Verhältnisse, die ihn in Deutschland erwarten. Denn nach Berlin zurückgekehrt, erwidert er auf die Frage eines zur Flucht aus Deutschland, »am liebsten nach Lateinamerika«, entschlossenen Freundes, was er denn jetzt tun wolle, mit lakonischer Entschiedenheit: »Dableiben« (Schneider 1973, 90), was von der Kritik meist als Bekenntnis zur subjektiven Empirie als der nunmehr zeitgemäßen Form individuellen politischen Widerstands ausgelegt wurde. Das Buch wurde innerhalb kürzester Zeit zum Bestseller. Die Darmstädter Akademie für Sprache und Dichtung wählte die Erzählung im Februar 1974 zum »Buch des Monats«. Auch in der DDR wurde Schneiders *Lenz* sogleich begeistert aufgenommen. Manche Leser fühlten sich durch den Schluss der Erzählung mit dem »guten Wort ›Dableiben‹« in ihrem Widerstand vor Ort bestärkt, namentlich auch Wolf Biermann, dessen schon drei Jahre später erfolgte Ausbürgerung sein eigenes und das »Dableiben« vieler anderer freilich jäh beenden sollte.

Der 150. Todestag Büchners (1987)

Das Jahr 1987 markiert den bisherigen Höhepunkt in Büchners Wirkungsgeschichte. Anlässlich seines 150. Todestags gab es zu Ehren Büchners unzählige wissenschaftliche, kulturelle und politische Veranstaltungen, Ausstellungen, neue Werkausgaben, Übersetzungen (sogar erstmals ins Chinesische), Rundfunk- und Fernsehsendungen, Theaterinszenierungen und Filmproduktionen. Die bedeutendste literarische Veranstaltung wurde am 19. Februar 1987 im Darmstädter Justus-Liebig-Haus vom deutschen PEN-Zentrum abgehalten, das seine Jahrestagung dem Generalthema »Georg Büchner – Seine Zeit, unsere Zeit« widmete. Die beiden meistapplaudierten Beiträge – von Yaak Karsunke und Hans Joachim Schädlich – wurden wenige Tage später, am 21. Februar und 7. März 1987, in der *Frankfurter Rundschau* publiziert.

Yaak Karsunkes Festbeitrag: Wie zehn Jahre zuvor Volker Braun (*Büchners Briefe*, 1977), so las auch Karsunke etliche der sozialrevolutionären Sätze aus Büchners Briefen und aus *Danton's Tod*, als wären es die aktuellen Sätze eines Zeitgenossen der deutschen Bundesrepublik der 1980er Jahre, weil alles, was sich der junge Vormärzdichter gewünscht hatte, »bis heute nirgends gesellschaftliches Leben gewinnen konnte« (zit. nach Goltschnigg 2004, 340). In dem gegenwärtig um Büchner tobenden »Kampf« germanistischer Fraktionen, die – wie blutgierige, »sich auf dem Schindanger um Knochen« balgende Hunde – »den Toten nach rechts und nach links« zerren, um einen revolutionären oder einen resignierten, einen metaphysisch-christlichen oder einen maoistischen Dichter und Politiker zu kreieren, ließ Karsunke keinen Zweifel aufkommen, dass er – angesichts der hierzulande wörtlich *herrschenden* »Korruption, Inkompetenz, Scham- und Konzeptionslosigkeit« – den vormärzlichen Sozialrevolutionär als seinen Bundesgenossen im Kampf gegen die Staatsgewalt betrachtete. Dabei ist im Kontext des Gewaltdiskurses der Studentenbewegung, der Außerparlamentarischen Opposition (APO) und der »Roten Armee Fraktion« (RAF) die Tatsache bemerkenswert, dass Karsunke von Büchner und unter Berufung auf Walter Benjamin einen defensiven Revolutionsbegriff ableitete. Wie Büchner in seinem Brief aus Straßburg an die Familie anlässlich des Frankfurter Wachensturms vom 3. April 1833 den Einsatz der Gewalt von Seiten der Staatsbürger gegenüber dem »ewigen Gewaltzustand« des Staates als legitimen Akt der Notwehr befürwortet hatte, so verstand Karsunke die als notwendig erachtete Revolution nicht im naiv optimistischen Sinne des Marx'schen dialektischen Materialismus als unaufhaltsamen technologischen Fortschritt, sondern im skeptischen Sinne des Pariser Exilanten Walter Benjamin (*Über den Begriff der Geschichte*, 1940) als Widerstand gegen einen solchen, blind der Technologie vertrauenden, dynamischen Geschichtsprozess, der zum Wohle der Menschheit gebremst, ja nach Möglichkeit sogar zum Stillstand gebracht werden müsse: »Marx [*Die Klassenkämpfe in Frankreich 1848–1850*, D.G.] sagt, die Revolutionen sind die Lokomotive der Weltgeschichte. Aber vielleicht ist dem gänzlich anders. Vielleicht sind die Revolutionen der Griff des in diesem Zug reisenden Menschengeschlechts nach der Notbremse.« (zit. nach ebd., 342)

Hans Joachim Schädlichs Festbeitrag: Der als Mitunterzeichner der Petition gegen die Ausbürgerung Wolf Biermanns im Dezember 1977 aus der DDR ausgereiste und seit 1979 in Westberlin lebende Schriftsteller und gelernte Sprachwissenschaftler Schädlich bot in seinem Beitrag zu Büchners Aktualität eine subtile Analyse des Begriffs ›Verrat‹. Als Ausgangspunkt diente Büchners in einem Brief an die Familie aus Straßburg, Anfang Juli 1835, ausge-

sprochene »Gewißheit«, dass sein Mitverschworener Gustav Clemm »ein Verräter« sei – eine Gewissheit, die von Büchner jedoch, so die Lesart Schädlichs, durch mehrdeutige Formulierungen in anderen Briefen wieder relativiert worden sei, so dass er letztlich nur einen »halben Verrat« indiziert habe, einen »Verrat an seiner Sache« (der »Gesellschaft der Menschenrechte« und dem *Hessischen Landboten*), nicht aber einen »Verrat an seiner Person« (zit. nach ebd., 343). Als Verräter gilt im gemeinhin üblichen Sprachgebrauch jemand, der etwas verlässt, sich von etwas abtrennt, so dass er von jenen, die er verlassen hat, als »Abtrünniger«, »Abweichler« »Überläufer« oder »Renegat« verurteilt wird. Dass diese Bewertung oft zwei Seiten habe, demonstriert Schädlich in Büchners Revolutionsdrama, in dem beide Kontrahenten, Danton wie Robespierre, ob als »Verräter« oder »Verratener«, gleichermaßen beanspruchen, die »gute« Sache zu vertreten. Ein Verrat könne nicht nur das Ergebnis egoistischer Machtgier oder Bereicherung sein, sondern auch das Ergebnis eines Erkenntnisprozesses, dass nicht der Verlassene, sondern nunmehr der Verlassende das »Gute« vertrete. Dass Schädlich seinen Überlegungen ein persönliches Motiv zugrunde legte, verriet er mit dem Hinweis auf das gerade damals im geteilten Deutschland virulente Delikt des »Staatsverrats«, das die Frage aufwarf, ob das Kompositum nun als genitivus objectivus (»Verrat jemandes am Staat«) oder als genitivus subjectivus (»Verrat des Staates an jemandem«) aufzufassen sei: »Der Staat versteht es stets als das erstere« (zit. nach ebd., 346). Kein Zweifel, dass der ›Republikflüchtling‹ Schädlich – wie einst der steckbrieflich verfolgte Emigrant Georg Büchner – es im zweiten Sinne verstanden hat.

Erich Frieds Büchner-Preis-Rede: Die für das politische Establishment und die konservative Öffentlichkeit Hessens und der Bundesrepublik schockierendste Provokation in der Reihe der bisherigen Büchner-Preis-Reden, ja in der Wirkungsgeschichte des hessischen Dichterrevolutionärs insgesamt, stellte die Dankrede im Jubiläumsjahr 1987 unter dem Titel *Von der Nachfolge dieses jungen Menschen, der nie mehr alt wird* aus der Feder des in Wien geborenen, seit fast 50 Jahren im englischen Exil lebenden Erich Fried dar. Fried präsentierte eine radikale tagespolitische Aktualisierung seines Preispatrons, der »kein Apostel der Gewaltlosigkeit« gewesen sei:

Es ist wahrscheinlich, daß dieser Zwanzigjährige sich in unserer Zeit zur ersten Generation der Baader-Meinhof-Gruppe geschlagen hätte – wenn auch keineswegs, ob er sich nicht wieder abgewendet hätte! – und daß er heute im

Gefängnis säße oder vor genau zehn Jahren, am 17. Oktober 1977, an einer ähnlichen Art Selbstmord gestorben wäre, wie es Baader, Ensslin und Raspe an diesem Tag widerfahren ist – und 17 Monate zuvor Ulrike Meinhof! – Falls Büchner nicht schon bei der Verhaftung polizeilich erschossen worden wäre, natürlich nur in Notwehr oder in putativer Notwehr! (zit. nach ebd., 410)

Wesentlich skeptischer sollte dann allerdings sechs Jahre später der Büchner-Preisträger 1993, Peter Rühmkorf, in einem Interview die von Fried behauptete Affinität zwischen Büchner und der RAF beurteilen: Der vormärzliche Dichterrevolutionär habe »erstens die Frage nach den hungrigen Massen viel illusionsloser gestellt als Ulrike Meinhof und Andreas Baader« und habe »zweitens auch nicht seine bürgerliche Karriere gegen eine Laufbahn im Untergrund hingetauscht«. Als die hessische Revolution gescheitert war, habe Büchner folgerichtig »den Adressaten gewechselt und den ›Danton‹ geschrieben«, das bringe »auch der intelligenteste Winkelzug nicht raus aus der Geschichte«. Nach der Niederschlagung der hessischen Verschwörung habe sich »nicht einmal der Rächer, sondern der dramatische Dichter« erhoben (zit. nach ebd., 47).

Erich Fried hingegen orientierte die Aktualisierung Büchners noch viel stärker an seinen eigenen kompromisslosen, mit jenen der RAF teilweise sympathisierenden politischen Zielvorstellungen, indem er die Frage aufwarf, wie sich der wiedergekehrte Büchner zur heutigen Bundesrepublik und zur Weltpolitik äußern würde. Fried legte dem Wiedergänger alle jene Missstände in den Mund, die er selber schon früher in öffentlichen, mündlichen und schriftlichen Stellungnahmen angeprangert hatte: die überzogenen, die staatsbürgerlichen Grundrechte massiv verletzenden Antiterrormaßnahmen der bundesdeutschen Behörden, die rücksichtslosen, über eine vorgeschobene Notwehr weit hinausgehenden Übergriffe der Polizei, die »Verstümmelungen des Asylrechts«, die angeblichen Selbstmorde der Baader-Meinhof-Gruppe (die ebenso in Zweifel gezogen wurden wie der Selbstmord Weidigs vor damals 150 Jahren), das drakonische Strafausmaß im Falle Peter-Jürgen Boocks, der die ihm angelasteten Morde in Abrede gestellt und dem Terror entsagt hatte, jedoch nach einem fragwürdigen Indizienprozess zu mehr als dreimal lebenslänglicher Haft verurteilt worden war, der in der Geschichte der bundesdeutschen Judikatur bis dahin höchsten Strafe. Die weltpolitischen Zielobjekte von Frieds Angriffen waren die auf der Erde und im Weltraum maßlos forcierte Kriegsrüstung vor allem der USA, deren Präsident

(Ronald Reagan) im vertrottelten König Peter vom Reiche Popo aus *Leonce und Lena* als köstliche Karikatur präfiguriert worden sei, ferner die imperialistische Politik Israels und der allgegenwärtig wieder grassierende Antisemitismus.

Büchner im Zeichen der Wiedervereinigung

Wie nach dem Zweiten Weltkrieg die Teilung so bedeutet in den beiden Jahrzehnten nach 1980 die Wiedervereinigung Deutschlands *die* markante Zäsur in der literarischen und politischen Rezeption Georg Büchners schlechthin. Die anfängliche Euphorie über die gewonnene »Einheit in Freiheit« wich indessen bald einer Ernüchterung, die 150 Jahre zuvor der materialistische Geschichtsbetrachter vorausgeahnt zu haben schien, als er seine romantischen, die nationalstaatliche Einheit Deutschlands herbeisehnenden Mitverschworenen vor dem in Frankreich nach der Julirevolution grassierenden »Geldaristokratismus« warnte und statt dessen sogar den vormärzlichen Status quo des in viele Duodez-Fürstentümer zersplitterten Vaterlands beibehalten wollte. Büchner glaubte nicht, dass durch ein profitwirtschaftliches »Juste milieu«, ob Monarchie oder auch Republik, ein wahrhaft freier Zustand in Deutschland herbeigeführt werden könne. Angesichts der um die Jahrtausendwende allüberall obwaltenden »Kapitalräson« haben sich betroffene Kritiker – wie Volker Braun in seiner Büchner-Preis-Rede *Die Verhältnisse zerbrechen* (2000) – auf Büchner als Kronzeugen des Widerstands gegen solch »vorauseilenden Fatalismus der Regierungen« (zit. nach ebd., 572) berufen. Schon drei Jahre nach der Wiedervereinigung Deutschlands, 1993, hatte Büchner-Preisträger Rühmkorf – Heine variierend – nicht davor zurückgescheut, seine Dankrede mit dem Titel *Deutschland, ein Lügenmärchen* zu überschreiben und, die Einheitsgewinner beim Wort nehmend, penibel aufzulisten, wie »wahrhaftig die eine Lüge der anderen auf den Fersen« gefolgt sei: »Die Lüge von den ›Tausenden von investitionsbereiten Unternehmern‹ der Lüge von den ›blühenden Landschaften‹. Die Lüge von den Langfingern, die sich ›Treuhand‹ nannten, der Lüge von den ›revolutionären Antworten auf die revolutionären Herausforderungen‹« (zit. nach ebd., 531).

Die Verleihung des Büchner-Preises an Volker Braun wurde jedenfalls von zahlreichen Kommentatoren als anachronistisches Ereignis empfunden. Der politisch engagierte, allen historischen Umbrüchen zum Trotz an der Utopie einer sozialistischen Gesell-

schaft festhaltende poeta doctus hätte diese Auszeichnung schon viel früher verdient, zumindest
noch während der Existenz der DDR, als deren kri-
tisch-loyaler Chronist er sich stets, in seinen Stücken,
Romanen und Erzählungen wie in seinen Gedichten
und Essays, präsentiert hat. Die allgemeine Verwunderung darüber, dass Braun den Büchner-Preis nicht
schon früher erhalten hatte, lag vor allem auch darin
begründet, dass kaum ein anderer Gegenwarts-
schriftsteller in seinem Werk auf eine so vielfältige,
vier Jahrzehnte während, produktive Büchner-Rezeption zurückblicken konnte. Seine vielfach an den
Essay *Büchners Briefe* (1977) anknüpfende und in gewisser Weise Peter Rühmkorfs *Deutschland. Ein Lügenmärchen* (1993) fortführende, im Titel Durs
Grünbeins Büchner-Preis-Rede *Den Körper zerbrechen* (1995) paraphrasierende Dankrede *Die Verhältnisse zerbrechen* bringt eine schonungslose Abrechnung mit dem vereinigten Deutschland und einer
neuen, von einer einzigen Supermacht beherrschten,
unbotmäßige Staaten mit Bombenteppichen über-
ziehenden Weltordnung. Büchners vormärzlicher
»Zeitenbruch« wird mit der globalen Wende am
Ende des zweiten Jahrtausends verglichen, und seine
desillusionierenden, staatsgefährlichen, scharf wie
ein Skalpell schneidenden, von Braun nach 25 Jahren
abermals zitierten Sätze und Fragen erweisen sich
nunmehr unterminierender und subversiver denn je.
Die tristen Folgeerscheinungen der deutschen Einheit (wachsende Arbeitslosigkeit und Entfremdung,
Budgetmisere und Schmiergeldaffären) und einer
kapitalistisch ausgebeuteten, »weithin in ein Trüm-
mergrundstück« verwüsteten Welt (Umweltkatastro-
phen, Kriege, Hungersnöte, riesige Flüchtlings-
ströme, Menschenhandel) rufen Büchners rück-
wärtsgewandten Wunsch in Erinnerung (zit. nach
ebd., 572): »Lieber soll es bleiben, wie es jetzt ist.«
Gemeint ist, dass die »Wende« weder Deutschland
noch die Welt zum Bessern gewandelt habe.

Literatur

Dutschke, Rudi: Georg Büchner und Peter-Paul Zahl, oder:
    Widerstand im Übergang und mittendrin. In: GBJb 4
    (1984) 1986, 10–58.
Edschmid, Kasimir: Wenn es Rosen sind, werden sie blü-
    hen. Roman [1950]. Georg Büchner. Eine deutsche Re-
    volution; Neuausgabe. Frankfurt a. M. 1980.
Fischer, Ludwig (Hg.): Zeitgenosse Büchner. Stuttgart
    1979.
Goltschnigg, Dietmar (Hg.): Georg Büchner und die Mo-
    derne. Texte, Analysen, Kommentar. Bd. 2. Berlin 2002.
– (Hg.): Georg Büchner und die Moderne. Texte, Analysen,
    Kommentar. Bd. 3. Berlin 2004.

Grimm, Reinhold: Love, Lust, and Rebellion. New Approa-
    ches to Georg Büchner. Madison 1985.
Hauschild, Jan-Christoph (Hg.): Oder Büchner. Eine An-
    thologie. Darmstadt 1988.
Jens, Walter: Euripides. Büchner. Pfullingen 1964.
– : Georg Büchner, Poet und Rebell, im Licht unserer Er-
    fahrung. In: Der Alternative Büchnerpreis 1989. Darm-
    stadt 1989, 17–31.
Kaufmann, Ulrich: Dichter in »stehender Zeit«. Studien
    zur Georg-Büchner-Rezeption in der DDR. Erlangen/
    Jena 1992.
Masanetz, Michael: ›Sein Werk in unseren Händen‹. ›Dan-
    tons Tod‹ in Literaturwissenschaft und Theaterkritik der
    DDR. In: WB 35 (1989), 1850–1873.
Mayer, Hans: Georg Büchner und seine Zeit [1946]. Erw.
    Neuaufl. Frankfurt a. M. 1972.
Riewoldt, Otto F.: »... der Größten einer als Politiker und
    Poet, Dichter und Revolutionär.« Der beiseitegelobte
    Georg Büchner in der DDR. In: Heinz Ludwig Arnold
    (Hg.): Georg Büchner III. Sonderband Text + Kritik.
    München 1981, 218–235.
Salvatore, Gaston: Büchners Tod. Stück. Frankfurt a. M.
    1972.
Schneider, Peter: Lenz. Eine Erzählung. Berlin 1973.
Steinberg, Werner: Protokoll der Unsterblichkeit. Roman
    [1969]. Halle, S./Leipzig ⁵1986.
Ullman, Bo: Der unpolitische Georg Büchner. Zum Büch-
    ner-Bild der Forschung, unter besonderer Berücksich-
    tigung der ›Woyzeck‹-Interpretationen. In: Stockholm
    Studies in Modern Philology 4 (1972), 86–130.
Viehweg, Wolfram: Georg Büchners »Dantons Tod« auf
    dem deutschen Theater. München 1964.

Dietmar Goltschnigg

7. Büchner-Preis-Rede

Georg-Büchner-Preis

Der Georg-Büchner-Preis in seiner heutigen Form ist einer der renommiertesten und höchstdotierten deutschen Literaturpreise. Er war zunächst kein reiner Literaturpreis, sondern ein Preis für Kulturschaffende mit hessischem Regionalbezug. In der Geschichte des Preises lassen sich drei Phasen unterscheiden (vgl. Ulmer 2005, 20–22 und 2006, 57–166):

1. Kulturpreis des Volksstaates Hessen (1923–1932): Der Preis wurde auf Initiative des Schulrektors und Präsidenten des Hessischen Landes-Lehrervereins Julius Reiber (1883–1960) vom damaligen Volksstaat Hessen gestiftet. Ausgezeichnet werden konnten »hessische oder in Hessen wirkende Künstler (Schriftsteller, bildende Künstler, Architekten, Musiker, darstellende Künstler)« (Julius Reiber in seinem Antrag auf Stiftung des Georg-Büchner-Preises vor dem Hessischen Landtag am 8. August 1922, zit. n. Assmann 1987, 15). Reibers Vorschlag, Büchner zum Namenspatron des Preises zu machen, wurde von ihm nicht weiter legitimiert: »Die Bezeichnung des Preises als Georg-Büchner-Preis bedarf keiner weiteren Begründung.« (ebd., 16) Die Auswahl der Preisträgerinnen und Preisträger wurde vom hessischen Landesamt für das Bildungswesen getroffen und die Preisverleihung fand in der hessischen Landeshauptstadt Darmstadt statt. Er wurde erstmalig am 11. August 1923, zum Verfassungstag der Weimarer Republik, und bis 1932 jährlich an je zwei Preisträgerinnen und Preisträger verliehen. Mit der nationalsozialistischen Machtergreifung wurde die Verleihung des Preises 1933 eingestellt.

2. Kulturpreis des Landes Hessen (1945–1950): Unmittelbar nach Kriegsende wurde der Preis neu begründet, erneut auf Anregung Reibers, inzwischen Bürgermeister von Darmstadt. Stifter waren nun der Magistrat und der Regierungspräsident der Stadt Darmstadt, die Jury setzte sich zusammen aus Persönlichkeiten des öffentlichen und kulturellen Lebens. Der Preis war weiterhin auf keine Kultursparte beschränkt und wurde jährlich an je einen Künstler oder eine Künstlerin aus Hessen verliehen.

3. Literaturpreis der Deutschen Akademie für Sprache und Dichtung (seit 1951): Mit einem Vertrag zwischen dem Hessischen Kultusminister, dem Magistrat der Stadt Darmstadt und der 1949 gegründeten Deutschen Akademie für Sprache und Dichtung vom 15. März 1951 erfolgte die Umwandlung in einen Preis für deutschsprachige Literatur, der von der Deutschen Akademie für Sprache und Dichtung jährlich verliehen wird. Der neuen Satzung vom 15. März 1951 gemäß können zur Verleihung »Schriftsteller und Dichter vorgeschlagen werden, die in deutscher Sprache schreiben, durch ihre Arbeiten und Werke in besonderem Maße hervortreten und die an der Gestaltung des gegenwärtigen deutschen Kulturlebens wesentlichen Anteil haben« (Satzung des Georg-Büchner-Preises in der Fassung vom 21. März 1958, zit. n. Assmann 1987, 35). Vorschlagsberechtigt sind das Hessische Staatsministerium und der Magistrat der Stadt Darmstadt, die Jury besteht aus dem Erweiterten Präsidium der Deutschen Akademie für Sprache und Dichtung sowie seit 1966 je einem Vertreter des Hessischen Staatsministeriums und des Magistrats der Stadt Darmstadt. Die Dotierung des Preises, die 1951 mit 3000 DM angesetzt und seitdem regelmäßig erhöht wurde, beträgt seit 2003 40.000 Euro, finanziert durch die Stadt Darmstadt, das Land Hessen, den Bund sowie die Deutsche Akademie für Sprache und Dichtung. Die Ehrung und die anschließende Rede des Preisträgers finden in Darmstadt statt, seit 1950 liegt der Termin der Preisverleihung an dem Wochenende, das dem Geburtstag Büchners (17. Oktober) am nächsten liegt. Im Zusammenhang mit den Preisverleihungen an Günter Grass, Helmut Heißenbüttel und Erich Fried kam es zu (lokal-)politischen Auseinandersetzungen; Peter Handke gab am 6. April 1999 das Preisgeld aus Protest gegen das Eingreifen der NATO in den Jugoslawien-Krieg zurück. Dem Büchner-Preis von 1951 bis 1978 widmete sich eine Ausstellung mit zugehörigem Katalog (vgl. Sulzer u. a. 1978), die vom Deutschen Literaturarchiv Marbach gemeinsam mit der Deutschen Akademie für Sprache und Dichtung Darmstadt ausgerichtet und vom 11. Oktober bis 26. November 1978 im Wissenschaftszentrum Bonn-Bad Godesberg gezeigt wurde. In einer von der Deutschen Akademie für Sprache und Dichtung veröffentlichten aktualisierten Neuauflage des Katalogs wird die Geschichte des Büchner-Preises von 1951 bis 1987 dokumentiert (vgl. Assmann 1987).

Preisträgerinnen und Preisträger

1923 Adam Karillon (1853–1938), Arnold Ludwig Mendelssohn (1855–1933, Komponist)
1924 Alfred Bock (1859–1932), Paul Thesing (1882–1954, Maler)
1925 Rudolf Koch (1876–1934, Kalligraf), Wilhelm Michel (1877–1942)

1926 Christian Heinrich Kleukens (1880–1954,
      Drucker), Wilhelm Petersen (1890–1957,
      Komponist)
1927 Johannes Bischoff (1874–1936, Sänger),
      Kasimir Edschmid (1890–1966)
1928 Well Habicht (1884–1966, Bildhauer),
      Richard Hoelscher (1867–1943, Maler)
1929 Adam Antes (1891–1984, Bildhauer),
      Carl Zuckmayer (1896–1977)
1930 Johannes Lippmann (1858–1935, Maler),
      Nikolaus Schwarzkopf (1884–1962)
1931 Alexander Posch (1890–1950, Maler),
      Hans Simon (1897–?, Komponist)
1932 Adolf Bode (1904–1970, Maler),
      Albert H. Rausch (1882–1949)
1933–1944 keine Preisverleihung
1945 Hans Schiebelhuth (1895–1944)
1946 Fritz Usinger (1895–1982)
1947 Anna Seghers (1900–1983)
1948 Hermann Heiss (1897–1966, Komponist)
1949 Carl Gunschmann (1895–1984, Maler)
1950 Elisabeth Langgässer (1899–1950) (postum)
1951 Gottfried Benn (1886–1956)
1952 keine Preisverleihung wegen akademie-
      interner Unstimmigkeiten
1953 Ernst Kreuder (1903–1972)
1954 Martin Kessel (1901–1990)
1955 Marie Luise Kaschnitz (1901–1974)
1956 Karl Krolow (1915–1999)
1957 Erich Kästner (1899–1974)
1958 Max Frisch (1911–1991)
1959 Günter Eich (1907–1972)
1960 Paul Celan (1920–1970)
1961 Hans Erich Nossack (1901–1977)
1962 Wolfgang Koeppen (1906–1996)
1963 Hans Magnus Enzensberger (*1929)
1964 Ingeborg Bachmann (1926–1973)
1965 Günter Grass (*1927)
1966 Wolfgang Hildesheimer (1916–1991)
1967 Heinrich Böll (1917–1985)
1968 Golo Mann (1909–1994)
1969 Helmut Heißenbüttel (1921–1996)
1970 Thomas Bernhard (1931–1989)
1971 Uwe Johnson (1934–1984)
1972 Elias Canetti (1905–1994)
1973 Peter Handke (*1942)
1974 Hermann Kesten (1900–1996)
1975 Manès Sperber (1905–1984)
1976 Heinz Piontek (1925–2003)
1977 Reiner Kunze (*1933)
1978 Hermann Lenz (1913–1998)
1979 Ernst Meister (1911–1979) (postum)

1980 Christa Wolf (*1929)
1981 Martin Walser (*1927)
1982 Peter Weiss (1916–1982) (postum)
1983 Wolfdietrich Schnurre (1920–1989)
1984 Ernst Jandl (1925–2000)
1985 Heiner Müller (1929–1995)
1986 Friedrich Dürrenmatt (1921–1990)
1987 Erich Fried (1921–1988)
1988 Albert Drach (1902–1995)
1989 Botho Strauß (*1944)
1990 Tankred Dorst (*1925)
1991 Wolf Biermann (*1936)
1992 George Tabori (1914–2007)
1993 Peter Rühmkorf (1929–2008)
1994 Adolf Muschg (*1934)
1995 Durs Grünbein (*1962)
1996 Sarah Kirsch (*1935)
1997 H.C. Artmann (1921–2000)
1998 Elfriede Jelinek (*1946)
1999 Arnold Stadler (*1954)
2000 Volker Braun (*1939)
2001 Friederike Mayröcker (*1924)
2002 Wolfgang Hilbig (1941–2007)
2003 Alexander Kluge (*1932)
2004 Wilhelm Genazino (*1943)
2005 Brigitte Kronauer (*1940)
2006 Oskar Pastior (1927–2006) (postum)
2007 Martin Mosebach (*1951)
2008 Josef Winkler (*1953)
2009 Walter Kappacher (*1938)

Der seit 1951 vergebene Literaturpreis ist auf keine
Literaturgattung beschränkt, das Spektrum der
Werke der Preisträgerinnen und Preisträger reicht
von Prosa, Lyrik und Dramatik bis hin zu Essayistik
und Übersetzungen. Von den bislang 58 Trägerinnen
und Trägern des Literaturpreises sind 39 deutsch,
zwölf österreichisch, die übrigen stammen aus der
Schweiz, Rumänien, Ungarn und Bulgarien. Bisher
erhielten sieben Frauen den Büchner-Literaturpreis.
Zahlreiche Büchner-Preisträger und -Preisträgerin-
nen, in den 1960er Jahren fast alle, gehören der
Gruppe 47 an. Der Anspruch des Preises dokumentiert sich nicht zuletzt darin, dass Günter Grass,
Heinrich Böll, Elias Canetti und Elfriede Jelinek einige Jahre nach dem Büchner-Preis mit dem Nobel-
preis für Literatur ausgezeichnet wurden. Für die
Auswahl der Preisträgerinnen und Preisträger gibt
es keinen festen Kriterienkatalog, dennoch ist mit
dem Namenspatron eine gewisse Erwartungshaltung
verknüpft: »Stellt man sich den Träger eines Lessing-
Preises als einen gescheiten Aufklärer vor (selbst,

wenn er ein Dichter wäre) und den Träger eines Goethe-Preises als ein Bündel von Begabungen (mit einem Hauch von Genie), so erwartet man von einem Träger des Georg-Büchner-Preises das Frühvollendete der Kunst, das Sozial-Politische des Engagements wie das Zukunft-Trächtige der Aussage.« (Johann 1972, 5)

Büchner-Preis-Reden

Mit der Umwandlung des Büchner-Preises in einen von der Deutschen Akademie für Sprache und Dichtung verliehenen Literaturpreis 1951 wurde eine Rede des Preisträgers beziehungsweise der Preisträgerin fester Bestandteil der Preisverleihungsfeier. Die Rede dauert in der Regel etwa zehn Minuten und folgt nach der Laudatio, der Verlesung des Urkundentexts und der Überreichung von Urkunde und Preisgeld. Die Reden werden in den Jahrbüchern der Deutschen Akademie für Sprache und Dichtung sowie auf deren Homepage (http://www.deutscheakademie.de/preise_buechner.html) veröffentlicht, die Reden von 1951 bis 1994 liegen zudem in drei Sammelbänden vor (vgl. Büchner-Preis-Reden 1972; 1984; 1994). Die Reden decken ein breites Spektrum mündlicher und schriftlicher, nicht-fiktionaler und fiktionaler Formen ab, sind als Fest- (z. B. Kreuder, Kessel), Agitations- (z. B. Enzensberger) oder Wahlrede (z. B. Grass) angelegt, anderen wiederum fehlt der Redecharakter weitgehend (z. B. Bachmann, Mayröcker) oder sie sind als selbstreflexive Metarede konzipiert (z. B. Heißenbüttel), einige Reden haben den Charakter von Memoiren (z. B. Kreuder), literatur- oder kulturgeschichtlichen Abhandlungen (z. B. Kästner, Mann), poetologischen Reflexionen (z. B. Celan, Kirsch), Erzählungen (z. B. Bachmann) oder auch Rechenschaftsberichten (Johnson). Durch Zitate, Paraphrasen, Anspielungen und Adaptionen werden vielfältige intertextuelle Referenzen auf Büchners Schriften hergestellt, außerdem wird gelegentlich auf andere Büchner-Preisträger und -Preisträgerinnen oder deren Reden Bezug genommen (z. B. Handke und Wolf auf Bachmann, Fried auf Böll, Hilbig auf Nossak). Für die Preisrede gibt es keine thematischen Vorgaben, dennoch nutzen die Preisträgerinnen und Preisträger den Anlass mehrheitlich zu einer Auseinandersetzung mit Leben und Werk Büchners sowie zu dem Versuch, die eigene schriftstellerische und weltanschauliche Position, oftmals in Anlehnung an oder Abgrenzung von Büchner, zu bestimmen.

Büchner-Rezeption und Büchner-Bild: Als Beiträge zur Rezeptionsgeschichte Büchners dokumentieren die Reden Ergebnisse persönlicher Lektüreerfahrungen der Rednerinnen und Redner ebenso wie den Wechsel von Perspektiven und Fragestellungen in sich verändernden historischen Kontexten. Nur wenige verzichten in ihren Reden ganz oder weitgehend auf Büchner-Bezüge (z. B. Kreuder, Bernhard, Handke, Kunze, Jelinek), viele Reden hingegen machen Büchners Leben und Werk zum zentralen Gegenstand der Rede, mal mit stärker historisch-literaturgeschichtlichem Ansatz (z. B. Kästner, Hildesheimer, Mann, Canetti), mal mit deutlicher auf die Herstellung von Gegenwartsbezügen ausgerichtetem Interesse (z. B. Böll, Fried, Strauß, Biermann). Häufige Themen sind das Realistische und auch das Fragmentarische in Büchners Schreiben (z. B. Kessel, Nossak, Kesten), die Bedeutung von Anatomie und Naturwissenschaften für Büchner (z. B. Schnurre, Dürrenmatt, Grünbein) sowie seine kontrovers diskutierte Rolle als Revolutionär (z. B. Frisch, Mann, Walser). Literatur, Politik und Wissenschaft sind die Hauptdimensionen des in den Reden entworfenen Büchner-Bildes, wobei unterschiedliche Akzentsetzungen vorgenommen werden, jedoch mehrheitlich der Gesamtzusammenhang betont wird: »Natürlich kann man den Dichter, den Revolutionär und den Wissenschafter Büchner nicht wie drei Menschen oder wie zeitlich getrennte Phasen eines Menschen auffassen, […]. Nein, jedes Element bedingt und durchdringt jedes andere.« (Fried 1994, 86)

Reflexion über Politik und Literatur: Ausgehend von der Auseinandersetzung mit Büchner ist eine der zentralen Fragestellungen der Büchner-Preis-Reden die nach dem Verhältnis von Literatur und Realität, von Poesie und Politik. Unter den in den Reden vertretenen Autorbegriffen und Literaturkonzepten finden sich vor allem Positionen, die künstlerische Autonomie und Selbstverwirklichung in den Vordergrund stellen (z. B. Benn, Nossak, Handke, Bernhard), und demgegenüber solche, die kritisch-moralische Einflussnahme einfordern (z. B. Frisch, Eich, Böll), wobei postmoderne Ansätze, die auf eine radikale Abschaffung von Autor und Literatur abzielen, in diesem Spektrum auffälligerweise nicht vertreten sind (vgl. Schneider 1981, 105–116). Während in den Reden der Nachkriegszeit vielfach rückblickend Bezug auf die NS-Vergangenheit genommen wird (z. B. Kreuder, Kessel, Frisch), setzt in den 1960er Jahren ein stärkerer Gegenwartsbezug und eine deutliche Politisierung ein (z. B. Enzensberger, Grass, Böll, Mann), worauf wieder eine Tendenz zu (auto-)poetischen Reflexionen folgt (z. B. Heißenbüttel, Bernhard, Johnson). Da viele der Preisträgerinnen und Preisträger die Preisverleihung in der Berufung auf Büchner und in der Tradition der Preisreden als Forum für zeitgeschichtliche Reflexionen und Stellungnahmen genutzt haben, finden sich die wichtigsten Themen der deutschen Nachkriegsgeschichte in den Reden wieder, angefangen vom deutsch-deutschen Verhältnis (Enzensberger) über die Studentenbewegung (Böll) und die RAF (Fried) bis hin zur deutschen Wiedervereinigung (Biermann) und zur Globalisierung (Kluge).

Alternativer Büchner-Preis

Nicht mit dem Büchner-Preis der Deutschen Akademie für Sprache und Dichtung zu verwechseln ist der Alternative Büchner-Preis, der von dem Darmstädter Geschäftsmann Walter Steinmetz gestiftet wurde und an den politischen Büchner als Literat, aber vor allem als Demokrat erinnern sollte. Die Preisträger des Alternativen Büchner-Preises sind: 1989 Walter Jens (*1923, Literaturwissenschaftler und Schriftsteller) – 1990 Dieter Hildebrandt (*1927, Kabarettist) – 1991 Gerhard Zwerenz (*1925, Schriftsteller) – 1992 Robert Jungk (1913–1994, Zukunftsforscher) – 1993 Karlheinz Deschner (*1924, Schriftsteller) (vgl. Ulmer 2006, 297–305).

Literatur

Assmann, Michael (Hg.): Der Georg-Büchner-Preis 1951–1987. Eine Dokumentation. München 1987.
Büchner-Preis-Reden 1951–1971. Mit einem Vorwort von Ernst Johann. Stuttgart 1972.
Büchner-Preis-Reden 1972–1983. Mit einem Vorwort von Herbert Heckmann. Stuttgart 1984.
Büchner-Preis-Reden 1984–1994. Hg. von der Deutschen Akademie für Sprache und Dichtung. Vorwort von Herbert Heckmann. Stuttgart 1994.
Fried, Erich: Von der Nachfolge dieses jungen Menschen, der niemals alt wird. In: Büchner-Preis-Reden 1984–1994, 85–101.
Johann, Ernst: Der Büchner-Preis. In: Büchner-Preis-Reden 1951–1971, 5–9.
Schneider, Irmela: Wandlungen des Autoren-Begriffs in der zweiten Hälfte des 20. Jahrhunderts. Die Reden der Büchner-Preisträger 1951–1980 als Beispiel. In: LiLi 11 (1981) 42, 102–119.
Sulzer, Dieter u. a. (Hg.): Der Georg-Büchner-Preis 1951–1978. Eine Ausstellung des Deutschen Literaturarchivs Marbach und der Deutschen Akademie für Sprache und Dichtung Darmstadt. Marbach 1978.
Ulmer, Judith: Georg-Büchner-Preis. In: Forum Ritualdynamik 11 (April 2005), 20–29.
– : Geschichte des Georg-Büchner-Preises. Soziologie eines Rituals. Berlin/New York 2006.

Charis Goer

7.1 Paul Celan

Die Dankesrede zur Verleihung des Georg-Büchner-Preises, die Paul Celan am 22. Oktober 1960 in Darmstadt hielt, gilt als eine der komplexesten und auch persönlichsten Reaktionen auf den bedeutendsten deutschen Literaturpreis und seinen Namensgeber. Nach dem Titel ihres ersten eigenständigen Druckes, der 1961 im S. Fischer-Verlag erschien, wird sie auch oft die *Meridian*-Rede genannt (vgl. Celan 1961). Auch wenn Celan in weiten Teilen seiner Rede auf das Werk Georg Büchners Bezug nimmt, ist sie vor allem als eine groß angelegte Reflexion über die Bedingungen und Möglichkeiten dichterischen Sprechens zu verstehen: Am Beispiel von Büchner und der existentiellen Kreatürlichkeit seiner Protagonisten entwickelt Celan seine Vorstellung einer Poetologie der Begegnung und setzt sie zugleich in Bezug zu anderen dichterischen und philosophischen Positionen aus dem Umkreis seiner eigenen dichtenden, übersetzenden und lesenden Existenz.

Diese Existenz sah er 1960 zunehmend bedroht (vgl. Wiedemann 2000a): Schon zu Beginn des Jahres konnte er einen wachsenden Antisemitismus in Europa beobachten, der ihm Sorgen bereitete. So schrieb er am 20. Februar 1960 an Nelly Sachs: »Täglich kommen mir Gemeinheiten ins Haus, täglich, glauben Sie's mir. / Was steht uns Juden noch bevor. [...] Sie ahnen nicht, wer alles zu den Niederträchtigen gehört, nein, Nelly Sachs, Sie ahnen es nicht!« (Celan/Sachs 1993, 29). Zu den Niederträchtigkeiten dieser Zeit zählte auch das Wiederaufleben der sogenannte Goll-Affäre, die sich zu einem Presse-Skandal ausweitete und nun auch öffentlich diskutiert wurde (vgl. Wiedemann 2000b, 249–648). Auch die Verleihung des Büchner-Preises war von den haltlosen Vorwürfen Claire Golls überschattet: Die Akademie für Sprache und Dichtung sah sich genötigt, in ihrem *Jahrbuch 1960* nicht nur die Büchner-Preis-Verleihung, sondern auch die infamen Verleumdungen Claire Golls und die Reaktionen darauf zu dokumentieren und ihnen zu widersprechen (vgl. Döhl 1961; dazu auch Wiedemann 2000b, bes. 354–357). Seit dem Wiederaufleben der Kampagne im Frühjahr 1960 versuchte Celan auch selbst, eine öffentliche Antwort auf diese Infragestellung seines Werkes zu geben. Neben einer von ihm mitverfassten und dann von den Freunden Marie Luise Kaschnitz, Klaus Demus und Ingeborg Bachmann unterzeichneten *Entgegnung* (vgl. Wiedemann/Badiou 2005, 207–210) ist die Büchner-Preis-Rede die wohl deutlichste und ausführlichste Reaktion, in der er überzeugend auf der Eigenständigkeit und den poetischen Rang seines Werkes insistierte.

Die *Meridian*-Rede, das zeigen die bislang kritisch edierten Dokumente des Celan'schen Nachlasses (vgl. Celan 1999; Wiedemann/Badiou 2005, 130–152), ist innerhalb weniger Wochen kurz vor der Verleihung des Preises entstanden, wobei Celan bis zuletzt an den Formulierungen und am genauen Aufbau seines Manuskriptes feilte (vgl. Gellhaus 2008). Andererseits dürften Thema und Richtung der Rede für Celan schon längere Zeit in ihren Konturen festgestanden haben. Am 11. Mai 1960 wurde ihm brieflich durch Hermann Kasack mitgeteilt, dass er in diesem Jahr den Büchner-Preis erhalten sollte. Bereits in seinem Antwortbrief an Kasack vom 16. Mai 1960 finden sich einige erste Formulierungen und Themen, die die Rede nachher markant prägen werden. Neben seiner Einschätzung des Gedichtes als »Unendlichsprechung von Sterblichkeit und Umsonst« (Celan 1999, 222), weist er Kasack auch auf die zufällige und intensive Nähe zu Büchner hin, die sich für ihn in den letzten Jahren ergeben hat: Er erwähnt die (zu diesem Zeitpunkt noch unpublizierte) Erzählung *Gespräch im Gebirg* (vgl. Celan 2000, Bd. 3, 169–173), in der er »von einem Juden« erzählt, der »wie Lenz durchs Gebirg« ging (Celan 1999, 222; vgl. May/Goßens/Lehmann 2008, 144–150), und einige andere Begegnungen mit Büchner: Etwa ein Pariser Gastseminar von Hans Mayer im Februar 1960, aus dem er entscheidende Impulse für die politisch-ästhetische Interpretation Büchners zog, sowie den Unterricht mit seinen Studierenden an der École normale supérieure, in dem er sich, nach Kafka, Büchner widmete. Diese Erfahrungen fügten sich nun, wie er in einem Brief an Otto Pöggeler vom 1. November 1960 schreibt, als »Inseln zu anderen Inseln« (Pöggeler 1986, 407, Anm. 15). Der Verleihung des Büchner-Preises, so liest man in seinem Brief an Kasack, war daher nicht nur eine lange erhoffte, öffentliche Würdigung seines Werkes, sondern zeichnete sich auch durch die »Begegnung mit einem hohen Namen der Seelenmonade Mensch« aus, die ihn und Büchner auf einem Meridian zusammenführte.

Doch der Rede, so kann man anhand ihrer kritischen Edition feststellen (vgl. Celan 1999; eine historisch-kritische Edition wird derzeit erarbeitet, vgl. Gellhaus 2008), ist ein langwieriger Arbeitsprozess vorausgegangen, der Celan nicht zu Büchner, sondern zunächst zu anderen Dingen führen sollte. In der Büchner-Preis-Rede kumulieren mehrere Versuche und Ansätze einer poetologischen Standortbe-

stimmung, die ihn in den Jahren zuvor beschäftigt hatten. In seinem Brief an Pöggeler nennt Celan einen Rundfunkessay über »Die Dichtung Ossip Mandelstamms« (vgl. Celan 1999, 215–221), der im März 1960 geschrieben und ausgestrahlt wurde. Celans Auseinandersetzung mit Mandel'štam war in dieser Zeit ausgesprochen intensiv: Seit 1958 beschäftigte er sich als Übersetzer mit Mandel'štam. Diese Arbeit und auch seine grundlegende poetologische Auseinandersetzung mit Mandel'štam im Rahmen des Radioessays führten bei Celan zu einer starken, von ihm selbst als brüderlich empfundenen Nähe, die darin gipfelt, dass er den Gedichtband *Die Niemandsrose* (1963) »Dem Andenken Ossip Mandelstamms« widmete (vgl. Ivanović 1996, 212–260). Die Nähe bestimmter Passagen aus der Büchner-Preis-Rede zum Mandel'štam-Essay sind unübersehbar und machen den Russen zu einem wichtigen Gewährsmann auf Celans poetologischer Suche.

Von gleicher Bedeutung sind die Aufzeichnungen, die er für einen zunächst zugesagten Vortrag beim Wuppertaler Bund über die *Dunkelheit des Dichterischen* machte; Celan hatte den Vortrag im Herbst 1959 halten wollen, dann aber kurzfristig abgesagt. Das Notizenkonvolut wird er jedoch für die Vorbereitung der Büchner-Preis-Rede wieder heranziehen und davon ausgehend Überlegungen zu den Fragen der Dunkelheit und des Hermetismus anstellen. Das Hermetische war spätestens seit dem Erscheinen von Hugo Friedrichs einflussreicher Studie *Die Struktur der modernen Lyrik* (1956) zu einem oftmals achtlos und falsch als Schlagwort gebrauchten Topos vernichtender literarischer Kritik geworden, dem sich auch Celan zunehmend ausgesetzt sah (vgl. Goßens 2000, 54–61). Insofern war es für Celan an der Zeit, grundsätzlich zu seinem existentiellen Verständnis von Dichtung als einem dialogisch geführten Gespräch Stellung zu nehmen. Mit seiner Vorstellung des Gedichts als einem »dem Erscheinenden Zugewandten […] Gespräch« (Celan 1999, 9, Nr. 36a) wendet er sich daher gegen die Modelle einer monologischen Artifizienz lyrischen Sprechens, wie sie vor allem Gottfried Benn in seiner Büchner-Preis-Rede von 1951 angestellt hatte (vgl. Sideras 2005). Celans Rede ist nicht nur in dieser Hinsicht als ›Gegenwort‹ zu den ästhetizistischen und menschenfernen Konzepten einer ›absoluten‹ Dichtung zu verstehen.

Ein Blick in Celans nachgelassene Dokumente zur *Meridian*-Rede offenbart einen mehrstufigen Arbeitsprozess, in dessen letzter Phase er sich konkret der Büchner-Preis-Rede widmet und dann auch auf

Büchner bezieht (vgl. Celan 1999, X-XIV; Gellhaus 2008, 324). Dem textgenetischen Prozess sind – neben der *Bremer Preisrede* (1958) und der Erzählung *Gespräch im Gebirg* vom August 1959 als wichtige Prätexte – vor allem die Notate für den *Dunkelheit*-Vortrag (August/September 1959), der Mandel'štam-Essay (März 1960) und eine Reihe von Aufzeichnungen zuzurechnen, die Celan im Mai und Juni 1960, unmittelbar, nachdem er von der Verleihung des Büchner-Preises erfahren hatte, anfertigte und die inhaltlich in engem Zusammenhang mit den vorherigen Arbeiten stehen. Im Sommer 1960, in der Zeit von Juli bis Ende September, finden sich so gut wie keine Arbeitsspuren an der Rede; erst im Oktober 1960 beginnt er, zahlreiche Literaturstellen zu exzerpieren, die er im Rahmen der Rede wieder aufgreifen wird. In diese Phase fällt auch eine intensive Auseinandersetzung mit dem Werk Georg Büchners. Celan las Büchner in der Insel-Ausgabe von Fritz Bergemann von 1958, was die zum Teil erheblichen Differenzen seiner Textwahrnehmung im Vergleich zu heutigen Ausgaben erklärt. Dabei suchte er vor allem Passagen, die den Zusammenhang von Kunst und Leben thematisieren, aus denen er dann seine Vorstellung einer Dichtung entwickeln konnte, die unter dem »Neigungswinkel des Daseins« (Celan 1999, 9, Nr. 33c) stehend »eine aller unserer Daten eingedenk bleibende Konzentration« (ebd., Nr. 35c) ermöglicht.

Diese Vorstellung einer von der Kreatürlichkeit des Menschlichen ausgehenden Dichtung entdeckt Celan zunächst im Personal der Dramen Büchners, die er seinen Zuhörern (und Lesern) zu Beginn der Rede vorstellt (vgl. ebd., 2, 1–4; einen ausführlichen Kommentar liefert Brierley 1984): Da ist zunächst der Monolog Camilles in *Danton's Tod* (II, 3), in denen er Spuren von Büchners Kunstauffassung findet, von denen dann die Szene »Buden, Lichter, Volk« aus »*Woyzeck*«, und schließlich die letzte Szene des dritten Aktes aus *Leonce und Lena* (III, 3) variante Modelle liefern: Allen drei Beispielen ist eine Vorstellung gemeinsam, die ein »marionettenhaftes, jambisch-fünffüßiges und [...] kinderloses Wesen« der Kunst (Celan 1999, 2, 1) vorstellen, das in seiner Künstlichkeit zunächst nur zur gepflegten Unterhaltung taugt. Doch wie schon bei der Szene II, 3 in *Danton's Tod*, kommt dieser selbstgefälligen Rede etwas dazwischen, etwas, das, so Celan, eine andere Form von Wahrnehmung zur Voraussetzung hat und damit »Atem, das heißt zugleich Richtung und Schicksal« (ebd., 3, 5b) in die Dichtung trägt. Wieder sind es einige Szenen aus *Danton's Tod* (IV, 7; II, 5),

an denen er das deutlich macht: Trotz des drohenden Todes am Schafott scheint die Vorstellung artifizieller Kunstfertigkeit einen Sieg davon zu tragen (»den Triumph von ›Puppe‹ und ›Draht‹«; ebd., 3, 6c), käme nicht mit der letzten Bemerkung Luciles, »Es lebe der König!« (*Danton's Tod*, IV, 9), ein »Gegenwort« dazwischen, »das den Draht zerreißt« und einen »Akt der Freiheit« darstellt (Celan 1999, 7b): »Gehuldigt wird hier der für die Gegenwart des Menschlichen zeugenden Majestät des Absurden. / Das, meine Damen und Herren, hat keinen ein für allemal feststehenden Namen, aber ich glaube es ist ... die Dichtung.« (ebd., 8c-9)

Celans Suche nach den existentiellen Dimensionen der Kunst geht jedoch weiter, er versteht sie nicht (nur) als das literarhistorische Projekt einer motivischen Selbstvergewisserung in Büchners Werken, sondern vor allem als Annäherung an ein für ihn gegenwärtiges Prinzip dichterischen Ausdrucks. In Sinne dieser existentiellen Poetik setzt Celan bei der Frage nach der Kunst den »Akut des Heutigen«, den er dann nochmals im Literarhistorischen wiederzufinden hofft: Sein Beispiel ist Büchners Erzählung »*Lenz*«, die ja ein Jahr zuvor zu einem Teil seines eigenen Prosastücks *Gespräch im Gebirg* geworden war. Lenz als historische und literarische Figur, aber auch als Alter ego Büchners, verkörpert für Celan die Möglichkeit und den Wunsch, mit der Kunst über das Menschliche hinauszugehen, »ein Sichhinausbegeben in einen dem Menschlichen zugewandten und unheimlichen Bereich« (ebd., 5, 17a). Nur im Aus-sich-Hinausgehen ist es dem Künstler möglich, sich selbst zu vergessen: »Kunst schafft Ich-Ferne. Kunst fordert hier in einer bestimmten Richtung eine bestimmte Distanz, einen bestimmten Weg.« (ebd., 6, 20d) Der Weg, so Celan, den die Dichtung dann zu gehen hat, ist die Kunst, die mehr ist als eine Kunstfertigkeit, sondern in dem Versuch gipfelt, auf dem Weg zur Dichtung die eigene Existenz jenseits der Kunst »als ein Ich« (ebd., 7, 24 f.) freizusetzen.

Celan verschiebt an dieser Stelle den Akzent vom »Gravis des Historischen« (ebd., 4, 10b) endgültig in die Richtung des Akutes. Seine Spurensuche bei Büchner endet hier und gibt dem historischen Lenz eine Gestalt. Hinter dem offenen Ende von Büchners Fragment (»So lebte er hin ...«) zeigt uns Celan den historischen Menschen Lenz, der versucht, sich, seine »Person [...] als ein – befremdetes – Ich« (ebd., 7, 25a) freizusetzen und damit einen Akt der Freiheit zu wagen: »... nur war es ihm manchmal unangenehm, daß er nicht auf dem Kopf gehen konnte.‹ –

Das ist er, Lenz. Das ist, glaube ich, er und sein Schritt, er und sein ›Es lebe der König‹« (ebd.). An dieser Stelle beendet Celan seine Exegese der Werke Büchners und folgt einem anderen Weg: In der Mitte der Rede ist er nun an einem Punkt angelangt, an dem auf ganz andere, grundsätzlichere Weise nach dem Wesen des Gedichtes zu fragen ist. Für Celan ist der Weg des Gedichtes die Suche nach dem markanten Punkt der Freiheit, nach der »Atemwende« (ebd., 29b), in der sich das Ich freisetzen kann. »Vielleicht«, so Celan nochmals in Bezug auf *Lenz*«, »darf man sagen, daß jedem Gedicht sein ›20. Jänner‹ eingeschrieben bleibt? Vielleicht ist das Neue an Gedichten, die heute geschrieben werden, gerade dies: daß hier am deutlichsten versucht wird, solcher Daten eingedenk zu bleiben? / Aber schreiben wir uns nicht alle von solchen Daten her? Und welchen Daten schreiben wir uns zu?« (ebd., 8, 30) Das Datum des ›20. Jänner‹, das Fritz Bergemann in seiner »*Lenz*«-Edition im Rückgriff auf die faktischen Quellen als Konjektur eingefügt hat (Bergemann in B 1958, 85; vgl. DKV I, 816), wird für Celan zu einem polyvalent besetzten Zeichen: Neben dem ›20.‹ des Büchner'schen Lenz ist es vor allem der 20. Januar 1942, der Tag der Wannseekonferenz, der sich für ihn mit diesem Datum verbindet. Eines solchen Datums als Einbruch des Kreatürlichen in die Kunst und in das menschliche Schicksal, gilt es, so Celan, mit der Dichtung »eingedenk zu bleiben«.

Der Weg des Gedichtes, den Celan nun entwickelt, ist der Weg hin zu einem Anderen; es ist der Entwurf einer dialogischen Poetologie, bei der das Gedicht »im Geheimnis des Begegnung« (Celan 1999, 9, 34b) steht. Das Gedicht, so Celan, sucht ein Gegenüber, einen Gesprächspartner, auf den es mit Aufmerksamkeit zugeht. Erst ›im Raum dieses Gesprächs konstituiert sich das Angesprochene« (ebd., Nr. 36b) und konfrontiert sein Gegenüber mit seiner Andersheit. Auch wenn Celan am Ende seiner Rede nochmals auf das Büchner'sche Personal zurückkommt, ist es nun vor allem Ossip Mandel'štam, an dem und mit dem gemeinsam er seine Poetologie der Begegnung und des Dialogs entwickelt. Die Wege des Gedichtes, die Celan hier entwirft, sind dabei vor allem »Wege, auf denen die Sprache stimmhaft wird, es sind Begegnungen, Wege einer Stimme zu einem wahrnehmenden Du, kreatürliche Wege, Daseinsentwürfe vielleicht, ein Sichvorausschicken zu sich selbst, auf der Suche nach sich selbst … Eine Art Heimkehr« (ebd., 11, 46). Dichtung, so Celan, ist an keinem Ort festzumachen sondern steht »im Lichte der Utopie« (ebd., 12, 49a). Sie führt ihn auf einem Kreis, einem Umweg über Büchner und zahlreiche andere, wieder zurück an den »Ort [s]einer eigenen Herkunft« (ebd., 49b) und damit zurück zu sich selbst. Auf diesem Weg aber streift er etwas Anderes, das – wie das Gedicht – den Menschen mit anderen verbindet und zur Begegnung führt: Auf seinem Weg zum Gedicht hat Celan dieses Gemeinsame, dieses Verbindende zwischen dem Ich und den Anderen zu finden geglaubt: »Ich finde etwas – wie die Sprache – Immaterielles, aber Irdisches, Terrestrisches, etwas Kreisförmiges, über die beiden Pole in sich selbst Zurückkehrendes und dabei – heitererweise – sogar die Tropen Durchkreuzendes –: ich finde … einen *Meridian*.« (ebd., 50c)

Literatur

Brierley, David: Der Meridian. Ein Versuch zur Poetik und Dichtung Paul Celans. Frankfurt a. M. 1984.

Celan, Paul: Der Meridian. Rede anläßlich der Verleihung des Georg-Büchner-Preises. Frankfurt a. M. 1961.

– : Der Meridian. Endfassung, Vorstufen, Materialien. Tübinger Ausgabe. Hg. von Bernhard Böschenstein und Heino Schmull. Frankfurt a. M. 1999.

– : Gesammelte Werke in sieben Bänden. Frankfurt a. M. 2000.

– /Sachs, Nelly: Briefwechsel. Hg. von Barbara Wiedemann. Frankfurt a. M. 1993.

Döhl, Reinhard: Geschichte und Kritik eines Angriffs. Zu den Behauptungen gegen Paul Celan. In: Deutsche Akademie für Sprache und Dichtung (Hg.): Jahrbuch 1960. Heidelberg 1961, 101–132.

Gellhaus, Axel: Von der Dunkelheit des Dichterischen. Die Konzeptgenese der Büchner-Preisrede Paul Celans. In: Ders./Françoise Lartillot (Hg.): Dokument – Monument. Textvarianz in den verschiedenen Disziplinen der europäischen Germanistik. Bern 2008, 315–326.

Goßens, Peter: Paul Celans Ungaretti-Übersetzung. Edition und Kommentar. Heidelberg 2000.

Ivanović, Christine: Das Gedicht im Geheimnis der Begegnung. Dichtung und Poetik Celans im Kontext seiner russischen Lektüren. Tübingen 1996.

May, Markus/Goßens, Peter/Lehmann, Jürgen (Hg.): Celan-Handbuch. Leben –Werk – Wirkung. Stuttgart 2008.

Pöggeler, Otto: Spur des Worts. Zur Lyrik Paul Celans. Freiburg i. Br. 1986.

Sideras, Agis: Paul Celan und Gottfried Benn. Zwei Poetologien nach 1945. Würzburg 2005.

Thuneke, Jörg: Die Rezeption Georg Büchners in Paul Celans Meridian-Rede. In: GBJb 3 (1983) 1984, 298–307.

Wiedemann, Barbara: Das Jahr 1960. In: Andrei Corbea-Hoisie (Hg.): Biographie und Interpretation. Biographié et interprétation. Konstanz/Paris/Iaşi 2000a, 44–59.

– (Hg.): Paul Celan – Die Goll-Affäre. Dokumente zu einer ›Infamie‹. Frankfurt a. M. 2000b.

– /Badiou, Bertrand (Hg.): »Mikrolithen sinds, Steinchen.« Die Prosa aus dem Nachlaß. Kritische Ausgabe. Frankfurt a. M. 2005.

Peter Goßens

7.2 Christa Wolf

Als die Akademie für Sprache und Dichtung 1980 den Georg-Büchner-Preis an Christa Wolf (geb. 1929) verlieh, stellte der Laudator besonders die Solidarität der Autorin mit der Gesellschaft heraus und betonte die Zuversicht, die von ihrem Schreiben ausgeht (vgl. Helbling 1984, 139 f.). In ihrer Darmstädter Rede *Von Büchner sprechen* bedankte sich Christa Wolf und erklärte: »Aus Sätzen Büchners wollte ich eine Rede halten, die klingen sollte, als wäre sie heute geschrieben. Doch was zu seiner Zeit unerledigt blieb, ist nicht nachzuholen.« (Wolf 2000, 187)

Die Preisträgerin knüpft an Büchner, den »Revolutionär, Dichter, Wissenschaftler« (ebd.) an als denjenigen, der »die untergründigen Verflechtungen von Schreiben und Leben, von Verantwortung und Schuld« (ebd., 186) fühlte, als jemanden, der es riskierte, »den finsteren Verhältnissen seiner Zeit eine lebbare Alternative zu entreißen« (ebd., 187). Christa Wolf stellt also eine Wahlverwandtschaft zum Namenspatron des ihr zuerkannten Preises her, indem sie – Ethik und Ästhetik verbindend – das utopische Element in Büchners Leben und Werk betont. Die literaturhistorische Richtigkeit dieser Einschätzung ist dabei weniger relevant als der anschließende Selbstverständigungsversuch der Preisträgerin. Im Hinblick auf die radikale Zivilisationskritik jedenfalls weiß sich Christa Wolf mit Büchner einig.

> Lenz wird irre über dem Verlust seiner Übereinstimmung mit der gemeinen Vernunft. Wir, ernüchtert bis auf die Knochen, stehn entgeistert vor den vergegenständlichten Träumen jenes instrumentalen Denkens, das sich immer noch Vernunft nennt, aber dem aufklärerischen Ansatz auf Emanzipation, auf Mündigkeit hin, längst entglitt und als blanker Nützlichkeitswahn in das Industriezeitalter eingetreten ist. (ebd.)

Lenz ist der erste, den Christa Wolf als Gewährsmann aufruft, für die Einsicht: »Der Zustand der Welt ist verkehrt« (ebd., 189). Sie präzisiert ihre ›schlichte‹ Diagnose. Aber kann Literatur daran etwas ändern? Sie zweifelt. Ist nicht auch die Sprache korrumpiert? Da kommt ihr eine andere Figur aus Büchners Werk in den Sinn: Rosetta, die ungeliebte Mätresse, aus dem Lustspiel *Leonce und Lena*. Sie redet nicht, sie tanzt. Ihre »Füße gingen lieber aus der Zeit« (ebd., 190), auch das eine Metapher für Veränderung, für eine sinnenfreudige Revolution. Christa Wolf stellt Rosetta in eine Reihe mit anderen Frauenfiguren aus Büchners Werk – mit Marie, Marion, Lena, Julie, Lucile (vgl. ebd., 191) – und diese weiblichen Opferfiguren stellt sie dann, etwas schematisch,

den männlichen Vertretern der Rationalität gegenüber. Hier wird überraschenderweise als erster »Danton auf der Nebenbühne« (ebd.) erwähnt. Für Christa Wolf steht er mit Robespierre, dem Fanatiker der Tugend, auf derselben Seite, wenn es um die »Zitadelle der Vernunft« (ebd.) geht.

Die genannten Frauenfiguren verkörpern demgegenüber die Sinnlichkeit und eine von Christa Wolf postulierte natürliche Ganzheitlichkeit. Während die zivilisationskritische Dimension einer solchen Geschlechterdualität unbestritten ist – schon Adorno beruft sich darauf in seinen *Minima Moralia* (1951) –, hat die ins Konstruktive umgewendete Gestaltung eines grundsätzlichen Gegensatzes von Mann und Frau, wie sie Christa Wolf etwa in ihren Romanen *Kassandra* (1982) und *Medea* (1996) vornimmt, mittlerweile vielfach Kritik erfahren. Als ›klassische Heldin‹ entscheidet sich Kassandra gerade nicht für Liebe und Leidenschaft als angeblich weibliche Alternative, sondern für den Opfertod, um die Autonomie ihres Ich unter Beweis zu stellen, wählt also ein männlich konnotiertes Lebensmodell (vgl. Heidelberger-Leonard 1994, 130 f.). Aber das sind Überlegungen ex post. Als Christa Wolf in Darmstadt ihre bekenntnishafte Rede hält, ist *Kassandra* noch nicht geschrieben. Die Preisträgerin findet in Büchner einen, der die Dialektik der Aufklärung früh gesehen hat: »Büchner hat so früh, und ich glaube, mit Grauen gesehen, daß die Lust, die das neue Zeitalter an sich selber fand, an ihrer Wurzel mit Zerstörungslust verquickt war.« (ebd., 192) Büchners Figuren dienen Christa Wolf dazu, ihren feministischen Blick auf Literatur und Geschichte zu schärfen:

> Rosetta, das ist nun mal ihr Los, haust, sich selbst und Leonce unsichtbar, sprachlos, entwirklicht, gerade in jenem verleugneten, schalltoten, wegmanipulierten Raum, den die Welt, der doch auch sie angehört, beim besten Willen nicht wahrnehmen kann. Sie wird definierbar durch das, was sie nicht ist.
> Sie läßt sich um ihre Geschichte bringen. Läßt sich die Seele absprechen. Den Verstand. Das Menschsein. Die Verantwortung für sich selbst. (ebd., 193)

In dem Maße, wie Christa Wolf verallgemeinert und die Traditionslinie auszieht – Rosetta wird »die Nervensäge. Das Luder. Der Vamp. Das Heimchen. Geht, als Nora, aus dem Puppenheim.« (ebd., 194) – verliert ihre Diagnose an Schärfe. Wenn Wolf gleich anschließend Rosa Luxemburg und Marlene Dietrich zusammen nennt, verdient ihre Einsicht in die politische Dimension des Privaten jedoch Beachtung; bemerkenswert auch, wie die Dietrich als Repräsentantin einer Alltagskultur, der großen Kämpferin für den Sozialismus gleichgestellt wird.

In ihrer Rede arbeitet sich Christa Wolf vor bis zu der für ihr eigenes aufklärerisches Pathos nicht nur ernüchternden, sondern decouragierenden Erkenntnis, dass die Vorstellung eines sich selbst verwirklichenden Menschen – das könnte eine Frau sein – nicht realisierbar ist: »Um frei zu werden, ist sie neue Verstrickungen eingegangen. Um zu sich selbst zu kommen, wurden ihr neue Arten der Selbstverleugnung abverlangt.« (ebd., 195) Zu einer nachhaltigen Desillusionierung hat diese Einsicht ins Paradoxale der Konstruktion einer autonomen Persönlichkeit erst einmal nicht geführt. Christa Wolf hält am »Prinzip Hoffnung« (Ernst Bloch) fest, darauf gründet sich ihr letztlich moralischer Anspruch an Literatur, auf den sie sich – in Abwandlungen – bis heute beruft (vgl. Hilzinger 2007). Ihr in überlebenspraktischer Absicht formuliertes, ethisch motiviertes Trotzdem behauptet Christa Wolf auch gegenüber Ingeborg Bachmann und deren »Sprache jenseits des Glaubens« (Wolf 2000, 198).

Gerade heute sieht sie die vordringlichste Aufgabe der Literatur darin, die »Gesittung« zu befördern. »Unser Befremden vor diesem überholten Wort mag uns bewußt machen, wie bedroht der Bestand dessen ist, wofür es steht.« (ebd., 199) Gemeint sind Toleranz und Mitmenschlichkeit (vgl. Wolf 2006, 16 f.). Ausdrücklich fordert Christa Wolf in ihrer Darmstädter Rede: »Literatur heute muß Friedensforschung sein.« (Wolf 2000, 199) Dabei richtet sie sich an beide deutschen Staaten gleichermaßen. Sie weiß, dass man über ihre »Naivität«, über ihre »Unvernunft« lächelt: »Heller Wahnsinn, sagen Sie. Nun gut. So fehlt mir – in der Sprache der Psychiatrie – die Krankheitseinsicht, und ich gebe mich diesem hellen Wahnsinn hin, um nicht der finsteren Seite der Vernunft anheimzufallen.« (ebd., 200)

Das Jahr 1980 fällt in eine wichtige Umbruchsphase in Christa Wolfs intellektueller und schriftstellerischer Biographie seit der Ausbürgerung Wolf Biermanns 1976. Nachdem ihr ursprüngliches Engagement für den Aufbau des Sozialismus in der DDR durch das für die Künstler desaströse 11. Plenum des ZK der SED 1965 enttäuscht wurde, suchte Christa Wolf nach »Gegen-Lektüren zur herrschenden ideologischen Lesart der gesellschaftlichen Realität (Meyer-Gosau 2004, 7) und beschäftigte sich verstärkt mit »Fragen nach dem Zustandekommen von Identität« (ebd.). Daraus erwuchs auch ihre produktive Auseinandersetzung mit der Romantik in den Essays zu Karoline von Günderrode (1979) und zu Bettine von Arnim (1983) sowie ein verstärktes Interesse am Feminismus und der Friedensbewegung.

Die Erzählung *Kein Ort. Nirgends* (1979), die von einer fiktiven Begegnung zwischen Günderrode und Kleist 1804 in Winkel am Rhein handelt, »vollzog einen prinzipiellen Bruch mit den Dispositionen der vorausgehenden Werke« (ebd., 10).

Die Büchner-Preis-Rede gehört zu den vielen Essays, Reden und Gesprächen, in denen Christa Wolf versucht, ihre literarische Position klar zu machen. Ohne auf poetische Vergleiche und literarische Referenzen zu verzichten, nutzt die Autorin diese auf Diskursivität ausgerichteten Ausdrucksformen, die in ihrem Werk breiten Raum einnehmen und durch eine verstärkte Hinwendung zu autobiographischen Schreibweisen seit *Kindheitsmuster* (1976) zusätzlich legitimiert sind. Auf eine bescheidene, immer stärker auf den Alltag und seine Belange konzentrierte Weise – das bestätigt insbesondere ihr (vorläufig) letztes Werk, *Ein Tag im Jahr. 1960–2000* (2003) – hält Christa Wolf mit ihrem Schreiben die Hoffnung auf ein besseres Leben wach. Utopie ist dafür ein zu großes Wort. Dem Revolutionär Büchner bleibt sie darin aber treu.

Literatur

Heidelberger-Leonhard, Irene: Literatur über Frauen = Frauenliteratur? Zu Christa Wolfs literarischer Praxis und ästhetischer Theorie. In: Text und Kritik, Heft 46: Christa Wolf. 4. Aufl.: Neufassung, Nov. 1994, 129–139.

Helbing, Hanno: Laudatio auf Christa Wolf. In: Herbert Heckmann (Hg.): Büchner-Preis-Reden: 1972–1983. Stuttgart 1984, 135–140.

Hilzinger, Sonja: Christa Wolf. Biographie. Frankfurt a. M. 2007.

Meyer-Gosau, Frauke: Christa Wolf. In: Kritisches Lexikon zur deutschsprachigen Gegenwartsliteratur. Hg. von Heinz Ludwig Arnold. Edition Text + Kritik. 54. Nachlieferung 10 (2004), 1–16.

Wolf, Christa: Von Büchner sprechen. Darmstädter Rede. In: Dies.: Werke Bd. 8: Essays / Gespräche / Reden / Briefe 1975–1986. Hg. von Sonja Hilzinger. München 2000, 186–201.

– : Kenntlich werden. Vorwort. In: Dies.: Der Worte Adernetz. Essays und Reden. Frankfurt a. M. 2006, 9–24.

Carola Hilmes

7.3 Heiner Müller

1985 hielt Heiner Müller (geb. 1929) zur Verleihung des Büchner-Preises seine Rede »Die Wunde Woyzeck«. Die *Süddeutsche Zeitung*, die in den Jahren zuvor die Reden in ihrem Feuilleton abdruckte, gestand im Falle Müllers ein, dass sie mit der Publikation zögerte, da der Text von »aberwitzigen Assoziationssprüngen« (zit. nach Kaufmann 1992, 66) durchzogen sei. Auch wenn sich Müller zu diesem Urteil nicht geäußert hat, so gab er in einem Gespräch, das am Tag nach der Preisverleihung in der Darmstädter Georg Büchner-Buchhandlung geführt wurde, unumwunden zu, dass sich seine Rede einer eindeutigen Dechiffrierbarkeit entzieht: »Ich weiß, daß das ein Text ist, der ungeheuer auslegbar ist, der schwierig ist, oder man kann das so und so interpretieren« (Müller 1986, 21). Müller begründete diese Hermetik seiner Rede aus der spezifischen Situation, als Schriftsteller der DDR einen Literaturpreis der BRD entgegenzunehmen und sich dadurch zwischen »zwei Welten« zu bewegen: »Ich will das Eine sagen und will das Andere sagen, und kann das eigentlich nur in einer metaphorischen Weise sagen und nicht journalistisch konkret. Weil dann wird es falsch, dann wird es sofort benutzbar von der einen oder anderen Seite« (ebd.). Durch spezifische Präsentationsstrategien versucht Müller, sich jeder politischen Vereinnahmung zu verweigern. Diese Strategien bestehen u. a. in einem metaphorischen Sprechen, in intertextuellen Bezugnahmen (zu Franz Kafka, Konrad Bayer und Theodor W. Adorno vgl. Hennemann 2000, 27–37; zu Ernst Jünger vgl. Domdey 1990, 101–103), in einem punktuell verkürzten Anspielen auf historische Ereignisse und in einer aufgebrochenen Syntax, die die grammatischen und damit auch semantischen Bezüge in die Schwebe bringt.

Gleichwohl liegt Müllers Rede eine klare Struktur zugrunde, die schon durch die dreiteilige Gliederung angezeigt wird. Der erste Teil beschäftigt sich mit der Figur Woyzecks, die zur komplexen Metapher des Verhältnisses von Täter und Opfer avanciert. Der zweite Teil setzt sich mit dem Text »*Woyzeck*« auseinander, der für eine neue Ästhetik einsteht. Der dritte Teil schließlich stellt ausgehend von Figur wie Text die Frage nach den Bedingungen von Geschichte und mündet damit in einen für Müller zentralen Themenkomplex (vgl. Eke 1999, 36–46), bei dem die Machbarkeit von Geschichte, der Konnex von historischen Prozessen und politischer Gewalt sowie die Möglichkeit eines Austritts aus einer in sich kreisenden Geschichte verhandelt werden.

Durch die zeitadverbiale Fügung und das verwendete Tempus des Präsens im ersten Satz der Preisrede – »Immer noch rasiert Woyzeck seinen Hauptmann, ißt die verordneten Erbsen« (Müller 1989, 261) – macht Müller aus Büchners Protagonisten einen »Zeitgenossen« (Kaufmann 1992, 67; Hennemann 2000, 20), dessen Geschichte nicht abgeschlos-

sen ist, sondern bis in die Gegenwart hinreicht. Insofern der erste Satz zugleich die Unterwerfung des Füsiliers unter Instanzen einer militärischen wie wissenschaftlichen Macht betont, besteht die »Wunde«, die die Figur Woyzecks anzeigt, in gesellschaftlichen und politischen Strukturen der Abhängigkeit und Ausbeutung, die die »,soziale Frage‹« als nach wie vor »ungelöst« markieren (Domdey 1990, 107; vgl. Hennemann 2000, 39). Doch Woyzeck ist nicht nur Opfer; er ist auch Täter. Dies akzentuiert Müller zum einen dadurch, dass Woyzeck die erfahrene Unterdrückung an seine Geliebte Marie weitergibt, indem er sie »quält«, und zum anderen dadurch, dass der historische Mörder von Rosa Luxemburg, der »Jäger Runge«, als sein »blutiger Bruder« ausgewiesen wird. Wenn daraufhin »Stalingrad« als Woyzecks »Gefängnis« und die »Mauer« als Luxemburgs »Monument« bezeichnet werden, dann verlängert Müller die Geschichte Woyzecks bis in die Zeit des Kalten Krieges. Mit der Hinrichtung Luxemburgs, so die implizite Argumentationsfigur, verbannt Woyzecks Bruder nicht nur den Kommunismus aus Deutschland und bereitet dem Faschismus den Boden, sondern ermöglicht auch den Bau der Mauer, in der die Trennung in einen an der USA orientierten Kapitalismus und einen an der Sowjetunion ausgerichteten Sozialismus festgeschrieben wird. Durch die Errichtung der Mauer ist wiederum eine »Panzerung der Revolution« (Müller 1989, 261) erzielt, die zutiefst ambivalent ist: Denn diese »Panzerung« impliziert neben dem Schutz der Revolution vor dem Westen zugleich deren Stillstellung im Osten Deutschlands.

Woyzeck hat nicht nur einen Bruder; er hat auch eine »Schwester« – Ulrike Meinhof, »Tochter Preußens und spätgeborene Braut« (ebd., 262) Heinrich von Kleists. Müller arbeitet also mit der Familienmetaphorik, um eine Genealogie der Gewalt freizulegen (vgl. Hennemann 2000, 45), als deren aller ›Vater‹ – wie etwa auch in den Dramen *Germania Tod in Berlin* und *Leben Gundlings Friedrich von Preußen Lessings Schlaf Traum Schrei* – der Militarismus des aufgeklärten Absolutismus Preußens veranschlagt wird. In dieser Genealogie artikuliert sich die Gewalt der Unterdrücker ebenso wie die der Unterdrückten, äußert sich Gewalt als Gewalt gegen Andere wie auch als Gewalt gegen das eigene Selbst. Müller führt Meinhof in Anspielung auf eine von dieser selbst formulierten Aussage ein, die die RAF als »WIEDERKEHR DES JUNGEN GENOSSEN AUS DER KALKGRUBE« (Müller 1989, 262; vgl. Müller 1986, 15) definiert, also als Wiederkehr jenes jungen Genossen aus Bertolt Brechts Lehrstück *Die Maßnahme*, dessen politische Aktionen »spontan, das heißt also auch blind« sind. Damit hebt Müller hervor, dass die RAF mit »blinder Gegengewalt auf Gewalt« (ebd.) reagiert, mithin Gewalt lediglich perpetuiert, ohne aus den etablierten Herrschaftsverhältnissen auszusteigen und das verinnerlichte Täter-Opfer-Verhältnis zu suspendieren. Die »Wunde«, die demnach Woyzecks Familie zur Schau trägt, besteht nicht nur in den unversöhnten sozialen wie politischen Herrschaftsstrukturen, sondern auch darin, dass die praktizierten Formen der Gewaltausübung nichts an diesen Strukturen ändern und allein die Täter-Opfer-Dialektik auf Dauer stellen.

Mit der Formulierung: »Noch geht er [Woyzeck, H.N.] in Afrika seinen Kreuzweg in die Geschichte«, verlässt Müller das Szenario deutscher Geschichte und stellt seine Rede in einen weltpolitischen Kontext. Dieser ist bereits in der Widmung – »Für Nelson Mandela« (Müller 1989, 261) – angedeutet und wird im dritten Teil – »Der Wolf kommt aus dem Süden« (ebd., 263) – weiter ausgeführt. Nachdem durch die Familienmetaphorik die Geschichte von Büchners Woyzeck zeitlich verlängert wurde, wird sie nun durch ihre Verlagerung nach Afrika auch räumlich ausgedehnt, so dass Woyzeck – diesseits geographischer und ethnischer Differenzen – stellvertretend für alle Unterdrückten steht. Das revolutionäre Potential, das sich für Müller mit dem erniedrigten Woyzeck verknüpft, verschiebt sich damit auf die Länder der sogenannten ›Dritten Welt‹ (vgl. Kaufmann 1992, 70), wie dies gleichfalls in den Dramen *Der Auftrag* und *Anatomie Titus* der Fall ist. Doch wie auch in den beiden Dramen stellt der Perspektivenwechsel auf die ›Dritte Welt‹ primär eine utopische Öffnung der europäischen Revolutionskonzepte dar (vgl. Eke 1999, 158, 207 f.), deren Wirklichkeit noch zur Verhandlung steht: Denn in Afrika geht Woyzeck seinen Leidensweg nicht ›in der‹ Geschichte; er befindet sich allererst auf dem Weg »in die« Geschichte.

Sobald Müller im zweiten Teil seiner Rede auf Büchners Drama selbst zu sprechen kommt, stellt er eine Analogie zwischen Figur und Text her: Wie Woyzeck von Hauptmann und Doktor zugerichtet wird, so ist »*Woyzeck*« ein »vom Theater geschundener Text«. Figur und Text tragen demnach Wunden, die ihnen von außen zugefügt sind. Diese Wunden fordern wiederum zum Eingedenken auf, da sie mit Blick auf die Figur vom Scheitern des sozialistischen Projekts und mit Blick auf den Text von einer auf der Bühne nicht eingelösten Ästhetik zeugen. Diese Äs-

thetik konkretisiert sich für Müller darin, dass der Text »vom Fieber zersprengt« ist, ihm eine »Struktur« eignet, »wie sie beim Bleigießen entstehen mag«, und sich die Handlung gleich einem »schnellen Gewitter« vollzieht. Müller akzentuiert also die Auflösung eines organischen Zusammenhangs mit finaler Spannung, der sich in Einleitung, Peripetie und/oder Anagnorisis sowie Lösung entfaltet, den raschen Wechsel der Szenen und die Dynamisierung des gesamten Geschehensverlaufes als Facetten der Ästhetik des »*Woyzeck*«. Dass Büchners Drama zugleich »den Eingang zum Paradies« verstellt, »in dem die Unschuld des Stückeschreibers zu Hause war« (Müller 1989, 262), betont darüber hinaus, dass man nach »*Woyzeck*« weder inhaltlich noch formal harmonisierende bzw. synthetisierende Modelle anbieten kann: Ab Büchners »*Woyzeck*« gilt es für jeden Dramatiker, die sozialen wie politischen Konfliktstrukturen zu sezieren und auszustellen. Müller profiliert damit Büchners Drama als Gründungsakte eines neuen literarischen Diskurses, der indes gleichfalls von einer »Wunde« zeugt – von der jeden Idealismus verletzenden Einsicht, dass Versöhnungsprogramme ausgedient haben.

Konsequent kann Müller zu Beginn des dritten Teils festhalten: »WOYZECK ist die offene Wunde« (ebd., 263). Die Schreibweise in Majuskeln zeigt dabei an, dass sowohl die Figur als auch der Text diese »Wunde« bilden. Bei der Frage jedoch, wie mit dieser »Wunde« umzugehen ist, stehen abschließend historisch-politische und nicht ästhetische Überlegungen im Mittelpunkt. Allerdings folgt Müller in seiner Rede durch die Ausstellung wie Zuspitzung von Konflikten, die Zurücknahme harmonisierender Lösungen, die Zitat- und Montagetechnik und die Verdichtung von Bildkomplexen durchaus jener Ästhetik, die er selbst in ihren Ansätzen für Büchners Drama reklamiert und die er in seinen eigenen Dramen praktiziert (vgl. Eke 1999, 50 f.) – als einer Ästhetik, die der »Wunde Woyzeck« in deren inhaltlichen wie formalen Dimensionen gerecht zu werden versucht.

Im Schlusspassus bringt Müller eine neue Bildlichkeit ins Spiel: Er bezeichnet Woyzeck als »Hund« und rekurriert damit auf den Indifferenzbereich zwischen Tier und Mensch, den Büchner in seinem Drama durchspielt. Doch nicht auf Woyzeck als »Hund«, als domestiziertes und abgerichtetes Tier richten sich die revolutionären Hoffnungen: »Auf seine [Woyzecks, H.N.] Auferstehung warten wir mit Furcht und/oder Hoffnung, daß der Hund als Wolf wiederkehrt.« Erst dann wenn der Hund als

Wolf aufersteht und »aus dem Süden« wiederkehrt, »beginnt, in der Stunde der Weißglut, Geschichte« (Müller 1989, 263). Mit dem Wolf zitiert Müller das Tier einer politischen Zoologie, das seit Thomas Hobbes für den ›bellum omnium contra omnes‹ steht. Was jedoch bei Hobbes einen vorgeschichtlichen Naturzustand bildet, der durch die Bannung wölfischer Gewalt in der Gewalt eines staatlichen Souveräns zu überwinden ist, wird von Müller als Motor historischer Prozesse betrachtet, den es in Gang zu setzen gilt. Ohne Wölfe, ohne Gewalt, ohne Kampf, so die Logik Müllers, keine Geschichte, in der sich die Unterdrückten gegen die etablierten Machtinstanzen zu behaupten suchen. Dieses Schlussbild ist allerdings höchst ambivalent, was die Rede indes selbst thematisiert. Denn die Wiederkehr Woyzecks als Wolf wird »mit Furcht und/oder Hoffnung« antizipiert. Hinter diesen divergierenden Erwartungshaltungen verbirgt sich nicht nur die politische Differenz, dass die Herrschenden fürchten, was die Beherrschten hoffen. Vielmehr manifestiert sich darin das generelle Problem, wie es auch im Verweis auf die RAF angedeutet ist, dass sich die Konsequenzen revolutionärer Gewalt, die nun von der ›Dritten Welt‹ auszugehen hat, weder abschätzen noch berechnen lassen (vgl. Hennemann 2000, 47), so dass letztlich nicht zu wissen ist, ob nicht nur neuerlich Gewalt perpetuiert und die Täter-Opfer-Dialektik fortgeschrieben wird. In Müllers Zukunftsvision bleibt also offen, ob die »Wunde Woyzeck« geschlossen oder weiter aufgerissen wird.

Literatur

Domdey, Horst: ›Historisches Subjekt‹ bei Heiner Müller. Müllers Büchner-Preisrede ›Die Wunde Woyzeck‹. In: Spiele und Spiegelungen von Schrecken und Tod. Zum Werk von Heiner Müller. Hg. von Paul Gerhard Klussmann und Heinrich Mohr. Bonn 1990, 93–114.

Eke, Norbert Otto: Heiner Müller. Stuttgart 1999.

Hennemann, Alexa: Die Zerbrechlichkeit der Körper. Zu den Georg-Büchner-Preisreden von Heiner Müller und Durs Grünbein. Frankfurt a. M./Berlin u. a. 2000.

Kaufmann, Ulrich: Dichter in »stehender Zeit«. Studien zur Georg-Büchner-Rezeption in der DDR. Jena 1992.

Müller, Heiner: »Ich bin ein Neger«. Diskussion mit Heiner Müller. Darmstadt 1986.

– : Die Wunde Woyzeck. In: Ders.: Shakespeare Factory 2. Berlin 1989, 261–263.

Harald Neumeyer

7.4 Durs Grünbein

Schon im ersten Satz seiner Georg-Büchner-Preisrede »Den Körper zerbrechen« bezieht sich Durs Grünbein (geb. 1962) auf die Probevorlesung »*Über Schädelnerven*« (DKV II, 157–169; MBA 8, 151–169) von Georg Büchner, die aus dessen Dissertation *Mémoire sur le système nerveux du barbeau* (DKV II, 69–156; MBA 8, 3–120) von 1836 hervorgegangen ist. Grünbein entwirft damit ein ganzes poetisches Programm: »Was haben die Schädelnerven der Wirbeltiere mit Dichtung zu tun? […] Welcher Weg führt von der Kiemenhöhle der Fische zur menschlichen Komödie, von rhythmisierter Prosa zur Ausstülpung des Gehirns in den Gesichtsnerv?« (Grünbein 1995, 7) Es ist die frühe poetologische Selbstverortung eines Dichters, der (nach Peter Handke) als zweitjüngster Preisträger in der Geschichte des Georg-Büchner-Preises den Preis »lieber in anderen Händen wüßte, verliehen für ein ganzes, ein Lebenswerk« (ebd., 23; vgl. dazu Lampart 2007, 19 f.). Grünbein beantwortet seine eingangs gestellte Frage im ersten Teil seiner Rede mit seiner ästhetischen Lesart des naturwissenschaftlich-philosophischen Gehalts der Probevorlesung: »Ich habe sie immer als Bruchstück einer Konfession gelesen, als eine Art literarisches Manifest.« (Grünbein 1995, 12) Er deutet die Probevorlesung als Teil eines Glaubensbekenntnisses des Dichters Georg Büchner und als Beginn einer Versuchsreihe, die sich bis in seine eigene Poetik fortsetzt: »Physiologie aufgegangen in Dichtung« (ebd., 8 f.). Grünbein nimmt hier in seiner Sicht auf Büchner jenseits von Autonomie oder Engagement einen dritten Weg für sich ein, die besondere »Affizierung der Poesie durch die Naturwissenschaften« im Sinne der ›Third Culture‹, ein Phänomen der Lyrik der 1990er Jahre (Meyer 2002, 109; vgl. Riedel 1999, 83 f.).

Georg Büchner kritisiert in seiner Probevorlesung die Betrachtungsweise, die nur nach der größtmöglichen Zweckmäßigkeit eines Organismus frage und diesen als »verwickelte Maschine« (DKV II, 157; MBA 8, 153) begreife und nimmt – offensichtlich entscheidend durch Goethe geprägt – eine ästhetische Perspektive ein, die er selbst als »philosophische« (DKV II, 158; MBA 3, 153) bezeichnet (vgl. dazu Müller Nielaba 2001, 10 ff.; vgl. Oesterle 1992, 61). Die Szene vom jungen Büchner, der in seinem Studierzimmer gegen Ende seines Lebens an Fischpräparaten mit besessenem Eifer die »einfachsten Formen« (DKV II, 162; MBA 3, 159) studiert, sieht Grünbein als »eines der Zentren« in Büchners Werk

(Grünbein 1995, 11). In der Probevorlesung wird das »Primat dem Nerv zugesprochen« und der »Körper zur letzten Instanz erklärt« (ebd., 14), und dies sieht Grünbein als einen »Wendepunkt in der Literatur« (ebd., 8). Es geht Büchner um eine elementare Vorgehensweise, um ein substantielles Forschen in der »kreatürlichen Existenz« und darum, was ihr »ihre Richtung gab«, nur so sei »sein Beharren auf dem sensorischen Apparat zu begreifen« (ebd., 12). Schmerz als elementare körperliche Empfindung wurde insbesondere infolge der Französischen Revolution eingehend diskutiert. Die genaue Kenntnis der Nerven, also auch des Schmerzes, lässt sich als ein Grund für Büchners Widerstand gegenüber der die menschliche Empfindung missachtenden politischen Herrschaft sowie gegen einen »empfindungsunfähigen Gott« und auch gegen das ›humane‹ Tötungsinstrument Guillotine deuten (Oesterle 1992, 65–67). Büchners Interesse für die Antriebe des Individuums war diagnostischer Natur, er bannte die »Risse, die durch den einzelnen gingen« (Grünbein 1995, 16) in seine Sprache, nicht um der reinen künstlerischen Darstellung willen, sondern um die (physiologischen) Ursachen für menschliches Verhalten zu analysieren: »Ergründe die Menschennatur!« (ebd., 16)

Im »anthropologischen Realismus«, den Grünbein in Büchners Texten findet, zählt nur noch, was in der »Körperwelt« vor sich geht (ebd., 19). Den Nerv gilt es zu analysieren, dann erst können Rückschlüsse auf die viel ›verwickelteren Formen‹, nämlich auf den Menschen oder auch auf Geschichte gezogen werden. Die Nervenzelle dient dem Informationsaustausch innerhalb des Nervensystems und ist Kommunikationsträger zwischen Gehirn und Rückenmark bzw. Körper und Umwelt. Die Außenwelt, die ›Welt an sich‹ löst über die Sinnesorgane des Menschen biochemische Impulse auf unser Nervensystem aus. »Wer hätte sagen können, wer zuerst da war, die sichtbare Welt oder das Traumbild im Innern des Schädels?« (Grünbein 2001, 198) Indem Grünbein sich in seiner Poetik auf den Körper als »den Ursprung aller erfahrbaren Wirklichkeiten« beruft, eröffnet er einen Ausweg »aus dem *horror vacui* der Unterworfenheit jeglichen Denkens wie Empfindens unter elektro-chemische Impulse« (Klein 2008, 56). Das Mienenspiel der Büchner'schen Figuren ist – für Grünbein – Ausdruck ihrer verborgen liegenden neurophysiologischen Affekte, die es bloßzulegen gilt. Sprache schlägt sich im Körper nieder, hat eine physiologische Wirkung, ›drückt‹ sich in Erinnerungsbildern – den sogenannten Engram-

men – körperlich ›ab‹ (vgl. Grünbein 1996, 41; dazu Müller 2004, 71 f. und Hoffmann 2007, 179 f.).

Auch in seinen Ausführungen zu dem schon von Karl Gutzkow bescheinigten »Autopsie-Bedürfnis« (Gutzkow zit. n. DKV II, 441; so auch Grünbein 1995, 17) von Büchner nimmt Grünbein Bezug auf dessen Biographie: »Schon der Primaner hatte dem Vater im Hospital beim Sezieren zugesehen. Mit achtzehn ist er in Gießen Student für vergleichende Anatomie und Psychopathologie, gewöhnt an den täglichen Umgang mit Leichen.« (Grünbein 1995, 16) Eine Autopsie ist die Inaugenscheinnahme einer Leiche nach ihrer Öffnung, in seiner ursprünglich griechischen Bedeutung heißt es soviel wie ›Selbst-Schauen‹. Die eigene Sinneswahrnehmung soll zwischen Schein und Wirklichkeit unterscheiden und die Tatsachen herausstellen (vgl. Wülfing 1992, 49).

Bezieht man das Bild der Autopsie konsequent auf ein sprachliches Verfahren, wird die Wirklichkeit gleich einer Leiche geöffnet, und ihre Einzelteile werden ans Licht gezerrt, so dass sie in ihrer ›Objektivierung‹ unverstellt in die Sprache Eingang finden, das Wort ins Reale zwingen. In den toten, geöffneten Körper hineinzusehen, heißt aber auch, nach dem Geheimnis des in ihm Abwesenden zu suchen. Der objektivierte, isolierte Nerv ist seines Kontextes beraubt, als Zeichen ›leer‹. Eine solche radikale Verfahrensweise geht zudem mit dem unwiderruflichen Verlust der Ganzheit einher, die nicht wiederhergestellt werden kann: »[Z]um Vorschein kam eine härtere Grammatik, ein kälterer Ton: das geeignete Werkzeug für die vom Herzen amputierte Intelligenz« (Grünbein 1995, 9). Der Arzt charakterisiert hier die Aufklärung, der Körper ist verstümmelt, die Vernunft aus ihrer physischen Verankerung gelöst. Ihr ›Werkzeug‹ ist die Dichtung als ›Seziermesser‹, die desillusionierend und akribisch zergliedert: »bis das Genre gesprengt lag, Fragmente die Folge, fieberhafte Notate, somatische Poesie« (ebd., 7). Die Naturwissenschaft als Sprengsatz zerstörte – als sie mit dem Mediziner und Poeten Georg Büchner Eingang in die Literatur fand – überkommene, organische Strukturen: Zurück bleiben durch sprachliche Autopsie entstandene Fragmente. Die ›physiologisierte‹ Dichtung, die nicht mehr losgelöst als Kunstschönes geschaut wird, gerät in ihrer Körperlichkeit mit den Wissenschaften genauso in eine Dialektik wie der Körper des Menschen. Inhaltlich ist Grünbein in seiner Preisrede stark von der romantischen Konzeption des Fragments geprägt, anhand derer etwa Friedrich Schlegel und Novalis Kunst und Wissenschaft zu vereinigen suchten (zur Poetik des Fragments bei Grünbein vgl. Braun 2002, 4–18 und Klein 2008). Auch das Verfahren der Autopsie und die herausragende Bedeutung des Nervs in der Dichtung, wie sie Grünbein beschreibt, lässt sich in diese Tradition stellen. Für Grünbein werden beim Zerbrechen der Körper, im ›Aufbrechen der Schädeldecken‹ Fragmente geschaffen, die dazu dienen sollen, die Innenwelt zu ergründen. Die Erforschung der Innenwelt fungiert als Schlüssel für die Außenwelt, die nur noch bruchstückhaft greifbar ist und sich nicht mehr zusammenfügen lässt. Dichtung schwebt nicht mehr über der Wirklichkeit, sondern entspricht ihr und bleibt in ihrer sprachlichen Zerrissenheit dabei selbst Bruchstück. Der Bruch, den die schönen Künste im Übergang zur Moderne erfahren, indem das Groteske sowie das Hässliche in die Kunst Eingang finden, spiegelt sich in Büchners Sprache wider. Die von Entfremdung beherrschte Welt wird mit »lidlos[em]« (Müller 1995, 28) Blick nach ihrem Sinn befragt, Büchners Dramen sind durch Autopsie des ›Pathogenen‹ der Gesellschaft entstanden und gleichzeitig selbst zur Autopsie freigegeben. Die Anatomie eröffnet jedoch für Büchner – so Grünbein – auch die Möglichkeit eines freien und gleichen Zusammenlebens, aus den geöffneten Körpern und deren prinzipieller Gleichheit lassen sich zuletzt universelle Menschenrechte ableiten (vgl. Grünbein 1995, 14 f.).

Im zweiten Teil schließt Durs Grünbein seine Rede mit einem persönlichen Erlebnis während der Wiedervereinigung. Der Dichter lässt sich erschöpft neben einem russischen Panzer nieder, der ein »uraltes Schlafbedürfnis« in ihm weckt (ebd., 21). Er beharrt auf seiner Konstituierung als Subjekt, das Subjekt als Sand im Getriebe der Visionen, als Deserteur. Utopien haben für Grünbein ihre Berechtigung verloren, denn für ihn genauso wie auch für Georg Büchner gilt der erschöpfte und zerbrechliche Körper als letzte Instanz – und so gibt Grünbein zuletzt dem physischen Bedürfnis nach Ruhe nach. »Ein physiologischer Humanismus also ist Grünbeins Antwort auf die Erfahrung der sozialistischen Diktatur« (Riedel 1999, 85; vgl. auch Berg 2007, 33 f.) – im Bei-sich-sein trotz aller Widersprüche und in der Negierung jeglicher Zwecksetzung, wie es Büchner in seiner Probevorlesung postuliert hat: »Alles, was ist, ist um seiner selbst willen da« (DKV II, 158; MBA 8, 153).

Literatur

Berg, Florian: Das Gedicht und das Nichts. Über Anthropologie und Geschichte im Werk Durs Grünbeins. Würzburg 2007.

Braun, Michael: »Vom Rand her verlöschen die Bilder«. Zu Durs Grünbeins Lyrik und Poetik des Fragments. In: Durs Grünbein. Text + Kritik. München 2002, 4–18.

Grünbein, Durs: Rede zur Entgegennahme des Georg-Büchner-Preises 1995. Laudatio Heiner Müller. Frankfurt a. M. 1995.

– : Galilei vermißt Dantes Hölle und bleibt an den Maßen hängen. Aufsätze 1989–1995. Frankfurt a. M. 1996.

– : Das erste Jahr. Berliner Aufzeichnungen. Frankfurt a. M. 2001.

Hennemann, Alexa: Die Zerbrechlichkeit der Körper. Zu den Georg-Büchner-Preisreden von Heiner Müller und Durs Grünbein. Frankfurt a. M./Berlin u. a. 2000.

Hoffmann, Torsten: Poetologisierte Naturwissenschaften. Zur Legitimation von Dichtung bei Durs Grünbein, Raoul Schrott und Botho Strauß. In: Kai Bremer/Fabian Lampart/Jörg Wesche (Hg.): Schreiben am Schnittpunkt. Poesie und Wissen bei Durs Grünbein. Freiburg 2007, 171–190.

Klein, Sonja: »Denn alles, alles ist verlorne Zeit.« Fragment und Erinnerung im Werk von Durs Grünbein. Bielefeld 2008.

Lampart, Fabian: ›Der junge Dichter als Sphinx‹. Durs Grünbein und die deutsche Lyrik nach 1989. In: Kai Bremer/Fabian Lampart/Jörg Wesche (Hg.): Schreiben am Schnittpunkt. Poesie und Wissen bei Durs Grünbein. Freiburg i.Br. 2007, 19–36.

Meyer, Anne-Rose: Physiologie und Poesie: zu Körperdarstellungen in der Lyrik von Ulrike Draesner, Durs Grünbein und Thomas Kling. In: Jahrbuch Gegenwartsliteratur 1 (2002), 107–133.

Müller, Alexander: Das Gedicht als Engramm. Memoria und Imaginatio in der Poetik Durs Grünbeins. Oldenburg 2004.

Müller, Heiner: Portrait des Künstlers als junger Grenzhund. In: Grünbein 1995, 25–29.

Müller Nielaba, Daniel: Die Nerven lesen. Zur Leit-Funktion von Georg Büchners Schreiben. Würzburg 2001.

Oesterle, Ingrid: ›Zuckungen des Lebens‹. Zum Antiklassizismus von Georg Büchners Schmerz-, Schrei und Todesästhetik. In: Henri Poschmann (Hg.): Wege zu Georg Büchner. Internationales Kolloquium der Akademie der Wissenschaften (Berlin-Ost) 1988. Berlin u. a. 1992, 61–84.

Riedel, Wolfgang: Poetik der Präsenz. Idee der Dichtung bei Durs Grünbein. In: IASL 24 (1999), 82–105.

Wülfing, Wolf: ›Autopsie‹. Bemerkungen zum ›Selbst-Schauen‹ in Texten Georg Büchners. In: Henri Poschmann (Hg.): Wege zu Georg Büchner. Internationales Kolloquium der Akademie der Wissenschaften (Berlin-Ost) 1988. Berlin u. a. 1992, 45–60.

Alexa Hennemann

7.5 Elfriede Jelinek

Bei der Verleihung des Büchner-Preises 1998 an Elfriede Jelinek machte Ivan Nagel den der Schriftstellerin entgegengebrachten Hass zum Leitmotiv seiner
Laudatio und pointierte: »Mehr Feindschaft hat
wohl, außer den deklarierten Staatsfeinden totalitä-
rer Regime, kein Schriftsteller dieser zweiten Jahrhunderthälfte auf sich gezogen« (Nagel 1998, 164).
Nagels Aussage mag allzu zugespitzt klingen, Tatsache bleibt jedoch, dass die Büchner-Preis-Trägerin
seit Anfang der 1990er Jahre in Österreich zum regelrechten Hassobjekt der FPÖ und ihrer Anhänger
wie der populistischen *Kronenzeitung* wurde. Als
kritischste und sprachlich radikalste Schriftstellerin
ihres Landes, das zugleich das Hauptthema ihres
Werks ausmacht, wird sie bereits in den 1980er Jahren als ›Nestbeschmutzerin‹ diffamiert – vorder-
gründig, weil sie konsequent sowohl die unzuträgli-
che Abrechnung mit den Naziverbrechen als auch
gegenwärtige Anzeichen eines Fortwirkens der faschistischen Ideologie in ihrer Heimat entlarvt.

Allerdings nahm sie nicht nur in ihren Dramen
und Romanen, sondern auch in den Dankreden anlässlich der Entgegennahme zahlreicher Literaturpreise die Gelegenheit wahr, sich kritisch zu österreichischen Verhältnissen zu äußern, was 1986 mit der
Heinrich-Böll-Preis-Rede sogar zu einem spektaku-
lären Skandal führte (vgl. Janke 2002, 54–60). Auch
ihre Büchner-Preis-Rede eröffnet ein kritisches
Statement zur aktuellen politischen Situation in Österreich. Thematisiert wird das Versäumnis der österreichischen Regierung, die Bankgesetze des Landes an die EU-Richtlinie gegen Geldwäsche anzu-
passen, d.h., die in Österreich althergebrachte
Anonymität der Sparbücher abzuschaffen, was im
Jahr 1997 vor den Europäischen Gerichtshof ging.

Anders als besagte Böll-Preis-Rede wurde Jelineks Dankrede von 1998 trotz ihrer politischen
Schärfe medial kaum aufgegriffen, was wohl darauf
zurückzuführen ist, dass sie »die dichteste, dichte-
rischste Büchnerpreisrede [ist], die sich denken
lässt« (Ebel 1998, 11). Sie entbehrt epideiktischer
Elemente, Struktur und Duktus sind sehr verwoben,
weshalb der Text äußerst hermetisch wirkt. Durch
die Vielfalt der einmontierten Intertexte, Sprach-
spiele und Bedeutungsverästelungen entstehen unzählige, oft widersprüchliche Assoziationsketten, die
die Sinnkohärenz ständig brechen. Es überlappen
sich nicht nur verschiedene Diskurse, sondern auch
Zeitebenen, wie bereits der Titel andeutet: »Was uns
vorliegt. Was uns vorgelegt wurde«. Die Gegenwart

wird nicht nur mit der Vergangenheit, sondern auch
damit, was ›vor uns liegt‹ konfrontiert. Als thematische Leitmotive dominieren gesetzliche Anarchie,
Revolution, Dichtung und Wahrheit, Geschichtsauf-
arbeitung und -fatalismus; dabei kreist die Rede immer wieder um (sprach-)philosophische Reflexionen.

Die philosophische Dimension bestimmt bereits
zu Beginn der Rede den Grundtenor. Indem Jelinek
auf die Polysemie des Verbs ›aufheben‹ hinweist, ruft
sie die Hegel'sche Dialektik auf den Plan, die konstitutiv für den gesamten Text sowie sein Verständnis
bleibt. Als philosophische Allusion erweist sich auch
ein Sprachspiel mit dem Begriff ›Ding‹. Anvisiert
wird, dass die EU »die Besitzer der Sparbücher ding-
fest machen« will sowie dass »das Ding […] jetzt
festgeworden [ist]« (Jelinek 1998, 170). Über die umgangssprachliche Bedeutung von ›Das ist ein Ding‹
und eine biblische Allusion (»Das Wort ist Fleisch
geworden«) hinaus spielt Jelinek sowohl auf die marxistische Lesart des Geldes als das gesellschaftliche
Macht spendende »Ding« an als auch auf Heideggers
»Dingen des Dinges« (vgl. Heidegger 1994, passim).
Hierbei wird die Anonymität der Sparbücher mit der
Anonymität der Täter im nationalsozialistischen Ge-
nozid kurzgeschlossen. Indem Jelinek »unsere Vorletzten« bzw. »Vorgänger« heraufbeschwört, erinnert sie an den Rassenwahn – »es gab nur sie allein
und sollte nur sie allein geben« (Jelinek 1998, 170) –,
Zwangsenteignungen und Raub – »Was gehabt wird,
kann weggenommen werden« (ebd.) – und schließlich mittels einiger Lichtmetaphern, die deutlich an
die *Dialektik der Aufklärung* anknüpfen, an die Mas-
senvernichtung – »Unzählige Lebenslichter wurden
ausgemacht« (ebd.) – im ›Dritten Reich‹.

Die Aufdeckung der verbrecherischen Vergangenheit pointiert die auf die Gegenwart bezogene
Feststellung, dass »[a]lles weniger gefährlich geworden [ist]« (ebd.), welche aber sofort mittels eines
Büchner-Zitats – »Wer das Blatt nicht gelesen hat,
wenn man es bei ihm findet, der ist natürlich ohne
Schuld« (ebd., vgl. DKV II, 53) – relativiert wird, wodurch eine Parallele zwischen (dem heutigen) Österreich und dem totalitären hessischen Fürstentum
hergestellt wird. Durch diese Zitation aus dem »Vorbericht« des *Hessischen Landboten* beschwört die
Autorin nicht nur den Preispatron herauf, sondern
suggeriert sogar ihre politische Wahlverwandtschaft
mit ihm. Jelineks Rede wird somit als *Quasi*-Aktuali-
sierung von Büchners Flugschrift lesbar. Beide Texte
verbindet nicht nur das Thema »Mamone« als Signum der Ausbeutung und Ungerechtigkeit, sondern

auch der Gestus einer provokativen Erniedrigung qua *vanitas*-Gedanken (vgl. DKV II, 65: »Ihr seid nichts, ihr habt nichts!« und Jelinek 1998, 171: »Habt euch nicht so! [W]enn ihr tot seid, seid auch ihr nichts mehr.«).

Die zweite Redepassage nimmt direkten Bezug auf Büchner, dessen politisches Engagement wie seine Verfolgung punktuell rekonstruiert werden. Weder der Dichter selbst noch andere Personen aus seinem Umfeld werden namentlich genannt, obwohl sie leicht identifizierbar sind. Eine solche Poetik des Verschweigens korrespondiert mit der Anonymität der Sparbücher, deren Besitzer in diesem Kurzschluss im gewissen Sinne entanonymisiert werden. Neben dem Hinweis auf die »Eingriffe« in die »Schriften des Studenten« (Jelinek 1998, 171) durch Weidig und vor allem Gutzkow konzentriert sich Jelinek auf Büchners Verfolger Conrad Georgi, dessen berühmten Steckbrief sie fast wörtlich zitiert. Anknüpfend an den Brief an die Familie von Ende August 1834, in dem Büchner dem hessischen Staat ›gesetzliche Anarchie‹ vorwirft, die Georgi verkörpert, erinnert Jelinek an die durch ihn veranlasste gesetzwidrige Hausdurchsuchung (»in fremden Sachen herumwühlen«; ebd., 173) sowie seine Doppelrolle als »Universitätsrichter« und »Regierungscommissär«, was die verfassungsrechtliche Gewaltenteilung verletzte (ebd., 172).

Der negativen Doppelfunktion wird eine positive gegenübergestellt: Büchner erscheint wie der Stürmer und Dränger Lenz, dessen »Verdoppelung« er in seiner Novelle »beim Namen [nennt]«, als »zweigeteilt«, weil er »einmal als Dichter, einmal als Revolutionär [spricht]« (ebd.). Hieraus resultiert eine dialektisch verklärende Synthese: Büchner avanciert zum revolutionären Dichter, und zwar im politischen wie poetologischen Sinne.

In dieser Doppelung fungiert Büchner zugleich als Exeget der Revolution, der erkannte, dass die Gründe für das Scheitern (jeder) Revolution zum einen in der Kluft zwischen der Idee und ihrer Umsetzung, zum anderen im Egoismus und Hedonismus der Revolutionäre, »die versagt haben, indem sie sich nichts versagt haben« (ebd., 173), liegen. Als ehemalige KPÖ-Aktivistin scheint Jelinek Büchners Diagnose durch das Prisma des zusammengebrochenen Kommunismus' in (Ost-)Europa zu betrachten. Die Kompromittierung des Systems bzw. seiner Verwirklichung wird durch die Alliteration in der Frage »Werden die Menschen gleicher, wenn ihnen andre gleich sind […]?« (ebd., 174) als sprachspielerisches Zitat des Schlüsselsatzes aus *Animal Farm* (vgl. Or-

well 1982, 113) zum Ausdruck gebracht. In einer anderen Textpassage taucht übrigens eine – Valerios Sequenz aus *Leonce und Lena* variierende – »Ochsen«-Animalisierung (Jelinek 1998, 172; vgl. DKV I, 97; MBA 6, 101) auf, deren Bedeutungsspektrum von ökofaschistischer Naturseligkeit bei gleichzeitiger Verseuchung der Natur (BSE) bis zu unantastbaren ›heiligen Kühen‹ reicht.

Wenn Jelinek an mehreren Stellen den »Universitätsrichter« anruft, bezieht sie sich nicht nur auf Georgi, sondern auch auf den Philosophieprofessor und Universitätsrektor Martin Heidegger, dessen Entlarvung als Mitläufer und -denker des Nationalsozialismus eines der Motive ihres Werkes bildet (vgl. v. a. Jelinek 1991). Diesmal verwendet die Autorin als Subtext Heideggers *Die Grundprobleme der Phänomenologie*, worin das Dasein aus der Perspektive seiner Zeitlichkeit heraus interpretiert wird. Buchstäblich wird aus dieser Schrift die Antiklimax »Berg, Wald, Wiese« (Heidegger 1975, 240; Jelinek 1998, 172) als Ausdruck Heidegger'scher Naturtümelei zitiert, seine Ausführungen zur epistemologischen Kopula-Logik werden in der verkürzten Majuskelnform »IST« präsentiert. Vor allem aber greift Jelinek Heideggers Auffassung der Zeitlichkeit, des »Jetzt« als Bedingung für das Dasein auf. Heideggers Gedanke, dass das Vergangene in der Gegenwart und auf die Zukunft wirkt, wird auf eine subversiv-provokative Art und Weise mit der Verdrängung bzw. Bagatellisierung der Naziverbrechen verbunden: »Etwas ist gewesen – wie kann es dann weg sein? Weil es nicht an denen, die es abgeschafft haben, festgemacht war?« (ebd., 172) Vor diesem Hintergrund erscheint Büchner als Prophet, denn »daß einmal Dinge getan werden würden, die nicht gedacht und nicht beschrieben werden können – hat er […] im voraus gedacht« (ebd., 173). So wird auch mit dem von Jelinek benutzten Austriazismus »Gleichenfeier« (ebd., 174) nicht nur die »Leichenfeier« der Revolutionen (vgl. Goltschnigg 2004, 71) heraufbeschworen, sondern auch die im *Hessischen Landboten* als »Leichenfeld« metaphorisierte »deutsche Erde« aufgegriffen (DKV II, 65), was die Opfer des Nationalsozialismus einschließt.

Wie alle Motive der Rede folgt auch Jelineks persönliche Konfrontation mit dem Preispatron dem dialektischen Muster einer Verdopplung: Einerseits kann sie sich – als Kind der Studentenrevolte, Kommunistin und ›Staatsfeindin‹ – mit dem vormärzlichen Studenten identifizieren; wie Büchner ist auch sie eine Aufklärerin, die »anderen vor[schreibt]«, was sie zu denken haben, damit nichts so ist wie es vorher gewesen ist« (Jelinek 1998, 174). Darüber hinaus bedient sie sich in poetologischer Analogie zu ihrem Vorbild einer Montagetechnik, die nicht nur *grands récits*, sondern auch Versatzstücke der Populärkultur benutzt – hier etwa Dahlia Lavis Song »Wer hat mein Lied so zerstört« (ebd., 172). Gleichzeitig erfolgt eine ironische Selbsterniedrigung der Autorin gegenüber Büchner, denn wie »kaum einer, auch ich nicht, vermag etwas im Vergleich zu diesem Studenten« (ebd., 171). In ihrer Würdigung des Dichters kommt die kreative Kraft seiner Sprache, »in der alles ist und möglich ist« (ebd., 173), was anhand der Sequenz »Deine Lippen haben Augen« (ebd.) aus *Danton's Tod* (vgl. DKV I, 28; MBA 3.2., 20) illustriert wird, besonders zum Ausdruck. Mit dieser »ganz bestimmten Sprache« (Jelinek 1998, 171) des Dichters widerlegt Jelinek ›die Sprache, die spricht‹, und stellt Heideggers dumpfer Sprachkonzeption Hegels Auffassung von der primären Existenz des Denkens gegenüber. Im Kontext der namenlosen Sparbücher klingt hier zusätzlich Hegels Überzeugung von Denken und Erinnerung »in Namen« (Hegel 1986, 278) an.

Jelinek stellt in ihrer Rede mehrmals die Frage nach Büchners Erbe, die letztlich offen bleibt bzw. skeptisch anmutet. Der letzte Textabsatz würdigt Büchner mit dem Topos vom »Genie«, das »oft jung stirbt«, aber »vollendet ist«, und mündet in der Vorstellung einer »Sandkiste« (Jelinek 1998, 174), in der um Vorrang ringende Kinder sich mit Schaufeln schlagen, was für die unendliche (Hegel'sche Weltgeschichts-)Spirale des (literarischen) Konkurrenzkampfes steht. Der »Sand« (ebd.) fungiert hier als Sinnbild für Vergänglichkeit und Sprache als flexibles Material, das sich leicht formen lässt, aber auch einen harten Widerstand darstellen kann. Nicht zuletzt erweist sich die Sandmetapher als eine Reminiszenz an den Büchner-Preis-Träger und Autor des Gedichtbandes *Der Sand aus den Urnen*, an Paul Celan, zumal der Text »Wasser«, das »seine Gäste verschlingt« (ebd.), erwähnt. Indem letztlich Geschichte mit dem »Wasser« verglichen wird, krönt die Dankrede ein pessimistischer *panta-rhei*-Gedanke, der schon zuvor (ebd., 173) als Zitat aus *Danton's Tod* (»Es regt sich Alles, die Uhren gehen, die Glocken schlagen, die Leute laufen, das Wasser rinnt und so so«, DKV I, 88; MBA 3.2, 80) präsent war. In den letzten Sätzen erinnert Jelinek an den Tod Büchners, Celans sowie anderer »Protagonisten« der Geschichte, um sich schließlich mit einer für sie typischen Selbstverkleinerungsgeste – »Leider habe ich zuwenig drauf!« (Jelinek 1998, 174) zurückzuziehen.

Literatur

Ebel, Martin: Der Sprache wird der Arm gedreht, bis er ausgerenkt ist. In: Stuttgarter Zeitung 19.10.1998, 11.

Goltschnigg, Dietmar: Darmstädter Büchnerpreisreden. In: Ders. (Hg.): Georg Büchner und die Moderne. Texte, Analysen, Kommentar. Berlin 2004, 65–73.

Hegel, Georg Wilhelm Friedrich: Enzyklopädie der philosophischen Wissenschaften im Grundrisse. 1830. Teil 3: Die Philosophie des Geistes. In: Ders.: Werke in 20 Bde. Hg. von Eva Moldenhauer und Karl Markus Michel. Frankfurt a. M. 1986. Bd. 10.

Heidegger, Martin: Die Grundprobleme der Phänomenologie. Hg. von Friedrich-Wilhelm von Herrmann. Frankfurt a. M. 1975.

– : Das Ding. In: Bremer und Freiburger Vorträge. Vorträge 1949 und 1957. Hg. von Petra Jaeger. Frankfurt a. M. 1994, 5–23.

Janke, Pia: Die Nestbeschmutzerin. Jelinek & Österreich. Salzburg 2002.

Jelinek, Elfriede: Totenauberg: Ein Stück. Reinbek b. Hamburg 1991.

– : Was uns vorliegt. Was uns vorgelegt wurde. In: Jahrbuch der Deutschen Akademie für Sprache und Dichtung 1998, 170–174.

Nagel, Ivan: Lügnerin und Wahr-Sagerin. Laudatio auf Elfriede Jelinek. In: Jahrbuch der Deutschen Akademie für Sprache und Dichtung 1998, 164–169.

Orwell, George: Farm der Tiere. Ein Märchen. Zürich 1982 (engl. 1945).

Artur Pełka

8. Büchner auf der Bühne

Wer nach dem Verhältnis von Georg Büchner und
der Bühne als Schauplatz der theatralen Rezeption
seiner Werke fragt, sieht sich mit methodischen und
theaterhistorischen Schwierigkeiten und einigen
Widersprüchen konfrontiert. Diese betreffen sowohl
die Person des Autors als auch sein Werk. So sind
keine persönlichen Aussagen Büchners über Erfahrungen mit dem Theater oder Stellungnahmen zur
Bühnenpraxis seiner Zeit überliefert, was man der
prekären Überlieferungsgeschichte zurechnen oder
als programmatische Verweigerung auslegen könnte
(zur biographischen Dimension vgl. Schmidt 2005).
Entscheidend ist ohnehin jene grundlegende Distanzierung, die sich in den Dramen selbst niedergeschlagen hat. Darin finden sich durchaus zahlreiche
kritische Bemerkungen zum Theater; noch wichtiger aber ist, dass sie mit den ästhetischen und thea-
terpraktischen Bedingungen und Konventionen der
Bühne seiner Zeit unvereinbar sind. Dem entspricht,
dass zu Büchners Lebzeiten (und noch viele Jahrzehnte danach) keines zur Aufführung gebracht
wurde. Erst am Anfang des 20. Jahrhunderts wurde
Büchner für die Bühne (wieder-)entdeckt und zu jenem modernen Klassiker, der bis heute einen festen
Platz in den Spielplänen einnimmt.

Helmut Schanze hat Büchners Werk unter Rückgriff auf Friedrich Nietzsche als ›unzeitgemäß‹ beschrieben (Schanze 1969). Dieser Topos erlaubt es,
in der späten Rezeption nicht das persönliche und
bedauerliche Scheitern eines Dramatikers zu sehen,
sondern den Ausweis einer besonderen Virulenz seines Werkes: »unzeitgemäß – das heißt gegen die Zeit
und dadurch auf die Zeit und hoffentlich zugunsten
einer kommenden Zeit zu wirken« (Nietzsche 1994,
Bd. 1, 210). Eben diese Virulenz erschöpft sich jedoch nicht in der Beschwörung einer inhaltlichen
oder formalen Aktualität – eine Sichtweise, welche
die Büchner-Rezeption (insbesondere von *Danton's
Tod* und »*Woyzeck*«) seit ihrem Beginn bestimmt.
Denn abgesehen davon, dass das Argument der Aktualität seinerseits zu historisieren ist, lässt sich die
»kommende Zeit« auch anders und grundlegender
verstehen: als ein kontinuierlicher Aufschub. Unter
dieser Prämisse wäre Büchner als ein Autor anzusehen, der sich gegen *jede* Form der Vergegenwärtigung sperrt und eben damit wirksam ist: indem er
immer neue Auseinandersetzungen provoziert, die
Möglichkeit des Missverstehens und des Missbrauchs einschließend.

Büchners Dramenkonzeption

Büchner selbst hat in seinem Brief an die Eltern vom
28. Juli 1835 dem Dramatiker die Aufgabe zugewiesen, »der Geschichte, wie sie sich wirklich begeben,
so nahe als möglich zu kommen« (DKV II, 410). Eine
am Objektivitätsanspruch der Wissenschaft orientierte Wirklichkeitstreue der Literatur soll an die
Stelle der vom idealistischen Helden getragenen Vermittlung zwischen Freiheit und Notwendigkeit und
der moralischen Belehrung des Publikums treten:
»Was noch die sogenannten Idealdichter anbetrifft,
so finde ich, daß sie fast nichts als Marionetten mit
himmelblauen Nasen und affektiertem Pathos, aber
nicht Menschen von Fleisch und Blut gegeben haben, deren Leid und Freude mich mitempfinden
macht, und deren Tun und Handeln mir Abscheu
oder Bewunderung einflößt. Mit einem Wort, ich
halte viel auf Goethe oder Shakspeare, aber sehr wenig auf Schiller« (ebd., 411). Büchner formuliert hier
einen poetologischen Ansatz, der auf literatur- und
schauspieltheoretische Debatten seiner Zeit zurückgreift, in denen die Darstellung von ›Natur‹ bzw. die
›Natürlichkeit‹ selbst zum zentralen Paradigma erhoben wurde. Auch die Kritik am klassischen Theater, die sich in teilweise wortgleichen Passagen auch
in den Dramen selbst finden lässt, kann dieser Tradition zugerechnet werden.

Gleichwohl fällt auf, dass Büchner hier nicht für
eine Bühnenpraxis plädiert, die der von ihm gestellten Aufgabe besser gerecht würde, sondern für eine
andere Dramatik, welche die theatrale Repräsentation aufs Spiel setzt. Plausibel wird dieses Projekt,
wenn man Wirklichkeit ihrerseits als sprachlich vermitteltes Geschehen versteht, in dem jede *Handlung*
(etwa in Form einer Revolution) nur als *Möglichkeit*
vorkommt. Und tatsächlich: Dort, wo es in Büchners
Dramen – dies gilt für *Danton's Tod* und insbesondere für »*Woyzeck*« – zu einer Aktion im engeren
und emphatischen Sinne kommt, trägt sie die Signatur einer Katastrophe und markiert damit zugleich
die Grenze der sprachlichen Repräsentation. *Leonce
und Lena* dagegen lässt sich als Selbstreflexion auffassen, mit der Büchner demonstrativ diesseits des
dramatischen Sprachspiels verbleibt. »Der Rahmen
war immer der gleiche«, schreibt Kurt Tucholsky
1913 über Büchner, »[…] immer wurde das Typische
gegeben. Und mehr als das: ein bisschen Ironie. Ein
bisschen – eben ein bisschen Theater. Die Rede allein macht es nicht, wenn nicht die Gegenrede dazu
kommt. Der Erste weiß schon immer, was der Andere sagen wird; sie reichen sich gegenseitig das

Stichwort zu, werfen es hin und her und spielen mehr mit der Sprache als daß sie sprechen« (zit. n. Goltschnigg 2001, Bd. 1, 246). In diesem Sinne kann die von Praktikern und Liebhabern des Theaters oft beklagte *Handlungsarmut* von Büchners Dramen, ebenso wie ihre inhaltlichen Kontraste und Brüche, ihre zuweilen ausschweifende, zuweilen formelhafte Rhetorizität, ihre häufig skizzenhafte und fragmentarische Form – mit einem Wort: ihr Mangel an ›Bühnenwirksamkeit‹ – als Kern der Büchner'schen Ästhetik angesehen werden.

Zur theaterhistorischen Forschung

Die Literatur- und Theaterwissenschaft hat das jahrzehntelange Ausbleiben, die Wiederentdeckung und die Entfaltung der Rezeption Büchners immer wieder mit diesen Widersprüchen in Verbindung gebracht. Nachdem Ingeborg Strudthoff (1957) einen eher kursorischen und zuweilen tendenziösen Überblick über die Büchner-Rezeption auf der deutschsprachigen Bühne vorgestellt hat, liegt inzwischen zu jedem der drei Dramen eine Einzeluntersuchung vor. In diesen setzen sich die Autoren kritisch mit Strudthoff auseinander und erschließen neue Quellen. Die Materialfülle allerdings zwingt immer wieder zu Beschränkungen. So beschäftigt sich Wolfgang Viehweg (1964; dort findet sich auch eine tabellarische Übersicht über die wichtigsten Inszenierungen aller drei Dramen) mit den Inszenierungen von *Danton's Tod* bis Anfang der 1960er Jahre, Axel Bornkessel (1970) mit den Inszenierungen von *Leonce und Lena* bis zum Ende des Zweiten Weltkriegs und abermals Viehweg (2001) – in dem ersten Teil einer größer angelegten Arbeit – mit den »*Woyzeck*«-Inszenierungen zwischen 1913 und 1918. Wichtige Rezensionen und Kommentare zu einzelnen Inszenierungen finden sich auch in den bis in die Gegenwart reichenden Materialbänden, die Dietmar Goltschnigg (1990; 2001–2004) vorgelegt hat.

Theaterhistorischer Überblick

In theatergeschichtlicher Perspektive ist die Rezeption Büchners mit der Entwicklung der Bühne als ein Forum bürgerlicher Öffentlichkeit verknüpft. Nachdem die Theaterreformer des 18. Jahrhunderts dem Theater – in zweifacher Abgrenzung von der italienischen bzw. französischen Oper, die als Ausdruck der höfischen Kultur galten, und den Wandertruppen, bei denen die eher volkstümliche Unter-

haltung im Vordergrund stand – die Aufgabe zugewiesen hatten, zur Aufklärung und Bildung des Publikums beizutragen, kam es zum Entstehen neuer Gattungen wie dem rührseligen Lustspiel und dem bürgerlichen Trauerspiel und zur Einrichtung von festen Bühnen, die teilweise von den Bürgern selbst finanziert wurden. Allerdings war diesen Unternehmungen, die unter ökonomischem Druck standen, kein dauerhafter Erfolg beschieden. Nicht nur waren die traditionellen Gattungen und Spielformen noch im 19. Jahrhundert erfolgreich, auch die sie tragenden politischen Verhältnisse blieben weitgehend unangetastet. Insgesamt war das deutschsprachige Theater von einem Auseinanderklaffen zwischen dem intellektuellen Anspruch und der allgemeinen Theaterpraxis geprägt. Dazu trug auch der Einfluss der politischen Zensur bei, die nicht nur das literarische Leben bestimmte. Die Erfolgsstücke des 19. Jahrhunderts widmeten sich der affirmativen Proklamation bürgerlicher Tugenden, während sich die Inszenierungen zumeist an der durch den Herzog von Meiningen etablierten Illusionsbühne orientierten, wobei sich die Kriterien von dem ursprünglichen Anspruch auf historische Detailtreue hin zu einer möglichst prächtigen und entsprechend kostspieligen Ausstattung verschoben hatten.

Erst mit dem wirtschaftlichen Aufschwung der ›Gründerzeit‹ und den neuen sozialen Bewegungen waren die politischen und institutionellen Grundlagen für eine grundlegende Bühnenreform gegeben, und erst jetzt war an eine szenische Realisation der Büchner'schen Dramen zu denken. Eine wichtige Rolle spielten dabei auch die erweiterten Möglichkeiten der Bühnentechnik, etwa die Flexibilität der Beleuchtung durch die zunehmende Elektrifizierung und die Möglichkeit eines raschen Wechsels der Szenenbilder durch die Nutzung der Drehbühne.

Die ersten Inszenierungen
(1895 bis zum Ersten Weltkrieg)

Die Uraufführung von *Leonce und Lena*, die zugleich die erste verbürgte öffentliche Aufführung eines Büchner'schen Dramas war, fand am 31. Mai 1895 in München statt. Zu ihren Voraussetzungen zählt die literarische Wiederentdeckung Büchners im Zeichen des Naturalismus, als deren Schlüsselereignis eine Rede Gerhart Hauptmanns im Berliner literarischen Verein »Durch!« im Jahr 1887 gilt. Allerdings standen in diesem Kontext das »Kraftgenie« Büchner und dessen vermeintliche Zeitgenossenschaft im Zentrum (vgl. Martin 2005). Die Inszenierung von *Le-*

once und Lena dagegen geht auf eine Initiative der Münchner Literatenvereinigung »Intimes Theater« um Max Halbe zurück. In programmatischer Abgrenzung zur Illusions- und Ausstattungsbühne und ihrem Publikum sollten Dramen »von Poeten als Schauspielern mitten unter Poeten als Zuhörern gespielt« werden (Rudolph Lothar: Intimes Theater [1895], zit. n. Goltschnigg 2001, Bd. 1, 234). So fand die Aufführung unter der Regie von Ernst von Wolzogen auch nicht in einem Theaterbau, sondern unter freiem Himmel auf einem privaten Gartengelände statt. Der idyllische Charakter des Spielorts mit seinen Licht- und Stimmungswechseln verliehen der Aufführung einen impressionistischen Charakter und verstärkten die märchenhaften, spielerischen Elemente des Dramas (vgl. die Beschreibung Halbes in Goltschnigg 2001, Bd. 1, 235–237). Die Intimität der Unternehmung dürfte auch dafür verantwortlich sein, dass sie zunächst ohne Nachfolge blieb. Erst 1911 kam es in der Wiener Residenzbühne zur ersten Inszenierung von *Leonce und Lena* in einer etablierten Theaterinstitution. Regie führte Ludwig Wolff, der die ironischen und parodistischen Elemente des Dramas in den Vordergrund stellte.

Auch die Uraufführung von *Danton's Tod* fand verzögert und unter prekären Umständen statt, allerdings unter ganz anderen politischen Vorzeichen. Schon 1890 war eine Inszenierung von Büchners Drama auf der Gründungsversammlung des Berliner Vereins »Freie Volksbühne« angekündigt worden, dessen kulturpolitische Zielsetzung eine Öffnung des Theaters für ein proletarisches Publikum war. Tatsächlich fand die Uraufführung jedoch erst am 5. Januar 1902 im Berliner Belle-Alliance-Theater statt; Regie führten zwei Vertreter des in der Zwischenzeit aufgespaltenen Vereins, Friedrich Moest und Alfred Halen. Über den Stil ihrer Inszenierung ist wenig bekannt, jedoch dürfte kein Zweifel darüber bestehen, dass die soziale Thematik der Revolution im Fokus stand und das Drama als aktueller Beitrag zur politischen Situation verstanden werden sollte. Auch in diesem Fall vergingen mehrere Jahre bis zur nächsten Inszenierung. In den Jahren 1910/11 inszenierte Leopold Jeßner *Danton's Tod* in Hamburg zweimal, erst am Thalia Theater und in den Volksschauspielen im Gewerkschaftshaus. Auch über diese Inszenierungen gibt es nur wenige Zeugnisse. Immerhin lässt sich ersehen, dass die Regiekonzeption von einer starken Stilisierung der Bühne ausging und statt eines naturalistischen Dekors auf eine vor allem durch Lichtwirkungen hervorgerufene »Stimmung der Revolution« abzielte.

Zusammenfassend kann man sagen, dass die ersten Inszenierungen von *Leonce und Lena* und *Danton's Tod* zwei (zumindest auf den ersten Blick) gegensätzlichen Ansätzen einer Bühnenreform zuzuordnen sind: Auf der einen Seite steht der Anspruch, eine von finanziellen Erwägungen und expliziten politischen Ansprüchen unabhängige ›Feier der Kunst‹ zu inszenieren, wie sie sich auch in den Strömungen des Jugendstils und des Symbolismus zeigt. Auf der anderen Seite steht der im Naturalismus wurzelnde Versuch, die sich verschärfenden sozialen Spannungen auf der Bühne abzubilden und das Theater als Ort der politischen Auseinandersetzung zu nutzen. Gemeinsam war diesen Ansätzen, dass sie unter den Bedingungen des Kaiserreichs zunächst auf die (Gegen-)Öffentlichkeit von Künstler- und Literatenzirkeln und Arbeitervereinen beschränkt blieben.

Die Uraufführung von »Woyzeck« fand im Zeichen des 100. Geburtstags Büchners im Jahr 1913 statt. Dieses Jubiläum gilt zugleich als Beginn der Büchner-Rezeption auf der Bühne. Allerdings lassen sich in diesem Jahr nur wenige weitere Inszenierungen nachweisen, zudem ausschließlich im November und Dezember. Aus heutiger Sicht dürften die anlässlich des Jahrestags veröffentlichten Kommentare prominenter Künstler und Literaten ausschlaggebend gewesen sein, in denen eine größere Aufmerksamkeit für Büchner gefordert wurde. Kurt Tucholsky etwa appellierte in dem eingangs zitierten Text an den Kritiker Siegfried Jacobsohn, bei den Theaterdirektoren für eine Aufführung seiner Dramen zu werben (vgl. Goltschnigg 2001, Bd. 1, 246). Auch die Uraufführung von »Woyzeck« am Münchner Residenztheater am 8. November 1913 ging auf eine Anregung eines prominenten Autors zurück – Hugo von Hofmannsthal hatte dafür organisatorische und künstlerische Vorarbeiten geleistet. Die Regie übernahm Eugen Kilian, der auf die Bühnenkonzeption der sogenannten »Neuen Münchner Shakespearebühne« zurückgreifen konnte, deren Kennzeichen – neben der Stilisierung aller Elemente und dem Verzicht auf aufwendige Dekorationen – die Einteilung in eine Vorder- und Hinterbühne war, welche durch einen Vorhang getrennt werden konnten, so dass häufige Szenenwechsel möglich waren, ohne das Spiel zu unterbrechen. Da die Spieldauer von »Woyzeck« als nicht abendfüllend angesehen wurde, kombinierte Kilian das Stück mit einer Inszenierung von *Danton's Tod*. Auch bei der zweiten Inszenierung, die wenige Wochen später folgte, wurde »Woyzeck« ein anderes Stück an die Seite gestellt: Im Berliner Lessingtheater wurde das Drama unter der Regie von Victor Barnowski zusammen mit *Leonce und Lena* aufgeführt. Der doppelte Erfolg des Dramas an zwei bedeutenden Bühnen dürfte als Beleg für die Bühnentauglichkeit des »Woyzeck«-Texts angesehen worden sein. Der Kritiker Herbert Ihering schreibt 1913 über die Berliner Aufführung:

> »Woyzeck« und »Leonce und Lena« wurden im Lessingtheater gefeiert, als ob es einen gegenwärtigen Dichter durchzusetzen gäbe. [...] Nun aber hat Büchner vor hundert Jahren gelebt als ein Genie, das die Entwicklung vorweg nahm, und dessen Schaffen dennoch folgenlos blieb. Denn der Naturalismus des endenden neunzehnten Jahrhunderts und die Neuromantik des beginnenden zwanzigsten sind unabhängig von ihm entstanden und haben nur eine rückwirkende Kraft: sie haben Büchner entdecken helfen. Aber jetzt beginnen seine Werke zu wandeln und das zu sondern, was sie befreite (zit. n. Goltschnigg 2001, Bd. 1, 263).

Das Moment des Unzeitgemäßen kommt hier in der doppelten Form einer *zukünftigen Vergangenheit* vor, die zugleich eine *vergangene Zukunft* ist. Zugleich beschreibt Ihering eine Eigen-Bewegung der Texte, eine transformierende Kraft, die auch das Selbst-Bild der Gegenwart in Frage stellt.

Weimarer Republik

Zwischen 1921 und 1933 gab es etwa 80 *Danton's Tod*-Inszenierungen, 60 »Woyzeck«-Inszenierungen und 44 *Leonce-und-Lena*-Inszenierungen an den größeren Theatern im deutschsprachigen Raum. Man kann also durchaus davon sprechen, dass Büchners Dramen in dieser Zeit zum festen Bestand der Spielpläne gehörten. Betrachtet man diese Inszenierungen im Spiegel der Kritik, so fällt auf, dass häufig die Frage im Zentrum stand, welche Position Büchner, seine Dramen bzw. die Inszenierung zum Problem der politischen Revolution einnehmen. Dabei spielte bereits die Auswahl des Stücks eine Rolle – während *Danton's Tod* und »Woyzeck« für expressionistische und tagespolitische Deutungen in Anspruch genommen werden konnten, wurde *Leonce und Lena* eher unter konservativen bzw. konterrevolutionären Vorzeichen verstanden. Allerdings kam es – weitgehend unabhängig von der jeweiligen Inszenierung – zu unvereinbaren Zuschreibungen, die zudem ganz unterschiedlich bewertet wurden (vgl. dazu beispielhaft die Kritiken von Emil Klaeger, Otto Koenig, Alfred Polgar, Robert Musil und Oskar Maurus Fontana zur Inszenierung von *Danton's Tod* im Deutschen Volkstheater Wien unter der Regie von Alfred Bernau, in: Goltschnigg 2001, Bd. 1, 383–397).

Eine besondere Rolle für die weitere Büchner-Rezeption auf der Bühne spielte Max Reinhardt, der bereits 1916 im Deutschen Theater Berlin *Danton's Tod* inszeniert hatte. Seine Bühnenkonzeption, die 1921 durch Berthold Held im Großen Schauspielhaus wiederaufgenommen wurde und durch Gastspiele im gesamten deutschsprachigen Raum bekannt wurde, hat sich als stilbildend für viele *Danton's-Tod*-Inszenierungen während der 1920er Jahre erwiesen. Statt eines vereinzelten Helden stellte Reinhardt die revolutionäre Masse ins Zentrum. Erreicht wurde dies durch eine sparsame Bühnenausstattung, eine Lichtregie, die auf Bewegung und Kontraste setzte, vor allem aber durch eine Massenchoreographie, die den gesamten Bühnenraum in Bewegung versetzte. Jacobsohn schrieb: »Das ist wahrhaft großer Stil: wild, phantastisch, donnernd. Den schönen Leib Frankreichs schüttelt das Fieber, und die Bühne gibt mit der Freiheit, die ihre Form ist, die Zuckungen wieder. Mutig von Reinhardt, daß seine Revolution nicht eine Revolte, sondern die zügellos heulende, um-und-umstülpende, gellend rote, hysterische Revolution ist.« (»Dantons Tod« [1916], zit. n. Goltschnigg 2001, Bd. 1, 279). Diese Kennzeichnung, der weitere an die Seite zu stellen wären, lässt sich in unterschiedlicher Weise verstehen. Zum einen kommt ein doppelter Zeitbezug zum Ausdruck. Reinhardts Arbeit ließ sich sowohl auf die Situation des Ersten Weltkriegs als auch auf die politischen Krisen der Weimarer Republik beziehen (und tatsächlich nahm Reinhardt diese Konzeption noch im Jahr 1929 für eine weitere *Danton's-Tod*-Inszenierung im Arkadenhof des Wiener Rathauses und im Prinzregententheater wieder auf). Eine explizite politische Parteinahme fand jedoch gerade nicht statt. Im Zentrum stand die *Stimmung*, deren emotionaler Wirkung auch der Text untergeordnet wurde. Insofern griff Reinhardt zwar auf die institutionellen Voraussetzungen des bürgerlichen Theaters zurück, stärkte aber die ästhetische Autonomie der Bühne – und damit auch die Position des Regisseurs gegenüber dem Autor. Die in der Wendung »vom bürgerlichen Theater zur metropolitanen Kultur« (Marx 2006) enthaltenen Spannungen verzeichnete Jacobsohn fünf Jahre später anlässlich einer – vergleichsweise kammerspielartigen – »Woyzeck«-Inszenierung Reinhardts. Darin verknüpft er Topoi des Expressionismus mit politischen Ansprüchen: »Reinhardt leitet kein Theater des Proletariats, sondern eines der Bourgeoisie. Er müsste das Wesen seines Epikuräertums fälschen und sein Publikum vergewaltigen, wollte er vornehmlich Leidenschaft, Anklage, Wut und Schrei aus diesem Volksstück heraushören und herausholen. [...] Ein politisch Lied ist für ihn, pfui, ein garstig Lied« (»Woyzeck« [1921], zit. n. Goltschnigg 2001, Bd. 1, 381). Allerdings ist das »Versagen« Reinhardts nicht allein ein individuelles Scheitern, sondern bringt beispielhaft die Widersprüchlichkeit der theatralen Vergegenwärtigung von Büchners Dramen zur Erscheinung.

Theaterrezeption im Nationalsozialismus

Die Machtergreifung durch die Nationalsozialisten 1933 markiert einen Bruch in der Büchner-Rezeption. Auch wenn es vereinzelter Versuche gab, Büchner als Vorläufer der nationalsozialistischen Bewegung zu vereinnahmen, überwog die Skepsis: Als Autor des *Hessischen Landboten* war der Name Büchner eng mit dem politischen Gegner verknüpft. Dies zeigen auch die Spielpläne der Theater – die Zahl der Aufführungen von Büchners Dramen nimmt schlagartig ab. Viehweg verzeichnet im Deutschen Reich zwischen 1933 und 1945 sieben *Danton's-Tod*-, sechs *Leonce-und-Lena*- und zwei »Woyzeck«-Inszenierungen (weitere Inszenierungen im deutschsprachigen Ausland nicht mitgerechnet). Bereits 1936 konnte Arnold Zweig im schweizerischen Exil einen »Epilog zu Büchner« schreiben, in dem er darüber klagte, dass Büchner »heute, wie vor hundert Jahren, für Deutschland nicht vorhanden« sei (zit. n. Goltschnigg 2001, Bd. 1, 70). Gleichwohl gab es vereinzelte Inszenierungen seiner Dramen, und es ist aufschlussreich festzustellen, dass ihnen weder oppositionelle noch affirmative Tendenzen eindeutig zugeschrieben werden können. Vielmehr scheinen sich die Regisseure gegen jeden aktualisierenden Zeitbezug verwahrt und stattdessen das Drama, nunmehr verstanden im Sinne eines zu bewahrenden deutschen Kulturguts, ins Zentrum gestellt zu haben. Darin kann man eine ›Rettung‹ von Büchners Werk im und für das Theater sehen, dem die Bühne zu einer Art Exil wird, korrespondierend mit der ›inneren Emigration‹ vieler Theaterleute. Zugleich aber entsprach theatraler Historismus durchaus dem anti-modernen und, wenn man so will, (spieß-)bürgerlichen Zug der nationalsozialistischen Kulturpolitik.

Die *Danton's-Tod*-Inszenierung von Gustaf Gründgens am Preußischen Staatstheater in Berlin im Jahr 1939 ist für diese Tendenz sowohl in ästhetischer wie in institutioneller Hinsicht symptomatisch. In einem Bühnenbild, das Traugott Müller nach historischen Stichen entworfen hatte, verzichtete Gründgens auf eben jene Massenszenen, die in der

Nachfolge Reinhardts viele Inszenierungen der Weimarer Republik geprägt hatten. Stattdessen konzentrierte er sich ganz auf die differenzierende Ausgestaltung der Figuren, Eingriffe in den Text fanden nur sehr behutsam statt. Strudthoff konstatiert mit Blick auf zeitgenössische Kritiken: »[A]ll das hyperrevolutionäre Drum und Dran ist beiseitegeschafft worden, damit man wieder die Stimme des Dichters hört, und die Stimme des Dichters im weitesten Sinne, nicht nur dort, wo sie Wort ist, in den Monologen, sondern auch dort, wo sie nur Geist ist, der über dem Ganzen schwebt, Weltanschauung, Lebensstimmung.« (Strudthoff 1957, 125) An anderer Stelle versteht sie Gründgens' Konzeption sogar als wegweisend: »für ein neues, erweitertes Verständnis des Büchnerschen Werkes, [...] ein Weg, auf dem man hätte weitergehen können« (ebd., 131). Mit dieser vorbehaltlosen Zustimmung stellt sich auch die Frage nach der politischen Dimension des Bekenntnisses zur Werktreue, zumal dieses Argument bis in die Gegenwart Verwendung findet – gegen die politische Instrumentalisierungen, aber auch gegen die vermeintliche Willkür der Regisseure.

DDR und Bundesrepublik

Nach dem Zusammenbruch des ›Dritten Reichs‹ erscheint insbesondere »Woyzeck« als geeignet, die traumatischen Erfahrungen des Krieges und der Nachkriegszeit darzustellen. Nachdem Wolfgang Langhoff das Drama bereits 1947 in den Kammerspielen des Deutschen Theaters in Berlin inszeniert hatte, wurde es in der späteren DDR zu dem meistgespielten Werk Büchners, während in der späteren Bundesrepublik bis in die 1960er Jahre hinein die Zahl der *Danton's-Tod*-Inszenierungen überwog. Diese Differenz ist von Interesse, weil sich hier abermals die Bedeutung der politischen Inanspruchnahme Büchners manifestiert. Während »Woyzeck« – sei es in historisierender oder aktualisierender Absicht – sowohl als soziales Drama als auch im Kontext des philosophischen Existentialismus und sogar als sprach- und theaterkritisches Experiment verstanden werden konnte, blieb die Sicht auf *Danton's Tod* der inhaltlichen Frage nach der Bewertung der Französischen bzw. der Möglichkeit einer politischen Revolution überhaupt verhaftet.

In der DDR wurde der Autor des *Hessischen Landboten* als Vorkämpfer des Sozialismus gewürdigt, während die Theaterrezeption von *Danton's Tod* zeigt, welche enormen Schwierigkeiten aus der politische Ambivalenz resultierten, die unterschiedlichste Zuschreibungen ermöglicht. Bertolt Brecht hatte bereits 1949 eine Inszenierung durch Erich Engel vorgeschlagen, der das Stück schon 1924 inszeniert hatte. Letztlich aber wurde *Danton's Tod* erst im Jahr 1962 in der DDR aufgeführt. Der Inszenierung des Schriftstellers Kuba (Kurt Barthel) am Volkstheater Rostock ging eine kulturpolitische Diskussion Ende der 1950er Jahre voraus, deren Schauplatz die Zeitschrift *Theater der Zeit* war. In der Diskussion wie in Kubas Inszenierung kam der Versuch zum Ausdruck, Büchners Drama in die Ästhetik des – seit dem Aufstand von 1953 zur kulturpolitischen Doktrin erklärten – ›Sozialistischen Realismus‹ zu integrieren. Bezeichnenderweise gelang dies nur durch weitreichende Eingriffe in den Text, mit denen die Danton-Figur zugunsten von Robespierre und St. Just abgewertet wurde. Der Versuch Kubas blieb allerdings ohne direkte Nachfolge; die nächste *Danton's-Tod*-Inszenierung fand erst im Jahr 1973 in Magdeburg statt.

Auch in der Bundesrepublik gab es – insbesondere seit den 1960er Jahren, in denen die Möglichkeit einer grundlegenden Umwälzung des politischen Systems diskutiert wurde – die Tendenz, Büchner für politische Zwecke zu instrumentalisieren. Dies geschah insbesondere in den Inszenierungen des sogenannten ›Regietheaters‹, als dessen Vorläufer Reinhardt gilt. Darin übernimmt der Regisseur die Funktion eines Autors, was ihm weitgehende Autonomie gegenüber dem Text verleiht. Gesellschaftspolitische Stellungnahmen sind allerdings nur eine Option; der subjektive Zugang eröffnet auch die Möglichkeit, die Bühne als einen Ort zu definieren, der sich (tages-)politischen Instrumentalisierungen entzieht. Beispielhaft sei das Büchner-Projekt unter dem Titel *Marie. Woyzeck* von Manfred Karge und Matthias Langhoff am Schauspielhaus Bochum im Jahr 1980 erwähnt. Ausgangspunkt war der fragmentarische Charakter des Büchner'schen Texts, was zu einer inhaltlich und dramaturgisch losen Abfolge einzelner Spielszenen führte, welche die Regisseure in einer intensiven Probenphase mit den Schauspielern erarbeitet hatten. Das Drama war dabei nur ein Element des Geschehens, in dem unter anderem eigens verfasste Texte von Thomas Brasch Verwendung fanden. Der Kritiker Rolf Michaelis schrieb:

Manfred Karge, der auch die männliche Titelrolle spielt, Matthias Langhoff und ihre Gruppe verstehen den fragmentarischen Charakter aller überlieferten Fassungen als stilistischen Ausdruck einer von Büchner erstrebten neuen Art von Volks-Theater. Offene Form, Szenenreihung nicht in zeitlichem oder kausal begründeten Nacheinander, dramaturgische Un-Ordnung sind ihnen Beweis für eine neue, bewusst antiklassische, alternative Form des Dramas (Michaelis 1980).

Gegenwart

Ausgehend von dem Projektcharakter der Inszenierung von Karge und Langhoff lassen sich Brücken zu jenen »postdramatischen« Theaterformen (vgl. Lehmann 1999) schlagen, in denen nicht mehr die Sprache im Zentrum steht und der Text nicht mehr der verbindende und verbindliche Stifter des Sinns, sondern nur noch ein Element unter anderen ist. Beispielhaft geschieht dies in den Büchner-Arbeiten Robert Wilsons – *Woyzeck* im Jahr 2000 am Betty Nansen Teatret in Kopenhagen (Musik: Tom Waits/ Kathleen Brennan), *Leonce und Lena* im Jahr 2003 am Berliner Ensemble (Musik: Herbert Grönemeyer) –, in denen Büchners Dramen in eine musiktheatralische Form überführt werden, in denen die Handlung des Texts eine allenfalls randständige Rolle spielt (vgl. Höying 2007). In letzter Konsequenz wäre zu fragen, ob es sich dabei überhaupt noch um *Inszenierungen* von Dramen handelt und nicht vielmehr um eigenständige Werke, deren Urheberschaft Wilson und seinen Mit-Autoren zukommt.

Blickt man allerdings auf die Geschichte der Rezeption Büchners auf der Bühne zurück, so kann man zu dem Schluss kommen, dass diese Transformation Büchners Werk in besonderer Weise entspricht. Schließlich hat sich von Beginn an bis heute immer wieder die Unmöglichkeit gezeigt, seine Dramen einem ästhetischen oder politischen Programm unterzuordnen – sie provozieren nicht nur gegensätzliche Interpretationen, sondern sperren sich zugleich gegen sie. Und eben dies betrifft nicht nur jene Phase, in der sein Werk als für die Bühne untauglich angesehen wurde, es betrifft auch für die späteren, durchaus erfolgreichen Inszenierungen, welche – wie die Lektüre der Kritiken zeigt – stets unterschiedlich lesbar blieben. Letztlich aber müssen auch die multimedialen, intertextuellen Transformationen im Zeichen des Fragments, des A-Sozialen oder des Musikalischen vorläufig bleiben. Denn »unzeitgemäß« heißt: in die Zukunft gerichtet.

Literatur

Bornkessel, Axel: Georg Büchners »Leonce und Lena« auf der deutschsprachigen Bühne. Studien zur Rezeption des Lustspiels durch das Theater. Diss., Universität Köln 1970.

Goltschnigg, Dietmar (Hg.): Büchner im »Dritten Reich«. Mystifikation – Gleichschaltung – Exil. Eine Dokumentation. Bielefeld 1990.

– (Hg.): Georg Büchner und die Moderne. Texte, Analysen, Kommentar. 3 Bde. Berlin 2001–2004.

Höying, Peter: Von ironischer Dialektik zu menschelndem Pathos: Kritische Einwürfe zu Robert Wilsons, Herbert Grönemeyers und Arezu Weitholz' *Leonce und Lena*-Inszenierung am Berliner Ensemble [2003]. In: Dieter Sevin (Hg.): Georg Büchner: Neue Perspektiven zur internationalen Rezeption. Berlin 2007, 285–299.

Lehmann, Hans-Thies: Postdramatisches Theater. Ein Essay. Frankfurt a. M. 1999.

Martin, Ariane: Büchner-Rezeption im Naturalismus. In: Literatur für Leser. 28 (2005). Heft 1, 3–15.

Marx, Peter W.: Max Reinhardt. Vom bürgerlichen Theater zur metropolitanen Kultur. Tübingen 2006.

Michaelis, Rolf: Zirkus-Geburt. Ein- und Ausfälle eines Ensembles: Karge/Langhoff inszenieren Büchner in Bochum. In: Die Zeit, Nr. 48/1980 (21. November).

Nietzsche, Friedrich: Werke. 3 Bde. Hg. von Karl Schlechta. München 1994.

Schanze, Helmut: Büchners Spätrezeption. Zum Problem des ›modernen‹ Dramas in der zweiten Hälfte des 19. Jahrhunderts«. In: Helmut Kreuzer (Hg.): Gestaltungsgeschichte und Gesellschaftsgeschichte: Literatur-, kunst- und musikwissenschaftliche Studien. Stuttgart 1969, 338–351.

Schmidt, Tobias: ›Aber gehen Sie in's Theater, ich rath' es ihnen‹ – Das Darmstädter Theater zu Georg Büchners Zeit. In: GBJb 10 (2000–2004) 2005, 3–52.

Strudthoff, Ingeborg: Die Rezeption Georg Büchners durch das deutsche Theater. Berlin 1957.

Viehweg, Wolfram: Georg Büchners »Dantons Tod« auf dem deutschen Theater. München 1964.

– : Georg Büchners »Woyzeck« auf dem deutschsprachigen Theater. 1. Teil: 1913–1918. Krefeld 2001.

Hans-Friedrich Bormann

9. Büchner und die Musik

»Was kann man von Büchner vertonen, was nicht schon hundertmal vertont worden ist? Wie kann man Büchner gerecht werden, ohne die gängigen Klischees vom empfindsamen Rebell, vom James Dean der klassischen Literatur zu bemühen«, fragt der Komponist Moritz Eggert fast etwas skeptisch im Programmtext zur Uraufführung seines *Büchner-Portraits* für Bariton und Klavier (Eggert 1997, 11), das – wie vier weitere Werke von Beat Furrer, Fabio Vacchi, Corinne Tatiana Nordmann und Wolfgang Rihm – auf einen Kompositionsauftrag der Berliner Philharmoniker zurückgeht. Dass sich Komponisten mit Büchner befassen, scheint also kein Randphänomen, und die musikalische Auseinandersetzung muss sich mit den gängigen Büchner-Bildern auseinandersetzen. Auch wenn Eggerts Schätzung zahlenmäßig vielleicht nicht ganz erreicht wird, so stößt man doch auf mehr und Vielfältigeres, als zunächst vermutet: Im Musiktheater fanden nicht nur die Bühnenwerke ein breites Echo, sondern auch die Erzählung »Lenz« wurde zur Grundlage zweier Opern (Larry Sitzky/Gwen Harwood 1970–72 und Wolfgang Rihm/Michael Fröhling 1979), sogar Büchners Übersetzung von Victor Hugos *Marie Tudor* wurde zum Material eines Librettos (Rudolf Wagner-Régeny/Caspar Neher 1932–34). Nichtszenische Werke wie Rolf Riehms Märchenstück für Singstimme, Instrumente und Tonband *blutwurst sagt: komm leberwurst* (1963) nach Texten von Büchner und Reinhard Döhl oder Hans Ulrich Engelmanns *Stele für Büchner* (für Alt- und Bariton-Solo, Chor und Orchester, 1986/87) auf einen Text von Karl Krolow verbinden musikalische wie literarische Büchner-Rezeption. Wolfgang Rihm greift für den Auftrag der Berliner Philharmoniker unter dem sprechenden Titel *Apokryph* (für Bariton und Klavier) auf zwei durch Zeitgenossen überlieferte Äußerungen des späten Büchner zurück, auf die er durch Hans Mayers Monographie aufmerksam wurde. Hier findet sogar die literaturhistorische Rezeption Büchners ein künstlerisches Echo. Und in Matthias Spahlingers Ensemblestück *furioso* (1991) gibt Büchner gar das Motto für eine reine Instrumentalkomposition.

Eine vollständige Übersicht über die Büchner-Rezeption in der Musik gibt es bisher nicht. Vor allem im ohnehin für das 20. Jahrhundert noch wenig erforschten Bereich der Schauspiel- bzw. Bühnenmusik existiert eine bisher kaum erkundete Fülle an Kompositionen (bis hin zu einer elektronischen

Klangimprovisation Wolfgang Mitterers für eine szenischen Lesung des »*Lenz*«, 1990, und der Zusammenarbeit von Herbert Grönemeyer und Robert Wilson bei einer Inszenierung von *Leonce und Lena* in Berlin 2003). Manche Werke – allen voran Bergs *Wozzeck* – sind ihrerseits so einflussreich, dass ihre künstlerische Wirkungsgeschichte auch im Kontext der Büchner-Forschung eine eigene Betrachtung wert ist. Vor diesem Hintergrund hatte Claudio Abbado für die Spielzeit 1996/97 als Programmschwerpunkt des Berliner Philharmonischen Orchesters jenen Berg/Büchner-Zyklus konzipiert, der im November 1996 mit einer halbszenischen Aufführung des Berg'schen *Wozzeck* eröffnet worden war und im September 1997 im Rahmen der Berliner Festwochen geradezu programmatisch mit dem kammermusikalisch intimen Abend schloss, für den die eingangs erwähnten Kompositionsaufträge vergeben worden waren. Er spannte damit den Bogen von der ersten einflussreichen kompositorischen Auseinandersetzung mit dem Dichter bis zu seiner gegenwärtigen Aktualität. In der Fokussierung der Kompositionsaufträge auf die in der Musik des 20. Jahrhunderts so ohrenfällig mit der Figur des Wozzeck verbundene Baritonstimmlage liegt die Verbindung zu dem literarisch-musikalischen Rezeptionsraum, der ausgehend von Berg/Büchner entstanden war. Mit der Platzierung des Schlusskonzertes im Kontext der Festwochen stellte Abbado die musikalische Überprüfung der aktuellen Relevanz dieses Rezeptionsraumes aber auch nicht zufällig in den Zusammenhang der in den Festwochen in ihrer Bedeutung für das künstlerische Schaffen zur Debatte gestellten »Deutschlandbilder«. Mit Büchner kommt man kompositionshistorisch nicht nur in innerästhetische Auseinandersetzungen, sondern auch in historische – zumal in Deutschland.

Die künstlerische Aneignung von Büchners Werk in der Musik siedelt sich zwischen mehreren Polen an: Formale Interessen setzen an der dramatischen Form wie am Umgang mit Sprache an, inhaltliche am sozialkritischen wie psychologischen Realismus seiner Werke sowie am Dichter selbst als politischer wie als existentieller Künstlerfigur. In den auf Büchner und sein Schaffen bezugnehmenden Werken treten vor diesem Hintergrund sehr verschiedene Büchner-Bilder hervor, die deutlich mit dem zeit- und geistesgeschichtlichen Kontext ihrer Entstehungszeit korrespondieren. Vor allem diese Kontextbezogenheit – weniger die Sprachbindung der Werke selbst – mag auch die deutliche Konzentration des Interesses auf den deutschsprachigen Bereich erklären.

Wozzeck und die Ansprüche der Moderne an die Oper

Das Echo, das Büchner in der Musik und vor allem in der Oper fand, hing von Beginn an eng mit Büchners Erfolg auf der Theaterbühne zusammen: Hugo von Hofmannsthal legte – unter dem Eindruck der Münchner Uraufführung des »*Woyzeck*« 1913 – im Vorspiel der zweiten Fassung seiner *Ariadne auf Naxos* (1915/16) der Figur des Komponisten einen Satz aus Büchners Drama in den Mund. Auch für Alban Berg, der das Drama dann so wirkungsmächtig in Musik setzte, war das bestimmende Erlebnis nicht die Lektüre des Textes, sondern sein Interesse entzündete sich an der Wiener Erstaufführung des »*Woyzeck*«. Nach dem Besuch einer Vorstellung 1914 fasste er den Entschluss zur Komposition. Im Gefolge der (späten) Uraufführungen der Büchner'schen Dramen um die Wende zum 20. Jahrhundert und des Erscheinens von fünf Gesamtausgaben und zahlreichen Einzelausgaben zwischen 1909 und 1920 kommen schließlich 1925/26 gleich drei Opern heraus: neben Bergs *Wozzeck* noch ein zweiter, wohl ohne Kenntnis des Berg'schen Vorhabens von Manfred Gurlitt in Angriff genommen, sowie eine Veroperung von *Leonce und Lena* durch Julius Weismann.

Gurlitt, dessen *Wozzeck* aus verschiedenen (nicht nur künstlerischen) Gründen nie aus dem Berg'schen Schatten treten konnte, hatte überdies als erster den Zusammenhang von Büchners Dramatik und der des Sturm-und-Drang-Dichters Jakob Michael Reinhold Lenz, mit dem sich Büchner ja auch intensiv beschäftigt hatte, musikdramatisch verfolgt, indem er nur fünf Jahre nach dem *Wozzeck* sozusagen dessen Patenstück, Lenz' *Soldaten*, komponierte und damit jenen Horizont eröffnete, der dann für das Musiktheater der zweiten Jahrhunderthälfte wichtig werden sollte – und wieder dazu führte, dass Gurlitt im Schatten eines wirkungsmächtigeren Werkes verschwand: Bernd Alois Zimmermanns *Soldaten*, die ihrerseits deutlich an Bergs *Wozzeck* ansetzen.

Eine grundlegende Ebene, auf der man Zimmermanns Auseinandersetzung mit dem Berg'schen Vorbild und dessen Umdeutung verfolgen kann, ist die der Formbildung. Wie Berg setzt Zimmermann auf traditionelle musikalische Modelle. Berg hatte jeweils den Akten instrumentale Formen zugeordnet, den ersten als Suite, also als Folge barocker Tänze, den zweiten als Sonatensatz und den dritten als Folge von Inventionen gestaltet. Auch bei Zimmermann findet man Formbezeichnungen aus der Instrumentalmusik, allerdings nutzt er sie nicht, wie Berg, um die Einheit der Akte zu gewährleisten, sondern um aktübergreifende Zusammenhänge zu stiften. Während es nun Berg um die Fähigkeit musikimmanenter Strukturen ging, dramaturgisch unklare bzw. nicht festgelegte Szenenabfolgen in eine eindeutige Form zu bringen, scheinen sie bei Zimmermann eher semantische und in deren Folge auch formale Verknüpfungen über den Zusammenhang der direkten szenischen Sukzession hinaus anzudeuten.

Zimmermann überbietet Berg mit allen medialen Mitteln, die das Musiktheater bereithält, allerdings gerade nicht mit dem Ziel, diesen damit in die Mottenkiste der Geschichte zu verweisen, ihn gleichsam zum Verschwinden zu bringen (wie es Gurlitt ja mit seinem *Wozzeck* wie mit seinen *Soldaten* wiederfahren war). Er siedelt seine Oper in einem intertextuellen musiktheatralen Raum an, in dem Berg als einkomponierter Subtext präsent bleibt – letztlich mit dem Ziel, die ungebrochene Aktualität des Vorbilds zu erweisen.

So setzt Bernd Alois Zimmermann mit seinen *Soldaten* (an denen er in den Jahren 1957 bis 1965 arbeitete) ebenso deutlich bei Berg an, wie schließlich auch – auf andere Weise und auch nicht von Beginn an so vorgesehen – Wolfgang Rihm in seiner Kammeroper *Jakob Lenz* (entstanden 1977/78). Nicht von ungefähr ist in beiden Opern die männliche Hauptfigur wie im *Wozzeck* als Bariton-Partie gestaltet, so dass sich über diese Figur eine Identifikationskette Büchner-Wozzeck-Stolzius-Lenz etc. verfolgen lässt (Schmidt 1993).

Kann man Zimmermanns *Soldaten* als Versuch der Überbietung des *Wozzeck* gleichsam nach »außen« sehen, so gerät Wolfgang Rihms *Jakob Lenz* gut zehn Jahre später im Grunde zu einer Überbietung »nach innen«: Rihms Theater spielt im psychischen Innenraum der Figur – »immer auf dem Sprung in die Hauptperson« befinde er sich, schreibt der Komponist (Rihm 1997, 314). Wie in einem Brennglas bündelt sich die musikalische Idee im Zentrum der Oper nicht von ungefähr in einer »Nachtszene«, einem Monolog der Hauptfigur: Hier spaltet sich Lenz' innerer Monolog, in dem er sich in den Mutterschoß imaginiert und letztlich dessen Verlust realisiert, nicht nur in sechs Stimmen, sondern am Ende mündet die Szene – den *Wozzeck*-Schluss raffiniert überformend – in »eine Art Traumbild«: Zwei Kinderstimmen besingen auf einem Choralmodell reflektierend Lenz' Todessehnsucht, während dazu im Grunde das Klischee aus Maries Wiegenlied aus dem *Wozzeck* fast mutwillig assoziativ in dem einzigen

tatsächlichen und auch in der Partitur ausgewiesene Zitat des Stücks gerinnt: Schumanns »Kind im Einschlummern« aus den *Kinderszenen*.

Es entsteht ein die Wahl der literarischen Vorlage ebenso wie die Stimmfächer und die dramaturgische wie musikalische Gestaltung einbegreifender musikdramatischer Traditionszusammenhang, der schließlich im Zuge der Büchner-Debatten der 70er Jahre einen identifikatorischen Ansatzpunkt für eine künstlerische Aneignung bietet. Neben Wolfgang Rihm widmet sich fast zeitgleich – wenn auch unter den spezifischen Bedingungen der DDR und so deutlich stärker politisch konnotiert – ein zweiter Komponist einem solchen die Künstlerfigur ins Zentrum rückenden Projekt: Friedrich Schenker in seiner Oper *Büchner* (1978/79 und 1981) – und auch hier finden sich unüberhörbar Anklänge an die *Wozzeck*-Partitur. Diese Werke stehen im Kontext einer weiterausgreifenden Neubegegnung mit dem Künstler Büchner in den 1970er Jahren, die ihn für Komponisten auch über den deutschsprachigen Bereich hinaus interessant werden lässt (in diesen Kontext fällt etwa auch der Einakter *Lenz* des australischen Komponisten Larry Sitzky).

Bemerkenswert ist, dass Bergs *Wozzeck* – das erste abendfüllende weitgehend atonale Opernwerk, das Eingang ins Repertoire gefunden hat – bis heute alle oft mit großer Emphase ausgerufenen ästhetischen wie geschichtsphilosophischen Krisen der Gattung ›Oper‹ weitgehend unangefochten überstanden und geradezu eine eigene Traditionslinie ausgebildet hat – man möchte fast sagen, wer nach Berg Opern schreibt, kommt am *Wozzeck* nicht vorbei. Sogar Pierre Boulez bestreitet in seinem 1967 erschienenen berühmten Spiegel-Interview »Sprengt die Opernhäuser in die Luft« die Gültigkeit dieses Werkes nicht. Im *Wozzeck* treffen sich ein literatur- bzw. (sprech-)theaterhistorischer Kontext auf der einen und operngeschichtlicher auf der anderen Seite und öffnen einen weitreichenden künstlerischen Rezeptionsraum, der in der zweiten Jahrhunderthälfte bemerkenswert produktiv wird und einen Weg zu weisen scheint, auf dem die Oper nicht als »Hort der Tradition«, sondern gleichsam unter den Bedingungen der Avantgarde, auf dem aktuellen Stand des Komponierens weiter denkbar bleibt.

Politik und Utopie

Der politische Büchner des *Danton* rückt erst nach dem Zweiten Weltkrieg auf die Musikbühne, gleichsam in Zeiten notwendiger politischer Standortnahme. Geradezu programmatisch ergreift der (politisch links denkende) Manfred Gurlitt in seinen *Drei politischen Reden für Bariton und Orchester* (1946), in denen die drei Protagonisten aus Büchners *Danton's Tod* zu Wort kommen, unmittelbar nach Kriegsende mit Büchners Texten die Möglichkeit als Künstler explizit politisch Einspruch zu erheben – sicher nicht zufällig verzichtet er dabei auf szenische Repräsentation. Damit setzt Gurlitt in gewisser Weise einen Konterpart zu Gottfried von Einems *Danton*-Oper (Libretto von Boris Blacher nach Büchner), die zwischen 1944 und 1946 als Auftragswerk der Dresdner Oper komponiert und dann 1947 im Rahmen der Salzburger Festspiele uraufgeführt wurde. Dieses Stück, das international nachgespielt worden war und als Zeugnis für Einems nazi-kritische Haltung galt, wird in jüngerer Zeit zumindest für diskussionsbedürftig gehalten (vgl. Klemens Kaatz in: Petersen 1997, 131–167; Eickhoff 1998).

In Westdeutschland findet *Danton* im Bereich der Musik später wenig Resonanz (allerdings greift der Italiener Giacomo Manzoni 1975 in *Per Massimiliano Robespierre* u. a. auf diesen Text zurück). In der DDR der 1970er und 1980er Jahren lieferte *Danton* Friedrich Schenker das Material für gleich zwei Werke, die an der dort verhandelten Möglichkeit der Realisierung einer revolutionären Utopie ansetzen: die bereits erwähnte Oper *Büchner* (1978/79 und 1981, UA 1987), in der *Danton* die politische Dimension des Schaffens repräsentiert, und die Radiooper *Die Gebeine Dantons* (1987/89), die auf einen Auftrag von Radio DDR II zum 200. Jahrestag der Französischen Revolution zurückgehend ihrerseits von einem grundlegenden politischen Umbruch eingeholt und erst 1990 gesendet wurde. Wie eine Art Kommentar zu diesem Umbruch liest es sich, wenn Matthias Spahlinger dem Vorwort zur Partitur seines Ensemblestückes *furioso* (1991/92) folgendes Zitat aus Büchners *Danton* voranstellt, das mit einer während der Leipziger Montagsdemonstrationen berühmt gewordenen Satz beginnt: »Wir sind das Volk, und wir wollen, daß kein Gesetz sei, ergo ist dieser Willen das Gesetz, ergo im Namen des Gesetzes gibt's kein Gesetz mehr, ergo totgeschlagen!« (*Danton's Tod*, I.2; Studienpartitur Breitkopf & Härtel EBPB 5415) Das Stück macht gleichsam auf abstrakt struktureller Ebene die schwierigen Bedingungen der »bestimmten Negation« des Bestehenden zum kompositorischen Thema (vgl. Nonnenmann 2002).

In den 1960er Jahren setzt ein zweiter Rezeptionsstrang an, der für die musikalische Büchner-Rezep-

tion fruchtbar wurde: Gleichsam als Alternative zu einer dezidiert inhaltlich ausgerichteten politischen Sicht auf den Dichter lässt sich seitdem ein verstärktes literarisches Interesse für dessen radikale Sprachbehandlung beobachten, das den formalen bzw. strukturellen Interessen der Musik entgegenkam. Rolf Riehms Märchenstück *blutwurst sagt: komm leberwurst* (1963) steht für diese Verbindung zu Büchner:

> Wie ich in den 60er Jahren auf Büchner kam, weiß ich gar nicht mehr so genau. […] Ich glaube, über Friedhelm Döhl, mit dem ich damals bei Wolfgang Fortner Komposition studierte. Er brachte mich mit der Stuttgarter Szene um Max Bense in Berührung, zu der sein Bruder Reinhard gehört, der wiederum damals ein sehr beachteter, extrem belesener Lyriker war. […] In dem Stück ›blutwurst…‹ hatte ich eine Arbeit von Reinhard Döhl mitverwandt, in der er eben unter anderem aus dem Büchner-Märchen aus dem Woyzeck zitiert [R. Döhls *Fingerübungen*, D.S.]. So stieß ich, glaube ich, auf Büchner selbst. Jedenfalls übrigens nicht über Berg, den ich überhaupt nicht kannte. (Rolf Riehm in einem Brief an die Verfasserin, 30.7.1999)

Ebenfalls an der Sprachbehandlung setzt das Interesse des Münchener Künstlers Helmut Berninger an, der im Zusammenhang mit der literaturhistorischen Auseinandersetzung mit Realismus-Konzepten auf Büchner stieß. Dessen künstlerischer Standpunkt erschöpfte sich nach Berningers Auffassung nicht allein in der in den 1960er Jahren so aktuellen inhaltlich-politischen Dimension der Werke, sondern Büchner ragte durch seine bis ins sprachlich Formale reichende Radikalität der existenziellen Menschendarstellung heraus (Auskunft im Gespräch mit der Verfasserin, 28.12.2008). Berningers Inszenierungen von »*Woyzeck*« und *Leonce und Lena* im von ihm gemeinsam mit der Schauspielerin, Theaterautorin und Musikerin Carmen Nagel-Berninger geleiteten Münchner Büchner-Theater Ende der 1960er Jahre arbeiteten mit einer gleichsam analytisch-musikalisierten Sprache (und folgerichtig ohne Bühnenmusik). Gleichzeitig bildete sich im Umfeld des Theaters um Michael Kopfermann eine Gruppe, die versuchte, analoge Strukturvorstellungen in musikalischen Improvisationen mit präparierten Instrumenten zu erkunden, und es entstand im Folgenden eine beide Stränge zusammenführende Form des experimentellen Musiktheaters.

Unter anderem eine solche Beschäftigung mit der Existentialität der Sprachform führte auf die experimentell-utopischen Momente des Büchner'schen Werkes und rückten auch ein lange unterschätztes Stück wie die Komödie *Leonce und Lena* (in Julius Weismanns Vertonung von 1925 mit einer Musik belastet, die dem Text offenkundig nicht gewachsen war, in Hans Simons Veroperung von 1931 gar der Gefahr der Trivialisierung anheimgefallen) neu in den Blick. Mit einer zentralen Szene aus eben diesem Stück (der Parodie einer Liebestodszene in II.4) griff Rolf Riehm 1966 Büchner erneut auf: *Leonce und und* war ursprünglich als in sich abgeschlossener Teil einer abendfüllenden Oper gedacht: »Die Szene mit dem Text aus Büchners ›Leonce und Lena‹ sollte in einem Guckkasten im Hintergrund der Bühne in das laufende Geschehen hart eingeschnitten werden, ziemlich früh schon und quasi als Modell des Geflechts von Verweisen, mit denen ich in der übrigen Oper arbeiten wollte; Verweise zwischen Text, Gesang, Orchester, dramaturgischem Aufbau, Rückblicken in die Materialgeschichte der Musik etc. Es hat sich dann so ergeben, daß zwar die Szene fertig wurde, die Oper aber nicht. Unter dem Titel einer ›Konzertszene‹ firmiert das Stück seitdem als eigenständige Komposition.« Interessiert hat Riehm daran die Möglichkeit, dem »Spiel der doppelten Böden« eine utopische Dimension zu geben, »eine Ahnung von der Paradoxie unserer Sehnsüchte und dem, dessen wir immerhin manchmal habhaft werden können« (Riehm 2005, 17 f.).

Solches im Spielerisch-Doppelbödigen steckende utopische Potential macht *Leonce und Lena* auch in der DDR interessant – es greifen gleich drei Komponisten auf diesen Stoff zurück (Kurt Schwaen 1960, Paul Dessau/Thomas Körner 1979 und Thomas Hertel/Karla Kochta 1981). Büchner steht dort für eine Alternative zum politischen wie ästhetischen Dogmatismus der staatlichen Autoritäten. Während Kurt Schwaen allerdings noch aus der Tradition der 1950er Jahre heraus versucht, Büchner als gleichsam alternativen »Klassiker« auf die Bühne zu stellen (etwa in Analogie zu jener »Alternative«, die Hans Mayer in Jakob Michael Reinhold Lenz sah), gerät bei Dessau wie Hertel die Auseinandersetzung mit den formal dekonstruktivistischen Aspekten des Stückes zur Möglichkeit der Dogmatik, eine subversive Form des Utopischen entgegenzusetzen, in der die Wege weniger eindeutig sind. Laetitia Devos hebt mit Recht hervor, dass dieses Interesse, so spezifisch es an die Bedingungen der DDR gebunden war, auch an einer die europäisch geprägte Kunst allgemein erfassenden ästhetischen Lage partizipierte, die parodistische, fragmentierende, intertextuelle Schichtungen nutzende Verfahren hervorbrachte (vgl. Devos 2007). Dessaus und Thomas Körners Idee, das Stück rückwärts laufen zu lassen und zu sehen, ob und wie der Schluss dann noch funktioniert, findet etwa in

gewisser Weise eine Parallele in Peter Maxwell Davies' *Blind Man's Buff* (1972), der sich ganz auf die Schlussszene konzentriert und testet, ob diese auch allein bestehen kann.

Nach der »Wende« kommen vor dem Hintergrund politischer wie – direkt damit zusammenhängend – ästhetischer Umorientierung die verschiedenen Stränge der kompositorischen Aneignung auf neue Weise zusammen und bringen eine neue Phase der musikalischen Büchner-Rezeption in Gang (Schenkers *Gebeine Dantons* könnte man fast wie ein Scharnier in dieser Zeit lesen): Das erwähnte Stück von Matthias Spahlinger hebt in gewisser Weise das politische Interesse an Büchner auf eine innermusikalisch-strukturelle Ebene; Beat Furrer führt als Beitrag zu dem Philharmoniker-Projekt von 1997 in *Stimme allein* Büchners Sprache durch extreme Fragmentierung auf die existentielle Dimension der menschlichen Stimme zurück (verwendet wird ein Text aus *Leonce und Lena* und Büchners Brief an seine Braut vom 10.3.1834); während des gleichen Projektes kommt Wolfgang Rihm auf Büchner zurück und rückt das Thema der Überlieferung in den Blick; zwei Jahre später schließlich greift auch Rolf Riehm auf Anregung von Sabine Tomek vom Saarländischen Rundfunk seine Auseinandersetzung mit dem Dichter aus den 60er Jahren wieder auf und stellt der damals als »Konzertszene« zurückgebliebenen Komposition unter dem Titel der Büchner'schen Regieanweisung zu der verwendeten Szene: »Garten. Nacht und Mondschein«, einen weiteren Satz zur Seite. Der Titel des nun zweisätzigen Gesamtwerks: *die erde ist eine schale von dunkelm gold* stammt aus dem Text des Leonce in eben dieser Szene (Riehm 2005).

Wie aktuell der von Abbado 1997 so programmatisch aufgerufene über *Wozzeck* sich bündelnde musiktheatrale Raum für die musikalische Rezeption des Dichters bleibt und auch wohin er – historisch wie aktuell – führt, zeigt sich schließlich in Helmut Oehrings 2004 uraufgeführter »tonschriftlicher Momentaufnahme« *Wozzeck kehrt zurück* (für 3 Soprane, 3 taubstumme Solisten, Chor, Elektr. Gitarre solo, kleines Orchester, Live-Elektronik. UA 26.6.2004, Theater Aachen): Oehring wählt Berg als Ausgangspunkt und schreibt von hieraus den Rezeptionsraum gleichsam fort – Hommage und Relektüre verbindend. Er vermeidet die so sehr mit Berg verbundene Stimmlage des Bariton und konfrontiert gar die für Büchner so charakteristische Existentialität des sprachlichen Ausdrucks mit dem Ausdrucksgehalt der Gebärden Taubstummer. Ausgehend vom Kulminationspunkt Mord bzw. Selbstmord wirft

Oehring in »drei Abzügen (12 Kontakten)« (so der Untertitel) gleichsam dokumentarisch-photographische Blicke auf einige einschlägige Biographien (neben denen der Autoren Büchner und Berg auch den historischen wie literarischen Woyzeck, Lenz, aber auch – als deren Bruder im Geiste – den Komponisten Carlo Gesualdo) – allerdings mit einer klaren Absage an die Hoffnung auf poetische Einfühlung.

Kaum eine der künstlerischen Aneignungen im Bereich der Musik – und das scheint mir ein zentraler Punkt zu sein – bleibt bei vordergründiger Literatur-»Vertonung« stehen. Es handelt sich in den überwiegenden Fällen um veritable Musik *über* Literatur, Büchner fordert die Komponisten heraus zu einer avancierten künstlerischen Auseinandersetzung mit seinen Texten, mit deren musikalischer Rezeption, wie mit dem künstlerischen eigenen Standpunkt: Er setzt einen Maßstab – existentiell, politisch, utopisch, formal avanciert.

Literatur

Csobady, Peter/Gruber, Gernot u. a. (Hg.): Alban Bergs *Wozzeck* und die zwanziger Jahre. Vorträge und Materialien des Salzburger Symposiums 1997. Anif/Salzburg 1999.

Devos, Laetitia: Georg Büchner, vie et oeuvre, sur la scène lyrique en RDA (1949–1990). Les opéras *Leonce und Lena* de Kurt Schwaen, Paul Dessau et Thomas Hertel, Büchner et *Die Gebeine Dantons* de Friedrich Schenker. Thèse: Universitè François-Rabelais Tours 2007.

Eggert, Moritz: Anmerkungen zum »Büchner-Portrait«. In: Berliner Philharmonisches Orchester. Programmhefte Kammermusik 1996/97. 20.9.1997: Abschlusskonzert des Berg/Büchner-Zyklus im Rahmen der Berliner Festwochen. Berlin 1997, 11.

Eickhoff, Thomas: Politische Dimensionen einer Komponistenbiographie im 20. Jahrhundert: Gottfried von Einem. Stuttgart 1998.

Nonnenmann, Rainer: Bestimmte Negation. Anspruch und Wirklichkeit einer umstrittenen Strategie anhand von Spahlingers »furioso«. In: MusikTexte 95 (2002), 57–69.

Petersen, Peter/Winter, Hans-Gerd (Hg.): Büchner-Opern. Frankfurt a. M. 1997.

Riehm, Rolf: die erde ist eine schale von dunklem gold. In: Booklet zu Rolf Riehm, Orchesterwerke. Cybele Records: Cybele 860.401 (2005), 17–24.

Rihm, Wolfgang: Chiffren der Verstörung. Anmerkungen zu *Jakob Lenz*. In: Ders.: ausgesprochen. Schriften und Gespräche. Hg. von Ulrich Mosch. Winterthur 1997, Bd. 2, 314–315.

Schmidt, Dörte: Lenz im zeitgenössischen Musiktheater. Literaturoper als kompositorisches Projekt bei Bernd Alois Zimmermann, Friedrich Goldmann, Wolfgang Rihm und Michèle Reverdy. Stuttgart 1993.

–: Georg Büchner. In: Die Musik in Geschichte und Gegenwart. Personenteil Bd. 3. Kassel/Stuttgart u. a. ²2000, Sp. 1185–1191.

Dörte Schmidt

10. Büchner im Film

Das Medium Film ist seit seiner Entstehung tragendes Element in der Auseinandersetzung mit Leben und Werk Büchners gewesen. Mutmaßlich ist dies Folge der »evokative[n] Sprachbildlichkeit der Texte und das Unabgeschlossene der Autorenbiographie, das […] zu Spekulationen und Projektionen einzuladen scheint« (Knapp 2000, 47). Ein solches Urteil unterstreicht zunächst die Wechselbeziehung, in der Literatur und Film zueinander stehen und distanziert sich von der pejorativen Sicht, wonach »Literaturverfilmungen […] als abgeleitete Werke wenig geschätzt und als hybride Kunstform grundsätzlich betrachtet« (Bohnenkamp 2005, 9) werden. Zugleich wirft es die Frage auf, welchen Modi die mediale Transformation literarischer Texte und ihrer narrativen bzw. theatralen Strukturen unterliegen. Zunächst scheinen die jeweiligen Gattungsmerkmale durch die dramatische Struktur des Drehbuchs nivelliert (vgl. Paech 1988, VIII), doch zugleich ist das Drehbuch die Basis dessen, was sich im Prozess der filmischen Umsetzung mit ›audiovisueller Poiesis‹ bezeichnen ließe, nämlich die Emanzipation des Films von der literarischen Vorlage und die Überführung des Textes in die Bildsprache des Films. In diesem Kontext kann die oftmals eingeforderte ›Werktreue‹ als im Grunde unerfüllbare Maßgabe aufgefasst werden, da der Akt der Literaturrezeption und die durch die Einbildungskraft des Lesers entstehenden Vorstellungen individuell konnotiert sind, während der Film durch seine Möglichkeiten der Visualisierung der Einbildungskraft des Zuschauers restriktiv entgegenwirkt.

Die Bedeutung Büchners für das Genre Literaturverfilmung ist nicht ohne Weiteres zu klären: Eine fundierte Analyse der Adaptionen gestaltet sich insofern schwierig, als es sich bei einem Großteil um Fernsehproduktionen handelt, die nie den Weg in den Verleih gefunden haben und darüber hinaus – wenn überhaupt – nur sporadisch ausgestrahlt werden.

Eine überschaubare Zahl von Filmen fokussiert die Person Büchners selbst, allerdings sind die historischen Fakten zumeist von fiktiven Handlungssträngen unterminiert, so dass eine mehr oder minder ›authentische‹ Darstellung von Büchners Leben, die sich vornehmlich auf biographische Zeugnisse stützt, als Desiderat gelten muss. Knapp beschränkt sich bei seiner Darstellung auf gerade einmal drei Verfilmungen, nämlich *Addio, Piccola Mia* (1978) unter der Regie Lothar Warneckes, *Eine deutsche Re-*

volution (1981, R: Helmut Herbst), die auf Kasimir Edschmids Roman *Wenn es Rosen sind, werden sie blühen* (1950) basiert und *Ein Asylant auf dem Weihnachtsmarkt. Georg Büchner in Straßburg* (1987), einer »Puppenspielmontage« (Knapp 2000, 48) von Norbert Beilharz. Warnecke und Herbst fassen nicht allein den Dichter und Wissenschaftler Büchner ins Auge, sondern reflektieren v.a. den Revolutionär Büchner: Sein Postulat aus dem *Hessischen Landboten* »Friede den Hütten! Krieg den Palästen!* ist ihnen keine historische, sondern eine aus der Geschichte überkommene, der Zukunft auch heute noch geltende Losung – allerdings durch die Vergangenheit modifiziert.« (Albrecht 1987, 409)

Die früheste der Büchner-Verfilmungen entsteht 1921 mit Dmitri Buchowetzkis *Danton*, für die mit Emil Jannings (Danton) und Werner Krauß (Robespierre) zwei herausragende Persönlichkeiten des jungen deutschen Films verpflichtet werden. 1931 verfilmt Heinz Behrendt das Drama erneut mit Fritz Kortner und Gustaf Gründgens in den Rollen Dantons und Robespierres. Erwähnenswert sind die Auftritte Alexander Granachs (Marat) und Gustav von Wangenheims (Desmoulins), die ihren Durchbruch mit Murnaus *Nosferatu* (1921) erlebten; Granach als Makler Knock, Wangenheim als Hutter. Vor dem Hintergrund seiner Entstehung kann Behrendts Film als »Bekenntnis zur Weimarer Republik« (Lexikon des Internationalen Films 1995, Bd. 2, 979) gesehen werden, was die Zeitlosigkeit der politischen Relevanz von Büchners Drama hervorkehrt.

Fritz Umgelter verfilmt den Stoff gleich zweimal 1963 und 1986. Mit Andrzej Wajdas *Danton* entsteht 1983 ein Film, der auf Stanisława Przybyszewskas Stück *Die Affäre Danton* (1929) basiert und in dem »das Drama Büchners dennoch, als Sub- oder Gegentext zum Drehbuch Wajdas, greifbar [ist]« (Knapp 2000, 47), indem die Figur Dantons (Gérard Depardieu) zum Lebemann abgewertet wird, während Robespierre zur »Inkarnation des aufrichtigen Revolutionärs« (Gast 1993, 196) avanciert.

Die Erzählung »Lenz« wird 1971 von George Moorse für das deutsche Fernsehen umgesetzt. Moorse, der spätestens seit seiner Adaption von Kleists *Findling* (1967) als Hoffnungsträger des ›Neuen Deutschen Films‹ galt, gelingt mit der Bearbeitung des Büchner-Stoffes »eine komplementäre Realisation des Textes« (Mayer 1994, 90). Neben jungen Theaterschauspielern wie Michael König, der für seine Darstellung des Lenz den Bundesfilmpreis erhält, tritt Rolf Zacher in der Rolle von Kaufmann auf. Alexandre Rockwell übernimmt für seine Verfil-

mung aus dem Jahr 1981 auch die Titelrolle und verlegt das Geschehen in das New York der Gegenwart.

Die bislang einzige Verfilmung von *Leonce und Lena* (BRD 2000, R: Michael Klemm) sei hier nur der Vollständigkeit halber erwähnt. Im Grunde kann sie als ›werktreue‹ Inszenierung von Büchners Komödie gelten, die das Stück nicht auf einer Theaterbühne zeigt, sondern es an authentischen Schauplätzen ansiedelt.

»Woyzeck« hat es zwischen 1947 und 1984 auf sieben Verfilmungen gebracht. Georg Klarens Adaption *Wozzeck* (DEFA 1947) verdient besondere Erwähnung, da sie die Handlung mit Elementen der Biographie Büchners verknüpft, was Knapps These zu den Möglichkeiten produktionsästhetischer Projektionen zu bestätigen scheint. Die Rahmenhandlung des Films vollzieht sich in einem universitären Anatomiesaal, in den man den Körper des hingerichteten Soldaten Woyzeck überführt hat. Als der Professor anmerkt, man habe hier die Leiche eines Mörders vor sich, ergänzt der als disputfreudiger Student gekennzeichnete Georg Büchner: »Ein Mensch, […] den wir gemordet haben« (zit. n. Habel 2001, 700). Diese Sequenz affirmiert die Debatte um die Zurechnungsfähigkeit des historischen Woyzeck und die Frage, inwiefern dessen Hinrichtung 1824 als Justizmord beurteilt werden kann. Bei Klaren ist diese Problematik zugleich Ausgangspunkt für die Darstellung des Verfallsprozesses Woyzecks und seiner Folgen. Der angebliche Mangel an Sozialkritik zugunsten einer Fokussierung der psychischen Disposition Woyzecks – so das Verdikt der DEFA-Oberen – führt schließlich zur Indizierung des Films (vgl. Albrecht 1987, 410).

Die Adaption Werner Herzogs mit Klaus Kinski in der Titelrolle aus dem Jahr 1978 dürfte die bekannteste, am meisten rezipierte sein. Herzogs Ästhetik widmet dem fragmentarischen Charakter des Stücks größtmögliche Aufmerksamkeit (vgl. Knapp 2000, 48), was sich in der losen Reihung der Szenenkomplexe zeigt, die mit einem Minimum an Schnitten realisiert wurden und gerade dadurch ihre Eindringlichkeit erhalten. Herzog beschränkt sich allerdings nicht auf den überlieferten Text, sondern lässt partiell eigene Dialoge einfließen. Dies ließe sich unter Bezugnahme auf das Autorenkino zwar rechtfertigen (vgl. Schott/Bleicher 2005, 101), baut zugleich aber eine Distanz zum Original auf, die Herzog zunächst so akribisch zu minimieren sucht. Kritische Stimmen finden sich auch bezüglich Kinskis Darstellung des Woyzeck: »Kinski mag sich noch so viel Mühe geben wie er will: er kann uns unmöglich davon überzeugen, daß er nicht schlauer, mächtiger und beherrschender ist als alle anderen Figuren des Films.« (Richard Roud, zit. n. Fischer/Hembus 1982, 264) Ungeachtet solcher Marginalien erhält Herzogs *Woyzeck* 1979 bei den Internationalen Filmfestspielen von Cannes eine Nominierung für die Goldene Palme und Eva Mattes den Preis in der Kategorie »Beste Nebendarstellerin« für die Rolle der Marie. 1981 folgt der Gilde-Filmpreis in Silber in der Kategorie »Deutscher Film«.

Ferner ließen sich noch die Bearbeitungen für das deutsche Fernsehen aus den Jahren 1962 (R: Bohumil Herlischka), 1964 (R: Marcel Bluwal), 1966 (R: Rudolf Noelte) und 1971 (R: Joachim Hess) anführen. Den vorläufigen Endpunkt der filmischen Auseinandersetzung mit dem Stoff markiert Oliver Herbrich mit einer im Ruhrgebiet situierten Adaption (*Wodzeck*, 1983), die die Kritik am Pauperismus des 19. Jahrhunderts durch sozialkritische Aspekte der Gegenwart substituiert.

Die Relevanz Büchners für die Gegenwart hebt auch Thomas Imbachs *Lenz* (2006) hervor, der das Geschehen in der heutigen Zeit verortet, sich durch die Einbindung verschiedener werkfremder Handlungsstränge aber massiv von der Vorlage entfernt. Geschildert wird der Aufenthalt des Schauspielers und Regisseurs Lenz in den Schweizer Vogesen. In Zermatt kommt es zum Wiedersehen mit seiner von ihm getrennt lebenden Frau und seinem Sohn, das allerdings deutlich im Schatten zunehmender psychischer Zerrüttung steht, von der Lenz bald vollends übermannt wird.

Zusammenfassend lässt sich sagen, dass sich modernisierte Adaptionen primär mit der Frage auseinandersetzen, ob Büchners Status im literarischen Kanon auch heute noch gerechtfertigt erscheint, d.h., inwiefern sich die Aussagekraft von Texten aus dem 19. Jahrhundert lösen und in die Gegenwart überführen lässt. Herbrichs Ruhrgebiet-*Wodzeck* leistet dies ohne größere Tendenzen der Reduktion: Im Mittelpunkt des Films steht – wie auch im Drama – die soziale Determinierung der Handlungsträger und die daraus erwachsenden Konsequenzen. Damit erscheinen die basalen Konflikte im »*Woyzeck*« als zeitloses Phänomen, das im 19. wie im 20. Jahrhundert Gültigkeit besitzt. In Imbachs *Lenz* gelangt die literarische Vorlage hingegen weitgehend zur Auflösung. Dies geschieht durch eine radikale Reduktion der Erzählung auf ein zentrales Motivs, nämlich das des Künstlers und seiner Pathologisierung, auf deren Darstellung sich die Handlung konzentriert. Inwiefern eine solche Praxis den zeitlosen Charakter des Büchner'schen Textes konturieren kann, soll hier nicht näher veranschaulicht werden. Vielmehr wirft sie die Frage auf, ob die Aussagekraft des *Lenz* von Imbachs ›motivischem Relativismus‹ nicht sukzessive unterminiert wird – und dies wiederum ist ein Problem, das das Genre Literaturverfilmung auch fernab von Büchner nachhaltig dominiert.

Literatur

Albrecht, Gerd: Büchner und der Film. In: Susanne Lehmann (Hg.): Georg Büchner. Revolutionär, Dichter, Wissenschaftler 1813–1837. Der Katalog, Ausstellung Mathildenhöhe. Darmstadt, 2. August bis 27. September 1987. Basel 1987, 408–411.

Bohnenkamp, Anne: Vorwort. In: Dies. (Hg.): Literaturverfilmungen. Stuttgart 2005, 9–38.

Fischer, Robert/Hembus, Joe: Der Neue Deutsche Film. 1960–1980. München ²1982.

Gast, Wolfgang: Büchners *Dantons Tod* im Spiegel des Waja-Films *Danton*. In: Ders. (Hg.): Literaturverfilmung. Bamberg 1993, 194–203.

Habel, Frank-Burkhard: Das große Lexikon der DEFA-Spielfilme. Die vollständige Dokumentation aller DEFA-Spielfilme von 1946–1993. Mit Inhaltsangaben von Renate Biehl. Berlin 2001.

Knapp, Gerhard P.: Georg Büchner. Stuttgart/Weimar ³2000.

Lexikon des Internationalen Films. Das komplette Angebot in Kino, Fernsehen und auf Video. 10 Bde. Hg. vom Katholischen Institut für Medieninformation (KIM) und der Katholischen Filmkommission für Deutschland. Red. Horst Peter Kroll u. a. Völlig überarb. und erw. Neuausg. Reinbek/Hamburg 1995.

Mayer, Hans: *Lenz*. Die Erzählung von Georg Büchner und der Film von George Moorse. München 1994.

Paech, Joachim: Literatur und Film. Stuttgart 1988.

Schott, Peter/Bleicher, Thomas: Woyzeck (Georg Büchner – Werner Herzog). Zwischen Film und Theater. In: Anne Bohnenkamp (Hg.): Literaturverfilmungen. Stuttgart 2005, 93–101.

Marc Klesse

11. Büchner in der Schule

Büchner als kanonisierbarer Autor
für die Schule

Georg Büchners Dramen »*Woyzeck*«, *Danton's Tod* und *Leonce und Lena* und seine Schriften »*Lenz*« und *Der hessische Landbote* sind seit Jahrzehnten Schullektüre, wobei die Dramen, insbesondere »*Woyzeck*«, kontinuierlich Spitzenplätze bei der Lektüreauswahl einnehmen. Die Gründe sind – soweit sie sich ausmachen lassen – gleichermaßen einfacher, praktischer und komplexer thematischer Natur. Büchners Werk ist überschaubar klein, es ist für einen ersten, freilich oberflächlichen Blick ›modern‹, d. h. sozial und politisch engagiert, es gilt deshalb als gut motivierbar für Jugendliche. Formal stellt es als nicht-aristotelisches Theater nur wenige ›theoretische Ansprüche‹ und lässt sich deshalb im Unterricht überwiegend inhaltlich erarbeiten. Thematisch erlaubt das Werk etliche Konstellationen, die von mittelbar gegenwartsrelevant bis historisch erhellend für die Heranwachsenden – im Sinne entdeckenden Lernens und literarischer Erfahrungen – erstellt werden können. Kapitalismuskritik, soziale Ausbeutung, Liebesunglück, Primat des Geistes über den Körper und dessen Widerlegung, Begegnung wissenschaftlicher und literarischer Texte als Diskursentdeckung, politische Ordnung und dessen kritische Ironisierung, der Konnex von Politik, Ideologie und Gewalt, dies alles sind solche Konstellationen, die sich in der didaktischen Begleitliteratur finden und die für Unterrichtsvorhaben im Fach Deutsch und/oder für fächerübergreifenden Unterricht – z. B. mit Geschichte, Ethik, Sozialkunde, Biologie – konturiert werden (können).

Die Themen seines Werkes lassen sich hochattraktiv vermitteln, Aspekte wie themenzentrierter Unterricht, szenisches Interpretieren, handlungsorientierter Literaturunterricht, Auseinandersetzung mit medialer Varianz in Text-, Bühnen-, Opern- und Filmform lassen sich auf beste Weise mit der Behandlung verbinden bzw. als literarische Erfahrung erproben, da überdies Büchners Dramen von den deutschsprachigen Bühnen relativ regelmäßig aufgeführt werden und Filmfassungen greifbar sind. In einer weiteren, sekundären Motivationsebene ist eine Beschäftigung mit Büchner geeignet, die ›Angst‹ und Scheu der Heranwachsenden vor großen ›alten‹ Dichtern wie Johann Wolfgang Goethe, Friedrich Schiller, Gotthold Ephraim Lessing, Heinrich von Kleist zu umgehen, um eventuell – nach geweckten

Interesse für Büchner und die Zeit davor und danach – genau dorthin zurückzufinden. Die Person Büchners lässt sich gut und faszinierend vermitteln, denn nach wie vor ist es Schulpraxis, Werk und Autor in der Erschließung von Leseweisen relativ eng zu verknüpfen. Büchners Texte lassen sich gut dafür nutzen, von ihnen aus – im Verfahren einer Kontrastschau – Texte der Aufklärung, Klassik, Romantik und des Realismus für den Unterricht zu motivieren, ebenso werden gerne parellelisierende Bezüge zu Naturalismus und zur ersten Hälfte des 20. Jahrhunderts (z. B. Brecht, Horváth) hergestellt.

Büchners Texte werden überwiegend in der gymnasialen Oberstufe, aber gelegentlich auch schon in den 10. Klassen von Realschule und Gymnasium behandelt. Die oben aufgeführten Gründe, zumal die Überschaubarkeit seines Werkes, bringen es mit sich, dass für literarische Erörterungen und Abituraufgaben, also für die schulische Leistungserhebung, seine Texte herangezogen werden. Dies führt wiederum dazu, dass einerseits die Lehrkräfte Büchner mit hoher Wahrscheinlichkeit behandeln und dass andererseits die Schüler/innen oft Büchner dann wählen, wenn eine schulische Fragestellung die Wahl des Beispieltextes freistellt. In Konsequenz dieser Zusammenhänge sind Büchners Texte preiswert greifbar, gibt es in mittleren Abständen in didaktischen Zeitschriften literaturwissenschaftliche, literatur- und theaterdidaktische Beiträge, existieren zahlreiche Schülerhilfen auf dem Schulbuchmarkt und dem sogenannten ›grauen Markt‹, und schließlich werden in der Lehramtsausbildung regelmäßig literaturwissenschaftliche und literaturdidaktische Lehrveranstaltungen angeboten, die sich mit Büchners Werk beschäftigen oder es in weiteren Zusammenhängen akzentuiert behandeln.

Rezeptionsorientierungen für Lehrkräfte:
didaktische Konturen und methodische
Vorschläge im Spiegel von Fachzeitschriften

Im Abstand von fast zwanzig Jahren war Georg Büchner jeweils ein ganzes fachdidaktisches Heft gewidmet: 1986 heißt es treffend im Vorwort »Zu diesem Heft« der Zeitschrift *Diskussion Deutsch*: »…es ist nicht leicht, mit Texten von Büchner in der Schule so zu arbeiten, daß der gegenwärtige Forschungsstand dabei eingebracht wird. Den oft gegensätzlichen Interpretationen der Literaturwissenschaftler steht aber die Erfahrung gegenüber, daß Texte von Büchner Jugendliche unmittelbar ansprechen.« (Anonymus 1986, 566) Diese grundständige Erfahrung wird verdeutlicht an dem Komplex »*Woyzeck*«: »Gerecht wird man ›Woyzeck‹ nur, wenn man die medizinischen und wissenschaftlichen Kontroversen der Zeit kennt, mit denen Büchner sich auseinandersetzt« (ebd., 567).

2002 hat sich das Verhältnis zwischen Literaturwissenschaft und Schule bzw. auch zwischen Schule und Literaturdidaktik nur wenig geändert. Im »Editorial« der Zeitschrift *Der Deutschunterricht* wird vorsichtig davon gesprochen, dass es Ziel des Heftes sei, »Einzelnes und Komprimiertes der hochgradigen Spezialisierung und Detailforschung zu seinen Werken in den letzten Jahren […] als prinzipiell transferierbare Wissensbestände für die Schule und das Studium zugänglich zu machen« (Martin 2002, 4). Sowohl das Heft der Zeitschrift *Diskussion Deutsch* als auch das der Zeitschrift *Der Deutschunterricht* behandeln die Dramen und den Prosatext »*Lenz*«, *Diskussion Deutsch* bringt 1986 noch die Cato-Rede Büchners, *Der Deutschunterricht* widmet 2002 einen Beitrag dem *Hessischen Landboten*, beide Zeitschriften bieten zudem Auswahlbibliographien an.

Als weit schwächere Linie der Schulrezeption erweist sich die Auseinandersetzung mit Büchners konkreter Bühnenrezeption. Immerhin, sie ist vorhanden und reicht vom umgestaltenden Schultheater (Christ 1982) über die Erarbeitung des Szenischen (Steinbach 1966) und über die Befähigung, »Szenographien lesen« (Roth-Lange 2004) bis zur Auseinandersetzung mit der inhärenten und performativen Theatralität (Brekes 2007). Noch schmaler ist der Strang der expliziten Verknüpfung naturwissenschaftlicher und philosophischer Aspekte mit literarischen, wenngleich sie in den zahlreichen Sekundärtexten zu »*Woyzeck*« und *Danton's Tod* Beachtung finden.

Der Blick auf fachdidaktische Zeitschriften ist freilich nur begrenzt aussagekräftig für einen Einblick in die Rezeptionsorientierung von Lehrkräften für ihre Schüler/innen. Hinzuzudenken sind zentrale und dezentrale Lehrerfortbildungen ebenso wie die fachlich-germanistische Beschäftigung mit Büchner der einzelnen Lehrkräfte bei ihrer Unterrichtsvorbereitung. Jedoch kann man davon ausgehen, dass die Beiträge in den didaktisch ausgerichteten Zeitschriften sowie die unmittelbaren Schülerhilfen die Lehr-/Lernkonstellationen einigermaßen real wiederspiegeln, sind sie doch häufig von fachlich engagierten Lehrern und Lehrerinnen verfasst.

Schülerrezeption – Schülerhilfen und Aufsatzthemen zur Büchner-Rezeption

Der Markt der Schülerhilfen bestätigt den hohen Anteil von Büchner-Lektüre, denn er ist reichlich bestückt, in Sonderheit für die Dramen. Die ›blauen Hefte‹ von Reclam z. B. tragen den sprechenden Titel »Lektüreschlüssel«; sie sind systematisch gleich aufgebaut: 1. Erstinformation zum Werk, 2. Inhalt, 3. Personen, 4. Struktur des Werks, 5. Wort- und Sacherläuterungen, 6. Interpretation, 7. Autor und Zeit, 8. Rezeption, 9. Checkliste, 10. Lektüretipps. Je nach Verfasser wird hier ein fertiges ›digest‹ zu Mentalitäts- und Rezeptionsgeschichte, zu Interpretationen und weiterführender Lektüre angeboten, das nicht notwendigerweise dazu verleiten muss, dass nur *eine* Lesart favorisiert bzw. durchgesetzt wird. Schülerhilfen anderer Verlage sind ähnlich aufgebaut, so z. B. »Lektüre Durchblick« von Mentor, die sogenannten »Königs Erläuterungen« von Bange, »Lektüre easy« und »Lektürehilfen« von Klett. Digest-Formen mit drucktechnisch ausgestellter Begrifflichkeit bestimmen die Struktur solcher Hefte.

Solche Schülerhilfen sind in ihrer Bedeutung für die Rezeption der Heranwachsenden deshalb relativ wichtig, weil sie spätestens dann von Schülern/innen (und Eltern) gebraucht werden, wenn schulische Prüfungsformen anstehen. Da die schulische Dramendidaktik noch immer überwiegend textgebunden statt aufführungsbezogen orientiert ist, muss man davon ausgehen, dass etliche literarische Texte überwiegend über Inhaltsangaben und eben mittels Schülerhilfen rezipiert werden, während die Texte selbst bei den meisten Heranwachsenden allenfalls im Unterricht ›zu Wort kommen‹. Schon aus solchen Alltags-Lern-Konstellationen heraus mag es sinnvoll sein, mit Videoaufzeichnungen der Theater zu arbeiten; überdies gilt, dass Dramentexte Notationen für Aufführungen sind und deshalb so – wie Musik ja auch – rezipiert werden sollten. Das schließt den Blick auf die Texte immer schon mit ein.

Die »Lektürehilfen« von Klett halten zusätzlich erörternde Aufgabenstellungen mit Lösungsstrukturen bereit; mittelbar leisten das andere Schülerhilfen auch. So wird etwa danach gefragt, ob »*Woyzeck*« eine »Eifersuchtstragödie« wegen der ›Dreieckskonstellation Woyzeck – Marie – Tambourmajor‹ sei (Kinne 1993, 30, 58), oder was sich aus dem ›Gegensatz‹ Woyzeck – Tambourmajor bzw. aus dem ›Gegensatz‹ Woyzeck – Doktor für das gesamte Stück ergebe und *wie* diese dargestellt seien. Auch ein Begriff wie ›Fatalismus‹ wird zusammen mit Büchners Brief

an die Familie vom 28. Juli 1835 für eine Textunter-
suchung thematisiert. Bei den Bearbeitungsvorschlä-
gen fällt die Ermutigung zu differenzierter Betrachtung deutlich auf. Theaterorientierte Fragestellungen mögen im Einzelfall vorkommen, sind aber
sicher derzeit noch immer die Ausnahme.

Da Schule nach wie vor der zentrale Ort der Erst-
begegnung mit – kanonischer – Literatur ist, bleibt
eine didaktische Orientierung sowohl der Literaturwissenschaft als auch der Büchner-Gesellschaft eine
der Aufgaben für die Auseinandersetzung mit Büchner. Fachdidaktik und Schule brauchen solche Unterstützung, wie sich etwa am Zusammenhang Wissenschaftstheorie und -praxis und literarische Produktion unschwer zeigen ließe: Die medizinischen
Experimente des Doktors sind weder Folge einer
Idiosynkrasie noch eines Sadismus des Doktors;
Büchner gestaltet bzw. karikiert hier das Bild eines
wissenschaftlich   fortschrittsbewussten,   philosophisch gebildeten Mediziners, der freilich durch Text
und theatraler Performanz recht eigentlich die un-
menschliche Absurdität einer damals modernen, experimentellen Naturwissenschaft fassbar macht.

Literatur

Anonymus: Zu diesem Heft. In: Diskussion Deutsch 92
    (1986), 566 f.
Brekes, Peter: Revolution als Schau-Spiel. Orientierungs-
    punkte für Verstehenswege bei der Lektüre von Georg
    Büchners »Dantons Tod«. In: Praxis Deutsch 204 (2007),
    54–61.
Christ, Hans Otto: Schultheater im Schultheater: Ich
    Leonce – Du Lena? In: Diskussion Deutsch 66 (1982),
    349–359.
Kinne, Norbert: Lektürehilfen Georg Büchner ›Woyzeck‹.
    Stuttgart/Dresden ⁴1993.
Martin, Ariane: Editorial. In: Der Deutschunterricht 6
    (2002), 3 f.
Roth-Lange, Friedhelm: Szenographien lesen am Beispiel
    von Bühnenräumen zu Büchners »Woyzeck«, Wede-
    kinds »Frühlings-Erwachen« und Horvaths »Geschich-
    ten aus dem Wienerwald«. In: Der Deutschunterricht 2
    (2004), 31–45.
Steinbach, Dietrich: Büchners »Woyzeck« und Brechts
    »Kaukasischer Kreidekreis« – Gedanken zur Entwick-
    lung der nicht-aristotelischen Bühne. In: Der Deutsch-
    unterricht 1 (1966), 34–41.

Peter Klotz

V. Anhang

1. Leben und Werk

1813–1831: Kindheit und Schulzeit in Goddelau und Darmstadt

Am 17. Oktober 1813 wurde Karl Georg Büchner im zum Großherzogtum Hessen-Darmstadt gehörenden Dorf Goddelau geboren. Der aus einer Medizinerfamilie stammende Vater, Dr. Ernst Karl Büchner (1786–1861), war zum Zeitpunkt der Geburt seines ersten Kindes Amtschirurg von Dornberg und im Hofheimer »Irrenhaus«. Er verdiente 200 Gulden im Jahr, ein sicheres Familieneinkommen in der armen Region, aber auch nicht die Grundlage eines großbürgerlichen Lebens. Seine Frau, Caroline Büchner geb. Reuß (1791–1858), stammte aus einer landgräflich-hessischen Beamtenfamilie. Von den sieben weiteren Kindern, die sie in den folgenden Jahren gebar, überlebten fünf: Mathilde (1815–88), Wilhelm (1816–92, Inhaber einer pharmazeutisch-chemischen Fabrik; Abgeordneter im hessischen Land- und im Reichstag), Luise (1821–77, Schriftstellerin und Frauenrechtlerin), Ludwig (1824–99, Arzt und Vertreter des naturwissenschaftlichen Materialismus) und Alexander (1827–1904, Revolutionär von 1848 und später Literaturprofessor).

Im Jahr 1815 promovierte Ernst Karl Büchner auf dem Gebiet der Inneren Medizin, die Familie zog über Stockstadt nach Darmstadt, wo der Vater 1816 Amts- und Stadtchirurg wurde. Darmstadt war als Residenzstadt mit ca. 18.000 Einwohnern durch den Hof Ludwigs I. und sein Militär geprägt. In der biedermeierlichen Stadt kündigten sich die wirtschaftlichen Umstellungen durch die nahende Abkehr von den zünftischen Bedingungen bereits an, hinzu kamen Arbeitslosigkeit und die Folgen von Missernten. Aus der Dienstwohnung im städtischen Armenhaus zog die Familie 1819 zum Marktplatz um, zwei Jahre später zum heutigen Ludwigsplatz, und ab 1825 lebte sie in einem eigenen dreistöckigen Haus in der Grafenstraße.

Ernst Karl Büchner gelang eine achtbare medizinalbeamtliche Karriere, er wurde 1817 Medizinalassessor, 1824 als Großherzoglicher Medizinalrat Mitglied des medizinischen Kollegiums, 1854 gar dessen »Dirigent«. Bis in die 1850er Jahre hinein praktizierte und publizierte er und arbeitete zudem als medizinischer Gutachter in Gerichtsprozessen. Er war bis zur Studienzeit das Vorbild Büchners, der seine Studienwahl und Lebensplanung zunächst auch den väterlichen Vorstellungen anpasste. Die politische Einstellung Ernst Karl Büchners war ambivalent, er war konservativ, aber glühend begeistert von der Französischen Revolution. Als junger Chirurg hatte er in der holländisch-französischen Armee Napoleons gedient und anschließend in Paris studiert. Seine Erzählungen über die Nachrevolutionszeit in Frankreich und seine Vorlesestunden aus dem 1826 bis 1830 im Haushalt abonnierten Blatt *Unsere Zeit, oder geschichtliche Übersicht der merkwürdigsten Ereignisse von 1789–1830* prägten das Bild des Jugendlichen von der Französischen Revolution schon Jahre vor der eigenständigen Lektüre und Reflexion von Quellenwerken und politischer Theorie. Auch die Berichte des Vaters über spektakuläre Gerichtsfälle der Zeit und seine gerichtsgutachterliche Tätigkeit beeindruckten den jungen Büchner, der auch Zugang zur vom Vater ebenfalls abonnierten *Zeitschrift für Staatsarzneikunde* hatte. Ernst Karl Büchner prägte die politischen Ideale seines Sohnes durchaus, der Bruch zwischen den beiden entstand erst, als der Sohn sich entschied, die eigenen Überzeugungen radikal in die erlebte Wirklichkeit zu übertragen.

Büchner erhielt in den Jahren 1819 bis 1821 vermutlich zunächst heimischen Elementarunterricht bei seiner musisch und literarisch interessierten und liberal gesinnten Mutter, die ihm unter anderem Schiller, Tieck und Herder nahe brachte.

1821 wurde Büchner in die neu gegründete »Privaterziehungs- und Unterrichtsanstalt« von Dr. Carl Weitershausen eingeschult, die in Darmstadt als fortschrittlich und freigeistig galt. Die Grundschüler hatten einen vollen Stundenplan, der Latein, Griechisch und Französisch, Geometrie, Physik, Zeichnen und Geschichte ebenso umfasste wie Turnen und Exerzieren, hinzu kamen Exkursionen in die Natur und in das naturkundliche Kabinett. Auf der Schulabschlussfeier am 23. März 1823 hielt der zehnjährige Büchner mit einem Mitschüler einen Vortrag: Auf Latein mahnten die beiden Grundschüler dialogisch »Vorsicht beim Genusse des Obstes« an.

Am 26. März 1825 wechselte Büchner auf das Großherzogliche Gymnasium Darmstadt (»Altes Pädagog«), eine humanistische Bildungsanstalt, die auch Georg Christoph Lichtenberg und Justus von Liebig besuchten und die den Ruf einer hervorragenden Schule auch über Darmstadt hinaus genoss. Sie wurde ab 1826 von dem Altphilologen Karl Dilthey (1797–1857) geleitet.

Etwa 40 Prozent der Unterrichtsstunden waren dem Unterricht der griechischen und lateinischen Sprache vorbehalten, die anderen Fächer vermittelten eine breite Bildung von Deutsch, Geschichte, Geographie und Arithmetik über Religion und Naturkunde bis hin zur »Enzyklopädie« (einer Mischung aus Kunstgeschichte, Philosophie, Münzkunde und Mythologie). Unter der Leitidee des Neuhumanismus wurden die Schüler angehalten, Diktataufsätze und rhetorische Übungen zu schreiben. Eine ganze Reihe dieser Texte aus dem Sprach- und Deutsch-, aber auch aus dem Geschichtsunterricht sind erhalten.

Reden sollten die Schüler nicht nur schreiben, sondern konnten sie im Rahmen eines öffentlichen »Redeaktus« auch halten, eine Möglichkeit, die Büchner mit seiner Rede zur Verteidigung des Cato von Utica am 29. September 1830 nutzte (sowie mit der lateinischen nicht erhaltenen Rede »Georg Büchner mahnt im Namen des Menenius Agrippa das auf dem heiligen Berg gelagerte Volk zur Rückkehr nach Rom«, 30.3.1831). Während Büchner die Cato-Rede hielt, wüteten in Oberhessen Bauernaufstände infolge der Pariser Juli-Revolution. Das Klima am Gymnasium, das Büchner nicht nur durch die Begegnung und Arbeit mit literarischen und historischen Texten prägte, war – trotz wiederholter Bemühungen des konservativen Schuldirektors, oppositionelle Bestrebungen zu verhindern – aufgeheizt: Die neuhumanistische Erziehung mit dem Ideal der republikanischen Bürgertugend sorgte für eine Aufbruchstimmung unter den 300 Schülern, die jener an den Universitäten vergleichbar war. Nicht nur Büchners jugendlich-revolutionäre Energie wurde durch die Julirevolution und ihre Folgen konkreter und gelenkter, eine ganze Generation wurde so politisiert, und bei vielen Absolventen mündete die Beschäftigung mit den französischen Ereignissen in Kritik am großherzoglichen Feudalsystem: Acht von Büchners Mitschülern wurden in den folgenden Jahren Gegenstand polizeilicher und gerichtlicher Verfolgung.

Vom Burschenschaftspatriotismus beeinflusst, stilisierte Büchner sich als jugendlicher Revolutionär

mit Jakobinermütze und notierte Verse aus Liedern der radikalen Burschenschaftler von 1818 in seine Schulhefte (1830/31). Diese Pose wurde aber zunehmend auch inhaltlich gefüllt, spätestens als er Anschluss an andere oppositionelle Schüler fand, was über die frühe literarische Betätigung geschah. Denn während der Gymnasialzeit probierte sich Büchner in Prosa (»Fragment einer Erzählung, dem Vater zugedacht«, Juli/August 1825) und Lyrik (Gedicht zum Geburtstag der Mutter »Gebadet in des Meeres blauer Flut«, 1828/29; »Die Nacht«,1828; »Leise hinter düstrem Nachtgewölbe«, Weihnachten 1829/30). Als frühe literarische Texte sind sie so stark von klassizistischen Vorbildern, Schiller, Bürger, Schubart und Matthisson geprägt wie von Adoleszenzkrisen. Im Frühjahr 1828 schloss sich der Jugendliche (am 26.5.1828 wurde Büchner in der Darmstädter Stadtkirche konfirmiert) einem literarischen Schülerzirkel an. Dessen Interesse richtete sich zunehmend auch auf die Tagespolitik und oppositionelles Gedankengut. Hier traf Büchner mit späteren Mitgliedern der »Gesellschaft der Menschenrechte« zusammen, zum Zirkel gehörten Friedrich (1814–84) und Georg Zimmermann (1814–81), Ludwig Wilhelm Luck (1813–81) sowie vermutlich auch Büchners Freund Karl Minnigerode (1814–94).

Am 30. März 1831 überreichte Direktor Dilthey Büchner den Exemtionsschein. Das Abiturzeugnis war durchwachsen, mäßigen Leistungen in Mathematik und hinlänglichen in Latein standen bedeutende in Geschichte und vorzügliche in Deutsch gegenüber. Insgesamt war Büchner ein eher durchschnittlicher Schüler, der die gesamte Schulzeit über keine »Prämien« (Buchgeschenke) erhielt, aber ein Gymnasialsemester übersprang.

1831–1833: Medizinstudent in Straßburg

Anders als viele Mitschüler nahm Büchner nicht unmittelbar nach der Schulentlassung ein Studium auf, sondern bereitete sich den Sommer über mit Sprach- und Fachstudien, Laborarbeit und Anatomieunterricht auf das Medizinstudium vor. Als hessisches Landeskind hätte Büchner eigentlich die Gießener Universität besuchen müssen, sein Vater beantragte aber eine Sondererlaubnis für ein vierjähriges Auslandsstudium. Er empfahl seinem Sohn aufgrund seiner eigenen biographischen Prägung durch die französische Kultur, aber auch weil entfernte Verwandte mütterlicherseits Büchner einen sozialen Rahmen geben konnten, das Studium an der Straßburger Académie. Büchner begleitete also nicht seine

Klassenkameraden in die mittelhessische Stadt, wo die literarischen und politischen Zirkel unter studentischen Bedingungen weiter bestanden und sich weiterentwickeln konnten, sondern reiste zunächst nach Straßburg, wo ihn am 2. November 1831 sein Großonkel Edouard Reuß (1804–1891) empfing, und immatrikulierte sich am 9. November an der medizinischen Fakultät.

Rückblickend bezeichnete Büchner die Straßburger Jahre als zu den frohesten seines Lebens gehörend (Brief an Reuß, 31.8.1833). In den ersten Semestern hörte er vor allem bei dem Zoologen Georges-Louis Duvernoy (1777–1855), dem Physiologen Ernst Alexander Lauth (1803–1837), sowie Anatomie und medizinische Chemie.

Die gesamte Straßburger Studienzeit über wohnte Büchner in der Rue St. Guillaume 66 bei dem Pfarrer und Dichter Johann Jakob Jaeglé (1763–1837). Als Büchner im Frühjahr 1832 erkrankte, wurde er von Jaeglés Tochter Louise Wilhelmine (»Minna«) Jaeglé (1810–80) gepflegt, woraufhin er sich mit der um drei Jahre älteren Pfarrerstochter (vermutlich im März oder April) heimlich verlobte.

Jaeglé und Reuß ermöglichten Büchner in der neuen Stadt die Bekanntschaft mit bürgerlich-intellektuellen Zirkeln. Das theologische »Casino« mit Bibliothek wurde Büchners erster Anlaufpunkt in der Stadt, die mit ca. 50.000 Einwohnern und als Zentrum intellektueller und politischer Aktivität Erfahrungsmöglichkeiten bot, die in der Enge und Stagnation der hessischen Verhältnisse undenkbar gewesen waren. Frankreich war 1831 durch soziale Unruhen gekennzeichnet (Rinderaufstand, Erhebung der Lyoner Seidenweber), und die Konflikte traten weit offener zutage als in den deutschen Staaten: Durch die Begegnung von politischen Flüchtlingen, bürgerlichen Oppositionsbewegungen und Aufständischen der unteren Gesellschaftsschichten, durch das Zusammenwirken französischer bürgerlicher Restaurationskritik und der Kritik geflohener Intellektueller an den deutschen Zuständen mit dem Aufstand gegen die materielle Not wurde die geographisch und handelstechnisch exponierte Stadt zu einem Brennglas der politischen Entwicklung. Die Zeit dort politisierte Büchner und prägte ihn durch die Auseinandersetzung mit den ökonomischen Realitäten und französischer Gesellschafts- und Revolutionstheorie, insbesondere der frühen Theorien des Klassenkampfes (Babeuf, Saint-Simon). Er beobachtete die sich überschlagenden politischen Entwicklungen um ihn herum und kommentierte sie mit einer Mischung aus Begeisterung und ironischer Distanz. So schrieb er über den Einzug des polnischen Generals und Freiheitskämpfers Ramorino, der mit volksfestartigen Demonstrationen von über 10.000 Menschen empfangen wurde, in einem Brief an die Eltern vom 4./5. Dezember 1831 mit Gespür für die Theatralität der Macht wie der Revolution: »Darauf erscheint Ramorino auf dem Balkon, dankt, man ruft Vivat! – und die Komödie ist fertig.«

Im Herbst 1831 fand Büchner Anschluss an den Kreis um die Brüder August (1808–48) und Adolf Stoeber (1811–92), deren Vater, Daniel Ehrenfried Stoeber (1779–1835) als Literat zu einem Anlaufpunkt für viele literarische Zensurflüchtlinge wurde. Wie seine Söhne war er zunächst begeisterter Anhänger der Julirevolution, vertrat jedoch in den Folgejahren eine politisch eher gemäßigte Position. Über ihn rezipierte Büchner erstmals die Werke Lenz' und die französische romantische Literatur.

Weitere Freunde aus der Straßburger Zeit waren vor allem die Theologiestudenten Johann Wilhelm Baum (1809–78) und Jean-Baptiste Alexis Muston (1810–88), sowie der Medizinstudent Eugène Boeckel (1811–96). Die Brüder Stoeber und Boeckel wurden zu Büchners engsten Vertrauten, mit denen er den Briefkontakt auch während der Semesterferien (und nach dem Ende der Straßburger Zeit) aufrechterhielt. Die Ferien verbrachte Büchner in Darmstadt, wo ihm der politisch-atmosphärische Unterschied zwischen Straßburg und seiner hessischen Heimatstadt vollends klar wurde.

Am 17. November 1831 stellte Boeckel Büchner der Studentenverbindung Eugenia vor, die ihn als »hospes perpetuus« (Dauergast) aufnahm – ordentliches Mitglied konnten nur Theologen werden – und auf deren Sitzungen er, wie die Protokolle belegen, verglichen mit den anderen Mitgliedern radikal republikanische Positionen vertrat. Am 24. Mai 1832 hielt er in der Eugenia einen Vortrag über die politischen Verhältnisse in Deutschland – gegen »die Verderbtheit der deutschen Regierungen«. Drei Tage später kam es in Deutschland zum Hambacher Fest, im Anschluss zu sozialen Unruhen in Deutschland, aber auch in Frankreich, deren Ursachen in der Eugenia heftig debattiert wurden – am 5. Juli 1832 wurde Büchner in der Eugenia als der »so feurige und so streng republikanisch gesinnte deutsche Patriot« bezeichnet. Dabei war Büchners Einschätzung des Hambacher Festes, vor allem aber des Frankfurter Wachensturms vom 3. April 1833, an dem einige seiner ehemaligen Schulkameraden beteiligt waren, von pessimistischem Realismus geprägt – er hielt den revolutionären Aufstand und Gewalteinsatz für gerechtfertigt, aber den Zeitpunkt für verfrüht, wie der Brief an die Eltern vom 6. April 1833 zeigt. Diese zugleich solidarisierende und distanzierende Einschätzung wurde bestätigt durch die harten restaurativen Reaktionen auf den Wachensturm: Stärkung und Zentralisierung der Polizeibehörden, Einschränkung der Pressefreiheit und viele Verhaftungen. Für Kontakte Büchners zu revolutionären Kreisen über die Burschenschaft hinaus, in der Büchner wohl das radikalste Mitglied war, bereits in der Straßburger Zeit gibt es keine Hinweise – allerdings mussten die Exilanten hoch konspirativ vorgehen, wenn sie sich politisch betätigen wollten, denn durch die vielen Spitzel waren sie auch in Straßburg nicht vor Verfolgung sicher.

Sommer 1833 – Frühjahr 1835: Student und Oppositioneller in Gießen und Darmstadt

Im Jahr 1833 studierte Büchner zunächst weiter in Straßburg, von wo aus er im Sommer (25.6. bis Anfang Juli) eine Vogesenwanderung mit Reuß, Richard Lepsius und drei anderen Studenten unternahm. Nach seiner Heimreise nach Darmstadt (8.8.) traf er sich mehrfach mit Muston, der sich für Archivforschungen in Büchners Heimatstadt aufhielt. Die beiden wanderten, diskutierten politische und philosophische Themen (insbesondere den Saint-Simonismus) und die Idee einer Weltrepublik.

Büchner kehrte nicht nach Straßburg zurück: Am 31. Oktober immatrikulierte er sich an der Medizinischen Fakultät der Großherzoglich-Hessischen Landesuniversität Gießen, um das Studium den hessischen Gesetzen entsprechend beenden zu können. Er wohnte im Seltersweg 46 bei dem Kaufmann Hoffmann, lernte vor allem bei dem Anatom Friedrich Christian Gregor Wernekinck (1789–1835), der sich mit dem Zentralnervensystem befasste, und bei Joseph Hillebrand (1788–1871) Logik, Naturrecht sowie eventuell »Psychologie«. In Gießen lehrten zu dieser Zeit auch der Chemiker Justus von Liebig (1803–1873), der kurze Zeit danach mit seinen Ernährungsexperimenten begann, und der Anatom Johann Bernhard Wilbrand (1779–1846), der wie der Doktor im »Woyzeck« seinen Sohn die Bewegung der Ohrmuskeln demonstrieren ließ; vermutlich besuchte Büchner auch bei ihnen zumindest zeitweise Veranstaltungen. Dass er Gerichtsmedizin und Psychiatrie hörte, ist angesichts des Lehrangebots gut möglich, aber nicht belegt. In Gießen war Büchners Stundenplan voller als in Straßburg, und viele der Fächer dieser Studienphase waren philosophisch geprägt (wie Naturlehre, Universalgeschichte und reine Mathematik).

Gießen hatte zu diesem Zeitpunkt etwa 7000 Einwohner, davon 400 bis 600 Studenten, und war verglichen mit der weltoffenen, intellektuell und kulturell lebendigen Stadt Straßburg ein mittelalterlicher Flecken. Und im Kontrast zur französischen Stadt, in der Büchner zwei Jahre lang politische Entwicklungen unmittelbar miterleben konnte, schien die Situation in Hessen zu stagnieren oder gar rückschrittig zu sein. Etliche seiner Schulfreunde waren bereits geflohen oder im Gefängnis – im Sommer 1833 machte Büchner eine Falschaussage, um seinen Schulfreund Christian Kriegk zu decken, der daraufhin aus dem Gefängnis entlassen wurde.

Bereits im Herbst 1833 musste Büchner das Studium infolge einer Meningitis unterbrechen und kehrte Ende November in sein Elternhaus zurück. Die Studienpause nutzte er vor allem zur (Re-)Lektüre von Quellenwerken zur Französischen Revolution. Bereits in Gießen hatte er mit der Lektüre philosophischer, historischer und historiographischer Texte begonnen, die Rekonvaleszenz ermöglichte ihm eine Phase der vertiefenden Lektüre. Ob sich bereits an diesem Punkt Pläne für ein Revolutionsdrama konkretisierten, ist nicht belegbar, in jedem Fall aber wandte er sich verstärkt dem Thema der Revolution zu.

In Gießen hielt Büchner zunächst Distanz zum Studentenmilieu, nahm in Kauf, für hochmütig, sonderlich und düster gehalten zu werden. Kontakt hatte er vor allem zu ehemaligen Schulkameraden (darunter Minnigerode), und sehr sporadisch und distanziert zur Burschenschaft »Palatia«, die sich später an der Verteilung des *Hessischen Landboten* beteiligte.

Ende 1833 lernte Büchner den ehemaligen Studenten und Arbeitslosen August Becker (1812–1871) kennen, der sein engster Freund in Gießen wurde. Nach seiner Rückkehr aus Darmstadt machte Becker Büchner mit dem Butzbacher Rektor und Wachenstürmer Friedrich Ludwig Weidig (1791–1837) bekannt, der die illegale Zeitschrift *Leuchter und Beleuchter für Hessen oder der Hessen Nothwehr* herausgab und seit den repressiven Maßnahmen Ludwigs II. (Landtagsauflösung, Pressezensur etc.) die zentrale Gestalt der Oppositionellen in Oberhessen war, mit Kontakten bis nach Süddeutschland.

Mit der Bekanntschaft zu Weidig begann Büchners aktives politisches Engagement, das sich seit Studienbeginn in seinen Briefen immer bewusster angekündigt hatte. Vermutlich ab Februar, aber vor allem Mitte bis Ende März 1834 entwarf Büchner die

Flugschrift, die später den Namen *Hessischer Landbote* bekam. Grundlage dafür war das statistische Quellenmaterial, das ihm Weidig im März zur Verfügung stellte.

Nachdem vom 6. bis 8. März mehrere Wachenstürmer aus der Untersuchungshaft in Friedberg entlassen worden waren, begann Büchner, die geheime »Revolutionäre Gesellschaft der Menschenrechte« zu formieren, der neben den Wachenstürmern radikale Burschenschaftler aus Gießen beitraten. Zu den Mitgliedern gehörten neben Büchner und Becker unter anderem die Studenten Ludwig Becker, Karl Minnigerode, Jacob Friedrich Schütz (1810–1877) und Gustav Klemm (1814–1866), aber auch Handwerker wie Georg Melchior Faber und David Schneider, geleitet wurde die »Gesellschaft« von Louis Becker und Schütz. Wie die französische »Société des Droits de l'Homme« proklamierte die »Gesellschaft« eine republikanische Staatsform auf der Basis der Menschenrechte, die eine Gemeinschaft der Güter – hier zeigte sich Büchners Rezeption des ab 1833 auch in der französischen »Société« dominierenden Neobabouvismus – garantieren sollte.

Ende März reiste Büchner ohne das Wissen seiner Eltern zu Minna nach Straßburg. Dort entschied er sich, seinen Eltern gegenüber offenzulegen, was ihn beschäftigte, und schrieb seinen Eltern einen Brief sowohl über seine Beziehung zu Minna als auch über sein Leiden an den politischen Zuständen. Sein Vater reagierte zunächst aufgebracht auf die Verlobung, durch die Vermittlung Reuß' und die Bekanntschaft mit Minna Jaeglé im September besserte sich das Vater-Sohn-Verhältnis jedoch wieder.

Bei seinem Besuch in Darmstadt (verm. Mitte April) gründete Büchner dort eine Sektion der »Gesellschaft der Menschenrechte«. Auch hier arbeiteten Studenten und Handwerker zusammen.

Am 28. April 1834 nahm Büchner das unterbrochene Studium wieder auf. Währenddessen überarbeitete Weidig Büchners Entwurf für den *Hessischen Landboten*, gab ihm den Titel und schrieb den Vorbericht. Da das erste Manuskript nicht erhalten ist, sind die Details der Veränderungen unklar.

Am 3. Juli 1834 trafen sich auf der Ruine Badenburg bei Lollar (nahe Gießen) Delegierte der oppositionellen Gruppen aus den hessischen Gebieten, um sich zur Frage der Flugschriftenagitation auszutauschen, und gründeten den überregionalen konspirativen »Preßverein«. Das Treffen sollte eine Aussprache zwischen den verschiedenen oppositionellen Gruppen ermöglichen, deren Konzepte und Ziele stark differierten, sie reichten von den Ideen der be-

sitzbürgerlichen Demokraten um den Marburger Leopold Eichelberg (1804–79) bis zum Egalitarismus, wie er von Büchner vertreten wurde, vom Ziel der Veränderung der politischen Kräfteverhältnisse bis zur Sozialrevolution. Als der *Hessische Landbote* besprochen wurde, der als Beginn einer Reihe von Flugschriften verbreitet werden sollte, zeigten sich diese Unterschiede besonders deutlich: Die Marburger Republikaner wollten die klassenkämpferischen Tendenzen streichen, und schließlich fand Weidig eine Mehrheit für seine integrative Linie: Nach langer Diskussion beschloss der Pressverein Druck und Verbreitung des *Hessischen Landboten*. Die Umsetzung dieses Plans begann unmittelbar nach dem konspirativen Treffen – zwischen dem 5. und dem 9. Juli brachte Büchner das endgültige Manuskript in die Druckerei Carl Preller nach Offenbach, am 31. Juli holten Minnigerode, Schütz und Carl Zeuner die gedruckten *Hessischen Landboten* ab, um sie getrennt in Nordhessen zu verteilen. Doch am 1. August wurde Minnigerode beim Versuch, 139 Exemplare (bei einer vermuteten Auflage von 1200–1500 Exemplaren) des *Hessischen Landboten* nach Gießen einzuschleusen, verhaftet, das Unternehmen war von Johann Conrad Kuhl (1794–1855) verraten worden, einem Polizeispitzel aus Weidigs Umfeld.

Sobald Büchner von der Verhaftung Minnigerodes erfuhr, machte er sich auf den Weg, die Beteiligten zu warnen: Zeuner und Weidig in Butzbach, Schütz (der sofort nach Frankreich floh) in Frankfurt und den Drucker Preller in Offenbach, mit dem er die letzten Exemplare aus der Druckerei entfernte. Auf dem Rückweg traf er sich in Frankfurt mit Boeckel, der sich zufällig auf Durchreise befand, und konnte sich so ein Alibi verschaffen.

Unterdessen erließ das Hofgericht in Darmstadt einen Haftbefehl gegen Büchner als den mutmaßlichen Verfasser des *Hessischen Landboten*. Zurück in Gießen – am 4./5. August – fand er seinen Schrank versiegelt und seine Unterlagen durchwühlt, das Zimmer war auf Anordnung des Universitätsrichters Conrad Georgi (1801–57) durchsucht worden. Am 5. August wurde Büchner von Georgi vernommen, der den Haftbefehl jedoch nicht unmittelbar vollzog – mit ein Grund dafür mag gewesen sein, dass Büchner sich nicht verhaften ließ, sondern selbst die Behörden aufsuchte und sich über die ungerechtfertigte Beschlagnahmung seiner Unterlagen empört gab, zudem stiftete sein Alibi Verwirrung. Auch Zeuner blieb mangels Beweisen zunächst in Freiheit. Bereits Mitte August lief die Verteilung der *Hessischen Landboten* weiter.

Nach Vorlesungsschluss (im September) kehrte Büchner ins Elternhaus zurück, um, wie vom Vater gewünscht, den Winter für Examensvorbereitungen unter dem elterlichen Blick zu nutzen. Büchner hielt aber nicht nur studienvorbereitende Vorlesungen vor Schulabsolventen, sondern beschäftigte sich auch mit Geschichte, Philosophie, Literatur und mit den Quellen für sein erstes Drama.

Er verlagerte unter dem Druck der drohenden Verhaftung, aber auch infolge der ungelösten Meinungsverschiedenheiten mit Weidig und Eichelberg seine politische Tätigkeit nach Darmstadt und reorganisierte die Darmstädter Sektion der »Gesellschaft«, die bald nicht nur größer, sondern auch aktiver als die Gießener Gruppe war, die bereits wenige Monate nach ihrer Gründung infolge inhaltlicher Differenzen wieder auf ihren harten Gründungskern geschmolzen war. Die Aktivitäten der Gruppe umfassten neben – zunehmend schwieriger abzuhaltenden – konspirativen Treffen und Schulungen vor allem den Versuch der Umsetzung der Badenburger Beschlüsse. Zunächst versuchte man, eine Druckerpresse zu finanzieren, was aber ebenso wenig glückte wie der Plan, Minnigerode und die anderen Gefangenen in Friedberg zu befreien.

Im November 1834 erschien die zweite, durch (den im September nach Ober-Gleen strafversetzten) Weidig und Eichelberg veränderte, Auflage des *Hessischen Landboten* in Marburg – kurz darauf wurde Zeuner verhaftet.

Zwischen Oktober 1834 und Januar 1835 entlieh Büchner Werke über die Französische Revolution aus der Darmstädter Hofbibliothek – Standardwerke etwa von Thiers, Werke von Mercier und Rousseau, parallel dazu auch die Geschichte der Philosophie von Tennemann. Diese Quellen bildeten zusammen mit den aktuellen politischen Diskursen in Frankreich und Deutschland das Material, aus dem vermutlich sowohl ein nicht erhaltenes Grundsatzpapier für die »Gesellschaft« entstand als auch *Danton's Tod* konzipiert wurde.

Frühjahr 1835 – Winter 1835: Exilant in Straßburg

Anfang 1835 (verm. Mitte Januar) begann Büchner mit der Niederschrift von *Danton's Tod*. Am 21. Februar schickte er das fertige Manuskript zu dem liberalen Verleger Sauerländer nach Frankfurt, mit einem Brief an Karl Gutzkow (1811–78), den Literaturredakteur der Zeitschrift *Phönix. Frühlingszeitung für Deutschland* (Hg. von Eduard Duller, 1809–53),

in dem er erklärte, er habe das Stück »in höchstens fünf Wochen« und unter dem Druck »unglücklicher Verhältnisse« geschrieben. Die Zeitangabe bezog sich wohl auf die reine Zeit der Niederschrift; die Vorarbeiten – die Lektüre und das Exzerpieren von Quellenwerken sowie vermutlich die Konzeption – begannen mit der Ausleihe aus der Hofbibliothek zwischen Anfang Oktober und Mitte Dezember 1834. Die »unglücklichen Verhältnisse« waren – neben dem Druck, sich eigentlich mit der Examensvorbereitung beschäftigen und vor der Familie verstellen zu müssen (nur sein Bruder Wilhelm wusste von dem Manuskript) – vor allem die zunehmenden Verfolgungen durch die Untersuchungsbehörden. Zwei Vernehmungen in Friedberg (im Dezember 1834) und Offenbach (Januar/Februar 1835), die Überwachung des Darmstädter Wohnhauses und Verhaftungen von Freunden machten Büchner zunehmend nervös.

Bereits am 25. Februar nahm der Verlag – auf Empfehlung Gutzkows, der sehr angetan von Büchner war und ihn weiter fördern wollte – das Stück zur Veröffentlichung gegen ein Honorar von 100 Gulden an. Gutzkow und Büchner vereinbarten in einem schnellen Briefwechsel die Rahmenbedingungen der Veröffentlichung. Da ein Treffen für ein gemeinsames Lektorat nicht mehr möglich war, gab Büchner Gutzkow eine Generalvollmacht, das Werk inhaltlich im Hinblick auf die Zensur und formal für den Druck vorzubereiten.

In der folgenden Woche erhielt Büchner eine Vorladung zum Untersuchungsrichter nach Darmstadt (20. bis 25.2.), und kurz danach zwei Vorladungen vor die Friedberger Untersuchungskommission (5./6. bis 9.3.), denen er nicht nachkam. Als Büchner nicht selbst erschien – nur sein Bruder Wilhelm ging für ihn zum Stadtgericht, um herauszufinden, ob ein Haftbefehl vorlag – wurde behördenintern nach ihm gefahndet. Anfang März entschied sich Büchner daher endgültig zur Flucht und überquerte um den 6. März in Wissembourg die Grenze nach Frankreich.

Als das Honorar für *Danton's Tod* am 7. März in Darmstadt eintraf und von dem nichts ahnenden Ernst Karl Büchner quittiert wurde, war sein Sohn bereits geflohen. Empört über die illegale Betätigung und die Flucht stellte der Vater über anderthalb Jahre jeden Kontakt zum Sohn ein, sendete aber weiterhin das notwendige Geld zum Studium.

Über die ersten Monate Büchners in Straßburg ist wenig bekannt. Möglicherweise tauchte er regelrecht unter, hatte Deckadressen und möglicherweise den Decknamen Jacques Lutzius. Für die Fluchtkosten und als Starthilfe hatte er 20 Gulden aus der Kasse der »Gesellschaft«, doch sein weiteres Auskommen war unklar.

Als im Frühjahr gekürzte und zensurierte Auszüge von *Danton's Tod* als Vorabdruck im *Phönix* erschienen (26.3. bis 7.4., die Buchveröffentlichung verzögerte sich), korrespondierten Gutzkow und Büchner über Möglichkeiten, als Schriftsteller zu publizieren und Geld zu verdienen, vermutlich erwähnte Büchner an diesem Punkt Gutzkow gegenüber erstmals den Plan zu einem Text über Lenz.

In Hessen verschärften sich die Verfolgungen. Nachdem Klemm am 7. April umfassende Aussagen gemacht hatte, begann eine Verhaftungswelle, der zahlreiche Freunde und Verbündete Büchners zum Opfer fielen: Becker, der bis 1838 in Haft blieb, Eichelberg, der erst 1848 frei kam, und auch Weidig. Am 13. Juni erließ Georgi (mittlerweile Chefermittler in Darmstadt) schließlich einen Steckbrief gegen Büchner, mit dem am 18., 23. und 27. Juni im *Frankfurter Journal* und in der *Großherzoglich Hessischen Zeitung* (Darmstadt) »wegen Verdachts der Theilnahme an staatsverrätherischen Handlungen« nach Büchner gesucht wurde.

In Straßburg war er zunächst relativ sicher (der großherzogliche Steckbrief hatte auf französischem Boden keine Gültigkeit), musste sich jedoch vor Spitzeln in Acht nehmen. Dennoch hatte er Kontakt zu anderen hessischen Flüchtlingen, insbesondere zu dem politischen Autor Wilhelm Schulz (1797–1860) und dessen Frau Caroline (1801–47).

Schon bald nach Büchners Flucht bot ihm Sauerländer auf Veranlassung Gutzkows an, für 100 Gulden zwei Dramen Victor Hugos, *Lucrèce Borgia* und *Marie Tudor*, für eine neue Gesamtausgabe aus dem Französischen zu übersetzen. Für Gutzkow war der Übersetzungsauftrag ein Teil seiner Bemühung, Büchner dazu zu bewegen, den Lebensweg des Schriftstellers zu wählen.

Büchner akzeptierte das Angebot im April und beschäftigte sich bis etwa Juni/Juli mit der Übersetzung – vermutlich eher unwillig und über den Text klagend, darauf weisen Gutzkows Briefe an Büchner, etwa vom 12. Mai 1835, hin. Das Übersetzungsprojekt litt schon bald ebenso unter den literaturpolitischen Entwicklungen wie die anderen Projekte, für die Gutzkow Büchner gewinnen wollte, Beiträge für den *Phönix* und die *Deutsche Revue*. In der Ankündigung der Hugo-Ausgabe im *Phönix* vom 12. Mai 1835 nannte Gutzkow Büchner noch prominent unter den Übersetzern, die für die neue ästhetische und politische Qualität der Ausgabe in deutscher Sprache bürgen sollten. Doch bald darauf wurde er selbst Opfer der Angriffe auf die Literatur des ›Jungen Deutschland‹ und musste im Spätsommer die Redaktion des *Literatur-Blatts* niederlegen und die Herausgeberschaft der Hugo-Ausgabe an Johann Valentin Adrian (1793–1864) abgeben. Zudem konnten ab Oktober 1835 Büchner und andere oppositionelle Übersetzer in den Anzeigen nicht mehr genannt werden, um zu verhindern, dass die Ausgabe in dem innerhalb weniger Monate radikal veränderten kulturpolitischen Klima Gegenstand der Verbotskampagne wurde.

Das restliche Jahr 1835 verbrachte Büchner in Straßburg, wo er sich schrittweise wieder freier bewegen konnte, und arbeitete gleichzeitig parallel an mehreren Projekten, wofür es nur wenige eindeutig durch Korrespondenz belegbare Rahmendaten gibt: Nach den Übersetzungen schrieb Büchner am »*Lenz*« und an seinen philosophischen Skripten sowie ab dem Jahreswechsel an seiner Dissertation.

Den Frühling und Sommer über arbeitete Büchner an »*Lenz*«, vor allem im Oktober, bevor er das Projekt spätestens im Winter 1835 zugunsten anderer Arbeiten unfertig beiseite legte. Anhaltspunkte für die genauen Entstehungszusammenhänge sind rar: Über die Brüder Stoeber war Büchner auf Quellen und Zeitzeugen zu Lenz gestoßen, die August Stoeber ab Oktober 1831 veröffentlicht hatte, darunter auch Briefe von Lenz an Johann Daniel Salzmann, in denen er über seine Beziehung zu Goethes ehemaliger Geliebter Friederike Brion berichtet. Durch Ehrenfried Stoeber bekam Büchner im Frühjahr 1835 Zugang zum Bericht Oberlins, zu Handschriften und Büchern. Stoeber war ein Oberlinschüler, hatte 1831 eine Biographie seines Lehrers veröffentlicht und konnte Büchner ebenso aus eigenem Erleben berichten wie Pfarrer Jaeglé, der die Grabrede auf Oberlin gehalten hatte.

Gutzkow erwähnte Büchners Plan einer Lenz-Novelle in einem Brief vom 12. Mai 1835, und wieder am 23. Juli 1835. Die einzige erhaltene Aussage Büchners zu »*Lenz*« findet sich im Brief an die Eltern vom Oktober 1835. Zeitgleich suchte Büchner aber nach einem Thema für seine Dissertation. Es wirkt, als habe er in seiner unsicheren Situation der akademischen Laufbahn Priorität vor dem von Gutzkow so beworbenen Lebensentwurf Schriftsteller gegeben – zumal unter den politischen Bedingungen ein Lehrstuhl im sicheren Ausland leichter zu erreichen schien als regelmäßige und freie Publikationsmöglichkeiten für literarische Texte.

Erst Anfang Juli 1835 erschien *Danton's Tod* in der

gekürzten und zensierten Form als Buch bei Sauerländer – von Duller mit dem Untertitel »Dramatische Bilder aus Frankreichs Schreckensherrschaft«
versehen, und in einer Auflage von vermutlich 400
Exemplaren. Am 11. Juli erschien Gutzkows über-
schwängliche Kritik des Werkes im *Phönix* – am 27.
August musste er die Redaktion verlassen, am 1. Dezember wurde er verhaftet und am 13. Januar 1836
wegen »Angriffes auf die christliche Religion« in seinem Roman *Wally, die Zweiflerin* zu einem Monat
Gefängnis verurteilt.

Vermutlich Anfang Oktober folgte dann auch die
verzögerte Veröffentlichung der übersetzten *Lucrèce
Borgia* und *Marie Tudor* als Band 6 in Sauerländers
Hugo-Ausgabe.

Im Herbst 1835 erhielt Büchner eine »carte de sû-
reté« und war so vor Ausweisung sicher. Zwar ver-
misste er Darmstadt und sorgte sich um seine
Freunde, doch dieser Schutz und die Möglichkeit,
wieder offen mit seiner Verlobten leben zu können,
gaben ihm Sicherheit und Zuversicht, so dass er konkretere Schritte zur Zukunftsplanung unternahm. Er
nahm das Studium wieder auf, jedoch nicht mehr
mit dem Ziel der Arbeit als Arzt, sondern mit Konzentration auf die reine (Natur-)Wissenschaft, insbesondere auf die vergleichende Anatomie und Morphologie, aber auch die Philosophie: Im Spätherbst
und über den Winter widmete er sich seinen philosophischen Studien, ab November arbeitete er über
Descartes und Spinoza und weiter an der *Geschichte
der griechischen Philosophie*. Büchner plante nun
eine Promotion, um an der 1833 neu gegründeten
Universität Zürich in der politisch sicheren Schweiz
eine Privatdozentur erreichen zu können. Im Oktober 1835 formulierte er erste Pläne zu einer »Abhandlung über einen philosophischen oder naturhistorischen Gegenstand«, mit der Hoffnung, zum
Jahreswechsel mit der Doktorarbeit fertig zu sein
und ab Ostern bereits in der Schweiz zu dozieren. Es
kam zu Verzögerungen, zu denen neben Schwierigkeiten mit der Arbeit auch das veränderte politische
Klima beitrug, als die Schweiz sich gegen potentielle
Verschwörer unter den Exilanten durch eine restrik-
tivere Einwanderungspolitik zu schützen suchte.

Vermutlich im Dezember meldete Büchner sich
regulär in Straßburg an, er wohnte nun in der Rue de
la Douane Nr. 18 und begann, die Winterkälte nut-
zend, mit den präparativen Vorarbeiten zu den morphologischen Untersuchungen über das Nervensystem der Flussbarbe, einem Fisch, der in den Flüssen
in und um Straßburg sehr verbreitet war.

Im Frühjahr 1836 arbeitete Büchner zunächst

seine Ergebnisse zu einer Arbeit aus, die aus zwei
Teilen besteht, dem präparativen und einem philosophischen, in dem ein Oberplan für die Entwicklung des Nervensystems angenommen wird. Auf seinen Resultaten aufbauend, hielt er unter dem Titel
»Sur les nerfs des poissons« eine Vortragsreihe vor
der Société d'histoire naturelle (13. und 20.4., 4.5.),
die ihn daraufhin am 18. Mai als korrespondieren-
des Mitglied aufnahm und die Publikation der Dissertation unter dem Titel *Mémoire sur le système nerveux du barbeau* in ihrer Reihe »Mémoires« plante.
Büchner beendete die Arbeit an der Dissertationsschrift am 31. Mai 1836, sie erschien posthum am 8.
April des Folgejahres.

In den folgenden Monaten liefen Promotionsver-
fahren, Berufung und Übersiedlung in die Schweiz
parallel mit Büchners schriftstellerischer Tätigkeit.
Vermutlich direkt nach der Fertigstellung der Dissertation schrieb er an der ersten Fassung von *Leonce
und Lena*. Gedacht war das Werk für den Verlag J.G.
Cotta'sche Buchhandlung, der am 16. Januar 1836 einen Preis von 300 Gulden für »das beste ein- oder
zweiaktige Lustspiel« ausgelobt und später den Einsendeschluss vom 15. Mai auf den 1. Juli verschoben
hatte.

Die Teilnahme war für Büchner aus mehreren
Gründen attraktiv: Zum einen hätte das vergleichsweise üppige Preisgeld ihm in der angespannten finanziellen Lage, in der er sich nach der Flucht befand, helfen können, zum anderen boten die Teil-
nahmebedingungen des Wettbewerbs – die Stücke
sollten anonym eingereicht und beurteilt werden –
eine einmalige Chance für den steckbrieflich gesuchten Autor, ein subversives Stück unter den Augen der
Zensur einzuschmuggeln. In der misslichen Lage als
mehr oder weniger mitteloser Flüchtling im nicht
vollständig sicheren Straßburg hoffte er wohl, durch
eine Doppelstrategie Erfolg haben zu können: durch
das Vorantreiben der akademischen Karriere einerseits und der literarischen Betätigung andererseits.

Büchners Manuskript erreichte den Verlag jedoch
erst am 3. Juli und wurde daraufhin aufgrund des
Formfehlers ungelesen zurückgeschickt. Aus den
über 60 Einsendungen wählte die Jury das Stück *Die
Vormundschaft* von Wolfgang Gerle und Uffo Horn
zum Siegertitel.

Im Sommer 1836 überarbeitete Büchner *Leonce
und Lena*, schrieb am »*Woyzeck*« und parallel dazu
arbeitete er an philosophischen Themen, als Vorbereitung einer Vorlesung »Über die Entwicklung der
Deutschen Philosophie seit Cartesius« für Zürich.
Büchner arbeitete mit Sicherheit noch im September

an der dreiaktigen Fassung von *Leonce und Lena*, wahrscheinlich beendete er sie erst in Zürich.

Insgesamt sind wenige Einzelheiten zur Arbeit am »*Woyzeck*« bekannt, die andererseits, wie die Textgestalt belegt, von Überarbeitungen und Neukonzeptionen bestimmt war. Die Niederschrift begann vermutlich erst nach der Absendung der unter Zeitdruck niedergeschriebenen zweiaktigen Fassung von *Leonce und Lena*. Dass Büchner bereits vor Juni 1836 Vorarbeiten zum »*Woyzeck*« leistete, ist in Anbetracht seiner Arbeitssituation eher unwahrscheinlich, doch es gibt Hinweise auf die Konzeption bereits im Januar 1836.

Wann genau Büchner die Gerichtsgutachten, die zu Quellen für den »*Woyzeck*« wurden, erstmals und wann erneut las, ist unklar. Sicher ist, dass Ernst Karl Büchner Henkes *Zeitschrift für Staatsarzneikunde*, in der 1824 das Gutachten von Johann Christian August Clarus zum Fall Woyzeck erschien, in Büchners Jugendzeit abonniert hatte und selbst 1825 zu Fällen strittiger Zurechnungsfähigkeit in dieser publizierte. Möglicherweise wurde Büchner durch das Gutachten im Mordfall Johann Dieß, das Philipp Bopp 1836 in der *Zeitschrift für Staatsarzneikunde* veröffentlichte, zu einer Wiederbeschäftigung mit dem Fall Woyzeck angeregt, zumal Dieß nach seiner Hinrichtung in der Gießener Pathologie obduziert wurde.

Laut Ludwig Büchner schrieb Büchner seinen Eltern im September von zwei fertigen Dramen: Wenn es sich, wie allgemein vermutet, bei einem der beiden um den »*Woyzeck*« handelte (die alternative Hypothese geht davon aus, dass vom *Pietro Aretino* die Rede gewesen sein könnte), so muss zu diesem Zeitpunkt zumindest H 1, eventuell auch H 2 abgeschlossen gewesen sein, der genaue Arbeitsstand bei der Übersiedlung nach Zürich ist nicht belegt. Gearbeitet hat Büchner am »*Woyzeck*« bis zu seiner Erkrankung im Januar 1837, die letzte Arbeitsphase in Zürich umfasste mit Sicherheit nicht nur die Probevorlesung und das »Zootomische Kolleg«, sondern auch H 3 und H 4 des »*Woyzeck*«.

September 1836 – Februar 1837: Dozent in Zürich

Nach der Promotion an der Philosophischen Fakultät der Universität Zürich am 3. September 1836 beantragte Büchner am 26. September eine öffentliche Probevorlesung, die er am 5. November unter dem Titel »*Über Schädelnerven*« hielt. Daraufhin wurde er zum Privatdozenten ernannt. Sein Einreiseantrag für die Schweiz vom 22. November wurde positiv be-

schieden, am 18. Oktober verließ er das französische Exil und bezog am 24. Oktober ein Zimmer in der Spiegelgasse 12 im Haus des liberalen Regierungsrates und Mediziners Dr. Hans Ulrich Zehnder (1798–1877), wo er zusammen mit dem Ehepaar Schulz und anderen politischen Flüchtlingen wohnte. Sein engster Freund in Zürich wurde Carl Schmid (1811–43), ein Medizinstudent, der bereits in der Gießener »Gesellschaft« Mitglied war, bevor er fliehen musste.

Eigentlich hatte Büchner geplant, als erstes seine zwischen Juni und Oktober zu einem umfassenden Konzept ausgearbeitete Vorlesung über die »Geschichte der Philosophie« mit den Schwerpunkten Descartes und Spinoza zu lesen, doch die Universitätsleitung überzeugte ihn, in seinem ersten Semester ein Kolleg über die vergleichende Anatomie der Fische und Amphibien zu halten. Mit dem Beginn dieser »Zootomischen Demonstrationen« am 15. November war die Voraussetzung für die provisorische Aufenthaltsgenehmigung gegeben, die Büchner ab dem 26. November zunächst für sechs Monate den Status »Asylant der Sonder-Klasse« verlieh, danach hätte sie sich gegen eine Personalkaution von 800 Franken verlängern lassen – das Jahresgehalt eines Professors, unerreichbar für einen Privatdozenten, dessen Einkommen zum Teil durch Hörergelder bestritten wurde und dessen erstes Kolleg gerade einmal drei Studenten regelmäßig besuchten.

Über den Gründungsrektor der Universität und Vorsitzenden des Promotionsausschusses Lorenz Oken (1779–1851), der seine wissenschaftliche Arbeit sehr schätzte, lernte Büchner die intellektuellen Kreise Zürichs kennen, insbesondere Friedrich Arnold (1803–90) und den Pathologen und Wachenstürmer Johann Lukas Schönlein (1793–1864). Die wissenschaftliche Anerkennung, die Büchner entgegengebracht wurde, ließ auf eine akademische Karriere hoffen, und nicht zuletzt dieser berufliche Erfolg führte zur Versöhnung mit dem Vater.

Mit der Übersiedlung nach Zürich setzte Büchner auch seine schriftstellerische Tätigkeit intensiv fort, er nahm die Arbeit am »*Woyzeck*« wieder auf, vermutlich auch an *Leonce und Lena* (sowie, spekulativ, auch am *Pietro Aretino*).

Im Januar 1837 kündigte Büchner das baldige Erscheinen von *Leonce und Lena* sowie zweier weiterer Dramen in einem nicht erhaltenen Brief an Minna Jaeglé an (überliefert durch Ludwig Büchner) und zog um in ein größeres Zimmer am Zürichsee. Am 20. Januar erkrankte er, ab dem 2. Februar mit plötzlichem, hohen Fieber, ab dem 11. Februar delirierte er, am 15. Februar wurde durch Schönlein Typhus diagnostiziert. Am 17. Februar traf Minna Jaeglé in Zürich ein, die am 12. Februar brieflich durch Caroline Schulz vom Gesundheitszustand ihres Verloben unterrichtet worden war (Büchner hatte handschriftlich angefügt: »Adieu mein Kind.«). Nur zwei Tage danach, am 19. Februar gegen vier Uhr nachmittags, starb Büchner, mit 23 Jahren.

In seinem Nachlass fanden sich – trotz der Ankündigung dreier Dramen – nur die letzte Fassung von *Leonce und Lena* und das »*Woyzeck*«-Fragment, der *Pietro Aretino* konnte nicht gefunden werden, und es ist unklar, ob Büchner jemals mehr als nur den Plan hatte, ein solches Stück zu schreiben.

Büchner wurde am 21. Februar auf dem Krautgarten-Friedhof der Zürcher Kreuzmünstergemeinde beerdigt, unter den mehreren hundert Trauergästen waren vor allem Vertreter der Universität, aber auch die Bürgermeister. Zwei Tage später starb Weidig unter ungeklärten Umständen nach der Folter durch Georgi im Darmstädter Untersuchungsgefängnis.

Literatur

Hauschild, Jan-Christoph: Georg Büchner. Biographie. Stuttgart/Weimar 1993.

Knapp, Gerhard P.: Georg Büchner. Stuttgart ³2000.

Mayer, Hans: Georg Büchner und seine Zeit. Wiesbaden 1946.

Mayer, Thomas Michael: Georg Büchner. Eine kurze Chronik zu Leben und Werk. In: Heinz Ludwig Arnold (Hg.): Georg Büchner I/II. Sonderband Text + Kritik. München 1979, 357–425.

Viëtor, Karl: Georg Büchner. Politik, Dichtung, Wissenschaft. Bern 1949.

Esther Köhring

2.   Auswahlbibliographie

Albrecht, Gerd: Büchner und der Film. In: Susanne Lehmann (Hg.): Georg Büchner. Revolutionär, Dichter, Wissenschaftler 1813–1837. Der Katalog, Ausstellung Mathildenhöhe. Darmstadt, 2. August bis 27. September 1987. Basel/Frankfurt a. M. 1987, 408–411.

Alt, Peter André: Der Bruch im Kontinuum der Geschichte. Marionettenmetaphorik und Schönheitsbegriff bei Kleist und Büchner. In: Wirkendes Wort 37 (1987), 2–24.

Anz, Heinrich: »Leiden sey all mein Gewinnst«. Zur Aufnahme und Kritik christlicher Leidenstheologie bei Georg Büchner. In: GBJb 1 (1981), 160–168.

Armstrong, William Bruce: ›Arbeit‹ und ›Muße‹ in den Werken Georg Büchners. In: Heinz Ludwig Arnold (Hg.): Georg Büchner III. Sonderband Text + Kritik. München 1981, 63–98.

Assmann, Michael (Hg.): Der Georg-Büchner-Preis 1951–1987. Eine Dokumentation. München 1987.

Bauer, Roger: Georg Büchner, traducteur de Victor Hugo. In: EG 40 (1987), 329–336.

Baumann, Gerhart: Georg Büchner: »Lenz«. Seine Struktur und der Reflex des Dramatischen. In: Euphorion 52 (1958), 153–173.

– : Georg Büchner. Die dramatische Ausdruckswelt. Göttingen 1961.

Beckers, Gustav: Georg Büchners »Leonce und Lena«. Ein Lustspiel der Langeweile. Heidelberg 1961.

Beise, Arnd: Die Leute vertragen es nicht, dass man sich als Narr produziert. Georg Büchners Lustspiel ›Leonce und Lena‹. In: Der Deutschunterricht 54 (2002) 6, 24–33.

– : Georg Büchners ›Leonce und Lena‹ und die Lustspielfrage seiner Zeit. In: GBJb 11 (2005–2008) 2008, 81–100.

– : Wie kommentiert man eigentlich Übersetzungen? Zur historisch-kritischen Edition von Georg Büchners Hugo-Übersetzungen. In: Bernd Kortländer/Hans T. Siepe (Hg.): Übersetzen im Vormärz. Bielefeld 2008, 135–150.

– /Funk, Gerald: Georg Büchner. Leonce und Lena. Erläuterungen und Dokumente. Stuttgart 2005.

Bell, Gerda E[lizabeth]: Georg Büchner's Translations of Victor Hugo's *Lucrèce Borgia* and *Marie Tudor*. In: Arcadia 6 (1971) 2, 151–174.

Benn, Maurice B.: Metaphysical Revolt. In: Ders.: The Drama of Revolt. A Critical Study of Georg Büchner. Cambridge u. a. 1976, 41–74.

– : Büchner and Heine. In: Seminar 13 (1977), 215–226.

Berns, Jörg Jochen: Zeremoniellkritik und Prinzensatire. Traditionen der politischen Ästhetik des Lustspiels ›Leonce und Lena‹. In: Burghard Dedner (Hg.): Georg Büchner, Leonce und Lena. Kritische Studienausgabe, Beiträge zu Text und Quellen. Frankfurt a. M. 1987, 219–274.

Bockelmann, Eske: Von Büchners Handschrift oder Aufschluß, wie der *Woyzeck* zu edieren sei. In: GBJb 7 (1988/89) 1991, 219–258.

Borgards, Roland: Poetik des Schmerzes. Physiologie und Literatur von Brockes bis Büchner. München 2007.

Bormann, Alexander von: *Dantons Tod*. Zur Problematik der Trauerspiel-Form. In: Burghard Dedner/Günter

Oesterle (Hg.): Zweites internationales Georg Büchner-Symposium 1987. Frankfurt a. M. 1990, 113–131.

Bornkessel, Axel: Georg Büchners »Leonce und Lena« auf der deutschsprachigen Bühne. Studien zur Rezeption des Lustspiels durch das Theater. Köln 1970.

Braunbehrens, Volkmar: »Aber gehn Sie bitte in's Theater, ich rath' es Ihnen«. Zu Dantons Tod. In: GBJb 2 (1982), 286–299.

Bremer, Thomas: Revolution in der Kunst, Revolution in der Politik. Hugos Dramen, Büchners Übersetzung und das Periodisierungsproblem in der Literaturgeschichte. In: Martina Lauster/Günter Oesterle (Hg.): Vormärzliteratur in europäischer Perspektive II. Bielefeld 1998, 229–250.

Breuer, Ingo: Die Theatralität der Geschichte in Georg Büchners ›Danton's Tod‹. In: Der Deutschunterricht 54 (2002), 5–13.

Broch, Ilona. Die Julia und die Ophelia der Revolution. Zu zwei Frauenfiguren in ›Dantons Tod‹. In: Susanne Lehmann (Hg.): Georg Büchner: Revolutionär, Dichter, Wissenschaftler 1813–1837. Der Katalog, Ausstellung Mathildenhöhe, Darmstadt, 2. August bis 27. September 1987, 241–246.

Buck, Theo: Charaktere, Gestalten. Büchner-Studien. Aachen 1990.

– : Die Commedia dell'arte des Bösen. Zur Automatenvorführung in Georg Büchners ›Leonce und Lena‹. In: Helmut Siepmann/Kaspar Spinner (Hg.): Elf Reden über das Böse. Meisterwerke der Weltliteratur Bd. VI. Bonn 1992, 163–183.

– : Zur Einschätzung und Darstellung des Volkes. In: Ders.: »Riß in der Schöpfung«. Büchner-Studien II. Aachen 2000, 9–39.

Campe, Rüdiger: Johann Franz Woyzeck. Der Fall im Drama. In: Michael Niehaus/Hans-Walter Schmidt-Hannisa (Hg.): Unzurechnungsfähigkeiten. Diskursivierungen unfreier Bewußtseinszustände seit dem 18. Jahrhundert. Frankfurt a. M./Berlin/Bern 1998, 209–236.

– : ›Es lebe der König‹ – ›Im Namen der Republik‹. Poetik des Sprechakts. In: Jürgen Fohrmann (Hg.): Rhetorik. Figuration und Performanz. DFG-Symposion 2002. Stuttgart 2004, 557–581.

– : Schau und Spiel. Einige Voraussetzungen des ästhetischen Spiels um 1800. In: Figurationen 5, 1 (2004), 47–63.

Dedner, Burghard: Büchner-Bilder im Jahrzehnt zwischen Wagner-Gedenkjahr und Inflation. In: GBJb 3 (1983) 1984, 275–297.

– : Legitimationen des Schreckens in Georg Büchners Revolutionsdrama. In: Jahrbuch der deutschen Schillergesellschaft 29 (1985), 342–380.

– : Bildsysteme und Gattungsunterschiede in ›Leonce und Lena‹, ›Dantons Tod‹ und ›Lenz‹. In: Ders. (Hg.): Georg Büchner, Leonce und Lena. Kritische Studienausgabe, Beiträge zu Text und Quellen. Frankfurt a. M. 1987, 157–218.

– (Hg.): Der widerständige Klassiker. Einleitungen zu Büchner vom Nachmärz bis zur Weimarer Republik. Frankfurt a. M. 1990.

– : Georg Büchner: ›Dantons Tod‹. Zur Rekonstruktion der Entstehung anhand der Quellenverarbeitung. In: GBJb 6 (1986/87) 1990, 106–131.

– : Leonce und Lena. In: Georg Büchner. Interpretationen. Stuttgart 1990, 119–178.

– : Die Handlung des Woyzeck: wechselnde Orte – »geschlossene Form«. In: GBJb 7 (1988/89) 1991, 144–170.

– : Verführungsdialog und Tyrannentragödie. Tieckspuren in »Dantons Tod«. In: Ders./Ulla Hofstaetter (Hg.): Romantik im Vormärz. Marburg 1992, 31–89.

– : Quellendokumentation und Kommentar zu Büchners Geschichtsdrama Dantons Tod. In: editio 7 (1993), 194–210.

– : Büchners »Lenz«. Rekonstruktion der Textgenese. In: GBJb 8 (1990–94) 1995, 3–68.

– (Hg.): Georg Büchner: Woyzeck. Studienausgabe. Nach der Edition von Thomas Michael Mayer. Stuttgart 1999.

– : Kynische Provokation und materialistische Anthropologie bei Georg Büchner. In: Dieter Hüning/Gideon Stiening/Ulrich Vogel (Hg.): Societas rationis. Festschrift für Burkhard Tuschling zum 65. Geburtstag. Berlin 2002, 289–309.

– (Hg.): Georg Büchner: Woyzeck. Erläuterungen und Dokumente. Stuttgart 2005.

– : Zur Entwurfhaftigkeit von Büchners ›Lenz‹. Eine Replik. In: Norbert Otto Eke/Fritz Wahrenburg (Hg.): Vormärz und Exil. Vormärz im Exil. Bielefeld 2005, 445–467.

– : Zur Frührezeption Georg Büchners. In: Dieter Sevin (Hg.): Georg Büchner: Neue Perspektiven zur internationalen Rezeption. Berlin 2007, 19–37.

– (Hg.): Georg Büchner: Woyzeck. Leonce und Lena. Stuttgart 2007.

– /Gersch, Hubert/Martin, Ariane (Hg.): »Lenzens Verrückung«. Chronik und Dokumente zu J.M.R. Lenz von Herbst 1777 bis Frühjahr 1778. Tübingen 1999.

– /Mayer, Thomas Michael (Hg.): Leonce und Lena. Studienausgabe. Stuttgart 2003.

Dedner, Ulrike: Deutsche Widerspiele der Französischen Revolution. Reflexionen des Revolutionsmythos im selbstbezüglichen Spiel von Goethe bis Dürrenmatt. Tübingen 2003.

Descourvières, Benedikt: Der Wahnsinn als Kraftfeld. Eine symptomatische Lektüre zu Georg Büchners Erzählung Lenz. In: WB 52 (2006), 203–226.

Deufert, Marcus: Lustspiel der verkehrten Welt. Bemerkungen zur Konfiguration von Georg Büchners ›Leonce und Lena‹. In: Karl Konrad Polheim (Hg.): Die dramatische Konfiguration. Paderborn 1997, 147–165.

Diersen, Inge: Büchners ›Lenz‹ im Kontext der Entwicklung von Erzählprosa im 19. Jahrhundert. In: Henri Poschmann (Hg.): Wege zu Georg Büchner. Internationales Kolloquium der Akademie der Wissenschaften (Berlin-Ost) 1988. Berlin 1992, 184–192.

Dissel, Sabine: Das Prinzip des Gegenentwurfs bei Georg Büchner. Von der Quellenmontage zur poetologischen Reflexion. Bielefeld 2005.

Döhner, Otto: Georg Büchners Naturauffassung. Marburg 1967.

– : Neuere Erkenntnisse zu Georg Büchners Naturauffassung und Naturforschung. In: GBJb 2 (1982), 126–132.

Dörr, Volker C.: ›Melancholische Schweinsohren‹ und ›schändlichste Verwirrung‹. Zu Georg Büchners ›Lustspiel‹ Leonce und Lena. In: DVjs 77 (2003), 380–406.

Drux, Rudolf: Marionette Mensch. Ein Metaphernkomplex

und sein Kontext von E.T.A. Hoffmann bis Georg Büchner. München 1986.

– : ›Holzpuppen‹. Bemerkungen zu einer poetologischen Kampfmetapher bei Büchner und ihrer antiidealistischen Stoßrichtung. In: GBJb 9 (1995–99) 2000, 237–253.

Dunne, Kerry: Woyzeck's Marie ›Ein schlecht Mensch‹? The Construction of Female Sexuality in Büchner's ›Woyzeck‹. In: Seminar 26 (1990), 294–308.

Durzak, Manfred: Die Modernität Georg Büchners. »Lenz« und die Folgen. In: L' 80 (1988), H. 45, 132–146.

Elm, Theo: Georg Büchner: Woyzeck. Zum Erlebnishorizont der Vormärzzeit. In: Dramen des 19. Jahrhunderts. Interpretationen. Stuttgart 1997, 141–171.

Emrich, Wilhelm: Von Georg Büchner zu Samuel Beckett. Zum Problem einer literarischen Formidee. In: Wolfgang Paulsen (Hg.): Aspekte des Expressionismus. Periodisierung – Stil – Gedankenwelt. Heidelberg 1968, 11–34.

Fellmann, Herbert: Georg Büchners ›Lenz‹. In: Jahrbuch der Wittheit zu Bremen 7 (1963), 7–124.

Fink, Gonthier-Louis: Volkslied und Verseinlage in den Dramen Büchners [1961]. In: Wolfgang Martens (Hg.): Georg Büchner. Darmstadt 1965, 433–487.

– : Leonce et Léna. Comédie et realism chez Büchner. In: Etudes germaniques 16 (1961), 223–234; deutsch in: Wolfgang Martens (Hg.): Georg Büchner. Darmstadt ³1973, 488–506.

– : Das Bild der Revolution in Büchners ›Dantons Tod‹. In: Burghard Dedner/Günter Oesterle (Hg.): Zweites Internationales Georg-Büchner-Kolloquium 1987. Referate. Frankfurt a. M. 1990, 175–202.

Fortmann, Patrick: Büchners Briefe an seine Braut. In: DVjs 81 (2007), 405–493.

Frank, Gustav: Romane als Journal: System- und Umweltreferenzen als Voraussetzung der Entdifferenzierung und Ausdifferenzierung von ›Literatur‹ im Vormärz. In: Reiner Rosenberg/Detlev Kopp (Hg.): Journalliteratur im Vormärz. Bielefeld 1996, 15–47.

– : Georg Büchner. In: Gert Sautermeister/Ulrich Schmidt (Hg.): Hansers Sozialgeschichte der deutschen Literatur. Bd. 5: Zwischen Restauration und Revolution 1815–1848. München 1998, 579–604.

Frank, Peter: Georg Büchner. In: Gerd Sautermeister/Ulrich Schmid (Hg.): Zwischen Revolution und Restauration. 1815–1849. München 1998, 579–604.

Frizen, Werner: Georg Büchner: ›Dantons Tod‹. Interpretation. München 1990.

Fues, Wolfgang Malte: Die Entdeckung der Langeweile. Georg Büchners Komödie ›Leonce und Lena‹. In: DVjs 66 (1992) 4, 687–696.

Fuhrmann, Helmut: Goethes ›Egmont‹ und Büchners ›Dantons Tod‹: offenbare Gegensätze und geheime Verwandtschaften. In: Ders.: Sechs Studien zur Goethe-Rezeption. Würzburg 2002, 9–35.

Gaede, Friedrich: Büchners Widerspruch – Zur Funktion des ›type primitif‹. In: Jahrbuch für Internationale Germanistik 11 (1979), 42–52

Gendolla, Peter: ›Nichts als Kunst und Mechanismus‹. Maschinenmetaphern bei Büchner. In: Susanne Lehmann (Hg.): Georg Büchner. Revolutionär, Dichter, Wissenschaftler 1813–1837. Der Katalog, Ausstellung Mat-

hildenhöhe, Darmstadt, 2. August bis 27. September 1987, 306–311.

Gersch, Hubert: Der Text, der (produktive) Unverstand des Abschreibers und die Literaturgeschichte. Johann Friedrich Oberlins Bericht Herr L… und die Textüberlieferung bis zu Georg Büchners Lenz-Entwurf. Tübingen 1998.

Gille, Klaus F.: Büchners Danton als Ideologiekritik und Utopie. In: Henri Poschmann (Hg.): Internationales Kolloquium der Akademie der Wissenschaften (Berlin-Ost). Berlin 1992, 100–116.

– : Büchners Danton als Ideologiekritik und Utopie. In: Ders.: Konstellationen. Gesammelte Aufsätze zur Goethezeit [1989]. Berlin 2002, 281–302.

– : Zwischen Hundsstall und Holzpuppen. Zum Kunstgespräch in Büchners ›Lenz‹. In: WB 54 (2008), 88–102.

Glebke, Michael: Die Philosophie Georg Büchners. Marburg 1995.

Glück, Alfons: ›Der ökonomische Tod‹. Armut und Arbeit in Georg Büchners Woyzeck. In: GBJb 4 (1984) 1986, 167–226.

– : Militär und Justiz in Georg Büchners Woyzeck. In: GBJb 4 (1984), 1986 227–247.

– : ›Herrschende Ideen‹. Die Rolle der Ideologie, Indoktrination und Desorientierung in Büchners Woyzeck. In: GBJb 5 (1985) 1986, 52–138.

– : Der Menschenversuch. Die Rolle der Wissenschaft in Georg Büchners Woyzeck. In GBJb 5 (1985) 1986, 139–182.

– : Der Woyzeck. Tragödie eines Paupers. In: Susanne Lehmann (Hg.): Georg Büchner. Revolutionär, Dichter, Wissenschaftler 1813–1837. Der Katalog, Ausstellung Mathildenhöhe. Darmstadt, 2. August bis 27. September 1987. Basel/Frankfurt a. M. 1987, 325–332.

– : Woyzeck – Clarus – Büchner. In: GBJb 6 (1987) 1990, 425–440.

– : Woyzeck. Ein Mensch als Objekt. In: Georg Büchner. Interpretationen. Stuttgart 1990, 177–215.

Gnüg, Hiltrud: Melancholie-Problematik in Alfred de Mussets ›Fantasio‹ und Georg Büchners ›Leonce und Lena‹. In: ZfdPh 103 (1984), 194–211.

– : Melancholie-Problematik im Werk Büchners. In: Fausto Cercignani (Hg.): Studia Büchneriana. Georg Büchner 1988. Mailand 1990, 91–105.

Gödtel, Rainer: Das Psychotische in Büchners Lenz. In: Horizonte 4 (1980), 34–43.

Goergen, Peter: Der Gott der Väter und die Treue zum geringsten Bruder. Bemerkungen zu Oberlin, Büchner und Lenz. In: Ders.: Seitensprünge. Literaten als religiöse Querdenker. Solothurn/Düsseldorf 1995, 66–76.

Goltschnigg, Dietmar (Hg.): Materialien zur Rezeptions- und Wirkungsgeschichte Georg Büchners. Kronberg 1974.

– : Rezeptions- und Wirkungsgeschichte Georg Büchners. Kronberg, Ts. 1975.

– (Hg.): Büchner im »Dritten Reich«. Mystifikation – Gleichschaltung – Exil. Kommentar von Gerhard Fuchs. Bielefeld 1990.

– (Hg.): Georg Büchner und die Moderne. Texte, Analysen, Kommentar. 3 Bde. Berlin 2001–2004.

Grab, Werner: Georg Büchners »Hessischer Landbote« im Kontext deutscher Revolutionsaufrufe 1791–1848. In: Burghard Dedner/Günter Oesterle (Hg.): Zweites Internationales Georg Büchner Symposium 1987. Frankfurt a. M. 1990, 65–83.

Graczyk, Annette: Sprengkraft Sexualität. Zum Konflikt der Geschlechter in Georg Büchners *Woyzeck*. In: GBJb 11 (2005–2008) 2008, 101–121.

Grimm, Reinhold: Coeur und Carreau. Über die Liebe bei Georg Büchner. In: Heinz Ludwig Arnold (Hg.): Georg Büchner I/II. Sonderband Text + Kritik. München ²1982, 299–326.

– : Love, Lust, and Rebellion. New Approaches to Georg Büchner. Madison 1985.

Große, Wilhelm: Georg Büchner: *Der Hessische Landbote/ Woyzeck*. Interpretation. München ²1997.

Großklaus, Götz: Haus und Natur. Georg Büchners »Lenz«. Zum Verlust des sozialen Ortes. In: Recherches Germaniques 12 (1982), 68–77.

Guntermann, Theresia Maria: Arbeit – Leben – Sprache. Eine diskursanalytische Untersuchung zu Texten Georg Büchners im Anschluss an Michel Foucault. Essen 2000.

Härter, Andreas: Der Untergang des Redners: das Dementi der Rhetorik in Büchners Drama ›Dantons Tod‹. In: Joachim Dyck/Gert Ueding (Hg.): Neue Tendenzen der Rhetorikforschung. Tübingen 2002, 84–101.

Hartung, Günter: Die Technik der *Woyzeck*-Entwürfe. In: Henri Poschmann (Hg.): Wege zu Georg Büchner. Internationales Kolloquium der Akademie der Wissenschaften (Berlin-Ost). Berlin 1992, 204–233.

Hasubek, Peer: »Ruhe« und »Bewegung«. Versuch einer Stilanalyse von Georg Büchners »Lenz«. In: GRM (1969), 33–59.

Hauschild, Jan-Christoph: Georg Büchner. Studien und neue Quellen zu Leben, Werk und Wirkung. Königstein 1985.

– : »Gewisse Aussicht auf ein stürmisches Leben« Georg Büchner 1813–1837. In: Susanne Lehmann (Hg.): Georg Büchner. Revolutionär, Dichter, Wissenschaftler 1813–1837. Der Katalog, Ausstellung Mathildenhöhe, Darmstadt, 2. August bis 27. September 1987. Basel/Frankfurt a. M. 1987, 16–38

– (Hg.): Oder Büchner. Eine Anthologie. Darmstadt 1988.

– : Neudatierung und Neubewertung von Georg Büchners ›Fatalismusbrief‹. In: ZfdPh 108 (1989), 511–529.

– : ›Danton's Tod.‹ Zur Werkgenese von Büchners Revolutionsdrama.« In: Grabbe Jahrbuch. 11 (1992), 90–135.

– : Georg Büchner. Biographie. Stuttgart/Weimar 1993.

– : Georg Büchner. Biographie. Vom Autor überarbeitete Ausgabe Berlin 1997.

– : Georg Büchner. Überarbeitete und erweiterte Neuausgabe. Reinbek 2004.

Helwig, Frank G.: ›Nichts als Pappendeckel und Uhrfedern‹. Das Motiv der menschlichen Automaten in Büchners ›Leonce und Lena‹. In: Seminar 29 (1993), 221–232.

Hennemann, Alexa: Die Zerbrechlichkeit der Körper. Zu den Georg-Büchner-Preisreden von Heiner Müller und Durs Grünbein. Frankfurt a. M./Berlin u. a. 2000.

Hensel, Georg: Das Maul mit Silber stopfen: Georg Büchner, der unentdeckte Übersetzer [1977]. In: Ders.: Glücks-Pfennige. Lustvolles Nachdenken über Theater, Literatur und Leben. Frankfurt a. M. 1997, 159–166.

Hermand, Jost: Der Streit um ›Leonce und Lena‹. In: GBJb 3 (1983) 1984, 98–117.

Hiebel, Hans H.: Das Lächeln der Sphinx. Das Phantom des Überbaus und die Aussparung der Basis. Leerstellen in Büchners ›Leonce und Lena‹. In: GBJb 7 (1988–1989) 1991, 126–143.

Hildebrand, Olaf: »Der göttliche Epicur und die Venus mit dem schönen Hintern«. Zur Kritik hedonistischer Utopien in Büchners »Dantons Tod«. In: ZfdPh 118 (1999), 530–554.

Hinderer, Walter: Pathos oder Passion. Leiddarstellung in Büchners »Lenz«. In: Alexander von Bormann (Hg.): Wissen aus Erfahrung. Werkbegriff und Interpretation heute. Festschrift für Herman Meyer zum 65. Geburtstag. Tübingen 1976, 474–494.

– : Büchner-Kommentar zum dichterischen Werk. München 1977.

– : Lenz. »Sein Dasein war ihm eine notwendige Last«. In: Georg Büchner. Interpretationen. Stuttgart 1990, 63–117.

– : Festschriftliche Bemerkungen zur Codierung von Liebe in Büchners ›Dantons Tod‹. In: Karl-Heinz J. Schoeps/ Christopher J. Wickham (Hg.): »Was in den alten Büchern steht…« Neue Interpretationen von der Aufklärung zur Moderne. Festschrift für Reinhold Grimm. Frankfurt a. M. u. a. 1991, 151–165.

Holmes, Terence M.: Druckfehler und Leidensmetaphern als Fingerzeige zur Autorschaft einer »Landboten«-Stelle. In: GBJb 5 (1985) 1986, 11–17.

– : The Rehearsal of Revolution. Georg Büchner's Politics and his Drama *Dantons Tod*. A Reappraisal. Bern 1995.

Holub, Robert C.: The Paradoxes of Realism. An Examination of the Kunstgespräch in Büchner's ›Lenz‹. In: DVjs 59 (1985), 102–124.

Hörisch, Jochen: Pathos und Pathologie. Der Körper und die Zeichen in Büchners Lenz. In: Susanne Lehmann (Hg.): Georg Büchner. Revolutionär, Dichter, Wissenschaftler 1813–1837. Der Katalog, Ausstellung Mathildenhöhe, Darmstadt, 2. August bis 27. September 1987. Basel/Frankfurt a. M. 1987, 267–275.

Hörmann, Raphael: Religionskritik als Herrschaftskritik. Überlegungen zur Bedeutung von Thomas Paines *The Age of Reason* für Georg Büchner. In: Internationales Jahrbuch der Bettina-von-Arnim-Gesellschaft 19 (2007), 83–99.

Horn, Peter: »Ich meine für menschliche Dinge müsse man auch menschliche Ausdrücke finden.« Die Sprache der Philosophie und die Sprache der Dichtung bei Georg Büchner. In: GBJb 2 (1982), 209–226.

Horton, David: ›Die gliederlösende, böse Liebe‹. Observations on the Erotic Theme in Büchner's ›Danton's Tod‹. In: DVjs 62 (1988), 290–306.

Höying, Peter: Von ironischer Dialektik zu menschelndem Pathos: Kritische Einwürfe zu Robert Wilsons, Herbert Grönemeyers und Arezu Weitholz' *Leonce und Lena*-Inszenierung am Berliner Ensemble [2003]. In: Dieter Sevin (Hg.): Georg Büchner: Neue Perspektiven zur internationalen Rezeption. Berlin 2007, 285–299.

Hübner-Bopp, Rosemarie: »Das Brot des Übersetzers«. In: Susanne Lehmann (Hg.): Georg Büchner. Revolutionär, Dichter, Wissenschaftler 1813–1837. Der Katalog, Ausstellung Mathildenhöhe, Darmstadt, 2. August bis 27. September 1987. Basel/Frankfurt a. M. 1987.

– : Georg Büchner als Übersetzer Victor Hugos. Unter Berücksichtigung der zeitgleichen Übersetzungen von »Lucrèce Borgia« und »Marie Tudor« sowie der Aufnahme Victor Hugos in der deutschen Literaturkritik von 1827 bis 1835. Frankfurt a. M. 1990.

Irle, Gerhard: Büchners »Lenz«. Eine frühe Schizophreniestudie. In: Ders.: Der psychiatrische Roman. Stuttgart 1965, 73–83.

James, Dorothy: Georg Büchner's Dantons Tod: A Reappraisal. London 1982.

Jens, Walter: Euripides. Büchner. Pfullingen 1964.

Kafitz, Dieter: Visuelle Komik in Georg Büchners Lustspiel ›Leonce und Lena‹. In: Franz Norbert Mennemeier (Hg.): Die großen Komödien Europas. Tübingen/Basel 2000, 265–284.

Kahl, Joachim: »Der Fels des Atheismus«. Epikurs und Büchners Kritik an der Theodizee. In: GBJb 2 (1982), 99–125.

Kanzog, Klaus: Dass Norm-Trauma. Diagnose und phänomenologisches Erzählen. In. Ders.: Erzählstrategie. Eine Einführung in die Normeinübung des Erzählens. Heidelberg 1976.

Kapraun, Carolina/Röcken, Per: Weltanschauung und Interpretation. Versuch einer Rekonstruktion anhand von Woyzeck-Deutungen. Erscheint in: GBJb 12 (2009).

Kaufmann, Ulrich: Dichter in »stehender Zeit«. Studien zur Georg-Büchner-Rezeption in der DDR. Erlangen/Jena 1992.

Kimmich, Dorothee: Wirklichkeit als Konstruktion: Studien zu Geschichte und Geschichtlichkeit bei Heine, Büchner, Immermann, Stendhal, Keller und Flaubert. München 2002.

Kirsch, Konrad: Vom Autor zum Autosalvator. Georg Büchners »Lenz«. Sulzbach 2001.

Kittsteiner, Helmuth/Lethen, Helmuth: Ich-Losigkeit, Entbürgerlichung und Zeiterfahrung. Über die Gleichgültigkeit zur ›Geschichte‹ in Büchners Woyzeck. In: GBJb 3 (1983) 1984, 240–269.

Klotz, Volker: Agitationsvorgang und Wirkprozedur in Büchners »Hessischem Landboten«. In: Helmut Arntzen (Hg.): Literaturwissenschaft und Geschichtsphilosophie. Festschrift für Wilhelm Emrich. Berlin/New York 1975, 388–405.

Knapp, Gerhard P.: Georg Büchner. Stuttgart ³2000.

Knoll, Heike: Schwermütige Revolten. Melancholie bei Georg Büchner. In: Carola Hilmes/Dietrich Mathy (Hg.): Protomoderne. Künstlerische Formen überlieferter Gegenwart. Bielefeld 1996, 99–112.

Kobel, Erwin: Georg Büchner. Das dichterische Werk. Berlin/New York 1974.

Köhnen, Ralph: ›Wenn einem die Natur kommt‹. Mensch/Maschine in Büchners Woyzeck. In: Susanne Knoche/Lennart Koch/Ralph Köhnen (Hg.): Lust am Kanon. Denkbilder in Literatur und Unterricht. Frankfurt a. M./Berlin/Bern 2003, 147–168.

Kubik, Sabine: Krankheit und Medizin im literarischen Werk Georg Büchners. Stuttgart 1991.

Kuchle, Eric: Licht und Finsternis in Büchners Lenz. In: New German Review 15 (1999), 23–35.

Kuhnigk, Markus: Das Ende der Liebe zur Weisheit. Zur Philosophiekritik und Philosophenschelte bei Georg Büchner im Zusammenhang mit der zeitgenössischen

Hegelrezeption. In: Susanne Lehmann (Hg.): Georg Büchner. Revolutionär, Dichter, Wissenschaftler 1813–1837. Der Katalog, Ausstellung Mathildenhöhe, Darmstadt, 2. August bis 27. September 1987. Basel/Frankfurt a. M. 1987, 276–281.

Kühnlenz, Axel: ›Wie den Leuten die Natur so nahtrat …‹. Ludwig Tiecks ›Der Runenberg‹ als Quelle für Büchners ›Lenz‹. In: GBJb 7 (1988/89) 1991, 297–310.

Lehmann, Hans-Thies: Dramatische Form und Revolution. Überlegungen zur Korrespondenz zweier Theatertexte: Georg Büchners ›Dantons Tod‹ und Heiner Müllers ›Der Auftrag‹. In: Peter von Becker (Hg.): Georg Büchner. Dantons Tod, Die Trauerarbeit im Schönen. Frankfurt a. M. ²1982, 106–121.

Lehmann, Susanne (Hg.): Georg Büchner. Revolutionär, Dichter, Wissenschaftler 1813–1837. Der Katalog, Ausstellung Mathildenhöhe, Darmstadt, 2. August bis 27. September 1987. Basel/Frankfurt a. M. 1987.

– : Der Brand im Haus der Büchners 1851. Zur Überlieferung des Darmstädter Büchner-Nachlasses. In: GBJb 6 (1986/87) 1990, 303–313.

– : Georg Büchners Schulzeit. Ausgewählte Schülerschriften und ihre Quellen. Tübingen 2005.

Lehmann, Werner R.: Prolegomena zu einer historisch-kritischen Büchner-Ausgabe. In: Gratulatio. Festschrift für Christian Wegner zum 70. Geburtstag am 9. September 1963. Hamburg 1963, 190–225.

– : Textkritische Noten. Prolegomena zur Hamburger Büchner Ausgabe. Hamburg 1967.

– : »Geht einmal euren Phrasen nach…«. Revolutionsideologie und Ideologiekritik bei Georg Büchner. Darmstadt 1969.

Ludwig, Peter: »Es gibt eine Revolution in der Wissenschaft«. Naturwissenschaft und Dichtung bei Georg Büchner. St. Ingbert 1998.

Marquardt, Axel: Konterbande. ›Lenz‹. Zur Redaktion des Erstdrucks durch Karl Gutzkow. In: GBJb 3 (1983) 1984, 37–42.

Martens, Wolfgang: Zum Menschenbild Georg Büchners. ›Woyzeck‹ und die Marionszene in ›Dantons Tod‹. In: Wirkendes Wort 8 (1957/1958), 13–20.

– : Zur Karikatur in der Dichtung Büchners (Woyzecks Hauptmann). In: GRM 39 (1958), 64–71.

– : Ideologie und Verzweiflung. Religiöse Motive in Büchners Revolutionsdrama. In: Euphorion 54 (1960), 83–108.

–: »Leonce und Lena«. In: Walter Hinck (Hg.): Die deutsche Komödie. Düsseldorf 1977, 145–159.

Martin, Ariane: Erzählter Sturm und Drang: Büchners Lenz. In: Der Deutschunterricht 6 (2002), 14–23.

– : Büchner-Rezeption im Naturalismus. In: Literatur für Leser. 28 (2005). Heft 1, 3–15.

– : Georg Büchner. Stuttgart 2007.

Martin, Laura: ›Schlechtes Mensch / gutes Opfer‹: The Role of Marie in Georg Büchner's ›Woyzeck‹. In: German Life & Letters 50 (1997), 429–444.

Masanetz, Michael: ›Sein Werk in unseren Händen‹. ›Dantons Tod‹ in Literaturwissenschaft und Theaterkritik der DDR. In: WB 35 (1989), 1850–1873.

Mautner, Franz H.: Wortgewebe, Sinngefüge und ›Idee‹ in Büchners »Woyzeck« [1961]. In: Wolfgang Martens (Hg.): Georg Büchner. Darmstadt 1965, 507–554.

Mayer, Hans: Georg Büchner und seine Zeit [1946]. Erw. Neuaufl. Frankfurt a. M. 1972.

– : *Lenz*. Die Erzählung von Georg Büchner und der Film von George Moorse. München 1994.

Mayer, Thomas Michael: Zur Revision der Quellen für *Dantons Tod* von Georg Büchner. In: studi germanici NF 7 (1969), 286–336.

– : Zur Revision der Quellen für *Dantons Tod* von Georg Büchner (II). In: studi germanici NF 9 (1971), 223–233.

– : Büchner und Weidig – Frühkommunismus und revolutionäre Demokratie. Zur Textverteilung des ›Hessischen Landboten‹. In: Heinz Ludwig Arnold (Hg.): Georg Büchner I/II. Sonderband Text + Kritik. München 1979, 16–198.

– : Georg Büchner. Eine kurze Chronik zu Leben und Werk. In: Heinz Ludwig Arnold (Hg.): Georg Büchner I/II. Sonderband Text + Kritik. München 1979, 357–425.

– : Büchner und Joseph Hillebrand im Gießener Sommersemester 1834. In: GBJb 1 (1981), 195–196.

– : Wozzeck, Woyzeck, Woyzeck und Marie. Zum Titel des Fragments. In: GBJb 1 (1981), 210–212.

– : Zu einigen neueren Tendenzen der Büchner-Forschung. Ein kritischer Literaturbericht (Teil II: Editionen). In: Heinz Ludwig Arnold (Hg.): Georg Büchner III. Sonderband Text + Kritik. München 1981, 265–311.

– : ›Wegen mir könnt Ihr ganz ruhig sein…‹ Die Argumentationslist in Georg Büchners Briefen an die Eltern. In: GBJb 2 (1982), 249–280.

– : Übersetzungen. In: Marburger Denkschrift über Voraussetzungen und Prinzipien einer Historisch-kritischen Ausgabe der Sämtlichen Werke und Schriften Georg Büchners. Hg. v. Forschungsstelle Georg Büchner […] der Philipps-Universität und Georg Büchner Gesellschaft. Marburg 1984, 99–103.

– : Entwurf einer Studienausgabe. In: Georg Büchner. Dantons Tod. Kritische Studienausgabe des Originals mit Quellen, Aufsätzen und Materialien. Hg. von Peter von Becker, Frankfurt a. M. ²1985.

– u. a. (Hg.): Georg Büchner. Leben, Werk, Zeit. Ausstellung zum 150. Jahrestag des »Hessischen Landboten«. Katalog (1985). Marburg ³1987.

– : Die ›Gesellschaft der Menschenrechte‹ und ›Der Hessische Landbote‹. In: Susanne Lehmann (Hg.): Georg Büchner. Revolutionär, Dichter, Wissenschaftler 1813–1837. Der Katalog. Ausstellung Mathildenhöhe, Darmstadt, 2. August bis 27. September 1987. Basel/Frankfurt a. M. 1987, 168–186.

– : Thesen und Fragen zur Konstituierung des *Woyzeck*-Textes. In: GBJb 8 (1990–94) 1995, 217–238.

– : Georg Büchners Situation im Elternhaus und der Anlaß seiner Flucht aus Darmstadt Anfang März 1835. In: GBJb 9 (1995–99) 2000, 33–92.

– : Zur Datierung von Georg Büchners philosophischen Skripten und *Woyzeck* H3,1. In: GBJb 9 (1995–99) 2000, 281–329.

– /Dedner, Burghard: Zu Henri Poschmanns Kritik an der Marburger Büchner-Ausgabe. In: editio 17 (2003), 192 f.

Meier, Albert: Georg Büchners Ästhetik. In: GBJb 2 (1982), 196–208.

– : Georg Büchners Ästhetik. München 1983.

Michels, Gerd: Landschaft in Georg Büchners »Lenz«. In:

Ders.: Textanalyse und Textverstehen. Heidelberg 1981, 12–33.

Michelsen, Peter: Das Leid im Werk Georg Büchners. In: Jahrbuch des Freien Deutschen Hochstifts (1989), 281–307.

Milz, Christian: Eros und Gewalt in *Danton's Tod*. In: GBJb 11 (2005–2008) 2008, 25–37.

Morgenroth, Matthias: Die Liebe als Spiel – die Geliebte als Ding. Anmerkungen zur Liebe in Georg Büchners ›Leonce und Lena‹ und Grabbes ›Scherz, Satire, Ironie und tiefere Bedeutung‹. In: Grabbe-Jahrbuch 15 (1996), 108–129.

Müller, Hans-Joachim: Friedrich Ludwig Weidig. Aus dem Schatten hervortretend… In: Susanne Lehmann (Hg.): Georg Büchner. Revolutionär, Dichter, Wissenschaftler 1813–1837. Der Katalog. Ausstellung Mathildenhöhe, Darmstadt, 2. August bis 27. September 1987. Basel/Frankfurt a. M. 1987, 194–199.

Müller, Harro: Theater als Geschichte – Geschichte als Theater. Büchners *Danton's Tod*. In: Ders.: Giftpfeile. Zur Theorie und Literatur der Moderne. Bielefeld 1994, 169–184.

Müller Nielaba, Daniel: Das Loch im Fürstenmantel. Überlegungen zu einer Rhetorik des Bildbruchs im »Hessischen Landboten«. In: Colloquia Germanica 27 (1994), 123–140.

– : »Das Auge […] ruht mit Wohlgefallen auf so schönen Stellen«. Georg Büchners Nerven-Lektüre. In: WB 46 (2000), 325–345.

– : Die Nerven lesen. Zur Leit-Funktion von Georg *Büchners* Schreiben. Würzburg 2001.

Müller-Seidel, Walter: Natur und Naturwissenschaft im Werk Georg Büchners. In: Eckehard Catholy/Winfried Hellmann (Hg.): Festschrift für Klaus Ziegler. Tübingen 1968, 205–232.

Müller-Sievers, Helmut: Über die Nervenstränge. Hirnanatomie und Rhetorik bei Georg Büchner. In: Michael Hagner (Hg.): Ecce Cortex. Beiträge zur Geschichte des modernen Gehirns. Göttingen 1999, 26–49.

– : Desorientierung. Anatomie und Dichtung bei Georg Büchner. Göttingen 2003.

Neuhuber, Christian: Zur Rezeption der ›Lenz‹-Erzählung Georg Büchners. In: Dieter Sevin (Hg.): Georg Büchner: Neue Perspektiven zur internationalen Rezeption. Berlin 2007, 65–79.

Neumeyer, Harald: ›Hat er schon seine Erbsen gegessen?‹ Georg Büchners *Woyzeck* und die Ernährungsexperimente im ersten Drittel des 19. Jahrhunderts. In: DVjs 83 (2009), 218–245.

Niehoff, Reiner: Die Herrschaft des Textes. Zitattechnik und Sprachkritik in Georg Büchners Drama ›Dantons Tod‹ unter Berücksichtigung der ›Letzten Tage der Menschheit‹ von Karl Kraus. Tübingen 1991.

Nutt-Kofoth, Rüdiger/Plachta, Bodo: Schlechte Zeiten – gute Zeiten für Editionen? Zur Bedeutung der Marburger Büchner-Ausgabe für die gegenwärtige Editionsphilologie. In: editio 15 (2001), 149–167.

Nutt-Kofoth, Rüdiger/Plachta, Bodo: Prüfstand und Maßstab. Eine Replik. In: editio 17 (2003), 189–191.

Oehler, Dolf: Liberté, Liberté Chérie. Männerphantasien über die Freiheit – Zur Problematik der erotischen Freiheitsallegorie. In: Peter von Becker (Hg.): Georg Büchner Dantons Tod. Die Trauerarbeit im Schönen. Ein Theaterlesebuch. Frankfurt a. M. 1980, 91–105.

Oesterle, Günter: Das Komischwerden der Philosophie in der Poesie. Literatur-, philosophie- und gesellschaftsgeschichtliche Konsequenzen der ›voie physiologique‹ in Georg Büchners Woyzeck. In: GBJb 3 (1983) 1984, 201–239.

Oesterle, Ingrid: Verbale Präsens und poetische Rücknahme des literarischen Schauers. Nachweise zur ästhetischen Vermitteltheit des Fatalismusproblems in Georg Büchners Woyzeck. In: GBJb 3 (1983) 1984, 168–199.

– : ›Zuckungen des Lebens‹. Zum Antiklassizismus von Georg Büchners Schmerz-, Schrei und Todesästhetik. In: Henri Poschmann (Hg.): Wege zu Georg Büchner. Internationales Kolloquium der Akademie der Wissenschaften (Berlin-Ost) 1988. Berlin 1992, 61–84.

– : »Ach die Kunst« – »ach die erbärmliche Wirklichkeit«. Ästhetische Modellierung des Lebens und ihre Dekomposition in Georg Büchners Lenz. In: Bernhard Spies (Hg.): Ideologie und Utopie in der deutschen Literatur der Neuzeit. Würzburg 1995, 58–67.

Osawa, Seiji: Georg Büchners Philosophiekritik. Eine Untersuchung auf Grundlage seiner Descartes- und Spinoza-Exzerpte. Marburg 1999.

Pabst, Reinhard: Zwei unbekannte Berichte über die Hinrichtung Johann Christian Woyzecks. In: GBJb 7 (1988/89) 1991, 338–350.

Pethes, Nicolas: ›Das war schon einmal da! Wie langweilig!‹ Die Melancholie des Zitierens in Georg Büchners dokumentarischer Poetik. In: ZfdPh 125 (2006), 518–535.

– : ›Viehdummes Individuum‹, ›unsterblichste Experimente‹. Elements of a Cultural History of Human Experimentation in Georg Büchner's Dramatic Case Study Woyzeck. In: Monatshefte 98 (2006), Nr. 2, 68–82.

Pilger, Andreas: Die »idealistische Periode« in ihren Konsequenzen. Georg Büchners Darstellung des Idealismus in der Erzählung Lenz. In: GBJb 8 (1990–94) 1995, 104–125.

Pornschlegel, Clemens: Das Drama des Souffleurs. Zur Dekonstitution des Volks in den Texten Georg Büchners. In: Gerhard Neumann (Hg.): Poststrukturalismus. Herausforderung an die Literaturwissenschaft. DFG-Symposion 1995. Stuttgart 1997, 557–574.

Port, Ulrich: Vom ›erhabenen Drama der Revolution‹ zum Selbstgefühl‹ ihrer Opfer. Pathosformeln und Affektdramaturgie in Büchners ›Dantons Tod‹. In: ZfdPh 123 (2004), 206–225.

Poschmann, Henri: ›Leonce und Lena‹. Komödie des Status quo. In: GBJb 1 (1981), 112–159.

– : Büchner und Gutzkow. Eine verhinderte Begegnung. In: Neue Deutsche Literatur 29 (1981), 58–74.

– : Probleme einer literarisch-historischen Ortsbestimmung Georg Büchners. In: GBJb 2 (1982), 133–142.

– : Georg Büchner. Dichtung der Revolution und Revolution der Dichtung. Berlin/Weimar 1983.

– : »Wer das lesen könnt«. Zur Sprache natürlicher Zeichen im »Woyzeck«. In: Burghard Dedner/Günter Oesterle (Hg.): Zweites Internationales Georg Büchner Symposium 1987. Frankfurt a. M. 1990, 441–452.

– : Textgeschichte als Lesergeschichte. Zur Entzifferung der Woyzeck-Handschriften. In: Ders. (Hg.): Wege zu Georg

Büchner. Internationales Kolloquium der Akademie der Wissenschaften (Berlin-Ost). Berlin 1992, 193–203.

– : »Auf dem Prüfstand«: Die Marburger Edition von Danton's Tod und die Kritik. In: editio 17 (2003), 178–188.

Proß, Wolfgang: Naturgeschichtliches Gesetz und gesellschaftliche Anomie: Georg Büchner, Johann Lucas Schönlein und Auguste Comte. In: Alberto Martino (Hg.): Literatur in der sozialen Bewegung. Tübingen 1978, 228–259.

– : Die Kategorie der ›Natur‹ im Werk Georg Büchners. In: Aurora 40 (1980), 172–188.

Pütz, Hans Peter: Büchners ›Lenz‹ und seine Quelle. Bericht und Erzählung. In: ZfdPh 84 (1965), 1–22.

Rabe, Wolfgang: Georg Büchners Lustspiel »Leonce und Lena«. Eine Monographie. Diss. Potsdam 1967.

Rath, Gernot: Georg Büchners »Lenz«. In: Ärztliche Praxis 2 (1950), Nr. 51, 12.

Reddick, John: Mosaic and Flux: Georg Büchner and the Marion Episode in ›Dantons Tod‹. In: Oxford German Studies 11 (1980), 40–67.

– : Georg Büchner. The Shattered Whole. Oxford 1994.

Renker, Armin: Georg Büchner und das Lustspiel der Romantik. Eine Studie über »Leonce und Lena«. Berlin 1924 (Reprint Nendeln 1967).

Reuchlein, Georg: Das Problem der Zurechnungsfähigkeit bei E.T.A. Hoffmann und Georg Büchner. Zum Verhältnis von Literatur, Psychiatrie und Justiz im frühen 19. Jahrhundert. Frankfurt a. M./Bern/New York 1985.

– : Bürgerliche Gesellschaft, Psychiatrie und Literatur. Zur Entwicklung der Wahnsinnsthematik in der deutschen Literatur des späten 18. und frühen 19. Jahrhunderts. München 1986.

– : »…als jage der Wahnsinn auf Rossen hinter ihm«. Zur Geschichtlichkeit von Georg Büchners Modernität. Eine Archäologie der Darstellung seelischen Leidens im »Lenz«. In: Jahrbuch für Internationale Germanistik 28/1 (1996), 59–111.

Richards, David: Georg Büchner and the Birth of Modern Drama. New York 1977.

Riewoldt, Otto F.: »›… der Größten einer als Politiker und Poet, Dichter und Revolutionär.‹ Der beiseitegelobte Georg Büchner in der DDR. In: Heinz Ludwig Arnold (Hg.): Georg Büchner III. Sonderband Text + Kritik. München 1981, 218–235.

Rohde, Carsten: Pervertiertes Dasein. Über die Vereinbarkeit des Unvereinbaren im Werk Georg Büchners. In: GRM 56 (2006), 161–184.

Roth, Udo: Das Forschungsprogramm des Doktors in Georg Büchners Woyzeck unter besonderer Berücksichtigung von H2,6. In: GBJb 8 (1990–1994) 1995, 254–278.

– : Georg Büchners Woyzeck als medizinhistorisches Dokument. In: GBJb 9 (1995–1999) 2000, 503–519.

– : Georg Büchners naturwissenschaftliche Schriften. Ein Beitrag zur Geschichte der Wissenschaften vom Lebendigen in der ersten Hälfte des 19. Jahrhunderts. Tübingen 2004.

– /Stiening, Gideon: Gibt es eine Revolution in der Wissenschaft? Zu wissenschafts- und philosophiehistorischen Tendenzen in der neueren Büchner-Forschung. In: Scientia Poetica 4 (2000), 192–215.

Ruckhäberle, Hans-Joachim: Flugschriftenliteratur im

historischen Umkreis Georg Büchners. Kronberg, Ts. 1975.

– : ›Leonce und Lena‹. Zu Automat und Utopie. In: GBJb 3 (1983) 1984, 138–146.

Schaub, Gerhard: Georg Büchner und die Schulrhetorik. Untersuchungen und Quellen zu seinen Schularbeiten. Bern/Frankfurt a. M. 1975.

– : Büchners Rezension eines Schulaufsatzes *Über den Selbstmord*. In: GBJb 1 (1981), 224–232.

– : Georg Büchner: ›Poeta rhetor‹. Eine Forschungsperspektive. In: GBJb 2 (1982), 170–195.

– : Georg Büchner. Lenz. Erläuterungen und Dokumente. Stuttgart 1996.

Schings, Hans-Jürgen: Der mitleidige Mensch ist der beste Mensch. Poetik des Mitleids von Lessing bis Büchner. München 1980.

Schmid, Gerhard (Hg.): Georg Büchner. »Woyzeck«. Faksimileausgabe der Handschriften. Transkription, Kommentar, Lesartenverzeichnis. Leipzig 1981.

– : Der Nachlaß Georg Büchners im Goethe- und Schiller-Archiv Weimar. Überlegungen zur Bedeutung von Dichterhandschriften für Textedition und literaturwissenschaftliche Forschung. In: GBJb 6 (1986/87) 1990, 159–172.

Schmidt, Axel: Tropen der Kunst. Zur Bildlichkeit der Poetik bei Georg Büchner. Wien 1991.

Schmidt, Dietmar: »Viehsionomik«. Repräsentationsformen des Animalischen im 19. Jahrhundert. In: Historische Anthropologie 11 (2003), 21–46.

Schmidt, Harald: Melancholie und Landschaft. Die psychotische und ästhetische Struktur der Naturschilderungen in Georg Büchners ›Lenz‹. Opladen 1994.

– : Schizophrenie oder Melancholie? Zur problematischen Differentialdiagnostik in Georg Büchners ›Lenz‹. In: ZfdPh 117 (1998), 516–542.

Schmidt, Henry J.: Frauen, Tod und Revolution in den Schlußszenen von Büchners ›Dantons Tod‹. In: Burghard Dedner/Günter Oesterle (Hg.): Zweites Internationales Georg Büchner Symposium 1987. Frankfurt a. M. 1990, 286–305.

Schmidt, Tobias: ›Aber gehen Sie in's Theater, ich rath' es ihnen‹ – Das Darmstädter Theater zu Georg Büchners Zeit. In: GBJb 10 (2000–2004) 2005, 3–52.

Schneider, Helmut J.: Tragödie und Guillotine. ›Dantons Tod‹: Büchners Schnitt durch den klassischen Bühnenkörper. In: Volker Dörr/Helmut J. Schneider (Hg.): Die deutsche Tragödie. Neue Lektüren einer Gattung im europäischen Kontext. Bielefeld 2006, 127- 156.

Schonlau, Anja: ›Nimmt einer ein Gefühlchen‹. Die Emotionen der Französischen Revolution in Georg Büchners Metadrama ›Danton's Tod‹. In: GBJb 11 (2005–2008) 2008, 3–24.

Schott, Peter/Bleicher, Thomas: Woyzeck (Georg Büchner – Werner Herzog). Zwischen Film und Theater. In: Anne Bohnenkamp (Hg.): Literaturverfilmungen. Stuttgart 2005, 93–101.

Schröder, Jürgen: Georg Büchners »Leonce und Lena«. Eine verkehrte Komödie. München 1966.

– : Restaurationszeit – Komödienzeit – Narrenzeit. Georg Büchner als ›entfant du siècle‹. In: Heilmann, Markus/ Wägenbaur, Birgit (Hg.): Ironische Propheten. Sprachbewußtsein und Humanität in der Literatur von Herder bis Heine. Studien für Jürgen Brummack zum 65. Geburtstag. Tübingen 2001, 259–273.

Schwann, Jürgen: Georg Büchners implizite Ästhetik. Rekonstruierung und Situierung im ästhetischen Diskurs. Tübingen 1997.

Selge, Martin: Kaltblütig. Jean-Louis David aus der Sicht von Büchners Danton. In: Burghard Dedner/Günter Oesterle (Hg.): Zweites internationales Büchner-Symposium 1987, Frankfurt a. M. 1990, 245–264.

Seling-Dietz, Carolin: Büchners Lenz als Rekonstruktion eines Falls ›religiöser Melancholie‹. In: GBJb 9 (1995–1999) 2000, 188–236.

Sicken, Bernhard: Das großherzoglich-hessische Militär: Struktur, Rekrutierung, Disziplinierung. In: Susanne Lehmann (Hg.): Georg Büchner. Revolutionär, Dichter, Wissenschaftler 1813–1837. Der Katalog, Ausstellung Mathildenhöhe, Darmstadt, 2. August bis 27. September 1987. Basel/Frankfurt a. M. 1987, 56–65.

Sieß, Jürgen: Zitat und Kontext bei Georg Büchner. Eine Studie zu den Dramen ›Dantons Tod‹ und ›Leonce und Lena‹. Göppingen 1975.

Steding, Sören A.: Büchner, Georg: Der Autor und die Enzyklopädie. In: Dieter Sevin (Hg.): Georg Büchner: Neue Perspektiven zur internationalen Rezeption. Berlin 2007, 231–241.

Steinberg, Holger/Schmideler, Sebastian: Eine wiederentdeckte Quelle zu Büchners Vorlage zum ›Woyzeck‹: Das Gutachten der Medizinischen Fakultät der Universität Leipzig. In: ZfG NF 16 (2006), 339–366.

Stiening, Gideon: Schönheit und Ökonomie-Prinzip. Zum Verhältnis von Naturwissenschaft und Philosophiegeschichte bei Georg Büchner. In: Scientia Poetica 3 (1999), 95–121.

– : »Der Spinozismus ist der Enthusiasmus der Mathematik.« Anmerkungen zu Georg Büchners Spinoza-Rezeption. In: GBJb 10 (2000–04) 2005, 207–239.

– : »Ich werfe mich mit aller Gewalt in die Philosophie«. Die Entstehung der Philosophiegeschichtsschreibung im 19. Jahrhundert als akademische Disziplin und die Rolle der Schulbildung am Beispiel Georg Büchners. In: Lutz Danneberg u. a. (Hg.): Stil, Schule, Disziplin. Analyse und Erprobung von Konzepten wissenschaftsgeschichtlicher Rekonstruktion (I). Frankfurt a. M. 2005, 215–237.

– : Zum Verhältnis zwischen Natur und Gesellschaft bei Georg Büchner und dessen wissenschaftlicher und literarischer Reflexion. In: Konrad Ehlich (Hg.): Germanistik in/und/für Europa. Faszination – Wissen. Texte des Münchener Germanistentages 2004. Bielefeld 2006, 436–440.

– : Literatur und Wissen. Eine Studie zu den literarischen, politischen und szientifischen Schriften Georg Büchners. Berlin/New York 2009.

Streitfeld, Erwin: Mehr Licht. Bemerkungen zu Georg Büchners Frührezeption. In: Jahrbuch des Wiener Goethe-Vereins 80 (1976), 89–104.

Strudthoff, Ingeborg: Die Rezeption Georg Büchners durch das deutsche Theater. Berlin 1957.

Tarot, Rolf: Georg Büchner. Lenz (1837, postum). In: Ders. (Hg.): Erzählkunst der Vormoderne. Bern 1996, 163–181.

Taylor, Rodney: Georg Büchner's Materialist Critique of Rationalist Metaphysics. In: Seminar 22 (1986), 198–205.

– : Perspectives on Spinoza in Works by Schiller, Büchner, and C. F. Meyer. Five Essays. New York u. a. 1995.

Teraoka, Takanori: Spuren der Götterdemokratie. Georg Büchners Revolutionsdrama »Danton's Tod« im Umfeld von Heines Sensualismus. Bielefeld 2006.

Thorn-Prikker, Jan: Revolutionär ohne Revolution. Interpretationen der Werke Georg Büchners. Stuttgart 1978.

Trump Ziegler, Elisabeth: The Elitist Revolutionary: Georg Büchner in his Letters. Phil. Diss. New York 1979.

Ueding, Cornelie: Denken – Sprechen – Handeln. Aufklärung und Aufklärungskritik im Werk Georg Büchners. Bern 1976.

– : Dantons Tod – Drama der unmenschlichen Geschichte. In: Walter Hinck (Hg.): Geschichte als Schauspiel. Deutsche Geschichtsdramen. Interpretationen. Frankfurt a. M. 1981, 210–226.

Ullman, Bo: Der unpolitische Georg Büchner. Zum Büchner-Bild der Forschung, unter besonderer Berücksichtigung der ›Woyzeck‹-Interpretationen. In: Stockholm Studies in Modern Philology 4 (1972), 86–130.

– : Die sozialkritische Thematik im Werk Georg Büchners und ihre Entfaltung im »Woyzeck«: Mit einigen Bemerkungen zu der Oper Alban Bergs. Stockholm 1972.

– : Zur Form in Georg Büchners »Lenz«. In: Helmut Müssner/Hans Rossipal (Hg.): Impulse. Dank an Gustav Korlén zu seinem 60. Geburtstag. Stockholm 1975, 161–182.

Ulmer, Judith: Geschichte des Georg-Büchner-Preises. Soziologie eines Rituals. Berlin/New York 2006.

Viehweg, Wolfram: Georg Büchners »Dantons Tod« auf dem deutschen Theater. München 1964.

– : Georg Büchners »Woyzeck« auf dem deutschsprachigen Theater. 1. Teil: 1913–1918. Krefeld 2001.

Viëtor, Karl: Die Quellen von Büchners Drama ›Dantons Tod‹. In: Euphorion 34 (1933), 357–379.

– : Georg Büchner. Politik, Dichtung, Wissenschaft. Bern 1949.

Vietta, Silvio: Selbsterhaltung bei Büchner und Descartes. In: DVjs 53 (1979), 417–428.

– : Sprachkritik bei Büchner. In: GBJb 2 (1982), 145–156.

– : Neuzeitliche Rationalität und moderne literarische Sprachkritik. Descartes, Georg Büchner, Arno Holz, Karl Kraus. München 1981.

Voges, Michael: »Dantons Tod«. In: Georg Büchner. Interpretationen. Durchges. Ausgabe. Stuttgart 2005, 7–62.

Völker, Ludwig: Die Sprache der Melancholie in Büchners Leonce und Lena. In: GBJb 3 (1983), 118–137.

Vollhardt, Friedrich: Das Prinzip der Selbsterhaltung im literarischen Werk und in den philosophischen Nachlaßschriften Georg Büchners. In: Burghard Dedner/Günter Oesterle (Hg.): Internationales Georg-Büchner-Symposion 1987. Frankfurt a. M. 1990, 17–36.

– : »Unmittelbare Wahrheit«. Zum literarischen und ästhetischen Kontext von Georg Büchners Descartes-Studien. In: Jahrbuch der deutschen Schillergesellschaft 35 (1991), 196–211.

– : Straßburger Gottesbeweise. Adolph Stoebers Idée sur les rapport de Dieu à la Nature [1834] als Quelle der Religionskritik Georg Büchners. In: GBJb 7 (1988/89) 1991, 46–82.

Voss, E[rnst] Theodor: Arkadien in ›Leonce und Lena‹. In: Burghard Dedner (Hg.): Georg Büchner, Leonce und Lena. Kritische Studienausgabe, Beiträge zu Text und Quellen. Frankfurt a. M. 1987, 275–436.

Wagner, Wendy: Georg Büchners Religionsunterricht, 1821–1831. Christlich-protestantische Wurzeln sozialrevolutionären Engagements. New York u. a. 2000.

Walter, Ursula: Der Fall Woyzeck. Eine Quellen-Dokumentation. In: GBJb 7 (1988/89) 1991, 351–380.

Waragai, Ikumi: Analogien zur Bibel im Werk Büchners. Religiöse Sprache als sozialkritisches Instrument. Frankfurt a. M. u. a. 1996.

Wawrzyn, Lienhard: Büchners ›Leonce und Lena‹ als subversive Kunst. In: Gert Mattenklott/Klaus R. Scherpe (Hg.): Demokratisch-revolutionäre Literatur in Deutschland: Vormärz. Kronberg 1974, 85–115.

Weiland, Werner: Büchners Spiel mit Goethemustern. Zeitstücke zwischen der Kunstperiode und Brecht. Würzburg 2001.

– : Kritik der neuen Textanordnung von Büchners Lenz. In: Forum Vormärz Forschung 9 (2003), 203–243.

Weineck, Silke-Maria: Sex and History, or Is There an Erotic Utopia in Danton's Tod? In: German Quarterly 73 (2000), 351–365.

Wender, Herbert: Georg Büchners Bild der Großen Revolution. Zu den Quellen von ›Danton's Tod‹. Frankfurt a. M. 1988.

– : ›Die sociale Revolution ist noch nicht fertig.‹ Beurteilungen des Revolutionsverlaufs in Dantons Tod. In: Henri Poschmann (Hg.): Internationales Kolloquium der Akademie der Wissenschaften (Berlin-Ost). Berlin 1992, 117–132.

– : [Rezension zu MBA III, Danton's Tod]. In: Forum Vormärz Forschung 6 (2000), 339–350.

Werner, Hans-Georg: Büchners aufrührerischer Materialismus. Zur geistigen Struktur von Dantons Tod. In: Henri Poschmann (Hg.): Internationales Kolloquium der Akademie der Wissenschaften (Berlin-Ost). Berlin 1992, 85–99.

Wetzel, Heinz: Weibliches, Männliches, Menschliches in den Dramen Georg Büchners. In: ZfdPh 111 (1992), 232–246.

Wiese, Benno von: Die Religion Büchners und Hebbels. In: Hebbel-Jahrbuch 15 (1959), 7–29.

– : Georg Büchner. Lenz. In: Ders.: Die deutsche Novelle von Goethe bis Kafka. Interpretationen. Düsseldorf 1963, 104–126.

Will, Michael: »Autopsie« und »reproduktive Phantasie«. Quellenstudien zu Georg Büchners Erzählung »Lenz«. 2 Bde. Würzburg 2000.

Wohlfahrt, Thomas: Georg Büchners Lustspiel ›Leonce und Lena‹. Kunstform und Gehalt. In: Hans-Georg Werner (Hg.): Studien zu Georg Büchner. Berlin/Weimar 1988, 105–146, 306–316.

Wülfing, Wulf: ›Ich werde, du wirst, er wird.‹ Zu Georg Büchners ›witziger‹ Rhetorik im Kontext der Vormärzliteratur. In: Burghard Dedner/Günter Oesterle (Hg.): Zweites Internationales Georg Büchner Symposium 1987. Frankfurt a. M. 1990, 455–475.

– : ›Autopsie‹. Bemerkungen zum ›Selbst-Schauen‹ in Texten Georg Büchners. In: Henri Poschmann (Hg.): Wege zu Georg Büchner. Internationales Kolloquium der Akademie der Wissenschaften (Berlin-Ost) 1988. Berlin 1992, 45–60.

Zeller, Christoph: ›Die Welt als Sekundärliteratur‹. Atheismus und Collage bei Eich, Büchner, Jean Paul. In: Dieter Sevin (Hg.): Georg Büchner: Neue Perspektiven zur internationalen Rezeption. Berlin 2007, 83–102.

Zeller, Rosmarie: Büchner und das Drama der französischen Romantik. In: GBJb 6 (1986/87) 1990, 73–105.

– : »Dantons Tod‹ und die Poetik des Geschichtsdramas. In: Burghard Dedner/Günter Oesterle (Hg.): Zweites Internationales Georg-Büchner-Symposion 1987. Frankfurt a. M. 1990, 146–174.

Zimmermann, Erich: Als Darmstadt auf Georg Büchner pfiff. Ein Theaterskandal um ›Leonce und Lena‹ [1981]. In: Ders.: »Geht einmal nach Darmstadt…« Bibliothekarische Skizzen über Georg Büchner und seine Heimatstadt. Darmstadt 1993, 30–37.

Zons, Raimar St.: Georg Büchner. Dialektik der Grenze. Bonn 1976.

– : Ein Riß durch die Ewigkeit. Landschaften in »Werther« und »Lenz«. In: literatur für leser 4 (1981), 65–78.

3. Die Autorinnen und Autoren

Christian Begemann, Prof. Dr., Universität München (IV.3 Realismus)

Arnd Beise, PD Dr., Universität Magdeburg (I.4 Übersetzungen; I.6 Leonce und Lena)

Doerte Bischoff, PD Dr., Universität Hamburg (II.12 Geschlecht)

Roland Borgards, Prof. Dr., Universität Würzburg (I.5 Lenz; I.8 Naturwissenschaftliche Schriften; II.11 Tiere; II.14 Schmerz)

Hans-Friedrich Bormann, Dr., Universität Erlangen-Nürnberg (IV.8 Büchner auf der Bühne)

Ingo Breuer, Dr., Universität Köln (I. Exkurs Geschichtsdrama)

Rüdiger Campe, Prof. Dr., Yale University (I.3 Danton's Tod; III.4 Zitat)

Norbert Otto Eke, Prof. Dr., Universität Paderborn (IV.2 Junges Deutschland)

Charis Goer, Dr., Universität Bielefeld (IV.7 Büchner-Preis-Rede)

Dietmar Goltschnigg, Prof. Dr., Universität Graz (IV.5 Nationalsozialismus; IV.6 Büchner nach 1945)

Peter Goßens, Dr., Universität Bochum (IV.7.1 Paul Celan)

Bernhard Greiner, Prof. Dr., Universität Tübingen (I. Exkurs Komödie; III.3 Theater)

Wilhelm Haefs, Dr., Universität Bayreuth (III.7 Camouflage und Zensur)

Alexa Hennemann, M. A., Deutsches Literaturarchiv Marbach (IV.7.4 Durs Grünbein)

Britta Herrmann, PD Dr., Universität München (III.1 Automaten und Marionetten)

Carola Hilmes, Prof. Dr., Universität Bayreuth (I. Exkurs Novelle; IV.7.2 Christa Wolf)

Michael Hofmann, Prof. Dr., Universität Paderborn (I.2 Der Hessische Landbote; IV.4 Naturalismus, Weimarer Republik)

Eva Horn, Prof. Dr., Universität Wien (II.6 Militär und Polizei)

Anke van Kempen, Dr., München (III.6 Rhetorik und Antirhetorik)

Marc Klesse, M. A., Universität Würzburg (IV.10 Büchner im Film)

Peter Klotz, Prof. Dr., Universität Bayreuth (IV.11 Büchner in der Schule)

Esther Köhring, Universität Gießen (V.1 Leben und Werk)

Johannes F. Lehmann, Dr., Universität Duisburg-Essen (II.13 Sexualität)

Susanne Lehmann, Dr., Universität Marburg (I.1 Schriften aus der Schulzeit)

Ethel Matala de Mazza, Prof. Dr., Universität Konstanz (II.3 Geschichte und Revolution)

Harald Neumeyer, PD Dr., Universität Bayreuth (I.7 Woyzeck; II.15 Melancholie und Wahnsinn; II.16 Selbstmord; IV.7.3 Heiner Müller)

Michael Niehaus, PD Dr., Technische Universität Dortmund (II.7 Recht und Strafe)

Günter Oesterle, Prof. Dr., Universität Gießen (III.8 Klassizismus, Romantik, Vormärz)

Michael Ott, Dr., Universität München (IV.1 Editionsgeschichte und aktuelle Büchner-Ausgaben)

Artur Pelka, Dr., Universität Lodz (IV.7.5 Elfriede Jelinek)

Nicolas Pethes, Prof. Dr., Ruhr-Universität Bochum (II.8 Individuum als ›Fall‹; III.2 Wissenschaftliches und literarisches Experiment; III.5 Dokumentation und Fiktion)

Clemens Pornschlegel, Prof. Dr., Universität München (II.2 Volk)

Henri Poschmann, Dr., Weimar (I.10 Briefe)

Per Röcken, M.A., Universität Marburg (I.9 Philosophische Schriften)

Armin Schäfer, PD Dr., Universität Erfurt (II.4 Biopolitik)

Dörte Schmidt, Prof. Dr., Universität der Künste Berlin (IV.9 Büchner und die Musik)

Peter Schnyder, PD Dr., Universität Zürich (II.5 Ökonomie)

Franziska Schößler, Prof. Dr., Universität Trier (I. Exkurs Soziales Drama)

Christian Soboth, PD Dr., Universität Halle-Wittenberg (II.1 Religion)

Gideon Stiening, PD Dr., Universität München (II.9 Natur)

Hubert Thüring, Dr., Universität Basel (II.10 Leben)

Personenregister